Florian Völker
Kälte-Pop

Florian Völker

Kälte-Pop

Die Geschichte des erfolgreichsten deutschen Popmusik-Exports

DE GRUYTER
OLDENBOURG

Die Publikation beruht auf der Promotionsschrift „Eiszeit. Der ‚Kälte-Einbruch' in der deutschen Pop-Musik seit dem Ende der 1970er Jahre", die an der Philosophischen Fakultät der Universität Potsdam als Dissertation angenommen, von Prof. Dr. Frank Bösch und Prof. Dr. Annette Vowinckel begutachtet und am 19. Oktober 2022 verteidigt wurde.

Mit freundlicher Unterstützung der Hans-Böckler-Stiftung und des Leibniz-Zentrums für Zeithistorische Forschung Potsdam (ZZF).

ISBN 978-3-11-124515-7
e-ISBN (PDF) 978-3-11-124709-0
e-ISBN (EPUB) 978-3-11-124735-9

Library of Congress Control Number: 2023941777

Bibliografische Information der Deutschen Nationalbibliothek
Die Deutsche Nationalbibliothek verzeichnet diese Publikation in der Deutschen Nationalbibliografie; detaillierte bibliografische Daten sind im Internet über http://dnb.dnb.de abrufbar.

© 2023 Walter de Gruyter GmbH, Berlin/Boston
Einbandabbildung: Kraftwerk-Puppen, 1981, © Ilse Ruppert
Satz: bsix information exchange GmbH, Braunschweig
Druck und Bindung: CPI books GmbH, Leck

www.degruyter.com

Inhaltsverzeichnis

1	**Einleitung** —— **1**
1.1	‚Kalte' Musik —— **1**
1.2	Popgeschichte als Zeitgeschichte —— **3**
1.3	Ausgangspunkte und Hypothesen —— **6**
1.4	Aufbau —— **31**
1.5	Quellen —— **33**

2	**Die Geburt des ‚Kälte-Pop': Vorgeschichte und Gestalt eines ästhetisch-kulturellen Konzepts** —— **36**
2.1	Neue Deutsche Welle(n) —— **38**
2.2	Die Wurzeln des ‚Kälte-Pop' —— **73**
2.2.1	Die historischen Avantgarden —— **78**
2.2.2	Krautrock —— **117**
2.2.3	Industrial —— **138**
2.2.4	Punk —— **147**
2.2.5	Post-Punk & New Wave in UK und USA —— **162**
2.3	Deutsch: Sprache, Performance und Identität —— **186**
2.4	Szenemacher: Zur Diskursmacht szenenaher Zeitschriften —— **208**
2.5	Neue Linke: Die „Gegengegenkultur" —— **223**

3	**Motive und Strategien der ‚Kälte'** —— **247**
3.1	‚Kalte' Sounds und ‚kalte' Ästhetik —— **248**
3.2	„Die Mensch-Maschine": Mechanisch, rationalistisch, ‚deutsch' —— **273**
3.3	„Wir sagen Ja zur Modernen Welt": Affirmation und Subversion —— **335**
3.4	„Da bleib ich kühl – kein Gefühl": Schwarze Entfremdungsromantik —— **358**
3.5	„Ich steh auf Zerfall": West-Berliner Untergangs-Euphorie —— **394**
3.6	„Geh in die Knie": Sex, Gewalt und Disziplin —— **430**

4	**Nach der ‚Kälte-Welle'** —— **481**
4.1	Faktoren des Abebbens —— **481**
4.2	Erfolge und Effekte —— **505**
4.3	‚Kälte-Pop' reloaded —— **536**
4.3.1	Deutscher als Deutsche: Laibach —— **538**
4.3.2	Totalitäre ‚Kälte': Post-Industrial —— **549**
4.3.3	Das frostige Andere: Black Metal —— **556**

4.3.4 ‚Kalte Deutsche' für den Weltmarkt: Rammstein und die Neue Deutsche Härte —— **563**
4.4 Fazit und Ausblick —— **588**

Literatur- und Quellenverzeichnis —— 593
Bibliographie —— **593**
Publizierte Quellen —— **614**
Rundfunk / Fernsehen / Videos —— **637**
Discographie —— **639**
Filmographie —— **651**
Archivgut —— **651**

Abbildungsverzeichnis —— 652

Danksagung —— 655

Personen- und Bandregister —— 656

1 Einleitung

1.1 ‚Kalte' Musik

Üblicherweise wird Pop-Musik – zumindest metaphorisch – von Wärmegraden beherrscht, die mitunter die Form von leidenschaftlicher Hitze annehmen: von den klassischen Liebesschwüren und Herzschmerzgeschichten im Schlager und Pop über die sexuell aufgeladenen und schweißtreibenden Performances und Songs im Rock 'n' Roll, Soul und der Disco Music bis zu den sich wütend und aggressiv gebenden Inszenierungen von Punk und Metal. Ende der 1970er Jahre entstand mit dem Phänomen ‚Kälte-Pop' jedoch ein ästhetisches und (subjekt-)kulturelles Konzept in der deutschsprachigen Pop-Musik, das das ‚Kalte' in den Mittelpunkt seiner Performances, Songtexte und Sounds stellte und zu dessen bekanntesten Vertretern international erfolgreiche Bands wie KRAFTWERK, DEUTSCH-AMERIKANISCHE FREUNDSCHAFT (DAF) und EINSTÜRZENDE NEUBAUTEN gehören. Zwar hatten die von diesen und weiteren Künstler:innen eingesetzten Motive und Strategien der ‚Kälte' im Rahmen der popkulturellen ‚Kälte-Welle' (1978–1983) einen kurzen, dafür aber auch einflussreichen und nachhaltigen Auftritt, der bis heute in der internationalen Pop-Musik und bei Acts wie RAMMSTEIN nachwirkt. Die ‚Kälte' wurde zu einem der bedeutendsten deutschen Beiträge zur internationalen Popkultur.

Wodurch zeichnet sich diese ‚kalte' Musik aus? Zunächst einmal müssen die Motive und Strategien der ‚Kälte' als ein Kontrastprogramm zu allem verstanden werden, was gemeinhin mit dem Begriff der Wärme assoziiert wird. Als Gegenentwurf dazu entwickelten die Musiker:innen des ‚Kälte-Pop' ein System von Motiven, Codes und Strategien, das auf textueller, performativer und klanglicher Ebene all jene Zeichen und Prozesse der (Post-)Moderne affirmierte und ästhetisierte, die Ende der 1970er Jahre in der bundesdeutschen Gesellschaft und insbesondere im linksalternativen Milieu als negative bis bedrohliche Aspekte einer ‚kalten' Welt galten: Entemotionalisierung und Selbst-Entmenschlichung, Industrie und Großstadt, Entfremdung und Gefühllosigkeit, Künstlichkeit und Oberflächen-Ästhetik, Disziplin und körperliche Funktionalität, Gewalt und Härte, Zerfallszeichen und Todesmotive, thermische Kälte-Bilder wie Schnee und Eis, Baustoffe wie Beton und Stahl sowie technische Geräte wie Computer, Maschinen und Roboter. Ausdruck fand dieses Vorgehen in so stilistisch unterschiedlichen Songs wie „Eisbär" (1980) von GRAUZONE, „Eiszeit" (1981) von IDEAL, „Die Mensch·Maschine" (1978) von KRAFTWERK, „Zurück Zum Beton" (1979) von S.Y.P.H., „Der Mussolini" (1981) von DAF sowie „Abstieg Und Zerfall" (1981) von EINSTÜRZENDE NEUBAUTEN.

Nicht zufällig umfasst diese Aufzählung ausschließlich Bands, die – zumindest Ende der 1970er und Anfang der 1980er Jahre – zum Umfeld von New Wave und

Post-Punk zählen, denn der ‚Kälte-Einbruch' in der deutschen Pop-Musik war eng verbunden mit der Entstehung der sogenannten Neuen Deutschen Welle (NDW). Weit davon entfernt, eine reine Musikströmung oder Subkultur zu sein, manifestiert sich in der NDW vielmehr die veränderte Haltung einer ganzen Bewegung junger Menschen zu den lebensweltlichen Bereichen Gesellschaft, Geschichte, Ästhetik, Popkultur und (nationale) Identität. Deutlich wird in der Gegenüberstellung zum Motiv der ‚Wärme', dass die euphorische Bejahung des ‚Kalten' einen Akt der Trennung als auch Umwertung darstellt. Diese subjekt- wie popkulturelle Distanzierung richtete sich einerseits gegen die als konservativ und regressiv wahrgenommene bundesdeutsche Mehrheitsgesellschaft, andererseits aber auch gegen die als angloamerikanischer Import betrachtete Pop-Musik der Bundesrepublik sowie die als anachronistisch bis reaktionär kritisierten Vertreter:innen der ‚alten' Gegenkultur, zu der die ‚Kälte'-Akteur:innen das linksalternative ‚Hippie'-Milieu und die Punk-Subkultur gleichermaßen zählten. Mit der kompletten Umkehrung des bürgerlichen und gegenkulturellen Wertekatalogs änderten die Künstler:innen des ‚Kälte-Pop' schließlich auch ihre Perspektive auf und ihren Umgang mit den als krisenhaft empfundenen Umbrüchen in der bundesdeutschen Gesellschaft.

Dieses Vorgehen hatte in Deutschland Tradition: Rund 50 Jahre zuvor erlebten „Verhaltenslehren der Kälte"[1] in der Weimarer Republik bei Künstler:innen des Futurismus, des Dadaismus und besonders der Neuen Sachlichkeit eine Hochzeit, unter anderem bei den Schriftstellern Bertolt Brecht und Ernst Jünger, aber auch bei Malern wie George Grosz und Otto Dix. Auch sie reagierten mit Motiven und Strategien der ‚Kälte' auf die veränderten Bedingungen einer im Umbruch wahrgenommenen Zeit und grenzten sich mit ihrem Ja zur ‚Kälte' von anderen zeitgenössischen Subjekt- und Weltentwürfen ab, die ‚warme' und ‚hitzige' Konzepte und Verhaltenslehren empfahlen, etwa vom Expressionismus und den Gemeinschaftsutopien sozialistischer und völkischer Strömungen.

Beim ‚Kälte-Pop' der NDW-Musiker:innen kam allerdings ein Aspekt hinzu, der bereits im Namen enthalten ist und zur Zeit der historischen Avantgarden so noch nicht existierte: Pop. Nicht nur fand die Rückkehr der ‚Kälte' auf dem Feld der Pop-Musik statt; im ‚Kälte-Pop' zeigt sich auch eines der frühesten und gravierendsten Beispiele für den Anschluss deutscher Pop-Musik an die transnationale Popkultur. Dies lag zum einen daran, dass die NDW-Musiker:innen eigene Stile und Sounds entwickelten und auf die Impulsgeber in Großbritannien und den USA zurückwirkten. Zum anderen, und das ist im Hinblick auf die Selbst- und Fremdwahrnehmung der ‚Kälte'-Akteur:innen besonders wichtig, inszenierten sie

---

[1] Lethen, Helmut: *Verhaltenslehren der Kälte. Lebensversuche zwischen den Kriegen*, Frankfurt a. M. 1994.

mit dem ‚kalten Deutschen' ein Bild, das sich perfekt in das außerhalb von Deutschland herrschende Klischee des ‚typischen Deutschen' fügte. Bis heute bildet diese Betonung vermeintlich nationaler Eigenarten in der internationalen Popwelt den gängigsten Zugang zu Gruppen wie KRAFTWERK und RAMMSTEIN, die nicht trotz, sondern gerade wegen ihrer deutschen Texte und ihres charakteristischen Auftretens als ‚typisch' deutsche Bands weltweit gefeiert werden. Diesem Komplex aus kreativem Schöpfertum, künstlerischen Traditionen, postmodernistischen Subjektmodellen und nationalen Identitätsbildungsprozessen innerhalb der transnationalen Popkultur widmet sich diese Untersuchung.

1.2 Popgeschichte als Zeitgeschichte

Innerhalb der Geschichtswissenschaft führte Pop lange Zeit ein Schattendasein. Heute setzt sich mehr und mehr die Erkenntnis durch, dass Pop kein Nischenphänomen ist – im Gegenteil: Ohne Pop lässt sich die Zeitgeschichte seit der Mitte des 20. Jahrhunderts kaum begreifen. Denn Pop ist sowohl Ausdruck als auch Motor gesamtgesellschaftlicher Prozesse, reagiert auf soziale Veränderungen und bringt sie selbst hervor.[2] Eine Popgeschichtsschreibung behandelt Pop-, Musik-, Jugend- oder Subkulturen daher nicht als isolierte Phänomene in einer Sphäre des Ästhetischen, sondern erforscht sie in ihrer gesamten zeithistorischen Dimension. Bezogen auf das hier im Fokus stehende Feld der Pop-Musik bedeutet dies, den dafür typischen Komplex aus künstlerischem, klanglich-performativem Ausdruck und Musikproduktion, ihrer Entstehungsgeschichte und Verbreitung sowie ihrer medialen, gesamtgesellschaftlichen und individuellen Rezeption und Effekte aufzuschlüsseln.[3] Festzuhalten ist: ‚Kälte-Pop' bildet die Zeitgeschichte ab und formte sie mit.

Für die Popgeschichte eröffnen sich zur Erforschung der Entwicklung von Pop-Phänomenen und ihrer zeithistorischen Wirkung eine Vielzahl von Methoden und Ansatzpunkten. So ist Popgeschichte eng mit anderen geschichtswissenschaftlichen Forschungsfeldern wie der Medien-, Technik-, Konsum-, Sozial- sowie Kulturgeschichte verschränkt, ergänzt diese jedoch um eigene Spezifika und Zugänge. Relevant sind dabei nicht nur die äußeren, auf das jeweilige Pop-Phänomen einwirkenden Faktoren, sondern zugleich die Akteur:innen, Produkte und Ästhetiken

---

[2] Mrozek, Bodo: „Popgeschichte", Version: 1.0, 6. Mai 2010, *Docupedia-Zeitgeschichte*. URL: http://docupedia.de/zg/mrozek_popgeschichte_v1_de_2010 (Letzter Zugriff: 24.10.2022). Siehe auch Geisthövel, Alexa/Mrozek, Bodo (Hg.): *Popgeschichte. Band 1: Konzepte und Methoden*, Bielefeld 2014.
[3] Vgl. Mrozek, Bodo/Geisthövel, Alexa/Danyel, Jürgen: „Pop als Zeitgeschichte", in: dies. (Hg.): *Popgeschichte. Band 2: Zeithistorische Fallstudien 1958 – 1988*, Bielefeld 2014, 7–15, hier: 10–11. Siehe auch Diederichsen, Diedrich: *Über Pop-Musik*, Köln 2014, XI–XV.

von Pop selbst. Zur Erforschung dieser Verknüpfung dienen der Popgeschichte die vielfältigen Erzeugnisse der Popkultur als Quellenmaterial. Diese werden klanglich (Sounds), textlich (Lyrics, Interviewaussagen) sowie visuell (Plattencover, Performance) analysiert, wobei auch auf das Methodenarsenal von Nachbardisziplinen wie der Visual History, den Sound Studies oder der Literaturwissenschaft zurückgegriffen wird.[4] Der multi-methodische Ansatz ermöglicht es, die Komplexität unterschiedlicher Aspekte popkultureller Produkte in den Griff zu bekommen und gibt so den Blick frei auf die mit ihrer Entstehung, Wahrnehmung und (gezielten) Nutzung verbundene Geschichte klanglicher Kommunikation.[5]

Die Frage, was „Pop" ist, wurde von wissenschaftlicher Seite verschieden beantwortet. Einigkeit herrscht jedoch darüber, dass sich Pop durch die komplexe Verknüpfung von künstlerischen Eigendynamiken, veränderten Subjektivitäten und kulturindustrieller Produziertheit von älteren Formen des „Populären" unterscheidet.[6] Pop greift intensiv in das Leben des/der Einzelnen ein, stellt für die in der „Popmoderne"[7], also seit den 1950er Jahren aufgewachsenen Menschen einen Teil ihrer Lebenswelt dar und bietet individuelle wie kollektive Identitäts-, Welterklärungs- und Kommunikationsmodelle.[8] Dabei greifen ‚klassische' Narrative und Erklärungsansätze wie jene der Cultural Studies, die ihr Augenmerk zumeist

---

[4] Siehe etwa Paul, Gerhard: „Visual History", Version 3.0, 13. März 2014, *Docupedia-Zeitgeschichte*. URL: http://docupedia.de/zg/paul_visual_history_v3_de_2014 (Letzter Zugriff: 24.10.2022), Morat, Daniel: „Sound Studies – Sound Histories. Zur Frage nach dem Klang in der Geschichtswissenschaft und der Geschichte in der Klangwissenschaft", 2010. URL: https://edoc.hu-berlin.de/bitstream/handle/18452/7498/morat.pdf (Letzter Zugriff: 24.10.2022), Pfleiderer, Martin: „Sound. Anmerkungen zu einem populären Begriff", in: Phleps, Thomas/Appen, Ralf von (Hg.): *Pop-Sounds. Klangtexturen in der Pop- und Rockmusik. Basics – Stories – Tracks*, Bielefeld 2003, 19–29 sowie Wandler, Heiko: *Technologie und Sound in der Pop- und Rockmusik. Entwicklung der Musikelektronik und Auswirkungen auf Klangbild und Klangideal*, Osnabrück 2012.
[5] Vgl. Morat, Daniel: „Der Klang der Zeitgeschichte. Eine Einleitung", in: *Zeithistorische Forschungen/Studies in Contemporary History*, Jg. 8, Nr. 2 (2011), 172–177, hier: 173, Lindenberger, Thomas: „Vergangenes Hören und Sehen. Zeitgeschichte und ihre Herausforderung durch die audiovisuellen Medien", in: *Zeithistorische Forschungen/Studies in Contemporary History*, Jg. 1, Nr. 1 (2004), 72–85, Geisthövel, Alexa: „Auf der Tonspur. Musik als zeitgeschichtliche Quelle", in: Baumeister, Martin/Föllmer, Moritz/Müller, Philipp (Hg.): *Die Kunst der Geschichte. Historiographie, Ästhetik, Erzählung*, Göttingen 2009, 157–168 sowie Mrozek, Bodo: „Geschichte in Scheiben. Schallplatten als zeithistorische Quellen", in: *Zeithistorische Forschungen/Studies in Contemporary History*, Jg. 8, Nr. 2 (2011), 295–304.
[6] Vgl. die Definitionen bei Geisthövel, Alexa/Mrozek, Bodo: „Einleitung", in: dies. (Hg.): *Popgeschichte* (2014), 7–31, Diederichsen: *Über Pop-Musik* (2014), XII–XV sowie Hecken, Thomas/Kleiner, Marcus S.: „Einleitung", in: dies. (Hg.): *Handbuch Popkultur*, Stuttgart 2017, 2–14, hier: 7–8.
[7] Bonz, Jochen: „Vorwort", in: ders. (Hg.): *Sound Signatures. Pop-Splitter*, Frankfurt a. M. 2001, 9–16, hier: 10.
[8] Vgl. Kleiner, Marcus S.: „Populär und Pop", in: Hecken; Kleiner (Hg.): *Handbuch Popkultur* (2017), 246–251, hier: 248.

auf Subkulturen und Milieus richteten und Popkultur vor allem als sozialen und politischen Widerstand gegen die ‚herrschende Klasse' und Mehrheitsgesellschaft bestimmten, durch ihre Fokussierung auf die Außenwirkung zu kurz.[9] Die für Popkultur essentielle Dimension des Ästhetischen und der Ästhetisierung des Lebens ist gleichermaßen nach innen gerichtet: So drückt sich in popkulturellen Praktiken, Stilen, Codes und Körperbildern eben nicht allein eine Reaktion auf äußere Faktoren wie soziale, wirtschaftliche oder politische Prozesse und Ereignisse aus, sondern auch eine nach bestimmten Maßgaben orientierte Arbeit am Selbst, die erst das Subjekt hervorbringt.[10]

Nicht zuletzt eröffnet Popgeschichte eine Perspektive auf den in der zweiten Hälfte des 20. Jahrhunderts zunehmenden Transfer kultureller Praktiken, Zeichen, Produkte und Ideen auf globaler Ebene. Jüngere pophistorische Arbeiten unterstreichen zu Recht die Bedeutung transnationaler Verflechtungen in der Popkultur und verwerfen veraltete Forschungsansätze, die nationale/regionale Pop-Phänomene in der Tradition einer national/regional umgrenzten älteren ‚Volkskultur' sahen und kulturelle Transfers als Einbahnstraße betrachteten.[11] Der Popgeschichtsschreibung muss stattdessen daran gelegen sein, popkulturelle Erscheinungen in ihren lokalen Ausprägungen sowie transnationalen und globalen Verflechtungen darzustellen. Dies gilt insbesondere für Untersuchungen wie die vorliegende, die sich sowohl den Vorstellungen und Konstruktionen des Nationalen in der Pop-Musik widmen als auch dem Einfluss von Pop-Musik auf nationalisierte Images und Identitäten sowie deren grenzüberschreitenden Ex- und Reimport. Zwar liefern kultur- und musikwissenschaftliche Beiträge auf diesem Feld schon fruchtbare

---

[9] Wiederholt wurde das Widerstands- und Subversionsnarrativ der Cultural Studies als nicht mehr zutreffend für die Popkultur seit den 1980er Jahren verworfen, siehe etwa Holert, Tom (Hg.): *Mainstream der Minderheiten. Pop in der Kontrollgesellschaft*, Berlin 1996. Aktualisierungen und Erweiterungen des Modells kamen nicht zuletzt auch aus den sogenannten Post-Subcultural Studies selbst, siehe Mrozek, Bodo: „Subkultur und Cultural Studies. Ein kulturwissenschaftlicher Begriff in zeithistorischer Perspektive", in: Geisthövel; Mrozek (Hg.): *Popgeschichte* (2014), 101–125.
[10] Vgl. Geisthövel, Alexa: „Lebenssteigerung. Selbstverhältnisse im Pop", in: Geisthövel; Mrozek (Hg.): *Popgeschichte* (2014), 177–199, hier: 183, 185.
[11] Als herausragende Beispiele für diesen transnationalen Ansatz seien hier Mrozek, Bodo: *Jugend – Pop – Kultur. Eine transnationale Geschichte*, Berlin 2019 sowie Simmeth, Alexander: *Krautrock Transnational. Die Neuerfindung der Popmusik in der BRD, 1968 – 1978*, Bielefeld 2016 genannt. Siehe auch Klein, Gabriele/Friedrich, Malte: „Globalisierung und die Performanz des Pop", in: Neumann-Braun, Klaus/Schmidt, Axel/Mai, Manfred (Hg.): *Popvisionen. Links in die Zukunft*, Frankfurt a. M. 2003, 77–102.

Beiträge,[12] geschichtswissenschaftliche Analysen, die das historische Quellenmaterial auch abseits der künstlerischen Produkte auswerten, sind indes noch die Ausnahme.

Die im ‚Kälte-Pop' etablierten Vorstellungen des Nationalen gehören zu den populärsten Manifestationen nationaler wie transnationaler Kultur-Elemente: Auf popkultureller Ebene schien eine Betonung vermeintlicher ‚Germanness' noch bis in die 1970er Jahre undenkbar, und ein großer Teil der deutschen Jugend wandte sich bevorzugt angloamerikanischen Popkulturen und deren Subjektivierungs- und Identitätsangeboten (‚Britishness'/‚Amerikanisierung') zu, was sich etwa in den weitgehend angloamerikanisch dominierten Charts zeigte. Die unter dem plakativen Begriff „Neue Deutsche Welle" firmierende deutschsprachige New-Wave-Bewegung und der sich in ihrem Umfeld entwickelnde ‚Kälte-Pop' markierten einen pophistorischen Wendepunkt, wurden sie doch nicht nur in der Fremd-, sondern auch in der Eigenwahrnehmung der Akteur:innen als ‚typisch' deutsche Phänomene begriffen, das heißt als selbstreflexive popkulturelle Produkte *von* und *des* Deutschen.[13] Die Folge war, dass sich zum einen internationale Musiker:innen bei der Verwendung von ‚Kälte'-Motiven zumeist auf Deutschland und ‚das Deutsche' bezogen. Zum anderen verzeichnen im Ausland insbesondere solche deutschsprachigen Acts Erfolge, die wie KRAFTWERK und RAMMSTEIN mit einer Inszenierung des ‚kalten Deutschen' nationale Stereotype bedienen. ‚Kalte' Musik erscheint vor diesem Hintergrund weit weniger als ein ‚deutscher Sonderweg' auf dem Feld der Pop-Musik, sondern als transnationaler Einstieg in die internationale Popkultur – über das Nationale.

1.3 Ausgangspunkte und Hypothesen

Die vorliegende Untersuchung ist einer Popgeschichtsschreibung verpflichtet, die sich weniger an den Ordnungskategorien von Genres oder Subkulturen orientiert, sondern vielmehr an der nationalen Ausprägung transnationaler, (subjekt-)kultureller Bezüge im Rahmen zeitgenössischer Ereignisse und Prozesse. ‚Kälte-Pop' lässt sich nur innerhalb eines komplexen Zusammenspiels begreifen: aus selbsthistorisierenden Rückbezügen, künstlerischem Ausdruck, gegenkulturellen Aus-

---

12 Siehe Schiller, Melanie: *Soundtracking Germany. Popular Music and National Identity*, London u. a. 2018 sowie Applegate, Celia/Potter, Pamela (Hg.): *Music and German national identity*, Chicago 2002.
13 Zu nationalen Zuschreibungen ‚deutscher' Pop-Musik vgl. Helms, Dietrich/Phleps, Thomas (Hg.): *Typisch deutsch? (Eigen-)Sichten auf populäre Musik in diesem unseren Land*, Berlin u. a. 2014 sowie Fulk, Kirkland A.: *Sounds German. Popular music in postwar Germany at the crossroads of the national and transnational*, New York u. a. 2021.

einandersetzungen um Werte-, Subjekt- und Gesellschaftsordnungen, Anknüpfungen an die internationale Popkultur durch Modelle nationaler Identität und dem Bewusstsein, Teil einer gesamtgesellschaftlichen Umbruchsituation zu sein. Im Fokus der Studie stehen die Entwicklung und Ausprägungen ‚kalter' Musik, ihre Strategien, Codes und Motive, ihre historischen Bezüge und Ansatzpunkte, ihre Wahrnehmung und Rezeption bei Kritik und Publikum sowie die Folgen und Effekte dieser bisher unerforschten Erscheinung auf nationaler wie internationaler Ebene.

Unerkannt blieb das in der deutschsprachigen Pop-Musik entstandene ‚Kälte'-Phänomen allerdings nicht: Der Medienwissenschaftler Marcus S. Kleiner etwa wählte in seinem Aufsatz „Cool Germany" (2018) das KRAFTWERK-Album *Radio-Aktivität* als Exempel für seine These vom „Kalt-Werden der (Pop-)Musik".[14] Bereits 2013 identifizierte der Kulturwissenschaftler Andreas Kühn in seiner Dissertation *Anti-Rock* die Düsseldorfer Gruppe als Pioniere einer über Post-Punk und New Wave in die transnationale Pop-Musik hereinbrechenden „Kälte". Diese definiert Kühn zwar als Antwort auf den ‚Wärme-Kult' des linksalternativen Milieus und als Reanimierung der von Helmut Lethen beschriebenen ‚Kälte'-Lehren, erkennt darin jedoch ausschließlich eine affirmativ nach außen wirkende Kapitulation vor den „Zwängen der modernisierten, globalisierten Welt, in der das Individuum sich immer stärker entwurzelt sieht".[15] Als einziger Zeithistoriker in dieser überschaubaren Auflistung stellt auch Detlef Siegfried die Affirmationsstrategien der NDW-Bohème und ihre Angriffe auf den Authentizitäts-Kult der 1970er Jahre in eine geistesgeschichtliche Tradition mit den „Verhaltenslehren der Kälte" der Avantgarden des ersten Jahrhundertdrittels und wirft die Frage auf, ob es sich dabei um „spezifisch deutsche Phänomene" handelte.[16]

Insgesamt blieb es aber bei solch vereinzelten Anmerkungen und Verweisen. Eine eigenständige Untersuchung des Phänomens ‚Kälte-Pop', die sich sowohl einer detaillierten Aufschlüsselung des umfassenden Quellenmaterials als auch dessen geschichtswissenschaftlicher Kontextualisierung widmet, fand bisher nicht

---

14 Vgl. Kleiner, Marcus S.: „Cool Germany. Elektronische Entsinnlichung in Kraftwerks Radio-Aktivität", in: Schütte, Uwe (Hg.): *Mensch – Maschinen – Musik. Das Gesamtkunstwerk Kraftwerk*, Düsseldorf 2018, 50–63, hier: 61. Drei Jahre zuvor befasste sich Kleiner bei einem Vortrag mit DAF als „entscheidende Vermittler der neuen coolen Kälte und der sinnlichen Hitze der Pop-Musik". Ders.: „Cool Germany. Elektronische Entsinnlichung – das Thermoskelett von D.A.F.", Vorankündigungstext zum Vortrag auf der „ELECTRI_CITY Conference" am 30.10.2015 in Düsseldorf, 2015. URL: https://medienkulturanalyse.de/wp/?p=2905 (Letzter Zugriff: 24.10.2022).
15 Vgl. Kühn, Andreas: *Anti-Rock. Avantgarde und Pop im rockfreien Raum*, Berlin 2013, 93, 112–113, 425–426. Zitat stammt von ebd., 425.
16 Siegfried, Detlef: „Pop und Politik", in: Geishövel; Mrozek (Hg.): *Popgeschichte* (2014), 33–56, hier: 45.

statt. Das Phänomen ‚Kälte-Pop' ist zwar als Ganzes noch unerforscht, nicht aber seine Teilaspekte. Die vorliegende Untersuchung knüpft daher an vier Themenkomplexe an, die von verschiedenen wissenschaftlichen Disziplinen behandelt wurden:

(1) Metaphern und Diskurse der Kälte
Sowohl in der Literatur als auch im alltäglichen Sprachgebrauch ist die Metapher der Kälte – im Gegensatz zur Kühle – nahezu ausschließlich negativ konnotiert und wird stets einer mindestens mitgedachten ‚Wärme' gegenübergestellt.[17] Auf zwischenmenschlicher und emotionaler Ebene versinnbildlicht „Kälte" Akte der Distanzierung und Trennung, beispielsweise durch „Gefühlskälte", „kalte Blicke" und die redensartliche „kalte Schulter", die sämtlich als Metaphern für Empathielosigkeit dienen. Häufig werden mit „kalt" auch Leblosigkeit und Tod assoziiert, insbesondere in physikalischen und biologischen Kontexten. So werden etwa Polarexpeditionen in populärkulturellen Aufbereitungen als Kampf auf Leben und Tod in faszinierenden, doch lebensfeindlichen Eiswelten romantisiert.[18] Dieses Definitionsmuster der leblosen Kälte als Gegenpol zum warmen Leben setzt sich in kulturpessimistischen und antimodernistischen Sichtweisen auf moderne Lebenswelten und Gesellschaften fort; mit Kälte-Metaphern werden hier Aspekte und Bilder der Großstadt, der Technik und des Künstlichen belegt und damit abgewertet. Eine außerordentliche Bedeutung erlangte die Kälte-Metapher in der zweiten Hälfte des 20. Jahrhunderts im Rahmen des „Kalten Krieges", dessen Phasen, Entwicklungsschritte, Szenarien und Akteure mit Begriffen wie „Eiszeit", „Tauwetter", „nuklearer Winter" und „kalter Osten" beschrieben wurden.[19]

Nachdem der Kälte-Begriff seit Jahrhunderten in der politischen Rhetorik zur Beschreibung erstarrter, autoritärer, bürokratischer und militärischer Herr-

---

17 Eine umfassende Übersicht zur Geschichte der Kälte-Metapher findet sich bei Werner, Martin: *Die Kälte-Metaphorik in der modernen deutschen Literatur*, unveröffentlichte Dissertation, Düsseldorf 2006, 2–86. Zum literarischen Motiv der Kälte vgl. auch Stephan, Inge: *Eisige Helden. Kälte, Emotionen und Geschlecht in Literatur und Kunst vom 19. Jahrhundert bis in die Gegenwart*, Bielefeld 2019, Dortmann, Andrea: *Winter facets. Traces and tropes of the cold*, Dissertation, New York 2003, Michelis-Masloch, Cornelia: „Die Kälte in der Literatur oder Literatur der Kälte. Auf der Suche nach einem Motiv", Zum Thema: Eiszeit, in: *Diagonal. Zeitschrift der Universität-Gesamthochschule Siegen*, Nr. 2 (1991), 161–172 sowie Grimm, Reinhold: „Eiszeit und Untergang. Zu einem Motivkomplex in der deutschen Gegenwartsliteratur", in: *Monatshefte*, Jg. 73, Nr. 2 (1981), 155–186.
18 Vgl. dazu Hansson, Heidi/Norberg, Cathrine (Hg.): *Cold Matters. Cultural Perceptions of Snow, Ice and Cold*, Umeå 2009.
19 Vgl. Berger Ziauddin, Silvia/Eugster, David/Wirth, Christa (Hg.): *Der kalte Krieg. Kältegrade eines globalen Konflikts*, Zürich u. a. 2017.

schafts- und Gesellschaftsformen genutzt wurde, übertrugen auch Soziolog:innen und Ethnolog:innen die Kälte-Metapher auf ihre Theorien zur Gestalt von Kulturen und Zivilisationen: Bei Theodor W. Adorno steht „Kälte" etwa für jene mangelnde Fähigkeit zur Liebe, die erst die Grundlage für den Faschismus und Holocaust gebildet habe.[20] Als „kalten" Gegenpol zu den „heißen" modernen Gesellschaften, die sich dem Fortschritt und der beständigen Weiterentwicklung verschrieben hätten, bestimmen Soziologen wie Claude Lévi-Strauss, Jean Baudrillard und Mario Erdheim wahlweise „primitive" und „naturangepasste" Ethnien, die jede Veränderung der Lebensweise zu verhindern suchten,[21] die Sowjetunion und die Staaten des Warschauer Pakts[22] oder die als „Kühlsysteme" wirkenden Armeen der „heißen" westlichen Gesellschaften.[23] Und schließlich mehrten sich in den 1970er Jahren kritische Stimmen, die, angeregt durch Prognosen der Klimaforschung bezüglich einer kommenden Eiszeit, auch in der Gesellschaft eine zunehmende zwischenmenschliche Kälte zu erkennen glaubten.[24] Zwar zeichnete sich Ende der 1970er Jahre in der Wissenschaft als neuer Konsens ab, dass eine globale Erwärmung das größere Risiko darstellt;[25] durch die Auflösung traditioneller Sozialgebilde im Zuge des Übergangs zur Postmoderne behielt die Kälte-Metapher jedoch ihre negative Konnotation.[26]

Der Großteil dieser Kälte-Bilder fand Eingang in die Motivwahl ‚kalter' Musiker:innen. Entscheidend für eine Analyse und Deutung des ‚Kälte-Pop' und der darin eingesetzten Strategien ist jedoch vor allem das Konzept der ‚Kälte' als spezifischer Stil der Selbstführung und der Verhaltensformen. Dieses Modell geht vor allem auf den Germanisten Helmut Lethen zurück, der in zahlreichen Beiträgen

---

20 Adorno, Theodor W.: „Erziehung nach Auschwitz" (1966), in: ders.: *Erziehung zur Mündigkeit. Vorträge und Gespräche mit Hellmut Becker, 1959–1969*, Frankfurt a. M. 1970, 88–104.
21 Lévi-Strauss, Claude: *Das wilde Denken*, Frankfurt a. M. 1968 (1962). Vgl. Gebhardt, Winfried: „‚Warme Gemeinschaft' und ‚kalte Gesellschaft'. Zur Kontinuität einer deutschen Denkfigur", in: Meuter, Günter/Otten, Henrique Ricardo (Hg.): *Der Aufstand gegen den Bürger. Antibürgerliches Denken im 20. Jahrhundert*, Würzburg 1999, 165–184.
22 Baudrillard, Jean: „Die Kehrtwende der Geschichte", in: *Standard*, 28. April 1990. Vgl. Lethen, Helmut: „Die Kältemetapher in der politischen Rhetorik der Wendezeit", in: Berger Ziauddin; Eugster; Wirth (Hg.): *Der kalte Krieg* (2017), 109–122.
23 Erdheim, Mario: „‚Heiße' Gesellschaften und ‚kaltes' Militär", in: *Kursbuch*, Nr. 67 (1982), 59–72.
24 Vgl. Kaiser, Manuel: „Kommende Kälte. Eiszeitszenarien im Kalten Krieg", in: Berger Ziauddin; Eugster; Wirth (Hg.): *Der kalte Krieg* (2017), 137–155.
25 Vgl. Behringer, Wolfgang: *Kulturgeschichte des Klimas. Von der Eiszeit bis zur globalen Erwärmung*, 2. Aufl., Bonn 2007, 252.
26 Beispielhaft genannt sei hier etwa Negt, Oskar: *Kältestrom*, Göttingen 1994. Der Sozialphilosoph Negt gebraucht die Kälte-Metapher darin für eine von ihm beobachtete, zunehmende Ich-Bezogenheit der Menschen.

seit der zweiten Hälfte der 1980er Jahre den „Verhaltenslehren der Kälte" bei den historischen Avantgarden der Weimarer Republik und insbesondere in der Neuen Sachlichkeit nachspürte.[27] Lethen zufolge äußerten sich diese ‚kalten' Verhaltenslehren von Schriftstellern wie Bertolt Brecht und Ernst Jünger in einem „Pathos der Distanz", „Lob der Entfremdung" und einer Ästhetisierung „des Anorganisch-Mineralisch-Gläsern-Kalten und Automatenhaften" als Gegenentwurf zum „Wärme-Kult" politischer Gemeinschaftsutopien und expressionistischer wie (natur-)romantischer Strömungen.[28] Zweck der ‚Kälte' sei es schließlich, das von den Zwängen und Umbrüchen der Moderne bedrohte Subjekt durch „Techniken der Mimikry an die gewalttätige Welt" vor ebenjener abzuschirmen und zu beschützen.[29]

Mit seiner ‚Kälte'-Konzeption schließt Lethen vor allem an zwei Schriften an, die zwar nicht mit dessen Kälte-Terminologie arbeiteten, sich aber demselben kulturellen Phänomen widmeten: In *Männerphantasien* (1977/78), seiner Untersuchung des faschistisch-soldatischen Männerbildes der Zwischenkriegszeit, hatte der Literaturwissenschaftler Klaus Theweleit bereits Ende der 1970er Jahre die Verhaltensordnung eines gefühllos agierenden, aber keinesfalls stabilen Subjekts beschrieben, dessen Panzerung der Angstabwehr diene.[30] Das Buch wurde breit rezipiert und legte den Grundstein für folgende Arbeiten zur ‚kalten Männlichkeit'.[31] Darüber hinaus zeigen sich bei Lethen auffällige Ähnlichkeiten zum Kynismus/Zynismus-Modell des Philosophen Peter Sloterdijk, das dieser in seinem zweibändigen Werk *Kritik der zynischen Vernunft* (1983) entwirft.[32] Die Genese und der Triumph des modernen Zynismus sei ein gesamtgesellschaftlicher Prozess, zu des-

---

27 Vgl. Lethen: *Verhaltenslehren der Kälte* (1994). Eine Weiterführung von Lethens ‚Kälte'-Konzept findet sich bei Voß, Torsten: *Die Distanz der Kunst und die Kälte der Formen*, München 2007, der die „Kälte" und „kalte Sprache" in der Literatur der Romantik, des Ästhetizismus und der Moderne ergründet.
28 Lethen, Helmut: „Lob der Kälte. Ein Motiv der historischen Avantgarden" (1987), in: ders.: *Unheimliche Nachbarschaften. Essays zum Kälte-Kult und der Schlaflosigkeit der Philosophischen Anthropologie im 20. Jahrhundert*, Freiburg i. Br. u. a. 2009, 59–97, hier: 60, 77.
29 Ders.: *Verhaltenslehren der Kälte* (1994), 36.
30 Theweleit, Klaus: *Männerphantasien*, Basel u. a. 1977/1978.
31 Siehe dazu auch Reichardt, Sven: „Klaus Theweleits „Männerphantasien" – ein Erfolgsbuch der 1970er-Jahre", in: *Zeithistorische Forschungen/Studies in Contemporary History*, Jg. 3, Nr. 3 (2006), 401–421. URL: https://zeithistorische-forschungen.de/3-2006/4650 (Letzter Zugriff: 24.10.2022). Zur Verknüpfung von ‚Kälte' und Männlichkeit vgl. Morat, Daniel: „Kalte Männlichkeit? Weimarer Verhaltenslehren im Spannungsfeld von Emotionen- und Geschlechtergeschichte", in: Borutta, Manuel/Verheyen, Nina (Hg.): *Die Präsenz der Gefühle. Männlichkeit und Emotion in der Moderne*, Bielefeld 2010, 153–177 sowie Kämper, Gabriele: „‚Kult der Kälte'. Figurationen von Faszination und Männlichkeit im Rückblick auf Ernst Jünger. Ein Nachruf auf die Nachrufe", in: *Feministische Studien*, Nr. 2 (2000), 20–34.
32 Sloterdijk, Peter: *Kritik der zynischen Vernunft*, Frankfurt a. M. 1983a.

sen Vorreitern Sloterdijk unter anderem Brecht und Jünger zählt.[33] Auch Sloterdijk erkennt im Zynismus vor allem eine Defensivposition, die zum Angriff übergehe, und definiert die zynische Haltung als ein „Bewusstsein, das nicht nur verzweifelt ist, sondern auch das Hartseinwollen zum Ausgangspunkt seiner Selbststilisierung erhebt".[34] Im Gegensatz zu Lethen gebraucht Sloterdijk jedoch sein Zynismus-Modell für eine gesamtgesellschaftliche Zustandsbeschreibung und macht in diesem Zusammenhang auf Parallelen zwischen der Zynismus-Kultur der Weimarer Zeit und „dem desillusionierten, kynisch-zynischen, krisenbewussten Zeitgeist" der späten 1970er und beginnenden 1980er Jahre aufmerksam.[35] Er sieht sogar eine „unterirdische Linie durch die Hasskultur unseres Jahrhunderts – von Dada bis zur Punk-Bewegung und zur nekrophilen Automatengestik des *New Wave*" – und greift damit der hier vertretenen These von einer Wiederaufnahme der neusachlichen ‚Kälte' durch die deutschsprachige New-Wave-Bewegung vor, wenn auch mit eindeutig abwertender Beurteilung.[36]

Diese negative Konnotation der ‚Kälte' ist Teil der Geschichte ihrer intellektuellen und wissenschaftlichen Erforschung. Allen drei genannten Kulturwissenschaftlern ist nicht nur ihre Deutung der ‚kalten' Verhaltenslehren als Instrument zum Schutz des Subjekts gemein, sondern auch ihre zeitgenössische Zugehörigkeit zur linken Gegenkultur.[37] Tatsächlich reproduzierten die Autoren damit jene Terminologien und Bewertungsmuster der ‚Kälte', die der Historiker Sven Reichardt in seinen Untersuchungen zur Geschichte der Kälte- und Wärme-Metapher im linksalternativen Milieu detailliert aufschlüsselte.[38] So wurde laut Reichardt, der seine Überlegungen zur linksalternativen ‚Wärme' wiederum in einen diskursiven Bezug zu Lethens ‚Kälte'-Konzept stellte, die Metapher der Kälte vor allem für Aspekte der voranschreitenden Moderne wie Industrialisierung, Fortschrittseuphorie und Individualismus genutzt, die demnach zur „Erkaltung" zwischenmenschlicher Beziehungen, zu Naturkatastrophen und sozialer Isolation in den Städten ge-

---

33 Vgl. ders.: *Kritik der zynischen Vernunft*, Frankfurt a. M. 1983b, 787, 819.
34 Ebd., 726.
35 Ebd., 709.
36 Ebd., 726. Hervorhebung i. O.
37 Während Sloterdijk Teil des linksalternativen Milieus war, engagierten sich sowohl Theweleit als auch Lethen Ende der 1960er Jahre und in den 1970er Jahren im studentischen Protest und linken Organisationen, Letztgenannter war danach auch in K-Gruppen aktiv. Vgl. Schlak, Stephan: „Grönland wird größer", in: *taz*, 3. April 2003. URL: *http://www.taz.de/!793542/* (Letzter Zugriff: 24.10.2022) sowie Unfried, Peter: „Wir alle diskutierten die Stadtguerilla. Sogar jeder Schüler"', in: *taz*, 2. Juli 2005. URL: *https://taz.de/!583679/* (Letzter Zugriff: 24.10.2022).
38 Siehe Reichardt, Sven: „‚Wärme' als Modus sozialen Verhaltens? Vorüberlegungen zu einer Kulturgeschichte des linksalternativen Milieus vom Ende der 1960er bis Anfang der 1980er Jahre", in: *Vorgänge*, Jg. 44, Nr. 3/4 (2005), 175–187 sowie ders.: *Authentizität und Gemeinschaft. Linksalternatives Leben in den siebziger und frühen achtziger Jahren*, Berlin 2014, 189–203.

führt hätten.[39] Als Gegenmittel zu diesen ‚Kälte'-Erscheinungen galten dem linksalternativen Milieu der 1970er Jahre Verhaltensformen der ‚Wärme', wozu vor allem Gemeinschaftlichkeit und Nähe, emotionale Öffnung und Sensibilität, Introspektion und emotionale Expressivität, Geborgenheit und Gemütlichkeit, Leidenschaftlichkeit und Authentizität sowie Natürlichkeit und Naturverbundenheit zählten. Reichardt macht nicht nur darauf aufmerksam, dass die Verkehrsformen des linksalternativen Milieus von diesen Selbstbeschreibungen ebenso beeinflusst wurden, wie ihre Verhaltensformen auf die Beschreibungen rückwirkten, sondern auch auf den dahinter stehenden gesamtgesellschaftlichen Trend zur Aufwertung der ‚Wärme', waren die linksalternativen Verhaltenslehren doch vor allem „Ausdruck einer Massenkultur im Wärmestrom".[40] Deutlich wird hier erneut die politische Dimension des ‚Kälte'-Diskurses. Eine Untersuchung der popkulturellen ‚Kälte'-Praktiken als gegenkulturelles Phänomen kann in diesem Zusammenhang einen Beitrag leisten zu deren Neubewertung als ästhetische Strategien einer neuen, postmodernistischen Linken, die sich damit von antimodernistischen und reaktionären Tendenzen innerhalb der linken Gegenkultur als auch von der Mehrheitsgesellschaft abzugrenzen suchte.

Schließlich ist das hier beleuchtete ‚Kälte'-Modell noch von verwandten Formen des Verhaltens und der ästhetischen Rezeption zu differenzieren, die in der Forschung wiederholt vermischt wurden. Hier sei etwa die Figur des blasierten Dandys genannt, dessen Auftreten und Haltung unter anderem als „Kult der Kälte" beschrieben wurde.[41] Zwar lehnt auch der Dandy jede Form der Innerlichkeit genauso vehement ab wie unkontrollierte, expressive Emotionalität und setzt stattdessen auf Affektkontrolle, artifizielle Selbstinszenierung, einen Kult der Oberfläche, Geistesgegenwärtigkeit, Provokation, Distinktion und Kommunikationsverweigerung. Im Gegensatz zu den ‚Kälte'-Künstler:innen der Neuen Sachlichkeit und New Wave ist der elitäre Dandy allerdings latent konservativ bis reaktionär eingestellt, stellt sich gegen die dynamische Entwicklung zur modernen Massengesellschaft und bedient sich der Wirklichkeit nur, um sie spielerisch zu verzerren.[42] Ähnlichkeiten lassen sich auch zwischen den ‚Kälte'-Lehren und der Haltung des

---

39 Ebd., 194.
40 Ders.: „Wärme' als Modus sozialen Verhaltens?" (2005), 177, 183.
41 Gnüg, Hiltrud: *Kult der Kälte. Der klassische Dandy im Spiegel der Weltliteratur*, Stuttgart 1988.
42 Vgl. Hettlage, Robert: „Der Dandy und seine Verwandten. Elegante Flaneure, vergnügte Provokateure, traurige Zeitdiagnostiker", in: Hettlage, Robert/Bellebaum, Alfred (Hg.): *Missvergnügen. Zur kulturellen Bedeutung von Betrübnis, Verdruss und schlechter Laune*, Wiesbaden 2012, 117–159, Tacke, Alexandra/Weyand, Björn (Hg.): *Depressive Dandys. Spielformen der Dekadenz in der Pop-Moderne*, Köln u. a. 2009, Hörner, Fernand: „Dandyismus und Popkultur", in: *POP. Kultur und Kritik*, Nr. 2 (2013), 156–173 sowie Stein, Gerd (Hg.): *Dandy – Snob – Flaneur. Dekadenz und Exzentrik*, Frankfurt a. M. 1988.

Camp finden, die von der Essayistin Susan Sontag in ihrem einflussreichen Aufsatz „Notes on ‚Camp'" (1964) als moderne Form des Dandyismus in der Massenkultur bestimmt wurde.[43] Sontag zufolge rückt auch im Camp das Ästhetische ins Zentrum der Welterfassung, im Fokus stehen dabei vor allem urbane Objekte und alles „Unnatürliche": „Camp ist die konsequent ästhetische Erfahrung der Welt. Es stellt den Sieg des ‚Stils' über den ‚Inhalt' dar, des ‚Ästhetischen' über das ‚Moralische', der Ironie über die Tragödie."[44] Zudem begreife Camp das Leben als Theater, verwerfe die Vorstellung eines ‚natürlichen' Ausdrucks und weide sich stattdessen insbesondere an spielerischer Übertreibung und Überzeichnung, auch von Markern sexueller Identitäten. Ganz im Gegensatz zum ‚Kälte'-Modell unternimmt Camp, das vornehmlich ein Phänomen schwuler Subkulturen in den USA blieb, jedoch keine Umwertung vorherrschender Bewertungskategorien, sondern bietet Sontag zufolge stattdessen nur „neue – ergänzende – Normen der Bewertung von Kunst (und Leben)".[45] Nicht zuletzt beinhaltet Camp auch keine ‚Kälte'-Strategien der Entmenschlichung, Entemotionalisierung oder Distanzhaltung, im Gegenteil lässt es sich laut Sontag als eine „Form des Genusses, der Aufgeschlossenheit" definieren, in der sich eine Art „Liebe" zu den individuellen Manierismen des Menschen äußert: „Camp ist ein *zärtliches* Gefühl."[46]

Die meisten Überschneidungen mit den ‚kalten' Verhaltenslehren hat allerdings die Haltung der Coolness. Seit den 1990er Jahren entstand eine kaum zu überblickende Vielzahl wissenschaftlicher und journalistischer Beiträge zum Phänomen „Cool".[47] Generell stimmen die unterschiedlichen Ansätze darin überein, Coolness als eine auf ästhetischer Ebene arbeitende Verhaltensstrategie zu definie-

---

[43] Sontag, Susan: „Anmerkungen zu ‚Camp'" (1964), in: dies.: *Kunst und Antikunst. 24 literarische Analysen*, Reinbek bei Hamburg 1968, 269–284. Sontags Camp-Modell wurde wiederholt kritisiert, die Literaturwissenschaftlerin Nadja Geer warf Sontag etwa vor, keine Analyse, sondern „Kreation einer Haltung aus einem Mix schon existierender Ästhetikmodelle" betrieben zu haben. Vgl. Geer, Nadja: *Sophistication. Zwischen Denkstil und Pose*, Göttingen 2012, 125–127.
[44] Sontag: „Anmerkungen zu ‚Camp'" (1968), 280.
[45] Ebd., 279.
[46] Ebd., 284. Hervorhebung i. O.
[47] Einen umfangreichen Überblick über bisherige Ansätze und Studien zum Thema gibt Kohlenberger, Judith: *The New Formula For Cool. Science, Technology, and the Popular in the American Imagination*, Bielefeld 2015, 23–44. Genannt seien an dieser Stelle etwa Geiger, Annette/Schröder, Gerald/Söll, Änne (Hg.): *Coolness. Zur Ästhetik einer kulturellen Strategie und Attitüde*, Bielefeld 2010, Haselstein, Ulla/Hijiya-Kirschnereit, Irmela/Gersdorf, Catrin/Giannoulis, Elena (Hg.): *The Cultural Career of Coolness. Discourses and Practices of Affect Control in European Antiquity, the United States, and Japan*, Lanham 2013, Holert, Tom: „Cool", in: Bröckling, Ulrich/Krasmann, Susanne/Lemke, Thomas (Hg.): *Glossar der Gegenwart*, Frankfurt a. M. 2004, 42–48, Poschardt, Ulf: *Cool*, Hamburg 2002 und Stearns, Peter N.: *American Cool. Constructing a Twentieth-Century Emotional Style*, New York u. a. 1994.

ren, die sich durch eine Kontrolle der Affekte auszeichnet und damit Distanziertheit oder sogar eine rebellische Haltung inszeniert. Die meisten Untersuchungen verorten die Wurzeln moderner Coolness in der US-amerikanischen, und hier vor allem afroamerikanischen Kultur: So habe das Konzept der Coolness seine heute noch vorherrschende Gestalt und popkulturelle Bedeutung im Jazz und Bebop der 1940er und 1950er Jahre erlangt („Cool Jazz"), gehe als Technik des Widerstands aber bereits auf die Geschichte der Sklaverei zurück und habe eine Abkehr vom sogenannten „Tomming" demonstriert, dem aus Gründen des Selbstschutzes praktizierten, unterwürfigen und dauerlächelnden Auftreten von Afroamerikaner:innen in der Öffentlichkeit in den Südstaaten der USA.[48] Zwar sei Coolness durch die überwiegend von Weißen getragene Beat-Kultur und durch Marketingstrategen in den 1960er Jahren in die Mainstream-Kultur eingeflossen, blieb jedoch auch für Schwarze Popkulturen in den USA ein essentieller Signifikant, etwa als Begriff zur Selbstbeschreibung in der Disco Music (KOOL AND THE GANG) oder im HipHop (Kool DJ Herc).[49] Der Historiker Peter Stearns bestimmt Coolness dagegen als kulturelles Konzept der US-amerikanischen (weißen) Mittelklasse, das sich in den 1920er Jahren aus viktorianischen Gefühlsregeln und in den 1960er Jahren in Reaktion auf die alle Aspekte des Lebens umfassende gesellschaftliche Transformation als hegemonialer emotionaler Ausdruck der US-Gesellschaft entwickelt habe.[50] Nicht zuletzt verweisen einige Autor:innen bei der Suche nach den Ursprüngen der Coolness auf den frühen Film Noir der 1940er Jahre – dessen Ästhetik sich wiederum an den deutschen expressionistischen Stummfilmen der 1920er Jahre orientierte – und die darin von Schauspielern wie Humphrey Bogart und Robert Mitchum verkörperten Privatdetektive und Kriminellen, die mit der Maske der Coolness jede Gefühlsaufwallung, sei es Angst oder Liebe, blockierten.[51]

Gemein ist den oben genannten und den meisten anderen Coolness-Narrativen, dass sie Coolness als eine Strategie des Selbstschutzes darstellen. Stearns definiert Coolness etwa als einen Gefühlsmantel, der die gesamte Persönlichkeit vor Beschämung bewahre,[52] während der Kulturhistoriker Joel Dinerstein die Coolness der männlichen Film-Noir-Protagonisten auf ein emotionales Trauma und das Erlöschen alter Gewissheiten und Subjektivitätsformen (Fortschrittsglaube, Moral, ‚männliche' Identität) infolge des Übergangs zur Moderne zurückführt.[53] Auch der Journalist Ulf Poschardt bestimmt die Haltung des Cool in seinem gleich-

---

48 Vgl. Dinerstein, Joel: „The Mask of Cool in Postwar Jazz and Film Noir", in: Haselstein, et al. (Hg.): *The Cultural Career of Coolness* (2013), 109–126, hier: 109.
49 Vgl. Holert: „Cool" (2004), 43–44.
50 Vgl. Stearns: *American Cool* (1994).
51 Vgl. Dinerstein: „The Mask of Cool in Postwar Jazz and Film Noir" (2013), 109.
52 Stearns: *American Cool* (1994), 1.
53 Dinerstein: „The Mask of Cool in Postwar Jazz and Film Noir" (2013), 110–112.

namigen Buch (2002) als eine Überlebensstrategie des Subjekts angesichts einer vermeintlich ‚kalten' Gesellschaft: So versuche das entfremdete und desorientierte Subjekt mithilfe von Coolness nicht nur „Unheil auf psychischer und körperlicher Ebene" abzuwehren, sondern zudem die „Kältepassagen der Existenz" durch eine affirmative Pose zu überwinden und eine „bessere Welt" zu erreichen.[54] Dieser Ansatz wird von vielen anderen Coolness-Theoretiker:innen geteilt, der Philosoph Josef Früchtl etwa erklärt, Coolness mildere „den Schrecken sozialer und existenzieller Kälte" durch deren Ästhetisierung und Stilisierung.[55]

In welchem Verhältnis stehen dann also ‚kalte' und coole Verhaltenslehren zueinander? Manche Studien differenzieren hier im Hinblick auf Zeit, Intention und Ausdruck: Demnach habe die ‚Kälte' der 1920er und 1930er Jahre eine tatsächliche Verhärtung des Subjekts beinhaltet, das sich mit den Traumata des Ersten Weltkrieges und den als Bedrohung wahrgenommenen Wandlungsprozessen der industrialisierten, technologisierten und massenkulturellen Moderne konfrontiert sah. Die in der zweiten Hälfte des 20. Jahrhunderts aufblühende Haltung der Coolness vollziehe hingegen eine Scheinaffirmation und bewahre sich ihre widerständige Position und im Inneren verborgene ‚Wärme'.[56] Auch Helmut Lethen betont in einem Interview, dass sich Coolness von der ‚Kälte' durch die Aufnahme der Ironie unterscheide, ein „Reflexionsmoment", das „dem Kältepathos zuwiderläuft": „Es geht um ein neues Ausbalancieren von Nähe und Ferne. Mit den Soldatenstiefeln der deutschen Kältetradition kann man schlecht tanzen."[57] Was bei all diesen Deutungen der ‚kalten' Verhaltenslehren fehlt, ist der Aspekt der modernistischen Affirmation, also das explizite und ernstgemeinte Ja zur modernen Welt, wie es bereits den Futurismus und die Neue Sachlichkeit kennzeichnete und sich auch im ‚Kälte-Pop' der New-Wave-Bewegung fortsetzte. Die vorliegende Arbeit bricht daher mit dieser verbreiteten negativen Wertung des Kälte-Begriffs. Zur Verdeutli-

---

54 Poschardt: *Cool* (2002), 10–11.
55 Früchtl, Josef: „Helden stellen Helden dar. Coole Typen im Kino", in: Herding, Klaus/Stumpfhaus, Bernhard (Hg.): *Pathos, Affekt, Gefühl. Die Emotionen in den Künsten*, Berlin 2004, 575–591, hier: 589.
56 So etwa Geiger, Annette/Schröder, Gerald/Söll, Änne: „Coolness – Eine Kulturtechnik und ihr Forschungsfeld. Eine Einleitung", in: dies. (Hg.): *Coolness* (2010), 7–16, hier: 15–16, Mentges, Gabriele: „Coolness – Zur Karriere eines Begriffs. Versuch einer historischen und analytischen Annäherung", in: dies. (Hg.): *Coolness* (2010), 17–35, hier: 29, Poschardt: *Cool* (2002), 40, 61, Früchtl: „Helden stellen Helden dar" (2004), 589 sowie Sommer, Andreas Urs: „Coolness. Zur Geschichte der Distanz", in: *Zeitschrift für Ideengeschichte*, Jg. 1, Nr. 1 (2007), 30–44, hier: 32.
57 Lethen zit. n. Jandl, Paul: „‚Wir müssen uns warm tanzen'", in: *Die Welt*, 4. Dezember 2010. URL: https://www.welt.de/print/die_welt/kultur/article11382985/Wir-muessen-uns-warm-tanzen.html (Letzter Zugriff: 24.10.2022). Fraglich bleibt an dieser Stelle, warum die englische Übersetzung von Lethens Buch *Verhaltenslehren der Kälte* dann den Titel *Cool Conduct* trägt. Lethen, Helmut: *Cool Conduct. The Culture of Distance in Weimar Germany*, Berkeley 2002.

chung der historischen Kontinuitäten und weil die ‚Kälte'-Akteur:innen die Kälte-Terminologie selbst nutzten, wird der Begriff der Kälte zwar beibehalten, nicht jedoch seine pejorative Bewertung, die sich auf den politischen bzw. subjekt- und gegenkulturellen Hintergrund seiner ‚Entdecker' zurückführen lässt.

Natürlich hat auch die New-Wave-Bewegung – wie jede andere Sub-, Musik- oder Jugendkultur – eigene Codes der Coolness entwickelt und praktiziert; das für die coole Pose typische, hinter einer Scheinaffirmation versteckte Leiden trifft aber nur auf Teile des ‚Kälte-Pop' zu. Hier lässt sich eine Trennlinie zwischen modernistischen (KRAFTWERK, FSK, DAF) und schwarzromantischen (IDEAL, GRAUZONE, EINSTÜRZENDE NEUBAUTEN) ‚Kälte'-Acts ziehen. Die Untersuchung widmet sich daher nicht nur diesen sich gegenseitig widersprechenden Ausprägungen des ‚Kälte-Pop', sondern auch seiner Einbindung in die globale Popmoderne, an deren Ende eine ‚coole Kälte' stand, die sich von den Ursprungsformen der ‚Kälte' und Coolness gleichermaßen unterschied.

(2) Die deutschsprachige New-Wave-Bewegung
Während zur englischsprachigen New-Wave- und Post-Punk-Bewegung, neben der 2011 erschienenen Dissertationsschrift *Are We Not New Wave* des Musikhistorikers Theo Cateforis,[58] bisher nur eine Handvoll journalistischer Bücher erschienen sind, etwa *Rip It Up And Start Again* (2005) von Simon Reynolds und das Oral-History-Buch *Mad World* (2014) von Lori Majewski und Jonathan Bernstein[59], zog die als „Neue Deutsche Welle" bezeichnete deutschsprachige New Wave deutlich mehr Monografien und Abhandlungen nach sich. Allerdings zeigt sich auch in der deutschsprachigen Literatur ein auffälliger Mangel an geschichtswissenschaftlichen Untersuchungen zur New-Wave-Bewegung: Bereits 1984 veröffentlichten die beiden Musikwissenschaftler und Journalisten Thomas Garms und Mathias Döpfner (der spätere Vorstandsvorsitzende der Axel-Springer-Verlagsgruppe) ein Buch zur NDW, das allerdings ohne jede empirische Forschungsgrundlage, pophistorische Differenzierung der einzelnen Ausprägungen oder wissenschaftliche Distanz zum Untersuchungsgegenstand auskommt.[60] 1989 legte der Musikologe Winfried Longerich die erste wissenschaftliche Analyse der NDW in Form seiner Dissertati-

---

58 Für die Untersuchung nutzte ich die Dissertationsversion: Cateforis, Theo: *Are We Not New Wave? Nostalgia, Technology and Exoticism in Popular Music at the Turn of the 1980s*, Dissertation, Ann Arbor 2000.
59 Reynolds, Simon: *Rip It Up And Start Again. Schmeiß alles hin und fang neu an: Postpunk 1978–1984*, Höfen 2007 (2005); Majewski, Lori/Bernstein, Jonathan: *Mad World. An Oral History of New Wave Artists and Songs That Defined the 1980s*, New York 2014.
60 Döpfner, M. O. C./Garms, Thomas: *Neue deutsche Welle. Kunst oder Mode? Eine sachliche Polemik für und wider die neudeutsche Popmusik*, Frankfurt a. M. u. a. 1984.

onsschrift „Da Da Da". Zur Standortbestimmung der Neuen Deutschen Welle vor. Auf eine Einordnung in den historischen Kontext der Bundesrepublik verzichtet Longerich jedoch genauso wie auf eine subjektkulturelle Aufgliederung, stattdessen benennt er ohne empirische Belege Aspekte wie Arbeitslosigkeit, Umweltzerstörung, „Gesellschaftsutopien" und die Angst vor der Zukunft und atomaren Aufrüstung als die bestimmenden Themen der NDW.[61]

Diese Problematik prägt auch die NDW-Monografie *Geschichte wird gemacht* (2010) der Musikwissenschaftlerin Barbara Hornberger.[62] Ihre Untersuchung zeichnet sich zwar durch eine in der Forschung bis dato ausgebliebene systematische Aufschlüsselung der einzelnen Phasen und Ausprägungen der NDW sowie durch eine äußerst detaillierte, formensprachliche Analyse der Songtexte einzelner Bands aus, klammert jedoch, wie die Historikerin Annette Vowinckel zu Recht angemerkt hat, aktuelle Forschungen zur bundesdeutschen Geschichte der 1970er und 1980er Jahre weitestgehend aus und greift stattdessen auf die Subkultur-Ansätze der Cultural Studies zurück.[63] Hornbergers soziokulturelles Narrativ gleicht daher jenem Longerichs: Ein Teil der bundesdeutschen Jugend habe sich Ende der 1970er Jahre nicht mehr einer Gesellschaft zugehörig gefühlt, die ihnen „Ausbildungs- und Arbeitsplätze, Freiheit, Glück" schuldig geblieben sei; und die Songs der NDW hätten „die soziale Kälte wirtschaftlicher Rezession und repressiver Politik, die Isolation des Einzelnen der Industriegesellschaft und die Entfremdung in einer technisierten Umgebung" gespiegelt. Ausgehend von diesem vermeintlichen „Lebensgefühl" Ende der 1970er und am Anfang der 1980er Jahre zeichnet Hornberger dementsprechend das Bild einer Jugendkultur, die nur zum Schein die „Kälte" der Welt affirmiert.[64]

Dennoch bietet Hornbergers Untersuchung für die vorliegende Arbeit eine aufschlussreiche Analyse der bedeutenden Strategien der NDW-Künstler:innen, seien es jene der Affirmation der ‚kalten' Welt, der Kommunikationsverweigerung und Verschlüsselung oder jene der Ironie, Provokation und Subversion. Diesen Strategien hatten sich zuvor auch schon der Popautor Frank Apunkt Schneider in seiner essayistischen Abhandlung *Als die Welt noch unterging. Von Punk zu NDW* (2007) sowie der Literaturwissenschaftler Christoph Rauen gewidmet, der in seiner Dissertationsschrift *Pop und Ironie* (2010) eine Analyse der Strategien der Iro-

---

[61] Longerich, Winfried: „Da Da Da". Zur Standortbestimmung der Neuen Deutschen Welle, Pfaffenweiler 1989, 64.
[62] Hornberger, Barbara: *Geschichte wird gemacht. Die Neue Deutsche Welle. Eine Epoche deutscher Popmusik*, Würzburg 2010.
[63] Vgl. Vowinckel, Annette: „Neue Deutsche Welle. Musik als paradoxe Intervention gegen die ‚geistig-moralische Wende' der Ära Kohl", in: *Archiv für Sozialgeschichte*, Jg. 52 (2012), 455–490, hier: 458.
[64] Hornberger: *Geschichte wird gemacht* (2010), 235, 240.

nie und subversiven „Überaffirmation" bei den zur NDW-Bewegung gehörenden Musikjournalist:innen der Zeitschriften *Sounds* und *Spex* unternahm.⁶⁵ Die bisher einzige geschichtswissenschaftliche Einordnung dieser Programmatik und der NDW im Allgemeinen stammt von der Historikerin Annette Vowinckel, die argumentiert, dass die Affirmationsstrategien der NDW-Akteur:innen eben keine widerständige Reaktion auf die konservative, „geistig-moralische Wende" zu Beginn der 1980er Jahre darstellten, sondern eine Antizipation derselben zur Durchsetzung einer postmodernistischen Position innerhalb der Gegenkultur.⁶⁶ Hier schließt die von mir unternommene Aufschlüsselung und historische Kontextualisierung des Phänomens ‚Kälte-Pop' als popkultureller Ausdruck eines subjekt- wie gegenkulturellen Umbruchs an. Dass dieser vor allem auf der Ebene des Ästhetischen ausgetragen wurde, wird unter anderem an den bisher erschienenen kunsthistorischen und kulturwissenschaftlichen Büchern, Ausstellungskatalogen und mit essayistischen Beiträgen versehenen Bildbänden deutlich, die sich mit bestimmten Szenen der NDW beschäftigen.⁶⁷ Für die folgende Untersuchung haben diese Bände allerdings einen größtenteils anekdotischen Quellencharakter. Dies gilt auch für jene Biografien und Darstellungen zu einzelnen Bands und Szenen, die von den NDW-Protagonist:innen selbst stammen,⁶⁸ sowie für die Oral-History-‚Romane' von Jürgen Teipel (*Verschwende deine Jugend*, 2001) und Rüdiger Esch

---

65 Schneider, Frank Apunkt: *Als die Welt noch unterging. Von Punk zu NDW*, Mainz 2007; Rauen, Christoph: *Pop und Ironie. Popdiskurs und Popliteratur um 1980 und 2000*, Berlin u. a. 2010. Vgl. dazu auch Geisthövel, Alexa: „Böse reden, fröhlich leiden. Ästhetische Strategien der punkaffinen Intelligenz um 1980", in: Elberfeld, Jens/Otto, Marcus (Hg.): *Das schöne Selbst. Zur Genealogie des modernen Subjekts zwischen Ethik und Ästhetik*, Bielefeld 2015, 367–399.
66 Vowinckel: „Neue Deutsche Welle" (2012).
67 Siehe Groetz, Thomas: *Kunst ⇌ Musik. Deutscher Punk und New Wave in der Nachbarschaft von Joseph Beuys*, Berlin 2002, Neue Gesellschaft für Bildende Kunst e. V./Reichensperger, Petra/Felix, Katrin/Sauerwald, Jan (Hg.): *Lieber zu viel als zu wenig. Kunst, Musik, Aktionen zwischen Hedonismus und Nihilismus (1976–1985)*, Berlin 2003 sowie Emmerling, Leonhard/Weh, Mathilde (Hg.): *Geniale Dilletanten. Subkultur der 1980er-Jahre in Deutschland*, Ostfildern 2015.
68 Siehe etwa Reichelt, Moritz: *Der Plan. Glanz und Elend der Neuen deutschen Welle. Die Geschichte einer deutschen Musikgruppe*, Kassel 1993, Maeck, Klaus (Hg.): *Einstürzende Neubauten. Hör mit Schmerzen, Listen with pain*, Bonn 1989, Müller, Wolfgang: *Subkultur Westberlin 1979–1989. Freizeit*, 2. Aufl., Hamburg 2013, Skai, Hollow: *Alles nur geträumt. Fluch und Segen der Neuen Deutschen Welle*, Innsbruck 2009, Hacke, Alexander: *Krach. Verzerrte Erinnerungen*, Berlin 2015 sowie Spies, Miriam/Esch, Rudi/Görl, Robert/Delgado, Gabi: *Das ist DAF. Deutsch-Amerikanische Freundschaft. Die autorisierte Biografie*, Berlin 2017.

(*Electri_City*, 2014), in denen die damaligen Akteur:innen ihre retrospektive Sicht auf die Ereignisse wiedergeben.[69]

(3) Krisen- und Transformationsdiskurse: Die Bundesrepublik Ende der 1970er Jahre

Popgeschichte räumt mit der veralteten Vorstellung auf, Pop sei eine in sich geschlossene, rein „eigendynamische" Sphäre. Popkulturelle Phänomene wie die ‚kalte' Musik lassen sich in Gänze nur in ihrem historischen Kontext verstehen. Wie die oben beschriebenen Beispiele zeigen, greifen kultur- und musikwissenschaftliche Beiträge zu popkulturellen Erscheinungen Ende der 1970er und Beginn der 1980er Jahre, wie etwa Punk und New Wave/Post-Punk, häufig auf das Krisen-Narrativ zurück und deuten ihre Forschungsgegenstände als Reaktionen auf gesamtgesellschaftliche wie individuelle Bedrohungsszenarien. Tatsächlich kennzeichnen die 1970er Jahre und besonders das Ende des Jahrzehnts eine Reihe von gravierenden Umbrüchen und Ereignissen, die weltweit noch lange nachwirken sollten.[70] Dazu gehörten auf wirtschaftlicher Ebene der Zusammenbruch des Weltwährungssystems, der erste (1973) und zweite Ölpreisschock mitsamt der folgenden Wirtschaftskrise (1979), eine dramatisch steigende Inflation, wachsende Arbeitslosigkeit, eine zunehmende Staatsverschuldung und ein massiver Umbruch in der Arbeitsstruktur und -kultur. Die ökonomische Entwicklung hatte unter anderem zur Folge, dass der klassische Industriearbeiter aus dem Straßenbild verschwand und Industriebrachen entstanden, die Anselm Doering-Manteuffel und Lutz Raphael zufolge für eine lange Zeit den „Eindruck des Niedergangs" verstärkten und eine „Atmosphäre des Verfalls" ausstrahlten.[71] Die beiden Historiker entwickelten daher für die Zeit nach 1970 den Begriff „nach dem Boom", der sich in der Forschung schnell etablierte. Weitreichende Folgen hatten auf politischer Ebe-

---

69 Teipel, Jürgen: *Verschwende deine Jugend. Ein Doku-Roman über den deutschen Punk und New Wave*, Frankfurt a. M. 2001; Esch, Rüdiger: *Electri_City. Elektronische Musik aus Düsseldorf 1970–1986*, 2. Aufl., Berlin 2014.
70 Siehe dazu etwa Jarausch, Konrad (Hg.): *Das Ende der Zuversicht? Die siebziger Jahre als Geschichte*, Göttingen 2008 sowie Raithel, Thomas/Rödder, Andreas/Wirsching, Andreas (Hg.): *Auf dem Weg in eine neue Moderne? Die Bundesrepublik Deutschland in den siebziger und achtziger Jahren*, München 2009.
71 Doering-Manteuffel, Anselm/Raphael, Lutz: *Nach dem Boom. Perspektiven auf die Zeitgeschichte seit 1970*, 2. Aufl., Göttingen 2010, 56. An dieser Stelle setzt auch der Kulturwissenschaftler Giacomo Bottà mit seinem Konzept „industrial crisis as atmosphere" an, anhand dem er die ästhetische Bearbeitung von Industrialisierung und Deindustrialisierung durch lokale (Post-)Punk-Bands in Großbritannien, Italien, Schweden und der Bundesrepublik untersucht. Bottà, Giacomo: *Deindustrialisation and Popular Music. Punk and 'Post-Punk' in Manchester, Düsseldorf, Torino and Tampere*, Lanham 2020, 32.

ne der NATO-Doppelbeschluss und die Wahl der konservativ-neoliberalen Politikerin Margaret Thatcher zur britischen Premierministerin im Jahr 1979, der in den folgenden Jahren Ronald Reagan in den USA und Helmut Kohl in der Bundesrepublik als politisch ähnlich ausgerichtete Regierungschefs folgten.[72] Auch im sozialen und kulturellen Bereich setzte ein beschleunigter Wandel ein, dessen Indikatoren zeitgenössisch ebenso wie in retrospektiven wissenschaftlichen Analysen als Zeichen eines Niedergangsprozesses interpretiert wurden, unter anderem die verstärkte Individualisierung und Pluralisierung der Lebensstile, die Auflösung der Schichtengesellschaft zu neuen, fluideren sozialen Milieus, sich wandelnde Familienstrukturen und Geschlechtervorstellungen, die allgemeine Abkehr vom Fortschrittsdenken und politischen Utopien sowie die steigende Zahl von Scheidungen, Kirchenaustritten und Suiziden.[73] Der Medienwissenschaftler Werner Faulstich etwa unterstrich, dass der Wertewandel und die Ausdifferenzierung der Lebensstile zu „Defiziten und Krisen" geführt hätten, und sprach an dieser Stelle von einem „Wertrelativismus", der „Orientierungs- und Sinnverlust" nach sich gezogen habe.[74]

Derlei pessimistische Modelle blenden allerdings zumeist aus, dass die 1970er Jahre auch geprägt waren von einem generellen Modernisierungsschub, einer Zunahme des allgemeinen Wohlstands, deutlich verbesserten Bildungschancen, einer Ausweitung des Sozialsystems, der Konsumgesellschaft und Popkultur sowie einer umfassenden Medialisierung vieler Aspekte der Lebenswelt.[75] Einige Historiker:innen und Wirtschaftsforscher:innen haben zudem darauf hingewiesen, dass der ökonomische Strukturbruch und der soziale Wandel im westeuropäischen Vergleich in der Bundesrepublik weniger heftig zutage traten. Die wirtschaftliche Entwicklung seit den 1970er Jahren stelle vielmehr die Normalität nach dem außergewöhnlichen Boom der Nachkriegsjahrzehnte dar.[76] Widersprüchliche Ent-

---

[72] Vgl. Bösch, Frank: *Zeitenwende 1979. Als die Welt von heute begann*, München 2019.
[73] Vgl. etwa Raithel, Thomas/Rödder, Andreas/Wirsching, Andreas: „Einleitung", in: dies. (Hg.): *Auf dem Weg in eine neue Moderne?* (2009), 7–14 sowie Bösch, Frank: „Zweierlei Krisendeutungen. Amerikanische und bundesdeutsche Perspektivierungen der 1970er Jahre", in: *Neue Politische Literatur*, Jg. 56, Nr. 2 (2013), 217–230, hier: 217–219.
[74] Faulstich, Werner: „Gesellschaft und Kultur der siebziger Jahre. Einführung und Überblick", in: ders. (Hg.): *Die Kultur der siebziger Jahre*, München 2004, 7–18, hier: 13.
[75] Vgl. Bösch, Frank: „Boom zwischen Krise und Globalisierung. Konsum und kultureller Wandel in der Bundesrepublik der 1970er und 1980er Jahre", in: *Geschichte und Gesellschaft*, Jg. 42, Nr. 2 (2016), 354–376, Doering-Manteuffel, Anselm: „Nach dem Boom. Brüche und Kontinuitäten der Industriemoderne seit 1970", in: *Vierteljahreshefte für Zeitgeschichte*, Nr. 4 (2007), 559–581, hier: 562–563, Herbert, Ulrich: *Geschichte Deutschlands im 20. Jahrhundert*, München 2014, 946 sowie Sarasin, Philipp: *1977. Eine kurze Geschichte der Gegenwart*, Berlin 2021.
[76] Vgl. Doering-Manteuffel, Anselm/Raphael, Lutz: „Der Epochenbruch in den 1970er-Jahren. Thesen zur Phänomenologie und den Wirkungen des Strukturwandels ‚nach dem Boom'", in:

wicklungen zeigten sich auch in anderen Bereichen: So verzeichneten demoskopische Studien und Umfragen zwar seit Mitte der 1970er Jahre ein wachsendes Misstrauen der Bundesbürger:innen gegenüber anderen Menschen, eine beträchtliche Steigerung von Single-Haushalten und einen generellen Zerfall des Modells der Großfamilie, jedoch zugleich eine stark ausgebreitete Geselligkeit, die gegen die Annahme einer zunehmenden Vereinsamung der Menschen sprach.[77] Auch führte die Abwendung vom utopischen Fortschrittsdenken nicht zu einer allgemeinen Perspektiv- und Hoffnungslosigkeit; stattdessen geriet auf politischer und (pop-)kultureller Ebene nicht nur die Gegenwart in den Fokus der Aufmerksamkeit, sondern auch die Geschichte, von der man sich Orientierung bei der Identitätsbildung und in Fragen aktueller Problemfelder versprach.[78] Angesichts dieser Gleichzeitigkeit widersprüchlicher Prozesse wendet sich der Historiker Frank Bösch dagegen, die (kultur-)pessimistischen Narrative der zeitgenössischen Sozialwissenschaften unreflektiert zu übernehmen und die 1970er Jahre als Phase eines beginnenden Niedergangs zu behandeln. Stattdessen plädiert er dafür, die Umbrüche der damaligen Zeit im ursprünglichen Sinne des Wortes „Krise" zu verstehen, nämlich als Wendepunkte, „die sich durch eine offene Zukunft und hohen Entscheidungsdruck auszeichnen".[79] Daraus ließen sich auch die bisweilen konträr zueinanderstehenden Wahrnehmungen, Beurteilungen und Lösungsansätze erklären, mit denen die verschiedenen Gruppen innerhalb der bundesdeutschen Bevölkerung zu jener Zeit auf dieselben Prozesse und Ereignisse reagierten. Der Historiker Konrad Jarausch spricht in diesem Zusammenhang von einer „paradoxe[n] Gleichzeitigkeit von Krisenwahrnehmung und Aufbruchsgefühl".[80]

Andresen, Knud/Mittag, Jürgen/Bitzegeio, Ursula (Hg.): „Nach dem Strukturbruch"? Kontinuität und Wandel von Arbeitsbeziehungen und Arbeitswelt(en) seit den 1970er Jahren, Bonn 2011, 25–42, hier: 27, Plumpe, Werner: „‚Ölkrise' und wirtschaftlicher Strukturwandel. Die bundesdeutsche Wirtschaft im Zeichen von Normalisierung und Globalisierung während der 1970er Jahre", in: Gallus, Alexander/Schildt, Axel/Siegfried, Detlef (Hg.): *Deutsche Zeitgeschichte – transnational*, Göttingen 2015, 101–123 sowie Werding, Martin: „Gab es eine neoliberale Wende. Wirtschaft und Wirtschaftspolitik in der Bundesrepublik Deutschland ab Mitte der 1970er Jahre", in: *Vierteljahreshefte für Zeitgeschichte*, Jg. 56, Nr. 2 (2008).

77 Vgl. Institut für Demoskopie Allensbach: *Eine Generation später. Bundesrepublik Deutschland 1953–1979. Eine Allensbacher Langzeit-Studie*, 1981, Allensbach am Bodensee, 5, 30, 33, 46.
78 Vgl. Bösch, Frank: „Umbrüche in die Gegenwart. Globale Ereignisse und Krisenreaktionen um 1979", in: *Zeithistorische Forschungen/Studies in Contemporary History*, Jg. 9, Nr. 1 (2012), 8–32, hier: 30 sowie Reichardt: *Authentizität und Gemeinschaft* (2014), 74.
79 Bösch: „Zweierlei Krisendeutungen" (2013), 218–219.
80 Jarausch, Konrad H.: „Krise oder Aufbruch? Historische Annäherungen an die 1970er-Jahre", in: *Zeithistorische Forschungen/Studies in Contemporary History*, Jg. 3, Nr. 3 (2006), 334–341, hier: 340. Vgl. auch Maier, Hans: „Fortschrittsoptimismus oder Kulturpessimismus? Die Bundesrepublik Deutschland in den 70er und 80er Jahren", in: *Vierteljahreshefte für Zeitgeschichte*, Jg. 56, Nr. 1 (2008), 1–17.

In diesem Spannungsfeld von ungebrochenem Fortschritt und verstärkt zutage tretenden Krisenzeichen, das auch die Kultur der Weimarer Republik in den 1920er Jahren geprägt hatte, erlebten die Motive und Strategien der ‚Kälte' eine Wiederbelebung. Ihre Reanimierung ist aufs Engste mit den genannten gesamtgesellschaftlichen Prozessen und der allgemeinen Umbruchsituation verknüpft und muss als *ein* Reaktionsmodell auf diese gelesen werden. Genau genommen stellen die von den ‚Kälte'-Akteur:innen der deutschsprachigen New-Wave-Bewegung eingesetzten Motive und Strategien unter anderem eine Reaktion auf ein anderes Reaktionsmodell dar: auf die in der bundesdeutschen Gesellschaft und insbesondere im linksalternativen Milieu zeitgenössisch verbreiteten Vorbehalte und Ängste sowie den daraus folgenden Umgang mit den vielen, als bedrohlich wahrgenommenen Aspekten einer im Wandel befindlichen Welt. Kritik und Ängste riefen in den 1970er und frühen 1980er Jahren etwa neue Technologien und die voranschreitende Computerisierung der Arbeits- und Lebenswelt hervor.[81] Dahinter stand zum einen die Vorstellung einer dem unvollkommenen Menschen überlegenen, fehlerfrei arbeitenden Maschine, zum anderen aber auch Bedenken gegenüber dem Einsatz moderner Computertechnologie von staatlicher Seite, etwa im Zusammenhang mit der für die Fahndung nach den RAF-Terrorist:innen in den 1970er Jahren eingeführten Rasterfahndung und der für 1983 anberaumten Volkszählung, die als bedrohlicher Eingriff in die Persönlichkeitsrechte wahrgenommen wurden.[82] Enormes Mobilisierungspotential hatten darüber hinaus die zeitgenössischen Ängste vor einer Vernichtung allen Lebens durch Umweltverschmutzung und einen Atomkrieg infolge der Nachrüstung und des beginnenden ‚Zweiten Kalten Kriegs'.[83] Ihren praktischen Ausdruck fanden diese medial und popkulturell aufgegriffenen und forcierten Debatten etwa in der Gründung der Partei Die Grünen 1980 und in der Formierung der Neuen Sozialen Bewegungen (z. B. Umwelt- und Friedensbewegung) zu Massenprotestbewegungen, die ihre Hochphase Anfang

---

81 Vgl. Schuhmann, Annette: „Der Traum vom perfekten Unternehmen. Die Computerisierung der Arbeitswelt in der Bundesrepublik Deutschland (1950er- bis 1980er-Jahre)", in: *Zeithistorische Forschungen/Studies in Contemporary History*, Jg. 9, Nr. 2 (2012), 231–256 sowie Danyel, Jürgen: „Zeitgeschichte der Informationsgesellschaft", in: *Zeithistorische Forschungen/Studies in Contemporary History*, Jg. 9, Nr. 2 (2012), 186–211.
82 Vgl. ebd., 193, 200–201 sowie Heßler, Martina: „Die Halle 54 bei Volkswagen und die Grenzen der Automatisierung. Überlegungen zum Mensch-Maschine-Verhältnis in der industriellen Produktion der 1980er-Jahre", in: *Zeithistorische Forschungen/Studies in Contemporary History*, Jg. 11, Nr. 1 (2014), 56–76. Siehe dazu etwa auch das Titelbild der Zeitschrift *Der Spiegel* vom 17.04.1978, das unter der Überschrift „Die Computerrevolution. Fortschritt macht arbeitslos" einen Roboter zeigt, der einen Arbeiter verdrängt.
83 Siehe Niedhart, Gottfried: „Der Ost-West-Konflikt. Konfrontation im Kalten Krieg und Stufen der Deeskalation", in: *Archiv für Sozialgeschichte*, Nr. 50 (2010), 557–594 sowie Dülffer, Jost: *Europa im Ost-West-Konflikt, 1945–1990*, München 2004.

der 1980er Jahre erlebten.[84] Das vor allem bei jüngeren Deutschen verbreitete Anwachsen apokalyptischer Ängste und ihre Kultivierung durch die Friedens- und Umweltbewegung führten Historiker:innen wie Susanne Schregel und Frank Biess auf eine neue Form angstbesetzter Subjektivität sowie auf die Aufwertung von Sensibilisierung, Subjektivität und Emotionalisierung zurück, die nun zum Ausgangspunkt politischen Handelns genommen wurden.[85] Hier setzten die ‚Kälte'-Akteur:innen an: Auch sie waren als Teil der linksalternativen Gegenkultur sowohl von einem Krisenbewusstsein als auch von einer Aufbruchsstimmung geprägt, verwarfen jedoch das von emotionalisierter Kritik und Protesthaltung bestimmte Reaktions- und Wertemodell des linksalternativen Milieus, das über die Massenprotestbewegungen nun Eingang in die Mehrheitsgesellschaft gefunden hatte, als überholt und reaktionär. Stattdessen lieferten sie einen Gegenentwurf, dessen Aufschlüsselung sich die vorliegende Studie widmet.

(4) Subjektkulturelle Kategorisierung
Um die Bedeutung und Gestalt des ‚Kälte-Pop' bestimmen zu können, ist eine Einordnung des Phänomens in die entsprechenden kulturellen und sozialen Kategorien vonnöten. Als unpassend oder ungenügend erweisen sich hier etwa die Kategorien Jugendkultur und Subkultur: So sind die zumeist zwischen 1955 und 1960 geborenen Protagonist:innen des ‚Kälte-Pop' zu alt für eine Jugendkultur im engeren Sinne; vielmehr fallen sie in den sozialpsychologisch definierten Bereich der Postadoleszenz, jenen die Jugendphase sowohl abschließenden als auch ins Erwachsenenalter verlängernden Lebensabschnitt, dem seit Ende der 1960er Jahre, befördert durch verlängerte Ausbildungszeiten und steigende Studierendenquo-

---

84 Vgl. Greiner, Bernd/Müller, Christian Th./Walter, Dierk (Hg.): *Angst im Kalten Krieg*, Hamburg 2009 sowie Becker-Schaum, Christoph/Gassert, Philipp/Klimke, Martin/Mausbach, Wilfried/Zepp, Marianne (Hg.): „*Entrüstet Euch*". *Nuklearkrise, Nato-Doppelbeschluss und Friedensbewegung*, Paderborn 2012.
85 Vgl. Schregel, Susanne: „Konjunktur der Angst. „Politik der Subjektivität" und „neue Friedensbewegung", 1979–1983", in: Greiner; Müller; Walter (Hg.): *Angst im Kalten Krieg* (2009), 495–520, Miard-Delacroix, Hélène/Wirsching, Andreas (Hg.): *Emotionen und internationale Beziehungen im Kalten Krieg*, München 2020 sowie Biess, Frank: „Die Sensibilisierung des Subjekts. Angst und „Neue Subjektivität" in den 1970er Jahren", in: *WerkstattGeschichte*, Jg. 49 (2008), 51–71 und ders.: *Republik der Angst. Eine andere Geschichte der Bundesrepublik*, Reinbek bei Hamburg 2019, 361–411. Vgl. auch Schildt, Axel: „‚German Angst'. Überlegungen zu einer Mentalitätsgeschichte der Bundesrepublik", in: Münkel, Daniela/Schwarzkopf, Jutta (Hg.): *Geschichte als Experiment. Studien zu Politik, Kultur und Alltag im 19. und 20. Jahrhundert: Festschrift für Adelheid von Saldern*, Frankfurt a. M. 2004, 87–98. Dass sich auch die Zeitgenoss:innen dieser Aufwertung der Angst bewusst waren, zeigt etwa der Beitrag von Zimmer, Dieter E.: „Deine Angst und meine Angst", in: *Die Zeit*, Nr. 47, 13. November 1981. URL: *https://www.zeit.de/1981/47/deine-angst-und-meine-angst* (Letzter Zugriff: 24.10.2022).

ten, immer mehr junge Menschen zugerechnet werden können. Auch der Subkultur-Begriff trifft aufgrund der mit ihm verknüpften Widerstandshaltung gegen die hegemoniale Kultur nicht auf das Phänomen des ‚Kälte-Pop' zu, der sich doch gerade durch sein explizites Ja auszeichnet, wenn dies auch zuweilen subversiv intendiert war. Stattdessen lässt sich ‚Kälte-Pop' als eine Ende der 1970er Jahre entstandene ästhetische Bewegung postadoleszenter Pop-Anhänger:innen innerhalb der postmodernistischen Gegenkultur definieren, die sich aus mehreren Szenen zusammensetzte, eine künstlerische und subjektkulturelle Brücke zur Subjekttransformationsbewegung der historischen Avantgarden der 1920er Jahre schlug und die Subjektkultur der Postmoderne miteinleitete und mitbestimmte.

Grundlage und Rahmen dieses Modells bildet das von dem Kultursoziologen Andreas Reckwitz in seinem Buch *Das hybride Subjekt* (2006) entwickelte Konzept der Subjektkulturen.[86] Ausgehend von den sozialen und kulturellen Praktiken und Codes, die von den verschiedensten Subjektformen getragen werden und diese tragen, beschreibt Reckwitz die Geschichte der Moderne als eine konfliktreiche Sequenz von unterschiedlichen Subjektordnungen. Diese Subjektkulturen definieren die Gestalt des Subjekts und ziehen zur Differenzmarkierung die vorangegangenen Subjektordnungen als Negativfolie heran, von deren Identitäts- und Ordnungsmodellen sie aufgrund ihrer spezifischen Hybridität dennoch einzelne Aspekte übernehmen. Reckwitz zufolge zeigen sich in der Geschichte der westlichen Gesellschaften drei jeweils in ihrer Zeit dominante und in kultureller Differenz zueinanderstehende Subjektkulturen: Die erste Subjektordnung bildet die „bürgerliche Moderne" des 18. und 19. Jahrhunderts, gefolgt von jener der „organisierten Moderne" (oder auch „Angestelltenkultur") der 1920er bis 1970er Jahre. Das Subjekt der Letztgenannten zeichnet sich laut Reckwitz durch eine verstärkte Außenorientierung auf, überprüft das eigene Verhalten ständig „im Lichte der Anderen" und beurteilt wiederum andere Menschen entlang ihres Verhaltens.[87] Dabei betreibe das post-bürgerliche Subjekt eine Entemotionalisierung der äußeren Performance und suche jeden Ausdruck von Gefühlen zu vermeiden, da diese im Bereich der Öffentlichkeit grundsätzlich negativ konnotiert seien.[88] Auf die Subjektordnung der Angestelltenkultur folgte in den 1980er Jahren als Drittes schließlich die bis heute hegemoniale postmoderne Subjektkultur, deren Modell einer *„kreativ-konsumtorischen Subjektivität"* in Differenz zum kontrollierten, expressionslosen und konformistisch-regelorientierten Subjekt der organisierten Moderne stehe.[89]

---

[86] Reckwitz, Andreas: *Das hybride Subjekt. Eine Theorie der Subjektkulturen von der bürgerlichen Moderne zur Postmoderne*, Weilerswist 2006.
[87] Ebd., 41.
[88] Ebd., 416–417.
[89] Ebd., 15–16, 635. Hervorhebung i. O.

Die Ablösung der jeweils dominanten Subjektkultur durch die nächste wird laut Reckwitz in den „Epochenschwellen" in Form von Kulturkämpfen offen ausgetragen. Als Motoren dieser Umbrüche identifiziert er drei zeitlich weit voneinander getrennte ästhetische Bewegungen, die miteinander in einem kulturellen Verweisungszusammenhang stehen und gegen die jeweilige hegemoniale Subjektkultur opponieren, aus der sie selbst stammen: die Romantik-Bewegung Anfang des 19. Jahrhunderts, die historischen Avantgarden der 1910er und 1920er Jahre sowie die mit dem Postmodernismus verknüpfte Gegenkultur der 1960er und 1970er Jahre.[90] Diese ästhetischen Bewegungen nahmen nicht nur Einfluss auf die jeweils folgende hegemoniale Subjektkultur, sondern ebenso auf die nachfolgenden ästhetischen Bewegungen. So wirkt die von den neusachlichen Künstler:innen der 1920er Jahre entwickelte „Ästhetik der perfekten Form" in der Angestelltenkultur fort, ebenso die von der avantgardistischen Subjektkultur prämierte „Theatralität des Selbst", nicht aber die transgressiven Aspekte der Avantgarden, etwa der Wille zum Tabubruch und der Ansatz des avantgardistischen Subjekts zur „spielerischen Ironisierung und individuellen Ästhetisierung seiner selbst".[91] Allerdings werden diese Sinnelemente in Kombination mit jenen des romantischen Subjekts in die ästhetische Bewegung der postmodernistischen Gegenkultur und zu Teilen in das darauf folgende Subjekt der postmodernen Kultur aufgenommen. So fügt das Kreativsubjekt der postmodernistischen Gegenkultur Elemente unterschiedlicher historischer Herkunft bzw. aus den verschiedenen Subjektkulturen in Form einer Bricolage (Claude Lévi-Strauss) neu zusammen.[92] Zentrales ‚Werkzeug' der Subjektivation sind für das postmodernistische Subjekt – wie zuvor für das romantische und das Avantgarde-Subjekt – die als „Technologien des Selbst" (Michel Foucault) bezeichneten Alltagstechniken, mit denen das moderne Subjekt sich selbst und alle Aspekte seiner Lebensumwelt auf semiotischer (Codes, Diskurse) wie körperlicher Ebene stilisiert.[93]

Aus einer geschichtswissenschaftlichen Perspektive werden solche Großnarrative der Soziologie zu Recht kritisch behandelt, nicht zuletzt, weil dadurch bedeutende subjekthistorische Prozesse ausgeklammert werden, die nicht in das Phasenmodell passen – hier etwa die mit der Entstehung von Pop verknüpften, umwälzenden (Subjektivierungs-)Prozesse der 1950er und 1960er Jahre.[94] Für eine Untersuchung des ‚Kälte-Pop' ist Reckwitz' Konzept der Subjektkulturen dennoch auf mehrfache Weise operationalisierbar: So lässt sich die Reanimierung des von

---

90 Ebd., 17.
91 Ebd., 335.
92 Ebd., 26, 564.
93 Ebd., 58, 453, 490.
94 Siehe Mrozek: *Jugend – Pop – Kultur* (2019).

den historischen Avantgarden und vor allem der Neuen Sachlichkeit hervorgebrachten ‚Kälte-Kults' durch die deutschsprachige New-Wave-Bewegung zum einen als Ausdruck des Stilmix lesen, den das gegenkulturelle Subjekt betreibt. Im Hinblick auf den Verweisungszusammenhang, den Reckwitz zwischen den ästhetischen Bewegungen ausmacht, wird sogar eine subjektkulturell-ästhetische Brücke zwischen den historischen Avantgarden und der postmodernistischen Gegenkultur offenbar. Beide Phasen waren geprägt von der Genese verschiedenster künstlerischer Ausdrucksformen und revolutionärer Subjektmodelle. Im Gegensatz zur Romantik und den historischen Avantgarden findet die ästhetische Subjektivierung des gegenkulturellen Subjekts aber nicht länger in kleinen Kunst-Kreisen statt, sondern vor allem in der „Praxis des Musikerlebens", und sie erfasst durch die kulturindustrielle Produziertheit von Musik nun größere gesellschaftliche Einheiten.[95] Pop spiegelt seitdem nicht nur gesamtgesellschaftliche Prozesse, vielmehr bringt Pop diese auch selbst hervor. ‚Kälte-Pop' stellt in diesem Zusammenhang keinen beliebigen Musikstil dar, sondern ein spezifisches Subjektmodell, das in der deutschen Kulturgeschichte eine längere Tradition hat und bis in die Gegenwart wirkt.

Schließlich ermöglicht das Subjektkulturen-Modell eine Verortung des Entstehungszeitpunktes ‚kalter' Musik, nämlich am Ende einer „Epochenschwelle": am Übergang von der ästhetischen Bewegung der kulturrevolutionären Gegenkultur zur hegemonial werdenden postmodernen Subjektkultur. ‚Kälte-Pop' lässt sich in diesem Sinne als Teil und Ende der ‚langen 1970er Jahre' lesen, jener aus historiografischer Sicht die kalendarische Dekade überschreitenden Phase vom Beginn der studentischen Protestgeneration und sozialliberalen Koalition (1968/69) bis zur konservativ-liberalen Regierungsübernahme unter Helmut Kohl (1982/83).[96] Deutlich wird hierbei die historische Parallele: So wie das neusachliche Subjekt innerhalb und am Ende der Avantgarde-Bewegung gegen das expressionistische Avantgarde-Subjekt opponierte, das in den ‚langen 1920er Jahren' zwischen dem Ende des Ersten Weltkriegs 1918 und der Machtübernahme der Nationalsozialisten im Jahr 1933 seinen Auftritt hatte, initiieren die Künstler:innen des ‚Kälte-Pop' innerhalb und am Ende der Gegenkultur ein ästhetisches Subjekt, das auf dem gegenkulturellen Subjektmodell aufbaut, aber dessen emotional-expressive und antimodernistische Ausprägungen ablehnt. Die folgende Untersuchung widmet sich da-

---

[95] Reckwitz: *Das hybride Subjekt* (2006), 442, 475.
[96] Vgl. Jarausch: „Krise oder Aufbruch?" (2006), 336–337 sowie Siegfried, Detlef: „,Einstürzende Neubauten'. Wohngemeinschaften, Jugendzentren und private Präferenzen kommunistischer ‚Kader' als Formen jugendlicher Subkultur", in: *Archiv für Sozialgeschichte*, Jg. 44 (2004), 39–66, hier: 41.

her auch der Frage, inwiefern die ‚Kälte'-Strategien der New-Wave-Akteur:innen eine Neupositionierung innerhalb der Gegenkultur darstellen.

Um diese Ausdifferenzierung und Abspaltung innerhalb der Gegenkultur begrifflich zu fassen, habe ich das Modell der ‚78er' entwickelt, die auf der Grundlage postmodernistischer und poststrukturalistischer Ansätze gegen die als anachronistisch und reaktionär verworfenen Ideale, Aktionsformen und Subjektmodelle der ‚alten' linksalternativen Gegenkultur agierten.[97] Neben dieser politisch-weltanschaulichen Dimension, die auf die als ‚68er' bezeichnete Protestgeneration als gemeinsamen Ausgangspunkt wie referentielles Negativmodell verweist und die ‚78er' als Teil und Ausgang der linken Gegenkultur bestimmt, besitzt der ‚78er'-Begriff zudem eine popkulturelle Dimension: ‚1978' steht hier für die Dialektik, Folge, Weiterentwicklung und zum Teil auch Gegenprogrammatik zu 1977, jenem Jahr, das mit den Debüt-Alben von Pionierbands des Punk (SEX PISTOLS, THE CLASH), Industrial (THROBBING GRISTLE) und New Wave/Post-Punk (ULTRAVOX, THE STRANGLERS, TALKING HEADS, SUICIDE) und wegweisenden Produktionen von KRAFTWERK (*Trans Europa Express*), David Bowie („*Heroes*", *Low*) und Giorgio Moroder („I Feel Love") einen popmusikalischen Um- und Aufbruch revolutionären Ausmaßes erlebte.[98] Tatsächlich hatten die hier untersuchten Phänomene einen längeren Vorlauf, wie ja auch der Begriff der ‚68er' für eine Entwicklung steht, die schon deutlich früher begann. Als Oberbegriff für eine aus verschiedenen lokalen Szenen bestehende Bewegung, die sich in der Wahl ihrer Codes, Stilmittel, Verhaltenslehren und Wertemuster vom innerhalb der Gegenkultur hegemonial gewordenen Teil abgrenzt, erlaubt der Begriff der ‚78er' eine soziokulturelle wie (pop-)historische Differenzmarkierung.[99]

---

[97] Die hier vertretene Definition der ‚78er' unterscheidet sich von jener der Publizisten Reinhard Mohr und Matthias Horx, die unter demselben Begriff – mit der Terrorwelle der RAF im Herbst 1977 und dem *Tunix*-Kongress von 1978 als Initialzündung und Generationsmarker gegenüber den ‚68ern' – die politisch engagierten Vertreter:innen des linksalternativen Milieus verstehen, also jene Bewegung, die von den ‚Kälte'-Künstler:innen zum Hauptgegner erkoren wurde. Siehe Horx, Matthias: *Aufstand im Schlaraffenland. Selbsterkenntnisse einer rebellischen Generation*, Frankfurt a. M. 1989 und Mohr, Reinhard: *Zaungäste. Die Generation, die nach der Revolte kam*, Frankfurt a. M. 1992. Vgl. dazu Bebnowski, David: *Generation und Geltung. Von den „45ern" zur „Generation Praktikum"* – *übersehene und etablierte Generationen im Vergleich*, Bielefeld 2012, 123–158.

[98] Vgl. Neidhart, Didi: „Trans Europa Express. Zwischen Postkarten-Klischees, Pop-Affirmation & Planet Rock", in: Schütte (Hg.): *Mensch – Maschinen – Musik* (2018), 70–87, hier: 70.

[99] Vgl. dazu Seegers, Lu: „Pop und Generationalität. Anmerkungen zu einer vernachlässigten Beziehung", in: Geisthövel; Mrozek (Hg.): *Popgeschichte* (2014), 79–99. Zum Begriff/Konstrukt der „Szene" siehe Hitzler, Ronald/Niederbacher, Arne: *Leben in Szenen. Formen juveniler Vergemeinschaftung heute*, 3., vollständig überarbeitete Auflage, Wiesbaden 2010, 15–17.

Im ‚Kälte-Pop' formierte sich eine Gegenkultur zur Gegenkultur, die dennoch Teil von ihr blieb. So setzten sich zwar auch die ‚78er' vor allem aus jungen Menschen mit höherem Bildungsgrad zusammen und folgten dem gegenkulturellen Anspruch der kreativen Stilisierung des Selbst und gesamten Lebens, verwehrten sich aber gegen die Verhaltenslehren der linksalternativen Gegenkultur. Im offensiven Einsatz von Motiven und Strategien der ‚Kälte' drückte sich eine Reaktion auf das ‚warme' Subjekt der Counter Culture aus, das von dessen Gegner:innen üblicherweise mit dem abwertend gemeinten Begriff „Hippie" belegt wurde. Tatsächlich lassen sich die von Sven Reichardt in seinem Buch *Authentizität und Gemeinschaft* (2014) aufgeschlüsselten Praktiken, Denk-, Wahrnehmungs- und Wertemodelle des linksalternativen Milieus als Negativfolie zu den ‚Kälte'-Lehren lesen.[100] Zentrale Elemente der linksalternativen Gesinnung waren etwa eine Sorge um die Natur, eine moralische „Betroffenheitsrhetorik", ein demonstrativer Altruismus, der mit Mäßigungs- und Verzichtsvorstellungen verknüpft war, eine zumeist kulturpessimistische Konsum- und Fortschrittsskepsis sowie eine Ablehnung von Bürokratie und Technologie, die für die vermeintlich steigende Entfremdung des Menschen von sich und anderen verantwortlich gemacht wurden.[101] Diese Aspekte bildeten zugleich den „Nährboden" für die Neuen Sozialen Bewegungen, die Anfang der 1980er Jahre Menschen unterschiedlicher politischer und weltanschaulicher Lager im Protest für Frieden und Umweltschutz vereinten.[102] In den Songs der New-Wave-Bewegung wurden explizit politische Themen nur äußerst selten behandelt, ausgetragen wurde der innergegenkulturelle Konflikt stattdessen durch die Verhaltenslehren und Ästhetiken der ‚Kälte', die dadurch eine politische Dimension erlangten.

Darüber hinaus zeichnete sich das linksalternative Milieu durch eine Reihe von charakteristischen Praktiken aus, die auf besonders große Ablehnung bei den ‚Kälte'-Akteur:innen stießen. Dazu gehörte etwa die von den ‚78ern' als Weltflucht verschmähte Praxis des ‚Aussteigens', sei es in (Land-)Kommunen, intime Wohngemeinschaften und andere Kollektive (Sekten, K-Gruppen), sei es durch den Konsum halluzinogener oder sedativer Rauschmittel, die zugleich der Aufsprengung des ‚Körperpanzers' dienen sollten. Scharf grenzten sich die ‚Kälte'-Vertreter:innen zudem von den linksalternativen Forderungen nach emotionaler Expressivität, Unmittelbarkeit, Ganzheitlichkeit und ‚Authentizität' sowie von den Ritualen und Verhaltenslehren gemeinschaftlicher ‚Wärme' ab, wozu etwa Sensibilität, Emotionalität und eine ‚Kultur der Nähe' zählten.[103] Das Gemeinschaftsmodell des

---

100 Reichardt: *Authentizität und Gemeinschaft* (2014).
101 Ebd., 30, 51.
102 Ebd., 15.
103 Ebd., 55–60.

linksalternativen Milieus zielte auf eine Aufhebung jeglicher Distanz und auf eine Politisierung intimer Lebensbereiche und des Lebensalltags, in Bekenntnis-Ritualen hatte der/die Einzelne sich selbst und dem Kollektiv eigene vermeintliche Mängel einzugestehen – ‚Authentizität' wurde zu einer „Selbstverpflichtung" sich und anderen Milieumitgliedern gegenüber.[104] Die Akteur:innen des ‚Kälte-Pop' lehnten die linksalternative Gemeinschaftlichkeit als regressiv und beklemmend ab, stattdessen initiierten sie Motive und Verhaltenslehren der ‚Kälte', die denen des linksalternativen Milieus diametral gegenüberstanden: Verhärtung statt Auflösung des Körperpanzers, Distanz statt Nähe, Gesellschaft statt Gemeinschaft, Entemotionalisierung statt Gefühlsbetontheit, Urbanität und Technologie statt Natur und Landflucht, sachliche Objektivität statt emotionaler Subjektivität, betonte Künstlichkeit statt ‚Natürlichkeit' und ‚Authentizität', absolute Gegenwärtigkeit statt utopischer Träumereien, Selbstdisziplinierung und Funktionalität statt Aussteigertum und Protesthaltung.

Deutlich wird in dieser Gegenüberstellung von linksalternativer Gegenkultur und ‚Kälte'-Bewegung die außerordentliche Bedeutung von Emotionen bzw. des Umgangs mit ihnen in den verschiedenen Subjektkulturen und ästhetischen Bewegungen. Zu Recht machen Emotionshistoriker:innen auf die neuen Einblicke in kultur-, sozial-, politik- und wirtschaftshistorische Phänomene aufmerksam, die eine Untersuchung von Gefühlen, genauer deren Ausdruck, Wahrnehmung und Bedeutung verschaffen kann, sind diese doch historisch wandelbar und verändern sich mit der jeweiligen Subjektkultur.[105] Anstatt zwischen den vermeintlich ‚echten' Gefühlen im Inneren des Individuums und der äußeren Gefühlsexpression zu unterscheiden, werden in der vorliegenden Untersuchung Emotionen als soziale Konstruktionen betrachtet, die erst im Ausdruck, also durch Handeln hergestellt, modelliert, inszeniert und ‚navigiert' werden. In der historischen Emotionsforschung hat sich dieser Ansatz durchgesetzt und geht insbesondere auf die Theorien des Historikers William S. Reddy zur ‚Gefühlsnavigation' zurück.[106] Wie die Gefühle über „emotives", also bestimmte Sprechakte und Praktiken entwickelt wer-

---

104 Ebd., 71. Der Historiker Maik Tändler spricht in diesem Zusammenhang von einem „höchst anspruchsvollen, skrupulösen Selbstbeobachtungs- und Selbstmodellierungsregime". Tändler, Maik: „‚Psychoboom'. Therapeutisierungsprozesse in Westdeutschland in den späten 1960er- und 1970er-Jahren", in: Maasen, Sabine/Elberfeld, Jens/Eitler, Pascal (Hg.): *Das beratene Selbst. Zur Genealogie der Therapeutisierung in den „langen" Siebzigern*, Bielefeld 2011, 59–94, hier: 76.
105 Siehe etwa Verheyen, Nina: „Geschichte der Gefühle", Version 1.0, 18. Juni 2010 (Letzte Aktualisierung: 18.06.2010). URL: *http://docupedia.de/zg/verheyen_gefuehle_v1_de_2010* (Letzter Zugriff: 24.10.2022), Frevert, Ute: „Was haben Gefühle in der Geschichte zu suchen?", in: *Geschichte und Gesellschaft. Zeitschrift für Historische Sozialwissenschaft*, Jg. 35, Nr. 2 (2009), 183–208 und Plamper, Jan: *Geschichte und Gefühle. Grundlagen der Emotionsgeschichte*, München 2012.
106 Reddy, William M.: *The Navigation of Feeling. A Framework for the History of Emotions*, Cambridge 2001.

den, ist Reddy zufolge abhängig vom gesellschaftlich dominanten „emotional regime", das bestimmt, welche Gefühle und Gefühlsäußerungen legitim sind. Die Mediävistin Barbara Rosenwein erweiterte dieses Konzept um die Hypothese, dass sich Gesellschaften stets aus verschiedenen „emotional communities" zusammensetzen, die in Konkurrenz zueinander stehen und jeweils eigene „emotional regimes" und „emotives" besitzen.[107] Dieser Ansatz ermöglicht einen emotionshistorischen Zugang sowohl zur Erforschung von Pop- und Jugendkulturen, die mit unterschiedlichen und sich nicht selten gegenseitig ablehnenden Gefühlsordnungen aufwarten,[108] als auch von miteinander konkurrierenden Subjektkulturen und Bewegungen.

So lässt sich ‚Kälte-Pop' nicht nur in seinem emotionshistorischen Verhältnis zur Mehrheitsgesellschaft und linksalternativen Gegenkultur, sondern auch zu anderen, zeitgleich existierenden Popkulturen in den Blick nehmen. Eine besondere Rolle kommt dabei dem Körper und den genutzten Körpertechniken zu, die Emotionen aktiv als Gefühlspraktiken herstellen.[109] Zentrale Frage wird in diesem Zusammenhang sein, wie ‚Kälte' performativ dargestellt wird und wie sie sich von anderen, vor allem ‚warmen' Körpertechniken und Pop-Inszenierungen unterscheidet. Hierbei geraten insbesondere Bilder von ‚Männlichkeit' in den Blick, die parallel zu den damit verknüpften Emotionen ebenso historisch wie subjektkulturell variieren.[110] Das radikale Kontrastprogramm der ‚Kälte'-Bewegung zur hegemonialen Gegenkultur beinhaltete eine zumeist als ‚männlich' gelesene Selbststilisierung, sowohl für Frauen wie Männer, die zwar dem gegenkulturellen Anspruch der „Verähnlichung des Geschlechterhabitus" entsprach, dem linksalternativen Bemühen um eine ‚Feminisierung' des männlichen Subjekts und seines Habitus jedoch entgegenlief.[111] Konzepte von ‚Männlichkeit' werden, wie die Historiker:innen Manuel Borutta und Nina Verheyen betonen, eben nicht nur in Abgrenzung zu ‚Weiblichkeit' entworfen, sondern auch zu anderen Modellen von ‚Männlich-

---

107 Rosenwein, Barbara H.: *Emotional communities in the early Middle Ages*, Ithaca 2006.
108 Zu Emotionen und Pop siehe Wellmann, Henning: „Pop- und Emotionsgeschichte. Eine viel versprechende Partnerschaft", in: Geisthövel; Mrozek (Hg.): *Popgeschichte* (2014), 201–225, Heesch, Florian/Hornberger, Barbara (Hg.): *Rohe Beats, harte Sounds. Populäre Musik und Aggression*, Hildesheim u. a. 2015 sowie Bösch, Frank: „Medien und Emotionen. Zugänge der Geschichtswissenschaft", in: Bartsch, Anne/Eder, Jens/Fahlenbrach, Kathrin (Hg.): *Audiovisuelle Emotionen. Emotionsdarstellung und Emotionsvermittlung durch audiovisuelle Medienangebote*, Köln 2007, 142–155.
109 Vgl. Eitler, Pascal/Scheer, Monique: „Emotionengeschichte als Körpergeschichte. Eine heuristische Perspektive auf religiöse Konversionen im 19. und 20. Jahrhundert", in: *Geschichte und Gesellschaft. Zeitschrift für Historische Sozialwissenschaft*, Jg. 35, Nr. 2 (2009), 282–313
110 Vgl. Borutta, Manuel/Verheyen, Nina (Hg.): *Die Präsenz der Gefühle. Männlichkeit und Emotion in der Moderne*, Bielefeld 2010 sowie Gerards, Marion/Loeser, Martin/Losleben, Katrin (Hg.): *Musik und Männlichkeiten in Deutschland seit 1950. Interdisziplinäre Perspektiven*, München 2013.
111 Vgl. Reckwitz: *Das hybride Subjekt* (2006), 549.

keit'.[112] Ausdruck fand dies etwa im Hang der ‚Kälte'-Künstler:innen zu ‚kalten' Materialien, strengen Formen und kurzen, nicht selten ordentlich gescheitelten Frisuren, die den im linksalternativen Milieu üblichen Langhaarfrisuren (sowohl bei Frauen als auch Männern), wallenden Kleidern, kuschligen Stoffen und ‚warmen' Farben entgegengestellt wurden.

1.4 Aufbau

Ausgehend von den Rahmenbedingungen und Einflussfaktoren dringt die vorliegende Untersuchung immer tiefer zum Kern des ‚Kälte-Pop' bzw. zu den Motiven und Strategien der ‚Kälte' vor. Einleitend werden im zweiten Kapitel die Grundcharakteristiken, Strukturen, Protagonist:innen und internen Prozesse der Neuen Deutschen Welle sowie deren Verknüpfungen zur Kunstwelt aufgeschlüsselt. Darauf folgt eine chronologische Darstellung der für die Entwicklung des ‚Kälte-Pop' wichtigen Vorgänger und Impulsgeber: die historischen Avantgarden und die vier Genres Krautrock, Industrial, Punk und Post-Punk/New Wave. Dabei werden nicht nur die Verbindungen zwischen diesen künstlerisch-ästhetischen Bewegungen deutlich gemacht, sondern vor allem die Anknüpfungspunkte für die im ‚Kälte-Pop' erprobten Codes, Motive und Strategien. Im Anschluss wird die Bedeutung der deutschen Sprache für die Bewegung und Entwicklung des ‚Kälte-Pop' beleuchtet. Den Abschluss bildet eine Analyse der ‚78er' hinsichtlich ihrer philosophischen, weltanschaulichen und politischen Ausrichtung sowie ihrer bewegungsinternen Wirkmacht. Dafür wird zum einen die Bedeutung der szenenahen Musikpresse und einzelner Journalist:innen sowie zentraler Akteur:innen veranschaulicht, zum anderen werden die Stellung und Distinktionsbemühungen der ‚78er' innerhalb der linksalternativen Gegenkultur reflektiert.

Im dritten Kapitel werden anhand von Sounds, Songtexten, Inszenierungen, Interviews, Zeitschriftenrezensionen und anderen Selbst- wie Fremddarstellungen detailliert die Strategien und Motive des ‚Kälte-Pop' untersucht. Zudem soll hermeneutisch die Motivation der Künstler:innen herausgearbeitet werden. Mithilfe von (Musik-)Zeitschriften und Fanzines werden die Rezensionen dieser Musik und Performances vonseiten der Hörer:innen, Fans und Kritiker:innen nachgezeichnet. Das Einbeziehen ausländischer Presseerzeugnisse in die Analyse gibt dabei Aufschluss über das wechselseitige Verhältnis zwischen den Inszenierungen deutscher Künstler:innen und den Fremdzuschreibungen aus dem Ausland, insbeson-

---

112 Borutta, Manuel/Verheyen, Nina: „Vulkanier und Choleriker? Männlichkeit und Emotion in der deutschen Geschichte 1800–2000", in: dies. (Hg.): *Die Präsenz der Gefühle* (2010), 11–39, hier: 16–17.

dere im Hinblick auf das Konstrukt des ‚kalten Deutschen'. Nach einer Beschreibung der allgemeinen, typenübergreifenden Musikstile und Ästhetiken des ‚Kälte-Pop' folgt eine detaillierte Analyse der fünf zentralen ‚Kälte'-Typen anhand ihrer Motive, Strategien, Funktionen und Effekte. Den Anfang macht der ‚kalte' Technik- und Maschinenkult der Electro-Pop-Pioniere KRAFTWERK und ihrer Nachfolger in der New Wave. Im folgenden Unterkapitel widme ich mich den subversiven Affirmationsstrategien von Gruppen wie FREIWILLIGE SELBSTKONTROLLE (FSK), die mit ihrem „Ja zur Modernen Welt" und weiteren ‚Kälte'-Codes auf eine politisch-philosophische Neuorientierung und Distanzierung von der Ideologie und Praxis der linken Gegenkultur zielten. Diesen progressiven Ausprägungen des ‚Kälte-Pop' steht im nachfolgenden Unterkapitel die eher resignative Affirmation der schwarzromantischen ‚Kälte' von Bands wie IDEAL und GRAUZONE entgegen, die die kritische Rede von der großstädtischen, postmodernen Entfremdung in eine Hymne auf ebendiese verwandelten. Daran knüpft eine Untersuchung des besonders in der West-Berliner Underground-Szene und von Bands wie EINSTÜRZENDE NEUBAUTEN gepflegten dystopischen Untergangs-Kults an, der auf jenen Ängsten baut, die in der Friedens- und Umweltbewegung zum Tragen kommen, allerdings auf Kritik oder Engagement zugunsten einer hedonistischen Affirmation der apokalyptischen Krisenszenarien verzichtet. Das dritte Kapitel endet mit einer Aufschlüsselung der martialischen und ‚hitzigen' Variante des ‚Kälte-Pop' von Düsseldorfer Gruppen wie DAF und DIE KRUPPS, die in ihren Körperbildern Disziplin, Funktionalität, Homoerotik und eine totalitäre Ästhetik verwoben.

Im vierten und letzten Hauptkapitel beschäftige ich mich schließlich mit dem (vorläufigen) Ende, den direkten Effekten und dem Nachleben des ‚Kälte-Pop'. Dabei werden einleitend die Gründe für den Zusammenbruch der NDW-Bewegung und der aus ihr hervorgegangenen ‚Kälte-Welle' in ihrem historischen Kontext skizziert. Dazu gehören Übersättigungserscheinungen, eine inflationäre Nutzung und Kommerzialisierung einst sceneinterner Motive sowie Wandlungsprozesse innerhalb der Szenen, NDW-Bands und in der bundesdeutschen Gesellschaft selbst, die den Wegfall der Ausgangsbedingungen für das ‚Kälte'-Konzept nach sich zogen. Darauf folgt eine Darstellung der (kommerziellen) Erfolge und popkulturellen Effekte des ‚Kälte-Pop', wobei auch gegenläufige Entwicklungen innerhalb der deutschsprachigen Popkultur aufgezeigt werden. Das heißt, die Untersuchung nimmt auch jene Bereiche in den Blick, die sich einer Übernahme ‚kalter' zugunsten ‚warmer' Motive verschlossen oder in denen zwar ‚kalte' Motive Eingang fanden, nicht aber die dahinterstehenden, ursprünglichen ‚Kälte'-Strategien. Im Einzelnen betrachtet werden die deutschsprachige Popliteratur, der sogenannte Diskurs-Pop um Bands wie BLUMFELD und TOCOTRONIC und die „Neue Neue Deutsche Welle" um Gruppen wie WIR SIND HELDEN und SILBERMOND, die Post-Punk-Szenen der DDR, die internationalen Erfolge von Bands wie KRAFTWERK, EINSTÜRZENDE NEUBAUTEN,

DAF und Malaria! sowie das Nachwirken ‚kalter' Electrosounds in der transnationalen Popwelt.

Abschließend widme ich mich den Adept:innen des ‚Kälte-Pop', also jenen Musik-Acts, die Motive und Strategien ‚kalter' Musik über das Ende der New-Wave-Bewegung hinaus weitertrugen oder später reaktivierten. Im Fokus stehen dabei die slowenische Band Laibach, die verschiedenen Subgenres und Szenen des Post-Industrial, der norwegische Black Metal sowie die Bands der sogenannten Neuen Deutschen Härte, und hier insbesondere deren bekanntesten Vertreter Rammstein. Da die ‚kalten' Motive und Strategien einen Prozess der ‚Deterritorialisierung' und folgenden ‚Reterritorialisierung' (Gilles Deleuze / Félix Guattari) durchmachten, das heißt mit dem historischen, (sub-)kulturellen, nationalen und sozialen Kontext zumeist auch ihre Funktion veränderten, gehe ich der Frage nach, wie sich das Fortleben ‚kalter' Motive und Strategien bei diesen ‚Kälte'-Nachfolgern gestaltete und welche Ansätze hinter der Wiederbelebung ‚kalter' Motive und Strategien stehen.

1.5 Quellen

Von Anfang an wurde die Untersuchung des Forschungsobjekts durch den Umstand geprägt und erschwert, dass das hier entwickelte Konzept einer popkulturellen ‚Kälte' so in der Forschung nicht existierte, geschweige denn in der zeitgenössischen Terminologie. Die historische Analyse des ‚Kälte-Pop' gestaltete sich daher als eine Spurensuche, für die auf einen umfänglichen Bestand an Quellenmaterial zurückgegriffen wurde. Dazu gehören zuallererst die Erzeugnisse der hier beleuchteten Musiker:innen selbst, also Schallplatten, Musikkassetten und später CDs, Musikvideos und Live-Mitschnitte, Songtexte, aber auch Tonträger-Gestaltungen und PR-Fotos. Aus einer historischen Perspektive heraus erweist sich die NDW als ein sehr fruchtbares Untersuchungsobjekt, da ihre künstlerischen Produkte zumeist sehr schnell produziert und veröffentlicht wurden und damit die zeitgenössisch relevanten Themen, Trends und Motive widerspiegeln. Einer umfassenden Erschließung dieser Quellen steht jedoch nicht selten deren mangelnde öffentliche Archivierung im Weg: Tonträger sind in Bibliotheken deutlich schwieriger zu finden als Bücher. Dementsprechend habe ich neben meiner privat angelegten Sammlung vor allem auf zwei Online-Plattformen zurückgegriffen, die die Funktion digitaler Archive erfüllen: zum einen die Online-Datenbank *Discogs*, in der sich neben der kompletten Diskografie von Musik-Acts auch die bildnerische Gestaltung (Front- und Backcover, Booklet, Innenhüllen etc.) der verschiedenen Veröffentlichungsversionen finden lässt, und zum anderen das Videoportal *YouTube*, auf dem über die letzten Jahrzehnte eine reiche Auswahl an offiziellen Musikvideos, Mitschnitten von Live-Konzerten und Fernsehauftritten sowie von Musiktracks zusammengetragen wurde, die teilweise als verschollen galten oder nur für Unsummen im physischen Format zu erstehen sind.[113]

Die zweite Hauptquelle bilden Printmedien. Hierzu gehören Beiträge zeitgenössischer Tages- und Wochenzeitungen sowie Boulevardmagazine, deren Analyse es erlaubt, eine Kontextualisierung mit zeithistorischen Diskursen vorzunehmen. Von noch größerer Bedeutung sind insbesondere Musikzeitschriften und Fanzines, die sich mit den Musik-Acts und ihren Produkten beschäftigten und den Künstler:innen durch Interviews eine weitere Möglichkeit zur Präsentation ihrer Inszenierung boten.[114] Hier konnte ich auf die umfangreiche Sammlung des Berliner Archivs der Jugendkulturen zurückgreifen. Einzelne Fanzines und Zeitschriften wie *Sounds* und *Spex* dienen dabei nicht nur als Quelle für Interviews, Konzertberichte und Plattenrezensionen. Sie fungierten auch als Austragungsort für szeneinterne Diskurse und bestimmten so die Entstehung und Ausgestaltung der NDW-Bewegung und des ‚Kälte-Pop' mit. Viele Autor:innen der beiden Zeitschriften waren selbst Teil der NDW-Bewegung und suchten nicht selten einen theoretischen Unterbau und eine spezifische Lesart der vielfältigen Stile, Erscheinungen und Erzeugnisse zu etablieren, die im Zuge der New-Wave-Explosion aufkamen. Die dabei entstandenen Texte zwischen Popjournalismus, Popliteratur und Poptheorie besitzen zwar in begrenztem Maße auch eine auslegende Funktion, das heißt, sie liefern Theoriebausteine für das hier entworfene Konzept, dienen jedoch vor allem als Quelle zur Bestimmung zeitgenössischer Diskurse, Wertungsmuster und Entwicklungsphasen.

Einen vergleichbaren Quellencharakter haben auch die wenigen Eigenpublikationen der untersuchten Künstler:innen. Während zeitgenössische Veröffentlichungen wie etwa der von Wolfgang Müller herausgegebene Band der „Genialen Dilletanten" (1982) oder die Begleithefte und Kataloge der West-Berliner Gruppe Die Tödliche Doris[115] als zeitgenössische künstlerische Produkte analysiert werden können, erfordern zurückblickende Erinnerungen der Protagonist:innen eine differenzierte Herangehensweise. Diese können, etwa im Fall von Wolfgang Müllers

---

113 „Discogs". URL: *www.discogs.com*; „YouTube". URL: *www.youtube.com*.
114 Interviewaussagen und Zeitschriftenbeiträge werden im Folgenden weitestgehend im Original (jedoch mit Format-Anpassung von Bandnamen, Alben etc.) und zumeist ohne Markierung von etwaigen Rechtschreibfehlern wiedergegeben.
115 Siehe etwa Müller, Wolfgang (Hg.): *Geniale Dilletanten*, Berlin 1982 sowie Die Tödliche Doris (Hg.): *Naturkatastrophen. Januar 1982 – April 1984. Video – Objekte – Fotos – Texte*, Katalog zur Single, Berlin 1984.

Darstellung der West-Berliner Untergrundszene in den 1980er Jahren (2013),[116] einen detaillierten Einblick in zeitgenössische Prozesse, Konstellationen, Trends und Diskurse geben, haben aber nicht selten einen anekdotischen Charakter und sind durch die aus zeitlichem Abstand heraus vorgenommene Selbsthistorisierung der eigenen Rolle mitunter verzerrt. Bewusst habe ich mich gegen selbstgeführte Interviews entschieden: Erstens gibt es retrospektive Interviews damaliger Akteur:innen bereits zuhauf; am bekanntesten ist hier neben den vielen Interviews in Zeitungen und Zeitschriften vor allem das Buch *Verschwende Deine Jugend* (2001) des Musikers und Popjournalisten Jürgen Teipel, der darin Gespräche mit rund 80 ehemaligen NDW-Akteur:innen in einem ‚Oral-History-Roman' zusammenführte.[117] Zweitens geben solche Rückblicke, wie Annette Vowinckel zu Recht einwarf, „weniger Aufschluss darüber, wie ‚es eigentlich gewesen' ist, als wie ‚es eigentlich erinnert' wird",[118] weshalb ich mich bei meiner Analyse auf damalige Interviews und Selbstdarstellungen konzentriere. Diese Quellen liefern den Schlüssel zum Verständnis des Phänomens ‚Kälte-Pop', nicht weil sie eine vermeintliche historische ‚Wahrheit' in sich tragen, sondern weil sich in ihnen die zeitgenössisch intendierte Selbstinszenierung dokumentiert.

---

116 Müller: *Subkultur Westberlin 1979–1989* (2013).
117 Teipel: *Verschwende deine Jugend* (2001).
118 Vowinckel: „Neue Deutsche Welle" (2012), 457.

2 Die Geburt des ‚Kälte-Pop': Vorgeschichte und Gestalt eines ästhetisch-kulturellen Konzepts

Abb. 1: Ralf Hütter und Florian Schneider auf dem Cover der *Sounds (UK)* vom 26.11.1977.

Gepflegte Kurzhaarfrisuren, die Kleidung in schwarz-weiß gehalten, die Hemden unter den Krawatten säuberlich zugeknöpft, die Gesichter ohne jede emotionale Regung: Ralf Hütter und Florian Schneider heißen die beiden jungen Herren, die hier am kargen Ufer des Rheins, die berühmte Stahl-Beton-Struktur der Rheinkniebrücke im nebelverhangenen Hintergrund, für das Frontcover der britischen

Musikzeitschrift *Sounds* posieren und dabei jede gängige Rockstar-Pose vermissen lassen (Abb. 1). Weitaus bedeutender noch als die Darstellung der beiden KRAFT-WERK-Köpfe, die sich auf dem Cover und im dazugehörigen Interview[1] ihre neusachliche und technik-positivistische Philosophie umfassend präsentieren durften, ist der Titel dieser *Sounds*-Ausgabe: „New Musick. The Cold Wave".

Hier, Ende des Jahres 1977, zwischen KRAFTWERKS futuristisch-neusachlicher Hymne an die durch Europa rollende Zugmaschine (*Trans Europa Express*, 1977) und ihrem konstruktivistischen Manifest *Die Mensch·Maschine* (1978), wird die ‚Kälte-Welle' am Horizont erstmals sichtbar. 1979 erreichte sie den bundesdeutschen Popstrand und zog sich erst 1982 wieder zurück. Tatsächlich war diese ‚Kälte-Welle' aber nur Teil einer ganzen Reihe von Wellen, die nicht nur in der Bundesrepublik, sondern auch in Resteuropa und Nordamerika wie eine Flut über die Popkultur hereinbrachen. In diesen vier Jahren entstanden unzählige neue Bands, pop- und subkulturelle Szenen, mediale Plattformen und Musikstile, die sich alle der New Wave bzw. dem Post-Punk zurechnen lassen. Die bundesdeutsche Bewegung, gemeinhin unter dem Oberbegriff „Neue Deutsche Welle" gefasst, bildete wiederum den Ausgangspunkt für den ‚Kälte-Pop'. Um dessen Gestalt und Wirken zu verstehen, ist es zunächst notwendig, die NDW-Bewegung hinsichtlich ihrer Grundcharakteristiken, Strukturen, Rahmenbedingungen, Protagonist:innen und internen Prozesse zu untersuchen, wobei der Fokus stets auf dem in der NDW entwickelten ‚Kälte-Pop' gerichtet bleibt. Beschränkt wird der Blick auf die NDW-Bewegung durch dieses Vorgehen keineswegs, denn wie sich zeigt, ist der ‚Kälte-Pop' nicht einfach ein Teilphänomen innerhalb der NDW-Bewegung, sondern Ausdruck einer über Stilgrenzen hinweg wirksamen, sich radikal wandelnden Wahrnehmung, Ästhetik und Haltung zur Welt, Gesellschaft, Popkultur und dem eigenen Subjekt. Die NDW-Bewegung ist untrennbar mit der in ihr entwickelten ‚Kälte' verflochten.

Einleitend widmet sich das Kapitel der NDW selbst, auch in Abgrenzung zu verwandten Bewegungen und Strömungen, und gibt einen Einblick in ihre Gestalt, in die lokalen Szenen und Labels sowie in die verschiedenen künstlerischen Wirkungsfelder. Anschließend zeichnet die Untersuchung die Wurzeln des ‚Kälte-Pop' nach, die bis zu den historischen Avantgarden der Zwischenkriegszeit zurückreichen und in den unterschiedlichen Ausprägungen der „New Musick" konkrete Gestalt annehmen. Darauf folgt eine Aufschlüsselung der Bedeutung der deutschen Sprache und der Performance ‚des Deutschen' für die Bewegung und Entwicklung des ‚Kälte-Pop'. Den Abschluss macht eine Analyse der Wirkmacht jener als ‚78er' betitelten Subjektkultur, die hinter der philosophischen, weltanschaulichen und

---

[1] Synthetic, Hal: „New Musick. Kraftwerk", in: *Sounds (UK)*, 26. November 1977. Hal Synthetic war das Pseudonym des Journalisten Steven Lavers.

politischen Ausgestaltung der NDW-Bewegung steht. Dafür wird der Einfluss und die Wirkmacht der szenenahen Musikpresse und einzelner Journalist:innen auf die Entwicklung und Gestalt der NDW veranschaulicht und die politische Neuausrichtung der ‚78er' innerhalb der linksalternativen Gegenkultur reflektiert. Wie sich zeigt, lag dem ‚Kälte-Pop' der NDW-Musiker:innen keine willkürliche Motivwahl zugrunde, sondern ein subjektkulturelles Programm, das nicht weniger als die Umwertung gesamtgesellschaftlich wie gegenkulturell hegemonialer Normen, Ideale und Verhaltensweisen bedeutete.

2.1 Neue Deutsche Welle(n)

„Es war wie bei einem Vulkanausbruch in der Arktis: Alles war gleichzeitig da, Glut und Eis, eine Menge Lärm, und alles reagierte blitzartig aufeinander. Punk war das Brennende an der Bewegung, die Neue Welle der kühle, elegante Rand."[2] So erinnerte sich der zur Düsseldorfer NDW-Szene gehörende Schriftsteller Peter Glaser an die Geburtsstunde der Bewegung im Jahr 1979. Anschaulich verdeutlicht Glasers Beschreibung die Gleichzeitigkeit konträrer Extreme, die jene schon zeitgenössisch unter dem Label „Neue Deutsche Welle"[3] subsumierten Musiker:innen hervorbrachten. Ob Punk-Rock und Ska, Dialekt-Rock, Pop-Rock und Neo-Schlager, Electro- und Minimal-Pop, Post-Punk und Prä-Dark-Wave, Industrial, EBM und avantgardistische Noise-Collagen, oder eklektische Stilmixe, die sich jeder Kategorisierung entzogen: Nahezu alles, was deutsch sprach, zwischen 1979 und 1983 in Erscheinung trat und nicht bereits zuvor in der bundesdeutschen Musikwelt etabliert war (wie KRAFTWERK, Udo Lindenberg und Nina Hagen), wurde und wird vom Großteil der Medienvertreter:innen und Forscher:innen – und zum Leidwesen der Musiker:innen – unter dem Oberbegriff „Neue Deutsche Welle" bzw. „NDW" zusammengeworfen. Wenig überraschend sind diesem NDW-Modell folgend nicht

---

2 Glaser, Peter: „Tanz im Vakuum", in: *Rolling Stone*, Nr. 10 (2003), 62–63, hier: 63.
3 Die „Erfindung" des Begriffs wird gemeinhin Alfred Hilsberg zugeschrieben, der diesen in einer dreiteiligen *Sounds*-Reportage über die jungen Punk- und New-Wave-Szenen der Bundesrepublik nutzte. Zum ersten Teil siehe Hilsberg, Alfred: „Neue deutsche Welle. Aus grauer Städte Mauern", in: *Sounds*, Nr. 10 (1979), 20–25. Zeitgenössisch existierten verschiedene Schreibweisen, „neue deutsche Welle", „Neue deutsche Welle", „Neue Deutsche Welle" und „NDW", wobei sich die beiden Letztgenannten Anfang der 1980er Jahre durchsetzten, was ihnen den Vorwurf einbrachte, ausschließlich als Marketing- und Kommerzialisierungsbegriffe zu fungieren, etwa von Schöler, Franz: „Wollt ihr den „Totalen Tanz"? Das Schauerspiel der neudeutschen Volksmusik lässt die Kassen klingeln", in: *Die Zeit*, Nr. 29, 16. Juli 1982. URL: *https://www.zeit.de/1982/29/wollt-ihr-den-totalen-tanz* (Letzter Zugriff: 24.10.2022), Graf, Christian: *Das NDW-Lexikon. Die Neue Deutsche Welle – Bands und Solisten von A bis Z*, Berlin 2003, 5 sowie Longerich: „Da Da Da" (1989), 235.

nur die in den Songtexten behandelten Themen und verwendeten Motive vielfältig, sondern auch die dahinterstehenden Strategien und der künstlerische wie philosophische Anspruch.

Dennoch zeichnet die NDW-Bewegung selbst bei einem engen definitorischen Rahmen, der ausschließlich die Akteur:innen der Strömungen Post-Punk und der New Wave umfasst, eine stilistische Heterogenität aus, die sie mit den angloamerikanischen Vorbildern teilte. Auch in der Bundesrepublik basierte diese Vielfalt auf dem Umstand, dass sich die Bewegung aus verschiedenen, zeitgleich entstandenen, lokalen Szenen zusammensetzte, die auf jeweils eigenen musikalischen Einflüsse bauten und unterschiedliche subjektkulturelle Ansprüche verfolgten. Damit spiegelt die NDW zugleich die beschleunigten Pluralisierungsprozesse der bundesdeutschen Gesellschaft dieser Jahre auf popkultureller Ebene wider. Wie die Historikerin Annette Vowinckel zu Recht feststellt, kann daher „kaum von *einer* Neuen Deutschen Welle die Rede sein", handelt es sich hierbei doch vielmehr um verschiedene Teilphänomene, die auch heute noch unter dem NDW-Label firmieren.[4] Entsprechend der auffälligen Parallelen zwischen den historischen Avantgarden und den unterschiedlichen Strömungen der New Wave ist also bereits hier einzuschränken: So wie nicht alle Vertreter:innen der Neuen Sachlichkeit ‚Kälte'-Motive einsetzten oder die Lehren der ‚Kälte' verinnerlicht hatten, trifft dies auch nicht auf alle deutschsprachigen New-Wave- und Post-Punk-Künstler:innen zu. Ziel dieses Kapitels ist es daher nicht, erneut alle stilistischen Ausformungen aufzuzeigen, die gemeinhin als „NDW" bezeichnet werden, sondern die für die Entwicklung und Ausgestaltung der ‚Kälte-Welle' relevanten Rahmenbedingungen, Teilphänomene, Szenen und Akteur:innen zu bestimmen.

Verortung und Kategorisierung
Hierfür ist eine Ausdifferenzierung der unter dem NDW-Begriff zwangsaddierten Strömungen mitsamt ihrer eigenen Ästhetiken, Codes und Praktiken notwendig. Dadurch soll insbesondere ein Reproduzieren der verbreiteten kulturhistorischen Einordnungen der NDW vermieden werden, die zumeist auf der retrospektiven Vermischung dieser verschiedenen Strömungen und Szenen beruhen. Statt also die tatsächlichen Post-Punk- und New-Wave-Künstler:innen, Punk-Rock-Bands (wie PVC, Male, ZK und Hans-A-Plast) sowie die szeneexternen ‚Wellenreiter' der frühen 1980er Jahre (wie Nena, Joachim Witt und Peter Schilling) als pop- und soziokulturelle Einheit zu begreifen, steht im Folgenden der NDW-Begriff ausschließlich für die deutschsprachigen Vertreter:innen des Post-Punk und der New Wave.

---

4 Vowinckel: „Neue Deutsche Welle" (2012), 459. Hervorhebung i. O.

Welche Probleme bei einer undifferenzierten Vermengung von Punk, NDW und Post-NDW-Strömungen auftreten, bezeugt der Großteil der bisher zum Thema erschienenen Beiträge. Fraglos kann etwa festhalten werden, dass die NDW – wie eigentlich jede popkulturelle Strömung – Ausdruck und zu einem gewissen Grad „Spiegel ihrer Zeit"[5] war, nicht zuletzt aufgrund ihrer thematischen Fokussierung auf Alltagsphänomene und individuelle Lebens- wie Erfahrungswelten. Wiederkehrende Themen in den Songtexten von NDW-Gruppen waren etwa die Konsumkultur, das moderne Leben vor dem Hintergrund einer (post-)industriellen und urbanen Kulisse, der technologische Fortschritt mitsamt seiner Exponate und schließlich auch zwischenmenschliche Beziehungen. Je nach Strömung und Stil stellten die NDW-Musiker:innen ihre Haltung zu diesen Aspekten als affirmativ, subtil kritisch und/oder gebrochen dar, gemein war ihnen allen jedoch, dass sie diese Themen in einem dokumentarisch-neusachlichen Gestus zur Sprache brachten. Pauschal als Ausdruck einer Krisenzeit, genauer als kritische Antwort auf fehlende Arbeitsplätze, ökonomische Einschnitte, staatliche Überwachungsmaßnahmen im Zuge des ‚Deutschen Herbst', Umweltzerstörung, atomare Aufrüstung, Perspektivlosigkeit oder ähnliche vermeintliche Krisensymptome lässt sich das NDW-Phänomen daher kaum deuten.[6] Vielmehr verbergen sich hinter diesem Narrativ genau jene Weltsicht und kulturhistorischer Interpretationsansatz der linksalternativen Gegenkultur, von der sich die hier untersuchten NDW- und ‚Kälte'-Protagonist:innen mit allen Mitteln abzugrenzen suchten. Explizit politische Texte, die etwa den Kalten Krieg, zeitgenössische politische Akteur:innen oder Ereignisse thematisieren, finden sich bei den NDW-Musiker:innen – im Gegensatz zu den Vertreter:innen der Punk-Bewegung und den späten NDW-Ausläufern ab etwa 1982 – nur äußerst selten.[7]

Ferner handelt es sich im Gegensatz zur Punk-Kultur bei der NDW auch nicht um eine Jugendkultur, geschweige denn um eine Antwort auf ein „jugendliches Bedürfnis"[8], da die zumeist zwischen 1955 und 1960 geborenen NDW-Künstler:innen ihre Jugendphase bereits hinter sich hatten.[9] Als Generation zwischen den

---

5 Hornberger: *Geschichte wird gemacht* (2010), 192.
6 Dieses Narrativ findet sich etwa bei ebd., 235, Longerich: *„Da Da Da"* (1989), 54, 64, 233 sowie Süß, Winfried/Woyke, Meik: „Schimanskis Jahrzehnt? Die 1980er Jahre in historischer Perspektive", in: *Archiv für Sozialgeschichte*, Jg. 52, Nr. 3–20 (2012), hier: 17.
7 Treffend bemerkt Vowinckel an dieser Stelle: „Dass es sich um eine ‚deutsche' Welle handelte, erscheint in diesem Licht nicht nur als ein spezifisches Merkmal, sondern auch als eine Form von Ignoranz gegenüber der internationalen Politik, sofern sie Deutschland nicht unmittelbar betraf." Vowinckel: „Neue Deutsche Welle" (2012), 482.
8 Hornberger: *Geschichte wird gemacht* (2010), 148. So auch Döpfner/Garms: *Neue deutsche Welle. Kunst oder Mode?* (1984), 10–11.
9 Vgl. die biografischen Notizen in Teipel: *Verschwende deine Jugend* (2001), 365–369.

Stühlen waren sie einerseits „zu jung für Marxismus und Studentenbewegung", andererseits aber auch „zu alt, um Punk undistanziert auszuleben".[10] Diese Distanzhaltung zu den alteingesessenen wie ganz jungen Teilen der Gegenkultur unterstreicht, dass es sich bei der deutschsprachigen New-Wave-Bewegung vor allem um eine künstlerische und subjektkulturelle Reaktion innerhalb der linksalternativen Gegenkulturen selbst handelt, mit der sich die ‚78er'-Akteur:innen von den überkommenen Perspektiven und Strategien der etablierten Linken abnabeln wollten. Nicht den klassischen Gegner:innen der Linken, den konservativen und (neo-)liberalen Kräften in der Politik, galt die Agitation der NDW-Musiker:innen, sondern den als ‚Hippies' bezeichneten Vertreter:innen der linksalternativen Gegenkultur, den Polit-Rock-Musiker:innen und politisch engagierten Punkbands, den Friedens- und Umweltaktivist:innen, deren Engagement die deutschen Post-Punk-Künstler:innen als anachronistisch und weltfremd verwarfen und mal mehr, mal weniger subversive Strategien der Affirmation entgegenstellten. Mit der ganz richtigen Feststellung, dass die NDW die ‚Wende' zur postmodernen Gesellschaft „nach dem Boom" also nicht kommentierte, sondern mit eigenen Sichtweisen und Verhaltenslehren antizipierte, steht Historikerin Vowinckel innerhalb der Popforschung allerdings bisher weitgehend alleine.[11]

Woher kommt die bis heute gängige Vermischung der frühen Punk-Kultur in der Bundesrepublik mit der NDW-Bewegung? Dafür ist ein Blick in die historische Genese der bundesdeutschen New Wave vonnöten. Tatsächlich spielte die Punk-Explosion in Großbritannien für viele NDW-Protagonist:innen eine bedeutende Rolle. Jürgen Teipels Oral-History-Buch *Verschwende deine Jugend* zur frühen bundesdeutschen Punk- und NDW-Bewegung ist voll von Aussagen einzelner Musiker:innen, die ihre persönliche Begegnung mit Punk als Initialzündung für eigene künstlerische Bestrebungen beschrieben. Viele zeigten sich begeistert von Punks DIY-Anspruch, der eine Teilnahme an den sich bildenden Szenen Kunst- und Musik-Begeisterter auch ohne ausgeprägte musikalische Fähigkeiten ermöglichte.[12] So lassen sich die Jahre 1976–78 zwar als Vorlaufphase lesen, in der sich auch dank der Punk-Rezeption bundesdeutscher Medien einige wenige deutsche Punkbands gründeten, die zumeist einfach nur den Sound britischer Punkbands mit deutschen Texten versahen.[13] Erst 1979 bildeten sich jedoch, im Zuge des anglo-

---

10 Geisthövel: „Böse reden, fröhlich leiden" (2015), 384. Die Wendung ‚zu jung für 68 / zu alt für 77 (bzw. Punk)' als Generationsbestimmung der New-Wave-Akteur:innen findet sich bereits bei Goetz, Rainald: *Irre*, 2. Aufl., Frankfurt a. M. 1983, 42 sowie Reichelt: *Der Plan* (1993), 11–12.
11 Vowinckel: „Neue Deutsche Welle" (2012), 455.
12 Siehe etwa Teipel: *Verschwende deine Jugend* (2001), 27–49.
13 Vgl. Hecken, Thomas: „Punk-Rezeption in der BRD 1976/77 und ihre teilweise Auflösung 1979", in: Meinert, Philipp/Seeliger, Martin (Hg.): *Punk in Deutschland. Sozial- und kulturwissenschaftliche Perspektiven*, Berlin u. a. 2013, 247–259, hier: 247–248.

amerikanischen New-Wave- und Post-Punk-Aufbruchs, auch in den bundesdeutschen Szenen eigenständige Stile und Ansätze heraus, die dann unter dem NDW-Begriff gefasst wurden. Hier liegt der Ursprung jener begrifflichen Verwirrung, die auch heute noch viele Beiträge zur New Wave und zum Post-Punk auszeichnet.[14] Nicht „Punk" als definierter Musikstil oder Subkultur inspirierte die deutschsprachigen New-Wave-Akteur:innen, sondern – wie in den USA und Großbritannien – „Punk" als Impuls und Programm, als unterstützender Schritt einer künstlerischen Tabula rasa, der die Entwicklung der vielfältigen New-Wave- und Post-Punk-Stile mit vorbereitete. Dieser Prozess in der Bundesrepublik glich der Entwicklung in Großbritannien und den USA: Um zu Post-Punk zu gelangen, war es nicht nötig zwangsläufig den Umweg über Punk zu nehmen, die ‚Weiterentwicklung' bedurfte keiner unumgänglichen Aneignung eines Vorboten.

Ein Blick auf die einfluss- und kommerziell erfolgreichsten NDW-Musiker:innen im Allgemeinen und auf die ‚Kälte'-Künstler:innen im Konkreten zeigt, dass deren musikalische Wurzeln oftmals weiter zurückreichten und der Punk-Impact selbst nur ein Element von vielen in einer weitaus längeren Entwicklung war. Von größerer Bedeutung waren für diese Musiker:innen neben dem frühen angloamerikanischen Post-Punk und New Wave (WIRE, DEVO, THE FLYING LIZARDS, THE HUMAN LEAGUE, NO WAVE) insbesondere Glam (ROXY MUSIC), Krautrock (CAN, KRAFTWERK) und Industrial (THROBBING GRISTLE), woran auch die von deutschen Musikinteressierten gelesenen britischen Musikzeitschriften keinen geringen Anteil hatten. Die später als EBM-Pioniere gefeierten DAF etwa begannen als experimentelle Free-Jazz-Band, wie die erste LP *Ein Produkt der Deutsch-Amerikanischen Freundschaft* (1979) eindrücklich zeigt, und auch solche zum Umfeld der Berliner „Genialen Dilletanten" gehörenden Gruppen wie EINSTÜRZENDE NEUBAUTEN, MANIA D. und DIE TÖDLICHE DORIS interessierten sich weitaus mehr für avantgardistische Sounds als für die im Punk tradierten Rockmusik-Schemata. Nicht zuletzt finden sich unter den NDW-Akteur:innen ein Vielzahl von professionell ausgebildeten und langerfahrenen Musiker:innen, ganz im Gegensatz zur Punk-Bewegung, die insbesondere blutige Anfänger:innen ansprach. Eine Hochschulausbildung in klassischer Musik und Jazz hatten etwa Robert Görl (DAF), Chrislo Haas (DAF, LIAISONS DANGEREUSES) und Annette Humpe (NEONBABIES, IDEAL) genossen, während Musiker wie Michael Kemner (DAF, FEHLFARBEN), Wolfgang Spelmans (DAF), Hans Behrend und Effjot Krüger (beide IDEAL) zuvor in Jazz-(Rock-)Bands spielten.[15] Auf langjährige Erfah-

---

14 Die These vom Punk-Ursprung findet sich etwa bei Hornberger: *Geschichte wird gemacht* (2010), 100, Longerich: „*Da Da Da*" (1989), 233 sowie Meinert, Philipp/Seeliger, Martin: „Eine Einleitung", in: dies. (Hg.): *Punk in Deutschland* (2013), 9–55, hier: 29.
15 Vgl. Haring, Hermann: *Rock aus Deutschland West. Von den Rattles bis Nena: Zwei Jahrzehnte Heimatklang*, Reinbek bei Hamburg 1984, 154, 164–165.

rung mit elektronischen Musikmaschinen konnten auch Stephan Eicher (GRAUZO-NE), Kurt Dahlke (DER PLAN) und Frieder Butzmann bauen.[16] Wenig überraschend war der Anteil an Profi-Musiker:innen besonders hoch bei jenen mit der NDW in die Charts gespülten ‚Wellenreitern' wie Joachim Witt, den aus der Politrockgruppe LOKOMOTIVE KREUZBERG hervorgegangenen SPLIFF oder auch TRIO, deren Mitglieder schon seit den frühen 1970er Jahren in verschiedenen Beat-, Rock- und Folkbands Musik mit zumeist englischen Songtexten gemacht hatten.

Obwohl die aus den angloamerikanischen Staaten in die Bundesrepublik geschwappte Punk-Welle ohne Frage einen nicht zu unterschätzenden Baustein in der Geschichte der sich entwickelnden NDW bildet, entstand diese mitsamt ihrer verschiedenen Strömungen erst im Rahmen der New-Wave- und Post-Punk-Rezeption bundesdeutscher Musiker:innen.[17] Trotz anfänglicher Sympathien und gemeinsamer Clubs, Bars und Treffpunkte zeigten sich schon sehr schnell deutliche Differenzen zwischen den Anhänger:innen der Punk-Bewegung und den NDW-Künstler:innen.[18] In den Jahren 1979/80 kam es dann auch zur endgültigen Aufspaltung in die sich nun unversöhnlich gegenüberstehenden Vertreter:innen der Punk-Subkultur auf der einen Seite, die sich, wie die Historikerin Alexa Geisthövel zusammenfasst, zu „einfach gestrickter Tanzmusik und Randale, Nichtkommerzialität, Antiintellektualität und dem bis heute gültigen orthodoxen Erscheinungsbild mit Irokesenschnitt, Lederjacke, zerrissenen Hosen und Springerstiefeln"[19] bekannten und zunehmend politisierten, sowie auf der anderen Seite jenen Post-Punk und New-Wave-Künstler:innen, aus deren Reihen sich die Protagonist:innen des ‚Kälte-Pop' rekrutierten.

Akteur:innen

Was die Punk- und New-Wave-Vertreter:innen in der Bundesrepublik jedoch verband, war die soziale Herkunft. So stammte der Großteil aus bürgerlichen Eltern-

---

16 Siehe Stille, Kalle: „Stephan Eicher. Der Weg zu zweit ist halb so weit", in: *Ox-Fanzine*, Jg. 31, Nr. 143 (2019), 55–59, hier: 56 sowie Mauchel, René: „Frieder Butzmann. Spielplatz für Erwachsene", in: *Sounds*, Nr. 7 (1982), 16.
17 Vgl. dazu die Aussagen von Annette Humpe (IDEAL) zit. n. Leitner, Olaf: *West-Berlin! Westberlin! Berlin (West)! Die Kultur – die Szene – die Politik. Erinnerungen an eine Teilstadt der 70er und 80er Jahre*, Berlin 2002, 333 sowie von Gudrun Gut (MANIA D. / MALARIA!) zit. n. Defcon, Robert: „,We were strong women, we wanted to make a point of that.'. Gudrun Gut and Beate Bartel interviewed", 25. Juni 2014, *Electronic Beats*. URL: http://www.electronicbeats.net/gudrun-gut-beate-bartel-on-mania-d-berlin-experiment-vol-5 (Letzter Zugriff: 24.10.2022).
18 Siehe die Aussage von Hein zit. n. Teipel: *Verschwende deine Jugend* (2001), 202. Vgl. dazu auch Diedrich Diederichsen und Andreas Dorau zit. n. ebd., 219, 319 sowie Gabi Delgado zit. n. Richter, Hans Peter: „DAF. Jung & schön & stark", in: *Musikexpress*, Nr. 2 (1982), 10–12, hier: 10.
19 Geisthövel: „Böse reden, fröhlich leiden" (2015), 374.

häusern, ihre familiären Wurzeln im unteren Mittelstand oder der Arbeiterschicht hatten nur äußerst wenige Akteure wie Peter Hein (FEHLFARBEN), Moritz Reichelt (DER PLAN) und Gabi Delgado (DAF).[20] Ebenso überschaubar war unter den NDW-Musiker:innen der Anteil an Migrant:innen[21] und Frauen.[22] Dabei zeigen sich auch Unterschiede in der Verteilung auf die ‚Kälte'-Typen: So blieben Frauen im Maschinen- und Technik-Kult sowie in der vom Popdiskurs bestimmten subversiven Affirmation größtenteils außen vor. Während sie also nur in absoluten Ausnahmefällen Anteil an den ‚Kälte'-Strategien der Dehumanisierung, neusachlichen Affirmation mit der modernen Welt und an der intellektuellen bzw. ideologischen Überhöhung von Pop-Musik hatten[23], finden sich demgegenüber die meisten Frauen der ‚Kälte-Welle' (MANIA D./MALARIA!, Annette Humpe, XMAL DEUTSCHLAND) bei dessen schwarzromantischer Ausprägung, die das Verhältnis von (mangelnden) Emotionen, dem eigenen Selbst, zwischenmenschlichen Beziehungen und dem postmodernen Alltagsleben in den Mittelpunkt stellte.[24] Diese Feststellung korrespondiert mit dem an späterer Stelle näher beleuchteten Umstand, dass die Themen und Ästhetiken der Gothic-Bewegung vor allem Frauen ansprachen und von diesen mitbestimmt wurden. Darüber hinaus beteiligten sich einige wenige Frauen wie die MALARIA!-Musikerinnen oder Tina Schnekenburger (DAF, DIE KRUPPS) an den ‚Kälte'-Strategien der Inszenierung von Macht, Härte und Disziplin.

Auffällig sind in allen Fällen die Ähnlichkeiten in der Rezeption und Performance: So zeichnen sich die Darstellungen der Frauen durch betont harte, oftmals explizit emotionslose und zuweilen auch aggressive Selbst-Inszenierungen aus. Im

---

20 Vgl. Hornberger: *Geschichte wird gemacht* (2010), 188, Vowinckel: „Neue Deutsche Welle" (2012), 482, Teipel: *Verschwende deine Jugend* (2001), 151, Hilsberg, Alfred: „Rodenkirchen is burning", in: *Sounds*, Nr. 3 (1978), 20–24, hier: 22, Kid P.: „Die Wahrheit über Hamburg!", in: *Sounds*, Nr. 5 (1982), 26–30, hier: 27 sowie die Aussagen von Delgado zit. n. Spies/Esch/Görl/Delgado: *Das ist DAF* (2017), 267 und Blixa Bargeld in „Gero von Boehm begegnet… Blixa Bargeld", *Gero von Boehm begegnet…*, 3sat (Sendedatum: 30.09.2003). URL: https://youtu.be/oa8_iaQXG4g (Letzter Zugriff: 24.10.2022), 00:06:08–00:06:14.
21 Aus dem nicht-deutschsprachigen Ausland stammten DAF-Frontmann Delgado (Spanien) sowie drei der vier Bandmitglieder von THE WIRTSCHAFTSWUNDER, Angelo Galizia (Italien), Tom Dokoupil (Tschechoslowakei) und Mark Pfurtscheller (Kanada).
22 Vgl. Vowinckel: „Neue Deutsche Welle" (2012), 483–484. Mit dem geringen Anteil von Frauen in der deutschen Pop-Musik befasst sich etwa Binas-Preisendörfer, Susanne: „Pop-Sounds und Gender. Überlegungen zu einem Desiderat", in: Heesch; Hornberger (Hg.): *Rohe Beats, harte Sounds* (2015), 67–84.
23 Eine Ausnahme bildet die *Spex*-Autorin Clara Drechsler. Vgl. dazu Nadja Geer, die hier einen Ausschluss aus dem Popdiskurs vonseiten männlicher Poptheoretiker zur Wahrung konventioneller Machtverhältnisse erkennt. Geer: *Sophistication* (2012), 134, 142.
24 So bestätigte Gudrun Gut (MALARIA!) im Interview mit dem *NME*: „All the songs are very personal, sometimes the subject is political, but mainly it is something about love." Hanna, Lynn: „Malaria. A Contagious Neue Dance!", in: *New Musical Express*, 2. Januar 1982, 22.

Falle der Musikerinnen von MANIA D. und MALARIA! zeigen sich in diesem Zusammenhang auch deutlich feministische Ansprüche: Die Berliner Künstlerinnen griffen etwa auf schwere Stiefel und zumeist schwarze, als ‚straight' bezeichnete Kleidungsstile zurück, um sich als „starke Frauen" zu präsentieren,[25] schrieben einen an Eisler und Brecht orientierten Straßenkampf-Song („Kämpfen und Siegen", 1981)[26] und begründeten ihre bewusste Entscheidung, ausschließlich mit Frauen zu spielen, nicht nur damit, dass sich so einfacher und mit mehr Spaß arbeiten ließe, sondern ebenso mit der Bemerkung, dass Männer noch immer an den „rock and roll ideas" festhalten würden.[27] Nach einem Treffen mit den Bandmitgliedern beschrieb die *NME*-Autorin Lynn Hanna diese als „five girls with strong, striking faces who left a dark and potent impression of femininity". Beeindruckt zeigte sich Hanna dabei vor allem davon, dass es MALARIA! gelingt, ein zugleich androgynes als auch „powerful, sexual image of femininity" zu präsentieren.[28] Die Frauenband bewegte sich damit zwischen den Versionen der „new woman" in den historischen Avantgarden der 1920er Jahre, die Andreas Reckwitz zufolge Feminität als Spiel mit weiblichen Geschlechtsidentitäten begriffen, was auch androgyne Darstellungen und bisexuelle wie lesbische Experimente einschloss, und dem queeren Subjektmodell des „third wave feminism" seit den 1980er Jahren, das entsprechend der dominant werdenden postmodernen Kultur „virtuos mit *sex/gender*-Codierungen zu experimentieren versteht, sich von ihnen distanziert und sie gleichwohl *bricolage*-förmig appliziert".[29] Deutlich wird das nicht zuletzt in den Interviewantworten der Bandmitglieder selbst, die von der *NME*-Redakteurin Hanna nach der genderpolitischen Dimension ihres performativen Auftreten gefragt wurden. So erklärte etwa Gudrun Gut in Bezug auf die (para-)militärisch anmutenden Outfits

---

[25] „With Malaria!, we were always wearing these heavy boots. We were strong women, not delicate fairies, not flute players. We wanted to make a point of that." Gudrun Gut zit. n. Defcon: „We were strong women, we wanted to make a point of that.", 25. Juni 2014 Vgl. auch Gut in Teipel: *Verschwende deine Jugend* (2001), 197, 241.

[26] „Es geht eben um den Straßenkampf und um Leben und Sterben. Man muss ja kämpfen, das ganze Leben ist ein Kampf irgendwie. Frauen kämpfen genauso wie Männer. Ich finde das Blödsinn, dass Frauen nicht kämpfen sollen." Gudrun Gut in „Malaria! – Kämpfen Und Siegen, Duschen, Interview", Live *Tempodrom*, Berlin 19.06.1981. URL: *https://youtu.be/rZV52baocLE*, 00:05:38–00:05:52 (Letzter Zugriff: 24.10.2022).

[27] Gudrun Gut und Bettina Köster zit. n. Hanna: „Malaria" (1982), 6. Passend dazu traten MALARIA! als einzige NDW-Band 1981 – unter anderem mit dem Song „Mädels Sind Toll" – beim feministischen „Venus Weltklang-Festival" im Berliner *Tempodrom* auf. Das Bestreben von Beate Bartel ihren Partner Chrislo Haas bei MANIA D. unterzubringen, führte schließlich zur Auflösung der Band und Gründung von MALARIA! ohne Bartel. Siehe dazu die Aussage von Gut und Köster zit. n. Teipel: *Verschwende deine Jugend* (2001), 278.

[28] Hanna: „Malaria" (1982), 6.

[29] Reckwitz: *Das hybride Subjekt* (2006), 323, 487. Hervorhebungen i. O.

der Gruppe, die Bandmitglieder mögen es sich herauszuputzen, „because we're girls", während Sängerin Bettina Köster den Aspekt der gleichzeitigen Dekonstruktion wie Konstruktion von Gendermodellen betonte: „Girls can be strong [...]. We want to emphasise we are in an all-girl band, but our dress is also neutral. On one level, it is important if you are a boy or a girl. But on another level, it's not important, you want to be personalities."[30]

Ob die ‚Kälte'-Musikerinnen mit Motiven ‚männlich' konnotierter Härte eine Angleichung an ihre Musiker-Kollegen suchten oder im Gegenteil durch den ‚Kälte'-Trend erstmals die Möglichkeit bekamen ihr individuelles, zuvor jedoch als ‚unweiblich' diffamiertes Selbst auszuleben, kann an dieser Stelle nicht beantwortet werden. Vonseiten der Musikpresse wurde dieses Vorgehen zumeist zwar positiv kommentiert, andererseits reproduzierten selbst die sich progressiv dünkenden Zeitschriften traditionelle Perspektiven auf Musikerinnen, indem sie in Beiträgen zu Frauenbands wie MANIA D./MALARIA! und XMAL DEUTSCHLAND etwa regelmäßig deren Styling thematisierten.[31]

Labels und Vertriebe

Generell kann der Einfluss der die Szenen verbindenden Institutionen auf die NDW-Bewegung und die Entwicklung einzelner Motive nicht hoch genug angesetzt werden. Zu diesen Einrichtungen gehörten neben den Musikzeitschriften und lokalen Treffpunkten (Clubs, Bars, Geschäfte) insbesondere die seit Ende 1978 gegründeten unabhängigen Plattenverlage und Vertriebe wie *ZickZack* und *Rip Off* (Hamburg), *No Fun* (Hannover), *Ata Tak / Warning Records*, *Rondo* und *Pure Freude* (Düsseldorf), *Monogam* und *Zensor* (Berlin), *Eigelstein* (Köln), sowie eine Vielzahl noch kleinerer Indie-Labels. Bands wie DAF, LIAISONS DANGEREUSES und EINSTÜRZENDE NEUBAUTEN standen (zeitweise) auch bei britischen Indie-Labels wie *Mute* und *Some Bizarre* unter Vertrag. Von außerordentlicher Relevanz waren all diese für die NDW und ‚Kälte-Welle' aufgrund mehrerer Faktoren: So nahmen die Label- und Geschäftsinhaber:innen trotz der anfänglichen Offenheit gegenüber allen möglichen Stilen gewisse Schlüsselpositionen in der musikalischen und ästhetischen Entwicklung der NDW ein. Alfred Hilsberg etwa, *ZickZack*-Gründer und inoffiziell an *Rip Off* beteiligt, schrieb auch Plattenrezensionen für die deutsche *Sounds*, Interessenkonflikte inklusive. Der von Burkhard Seiler geführte *Zensor*-

---

30 Gut und Köster zit. n. Hanna: „Malaria" (1982), 6.
31 Siehe etwa Diederichsen, Diedrich: „Zick Zack Nr. Soundsoviel, 31.1.1981", in: *Sounds*, Nr. 3 (1981), 8, Braunschweiger, Eva-Maria: „Malaria. Berliner Tropenfieber", in: *Musikexpress. Neue Deutsche Welle Special* (1982), 48–49, hier: 48, Kebschull, Ulrike: „Malaria. Emotion (LP). New York Passage (Maxi-Single)", Rezension, in: *Scritti*, Nr. 9 (1982), 28 und Bömmels, Peter: „Zeitgenosse Malaria!", in: *Spex*, Nr. 11 (1982), 5–6, hier: 5.

Laden und -Vertrieb hatte sich schon Ende der 1970er Jahre auf unabhängige, zumeist importierte Produktionen spezialisiert und war in der Frühphase der NDW die nahezu einzige Quelle für avantgardistische Indie-Veröffentlichungen in der Bundesrepublik. Seiler organisierte zudem in enger Zusammenarbeit mit dem *Monogam*-Label Konzerte und holte etwa THROBBING GRISTLE (mit Boyd Rices NON im Vorprogramm) im Dezember 1980 ins Berliner *SO36*. Nicht zuletzt landeten dem Namen entsprechend im *Zensor*-Geschäft, das auch eine bedeutende Funktion als szeneübergreifender Kommunikationsort einnahm, nur solche Musikproduktionen, die Seiler persönlich als gut befand. Dass dieser laut eigener Aussage in den 1970er Jahren kaum Rockmusik hörte, sondern vor allem von Free Jazz und avantgardistisch-experimenteller Musik angetan war, spiegelte sich deutlich in dem einzigartigen Stil von Berliner Bands wie MANIA D. wider.[32]

Weiterhin waren die Künstler:innen auch nicht den üblichen Produktionszwängen und Vorgaben seitens der großen Major-Label unterworfen, die in der Frühphase ohnehin kein Interesse an der NDW zeigten.[33] Dadurch behielten die Musiker:innen relativ freie Hand über ihre Sounds und eingesetzten Motive, die dadurch vergleichsweise ‚authentischer' und unmittelbarer blieben. Da zwischen Produktion und Veröffentlichung durch die Indie-Labels deutlich weniger Zeit lag – im Schnitt nur wenige Wochen, bei Kassettenproduktionen mitunter nur einige Tage oder Stunden – als im Musikbusiness üblich, spiegelten die Produktionen der NDW-Akteur:innen auch aktuelle, neue Entwicklungen wider.[34] Einzelne ‚Kälte'-Motive verbreiten sich auf diese Weise relativ schnell, gleichfalls lässt sich hieraus die temporäre Begrenztheit bestimmter Motive und Stilelemente erklären, die in kürzester Zeit ihre Attraktivität verloren und im Fall von ‚Kälte'-Motiven ab spätestens 1982 kaum noch verbreitet wurden. Eine gewisse Vorreiterfunktion in puncto Unabhängigkeit hatten die ‚Kälte'-Pioniere KRAFTWERK, die maximale Kontrolle und Autonomie über ihre Produktionsräume, Personalstruktur, Inszenierungen und Image, Musikproduktionen und Verwertungsrechte durch die Gründung des Musikverlag *Kling Klang* behielten.[35] Indie-Labels zur Veröffentlichung avantgardistischer, randständiger oder politischer Produktionen abseits des Mainstream hatten bereits in den 1970er Jahren eine kleine Hochzeit in den linken Ge-

---

[32] Siehe Interview mit Seiler in Diederichsen, Diedrich: „Untergrund und Unternehmer (Teil 2)", in: *Sounds*, Nr. 10 (1980), 54–55. Vgl. auch Hilsberg, Alfred: „Macher? Macht? Moneten? Aus grauer Städte Mauern (Teil 3)", in: *Sounds*, Nr. 12 (1979), 44–48, hier: 46 sowie die Bemerkungen von Alexander Hacke alias Alexander von Borsig (EINSTÜRZENDE NEUBAUTEN, BLÄSSE, SENTIMENTALE JUGEND) zur außerordentlichen Bedeutung des *Zensor*-Laden für seine eigene musikalische Entwicklung. Hacke: *Krach* (2015), 38–40.
[33] Vgl. Longerich: *„Da Da Da"* (1989), 66–69.
[34] Vgl. Teipel: *Verschwende deine Jugend* (2001), 156–157.
[35] Vgl. dazu Bartos, Karl: *Der Klang der Maschine. Autobiografie*, Köln 2017, 191.

genkulturen genossen. So verwundert es auch nicht, dass Label-Inhaber wie Alfred Hilsberg, Klaus Maeck (*Rip Off*) und Hollow Skai (*No Fun*) zuvor in linken Gruppen politisch aktiv waren.[36]

Die Annahme, dass auch die NDW-Musiker:innen tatsächlich antikapitalistische Prinzipien verfolgten, lässt sich trotz aller szeneintern üblichen Vorwürfe des ‚Ausverkaufs' an die „Musikindustrie" aus den Quellen jedoch nicht bestätigen. Vielmehr gerieten die Bands mit den Inhabern der Indie-Labels – und hier besonders Alfred Hilsberg, der Einnahmen sofort in neue Produktionen steckte, statt diese an die Künstler:innen weiterzuleiten – regelmäßig in Konflikte um die Auszahlung von Geldern aus Plattenverkäufen.[37] Erst in den frühen 1980er Jahren gelang es einigen wenigen der NDW-Pionierbands durch Major-Deals und günstigere Vertragskonditionen von der Musik zu leben ohne nebenbei Jobs bestreiten zu müssen. So bestätigte ein MALARIA!-Mitglied in einem Interview aus dem Jahr 1982 die Frage, ob die Band von der Musik leben könne: „Seit kurzem. Wir haben jetzt ziemlich viel zu tun, da können wir nicht auch noch arbeiten gehen. Von den Platten haben wir bis jetzt noch nicht einen Pfennig gesehen."[38] Für die beteiligten Künstler:innen stellte ihre live gespielte oder veröffentliche Musik in der NDW-Frühphase tatsächlich eine ‚brotlose Kunst' dar, lagen die anfänglichen Standardauflagen doch bei rund 1.000 Kopien.[39] Rückblickend stellte etwa Moritz Reichelt (DER PLAN, *Ata Tak*) fest: „So gut unsere Platten auch besprochen wurden, gekauft wurden sie immer weniger. Wir führten eine ideelle Existenz."[40]

Spätestens Ende 1981 begann die kommerzielle Hochzeit der NDW, die zum Einzug einzelner NDW-Musiker:innen in die offiziellen deutschen Charts und Mainstream-Medien führte. Die Jugendzeitschrift *Bravo* wurde nun auf die NDW aufmerksam und berichtete in ihrem ersten NDW-Artikel über die „verrücktesten Bands der deutschen Szene" (ABWÄRTS, DIE KRUPPS, EINSTÜRZENDE NEUBAUTEN, XMAL DEUTSCHLAND, THE WIRTSCHAFTSWUNDER und KORPUS KRISTI): „Nichts handelt mehr von Liebe, Herz und Schmerz".[41] Zu dieser Zeit hatten die Major-Labels begonnen, alles unter Vertrag zu nehmen, was jung und deutschsprachig war und sich als „Neue Deutsche Welle" vermarkten ließ. Verlage wie *Phonogram* (PALAIS SCHAUMBURG, TRIO), *WEA* (IDEAL, NICHTS) und *EMI* (FEHLFARBEN, GRAUZONE, RHEINGOLD) erkannten im NDW-

---

36 Vgl. Kröher, Michael O. R.: „Untergrund und Unternehmer (Teil 1)", in: *Sounds*, Nr. 9 (1980), 48–51, hier: 48.
37 Vgl. Teipel: *Verschwende deine Jugend* (2001), 301–303.
38 Zit. n. K. I.: „Malaria", in: *Scritti*, Nr. 10 (1982), 13–14, hier: 13.
39 Fünfstellige Auflagen waren die Ausnahme und nur wenigen Verkaufshits vorbehalten, wie *Amok Koma* (1980) von ABWÄRTS oder *Die Kleinen Und Die Bösen* (1980) von DAF. Vgl. dazu etwa Haring: *Rock aus Deutschland West* (1984), 145 sowie Reichelt: *Der Plan* (1993), 29.
40 Ebd., 120.
41 Flemming, Jörg: „Rock mit Kreuz und Stahlophon", in: *Bravo*, Nr. 45, 29. Oktober 1981, 16.

Hype eine Möglichkeit, die seit dem Ende der 1970er Jahren sinkenden Verkaufszahlen auf dem Plattenmarkt aufzuhalten – und das mit Erfolg, wenn auch kurzfristig. Durch eine Mischung aus Zufall, vorteilhaften Bekanntschaften und außergewöhnlich hohen Verkaufszahlen für eine Underground-Band hatten es DAF, die gegen jeden szeneninternen Kult-Status von Anfang an auf Mainstream-Erfolg gezielt hatten,[42] schon ein knappes Jahr zuvor geschafft sich für einen „mindestens sechsstelligen Mark-Betrag"[43] an das Londoner Label *Virgin Records* zu binden.[44]

Der Einstieg der subkulturell stets verhassten „Musikindustrie" beschleunigte den Niedergang des Großteils jener unabhängigen Labels und Vertriebe, die im Zuge des Aufbruchs von Punk und NDW in der Bundesrepublik entstanden waren. Diese zeigten sich auch schon vor den zunehmenden Umsatzeinbußen überfordert von der unüberschaubar gewordenen Zahl an Veröffentlichungen und neuen Gruppen, denen sie durch den Zusammenschluss zu einem Vertriebsverbund im Sommer 1982 vergeblich beizukommen suchten.[45] Die immer langsamer werdenden Produktionsprozesse der unabhängigen Plattenverlage leisteten in der Folge den wachsenden Kassetten-Produktionen und -Szenen Vorschub, die Musiker:innen und Konsument:innen nicht nur eine schnellere und kostengünstigere Verbreitung boten, sondern durch die geringeren technologischen Voraussetzungen weiteren Bevölkerungskreisen Teilhabe durch eigene Produktionen ermöglichten – insbesondere jenen, die sogar den Indie-Labels zu experimentell und ausgefallen waren.[46] Die breite Demokratisierung der Musikproduktion hatte jedoch im Zusammenspiel mit dem als wahlweise „Geri Reig" oder „Geniale Dilletanten" bezeichneten Prinzip des ‚Jeder kann es, auch ohne musikalische Fähigkeiten' einen deutlichen Nachteil: die Qualität der Produktionen nahm in dem Maße ab, in dem ihre Quantität stieg. So sprach Moritz Reichelt, Erfinder von „Geri Reig" und Miteigentümer des Labels *Ata Tak*, von einer „Flut von Cassetten, die uns täglich zugeschickt wurden".[47] Auf die verbesserten Möglichkeiten des Home-Recordings tra-

---

42 Vgl. etwa die Aussage von Gabi Delgado zit. n. Schober, Ingeborg: „DAF. Alles ist gut!", in: *Musikexpress*, Nr. 5 (1981), 28–29, hier: 28.
43 O.V.: „Rockmusik: Die neue deutsche Welle", in: *Der Spiegel*, Nr. 13, 23. März 1981, 208. URL: *http://www.spiegel.de/spiegel/print/d-14322011.html* (Letzter Zugriff: 03.12.2018).
44 Eine nicht unerhebliche Rolle beim Zustandekommen des Deals spielte Simon Draper, der als langjähriger Krautrock-Fan und A&R-Manager den Kontakt zu *Virgin Records* hergestellt hatte und laut dem damals involvierten Verleger und Manager Walter Holzbaur das „Gehirn" und der „kreative Geist" der Firma war. Holzbaur zit. n. Spies/Esch/Görl/Delgado: *Das ist DAF* (2017), 61.
45 Siehe dazu die überaus umfangreiche Schallplatten-Diskographie zu Punk und New Wave aus der Bundesrepublik und Österreich (1975–1985) in Schneider: *Als die Welt noch unterging* (2007), 240–343.
46 Longerich: *„Da Da Da"* (1989), 73–75.
47 Reichelt: *Der Plan* (1993), 57.

fen also die klanglichen ‚Kälte'-Trends der frühen 1980er Jahre und die eingeschränkten Funktionen der elektronischen Musikmaschinen, die auch Menschen ohne spieltechnische Vorkenntnisse erlaubten Sounds zu produzieren. Das Ergebnis dieser Verquickung war eine Verbreitung der zumeist als ‚kalt' interpretierten minimalistisch-monoton-repetitiven Sounds, die retrospektiv häufig mit den frühen 1980er Jahren und der New Wave verbunden werden. Entnervt von der Welle reduktionistischer ‚Kälte'-Sounds lenkte Diedrich Diederichsen in einer Kassetten-Rezension von 1982 schließlich halb scherzhaft ein:

> So und nun ist Schluss mit Deutschlands gesammelten Autisten. Ich weiß, dass der *Casio* ein tolles Spielzeug ist, auch ich habe einen, aber ich belästige nicht fremde Redakteure mit meinen Aufnahmen. Zehnmal bis dreihundertmal versonnen die selbe Figur zu klimpern, zum langsamen 4-Beat und dann auf Reset drücken und der Redakteur muss weiterhören, ob nicht vielleicht doch noch was Interessantes passiert – das sind böse Streiche![48]

Lokale Ausdifferenzierung

Die ab Ende 1978 zu Hunderten aus dem Boden sprießenden Bands verteilten sich größtenteils auf nur wenige Städte mit jeweils spezifischen Szenen. Was sich im Krautrock bereits andeutete und auch bei den britischen und US-amerikanischen Post-Punk- und New-Wave-Bands zeigte, sollte auch die Entwicklung und Ausgestaltung der NDW kennzeichnen: Regionalismus gewann eine neue Bedeutung, lokale Szenen verband zumeist eine künstlerische Ästhetik, Programmatik und Identität, deren Spezifika sie von anderen Szenen inner- und außerhalb der Heimatstadt unterschied.[49] So unterstrich Moritz Reichelt für den *Ratinger Hof*, dem Ausgangspunkt der NDW-Bewegung in Düsseldorf:

> Da entstand eine ganz eigene Szene. Bisher war man nur Fan von englischen oder amerikanischen Platten – obwohl man die kulturelle Entwicklung, die zu diesem Platten geführt hatte, gar nicht mitgekriegt hatte. Das war alles Konservenkultur. Und jetzt passierte etwas Eigenes. Man konnte wirklich mitkriegen, wie die Dinge, über die man im *Hof* mit den Leuten redete, ein paar Tage später als Text auf der Bühne wieder auftauchten.[50]

Hinzu kam, dass die Protagonist:innen zwar über Veranstaltungen, Lokalitäten und Bandwechsel oftmals in Kontakt miteinander standen, allerdings nahmen mit zunehmender Aufmerksamkeit für die Bewegung scharfe Abgrenzungen und Konkurrenzhaltungen zu – nicht nur zu Bands außerhalb der eigenen Stadt, die ohne-

---

48 Abdruck in Diederichsen, Diedrich: *1.500 Schallplatten 1979–1989*, Köln 1989, 64.
49 Vgl. Hornberger: *Geschichte wird gemacht* (2010), 148 sowie Friedrich, Malte: *Urbane Klänge. Popmusik und Imagination der Stadt*, Bielefeld 2010, 198.
50 Reichelt zit. n. Teipel: *Verschwende deine Jugend* (2001), 130.

hin weniger wahrgenommen wurden, sondern vor allem zu anderen lokalen Musiker:innen. So bestätigte etwa der aus der West-Berliner „Dilletanten"-Szene stammende Jochen Arbeit (DIE HAUT, SPRUNG AUS DEN WOLKEN) für seinen Kreis: „Es war eine eigene Gesellschaft mit eigener unausgesprochener Moral und Kleidung. [...] Es war ein enger Zirkel, der sich mit anderen nicht ausgetauscht hat, mit Hamburgern vielleicht, aber mit Düsseldorfern zum Beispiel gar nicht."[51] Insbesondere im Fall der NDW-Zentren Düsseldorf/Wuppertal (KRAFTWERK, FEHLFARBEN, DAF, DER PLAN), Hamburg (PALAIS SCHAUMBURG, GEISTERFAHRER, XMAL DEUTSCHLAND) und West-Berlin (EINSTÜRZENDE NEUBAUTEN, MALARIA!, IDEAL) könne daher kaum von jeweils nur *einer* Szene gesprochen werden. Traditionell wird auch Hannover (HANS-A-PLAST, KALTWETTERFRONT, DER MODERNE MAN, BÄRCHEN UND DIE MILCHBUBIS) zu den zentralen Ausgangsorten der NDW gezählt, jedoch waren hier die Verknüpfungen der Bands untereinander aufgrund der gemeinsamen Anbindung an das lokale Label *No Fun* weitaus ausgeprägter. Dies gilt auch für die kleine, aber umso aktivere NDW-Szene in Limburg (THE WIRTSCHAFTSWUNDER, DIE PARTEI, KORPUS KRISTI, SILUETTES 61, DIE RADIERER), die sich um den umtriebigen Musiker, Künstler und Produzenten Tom Dokoupil sammelte.[52] Abseits dieser kleinen Szenen, deren Existenz zumeist auf einzelne Schlüsselfiguren zurückging, war die sich in der NDW manifestierende ‚78er'-Bewegung ein Großstadt-Phänomen. Hinsichtlich der Charteinstiege von Bands wie DAF und IDEAL fanden sich fraglos auch im Rest der Bundesrepublik Fans einzelner NDW-Acts, ein Anknüpfen an die Bewegung außerhalb dieser Zentren blieb jedoch die Ausnahme, wie *Sounds*-Autor Joachim Stender 1982 resümierte:

> Die Abgründe, die zwischen der damaligen und der gegenwärtigen Identität liegen, lassen sich nirgendwo so deutlich erkennen wie an jenen Orten, an denen die Zeit quasi stehengeblieben ist: den Provinzuniversitäten [...]. In der Tat ist das Gefälle zwischen Metropolen und Provinz größer als je zuvor; die Bemühungen einiger Pioniere in der Provinz, so lobenswert sie sind, enden in der Regel mit der Übersiedlung nach Berlin [...].[53]

---

51 Arbeit zit. n. Dax, Max/Defcon, Robert: *Nur was nicht ist, ist möglich. Die Geschichte der Einstürzenden Neubauten*, Berlin 2006, 36.
52 Siehe dazu Longerich: „Da Da Da" (1989), 98. Nicht selten wird auch Hagen zu einem „Zentrum der NDW" (v)erklärt, stammen doch Bands wie GROBSCHNITT und EXTRABREIT sowie Musikerinnen wie die Sängerin Nena und die Schwestern Annette und Inga Humpe von dort. Ihr Wirken als NDW-Akteurinnen fand für die drei Musikerinnen jedoch in West-Berlin statt, während GROBSCHNITT eine bereits seit 1970 bestehende Rockband waren. Einzig EXTRABREIT können tatsächlich als Hagener NDW-Band gezählt werden, auch wenn sie in den ersten Jahren musikalisch wie textlich eher Punk zuneigte. Von „NDW-Zentrum" kann daher keine Rede sein.
53 Stender, Joachim: „Todeskommando im Hexenkessel oder: Tage an der Front der neuen Wellen", in: *Sounds*, Nr. 4 (1982), 22–24, hier: 23–24. Stender war zudem als Gründer der Gruppe P. D. (aka P16.D4) Teil jener experimentell-avantgardistischen Industrial- und Noise-Gruppen, die sich um sein Frankfurter Label *Wahrnehmungen* gründeten. Abgesehen von diesen Ausnahme-Bands

Wie ein Blick auf die genannten NDW-Zentren verrät, kam es auch zu einem geografischen Gefälle, denn die Neue Deutsche Welle war vor allem ein Phänomen Norddeutschlands. So gab es abgesehen von der Band FREIWILLIGE SELBSTKONTROLLE (FSK) um den gebürtigen Hamburger Thomas Meinecke quasi keinen NDW-Beitrag aus der schicken „Produzentenstadt" München.[54] Diese Abgeschnittenheit Münchens vom NDW-Ausbruch in der nördlichen Hälfte der Bundesrepublik sollte den Hintergrund für den NDW-Spielfilm „Verschwende deine Jugend" (2003) bilden, dessen Drehbuch unter anderem von Ralf Hertwig (PALAIS SCHAUMBURG) stammt. Auch in Österreich hatten New Wave und insbesondere Post-Punk einen vergleichsweise schweren Stand, die ganz eigene popmusikalische Tradition des Austropop verhinderte das Entstehen einer eigenständigen ‚78er'-Bewegung und damit auch die Entwicklung von ‚Kälte'-Strategien und -Motiven. Acts wie LEIDER KEINE MILLIONÄRE, MOLTO BRUTTO, X-BELIEBIG und BLÜMCHENBLAU orientierten sich zumeist an den Erfolgsrezepten deutscher New-Wave-Bands, konnten sich in Österreich jedoch – wie ihre bundesdeutschen NDW-Kolleg:innen – kommerziell und aufmerksamkeitsökonomisch nicht gegen Pop-Rocker wie Hansi Lang, Tom Petting und MINISEX behaupten, deren musikalische Wurzeln im britischen Sixties-Rock lagen.[55] Eine Ausnahmeerscheinung bleibt Falco, dem durch einen gekonnten Mix aus Glam-inspirierten Dandy-Chic und New-Wave-Eklektizismus 1982 der Einzug in die europäischen und nordamerikanischen Charts gelang. Eine ebensolche Abweichung vom Regelfall der nationalen Pop-Musik stellen wiederum die Electro-Pop-Gruppe YELLO sowie die Post-Punk-Band GRAUZONE für die Schweiz dar, wo Punk und englischsprachige Texte von Gruppen wie KLEENEX/LILIPUT und MUTTERFREUDEN die Alternativkultur beherrschten.[56] Dem Vorbild der kommerziell erfolgreichen Band GRAUZONE folgend und von französischsprachigen Cold-Wave-Acts inspiriert, sollte sich hier erst ab 1983/84 düsterer Minimal-(Post-)Punk durchsetzen (FILM DE GUERRE, GUYERS CONNECTION, LES FLEURS D'HIVER, MITTAGEISEN, NACHT'RAUM, Label *Winterschatten*), in dem Kälte zwar thematisch öfter bemüht, jedoch stets negativ besetzt war.

---

bestimmte Pogo-Punk den regionalen Underground. Siehe ders.: „Rhein-Main. Halbjapanische Avantgarde, Karl Marx und Pogo", in: *Sounds*, Nr. 9 (1980), 14–15.
54 Vgl. Longerich: *„Da Da Da"* (1989), 100–101, Sorel, Juliane: „Szene München. Was kommt nach dem „Skandal im Sperrbezirk"?", in: *Musikexpress. Neue Deutsche Welle Special* (1982), 54–55 sowie die Aussagen von Thomas Meinecke zit. n. Schneider, Frank Apunkt: „Wir haben überhaupt nicht gedacht, dass wir eine Band sind... Interview mit Thomas Meinecke", in: Sahler, Günter (Hg.): *Neue deutsche Erinnerungswelle*, Lindlar 2011, 265–277, hier: 265–266.
55 Siehe dazu Schober, Ingeborg: „Donauwellen. Neue Töne aus Österreich", in: *Musikexpress*, Nr. 5 (1982), 40–42 sowie Rütten, Wilfried: „Schallter. Die Musik erklingt", in: *Spex*, Nr. 9 (1982), 22–23. Letzterem zufolge verkauften DAF in Österreich etwa 6.000, IDEAL rund 12.000 Platten.
56 Siehe dazu etwa Byland, Martin/Matti, Rene: „Swiss Wave. Die Eidgenossen rüsten auf", in: *Sounds*, Nr. 6 (1980), 24–30.

Generell lassen sich einzelne ‚Kälte'-Strategien und -Motive bestimmten Städten und Szenen zuordnen. Während etwa die in der NDW inflationär eingesetzten, schwarzromantischen Motive der emotionalen und sozialen Eiszeit über lokale Szenegrenzen hinaus Anwendung fanden, kamen die Akteur:innen der subversiven Affirmationsstrategien wie FSK (München) und PALAIS SCHAUMBURG (Hamburg) zumeist aus Städten, in denen es einerseits ein stark verwurzeltes, konservatives Bürgertum, andererseits aber kaum New-Wave- und Post-Punk-Musiker:innen gab. Dadurch standen diese als nahezu einzige Vertreter:innen der ‚78er' allein gegen die ihnen feindlich gesinnten ‚Spießbürger', Punks, ‚Hippies' und Vertreter:innen der alten Linken. Insbesondere in Hamburg orientierte sich im Gegensatz zu Düsseldorf und Berlin die lokale Punk-Szene deutlich stärker an der englischen Punk-Subkultur, importierte nicht nur deren Sound, sondern auch den Hass der Hardcore- und Pogo-Punks auf die als „Kunstwichser" diffamierten Anhänger:innen von New Wave und Post-Punk.[57] „Hamburg war 110 Mal aggressiver als Berlin, Hamburg war lebensgefährlich", erklärte etwa Blixa Bargeld rückblickend auf einen NEUBAUTEN-Gig im Dezember 1980 in der Hamburger *Markthalle*,[58] und auch Bandkollege Alexander Hacke bestätigte: „Es war bekannt, dass Bands, die von den Hamburger Punks nicht akzeptiert wurden, auf den Konzerten krankenhausreif geprügelt wurden. Natürlich galten wir Berliner als besonders blasiert. Wir waren Verräter der Bewegung, Kunstheinis und Weicheier."[59] Zwar war Hamburg auch Sitz von Hilsbergs *ZickZack*-Label und der *Sounds*-Redaktion, doch während die vor allem am Punk-Sound orientierten ABWÄRTS trotz Geige und Synthesizer den Ruf als Lokalhelden genossen, schlugen einheimischen Bands mit avantgardistischen (PALAIS SCHAUMBURG) oder ‚düsteren' Wave-Sounds und Performances (XMAL DEUTSCHLAND, GEISTERFAHRER) zumeist tiefste Abneigung, Bierflaschen und oft auch Fäuste vonseiten des Publikums entgegen.[60]

---

[57] Vgl. Teipel: *Verschwende deine Jugend* (2001), 204–207 sowie Hilsberg: „Macher? Macht? Moneten?" (1979), 47. Neben dieser undifferenzierten Übernahme britischer Punk-Klischees liegt die verhältnismäßig hohe Gewaltbereitschaft und Militanz der Hamburger Punk- und Ted-Szenen vermutlich auch in der Stadtgeschichte selbst, ihren Hafen- und Rotlichtbezirken sowie der hohen Präsens an Rocker- und Halbstarken-Gruppierungen begründet. Vgl. Longerich: *„Da Da Da"* (1989), 48.
[58] Bargeld zit. n. Wagner, Peter: *POP 2000. 50 Jahre Popmusik und Jugendkultur in Deutschland*, das Begleitbuch zur zwölfteiligen Sendereihe des WDR in Co-Produktion mit den Dritten Programmen der ARD, Hamburg 1999, 139.
[59] Hacke: *Krach* (2015), 51–52.
[60] Als Schlüsselereignis, das zur endgültigen Aufspaltung in sich unversöhnlich gegenüberstehende Fraktionen führte, gilt das von Alfred Hilsberg organisierte Festival „Geräusche für die 80er" in der Hamburger *Markthalle* am 29. Dezember 1979. Siehe dazu den Erfahrungsbericht von Diederichsen, Diedrich: „Geräusche für die 80er", in: *Sounds*, Nr. 2 (1980), 6. Zu den verschiedenen Hamburger Szenen siehe den zweiteiligen Bericht von Tim Renner in der Zeitschrift *Scritti*:

Im starken Kontrast dazu stand die Ausgestaltung der NDW und ‚Kälte' in der Rheinmetropole Düsseldorf. Hier liegt der Ursprung jener popmusikalischen Strategien und Motive der ‚Kälte', die auf eine neusachliche Ästhetisierung der (post-) industriellen Moderne und idealisierte, auf Technisierung, Verhärtung und Disziplinierung angelegte Körperbilder zielten. Die Gründe dafür sind in der einzigartigen Ausgangslage der Rhein-Ruhr-Region und Landeshauptstadt[61], in der Melange aus Industriekulisse, Konsumwelt und Kunst zu finden, die die Entstehung von ‚wildem' Punk und ‚sauberer' New Wave gleichermaßen beförderte. Bereits im Krautrock hatten sich Düsseldorfer Bands wie KRAFTWERK, NEU! und LA DÜSSELDORF durch ihre vielzähligen Bezüge auf diese charakteristische Lebenswelt zwischen dem Hochglanz-Chic der Werbe- und Modeagenturen, den steril-modernistischen Glas-Stahl-Architekturen der Großkonzerne und Banken sowie den grauen Industriezentren ausgezeichnet. Diese popkulturelle Umsetzung setzte sich in den lokalen NDW-Ausformungen fort. So war in den Jahren 1978/79 für kurze Zeit das Wort „Industrierock" (oder auch „Industrial Rock") in der frühen (Post-)Punk-Szene der Stadt angesagt, womit jedoch keine Verbindung zum Sound der britischen Industrial Music gemeint war, sondern eine popkulturelle Verknüpfung zwischen lokaler Identität und dem eigenen (post-)industriellen Lebensumfeld.[62] Gleichzeitig prägte eine kühle Ästhetik der Exklusivität und des Minimalismus die lokalen, bevorzugt in den Farben Weiß und Silber ausstaffierten Clubs und Bars[63] – eine der Mode- und Werbemetropole Düsseldorf entsprechende Atmosphäre, die sich in den Produktionen und Inszenierungen lokaler Gruppen wie KRAFTWERK widerspiegelte. „Sobald man in Düsseldorf war, kam einem selbst die Punkszene irgendwie schicker vor", erinnerte sich Punk-Veteran Jäki Eldorado, „Berlin war dagegen

---

Renner, Tim: „Ob du ein Image hast oder hast keins... Ein Hamburger Rundblick, Teil 1", in: *Scritti*, Nr. 3 (1983), 21–23 sowie ders.: „Ob du ein Image hast oder hast keins. Teil 2", in: *Scritti*, Nr. 4 (1983), 20–22.
61 Düsseldorf selbst fungierte als Kulminationspunkt für die verschiedenen Entwicklung im Rhein- und Ruhrgebiet, einige Düsseldorfer NDW-Bands stammten tatsächlich aus Wuppertal, Solingen oder Gelsenkirchen.
62 Vgl. dazu Hilsberg, Alfred: „Nine, Nine, Nine – ja, ja, ja!", in: *Sounds*, Nr. 6 (1979), 10. In seinem ersten Beitrag zur deutschen Punk-Bewegung ging Hilsberg, unter Nutzung des klassischen Krisennarrativs, davon aus, dass die dem Ruhrgebiet spezifische Situation und Alltagskulisse zwangsläufig zur Entstehung von Punk führen musste: „Zwischen Kohlenhalden und Kokereien scheinen die Voraussetzungen für eine Punk-Bewegung wie geschaffen: Die Zukunft der Jugendlichen im Dschungel der Industriewüste ist ungewiss. Gesellschaftliche Konflikte, von Sanierungsvorhaben bis zu Stahl-Krisen, müssten ähnlich wie im krisengeschüttelten Vereinigten Königreich eine Ursache sein für eine sich den ‚rationalen Verhältnissen' widersetzende Bewegung." Ders.: „Rodenkirchen is burning" (1978), 22.
63 Vgl. Schober, Ingeborg: „La Düsseldorfs Neu~es Kraftwerk. Genug Energie fürs Jahr 2000", in: *Sounds*, Nr. 4 (1979), 40–44, hier: 44 sowie Meikel Clauss zit. n. Esch: *Electri_City* (2014), 157.

düster und humorbefreit, und in Hamburg alles in linker Hausbesetzerhand".[64] Allerdings wurden nicht die Nobel-Diskotheken, sondern die Ratinger Straße und insbesondere der *Ratinger Hof* in der wenig schicken Altstadt zum Brennpunkt der Düsseldorfer NDW-Bewegung, nicht zuletzt durch die Nähe zur Kunstakademie und dem dort lehrenden Joseph Beuys, der Moritz Reichelt zufolge *„das Verbindende dieses Generationswechsels von der politischen Hippiezeit zu den kunstorientierten achtziger Jahren"* darstellte.[65] Hier trafen sich Musiker:innen und neugegründete Bands (MITTAGSPAUSE, DAF, FEHLFARBEN, S.Y.P.H., DER PLAN, DIE KRUPPS), Künstler:innen (Albert und Markus Oehlen, Milan Kunc, Imi Knoebel, Moritz Reichelt, Jörg Immendorf, Gerhard Richter), Literat:innen und Autor:innen (Peter Glaser, Xao Seffcheque), die sich in vielen Fällen in mehr als nur einer dieser Kategorien betätigten.[66]

Eine derartig enge Verknüpfung von Kunst und New-Wave-Underground prägte auch die West-Berliner Szenerie. Überhaupt waren die Voraussetzungen zur Ausbildung der NDW-Bewegung und vieler weiterer gegen- wie subkultureller Milieus in West-Berlin nicht nur optimal, sondern zugleich einzigartig. Zu Recht spricht sich der Historiker Bodo Mrozek aufgrund der Isoliertheit, des Sonderstatus und der historischen wie geopolitischen Ausnahmeerscheinung der Inselstadt dafür aus, West-Berlin „nicht nur vom Ost-Teil der Stadt klar abzugrenzen, sondern ebenso von der Geschichte der Bundesrepublik, der es oftmals pauschal zugerechnet wird".[67] Diese außergewöhnlichen Umstände führten etwa zum Zuzug von Wehrdienstverweigerern, Künstler:innen, Aussteiger:innen und Ausreißer:innen aller Art. Ihnen allen bot West-Berlin als „Hochburg und Vorbild der linksalternativen Kultur"[68] einen Ort, an dem die Möglichkeiten zur freien Entfaltung mehr gegeben waren als sonst irgendwo in der Bundesrepublik – dies galt insbesondere auch für queere Menschen. Sperrstunde war schon damals ein Fremdwort, rund um die Uhr konnten Ausgehfreudige und Nachtschwärmer:innen in eine der zahlreichen Kneipen, Clubs oder Diskotheken einkehren. Und dies taten sie nahezu täglich, denn dank der Subventionen vom Bund waren die Mieten und Lebenshal-

---

64 Zit. n. ebd., 217–218.
65 Reichelt: *Der Plan* (1993), 26. Hervorhebung i. O.
66 Karl Bartos zufolge tauchten auch die KRAFTWERK-Mitglieder dort gelegentlich auf, schränkte jedoch ein: „Ich war damals wirklich ziemlich oft im *Ratinger Hof*. Mit den Geschehnissen dort hatte ich persönlich aber nichts zu tun – musikalisch war ich auf einem ganz anderen Weg." Bartos: *Der Klang der Maschine* (2017), 241. Vgl. ebd., 238–241.
67 Mrozek, Bodo: „Vom Ätherkrieg zur Popperschlacht. Die Popscape West-Berlin als Produkt der urbanen und geopolitischen Konfliktgeschichte", in: *Zeithistorische Forschungen/Studies in Contemporary History*, Jg. 11, Nr. 2 (2014), 288–299, hier: 289. Zu den einzigartigen Voraussetzungen der Stadt siehe auch die Aussagen der West-Berliner Szenemitglieder Gudrun Gut, Alexander Hacke und FM Einheit zit. n. Dax/Defcon: *Nur was nicht ist, ist möglich* (2006), 16–17, 59.
68 Reichardt: *Authentizität und Gemeinschaft* (2014), 22.

tungskosten in West-Berlin äußerst gering, kleinste Nebenjobs genügten, um den Wohnraum in den gängigen WGs oder ehemaligen Geschäftsläden zu finanzieren. Allerdings musste sich die Szene dafür auch mit sehr alten, heruntergekommenen Wohnungen zufriedengeben, ohne integriertes Bad oder Toilette, und teils auch ohne Kohleheizung, was die Bereitschaft auszugehen beförderte.

Isoliertheit, Zerfall, lebendige Zeugnisse ‚toter' Geschichte: Neben den unübersehbaren Zeichen des Kalten Kriegs in Form der Berliner Mauer waren überall die Spuren deutscher wie Berliner Historie sichtbar, von den geschichtsträchtigen Bauten der ehemaligen Reichshauptstadt, bis zu den mit Einschusslöchern versehenen Gebäudefassaden, verlassenen Abbruchhäusern und zerbombten Überresten des Zweiten Weltkriegs, die wiederum einen in der Bundesrepublik einzigartigen Freiraum zur Realisierung künstlerischer, subkultureller und politischer Konzepte boten.[69] Das Leben unter diesen Bedingungen, umgeben von einem „Flair ungewohnter Unwirklichkeit" und einer „Aura des Ramsches, der Schäbigkeit und des Zerfalls", erforderte ein entsprechendes Maß an ‚Härte' und eine positiv-offensive Haltung zur Entropie.[70] Diese sollten nicht nur die Grundlagen für die der West-Berliner Lebenskultur eigenen Atmosphäre „zwischen Trostlosigkeit und Flitter"[71], sondern zugleich für ein spezifisches West-Berliner ‚Kälte'-Phänomen bilden: den Untergangs-Kult und die Schrott-Ästhetik der sich bewusst falsch schreibenden „Genialen Dilletanten".

„Es stimmt, dass die NEUBAUTEN nur in Westberlin entstehen konnten", bestätigte Bandmitglied FM Einheit rückblickend auf die einzigartigen Konstellationen der Stadt.[72] Doch der in den Jahren 1978 bis 1982/83 in einem Akt kreativer Explosion vonstattengegangene popmusikalische Auf- und Umbruch brachte nicht nur die aus etwa 25–50 Akteur:innen[73] bestehende Avantgarde-Szene des West-Berliner Undergrounds hervor, die neben einigen Künstler:innen und Filmemacher:innen vor allem Post-Punk-, Industrial- und Noise-Gruppen wie EINSTÜRZENDE NEUBAUTEN, MANIA D. / MALARIA!, DIE TÖDLICHE DORIS, SPRUNG AUS DEN WOLKEN, NOTORISCHE REFLEXE und

---

69 Vgl. Müller: *Subkultur Westberlin 1979–1989* (2013), 28–29. Auch für nachfolgende popkulturelle Bewegungen, wie etwa die Techno-Kultur, sollte sich diese lokale Ausgangslage als fruchtbarer Nährboden erweisen.
70 Ebd., 89, 434. Die für West-Berlin typischen Prämissen und Eigenarten führten etwa zeitgleich zur Entwicklung der Post-Punk-Szene zur Entstehung des speziellen Drag-Typus der „Trümmertunte", die die angriffslustige ‚Härte' und das Trash-Image der Stadt spiegelte. Vgl. ebd., 180–183. Zur West-Berliner ‚Härte' siehe auch Mrozek: „Vom Ätherkrieg zur Popperschlacht" (2014), 297–298.
71 Inhülsen, Harald/Hoppe, Mechthild: „Berlin. Ein kaputter Platz für Romy, Bowie, Punk und Pop", in: *Musikexpress*, Nr. 3 (1978), 56–63, hier: 56.
72 Zit. n. Dax/Defcon: *Nur was nicht ist, ist möglich* (2006), 59.
73 Vgl. Gudrun Gut zit. n. ebd., 17 sowie Blixa Bargeld zit. n. Teipel: *Verschwende deine Jugend* (2001), 232.

DIN A TESTBILD umfasste. Ähnlich der Düsseldorfer Situation war auch das West-Berliner NDW-Umfeld in drei Strömungen gespalten, die mal mehr, mal weniger eng miteinander verknüpft waren, zusammenarbeiteten oder sich bekriegten.[74] Oftmals konträr zu den avantgardistischen „Dilletanten" stand die Kreuzberger Pogo- und Anarcho-Punk-Szene um Bands wie KATAPULT, ÄTZTUSSIS und BETON COMBO, deren Wirken sich in linksaktivistischer Tradition vor allem auf politische Ziele fokussierte.[75] Sie stützten ihre Ideologie auf ‚klassische' Motive wie Authentizität sowie auf triviale Kapitalismus- und Konsumkritik und suchten zumeist unter sich zu bleiben, was ihnen aufgrund der im Gegensatz zu Hamburg und Düsseldorf hohen Zahl an wählbaren Treffpunkten auch gelang.[76] Die dritte Fraktion bildeten die kommerziellen Pop-Rock-Bands, denen zumeist jede popkulturelle wie musikalische Anbindung an die ‚78er', Post-Punk oder New Wave abging und die aufgrund ihrer deutschen Songtexte unter dem gehypten „NDW"-Label verkauft werden konnten. Dazu gehörten TEMPO, INSISTERS, 1. FUTUROLOGISCHER CONGRESS, UKW, SCALA 3 sowie die vom Fotografen Jim Rakete gemanagten SPLIFF, INTERZONE, NENA und PRIMA KLIMA. Eine Zwischen- bzw. Außenseiterrolle nahmen die von den Schwestern Annette und Inga Humpe gegründeten Gruppen NEONBABIES und IDEAL ein, deren Verhältnis zu den Akteur:innen der Avantgarde- wie Mainstream-NDW zeitweise und gleichermaßen von engeren Kontakten und Konkurrenzgebaren geprägt war. So erklärte Blixa Bargeld in einem Interview von 1985, er habe einst zusammen mit Jäki Eldorado und Inga Humpe die Gründung einer Punkband geplant und Letzterer den Spitznamen „Inga Dilemma" verpasst.[77] Inga Humpe erinnerte sich in Jürgen Teipels NDW-Buch wiederum an eine Situation, die ganz der West-Berliner ‚Kälte'-Haltung entsprach:

> Vor allem zwischen uns und MANIA D. war das nackte Konkurrenz. Die ganze Berliner Szene war er von Beginn an vorsichtig miteinander umgegangen. Aber seit sich die ersten Gruppen gebildet hatten, war man äußerst unfreundlich zueinander. Man redete nicht miteinander. Abgrenzung war das Wichtigste. Bloß nicht zu weich oder vertrauensvoll. Bloß nicht zu freundlich. Das wurde als Schwäche ausgelegt. [...] Andererseits fand ich, dass gerade diese

---

74 Siehe dazu etwa Kraut, Inga: „Szene Berlin. ‚Wall-City-Rock' und ‚Geniale Dilletanten'", in: *Musikexpress. Neue Deutsche Welle Special* (1982), 44–46 sowie Longerich: *„Da Da Da"* (1989), 82–88.
75 In seinem legendären Rundumblick auf die frühe NDW-Szenen machte Hilsberg darauf aufmerksam, dass sich die Band KATAPULT als Kommune begriff und die Gruppe ÄTZTUSSIS einen „antifaschistischen Nähladen" betrieb. Hilsberg: „Neue deutsche Welle" (1979), 24.
76 Vgl. dazu Diederichsen: „Untergrund und Unternehmer (Teil 2)" (1980).
77 Bargeld zit. n. Brem, Martin: „Blind Date: Einstürzende Neubauten", in: *Musikexpress/Sounds*, Nr. 7 (1985), 18.

Kälte in der Musik und auch im gegenseitigen Sozialverhalten den wahren Verhältnissen entsprach. Und letztendlich war das auch ein Freiraum.[78]

So kalt und elitär sich die „Dilletanten"-Szene auch nach außen gab, nach innen ließen der umfassende Austausch und die übliche Zusammenarbeit die überschaubare Szene aufblühen und führten zu einer Vielzahl an Projekten und Produktionen. Auftrittsmöglichkeiten und Treffpunkte gab es zuhauf, etwa das *Metropol* und das *Café Central*, das *Exil*, das *Café Mitropa*, die Bar *Das andere Ufer*, den Plattenladen *Zensor*, das *Exxzess* und das *Shizzo*.[79] Hinzu kamen exklusivere Lokale der Berliner Avantgarde-Szene, wie das *Risiko* und das *Eisengrau*, ein ursprünglich von Gudrun Gut und Bettina Köster (Mania D./Malaria!) gegründetes Strickmoden-Geschäft, das Anfang der 1980er Jahre von Blixa Bargeld übernommen wurde und sehr schnell als Laden für ausgefallene Kleidung und Kassetten, Objet-trouvé-Galerie, Aufführort von Super-8-Filmen, Szene-Treffpunkt und Wohnung Bargelds fungierte.[80] Anziehpunkt und Konzertstätte für auswärtige Punk- und Post-Punk-Bands war das *SO36*, das einst vom Künstler Martin Kippenberger geführt und im August 1978 mit dem „Mauerbaufestival" zur Feier des Mauerbau-Jubiläums eröffnet wurde.[81] Szeneübergreifend und auch außerhalb Berlins berühmt-berüchtigt war schließlich der gehobene und auch von Stars wie David Bowie frequentierte Club *Dschungel*, in dem Wolfgang Müller zufolge „keine Miene verzogen" wurde und „kühle Distanz" herrschte.[82] Distinktion war das Gebot der Stunde, die man durch ‚kalten' Habitus und im Falle des *Dschungels*, dem ersten Berliner Club mit Türsteher,[83] durch eine selektive Türpolitik erreichte: Ein Leserbrief-Schreiber im

---

78 Zit. n. Teipel: *Verschwende deine Jugend* (2001), 234. Vgl. auch die Aussagen von Annette Humpe zit. n. Leitner: *West-Berlin! Westberlin! Berlin (West)!* (2002), 335 sowie Ernst Ulli Deuter (Ideal) zit. n. Schober, Ingeborg: „Ideal. Fröhlich und provokativ", in: *Musikexpress*, Nr. 6 (1981), 22–23, hier: 23.
79 Wolfgang Müller macht darauf aufmerksam, dass eine Vielzahl der Berliner Szene-Lokale wie das *Shizzo, Risiko, Loft* und *Eisengrau* von Frauen gegründet worden waren. Von außerordentlicher Bedeutung für die Entwicklung und Vernetzung der Szene war zudem die Ende der 1970er Jahre einsetzende Öffnung von Schwulen- und Lesbenbars wie *Das andere Ufer* und das *Risiko* für nicht-queeres Publikum. Vgl. Müller zit. n. „Geniale Dilletanten. Die Kunst der Selbstaneignung", Interview mit Wolfgang Müller, 2016, *Underdog Fanzine*. URL: http://www.underdog-fanzine.de/2016/03/25/geniale-dilletanten-die-kunst-der-selbstaneignung (Letzter Zugriff: 24.10.2022).
80 Zum *Risiko* siehe Jochen Arbeit zit. n. Dax/Defcon: *Nur was nicht ist, ist möglich* (2006), 28 sowie Hacke: *Krach* (2015), 34. Zum *Eisengrau* siehe ebd., 42 sowie Müller: *Subkultur Westberlin 1979–1989* (2013), 281.
81 Vgl. etwa ebd., 105–107 sowie Bannat, Christoph: „Süd-Ost 36", in: Neue Gesellschaft für Bildende Kunst e.V., et al. (Hg.): *Lieber zu viel als zu wenig* (2003), 82–94.
82 Müller: *Subkultur Westberlin 1979–1989* (2013), 73–74.
83 Laut Morshäuser, Bodo: „Neulich, als das Hakenkreuz keine Bedeutung hatte", in: *Kursbuch*, Nr. 113 (1993), 41–53, hier: 41–42.

West-Berliner Stadtmagazin *zitty* beklagte Mitte 1981 etwa, Ausgehfreudige mit langen Haaren und „indisch[en]" Outfits werden am Eingang stets abgelehnt.[84]

Was bereits hier, im Aufbruchsjahr der ‚78er', einen Vorgeschmack auf die ‚kalte' Affirmation mit gemeinhin negativ assoziierten Zeichen und Prozessen gibt, hatte für die West-Berliner Untergrund-Szene eine identitätsbildende Funktion. Diese erstreckte sich nicht nur auf die Inszenierung (vor) der grauen Berliner Mauer selbst, ein seit der Kommerzialisierung der Avantgarde-Szene um 1983 beliebtes Hintergrundmotiv vieler Fernsehteams und Fotograf:innen, die die porträtierten Bands ‚stilecht' in Szene zu setzen suchten.[85] Vielmehr wurde das Inseldasein der Stadt, die Isoliertheit und das Eingeschlossen-sein von den Protagonist:innen der Avantgarde-Szene positiv und als Voraussetzung für ihre Entwicklung und ihren Charakter verstanden. So erklärte etwa Alexander Hacke rückblickend: „Man war im Westen in eine eingeschworene, ironisch könnte man sagen: elitäre Dorfgemeinschaft hineingewachsen, die kein Hinterland und keine Einflüsse von außen kannte."[86] Auch NEUBAUTEN-Kollege Blixa Bargeld äußerte schon 1983 in einem Interview mit dem britischen *NME* die Befürchtung, dass ohne die Berliner Mauer „there would be nothing really interesting anymore. It would be like living in West Germany and West Germany is totally uninteresting".[87] Eine Prophezeiung, die schließlich die Geschichte und Ausgestaltung der Berliner Techno-Kultur mitbestimmen sollte, an der nicht wenige Akteur:innen der „Dilletanten"-Szene beteiligt waren.

Bei aller Einzigartigkeit gab es jedoch eine popkulturelle Szene, die einen außerordentlichen Einfluss auf die West-Berliner Avantgarde-Bewegung hatte: die um 1977 in New York entstandene No-Wave-Szene um Musiker:innen und Bands wie James Chance, Lydia Lunch, TEENAGE JESUS AND THE JERKS, MARS und DNA.[88] Im Hinblick auf die vielen Parallelen und vergleichbaren Ausprägungen beider Szenen kann die Begeisterung der „Dilletanten" für die No Wave kaum überraschen. So bildete sich die New Yorker Szene im Umfeld der Lower East Side, ein in den 1970er Jahren von hoher Kriminalitätsrate, Drogen, ausgebrannten Häusern, wil-

---

84 K., B.: „Betrifft: ‚Dschungel'-Kneipe", Leserbrief, in: *zitty*, Nr. 15, 1981, 4.
85 Erst ab Mitte der 1980er Jahre wurde die graue und mit vor allem politischen Sprüchen bekritzelte Berliner Mauer nach und nach mit jener bunten Street Art gefüllt, die popkulturell bis heute nachwirkt. Vgl. Müller: *Subkultur Westberlin 1979–1989* (2013), 148–150 sowie ders.: „Kann maN etWas mACHen, was nicht Mu s i k ist?", in: Pehlemann, Alexander/Galenza, Ronald (Hg.): *Spannung. Leistung. Widerstand. Magnetbanduntergrund DDR 1979–1990*, Berlin 2006, 150–155, hier: 151.
86 Hacke zit. n. Dax/Defcon: *Nur was nicht ist, ist möglich* (2006), 16.
87 Bargeld zit. n. Bohn, Chris: „Let's hear it for the Untergang Show", in: *New Musical Express*, 5. Februar 1983, 23.
88 Zur No Wave siehe Kühn: *Anti-Rock* (2013), 148–180 sowie Reynolds: *Rip It Up And Start Again* (2007), 80–99. Vgl. Gudrun Gut zit. n. Dax/Defcon: *Nur was nicht ist, ist möglich* (2006), 48.

den Müllstätten und leeren Baugrundstücken geprägter Bezirk, der vor allem von ärmeren, zumeist Schwarzen Bevölkerungsschichten, Junkies, Obdachlosen und Künstler:innen bewohnt wurde, die sich dank der billigen Mieten auf ihr künstlerisches Schaffen konzentrieren konnten. Wie in West-Berlin erstreckte sich das künstlerische Wirken der No-Wave-Szene nicht nur auf die Musik, sondern war auch dort eng verknüpft mit einer blühenden Super-8-Filmszene. Deren Produkte waren „manchmal geradezu bestechend primitiv", dokumentarisch im Sinne eines „ungeglätteten Straßencharakter", oftmals voller sexualisierte Gewalt, „Bestrafungs- und Rachefantasien" und Performance-orientiert, wie *Sounds*-Korrespondent Jim Hoberman in einem Beitrag von 1979 berichtete.[89] Auf Performance-Aspekte konzentrierten sich die No-Wave-Acts auch bei ihren Auftritten, die zwischen der Inszenierung von (selbstdestruktiver) Gewalt und unterkühlter Distanziertheit pendelten. Der Sound der No Wave selbst war dabei sekundär, hatte jedoch den auffälligsten Einfluss auf die Berliner Avantgarde-Szene.[90] So zeichnen sich etwa die Bands auf der von Brian Eno herausgegebenen, namensgebenden Compilation *No New York* (1978) durch einen dissonanten und dilettantischen Sound aus, der zwar auf konventionellen Rock-Instrumenten gespielt und unter anderem auch mit Jazz-Elementen angereichert wurde, dennoch jeden Einsatz üblicher Songstrukturen vermied. Die Inklusion der neuartigen No Wave in den ‚kalten' Sound der ebenso jungen West-Berliner „Dilletanten"-Szene zeigt sich dabei jedoch weniger als plumpe Übernahme, denn als Schnittstelle einer zwar räumlich getrennten, doch durch Tonträger, Radioshows, Konzerte und Musikpresse verbundenen Bewegung.[91]

Kunst und Pop
Parallel zu den Post-Punk-Szenen in den USA und Großbritannien zeichnete sich auch die NDW-Bewegung durch eine Melange verschiedener Kunstformen aus. Nicht nur Musiker:innen, sondern auch Maler:innen, Filmemacher:innen, Schriftsteller:innen, Modedesigner:innen und viele weitere Künstler:innen bildeten die lokalen NDW-Szenen. Der Anteil an Kunsthochschulstudent:innen und freischaffenden Künstler:innen im deutschen Post-Punk ist selbst im Vergleich zum Kraut-

---

89 Hoberman, Jim: „New York – No Wave", in: *Sounds*, Nr. 11 (1979), 36–42, hier: 37, 39.
90 So erklärte Gudrun Gut in einem Interview: „In Berlin, John Peel was broadcast on the BBC. That's where I first heard Brian Eno's No Wave compilation which had a great impact on developments in Berlin." Zit. n. Defcon: „We were strong women, we wanted to make a point of that.", 25. Juni 2014.
91 Nicht zuletzt kam es auch zu persönlichen Kontakten und Zusammenarbeiten, etwa der von Einstürzende Neubauten zusammen mit Lydia Lunch und dem australischen Gitarristen Rowland S. Howard (The Birthday Party) aufgenommenen Single *Thirsty Animal / Durstiges Tier* (1982).

rock außergewöhnlich hoch, wobei sich auch die Gruppe Kraftwerk aus ehemaligen Kunst-, Architektur- und Musikstudenten zusammensetzte und fest in die Düsseldorfer Kunst-Szene eingebunden war.[92] Aus den Kunsthochschulen kamen etwa in Hamburg Thomas Fehlmann, Holger Hiller und Walter Thielsch (alle Palais Schaumburg), in Berlin Gudrun Gut (DIN A Testbild / Mania D. / Malaria!) sowie Nikolaus Utermöhlen, Käthe Kruse, Wolfgang Müller und Chris Dreier (alle Die Tödliche Doris) und in München die FSK-Mitglieder Thomas Meinecke, Michaela Melian, Justin Hoffmann und Wilfried Petzi.[93] Insbesondere aus den Reihen der sogenannten „Neuen Wilden" sollten sich viele bildende Künstler an der NDW-Bewegung beteiligen: Markus Oehlen trommelte bei Mittagspause, Albert Oehlen spielte zusammen mit Diedrich Diederichsen, Bettina Köster, Frieder Butzmann und FM Einheit bei Nachdenkliche Wehrpflichtige, Walter Dahn bildete mit Tom Dokoupil (The Wirtschaftswunder, Bruder des Künstlers Jiří Georg Dokoupil) das Musikprojekt Die Partei, Peter Bömmels war zugleich Autor für *Spex*, Salomé und Luciano Castelli traten auch als die Band Geile Tiere in Erscheinung und Moritz Reichelt spielte vor der Gründung von Der Plan zusammen mit dem Künstler Jürgen Kramer in der Gruppe Weltende. Andere Künstler:innen waren in die Szene-Treffpunkte direkt involviert, etwa Martin Kippenberger, der ein Jahr lang das Berliner *SO36* führte, oder Imi Knoebel, der dem *Ratinger Hof* erst den bekannten kühl-minimalistischen Neon-Beton-Look verpasst hatte. Nicht zuletzt boten Künstler:innen und Galerien den jungen NDW-Bands Auftrittsorte.[94]

Statt sich nur auf eine Kunstform festzulegen, war es gerade der multimediale Anspruch, der die frühe NDW charakterisierte. Musik war bei Gruppen wie Der Plan, Die Tödliche Doris, Minus Delta t, Einstürzende Neubauten und FSK ohnehin nur ein Teilaspekt der künstlerischen Gesamtperformance. Letztgenannte hatte sich etwa aus der Zeitschrift *Mode & Verzweiflung* gebildet, während Auftritte der

---

92 So studierte Emil Schult, inoffiziell fünftes Kraftwerk-Mitglied, bei Joseph Beuys und Gerhard Richter. Weiter berichtete auch Claudia Schneider-Esleben, Schwester von Kraftwerk-Gründer Florian Schneider, über das Haus ihrer Familie: „Joseph Beuys, die Gruppe Zero und andere Künstler gingen bei uns ein und aus. Da war High Life, Party. Alles war immer stark mit Kunst besetzt." Zit. n. Bartos: *Der Klang der Maschine* (2017), 185–186. Siehe dazu auch Ullmaier, Johannes: „Kraftwerk, Kraftwerk unter anderem. Anmerkungen zu einem deutschen Mythos", in: Schütte (Hg.): *Mensch – Maschinen – Musik* (2018), 333–357, hier: 344.
93 Siehe etwa Müller: *Subkultur Westberlin 1979–1989* (2013), 258–259 sowie Diederichsen, Diedrich: „Genies und ihre Geräusche. Deutscher Punk und Neue Welle 1978–1982", in: Emmerling; Weh (Hg.): *Geniale Dilettanten* (2015), 10–22, hier: 20–21.
94 Livedebüts in Kunstgalerien hatten unter anderem die Bands Neonbabies und DAF. Einen ihrer ersten Gigs spielten Einstürzende Neubauten wiederum auf der Geburtstagsparty des Filmemachers Rosa von Praunheim im November 1980. Siehe dazu Krüssmann, Holger: „Neonbabies. Psycho-Kicks im Schaugeschäft", in: *Musikexpress*, Nr. 4 (1982), 20–22, hier: 22, Delgado zit. n. Richter: „DAF" (1982), 10 sowie Hacke: *Krach* (2015), 49.

Gruppe Die Tödliche Doris stets vielmehr Kunst-Performances als konventionelle Musikkonzerte waren. Dabei kam es immer wieder zu gemeinsamen Aktionen mit anderen Gruppen der West-Berliner „Dilletanten"-Szene, etwa im Rahmen des „Festivals der Genialen Dilletanten" oder auch bei der Performance „Wie man aus einer gelben Wanne eine Platte macht/Wassermusik", die gemeinsam von Die Tödliche Doris und Einstürzende Neubauten am 29. Mai 1982 im *Risiko* in Anlehnung an Georg Friedrich Händels „Wassermusik" aufgeführt wurde.[95] Angesichts des künstlerischen Agierens einzelner NDW-Gruppen dauerte es auch nicht lange bis diese in den Blick des Feuilletons gerieten und Anschluss an die Kunstwelt außerhalb des Undergrounds fanden. So traten etwa die Bands Malaria!, Einstürzende Neubauten und Nachdenkliche Wehrpflichtige bereits 1982 auf der *Documenta 7* auf.

Als eng verknüpft mit diesem künstlerischen Background, vor allem aber mit der philosophischen-weltanschaulichen Überzeugung der ‚78er' muss auch der häufige Einsatz von Pseudonymen in der NDW gelesen werden. Hier ging es nicht allein darum Kunstfiguren zu schaffen, sondern zugleich um Subjektivierungsprozesse bei einem gleichzeitigen Verwerfen jedes Anspruchs an ‚Authentizität'. „Du siehst dich so, wie du willst / Du hörst nur noch auf den neuen Namen", sangen Fehlfarben bereits 1980[96] und auch Gudrun Gut (eigentlich: Bredemann) bestätigte rückblickend: „Es lag einfach in der Luft, dass sich alle neuen Namen gegeben haben. Man hat sich selbst erfunden, man war Herr seiner Zukunft, Gegenwart und Vergangenheit."[97] „Jeder, wirklich jeder, hat damals seinen Namen geändert und sich einen dazu passenden Mythos ausgedacht – wer man ist, woher man kommt, was man bedeutet", erinnerte sich auch Neubauten-Mitglied Alexander von Borsig (eigentlich: Hacke): „Und ein solches Schauspiel fällt manchmal leichter, als nach seinem eigenen Naturell zu leben."[98] Deutlich zeigt sich hier, dass die ‚kalte' Distanz der ‚78er' nicht nur nach außen, sondern auch nach innen gerichtet war, gegen das vermeintlich ‚Natürliche'. „Es war so, dass ich mir in dem Moment, in dem ich mir meinen Künstlernamen ausgedacht hatte, auch gleichzeitig bewusst war, dass nun unweigerlich eine Trennung stattfinden würde", erklärte etwa Blixa Bargeld (eigentlich: Christian Emmerich), der sich um 1977 seinen Pseudonym angeeignet hatte, zusammengesetzt aus dem Namen eines Filzstifts und dem (ebenfalls erfundenen) Nachnamen des Dadaisten Johannes Theodor Baargeld:

---

95 Im Gegensatz zu Händel nutzten die Akteur:innen jedoch tatsächlich Wasser, wie zuvor John Cage („Water Music", 1952).
96 Fehlfarben: „Das War Vor Jahren", auf: *Monarchie und Alltag* (1980), LP, Welt-Rekord, 1C 064-46 150.
97 Gut zit. n. Dax/Defcon: *Nur was nicht ist, ist möglich* (2006), 8. Zum Pseudonym-Trend vgl. ebd., 7–13.
98 Hacke zit. n. ebd., 8. Vergleichbare Aussagen finden sich dort auch von seinen Kollegen N. U. Unruh (eigentlich: Andrew Chudy) und FM Einheit (eigentlich: Frank Martin Strauß).

> Es war, als ob ich mich mit einer Schere von meiner alten Existenz abgeschnitten hätte – um fortan als Künstler ein neues Leben zu führen. Die Trennung vom alten Namen war gleichbedeutend mit der eigenen Neuerfindung. So war das gedacht. Und natürlich musste ich diesen Namen ‚Blixa Bargeld' in der Folge mit Inhalt füllen. Heute ist mir der Name Christian Emmerich so fremd wie sonst irgendein Name, er ist einfach verschwunden aus meinem Leben.[99]

Das Spielen einer Rolle geriet in übersteigerter Form bei den progressiven Akteur:innen der NDW und den ‚Kälte'-Künstler:innen im Besonderen zur offensiven Strategie, Grundüberzeugung und Voraussetzung der Zugehörigkeit zu den ‚78ern'. Masken und Theater bestimmten nicht nur das Agieren auf der Bühne, sondern das alltägliche Leben in der Szene und das Verständnis von Identität. Dabei ging es nicht nur um materielle Kostümierungen und Masken, wie sie etwa DER PLAN bei ihren Auftritten trugen, sondern um die Inszenierung der für sich erschaffenen Figur und Rolle. Beispielhaft erklärte Blixa Bargeld dazu: „Ich habe nicht nur meinen Namen geändert, sondern ich habe explizit auch eine Zeitlang Masken getragen. Das meine ich natürlich im positiven Sinne, wie auch ein Kostüm keinen schlechten Beigeschmack hat."[100] Diesen Fokus auf das ‚Prinzip Künstlichkeit' bestätigte auch der Musikproduzent Markus Spiegel für seinen ehemaligen Schützling Falco (eigentlich: Johann Hölzel), dessen Solokarriere er initiierte und begleitete. Spiegel zufolge dienten David Bowie und Klaus Nomi dem Ende der 1970er Jahre in der Anarcho-Hippie-Gruppe DRAHDIWABERL spielenden Hölzel als Vorbilder für die Figur Falco: „Er wirkte wie der junge Alain Delon inmitten einer Bande durchgeknallter Soziopathen: Zurückgelegtes Haar, verächtlicher Gesichtsausdruck und eine arrogante, nasale Stimme, die er bei seiner Solonummer Ganz Wien zu Gehör brachte."[101] Wie konsequent Hölzel die Rolle spielte, verdeutlicht nicht zuletzt ein Interview in der Zeitschrift *Penthouse*:

> Penthouse: Wie wichtig ist es für dich, im Rampenlicht zu stehen?
> Falco: Sehr wichtig.
> Penthouse: Du geilst dich daran auf?
> Falco: Selbstverständlich.

---

[99] Bargeld zit. n. ebd. Interessant sind hierbei auch die ästhetischen Faktoren der Entscheidung Bargelds: „‚Blixa' und ‚Bargeld' passte gut zusammen, sowohl phonetisch wie auch historisch, und in gewisser Hinsicht war es fast eine Fluxusgeste, den Namen von einem Filzstift zu nehmen. [...] Von Vorteil war natürlich auch, dass in ‚Blixa' ein ‚x' auftauchte, das hatte durchaus etwas newwaviges. Vor allem aber machte mein neuer Name einen kleinen androgynen Schlenker, weil ein Name, der im Deutschen auf ‚a' endet, landläufig nur weiblich sein kann." Zit. n. Ebd., 7.
[100] Bargeld zit. n. ebd., 10.
[101] Spiegel zit. n. Mießgang, Thomas: „Geschnitzt aus Bowies Rippe", 31. Januar 2008 (Letzte Aktualisierung: 06.02.2013), *Zeit Online*. URL: *https://www.zeit.de/online/2008/06/falco-interview-markus-spiegel* (Letzter Zugriff: 24.10.2022).

Penthouse: Bist du ein Narziss?
Falco: Sicherlich.
Penthouse: Und du liebst dich selber?
Falco: Unendlich!
Penthouse: Und was liebst du mehr als dich?
Falco: Meine Fähigkeit, mich selbst zu inszenieren.[102]

Die NDW in außermusikalischen Medien

Von Beginn an war die NDW multimedial und ihre einzelnen Szenen Schmelztiegel vielfältiger künstlerischer Ausdrucksformen. Angesichts dieser Zusammenkunft unterschiedlichster Kunstformen, Stile und Protagonist:innen verwundert es kaum, dass für die außermusikalischen Medien dasselbe gilt wie für die NDW-Musiker:innen: ‚Kälte'-Motive lassen sich je nach Künstler:in, dazugehöriger Szene und Kunstform mal mehr, mal weniger finden – selbstverständlich waren sie keinesfalls. Obwohl die Rolle der verschiedenen Kunstformen hier nur angerissen werden kann und eine jeweils eigene, tiefer gehende Untersuchung verdienen, zeigt sich, dass weder die NDW-Bewegung im Allgemeinen noch der ‚Kälte-Pop' im Konkreten rein musikalische Phänomene waren. Zur Konstruktion ‚kalter' Musik gehören nicht nur die Sounds und Songtexte, sondern auch visuelle und performative Elemente, ob in Form eines Plattencovers, Outfits, Musikclips oder der bei Auftritten eingesetzten Filmprojektionen.

Beispielhaft waren in der bildenden Kunst, wie bereits erwähnt, eine Vielzahl jener als „Neue Wilde" betitelten Künstler, die persönlich eher Bezeichnungen wie „Heftige" oder „Wilde Malerei" bevorzugten und nahezu zeitgleich mit der musikalischen NDW an die Öffentlichkeit traten, direkt oder indirekt in die Bewegung involviert.[103] In Berlin gehörten dazu etwa Künstler wie Salomé und Luciano Castelli von der Kreuzberger *Galerie am Moritzplatz* (1977–1981) sowie Martin Kippenberger, der das benachbarte *Kippenbergers Büro* (1978–1980) betrieb. Ebenso partizipierten Mitglieder des Kölner Künstler-Kollektivs *Mülheimer Freiheit* an der NDW, wie Peter Bömmels und Walter Dahn. Trotz der mitunter sehr unterschiedlichen Stile der „Heftigen Maler" lassen sich charakteristische Motive ausmachen, die die Abgrenzung zu den vorangegangenen Generationen und Strömungen der bildenden Künste verdeutlichen. Subjektiv, bunt, grotesk, dynamisch, oft auch satirisch sind die Werke der „heftigen" Neoexpressionisten, die sich damit von den strengen Formen, dem Minimalismus und der Theorielastigkeit der abstrakten

---
102 Abdruck in Wagner: *POP 2000* (1999), 153–154.
103 Zu den „Neuen Wilden" und anderen expressionistischen Malern dieser Zeit siehe etwa Wilmes, Ulrich: „Heiß oder kalt – Malerei der 80er-Jahre", in: Emmerling; Weh (Hg.): *Geniale Dilletanten* (2015), 106–113.

und Konzeptkunst distanzierten, die die Galerien der 1970er Jahre beherrschten.[104] Zugleich stellten sich die jungen Künstler damit gegen die Pop Art, die die individuelle Handschrift des Künstlers zugunsten einer mechanischen Bildproduktion aufgelöst hatte.[105] Stattdessen waren ihre Kunstwerke geprägt von einem breiten Pinselstrich, starken Farben und Kontrasten, graffitiartigen Zeichnungen, waren häufig vulgär und oftmals provokant mit vorbelasteten Zeichen wie Hakenkreuzen gespickt – ein Angriff auf den Moralismus der ‚68er'.[106]

So erscheint die Kunst der „Neuen Wilden" vor allem als Äquivalent zur Punk-Explosion, war vor allem ‚warm' bis ‚hitzig'. Nicht zufällig schlossen sie dadurch an die „plastische Theorie" Joseph Beuys' an, bei dem viele der „Heftigen" studiert hatten und der die „Wärme" der chaotischen Energie gegen die „Kälte" der starren Form in Stellung brachte.[107] Parallel zum frühen Punk finden sich nichtsdestotrotz in den Werken der jungen „Wilden" Motive und Ansätze, die dem ‚Kälte'-Trend der späten 1970er und frühen 1980er Jahren entsprachen. So verwarfen die Künstler zumeist jeden Anspruch an Authentizität und bedienten sich freimütig an Symbolen und Stilen der Kunst- und Kulturgeschichte. „If I see that somebody is doing something the right way, there is only one possibility for me – copy him", erklärte etwa Jiří Georg Dokoupil gegenüber der Zeitschrift *The Face*.[108] Statt sich in Abstraktion und Konzept zu verlieren, nahm die gegenständliche Malerei der „Neuen Wilden" zudem zeitgenössische Prozesse, politisch-gesellschaftliche Ereignisse und die Symbole der jüngsten Geschichte in ihre Kunst auf, die sachlich-nüchtern bis scheinaffirmativ dargestellt wurden und den Künstler von jeder ideologischen oder moralischen Positionierung befreiten. Dem Künstler Moritz Reichelt zufolge grenzten sich die Neoexpressionisten damit zugleich von der introspektiven Malerei, von den „fließenden, femininen Formen der Hippiekunst" ab und gaben stattdessen mit „grellen, keilförmigen und maskulin eckigen Darstellungen" die Realität der postindustriellen, urbanen Moderne wieder: „Neon statt Kerze, Plastik statt

---

104 Siehe etwa Hohmeyer, Jürgen: „Kotzer flächenfüllend. Grelle Bilder aus der Innenwelt – die kommende Kunst?", in: *Der Spiegel*, Nr. 48, 24. November 1980. URL: *https://www.spiegel.de/spiegel/print/d-14331209.html* (Letzter Zugriff: 24.10.2022).
105 Vgl. Hieber, Lutz: *Politisierung der Kunst. Avantgarde und US-Kunstwelt*, Wiesbaden 2015, 112–113.
106 Büsser, Martin: *On The Wild Side. Die wahre Geschichte der Popmusik*, Mainz 2013 (2004), 129.
107 Als weitere Vorbilder und Vorgänger gelten Künstler wie Gerhard Richter und Gegenstandsmaler wie Sigmar Polke, Jörg Immendorff oder Karl Horst Hödicke. Vgl. o.V.: „Sturmflut der Bilder. Junge Malerei in Deutschland auf der Erfolgswelle und im Meinungsstreit", in: *Der Spiegel*, Nr. 22, 31. Mai 1982. URL: *https://www.spiegel.de/spiegel/print/d-14338867.html* (Letzter Zugriff: 24.10.2022).
108 Dokoupil zit. n. Newman, Michael: „Mülheimer Freiheit", in: *The Face*, Nr. 46 (1984), 5.

Jute, Fast Food statt Körnerbrei. ‚Zurück zum Beton'."[109] Moritz selbst sah seine Wurzeln im Surrealismus und der Neuen Sachlichkeit und war eng verbunden mit der *Gruppe Normal*, bestehend aus den Künstlern Milan Kunc, Yan Knap und Peter Angermann, die sich im Anschluss an die „Neuen Wilden" mit ihrem als „Konsumistischen Realismus" und „Professionelle Sonntagsmalerei" bezeichneten Stil den Ausbruch aus der akademischen Kunstwelt anstrebten: Kunst im Sinne der Neuen Sachlichkeit, „zur Erbauung, zur Erziehung, verständlich für jedermann, that's Pop".[110]

Trotz aller angriffslustiger Provokation und neusachlicher Affirmation mit den Zeichen der zeitgenössischen Realität: Wirklich ‚kalt' wurde es bei den „Neuen Wilden" nicht, zu essentiell war für sie die Betonung des Subjektiven, Dynamischen und ‚Wilden'. Den ‚Kälte'-Motiven der NDW noch am nächsten kam der Gelsenkirchener Künstler Jürgen Kramer, der ebenfalls an der Düsseldorfer Kunstakademie bei Beuys studiert hatte, jedoch nicht am Ausbruch der „Neuen Wilden" partizipierte. Die von ihm zwischen dem Ende der 1970er und in den frühen 1980er Jahren produzierten Werke waren weitaus düsterer und nahmen wiederholt, wie der Autor Thomas Groetz feststellt, die Themen „In-sich-selbst-gefangensein bzw. Auf-der-Stelle-treten" auf.[111] Kramers Bilder bewegten sich zwischen schwarzer Entfremdungsromantik, Untergangskult und Minimalismus, wiederkehrendes Motiv waren unter anderem abstrakt-geometrische Formen, die er als „ein ironisches Zitat auf das Ende der Moderne" verstanden habe.[112] Kramers künstlerische Nähe zu den Motiven der ‚78er' waren dabei keineswegs zufällig. Nach einer kurzen Experimentierphase zusammen mit den beiden späteren DER-PLAN-Gründern Moritz Reichelt und Frank Fenstermacher als WELTENDE, gründete Kramer Ende 1978 das Industrial-Projekt DAS 20. JAHRHUNDERT.[113] Für ihn waren Punk und New Wave kulturelle Strömungen, die vergleichbar mit der die Fin-du-siècle-Kultur durch eine künstlerische Rezeption der Vergangenheit einen Schlussstrich unter diese ziehen und den Zerfall als Aufbruch begrüßen würden.[114] Dem Punk-Impuls entsprechend veröffentlichte Kramer seine New-Wave-Kunst mit Texten und Musikbesprechungen kombiniert in eigenen Zeitschriften, zuerst *Einige Millionen* und *Die 80er Jahre*, später *Der Rabe*, die 1982 mit dem Abgesang an die Phänomene Punk und New Wave endeten.

---

109 Reichelt: *Der Plan* (1993), 146.
110 Reichelt zit. n. o. V.: „Gruppe NORMAL", in: *Elaste*, Nr. 8/9 (1984), 91. Zu Happening-Aktionen von Kunc und Reichelt siehe auch Reichelt: *Der Plan* (1993), 22–23.
111 Groetz: *Kunst ⇄ Musik* (2002), 37.
112 Kramer zit. n. ebd., 28.
113 Siehe ebd., 84–85 sowie Reichelt: *Der Plan* (1993), 21.
114 Vgl. Groetz: *Kunst ⇄ Musik* (2002), 66.

Generell spielten sich die literarischen Auswüchse von deutschem Punk und NDW nahezu ausschließlich in den Fanzines und Musikzeitschriften ab. Bedeutende Literaten der NDW wie Diedrich Diederichsen, Thomas Meinecke, Peter Glaser oder (an den Rändern der Bewegung) Rainald Goetz sollten erst am Ende oder nach dem Abflauen der Neuen Deutschen und ‚Kälte'-Welle eigenständige Bücher veröffentlichen. Die auffällige Abwesenheit einer eigenen Schriftsteller:innen-Riege in der sonst in allen Bereichen der Kunst und Medien aktiven NDW beruht dabei auf zwei Faktoren: Zum einen machten die umfänglichen Möglichkeiten literarischer Entfaltung in Songtexten, Interviews und Musikzeitschriftenbeiträgen den Rückgriff auf konventionelle Literaturformen in den Augen der NDW-Akteur:innen überflüssig, sodass sich bei Autoren wie dem zur Düsseldorfer NDW-Szene gehörenden Peter Glaser ein „unbehagliches Mangelgefühl" einstellte: „Ich komme Ende '80 zu dem Schluss: Die Musiker sind die besseren Dichter geworden. Das Buch des Jahres ist eine Platte, *Monarchie und Alltag* von FEHLFARBEN."[115] Daraus ergab sich zum anderen eine offene Abneigung gegen das als anachronistisch verworfene Schriftstellertum. So erklärte erneut Glaser zur Stellung seines Berufs innerhalb der NDW: „Literatur war das Letzte, das Allerletzte. Wenn man sagte, man ist Schriftsteller, dann konnte man von Glück sprechen, wenn man nicht einen in die Fresse gekriegt hat. Aber Musikjournalismus war absolut respektiert."[116]

Tatsächlich bewegt sich die Zahl der direkt aus der NDW-Bewegung heraus entstandenen Bücher im unteren einstelligen Bereich. Den Großteil nehmen dabei Anthologien ein, die sich zumeist aus Gedichten, Kurzgeschichten, manifestartigen Aufsätzen, als auch Songtexten, Zeichnungen, Collagen und Fotos zusammensetzen: die von Wolfgang Müller herausgegebene Selbstdarstellung der „Genialen Dilletanten" (1982), die nach dem Debüt-Album der Gruppe ABWÄRTS benannte Zusammenstellung *Amok Koma* (1980) sowie der von Glaser veröffentlichte Band *Rawums* (1984).[117] Weitaus analytischer im Sinne einer abschließenden, selbstreflexiven Rückschau auf die NDW-Bewegung sind dagegen die Beiträge in dem von

---

115 Glaser, Peter: „Die neue deutsche Wanderbühne. Attrappe einer Kulturgeschichte von neulich in 5 Hirnlego-Bausätzen aus den Bereichen Literatur und Neue (Deutsche) Welle", in: Hörisch, Jochen/Winkels, Hubert (Hg.): *Das schnelle Altern der neuesten Literatur. Essays zu deutschsprachigen Texten zwischen 1968–1984*, Düsseldorf 1985, 231–247, hier: 238, 240.
116 Glaser zit. n. Schäfer, Frank: „Peter Glaser auf literarischer Reise. Vom Neanderthal zum Cyberspace", in: *Rolling Stone*, Nr. 1 (2004), 44–50, hier: 49.
117 Müller: *Geniale Dilletanten* (1982). Ploog, Jürgen/Pocia/Hartmann, Walter (Hg.): *Amok Koma. Ein Bericht zur Lage*, Bonn u. a. 1980. Glaser, Peter (Hg.): *Rawums. Texte zum Thema*, Köln 1984. Vgl. Büsser, Martin: „‚Ich steh auf Zerfall'. Die Punk- und New-Wave-Rezeption in der deutschen Literatur", in: Arnold, Heinz Ludwig (Hg.): *Pop-Literatur*, Text + Kritik. Zeitschrift für Literatur. Sonderband, München 2003, 149–157, hier: 154.

Diederichsen herausgegebenen Sammelband *Staccato* (1982). Mit *Der große Hirnriss* (1983) lieferten Peter Glaser und Niklas Stiller nachträglich den einzigen Roman der NDW-Bewegung.[118] In den von den Autoren abwechselnd verfassten Episoden werden die Gedanken, Erlebnisse und Auseinandersetzungen der beiden Hauptfiguren begleitet, hinter denen sich kaum verborgen die Autoren selbst verstecken: Auf der einen Seite Doktor Rupp (Stiller), ein politisch wie gesellschaftlich engagierter Arzt und ehemaliger *APO*-Aktivist, und ihm gegenüber der junge Heiza (Glaser), ein zynischer und abgeklärter Vertreter der ‚kalten' Post-Punk-Kultur. Eindrücklich verdeutlichen insbesondere die Streitgespräche der beiden Protagonisten den ideologischen und generationellen Bruch zu ‚68', den die ‚78er' in unterschiedlicher Intensität vollzogen. Besonders auffällig wird der von den ‚78er'-Protagonist:innen unternommene Entwicklungsschritt im Vergleich mit den Prosabänden des abseits der NDW-Bewegung stehenden Münchners Richard L. Wagner. Dieser gebrauchte in *Neonschatten* (1978) und *Darling Ultra* (1979) zwar jene distanzierte, nüchterne und oftmals kürzelhafte Sprache, die auch die NDW prägen sollte, ging dabei allerdings nie in Affirmation über, sondern beschrieb zumeist Ängste, Ohnmachtsgefühle und Erfahrungen von Resignation, Einsamkeit und Orientierungslosigkeit. Die von Wagner dargestellte Szene ist keineswegs ‚kalt', eine Umwertung einstiger Ideale zugunsten eines offensiven Ja zur realen Wirklichkeit findet hier nicht statt, stattdessen leidet sie an der Welt und dem Verlust vergangener Utopien und Ideale.[119]

Während sich die NDW-Protagonist:innen also weitestgehend von konventionellen Literaturformen fernhielten, war der Film die Kunstform, der sie sich nach der Musik am häufigsten widmeten. Dabei waren die Streifen, die sie drehten und in denen sie mitspielten, nicht nur Experimental- und Amateurfilme aus den Reihen der zu jener Zeit aufblühenden Super-8-Filmbewegung, sondern auch Fernseh- und Kinoproduktionen. So schrieben und produzierten etwa Muscha (CHARLEY'S GIRLS) und Trini Trimpop (DER KFC, DIE TOTEN HOSEN) zusammen die Filme „Humanes Töten" (1980) und „Decoder" (1984).[120] Am Letztgenannten wirkten neben Klaus Maeck (*Rip Off*) als Drehbuchautor auch die NEUBAUTEN-Mitglieder FM Einheit

---

118 Glaser, Peter/Stiller, Niklas: *Der große Hirnriss. Neue Mitteilungen aus der Wirklichkeit*, Reinbek bei Hamburg 1983. Siehe auch die Rezension dazu in o. V.: „Gefletschte Zähne", in: *Der Spiegel*, Nr. 29, 18. Juli 1983. URL: https://www.spiegel.de/spiegel/print/d-14021716.html (Letzter Zugriff: 24.10.2022).
119 Wagner, Richard L.: *Neonschatten*, Kaufbeuren 1978; ders.: *Darling Ultra. Ein S!A!U! Produkt*, München 1979. Vgl. die Rezensionen von Schober, Ingeborg: „Richard L. Wagner. Neonschatten", Rezension, in: *Sounds*, Nr. 1 (1979), 46 sowie Bär, Klaus: „Richard L. Wagner. Darling Ultra", Rezension, in: *Sounds*, Nr. 5 (1979), 64–66.
120 „Humanes Töten" (Bundesrepublik Deutschland 1980). R: Muscha/Trimpop, Trini; „Decoder" (Bundesrepublik Deutschland 1984). R: Muscha.

und Marc Chung, Christiane Felscherinow, Genesis P-Orridge (THROBBING GRISTLE) und der auch von vielen deutschen Post-Punk-Künstler:innen verehrte Autor William S. Burroughs mit. Felscherinow, die unter dem Namen Christiane F. weltweit Berühmtheit erlangte, spielte ebenfalls in dem Episodenfilm „Neonstadt" (1982) mit, der sich in fünf Geschichten um das Motiv von der kühlen No-Future-Generation dreht und dabei immer wieder den berühmten Kehrreim aus FEHLFARBENS „Paul Ist Tot" (1980) aufnimmt: „Was ich haben will, das krieg ich nicht / Und was ich kriegen kann, das gefällt mir nicht".[121] Generell steuerten einige Bands Songs für die Soundtracks neuer Filme bei, etwa IDEAL für Rosa von Praunheims „Rote Liebe" (1982) oder auch MALARIA! und Blixa Bargeld für den New-Wave-Streifen „Kalt wie Eis" (1981), in dem sie zugleich auch Kurzauftritte hatten.[122] Statt auf deutsche Bands griffen die Regisseure Christoph Dreher (DIE HAUT) und Heiner Mühlenbrock in „Okay Okay – Der moderne Tanz" (1979) dagegen auf angloamerikanische Post-Punk- und Industrial-Gruppen wie PERE UBU, THE RESIDENTS, THROBBING GRISTLE, WIRE und CHROME zurück, um die Aufnahmen von menschenleeren Industriegebieten, Parkhäusern, grauen Fassaden, Fabrikschornsteinen und Kellern musikalisch zu untermalen.[123]

Pate für diesen und weitere in den frühen 1980er Jahren entstandenen New-Wave-Filme wie „Asphaltnacht" (1980)[124], „Jetzt und Alles" (1981)[125], „Kalt wie Eis" (1981), „Neonstadt" (1982) oder „Decoder" (1984) standen vor allem zwei Filmstile. Zum einen der sogenannte Neue Deutsche Film und hier insbesondere jene Autor:innen und Filmemacher:innen, die einen dokumentarischen Gestus pflegten und/oder die Wirklichkeit ohne Beschönigung, desolat, (g)rau und mit all ihren zwischenmenschlichen Abgründen und Gewalttätigkeiten abbildeten.[126] So erklärte etwa Szene-Bekanntheit Jäki Eldorado (AUS LAUTER LIEBE) zu Filmemachern wie Rosa von Praunheim und Rainer Werner Fassbinder, den eine wechselseitige Ver-

---

121 „Neonstadt" (Bundesrepublik Deutschland 1982). R: Büld, Wolfgang/Graf, Dominik/Schmid, Hans/Lützelburg, Helmer von/Weilemann, Gisela. Vgl. die Rezension Berger, Inge/Diederichsen, Diedrich: „Gisela Weilemann, Helmer v. Lützelburg, Dominik Graf, Johann Schmid, Wolfgang Büld. NEONSTADT", Rezension, in: *Sounds*, Nr. 3 (1982), 51–52. FEHLFARBEN: „Paul Ist Tot", auf: *Monarchie und Alltag* (1980).
122 „Rote Liebe" (Bundesrepublik Deutschland 1982). R: Praunheim, Rosa von; „Kalt wie Eis" (Bundesrepublik Deutschland 1981). R: Schenkel, Carl. Die MALARIA!-Musikerinnen agierten auch in Praunheims „Rote Liebe".
123 „Okay Okay – Der moderne Tanz" (Bundesrepublik Deutschland 1979). R: Dreher, Christoph/Mühlenbrock, Heiner. Vgl. etwa die Rezension von Diederichsen, Diedrich: „‚Okay, Okay – Der moderne Tanz'. Ein Film der neuen Musik", Rezension, in: *Sounds*, Nr. 8 (1980), 17.
124 „Asphaltnacht" (Bundesrepublik Deutschland 1980). R: Fratzscher, Peter.
125 „Jetzt und Alles" (Bundesrepublik Deutschland 1981). R: Meier, Dieter.
126 Siehe dazu Blumenberg, Hans C.: „Dreckige kleine Filme", in: *Die Zeit*, Nr. 49, 30. November 1979. URL: *http://www.zeit.de/1979/49/dreckige-kleine-filme* (Letzter Zugriff: 24.10.2022).

ehrung mit KRAFTWERK verband, dass diese „so eine geile, neue kühle Atmosphäre und Bildsprache" entwickelt hatten und „das Neondesign der Achtziger erst ermöglichten".[127] Der zweite große Einfluss sind die Kriminalgeschichten und die Ästhetik des US-amerikanischen Film Noir der 1940er und 1950er Jahre. Dessen Wurzeln gehen wiederum auf den expressionistischen, deutschsprachigen Film der 1920er und auf Regisseure wie Fritz Lang, Friedrich Wilhelm Murnau und Georg Wilhelm Pabst zurück, die vor den Nazis mitsamt ihrer Bildwelten in die USA geflohen waren. So entstanden Anfang der 1980er Jahre eine Reihe von Filmen, die die Ästhetik und den Plot klassischer Gangsterfilme mit der Kulisse und Musik der West-Berliner New-Wave-Szenen verbanden. Dieser stilistische Rückgriff blieb auch den zeitgenössischen Filmkritiker:innen nicht verborgen, wie der Kommentar der *Musikexpress*-Autorin Gabriele Meierding über Dieter Meiers (YELLO) Debütfilm „Jetzt und Alles" verdeutlicht:

> New York oder Chicago in den Vierzigern, oder früher. Die Jazzclubs, die verruchten Frauen. Die exaltierten Kostüme, die gestylte Kulisse, die lässigen Typen. Die amoralischen Einzelgänger, die scheinbare Romantik ihres glamourösen Streunerlebens, die meist in irgendeinem kahlen kleinen Zimmer endet. Oder eben: Berlin in den 80ern. [...] Und wieder dieses schicke Flair von kreativem Einzelgängertum vor einer elenden Kulisse wirtschaftlicher Flaute, gesellschaftlicher Desillusionierung.[128]

Als geradezu beispielhaft in der Inszenierung zeitgenössisch beliebter ‚Kälte'-Motive lassen sich etwa Meiers „Jetzt und Alles" sowie der Film „Kalt wie Eis" des ebenfalls schweizerischen Regisseurs Carl Schenkel bezeichnen. In seiner Filmkritik beschrieb der *Spiegel*-Autor Arnd Schirmer beide Produktionen daher auch mit der entsprechenden Terminologie: Vor der „Kinokulisse des West-Berliner Asphalt- und Neon-Dschungels" begleitet der Zuschauer in beiden Filmen einen jungen Outlaw, der durch das „neusachliche Berliner Boheme-Milieu" und das „West-Berlin des Zwielichts und der coolen New-Wave-Kneipen" hetzt, stets von einem zur Lebenswelt passenden Soundtrack untermalt, „schroff, kühl, schnell und sachlich".[129] Und auch die beiden Hauptprotagonisten agieren ‚kalt'. In einem Interview erklärte Meier, dass er die Figuren seines Films ganz bewusst hölzern und ohne jede Tiefe konzipiert hatte, „fast wie im Kasperle-Theater": „Gerade weil die Figuren dort aus Holz sind und keine Emotionen herüberbringen können, lassen sie dem Zu-

---

[127] Eldorado zit. n. Esch: *Electri_City* (2014), 170.
[128] Meierding, Gabriele: „‚Jetzt und Alles'. Hier thrillt Meier", in: *Musikexpress*, Nr. 11 (1981), 56–57, hier: 56. Siehe auch Diederichsen, Diedrich: „Dieter Meier. Jetzt und Alles", Rezension, in: *Sounds*, Nr. 11 (1981), 54.
[129] Schirmer, Arnd: „Feuer vor dem Mund", in: *Der Spiegel*, Nr. 43, 19. Oktober 1981, 260. URL: *http://www.spiegel.de/spiegel/print/d-14339995.html* (Letzter Zugriff: 24.10.2022).

schauer viel an Interpretationsmöglichkeiten offen." So stellt der Hauptdarsteller mit seinem ‚kalten' Amoralismus laut Meier „eine aktuelle Figur" dar, weil er „gegen den höllischen Irrsinn der Welt nicht mehr ankämpft, sondern in dieser Hölle zu tanzen versucht".[130]

Doch nicht alle Rezensent:innen zeigten sich begeistert von diesem Kino-Trend. „[W]ieso müssen die deutschen Filme immer Neonschatten oder ähnlich heißen", fragte 1982 etwa Filmemacher Hans-Heinz Schwarz hinsichtlich Peter Frazschers „Asphaltnacht".[131] Besonders in der NDW-Bewegung sah man die zuweilen plumpe Aufbereitung allzu plakativer ‚Kälte'-Motive vonseiten szenefremder Filmemacher deutlich kritischer. Vor allem der Film „Kalt wie Eis", den selbst die Jugendzeitschrift *Bravo* – sich des Wortwitzes möglicherweise bewusst – „nur wärmstens empfehlen" konnte,[132] zog negative Stimmen in der szenenahen Presse nach sich. So bemängelte etwa *Sound*-Autorin Inge Berger das unangenehm auffällige Bemühen des Films, zeitgemäße Trends einzuspannen:

> Um den Thriller auch so richtig schnittig hinzukriegen [...] wurden hie und da, an allen möglichen Stellen, als Comic-inspirierte Untermalung der Großstadtbrutalität gestörte *Sony*-Fernsehbilder eingeflickt. Ein bisschen Gangsterfilm, ein bisschen Schwarz-Serie, ein Hauch Sozialkritik und Berlin-geteilte-Stadt-Romantik, dazu eine Geschichte, die keine Gelegenheit auslässt, zeitgemäße gefällig-banale Parolen aneinanderzureihen wie ein *K-Tel*-Sampler. Gemeinplätze on 45 – oder wie der *Stern*: immer mindestens zwei Jahre zu spät und immer haarscharf daneben.[133]

Noch schärfer fiel die Kritik für den erst 1984, also nach dem Abebben von ‚Kälte'- und Neuer Deutscher Welle erschienenen Film „Decoder" aus, nicht zuletzt deshalb, weil an diesem eine Vielzahl von Post-Punk-Protagonist:innen als Regisseur:innen, Drehbuchschreiber:innen, Darsteller:innen und Musiker:innen mitgewirkt hatten. Geradezu peinlich berührt von der Abfolge ‚kalter' New-Wave-Motive zeigte sich etwa Dirk Scheuring in der *Spex*:

> Da wird ein abgeschmacktes Klischee ans andere gereiht: Eine spiegelverglaste Hochhaus-Fassade (Symbol für: Großstadtkultur und Dallas-Kapitalismus), fahlgraue Gesichter in kaltem bläulichen Licht (Symbol für: Kälte unserer Gesellschaft) und in einer Überwachungs-

---

130 Meier zit. n. Gockel, Bernd: „Yello. Der Tanz der glücklichen Kühe", in: *Musikexpress*, Nr. 11 (1981), 28–31, hier: 31.
131 Schwarz, Hans-Heinz: „Neue Musik!! Neue Filme???", in: Hartmann, Walter/Pott, Gregor (Hg.): *Rock Session 6. Magazin der populären Musik*, Reinbek bei Hamburg 1982, 160–173, hier: 169.
132 O. V.: „Filmkritik", in: *Bravo*, Nr. 44, 22. Oktober 1982, 53.
133 Berger, Inge: „Carl Schenkel. Kalt wie Eis", Rezension, in: *Sounds*, Nr. 10 (1981), 54.

station sitzt ein Beobachter vor einer Wand von Video-Monitoren (Großer Bruder, Orwell Jahr) und schlürft Tomatenketchup aus der Plastikflasche (Lust an Junk Food)!¹³⁴

Tatsächlich unterschieden sich jedoch selbst die zumeist experimentellen Produktionen der Super-8-Filmbewegung, die sich vor allem im Umfeld der West-Berliner Avantgarde-Szene formierte, nicht wesentlich von den Kino- und Fernsehproduktionen in der Auswahl ihrer Motive. Eindrücklich versammelt finden sich diese etwa in dem von der Band und Performance-Gruppe Notorische Reflexe stammenden Super-8-Film „Fragment Video 82/83" (1983), der unter anderem eine Kunstaktion an der Berliner Mauer, ein im Schnelllauf abgespielte, nächtliche Autofahrt durch das Lichtermeer West-Berlins, flackernde Aufnahmen von Fernsehsendungen, Straßenschlachten und die Bandmitglieder auf Stahlrohre einschlagend zeigt.¹³⁵ Auch die Super-8-Streifen folgten einer „Ästhetik der Urbanität", die der Großstadt-Ästhetik der historischen Avantgarden entsprach und konträr zum Natur-Kult der Ökologiebewegung stand, wie der Filmregisseur Daniel Kulle in einem Beitrag zur Super-8-Filmbewegung ganz richtig feststellt: graue Stadtbilder, lädierte Altbauten, und immer wieder die Berliner Mauer.¹³⁶ Und so wie die Protagonist:innen der New-Wave-Filme durch die Großstadtkulisse West-Berlins hasteten, werden diese Motive in den Berliner Super-8-Filmen häufig in sogenannten Phantom Rides inszeniert, also durch verwackelte Aufnahmen aus dem fahrenden Auto heraus. Generell spiegeln Kulle zufolge die Streifen oftmals eine „Begeisterung für Mobilität und Schnelligkeit" wider – eine Ruhelosigkeit, die auch die Bilder der historischen Avantgarden kennzeichnete. Parallel zum neusachlichen Motiv des Verkehrs, der den Verlust einer heimatlichen ‚Wärme' begrüßt statt bemängelt, stehe in den Super-8-Filmen eben nicht das Vorwärtskommen, sondern das Unterwegssein im Fokus.¹³⁷ Allzu treffend entspricht diese Darstellung des urbanen Lebens den Schilderungen von Angehörigen der West-Berliner Avantgarde-Szene, die einen typischen Tag als ruheloses Umherstreifen zwischen den Szene-Treffpunkten beschreiben, nur unterbrochen von kurzen Schlafeinheiten – wenn überhaupt, und auch nicht zwangsläufig in der eigenen Wohnung.¹³⁸ Zu Recht betonte Kulle, dass die Super-8-Filme daher durch ihre Motivwahl an der „Selbstkonstruktion einer ‚Berliner Avantgarde'" mitwirkten und „Identität und Zugehörig-

---

134 Scheuring, Dirk: „Big Freund Is Watching You! Thekenmannschafts-Fernsehen", in: *Spex*, Nr. 5 (1984), 33–34, hier: 33.
135 Notorische Reflexe: „Fragment Video 82/83", 1983. URL: *https://youtu.be/nTEIQMufw5Y* (Letzter Zugriff: 24.10.2022).
136 Kulle, Daniel: „Alle Macht der Super-8. Die West-Berliner Super-8-Film-Bewegung und das Erbe des Punks", in: Meinert; Seeliger (Hg.): *Punk in Deutschland* (2013), 261–286, hier: 274.
137 Ebd., 274–275.
138 Vgl. dazu Alexander Hacke zit. n. Dax/Defcon: *Nur was nicht ist, ist möglich* (2006), 49.

keit" boten: „Das rastlose Streifen durch die Straßen Berlins, begleitet von zeitgenössischer Pop-Musik, lassen die Filme der Super-8-Bewegung zu regelrechten Home-Movies einer Szene werden."[139]

2.2 Die Wurzeln des ‚Kälte-Pop'

Die Wurzeln und damit die Geschichte der ‚Kälte-Welle' selbst nahmen nicht erst im Jahr 1977 mit dem *Sounds*-Beitrag zur „New Musick" von KRAFTWERK ihren Anfang. Unter das Schlagwort der „New Musick" subsummierten Autor:innen wie Jon Savage und Vivien Goldman auch andere Krautrock-Bands wie CAN und NEU!, Industrial-Music-Gruppen wie THROBBING GRISTLE und CABARET VOLTAIRE, Disco-Revolutionäre wie Giorgio Moroder sowie Post-Punk-Ikonen wie JOY DIVISION (noch als WARSAW) und SIOUXSIE AND THE BANSHEES.[140] Obwohl die genannten Bands, von denen manche schon seit Ende der 1960er Jahre, andere erst seit kurzer Zeit bestanden, unterschiedliche Stilrichtungen verfolgten, wurden sie hier schon sehr früh in einen neuen Zusammenhang gebracht, der ihren gemeinsamen musikalischen, ästhetischen, subjekt- und gegenkulturellen Wurzeln gerecht wurde.[141] Statt sich in die angloamerikanische Blues-Tradition der populären Rockmusik einzureihen, richteten viele Krautrock-, Industrial- und Post-Punk-Musiker:innen ihre Aufmerksamkeit auf die Sound- und Performance-Experimente der historischen Avantgarden (Dadaismus, Futurismus, Neuen Sachlichkeit), der sogenannten Klassischen Avantgarden der Neuen Musik (Musique concrète, Minimal Music, Elektronische Musik) sowie jüngerer Kunstströmungen (Situationismus, Fluxus, Minimal und Pop Art). Dabei übernahmen sie von den Genannten nicht nur den Ansatz zur Aufhebung der Grenzen, die zwischen Kunst und Leben sowie zwischen den verschiedenen Kunstgattungen wie Musik, Film und Bildender Kunst bestehen, sondern gleichfalls auch, wie der Musikwissenschaftler Andreas Kühn feststellte, das neusachliche Konzept des „Sieg[s] der Form über den Inhalt" durch „Sublimierung" der ästhetischen Komponente sowie die damit zusammenhängende Distanz der Künstler:innen zu ihrer Umwelt.[142]

Diese kunsthistorische Rückschau kam nicht von ungefähr: So konnte etwa der Großteil der Krautrock-Musiker einen bürgerlichen, häufig auch akademischen Hintergrund vorweisen, viele waren auch schon vor ihrer Zeit in Krautrock-

---

139 Kulle: „Alle Macht der Super-8" (2013), 276.
140 Goldman, Vivien: „Siouxsie Sioux Who R U?", in: *Sounds (UK)*, 3. Dezember 1977.
141 Generell wird Krautrock außerhalb Deutschlands viel öfter als Teil oder Vorspiel der New-Wave-Bewegung wahrgenommen. Vgl. etwa die Aussage von Martyn Ware (THE HUMAN LEAGUE, HEAVEN 17) zit. n. Majewski/Bernstein: *Mad World* (2014), 96.
142 Kühn: *Anti-Rock* (2013), 15. Vgl. ebd., 10.

Bands Berufs- oder Profimusiker gewesen.[143] Auch in der Industrial Music und im Post-Punk lässt sich die Berührung mit den historischen Avantgarden oftmals auf das Kunsthochschulstudium eines großen Teils der Vertreter:innen zurückführen.[144] Grundsätzlich lassen sich auf der Sound-Ebene drei Strömungen experimenteller Neuer Musik ausmachen, die in den verschiedenen Ausprägungen der „New Musick" aufgenommen, transformiert und im Feld der Pop-Musik – die (zumindest in Deutschland) strikte Trennung in „E"- und „U-Musik" ignorierend – fortgeführt wurde: Die Musique concrète, die Minimal Music und die Elektronische Musik. Während sich die in den 1940er Jahren von den französischen Komponisten Pierre Schaeffer und Pierre Henry entwickelte Musique concrète auf die Modifizierung und Neukombination aufgenommener Geräusche (etwa von Zügen) per Tonbandmanipulationen konzentrierte und zahlreiche Krautrock- und in besonderem Maße Industrial-Musiker:innen zu experimentellen Klang-Collagen und brachialem Noise inspirieren sollte, entdeckten sie in der Minimal Music US-amerikanischer Komponisten wie La Monte Young, Steve Reich, Terry Riley und Tony Conrad das Prinzip der Repetition und des Minimalismus für sich.[145] Charakteristisch für die Minimal Music waren neben Phasenverschiebungen vor allem langgezogene Klänge (Drones) und der sich wiederholende Pulse, wobei insbesondere Letztgenannter durch seine maschinelle Gleichförmigkeit oftmals als künstlich, monoton und ‚kalt' wahrgenommen wird.[146] Hier schließen gleichfalls die von Teilen der „New Musick" fortgeführten Ansätze zur Erweiterung des Klangspektrums auf dem Feld der Elektronischen Musik an, inspiriert von Komponisten wie Pierre Boulez, Edgar Varèse und insbesondere Karlheinz Stockhausen.[147] Stockhausens direkte und indirekte Wirkung auf die von Pop-Musiker:innen der 1960er und 1970er Jahre unternommenen Experimente maschineller Klangerzeugung ließen

---

143 Vgl. etwa Dedekind, Henning: *Krautrock. Underground, LSD und Kosmische Kuriere*, Höfen 2008, 47–48, 99 und, als beispielhaft für den allzu klassischen Werdegang späterer Krautrock-Musiker, Bartos: *Der Klang der Maschine* (2017).
144 Siehe etwa Cateforis, Theo: „Performing the Avant-Garde Groove. Devo and the Whiteness of the New Wave", in: *American Music*, Jg. 22, Nr. 4 (2004), 564–588, hier: 566 sowie Majewski/Bernstein: *Mad World* (2014), 18.
145 Vgl. Kühn: *Anti-Rock* (2013), 58–76, Seidel, Wolfgang: *Wir müssen hier raus! Krautrock, Free Beat, Reeducation*, Mainz 2016, 45–46, Bartos: *Der Klang der Maschine* (2017), 108–110, Reed, S. Alexander: *Assimilate. A Critical History of Industrial Music*, New York 2013, 52 sowie Büsser, Martin: „The Art Of Noise/The Noise Of Art. Kleine Geschichte der Sound Culture", in: *testcard. Beiträge zur Popgeschichte*, Nr. 3 (1996), 6–19.
146 Vgl. Wandler: *Technologie und Sound in der Pop- und Rockmusik* (2012), 220.
147 Siehe dazu etwa Kühn: *Anti-Rock* (2013), 33–49, Reed: *Assimilate* (2013), 47 sowie Stubbs, David: *Future Days. Krautrock and the Building of Modern Germany*, London 2014, 58–59.

ihn zum „poster boy for the postwar avant-garde" werden,¹⁴⁸ dessen Gesicht 1967 das Cover vom BEATLES-Album *Sgt. Pepper's Lonely Hearts Club Band* zierte.

Eine weitaus größere Verbreitung und Bekanntheit in der Pop- und Rockmusik als die avantgardistischen Verfahren der Klangmodulation bekamen ab Ende der 1960er Jahre die Musikmaschinen selbst, namentlich der Synthesizer, nicht nur durch die kontinuierlich verbesserte Technik, Vermarktung und damit Verfügbarkeit, sondern vor allem durch die nahezu unbegrenzten Möglichkeiten zur Erzeugung populärer, als ‚angenehm' wahrgenommener als auch experimentell-dissonanter Klänge.¹⁴⁹ Anders als bei KRAFTWERK, in der Industrial Music oder im Synth-Pop wurden bei kommerziell erfolgreichen Bands Synthesizer wie der *Moog* allerdings vorerst nur wie eine neuartige E-Orgel für Klassikadaptionen (Wendy Carlos, EMERSON, LAKE AND PALMER, Jean Michel Jarre, Klaus Schulze), als unterstützendes Beiwerk zur Kreation psychedelischer Klangwelten (PINK FLOYD, die „Kosmischen Kuriere" des Krautrock) und aus Performance-Gründen genutzt, was sich bis zum Ende der 1970er Jahre auch nicht mehr ändern sollte.¹⁵⁰ (Step-)Sequenzer, die erst die Grundlage für den maschinell-mechanischen Sound vieler ‚Kälte'-Musiker:innen bildeten, wurden in den 1970er Jahren aufgrund der horrenden Preise und ihrer Seltenheit vorwiegend noch in Eigenregie gebaut (KRAFTWERK) und erst Anfang der 1980er Jahre für breitere Schichten verfügbar, dafür nun aber deutlich umfassender eingesetzt und wirkten umso nachhaltiger auf nahezu jeden Bereich der Pop-Musik.

Dem interdisziplinären Anspruch der „New Musick" entsprechend, sind neben den genannten Referenzen an historische Soundpioniere ebenso die Ansätze in der Performance und Bildenden Kunst, deren künstlerische Linie bis zu den historischen Avantgarden reicht, von besonderer Bedeutung zum Verständnis der „New-Musick"-Ästhetik und der ihr zugehörigen ‚Kälte'. Dabei zeigen sich für die Aufschlüsselung des ‚Kälte'-Phänomens aufschlussreiche Unterschiede. So griffen etwa jene Musiker:innen, die eine Dekonstruktion musikalischer Strukturen wie gesellschaftlicher Normen und Werte anstrebten (Industrial Music, Punk, Anti-Rock-Bands wie DEVO und NDW-Gruppen wie PALAIS SCHAUMBURG und DER PLAN), bevorzugt auf Methoden des Dadaismus zurück und suchten das Publikum teilweise

---

148 Ebd., 60. So waren etwa die CAN-Musiker Holger Czukay und Irmin Schmidt beide Schüler Stockhausens. Auch Hütter und Schneider betonten ihre starke musikalische Prägung durch die nächtlichen Radiosessions von Stockhausen. Siehe Schober, Ingeborg: „Kraftwerk. Wir sind eine Radiostation", in: *Musikexpress*, Nr. 12 (1976), 12–13, hier: 13.
149 Vgl. Wandler: *Technologie und Sound in der Pop- und Rockmusik* (2012), 226–227.
150 Vgl. dazu Enders, Bernd: „Substantielle Auswirkungen des elektronischen Instrumentariums auf Stil und Struktur der aktuellen Popularmusik", in: Klüppelholz, Werner (Hg.): *Musikalische Teilkulturen*, Lilienthal 1983, 265–296, hier: 268–269 sowie Wandler: *Technologie und Sound in der Pop- und Rockmusik* (2012), 51.

mit verstörenden Auftritten und Sounds zu schockieren.¹⁵¹ Ausdruck fand diese Rückschau unter anderem in Bandnamen wie CABARET VOLTAIRE (nach dem Züricher Dada-Club) und PERE UBU (nach dem bei Dadaist:innen beliebten Drama *König Ubu* von Alfred Jarry), oder auch in einzelnen Songs wie „I Zimbra" (1979) von THE TALKING HEADS (angelehnt an das 1916 erstmals aufgeführte Lautgedicht „Gadji beri bimba" des Dadaisten Hugo Ball) und „Mittageisen" (1979) von SIOUXSIE AND THE BANSHEES (inspiriert von John Heartfields Collage „Hurrah, die Butter ist alle" von 1935).¹⁵² Weitreichenden Einfluss auf die „New Musick" hatten gleichfalls die sich in den 1950er und 1960er Jahren formierenden und in der Tradition von Dada stehenden situationistischen Gruppen wie *SPUR* und Kunstrichtungen wie Fluxus.¹⁵³ Eine außerordentliche Rolle spielten für viele experimentelle Vertreter:innen der „New Musick" in diesem Zusammenhang die Klangcollagen und Performances des US-amerikanischen Künstlers und Komponisten John Cage, der sich mit radikalen Soundexperimenten als auch dem bekannten Stück „4'33"", bei dem über die gesamte Spieldauer kein einziger Ton gespielt wird, vom klassischen Kunstbegriff verabschiedete.¹⁵⁴

Auf der anderen Seite befindet sich jener im Fokus dieser Untersuchung stehende Teil der „New Musick", der den Akten der Dekonstruktion eine zeitgemäße, an der postindustriellen Wirklichkeit orientierten Ästhetik folgen lassen wollte und dafür auf die Motive des Futurismus und der Neuen Sachlichkeit zurückgriff, um sie ins Feld der Pop-Musik zu übertragen. Nur wenige Industrial- und Post-Punk-Bands gingen außerhalb der Bundesrepublik soweit, die neusachlichen „Verhaltenslehren der Kälte" tatsächlich wiederzubeleben und sich wie Ralf Hütter als

---

151 Siehe dazu etwa die Ausführungen von CABARET VOLTAIRE-Mitglied Stephen Mallinder im Vorwort von Reed: *Assimilate* (2013), XI sowie Hanley, Jason James: *Metal Machine Music. Technology, Noise, and Modernism in Industrial Music 1975–1996*, Dissertation, Ann Arbor 2011, 48.
152 TALKING HEADS: „I Zimba", auf: *Fear Of Music* (1979), LP, Sire, SRK 6076, SIOUXSIE AND THE BANSHEES: „Mittageisen (Metal Postcard)", auf: *Mittageisen / Love In A Void* (1979), 7"-Single, Polydor, 2059 151.
153 Vgl. Dedekind: *Krautrock* (2008), 96–104, Reed: *Assimilate* (2013), 110 sowie die Aussage von EINSTÜRZENDE-NEUBAUTEN-Sänger Blixa Bargeld, der die Übertragung eines Fluxus-Events auf SFB Radio um das Jahr 1970 mit Nam June Paik, John Cage und anderen als eine „wahre Offenbarung" beschrieb. Bargeld zit. n. Kniola, Till: „No escape from noise. ‚Geräuschmusik' made in Germany", in: Ahlers, Michael/Jacke, Christoph (Hg.): *Perspectives on German popular music*, London u. a. 2017, 123–127, hier: 124. Zu *SPUR* siehe Lee, Mia: „The Gruppe Spur. Art as a Revolutionary Medium during the Cold War", in: Brown, Timothy S./Anton, Lorena (Hg.): *Between the Avant-Garde and the Everyday. Subversive Politics in Europe from 1957 to the Present*, New York u. a. 2011, 11–30.
154 Siehe etwa Kühn: *Anti-Rock* (2013), 52–58, Büsser: *On The Wild Side* (2013), 25–26 sowie Bartos: *Der Klang der Maschine* (2017), 95–96.

„the musical Bauhaus" und „Musikarbeiter"[155] zu präsentieren, jedoch übten die kühlen, technikpositivistischen und von jeder Emotionalität und Subjektivität befreiten Bilder auch auf sie eine starke Faszination aus. Beispielhaft genannt seien hier etwa die sich an Postern und Typographien des Futurismus, Konstruktivismus und Bauhaus anlehnenden Coverentwürfe des Grafikdesigners Peter Saville für das Label *Factory* und Bands wie ULTRAVOX und NEW ORDER.[156] Von großer Bedeutung für die Ausgestaltung der popkulturellen ‚Kälte'-Ästhetik waren nicht zuletzt auch die Ästhetiken der US-amerikanischen Coolness und hier besonders die Reanimierung neusachlicher Ansätze durch die Bildende Kunst der 1960er Jahre (Minimal Art, Pop Art), die jedem Anspruch von Subjektivität und Expressionismus mit klaren Formen, serieller Repetition und ‚kalten' Materialien (Stahl, Neonleuchten) begegnete.[157]

Die Ende der 1970er Jahre und Anfang der 1980er Jahre in der Popkultur so inflationär verwendeten kühl-sachlichen Bildwelten der historischen Avantgarden prägten nicht nur die Pop-Musik der 1980er Jahre, sondern gleichfalls die gesellschaftliche Wahrnehmung der zeitgenössischen Wirklichkeit nachhaltig. Die folgende Untersuchung und Darstellung der für die Entwicklung des ‚Kälte-Pop' wichtigen Voraussetzungen, in Form der historischen Avantgarden und der vier ursprünglichen Ausprägungen der „New Musick" (Krautrock, Industrial, Punk und Post-Punk/New Wave), stellt hierbei einen notwendigen Schritt dar, um die Anknüpfungspunkte und verschiedenen Ausformungen der ‚kalten' Motive und Strategien zu beleuchten. Die gewählte Reihenfolge orientiert sich an der Chronologie ihrer Entstehungszeit, allerdings kann keinesfalls immer von klaren Trennlinien gesprochen werden, weder zeitlich, stilistisch noch personell: So finden sich etwa schon im Krautrock Noise-Collagen oder wurden die ersten Industrial-Produktionen erst Jahre nach dem eigentlichen Beginn der Industrial Culture veröffentlicht, nämlich zur gleichen Zeit wie die ersten Punk- und Post-Punk-Tonträger. Dennoch lässt sich hier eine dem Ablauf der historischen Avantgarden ähnelnde Entwicklungsgeschichte nachzeichnen, die von expressionistischen Subjekt-Aus-

---

[155] Hütter zit. n. Bohn, Chris: „A computer date with a showroom dummy", in: *New Musical Express*, 13. Juni 1981, 31. Passenderweise ließ Bohn seinen Artikel zu KRAFTWERK mit einem Auszug aus Walter Gropius' Bauhaus-Manifest (1919) beginnen, das die Ununterscheidbarkeit von Künstler und Handwerker zur neuen Norm erhob.
[156] Vgl. Savage, Jon: „Plünderer", in: *Spex*, Nr. 2 (1983), 29–31, hier: 29, 31
[157] Siehe dazu etwa Ruby, Sigrid: „Kühle Kuben. Die Coolness der Minimal Art", in: Geiger; Schröder; Söll (Hg.): *Coolness* (2010), 185–200, Krause-Wahl, Antje: „Touching from a distance. Coolness in den Arbeiten von Alex Katz, Andy Warhol, Barkley L. Hendricks", in: Geiger; Schröder; Söll (Hg.): *Coolness* (2010), 201–218 sowie Schmalenbach, Fritz: *Die Malerei der „Neuen Sachlichkeit"*, Berlin 1973, 86.

brüchen und futuristischen Ästhetiken, über dadaistische Entwertungen, bis zur neusachlichen Affirmation mit den Zeichen der postindustriellen Moderne führt.

2.2.1 Die historischen Avantgarden

Die im Umfeld der NDW-Bewegung reanimierten ‚Kälte'-Lehren hatte ihren ersten Auftritt lange bevor Pop seinen Siegeszug um die Welt antrat. Ihre Premiere und erste Hochphase hatten die Motive und Strategien der ‚Kälte' in den historischen Avantgarden zu Beginn des 20. Jahrhunderts, genauer im Futurismus, Dadaismus und insbesondere in der Neuen Sachlichkeit. Zwar blieben die historischen Avantgarden Randphänomene, während in allen künstlerisch-kulturellen Bereichen traditionelle Stile fortexistierten und weiterhin den Großteil des Publikums für sich in Anspruch nehmen konnten,[158] doch lassen sie sich durch ihre ästhetische und subjektkulturelle Wirkkraft und ihren Anspruch, stets auf der ‚Höhe der Zeit' zu sein, als Ausdruck und gleichzeitig Motor zeitgenössischer Entwicklungsprozesse begreifen.

Der künstlerische Aufbruch des bereits in der Kaiserzeit entwickelten und nach 1918 zur vollen Blüte gekommenen Expressionismus und der ihm folgenden Ismen-Stile, die in einer Explosion kreativen Schöpfertums durch Krieg und Revolution an Schärfe gewannen und gegen den Expressionismus agierten, stellt ein internationales Phänomen und Netzwerk dar, in dem unter anderem italienische und russische Futurist:innen und Konstruktivist:innen sowie deutsche und französische Dadaist:innen in einem regen Gedankenaustausch standen.[159] Trotz aller ideologischen Unterschiede teilten diese avantgardistischen Strömungen einige Grundziele, etwa die Abschaffung der als überholt geltenden ästhetizistischen, ‚bürgerlichen' Kunstauffassung sowie das Einbeziehen breiter Bevölkerungsschichten in die Kunst, etwa durch eine Erweiterung der künstlerischen Praxisfelder.[160] Die sich aufdrängenden Parallelen zu den Gegenkulturen der 1960er und 1970er Jahren lassen sich gleichfalls in den expressionistischen Verhaltens- und Ausdrucksweisen erkennen. So zeichnete sich laut Andreas Reckwitz das „expressionistische Subjektmodell", das insbesondere in Deutschland durch seine Verknüpfung mit Lebensreformbewegungen, Freud'scher Psychoanalyse und Nietzscheanischer Lebensphilosophie eine körperliche und sexuelle Expressivität auf-

---

[158] Vgl. Hermand, Jost/Trommler, Frank: *Die Kultur der Weimarer Republik*, ungekürzte Ausgabe, Frankfurt a. M. 1989 (1978), 119, 153 sowie Peukert, Detlev J. K.: *Die Weimarer Republik. Krisenjahre der klassischen Moderne*, Frankfurt a. M. 1987, 168.
[159] Hermand/Trommler: *Die Kultur der Weimarer Republik* (1989), 112.
[160] Vgl. ebd., 354–355 sowie Reckwitz: *Das hybride Subjekt* (2006), 290.

wies, durch einen „Aus*bruch*' des gesamten psychophysischen ‚neuen Menschen' in erratischen, emotionalen und explizit tabuverletzenden Akten" aus. Zudem baue es „auf einem semiotischen Dualismus des Bewegten gegen das Erstarrte, des Chaotischen gegen das Geordnete, des Spontanen gegen das Kalkulierte, des Emotionalen gegen das Rationale, des Wilden gegen das Zivilisierte, insgesamt des Lebendigen gegen das Tote".[161] Der Historiker Peter Gay fasst diese Abgrenzungsversuche in dem Bild der gegen die autoritäre Vätergeneration revoltierenden Söhne zusammen.[162]

Doch die Söhne – und Töchter – waren sich keineswegs einig in den Mitteln und Zielen ihres Aufstandes: Ständig entstanden neue Avantgarde-Stile, die in einer „temporale[n] Überbietungssequenz"[163] den jeweils vorangegangenen Kunstströmungen den Modernitätsanspruch absprachen, den kulturrevolutionären Prozess weiter voranzutreiben suchten und sich mit Manifesten an die breite Öffentlichkeit und insbesondere an die Vertreter:innen anderer Kunstströmungen wandten. Den bedeutendsten Einfluss auf die hier dargestellten ‚Kälte'-Strategien und -Motive hatten dabei der italienische Futurismus, der russische Konstruktivismus, der Berliner Dadaismus und die Neue Sachlichkeit. In Abgrenzung zur bürgerlichen sowie zur romantischen Subjektkultur, in der das Moralische, die innere Befindlichkeit und Individualität des Einzelnen in den Mittelpunkt der (subjekt-) kulturellen Praxis gestellt wurde, richteten diese Avantgarde-Strömungen ihren Blick nach außen. Zum Objekt ihrer modernistischen Ästhetik bestimmten sie die Zeichen und Produkte der industriell-technologischen Moderne selbst, als auch das im großstädtischen Umfeld nach ästhetischer Erfahrung strebende Subjekt, das sich ständig auf der Suche nach immer neuen äußeren Reizen befindet – den Erfahrungen des „[S]chocks"[164], auf die das bürgerliche Subjekt noch mit Angst und Kritik reagiert hatte. So passten sich die Avantgarden an den Rhythmus der niemals ruhenden, von permanenter und ungeordneter Bewegung geprägten Großstadt an, priesen den von allen familiären Bindungen befreiten Menschen und verleibten sich die fragmentarische Ästhetik des Urbanen ein.[165] Als zukunftsweisend und substantiell sollte sich darüber hinaus nicht nur die von den Avant-

---

161 Ebd., 302–303. Hervorhebung i. O.
162 Gay, Peter: *Die Republik der Außenseiter. Geist und Kultur in der Weimarer Zeit: 1918–1933*, Frankfurt a. M. 1987, 151–152.
163 Reckwitz: *Das hybride Subjekt* (2006), 290.
164 Zum „Chock" siehe Benjamin, Walter: „Über einige Motive bei Baudelaire" (1939), in: ders.: *Gesammelte Schriften*, Bd. 1.2, Frankfurt a. M. 1974, 605–654. Zum „Chock" des Dadaismus siehe auch ders.: „Das Kunstwerk im Zeitalter seiner technischen Reproduzierbarkeit", Zweite Fassung (1936), in: ders.: *Gesammelte Schriften*, Bd. 1.2 (1974), 471–508, hier: 501–503. Vgl. Reckwitz: *Das hybride Subjekt* (2006), 310.
165 Vgl. ebd., 310–313.

gardist:innen vorausgesetzte „Theatralizität des sozialen Lebens"¹⁶⁶ erweisen, die für das moderne Großstadtsubjekt soziokulturelle Verhaltenslehren, also Techniken des gesellschaftlichen Verkehrs erforderlich machte, sondern auch die revolutionäre Forderung nach der Auflösung der Trennung von Kunst und alltäglichem Leben. Über Funktion und Gestalt dieser neuen Kunst blieben die Avantgardist:innen allerdings uneins.

Futurismus
Für den italienischen Futurismus, der 1909 durch das erste „Manifest des Futurismus" von dem Schriftsteller Filippo Tommaso Marinetti ins Leben gerufen worden war, konnte die geforderte Vereinigung von Kunst und Leben als auch die Integration der in Italien gerade erst begonnenen Industrialisierung in den Sinnhaushalt des Subjekts nur durch eine radikale Anpassung der Kunst, des/der Einzelnen und der ganzen Gesellschaft an die Zeichen und Anforderungen der technischen Moderne erreicht werden.¹⁶⁷ Weit über den Anspruch hinaus, nur eine neue Ästhetik zu verkünden, proklamierten die italienischen Futurist:innen ein futuristisches Zeitalter, das eine umfassende Umgestaltung des gesamten Lebens und der Gesellschaft mit dem Ziel der Hervorbringung eines neuen, von Moral und Emotionen befreiten Menschen verlangte.¹⁶⁸ Nicht das bürgerliche und romantische Ideal der Innerlichkeit und des Natürlichen, sondern die Lobpreisung des Künstlichen, Technischen, Industriellen, Mechanischen und Maschinenhaften beherrschte die futuristische Utopie, eindrücklich festgehalten im futuristischen Manifest „Die mechanische Kunst" (1922):

> Das typisch futuristische Zeitalter, in dem wir leben, wird sich von allen anderen in der Geschichte durch die beherrschende Gottheit unterscheiden: die Maschine. Rollen, Schwungräder, Bolzen, Schornsteine, der glänzende Stahl, der Geruch von Schmieröl, der Ozonduft der Elektrizitätswerke, das Keuchen der Lokomotiven, das Heulen der Sirenen, Zahnräder, Ritzel! Die Getriebe reinigen unsere Augen vom Nebel des Unbestimmten. Alles ist scharf, aristokratisch, bestimmt. Der KLARE, ENTSCHIEDENE SINN DER MECHANIK zieht uns unwiderstehlich an! WIR FÜHLEN WIE MASCHINEN, WIR FÜHLEN UNS AUS STAHL ERBAUT, AUCH WIR MASCHINEN, AUCH WIR MECHANISIERT! [...] Die phantastische Architektur der Kräne,

---

166 Ebd., 326–327.
167 Zum Futurismus siehe Baumgarth, Christa: *Geschichte des Futurismus*, Reinbek bei Hamburg 1966, Schmidt-Bergmann, Hansgeorg: *Futurismus. Geschichte, Ästhetik, Dokumente*, Reinbek bei Hamburg 1993, Keppler, Diana: „Der Futurismus. oder Die Musik im Zeitalter der Maschine", 2001, *PopScriptum*. URL: https://edoc.hu-berlin.de/bitstream/handle/18452/21037/pst07_keppler.pdf (Letzter Zugriff: 24.10.2022) sowie Seifert, Anja: *Körper, Maschine, Tod. Zur symbolischen Artikulation in Kunst und Jugendkultur des 20. Jahrhunderts*, Wiesbaden 2004, 106–122.
168 Siehe Reckwitz: *Das hybride Subjekt* (2006), 304–305.

der kalte, glänzende Stahl und die bebenden, festen dicken und vergänglichen Buchstaben der Leuchtreklamen erfreuen unsere Augen zutiefst. Das sind unsere neuen geistigen Erfordernisse und die Grundzüge unserer neuen Ästhetik [...].[169]

Die futuristische Vision der Mensch-Maschine spiegelte die moderne, technische und urbane Lebenswelt so wider, wie sie von den Futurist:innen gesehen wurde: kalt, kriegerisch, emotions- und gnadenlos sowie von allen traditionellen Bindungen entlastet. Getrieben von der Vorstellung, das neue Zeitalter könne nur durch die Zerstörung des historischen, sozialen, kulturellen und politischen ‚Ballasts' erreicht werden, glorifizierten die italienischen Futurist:innen den Krieg, den Marinetti schon im Gründungsmanifest als „einzige Hygiene der Welt" bezeichnet hatte.[170] Während sich der italienische Futurismus in seiner zweiten Phase nach Kriegsende vorrangig der politischen Arbeit und unter Marinettis Leitung ab 1924 ganz und gar Mussolinis faschistischer Bewegung verschrieb, hatte der russische Futurismus durch seine Verknüpfung mit der Russischen Revolution deutlich früher eine parteipolitische Ausrichtung entwickelt. Dort konzipierten die Futurist:innen ihre moderne, oftmals aus ‚kalten' Materialien wie Stahl und Glas bestehenden Werke nicht nur explizit als ‚Volkskunst', sondern entwarfen darüber hinaus das Idealbild des neuen Sowjet-Menschen, der die Kältepassagen auf dem Weg zum Kommunismus begrüßt und bereitwillig erträgt.[171]

Doch ganz gelöst hatte sich dieser erste ‚Kälte'-Kult nicht von seinen romantischen Vorgänger:innen, denn die Futurist:innen vertauschten kurzerhand die begrifflichen Vorzeichen des vom Humanismus und Romantizismus übernommenen binären Schemas: Künstlichkeit statt Natürlichkeit, Maschinen statt Organismen, Mobilität statt Verwurzelung, Zukunft und Gegenwart statt Vergangenheit, Typen statt Individuen, Helligkeit statt Dunkelheit, Kälte statt Wärme.[172] Ihre Liebeslieder galten, bei aller propagierten Emotionslosigkeit, den Zeichen der Moderne, der Ge-

---

169 Prampolini, Enrico/Pannaggi, Ivo/Paladini, Vinicio: „Die mechanische Kunst" (1922), in: Baumgarth, Christa: *Geschichte des Futurismus* (1966), 221–223, hier: 221–222. Hervorhebungen i. O. Die Musikwissenschaftlerin Diana Keppler macht hier zu Recht darauf aufmerksam, dass sich die Futurist:innen mit dieser Perspektive auch von der marxistischen Kritik an der den Menschen unterdrückenden und ausbeutenden Maschinenarbeit abgrenzten. Keppler: „Der Futurismus", 2001, 6. Vgl. dazu das Kapitel „Maschinerie und große Industrie", in: Marx, Karl/Engels, Friedrich: „Das Kapital", *Werke*, Bd. 23, Berlin 1968, hier: 391–530.
170 Marinetti, Filippo Tommaso: „Manifest des Futurismus" (1909), in: Baumgarth, Christa: *Geschichte des Futurismus* (1966), 26–29, hier: 26.
171 Vgl. Seifert: *Körper, Maschine, Tod* (2004), 108.
172 Vgl. Lethen, Helmut: „Zwei Barbaren. Über einige Denkmotive von Ernst Jünger und Bertolt Brecht in der Weimarer Republik" (1984), in: ders.: *Unheimliche Nachbarschaften* (2009), 99–122, hier: 114.

schwindigkeit und der Maschine, die sie sexuell[173] und wie Marinetti religiös aufluden:

> Der Rausch der hohen Geschwindigkeiten im Automobil ist nichts anderes als die Freude, sich mit der einzigen *Göttlichkeit* vereinigt zu fühlen. [...] Die Explosionsmotoren und die Reifen eines Automobils. Fahrräder und Motorräder sind göttlich. Benzin ist göttlich. Religiöse Ekstase der 100-PS-Motoren. [...] Der Ekel, den es mir bereitet, mich nachts schlafen zu legen. Jede Nacht bete ich meine Glühbirne an; denn in ihr rast eine wütende Geschwindigkeit [...].[174]

Anzupassen an das moderne, technisch-industrielle und urbane Leben hatte sich unter dem Banner des Futurismus nicht nur die Sprache, die Marinetti – durch die Aneinanderreihung von Substantiven und befreit von jeder Subjektivität, jedem „Ich", allen Adjektiven und Konjugationen – allein als Klangträger und Symbol begriff.[175] Auch die Musik sollte sich an der neuen Lebenswirklichkeit orientieren: Als Grundelemente ihrer neuen Musik bestimmten die italienischen und russischen Futurist:innen die Geräusche der technisch-maschinellen und urbanen Welt, die die Klänge traditioneller Musikinstrumente ablösen sollten.[176] Luigi Russolo entwickelte dazu geräuscherzeugende Apparate („Intonarumori" und „Bruiteurs") für den auch als „Lärmmusik" und „Geräuschkunst" bezeichneten Bruitismus, dessen experimentelle Ansätze die elektroakustische und Elektronische Musik nach dem Zweiten Weltkrieg (insbesondere die Musique concrète) weiterführen sollte.

In der Forschung herrscht Uneinigkeit darüber, wie groß die Wirkkraft des Futurismus auf die ihn folgenden Kunstströmungen und -stile war: Während etwa die Soziologen Lutz Hieber und Stephan Moebius dem Futurismus aufgrund seiner „reaktionären politischen Strömungen" die Zugehörigkeit zu den historischen

---

[173] „Die schönen Maschinen haben uns umgeben, sie haben sich liebevoll über uns geneigt [...]. In sie verliebt, haben wir männlich, voll Wollust, von ihnen Besitz ergriffen". Prampolini/Pannaggi/Paladini: „Die mechanische Kunst" (1966), 222.
[174] Marinetti, F. T.: „La nuova religione-morale della velocità" (1916), zit. n. Schmidt-Bergmann: *Futurismus* (1993), 205–206. Hervorhebung i. O. Vgl. Seifert: *Körper, Maschine, Tod* (2004), 110.
[175] Siehe etwa Marinetti, Filippo Tommaso: „Zerstörung der Syntax. Drahtlose Phantasie. Befreite Worte" (1913), in: Schmidt-Bergmann, Hansgeorg: *Futurismus* (1993), 210–219. Keppler: „Der Futurismus", 2001, 4. Vgl. Hecken, Thomas: *Avantgarde und Terrorismus. Rhetorik der Intensität und Programme der Revolte von den Futuristen bis zur RAF*, Bielefeld 2006, 23.
[176] Die Richtung hatte Francesco Balilla Pratella mit seinem bereits 1910 erschienenen, ersten „Manifest der futuristischen Musiker" vorgegeben. Siehe auch Russolo, Luigi: „Die Geräuschkunst" (1913), in: Baumgarth, Christa: *Geschichte des Futurismus* (1966), 223–225. Zur futuristischen Musik siehe Keppler: „Der Futurismus", 2001 sowie Seifert: *Körper, Maschine, Tod* (2004), 117. Vgl. auch Schramm, Caroline: „Avantgardistische Geräuschmusik in Russland", in: *testcard. Beiträge zur Popgeschichte*, Nr. 3 (1996), 168–177.

Avantgarden und damit auch eine mögliche Fortsetzung in den postmodernistischen Kunstströmungen absprechen,[177] geht Helmut Lethen, mit Blick auf eine die lokale Kunstszene nachhaltig beeinflussende Ausstellung der italienischen Futurist:innen 1912 in Berlin, von einer starken Wirkung auf den Berliner Dadaismus aus.[178] Zu Recht unterstreicht auch Andreas Reckwitz die „Vorbildfunktion" des futuristischen Subjektcodes sowohl für die organisierte Moderne, ob in seiner faschistischen oder sozialistischen Version oder in Form der westlichen Angestelltenkultur, als auch teilweise für die Postmoderne.[179] Tatsächlich zeigt sich, dass die futuristische Ästhetik neuartige Motive und eine Weltbetrachtung lancierte, die nicht nur die Diskurse der Weimarer Republik im Allgemeinen, sondern ebenso die neusachlichen ‚Kälte'-Lehren im Besonderen prägen sollten.

Dies gilt etwa für den futuristischen Körperkult, der Simultaneität, Rhythmik und Bewegungsabläufe als ästhetisches Ideal propagierte und vom Einzelnen leistungssteigerndes Training einforderte. Generell gerieten der Körper und spezifische Körpertechniken spätestens nach Kriegsende ins Zentrum der öffentlichen Aufmerksamkeit und wurden umfassend ideologisch aufgeladen.[180] Angesichts der auch körperlich erschütternden Kriegserfahrungen und der sich entwickelnden modernen Arbeitsgesellschaft mitsamt ihrer Arbeitsteilung und zunehmenden Maschinisierung der Arbeitsprozesse, bildeten sich unterschiedliche, mitunter ambivalente Idealbilder des modernen Körpers heraus. Während im deutschen Kaiserreich der Körper noch als Ausdruck von Subjektivität und Identität verstanden wurde, traten mit der Weimarer Kultur vor allem technische Begriffe wie Leistung und Effizienz sowie mehr oder weniger wissenschaftliche Theorien zu Körper- und Bewegungsmodellen in den Mittelpunkt moderner Körpervorstellungen. Populärer Ausdruck dieser neuen Orientierung war die sich ausbreitende Begeisterung für den Sport, der, anders als das Ende des 19. Jahrhunderts beliebte

---

177 Hieber, Lutz/Moebius, Stephan: „Grundriss einer Theorie des künstlerischen Aktivismus von Dada bis zur Postmoderne", in: dies. (Hg.): *Avantgarden und Politik. Künstlerischer Aktivismus von Dada bis zur Postmoderne*, Bielefeld 2009, 7–29, hier: 20–21.
178 Lethen: „Zwei Barbaren" (2009), 102. Zum Einfluss des Futurismus auf den Dadaismus siehe auch Huelsenbeck, Richard: *En avant Dada. Eine Geschichte des Dadaismus*, Hannover 1920, 5–6.
179 Reckwitz: *Das hybride Subjekt* (2006), 306.
180 Siehe hierzu Wedemeyer-Kolwe, Bernd: *Der neue Mensch. Körperkultur im Kaiserreich und in der Weimarer Republik*, Würzburg 2004, Cowan, Michael/Sicks, Kai Marcel: „Technik, Krieg und Medien. Zur Imagination von Idealkörpern in den zwanziger Jahren", in: dies. (Hg.): *Leibhaftige Moderne. Körper in Kunst und Massenmedien 1918–1933*, Bielefeld 2005, 13–29 sowie Siemens, Daniel: „Von Marmorleibern und Maschinenmenschen. Neue Literatur zur Körpergeschichte in Deutschland zwischen 1900 und 1936", in: *Archiv für Sozialgeschichte*, Jg. 47 (2007), 639–682.

Turnen oder die Gymnastik, weniger der Gesunderhaltung als vielmehr der Leistungssteigerung diente.[181]

Die technizistische Utopie der künstlichen ‚Mensch-Maschine', wie sie vom Futurismus, Konstruktivismus und der Neuen Sachlichkeit propagiert wurde, blieb allerdings eine radikale Randerscheinung. Vielmehr bestimmten die Kritik an seelenloser Maschinenarbeit und dystopische Bilder menschenfeindlicher Technik, wie sie sich beispielhaft in Fritz Langs Film „Metropolis" (1927) manifestierten, den öffentlichen Diskurs.[182] Antimodernistische Denkmodelle, die den Verlust einer imaginierten ‚Gemeinschaft' beklagten, verbanden sich dabei mit dem im Zuge von Lebensreform und -philosophie propagierten, naturalistisch-organischen Körperkult antibürgerlicher Kreise, der den an die Technikwelt angepassten und als deformiert wahrgenommenen Körper des modernen Menschen ebenso ablehnte wie die als „kalt" interpretierte Gesellschaft der liberalen, demokratischen, industriellen und bürokratischen Moderne.[183] Dieser Konflikt sollte sich in der zweiten Hälfte der 1970er Jahre wiederholen, als das von der Band KRAFTWERK entwickelte Konzept der „Mensch-Maschine" auf den Natürlichkeits-Kult des linksalternativen Milieus und die in der bundesdeutschen Gesellschaft verbreitete Skepsis und Angst gegenüber den Neuen Technologien traf.

Dadaismus
Doch nicht nur der Körper steckte den Zeitgenoss:innen zufolge in einer Krise: Der am eigenen Leib erfahrene Schrecken des mit modernen Waffen ausgetragenen Weltkriegs, das auf die Kriegsniederlage folgende Gefühl der Demütigung, die Wirren der Novemberrevolution, das Auf- und Wegbrechen traditioneller Werte und sozialer Klassen als auch der voranschreitende technologische Fortschritt setzten einen die Weimarer Republik prägenden und breit geführten Krisendiskurs in

---

181 Dinçkal, Noyan: „‚Sport ist die körperliche und seelische Selbsthygiene des arbeitenden Volkes'. Arbeit, Leibesübungen und Rationalisierungskultur in der Weimarer Republik", in: *Body Politics*, Jg. 1, Nr. 1 (2013), 71–97, hier: 91. Siehe auch Mackenzie, Michael: „Maschinenmenschen, Athleten und die Krise des Körpers in der Weimarer Republik", in: Föllmer, Moritz/Graf, Rüdiger (Hg.): *Die „Krise" der Weimarer Republik. Zur Kritik eines Deutungsmusters*, Frankfurt a. M. 2005, 319–345 sowie Hermand/Trommler: *Die Kultur der Weimarer Republik* (1989), 75–80.
182 Vgl. Siemens: „Von Marmorleibern und Maschinenmenschen" (2007), 643.
183 Vgl. ebd., Berner, Esther: „Takt vs. Rhythmus. Die Erziehung des Körpers zwischen Technisierung und Technikkritik", in: *Body Politics*, Jg. 6, Nr. 9 (2018), 123–146, hier: 143–145 sowie Bavaj, Riccardo: „Gegen den Bürger, für das (Er-)Leben. Raoul Hausmann und der Berliner Dadaismus gegen die ‚Weimarische Lebensauffassung'", in: *German Studies Review*, Jg. 31, Nr. 3 (2008), 513–536, hier: 516.

Gang.[184] Entgegen dem geschichtswissenschaftlichen Narrativ der Weimarer Republik als „Krisenjahre der klassischen Moderne"[185], die zwangsläufig im Nationalsozialismus enden mussten, sollte das verbreitete Krisenbewusstsein allerdings nicht als tatsächliches Niedergangsphänomen missinterpretiert werden.[186] Vielmehr wurde die Krise im intellektuellen, politischen und künstlerischen Diskurs als Wendepunkt, Übergangsphase und Entscheidungssituation zu etwas Neuem begriffen, an deren Ende dem Historiker Rüdiger Graf zufolge „eine existenzielle Entscheidung zum Guten oder Schlechten" stehen sollte, und diente zur Handlungsmotivation und „gestaltungsoptimistischen Zukunftsaneignung".[187] Der oftmals beschworene Untergang bezog sich in diesem Zusammenhang vor allem auf das Ende der alten Ordnung und Institutionen und wurde zur weiteren Forcierung des Krisendiskurses genutzt.[188] Dieser entsprang dabei also keineswegs einer pessimistischen, sondern vielmehr ergebnisoffenen Interpretation gegenwärtiger Wandlungsprozesse, die eine Neuorientierung des Einzelnen wie der Gesellschaft im Ganzen verlangten.

Die 1916 in Zürich von Exil-Künstler:innen unterschiedlicher Nationalitäten gegründete Dadaismus-Bewegung wählte einen Weg, sich mit der unaufhaltsam voranschreitenden Entwertung überkommener Ordnungs- und Moralvorstellungen zu arrangieren, der sie von den revolutionären Utopien und Idealisierungen zeitgenössischer Kunstströmungen abgrenzte. Statt sich um Strategien der Selbststilisierung und Selbstkontrolle oder um neue Sinnangebote zu bemühen, begriffen die Dadaist:innen das moderne Leben als Experiment, als Spiel und Reihe von Zufällen, auf die das „dadaistische Subjektmodell" Andreas Reckwitz zufolge mit Spontaneität, kindlichem Staunen und einer „Prämierung des Primitiven" reagierte.[189] Damit wähnten sich die Dadaist:innen auf der Höhe der Zeit und bekräftigten wie Dada-Chronist Richard Huelsenbeck 1920 im *Dada Almanach* ihren elitären Anspruch auf alleinige Gültigkeit: „Dada hat die Mechanisierung, die Sterilität, die Erstarrung und das Tempo dieser Zeit in seinen großen Schoß aufgenommen, es

---

184 Siehe Föllmer, Moritz/Graf, Rüdiger/Leo, Peter: „Einleitung. Die Kultur der Krise in der Weimarer Republik", in: Föllmer; Graf (Hg.): *Die „Krise" der Weimarer Republik* (2005), 9–41.
185 Vgl. Peukert: *Die Weimarer Republik* (1987).
186 So etwa bei Sloterdijk: *Kritik der zynischen Vernunft* (1983a), 44–45.
187 Graf, Rüdiger: „Die „Krise" im intellektuellen Zukunftsdiskurs der Weimarer Republik", in: Föllmer; Graf (Hg.): *Die „Krise" der Weimarer Republik* (2005), 77–106, hier: 91.
188 Ebd., 105. Vgl. auch ders.: „Optimismus und Pessimismus in der Krise – der politisch-kulturelle Diskurs in der Weimarer Republik", in: Hardtwig, Wolfgang (Hg.): *Ordnungen in der Krise. Zur politischen Kulturgeschichte Deutschlands 1900–1933*, München 2007, 115–140.
189 Reckwitz: *Das hybride Subjekt* (2006), 306–307. Siehe auch Huelsenbeck: *En avant Dada* (1920), 14–15.

ist am Ende nichts anderes und unterscheidet sich in nichts hiervon."[190] Sich dem modernen Leben und der mitunter bedrückenden Wirklichkeit zu stellen, bedeutete für die Dadaist:innen dabei vor allem eine Fokussierung auf die Objekte des modernen Alltags (objet trouvés), die miteinander zu Collagen, Text- sowie Fotomontagen kombiniert, als „Ready mades" in ihrem ursprünglichen Zustand präsentiert oder als bruitistische Geräuscherzeuger eingesetzt wurden. In Abgrenzung zur Romantik und den anderen avantgardistischen Strömungen ihrer Zeit vermieden es die Dadaist:innen allgemein einen neuen Stil oder eine neue Kunst zu propagieren und entsagten dem Anspruch der virtuosen Neuschöpfung. Stattdessen experimentierten sie mit neuen Techniken und Alltagsgegenständen, diskreditierten jede Kunst als bürgerlichen Anachronismus und entwickelten einen „Antiästhetizismus"[191] bzw. eine „radikale Gegenkunst"[192], deren Zweck und Inhalt im Verfahren selbst und in der Form der Darstellung lag.

Wie die Futurist:innen machten dadaistische Künstler:innen immer wieder mit Manifesten, Zeichnungen und Montagen auf sich aufmerksam, die die Technologie verherrlichten und eine Ästhetik des Mechanischen entwarfen: Neben dem 1920 auf der „Dada-Messe" in Berlin herausgegebenen Slogan „Die Kunst ist tot. Es lebe die neue Maschinenkunst Tatlins" sei hier etwa auf die Werke von George Grosz (z. B. „Republikanische Automaten", 1920) sowie die von Raoul Hausmann veröffentlichte Assemblage „Mechanischer Kopf – Der Geist unserer Zeit" (1919) und die Collagen und Fotomontagen „Selbstportrait des Dadasophen", „Elasticum" sowie „Tatlin lebt Zuhause" (alle 1920) hingewiesen, die die Ästhetik der Neuen Sachlichkeit vorwegnahmen. Hauptangriffspunkt war die Ästhetik und Weltsicht des Expressionismus, für den Dadaisten wie Hausmann nur Verachtung übrig hatten:

> Die Phantasie der Brennschere, des Heißlufthaartrockners und elektrischen Bügeleisens ist notwendiger als die Phantasie des Künstlers [...]. Die künstlerische Phantasie ist Sabotage am Leben, sie ist romantisch, retrospektiv und dumm gegen die Phantasie des Technikers, des Konstrukteurs von Maschinen, gegen den naturwissenschaftlichen Experimentator und selbst gegen die Fähigkeit eines Uhrmachers, Schweißers oder Lokomotivführers.[193]

Allerding teilten die Dadaist:innen keineswegs die uneingeschränkte Technologiebegeisterung oder den Kriegskult der Futurist:innen, verbargen ihre radikale Kritik an den Werten und Idealen der Weimarer Republik dennoch zumeist hinter

---

190 Huelsenbeck, Richard: „Was wollte der Expressionismus?", in: ders. (Hg.): *Dada Almanach*, Berlin 1920, 35–36.
191 Hermand/Trommler: *Die Kultur der Weimarer Republik* (1989), 363.
192 Seifert: *Körper, Maschine, Tod* (2004), 136.
193 Hausmann, Raoul: „Lob des Konventionellen" (1922), in: ders.: *Texte bis 1933, Frühe Texte der Moderne*, Bd. 2, München 1982, 48–50, hier: 49.

einem „Gestus zynischer Kälte"[194], der sich in provokativen und scheinaffirmativen Pamphleten und Werken äußerte. Auch die kriegsverherrlichenden Aussagen einzelner Dadaist:innen müssen dementsprechend weniger als opportunistische Resignation, sondern vielmehr als Versuch der Zerstörung von allem Bürgerlichen gelesen werden. „Wir waren gegen die Pazifisten, weil der Krieg uns die Möglichkeit gegeben hatte, überhaupt in unserer ganzen Gloria zu existieren", erklärte etwa Huelsenbeck in seiner ersten „Dadarede" (1918): „Wir waren für den Krieg und der Dadaismus ist heute noch für den Krieg. Die Dinge müssen sich stoßen: es geht noch lange nicht grausam genug zu."[195] Grundlage des Dadaismus wurde eine zugleich scheinaffirmative wie kritisch-resignative Haltung, die sich auf den Sinnspruch ‚Angriff ist die beste Verteidigung' herunterbrechen lässt. In Abgrenzung zum Germanisten Hermann Korte, der die Dada-Ästhetik des Mechanischen als „ebenso emphatische wie illusionslose Bejahung der zivilisatorischen Moderne" interpretiert,[196] erkennt der Historiker Riccardo Bavaj mit Blick auf Hausmanns „ironisch-spielerische[n]" Umgang mit der Maschine also zu Recht nicht nur einen konsequenten Antiästhetizismus, sondern insbesondere „ein tiefes Leiden an der Moderne".[197]

Dieses auf den Tabubruch und die Provokation fokussierte Leiden sollte sich ab der Mitte der 1970er Jahre in Form der Punk-Bewegung wiederholen, die bei allem Nihilismus und aller Scheinaffirmation der Postmoderne die gegenkulturelle Kritik an den ‚Zuständen', am ‚System' und an der bürgerlichen Kultur und Genügsamkeit weitertrug. Überhaupt lassen sich im Dadaismus viele künstlerische Ansätze und Techniken finden, die in den postmodernistischen Künsten der Gegenkulturen sowie in den mit ihr verbundenen Subkulturen und Szenen in den 1960er und 1970er Jahren eine Wiederbelebung erfuhren. Dazu zählen etwa die künstlerische Integration von alltäglichen Gegenständen und Bildern, die Aufhebung der Trennung zwischen aktivem Künstlersubjekt und passivem Publikum, die „Agitation des ‚freien' Körpers" und des spontanen Gefühlsausdrucks in öffentlichen Happenings,[198] oder auch das freie Spiel mit Wörtern, Lauten und Geräuschen. Insbesondere die Punk-Bewegung bemächtigte sich der Techniken und Denkmodelle des Dadaismus, auch sie reagierte mit zynischer Ironie auf zeitgenös-

---

194 Korte, Hermann: *Die Dadaisten*, Reinbek bei Hamburg 1994, 86.
195 Huelsenbeck, Richard: „Erste Dadarede in Deutschland", in: ders. (Hg.): *Dada Almanach* (1920), 104–108, hier: 106. Vgl. Seifert: *Körper, Maschine, Tod* (2004), 123–124 sowie Hecken: *Avantgarde und Terrorismus* (2006), 29.
196 Korte: *Die Dadaisten* (1994), 75.
197 Bavaj: „Gegen den Bürger, für das (Er-)Leben" (2008), 525, 527.
198 Seifert: *Körper, Maschine, Tod* (2004), 141.

sische Prozesse, verwehrte sich mit nihilistischer Attitüde jeder Sinnhaftigkeit und bediente sich eines Spiels der Brüche und Verwirrungen.[199]

Wie bei anderen internationalen Bewegungen und Kunstströmungen auch, lassen sich im Dadaismus Unterschiede in den nationalen wie regionalen Ausprägungen finden. So zeichnete sich der Berliner Dada-Club, den Richard Huelsenbeck nach seiner Rückkehr in die deutsche Hauptstadt im April 1918 unter anderem mit George Grosz, Raoul Hausmann, Walter Mehring, Johannes Baader und den Brüdern John Heartfield und Wieland Herzfelde gründete, durch stark politische und zuweilen radikalere Züge aus als die Dada-Szenen in Zürich, Hannover, Paris oder New York.[200] Die Gründe für diese Politisierung lassen sich dabei etwa im politischen Klima der Stadt finden: Anders als in Zürich wurden die Bewohner:innen Berlins unmittelbar mit den existentiellen Folgen des Kriegs, der sich abzeichnenden Kriegsniederlage und den blutigen Revolutionsunruhen konfrontiert.[201] Mit der im Sommer 1920 veranstalteten „Ersten Internationalen Dada-Messe" hatte der Berliner Dada-Club seinen Höhepunkt erreicht und löste sich in der Folgezeit wieder auf. Heartfield und Grosz hatten sich zuvor schon der unverhüllten, satirisch-aggressiven Darstellung der Weimarer Welt zugewandt und das ‚sinnfreie' Spiel des Dadaismus verlassen.[202] Der aufblühenden Neuen Sachlichkeit schlossen sich nur einzelne Dadaist:innen an, dennoch lieferte der Dadaismus, wie auch der Futurismus, eine bedeutende ästhetische und weltanschauliche Ressource für die Neue Sachlichkeit sowie – zeitlich versetzt – für die künstlerischen Strömungen der Counter Cultures.

Neue Sachlichkeit

Mit den politischen und ökonomischen Umbrüchen seit dem Jahr 1923 trat die Weimarer Republik in ihre zweite Phase ein: Die Aufstände kommunistischer und Putschversuche nationalsozialistischer Gruppen waren gescheitert, politische Gewalttaten nahmen ab und außenpolitisch stellten sich Erfolge bei der politischen

---

199 Nicht zuletzt erinnern auch die regelmäßig im Züricher Dada-Club *Cabaret Voltaire* ausgetragenen Schlägereien und Mobiliar-Zerstörungen während oder nach den Auftritten an die Vorkommnisse während oder nach Punk-Konzerten in den 1970er und frühen 1980er Jahren. Vgl. Marcus, Greil: *Lipstick traces. Von Dada bis Punk – kulturelle Avantgarden und ihre Wege aus dem 20. Jahrhundert*, Hamburg 1992 (1989).
200 Vgl. Hermand/Trommler: *Die Kultur der Weimarer Republik* (1989), 135–136, 363.
201 Bavaj: „Gegen den Bürger, für das (Er-)Leben" (2008), 513–514. So schrieb Huelsenbeck 1920: „Während man in Zürich wie in einem Luftkurort lebte, [...] wusste man in Berlin nicht, ob man am folgenden Tag noch ein warmes Mittagessen haben würde. Die Furcht saß den Menschen in den Gliedern, sie ahnten, dass die große Sache, die von dem Hindenburg u. Co. geführt wurde, sehr schiefgehen würde." Huelsenbeck: *En avant Dada* (1920), 26.
202 Vgl. Hermand/Trommler: *Die Kultur der Weimarer Republik* (1989), 366.

wie ökonomischen Wiedereingliederung Deutschlands in das Staatengefüge und die Weltmärkte ein. Zudem bewirkten die US-amerikanischen Kredite infolge des Dawes-Plans von 1924 zusammen mit der ein Jahr zuvor eingeleiteten Währungsreform eine zumindest zeitweilige Stabilität der von Hyperinflation gebeutelten deutschen Wirtschaft. Parallel dazu kühlte um 1923 auch auf kulturellem Sektor der hitzige Aufbruch der künstlerischen Avantgardeströmungen ab, viele Künstler:innen und Schriftsteller:innen rückten von expressionistischer Euphorie und revolutionären Utopien ab – auf die „große Ernüchterung"[203] folgte ein neues „Den-festen-Boden-wieder-gewinnen"[204]. In den Mittelpunkt der Aufmerksamkeit geriet mit diesem Stimmungswandel die tatsächliche Gegenwart. Unter dem Schlagwort der Neuen Sachlichkeit sammelten sich Schriftsteller wie Ernst Jünger und Bertolt Brecht, bildende Künstler wie George Grosz und Otto Dix, Architekten wie Bruno Taut, Walter Gropius und Erich Mendelsohn und auch Musiker wie Hans Heinz Stuckenschmidt und Ernst Krenek. Sie alle wurden (abgesehen von den neusachlichen Architekten) um 1890 oder in den 1890er Jahren geboren, hatten fast alle die Schrecken des Ersten Weltkriegs am eigenen Leib erfahren und eine expressionistische, futuristische und/oder dadaistische Phase durchlaufen, der sie sich nun umfassend zu entledigen suchten.[205] Die obige Auswahl ist nicht zufällig, denn im Gegensatz zu Expressionismus, Futurismus/Konstruktivismus und Dadaismus stellt die Neue Sachlichkeit, wie die Literaturwissenschaftlerin Sabina Becker zu Recht betont, ein „spezifisch deutsches Phänomen" dar, das sich erst im Rahmen der Weimarer Republik entwickelt hatte.[206]

Obwohl sich schwerlich ein einheitlicher Stil der Werke ausmachen lässt, die unter dem Oberbegriff der Neuen Sachlichkeit subsumiert werden, gründete der neusachliche Ansatz in allen künstlerischen Bereichen gleichermaßen auf dem Anspruch nach Einfachheit, Klarheit, Funktionalität, analytischer Distanz und kühler Objektivität. Entsprechend ihrer Ablehnung aller Formen von Überhöhung, Ausschmückung und Emotionalisierung kann die Neue Sachlichkeit insbesondere

---

203 Geyer, Martin H.: „‚Die Gleichzeitigkeit des Ungleichzeitigen'. Zeitsemantik und die Suche nach Gegenwart in der Weimarer Republik", in: Hardtwig (Hg.): *Ordnungen in der Krise* (2007), 165–187, hier: 175.
204 Schmalenbach: *Die Malerei der „Neuen Sachlichkeit"* (1973), 76.
205 Schmied, Wieland: „Die Neue Sachlichkeit. Malerei der Weimarer Zeit", in: Vaydat, Pierre (Hg.): *Die „Neue Sachlichkeit". Lebensgefühl oder Markenzeichen?*, Lille 1991, 217–228, hier: 224. Eine Ausnahme bilden die Bauhaus-Architekten und „Neues-Bauen"-Designer, die bereits vor 1918 Vorstufen der Neuen Sachlichkeit entwickelt und keinen scharfen Bruch mit dem Expressionismus vollzogen hatten. Siehe dazu Lehne, Jost: „Sonnensturz. Architektur des Expressionismus in Berlin", in: *Expressionismus*, Jg. 4, Nr. 8 (2018), 33–48.
206 Becker, Sabina: *Neue Sachlichkeit. Band 2: Quellen und Dokumente*, Köln u. a. 2000, 6. Vgl. Gay: *Die Republik der Außenseiter* (1987), 22, Peukert: *Die Weimarer Republik* (1987), 167 sowie Grosch, Nils: *Die Musik der Neuen Sachlichkeit*, Stuttgart u. a. 1999, 5.

über ihre Abgrenzungsbemühungen umschrieben werden: So stehe sie kultur- und ideengeschichtlichen Deutungsversuchen zufolge etwa „für eine Abkehr vom Expressionismus, von der reinen Subjektivität des Ich, vom Formalismus und vom Ästhetizismus sowie für eine Vermeidung von Pathos und Überschwang"[207] sowie für eine Ästhetik, „die sich weder in Verzweiflungsschreien noch in Rosenduft-Eskapismus erschöpfte"[208]. Allerdings sollte die neusachliche Strömung nicht im Sinne des Historikers Peter Gay als Rückkehr oder „Rache der Väter" interpretiert werden,[209] denn die „gealterten Söhne", die dem Expressionismus und den revolutionären Ismen-Strömungen entwachsen waren und sich nun der Neuen Sachlichkeit zuwandten, lehnten die Welt und Ideale der Vätergeneration weiterhin rigoros ab.[210]

Zeitgenössische Schriftsteller wie Wilhelm Michel erkannten schon in den 1920er Jahren in der Neuen Sachlichkeit eine „Weltergreifung" und „Ding-Entdeckung nach der Ich-Krise"[211] oder, wie der Philosoph Helmuth Plessner, die letzte Bastion des distanzierten Gesellschaftsgedanken gegen den Kult der Gesinnung, des Gewissens und der Authentizität zeitgenössischer Jugendbewegungen sowie gegen die radikalen Gemeinschaftsutopien sozialistischer und völkischer Strömungen.[212] Der Germanist Lethen sieht sogar eine Parallele zu den im *Handorakel* (1647) aufgestellten Verhaltenslehren des spanischen Jesuiten Baltasar Gracián, mit denen sich die neusachlichen Protagonist:innen an die vermeintlich kalte Welt anzugleichen suchten, statt sich den in der „Tradition der lutherischen Authentizität" stehenden „Diskursrituale[n] der Entblößung, des Geständnisses und der Aufrichtigkeit" oder dem in den 1920er Jahren einflussreichen Trend zur Psychoana-

---

[207] Hastedt, Heiner: „‚Neue Sachlichkeit' in der Philosophie des 20. Jahrhunderts", in: Baßler, Moritz/Knapp, Ewout van der (Hg.): *Die (k)alte Sachlichkeit. Herkunft und Wirkungen eines Konzepts*, Würzburg 2004, 121–133, hier: 122.
[208] Peukert: *Die Weimarer Republik* (1987), 170.
[209] Vgl. das Kapitel „Die Rache des Vaters: Aufstieg und Fall der Sachlichkeit" in Gay: *Die Republik der Außenseiter* (1987), 158–189. Für den Bereich der Neuen Musik etwa führt Michael H. Kater diesen Ansatz aus: Kater, Michael H.: „The Revenge of the Fathers. The Demise of Modern Music at the End of the Weimar Republic", in: *German Studies Review*, Jg. 15, Nr. 2 (1992), 295–315.
[210] Baureithel, Ulrike: „‚Kollektivneurose moderner Männer'. Die Neue Sachlichkeit als Symptom des männlichen Identitätsverlusts – sozialpsychologische Aspekte einer literarischen Strömung", in: Vaydat (Hg.): *Die „Neue Sachlichkeit"* (1991), 123–143, hier: 127.
[211] Michel, Wilhelm: „Die Neue Sachlichkeit", in: *Deutsche Kunst und Dekoration: illustr. Monatshefte für moderne Malerei, Plastik, Architektur, Wohnungskunst u. künstlerisches Frauen-Arbeiten*, Jg. 56 (1925), 299–302, hier: 299.
[212] Plessner, Helmuth: „Grenzen der Gemeinschaft. Eine Kritik des sozialen Radikalismus" (1924), in: ders.: *Macht und menschliche Natur, Gesammelte Schriften*, Bd. 5, Frankfurt a. M. 1981, 7–134.

lyse zu unterwerfen.²¹³ In ihrem Bestreben, sich sowohl von der vormodernen Welt mitsamt deren Wert- und Subjektordnung abzugrenzen als auch Möglichkeiten zur Entwicklung einer Identität in Zeiten umwälzender Prozesse zu finden, schlugen die neusachlichen Protagonist:innen einen Weg ein, der sie von der konservativen, bürgerlichen Subjektkultur und von der fragilen, expressionistischen Subjektkultur gleichermaßen trennte. Beispielhaft zeigt sich diese Neuorientierung im neusachlichen Umgang mit den Themen Geschlecht und Sexualität bzw. mit Konstruktionen von ‚Männlichkeit'. Die Literaturwissenschaftlerin Ulrike Baureithel macht in der Neuen Sachlichkeit den Versuch aus, das angeschlagene Konzept der ‚Männlichkeit' in die moderne Gesellschaft hinüberzuretten und sich dabei aber sogleich seiner Geschichte und seiner historischen Form der Verkultung selbst zu entledigen – sowohl mithilfe der aufwertenden Synonymsetzung von „Sache" und „Männlichkeit" als auch mithilfe der Technik als „materialisierte[s] Produkt des Männerkollektivs".²¹⁴ So schrieb etwa der Schriftsteller Kurt Pinthus in seinem Essay „Männliche Literatur" (1929):

> Nicht auf das Jünglingstum [des Expressionismus], – auf das Mannwerden oder Mannsein kommt es an. Der Stil dieser Bücher […] ist unpathetisch, unsentimental, schmucklos und knapp; manche nennen diese Technik: ‚Neue Sachlichkeit'. […] Sie ist sachlich, ist männlich, ist Ausdrucksform des Mannes, wenn man unter Mann nicht das Kraftprotzentum völkischen Männlichkeitsbegriffs begreift, welcher eben in seiner verlogenen Heroisierung sentimental, verstiegen, also unmännlich ist. Eher lässt sich diese Sprache: ohne lyrisches Fett, ohne gedankliche Schwerblütigkeit, hart, zäh, trainiert, dem Körper des Boxers vergleichen.²¹⁵

Die sich in den 1920er Jahren verschärfenden Diskurse um neue Formen von ‚Männlichkeit' fanden vor dem Hintergrund einer Aufhebung traditioneller Gendermodelle sowie einer größeren Offenheit gegenüber sexuellen Themen und bisher als „abartig" geltenden Neigungen und Sexualpraktiken statt.²¹⁶ Im Gegensatz zu den gegenkulturellen Geschlechts- und Sexualitätsdiskursen der 1960er und 1970er Jahre führten die mit den sozialen Umbrüchen einhergehenden Verunsi-

---

213 Lethen: *Verhaltenslehren der Kälte* (1994), 66–67. Vgl. ebd., 97–98. Nachweislich kannten sowohl Jünger als auch Brecht, der sein Exemplar von Walter Benjamin geschenkt bekam, das *Handorakel* Graciáns. Ders.: „Die Rückseite des Spiegels. Ernst Jünger zwischen Tierverhaltensforschung und Philosophischer Anthropologie" (2003), in: ders.: *Unheimliche Nachbarschaften* (2009), 123–134, hier: 123.
214 Baureithel: „‚Kollektivneurose moderner Männer'" (1991), 128. Siehe auch dies.: „Zivilisatorische Landnahme. Technikdiskurs und Manneridentität in der Publizistik und Literatur der zwanziger Jahre", in: Emmerich, Wolfgang/Wege, Carl (Hg.): *Der Technikdiskurs in der Hitler-Stalin-Ära*, Stuttgart 1995, 28–46.
215 Pinthus, Kurt: „Männliche Literatur", in: *Das Tage-Buch*, Jg. 10, Nr. 1 (1929), 903–911, hier: 903.
216 Hermand/Trommler: *Die Kultur der Weimarer Republik* (1989), 86.

cherungen in der Weimarer Republik jedoch zu einer „Maskulinisierung" des männlichen und weiblichen Subjektmodells.[217] Diese kulturkritische Politisierung der Geschlechter(begriffe) drückte sich unter anderem in der Ablehnung der als ‚weiblich' diffamierten, bürgerlichen Welt aus[218] sowie in dem von politischen Gruppen und einigen Avantgardisten verfochtenem Bild des kriegerischen und gewaltbereiten Mannes, das laut dem Historiker Daniel Morat zur „Militarisierung und Brutalisierung der Männlichkeit" in der Weimarer Republik beitrug.[219] In diesem Zusammenhang steht auch die Forderung nach einer auch von Frauen praktizierten ‚Männlichkeit' bzw. die Figur der androgynen „new woman", die sich in den 1920er Jahren als „girl" oder „flapper" bewusst knabenhaft darstellte, etwa durch das Kaschieren femininer Körperattribute, durch den Rückgriff auf Herrenhemden, Krawatten und bisher Männern vorbehaltenen Kurzhaarfrisuren sowie durch eine „bewusst unweibliche, staksige Gestik".[220] Nicht zufällig erlebte dieser Typus maskuliner Weiblichkeit sein ästhetisches Comeback in der New-Wave-Bewegung.

Die Ästhetisierung von allem Technisch-Organisierten reiht sich Andreas Reckwitz zufolge in die neusachliche, „post-humane" Ästhetik des Perfekten, des Objektiven und der klaren Formen ein, die für die Angestelltenkultur der westlichen Industrienationen dominant werden sollte.[221] In der Neuen Sachlichkeit finde „das subversive Grenzüberschreitungsspiel des Avantgarde-Subjekts ebenso wie seine endlose Suche nach nicht-entfremdeter Natürlichkeit" vorläufig ihr Ende, die Neue Sachlichkeit stellt somit im deutschsprachigen Raum das letzte Phänomen der historischen Avantgarden, ihren konsequenten Ausgang als auch das Bin-

---

217 Reckwitz: *Das hybride Subjekt* (2006), 324. Siehe auch Baureithel: „Zivilisatorische Landnahme" (1995).
218 Siehe dazu etwa Kämper: „Kult der Kälte'" (2000), 27–30 sowie das futuristische Gründungsmanifest, dem Marinetti die „Verachtung des Weibes" in den Wertekanon schrieb. Marinetti: „Manifest des Futurismus" (1966), 26. Daran anschließend: Saint-Point, Valentine de: „Manifest der futuristischen Frau" (1912), in: Baumgarth, Christa: *Geschichte des Futurismus* (1966), 91–94. Vgl. Keppler: „Der Futurismus", 2001, 5 sowie Mentges, Gabriele: „Cold, Coldness, Coolness. Remarks on the Relationship of Dress, Body and Technology", in: *Fashion Theory*, Jg. 4, Nr. 1 (2000), 27–47, hier: 41.
219 Morat: „Kalte Männlichkeit?" (2010), 169. Vgl. auch Lethen, Helmut: „Unheimliche Nachbarschaften" (1995), in: ders.: *Unheimliche Nachbarschaften* (2009), 43–58, hier: 46.
220 Hermand/Trommler: *Die Kultur der Weimarer Republik* (1989), 82. Vgl. Baureithel: „Kollektivneurose moderner Männer'" (1991), 129. Siehe auch Sutton, Katie: „The Masculinized Female Athlete in Weimar Germany", in: *German Politics and Society*, Jg. 27, Nr. 3 (2009), 28–49, Pinthus: „Männliche Literatur" (1929), 907–908 sowie Fleig, Anne: „Tanzmaschinen. Girls im Revuetheater der Weimarer Republik", in: Meine, Sabine/Hottmann, Katharina (Hg.): *Puppen, Huren, Roboter. Körper der Moderne in der Musik zwischen 1900 und 1930*, Schliengen 2005, 102–117.
221 Reckwitz: *Das hybride Subjekt* (2006), 427.

deglied zur daraufhin hegemonialen, nach-bürgerlichen Subjektkultur der organisierten Moderne dar.[222] Diese herausragende Bedeutung der als Kunstbewegung begonnenen Neuen Sachlichkeit für die folgende hegemoniale Subjektkultur ist nicht zuletzt darin begründet, dass sie schnell Eingang in den öffentlichen Diskurs und die Massenkultur fand, was den historischen Avantgarden vor ihr in diesem Ausmaß nicht gelungen war.

Der Begriff „Neue Sachlichkeit" drang seit 1923 zuerst in die bildenden Künste und als Synonym für einen modernen Zeitgeist in den Folgejahren auch in andere Bereiche des kulturellen, sozialen und geistigen Lebens ein. Fern jeder konkreten Zuordnung dienten Konzept und Begriff der Neuen Sachlichkeit daher sowohl zur Bestimmung einer sich betont unsentimental gebenden Haltung, zur Definition moderner Kunst, als auch zur Bezeichnung fortschreitender Rationalisierungsprozesse, wie sie sich im Fordismus und Taylorismus manifestierten.[223] So beschrieben etwa auch Ernst Bloch und Hanns Eisler rückblickend im Jahr 1937 das neusachliche Lebensgefühl insbesondere anhand ihres charakteristischen Habitus und ihrer Glorifizierung moderner Konsumprodukte:

> Statt der hitzigen, fettmachenden Kost der Romantiker (zu denen cum grano salis auch die Vorkriegsavantgarde gehört) kamen die eisgekühlten Drinks, die schlankmachenden Gemüseplatten der neuen Sachlichkeit, die den hygienischen Lebensverhältnissen der Oberen Zehntausend entsprachen. Statt des Ringens um eine Weltanschauung kam der Pragmatismus der modernen Industrie, frei von Mystik, von großen Gefühlen, darum herum ein Ensemble neugeschnittener Dinge, Sitten und Gebräuche. Ich erinnere an Bauhaus, Stahlmöbel, Gummibaum, Kakteen, Morgentraining, motorisch laufende Musik, Liquidierung des literarischen Pathos.[224]

Ausdruck und Entsprechung fand dieses neue Lebensgefühl mitsamt seiner neuen Werte und Zeichen im besonders unter Intellektuellen und dem Mittelstand verbreiteten „Amerikanismus"-Trend. Ob in der Politik, der Produktion und Industrie, der Technik, des Bürobetriebs, der Künste oder der Freizeitgestaltung, in allen Bereichen galt zwischen den Jahren 1923 und 1929 die USA als Vorbild für eine moderne und zukunftsweisende Lebens-, Denk- und Arbeitsweise.[225] Die verbreitete

---

222 Ebd., 335.
223 Grosch macht darauf aufmerksam, dass selbst die „Ablösung des bürgerlichen Liebesbegriffs durch eine auf direktere Körperlichkeit bezogene Erotik" unter dem Begriff der Neuen Sachlichkeit gefasst wurde. Grosch: *Die Musik der Neuen Sachlichkeit* (1999), 1.
224 Bloch, Ernst/Eisler, Hanns: „Avantgarde-Kunst und Volksfront" (1937), in: Eisler, Hanns: *Hanns Eisler, Musik und Politik. Schriften, 1924–1948, Gesammelte Werke*, Bd. 3.1, Leipzig 1973, 397–405, hier: 401.
225 Siehe hierzu insbesondere Molderings, Herbert: „Amerikanismus und Neue Sachlichkeit in der deutschen Fotografie der zwanziger Jahre", in: Vaydat (Hg.): *Die „Neue Sachlichkeit"* (1991), 229–243.

Vorstellung von den USA als ein von Technikern und Ingenieuren rational geformtes Land baute allerdings auf einem weitgehend konstruierten Idealbild, das sich weniger an der lebensweltlichen Wirklichkeit der Vereinigten Staaten, als vielmehr an den neuartigen Anforderungen, Entwicklungen und Wahrnehmungen der Weimarer Moderne orientierte.[226] Parallel dazu sollte auch in den bundesdeutschen Gegenkulturen der 1970er Jahre ein konstruiertes Bild der USA Debatten um die Gestalt nationaler Kultur beherrschen und Bezugspunkte zur Aushandlung zeitgenössischer, nationaler Identitäten liefern, wenn auch in umgekehrter Form als referentielles Feindbild, das auch noch die in der NDW beliebte Rede vom angloamerikanischen ‚Kulturimperialismus' bestimmte.

Für die neusachlichen Akteur:innen bedeutete diese Neuorientierung eine Hinwendung der Kunst zur breiten Öffentlichkeit, wofür sich insbesondere die nun immer mehr Bevölkerungsschichten zugänglichen Massenmedien (Rundfunk, Film, Zeitschriften, Tonträger) anboten.[227] Je nach Medium und künstlerischer Ausdrucksform äußerte sich das Lebensgefühl und der Anspruch der Neuen Sachlichkeit dabei in einer Vielzahl ästhetischer Ansatzpunkte. So prägten insbesondere großstädtische Motive den neusachlichen Film und die Fotografie. Anders als im Expressionismus, der die Großstadt mit Bildern überwältigender Unordnung und subjektiver Verlorenheit darstellte, offenbarte der neusachliche Anspruch des „Neuen Sehens" einen deutlich positiveren Zugang zum Urbanen.[228] Im Fokus der Aufmerksamkeit stand dabei vor allem die Ästhetisierung großstädtischer Dynamiken und Rhythmen, ob in Form der im Takt arbeitenden Fabrikmaschinen, der Verkehrsmittel oder dem steten Menschenstrom. Beispielhaft zeigt sich diese Sicht- und Darstellungsweise in Werner Ruttmanns semidokumentarischem Film „Berlin. Die Sinfonie der Großstadt" (1927), der die Bewegungsabläufe und Rhythmen des Hauptstadtalltags einfing und mit schnellen Schnitten dynamisierte.[229] Auch im Bereich der neusachlichen Fotografie war die Ästhetisierung von urbaner und industrieller Architektur und Technik verbreitet. Weitgehende Beachtung fanden etwa der für die moderne Fotografie einflussreiche Bildband *Die Welt ist schön* von Albert Renger-Patzsch (1928), sein drei Jahre später veröffentlichtes Fotobuch *Eisen und Stahl*, das den Menschen ganz aus den ästhetisierten Fabrikgebäuden und -maschinen herausschnitt, Erich Mendelsohns 1926 erschienener

---

226 Grosch: *Die Musik der Neuen Sachlichkeit* (1999), 150.
227 Hermand/Trommler: *Die Kultur der Weimarer Republik* (1989), 71. Vgl. Grosch: *Die Musik der Neuen Sachlichkeit* (1999), 4–5.
228 Zitzlsperger, Ulrike: „AugenBlicke. Zur Wahrnehmung Berlins in den zwanziger Jahren", in: *Expressionismus*, Jg. 4, Nr. 8 (2018), 93–104, hier: 95. Zum Filmwesen der Weimarer Republik siehe Kunst- und Ausstellungshalle der Bundesrepublik Deutschland/Deutsche Kinemathek (Hg.): *Kino der Moderne. Film in der Weimarer Republik*, Dresden 2018.
229 Vgl. Zitzlsperger: „AugenBlicke" (2018), 98–99.

Band *Amerika. Bilderbuch eines Architekten* sowie die Industriefotografien des Reiseschriftstellers Heinrich Hauser.[230]

Eine ästhetische Neubestimmung des Verhältnisses von Subjekt und lebensweltlicher Wirklichkeit versprach man sich ebenso in den Bereichen der Architektur, des Städtebaus und des Designs. Auch hier sollte sich in den 1920er Jahren unter den jungen Architekt:innen die neusachliche Perspektive durchsetzen, die den bis in die 1960er Jahre vorherrschenden „high modernism" bestimmte.[231] Von herausragender Bedeutung für die Entwicklung in Deutschland war das von Walter Gropius geleitete Bauhaus, das sich nach experimentell-expressionistischen Anfängen ab 1921 ganz dem Formalismus zuwandte. Im Mittelpunkt des Schaffens stand dabei insbesondere der Anspruch nach einer Ausrichtung an den Bedürfnissen und der Finanzkraft der breiten Bevölkerung – ein Kurs, der sich mit dem Amtsantritt des Sozialisten Hannes Meyer als neuen Bauhaus-Direktor im Jahr 1928 verstärkte.[232] Statt am ornamentalen Pomp und antiquarischen Bombast der Kaiserzeit, der dekorativen Verspieltheit des Jugendstils oder an der unruhigen, dynamischen Formensprache des expressionistischen Ausdrucks, orientierten sich die unter den Begriffen „Neues Bauen" und „Neues Wohnen" subsumierten Strömungen an einer „Ästhetik der perfekten Form"[233] und an der Funktionalität von Gebäude und Interieur. Dieser neusachliche Ansatz offenbarte sich insbesondere in der Tendenz zur „Entkleidung" der Gebäude sowie im ästhetischen Reiz, den die als „kalt" definierten und nun in der Vordergrund getretenen Materialien auf die Vertreter:innen des „Neuen Bauens" ausübten: Beton, Stahl und Glas im Hausbau, aber auch spiegelglatte Schleiflackmöbel und Stahlrohr-Stühle im Innendesign.[234]

---

230 Renger-Patzsch, Albert: *Die Welt ist schön. Einhundert photographische Aufnahmen*, München 1928, ders.: *Eisen und Stahl*, Berlin 1931, Mendelsohn, Erich: *Amerika. Bilderbuch eines Architekten*, Berlin 1926 sowie Hauser, Heinrich: *Schwarzes Revier*, Berlin 1929. Vgl. Molderings: „Amerikanismus und Neue Sachlichkeit in der deutschen Fotografie der zwanziger Jahre" (1991), 233–239.
231 Reckwitz: *Das hybride Subjekt* (2006), 333. Hervorhebung i. O.
232 Vgl. Hermand/Trommler: *Die Kultur der Weimarer Republik* (1989), 376–380, 413. Peter Gay bemerkt zu Recht, dass die drei „Lebensphasen" der Bauhaus-Vereinigung (expressionistische Anfänge, neusachliche Stabilisierung und stärkere Politisierung zum Ende) den drei Phasen der Weimarer Republik selbst entsprachen. Gay: *Die Republik der Außenseiter* (1987), 159.
233 Reckwitz: *Das hybride Subjekt* (2006), 333.
234 Lethen, Helmut: „Lob der Kälte. Ein Motiv der historischen Avantgarden", in: Kamper, Dietmar/Reijen, Willem van (Hg.): *Die unvollendete Vernunft. Moderne versus Postmoderne*, Frankfurt a. M. 1987, 282–324, hier: 289–290. Zur „Entkleidung" siehe ders.: „‚Wir bedienten die Gefriermaschinen'. Der Zeitgeist der Avantgarden", in: Täubrich, Hans-Christian/Tschoeke, Jutta (Hg.): *Unter Null. Kunsteis, Kälte und Kultur*, München 1991, 216–231, hier: 228–229. Architekten wie Erich Mendelsohn und Ludwig Hilberseimer forderten sogar Berlins Zentrum zugunsten neuer Bauten dem Erdboden gleichzumachen. Ders.: „Zwei Barbaren" (2009), 109. Vgl. auch Alt, Peter-André: *Ästhetik des Bösen*, München 2010, 24–25.

Im Verständnis der neusachlichen Designer:innen und Architekt:innen ließe sich mit dieser Wendung zu Künstlichkeit, Simplizität und Ordnung sowohl die Moderne selbst darstellen, als auch der größtmögliche Grad an Transparenz, Entlastung und Freiheit auf industrieller und wohnungsbaulicher Ebene erreichen. Hauptgegner des „Neuen Wohnens" war dementsprechend alles funktionslos Auskleidende und Ausfüllende sowie jede Form von geselliger und komfortabler Gemütlichkeit. „Fort mit der Gemütlichkeit", forderte etwa der Architekt Adolf Behne 1919 und führte weiter aus: „Erst wo die Gemütlichkeit aufhört, fängt der Mensch an. Gemütlichkeit ist kein Wert."[235]

Für das Feld der neusachlichen Malerei lassen sich ebenso wiederkehrende, charakteristische Techniken und Motive ausmachen. So widmete sich die vor 1925 als „Neue Gegenständlichkeit" oder „Neuer Realismus"[236] bezeichnete Malerei der Neuen Sachlichkeit vor allem den Stillleben sowie Porträts und ist dem Kunsthistoriker Michael Mackenzie zufolge durch Lokalfarben, ungebrochene Konturlinien, relativ naturalistische Proportionen sowie einen „klar gekennzeichneten, aber luftleeren Bildraum" gekennzeichnet.[237] Die Bedeutung und Wirkung der Neuen Sachlichkeit in der Malerei wie in allen anderen Kunstsparten gründete abseits dieser Techniken aber insbesondere in ihrer Nutzung von konkreten Motiven, mit denen sie an den öffentlichen, kulturellen Diskurs anschloss. In diesem Zusammenhang müssen auch jene Zeichnungen von George Grosz (1920–1922) und Willi Baumeister (1924–1928) gelesen werden, die den Menschen als mechanische und oftmals gesichtslose Gliederpuppe, den Künstler als Ingenieur und die neusachliche Figur des Athleten (insbesondere des Boxers) als Maschine und Produkt technologischen Fortschritts darstellen.[238] Ganz im Gegensatz zu den Figuren des Ex-

---

235 Behne, Adolf: *Die Wiederkehr der Kunst*, Leipzig 1919, 68. Hervorhebung i. O. Vgl. Van Herck, Karina: „‚Only where comfort ends, does humanity begin'. On the ‚coldness' of avant-garde architecture in the Weimar period", in: Heynen, Hilde/Baydar, Gulsum (Hg.): *Negotiating Domesticity. Spatial Productions of Gender in Modern Architecture*, London u. a. 2005, 123–144, hier: 124. Hinsichtlich solcher Forderungen erklärt der Historiker Rudolf Käs zu Recht, dass dem „Kältebad des Neuen Bauens" eine „erzieherische und therapeutische Absicht" zugrunde lag. Käs, Rudolf: „Der temperierte Mensch. Kältesymptome in der Gesellschaft", in: Täubrich; Tschoeke (Hg.): *Unter Null* (1991), 250–265, hier: 255.
236 Schmalenbach: *Die Malerei der „Neuen Sachlichkeit"* (1973), 72.
237 Mackenzie: „Maschinenmenschen, Athleten und die Krise des Körpers in der Weimarer Republik" (2005), 325. Siehe Fleckner, Uwe: „Die Gefrorene Wirklichkeit der Neuen Sachlichkeit. Geschichte, Theorie und Bildsprache einer Kunst zwischen sozialer Kritik und ästhetischem Ideal", in: Fleckner, Uwe/Luckow, Dirk (Hg.): *Das wahre Gesicht unserer Zeit. Bilder vom Menschen in der Zeichnung der Neuen Sachlichkeit*, Kiel 2004, 12–25.
238 Siehe hierzu insbesondere Mackenzie: „Maschinenmenschen, Athleten und die Krise des Körpers in der Weimarer Republik" (2005). Diese Bildwelt drückte sich etwa auch in den Grafiken des Mediziners Fritz Kahn in der fünfbändigen Reihe *Das Leben des Menschen* (1922–1931) aus, die

pressionismus scheinen die Figuren in Baumeisters „Sportbildern" und in Grosz' Werken „Der Neue Mensch", „Jakobstrasse" und „Republikanische Automaten" (alle 1920) den Herausforderungen der Moderne durch Selbstkontrolle und emotionsbefreites, sachliches Handeln gewachsen zu sein. So schrieb Grosz Ende 1920 im Essay „Zu meinen neuen Bildern":

> Wieder Stabilität, Aufbau, Zweckmäßigkeit – z. B. Sport, Ingenieur, Maschine, doch nicht mehr dynamische, futuristische Romantik. [...] Nicht mehr handelt es sich darum, expressionistische Seelentapeten bunt auf die Leinwand zu zaubern. – Die Sachlichkeit und Klarheit der Ingenieurzeichnung ist ein besseres Lehrbild als das unkontrollierbare Geschwafel von Kabbala und Metaphysik und Heiligenekstase [...].[239]

Mit Mackenzie ist dabei zu Recht zu betonen, dass die von den neusachlichen Künstler:innen anvisierte Objektivierung des Subjekts und ihr Rückgriff auf die zeitgenössisch beliebten Felder der Sport- und Arbeitsphysiologie keine ironische Kritik an der technisch-urbanen Moderne und keine Abwehrreaktionen gegen eine vorgestellte Subjektkrise, großstädtische Entfremdung oder körperliche und emotionale Bedrohungen waren. Vielmehr handelte es sich bei ihrem Ideal des von Emotionen und Subjektivität befreiten Menschen um einen gegen Bürgertum wie Expressionismus gerichteten Versuch der Forcierung des Krisendiskurses und der Markierung eines Wendepunkts innerhalb des Subjektdiskurses, der neuen künstlerischen wie geistigen Freiraum versprach.[240] Da sich diese neusachliche Haltung einer offenen politischen Positionierung und neuen revolutionären Visionen verweigerte, wurde Kritik an der Neuen Sachlichkeit vor allem aus den politischen Lagern laut, insbesondere von Anhänger:innen linker Strömungen, die den Vertreter:innen der Neuen Sachlichkeit zynischen Opportunismus und, wie Ernst Bloch und Hanns Eisler, eine „eisig[e] Fremdheit gegen den realen Menschen, den leidenden und kämpfenden Proleten" vorwarfen.[241]

Diese Argumentationslinie sollte sich in der (zumeist von linker Seite aus formulierten) Kritik an den Affirmationsstrategien der NDW-Bewegung fortsetzen,

---

den Menschen zur Veranschaulichung anatomisch-organischer Funktionen als Geflecht technisch-maschineller Apparaturen zeigen. Siehe dazu Borck, Cornelius: „Der industrialisierte Mensch. Fritz Kahns Visualisierungen des Körpers als Interferenzzone von Medizin, Technik und Kultur", in: *WerkstattGeschichte*, Jg. 47 (2008), 7–22 sowie Debschitz, Uta von/Debschitz, Thilo von: *Fritz Kahn. Man Machine / Maschine Mensch*, Wien 2009.
239 Grosz, George: „Zu meinen neuen Bildern", in: *Das Kunstblatt*, Jg. 5 (1921), 11–16, hier: 14. Dort finden sich auch Abdrucke der genannten Grosz-Zeichnungen.
240 Mackenzie: „Maschinenmenschen, Athleten und die Krise des Körpers in der Weimarer Republik" (2005), 319–324. Zur Sportphysiologie vgl. ebd., 327–332.
241 „Es war der schnöde ‚Herr-im-Haus-Standpunkt', der dem werktätigen Volk die kalte Schulter zeigte." Bloch/Eisler: „Avantgarde-Kunst und Volksfront" (1973), 401. Vgl. Vaydat, Pierre: „Neue Sachlichkeit als ethische Haltung", in: ders. (Hg.): *Die „Neue Sachlichkeit"* (1991), 37–54, hier: 52.

die ebenfalls als opportunistische und konsumorientierte Abkehr vom aufklärerischen Anspruch der gegenkulturellen Milieus interpretiert wurden. Dabei übersahen und übersehen die Kritiker:innen, dass sich sowohl die Vertreter:innen der Neuen Sachlichkeit als auch der NDW mit ihrer technisch-maschinellen Ästhetik, distanziert-beobachtenden Haltung und Bildwelt der ‚Kälte' bewusst von den Ausdrucks- und Verhaltensformen der expressionistischen und radikalpolitischen Gemeinschafts-Kulte abgrenzten, die sie als anachronistisch und reaktionär verwarfen. Für die bildenden Künste der Weimarer Kultur kann daher zwar festgestellt werden, dass sich in der Tat selbst radikale Veristen wie Grosz und Heartfield, die das soziale Elend in der Bevölkerung ebenso schonungslos darstellten wie die in ihren Augen daran Schuldigen in Politik, Militär und Bürgertum, immer weiter den Themen und Motiven neusachlicher Malerei annäherten und die plakative Kritik an den Weimarer Zuständen zugunsten einer sachlicheren Darstellung der gesellschaftlichen Wirklichkeit zurücknahmen, doch büßten sie darüber nicht ihre politischen Überzeugungen und ihr gesellschaftliches Engagement ein.[242]

Schließlich zeichnete sich in den 1920er Jahren auch die Musik durch eine Hinwendung zum unscharfen Oberbegriff der Neuen Sachlichkeit aus, worunter sowohl der Verzicht auf ekstatische wie übersubjektive Elemente zugunsten einer motorischen Rhythmik und reduktionistischen Objektivierung des musikalischen Materials verstanden wurde als auch eine Neuorientierung am Geschmack des breiten Publikums und den Zeichen der Zeit.[243] „Mit Rhythmik ist unser heutiges Leben in geradezu ungeheurem Maße durchsetzt", betonte etwa der Komponist Max Butting: „Der Rhythmus jeder Maschine, jedes Verkehrsmittels, jedes Tanzes und Sportes drängt sich in Ton, Geräusch und Bewegung so stark auf, dass rhythmisches Empfinden uns selbstverständlicher geworden ist, und zwar so restlos, dass wir uns dessen gar nicht mehr bewusst sind."[244] Eine Vorbildfunktion dieser Forderung nach Sachlichkeit im Sinne einer von Ausdruck und Emotion befreiten Musik und strengen Motorik hatten die bereits zehn Jahre zuvor entstandenen Werke Igor Strawinskys, etwa „Petruschka" (1911) und „Le sacre du printemps" (1913). Diese stellen dem Philosophen und Musikkritiker Theodor W. Adorno zufolge nicht nur die schonungslose Entfremdung und Entmenschlichung des Subjekts in der Moderne dar, sondern würden diese in einem „Ritual, die Kälte der Welt zu

---

242 Vgl. Hermand/Trommler: *Die Kultur der Weimarer Republik* (1989), 371–372.
243 Zur Musik in der Weimarer Republik und Neuen Sachlichkeit siehe insbesondere Grosch: *Die Musik der Neuen Sachlichkeit* (1999). Vgl. auch Hermand/Trommler: *Die Kultur der Weimarer Republik* (1989), 299–352.
244 Butting, Max: „Die Musik und die Menschen", in: *Melos. Zeitschrift für Musik*, Jg. 6, Nr. 2 (1927), 58–63, hier: 60–61. Hervorhebung i. O.

überbieten", euphorisch begrüßen[245]: „[S]o wie diese Musik soll reagieren, wer nicht unter die Räder kommen will."[246] Auch Ernst Bloch stellte rückblickend fest, Strawinsky hatte „der neuen Sachlichkeit die Maschinenmusik, ja die musikalische Unmenschlichkeit hinzugefügt".[247]

Am Puls der Zeit wähnten sich die neusachlichen Vertreter mit der „Mechanischen Musik", unter der sowohl eine massenmediale Verbreitung der Musik als auch Objektivierung und Entemotionalisierung durch den Einsatz technisch-maschineller Reproduktionsmedien verstanden wurde.[248] Den klanglichen Effekt und das Wesen dieser exakten, von jeder Spontaneität befreiten Musik charakterisierte der Komponist Ernst Toch 1926 entsprechend als „Ausdruck einer gewissen ‚Kühle'":

> Um deutlicher zu sein: es ist damit nicht ein Mangel an *Wärme* gemeint, sondern das *Vorhandensein* einer *Nichtwärme*; also von etwas ganz Positivem, was in seiner Art in der gewohnten, auf gewohnte Weise exekutierten Musik nicht erhalten ist. Hand in Hand damit geht, wohl als Ursache anzusehen, eine kristallene Klarheit, eine ungewohnte Überklarheit.[249]

Zwar sahen sich die neusachlichen Musiker in ihrer „Verkultung des Motorischen und Maschinellen"[250] immer wieder technischen Unzulänglichkeiten ausgesetzt, die das eigenhändige Spielen der Kompositionen nötig machten, dennoch standen etwa die Donaueschinger Musiktage 1926, dem zeitgenössischen Musikkritiker Eberhard Preussner zufolge, ganz unter dem Motto „Musik der reinen Sachlich-

---

245 Adorno, Theodor W.: *Philosophie der neuen Musik*, 6. Aufl., Frankfurt a. M. 1991, 157. Vgl. Grosch: *Die Musik der Neuen Sachlichkeit* (1999), 16–17. Besonders interessant wird diese Zuschreibung etwa, wenn das an einer Musikhochschule klassisch ausgebildete KRAFTWERK-Mitglied Karl Bartos in seiner Biografie von seiner damaligen Begeisterung für Strawinskys Werke und insbesondere für „Le sacre du printemps" berichtet. Bartos: *Der Klang der Maschine* (2017), 100–102.
246 Adorno: *Philosophie der neuen Musik* (1991), 177. Die heftige Ablehnung der Neuen Musik eines Strawinskys vonseiten des breiten Publikums erklärt sich Adorno aus diesem Anspruch, die Hörer:innen mit der verdrängten ‚kalten' Realität zu konfrontieren. Ebd., 18, 22.
247 Bloch, Ernst: „Zeitecho Stravinskij", in: ders.: *Erbschaft dieser Zeit*, Zürich 1935, 173–181, hier: 175, 177.
248 Vgl. Grosch: *Die Musik der Neuen Sachlichkeit* (1999), 49 sowie Möller, Hartmut: „Musikalische Nichtwärme. Anleitung zum Kälte-Hören in Strawinskys Petruschka", in: Baßler; Knapp (Hg.): *Die (k)alte Sachlichkeit* (2004), 61–71, hier: 62.
249 Toch, Ernst: „Musik für mechanische Instrumente", in: *Neue Musik-Zeitung*, Nr. 20 (1926), 431–434, hier: 434. Hervorhebungen i. O.
250 Hermand/Trommler: *Die Kultur der Weimarer Republik* (1989), 309.

keit, Ausschaltung des Gefühls des Einzelnen, zusammengeballte Mechanisierung, Anhäufung der technischen Mittel bis zur letzten Grenze".[251]

Unter das Schlagwort der „Mechanischen Musik" fiel zeitgenössisch gleichfalls die Musik des Films und des ab 1923 öffentlich sendenden Rundfunks.[252] In diesem Zusammenhang sprachen sich die neusachlichen Musiker zugleich für die sogenannte „Gebrauchsmusik" aus, die keinen eigenen Stil darstellte, sondern vielmehr die Öffnung und Begeisterung der Komponisten für die ubiquitäre Unterhaltungskultur und Vergnügungsindustrie bedeutete.[253] Statt mit Konzertwerken beschäftigten sich Musiker wie Ernst Krenek, Kurt Weill, Paul Hindemith und Max Butting – neben Arbeiterliedern und Agitpropstücken[254] – vor allem mit dem Musiktheater sowie mit musikalischen Radio- und Filmproduktionen. Das neusachliche Interesse an Militär- und Tanzmusik, an der Revue und dem Kabarett, an den eingängigen Melodien und Texten des Schlagers und dem durchgehenden, motorischen „drive" des Jazz[255] hinterließ deutliche Spuren in den Kompositionen der Neuen Sachlichkeit: etwa in Kreneks Zeitoper „Jonny spielt auf" (1927), aber auch in den Stücken „Dreigroschenoper" (1928) und „Aufstieg und Fall der Stadt Mahagonny" (1930) von Kurt Weill und Bertolt Brecht sowie in ihrem populären, gleichnamigen Schlager zum Fest „Berlin im Licht", einer im Oktober 1928 von Berliner Wirtschaftsunternehmen veranstalteten Beleuchtungs- und Reklameveranstaltung, für die auch Weill und Butting Musikbeiträge beisteuerten.[256] Ganz im Sinne des neusachlichen Ideals stand gleichfalls der offizielle Marschsong zum Berliner Licht-Fest: „Mit tausend Volt wird Nacht zum Tag / Es siegt die Technik Schlag auf Schlag / Die Zeit marschiert im Riesenschritt / Berlin geht an der Spitze mit / [...] / Du bist das Vorbild Neuer Sachlichkeit / Praktisch, geschmackvoll und gescheit!"[257] Stand hier der Begriff der „Neuen Sachlichkeit" noch synonym für zukunftsorientierte Modernität, so verkam er im Titellied der Musikrevue „Es Liegt In Der Luft"

---

251 Preussner, Eberhard: „Das sechste Donaueschinger Kammermusikfest", in: *Die Musik*, Jg. 18, Nr. 12 (1926), 899–903, hier: 900.
252 Grosch: *Die Musik der Neuen Sachlichkeit* (1999), 43. Zur Musik in den neuen Medien vgl. ebd., 181–257 sowie Hermand/Trommler: *Die Kultur der Weimarer Republik* (1989), 323–329.
253 Grosch: *Die Musik der Neuen Sachlichkeit* (1999), 8–9. Grosch zufolge wurde diese Neuausrichtung hierzulande als Bruch wahrgenommen, da die „Kluft zwischen Fachmusik und Unterhaltungsmusik, wie sie die Neue S. zu überbrücken versuchte", ausschließlich in Deutschland existiert habe. Ebd., 5–6.
254 Siehe dazu Hermand/Trommler: *Die Kultur der Weimarer Republik* (1989), 337–349.
255 Ebd., 315.
256 Siehe dazu Grosch: *Die Musik der Neuen Sachlichkeit* (1999), 80–99.
257 Das Stück stammt von Otto Stransky (Musik) und Günther Bilbo (Text). Zit. n. ebd., 1.

(1928) von Mischa Spoliansky und Marcellus Schiffer, wie der Musikwissenschaftler Nils Grosch bemerkt, zum „Klischee vom antisentimentalen Zeitgeist"[258]:

> Weg mit Schnörkel, Stuck und Schaden! / Glatt baut man die Hausfassaden! / Morgen baut man Häuser bloß / ganz und gar fassadenlos. / Krempel sind wir überdrüssig! / Fort, die Möbel aus der Wohnung. / Fort mit was nicht hingehört. / Wir behaupten ohne Schonung: / jeder Mensch, der da ist, stört.[259]

Die „Verhaltenslehren der Kälte"
Für einige Vertreter der Neuen Sachlichkeit bedeutete die ästhetisch-weltanschauliche Neuausrichtung weit mehr als eine reine Anpassung der künstlerischen Produkte an die moderne Welt. Sie suchten Wege, das Subjekt durch Formen der Selbstdisziplinierung und „Sinnesschulung"[260] für den Modernisierungsprozesses zu wappnen und sich an die neue Zeit anzupassen. Helmut Lethen wählte für seine Analyse dieser Verhaltenslehren den Begriff der „Kälte", der sich gleichermaßen auf die eingesetzten Motive und Strategien als auch auf die Rezeptionsebene bezieht.[261] Keinen neuen Menschen hätten diese neusachlichen Künstler und Philosophen gefordert, sondern eine Verhaltensweise, die dem Subjekt als „kalte persona" den Anschluss an die Moderne und Verhaltenssicherheit im sozialen Verkehr der Großstadt ermögliche: „Das Lob der Entfremdung als Lebenskunst, [...] die Fetischisierung der Affektkontrolle, die Behandlung der Natur und Triebwelten als Maschinenwesen, [...] der Wortschatz der Kälte, metallischen Härte, Animalität und Verachtung."[262]

Zu Recht weist Lethen darauf hin, dass sich die von Nietzsches Lebensbegriff beeinflusste, neusachliche Attitüde als ein „zwiespältiges Phänomen" präsentiert. Einerseits gehe sie vom Objektstatus des Menschen aus und sei „beherrscht von der Erkenntnis, unbeeinflussbaren Prozessen ausgeliefert zu sein; andererseits von der Selbstgewissheit, sich nur mit Hilfe der Haltung der Sachlichkeit in diese

---

258 Ebd., 174. Auf dieses Klischee bezog sich etwa ein Schlager in der Zeitoper „Der Fächer" (1930) von Ernst Toch und Ferdinand Lion mit dem Text: „Alles alte ist veraltet, / Sentiment ist ausgeschaltet, / nur wer frei ist von Gefühl, / geht durchs Ziel". Zit. n. ebd.
259 Zit. n. Schmied: „Die Neue Sachlichkeit" (1991), 221.
260 Lethen: „Lob der Kälte" (1987), 289.
261 Ders.: *Verhaltenslehren der Kälte* (1994). Wie der Philosoph Heiner Hastedt zu Recht bemerkt, ist nicht jede Form der Neuen Sachlichkeit zugleich eine „kalte" Sachlichkeit, vielmehr handelt es sich dabei um einen „Sonderfall" der Neuen Sachlichkeit. Hastedt: „'Neue Sachlichkeit' in der Philosophie des 20. Jahrhunderts" (2004), 121 u. 124.
262 Lethen, Helmut: „Kältemaschinen der Intelligenz. Attitüden der Sachlichkeit", in: Wichner, Ernst/Wiesner, Herbert (Hg.): *Industriegebiet der Intelligenz. Literatur im Neuen Berliner Westen der 20er und 30er Jahre*, Berlin 1990, 119–153, hier: 143.

Prozesse einschalten zu können".[263] Allzu deutlich zeigt sich Lethen zufolge diese Intervention in Formen der Synchronisierung: Während sich das in Deutschland weitverbreitete Gefühl, von der industriellen Moderne überrumpelt worden zu sein, beim Großteil deutscher Autor:innen und Künstler:innen in einem antimodernistischen Kulturpessimismus manifestierte, habe eine kleine Gruppe von Intellektuellen und Künstlern begonnen mit dem „Habitus des Einverständnisses" ihr „Ja zur Modernisierung" zu formulieren.[264] Die durch die Auflösungsprozesse des Nihilismus ungeordnet gewordene Welt der Moderne wird selbst zur neuen Sinnordnung. Da dieses Einverständnis, das den avantgardistischen Ansatz zur Aussöhnung von Kunst und Lebenswirklichkeit konsequent fortsetzte, überstürzt geschehen sei, habe dieser Synchronisierungsdrang zu außergewöhnlichen Auswüchsen geführt: zu Formen der Überanpassung, einer „Logik der Überbietung"[265], einem „masochistischen Übereifer" und „hektische[n] Ja zur neuen Ungemütlichkeit"[266] sowie zu einem „überspannten Technikkult und einer ebenso forcierten Maschinenschwärmerei"[267]. Als eindrückliches Beispiel dieser Tendenz gilt etwa Ernst Jünger, der in *Der Arbeiter* (1932) den Anspruch formulierte: „Es gibt keinen Ausweg, kein Seitwärts und Rückwärts; es gilt vielmehr, die Wucht und die Geschwindigkeit der Prozesse zu steigern, in denen wir begriffen sind".[268]

Allerdings stellte die Strategie der Überanpassung, der sich Autoren aus dem linken, aber auch vereinzelt aus dem rechten Lager bedienten, keine Aufgabe politischer Überzeugungen dar, vielmehr eine veränderte Herangehensweise zur Fortsetzung des gesellschaftspolitischen Engagements unter veränderten Bedingungen. Doch hatten die „Verhaltenslehren der Kälte" unterschiedliche Funktionen für die neusachlichen Schriftsteller im rechten und linken Lager: Während sie für Jünger vor allem als Instrumente zur Abhärtung und Panzerung des (männlichen) Subjekts dienten, nutzte Bertolt Brecht die Kälte-Metapher als Freiraum-schaffenden Habitus der Distanz und als Fallschirm angesichts der nihilistischen Auflösung ideologischer, moralischer und politischer Werte und Überzeugungen.[269] Für Brecht, der den ‚kalten' Habitus auch privat gelebt habe, wurde die Kälte in den

---

263 Ders.: „Unheimliche Nachbarschaften" (2009), 52. Vgl. ebd., 54, ders.: *Verhaltenslehren der Kälte* (1994), 37 sowie Vaydat: „Neue Sachlichkeit als ethische Haltung" (1991), 52.
264 Lethen: „Lob der Kälte" (2009), 103–104 sowie ders.: „Die elektrische Flosse Leviathans. Ernst Jüngers Elektrizität", in: Emmerich; Wege (Hg.): *Der Technikdiskurs in der Hitler-Stalin-Ära* (1995), 15–27, hier: 20.
265 Lethen: *Verhaltenslehren der Kälte* (1994), 41.
266 Sloterdijk: *Kritik der zynischen Vernunft* (1983b), 800.
267 Hermand/Trommler: *Die Kultur der Weimarer Republik* (1989), 58.
268 Jünger, Ernst: *Der Arbeiter. Herrschaft und Gestalt*, 3. Aufl., Hamburg 1932, 194.
269 Vgl. Werner: *Die Kälte-Metaphorik in der modernen deutschen Literatur* (2006), 286.

1920er Jahren Lethen zufolge sogar zur regelrechten Obsession.[270] „Lobet die Kälte, die Finsternis und das Verderben!", schrieb Brecht etwa in der *Hauspostille*[271] und erklärte in den 1940er Jahren rückblickend:

> Einst schien dies in Kälte leben wunderbar mir / Und belebend rührte mich die Frische / Und das Bittre schmeckte, und es war mir / Als verbliebe ich der Wählerische / Lud die Finsternis mich selbst zu Tische. / Frohsinn schöpfte ich aus kalter Quelle / Und das Nichts gab diesen weiten Raum. / Köstlich sonderte sich seltne Helle / Aus natürlich Dunklem. Lange? Kaum. / Aber ich, Gevatter, war der Schnelle.[272]

In der Forschung wurde die neusachliche ‚Kälte' jedoch zumeist als eine Geschichte der politisch-weltanschaulichen Enttäuschung und trotzigen Umkehrung beschrieben: So offenbart sich dem Literaturwissenschaftler Richard Herzinger zufolge in der hartherzigen Haltung der ‚Kälte' ein „Impetus tiefer moralischer Empörung".[273] Auf die grausame Welt antworteten die Vertreter ‚kalter' Sachlichkeit mangels einer Hoffnung auf heilsgeschichtliche Erlösung laut Lethen mit einem zynischen „Kult des Bösen" als eine „Inversion der Heilsgeschichte", die jedoch, wie der Literaturwissenschaftler Martin Werner hinzufügt, auch als „Unheilsgeschichte" einer „heilsgeschichtliche[n] Logik" folgt.[274] „Die Härte der Welt wird nur durch Härte gemeistert, nicht aber durch Taschenspielerei", schrieb etwa Jünger in *Der Arbeiter* und auch der Schriftsteller Joseph Roth erklärte in Bezug auf die moderne Technik schon 1924 in seinem „Bekenntnis zum Gleisdreck": „Man müsste sich mit Inbrunst zu ihrer Grausamkeit bekennen, [...] und viel lieber nach ihren Gesetzen untergehen wollen, als nach den ‚Humanen' der sentimentalen Welt glücklich werden."[275] Der Philosoph Peter Sloterdijk charakterisiert diesen Vorstoß kritisch als „ästhetische Autonomie in der Zerstückelung; Mitzerstören in

---

[270] Lethen: „Zwei Barbaren" (2009), 121. Vgl. Matt, Peter von: „Brecht und der Kälteschock. Das Trauma der Geburt als Strukturprinzips seines Dramas", in: *Die neue Rundschau*, Jg. 87 (1976), 613–629, hier: 613.

[271] Brecht, Bertolt: „Großer Dankchoral", in: ders.: *Gedichte 1, Gesammelte Werke*, Bd. 8, Frankfurt a. M. 1977, 215–216, hier: 216.

[272] Ders.: „Einst", in: ders.: *Gedichte 3, Gesammelte Werke*, Bd. 10, Frankfurt a. M. 1977, 933–934.

[273] Herzinger, Richard: „Angst vor dem letzten Menschen. Vom Antimoralismus zur Übermoral. Zur Destruktion humanistischer Wertvorstellungen in intellektuellen Utopien des 20. Jahrhunderts", in: Meuter; Otten (Hg.): *Der Aufstand gegen den Bürger* (1999), 261–274, hier: 262. Für Sloterdijk zeichnet sich der moderne Zynismus gerade durch seine empfindliche Wahrnehmung der Umwelt aus. Sloterdijk: *Kritik der zynischen Vernunft* (1983b), 819.

[274] Lethen: *Verhaltenslehren der Kälte* (1994), 121; Werner: *Die Kälte-Metaphorik in der modernen deutschen Literatur* (2006), 2.

[275] Jünger: *Der Arbeiter* (1932), 28. Roth, Joseph: „Bekenntnis zum Gleisdreieck" (1924), in: ders.: *Berliner Saisonbericht. Unbekannte Reportagen und journalistische Arbeiten 1920–39*, Köln 1984, 295–298, hier: 298.

der allgemeinen Zerstörung; überlegene Miene noch im Zerrissenwerden; kalte Bejahung von Verhältnissen, die nein sagen zu unserem Lebenstraum; die Kälte der Welt durch die Kälte der Kunst übertreffen."[276]

Der neusachliche „Kult des Bösen", „Desillusionsrealismus"[277] und alle Sphären der Weimarer Kultur erfassende ‚Kälte-Kult' gebärdete sich laut Lethen als ein vitalistischer und „heroischer" Akt, und ‚kalte' Autoren wie Brecht und Jünger betrachteten die Republik und ihr lebensweltliches Umfeld als eine ins Positive gewendete Vorstellung einer „Erdbebenlandschaft", die ständige Mobilität zum Überleben erfordert.[278] Verhaltenslehren der gemeinschaftlichen ‚Wärme' und Gefühlsentfaltung wurden als anachronistisch und ungeeignet für die Erfordernisse der modernen Zeit abgelehnt, als Leitbilder der „kalten persona" traten stattdessen der Arbeiter, der kommunistische Kader und der Soldat auf den Plan, die sich scheinbar selbstsicher im „provisorischen Raum" bewegten und mit ‚Kälte' auf die ‚kalte' Welt antworteten.[279] Klaus Theweleit etwa verweist in diesem Zusammenhang auf die über den tatsächlich existierenden Soldatentyp hinausgehende „Utopie der Körpermaschine" bei Jünger, die sich etwa in *Der Kampf als inneres Erlebnis* (1922) in den von jeder psychologischen Tiefe befreiten, maschinenhaften „Stahlgestalten" manifestiert. Theweleit zufolge entstand dieser Maschinen-Kult vollkommen unabhängig vom technischen Fortschritt und erfolgte vielmehr aus der Notwendigkeit zur Selbstdisziplinierung.[280] Hieran schließt Jüngers Idealtypus in *Der Arbeiter* an, der sich durch die „metallische Bildung seiner Physiognomie, seine Vorliebe für mathematische Strukturen" und durch seinen „Mangel an seelischer Differenzierung" auszeichnet.[281] Auch in *Feuer und Blut* (1925) bestimmte der neusachliche Technik- und Maschinen-Kult das Denken von Ernst Jünger:

> Erst unsere Generation beginnt sich mit der Maschine zu versöhnen, und in ihr nicht nur das Nützliche, sondern auch das Schöne zu sehen. [...] Ja, die Maschine ist schön, sie muss schön sein für den, der das Leben in seiner Fülle und Gewaltmäßigkeit liebt. [...] Sie darf

---

276 Sloterdijk: *Kritik der zynischen Vernunft* (1983b), 703.
277 Morat: „Kalte Männlichkeit?" (2010), 163.
278 Lethen: „Zwei Barbaren" (2009), 107–111. Zur „heroische[n] Landschaft" siehe einen im Juli 1926 entstandenen Tagebucheintrag Brechts in: Brecht, Bertolt: „Tagebücher 1920–1922. Autobiographische Aufzeichnungen 1920–1954", Frankfurt a. M. 1975, hier: 208.
279 Lethen: „Zwei Barbaren" (2009), 110 sowie ders.: *Verhaltenslehren der Kälte* (1994), 66.
280 Theweleit, Klaus: *Männerphantasien. Bd. 2. Männerkörper – zur Psychoanalyse des Weißen Terrors*, Basel u. a. 1985 (1978), 185–188 u. 239. Zu den „Stahlgestalten" siehe Jünger, Ernst: „Der Kampf als inneres Erlebnis" (1922), in: ders.: *Essays 1. Betrachtungen zur Zeit, Sämtliche Werke*, Bd. 7, Stuttgart 1980, 9–103, hier: 72.
281 Jünger: *Der Arbeiter* (1932), 218–219. Zum Zusammenhang von neusachlichem Menschen-Maschinen-Ideal und ‚männlichen' Subjektivierungsprozessen siehe Baureithel: „Zivilisatorische Landnahme" (1995).

uns nicht nur ein Mittel zur Produktion, zur Befriedigung unserer kümmerlichen Notdurft sein, sondern sie soll uns eine höhere und tiefere Befriedigung verleihen.[282]

Doch es war nicht der Weltkrieg und die darin gemachten Erfahrungen der Subjektauflösung im Massensterben und die Erkenntnis von der unter der Oberfläche der Kultur schlummernden, grenzenlosen Gewaltsamkeit, die die „Verhaltenslehren der Kälte" forcierten. Wie Daniel Morat unterstreicht, fungierte der Krieg nur als „eine Art gewaltsamer Katalysator"[283] für die umwälzenden Modernisierungsprozesse des beginnenden 20. Jahrhunderts, die eine nihilistische Auflösung der bürgerlichen Wert- und Sinnordnung bewirkten. Helmut Lethen interpretiert in diesem Zusammenhang die ‚kalten' Verhaltenslehren als „Techniken der Mimikry an die gewalttätige Welt", die den Menschen in seiner „schutzlosen Objektheit" vor den vermeintlichen „Beschämungen" und Subjektbedrohungen abzuschirmen vermögen.[284] Die Kritik am expressionistischen „Ausdrucks-Kult des Schmerzes" fand zwar, wie Lethen betont, insbesondere bei Brecht und Jünger ihre (vorerst) „radikalste Ausprägung", dennoch stellt die „Panzerung" des Subjekts keine „individuell verschuldete Deformation des Einzelwesens", sondern das „Ergebnis eines zivilisatorischen Prozesses" dar.[285]

Zu Recht verwirft dieser Ansatz den Weltkrieg sowie die darin gemachten Gewalt- und Todeserfahrungen als wesentliche Prämisse der ‚kalten' Haltung und erlaubt damit den hier unternommenen Vergleich der Neuen Sachlichkeit mit der NDW-Bewegung hinsichtlich sozio- und subjektkultureller Analogien. Aufschlussreich ist hierbei auch der emotionshistorische Ansatz von Daniel Morat, der die neusachlichen Verhaltenslehren als „Instrumente des ‚Gefühlsmanagements'" und der „Gefühlsnavigation" (Reddy) definiert, mit denen sich die Emotionen kontrollieren und bearbeiten lassen.[286] Morat beschreibt die „Verhaltenslehren der Kälte" dabei als Reaktion auf eine angenommene Krise der „hegemonialen Männlichkeit", auf die die ‚kalten', aber nicht gefühllosen Autoren gleichzeitig mit der Attitüde diszipliniert-maskuliner Emotionslosigkeit, als auch mit starken Gefühlen antworteten, wie sie sich etwa im Technik- und Maschinenkult sowie in der Glori-

---

282 Jünger, Ernst: *Feuer und Blut. Ein kleiner Ausschnitt aus einer großen Schlacht*, 4. Aufl., Berlin 1929, 81–82. Parallelen zeigen sich zur sogenannten Industrieliteratur bzw. Arbeiterdichtung aus dem Industrieproletariat und dem handwerklichen Mittelstand, in der ebenfalls der Fabrikalltag verklärt, jedoch auch kritisch Missstände beklagt wurden und die zwischen Glorifizierung und scharfer Ablehnung der technisch-maschinellen Welt pendelten. Muller, Françoise: „Neue Sachlichkeit und Arbeitswelt", in: Vaydat (Hg.): *Die „Neue Sachlichkeit"* (1991), 55–70, hier: 55–56.
283 Morat: „Kalte Männlichkeit?" (2010), 161.
284 Lethen: *Verhaltenslehren der Kälte* (1994), 36.
285 Ebd., 70, 200.
286 Morat: „Kalte Männlichkeit?" (2010), 160. Zur „Gefühlsnavigation" siehe Reddy: *The Navigation of Feeling* (2001).

fizierung von Rausch- und Gewalterfahrungen äußerten.[287] So heißt es bei Jünger über den „wirklichen, den unbesiegten Soldaten des großen Krieges", dass dieser „in seinen entscheidenden Augenblicken [...] gleichermaßen als ein Wesen der Urwelt und als der Träger eines kältesten, grausamsten Bewusstseins zu begreifen" sei: „Hier schneiden sich die Linien der Leidenschaft und der Mathematik."[288]

Nicht die Gefühle selbst, sondern ihre Expression galt es zu verhindern. Der Blick der Zeitgenoss:innen wanderte von den Tiefen der Seele auf die streng kontrollierten äußeren Handlungen, die den Menschen mithilfe von „Masken" und Darstellungstechniken vor sozialer Bloßstellung schützen und eine Eingliederung in die Modernisierungsprozesse ermöglichen sollen.[289] Die antibürgerliche Haltung der selbst aus bürgerlichen Verhältnissen stammenden neusachlichen Autoren gab den Verhaltensrahmen und die „social skills" der modernen Subjektkultur vor, die jede Gefühlsdemonstration, wie Andreas Reckwitz erklärt, als „potentiell sozial peinlich" vermied.[290] Die Grundlage für das in der sogenannten Angestelltenkultur hegemonial werdende Verhalten und Menschenbild der Neuen Sachlichkeit habe dabei der in den USA den psychologischen Diskurs bestimmende Behaviorismus gebildet, der den Menschen von jeder Individualität und seelischer Tiefe befreit als ein manipulierbares Reaktionsmodell verstand.[291] Tatsächlich hielten Metaphern der Elektrizitätslehre, die das Bild des Menschen als organische Dampfmaschine ablösten, Einzug in die Gesellschaftsanalysen von Schriftstellern wie Jünger, Brecht, Walter Benjamin und Joseph Roth, die sich mit den Leitbildern des Konstrukteurs und Ingenieurs in das „‚Kraftfeld' der Gesellschaft" einzuschalten versuchten.[292] Beispielhaft schrieb etwa Brecht 1926 in einer Polemik gegen Thomas Mann: „Sie werden bemerkt haben, dass die Luft sich in Ihrem letzten Jahrzehnt sehr bedeutend abgekühlt hat. Dies kam nicht von allein und wird nicht aufhören von allein, ‚irgendwo' waren Gefriermaschinen in Tätigkeit. Nun: wir waren es, die sie bedienten."[293] Eine Flucht vor den Subjektbedrohungen war damit ausgeschlossen. Wie die italienischen Futurist:innen lehnten die neusachlichen Künstler:innen im Gegensatz zum Expressionismus und den Künsten des späten 19. Jahrhunderts deshalb die Großstadt nicht mehr ab, sondern befürworte-

---

287 Morat: „Kalte Männlichkeit?" (2010), 172.
288 Jünger: *Der Arbeiter* (1932), 58.
289 Vgl. dazu Lethen: *Verhaltenslehren der Kälte* (1994), 90 sowie Goffman, Erving: *Wir alle spielen Theater. Die Selbstdarstellung im Alltag*, München 2003 (1959).
290 Reckwitz: *Das hybride Subjekt* (2006), 416–417. Hervorhebung i. O.
291 Hermand/Trommler: *Die Kultur der Weimarer Republik* (1989), 68.
292 Lethen: „Zwei Barbaren" (2009), 107. Vgl. auch ders.: *Verhaltenslehren der Kälte* (1994), 209–210.
293 Brecht, Bertolt: „Schriften zu Literatur und Kunst 1", *Gesammelte Werke*, Bd. 18, Frankfurt a. M. 1977, hier: 39.

ten die soziale Atomisierung und Anonymität in der Metropole als Rahmen größtmöglicher Freiheit und die erzwungene soziale Nähe als „Trainingsraum" für ihre Verhaltenslehren der Distanz.[294]

Von größter Bedeutung wurde nun die Fähigkeit zur Trennung, sei es von familiären Bindungen, historisch gewachsenen Gemeinschaften, ideologischen Überzeugungen oder kulturellen Einflüssen.[295] Lethen zufolge sollten die neusachlichen „Spielarten des Trennungskults [...] kühle Freiräume in den überhitzten Ballungszentren der Metropole schaffen", „Eigenes und Fremdes, Innen und Außen unterscheiden helfen" und dadurch die Entwicklung neuer Identitätsmodelle ermöglichen.[296] Die „Logik des Extrems" trennt konsequent und lässt keine Mitte zu. So ließen sich Gefühlskälte und heißer, mitunter destruktiver Rausch kombinieren, während „Verschwommenheiten" und die „diffus mittlere Temperatur" in Politik und Ästhetik als negativ wahrgenommen wurden.[297] In den Angriffen der ‚Kälte'-Musiker:innen gegen Mainstream- und linksalternative Kultur Anfang der 1980er Jahre sollte sich dieser Anspruch der extremen Kontrastierung und konsensfeindlichen Entmischung ebenso deutlich wiederholen wie die Gleichzeitigkeit von offensiver Emotionskälte, rauschhafter Destruktion und sinnlicher Maschinenästhetik.

Der verbreitete Drang zur Polarität wirkte auf neusachliche Künstler:innen und wurde von deren Konzeptionen gleichsam forciert, doch im Gegensatz zu zeitgenössisch erfolgreichen Untergangsphilosophien wie Oswald Spenglers *Untergang des Abendlandes* (1918–1922), Rudolf Pannwitz' *Die Krisis der europäischen Kultur* (1917), Ferdinand Tönnies' *Gemeinschaft und Gesellschaft* (1887) oder Werner Sombarts *Der moderne Kapitalismus* (1928), in denen die Zivilisationsgeschichte als Niedergangsprozess von einem vermeintlich ursprünglichen ‚Wärme'- zu einem ‚Kälte'-Pol begriffen wird, begannen die neusachlichen Protagonist:innen die Wertzeichen zu vertauschen und für die ‚Kälte' zu plädieren. Eng verwoben war dieses Polaritätsschema in die den öffentlichen Diskurs und die zeitgenössische Vorstellungswelt bestimmende Gegenüberstellung von Gemeinschaft und Gesellschaft. Hatten bis zum Ende des 19. Jahrhunderts die Verteidiger:innen des Gemeinschaftsmodells als auch die Verfechter:innen der sich entwickelnden Gesell-

---

294 Lethen: „Lob der Kälte" (2009), 66. Vgl. Hermand/Trommler: *Die Kultur der Weimarer Republik* (1989), 65. Zur sozialen Distanz in der Großstadt siehe etwa Luthe, Heinz Otto: *Distanz. Untersuchung zu einer vernachlässigten Kategorie*, München 1985, 104–105, Simmel, Georg: „Die Großstädte und das Geistesleben" (1903), in: ders.: *Brücke und Tür*, Stuttgart 1957, 227–242 sowie Chamboredon, Jean-Claude/Lemaire, Madeleine: „Räumliche Nähe und soziale Distanz", in: Atteslander, Peter/Hamm, Bernd (Hg.): *Materialien zur Siedlungssoziologie*, Köln 1974, 196–214.
295 Lethen: „Lob der Kälte" (2009), 66.
296 Ders.: *Verhaltenslehren der Kälte* (1994), 133 u. 7.
297 Ders.: „Die elektrische Flosse Leviathans" (1995), 18.

schaft das jeweils konträre Ideal als „kalt" und nicht der menschlichen „Natur" entsprechend abgelehnt, so fixierten sich die verwendeten Temperatur-Metaphern mit Ferdinand Tönnies Werk *Gemeinschaft und Gesellschaft* (1887), das bis heute für den Beginn der deutschen Soziologie steht. Tönnies bestimmt darin das gemeinschaftliche Leben als ursprüngliche, „warme" und höherwertige Sozialform, während er das Modell der Gesellschaft, dem es an „Wärme" fehle und das sich symptomatisch in Form der Großstadt, der Nation oder dem industriellen Wirtschaftsbetrieb ausprägt, als Verfallsform der Gemeinschaft verwarf.[298] Tönnies' Gesellschaftskritik erzielte zwischen 1920 und 1935 sechs Auflagen und fand seine Fürsprecher:innen nicht nur im konservativen Lager sowie in der deutschen Soziologie und Theologie, sondern auch in den sozial-ethischen Gemeinschaftsexperimenten völkischer, kommunistischer, evangelikaler, esoterischer oder anthroposophischer Gruppen, denen allen die „mit einem strikt anti-amerikanischen Affekt aufgeladene Gesellschaftsfeindlichkeit" gemein war.[299]

Die wenigen Verfechter:innen der modernen ‚Kälte' und Distanz mussten sich spätestens ab 1933 dem Gemeinschaftskult des Nationalsozialismus geschlagen geben. Zu Recht bemerkt Lethen, dass die „Trennungsspezialisten" des Gesellschaftsmodells, die sich im linken Lager sammelten, und die Befürworter des gemeinschaftlichen „Verschmelzungswunsches", die vor allem auf der rechten Seite agierten, auf das jeweilige Gegenmodell angewiesen waren und „ihre Energien aus der gegenseitigen Negation" schöpften.[300] Allerdings standen die Apologet:innen der ‚Kälte' auch innerhalb der Linken auf verlorenem Posten, sowohl in den 1920er als auch in den 1970er und 1980er Jahren. Bis heute wirkt Tönnies' Aufteilung und Assoziationskette von der „warmen" Gemeinschaft und der „kalten" Gesellschaft nach und sollte auch das Vokabular und die Praktiken der gegenkulturellen Bewegungen im letzten Drittel des 20. Jahrhunderts prägen.[301] Ansätze zur Aufwertung der ‚kalten' Gesellschaft bildeten stets Ausnahmeerscheinungen.

Neben Bertolt Brechts „Lesebuch für Städtebewohner" (entstanden 1926/27) und Walter Serners *Handbrevier für Hochstapler* (1927) erkennt Lethen insbesondere in Helmuth Plessners Schrift *Grenzen der Gemeinschaft* (1924) ein Schlüssel-

---

[298] Gebhardt: „‚Warme Gemeinschaft' und ‚kalte Gesellschaft'" (1999), 168–170.
[299] Ebd., 177. Vgl. ebd., 171–176. Gebhardt macht zudem auf die weitverbreitete Begeisterung für das Mittelalter bzw. dessen romantische Verklärung aufmerksam. Ebd., 174–175.
[300] Lethen: *Verhaltenslehren der Kälte* (1994), 134. Zur wechselseitigen Bedingtheit von „kalt" und „warm" bzw. „böse" und „gut" siehe auch Alt: *Ästhetik des Bösen* (2010), 25–26.
[301] Die deutlichen Parallelen zwischen der Lebensreformbewegung um 1900 und dem Alternativmilieu in den 1970er und frühen 1980er Jahren beschäftigen die historische Forschung vermehrt in jüngster Zeit. Vgl. dazu Siegfried, Detlef/Templin, David (Hg.): *Lebensreform um 1900 und Alternativmilieu um 1980. Kontinuitäten und Brüche in Milieus der gesellschaftlichen Selbstreflexion im frühen und späten 20. Jahrhundert*, Göttingen 2019.

werk der neusachlichen Haltung.³⁰² Plessner plädiert darin für eine den gesellschaftlichen Verkehr beherrschende Distanz, die zugleich Freiheit und soziale Teilhabe verspreche. Da das menschliche Verhalten Plessner zufolge ohnehin von Natur aus künstlich ist, gilt es die für das Subjekt gefährliche Expression von Gefühl und Gewissen zu verhindern und sich Verhaltenslehren der höflichen Distanz anzueignen.³⁰³ Einige Autor:innen machen darauf aufmerksam, dass Plessner mit seinem an der frühen bürgerlichen Gesellschaft des 19. Jahrhunderts orientierten Ideal reservierter Distanz nicht nur den Gemeinschaftskult attackierte, sondern zugleich auch die „beleidigende Indifferenz, Kälte und Rohheit des Aneinandervorbeilebens".³⁰⁴ Plessners gesellschaftliches Spiel der Masken entspräche daher weit weniger den „Verhaltenslehren der Kälte", als vielmehr den hegemonialen Verhaltensnormen der modernen Angestelltenkultur.

Begreift man die ‚kalten' Verhaltenslehren aber weniger als Aufgabe sozialer Teilhabe, sondern im Sinne Lethens als befreienden Distanzwahrer angesichts überhitzter sozialer Räume, wird deutlich, dass sich auch Plessners Schrift in die neusachliche Vorstellung von der „*heroischen Welt*" der „*Schamkultur*" einreiht.³⁰⁵ Den Menschen als „Bewegungsmaschine, seine Gefühle als ‚motorische Gebaren' und die Charaktere als Masken" wahrzunehmen, sollte die neusachlichen Akteur:innen Lethen zufolge von der Last der „Schuldkultur" befreien und die Ausbildung einer stabilen Identität gewähren.³⁰⁶ Mit ihrer Ablehnung der „Gewissenskultur", wie sie noch den Expressionismus bestimmte, spiegelte die Neue Sachlichkeit zugleich eine in der Weimarer Bevölkerung weitverbreitete Stimmung wider, das Innere im Schach zu halten und das Äußere zum alleinigen Richtmaß zu erheben: Statt den in der „Schuldkultur" vorherrschenden Aspekten der Introspektion, der Geständnisrituale und des Gewissens, ist das Subjekt der „Schamkultur" auf die äußerlichen Handlungen und Zeichen, die Fremdbewertung und gesellschaftlichen Erwartungen, auf die Gefahr der sozialen Beschämung und auf Verhaltensregeln fokussiert.³⁰⁷ Dieser Konflikt zwischen „Schuld"- und „Schamkultur" sollte analog

---

302 Siehe Brecht, Bertolt: „Aus einem Lesebuch für Städtebewohner", in: ders.: *Gedichte 1*, Bd. 8 (1977), 267–276, Serner, Walter: *Letzte Lockerung. Ein Handbrevier für Hochstapler und solche, die es werden wollen*, Berlin 1927 und Plessner: „Grenzen der Gemeinschaft" (1981).
303 Ebd., 80. Siehe Lethen: *Verhaltenslehren der Kälte* (1994), 9 sowie Gebhardt: „‚Warme Gemeinschaft' und ‚kalte Gesellschaft'" (1999), 178–180.
304 Plessner: „Grenzen der Gemeinschaft" (1981), 80. Vgl. Gebhardt: „‚Warme Gemeinschaft' und ‚kalte Gesellschaft'" (1999), 180 sowie Beregow, Elena: „Die fehltemperierte Nation", in: *POP. Kultur und Kritik*, Nr. 9 (2016), 10–15, hier: 13–14.
305 Lethen: *Verhaltenslehren der Kälte* (1994), 35. Hervorhebungen i. O.
306 Ebd., 29.
307 Ebd., 26–35.

dazu das Verhältnis der ‚kalten' NDW-Künstler:innen zu den linksalternativen Gegenkulturen prägen, deren Umfeld sie gleichfalls entsprungen waren.

Entscheidend für das Verhalten der „kalten persona" wurde laut Lethen ihre Fähigkeit zur „Wahrnehmungsschärfe", die die beobachteten Objekte und Ereignisse zur präzisen Analyse von ihren emotionalen, psychologischen und organischen Strukturen löste und ihren konsequenten Ausdruck im antihumanistischen und antichristlichen „kalten Blick" fand.[308] Den Ansatz der ‚kalten' Beobachtung hatten Autoren wie Brecht und Jünger sowie Maler wie Grosz und Dix Lethen zufolge von Nietzsche übernommen und in ihre Darstellungen ihres neuen Idealtypus einfließen lassen.[309] So findet sich bei diesem etwa folgende Beschreibung des modernen Historikers: „Man sieht einen traurigen, harten, aber entschlossenen Blick – ein Auge, das *hinausschaut*, wie ein vereinsamter Nordpolfahrer hinausschaut (vielleicht um nicht hineinzuschauen? um nicht zurückzuschauen? ...). Hier ist Schnee, hier ist das Leben verstummt".[310] Eingebunden in den „Kult des Bösen" glorifizierten die neusachlichen Künstler:innen laut Lethen die „Ikone des soldatischen Profils mit Stahlhelm, stechendem Blick und energischem Kinn" und strebten selbst danach, Nietzsches Nordpolfahrer zu werden.[311] Eindrücklich zeigt sich der „kalte Blick" dementsprechend vor allem in den Selbstporträts der neusachlichen Maler. Lethen macht hierbei auf Otto Dix' Zeichnung „Toy im November 21" (1921) aufmerksam, die den Künstler mit einem „die ganze Muskulatur des Kopfes in Dienst" nehmenden „kalten Blick" zeigt: „[V]om energisch vorgeschobenen Unterkiefer bis zu den stechenden Augen und [der] vom ‚Feststellungswillen' erfüllte[n] Stirn des passionierten Nietzsche-Lesers Dix" sollte die Pose „vom Mut zum Verbotenen ebenso wie von der Lust des Im-Eise-Lebens künden".[312]

Die zeithistorische Bedeutung der von den neusachlichen Künstler:innen vollführten Aufwertung der ‚Kälte' erschließt sich insbesondere durch einen Blick auf die Geschichte der Kälte-Metapher: Während das Motiv der Vereisung im Fin de siècle in den Jahren zwischen 1890 und 1910 mit Unheilsszenarien eines unaus-

---

308 Ebd., 198 sowie ders.: „Lob der Kälte" (2009), 88.
309 Lethen: „Zwei Barbaren" (2009), 118.
310 Nietzsche, Friedrich: „Zur Genealogie der Moral. Eine Streitschrift" (1887), in: ders.: *Zweiter Band, Werke in drei Bänden*, 8. Aufl., München 1966, 761–899, hier: 895. Hervorhebungen i. O. Vgl. auch das Kapitel „Von der Erkenntnis des Leidenden" in ders.: „Morgenröte. Gedanken über die moralischen Vorurtheile" (1881), in: ders.: *Erster Band, Werke in drei Bänden*, 8. Aufl., München 1966, 1010–1279, hier: 1088–1089.
311 Lethen: *Verhaltenslehren der Kälte* (1994), 169. Vgl. ebd., 188.
312 Lethen: „Lob der Kälte" (2009), 87. Dix, Otto: „Toy im November 21", Bleistiftzeichnung (1921), in: Schubert, Dietrich: *Otto Dix in Selbstzeugnissen und Bilddokumenten*, Reinbek bei Hamburg 1980, 51. Vgl. dazu auch Dix' Selbstporträts aus den Jahren 1921/22 in: Dix, Otto/Herzogenrath, Wulf/Schmidt, Johann-Karl/Hollmann, Andrea: *Dix. Galerie der Stadt Stuttgart, Nationalgalerie, Staatliche Museen Preussischer Kulturbesitz Berlin*, Stuttgart 1991, 113, 138.

weichlichen Untergangs und Todes verbunden wurde,[313] hatten die Schwarze Romantik und der Symbolismus bereits eine ambivalente Faszination für das Motiv der Eislandschaft entwickelt, die zwar einen Raum geistiger Entfaltung und Ruhe, jedoch auch den unvermeidlichen Kältetod versprach.[314] Eis und Kälte gewannen einen ästhetischen, zugleich aber auch gefährlichen Reiz als Bewährungsprobe, verdeutlicht in den Polarexpeditionen des 19. und 20. Jahrhunderts und dem populären Bergfilmgenre.[315] Das Kalte war also alles andere als ein Ideal oder wünschenswerter Zustand. So waren etwa Karl Marx, Friedrich Engels und sozialistische Philosophen wie Theodor Lessing und Ernst Bloch, aber auch liberale Denker wie Max Weber davon überzeugt, dass der Mensch zur Erreichung einer besseren Zukunft, in Webers Worten, durch die „Polarnacht von eisiger Finsternis und Härte", das heißt durch die „Kälte" der Rationalisierungs- und Modernisierungsprozesse hindurch müsse.[316]

Erst die neusachlichen Avantgarden formulierten schließlich das uneingeschränkte „Lob der Kälte" und die „Lust des Im-Eise-Lebens", nicht mehr im Sinne einer aufgezwungenen Notwendigkeit, sondern als bewusste Entscheidung für eine der modernen Welt angepassten Haltung. So bekannte Jünger retrospektiv: „Das Eis war einer unserer großen Lehrmeister, wie es der Winter noch heute ist. Es hat unseren ökonomischen, technischen, moralischen Stil bestimmt. Es hat den Willen gestärkt, uns denken gelehrt."[317] Von herausragender Bedeutung für die

---

313 Lethen, Helmut: „Sieben Vereisungen. Mein Beitrag zum Schematismus der symbolischen Ordnung", Zum Thema: Eiszeit, in: *Diagonal. Zeitschrift der Universität-Gesamthochschule Siegen*, Nr. 2 (1991), 7–20, hier: 16–17.
314 Vgl. ebd., 17, ders.: „Kältemaschinen der Intelligenz" (1990), 133 sowie Michelis-Masloch: „Die Kälte in der Literatur oder Literatur der Kälte" (1991), 166.
315 Vgl. dazu etwa Lethen: „Lob der Kälte" (2009), 81, Menke, Bettine: „Die Polargebiete der Bibliothek. Über eine metapoetische Metapher", in: *Deutsche Vierteljahresschrift für Literaturwissenschaft und Geistesgeschichte*, Nr. 4 (2000), 545–597 sowie Eglinger, Hanna: „‚...keine Röte des Gefühls auf deinen bleichen, schönen Wangen'. Die Polargebiete – Sehnsuchtszonen des extremen Gefühls?", in: Wennerscheid, Sophie (Hg.): *Sentimentalität und Grausamkeit. Ambivalente Gefühle in der skandinavischen und deutschen Literatur der Moderne*, Berlin u. a. 2011, 258–274.
316 Weber, Max: „Politik als Beruf" (1919), in: ders.: *Gesammelte politische Schriften*, 5. Aufl., Tübingen 1988, 505–560, hier: 559. Siehe dazu Lethen: „Sieben Vereisungen" (1991), 12, ders.: „Lob der Kälte" (2009), 85, 92–94, Lethen, Helmut/Berentsen, Antton: „Eiszeit und Weltuntergang. Geologie und Literatur im 19. Jahrhundert", in: Täubrich; Tschoeke (Hg.): *Unter Null* (1991), 18–33, hier: 30–33 sowie Gebhardt: „Warme Gemeinschaft' und ‚kalte Gesellschaft'" (1999), 180. Vgl. Lessing, Theodor: *Europa und Asien. Untergang der Erde am Geist*, Leipzig 1930, 237 sowie Bloch, Ernst: „Der ‚nach Möglichkeit' und das ‚in Möglichkeit Seiende', Kälte- und Wärmestrom im Marxismus", in: ders.: *Das Prinzip Hoffnung, Gesamtausgabe*, Bd. 5, Frankfurt a. M. 1959, 235–242.
317 Jünger, Ernst: *An der Zeitmauer*, Stuttgart 1959, 198.

‚Kälte'-Apologeten scheint, neben dem „*Kältestrom* des Marxismus"[318], daher insbesondere der Einfluss Nietzsches gewesen zu sein, der seine Philosophie und Lebenspraxis als „das freiwillige Leben in Eis und Hochgebirge" verstand.[319] Daran anknüpfend übertrugen die neusachlichen Protagonist:innen die in der Romantik begonnene ästhetische Aufwertung des Kalten in den Bereich der Politik und des Sozialen. Es überrascht nicht, dass auch die ‚kalten' Musiker:innen der NDW, die die vermeintlich kommende oder bereits begonnene „Eiszeit" (IDEAL) freudig begrüßten, im zeitgenössischen Klima der Angst vor nuklearer und klimatischer Vernichtung in den späten 1970er und frühen 1980er Jahre nur begrenzt auf Verständnis trafen.

Die Aufwertung der Kälte hatte nur einen kurzen Auftritt – auch Brecht widerrief in den 1930er Jahren das „Lob der Kälte".[320] Spätestens 1930 hatte der sich zuvor rasant verbreitende Terminus der Neuen Sachlichkeit seine positive Bedeutung verloren. Angesichts der politischen und ökonomischen Unsicherheiten bestimmte nun wieder die kulturpessimistische Kritik an Prozessen der Technologisierung und großstädtischer Atomisierung sowie Entfremdung den öffentlichen Diskurs – der Kälte-Begriff erhielt von neuem die bis heute wirkungsmächtige, negative Aufladung als kulturkritischer Topos bürgerlich-konservativer, kommunistischer und faschistischer Unheilszenarien.[321] Das Ende der Neuen Sachlichkeit entsprach dem Ende der Weimarer Stabilisierungsphase: Während die im Oktober 1929 begonnene Weltwirtschaftskrise auch für die Weimarer Republik drastische ökonomische Einbrüche und einen rapiden Anstieg der Arbeitslosenzahlen bedeutete, endeten die Septemberwahlen 1930 mit einem außerordentlicher Zugewinn an Mandaten für die Nationalsozialisten – zuungunsten der bürgerlichen Parteien, deren bereits Anfang 1930 zerbrochene Koalition den politischen Kurs der Republik seit 1923 bestimmt hatte. Ab 1929 flammten die sozialen und politischen Konflikte wieder auf und bewirkten auch in der Kulturszene eine zunehmende Politisierung.[322]

Der Einfluss von Weltwirtschaftskrise, politischen Spannungen und dem Aufstieg der Nazis auf das Verschwinden der Neuen Sachlichkeit und die „Verhaltens-

---

[318] Bloch: „Der ‚nach Möglichkeit' und das ‚in Möglichkeit Seiende', Kälte- und Wärmestrom im Marxismus" (1959), 240. Hervorhebung i. O.
[319] Nietzsche, Friedrich: „Ecce Homo. Wie man wird, was man ist" (1888), in: ders.: *Zweiter Band* (1966), 1063–1159, hier: 1066. Siehe auch ders.: „Der Antichrist. Fluch auf das Christentum" (1895), in: ders.: *Zweiter Band* (1966), 1161–1235, hier: 1165.
[320] Vgl. Werner: *Die Kälte-Metaphorik in der modernen deutschen Literatur* (2006), 286.
[321] Vgl. Lethen: „Lob der Kälte" (1987), 292 sowie Hermand/Trommler: *Die Kultur der Weimarer Republik* (1989), 132.
[322] Vgl. Peukert: *Die Weimarer Republik* (1987), 174 sowie Hermand/Trommler: *Die Kultur der Weimarer Republik* (1989), 95.

lehren der Kälte" sollte allerdings nicht überschätzt werden: Schon vor 1930 hatte sich der anfängliche Elan deutlich abgemildert.[323] Von außerordentlicher Bedeutung für das plötzliche Ende der ‚kalten' Haltung war Helmut Lethen zufolge dabei weit weniger eine vermeintliche Wiederaufnahme moralischer Wertungen, als vielmehr der auf lange Sicht die körperliche und geistige Konstitution der ‚Kälte'-Künstler überfordernde Anspruch der ‚kalten' Verhaltenslehren gegenüber der Außenwelt und dem eigenen Körper, der sich auf Dauer nicht halten ließ.[324] Die Neue Sachlichkeit hatte die ästhetischen Möglichkeiten im avantgardistischen Spiel der Überbietung mit immer extremeren Subjekt- und Grenzüberschreitungen ausgereizt, die Glorifizierung der ‚Kälte' bedeutete den „Tod der Avantgarden".[325] Darüber hinaus waren die Widerstandsversuche der neusachlichen ‚Kälte'-Apologeten, die laut Lethen ohnehin nur ein Rand- bzw. Berliner Phänomen der Weimarer Kultur blieben,[326] gegen den Kult der Gemeinschaft gescheitert. „Körpernähere" Wissenschaften wie die Biologie und Ethnologie lösten die Physik, Psychologie und Technologie als Leitdiskurse ab und ließen, eingebunden in die ideologische Ausrichtung des Staates, keinen Freiraum für individuelle Subjektivierungsprozesse.[327] Spätestens mit dem Machtantritt des mitleidslos selektierenden Nazi-Regimes wurden der neusachliche Antihumanismus und Trennungs-Kult unzulängliche und indiskutable Instrumente sozialer wie künstlerischer Emanzipationsbestrebungen. Die Ästhetik der Neuen Sachlichkeit wurde zur Negativfolie herrschender Maßstäbe, denn die Propaganda der Nationalsozialisten verdammte das Ideal des Maschinenmenschen und glorifizierte den organischen Körper, auch wenn dieser nun vitalistische Härte ausstrahlte.

Der Kulturkonflikt, der in der von den avantgardistischen Subjektmodellen geprägten Schwellenphase ausgetragen wurde, war beendet – die in der Neuen Sachlichkeit erprobten „Verhaltenslehren der Kälte" wurden von der gesellschaftlichen Entwicklung eingeholt. Das hier skizzierte Entwicklungsmodell der in der Weimarer Republik wirkmächtigen historischen Avantgarden sollte sich in den (pop-)kulturellen Strömungen der bundesdeutschen Counter Culture, die zwischen

---

323 Vgl. ebd. sowie Vaydat: „Neue Sachlichkeit als ethische Haltung" (1991), 48. Kurt Pinthus bemerkte Ende der 1920er Jahre einen sich „bis zu jener äußersten gestählten Hoffnungslosigkeit und Gleichgültigkeit" gesteigerten „Antiillusionismus" in der neusachlichen Literatur. Pinthus: „Männliche Literatur" (1929), 904. Der Kunsthistoriker Fritz Schmalenbach macht darauf aufmerksam, dass die neusachliche Malerei nicht von der Nazimalerei abgelöst wurde, die erst 1937 vollends auf den Plan trat, sondern von einem „unverbindlichen Post-Impressionismus". Schmalenbach: *Die Malerei der „Neuen Sachlichkeit"* (1973), 54, 225.
324 Lethen, Helmut: „Der Jargon der Neuen Sachlichkeit", in: Vaydat (Hg.): *Die „Neue Sachlichkeit"* (1991), 11–35, hier: 28.
325 Reckwitz: *Das hybride Subjekt* (2006), 332.
326 Lethen: „Wir bedienten die Gefriermaschinen'" (1991), 217.
327 Ders.: „Der Jargon der Neuen Sachlichkeit" (1991), 28.

den späten 1960er und frühen 1980er Jahren gegen die nach-bürgerliche Subjektkultur aufbegehrten, wiederholen: vom lebensreformistisch-tiefenpsychologischen Expressionismus der im linksalternativen Milieu beheimateten Krautrock-Bands, über die technizistisch-futuristischen Maschinenbilder KRAFTWERKS, bis zu den impulsiven Dada-Aktionen und nihilistischen Entwertungsstrategien des Punk. Auch die Neue Sachlichkeit und der ‚Kälte'-Kult sollten ihre nächste Hochzeit im Kulturkonflikt der folgenden Schwellenphase erleben, als sich die Pionier-Bands der NDW-Bewegung mit der ‚kalten' Haltung zugleich von der als bieder und einengend empfundenen bundesdeutschen Gesellschaft der 1970er Jahre als auch vom ‚Wärme'-Kult der gegenkulturellen Bewegungen abzugrenzen suchten. Dabei ist es kein Zufall, dass auch die Motive der historischen Avantgarden und die Art und Weise ihrer Nutzung eine Wiederbelebung erfuhren.

Die künstlerische Rückschau der NDW
Wie ihre Kolleg:innen in Großbritannien und den USA bedienten sich auch die deutschen Künstler:innen der New Wave und des Post-Punk am Fundus der historischen Avantgarden zur Kreierung eines eigenen Ausdruckstils. Allerdings erstreckte sich die Rezeption der historischen Avantgarden nahezu ausschließlich auf die ästhetische Ebene, die Bildwelten und Schlagworte, eine Auseinandersetzung mit den politischen und philosophischen Ansätzen etwa der Neuen Sachlichkeit fehlte beim ‚Kälte-Pop' weitgehend. Mit ihrem Blick zurück schlossen die NDW-Protagonist:innen an den unter deutschen Musiker:innen seit den 1970er Jahren erstarkenden Trend an, erstmals die Musik der Weimarer Republik aufzugreifen und in die eigene Kunst zu integrieren. Dem Historiker Frank Bösch zufolge lässt sich das gesteigerte historische Interesse in den bundesdeutschen Medien, in der Kunst und Kultur ab dem Ende der 1970er Jahre als eine Reaktion auf die Krisendiagnosen des Jahrzehnts interpretieren: „Statt um die Zukunft wurde nun, auch politisch, um die Vergangenheit gerungen – mit dem Ziel, einen moralischen Standpunkt und eine ‚Identität' für die Gegenwart zu entwickeln oder die Zukunftsungewissheit durch Geschichte zu kompensieren."[328] Tatsächlich zogen die Künstler:innen Parallelen zu den 1920er und 1930er Jahren und sahen ihre Zeit einerseits von ökonomischen Krisen und der stets präsenten Gefahr eines (Atom-)

---

328 Bösch: „Umbrüche in die Gegenwart" (2012), 30. Der Musiker David Cunningham (FLYING LIZARDS) spricht in Bezug auf KRAFTWERK und in Anlehnung an den Kunsthistoriker Hal Foster von einem retroaktiven Effekt, bei dem der Blick zurück Perspektiven für die Zukunft eröffne. Cunningham, David: „Kraftwerk and the Image of the Modern", in: Albiez, Sean/Pattie, David (Hg.): *Kraftwerk. Music Non-Stop*, New York 2011, 44–62, hier: 51–52. Vgl. Foster, Hal: *The Return of the Real. Art and Theory at the End of the Century*, Cambridge 1996.

Kriegs geprägt, andererseits aber auch von einer kulturellen und künstlerischen Hochzeit.[329]

Nur selten fand eine Eins-zu-eins-Übernahme von Motiven der Avantgarde-Strömungen statt, vielmehr vermischten sich in dieser Rezeption verschiedene Kunstrichtungen und ästhetische Ansätze der historischen Avantgarden mit den zeitgenössischen Gegebenheiten und medial vermittelten Bildern der 1920er und 1930er Jahre. Dadurch wurden auch bestimmte Motive von den NDW-Künstler:innen erweitert: Beispielsweise die futuristisch-neusachliche Material-Ästhetik um die Stoffe Beton sowie Plastik und das Bild der emotionsbefreiten Mensch-Maschine um das Stereotyp des ‚kalten Deutschen'. Entsprechend vielfältig ist das Spektrum der von den avantgardistischen NDW-Künstler:innen eingesetzten Motive, die aus der gesamten Kunst- und Kulturgeschichte ihres Jahrhunderts schröpften. Gabi Delgado (DAF) erklärte etwa, er habe sich zur Zeit der Entstehung der NDW sehr für Motive des Dadaismus, Futurismus und Konstruktivismus, für Agitprop und „russische Revolutionskunst" interessiert.[330] Jürgen Engler und Ralf Dörper (beide Die Krupps) nutzten wiederum für das Backcover der Single *Lorelei* (1981) ihres Projekts Die Lemminge einen Ausschnitt aus dem expressionistischen Film „Das Cabinet des Dr. Caligari" (1920).[331] Bei den West-Berliner „Genialen Dilletanten" genoss unterdessen die Tänzerin, Sängerin und Schauspielerin Valeska Gert (1892–1978) großes Ansehen. So veröffentlichte Frieder Butzmann die Single *Valeska* (1979)[332], Gudrun Gut kreierte das dazugehörige Cover nach Gerts „Japanischer Tanz" und Die Tödliche Doris widmete ihr eine Pause auf dem Album „ " (1982)[333]. Damit bezog sich die Band auf Gerts Performance „Pause", die Wolfgang Müller als einen „Tanz des Innehaltens, des Wartens, der Nichtbewegung" beschrieb: „Die Pause, das Innehalten, bietet die Möglichkeit, Abstand zum allgemeinen Geschehen und zum eigenen Werk zu schaffen. Distanz entsteht durch die Unterbrechung des Gewohnten, des Automatischen, des linearen Zeitempfindens."[334]

Der zur Bewegung gehörenden oder mit ihr sympathisierenden Musikpresse kam die Rolle der Förderin bis Initiatorin der künstlerischen Rückschau zu. Harald Inhülsen vom *Musikexpress* etwa spickte seine Texte häufig mit Zitaten neusachli-

---

329 Vgl. etwa die Aussage von Susanne Kuhnke (Malaria!) zit. n. Frederking, Klaus/Marquardt, Jasper: „MALARIA Berlinexotismädchen", in: *Spex*, Nr. 12 (1981), 14.
330 Delgado zit. n. Spies/Esch/Görl/Delgado: *Das ist DAF* (2017), 41. Siehe auch ders. zit. n. Teipel: *Verschwende deine Jugend* (2001), 78–79.
331 Die Lemminge: *Lorelei* (1981), 7"-Single, Pure Freude, 08 CK 4.
332 Butzmann & Sanja: *Valeska / Waschsalon* (1979), 7"-Single, Marat Records, T33.
333 Die Tödliche Doris: „ " (1982), LP, ZickZack, ZZ 123.
334 Müller: *Subkultur Westberlin 1979–1989* (2013), 363. Zur Rezeption Valeska Gerts durch die „Dilletanten" siehe ebd., 350–365.

cher ‚Kälte'-Schriftsteller wie Bertolt Brecht, Ernst Jünger oder Walter Serner.[335] Auch die englischsprachigen Musikzeitschriften stellten regelmäßig Vergleiche zwischen den NDW-Musiker:innen und den historischen Avantgarden an und schrieben im Falle des *NME* unter anderem von den „great German pop constructivists PALAIS SCHAUMBURG".[336] Diese Art der Rezeption deutscher Pop-Musik vonseiten britischer und US-amerikanischer Musikjournalisten reicht zurück bis zum Krautrock und insbesondere zum Start der Karriere KRAFTWERKS in den USA und im Vereinigten Königreich Mitte der 1970er Jahre. Kaum überraschend, lieferten KRAFTWERK doch am stringentesten und umfassendsten die entsprechenden Bilder und manifestartigen Interviewaussagen, etwa jene Ralf Hütters von 1981: „I see us as the musical Bauhaus".[337] Zwar wurden Hütter und Florian Schneider, Gründer und Köpfe von KRAFTWERK, von einer Vielzahl von Künstler:innen und künstlerischer Stile inspiriert, etwa Andy Warhols Pop Art[338] oder dem Duo Gilbert & George und deren Performance „The Singing Sculpture" (1969), in der die Künstler komplett mit Metallicfarben bedeckt mechanische Bewegungen ausführten. Dennoch blieben der ästhetische wie referenzielle Hauptbezugspunkt der Düsseldorfer Gruppe die historischen Avantgarden, ganz im Sinne jener ‚vaterlosen' Generation an Künstler:innen ab Ende der 1960er Jahre, die mit ihrem Rückgriff auf die ‚Großväter' sowohl ein künstlerisches Image als auch eine nationalkulturelle Identität zu entwickeln suchten.

Wie KRAFTWERK-Mitglied Karl Bartos in seiner Biografie betont, ging es insbesondere Hütter und Schneider darum in der Außendarstellung der Gruppe eine „visuelle Brücke" in die Weimarer Republik und die 1930er und 1940er Jahre zu schlagen.[339] So orientierten sich die beiden für das 1976 gedrehte Musikvideo zu „Radioaktivität" am deutschen Kino der 1920er Jahre, eindrücklich dargestellt in der Irisblende am Anfang, dem darauf folgenden KRAFTWERK-Schriftzug, dem Morsecode und dem eingeblendeten Gruppenbild in Anzügen.[340] Auch beim Folgealbum *Trans Europa Express* (1977) wurde diese Ästhetik fortgeführt, etwa bei der

---

335 Siehe bspw. Inhülsen, Harald: „THE RESIDENTS COMMERCIAL ALBUM. The Residents. Ralph Records", Rezension, in: *Musikexpress*, Nr. 11 (1980), 66–68.
336 Bohn, Chris: „Bavarian clothes, a Bauhaus style hit, coffee and cakes... But how German is it?", in: *New Musical Express*, 19. Juni 1982, 22.
337 Hütter zit. n. ders.: „A computer date with a showroom dummy" (1981), 31.
338 Bussy macht hier etwa auf die Pylone aufmerksam, die in unterschiedlichen Farbvariationen wiederholt auf den Covern der ersten KRAFTWERK-Alben auftauchen. Bussy, Pascal: *Kraftwerk. Mensch, Maschine und Musik*, Berlin 2005 (2004), 26, 38.
339 Bartos: *Der Klang der Maschine* (2017), 228. Zur futuristischen, sowohl utopischen wie reflektierenden Nostalgie KRAFTWERKS siehe Grönholm, Pertti: „When Tomorrow Began Yesterday. Kraftwerk's Nostalgia for the Past Futures", in: *Popular Music and Society*, Jg. 38, Nr. 3 (2015), 372–388.
340 „Kraftwerk – Radioaktivität", 1975. URL: *https://youtu.be/8effIKXXToM* (Letzter Zugriff: 24.10.2022). Vgl. Bartos: *Der Klang der Maschine* (2017), 193.

Covergestaltung. Diese zeigt neben der Futura-Typografie auch Bandfotografien, die aus der Zeit zu fallen scheinen und sich an die neusachliche Ästhetik der 1920er Jahre anlehnen. Passend dazu auch das Musikvideo zum Titeltrack, in dem die Mitglieder in Mänteln mit Fellkragen, Hut und Lederhandschuhen auftreten, dazu weißes Make-up, Lidschatten und Lippenstift. Erstmals verwendete die Gruppe im Film Archivmaterial der „Wochenschau", das allerdings einen propellergetriebnen Schienenzeppelin statt dem zwischen 1957 und 1987 verkehrenden *Trans-Europ-Express* zeigt, sodass auch hier die 1930er Jahre den stilistischen Rahmen bilden.[341] Zugleich gibt das Musikvideo einen Vorgeschmack auf das nachfolgende Album *Die Mensch·Maschine* (1978), dessen Konzeption die Gruppe zu jener Zeit begonnen hatte. Nicht zufällig erinnert die futuristische Architektur im Clip an jene in Fritz Langs Monumentalwerk „Metropolis" (1927). Wie Bartos berichtet, schaute sich die Gruppe den Film zu jener Zeit in der Landesbildstelle an und insbesondere der ehemalige Architekturstudent Hütter und Florian Schneider, Sohn des berühmten Architekten Paul Schneider-Esleben, zeigten sich fasziniert von der architektonischen Ästhetik.[342] Auf *Die Mensch·Maschine* findet sich schließlich auch ein Track mit dem Titel „Metropolis", der sich in das futuristisch-konstruktivistische Coverdesign fügt.

2.2.2 Krautrock

> After the war […] German entertainment was destroyed. The German people were robbed of their culture, putting an American head on it. […] We are the first German group to record in our own language, use our electronic background, and create a Central European identity for ourselves. […] We want the whole world to know our background. We cannot deny we are from Germany, because the German mentality, which is more advanced, will always be a part of our behavior. We create out of the German language, the mother language, which is very mechanical, we use as the basic structure of our music. Also the machines, from the industries of Germany. (Ralf Hütter, 1975)[343]

Ein Artikel mit gravierenden Folgen. Selten hatte ein Interview mit einer Band einen derart weitreichenden Einfluss auf die zeitgenössische wie aktuelle internationale Rezeption einer bestimmten popkulturellen Erscheinung – in diesem Fall das

---

341 Vgl. ebd., 227–229. „Kraftwerk – Trans Europa Express", 1977. URL: *https://youtu.be/zOfh7Y-dugzQ* (Letzter Zugriff: 24.10.2022).
342 Bartos: *Der Klang der Maschine* (2017), 247–251. Siehe auch Schütte, Uwe: „‚Halb Wesen und halb Ding'. Nostalgische Vergangenheit und posthumane Zukunft in Die Mensch-Maschine", in: ders. (Hg.): *Mensch – Maschinen – Musik* (2018), 88–115, hier: 92–94.
343 Ralf Hütter zit. n. Bangs, Lester: „Kraftwerk: The Final Solution To The Music Problem?", in: *New Musical Express*, 6. September 1975. URL: *http://www.thing.de/delektro/artikel/eng/kraftwerk/kwbangs.html* (Letzter Zugriff: 24.10.2022).

Phänomen Krautrock – sowie auf die Selbstdarstellungen daran anschließender Musiker:innen gehabt wie jener Beitrag des Popjournalisten Lester Bangs, der 1975 sowohl in der britischen Musikzeitschrift *New Musical Express* als auch nahezu identisch in der US-amerikanischen *Creem* erschien.[344] KRAFTWERK-Mastermind Ralf Hütter sollte in einem Wechselspiel von journalistischer Erwartungshaltung und künstlerischer Identitäts- und Imagekonstruktion die hier von ihm bestimmte Lesart der deutschen Kulturgeschichte der Nachkriegszeit besonders in den folgenden Jahren, aber auch in jüngeren Interviews mit einigen Variationen stets aufs Neue wiederholen: Die Künstler:innen seiner Generation hätten aufgrund des kulturellen „Vakuums" Ende der 1960er Jahre, das der Nazizeit und folgenden „Dominanz" angloamerikanischer Kulturprodukte geschuldet gewesen sei, und in Ermangelung von „Vaterfiguren" – womit er sowohl die Elterngeneration, als auch fehlende Vorbilder in der zeitgenössischen deutschen Musik meinte – auf die historischen Avantgarden der Zwischenkriegszeit als Anknüpfungspunkt zurückgreifen müssen, um für sich eine neue deutsche bzw. europäische Identität zu (er)finden.[345]

Hütter steht mit diesem Narrativ nicht allein, auch von anderen Krautrock-Musikern[346] lassen sich vergleichbare Aussagen finden, wenn auch zumeist in jüngeren Interviews. Und genau hier offenbart sich die schon früh begonnene fragwürdige Rezeption des Krautrocks: Bis heute wird die ohnehin überschaubare Literatur zu diesem Phänomen vorwiegend von – ebenso ausschließlich männlichen – Forschern und Journalisten aus Großbritannien und den USA dominiert, deren unkritische Fan-Haltung und distanzlose Germanophilie die Ausrichtung ih-

---

344 Ders.: „Kraftwerkfeature. Or how I learned to stop worrying and love the balm", in: *Creem*, Jg. 7, Nr. 4 (1975), 30–31. Eine Übersetzung findet sich in ders.: „Kraftwerkfeature", in: ders.: *Psychotische Reaktionen und heiße Luft. Rock'n'Roll als Literatur und Literatur als Rock'n'Roll. Ausgewählte Essays*, Berlin 2008.
345 Vgl. dazu Interviewaussagen Hütters in Schober, Ingeborg: „Kraftwerk. Die Kinder von Krupp und Grundig", in: *Musikexpress*, Nr. 4 (1979), 72–78, hier: 74, Alessandrini, Paul: „Haute Tension: Kraftwerk", in: *Rock & Folk Magazine*, Nr. 11 (1976), 54–57. URL: http://www.thing.de/delektro/interviews/eng/kraftwerk/kw11-76.html (Letzter Zugriff: 03.12.2019), Bohn: „A computer date with a showroom dummy" (1981), 32, Perrin, Jean-Eric: „Interview, Ralf Hütter", in: *Rock & Folk Magazine*, Nr. 11 (1981). URL: http://archive.is/Uwhy#selection-155.0-155.48 (Letzter Zugriff: 24.10.2022) sowie Aikin, Jim: „Kraftwerk. Architects of the Trans-Global-Express" (1982), in: Rule, Greg (Hg.): *Electro shock! Groundbreakers of Synth Music*, San Francisco 1999, 178–191, hier: 181, 188, zuerst erschienen in ders.: „Kraftwerk. Architects of the Trans-Global-Express", in: *Keyboard*, Nr. 3 (1982).
346 Da die in diesem Kapitel beleuchteten Krautrock-Akteure (vergleichbar mit der Mehrheit der Forscher:innen und Journalist:innen zum Thema), abgesehen von ein paar Mitgliedern von AMON DÜÜL I und II, ausschließlich Männer waren, wird das generische Maskulinum zur Verdeutlichung dieser Diskrepanz verwendet.

rer Beiträge bestimmt und die vorwiegend darum bemüht sind, die Neuartigkeit und vermeintlich spezifische (aber zumeist nicht näher erläuterte) „Germanness" des Krautrock hervorzuheben.³⁴⁷ Diese Perspektive wirkte sich wiederum im Umkehrschluss nicht nur auf die Selbstdarstellung einstiger Krautrock-Musiker, sondern gleichfalls auf die ersten deutschsprachigen Untersuchungen aus.³⁴⁸ Gleichzeitig waren es jedoch insbesondere Stimmen aus Deutschland, die Kritik an dieser populären Krautrock-Interpretation erhoben und betonen, dass nur von einigen wenigen dem Krautrock zugerechnete Bands wie CAN, KRAFTWERK, NEU!, FAUST, TANGERINE DREAM oder CLUSTER tatsächlich neue popmusikalische Impulse ausgingen, während der Rest, Bands wie AMON DÜÜL, TRIUMVIRAT oder BIRTH CONTROL, weiterhin den angloamerikanischen Vorbildern nachspielten oder wie Klaus Schulze an die Klassische Musik anschlossen.³⁴⁹ Vielmehr verweisen diese Autor:innen auf die internationalen Verknüpfungen, die von ausländischen Bandmitgliedern und englischen Bandnamen bis zu zeitgenössisch ungewöhnlich langfristigen Auslandsaufenthalten und meist größeren Erfolgen im Aus- statt Heimatland reichten, sowie auf die dem Krautrock charakteristische Deterritorialisierung, die sich in den Einflüssen fernöstlicher oder afrikanischer Musik sowie in den von den Synthesizer-fokussierten Bands unternommenen „kosmischen" Ausflügen zeigt.³⁵⁰

Als den „bis heute wirkmächtigste[n] bundesdeutsche[n] Beitrag zur transnationalen Popmusikgeschichte" zeichnet der Historiker Alexander Simmeth die „Mittlerfunktion" des Krautrock in seiner 2016 unter dem programmatischen Titel *Krautrock Transnational* erschienenen Monografie nach.³⁵¹ Gegen die gängige Auffassung von einer ausschließlich politischen Transformationsphase betont der Au-

---

347 Von den bekannteren seien hier genannt: Cope, Julian: *KrautRockSampler. One Heads Guide to the Grosse Kosmische Musik*, Löhrbach 1996 (1995) und Stubbs: *Future Days* (2014). Zum Forschungsstand siehe Simmeth: *Krautrock Transnational* (2016), 58–59.
348 Insbesondere Henning Dedekinds journalistische Monografie sticht durch das unreflektierte Aufgreifen des Narrativs vom „neu entdeckten Deutschtum" hervor, das mithilfe retrospektiver Neubewertungen damaliger Musiker untermauert wird. Siehe beispielsweise Dedekind: *Krautrock* (2008), 69–70.
349 Vgl. Schneider, Frank Apunkt: *Deutschpop halt's Maul! Für eine Ästhetik der Verkrampfung*, Mainz 2015, 41 sowie Büsser, Martin: „Wo ist Kraut, Mama?", in: *testcard. Beiträge zur Popgeschichte*, Nr. 2 (1996), 16–28, hier: 19–20.
350 Vgl. Simmeth: *Krautrock Transnational* (2016), 82–83, Schneider: *Deutschpop halt's Maul!* (2015), 43, Seidel: *Wir müssen hier raus!* (2016), 30–31 sowie Adelt, Ulrich: *Krautrock. German Music in the Seventies*, Ann Arbor 2016, 60. Der in den USA lehrende Ulrich Adelt nimmt hier eine Zwischenposition ein, indem er die im Krautrock geübten Akte der De- und Reterritorialisierung als Ausdruck für Krautrocks „international or cosmic non-German Germanness" und „unstable German identity" bestimmt, die sich der Einbettung in den transnationalen Rahmen bewusst sei. Ebd. 3, 4, 43–44, 82. Vgl. auch Schiller: *Soundtracking Germany* (2018), 125.
351 Simmeth: *Krautrock Transnational* (2016), 202, 7.

tor die Bedeutung des Krautrock-Phänomens als „besonders frühes und richtungsweisendes Beispiel für die kulturelle Ausdifferenzierung der Bundesrepublik" um 1970, die sich spätestens um 1980 in einer Vielfarbigkeit popkultureller Stile auffächerte.[352] Als für die hier unternommene Analyse der Motive des ‚Kälte-Kults' wesentlich erweist sich der von Simmeth nachgewiesene und im Krautrock erstmals zur Blüte kommende Transfer von „Ideen, Praktiken, Symbolen, Personen und Objekten" zwischen der Bundesrepublik, Großbritannien und den Vereinigten Staaten sowie „die Rezeption und die diskursiven Rückwirkungen dieser Transfers", die einen kaum zu überschätzenden Einfluss auf die weiterhin bedeutende Rolle der Nation für die Identitätskonstruktionen der Künstler hatte.[353]

Den Anspruch, aus der transnationalen Verwobenheit heraus etwas Eigenes zu entwickeln, teilten die Musiker mit einer ganzen Generation bundesdeutscher Künstler:innen. Dementsprechend nimmt es nicht Wunder, dass junge deutsche Regisseure, oftmals aus dem Umfeld des Neuen Deutschen Films, Interesse am Vorgehen der Krautrocker zeigten und die fremd- wie eigenartigen Sounds zur Untermalung ihrer Produktionen einsetzten.[354] Anschaulich wird diese Verflechtung ebenfalls in den auseinandergehenden Meinungen bezüglich der Herkunft des schon immer umstrittenen Begriffs „Krautrock" (wahlweise auch „Teutonic Rock", in zeitgenössischen deutschen Medien vor allem „Deutschrock" genannt), dessen Kernelement „Kraut" auf den besonders seit dem Zweiten Weltkrieg in Großbritannien gebräuchlichen, abwertenden wie mystifizierenden Namen für Deutsche verweist.[355] Wichtigster Anknüpfungspunkt sollte für deutsche Musiker auch weiterhin die angloamerikanische Popwelt bleiben, ob als positiver oder negativer Bezugsrahmen: So spielen im Falle KRAFTWERKS sowohl ihre internationale Rezeption, als auch etablierte nationale Stereotypen über Deutsche im Ausland eine außerordentliche Rolle bei der Imagekonstruktion der Gruppe, mitsamt der darauf aufbauenden performativen Ästhetik wie thematischen Ausrichtung. Ein Wechselspiel, das auch die Grundlage für die von vielen NDW-Musiker:innen unternommene Wiederaufnahme und Spiegelung des im Ausland verbreiteten Bildes vom humorlosen und ‚kalten Deutschen' bilden sollte. Generell lässt sich Krautrock, trotz aller Distanzierungen und ästhetischer wie weltanschaulicher Unterschiede,

---

352 Ebd., 8, 12.
353 Ebd., 12, 29–30.
354 Vgl. ebd., 74, 76–77, 144–147, 267 sowie Adelt: *Krautrock* (2016), 110–127.
355 Beispiele für die verschiedenen Thesen zur Herkunft des Begriffs finden sich bei ebd., 10–14, Simmeth: *Krautrock Transnational* (2016), 54 sowie Littlejohn, John T.: „Krautrock. The Development of a Movement", in: Schütte, Uwe (Hg.): *German Pop Music. A Companion*, Berlin u. a. 2017, 63–84, hier: 63. Vgl. auch MacDonald, Ian: „Germany Calling. From Amon Duul to Faust's new sound-world", in: *New Musical Express*, 23. Dezember 1972, 34.

als popkulturelles Vorspiel zur zehn Jahre später entstandenen NDW-Bewegung begreifen.

Translokal

Da der Oberbegriff „Krautrock" letztlich vor allem als Herkunftsbezeichnung dient, lässt sich schwerlich von einem gemeinsamen Musikstil der darunter subsummierten Bands sprechen.[356] Begonnen hatte der Großteil von ihnen mit einer kurzen oder längeren Phase experimenteller Klangcollagen, jedoch bildeten sich zu Beginn der 1970er Jahre regionale Spezifika heraus. Die Gründe dafür lagen unter anderem im anfänglich kaum vorhandenen Austausch zwischen den nahezu zeitgleich, aber unabhängig voneinander entstandenen Szenen, als auch in der unterschiedlichen popmusikalischen Sozialisation durch die jeweils empfangbaren Soldatensender (BFBS Germany und die verschiedenen AFN-Stationen), die für junge Musikfans zumeist die einzige Alternative zu den auf Schlager und Volksmusik fokussierten deutschen Radiosendern darstellten.[357] So knüpften etwa die sich im süddeutschen Raum bildenden Bands wie GURU GURU und AMON DÜÜL (I und II) mit ihren endlosen Improvisations-Orgien insbesondere an den US-amerikanischen Jazz und die Psychedelic Music an, während in Düsseldorf Gruppen wie KRAFTWERK und NEU! mit minimalistisch-repetitiven (Electro-)Pop-Songs die industrielle Kulisse der Rheinmetropole in ihrer Musik zu spiegeln suchten. Im Westteil der Mauerstadt wiederum sollte sich die „Berliner Schule" um Bands wie TANGERINE DREAM und ASH RA TEMPEL sowie unter Zuhilfenahme von Synthesizer-Klangflächen den kosmischen Weiten zuwenden. Natürlich gab es zu dieser groben geografischen Einteilung auch Ausnahmen und Musiker, die sich jeder stilistischen Einordnung entzogen: so etwa die für ihren charakteristischen Groove bekannten CAN aus Köln, die im Umfeld des Kölner *Studios für Elektronische Musik* des Westdeutschen Rundfunks entstanden, sowie die Gruppe FAUST aus Hamburg, die sich etwa durch minimalistische Plattencover, durch bewegungsarme Musikmaschinen-Performances in kompletter Dunkelheit, durch starke Verzerrungen, Noise-Effekte und den Einsatz von Werkzeug, Metallteilen und Baumaschinen von der bunten Welt der Psychedelic Music und ‚Blumenkinder' abwandte und insbesondere auf die britische Industrial Music einen außerordentlichen Einfluss haben sollte.[358]

---

356 Ein Bandverzeichnis inklusive Diskographie findet sich bei Dedekind: *Krautrock* (2008), 241–303.
357 Vgl. ebd., 78–80. Allerdings waren die regionalen Krautrock-Szenen (wie auch später die lokalen NDW-Szenen) äußerst fluid, häufige Bandwechsel einzelner Musiker innerhalb dieser Szenen waren dabei üblich.
358 Vgl. Büsser: „Wo ist Kraut, Mama?" (1996), 24, Stubbs: *Future Days* (2014), 209–242 und Adelt: *Krautrock* (2016), 68.

In Berlin war es vor allem der ehemalige Beuys-Schüler und Klangforscher Conrad Schnitzler, der sich – zuerst in den Bands TANGERINE DREAM und KLUSTER, ab 1973 als Solo-Künstler – weg von der klassischen Instrumentalisierung und hin zum Einsatz elektronischer Klangerzeuger bewegte. „Meine Welt war'n die Maschinen, so sollte es klingen. Für dieses Unterfangen, solche Art von Tönen zu erzeugen, brauchten wir [...] nicht dieses bunte Gewusel"[359], resümierte Schnitzler später über den von ihm produzierten Proto-Industrial, der auf seine sonischen Erfahrungen im Zweiten Weltkrieg, in der Textilfabrik und im Maschinenraum der Handelsmarine zurückgeführt wird.[360] Zusammen mit Hans-Joachim Roedelius (KLUSTER/CLUSTER) gründete Schnitzler Ende 1967 das *Zodiak Free Arts Lab*, einen nur karg beleuchteten Club, in dem sich die West-Berliner Subkultur zu ausgedehnten (und zumeist Rauschmittel-induzierten) Musik- und Performance-Sessions traf. Hier liegt auch der Ursprung der „Berliner Schule", die sich ganz auf die Nutzung elektronischer Musikmaschinen konzentrieren sollte, anders als ihre Kollegen im Rhein-Ruhr-Gebiet jedoch auf ausgedehnte Klangflächen statt motorische Beats setzte. Diese musikalische Orientierung korrespondierte mit der thematischen, denn Berliner Gruppen wie TANGERINE DREAM und ASH RA TEMPEL, die sich unter dem von Rolf-Ulrich Kaisers *Ohr*-Label lancierten Namen „Kosmische Kuriere" sammelten, richteten ihren Blick gen Weltall und ab von der Erde mit ihren irdischen Problemen.[361] Damit standen sie keineswegs allein: Zwischen den späten 1960er und frühen 1970er Jahre, angeregt durch die Fortschritte in der Technik und Raumfahrt sowie durch den Gebrauch bewusstseinserweiternder Drogen, übte das Weltall einen ganz besonderen Reiz auf Space-Rock-Bands wie PINK FLOYD und HAWKWIND, aber auch auf Künstler wie Jimi Hendrix („3rd Stone From The Sun", 1967) und David Bowie („Space Oddity", 1969) aus. Der Sound der elektronischen Musikmaschinen erschien vielen Musiker:innen als geeignetes Instrument, weckten diese doch schon seit den 1950er Jahren durch ihren präferierten Einsatz

---

359 Schnitzler, Conrad: „Aber mehr und mehr wollte keiner von freien Tönen hören", in: Pieper, Werner (Hg.): *Alles schien möglich. Die Aktivisten der 60er werden 60: Was trieb sie damals um, was machen sie heute? Rückschau & Bestandsaufnahme einer Generation, die nach vorne schaute*, Löhrbach 2007, 154–157, hier: 156.
360 Vgl. Stubbs: *Future Days* (2014), 284–285 und Seidel, Wolfgang: „CON_Structeur. Conrad Schnitzler 1937–2011", in: *testcard. Beiträge zur Popgeschichte*, Nr. 21 (2011), 241–249, hier: 241–243.
361 Beispielhaft sei hier etwa auf die Widmung „to all people who feel obliged to space" auf dem Album *Alpha Centauri* (1971) von TANGERINE DREAM hingewiesen. TANGERINE DREAM: *Alpha Centauri* (1971), LP, Ohr, OMM 56.012. Zu den „Kosmischen Kurieren" siehe etwa Harden, Alexander C.: „Kosmische Musik and Its Techno-Social", in: *IASPM@Journal. Journal of the International Association for the Study of Popular Music*, Jg. 6, Nr. 2 (2016), 154–173 sowie Papenburg, Jens Gerrit: „Kosmische music. On krautrock's takeoff", in: Ahlers; Jacke (Hg.): *Perspectives on German popular music* (2017), 55–60.

in Science-Fiction- und Horrorfilmen in den Köpfen der Film- und Hörspielkonsument:innen Assoziationen zum Übernatürlichen und Außerirdischen.³⁶²

Verschiedentlich wurde dieser psychedelische Griff nach den Sternen als eine Fluchtbewegung interpretiert und unter dem für die Gegenkultur der 1960er und 1970er Jahre so charakteristischen Akt des Aussteigens gelesen. Dieser wurde auch von den Krautrockern auf eine Vielzahl von Wegen versucht, etwa durch eine Flucht aus der Großstadt in ländliche Musik-Kommunen (AMON DÜÜL, CLUSTER und FAUST), die dem gegenkulturellen Ideal der ‚natürlichen', egalitären Gemeinschaft entsprang.³⁶³ Selbst die KRAFTWERK-Mitglieder lebten für einige Zeit zusammen in einer WG, mit ihrer hierarchischen Ordnung und der ungleichen Verteilung der Einkünfte innerhalb der Gruppe nahmen KRAFTWERK jedoch eine Sonderrolle unter den Krautrock-Bands ein.³⁶⁴ Den Ausstieg erprobten die Krautrocker auch über Rauschmittel und bewusstseinserweiternde Drogen³⁶⁵ sowie durch den Rückgriff auf esoterische und religiöse Heilslehren, die die „Kosmischen Kuriere" wie Vorreiter der New-Age-Bewegung erscheinen lassen – würde man ihre alles andere als mit der New-Age-Philosophie harmonisierende Technikbegeisterung ignorieren.³⁶⁶ Der Poptheoretiker Martin Büsser definiert die kosmischen Klanggebilde „zugleich als Flucht und Verarbeitung der Vergangenheit", was er an ihrer Abkehr vom Alltäglichen und ihrem quasi-religiösen „Erlösungs-Versprechen" festmacht.³⁶⁷ Dies lässt sich an dem Synthesizer-Solisten Klaus Schulze aufzeigen, der sein aus den beiden Stücken „Bayreuth Return" und „Wahnfried 1883" bestehendes Album *Timewind* (1975) dem Komponisten Richard Wagner widmete und auch spätere Veröffentlichungen mit Verweisen auf deutsche Klassiker und Nationalmythen spickte.³⁶⁸ Schulze sollte mit seinem ersten Synthesizer-Album *Cyborg* (1973) und Titeln wie „Chromengel" und „Neuronengesang" KRAFTWERKS Mensch-

---

362 Siehe hierzu die Bedeutung von Oskar Sala und des von ihm gebauten Mixtur-Trautoniums, einen Vorläufer des Synthesizers, mit dem er über 300 Filmmusikkompositionen für Industrie- und Sci-Fi-Filme produzierte. Wandler: *Technologie und Sound in der Pop- und Rockmusik* (2012), 39–41.
363 Vgl. Stubbs: *Future Days* (2014), 32 sowie Simmeth: *Krautrock Transnational* (2016), 89–92.
364 Ebd., 91–92.
365 Dedekind verweist hier etwa auf „LSD-Marsch" von GURU GURU, das Album *Der Jesuspilz* von WITTHÜSER & WESTRUPP, das Fliegenpilz-Logo auf den Platten des *Pilz*-Labels sowie auf den Bandnamen TANGERINE DREAM, der auf die Textstelle „Tangerine Flowers" im BEATLES-Song „Lucy in The Sky With Diamonds" (1967) zurückgeht. Vgl. Dedekind: *Krautrock* (2008), 133–139 sowie die Aussagen bei Esch: *Electri_City* (2014), 69, 75.
366 Adelt: *Krautrock* (2016), 84–85.
367 Büsser: „The Art Of Noise/The Noise Of Art" (1996), 14.
368 So sind die instrumentalen Stücke auf *X* (1978) nach Friedrich Nietzsche, Georg Trakl, Heinrich von Kleist und König Ludwig II. von Bayern benannt. Schulze, Klaus: *Timewind* (1975), LP, Brain, brain 1075; Schulze, Klaus: *X* (1978), LP, Brain, 0080.023.

Maschinen-Konzept vorwegnehmen, allerdings verdeutlichen die Liner Notes des Albums einen klar abweichenden Ansatz: „CYBORG, eine teils elektronische teils organische Existenz, wartet an den Toren des akustischen Psychopharmakas auf das Jahrtausend seiner Geburt!"[369]

Technik

Obwohl vor allem die auf Synthesizer fokussierten Krautrock-Bands national wie international am erfolgreichsten waren und bis heute das populäre Bild des Krautrock bestimmen, erschienen die ersten ausschließlich mit elektronischen Musikmaschinen produzierten Alben erst ab der Mitte der 1970er Jahre. Hier zeigt sich die enge Verknüpfung der zu dieser Zeit einsetzenden Professionalisierung und Kommerzialisierung des Krautrock mit der technologischen Entwicklung, denn die bisher kaum verfügbaren, sperrigen und zumeist viel zu kostspieligen Synthesizer erschienen in immer größerer Zahl in kompakteren und preisgünstigeren Versionen.[370] Allerdings hatten diese in Deutschland einen vorerst schweren Stand, da es insbesondere in der Gegenkultur, aus der sich sowohl die Krautrocker als auch ihr Publikum größtenteils rekrutierte, Vorbehalte an den als „unauthentisch" kritisierten, elektronischen Klangerzeugern gab.[371] Auch stammte zwar der Großteil der Musiker der höheren Mittelschicht und konnte oftmals auf eine klassische Musikausbildung oder anderweitige akademische Laufbahn bauen, allerdings kamen nur wenige Protagonisten aus derartig wohlhabenden Elternhäusern wie Florian Fricke (POPOL VUH) und die KRAFTWERK-Gründer Ralf Hütter und Florian Schneider, dass sie sich in der ersten Hälfte der 1970er Jahre die kaum erschwinglichen Geräte samt Aufnahmeequipment leisten konnten.[372] So fanden etwa TANGERINE DREAM erst durch die Nutzung rein elektronischer Instrumente (darunter auch erstmals ein Sequenzer), die ihnen das Londoner Studio von *Virgin Records* für das Album *Phaedra* (1974) zur Verfügung stellten, zu dem Sound, der sie international erfolgreich machen sollte.[373]

---

369 Schulze, Klaus: *Cyborg* (1975), LP, Kosmische Musik, KM 2/58.005. Hervorhebung i. O. Die Differenz zu KRAFTWERK wird auch in anderen Aussagen von Schulze deutlich: „Die Substanz meiner Musik liegt darin, den Zuhörer stark und glücklich zu machen, damit er das sterbende Leben auf unserem Planeten erträgt, indem er seine eigene Kreativität nutzt und sich seinen Emotionen nicht verschließt." Zit. n. Trenkler, Winfried: „Klaus Schulze. Der Magier am großen Moog", in: *Musikexpress*, Nr. 11 (1978), 20–22, hier: 22.
370 Vgl. dazu Simmeth: *Krautrock Transnational* (2016), 271–279 sowie Dedekind: *Krautrock* (2008), 177–185.
371 Vgl. Simmeth: *Krautrock Transnational* (2016), 320 sowie Stubbs: *Future Days* (2014), 261.
372 Vgl. Simmeth: *Krautrock Transnational* (2016), 79, Esch: *Electri_City* (2014), 48 sowie Adelt: *Krautrock* (2016), 106.
373 Vgl. Simmeth: *Krautrock Transnational* (2016), 169–171.

Auch in Deutschland hatten die sich spätestens Mitte der 1970er Jahre etablierenden Tonstudios einen erheblichen Einfluss auf die Ausgestaltung des charakteristischen Sounds vieler Krautrock-Gruppen.[374] Von besonderer Bedeutung sind hierbei die in der Nähe von Köln gelegenen Studios und die Aufnahmetechniken der Produzenten Conny Plank und Dieter Dierks, deren Arrangements den Sound vieler Krautrock-Bands mitformten und Ende der 1970er Jahre die internationale Popwelt anlockten. Während Dierks insbesondere auf die jeweils neuesten Technologien setzte, legte Plank besonders Wert auf eine bombastbefreite Einfachheit und die Ausgestaltung von Klang-Raum-Verhältnissen, um den essentiellen Sound einer Band herauszukristallisieren.[375] Planks Anspruch, einen eigenständigen, typisch ‚deutschen' Sound zu finden, sollte sich für die transnationale Geschichte der „New Musick" als außerordentlich folgenreich erweisen: Aussagen wie jene von Sänger John Foxx, der zu den Beweggründen für die Aufnahmen zum dritten ULTRAVOX-Album *System Of Romance* (1978) in Planks Studio bemerkte, „We feel European. The sort of background and melodies we tend to come out with just seemed to be sort of Germanic even before we came here"[376], verdeutlichen die Bedeutung des Konstrukts ‚Deutsch' für die in der transnational verknüpften „New Musick" entwickelten Sound- und Performance-Ästhetiken – die dann wiederum auf die nationalen Identitätsentwürfe deutscher Musiker:innen zurückstrahlten und das ‚Kälte'-Motiv ausformten. Auch andere britische und US-amerikanische Post-Punk- und New-Wave-Gruppen ließen sich beeinflussen von den von Plank produzierten Sounds und Krautrock-Bands, nahmen wie DEVO und EURYTHMICS in seinem Studio ihre Debüt-Alben auf, Letztere sogar unter der Beteiligung von Jaki Liebezeit und Holger Czukay (CAN) sowie Robert Görl und Gabi Delgado (DAF). Ende der 1970er Jahre wurden für internationale Musiker:innen zwei weitere Studios interessant: Die *Hansa Studios* in Berlin, in denen David Bowie seine berühmte „Berlin-Trilogie" mitsamt der Mauerhymne „Heroes" aufnahm, sowie die *Musicland Studios* in München.

An dieser Stelle lohnt ein Seitenblick auf ein Phänomen, das hinsichtlich seiner Sound- und Körper-Techniken einen bedeutenden Einfluss auf die musikalischen und performativen Motive ‚kalter' Musik hatte: Munich Sound. Hinter dieser besonderen Ausformung der ab 1975 die internationalen Dancefloors erobernden Euro Disco steht neben Frank Farian (BONEY M.) und Michael Kunze (SILVER CONVENTION) vor allem der *Musicland*-Gründer Giorgio Moroder, dessen mit der Sängerin

---

374 Vgl. dazu ebd., 279–291.
375 Vgl. ebd., 290.
376 Foxx zit. n. Miles: „Vee hav vays of makink you experiment", in: *New Musical Express*, 2. September 1978. Passend dazu zeigte sich auch der Autor des Beitrags überrascht, als er feststellte, dass Planks „wunderstudio" nicht wie zuvor vermutet in einem Industriegebiet zwischen Stahlwerken, sondern mitten in der Natur auf einem umgebauten Bauernhof lag.

Donna Summer produzierter Track „I Feel Love" (1977) hier die entscheidende Rolle für folgende musikalische Ansätze in der „New Musick" spielen sollte.[377] Ausschlaggebend dafür war der Einsatz eines Sequenzers zur Erzeugung eines strikt durchlaufenden, repetitiven Basslaufs, den Moroder später als „elektronische[s] Hämmern" und „machiavellistische Musik"[378] bezeichnete und der zum Grundelement des Genres Hi-NRG, als auch von House und Techno wurde. Auch ließ der Track die für den Munich Sound so typischen und am sogenannten Philly Sound orientierten Streicher-Einsätze missen und war von Moroder ausschließlich mit Synthesizern produziert worden, abgesehen von Summers durch mehrfache Überlagerung distanziert wirkende Stimme.[379] Zudem variiert das musikalische Grundmuster innerhalb des Stücks nur minimal und es wurde komplett auf Strophen zugunsten einer Serialisierung des Refrains verzichtet.[380] All das sorgte dafür, dass Moroders Munich Sound und insbesondere „I Feel Love" als besonders künstlich, oberflächlich und von jeder ‚Authentizität' wie ‚Natürlichkeit' befreit wahrgenommen wurde.[381]

Ohne Frage hatte sich Moroder trotz Dementi musikalisch wie visuell reichlich bei KRAFTWERK bedient, denn vom Sound und den Plattencovern seiner Soloalben *From Here To Eternity* (1977) und *E=MC²* (1979), bis zu seinem Nebenprojekt MUNICH MACHINE griff der ehemalige Schlager-Produzent in den folgenden Jahren immer wieder auf das klangliche und performative Bild einer Mensch-Maschinen-Symbiose zurück.[382] KRAFTWERK hatten bis zu ihrem weltweiten Erfolg mit dem melodisch-minimalem Pop-Titel „Autobahn" (1974) und den sequenzergenerierten

---

377 Summer, Donna: „I Feel Love", auf: *I Feel Love* (1977), 7"-Single, Atlantic, ATL 10 963. Zu Moroder, Farian und Euro Disco siehe etwa Krettenauer, Thomas: „Hit Men. Giorgio Moroder, Frank Farian and the eurodisco sound of the 1970/80s", in: Ahlers; Jacke (Hg.): *Perspectives on German popular music* (2017), 77–87.
378 Moroder zit. n. Ziemer, Jürgen: „Mainstream, Machiavelli und eine Stimme wie Sex", in: *Rolling Stone*, Nr. 3 (2015), 16–17, hier: 17. Brian Eno sprach diesbezüglich von einem „mechanical, Teutonic beat". Eno zit. n. Adelt: *Krautrock* (2016), 138.
379 Vgl. Krettenauer: „Hit Men" (2017), 82.
380 Papenburg, Jens Gerrit: „‚A great idea after the fact'. Das (Er-)Finden der Maxisingle in der New Yorker Diskokultur der 1970er Jahre", in: Mrozek; Geisthövel; Danyel (Hg.): *Popgeschichte* (2014), 179–198, hier: 190.
381 Walter Hughes verweist hier auf den grundlegend homophoben Charakter der von weißen männlichen Rock- und Heavy-Metal-Fans im Zuge der „Disco-Sucks"-Kampagne geäußerten Vorwürfe der Künstlichkeit, Oberflächlichkeit und Gleichförmigkeit. Hughes, Walter: „In the Empire of the Beat. Disco and Discipline", in: Ross, Andrew/Rose, Tricia (Hg.): *Microphone Fiends. Youth Music and Youth Culture*, New York 1994, 147–157, hier: 147.
382 Siehe GIORGIO: *From Here To Eternity* (1977), LP, Casablanca, NBLP 7065, GIORGIO: *E=MC²* (1979), LP, Casablanca, NBLP 7169, MUNICH MACHINE: *A Whiter Shade Of Pale* (1978), LP, Casablanca, NBLP 7090. Vgl. Adelt: *Krautrock* (2016), 136–139. Siehe dazu auch Mackinnon, Angus: „Der Munich Mensch Machine – Giorgio Moroder", in: *New Musical Express*, 9. Dezember 1978 sowie Zeppen-

Techno-Sounds seit *Trans Europa Express* (1977) selbst eine längere musikalische und stilistische Entwicklung hinter sich. So war das erste von Ralf Hütter und Florian Schneider (noch unter dem Namen ORGANISATION) veröffentlichte Album *Tone Float* (1970) ausschließlich Englisch betitelt und auch die ersten KRAFTWERK-Alben glichen den verbreiteten experimentellen Improvisations-Krautrock, was auch an den häufigen Wechseln in der Besetzung in den Anfangstagen lag. Zunächst wurden auch ausschließlich klassische Instrumente genutzt, wenn auch verfremdet. Synthesizer hörte man erstmals auf dem Album *Ralf & Florian* (1973). Allerdings entwickelte die Band in der ersten Hälfte der 1970er Jahre einen auf eingängigen Melodien und einem minimal-repetitiven Beat bauenden Stil, der charakteristisch für einige Krautrock-Gruppen in und um Düsseldorf wurde und sich weit von den ‚kosmischen' Klängen der „Berliner Schule" abgrenzte. Eine entscheidende Rolle spielte auch hier die technologische Entwicklung, denn Melodien ließen sich am Synthesizer nur bei eingebauter Tastatur wie beim *Minimoog* realisieren, während vorangegangene und ausschließlich aus Steckerverbindungen bestehende Synthesizer kaum Alternativen zu den experimentellen Sound-Collagen des frühen Krautrock und schwebenden Klangflächen der „Kosmischen Musik" zuließen.[383]

Bis heute wird die zwischen industriell-geprägter Landschaft und glänzender Werbewelt gelegene städtische Kulisse Düsseldorfs als Erklärungsansatz für den minimalistischen Pop-Sound von Bands wie KRAFTWERK, NEU! und LA DÜSSELDORF herangezogen, insbesondere da letztgenannte Gruppe diesen Bezug in Text, Bandname und grafischer Aufmachung zu einem mehr oder minder ironischen Lokalpatriotismus steigerte.[384] Von großer Bedeutung war dabei nicht nur die Nähe zur Düsseldorfer Kunstakademie mit dort angesiedelten Künstlern wie Joseph Beuys und Gerhard Richter, sondern gleichfalls auch Schlüsselfiguren wie der häufig beteiligte Produzent Conny Plank oder der Schlagzeuger Klaus Dinger. Dinger entwickelte für die Gruppe NEU!, die er zusammen mit Michael Rother nach ihrem Weggang von KRAFTWERK gegründet hatte, den als „Motorik" bekannt gewordenen, strikt-durchgehenden, minimalistischen Schlagzeug-Beat. Zusammen mit dem ebenfalls minimalistisch-repetitiven Gitarrenspiel Rothers hatte die Band einen außerordentlichen Einfluss auf lokale wie internationale Musiker, von KRAFTWERK bis David Bowie. So führte etwa Rothers Zusammenarbeit mit CLUSTER dazu, dass sich das Duo nach ihrem lärmigen Debüt-Album aus dem Jahr 1971 mit dem drei Jahre später erschienen *Zuckerzeit* nun deutlich in Richtung eines motorisch-melo-

---

feld, Werner: „Giorgio Moroder. Der Mann, der Donna Summer stöhnen lässt", in: *Musikexpress*, Nr. 3 (1978), 20–22.
383 Vgl. Seidel: *Wir müssen hier raus!* (2016), 42–43.
384 Vgl. Adelt, Ulrich: „Stunde Null. Postwar German Identity in the Music of Michael Rother and Klaus Dinger", in: *Journal of Popular Music Studies*, Jg. 24, Nr. 1 (2012), 39–56, hier: 52–53.

dischen Pop-Minimalismus bewegte, der sich auch in der an verspielte Werbeästhetik erinnernden Covergestaltung und dem mit Rother gestarteten Nebenprojekt HARMONIA niederschlug. Der Schwenk der Berliner Gruppe CLUSTER in Richtung des ‚Düsseldorfer Sound' verdeutlicht schließlich auch den im Laufe der 1970er Jahre wachsenden Austausch der verschiedenen lokalen Krautrock-Szenen innerhalb der Bundesrepublik. Eindrückliches Beispiel dafür ist etwa das auf dem Hamburger Label *Sky* erschienene Solo-Album *Wunderbar* (1978) des Düsseldorfer Musikers Wolfgang Riechmann, dessen Sound die weiten Klangflächen der „Berliner Schule" mit den leichten Melodien der Düsseldorfer Gruppen verband.[385] Interessanterweise wird der ‚warme' Sound durch das äußerst ‚kalte' und an Bildnisse der Neuen Sachlichkeit erinnernde Frontcoverbild kontrastiert: Der noch im selben Jahr ermordete Riechmann posiert darauf vor einem kristallenen Hintergrund, in kühlen Tönen geschminkt und mit einem schwarzen Anzug (Abb. 2) – ein Outfit, das der britische Synth-Pop-Musiker Gary Numan kurz darauf nahezu identisch übernahm.[386]

Abb. 2: Eiskalt: Wolfgang Riechmann auf dem Frontcover seiner LP *Wunderbar* (1978).

---

385 Riechmann, Wolfgang: *Wunderbar* (1978), LP, Sky Records, sky 017.
386 Auch Rusty Egan, DJ und VISAGE-Mitglied, zeigte sich von der LP begeistert: „Riechmann mit *Wunderbar* lief täglich bei mir im *Blitz Club*. Das traf die Stimmung ungemein. So sollten die achtziger werden: kühl und synthetisch. Wenn du ‚Fade to Grey' von uns heute anhörst, wirst du mehr Riechmann als KRAFTWERK darin erkennen." Zit. n. Esch: *Electri_City* (2014), 199–200.

Politik und Sprache
Was sich beim Großteil der experimentellen und ‚kosmischen' Krautrock-Bands nicht findet, sind Songtexte, geschweige denn deutsche. Üblich waren vielmehr englische Songtitel für die meist instrumentalen Stücke. Wurde doch gesungen, dann zumeist in jeder anderen als der deutschen Sprache oder um die Stimme als weiteres Instrument einzusetzen – beispielhaft seien hier die sich zwischen Sprechgesang, Flüstern und Knurren bewegenden Vocals des japanischen CAN-Sängers Damo Suzuki genannt. Erst der Düsseldorfer Minimal-Pop fand zur deutschen Sprache zurück. Allerdings hatte sich mit dem sogenannten Politrock in der Bundesrepublik eine weitere, mit dem Krautrock auf vielfache Weise verbundene Musikkultur entwickelt, die schon früh auf deutsche Texte setzte.[387] Bands wie CHECKPOINT CHARLIE, FLOH DE COLOGNE, IHRE KINDER und kurz darauf auch LOKOMOTIVE KREUZBERG und TON STEINE SCHERBEN ging es weniger um neue Sounds als um eine politische Botschaft, die in populäre Rocksounds verpackt wurde. Einen politischen Anspruch hatte zwar auch der Großteil der Krautrock-Musiker, teilweise gab es hier sogar Verbindungen zur militanten Linken,[388] jedoch vermittelten sie diesen Anspruch über den gegenkulturellen Lebensstil und ihre Sounds.[389]

Enger verwoben ins linksradikale Milieu und offen agitatorisch war dagegen die Berliner Band TON STEINE SCHERBEN: Ob bei der Initiierung von Publikumsausschreitungen und Beteiligung an Hausbesetzungen, der Umsetzung einer musikalischen Auftragsarbeit für die *Bewegung 2. Juni* oder medial wirksamen Aktionen gegen ‚das System'.[390] Allerdings kam es recht schnell zum Bruch zwischen der „Agitrock"-Band und der Berliner Szene, von der sich insbesondere Sänger Rio Reiser aufgrund ihrer steten Forderung nach ausschließlich politischen Texten sowie der ihm entgegengebrachten, mehr oder weniger unterschwelligen Homophobie

---

387 Zu Recht bemerkt Dedekind hier hinsichtlich der gemeinsamen gegenkulturellen Wurzeln und Treffpunkte, dass die Grenzen zwischen dem zeitgenössischen Politkabarett (LOKOMOTIVE KREUZBERG), politisch engagierten Krautrockbands (AMON DÜÜL) und Politrock (TON STEINE SCHERBEN) durchaus fließend waren. Dedekind: *Krautrock* (2008), 110.
388 Vgl. ebd., 114–115 sowie Simmeth: *Krautrock Transnational* (2016), 71.
389 Vgl. ebd., 141. Simmeth verweist zugleich auf die Schwierigkeiten dieser Bestimmung: „Der auf soundbasierende politische Gehalt von Musik ist allerdings (wie der Sound selbst) begrifflich schwer zu fassen und unterliegt höchst subjektiven Wahrnehmungen." Ebd., 193.
390 So ging nach ihrem Debüt-Auftritt auf dem „Love-and-Peace-Festival" auf Fehmarn 1970 die Bühne in Flammen auf, wohnte RAF-Mitglied Holger Meins zeitweise in der Band-Kommune am Tempelhofer Ufer und begann Band-Manager Nigel Pallat 1971 während einer WDR-Talkshow mit einem Handbeil den Bühnentisch zu zerstören und Studioequipment zu entwenden. Siehe dazu Brown, Timothy S.: „Music as a Weapon? Ton Steine Scherben and the Politics of Rock in Cold War Berlin", in: *German Studies Review*, Jg. 31, Nr. 1 (2009), 1–22 sowie Putnam, Michael T.: „Music as a Weapon. Reactions and Responses to RAF Terrorism in the Music of Ton Steine Scherben and their Successors in Post-9/11 Music", in: *Popular Music and Society*, Jg. 32, Nr. 5 (2009), 595–606.

zunehmend eingeschränkt fühlte. Die SCHERBEN flohen schließlich aus der Stadt und gründeten in Schleswig-Holstein eine Landkommune, in der sie ihr drittes Album *Wenn die Nacht am tiefsten* (1975) aufnahmen, das nach den Kampf-Parolen auf *Warum geht es mir so dreckig* (1971) und *Keine Macht für Niemand* (1972) vor allem introspektive, lyrisch anspruchsvolle und mit christlichen Verweisen gespickte Texte enthielt. Dabei war es gerade die Eindringlichkeit und Intensität von Reisers Gesang, der nicht nur innerhalb der Politrock-Bands, sondern ebenfalls für einige Protagonist:innen der NDW (insbesondere Blixa Bargeld von EINSTÜRZENDE NEUBAUTEN) eine herausragende Rolle spielen sollte.

Als ebenso bedeutsam lässt sich im Hinblick auf die NDW der ‚Prä-Punk'-Charakter der SCHERBEN einschätzen: Ihre Songs thematisierten das verbreitete Gefühl von Frustration und Ausweglosigkeit durch die Wahl der deutschen Sprache auf eine direkte, ‚authentisch' wirkende Art und Weise. Zudem riefen sie ihr Publikum zu politischem Aktionismus auf und verkauften ohne Werbung oder Radio-Airplay bis Ende der 1970er Jahre über 300.000 auf dem bandeigenen Label *David Volksmund Produktion* erschienene LPs.[391] Eine besondere Rolle hinsichtlich des Erfolgs der Band spielte ihr Mangel an jener ‚Kopflastigkeit' wie sie den frühen Kraut- und Politrock auszeichnete. Reisers Texte sprachen die Hörer:innen direkt an, die nun nicht mehr ausschließlich aus akademisch gebildeten Kreisen und der höheren Mittelschicht stammten. Damit ebnete die Band den Weg für die NDW sowie den seit der Mitte der 1970er Jahre kommerziell erfolgreichen und ‚den kleinen Mann' ansprechenden Deutschrock, als dessen Startpunkt zumeist Udo Lindenbergs ersten deutschsprachigen Alben *Daumen im Wind* (1972) und *Alles klar auf der Andrea Doria* (1973) gelten.[392]

Zur selben Zeit trat auch Krautrock in seine von Professionalisierung, stilistischer Ausdifferenzierung und breiter Kommerzialisierung geprägte Hochphase. Zu Recht macht Simmeth darauf aufmerksam, dass es hinsichtlich dieser künstlerisch wie finanziellen Erfolgsjahre die in der Geschichtswissenschaft veranschlagte Zäsur im Jahr 1973, die die Zeit „nach dem Boom" einläutete, für den Krautrock nicht gab.[393] Major-Labels richteten spätestens 1973 ihren Blick auf den Krautrock und bildeten mit ihren extra für deutsche Rock-Acts gegründeten Sublabels eine ernstzunehmende Konkurrenz für die vielen im Krautrock-Milieu gegründeten

---

391 Vgl. Koch, Albrecht: *Angriff auf's Schlaraffenland. 20 Jahre deutschsprachige Popmusik*, Frankfurt a. M. u. a. 1987, 53 sowie Peters, Sebastian: *Ein Lied mehr zur Lage der Nation. Politische Inhalte in deutschsprachigen Popsongs*, Berlin 2010, 191.
392 Vgl. etwa Dedekind: *Krautrock* (2008), 94 und Haring: *Rock aus Deutschland West* (1984), 65.
393 Simmeth: *Krautrock Transnational* (2016), 322–323. Hier scheint Frank Böschs Ansatz, statt 1973 vielmehr das Jahr 1979 als zeitgenössisch erstmals wahrnehmbare Zäsur zu interpretieren, deutlich zutreffender und bietet eine Grundlage zur Erklärung des Aufkommens der NDW und des ‚Kälte-Pop' Ende der 1970er Jahre. Vgl. Bösch: *Zeitenwende 1979* (2019).

Kleinlabels – Parallelen zur Geschichte der NDW werden nicht nur hier deutlich, sondern gleichfalls bei dem szeneintern unweigerlich aufkommenden Vorwurf des ‚Ausverkaufs'.[394] Damit zusammenhängend räumt Simmeth auch mit der immer wieder geäußerten Annahme auf, dass Krautrock in der Bundesrepublik keine Erfolge verzeichnen konnte und von den deutschen Medien negativ bis gar nicht thematisiert wurde.[395] So betont er etwa die „konstitutive Rolle" der Musikzeitschrift *Sounds*, die Ende der 1970er Jahre zum Leitmedium der NDW-Bewegung geriet, für die Entwicklung des Krautrock und verweist gleichfalls auf das relativ große Interesse des Jugendmagazins *Bravo* an einigen Krautrock-Gruppen.[396] Mediale Aufmerksamkeit wurde diesen bereits in den frühen 1970er Jahren auch im Fernsehen zuteil, etwa durch Auftritte im *Beat Club* (u. a. KRAFTWERK, CAN, AMON DÜÜL II) oder durch das gelegentliche Beisteuern von Songs für Fernsehsendungen.[397]

Wirkung
Hinsichtlich der recht umfänglichen medialen Berichterstattung in der Bundesrepublik über die einheimische Musikszene wird deutlich, dass Krautrock auch an den NDW-Pionierbands nicht spurlos vorübergegangen sein kann. Von noch größerer Bedeutung muss aber der Einfluss des Krautrock auf die NDW über den Umweg britischer und US-amerikanischer Industrial-, Post-Punk- und New-Wave-Musiker:innen eingeschätzt werden, die sich direkt und teilweise euphorisch auf einzelne Krautrockgruppen bezogen und deren Sound adaptierten. Ohnehin verkauften sich die Tonträger einzelner Krautrock-Gruppen (vorrangig jener mit Major-Deal) deutlich besser im Ausland als in der Bundesrepublik, dementsprechend ausgiebige Tourneen unternahmen diese Bands außerhalb der Bundesrepublik, was wiederum deutsche Medien aufhorchen ließ.[398] Größere Aufmerksamkeit wurde dem Krautrock neben Frankreich, wo besonders die Synthesizer-Sounds von KRAFTWERK, TANGERINE DREAM und Klaus Schulze hohe Verkaufszahlen erreichten, vor allem in Großbritannien zuteil, wo auch CAN, NEU!, FAUST und AMON DÜÜL II eine gewissen Bekanntheit erlangten. Eine bedeutende Rolle spielte hierbei der BBC-Radio-DJ John Peel, der den ‚exotischen' Sound der deutschen Bands vergleichsweise

---
394 Vgl. Haring: *Rock aus Deutschland West* (1984), 95 sowie Simmeth: *Krautrock Transnational* (2016), 194–195.
395 Siehe ebd., 117–133.
396 Ebd., 127.
397 Zu denken wäre hier z. B. an KRAFTWERKS „RuckZuck" (1971), das die Titelmusik für die Fernsehsendung *Kennzeichen D* (ZDF, ab 1971) wurde, sowie an CANS „Spoon" (1971), das als Titelmelodie für den dreiteiligen Fernsehfilm „Das Messer" (1971) Bekanntheit erlangte.
398 Vgl. ebd., 226, 237, 248.

viel Sendezeit einräumte und damit gleichzeitig auf die späteren NDW-Akteur:innen zurückwirkte, die Peels auf BFBS übertragene Sendung aufgrund des Mangels an Alternativen im deutschen Radio ebenso leidenschaftlich verfolgten wie ihre Altersgenoss:innen in Großbritannien.[399] In der britischen Presse wurden die verschiedenen Musikstile der einzelnen Bands stets als ‚typisch deutsch' interpretiert, worunter ganz unterschiedliche und teilweise widersprüchliche Eigenschaften wie „emotional", „ruhig" und „romantisch", aber auch „kalt", „beängstigend" und „entmenschlicht" gezählt wurden.[400] Auch an Verweisen auf ‚klassische' Stereotypen des „Teutonischen" (Nazis, Militär und Krieg) mangelte es nicht, wie entsprechende Bebilderungen, Begriffe und Artikelüberschriften wie „Can: Ve Give Ze Orders Here" und „Kraftwerk: The Final Solution to the Music Problem?" deutlich machen.[401]

In den USA wiederum, wo man ab Mitte der 1970er Jahre zunächst durch die britische Rezeption auf Krautrock aufmerksam wurde, gerieten andere Aspekte der Krautrock-Rezeption in den Vordergrund. Da hier vor allem die elektronischen, auf Synthesizer spezialisierte Gruppen KRAFTWERK und TANGERINE DREAM gekauft und mit Neugierde betrachtet wurden, lag auch der Fokus der US-amerikanischen Medien vor allem auf den Technik-Aspekten der Gruppen und ihrer Musik.[402] Während die einen in den als ‚typisch deutsch' empfundenen Sounds zukunftsweisende Klänge ausmachten und diese mit ‚Space-Age'-Assoziationen aufluden, wurde die Musik von anderen genau wegen dieser Verknüpfungen als „kalt" und „unauthentisch" kritisiert.[403] Beiden gemein war, dass die dabei entwickelten Zuschreibungen und Assoziationen bezüglich Technologien, Maschinen

---

399 Zur Krautrock-Rezeption in Großbritannien siehe ebd., 227–245.
400 Ebd., 245. Ian MacDonald fragte etwa im ersten Teil seiner vielbeachteten Krautrock-Reihe „Germany Calling" im britischen *New Musical Express* „How long before the machines take over?". Eine Woche später bemerkte er zum „wellspring of Teutonic emotional expression" im zweiten Album von NEU!, dass die Tracks „project a warmth and imagination which, theoretically, just shouldn't be there". MacDonald, Ian: „Germany Calling, Part One. German rock challenges virtually every accepted English and American standpoint", in: *New Musical Express*, 9. Dezember 1972, 27 sowie ders.: „Germany Calling, Part Two. Bomb blasts and the beat", in: *New Musical Express*, 16. Dezember 1972, 36.
401 Siehe Kent, Nick: „Can: Ve Give Ze Orders Here", in: *New Musical Express*, 16. Februar 1974 sowie Bangs, Lester: „Kraftwerk: The Final Solution To The Music Problem?", in: *New Musical Express*, 6. September 1975. Letzterer Beitrag griff gleichfalls auf ein Bild eines Nürnberger Reichsparteitags der Nationalsozialisten zurück.
402 Vgl. Simmeth: *Krautrock Transnational* (2016), 247–248, 310. Zwar waren zu dieser Zeit auch andere deutsche Bands wie TRIUMVIRAT, ATLANTIS und später auch SCORPIONS in den USA kommerziell erfolgreich, da sich ihr Sound aber am angloamerikanischen Mainstream-Rock orientierte, wurde ihre Musik „nicht als spezifisch bundesdeutscher Beitrag wahrgenommen". Ebd., 292.
403 Siehe dazu ebd., 300–304.

und Roboter stets mit der Herkunft der Bands in eins gesetzt wurden. Simmeth zufolge wurde Krautrock in Großbritannien und den USA deswegen als „exotisch" wahrgenommen und trotz aller stilistischen Unterschiede zwischen den einzelnen Bands einheitlich als „German Sound" deklariert, da es sich bei Krautrock „um den ersten und damals einzigen konstitutiven und als eigenständig wahrgenommenen Beitrag zum Medium des Pop handelte, der nicht nur von außerhalb der angloamerikanischen Sphäre kam, sondern eben aus der Bundesrepublik".[404]

Diese „Nationalisierung"[405] des Phänomens Krautrock sollte sich in mehrfacher Weise auf die deutsche Pop-Musik auswirken: So begannen ab Mitte der 1970er Jahre einzelne Krautrock-Bands – ob aus Image- oder Identitätsgründen, das heißt zur Erhöhung internationaler Verkaufszahlen oder zur Selbstverortung innerhalb der transnationalen Popkultur – ihre Selbstdarstellung auf diese Stereotypen auszurichten, allen voran KRAFTWERK, deren Image nationale (deutsche Texte, Verweise auf deutsche Geschichte), lokale (Rhein-Ruhr-Gebiet als Ursprung des eigenen Sounds) und technologische („Mensch-Maschine", ausschließlich elektronische Instrumente) Bilder verschmolzen. Begeistert sprangen auch deutsche Medien auf dieses erstmals den Beitrag deutscher Musiker im Rahmen der sonst von angloamerikanischen Musiker:innen dominierten Pop-Musik hervorhebende Narrativ an und erklärten nun, wie der *Musikexpress* 1976 in einer mehrteiligen Artikelserie zur elektronischen Musik, dass diese „ein deutsches Phänomen" sei und „auf eine bestimmte Weise mit der deutschen Mentalität korrespondiert".[406] Für die Generation junger Pop-Interessierter, die mit diesen Zeitschriften-Beiträgen ihre ‚Pop-Sozialisation' erfuhren und sich wenig später am popmusikalischen Aufbruch im Rahmen des deutschen Post-Punk und der NDW beteiligten, hatten diese Konstruktionen eine kaum zu überschätzende Bedeutung, wie die im ‚Kälte-Pop' eingesetzten Motive zeigen sollten.

Hinzu kam der bereits erwähnte Einfluss des Krautrock auf die NDW über den Umweg der angloamerikanischen Künstler:innen der „New Musick". Zu Recht fragt Poptheoretiker Martin Büsser mit Blick auf die vielen Lobeshymnen vor allem britischer Industrial-, Punk- und Post-Punk-Musiker:innen auf Krautrock: „Waren eine Handvoll Krauts die eigentlichen Urheber des New Wave, die wahren Begründer einer neuen Ästhetik und die Drahtzieher dessen, was sich seit den späten 1970er Jahren Independent nennen sollte?"[407] Auch die Bemerkungen Daniel Millers, der mit seinem Label *Mute* und dem Track „Warm Leatherette" (1978, als

---

404 Ebd., 313.
405 Ebd., 245.
406 O. V.: „Electronic. Musik aus der Steckdose, Teil 4", in: *Musikexpress*, Nr. 9 (1976), 34–36, hier: 34.
407 Büsser: „Wo ist Kraut, Mama?" (1996), 22.

THE NORMAL) die Entwicklung der New Wave auf mehrfache Weise beeinflusste, dass er in den 1970er Jahren angloamerikanische Musik verabscheut, nur Krautrock gehört und beim ersten Hören der RAMONES gedacht habe, es wären NEU!,[408] deuten in diese Richtung. Hinsichtlich der transnationalen Verwobenheit des Krautrock und der Vielzahl anderer Musikstile, die in der „New Musick" adaptiert wurden, sind die Zuschreibungen „Urheber" und „Drahtzieher" freilich überzogen. Allerdings lässt sich kaum übersehen, wie Büsser feststellt, dass der Sounds einiger weniger Krautrock-Bands als „musikalischer Nährboden" für die in der zweiten Hälfte der 1970er Jahre in Erscheinung tretenden Industrial- und Post-Punk-Musiker:innen fungierte.[409]

Dabei lassen sich gewisse Präferenzen bei der Rezeption ausmachen: So hatten die experimentellen Noise-Collagen von CLUSTER und FAUST insbesondere (aber nicht ausschließlich) auf die Industrial Music bedeutenden Einfluss, in der die Sounds als konfrontative Werkzeuge zur Offenlegung gesellschaftlicher Abgründe eingesetzt wurden.[410] Ebenso diente CANS eigenständiger Sound als Inspiration für viele Post-Punk-Musiker:innen, darunter John Lydon alias Johnny Rotten (SEX PISTOLS, PUBLIC IMAGE LIMITED), Mark E. Smith (THE FALL) und SONIC YOUTH.[411] Als prägend für die eigene Musik bezeichnete auch Richard H. Kirk von CABARET VOLTAIRE den Stil von CAN, betonte dabei aber vor allem ihren von unterschiedlichen internationalen Einflüssen inspirierten Sound als ausschlaggebend für ihre Eigenständigkeit und Bedeutung.[412] Vorbildcharakter hatten bei britischen Synth-Pop-Bands und -Musiker:innen wie Dave Ball (SOFT CELL), Anne Clark, Andy McCluskey (ORCHESTRAL MANOEUVRES IN THE DARK: OMD), Ian Marsh und Martyn Ware (THE HUMAN LEAGUE, HEAVEN 17), Billy Currie (ULTRAVOX, VISAGE), Vince Clark (DEPECHE MODE, YAZOO, ERASURE) und Rusty Egan (VISAGE, DJ in den Londoner Clubs *Blitz* und *Heroes*) dagegen vor allem die Düsseldorfer Electro-Pop-Gruppen, insbesondere KRAFTWERK.[413] Andy McCluskey (OMD) etwa beschrieb KRAFTWERKS *Autobahn* als „Funke"[414] und stellte rückblickend fest:

> Als wir zum ersten Mal HUMAN LEAGUE und CABARET VOLTAIRE hörten, dachten wir: Shit, die haben die gleichen deutschen Importplatten gekauft! Alle hatten gedacht, sie wären die Einzi-

---

408 Miller zit. n. Majewski/Bernstein: *Mad World* (2014), 133.
409 Büsser: „The Art Of Noise/The Noise Of Art" (1996), 14.
410 Ebd. Persönliche Kontakte wie im Fall von Steve Stapleton (NURSE WITH WOUND), der für einige Zeit in Deutschland als Roadie bei GURU GURU und KRAAN arbeitete, waren die Ausnahme.
411 Vgl. Adelt: *Krautrock* (2016), 24 sowie Dedekind: *Krautrock* (2008), 228.
412 Kirk zit. n. Büsser: „Wo ist Kraut, Mama?" (1996), 17.
413 Vgl. Ball zit. n. Stubbs: *Future Days* (2014), 429, McCluskey zit. n. Majewski/Bernstein: *Mad World* (2014), 258 sowie Egan zit. n. Esch: *Electri_City* (2014), 136.
414 McCluskey zit. n. Keller, Hans: „Orchestral Manoeuvres In The Dark. Elektronisches Entertainment", in: *Sounds*, Nr. 7 (1980), 12.

gen, die in ihren Zimmern in Sheffield, Liverpool und London KRAFTWERK, LA DÜSSELDORF, CAN und NEU! hörten.[415]

Die Begeisterung für Krautrock-Bands wie KRAFTWERK, NEU!, FAUST und HARMONIA unter britischen Musiker:innen sollte sich bei zwei Künstlern als besonders folgenreich erweisen: David Bowie und Brian Eno. Bowie, der selbst nie Teil der „New Musick"-Kulturen war, aber vom Großteil ihrer Protagonist:innen – ob im Krautrock, Punk oder Post-Punk/New Wave[416] – vergöttert wurde, geriet selbst stets ins Schwärmen, wenn er von Krautrock sprach. In einem Interview von 1997 etwa erklärte er: „Wissen Sie, diese Platten sind so etwas wie mein Gedächtnis, meine Wiege und meine Adoleszenz in einem. Sie haben mich geprägt, mich geöffnet und stark inspiriert. Ich respektiere und bewundere sie."[417] Journalistische wie populärwissenschaftliche Beiträge verweisen an dieser Stelle zumeist auf Bowies sogenannte „Berlin-Trilogie", *Low* (1977), „*Heroes*" (1977) und *Lodger* (1979), jene in West-Berlin unter der Mitarbeit von Brian Eno entstandenen Alben, die Bowies Krautrock-Begeisterung widerspiegeln und oftmals von Kritiker:innen als Höhepunkt seines künstlerischen Schaffens bewertet werden. Übersehen wird hierbei oft, dass der Einfluss des Düsseldorfer Krautrock auf Bowie nach seiner Glam-Phase (*Ziggy Stardust*, 1972; *Aladdin Sane*, 1973; *Diamond Dogs*, 1974) und einem Ausflug in Soul-Gefilde (*Young Americans*, 1975) bereits auf dem Album *Station To Station* (1976) deutlich wurde – insbesondere beim von maschinellen Beats und elektronischen Spielereien getragenen Titelstück, in dem er seine neue Figur vorstellte, den elegant in Anzug statt bunte Glam-Outfits gekleideten Thin White Duke.[418] Mit *Low* ließ Bowie schließlich jene Elemente in den Vordergrund treten, die er an Krautrock so schätzte: Minimalistische, elektronische, zumeist instrumentale und teilweise stark verzerrte Sounds bestimmten nun das Album, mit dem sich Bowie nicht nur musikalisch von der angloamerikanischen Rock-Musik abzugrenzen suchte. Wie umfassend Bowies Mittlerfunktion zwischen Krautrock und New Wave war, wird etwa in der Plattenrezension der Popjournalistin Inge-

---

415 McCluskey zit. n. Hentschel, Joachim: „Disco in Disneyland. Wie der britische Pop-Sommer 1982 die Welt veränderte", in: *Rolling Stone*, Nr. 9 (2007), 74–81, hier: 77. Ian Marsh von THE HUMAN LEAGUE nannte in einem Interview aber auch Donna Summers „I Feel Love", Bowies *Low* und den Electro-Disco-Hit „Magic Fly" (1977) der französischen Band SPACE als Bestätigung und Ermutigung die eigene Sound-Ausrichtung weiterzuführen. Marsh zit. n. Schober, Ingeborg: „The Human League. Transparente Elektronik", in: *Sounds*, Nr. 8 (1980), 46–48, hier: 47.
416 Bowies Einfluss auf den Post-Punk verlief teilweise zugleich direkt und indirekt. So ließ Bowie seine Krautrock-Rezeption auch in die von ihm zu großen Teilen komponierten Alben *The Idiot* und *Lust for Life* (beide 1977) seines Freundes Iggy Pop einfließen, nachdem dieser zu ihm nach West-Berlin gezogen war.
417 Bowie zit. n. Dax, Max: *Dreißig Gespräche*, Frankfurt a. M. 2008, 90.
418 Vgl. Adelt: *Krautrock* (2016), 144.

borg Schober für die *Sounds* deutlich, die sie über Bowies mit demselben Team in West-Berlin aufgenommenes Folgealbum „*Heroes*" schrieb:

> Beängstigende, beunruhigende, böse Klänge, bisweilen von einer äußerst sensiblen Brutalität [...]. Weitere Parallele zu *Low*: es gibt eine ‚warme' A-Seite, die melodiöser, arrangierter und gefühlvoller klingt, so als wolle Bowie nur zwischendrin mal klarstellen, dass er das auch noch perfekt beherrscht, und eine ‚kalte' B-Seite. [...] Sonst aber herrschen eher Aufruhr und Metropolis-Stimmung und eine provisorische Kompositionsweise vor, eine klare Reminiszenz sowohl an New Wave, als auch die klassische Moderne, die Avantgardisten und 12-Ton-Künstler. Ein abrupter, schockhafter, wahrhaft heroischer Ausbruch aus dem Rock-Getto.[419]

Ob der Titel „Heroes" von NEU!s „Hero" (1975) inspiriert worden war, lässt sich hier nur vermuten, eine klare Hommage an KRAFTWERK bzw. Bandmitglied Florian Schneider findet sich auf dem Album jedoch im Titel des Stücks „V-2 Schneider", mit dem Bowie KRAFTWERK erneut mit dem Nationalsozialismus verknüpfte. Die Bewunderung verlief keineswegs in nur eine Richtung, denn auch KRAFTWERK bekannten sich als Bowie-Fans, ließen ihn und Iggy Pop im Text zu „Trans Europa Express" (1977) auftauchen und planten sogar gemeinsame Aufnahmen.[420] Diese kamen zwar nicht zustande, allerdings nahm der ebenso von Krautrock faszinierte und an der „Berlin-Trilogie" beteiligte Brian Eno 1976 mit den Krautrockern von HARMONIA Musik auf. Bowie teilte Enos ruhelose Suche nach immer neuen Einflüssen und Stilen, die sich in dem für die ‚Berliner' Alben so charakteristischen Mix aus ‚warmen' Soul- und Funk-Rhythmen und den ‚kalten' elektronischen Instrumenten und distanzierten Vocals niederschlug.[421] Ohnehin schätzte Bowie Krautrock gerade wegen seiner transnationalen Beschaffenheit, der nationale und internationale Einflüsse zu neu- und eigenartigen Sounds verschmolz:

> Das Faszinierende war und ist doch, dass diese Deutschen ihre Beats auf schwarzen Beats aufbauten, weswegen diese Musik so unglaublich viel Soul zu haben scheint, obwohl sie mit elektronischen Instrumenten erstellt wurde. Diese Deutschen hatten doch glatt die schwarzen Beats adaptiert und im Handstreich in einen ureigenen europäischen Ausdruck transformiert. Das ist übrigens typisch deutsch, wenn Sie mich fragen.[422]

Als Bowie Deutschland 1979 wieder verließ und sich dem Mainstream-Pop zuwandte, brodelte es bereits im Untergrund bundesdeutscher Städte. Im Gegensatz zu ihren musikalischen Vorbildern und Gleichgesinnten in Großbritannien und den

---

[419] Schober, Ingeborg: „David Bowie. HEROES. RCA PL 42 372", Rezension, in: *Sounds*, Nr. 12 (1977), 66.
[420] Vgl. Hütter oder Schneider zit. n. Alessandrini: „Haute Tension: Kraftwerk" (1976).
[421] Vgl. Adelt: *Krautrock* (2016), 149–150.
[422] Bowie zit. n. Dax: *Dreißig Gespräche* (2008), 91.

USA ließ die NDW-Bewegung kein gutes Wort an den Krautrock-Bands – wenn sie diese überhaupt erwähnten. Zeitgenössische Interviews mit NDW-Protagonist:innen verschiedener Musikstile deuten vielmehr auf ein völliges Desinteresse am Krautrock hin, der fast nie explizit genannt und ohne Unterscheidung von angloamerikanischen Psychedelic- und Progressive-Rock-Bands zumeist unter dem großen Feindbild ‚Hippie' subsumiert wurde. Nicht zuletzt bot die Strategie der vermeintlichen Unkenntnis auch eine Möglichkeit zur popkulturellen Aufwertung der eigenen Rolle: Gabi Delgado (DAF) etwa erklärte 1981 in einem Interview mit der englischen *Sounds*, dass DAF keine Vorbilder habe und er selbst erst kürzlich auf CAN gestoßen sei, obwohl er ein Jahr zuvor CAN in einem Interview mit dem *New Musical Express* noch zur einzigen deutschen, popmusikalischen Wurzel von DAF deklariert hatte.[423] Erst in der Retrospektive begannen ehemalige NDW-Beteiligte ihre Krautrock-Einflüsse aufzuarbeiten und öffentlich zu machen, etwa Blixa Bargeld, der seine musikalische Prägung im „Oszillationsfeld" zwischen CAN, KRAFTWERK, NEU! und TON STEINE SCHERBEN verortete.[424] Direkte, positive Bezüge zur eigenen Pop-Sozialisation durch Krautrock wie jene des Journalisten und Musikers Xao Seffcheque, der 1981 KRAFTWERKS *Autobahn* als „die erste Pop-Platte" beschrieb, „die mir nicht das anglo-amerikanische, sondern eben mein persönliches ‚Hier & Heute' suggerierte und verdeutlichte", blieben die Ausnahme.[425] Dabei zeigen sich nicht nur eine Vielzahl personeller Überschneidungen,[426] sondern gerade zu Beginn der NDW deutliche Ansätze musikalischer Fortsetzungen des Krautrock: So erinnern etwa die Debüt-Alben von DAF (*Ein Produkt der Deutsch-Amerikanischen Freundschaft*, 1979) und DIE KRUPPS (*Stahlwerksynfonie*, 1981)[427] an den experimentellen Krautrock im Stil von CLUSTER und FAUST, während PYROLATOR und RHEINGOLD („Dreiklangsdimensionen", 1980) den ‚Düsseldorfer Sound' fortführten.

---

423 Siehe Delgado zit. n. Gill, John: „Dance the Mussolini, Dance the Adolf Hitler", in: *Sounds (UK)* (1981), Abdruck in Spies/Esch/Görl/Delgado: *Das ist DAF* (2017), 66 sowie Bohn, Chris: „Not As DAF As They Look", in: *New Musical Express*, 28. Juni 1980, 21.
424 Bargeld zit. n. Dax/Defcon: *Nur was nicht ist, ist möglich* (2006), 33 und Koch, Albert: „Wie? Kleine langnasige Tiere?", in: *Musikexpress*, Nr. 1 (2004), 52–57, hier: 55. Siehe etwa auch Bargeld zit. n. Stubbs: *Future Days* (2014), 416, Holger Hiller zit. n. Bohn, Chris: „Holger Hiller. Poltergeist in the Machine", in: *New Musical Express*, 28. Januar 1984, 7 sowie Diedrich Diederichsen zit. n. Deisl, Heinrich: „Saying ‚Yes!' While Meaning ‚No!'. A Conversation with Diedrich Diederichsen", in: Schütte (Hg.): *German Pop Music* (2017), 235–251, hier: 249.
425 Seffcheque, Xao: „Kraftwerk. Kulturelle Suppenwürfel", in: *Sounds*, Nr. 8 (1981), 28–31, hier: 30.
426 Beispielhaft seien hier genannt: Holger Czukay (CAN), der die erste LP von S.Y.P.H. (*Pst*, 1980) produzierte, Jaki Liebezeit (CAN), der Schlagzeug für Joachim Witt spielte sowie am prominentesten Conny Plank, der unter anderem die Alben von DAF und IDEAL produzierte. Letztere hatten zudem ihr Debüt-Album (*Ideal*, 1980) auf Klaus Schulzes Label IC veröffentlicht.
427 Das Album wurde im Studio von CAN aufgenommen und später abgemischt von Conny Plank.

Am deutlichsten zeigt sich dieses Missverhältnis zwischen zeitgenössischer Anerkennung und tatsächlicher Beeinflussung an der Rolle KRAFTWERKS in der NDW. „Tja, es ist nun mal momentan sehr schick, gegen KRAFTWERK zu sein", fasste *Spex*-Redakteur Joachim Ody 1981 die NDW-interne Stimmungslage treffend zusammen.[428] Dafür gab es einige Gründe: So vertraten KRAFTWERK gegenüber den NDW-Protagonist:innen eine andere Generation und ein anderes soziales Milieu, waren nicht eingebunden in die szeneinternen Treffpunkte und gaben sich bei gemeinsamen Ausflügen ins Düsseldorfer Nachtleben durch abgestimmte Outfits und eingeplante Inszenierungen unnahbar für die junge NDW-Szene. Tatsächlich stellten KRAFTWERK jedoch ein zweifaches Bindeglied dar: musikalisch zwischen Krautrock und NDW sowie (subjekt-)kulturell zwischen den ‚68ern' und ‚78ern'. Minimalistische Sounds, simple Songtexte, eine neusachliche Thematisierung zumeist technischer Alltagsprodukte, die Betonung des Widerstands gegen den vermeintlichen angloamerikanischen „Kulturimperialismus" bei gleichzeitiger Präsentation einer vermeintlich spezifisch ‚deutschen' Musik: All diese für die NDW so charakteristischen Eigenschaften bildeten schon den Kern des KRAFTWERK-Konzepts. Nicht zuletzt waren es KRAFTWERK, die das in der New Wave inflationär genutzte Motiv der gefühllosen Mensch-Maschine einführten, als auch das gegen jeden musikalischen wie philosophischen Eskapismus gerichtete „Ja zur Modernen Welt" in die Pop-Musik, lange bevor es die FREIWILLIGE SELBSTKONTROLLE als Kampfbegriff gegen die linksalternative Gegenkultur in Stellung brachten. KRAFTWERKS Geschichte beginnt zwar im Krautrock, dennoch stellen sie einen der bedeutendsten Wegbereiter und zugleich eine der wichtigsten Gruppen des in der NDW zur vollen Entfaltung kommenden ‚Kälte-Pop' dar.

2.2.3 Industrial

Krautrock war vor allem eins: auf der Suche. Fast immer ging es darum, neue Sounds, Bewusstseinszustände und unbekannte Welten zu entdecken und eine harmonische Vereinigung zu finden, ob nun zwischen verschiedenen musikalischen Einflüssen oder, wie im Fall von KRAFTWERK, zwischen Mensch und Maschine sowie Vergangenheit und Zukunft. Die frühe Industrial Culture, die sich zwar für die lärmenden Klangcollagen der experimentellen Krautrock-Gruppen begeisterte, war dagegen nicht mehr auf der Suche, sondern ein Angriff auf Kunst und Gesellschaft: „ästhetische[r] Terrorismus".[429] Gruppen wie THROBBING GRISTLE, CABARET VOL-

---

[428] Ody, Joachim: „Menschen und Maschinen im Neonlicht. Kraftwerkkonzert", in: *Spex*, Nr. 7/8 (1981), 10–11, hier: 10.
[429] Büsser: *On The Wild Side* (2013), 109.

TAIRE und SPK wollten neue Sounds nicht mehr um ihrer selbst Willen und zur Befriedigung künstlerischer Neugier ergründen, sondern um sie als Waffe einzusetzen: gegen das vermeintliche Idyll der modernen Zivilisation, das den ‚schönen Schein' bewahre und die Abgründe der Gesellschaft verdecke. Wie den anderen Vertreter:innen der „New Musick" war auch der ersten Industrial-Generation daran gelegenen, die Ansätze der avantgardistischen Kunst fortzuführen und die Grenzen zwischen dieser und der Pop-Musik aufzulösen, nicht jedoch, um Letztgenannte zu bereichern, sondern um ihre Konsument:innen zu verstören und ‚aufzuwecken'. Die Impulse, Strategien und Motive, die von der sich parallel zur Punk-Kultur entwickelnden und ab etwa 1976 in Erscheinung getretenen Industrial-Szene auf den Post-Punk und die Musikwelt im Allgemeinen ausgingen, waren gewaltig.[430] Zwar umfasste die Industrial Culture in der zweiten Hälfte der 1970er Jahre nur ein paar wenige Bands mit überschaubaren Plattenverkäufen, dennoch hat es, wie der Popautor Martin Büsser zu Recht bemerkt, „weder zuvor noch danach eine Bewegung gegeben, die einerseits so klein und andererseits so folgenreich für die weitere Musikentwicklung werden sollte".[431]

Was machte Industrial so neu- wie eigenartig und welche Bedeutung hatte dies für die Entwicklung von ‚Kälte'-Motiven in der Popkultur? Hier lohnt es, die fünf Hauptstrategien des frühen Industrial nachzuzeichnen, die der Musikjournalist Jon Savage 1983 im *Industrial Culture Handbook*[432] bestimmte: 1. Eine organisatorische Autonomie, die unter anderem mit der Gründung von Independent-Labels wie *Mute*, *Some Bizarre* und *Industrial Records* erzielt werden sollte;[433] 2. der Zugang zu Informationen, um in der Vorstellung des allumfassenden „Informationskrieges" die vermeintlichen Kontrollmechanismen und verdrängten Schrecken aufzudecken; 3. der Einsatz von Synthesizern und „Anti-Musik"; 4. die Nutzung von außermusikalischen Medien wie Video, Bildern und Film; 5. Schocktaktiken, um sich der Aufmerksamkeit für die Inhalte gewiss zu sein. Mehr noch als die musikalischen Aspekte standen zu Beginn vor allem die zuletzt genannten Schocktaktiken im Fokus der öffentlichen Aufmerksamkeit. Die Lyrics der Industrial-Pionier-

---

430 Der umfassendste Beitrag zur Industrial Culture stammt von Reed: *Assimilate* (2013). Siehe auch Hanley: *Metal Machine Music* (2011), Kühn: *Anti-Rock* (2013), 100–148, Reynolds: *Rip It Up And Start Again* (2007), 239–259 sowie Stigelegger, Marcus: „Industrial", in: Hecken; Kleiner (Hg.): *Handbuch Popkultur* (2017), 97–101.
431 Büsser: *On The Wild Side* (2013), 111.
432 Savage, Jon: „Introduction", in: Vale, Vivian/Juno, Andrea (Hg.): *Industrial Culture Handbook*, San Francisco 1983, 4–5, hier: 5.
433 An dieser Stelle kam es sogar zu einer direkten Beeinflussung der NDW: Moritz Reichelt, Mitbegründer von DER PLAN und des Labels *Ata Tak*, plante zunächst die erste Single seiner Band auf *Industrial Records* zu veröffentlichen, dem Label von THROBBING GRISTLE. Genesis P. Orridge riet Reichelt jedoch ein eigenes Label zu gründen. Reichelt: *Der Plan* (1993), 31.

gruppe THROBBING GRISTLE drehten sich zumeist um Grausamkeiten, Folter, Krieg, Genozide und Serienmörder:innen.[434] Das Bilderreservoir für Covergestaltung, Promotionsmaterial und die bei Liveshows eingesetzten Filme reichte von extremer Pornographie und klinischen Darstellungen medizinischer Eingriffe bis zu Aufnahmen von Konzentrationslagern und Leichenbergen. Als außerordentlich bedeutsam für die Entwicklung der ‚Kälte'-Haltung in der Pop-Musik sollte sich dabei insbesondere die Art und Weise der Performance erweisen: So berichtete ein Besucher eines Auftritts von THROBBING GRISTLE in Frankfurt im November 1980, dass einer der zur Einführung des Konzerts abgespielten Filme eine realistisch wirkende Kastration eines Mannes durch eine „ohne Hast, ohne Lust oder Hass, ohne Gefühl" vorgehende Frau zeigte:

> Ein Konzert der Gegensätze. Solange Genesis als Sänger nicht tobt, steht der akustische Eindruck in krassem Gegensatz zum optischen: sichtbare Unbeweglichkeit der Musiker bei brüllendem Lärm. Vier Leute hantieren ohne sichtbare Gemütsbewegung an technischen Geräten herum, ruhiger als jeder an den Instrumenten mitschwingende herkömmliche Rock- oder Punkgruppe. Alles liegt in hellem, kaltem Neonlicht. Es ist die Betriebsatmosphäre eines Arbeitstages, der die optisch wahrnehmbare Bewegung fehlt.[435]

Die Band entstand 1975 aus der Performance-Gruppe COUM TRANSMISSION, die schon in den frühen 1970er Jahren mit Aufsehen erregenden Shows und Happenings in Erscheinung getreten war. Oftmals kreiste die Performance der bald auf Genesis P-Orridge und Cosey Fanni Tutti geschrumpften Gruppe um rituelle Akte der Autodestruktion und sexuelle Handlungen.[436] Dabei erinnerten diese nicht zufällig an die provokanten Fluxus-Happenings der Wiener Aktionisten um Otto Muehl, Rudolf Schwarzkogler, Hermann Nitsch und Günter Brus, die bereits in den 1960er Jahren unter anderem Selbstverstümmelungen, den Einsatz von Fäkalien und das Brechen von Sexualtabus umfassten. Anders als bei den Wiener Aktionisten ging

---

434 Kühn macht auf die Parallelen zur Weimarer Republik aufmerksam, in der sich das große Interesse an Serienmörder:innen und spektakulären Gewaltverbrechen ebenfalls in Filmen wie Fritz Langs „M" (1931) und „Das Testament des Dr. Mabuse" (1933) oder auch in den morbid-nüchternen Bildern der Neuen Sachlichkeit niederschlug. Kühn: *Anti-Rock* (2013), 102.
435 Brunner, Reinhold: „Lähmende Begegnung mit der Gewalt. Throbbing Gristle am 10.11.80 im Frankfurter Städel", in: Hartmann; Pott (Hg.): *Rock Session 6* (1982), 174–183, hier: 176, 179.
436 Einen Einblick gibt Simon Reynolds: „Typische Komponenten einer *COUM*-Performance waren, dass sich P-Orridge Hühnerköpfe auf den Penis legte und masturbierte oder P-Orridge und Tutti mit einem doppelten Dildo gleichzeitig analen und vaginalen Sex hatten. Benutzte Tampons, Maden, faule Eier, Federn und mit Milch, Blut und Urin gefüllte Spritzen tauchten in den unterschiedlichsten Varianten als Requisiten auf. P-Orridge bohrte sich zum Beispiel eine Spritze in den Hoden und injizierte anschließend das Blut in ein schwarzes Ei. Oder er machte sich einen Einlauf mit Blut und Milch und furzte die Flüssigkeit über den Galerieboden." Reynolds: *Rip It Up And Start Again* (2007), 242.

es P-Orridge und Tutti aber nicht um eine Mystifizierung der sexuellen Enthemmung zum Befreiungsakt, sondern um eine Entwertung und Versachlichung des sexuellen Aktes zur konsumierbaren Ware.

Abb. 3: Totalitäre Ästhetik, versteckte Botschaften: THROBBING GRISTLE posieren vor dem Berliner Bendlerblock mit eingefügten Flaggen auf dem Frontcover der 12"-Single *Discipline* (1981).

Diese offensive Entemotionalisierung pflegten THROBBING GRISTLE auch in ihrem provokativen Spiel mit den Symbolen und Ästhetiken totalitärer Bewegungen, insbesondere des Faschismus und Nationalsozialismus.[437] Vor allem die in der Kleiderwahl intendierten Verweise auf militaristische und faschistische Ästhetiken, etwa durch Tarnkleidung oder Anleihen an Nazi-Uniformen, sollten sich zu einem bis heute gängigen Ritus der Industrial Culture entwickeln. Passend dazu zeigte etwa das Frontcover der Single „Discipline" (1981), in der P-Orridge wiederholt im Befehlston vom Publikum „mehr Disziplin" fordert, die Band vor dem monumentalen Eingang des Berliner Bendlerblocks posierend (Abb. 3), während der Slogan „Marching music for psychic youth" die Rückseite ziert. Anders als von Simon Rey-

---

[437] Zum Verhältnis der Industrial Culture zu Faschismus und Rassismus siehe Reed: *Assimilate* (2013), 185–227.

nolds behauptet,[438] steht die Gruppe hier nicht vor dem Nazi-Propagandaministerium (in der Voßstraße), sondern vor dem Ausgangspunkt der Widerstandsgruppe des Attentats vom 20. Juli 1944, was auf THROBBING GRISTLES Strategien der Uneindeutigkeiten und des Scheins beim Spiel mit totalitären und faschistischen Ästhetiken und Symboliken hinweist. Diese wurden zumeist gebrochen, unkommentiert und ohne Kennzeichnung gedruckt oder neben Zeichen der Moderne, des ‚Normalen' und der alltäglichen Konsumwelt gestellt. So zeigte etwa das Logo des bandeigenen Labels *Industrial Records* den Schornstein eines Krematoriums in Auschwitz, was jedoch erst bekannt wurde, als die Band dies nach einigen Jahren selbst aufdeckte und auf die intendierte Kritik an der Verwobenheit von Konsum- und Vernichtungsindustrie verwies.

Diese Kritik an einer selbst den Tod industrialisierenden, spätkapitalistischen Gesellschaft war auch in der Benennung des bandeigenen Studios als *Death Factory* intendiert.[439] Zu Recht bemerkt der Historiker Patrick Kilian, dass sich hinsichtlich der *Death Factory*, des Labels *Industrial Records* und des 1978 in Manchester gegründeten Indie-Labels *Factory Records* ein neuer Diskurs in der Sub- wie Popkultur auftat, der die Fabrik gleichzeitig als Motor und Abgrund der Moderne thematisierte.[440] Generell lässt sich mit S. Alexander Reed die Industrial Culture durch eine Gleichzeitigkeit von „Technophilie" und „Techno-Paranoia" charakterisieren.[441] So urteilte etwa P-Orridge in einem Interview mit der deutschen *Sounds* 1979 über KRAFTWERK: „Sie kokettieren nur in positiver Weise mit Maschinen. Wir nicht, wir sind kritischer, wir sagen, Maschinen sind da, sie sind schrecklich und gleichzeitig kann man aber nicht mehr darauf verzichten. Wir sind da irgendwie ambivalent."[442]

Im Gegensatz zum späteren ‚Kälte-Pop' und dessen uneingeschränkter Affirmation von Technologie und Maschinen, ging es im frühen Industrial darum, die Maschinen gegen sich selbst einzusetzen – ein Ansatz, den die Protagonist:innen vom Schriftsteller William S. Burroughs übernommen hatten. Von diesem stammte auch die Vorstellung eines „Informationskrieges", in dem sich die Industrial Culture wähnte.[443] Burroughs zufolge besteht die als allumfassende Maschine inter-

---

438 Reynolds: *Rip It Up And Start Again* (2007), 253.
439 Vgl. P-Orridge zit. n. ebd., 246.
440 Kilian, Patrick: „Dialektik der Transgression. Ein Rückblick 35 Jahre nach Gründung von Throbbing Gristle", 2012, *Ikonen. Magazin für Kunst, Kultur und Lebensart*. URL: http://www.ikonenmagazin.de/artikel/TG2012.htm (Letzter Zugriff: 24.10.2022).
441 Reed: *Assimilate* (2013), 20, 40.
442 P-Orridge zit. n. Keller, Hans: „Throbbing Gristle. SECOND ANNUAL REPORT. Industrial Records IR 0002 [...]", Rezension, in: *Sounds*, Nr. 10 (1979), 66–67, hier: 67.
443 Vgl. etwa P-Orridge zit. n. o. V.: „Throbbing Gristle", in: Vale; Juno (Hg.): *Industrial Culture Handbook* (1983), 6–19, hier: 9.

pretierte moderne Gesellschaft aus einem unbewusst wirkenden Netzwerk von Kontrollmechanismen, die sich nur durch die Dekonstruktion der vermeintlich gefangenen Sprache und des Körpers durchbrechen und enthüllen lassen.[444] Diese Dekonstruktion suchten THROBBING GRISTLE durch den Einsatz nervenaufreibender Noise- und Performance-Elemente sowie durch Cut-Up-Techniken und Strategien der Täuschung zu erreichen. Beispielhaft seien hier etwa auf die desinformierenden LP-Titel[445] und das Albumcover von *20 Jazz Funk Greats* (1979) hingewiesen, das die Gruppe lächelnd und in geradezu offensiv freundlich-idyllischer Aufmachung an den Steilklippen von Beachy Head zeigt – die vor allem als beliebter Ort für Suizide bekannt sind. Hinsichtlich THROBBING GRISTLES gängiger Verknüpfung scheinbarer Normalität mit den tiefsten Abgründen der Gesellschaft resümiert Martin Büsser treffend: „Biederes und Vertrautes stand neben Bedrohlichem und Verdrängtem, so wie sich die Wohnstuben der KZ-Mörder nur wenige Meter von den Gaskammern entfernt befanden."[446]

Ohne Frage verfolgte die frühe Industrial-Szene emanzipatorische Ziele, der Musikwissenschaftler S. Alexander Reed bezeichnet sie sogar als „pan-revolutionär".[447] Teilweise machten einige ihrer Akteure explizit auf ihre linken Wurzeln und Positionen aufmerksam.[448] Diese Direktheit sollte sie vom Großteil der Musiker:innen des Post-Punk unterscheiden, allerdings zeigen sich auch deutliche Parallelen, etwa im „Oedipal rage" gegen die ‚Hippie'-Generation, aus der viele Industrial- und Post-Punk-Künstler:innen stammten, sowie in der gleichzeitigen Ablehnung wie auch offenkundigen Sehnsucht nach der optimistischen Wohlfühlwärme, die der verlorene Idealismus den Künstler:innen einst bot.[449] Ebenso neigten die Industrial-Musiker:innen, die zumeist ein Kunsthochschulstudium vorweisen konnten, zu einer starken Theorielastigkeit und zu indirekten oder direkten Verweisen auf bestimmte Philosophen wie Michel Foucault, Walter Benjamin, Herbert Marcuse, Friedrich Nietzsche, Gilles Deleuze, Félix Guattari, Jean

---

444 Vgl. etwa Reed: *Assimilate* (2013), 26–42 sowie Hanley: *Metal Machine Music* (2011), 11–12, 107.
445 Während etwa das Debüt-Album unter dem Titel *The Second Annual Report* (1977) erschien, wurde das Folgealbum als *D. o. A. The Third And Final Report* (1978) veröffentlicht, obwohl bereits ein Jahr später das nächste Album *20 Jazz Funk Greats* erschien, das selbstredend weder Jazz noch Funk enthielt.
446 Büsser: *On The Wild Side* (2013), 108. Vgl. Auch Jazo, Jelena: *Postnazismus und Populärkultur. Das Nachleben faschistoider Ästhetik in Bildern der Gegenwart*, Bielefeld 2017, 78.
447 Reed: *Assimilate* (2013), 7.
448 Von Bedeutung ist hierbei auch die Herkunft. So galt die Stadt Sheffield, aus der unter anderem CABARET VOLTAIRE stammen, als Hochburg radikaler linker Politik. Bandmitglied Richard H. Kirk etwa war als Teenager genauso wie sein Vater Mitglied der *Young Communist League*. Reynolds: *Rip It Up And Start Again* (2007), 173.
449 Reed: *Assimilate* (2013), 99. Vgl. auch Büsser, Martin: *Wie klingt die Neue Mitte? Rechte und reaktionäre Tendenzen in der Popmusik*, Mainz 2001, 33.

Baudrillard und – selbstredend – den Marquis de Sade.[450] Nicht zuletzt sind auffällige Parallelen beim Umgang mit ‚Kälte'-Motiven selbst erkennbar: Hinsichtlich der gegenkulturellen Wurzeln lässt sich etwa mit dem Kulturwissenschaftler Andreas Kühn, der auf die von Helmut Lethen beschriebenen ‚Kälte'-Lehren verweist, der Rückgriff auf faschistische Ästhetiken als „Abschirmung" des Subjekts vor den Gefahren interpretieren, die der Übergang von der Gemeinschaft zur selbstverantwortlichen, neoliberalen Gesellschaft (in Form des Thatcherismus) mit sich brachte.[451] Diese Perspektive entspräche weiterhin jener Weltsicht der kritisierten ‚Hippie'-Bewegung, die der vermeintlich kalten Welt die ‚Wärme' der Gemeinschaft entgegenstellte. Martin Büsser dagegen sieht im ‚Kälte'-Panzer der Industrial-Musiker:innen vielmehr den „Versuch einer Selbstaneignung", um sich gegen jene Macht-Mechanismen zu „immunisieren", die so aggressiv imitiert wurden.[452]

Letzteres Interpretationsmodell würde der emanzipatorischen Grundhaltung der ersten Industrial-Generation gerecht werden, die aus einigen wenigen, untereinander vernetzten Künstler:innen bestand, lässt sich allerdings schwerlich in Gänze auf die sich Anfang der 1980er Jahre auffächernde Industrial Culture übertragen. Als diese sich mit der aufblühenden Gothic- und Dark-Wave-Bewegung zu verbinden begann, gingen die vielfältigen Einflüsse der modernistischen Avantgarden auf die Industrial Culture zunehmend verloren und Musiker wie Boyd Rice (NON) verzichteten in ihrer Faszination für Faschismus und Nationalsozialismus auf die zuvor üblichen Uneindeutigkeiten.[453] Einige Bands wie P-Orridges Folgeprojekt PSYCHIC YOUTH schwenkten in der Folge um auf mystisch-esoterische Konstrukte oder verpackten wie DEATH IN JUNE ihre Ideologie in kulturpessimistischen Antimodernismus.[454] Als besonders nachhaltig sollte sich jedoch vor allem der im Post-Industrial häufige Rekurs auf Männlichkeit erweisen, etwa durch das mythisch überhöhte Motiv des „hypermaskulinen Kriegers".[455] Bis heute wird die In-

---

450 Vgl. ebd., 42–43, Richard, Birgit: *Todesbilder. Kunst, Subkultur, Medien*, München 1995, 142 sowie das Manifest „The Post-Industrial Strategy" der australischen Gruppe SPK in o. V.: „SPK", in: Vale; Juno (Hg.): *Industrial Culture Handbook* (1983), 92–106, hier: 103–104.
451 Kühn: *Anti-Rock* (2013), 112–113.
452 Büsser: *On The Wild Side* (2013), 109.
453 Ders.: *Wie klingt die Neue Mitte?* (2001), 44–45. Teilweise wurden in den Nazi-Hype der Industrial Culture Musiker:innen auch ohne ihr Zutun involviert, etwa der italienische Noise-Musiker Maurizio Bianchi, dessen Veröffentlichungen auf dem Londoner Label *Come Organisation* ohne sein Wissen unter dem Titel LEIBSTANDARTE SS MB erschienen und mit weiteren Nazi-Referenzen versehen wurden.
454 Ebd., 37–38.
455 Siehe dazu Brill, Dunja: „Macht-volle Sounds. Männlichkeit, Whiteness und Class in der Industrial- und der Extreme-Metal-Subkultur", in: Villa, Paula-Irene/Jäckel, Julia/Pfeiffer, Zara S./Sa-

dustrial Culture vor allem von Männern bestimmt, THROBBING-GRISTLE-Mitglied Cosey Fanny Tutti stellt eine der wenigen Ausnahmen dar.

Es mag überraschen, dass das vermeintlich Wesentlichste der Industrial Culture in diesem Kapitel bisher kaum Beachtung erhielt: der Sound. Obwohl Industrial gemeinhin als Musikgenre definiert wird, ist es gerade der musikalische Stil der Industrial Music, der am schwierigsten zu bestimmen ist, da er sich den klassischen Pop- und Rockstrukturen zumeist völlig entzieht. Hilfreich bei der Entschlüsselung ist dabei erneut – auch im Sinne der hier bestimmten transnationalen Verwobenheit sowie kunsthistorischen Rückschau – ein genauer Blick auf die Referenzen und Anknüpfungspunkte der Industrial-Musiker:innen. Dazu gehörten unter anderem Avantgardisten der Neuen Musik wie Stockhausen, Techniken der Musique concrète, Tonbandschleifen und Burroughs' Cut-Ups sowie einige Krautrock-Bands wie FAUST, KRAFTWERK und TANGERINE DREAM. Auch die starken Bezüge zum Post-Psychedelic/Space Rock à la PINK FLOYD und HAWKWIND, für die COUM TRANSMISSION 1971 sogar als Vorgruppe spielten, traten besonders in der Frühphase deutlich hervor.[456] Außerordentlichen Einfluss auf den Sound der ersten Industrial-Gruppen hatten schließlich auch die US-amerikanischen Vorreiter experimenteller Rockmusik, namentlich THE VELVET UNDERGROUND und ihr später solo agierendes Mitglied Lou Reed.[457] Nicht nur im Industrial, sondern auch im Post-Punk zeigte man sich begeistert von den kühlen Vocals über Drogensucht und Sadomasochismus, vom Verzicht auf die üblichen Songstrukturen und Authentizitätsansprüche der Rock- und Pop-Musik, von den verzerrten und übersteuerten Instrumenten und dem rauen Lo-Fi-Sound des von Andy Warhol produzierten Debüt-Albums von 1967 sowie vom Folgealbum *White Light / White Heat* (1968).[458] Während die Alben von THE VELVET UNDERGROUND noch erkennbar an Bluesrock-Traditionen anschlossen, ließ sich dies von Lou Reeds *Metal Machine Music* (1975) nicht mehr behaupten: Von allen Rhythmen und Melodien befreit, bestand Reeds experimentelles Instrumental-Album ausschließlich aus überlagerten Geräuschen, Rückkopplungen so-

---

nitter, Nadine/Steckert, Ralf (Hg.): *Banale Kämpfe? Perspektiven auf Populärkultur und Geschlecht*, Wiesbaden 2012, 23–38. Vgl. auch Reed: *Assimilate* (2013), 120.

456 Simon Reynolds macht in der Industrial Music der späten 1970er Jahre sogar „die zweite Blüte einer authentischen Psychedelia" aus, die sich in einigen Gemeinsamkeiten wie sinnliche Reizüberflutung, den Einsatz von Filmausschnitten, Lichteffekten, Verfremdungstechniken, Loops und Noise äußerte. „Industrial ist umgekehrte Psychedelia: ein endlos langer schlechter Trip." Reynolds: *Rip It Up And Start Again* (2007), 239.

457 Vgl. dazu etwa die Aufzählungen der Inspirationsquellen von Stephen Mallinder (CABARET VOLTAIRE) im Vorwort von Reed: *Assimilate* (2013), xi–xii.

458 Vgl. Kilian: „Dialektik der Transgression", 2012 sowie Appen, Ralf von: „The Rougher The Better. Eine Geschichte des ‚dreckigen Sounds', seiner ästhetischen Motive und sozialen Funktionen", in: Phleps; Appen (Hg.): *Pop-Sounds* (2003), 101–122, hier: 103–104.

wie Rauschen und hatte damit wesentlichen Anteil an der Ausbildung von Noise und Industrial Music.

Die Industrial-Künstler:innen verfolgten bei ihrer Verwendung von Sounds als verstörende Waffe zwei Strategien: Zum einen setzten sie auf den Einsatz von kakophonischem ‚Lärm' und statischen Noise-Collagen, die durch ihre Leere und Formlosigkeit auf Hörende bedrohlich und ‚kalt' wirkten und dem intendierten Widerstand der Industrial-Musiker:innen gegen Ordnung und Kontrolle entsprachen.[459] Zum anderen rekreierte die erste Industrial-Generation, die fast ausschließlich aus den nordenglischen Städten Sheffield und Manchester stammte und dadurch kulturell wie ästhetisch von der krisengebeutelten Kohle- und Stahlindustrie geprägt waren, die Sounds ihrer Heimatorte.[460] So erinnerte sich etwa Richard H. Kirk von CABARET VOLTAIRE, der wie die Musiker von THE HUMAN LEAGUE und CLOCK DVA in Sheffield aufgewachsen war: „Wenn man ins Tal runtersah, war da nichts außer schwarzen Gebäuden. Abends ging man ins Bett und hörte die großen Glühöfen knarzen."[461] Ziel der Industrial-Musiker:innen war allerdings keine affirmative Verherrlichung der alltäglichen, industriellen Geräuschkulisse. Vielmehr ging es ihnen erneut darum, das Publikum durch die „Entkleidung" der Musik von jeder positiven Assoziation mit der ‚kalten' Wirklichkeit der fordistischen Fließbandproduktion zu konfrontieren.[462]

Diese inhärente Kritik ging jedoch nicht nur bei dem Großteil der Post-Industrial-Bands verloren, sondern auch bei den deutschen Post-Punk- und Industrial-Musiker:innen.[463] Unverkennbar bleibt jedoch der kaum zu überschätzende Einfluss der frühen Industrial-Szene auf die NDW-Pionierbands, der sich zuweilen in direkter Übernahme von Sounds und musikalischen Ideen äußerte. Während sich etwa S.Y.P.H. mit dem Track „Klammheimlich" (1979), einer experimentellen Geräusch-Collage mit Sprachsamples aus einer Nachrichtensendung zu den Stamm-

---

459 Vgl. Stephen Mallinder im Vorwort zu Reed: *Assimilate* (2013), xi, Büsser: „The Art Of Noise/ The Noise Of Art" (1996), 15 sowie Hegarty, Paul: *Noise/Music. A History*, New York u. a. 2007, 11. Hegarty betont zu Recht, dass die Definition von „Lärm" stets kulturell und zeitlich gebunden ist, denn was in den 1970er Jahren noch als Lärm galt, hat heute weitgehend Eingang in die Mainstream-Pop-Musik gefunden. Ebd., ix, 3.
460 Vgl. Reed: *Assimilate* (2013), 59–83. Dazu P-Orridge: „We haven't actually created anything at all, we've just taken it in subconsciously and *re*-created it." Zit. n. o. V.: „Throbbing Gristle" (1983), 11.
461 Kirk zit. n. Reed: *Assimilate* (2013), 172.
462 Reynolds: *Rip It Up And Start Again* (2007), 246 sowie Kühn: *Anti-Rock* (2013), 101.
463 Ohnehin blieben persönliche Kontakte, wie jener Besuch von Moritz Reichelt bei P-Orridge, die Aftershow-Begegnungen zwischen THROBBING GRISTLE und der West-Berliner Underground-Szene in Burkhard Seilers (*Zensor*) Wohnung oder die sechswöchige Einquartierung von Boyd Rice bei *Ata Tak* 1981 eher die Ausnahme. Vgl. Reichelt: *Der Plan* (1993), 64 sowie Hacke: *Krach* (2015), 40.

heimer Suiziden der RAF-Führung, deutlich bei CABARET VOLTAIRES „Baader Meinhof" (1978) bedient hatten, lassen sich auch auffällige Ähnlichkeiten zwischen „Der Mussolini" (1981) von DAF und „Do The Mussolini (Headkick!)" (1978) von CABARET VOLTAIRE erkennen.[464] Als mindestens inspiriert von den Labels *Industrial Records* und *Factory Records* darf wohl auch das 1981 gegründete West-Berliner Indie-Label *Der Letzte Schrei! Fabrik Für Elektronische Musik* angesehen werden, dessen Logo ein Fabrikgebäude zeigt. Abgesehen von diesen unmittelbaren Bezügen bot die Industrial Culture den NDW-Protagonist:innen eine umfangreiche Palette an Motiven und Strategien der ‚Kälte', von der audiovisuellen Re-Inszenierung der (post-)industriellen Welt und dem unkommentierten Spiel mit faschistischen und totalitären Ästhetiken und Symbolen, über die schonungslosen und unkommentierten Gewaltdarstellungen der Künstler:innen, bis hin zu Angriffen auf das Publikum und dem Kontrast zwischen aggressiven Sounds und emotionsloser Performance.

2.2.4 Punk

Ungezügelt, expressiv, anklagend. Von Punk schien weniger eine abgeklärte Coolness als vielmehr ein emotionsgeladener Hitzestrom auszugehen, der mit Schweiß, Blut und Speichel ab Mitte der 1970er Jahre durch die Clubs, Straßen und Medien fegte. Dennoch stellt die Punk-Explosion mitsamt ihrer Motive, Codes, Sichtweisen und Praktiken ein bedeutendes Moment in der Entwicklung der popkulturellen ‚Kälte'-Haltung dar. Wie kommt es zu dieser augenscheinlichen Widersprüchlichkeit?

Der Grund hierfür, der zugleich die Grundlage für die pophistorische Bedeutung von Punk bildet: Punk ist selbst ambivalent, hat viele Gesichter und teilweise sogar widersprüchliche Entwicklungsstränge, die Platz für unterschiedlichste Erfahrungs- und Interpretationsräume bieten.[465] Punks vitalistisches Nein zum Status quo wurde gleichzeitig so konkret und universell formuliert, dass sich junge Leute verschiedener Nationalitäten, sozialer Milieus und Ethnien davon angespro-

---

464 S.Y.P.H.: „Klammheimlich", auf: *Viel Feind, Viel Ehr* (1979), 7"-Single, Pure Freude, PF 001; CABARET VOLTAIRE: „Baader-Meinhof", auf: *Cabaret Voltaire* (1978), Cassette, ohne Label; DEUTSCH-AMERIKANISCHE FREUNDSCHAFT: „Der Mussolini", auf: *Alles Ist Gut* (1981), LP, Virgin, 203 644; CABARET VOLTAIRE: „Do The Mussolini (Headkick!)", auf: *Cabaret Voltaire* (1978).
465 Die Herausgeber eines Sammelbandes zu Punk in Deutschland bringen es in ihrer Einleitung auf den Punkt: „Punk ist nicht, Punk wird angesehen als." Meinert/Seeliger: „Eine Einleitung" (2013), 10. Einer der Hauptgründe für diese definitorische Offenheit ist der Mangel an geschichtswissenschaftlichen Untersuchungen zu Punk, weshalb auch hier das Phänomen Punk nur angerissen werden kann, mit Fokus auf die für die Entwicklung des ‚Kälte-Pop' wichtigen Aspekte.

chen fühlten und ihre jeweils eigene Version dieser Position ausformulierten. Punk bildet dementsprechend nicht nur innerhalb der Popgeschichte, sondern insbesondere innerhalb der „New Musick" eine Zäsur, denn erstmals kam es zu einer breiteren Übernahme avantgardistischer Ideen und Praktiken vonseiten einer Bewegung, die nicht zum Großteil von Akademiker:innen und ausgebildeten Künstler:innen geprägt war. Gerade zu Beginn fanden hier vor allem junge Menschen ohne Kunsthochschulstudium oder ausgeprägtes kunsthistorisches Interesse mit dem Teil lokaler Kunst-Szenen zusammen, aus deren Reihen sich auch schon der Großteil der Krautrock- und Industrial-Protagonist:innen rekrutiert hatte. Diese Zusammensetzung sollte auch die NDW-Bewegung auszeichnen und einer der Gründe für ihre Größe und die Vielfalt der darin geübten ‚Kälte'-Motive sein. Wenngleich diese Eintracht nur sehr kurz anhielt, legte die Punk-Explosion dennoch das Fundament, auf dem die ‚Kälte'-Motive und -Strategien des deutschen Post-Punk bauten.

Um die Rolle von Punk als Teil von „New Musicks" neuer Ästhetik zu verstehen, an deren einem Ende die Entwicklung ‚kalter Musik' steht, ist es zunächst einmal notwendig, sich von einem bis heute bemühten Narrativ zu lösen, das in Interviews mit ehemaligen Protagonist:innen, journalistischen Beiträgen und auch in wissenschaftlichen Arbeiten häufig durch das Ausblenden des subjektkulturellen Rahmens formuliert wird: das Narrativ vom wurzellosen Punk, der dem vermeintlichen Vakuum in der Popkultur der 1970er Jahre entstieg und der als saturiert empfundenen Mainstream-Musik und Gesellschaft den Kampf ansagte. Ohne Frage trifft dies im Hinblick auf die überladenen Performances und Produktionen zeitgenössisch erfolgreicher Disco-Acts oder Rock-Gruppen wie Pink Floyd und Emerson, Lake and Palmer zu und entspricht der Selbstdarstellung von Punk als Manifestation eines Bruchs mit der Vergangenheit wie Zukunft („No Future"). Jedoch steht Punk zumindest in seiner Frühphase in einer Tradition, zu der der Rückgriff auf Konzepte und Motive der historischen Avantgarden ebenso gehörte wie die stete Versicherung, wurzellos zu sein und mit der als antiquiert verworfenen zeitgenössischen Kunst- und Popwelt brechen zu wollen. Wie bei der etwa zeitgleich in Erscheinung getretenen Industrial Culture finden sich die bedeutsamsten und folgenreichsten Kernaspekte von Punk vor allem in den nicht-musikalischen Elementen, mit denen die Bewegung an die historischen Avantgarden anschloss. Dazu gehörte neben dem Anspruch, die Trennung von Kunst und Leben aufzuheben, etwa auch das Konzept der Bricolage, eine mit der Cut-Up-Technik vergleichbare Kombination und Rekontextualisierung von Zeichen, Objekten und Stilelementen unterschiedlichster Herkunft, durch die Punk zum Motor wie Ausdruck der beginnenden Auspluralisierung in der Popkultur wurde und die Gleichzeitigkeit von Extremen wie ‚Kälte' und ‚Hitze' ermöglichte.⁴⁶⁶ Zudem ist die Bricolage eng verknüpft mit den Schock- und Provokationsstrategien, die von Punk-Musiker:innen verbal (Songtexte, Interviewaussagen, Bandnamen) und visuell (Plattencover, performatives Auftreten) ausgereizt wurden. Konfrontativ drehten sie dabei alles ins Gegenteilige, was von der sozialen Umwelt und der verhassten ‚Hippie'-Kultur als ‚unnatürlich' und unmoralisch erachtet wurde: Künstlichkeit statt Natürlichkeit, Stacheldraht, Plastik und Beton statt Blumen, Wald und Wiesen, Destruktion statt Konstruktion, Krieg statt Frieden, Krankheit statt Heilung, harte Kontraste statt weicher Formen, Alkohol und Speed statt Marihuana und LSD, Kurzhaarschnitt statt langer Matte.⁴⁶⁷

Nazi-Spiele
Und Hakenkreuze statt Peace-Zeichen: Im Gegensatz zum Spiel mit zumeist uneindeutigen historischen Bildern und Assoziationen in der Industrial Culture griffen Punks auf plakative Symbole des Nationalsozialismus zurück, insbesondere das Hakenkreuz. Wie sehr dessen Verwendung vonseiten einzelner Punks das gesellschaftliche Umfeld verstörte und ratlos zurückließ, verdeutlichen die verschiedenen Interpretationsversuche, die in der Forschung bis heute unternommen wurden. So diene das Hakenkreuz, vergleichbar mit den von ehemaligen Soldaten US-amerikanischer Motorradklubs genutzten Nazi-Insignien und Kriegstrophäen (Stahlhelme, Totenkopfzeichen, etc.), zugleich als Zeichen eines Nonkonformismus zum Rest der Gesellschaft und als Mittel der subkulturellen Vergemeinschaftung, wobei diese symbolische Bedeutung erst infolge der angestrebten Reaktion der Gesellschaft erreicht werde.⁴⁶⁸ Auch lässt sich der Rückgriff auf das Hakenkreuz im Rahmen des Punk-Anspruchs einer nihilistischen Sinnentleerung aller Zeichen und dazugehörigen Ideologien lesen. Die Bedeutungsdekonstruktion wird noch dadurch verstärkt, dass das Symbol von einer Subkultur getragen wurde, deren Erscheinungsbild und performatives Gebaren so gar nicht jenem Ideal einer makel-

---

466 Zur Bricolage siehe Hebdige, Dick: „Subculture. Die Bedeutung von Stil" (1979), in: Diederichsen, Diedrich/Hebdige, Dick/Marx, Olaph-Dante (Hg.): *Schocker. Stile und Moden der Subkultur*, Reinbek bei Hamburg 1983, 8–120, hier: 94–97.
467 Vgl. Geisthövel: „Böse reden, fröhlich leiden" (2015), 372, Reichelt: *Der Plan* (1993), 145–146 sowie Richard: *Todesbilder* (1995), 108.
468 Fournier, Karen: „Nazi Signifiers and the Narrative of Class Warfare in British Punk", in: Hall, Mirko M./Howes, Seth/Shahan, Cyrus M. (Hg.): *Beyond No Future. Cultures of German Punk*, New York u. a. 2016, 91–108, hier: 106, Grimm, Stephanie: *Die Repräsentation von Männlichkeit im Punk und Rap*, Tübingen 1998, 65–66, Stiglegger, Marcus: *Nazi-Chic und Nazi-Trash. Faschistische Ästhetik in der populären Kultur*, Berlin 2011, 49 sowie ders.: „Fetisch und Tabu. Provokative Kulturtechniken in schwarzromantischen Subkulturen", in: Nym, Alexander (Hg.): *Schillerndes Dunkel. Geschichte, Entwicklung und Themen der Gothic-Szene*, Leipzig 2010, 310–320, hier: 313.

losen „Herrenrasse" entsprachen.⁴⁶⁹ Bereits Anfang der 1970er Jahre hatten Glam-Rock-Musiker mit dieser Art der Performance für Aufsehen gesorgt.⁴⁷⁰

Abb. 4: Ein Trommler der „Hitler-Jugend" auf dem Frontcover der 7"-Single *An Ideal For Living* (1978) von JOY DIVISION.

Dieser Widerspruch auf performativer Ebene sollte jedoch größtenteils in den ‚Kälte'-Motiven des Post-Punk und Industrial wegfallen und einer deutlich affirmativeren Aneignung ohne offene Kritik oder Ironie Platz machen. Während das Hakenkreuz auf dem Shirt von SEX-PISTOLS-Bassist Sid Vicious, der mit seiner Band Titel wie „Belsen Was A Gas" (1979) veröffentlichte, und auf der Armbinde von

---

469 Hebdige: „Subculture" (1983), 108, Büsser: *Wie klingt die Neue Mitte?* (2001), 22 sowie Jazo: *Postnazismus und Populärkultur* (2017), 70.
470 Siehe etwa den Auftritt der britischen Glam-Rock-Band THE SWEET bei der Musikshow *Top Of The Pops* am 25. Dezember 1973, bei dem Bassist Steve Priest eine Hakenkreuzbinde, Pickelhaube und ‚Hitler-Bärtchen' trug. „The Sweet – Blockbuster (Top Of The Pops)", 1973. URL: *https://youtu.be/Euf7etlE6wM* (Letzter Zugriff: 24.10.2022).

Siouxsie Sioux (SIOUXSIE AND THE BANSHEES)[471] bei ihrem Debütauftritt 1976 noch als schlichter Provokationsakt erscheint, ging der Umgang anderer Musiker:innen dieser Zeit mit den Zeichen und Selbstdarstellungen der Nazis über reine Provokation hinaus: Fasziniert vom deutschen Faschismus zeigten sich unter anderem David Bowie, Bryan Ferry (ROXY MUSIC), Lemmy Kilmister (MOTÖRHEAD) und Ian Curtis, dessen Begeisterung für das Thema immer wieder Eingang in die Shows, Veröffentlichungen und Texte von JOY DIVISION fand. So geht etwa deren Bandname auf die Bezeichnung jüdischer Zwangsprostituierter im Roman *The House of Dolls* (1953) von Yehiel De-Nur zurück, während das Frontcover der Debüt-EP *An Ideal For Living* (1978) die Zeichnung eines Trommlers der sogenannten Hitler-Jugend zeigt (Abb. 4).[472] Im Original stammt die Grafik von einem Werbeplakat der HJ aus dem Jahr 1935. Diese Form der Übernahme von NS-Ästhetiken war im Punk dagegen eher selten, vielmehr war das Verhältnis zwischen diesen Zeichen und der Re-Inszenierung durch Punks zumeist gebrochen. Dem Subkultur-Forscher Dick Hebdige zufolge spiegelt Punks (und auch Bowies) Faszination für Nazi-Deutschland eher das Interesse an einem ‚dekadenten' Deutschland ohne Zukunft wider.[473]

Nicht zuletzt lässt sich der provokante Einsatz des Hakenkreuzes im Punk auch als Manifestation eines politischen Anspruchs interpretieren, der auf eine konfrontative Bewusstmachung der Gesellschaft mit ihren eigenen faschistischen Tendenzen zielte.[474] Generell zeigt die in den provokanten Texten und Performances intendierte Kritik an der Gesellschaft eine Ausrichtung, die auch den zeitgleich aufblühenden frühen Industrial noch auszeichnete: Punk war immer noch so politisch wie die zum Feindbild erhobenen ‚Hippies', verzichtete jedoch auf den optimistischen Blick auf die eigene Wirkkraft. Zu Recht betonte der Musikkritiker Greil Marcus, der die Parallelen zwischen Punk und Dada/Surrealismus in der Monografie *Lipstick Traces* (1989) ausführte, bereits in einem 1982 erschienenen Beitrag, dass der Nihilismus beider Bewegungen „teils befreiender Spaß, teils verzweifelte Verneinung" von Vergangenheit, Gegenwart und Zukunft war.[475] Wie bei den Attacken Dadas auf die Expressionist:innen offenbart der inbrünstige Hass der Punks auf die ‚Hippie'-Kultur vor allem eine tiefe Enttäuschung über den Ver-

---

471 Erwähnenswert ist hier, dass Sioux das Wort „Jews" in der Textzeile „too many Jews for my liking" im Song „Love In A Void" (1979) nach kurzer Zeit in „bigots" änderte.
472 Nicht nur Curtis, auch die Bandmitglieder Peter Hook und Bernard Sumner (der sich anfangs Albrecht nannte) zeigten eine starke Faszination für den deutschen Faschismus. Simon Reynolds zufolge sei auch der Look der Gruppe (graue Hemden, Krawatten, Kurzhaarschnitte) aus dieser Vorliebe entstanden. Reynolds: *Rip It Up And Start Again* (2007), 201–202.
473 Hebdige: „Subculture" (1983), 107.
474 Jazo: *Postnazismus und Populärkultur* (2017), 69–71.
475 Marcus, Greil: „Die Dada-Connection", in: Hartmann; Pott (Hg.): *Rock Session 6* (1982), 92–100, hier: 94. Siehe ders.: *Lipstick traces* (1992).

lust einst geteilter Ideale und Ziele.⁴⁷⁶ Dies trifft natürlich auch auf den deutschen Punk zu. So teilten Punk wie Industrial im Kern noch immer die Forderungen und Kritik der ‚68er'-Bewegung – wenn auch mit spiegelverkehrten Codes –, was sie zu Übergangsstufen zwischen den expressionistischen Anfängen der Gegenkultur Ende der 1960er Jahre und der in den späten 1970er Jahren aufblühenden, neusachlichen ‚Kälte'-Haltung macht.

Emotion und Körper
Die im Rahmen dieser Perspektive deutlich werdende Brückenfunktion von Punk äußerte sich auch auf anderen Ebenen inhärent widersprüchlich, etwa in Bezug auf Praktiken und Paradigmen von Emotionalität und Körperlichkeit.⁴⁷⁷ So zielte die frühe Punk-Kultur mit ihrem durch offensive Künstlichkeit kultivierten „Plastikimage"⁴⁷⁸ auf eine Parodie und Bloßstellung der in der konventionellen Rock- und Pop-Musik essentiellen Vorstellung eines ‚authentischen' (Gefühls-)Ausdrucks. Gleichzeitig lässt sich Punk durch eine expressive Emotionalität charakterisieren, die sich gerade aufgrund der vermeintlichen Unglaubwürdigkeit der sich authentisch gebenden Rockmusik entwickelte.⁴⁷⁹ Besonders deutlich wurde diese Ambivalenz und Gebrochenheit bei Liveauftritten, die von einer angespannten bis aggressiven Interaktion zwischen dem Publikum und den grundsätzlich gegen jede Erwartungshaltung handelnden Punk-Bands geprägt war.⁴⁸⁰ Punks ‚wütendes' Auftreten kontrastierte zugleich mit der von seinen Vertreter:innen häufig thematisierten Unfähigkeit zur Empfindung jeglicher Emotionen, was sich in einer Haltung des Verdrusses, der Langeweile und Ablehnung des Konzepts Liebe äußerte: „I got no emotions for anybody else / You better understand / I'm in love with myself, myself / My beautiful self" sang Johnny Rotten etwa im Song „No Feelings" auf dem Debüt-Album der Sex Pistols (1977),⁴⁸¹ während es bei Bands wie The Clash aufgrund ihrer Fokussierung auf das Politische grundsätzlich kaum Platz für romantische Zwischenmenschlichkeit gab.⁴⁸²

Einen Angriff auf die ‚Hippie'-Bewegung stellte zudem Punks Abwertung bzw. Pervertierung der zuvor als Schlüssel zur Befreiung von sozialen Zwängen propagierten Sexualität dar, die im Punk nur noch im Rahmen von Gewalt und Tabu-

---

476 Vgl. Büsser: *Wie klingt die Neue Mitte?* (2001), 21.
477 Siehe dazu Wellmann, Henning: „‚Let fury have the hour, anger can be power'. Praktiken emotionalen Erlebens in den frühen deutschen Punkszenen", in: Mrozek; Geisthövel; Danyel (Hg.): *Popgeschichte* (2014), 291–311.
478 Grimm: *Die Repräsentation von Männlichkeit im Punk und Rap* (1998), 61.
479 Vgl. ebd., 111.
480 Vgl. ebd., 78 sowie Wellmann: „‚Let fury have the hour, anger can be power'" (2014), 300.
481 Sex Pistols: „No Feelings", auf: *Never Mind The Bollocks Here's The* (1977), LP, Virgin, V 2086.
482 Vgl. Grimm: *Die Repräsentation von Männlichkeit im Punk und Rap* (1998), 67.

bruch stattfand.[483] Das Einfließen von BDSM-Elementen in die Punk-Mode lässt sich dabei als ein Teilaspekt dieses Ansatzes verstehen. Von weitaus größerer Bedeutung hinsichtlich der hier untersuchten ‚Kälte'-Formen sind allerdings die „Techniken der Selbstdisziplinierung", die durch die einengende Kleidung erprobt wurden.[484] Wie in allen anderen Aspekten, war auch die Inszenierung des Körpers im Punk widersprüchlich, da die Accessoires aus dem BDSM-Bereich sowohl zur „Panzerung"[485] dienten, als auch zur Spiegelung der inneren Zerrissenheit seiner Träger:innen, denen allein die exzessive ‚Verschwendung' des eigenen Körpers durch Alkohol, Drogen und hemmungslosen Pogo blieb.[486] Generell wurde insbesondere im frühen Punk der Körper als krank, gebrochen, verletzlich und schwach, ergo als nicht verwertbar für jene Gesellschaft dargestellt, die in den Augen der Punks diese Entfremdung erst hervorgebracht hatte.[487]

Eng verknüpft war diese Inszenierung von Gebrochenheit gleichfalls mit Punks neuartigen Genderkonzepten: Auch die Repräsentation von Männlichkeit stand unter dem Banner einer ‚Verlierer'-Mentalität, weshalb sich dem Poptheoretiker Martin Büsser zufolge Punk und später Grunge als „Verunsicherungs-Subkulturen" interpretieren lassen, deren Stärke in der Inszenierung von Schwäche lagen.[488] Konventionelle Geschlechterrollen wurden wie im Glam in Frage gestellt, wenn auch mit dem Unterschied, dass im Punk eine asexuelle und nicht androgyne Inszenierung die Folge war. Wie der relativ hohe Anteil von Frauen in Punk-Bands und Publikum unterstreicht, bot Punk ihnen die Möglichkeit, sich von traditionellen Körper- und Schönheitsidealen zu befreien und erstmals sichtbarer an der Ausgestaltung der neuen Bewegung mitzuwirken. Dies blieb ihnen sowohl im männlich dominierten Krautrock – trotz seiner betonten Distanz zur machohaften ‚Cock-Rock'-Performance – als auch im sexuell aggressiven Industrial weitestgehend verwehrt.[489] Allerdings stellten diese alternativen Genderkonstruktionen eher die Ausnahme dar und fanden vor allem in jenen künstlerisch orientierten Teilen der frühen Punk-Bewegung Zuspruch, die sich unter anderem aufgrund dieser internen Differenzen zum Post-Punk weiterentwickeln sollten, während im politischen Punk-Rock und im Hardcore Punk traditionelle Inszenierungen heterosexueller und rebellischer Männlichkeit die Regel waren.[490] Der Keim dieser er-

---

483 Vgl. ebd., 86–87.
484 Mrozek, Bodo: „Punk", in: Netzwerk Körper (Hg.): *What Can a Body Do? Praktiken und Figurationen des Körpers in den Kulturwissenschaften*, Frankfurt a. M. 2012, 191–196, hier: 192–193.
485 Büsser: *On The Wild Side* (2013), 86.
486 Vgl. Grimm: *Die Repräsentation von Männlichkeit im Punk und Rap* (1998), 115.
487 Vgl. ebd., 91 sowie Büsser: *Wie klingt die Neue Mitte?* (2001), 107.
488 Ebd., 49, 54.
489 Vgl. Grimm: *Die Repräsentation von Männlichkeit im Punk und Rap* (1998), 92–93, 118.
490 Ebd., 120.

neut widersprüchlichen Ausprägung lag in den Ursprüngen der Punk-Bewegung selbst, die, wie Martin Büsser zu Recht bemerkte, in einer „Welle der Misogynität" einen Kampf gegen alles ‚Weibliche' anzettelte, was sie etwa in der Disco- und vor allem ‚Hippie'-Kultur ausgemacht hatte.[491] Dieser vom NDW-Musiker Moritz Reichelt als „apollinische[s] Element" beschriebene „Ausbruch zorniger junger Männer gegen die repressive neue Mütterlichkeit der WG-Gesellschaft und gegen das Hippietum" sollte schließlich einen der Grundpfeiler für die Entwicklung der ‚Kälte'-Haltung bilden: „In einer Epoche der sich auflösenden Formen gab es wieder Sehnsucht nach scharfen Konturen."[492]

Anfänge und Ausprägungen
Zornig und scharf konturiert ist gleichfalls der Sound von Punk: Charakteristisch sind intensive, schnelle und kurze Stücke statt der ausufernden Einlagen in Hard- und Progressive-Rock-Songs, die zur Untermalung des künstlerischen Anspruchs auf Virtuosität üblicherweise mit langen Soli ausgeschmückt wurden. Für Punks hatten die makellos glatten, in ihren Augen ‚kalten' Produktionen zeitgenössischer Größen in der Pop-Musik nichts mehr gemein mit dem unmittelbaren, rohen Ausdruck der Rockmusik in ihren Anfangstagen. Dennoch vermittelte auch die für den Punk-Sound charakteristische Monotonie und Dissonanz eine gewisse Form von ‚Kälte', die durch minimalistische Songstrukturen sowie durch die bewusst schlechte Qualität und Abmischung von Instrumenten und Aufnahmen erzeugt wurden und damit der Erwartungshaltung des Großteils der Musikkonsument:innen an Pop-Musik eine Absage erteilten. Die sich ab etwa 1975 in Großbritannien ausbreitende Punk-Musik war bekanntermaßen alles andere als innovativ, sondern im Grunde eine schneller und reduktionistischer gespielte Version verschiedener Rockgenres, wie Surf-, Garage-, Hard-, Pub- und Glam-Rock, die aber auch mit Reggae- und Northern-Soul-Elementen vermischt wurden.[493] Die außerordentliche Bedeutung und die Gründe für die ungeheure Wirkkraft der Punk-Explosion finden sich jedoch ohnehin vielmehr in den außermusikalischen Elementen und in Punks Funktion als transnationales Brückenglied der Popkultur im Allgemeinen und der „New Musick" im Besonderen.

---

491 Büsser: *Wie klingt die Neue Mitte?* (2001), 48.
492 Reichelt: *Der Plan* (1993), 145–146.
493 Laut dem Musikjournalisten Simon Reynolds stellte sich Punk generell konträr zur Idee des Fortschritts, sowohl weltanschaulich durch die ‚No-Future'-Haltung, als auch musikalisch durch die im Pub-Rock geübte Rückschau auf die 1950er und 1960er Jahre als Gegenbewegung zu den von ‚langhaarigen' Student:innen besuchten Blues-Folk und Jazz-Prog-Shows. Vgl. das Kapitel „No Future. Die reaktionären Wurzeln des Punk und sein Retro-Nachspiel" in Reynolds, Simon: *Retromania. Warum Pop nicht von seiner Vergangenheit lassen kann*, Mainz 2012 (2011), 229–256.

Der ‚Ursprung' von Punk liegt nicht in Großbritannien, wo sich erstmals eine ganze Bewegung um den Begriff entwickelte, sondern in den USA, genauer bei den seit Ende der 1960er Jahre aktiven Proto-Punk-Bands wie den von THE VELVET UNDERGROUND beeinflussten MC5 und THE STOOGES mit ihrem Sänger Iggy Pop sowie bei den frühen Punk- und New-Wave-Bands in New York City zu Beginn der 1970er Jahre.[494] Zur New Yorker Szene, die sich etwa um den berühmten Club *CBGB's* sammelte, gehörten Acts wie TELEVISION und Richard Hell, Patti Smith, BLONDIE, THE TALKING HEADS, RAMONES und die NEW YORK DOLLS. Insbesondere die zwei Letztgenannten verkörperten die für Punk so charakteristischen Ansätze der Bricolage und der vom Glam übernommenen Abwehrhaltung gegen jeden Authentizitätsanspruch – einen „Rock'n'Roll in Anführungszeichen"[495], der die Performance und Pose über die musikalischen Fähigkeiten und Produkte stellte. So traten die RAMONES in einheitlichen, das mediale Bild des stereotypen jugendlichen Delinquenten der 1950er Jahre zitierenden Outfits sowie mit ‚Topffrisuren' auf, die an die BEATLES erinnerten.[496] Demgegenüber knüpften die NEW YORK DOLLS an die ausgefallenen Kostüme des Glam-Rock an, wenn auch in einer Trash-Version, die mehr nach drogeninduzierter Verwahrlosung als Glamour schrie.

Ende 1974 wurde der Modedesigner Malcolm McLaren auf die NEW YORK DOLLS aufmerksam und versuchte, zusammen mit seiner Partnerin Vivien Westwood, aus der Gruppe mithilfe von Symbolen und Uniformen kommunistischer Regime eine „Skandalband" zu machen.[497] McLarens Plan, den Authentizitäts-Kult der Rockwelt durch situationistische Subversion als kulturindustrielle Manipulationsstrategie vorzuführen,[498] sollte im Falle der NEW YORK DOLLS nicht fruchten. Allerdings startete er nach seiner Rückkehr in England als Manager einer Band namens SEX PISTOLS einen erneuten Versuch, der von Erfolg gekrönt war und sich sehr schnell zum Selbstläufer und zur Basis einer ganzen Bewegung entwickelte: Punk in seiner heute bekannten Form. Hinsichtlich dieses künstlerisch-bohemistischen Hintergrunds interpretiert Dick Hebdige den frühen Punk als „bewusst kritzelig hingeschmierte[n] Nachtrag" zum Glam-Rock, da er die Unter- und Arbeiterschicht

---

494 Auch hier gab es personelle Überschneidungen: So produzierte John Cale nach seinem Ausstieg bei THE VELVET UNDERGROUND das Debüt-Album der STOOGES, während Danny Fields, der in Andy Warhols *Factory* verkehrte, später unter anderem MC5, THE STOOGES und die RAMONES managte.
495 Ebd., 234.
496 Vgl. Moore, Ryan: „Postmodernism and Punk Subculture. Cultures of Authenticity and Deconstruction", in: *The Communication Review*, Nr. 7 (2004), 305–327, hier: 313 sowie Büsser: *On The Wild Side* (2013), 80.
497 Ebd. Vgl. auch Hecken, Thomas: *Pop. Geschichte eines Konzepts 1955–2009*, Bielefeld 2009, 337.
498 Vgl. Büsser: *Wie klingt die Neue Mitte?* (2001), 25.

mit übertriebener Darstellung tatsächlich vielmehr ironisch imitierte und jeden Anspruch an Authentizität verwarf.[499]

Doch auch dies ist nur eine Seite der Medaille oder vielmehr nur eine Version von Punks widersprüchlicher Entwicklungsgeschichte, denn McLarens Vorhaben, die Band ganz in sein situationistisches Konzept einzuspannen, stieß in der Gruppe auf wenig Gegenliebe.[500] Der Kulturwissenschaftler Thomas Hecken macht darauf aufmerksam, dass Punk trotz der genannten Anknüpfungspunkte an die Konzepte avantgardistischer Musikkulturen und Szenen nicht der „Pop-Artifizialität", sondern der Rock-Tradition zugerechnet wird.[501] Die Gründe hierfür lägen neben der an konventionellen Rockstrukturen orientierten Punk-Musik vor allem in der medialen und politischen Rezeption, die Punks Nihilismus üblicherweise als Ausdruck der sozioökonomischen Krise in Großbritannien denn als ästhetische Haltung interpretiert. Und tatsächlich bestimmte das bekannte Narrativ vom illusions- wie arbeitslosen, frustrierten weil ungehörten Proletariat, das in Form von Punk gegen Staat, Kapitalismus und Gesellschaft aufbegehrte, auch die deutschen Medien jener Zeit: nicht nur die Boulevardblätter[502], sondern auch Musik-, Jugend- und Popkulturzeitschriften[503], die dadurch die Rezeption des UK-Punk vonseiten der deutschen Punk- und NDW-Bewegung mitbestimmten.

Punk als Gegen- und Subjektkultur
Diese Sichtweise ist sicherlich nachvollziehbar, liegt doch der thematische Schwerpunkt von Punk auf den negativen Aspekten der alltäglichen Lebenswirklichkeit seiner Protagonist:innen. Anders als politisch engagierte Rockbands vor ihnen, thematisierten Punkbands jedoch auf zynische Art und Weise soziale Missstände, Gewalt, Kriminalität, Repression, Arbeitslosigkeit und ihre individuellen Folgen, wie etwa Gefühle von Frustration und Langeweile sowie Entfremdungserfahrungen. Besonders die Themenfelder Krieg und Gewalt nahmen einen prominenten

---

499 Hebdige: „Subculture" (1983), 61. Vgl. Meinert/Seeliger: „Eine Einleitung" (2013), 16.
500 Siehe etwa Büsser: *On The Wild Side* (2013), 83.
501 Hecken: *Pop* (2009), 339.
502 Siehe etwa die ersten beiden Beiträge zum Punk-Phänomen von *Der Spiegel*: O. V.: „Ratten in Jeans", in: *Der Spiegel*, Nr. 16, 11. April 1977. URL: *http://www.spiegel.de/spiegel/print/d-40915872.html* (Letzter Zugriff: 24.10.2022) sowie o. V.: „Punk. Nadel im Ohr, Klinge am Hals", in: *Der Spiegel*, Nr. 4, 23. Januar 1978. URL: *http://www.spiegel.de/spiegel/print/d-40694217.html* (Letzter Zugriff: 24.10.2022).
503 So interpretierte etwa auch Alfred Hilsberg, der als Journalist und Inhaber des Labels *Zick-Zack* einen kaum zu überschätzenden Einfluss auf die Entwicklung und Gestalt der NDW hatte, die frühe Punk-Bewegung in einem *Sounds*-Artikel als Ausdruck eines Mangels und als eine aus Frustration geborene Widerstandshaltung gegen die kapitalistische Gesellschaft. Hilsberg, Alfred: „Die Revolution ist vorbei – wir haben gesiegt!", in: *Sounds*, Nr. 2 (1978), 32–36, hier: 36.

Platz in der Punk-Kultur ein, in Bandnamen, Songtexten und Plattencovern, anders als etwa im Metal wurde Krieg im Punk jedoch nicht abstrakt und religiös aufgeladen, sondern (wie im Industrial) als so allgegenwärtig wie permanent empfunden und dargestellt.[504] Statt all diese Aspekte und negativen Emotionen aufzulösen oder durch etwas Positives zu ersetzen, versuchten Punks diese zu kultivieren und sich zu eigen zu machen.[505] Das hatte Punk mit der frühen Industrial Culture gemein, der für die Entwicklung der ‚Kälte'-Haltung bedeutsame Unterschied lag jedoch in der Zielsetzung bzw. im konkreten Ausbleiben einer Zielsetzung im frühen Punk. Wie der Poptheoretiker Diedrich Diederichsen zu Recht betont, war Punk nicht nur Provokation, sondern vor allem „Aussage eines Sachverhalts", ganz ohne Subversions- und Demaskierungsstrategien: „Dies wäre eine typische Hippie-Ansicht."[506] Doch wie weit hatte sich Punk tatsächlich von der verhassten ‚Hippie'-Bewegung, ihren Idealen, Sichtweisen und ‚Wärme'-Strategien entfernt?

Ohne Frage markiert das nihilistische Moment, das Gewahr-werden der gesellschaftlichen Abgründe und das Gefühl der Sinnentleerung und permanenten Gefahr des Subjekts einen der folgenreichsten Einschnitte zur utopiefixierten Generation der ‚Hippies'.[507] „No Future", der bereits von den Sex Pistols propagierte und alle traditionellen Zukunftsmodelle verwerfende Slogan der Punk-Bewegung, bedeutete für Punks allerdings nicht in Resignation zu verfallen, sondern wurde vielmehr als ein Akt der Befreiung zelebriert. Dem Gefühl der Ohnmacht begegnete Punk mit einer ästhetischen Dramatisierung der zeitgenössischen Krisendiskurse in Politik und Medien sowie mit einem hedonistischen und oft auch apokalyptischen Tanz auf den Trümmern der bisher als negativ erfahrenen Lebenswirklichkeit.[508] Es war genau jene Überzeugung vom baldigen Zusammenbruch und Ende, die dem Gegenwärtigen neue Bedeutung verlieh und eine Explosion an Kreativität zur freien Aus- und Umgestaltung dieser Leere nach sich zog. Der Popautor Frank Apunkt Schneider erklärt dazu treffend: „Der Untergang war eine produktive Größe. Keine Zukunft zu besitzen, verlieh ungeahnte Fähigkeiten und den Mut, etwas zu tun, ohne lange zu fragen, vor allem nicht nach den Konsequenzen. Chancenlo-

---

504 Büsser: *Wie klingt die Neue Mitte?* (2001), 103–104.
505 Wellmann: „Let fury have the hour, anger can be power'" (2014), 297–298 sowie Mrozek: „Punk" (2012), 191.
506 Diederichsen, Diedrich: „Die Auflösung der Welt. Vom Ende und Anfang", in: Diederichsen; Hebdige; Marx (Hg.): *Schocker* (1983), 165–188, hier: 168.
507 Groetz, Thomas: „Das uneingelöste Nichts. Punk, Kunst, Musik", in: Neue Gesellschaft für Bildende Kunst e. V., et al. (Hg.): *Lieber zu viel als zu wenig* (2003), 6–13, hier: 8–9.
508 Hebdige: „Subculture" (1983), 80.

sigkeit war eine Chance; Ausweglosigkeit ein Ausweg."[509] Parallel zum Krisenmodell der historischen Avantgarden verstand Punk das Ende zugleich als Anfang von etwas Neuem. Wie der Autor und Künstler Thomas Groetz ganz richtig feststellt, markiert dieses „Ineinsfall von Tod und Neubeginn", diese Ambivalenz und Widersprüchlichkeit im Punk einen kulturellen Umbruch.[510]

Was hier wie eine Abkoppelung von den Wurzeln in der Protest- und ‚Hippie'-Generation der 1960er und frühen 1970er Jahre, von den einst verinnerlichten Idealen und der kritischen Haltung gegenüber Staat und Gesellschaft erscheint, ist – erneut – nur ein Aspekt von Punks widersprüchlichem Charakter. Wovon sich Punk verabschiedete, war die laue ‚Wärme' des Mittelwegs, des ausbalancierten Kompromisses, zugunsten einer Pendelbewegung zwischen den Extremen ‚kalt' und ‚heiß'. Dementsprechend sollte Punks ‚Cut' mit der vorangegangenen Generation vielmehr als eine Aktualisierung statt Ablehnung der gemeinsamen Philosophie gelesen werden, was sich gleichfalls in Punks Kritik an der als saturiert und wirklichkeitsfremd wahrgenommenen zeitgenössischen Pop- und Rockmusik spiegelte. Punks Angriff auf die ‚Hippie'-Kultur kam also nicht von außerhalb, sondern war ein interner Aushandlungsprozess innerhalb des gegenkulturellen Aufbruchs selbst, der, wie der Historiker Henning Wellmann betont, einer „Enttäuschung über die Nichteinlösung der großen Versprechen des Rock ‚n' Roll und der 68er-Bewegung" entsprang.[511] Diese Enttäuschung und Desillusionierung äußerte sich auf ganz unterschiedliche Weise, etwa in Form nihilistischer Destruktivität und einer generellen Anti-Haltung, die Martin Büsser zufolge in der (Pop-)Kulturgeschichte immer eine politische Grundlage hatte und auf Veränderung sowie auf eine Wiederentdeckung ‚des Echten' zielte[512]:

> Punk war eine diesseits gewandte Religion [...], die das Paradies auf Erden suchte und wusste, dass sie es in dieser Gesellschaft nicht finden würde. Darum erklärte Punk dieser Gesellschaft den Krieg und schließlich den Kapitalismus zu einem andauernden Kriegsschauplatz. Alles wurde als feindlich empfunden und als gegen den einzelnen gerichtet. Draußen eine feindliche Architektur, feindliche Innenstädte und feindliche Vorstädte. Feindliche, weil nicht mehr funktionierende Kommunikation, kaputter Sex und in Floskeln geronnene Gesten der Liebe, feindliches Fernsehen und feindliche Presse.[513]

---

509 Schneider, Frank Apunkt: „There's no future like ‚No Future'", in: Pehlemann, Alexander/Papenfuß, Bert/Mießner, Robert (Hg.): *1984! Block an Block. Subkulturen im Orwell-Jahr*, Mainz 2015, 17–21, hier: 20.
510 Groetz: *Kunst ⇌ Musik* (2002), 186.
511 Wellmann: „‚Let fury have the hour, anger can be power'" (2014), 297.
512 Büsser, Martin: „Die böse Avantgarde. Antonin Artaud, Wiener Aktionismus und die Survival Research Laboratories", in: *testcard. Beiträge zur Popgeschichte*, Nr. 1 (1995), 170–183, hier: 171.
513 Ders.: *Wie klingt die Neue Mitte?* (2001), 106.

Eine andere Reaktion stellte der politische Aktivismus von Gruppen wie THE CLASH dar, der laut Büsser jedoch ebenso verdeutlicht, dass „der viel beschworene Hass auf die Hippies und der totale Bruch mit der Vorgängergeneration selbst ein Mythos war, der nur auf einen Teil der Bewegung zutraf".[514]

Unübersehbar sind hier die Parallelen zur Geschichte der historischen Avantgarden: Dada zeigte in seinem nihilistischen Aufstand keine Gnade gegenüber der bürgerlichen Gesellschaft und den expressionistischen Vorgänger:innen. Gerade die Intensität, mit der Dada polterte, verriet ein tiefsitzendes Leiden an der Moderne, das erst in der Neuen Sachlichkeit bzw. in den „Verhaltenslehren der Kälte" aufgelöst wurde. Ein halbes Jahrhundert später ging auch Punk mit aller Härte gegen die bürgerliche Gesellschaft und seine gegenkulturellen Vorläufer:innen gleichermaßen vor, konservierte aber dennoch den Kern der gegenkulturellen Ideale: die kritische Haltung dem gesellschaftlichen Status quo gegenüber, die Forderung eines Aufbrechens der Grenzen zwischen Kunst und Leben sowie den Anspruch an weitgehende Autonomie, der sich etwa im Boom an Fanzines und neugegründeten Indie-Labels verdeutlichte. Wie sich zeigte, drückte sich auch in Punks radikalen Ansätzen und Äußerungen letztlich ein von Enttäuschung geprägtes Leiden an den sozialen Missständen und subjektkulturellen Umwälzungen der beginnenden Postmoderne aus. Erneut fand dieses Leiden erst in einem Akt der affirmativen Weltaneignung sein Ende, nämlich in jenem neusachlichen Teil des Post-Punk, der die Haltung und Praxis der ‚Kälte' perfektionierte.

Das Ende des Unbestimmten
Im Post-Punk und der New Wave wurden die Anknüpfungspunkte des frühen Punk an die künstlerischen Avantgarden und intellektuelle Bohème schließlich weitergeführt. Die Weiterentwicklung des Punk-Impulses zum Phänomen Post-Punk ist – erneut – nur ein Teil der Geschichte, denn schon kurz nach seiner Ankunft in Großbritannien begann sich Punk sehr schnell zu transformieren, wurde mit unterschiedlichsten politischen, sozialen, künstlerischen und musikalischen Einflüssen und Faktoren aufgeladen, die dazu führten, dass sich Punk in der zweiten Hälfte der 1970er Jahre „urknallartig in neuen Sound- und Subkultur-Galaxien entlud".[515] In der Folge bildeten sich ganz unterschiedliche Bewegungen, Subkulturen und Szenen heraus, die kaum noch etwas miteinander gemein hatten und teilweise konträr zueinander laufende Ansätze verfolgten. Zum einen wurde Punk, dessen Zugehörigkeit zur Arbeiterklasse in der Frühphase vielmehr eine „freiwillige Positionsbestimmung" als wirkliche soziale Herkunft darstellte,[516] tatsächlich

---
514 Ders.: *On The Wild Side* (2013), 90.
515 Reynolds: *Retromania* (2012), 243.
516 Grimm: *Die Repräsentation von Männlichkeit im Punk und Rap* (1998), 14.

vonseiten der sich fragmentierenden britischen Arbeiterschicht als Reaktionsmodell auf den stetigen Zerfall integriert. Ergebnis dieser Vermischung war unter anderem die Entwicklung von Oi!-Punk als Ausdruck einer mit der Skinhead-Kultur verknüpften nostalgisch-konservativen Haltung.[517] Sowohl Oi!-Punk als auch der in den 1960er Jahren aus einer Mischung von weißer Arbeiterschaft und westindischer Einwandererjugend („Rude Boys") entstandenen Skinhead-Kultur war das avantgardistische Spiel mit Künstlichkeit und Identitäten im frühen Punk zuwider. Ihnen ging es darum, jene kleinbürgerlichen (eben nicht proletarischen) Werte zu retten, die im neoliberalen Zeitalter zu verschwinden drohten, etwa durch das Hochhalten traditioneller Vorstellungen von Männlichkeit, Arbeitsleben und Freizeitgestaltung.[518]

Konträr und oftmals auch feindlich zu den sich betont „unpolitisch" gebenden Skins und Oi!-Punks standen jene politisch aufgeladenen Punk-Ausläufer, die spätestens seit 1980 versuchten die „programmatische Leerstelle" durch politische (vorwiegend linke) Konzepte, Ideen und auch Aktionen (wie die Beteiligung an Hausbesetzungen und Anti-Nazi-Protesten) zu füllen und dabei im Grunde die Ideale der verhassten ‚Hippie'- und Protest-Generation weitertrugen.[519] In diesem Zusammenhang wurde auch das für den frühen Punk so charakteristische Spiel mit Uneindeutigkeiten und Nazi-Symbolen zugunsten eindeutiger Statements aufgegeben, nachdem zusehends rechte Gruppierungen Punk aufgrund seiner Offenheit und Inhaltslosigkeit zu vereinnahmen suchten.[520] Nach einer kurzen Phase kreativer Unbestimmtheit kehrte im Punk, wie Diedrich Diederichsen 1982 treffend bemerkte, jenes „typische Element jeder Hippie-Ideologie" zurück, das schließlich auch Punk zu einer identitätsstiftenden Bewegung machte: „der Sinn, die Message".[521] Galt im frühen Punk noch jeder Anspruch an ‚Echtheit' als ein Merkmal der zu überwindenden, anachronistischen Rock-Tradition, kam derselbe Authentizitätsanspruch Anfang der 1980er Jahre in vollem Umfang zurück, etwa in Form der sogenannten Hardcore- oder Anarcho-Punks, die bis heute das populärste Bild von Punk prägen:

---

517 Vgl. ebd., 38–39 sowie Jäger, Christian: „Bolschewik-Schick. Linke und anti-antikommunistische Posen und Positionen im Pop der frühen 1980er-Jahre", in: Peitsch, Helmut/Thein, Helen (Hg.): *Lieben, was es nicht gibt. Literatur, Pop und Politik bei Ronald M. Schernikau*, Berlin 2017, 323–338, hier: 324.
518 Vgl. Büsser: *Wie klingt die Neue Mitte?* (2001), 79–85 sowie ders.: *On The Wild Side* (2013), 92.
519 Wellmann: „Let fury have the hour, anger can be power'" (2014), 307–308. Vgl. Büsser: *On The Wild Side* (2013), 95.
520 Vgl. Jazo: *Postnazismus und Populärkultur* (2017), 71.
521 Diederichsen, Diedrich: „Nette Aussichten in den Schützengräben der Nebenkriegsschauplätze. Über Freund und Feind, Lüge und Wahrheit und andere Kämpfe an der Pop-Front", in: ders. (Hg.): *Staccato. Musik und Leben*, Heidelberg 1982, 85–101, hier: 90. Vgl. auch Büsser: *Wie klingt die Neue Mitte?* (2001), 29.

> Bald war klar, dass es eine Kreuzung aus Vulgär-Anarchismus und Vulgär-Nihilismus zu sein habe, die sich aus dem besprühte-Lederjacke / schief-zerrissene Jeans / Stachel-Haare / Bierflasche-in-der-Hand-Habitus ableite. Die Betroffenen, von der Last der Zeichen und deren Geschichtlichkeit hinabgezogen, willigten ein und wurden zu Kronzeugen gewisser sozialgeschichtlicher Thesen und Erklärungsversuche.[522]

Innerhalb kürzester Zeit hatte sich Punk von einem künstlerischen Konzept zu einer Jugendkultur entwickelt, die auch in der Bundesrepublik seit etwa 1977 immer mehr junge Menschen anzog. Einer der Gründe für die außerordentlich schnelle Verbreitung war sicherlich der Umstand, dass Punk das Lebensgefühl eines großen Teils der jungen Bevölkerung beschrieb, wobei dies natürlich nur *eine* zeitgenössische Reaktion auf die sozioökonomischen und subjektkulturellen Umbrüche in den westlichen Industriestaaten darstellte.[523] Da Punk auch noch dem in Politik und Medien wiederholt beschworenen Bild des illusionslosen, hedonistischen Jugendlichen entsprach, spielte sicherlich ebenso das Provokationspotential eine Rolle hinsichtlich des Erfolgs von Punk. Nicht zuletzt eröffnete die im Punk vorgenommene Tabula rasa mit den historischen, sozialen und kulturellen Lasten für Künstler:innen aller Art neue Perspektiven und Ansätze. Allerdings wurde Punk recht schnell unattraktiv für die junge Avantgarde, gerade aufgrund der rasanten Verbreitung unter Jugendlichen und aufgrund der gesellschaftlichen Absorbierung einstiger Provokationsmittel, die nun nicht mehr als Waffen taugten. Für viele Post-Punk- bzw. ‚Kälte'-Musiker:innen war Punk selbst reaktionär geworden, eine Abkehr von den Uneindeutigkeiten, der „Pop-Oberfläche", dem avantgardistischen Spiel mit Identitäten und der einstigen Distanzhaltung zur eigenen Haltung und Praxis. Für die ‚Kälte'-Musiker:innen, die zu jung für die ‚68er'-Generation und zu alt für die Punk-Bewegung waren, blieben Punk wie auch Krautrock dennoch wichtige Referenzpunkte. Ohne Frage dienten diese den ‚kalten' New-Wave- und Post-Punk-Bands als Ressourcen für musikalische, künstlerische und ästhetische Motive und Techniken, die sie dadurch weiterentwickelten. Von außerordentlicher Bedeutung ist hinsichtlich der Entstehung der popkulturellen ‚Kälte'-Lehren jedoch insbesondere Punks Funktion als Negativfolie für die folgenden ‚Kälte'-Musiker:innen, die sich bewusst gegen die als Spät-‚Hippies' kritisierten Punks stellten, sei es durch Anzug und Krawatte oder durch das affirmative „Ja zur Modernen Welt".

---

522 Diederichsen: „Die Auflösung der Welt" (1983), 174.
523 Auch die auf Techniken der Selbstinszenierung bauende und zwischen hedonistischer Ekstase und strenger Selbstdisziplinierung pendelnde Disco-Kultur lässt sich als eine weitere Reaktion verstehen, beispielhaft in Szene gesetzt von John Travolta im Film „Saturday Night Fever" (1977) in der Rolle des Tony Manero, der durch sein perfekt choreografiertes Auftreten auf und abseits der Tanzfläche aus der harten Realität auszubrechen sucht: „Oh, fuck the future!" „Saturday Night Fever" (USA 1977). R: Badham, John, TC: 00:05:07.

2.2.5 Post-Punk & New Wave in UK und USA

Innerhalb nur eines Jahres hatte sich Punk vom Hoffnungsträger zum Auslaufmodell entwickelt – zumindest in den Augen jener ab 1977/78 vermehrt in Erscheinung tretenden Künstler:innen, die unter den Begriffen „New Wave" und „Post-Punk" subsumiert werden. Für sie repräsentierte Punk eine veränderte Perspektive auf Pop-Musik, auf ihre Mechanismen und Strukturen, auf die vorherrschenden Maßstäbe und Erwartungshaltungen vonseiten der Musiker:innen sowie Konsument:innen und auf die Rolle der Künstler:innen in diesem Geflecht. Sie empfanden die Punk-Explosion als ein Akt der Befreiung von den als starr, unreflektiert und anachronistisch empfundenen Identitätsmodellen der konventionellen Rockmusik, von den darin vertretenen Anschauungen auf die Welt und das eigene Selbst. Post-Punk- und New-Wave-Musiker:innen schätzten Punks radikale Neubewertung des künstlerischen Ausdrucks und der allmächtigen Vorstellungswelt des ‚Authentischen', der im frühen Punk eine offensive Oberflächen-Ästhetik und Künstlichkeit, eine Bricolage der Zeichen und Stile der Moderne entgegengehalten wurde. Für diese Künstler:innen war Punk ein Impuls, keine Subkultur mit eigenen Dogmen, Verhaltensregeln und sich stetig wiederholenden musikalischen Grundmustern.

Punks Tabula rasa machte den Weg frei für die verschiedenen Entwicklungsströme der britischen und US-amerikanischen New Wave und des Post-Punk, die sich zumeist chronologisch wie stilistisch überkreuzten, häufig jedoch auch als (interne) Reaktion auf einzelne popmusikalische Trends am Ende der 1970er und zu Beginn der 1980er Jahre entstanden. All diese Stile und (Sub-)Genres hatten nicht nur Einfluss auf die Entwicklung und Vielfältigkeit nationaler Ausprägungen, wie etwa die jugoslawische „Novi Val" oder die „Neue Deutsche Welle" deutschsprachiger Musiker:innen, sondern wurden im transnationalen Rahmen der „New Musick" wiederum von einzelnen deutschen Krautrock- und NDW-Bands beeinflusst. Dies gilt gleichfalls auch für die verschiedenen Motive und Strategien der ‚Kälte', die sich oftmals bestimmten Stilen und Subgenres zuordnen lassen. Ziel dieses Kapitels ist es, sowohl die für die Entwicklung der popkulturellen ‚Kälte' entscheidenden Ansätze und Ausprägungen britischer und US-amerikanischer New-Wave- und Post-Punk-Bands als auch die essentiellen Unterschiede zu jenen ‚kalten' NDW-Musiker:innen darzustellen, die dafür sorgten, dass die ‚Kälte'-Lehren – trotz aller Verwobenheit und allen Ähnlichkeiten zu den Motiven britischer oder US-amerikanischer Künstler:innen – ein vorrangig mit der Bundesrepublik Deutschland verknüpftes Phänomen blieben. Grob an der chronologischen Abfolge ihrer Blütezeit orientiert, werden zur Skizzierung der Entwicklungsstufen einzelner ‚Kälte'-Codes folgende Aspekte und Strömungen mitsamt ihrer Motive und Konzepte beleuchtet: die Wurzeln und Gestalt der New Wave, ihre betont mechanischemotionslosen Künstlichkeits-Performances, Synth Pop mit seinen Technik-Kult sowie die verschiedenen schwarzromantischen und ‚düsteren' Stile (Post-Punk, Dark Wave, Goth-Rock, Cold Wave).

Tradition und Neubeginn
Der sich an die französische Filmstilrichtung „Nouvelle Vague" anlehnende Begriff „New Wave" wurde vom SEX-PISTOLS-Manager Malcolm McLaren schon Ende 1975 als Bezeichnung für den von ihm propagierten Musik- und Performancestil medial verbreitet.[524] „Punk" war dementsprechend selbst nur ein Teil des in der Musikpresse zuerst „New Wave" genannten Phänomens, zumeist wurden beide Begriffe in ihrer Frühphase auch synonym verwendet. Ab etwa 1977/78 unterschieden Musikkritiker:innen deutlicher zwischen diesen, nachdem sich um den Begriff „Punk" eine spezifische Subkultur und ein bestimmter musikalischer Stil entwickelt hatten. Während unter dem Oberbegriff „New Wave" in Großbritannien vorrangig die frühen New-Wave-Bands der 1970er Jahre (DEVO, THE STRANGLERS, TALKING HEADS, THE JAM), die New Romantics der frühen 1980er Jahre (VISAGE, ULTRAVOX, frühe THE HUMAN LEAGUE) sowie die Vertreter:innen des 1982 aufblühenden New Pop (ABC, ORANGE JUICE, THE HUMAN LEAGUE) fallen, wird „New Wave" in den USA als ‚umbrella term' für quasi alle im Zuge der Punk-Explosion entstandenen und sich vom Punk-Rock absetzenden Musikstile und Subkulturen genutzt, darunter Synth Pop, New Pop, Power Pop, Art-Rock, Dance, Ska, New Romantics, Dark Wave, Goth-Rock, Industrial Music und noch viele mehr.[525] Etwa zur selben Zeit tauchte auch erstmals die Bezeichnung „Post-Punk" als Oberbegriff für die eher ‚düsteren' und an verschiedene Stränge experimentell-avantgardistischer Stile anknüpfenden Genres auf, wie Dark Wave, Anti-Rock oder auch Industrial Music.[526]

Generell sollte in diesem Zusammenhang die oft behauptete Bedeutung von Punk als Grundlage für die popkulturelle und musikalische Entwicklung Ende der 1970er Jahre nicht unreflektiert übernommen werden. Wie der Musikjournalist Simon Reynolds mit Blick auf die vielen bereits vor der Punk-Explosion gegründeten New-Wave- und Post-Punk-Bands feststellt, wirkt Punk in der Retrospektive vielmehr „wie ein historischer Umweg – eine radikale Rückkehr zu den Anfängen des Rock'n'Roll, die sich lediglich als kurze Unterbrechung eines ansonsten ungebrochenen Art-Rock-Kontinuums entpuppte, dass sich von Anfang bis Ende durch die

---
524 Cateforis: *Are We Not New Wave?* (2000), 28–29.
525 Vgl. ebd., 10–11, 34, 52, Majewski/Bernstein: *Mad World* (2014), 10, Hornberger, Barbara: „New Wave / Post-Punk", in: Hecken; Kleiner (Hg.): *Handbuch Popkultur* (2017), 78–82, hier: 78 sowie Büsser: *On The Wild Side* (2013), 97–105.
526 Vgl. Cateforis: *Are We Not New Wave?* (2000), 35–36 und Hornberger: „New Wave / Post-Punk" (2017), 78.

Siebzigerjahre zog".[527] New-Wave- und Post-Punk-Musiker:innen wollten nicht bei sich wiederholenden Grundmustern stehenbleiben, sondern musikalisch neue Wege gehen. Im Gegensatz zum Virtuosen-Kult in der Rockmusik und der ‚back-to-the-roots'-Haltung von Punk, zeichneten sich New Wave und Post Punk durch eine starke Integration experimentell-avantgardistischer Elemente und elektronischer Musikmaschinen aus.[528] Entsprechend dieser künstlerischen Ausrichtung suchten sich die ‚78er'-Protagonist:innen auch jenseits der rein musikalischen Praxis weiterzuentwickeln: In den Augen der größtenteils aus den Kunsthochschulen stammenden New-Wave- und Post-Punk-Musiker:innen sowie ihrer Fürsprecher:innen in der Musikpresse waren die Punk-Ausläufer genauso von der veralteten Vorstellung der vermeintlich emanzipatorischen Rockmusik beseelt wie die zuvor als „B. O. F." („Boring Old Farts") kritisierten Mainstream-Rock-Bands. Anfang der 1980er Jahre wurde von einer kleinen Gruppe innerhalb der britischen Musikpresse die Begriffe „rockism" und „popism" zur Grenzziehung und Abwertung erstgenannter Haltung eingeführt. Unter „Rockismus" verstanden sie die bei vielen Rockmusiker:innen und Musikkritiker:innen vorherrschende Vorstellung, wonach sich die Bedeutung und Wertigkeit von Musik an Faktoren wie Innovation, Virtuosität, rebellischer Haltung, sozialkritischem Anspruch, Authentizität und Ernsthaftigkeit festmachen lasse. Die popistischen Anhänger:innen der New Wave dagegen begriffen Pop als Theater und stellten in Glam-Tradition die für die ‚Kälte'-Inszenierungen so essentielle Oberflächen-Ästhetik und Künstlichkeit in den Mittelpunkt ihrer Performance und Konzepte.[529]

Das angriffslustige Agieren der popistischen Verteidiger:innen gegen die in der Musikpresse vorherrschende rockistische Ideologie steht am Ende einer Entwicklung, die über Dandytum, Camp und Andy Warhol führte und mit Glam(-Rock) erstmals massentauglich im Feld der Pop-Musik in Erscheinung trat. Glam selbst wird in zwei Wellen kanonisiert: erstere entstand Ende der 1960er Jahre mit prominenten Akteuren wie Marc Bolan (T.REX) und David Bowie, deren Zeichen und Praktiken die Acts der zweiten Welle – allen voran ROXY MUSIC um den Sänger Bryan Ferry – in der ersten Hälfte der 1970er Jahre aufgriffen und mit erweiterten Funktionen ausstatteten.[530] Beide Ausprägungen präferierten synthetische, „glatte und kalte" Oberflächen und Materialtypen, womit sie der im linksalternativen Mi-

---

527 Reynolds: *Rip It Up And Start Again* (2007), 25.
528 Vgl. Hornberger: „New Wave / Post-Punk" (2017), 78–79 sowie Büsser: *On The Wild Side* (2013), 101.
529 Siehe etwa Frith, Simon: „Art Ideology and Pop Practice", in: Nelson, Cary/Grossberg, Lawrence (Hg.): *Marxism and the Interpretation of Culture*, Basingstoke 1988, 461–475.
530 Zu Glam siehe Reynolds, Simon: *Glam. Glitter Rock und Art Pop von den Siebzigern bis ins 21. Jahrhundert*, Mainz 2017 (2016) sowie Beregow, Elena: „Glam", in: Hecken; Kleiner (Hg.): *Handbuch Popkultur* (2017), 62–67.

lieu verbreiteten Forderung nach mehr ‚Natürlichkeit' diametral entgegenliefen.[531] Glam kultivierte Artifizialität, Oberflächen-Ästhetik und Theatralik, ob über die Performance, Outfits, Inszenierungen oder die „Kunst der Pose".[532] Während die erste Glam-Welle noch durch Make-Up, Glitzer und Plateauschuhe Aufmerksamkeit auf sich zog, zeigten sich ROXY MUSIC, die aus Ferrys Studium beim Pop-Art-Künstler Richard Hamilton hervorgegangen waren, oftmals in Maßanzügen oder in Outfits, die historische und mitunter militärische Moden zitierten. Gegen jenen Authentizität-Mythos, der sowohl den Mainstream-Rock als auch die gegenkulturellen Antworten auf diesen (Psychedelic, Progressive, Art und Blues Rock) auszeichneten, betonten Glam-Künstler die Konstruiertheit jeder Performance und inszenierten sich, wie die Soziologin Elena Beregow treffend bemerkt, als „Rockmusiker, die Rockmusiker spielen".[533] Ganz richtig resümiert Simon Reynolds hinsichtlich dieses Spiels mit Identitäten, Stil-Zitaten und Kontexten: „Glam war bereits postmodern gewesen, bevor der Begriff überhaupt außerhalb der Kunsthochschulen die Runde machte."[534]

Im Glam fand ein Schema seinen Anfang, dass die gesamte Geschichte ‚kalter' Pop-Musik auszeichnete: Zwar entstammten seine Protagonisten linksalternativen Milieus und griffen auf deren Codes zurück, stellten sich jedoch bewusst gegen die in der Gegenkultur übliche Konsum- und Kommerzkritik, ihren Kult des Natürlichen und Authentischen und gaben sich politisch indifferent. So wurden im Glam-Rock zwar einerseits Darstellungen von Männlichkeit präsentiert, die sowohl mit Bildern des ‚Weiblichen' als auch mit Motiven queerer Subkulturen spielten und sich damit von traditionellen Geschlechterrollen und Gender-Identitäten lossagten. Im Gegensatz zu dem im gegenkulturellen Milieu gängigen Idealbild des feminisierten oder ‚geschlechtsneutralen' Mannes verwies die Inszenierung früher Glam-Pioniere wie Bowie und Bolan allerdings andererseits auf eine Form androgyner Männlichkeit, die Frauen weitgehend ausschloss.[535] Treffend bezeichnet Be-

---

531 Beregow, Elena: „Nichts dahinter – Pop-Oberflächen nach der Postmoderne", in: *POP. Kultur und Kritik*, Nr. 13 (2018), 154–173, hier: 161.
532 Ebd.
533 Dies.: „Glam" (2017), 63. Zu den Dimensionen von Authentizität in Kontext der Musik vgl. Appen, Ralf von: „Schein oder Nicht-Schein? Zur Inszenierung von Authentizität auf der Bühne", in: Helms, Dietrich/Phleps, Thomas (Hg.): *Ware Inszenierungen. Performance, Vermarktung und Authentizität in der populären Musik*, Bielefeld 2013, 41–69.
534 Reynolds: *Rip It Up And Start Again* (2007), 388.
535 Beregow: „Glam" (2017), 64–65. So argumentiert auch Schubarth, Caroline: „I'll be a rock'n roll bitch for you", in: Kauer, Katja (Hg.): *Pop und Männlichkeit. Zwei Phänomene in prekärer Wechselwirkung?*, Berlin 2009, 205–277, hier: 221. Auch die Kulturjournalistin Stephanie Grimm erklärt, dass die im Glam geübte Androgynität nicht auf Feminisierung, sondern auf eine Betonung homo- und bisexueller Aspekte zielte. Grimm: *Die Repräsentation von Männlichkeit im Punk und Rap* (1998), 47.

regow Glam aufgrund der affirmativen Künstlichkeit und Distanzhaltung zur Mehrheitsgesellschaft und den linksalternativen Counter Cultures gleichermaßen als ein „post-gegenkulturelles Hybridgebilde".[536] Diese auch für die ‚Kälte'-Musiker:innen der New Wave so charakteristische Ausprägung habe zugleich für die bisher weitgehend ausgebliebene wissenschaftliche Aufarbeitung von Glam-Rock gesorgt, der so gar nicht in das klassische Widerstands-Narrativ der Subkulturforschung der Cultural Studies passte.[537] Dick Hebdige etwa interpretierte Glam-Rock 1979 als „Flucht vor Klassen- und Geschlechtszugehörigkeit, vor Persönlichkeit, vor offensichtlichem Engagement" und bot damit ein perfektes Beispiel dafür, wie überfordert das im Feld der Popkulturforschung einst federführende *Centre für Contemporary Cultural Studies* in Birmingham (CCCS) mit der Pose und Oberflächen-Ästhetik von Glam war.[538] Auch die deutsche Popkulturforschung wird noch heute geprägt von dieser auf dem Entfremdungs-Begriff bauenden Lesart und findet sich etwa in den einflussreichen Texten Martin Büssers, der die „Metakritik" von Roxy Music – auf die von Adorno formulierte „Mimesis ans Verhärtete und Entfremdete" verweisend – als Ausdruck einer lediglich „spielerischen, bloß dem Schein nach vollzogenen Überanpassung an bestehende Verhältnisse" interpretiert.[539] Hinsichtlich dieser Lesart, die stets von einem grundsätzlichen Widerstandsanspruch progressiver Pop-Musik ausgeht, nimmt es nicht Wunder, dass die ‚Kälte'-Strategien der NDW-Musiker:innen – die Bowie und Roxy Music oftmals als bedeutende Impulsgeber nannten[540] – in der Forschung bislang unbeachtet blieben.

Nach dem Ende von Glam-Rock Mitte der 1970er Jahre trat die „Pop-Sensibilität" vorerst in den Hintergrund. Wie sich zeigte, führte Punk in seiner Frühphase

---

536 Beregow: „Glam" (2017), 64.
537 Vgl. ebd., 62, 64.
538 Hebdige: „Subculture" (1983), 59. Vgl. auch die Lesart des Popkulturforschers Lawrence Grossberg, der dem Entfremdungs-Narrativ folgend die Haltung der „authentic inauthenticity" als Folge einer Realität interpretiert, die „already stranger than any fantasy" sei. Grossberg, Lawrence: *We gotta get out of this place. Popular conservatism and postmodern culture*, New York u. a. 1992, 224–225.
539 Büsser: *On The Wild Side* (2013), 75.
540 So erklärte etwa Thomas Meinecke (FSK) zum 1972 veröffentlichten Debüt-Album der Gruppe: „Roxy Music veränderte beziehungsweise erweiterte mein Denken radikal." Meinecke, Thomas: „Vorwort" (1997), in: ders.: *Mode & Verzweiflung*, Frankfurt a. M. 1998, 7–9, hier: 7. Auch Blixa Bargeld (Einstürzende Neubauten) entsprach in der zweiten Hälfte der 1970er Jahre – zu jener Zeit, als er die Figur Blixa erschuf – mit seinen langen Haaren, dem Make-Up und der verspielt-androgynen Kleidung ganz dem Glam-Ideal. Siehe dazu „Gero von Boehm begegnet... Blixa Bargeld", 3sat, *Gero von Boehm begegnet...* (Sendedatum: 30.09.2003), 00:03:33–00:03:40. Zur Bedeutung des Glam-Rock für die West-Berliner Post-Punk-Szene siehe Müller: *Subkultur Westberlin 1979–1989* (2013), 162.

zwar den Künstlichkeits-Kult von Glam weiter, entwickelte sich jedoch schnell zu einer Subkultur mit eigenen Regeln und Codes, anhand derer potentielle Anhänger:innen ihre Authentizität nachzuweisen hatten. Diejenigen, die Punk weniger als (musikalischen und modischen) Stil als vielmehr künstlerisches Programm verstanden, formulierten das errungene „Pop-Bewusstsein" schließlich in der New Wave aus.[541] Auf dem Höhepunkt des Popdiskurses stellte Diedrich Diederichsen 1982 die ‚kalte' Entkleidung und Rekontextualisierung des Popismus in eine von Bertolt Brecht ausgehende Tradition und hielt erneut manifestartig fest:

> [D]as ist der Fortschritt des menschlichen Bewusstseins, dass Kunst nach der Epoche des ‚Gegen' (gegen den Kapitalismus, böse Menschen, Lieblosigkeit, Schweine, Hörgewohnheiten, Sehgewohnheiten) eine neue Haltung hervorbrachte, die, immer gewahr der Widersprüche, um die herum und durch die sie entsteht, diese in respektlosen, naseweisen, plumpen und grellen Mini-Analysen vereint.[542]

Angeregt durch poststrukturalistische Konzepte erfuhr die „Pop-Sensibilität", wie der Kulturwissenschaftler Ralf Hinz bemerkt, eine „intellektuelle Überhöhung" durch seine Verfechter:innen, die den Begriff des Stils zur „zentralen Kategorie der Wahrnehmung und Bewertung der Musik, der Äußerungen und Gesten ihrer Exponenten" erhoben.[543] Diederichsens flammendes Plädoyer verdeutlicht bereits, dass die intellektuelle Überhöhung auch eine politische beinhaltete. Stil wurde, wie die Kulturjournalistin Nadja Geer treffend schreibt, „zur Rebellion hochstilisiert" und die Ausgestaltung des Selbst im Anschluss an Foucault als einzige und letzte Möglichkeit begriffen, gesellschaftliche Transformationsprozesse einzuleiten.[544]

Verbündete und Multiplikatoren ihrer politischen Inhalte und Ziele fanden popistische Gruppen wie ABC, Heaven 17 und Frankie Goes To Hollywood in den britischen Musikzeitschriften *Sounds* und *New Musical Express*. Überhaupt nahmen Einfluss und Bedeutung der wöchentlich erscheinenden Musikzeitungen und einzelner Autor:innen immer größere Ausmaße an: Die Auflage des britischen Marktführers *New Musical Express* (*NME*) etwa schwankte von 1978–1981 zwischen 200.000 und 270.000 Exemplaren, hinzu kamen *Sounds*, *Melody Maker* und *Record*

---

541 Hinz, Ralf: *Cultural Studies und Pop. Zur Kritik der Urteilskraft wissenschaftlicher und journalistischer Rede über populäre Kultur*, Opladen 1998, 95.
542 Diederichsen: „Nette Aussichten in den Schützengräben der Nebenkriegsschauplätze" (1982), 93–94. Auch Reynolds bezeichnet das von der Band ABC praktizierte Spiel mit dem offensichtlich Inszenierten als „entschieden brechtisch". Reynolds: *Rip It Up And Start Again* (2007), 392.
543 Hinz: *Cultural Studies und Pop* (1998), 98.
544 Geer, Nadja: „‚If you have to ask, you can't afford it'. Pop als distinktiver intellektueller Selbstentwurf der 1980er Jahre", in: Mrozek; Geisthövel; Danyel (Hg.): *Popgeschichte* (2014), 337–357, hier: 352–353.

Mirror mit insgesamt ca. 600.000 Einheiten.[545] Da Punk, New Wave und Post-Punk in Rundfunk, Fernsehen und Mainstream-Printmedien lange Zeit bewusst ausgeblendet wurden, gelang es Autor:innen bestimmter Musikzeitschriften Schlüsselpositionen bei der Entwicklung und Etablierung neuer Trends, lokaler Stilausprägungen und bestimmter Lesarten einzunehmen. So entwickelten *Sounds*-Autoren um Jon Savage das Narrativ von der „New Musick", während Paul Morley vom *New Musical Express* die zentrale Figur bei der Mythenbildung um die Manchester-Szene und Joy Division war, bevor er in den 1980er Jahren nicht nur die britische NDW-Rezeption mitbestimmte, sondern auch das von ihm entwickelte Konzept „New Pop" propagierte.[546] Von außerordentlicher Bedeutung – auch für die NDW – war, wie Simon Reynolds zu Recht ausführt, gleichfalls die neue Art der „Verbrüderung" zwischen Journalist:innen und Musiker:innen, die oftmals dem gleichen künstlerischen Umfeld entstammten und durch die nunmehr gängigen Rollenwechsel die Ausformulierung einzelner Codes, Motive und Konzepte intensivierten: „Jeder neue Trend bekam sofort Konkurrenz durch etwas noch Neueres, und jeder neuen Entwicklung folgte unmittelbar eine Gegenreaktion oder ein Richtungswechsel."[547]

Gemein waren New Wave und Post-Punk, dass auch sie die vom Punk-Impuls geschaffenen Leerstellen wieder mit vielfältigen und teilweise konträren Inhalten zu füllen suchten. Der Musikhistoriker Theo Cateforis kategorisiert das Durcheinander von Stilen und Konzepten in der New Wave um vier musikalische, kulturelle und historische Schlüsselthemen, die nicht separat, sondern zumeist zusammen als verschiedene Facetten derselben Musik und Performance auftraten: Avantgarde, Vergangenheit, Zukunft und Interkulturalität. So gehörte zu den immer wiederkehrenden Ansätzen in der New Wave die häufig mit Ironie- und Parodie-Elementen angereicherte avantgardistische Performance, eine Nostalgie für historische Stile und Bewegungen, eine Faszination für alles Technologische und damit verbundene Zukunftsmodelle sowie ein interkultureller Exotizismus, der für die Aufnahme Schwarzer (afroamerikanischer, afrokaribischer und teilweise westafrikanischer) Elemente wie Funk, Reggae, Soul und Disco in den Stil und die Musik der vorwiegend weißen New Wave sorgte.[548] Für die Entwicklung einzelner ‚Kälte'-Motive entscheidender ist vor allem der Umstand, dass die Vergangenheit (wie auch der darauf bauende Retrofuturismus) nicht nur als Ressource für musikalische und künstlerische Motive und Techniken genutzt wurde, sondern auch

---

[545] Reynolds zufolge könne beim Hinzuziehen der Zweit- und Drittleser von einer etwa zwei Millionen starken Leserschaft ausgegangen werden. Reynolds: *Rip It Up And Start Again* (2007), 31.
[546] Ebd., 31–32.
[547] Ebd., 32.
[548] Cateforis: *Are We Not New Wave?* (2000), 11–12, 15.

um künstlerische Effekte aus dem damit angesprochenen kulturellen Gedächtnis zu erzielen. KRAFTWERK hatten dieses Vorgehen zu jener Zeit bereits perfektioniert und dienten dementsprechend vielen angloamerikanischen Künstler:innen als Blaupause und/oder Vorbild. Der häufige Verweis auf die historischen Avantgarden der Weimarer Republik und insbesondere die Motive und Darstellungen der Neuen Sachlichkeit fungierte dementsprechend zur Aktivierung der damit üblicherweise assoziierten Bildwelten: nüchterne Klarheit, kühle und distanzierte Objektivität, Technik-Kult und Funktionalität, aber auch ‚dekadente' Untergangsstimmung.

Kunst und Künstlichkeit
Als beispielhaft für das Einbinden avantgardistischer Stile und Konzepte kann die Londoner Band WIRE gelten, die, wie Simon Reynolds bemerkt, das Prinzip konstruktivistischer Objektivität nicht nur auf Plattencovern und in ihrer „stark kontrollierten, geometrischen Musik" anwandte, sondern auch bei Liveauftritten bewegungs- wie leidenschaftslos eine „eiskalte Distanziertheit" ausstrahlte.[549] Künstlichkeit, Minimalismus und explizite Emotionslosigkeit bildeten bereits in der Frühphase von New Wave und Post-Punk die zentralen Elemente ihrer einflussreichsten Vertreter:innen. So begründete Andy Gill, Gitarrist der Post-Punk-Band GANG OF FOUR aus Leeds, seine Vorliebe für Transistorverstärker mit ihrem „brüchigeren, saubereren, kälteren Sound" gegenüber dem „fetten" und „warmen" Klang von Röhrenverstärkern: „GANG OF FOUR waren gegen Wärme."[550] Von jeder Natürlichkeit befreit war auch der stark verfremdete, experimentelle Sound der Band THE RESIDENTS aus San Francisco, die bereits seit den frühen 1970er Jahren durch die strikte Verweigerung von Interviews, Fotos und Namen jeglichem Anspruch auf Individualität und Rockstar-Status widerstrebte. Daniel Miller, Kopf des *Mute*-Labels und einflussreichen Ein-Mann-Projekts THE NORMAL, erklärte in einem Interview, dass er versucht habe, die monotonen Vocals seines minimalistischen und auf einem simplen Synthesizer-Loop basierenden Tracks „Warm Leatherette" (1978) so leidenschaftslos wie möglich zu halten.[551]

Treffend beschrieb der Popjournalist Greil Marcus bereits 1982 den typischen Gesangspart vieler Post-Punk-Gruppen: „Eine distanzierte, entfernte Stimme, antinaturalistisch, so gut wie nie direkt von Person zu Person – die Stimme eines Beobachters oder eines Menschen, der sich selbst beobachtet. Was am meisten auffällt,

---

549 Reynolds: *Rip It Up And Start Again* (2007), 164.
550 Andy Gill zit. n. ebd., 136.
551 Daniel Miller zit. n. Majewski/Bernstein: *Mad World* (2014), 133. THE NORMAL: „Warm Leatherette", auf: *T.V.O.D. / Warm Leatherette* (1978), 7"-Single, Mute, MUTE 001.

es ist eine anonyme Stimme."⁵⁵² Dies trifft gleichfalls auch auf die Coversongs früher New-Wave-Bands zu, die, wie Theo Cateforis ausführt, durch minimalistische Settings, betont leidenschaftslos gespielte Instrumente, monotonen (Sprech-)Gesang und reduzierte Drum-Machine- statt Schlagzeug-Sounds die Originalversionen jeder Emotion und Expression entkleideten.⁵⁵³ Dazu zählen etwa THE FLYING LIZARDS' Version des Rhythm-and-Blues-Klassikers „Money (That's What I Want)" (1979) sowie DEVOS betont mechanisch-steife Interpretation des ursprünglich sexuell-aufgeladenen Stücks „(I Can't Get No) Satisfaction" (1978) von THE ROLLING STONES.⁵⁵⁴ Passend dazu performten DEVO ihre minimalistisch-repetitive Musik, hektischen Rhythmen und abgehackten Vocals zu roboterhaften, mechanischen Bewegungen.

An dieser Stelle wird eine zentrale Differenz zwischen den angloamerikanischen New-Wave- und Post-Punk-Bands sowie den deutschsprachigen ‚Kälte'-Vertreter:innen deutlich: Während etwa KRAFTWERKS „Mensch-Maschine" affirmativ den mechanisch arbeitenden Körper des modernen Menschen inszenierte, zielten Bands wie DEVO auf eine ironische Kritik desselben. Mit Musiktiteln wie „Jocko Homo", „Mongoloid" und „Mechanical Man" parodierten DEVO („De-Evolution") den zwischen Konsumwelt und ‚white-collar'-Job aufgehenden US-amerikanischen Durchschnittsbürger als eine zurückgebildete Form des Menschen: „I'm a mechanical man / 2 mechanical arms / 2 mechanical legs / I'm a 2 + 2 = 4 man / Me feel swell / We work well / Me want what you want".⁵⁵⁵ Dazu traten die Bandmitglieder in einheitlichen, an Fabrikarbeiter oder Monteure erinnernden Jumpsuits auf, die später um die konstruktivistisch anmutenden „Energy-Dome"-Hüte erweitert wurden. DEVOS Image sowie die im Kunsthochschulstudium erlernten avantgardistischen Techniken und futuristischen Motive waren daher keineswegs ein ‚kaltes' Ja zur Moderne, sondern Ausdruck einer kritischen Haltung gegenüber der spätin-

---

552 Marcus: „Die Dada-Connection" (1982), 96.
553 Cateforis: *Are We Not New Wave?* (2000), 89.
554 THE FLYING LIZARDS: „Money", auf: *The Flying Lizards* (1979), LP, Virgin, VA 13137; DEVO: „(I Can't Get No) Satisfaction", auf: *Q: Are We Not Men? A: We Are Devo!* (1978), LP, Warner Bros. Records / Virgin, BSK 3239. Vgl. Ullmaier, Johannes: „Destruktive Cover-Versionen", in: *testcard. Beiträge zur Popgeschichte*, Nr. 1 (1995), 60–87, hier: 72–74. DEVO erweisen sich hier als Paradebeispiel für die transnationalen Verknüpfungen der „New Musick": Der Song befindet sich auf dem vom Briten Brian Eno produzierten und im Studio von Conny Plank aufgenommenen Debüt-Album der US-amerikanischen Band.
555 DEVO: „Mechanical Man", auf: *Mechanical Man* (1978), 7″-Single, Elevator Records, NICE 1; „Jocko Homo" und „Mongoloid" befinden sich auf DEVO: *Q: Are We Not Men? A: We Are Devo!* (1978), LP, Warner Bros. Records / Virgin, BSK 3239. Vgl. Cateforis: *Are We Not New Wave?* (2000), 74. Siehe dazu auch die konsumkritischen Aussagen von DEVO-Mitglied Bob Casale zit. n. Morley, Paul: „Devo. Ihr Anteil an unserem Niedergang", in: *Sounds*, Nr. 12 (1979), 20–25, hier: 24.

dustriellen Konsumgesellschaft und der als Konstrukt vorgeführten Rockstar-Pose vermeintlicher Individualität und Authentizität.[556]

Vergleichbare Strategien bei gleicher Motivwahl finden sich zuhauf bei britischen und US-amerikanischen New-Wave- und Post-Punk-Musiker:innen: etwa im Song „Meccanik Dancing (Oh We Go!)" (1978) der britischen Band XTC, in dem selbst das freizeitliche Ausgehvergnügen als reglementierter, der Arbeitswelt entsprechender Mechanismus entlarvt wird,[557] sowie in Laurie Andersons Minimal-Track „O Superman (For Massenet)" (1981), der mit Vocoder-verzerrten, roboterartigen Vocals die ausschließlich über technische Geräte laufende Kommunikation des modernen Menschen als gebrochen darstellt.[558] Generell drehten sich die Songtexte der Musiker:innen größtenteils vor allem um das moderne, hoch-technologisierte und großstädtische Leben, das mit Motiven des Maschinellen, Mechanischen, Industriellen, Anonymen und Kollektivistischen, mit betont emotionslosen Performances sowie mit möglichst artifiziell klingenden Sounds gespiegelt wurde. Anders als etwa im Punk oder in den gegenkulturellen Milieus üblich generierten Musiker:innen und Bands wie Devo, Talking Heads oder Gary Numan „Entfremdung als Konzept"[559] und thematisierten Ängste, gesellschaftliche Prozesse und Defizite in der zwischenmenschlichen Kommunikation und Identitätsausbildung zumeist auf subtile und subversive Weise, statt direkt und konfrontativ. Treffend bezeichnete Diedrich Diederichsen diese eigentümliche Kombination von Fremdheit und Scheinaffirmation in einem Beitrag von 1982 als „die Haltung des alien, der eine Welt vorfindet und positiv in der Sprache ihrer eigenen Rechtfertigung beschreibt".[560]

Tatsächlich war die „Strategie des Ja-Sagens" nicht nur eine „entscheidende Errungenschaft der Post-Punk-Ära"[561], sondern ebenso die Grundlage der ‚Kälte'-Lehren. Allerdings zeigen sich bei der analogen Motiv-Nutzung innerhalb der New

---

556 Dieses Vorgehen wird auch im Musikvideo zu ihrer Hitsingle „Whip It" (1980) deutlich, das Bandmitglied Gerald Casale zufolge – durch die Parallelsetzung mit Grafiken und Kostümen rotchinesischer Propaganda und des russischen Konstruktivismus – eine Satire der verbreiteten „You're-number-one!"-Kampagnen und rechter Wertvorstellungen und Ideale in den USA darstellt. Casale zit. n. Majewski/Bernstein: *Mad World* (2014), 69–70.
557 XTC: „Meccanik Dancing (Oh We Go!)", auf: *Go 2* (1978), LP, Virgin, V2108. Zu Recht zieht Martin Büsser hier Parallelen zu Theodor W. Adornos und Max Horkheimers Theorie der allumfassenden „Kulturindustrie" (in *Die Dialektik der Aufklärung*, 1944), die das Handeln und Denken der modernen Menschen vorbestimme. Büsser: *On The Wild Side* (2013), 100.
558 Anderson, Laurie: „O Superman (For Massenet)", auf: *O Superman* (1981), 12"-Single, Warner Bros. Records, DWBS 49888. Vgl. Cateforis: „Performing the Avant-Garde Groove" (2004), 576–577.
559 Büsser: *On The Wild Side* (2013), 97. Vgl. auch ders.: „Ich steh auf Zerfall"" (2003), 151.
560 Diederichsen: „Nette Aussichten in den Schützengräben der Nebenkriegsschauplätze" (1982), 100.
561 Ebd.

Wave und des Post-Punk bedeutende Differenzen, die zuvor schon die im Kern kritische Scheinaffirmation der Dada-Bewegung von der tatsächlichen Affirmation des Futurismus und der Neuen Sachlichkeit trennten. Zentrales Element sowohl für die gesellschaftskritischen Dadaist:innen als auch vieler ‚78er‘-Musiker:innen war ihr Anspruch an Dissidenz, die insbesondere durch die Strategie der Subversion erprobt wurde. Unter der passenden Kapitelüberschrift „Kalte Strategie und heiße Differenz" bestimmte Diederichsen in *Freiheit macht arm* (1993) eine Reihe von Motiven subversiver Praxis, die zugleich die Abgrenzung von direkter Kritik und Protesthaltung als auch die Brückenfunktion zur ‚kalten' Affirmation verdeutlichen.[562] Dazu gehört unter anderem eine scheinaffirmative „Übercodierung", ein „Misstrauen gegen die moderne Teleologie einer gemeinsamen geschichtlichen Sache", eine damit zusammenhängende Kommunikationsverweigerung und Tendenz zur Komplizierung sowie das Zerreißen und nachträgliche Zusammenfügen der weiterhin erkennbaren Fragmente (in Form von Collagen, Samples und Zitat).[563]

Die bei explizit linken Autoren wie Diederichsen und Martin Büsser häufig zu findende Lesart des Post-Punk als ausschließlich scheinaffirmative und im Kern subversive Bewegung trifft zwar auf den Großteil seiner Pionier:innen zu, blendet aufgrund der politischen Orientierung der Poptheoretiker selbst jedoch Fälle tatsächlicher Affirmation aus. Da sich die New-Wave-Bewegung zugleich als Ausdruck und Motor des beschleunigten subjektkulturellen und sozialen Wandels in den 1970er Jahren darstellt, nimmt es nicht Wunder, dass ihre Zentren häufig jene Städte waren, die vom ökonomischen und sozialen Strukturwandel, etwa in Form des Niedergangs der Schwerindustrie, besonders betroffen waren: Cleveland und Akron im US-amerikanischen Bundesstaat Ohio, Manchester und Sheffield im Vereinigten Königreich sowie Düsseldorf und Wuppertal in der Bundesrepublik. Gängigen Interpretationen zufolge hätten die dort beheimateten Musiker:innen auch entsprechend – versteckt oder offen – kritisch auf (post-)industrielle Kulisse reagiert, allerdings zeigen sich hier doch deutliche Unterschiede in den Strategien, Motiven und Idealen.[564] Während sich etwa Devo über ihre Heimatstadt Akron eher negativ äußerten, betonte Pere-Ubu-Frontmann David Thomas die positiven Effekte der Industrielandschaften Clevelands auf seine Arbeit: „Wenn ich aus meinem Fenster sehe, blicke ich auf diese Stahlwerke, die in ihrer Form und Intensität für mich faszinierend sind. Ich kenne keinen lebenden Künstler, der so etwas

---

562 Siehe ders.: *Freiheit macht arm. Das Leben nach Rock'n'Roll 1990–93*, Köln 1993, 33–52.
563 Ebd., 35–36.
564 Vgl. hierzu den Ansatz von Reynolds: *Rip It Up And Start Again* (2007), 28–29, 63.

kunstvolles wie ein Stahlwerk schaffen könnte."⁵⁶⁵ Eine affirmative Haltung der heimischen Industriewelt zeichnete auch Düsseldorfer Bands wie KRAFTWERK und DIE KRUPPS aus, mit der sie sich von Bands wie FEHLFARBEN und den frühen DAF unterschieden, die Entfremdungserfahrungen in ihrer Lebenswelt thematisierten.⁵⁶⁶

Schließlich lassen sich auch auffällige Differenzen zwischen den Post-Punk-Szenen in den nordenglischen Städten Manchester und Sheffield finden, die beide als Industriezentren in den 1970er Jahren besonders unter dem Verfall der britischen Stahlindustrie und der zunehmenden ‚Ghettoisierung' der kleinbürgerlichen und proletarischen Bevölkerungsschichten in den die ursprüngliche Stadtstruktur ersetzenden Hochhaus- und Sozialbausiedlungen litten. So handelten die Songtexte von Mark E. Smith (THE FALL) und Ian Curtis (JOY DIVISION) aus Manchester oftmals von der empfundenen Trost- und Hoffnungslosigkeit sowie sozialen Entfremdung, die sie gleichfalls in ihren Sounds zu spiegeln suchten.⁵⁶⁷ Ganz anders dagegen die Sheffielder Post-Punk-Szene: Nicht Punk, sondern ROXY MUSICS Glam, Science-Fiction und die im lokalen *Meatwhistle*, einem experimentellen Kunst- und Theaterprojekt für Jugendliche erprobten Techniken und Stile bildeten die Grundlage für die künstlerische Ausrichtung ihrer Protagonist:innen. Einen nachhaltigen Einfluss auf die musikalische und ästhetische Orientierung der alternativen Jugend in Sheffield hatte dabei etwa *A Clockwork Orange*, sowohl in seiner von Anthony Burgess geschriebenen Buchform (1962), in der dystopischen Verfilmung von Stanley Kubrick (1971), als auch in Form des futuristischen Electro-Soundtracks von Walter (später: Wendy) Carlos. Verweise darauf tauchten dementsprechend bei den Sheffielder New-Wave- und Post-Punk-Gruppen immer wieder auf, etwa in den Bandnamen von HEAVEN 17 und CLOCK DVA, sowie im Titel der EP *The Dignity Of Labour Pts. 1–4* (1979) von THE HUMAN LEAGUE, die Juri Gagarin auf dem Cover zeigte.⁵⁶⁸

Insbesondere Ian Craig Marsh und Martyn Ware, die Gründer von THE HUMAN LEAGUE sowie (nach ihrem Ausscheiden) von HEAVEN 17 und der Produktionsfirma *British Electric Foundation*, gehörten in Fortsetzung der Glam-Perspektive zu den Ersten, die aus voller Überzeugung die ‚Pop-Oberfläche' über den Rock-Anspruch nach Tiefe und Bedeutsamkeit stellten. „Diese ganzen Vorstellungen von künstlerischem und emotionalem Ausdruck, von Authentizität und Kontakt mit dem Publi-

---

565 Thomas zit. n. Inhülsen, Harald: „Pere Ubu. Der Sound aus dem Stahlwerk", in: *Musikexpress*, Nr. 7 (1978), 30–31, hier: 31. Vgl. dazu die Aussage von DEVO-Mitglied Bob Casale zit. n. Morley: „Devo" (1979), 24.
566 Eine tiefergehende Auseinandersetzung mit dem künstlerischen Verhältnis zur (de-)industrialisierten Lebenswelt unternimmt Bottà: *Deindustrialisation and Popular Music* (2020).
567 Zur Manchester-Szene vgl. Reynolds: *Rip It Up And Start Again* (2007), 194–215.
568 THE HUMAN LEAGUE: *The Dignity Of Labour Pts.1–4* (1979), 12"-EP, Fast Product, VF.1. Vgl. Reynolds: *Rip It Up And Start Again* (2007), 173 sowie Reed: *Assimilate* (2013), 68–69.

kum, Gemeinschaft – ich war absolut dagegen", erklärte Marsh etwa in Bezug auf ihr Nichtinteresse an Live-Auftritten.[569] Marsh und Ware waren es auch, die das Hochhausleben in der urbanen Moderne priesen, etwa im Song „Blind Youth" aus dem Jahr 1979 („No future they say / But must it be that way / Now is calling / The city is human / [...] / High-rise living's not so bad"), und sich auf dem Cover des Album *Penthouse And Pavement* (1981) stilecht als Geschäftsmänner präsentieren, die Business-Deals am Telefon und vor Bürogebäuden abschließen (Abb. 5).[570]

Abb. 5: The British Electric Foundation goes Business: Frontcover der LP *Penthouse And Pavement* (1981) von Heaven 17.

---

569 Marsh zit. n. Reynolds: *Rip It Up And Start Again* (2007), 386.
570 The Human League: „Blind Youth", auf: *Reproduction* (1979), LP, Virgin, V2133. Ware erklärte rückblickend: „Die Vorstellung, dass Hippies den ganzen Tag rumsaßen und Dope rauchten, war uns ein Dorn im Auge [...]. Wir standen auf Action, diesen extrem protestantischen Arbeitseifer, der in Sheffield sehr weit verbreitet ist." Zit. n. Reynolds: *Rip It Up And Start Again* (2007), 188. Vgl. ebd., 186. Andererseits veröffentlichten die beiden mit „Life Kills" (1980) und „Crushed By The Wheels Of Industry" (1983) Songs, die den Arbeitsalltag als Routine kontinuierlicher Selbstzerstörung beschreiben. The Human League: „Life Kills", auf: *Travelogue* (1980), LP, Virgin, V 2160; Heaven 17: „Crushed By The Wheels Of Industry", auf: *The Luxury Gap* (1983), LP, Virgin, V2253.

Britische New-Wave- und Post-Punk-Bands wie ABC und Heaven 17 inszenierten sich im Zuge der Abgrenzung von der ‚Hippie'- und Protest-Generation teilweise als angepasste und geschäftsorientierte ‚Yuppies', dennoch zeichneten sie sich durch einen politischen Aktivismus aus, der sie von den meisten NDW-Musiker:innen und insbesondere den ‚Kälte'-Protagonist:innen unterschied. Bands wie Gang Of Four, Au Pairs, The Mekons und The Fall spielten etwa im Rahmen der Kampagne *Rock Against Racism*, Heaven 17 veröffentlichten den auch gegen US-Präsident Ronald Reagan und die britische Premierministerin Margaret Thatcher gerichteten Track „(We Don't Need This) Fascist Groove Thang" (1981), die Industrial-Band Test Dept. unterstützte 1984 die streikenden Minenarbeitern in South Wales mit einem gemeinsam aufgenommenen Album und Bands wie The Communards, The Style Council, Madness und The Smiths engagierten sich in der im Jahr darauf gegründeten Vereinigung *Red Wedge*, die junge Menschen für sozialistische Ideen und die Politik der Labour-Partei im Besonderen zu begeistern suchte.[571]

Die Gründe für die gravierenden Unterschiede bezüglich des Grades an politischem Aktivismus zwischen der britischen und bundesdeutschen New-Wave- und Post-Punk-Bewegung verdienen eine eigene Analyse, die an dieser Stelle nur angerissen werden kann. Eine zentrale Rolle spielen hierbei nicht nur die spezifischen Ausgangsbedingungen der tief in der britischen Gesellschaft verwurzelten Arbeiterbewegung und die rechtskonservativen und neoliberalen Umwälzungen der Thatcher-Regierung, die von der Kohl-Regierung nie so radikal oder konsequent in der Bundesrepublik umgesetzt wurde. Von weitreichender Bedeutung sind darüber hinaus die tatsächlich affirmativen Positionierungen der bundesdeutschen ‚Kälte'-Vertreter:innen sowie die Tendenz in der NDW-Bewegung, jede Verbrüderung mit den Neuen Sozialen Bewegungen zu vermeiden. Aktives Engagement an politischen Veranstaltungen wie der von Udo Lindenberg unterstützten Kampagne *Rock gegen Rechts* vonseiten der deutschen Post-Punk-Musiker:innen blieb weitgehend aus. Dennoch verstanden sich die deutschsprachigen ‚Kälte'-Akteur:innen als Teil einer linken Gegenkultur und Tradition. Damit waren sie keinesfalls allein, denn die weltweiten Vertreter:innen des Post-Punk, ob in der Musikproduktion oder -presse, teilten generell eine grundsätzlich linke und ideologiekritische Haltung, ob Devo in den USA, Heaven 17 in Großbritannien, FSK in der Bundesrepublik, Laibach in Slowenien oder Guerre Froide in Frankreich.[572]

---

571 Heaven 17: „(We Don't Need This) Fascist Groove Thang", auf: *Penthouse And Pavement* (1981), LP, Virgin, V2208. Siehe dazu Jäger: „Bolschewik-Schick" (2017), 324–326.
572 Zu Guerre Froide vgl. Hall, Mirko M.: „Cold Wave. French Post-Punk Fantasies of Berlin", in: Hall; Howes; Shahan (Hg.): *Beyond No Future* (2016), 149–165, hier: 164–165.

Synth

Bis heute wird im medial unterfütterten kulturellen Gedächtnis mit dem Begriff „New Wave" ein Sound bzw. ein bestimmtes Instrument verbunden, das zugleich auch die Grundlage für die auffällig häufigen ‚Kälte'-Assoziationen bei der Sound-Interpretation liefert: der Synthesizer. Tatsächlich erlebten insbesondere die frühen 1980er Jahre einen Boom an Bands, die mehr oder minder komplett auf konventionelle Instrumente zugunsten elektronischer Musikmaschinen verzichteten und von der Presse und Musikindustrie unter Begriffen wie „New Wave", „Electro-Pop", „Synth(ie)-Pop" oder „Metal Beat" subsumiert wurden.[573] Anders als die Keyboardspieler:innen von Rock-Supergroups der 1970er Jahre, die wie Keith Emerson oder Rick Wakeman (YES) den Synthesizer nur als Accessoire in den konventionellen Rock-Sound einfügten, stellten die Electro-Pop-Acts die Musikmaschinen in den Mittelpunkt ihrer Produktionen, ganz wie ihre Krautrock-Vorbilder. KRAFTWERK gehörten zugleich auch zu jenen Gruppen, die 1982, auf dem Höhepunkt der Synth-Pop-Welle, durch eine Reihe von Wiederveröffentlichungen älterer, bisher wenig beachteter Electro-Pop-Songs ein Revival erlebten. Ihr Track „The Model" (1978) wie auch das Stück „Being Boiled" (1978) von THE HUMAN LEAGUE, die Jahre nach ihrer Erstveröffentlichung plötzlich dem populären Sound der Zeit entsprachen, eroberten nun die britischen Tanzflächen und Charts. Ein Comeback feierte auch die Londoner Band ULTRAVOX mit ihrem Song und gleichnamigen Album *Vienna* (1980), das erneut von Conny Plank produziert und klanglich ausgestaltet wurde. Mit ihren synthetischen Sounds, den eher verhalten-kühlen Vocals und ihren Songtexten über das Leben in der modernen Welt lag die Band nun auf der Höhe der Zeit. Im Gegensatz zu KRAFTWERK und anderen ‚Kälte'-Akteur:innen behandeln die Lyrics der meisten Synthesizer-orientierten New-Wave-Bands jedoch zumeist die zeitgenössisch weitverbreiteten Ängste gegenüber der Moderne und neuen Technologien, indem sie etwa Gefühle von Entfremdung formulierten und diese mit dem öffentlich breit diskutierten und zumeist emotional aufgeladenen Thema des Mensch-Maschinen-Verhältnisses kontextualisieren. Songs wie „Are ‚Friends' Electric?" (1979) von Gary Numans TUBEWAY ARMY, „Genetic Engineering" (1983) von OMD und „I Want To Be A Machine" (1977) von ULTRAVOX priesen keineswegs eine Maschinenwerdung des Menschen, sondern äußerten im Gegenteil ein tiefsitzendes Misstrauen und ein Gefühl von Bedrohung angesichts des technologischen Fortschritts. Während also Numan die distanzierte Haltung seiner „elektronischen

---

573 Vgl. etwa Schober, Ingeborg: „ORCHESTRAL MANOEUVRES IN THE DARK. Ariola Dindisc did 2", Rezension, in: *Musikexpress*, Nr. 5 (1980), 57.

Freunde" beklagte, wird auch der Wunsch von Ultravox eine emotionslose Maschine zu werden als Verlusterfahrung beschrieben.[574]

Musikalisch passend untermalt wurden diese dystopischen und pessimistisch-melancholischen Geschichten von künstlich erzeugten und/oder klingenden Sounds, von komplett elektronischen Instrumenten und starren mechanischen (Sequenzer-)Spuren als auch von Pieptönen und Samples. Wie der Musikhistoriker Theo Cateforis zu Recht feststellt, war die enge Verbindung von New Wave und den Neuen Technologien nahezu unvermeidbar, da die Hochphase der New-Wave-Ära in genau jener Zeit stattfand, als Synthesizer (und Heimcomputer) zum Massenprodukt wurden.[575] Durch Fortschritte im digitalen Bereich warteten die nun deutlich preiswerter und einfacher anzuschaffenden Musikmaschinen im Laufe der frühen 1980er Jahre zudem mit einem erweitertem Funktionsspektrum auf, wie Speicherplätzen, vorinstallierten Presets und der Möglichkeit zur Einstellung polyphoner Sounds. Typisch für den Electro-Sound der frühen New Wave waren aufgrund des anfänglich begrenzten Funktionsumfangs der ersten erschwinglichen Synthesizer allerdings vor allem minimalistische, monophone Melodiefolgen und synthetisch erzeugte Sounds. Cateforis zufolge steht die häufige Interpretation des Synthesizer-Timbre der frühen New Wave als „kalt" in einem direkten Zusammenhang mit den fabrizierten Maschinen, genauer deren Soundspektrum und Aufbau, an den die Musiker:innen gebunden waren und durch den sich der typische Synth-Pop-Sound entwickeln konnte.[576]

Dies ist aber nur ein Teilaspekt, der zudem die Vorgehensweise und das angestrebte Sound-Ergebnis der jeweiligen Spieler:innen übersieht, die wie etwa Billy Currie (Ultravox) ganz bewusst dem Synthesizer mal ‚warme', mal ‚kalte' Klänge entlockten.[577] Dem grundsätzlichen Anspruch der meisten New-Wave-Künstler:innen nach betonter Künstlichkeit und Emotionslosigkeit entsprechend präferierte aber auch Currie die „very synthetic and cold"[578] klingenden Sounds des Synthesizers, der es den Musiker:innen ermöglichte, jede Form von klanglicher oder performativer Expressivität zu vermeiden. Dieser gegen das Rock-Ideal vom authentischen Virtuosentum gerichtete Effekt des Mechanischen wurde gleichfalls durch die gängigen repetitiv-monotonen Tonfolgen und Beats erzielt, die allerdings zu Beginn noch komplett per Hand eingespielt werden mussten, da Step-Sequenzer

---

574 Tubeway Army: „Are 'Friends' Electric?", auf: *Replicas* (1979), LP, Beggars Banquet, BEGA 7; OMD: „Genetic Engineering", auf: *Dazzle Ships* (1983), LP, Virgin, V 2261; Ultravox: „I Want To Be A Machine", auf: *Ultravox!* (1977), LP, Island Records, ILPS 9449.
575 Cateforis: *Are We Not New Wave?* (2000), 154.
576 Ebd., 176.
577 Vgl. Currie zit. n. o. V.: „Vox Pop. Q&A", in: *Sounds (UK)*, 31. Oktober 1981, 23.
578 Currie zit. n. Diliberto, John: „Ultravox", in: *Down Beat*, Nr. 5 (1983), 16–21, hier: 20, zit. n. Cateforis: *Are We Not New Wave?* (2000), 183.

bis in die frühen 1980er Jahren nur sehr schwer verfügbar und kostspielig waren.[579] Diedrich Diederichsen unterstrich 1982 die Bedeutung dieser Prozesse für die Entwicklung eines neuen Musiker:innen- und Produzenten-Modells, das den subjektiven Ausdruck der Künstler:innen derangiert: „Die Virtuosität ist die Bastion des Subjekts in der Musik. Der Virtuose entwickelt ein an seine Autorität geknüpftes Wissen. [...] Die nun folgende Dominanz von Computern und Synthesizern ist ein neuer Schritt gegen die manuelle Virtuosität."[580]

Eine tatsächlich affirmative Haltung zu dieser Entwicklung, wie sie etwa Ralf Hütter und Florian Schneider von KRAFTWERK propagierten, fand sich allerdings nur selten bei den britischen Synth-Pop-Akteur:innen. Stattdessen wiesen Musiker wie Andy McCluskey (OMD), als Reaktion auf die zuhauf geäußerten Kritiken bezüglich einer Maschinisierung der Musik, explizit darauf hin, dass ihre Musik per Hand von „echten" Menschen eingespielt wurde.[581] Wie die Anti-Synthesizer-Aufdrucke auf den Plattencovern von Rock-Bands wie QUEEN und BOSTON verdeutlichen, stand für die rockistischen Verfechter:innen des ‚Authentischen' generell insbesondere der Synthesizer und die darauf erzeugte Musik sinnbildlich für eine fehlgeleitete und unter Umständen gefährliche Entwicklung. Dabei wurde der Vorwurf, dass der Synthesizer ein im Gegensatz zur Gitarre feminisiertes, ja mitunter queeres Instrument wäre, vor allem von US-amerikanischen Musiker:innen und Heavy-Metal-Fans erhoben.[582] Diese Codierung ist dem Kulturtheoretiker Andreas Huyssen zufolge keineswegs neu, wurden doch Technologie und Maschinen in den europäischen Kulturen seit dem 19. Jahrhundert mit dem Weiblichen verknüpft: Zugleich für die Möglichkeiten der vielfältigen Nutzung und Potentiale geschätzt und als mysteriöse, verführerische Gefahr gefürchtet, projizierten Männer auf Maschinen als das figürliche ‚Andere' ihre Ängste vor weiblicher Sexualität, maskuliner Impotenz und Kastration.[583] Viele männliche Keyboarder konterten diese Aufladung performativ durch eine betonte Beherrschung der Synthesizer, wie Keith Emerson, der an den Maschinen turnte und gespielte Kämpfe ausfocht. Durch die

---

579 Wie zuvor KRAFTWERK entschied sich auch Bernard Sumner von NEW ORDER schließlich zum Eigenbau. Das Ergebnis des Einsatzes des DIY-Sequenzers, den Sumner mit einem Synthesizer und der zu jener Zeit neu erschienenen *DMX*-Drum-Machine verknüpfte, wurde zum größten Hit der Band: „Blue Monday" (1983). Siehe Sumner zit. n. Majewski/Bernstein: *Mad World* (2014), 49.
580 Diederichsen: „Nette Aussichten in den Schützengräben der Nebenkriegsschauplätze" (1982), 99.
581 McCluskey zit. n. Collins, Nick/Schedel, Margaret/Wilson, Scott: *Electronic Music*, New York 2013, 97.
582 Siehe dazu Cateforis: *Are We Not New Wave?* (2000), 199–206.
583 Huyssen, Andreas: „The Vamp and the Machine: Fritz Lang's Metropolis", in: ders.: *After The Great Divide: Modernism, Mass Culture, Postmodernism, Theories of representation and difference*, Bloomington 1986, 65–81. Vgl. Cateforis: *Are We Not New Wave?* (2000), 201–202.

kurze Zeit später entwickelten Synthesizer zum Umhängen wurde diese Inszenierung von (männlicher) Dominanz erneut gesteigert, da das Keyboard nun wie eine Gitarre ‚beherrscht' werden konnte. New-Wave-Musiker:innen lehnten diese Form der Performance dagegen zumeist ab und pflegten ein vielmehr spielerisches statt dominierendes Verhältnis zur ihren Instrumenten, wobei sie die vermeintliche Gender-Identität der Maschine nicht ausblendeten, sondern vor die der Spieler:innen stellten und in ihre Subjekt-Modelle integrierten.[584]

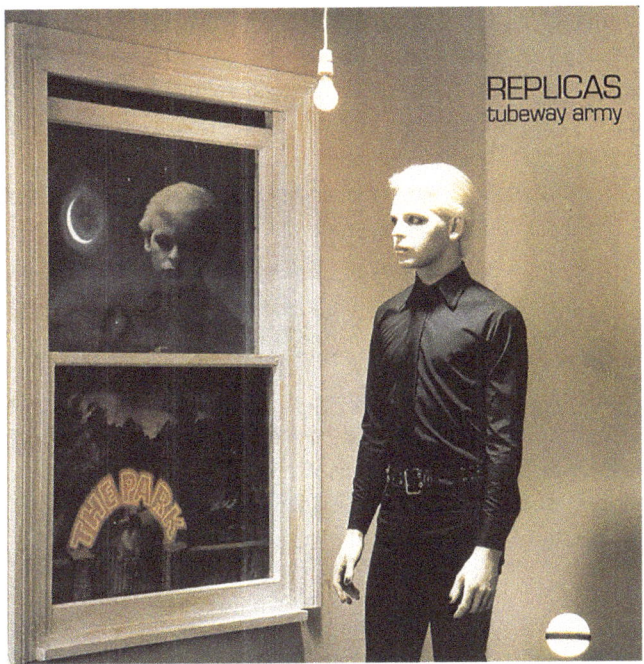

Abb. 6: Gary Numan auf dem Frontcover der LP *Replicas* (1979) von Tubeway Army.

Nicht nur mit ihrer Spielweise, auch mit ihren Outfits und Stylings brachen viele Synth-Pop-Musiker:innen mit Genderkonventionen. So erschien Gary Numan als eine Mischung aus Bowie und Kraftwerk, die Numan neben Brian Eno und Ultravox auch wiederholt als Vorbilder nannte. Deutlich wird dies auf dem Frontcover des Albums *Replicas* (1979) seiner Band Tubeway Army, auf dem er sich mit kurzen,

---

[584] Vgl. ebd., 205 sowie Reynolds: *Rip It Up And Start Again* (2007), 347–348. Zu Recht verweisen die Autor:innen Collins, Schedel und Wilson an dieser Stelle auf die enge Verbindung zwischen Synth-Pop und dem tief in der schwulen Subkultur verwurzelten Genre Hi-NRG. Vgl. Collins/Schedel/Wilson: *Electronic Music* (2013), 94–95.

blondierten Haare, geschminkten Augen, Lippen und Nägel sowie in schwarzem Hemd und Hose präsentiert (Abb. 6).[585] Den von jeglicher Regung befreiten Gesichtsausdruck sollte Numan auch auf folgenden Coverbildern der Tubeway Army und seiner Solo-Veröffentlichungen beibehalten. Numan wird noch heute aufgrund seines androgynen ‚Androiden'-Images häufig als „eiskalt" bezeichnet und als Paradebeispiel für die ‚unterkühlte' New Wave angesehen.[586] Ein genauer Blick auf den Künstler, seine Produktionen und Performance offenbart jedoch, dass Numans Einsatz von ‚Kälte'-Motiven auf einer Reihe glücklicher Zufälle und kalkulierter Vermarktungsstrategien basiert. So lässt sich sein stets versteinerter, emotionsloser Gesichtsausdruck auf ein Zuviel an Make-Up zur Akne-Abdeckung und seine ungelenke, roboterartige Performance auf seine (mangelnden) tänzerischen Fähigkeiten zurückführen.[587] In einem Interview von 2009 erklärte Numan, wie wichtig für ihn in dieser Zeit war, keine Emotionen zu zeigen und „cold" zu sein, gestand aber zugleich ein, wie wenig diese Performance mit seiner tatsächlichen Haltung zu tun hatte: „It was all about denying emotions, which was fake because obviously I was highly emotional; I just couldn't control it. So I wrote about being the opposite of that – totally in control of your emotions, completely cold, because that's the image of myself I wanted to project."[588] Weiterhin quollen zwar vor allem Numans frühe Texte über an technologischen Begriffen und drehten sich um das Verhältnis von Mensch und Maschinen, doch wurde das von ihm in Songs wie „The Machman" und „Me! I Disconnect From You" (beide 1979) zumeist als gestört und in dystopischen Science-Fiction-Geschichten beschrieben.[589] Schließlich achtete Numan auch darauf, seinen Sound durch das Beibehalten ‚echter' Musiker:innen an konventionellen Instrumenten wie Bass und Schlagzeug niemals zu synthe-

---

585 Vgl. Cateforis: *Are We Not New Wave?* (2000), 161–162 sowie die Aussagen Numans zit. n. Hilsberg, Alfred: „Gary Numan. Clean, clean, clean sind alle meine Bilder", in: *Sounds*, Nr. 11 (1979), 34–35 und Bonici, Ray: „Gary Numan + Tubeway Army. Die Mensch-Maschine", in: *Musikexpress*, Nr. 9 (1979), 16–17, hier: 17.
586 So etwa Borchardt, Kirsten: „Stop Making Sense. Supermarkt des Erhabenen: New Wave und Pop in den Achtzigern", in: Kemper, Peter/Langhoff, Thomas/Sonnenschein, Ulrich (Hg.): *„alles so schön bunt hier"*. *Die Geschichte der Popkultur von den Fünfzigern bis heute*, Stuttgart 1999, 175–186, hier: 177.
587 Numan zit. n. Meierding, Gabriele: „Commander Numans Star Trek Band", in: *Musikexpress*, Nr. 5 (1980), 68, hier: 68–69 und Lester, Paul: „When Gary Numan met Little Boots", 3. Dezember 2009, *The Guardian*. URL: https://www.theguardian.com/music/2009/dec/03/gary-numan-little-boots-feature (Letzter Zugriff: 24.10.2022).
588 Numan zit. n. ebd.
589 Tubeway Army: „The Machman", auf: *Replicas* (1979); Tubeway Army: „Me! I Disconnect From You", auf: *Replicas* (1979).

tisch als vielmehr „menschlich und emotional" klingen zu lassen, wie Ingeborg Schober in ihrer Rezension zu *Replicas* (1979) betonte.[590]

Auch nach Numan konnten sich die Motive und Strategien der ‚Kälte' in der britischen New Wave nicht durchsetzen: Roboter- und Maschinenhaftigkeit findet sich bei den kommerziell erfolgreichen Musiker:innen der zweiten Synth-Pop-Welle zu Beginn der 1980er Jahre nicht mehr. So wie der Synthesizer-Sounds spätestens ab 1982 in immer mehr Rock- und Pop-Produktionen eingesetzt wurde, begannen nun ihrerseits viele Synth-Bands auch konventionelle Instrumente in ihren Sound zu integrieren. THE HUMAN LEAGUE etwa verzichteten nach dem Weggang von Ware und Marsh ganz auf synthetische ‚Kühle' und landeten mit dem Beziehungskisten-Song „Don't You Want Me" (1981) einen Chart-Erfolg. Selbst „Ice Machine" (1981) von DEPECHE MODE, die erst einige Jahre später ihren leichten Disco-Synth-Pop gegen schwermütige Electro-Balladen mit Industrial-Elementen eintauschten, hat bis auf den Titel selbst nichts ‚Kaltes'.[591] Plötzlich tauchten immer mehr Electro-Pop-Duos wie EURYTHMICS, YAZOO, PET SHOP BOYS und SOFT CELL auf, bei denen der ‚kühle' Synthesizer-Sound durch ‚warme', emotionale Vocals kontrastiert wurde. SOFT CELL etwa wollten sich generell mit ungehemmten, sexuell-aufgeladenen Songs von den kontrollierten Sounds der „cold German disco"[592], wie Sänger Marc Almond es nannte, abgrenzen: „Er [der Synthesizer] brauchte für uns nicht typisch elektronisch oder roboterartig zu klingen. Die Discothek unserer Träume wäre eher ein billiger, schmieriger Ort, nicht so sehr die hochtechnisierte, strahlend weiße Chrom-Disco."[593]

---

590 Schober, Ingeborg: „REPLICAS. Tubeway Army. Beggar's Banquet 146.51", Rezension, in: *Musikexpress*, Nr. 8 (1979), 37. Ohnehin beruht Numans Involvierung von Synthesizern auf der zufälligen Entdeckung eines *Mini-Moogs* während der Aufnahmen zum TUBEWAY-ARMY-Debüt (1978), der dort von einer anderen Band im Studio zurückgelassen wurde und Numan dazu verleitete, die für Gitarren geschriebenen Rock-Songs auf den Synthesizer zu übertragen. Vgl. Reynolds: *Rip It Up And Start Again* (2007), 335.
591 DEPECHE MODE: „Ice Machine", auf: *Dreaming Of Me* (1981), 7"-Single, Mute, MUTE 013. In einem Interview mit dem DDR-Fernsehmagazin *drammss* anlässlich ihres Auftritts am 7. März 1988 in der Ost-Berliner *Werner-Seelenbinder-Halle* widersprach DEPECHE-MODE-Mitglied Andrew Fletcher auch dem geäußerten Vorwurf, die Musik der Gruppe sei „kalt", vielmehr sei diese voller Gefühle. Siehe „Depeche Mode in der DDR – Behind The Scenes (Short Version)", 18. Oktober 2019. URL: *https://youtu.be/qmdSK2eYFvs*, 00:07:44–00:08:17 (Letzter Zugriff: 24.10.2022).
592 Almond zit. n. McCullough, Dave: „Giving Sex A Hard Time", in: *Sounds (UK)*, 28. November 1981, 14.
593 Almond zit. n. Salewicz, Chris: „Soft Cell. Freuden und Leiden des Erfolges", in: *Sounds*, Nr. 3 (1982), 28–29, hier: 29.

Cold Wave

Zum Jahreswechsel 1982/83 blühte etwas in der Post-Punk-Bewegung auf, das den Pop-Verfechter:innen zuwiderlief, wie Simon Reynolds treffend formuliert: „Rock kehrte zurück", mit all seinen „in Verruf geratenen, für überholt erklärten Vorstellungen (Authentizität, Rebellion, Gemeinschaft, Provokation, Widerstand) und all jene[n] überholten, lächerlichen Sounds (verzerrte elektrische Gitarren, kehliges Knurren)".[594] Tatsächlich erlebte ein Phänomen seinen endgültigen Durchbruch, das sich sehr schnell zur subkulturellen Bewegung mit klar umrissenen Stil-Merkmalen, eindeutigen Codes und fixer Weltauffassung entwickelte. Bezeichnungen wie „Goth(ic)(-Rock)", „Dark Wave" und „Positive Punk" wurden (vorrangig vonseiten der Musikpresse) entwickelt, um sowohl die Musik selbst als auch die Anhänger:innen dieser neuartigen Jugendkultur begrifflich zu fassen, die sich um Bands wie BAUHAUS, SIOUXSIE AND THE BANSHEES, JOY DIVISION, (SOUTHERN) DEATH CULT, THE CURE, THE SISTERS OF MERCY und SEX GANG CHILDREN sammelten.[595] Wie alle anderen Post-Punk-Stile wurzelte auch Gothic zu großen Teilen im Glam, auch hier nahm Styling einen außerordentlich hohen Stellenwert ein. Unübersehbar lag auch der Gothic-Ästhetik eine Bricolage zugrunde, die sich aus religiösen Symbolen und BDSM-Elementen, B-Horror-Movies und Schauerromanen des 18. und 19. Jahrhunderts, expressionistischen Stummfilmen der Weimarer Republik und Science-Fiction-Motiven speiste. Auch Gothic stellte sich gegen die misogynen Männlichkeits-Darstellungen konventioneller Rock-Stars, die von den männlichen Gothic-Anhängern übernommenen Zeichen des ‚Femininen' (Make-Up, Kleider, Röcke, Schmuck) dienen jedoch nicht zur Aufwertung jener androgynen Männlichkeit der Glam- und New-Pop-Musiker. Vielmehr zeichnet sich die insbesondere bei Frauen populäre Gothic-Bewegung durch eine Glorifizierung des ‚Weiblichen' aus, das dem Musikologen Charles Mueller zufolge gegen das als zerstörerisch definierte ‚Maskuline' in Form von Macht, Kontrolle, Rationalität und Fortschrittsideologie in Stellung gebracht wird.[596]

‚Kalte' Motive und Strategien wie einen Technik-Kult, offensive Künstlichkeit, disziplinierte Härte und Funktionalität oder eine (subversive) Affirmation mit der Moderne sucht man dementsprechend bei den Gothic-Bands vergeblich, stattdessen feierten schwarzromantische Motive und Ideale wie Innerlichkeit, Ernsthaftig-

---

[594] Reynolds: *Rip It Up And Start Again* (2007), 426.
[595] Zumeist wird das Jahr 1979 als Startpunkt angesehen, in das das Debüt-Album von JOY DIVISION (*Unknown Pleasures*), das Album *Join Hands* von SIOUXSIE AND THE BANSHEES und die Single „Bela Lugosi's Dead" von BAUHAUS fielen.
[596] Mueller, Charles: „Gothicism and English Goth Music. Notes on the Repertoire", in: *Gothic Studies*, Jg. 14, Nr. 2 (2012), 74–88, hier: 78. Siehe auch Goodlad, Lauren M. E.: „Looking for Something Forever Gone. Gothic Masculinity, Androgyny, and Ethics at theTurn of the Millennium", in: *Cultural Critique*, Nr. 66 (2007), 104–126.

keit, ‚Tiefe' und sich authentisch gebende Theatralik fröhliche Urständ. Den Pop-Apologet:innen unter den deutschen Musikjournalist:innen war dieser Rückschritt in die als überholt verstandenen Rock- und ‚Hippie'-Werte daher ein Dorn im Auge. Diedrich Diederichsen etwa erkannte 1983 in jenen „mit Vorliebe schlicht schwarz gekleideten Jünglingen, die Existenzialismus und ‚Bonjour Tristesse' spielten", eine „reaktionäre Wende" und „Rückkehr der schweren, bürgerlichen Sozialisation über Individuum, Tiefe, Ego, Selbst, Okkultismus und Scheiße".[597] Statt über die nihilistische Erkenntnis hinauszuwachsen, beklagt der „Neo-Exi" (Neo-Existenzialist) dem Autor zufolge einen Sinnverlust und veräußert seine Zerfalls- und Ruinen-Romantik durch „kleine Zeichen von Verwahrlosung romantischer Armut oder Weltabgewandtheit [...], die nicht wie beim Punk das ganze Outfit durchzogen, sondern nur als altmodische Wunden an der Seele verstanden werden sollten, nicht als Generallärm".[598] Bereits 1981 hatte Diederichsen in einem Beitrag zur britischen Band THE CURE enttäuscht festgestellt, dass sich die „Musik über Depressionen, depressive Zustände, Nächte, Einsamkeit etc." zu einem Trend unreflektierter Melancholie und Gefühlsbetonung entwickelt hatte: „Wer konnte schon ahnen, dass ‚Bleak Wave' nach zwei Jahren in klassischer Innerlichkeit enden musste, in verkifftem Trübsinn."[599]

Für die hier untersuchte ‚Kälte-Welle' spielen die verschiedenen unter dem Oberbegriff Gothic subsumierten Stile trotz ihrem Mangel an neusachlicher ‚Kälte' jedoch eine bedeutende Rolle. Entsprechend ihrer inhaltlichen und ästhetischen Affinität zu allem Mythischen und Mystischen[600] gaben die Musiker:innen nicht nur ihrem Sound eine ‚eisige' Note[601] und griffen in ihren mit verhalten-düsterem Gesang vorgetragenen Songtexten häufig auf schwarzromantische Motive und Begriffe des Kalten zurück (Eis, Schnee, Kälte), mit denen sie ihre Umgebung und Gefühle umschrieben. Und die Inszenierung ging auf: Bis heute greifen Autor:innen,

---

597 Diederichsen, Diedrich: „Eingemachtes Stachelbeergelee", in: *Spex*, Nr. 5 (1983), 19 sowie ders.: „Die Auflösung der Welt" (1983), 171.
598 Ebd.
599 Ders.: „Gibt es ein Leben nach der Restauration? Oder sind The Cure die Vorboten einer Wiedereinführung der 70er?", in: *Sounds*, Nr. 5 (1981), 22–24, hier: 24. Diesem Urteil schloss sich auch sein Kollege Joachim Ody in der *Spex* an. Ody, Joachim: „THE CURE Faith (Metronome)", Rezension, in: *Spex*, Nr. 5 (1981), 23. Siehe dazu auch die Bezeichnung „Neue Weinerlichkeit" bei Loske, Günther: „THE SOUND JEOPARDY Korova-Records", Rezension, in: *Spex*, Nr. 1 (1981), 26.
600 Siehe dazu Stiglegger, Marcus: „Preacher Men. Mystizismus und Neo-Mythologie im britischen Gothic-Rock", in: Kleiner, Marcus S./Wilke, Thomas (Hg.): *Pop & Mystery. Spekulative Erkenntnisprozesse in Populärkulturen*, Bielefeld 2015, 63–80.
601 Charakteristisch für den Sound sind Gitarreneffekte wie Delay, Hall und Flanger. Letztgenannter verleiht der Gitarre Reynolds zufolge einen „harten, gläsernen und brüchigen Klang". Reynolds: *Rip It Up And Start Again* (2007), 435. Vgl. Nym, Alexander/Stiglegger, Marcus: „Gothic", in: Hecken; Kleiner (Hg.): *Handbuch Popkultur* (2017), 91–97, hier: 94.

die über Bands und Musikproduktionen der ‚Schwarzen Szene' schreiben, auf Begriffe und Assoziationen aus dem Begriffsfeld thermischer Kälte und kalter Materialien zurück. So überschlug sich der Kolumnist Jens Balzer in einem Beitrag von 2007 zum Debüt-Album von JOY DIVISION geradezu mit Kälte-Bildern: „Dies ist der Nullpunkt, der Kältepol. [...] Ihre Songs klirren in posthistorischer Kälte; ihr Sänger Ian Curtis malt kristallene Bilder einer Introspektion, der nichts, was sie findet, zur Heimat wird."[602] Solche Rezensionen begleiteten den düsteren Post-Punk- bzw. Gothic-Stil schon seit seinen Anfängen im Jahr 1979. *Spex*-Autor Siegfried Michail Synuga etwa assoziierte in seiner Plattenkritik der Maxi-Single *She's Lost Control / Atmosphere* (1980) von JOY DIVISION den Track „She's Lost Control" mit „Kälte und Leere" und empfand das Stück „Atmosphere" als „düstere[n] Song, voll kalter Überraschungen".[603] Auch Peter Gehbauer vom *Musikexpress* erfreute sich in seiner Besprechung des kurz nach dem Suizid von Curtis veröffentlichten Albums *Closer* (1980) an den „kalten und verhallten[en] Elegien auf die Neonzeit".[604]

Wie eng verknüpft die Gothic-Kultur schon seit ihren Anfangstagen mit dem Begriffsfeld des Kalten ist, verdeutlichen ebenso die frühen Beiträge zur Band SIOUXSIE AND THE BANSHEES um die Sängerin Siouxsie Sioux, die nicht nur in der britischen Presse als „Ice Queen" bezeichnet wurde.[605] In einem *Musikexpress*-Artikel zur Band bezeichnete etwa Harald Inhülsen den Sound der Gruppe auf ihrem Debüt-Album *The Scream* als „kalt und schwer" und unterstrich die charakteristische „Abwesenheit von Gefühlen" in den Songtexten.[606] Sein Kollege Hans Keller bei der *Sounds* meinte in den Lyrics von „Jigsaw Feeling" dagegen Emotionen ausgemacht zu haben: „schizoide Gefühle, Hoffnungslosigkeit, Kälte". Noch deutlicher wurde Keller bei seinem Urteil zu „Suburban Relapse":

---

602 Balzer, Jens: „Kalter Stern", in: *Die Zeit*, 15. November 2007. URL: *http://www.zeit.de/2007/47/D-Musikklassiker* (Letzter Zugriff: 24.10.2022).
603 Synuga, Siegfried Michail: „JOY DIVISION: ‚She's Lost Control/Atmosphere' (Fractured Music)", Rezension, in: *Spex*, Nr. 2 (1980), 18 [im *Spex*-Impressum wurde der Name des Künstlers stets „Synuga" geschrieben].
604 Gehbauer, Peter: „CLOSER. Joy Division. Factory 25 (Import)", Rezension, in: *Musikexpress*, Nr. 9 (1980), 45.
605 Vgl. Keller, Hans: „Siouxsie & The Banshees. Reflektionen über drei Todesfeen und eine Indianerin", in: *Sounds*, Nr. 5 (1979), 36–39, hier: 38 sowie Goldman: „Siouxsie Sioux Who R U?" (1977).
606 Inhülsen, Harald: „Siouxsie & The Banshees. Herz aus Glas", in: *Musikexpress*, Nr. 4 (1979), 16–18, hier: 16.

Es ist *der* Song, der hats in sich, der beschreibt mit seiner ganzen Stimmung diesen jetzigen Zeitpunkt. Der ist kalt wie ein Erzbergwerk, der ist scharf wie geschliffenes Glas [...]. Relapse, Rückfall in die Eiszeit, die Gefühlslosigkeit, die Brutalität. Niemand wollte es, niemand konnte es verhindern.[607]

Besonders begeistert zeigte sich der Autor von der „metallisch-kühle[n] Ausstrahlung" und „erotische[n] Blässe" der Sängerin Siouxsie Sioux, jener „[k]ühle Queen", die auch heute noch als Pionierin des Gothic-Looks gilt.[608] Kellers Verweis im selben Beitrag auf die düsteren Aspekte von THE VELVET UNDERGROUND ist dabei keinesfalls zufällig: Neben vielen anderen Post-Punk-Sänger:innen war auch Siouxsie Sioux vom Gesang der deutschen Künstlerin Nico inspiriert worden, die mit Andy Warhol und VELVET UNDERGROUND deren wegweisendes Debüt-Album aufnahm und dem *Melody-Maker*-Autor Richard Williams zufolge „the idea of coldness" in die Pop-Musik gebracht hatte.[609] Auf die entstehende Post-Punk-Bewegung in der Bundesrepublik hatten sowohl die Produktionen und Inszenierungen der später als „Gothic" bezeichneten Bands als auch die sich sehr ähnelnden deutschen wie britischen Rezensionen und die dabei verwendeten Begriffsfelder und assoziativen Bilder eine kaum zu überschätzende Wirkung. Als außerordentlich folgenreich sollte sich zudem die neuartige Verwobenheit zwischen Musiker:innen und Musikjournalist:innen erweisen. Hans Keller etwa konnte die Entwicklung der frühen Gothic-Kultur in der Bundesrepublik Deutschland nicht nur als szeneinterner und vornehmlich für die ‚düsteren' Spielarten des Post-Punk zuständiger *Sounds*-Autor mitbestimmen, sondern auch als Mitbegründer von GEISTERFAHRER, einer der ersten deutschsprachigen Dark-Wave-Bands.

SIOUXSIE AND THE BANSHEES gehörten 1977 zu den ersten Bands, auf die der bereits in der Geburtsstunde von Post-Punk entwickelte Terminus „Cold Wave" angewendet wurde – ein Label, gegen das die Sängerin Sioux auch keineswegs Einwände erhob.[610] In den folgenden Jahren wurde der Begriff insbesondere für britische Dark-Wave-Gruppen genutzt, bevor er letztlich als spezifische Genre-Bezeichnung für jene französischsprachigen Musiker:innen fungierte, die den ‚eisigen' Gitarren-Sound britischer Post-Punk-Bands mit der frühen Industrial Music sowie den motorischen Beats und ‚kühleren' Synthesizer-Klängen bestimmter Krautrock-

---

607 Keller, Hans: „Siouxsie And The Banshees. THE SCREAM. Polydor POLD 5009", Rezension, in: *Sounds*, Nr. 2 (1979), 58. Hervorhebung i. O. Insbesondere der letzte Satz zeigt, wie weit sich das für die Gothic-Kultur charakteristische ‚kalte' Leiden von der Affirmationsstrategie des ‚Kälte-Pop' unterscheidet.
608 Ders.: „Siouxsie & The Banshees" (1979), 36.
609 Williams zit. n. Stubbs: *Future Days* (2014), 43.
610 Goldman: „Siouxsie Sioux Who R U?" (1977), 26.

Gruppen verbanden.[611] Der ab 1978 aufblühende und von der französischen Presse „La Vague Froide" getaufte Stil, zu dessen bekannteren Vertretern Bands wie Marquis de Sade, KaS Product und Charles de Goal gehörten, zeichnete sich zumeist durch einen ‚kalten' Sound aus, der durch den Einsatz von Synthesizern, Drum-Machines und häufig auch durch die charakteristischen ‚gläsern' und ‚metallisch' klingenden Post-Punk-Gitarren erzielt wurde, allerdings gab es auch rein elektronische Gruppen. Die aus Frankreich, Südbelgien und der westlichen Schweiz stammenden Cold-Wave-Acts waren dabei Teil eines größeren Phänomens, das sich vornehmlich in Kontinentaleuropa seit dem Ende der 1970er und in stärkerem Maße in den 1980er Jahren abspielte: jene Underground-Kassettenkultur untereinander nur sporadisch vernetzter Post-Punk- und Industrial-Musiker:innen, die häufig in suburbanen und ländlichen Gebieten lebten und ihre zumeist in heimischer Wohnzimmer-Produktion entstandenen Aufnahmen auf kleinen Labels oder im Selbstverlag veröffentlichten.[612] Trotz der vielen musikalischen, stilistischen und ästhetischen Parallelen fand der Begriff „Cold Wave" oder seine eingedeutschte Variante jedoch überaschenderweise nie Verwendung bei den Musiker:innen, Künstler:innen und Autor:innen der deutschsprachigen New Wave.

2.3 Deutsch: Sprache, Performance und Identität

Neue *Deutsche* Welle. Was auf den ersten Blick – und in vielen Beiträgen zur NDW – wie eine reine Standortbeschreibung für einen geografisch fassbaren Teilaspekt einer internationalen Bewegung anmutet, bildet nicht nur den ästhetischen, sprachlichen und zumeist auch identitätsbildenden Kern für die verschiedenen NDW-Szenen, sondern zugleich den Rahmen des ‚Kälte-Pop'. Die Entscheidung der NDW-Musiker:innen zur nahezu ausschließlichen Verwendung der deutschen Sprache für ihre Songtexte entsprang dabei einer veränderten Perspektive auf und Haltung zu den eigenen kulturellen Wurzeln sowie dem Anspruch einen genuinen, der tatsächlichen Lebenswelt entsprechenden Ausdruck zu entwickeln. Der von der NDW-Bewegung initiierte, neuartige Gebrauch der deutschen Sprache sollte nicht nur die Geschichte und Ausformungen deutschsprachiger

---

611 Mittlerweile wird der Begriff „Cold Wave" unabhängig von der Herkunft der Musiker:innen auf jede Form von ‚düsteren', Gitarren- und Synthesizer-lastigen Post-Punk angewendet, oftmals synonym zu „Minimal Synth", „Minimal Wave" oder „Death Disco". Zur französischsprachigen Cold Wave siehe Hall: „Cold Wave" (2016).

612 Siehe dazu das Interview mit dem Künstler Peter Schoolwerth in Kharas, Kev: „Shiver Into Existence. Cold Waves And Minimal Electronics", 29. Juni 2010, *The Quietus*. URL: *https://thequietus.com/articles/04529-cold-wave-and-minimal-electronics-feature-pieter-wierd-joe-angular* (Letzter Zugriff: 24.10.2022).

Popmusik prägen, sondern auch den internationalen Blick auf ebenjene bis heute bestimmen. Das folgende Kapitel widmet sich den nationalen und transnationalen Bedingungen, Prozessen und Erscheinungsformen dieser Neuentdeckung ‚des Deutschen'.

The Deutsch
1981 veröffentlichte die französische Cold-Wave-Band GUERRE FROIDE den Track „Demain Berlin", dessen aus französischen, englischen und deutschen Textfragmenten bestehenden Lyrics nicht nur der Schauspielerin und Sängerin Marlene Dietrich, sondern gleich einem ganzen Mythos Tribut zollten: Berlin.[613] Im Songtext bereist das lyrische Ich ikonische Orte des Dritten Reichs, von Berchtesgaden, über Nürnberg bis nach Berlin, begegnet einer verführerischen Frau, die „cold as an iceberg" und ganz in schwarz gekleidet auftritt, und kommt schließlich – „von Kopf bis Fuß auf Liebe eingestellt" – in den Ruinen von Berlin mit ihr zusammen: „Berlin – Zum Ende, zum Ende, zum Ende". Wie der Kulturwissenschaftler Mirko M. Hall bemerkt, steht „Demain Berlin" exemplarisch für jenen „German-inspired romanticism" französischer Post-Punk-Musiker:innen, der sich insbesondere durch eine Faszination für Berlin äußerte.[614] Weitere von Hall genannte Beispiele sind die Songs „Berlin" (1984) von AUSWEIS, „Ditja Berlina" (1987) von GESTALT, „Berlin Wall" (1987) von MARTIN DUPONT und „Berlin" (1989) von LITTLE NEMO, wobei die Erzählung letztgenannten Stücks in dem als dekadent und todgeweiht beschriebenen Ostteil der Stadt spielt.[615] Diesen französischen Bands dienten Berlin und die Berliner Mauer als Rahmen für die generelle Tendenz des schwarzromantischen Post-Punk zur Innenschau, sowie zur Beschreibung verschiedener Gefühle, wie unerwiderter Liebe, Ängste und Verwirrung. Erotisch aufgeladene Melancholie und Nostalgie trafen hier zusammen mit politischen Reminiszenzen, denn die Stadt bot mit ihrer „unique synergy" zwischen Verzweiflung und Hoffnung laut Hall die perfekte Kulisse für Aushandlungsprozesse mit den politischen, kulturellen und sozialen Umbrüchen und subjektiv erfahrenen Bedrohungen in Vergangenheit und Gegenwart.[616]

---

613 GUERRE FROIDE: „Demain Berlin", auf: *Guerre Froide* (1981), 12"-EP, Stechak, Stechak Product 001. Vgl. Hall: „Cold Wave" (2016), 155–156.
614 Hall zufolge zirkuliert „Berlin" in den Diskursen der französischen Post-Punk-Kultur „as an overdetermined signifier that is understood to function as a code word for aesthetic autopoiesis, underground street cred, and political resilience." Ebd., 150.
615 AUSWEIS: „Berlin", auf: *Murnaü* (1984), LP, L'Invitation Au Suicide, ID 6; GESTALT: „Ditja Berlina", auf: *Le Sommeil Du Singe* (1987), LP, Just'In Distribution, JD 16; MARTIN DUPONT: „Berlin Wall", auf: *Hot Paradox* (1987), LP, Facteurs d'Ambiance, AA 32004; LITTLE NEMO: „Berlin", auf: *New Flood / Berlin* (1989), 7"-Single, Lively Art, ARTY 12.
616 Hall: „Cold Wave" (2016), 154.

Die französischen Musiker:innen schlossen dabei an einen Trend an, der die New-Wave- und Post-Punk-Bewegung schon seit ihren Anfängen begleitete und sich, wie einige Kritiker:innen schon früh monierten, sehr schnell zu einem klischeehaft wiederholten Motiv entwickelt hatte. Anlässlich eines Konzertes der Band BERLIN BLONDES bemerkte etwa ein Autor der britischen *Sounds*, dass die Band mit ihren Glam-Rock-Outfits, ihrem Mangel an Wärme und Leidenschaft sowie ihrer Obsession für das Berlin der 1930er Jahre alle oberflächlichen Stereotype der seinerzeit angesagten „Cold Wave of electronic bands" in sich vereine.[617] Nicht verwechselt werden sollte dieses Glasgower Minimal-Wave-Duo mit der 1979 gegründeten New-Wave-Band BERLIN aus den USA, die vor allem durch ihren von Moroder produzierten Hit „Take My Breath Away" (1986) berühmt wurden, oder mit der kanadischen Synth-Pop-Gruppe TECHNIQUES BERLIN, deren Texte und Darstellungen sich um Computer-, Technik- und Maschinen-Motive drehten. Auf etablierte Assoziationen und Bildwelten bauten etwa auch SPANDAU BALLET („True", „Gold")[618] sowie die kurzlebige britische Gruppe MOBILES mit ihrem Song „Drowning In Berlin" (1981), der durch die typischen Lyrics über das Verloren-Sein sowie durch die Verwendung deutscher Sätze und der bekannten Drehorgel-Jahrmarkts-Melodie ganz der gängigen Vorstellung vom dekadent-düsteren Berlin entsprach.[619] Wie attraktiv auch Ost-Berlin zur Vermittlung bestimmter Bilder wirkte, verdeutlicht etwa die von VISAGE-Sänger Steve Strange in der *Bravo* erzählte Geschichte, wie er auf den Text des erfolgreichen Songs „Fade To Grey" (1980) gekommen sei (obwohl die Lyrics tatsächlich von Midge Ure und nicht Strange stammen): Der Blick über die Berliner Mauer während eines Besuchs in West-Berlin habe ihm einen „trostlose[n] Ausblick" geboten, „grau, unheimlich, drohend", und zwischen all dem Stacheldraht und den Volkspolizisten habe er einen alten Mann an einem Gehstock erblickt, der „ins Graue, ins Alter, ins Nichts" verblasste, was Strange schließlich auf sich selbst übertragen habe.[620]

Wie so oft kam der maßgebliche Impuls für dieses in der New Wave weitverbreitete Motiv von einem Künstler, der in vielen Aspekten für Musiker:innen aller Spielarten und Ausprägungen der „New Musick" Vorbildcharakter hatte: David

---

617 Park, Maxwell: „Berlin Blondes, Paisley", in: *Sounds (UK)*, 5. Juli 1980.
618 Laut ihrem Sänger Tony Hadley wählte die Band den Namen SPANDAU BALLET aus Naivität. Der Vorschlag sei von Robert Elms gekommen, der als Rundfunksprecher und Kolumnist für *NME* und *The Face* die Band bekannt machte und ihnen den „German vibe" des Namens anpries. Für Hadley selbst hatte der Bandname aufgrund von Berlins Status als „cool city" und der besonders „eckigen" und starren Form der Stadt etwas äußerst Reizvolles. Hadley zit. n. Majewski/Bernstein: *Mad World* (2014), 89.
619 MOBILES: „Drowning In Berlin", auf: *Drowning In Berlin* (1981), 7"-Single, Rialto, RIA 3.
620 Strange zit. n. o. V.: „Visage live: Steve lässt die Visage-Puppen tanzen", in: *Bravo*, Nr. 21, 14. Mai 1981, 27. VISAGE: „Fade To Grey", auf: *Visage* (1980), LP, Polydor, 2490 157.

Bowie.⁶²¹ Bowies Obsession für Berlin, die sich in der „Berlin-Trilogie" verdichtete, gründete teilweise jedoch auf einer ausgeprägten Faszination für den Faschismus deutscher Prägung, der er in den Jahren 1976/77 freien Lauf ließ. So erklärte er in einem Interview „I believe very strongly in fascism"⁶²², machte zur Eröffnung seiner Großbritannien-Tournee am Londoner Bahnhof Victoria eine Armbewegung, die als Hitlergruß interpretiert wurde, und umschrieb die von ihm damals am meisten verehrten Gruppen mit dem Satz „I think that there are two bands now who come close to a neo-Nazi kind of thing – ROXY MUSIC and KRAFTWERK".⁶²³ Spätestens nach seiner Ankunft 1976 in West-Berlin, das so gar nicht seinen Vorstellungen von Weimarer Dekadenz und Nazi-Pomp entsprach, widerrief Bowie diese und ähnliche Kommentare als missverstandene und unüberlegte Aussagen, die Kokain-induziert und/oder in der Rolle des Thin White Duke entstanden seien.

Nichtsdestotrotz blieb der Künstler seiner Begeisterung für die historischen Avantgarden und Weimarer Kultur treu. Die Cover seines Albums *„Heroes"* als auch des ebenfalls im Berliner Exil aufgenommenen Iggy-Pop-Albums *The Idiot* (beide 1977) waren etwa von den Selbstporträts des Expressionisten Erich Heckel inspiriert.⁶²⁴ Auch nach seinen Berlin-Jahren führte Bowie diese Leidenschaft fort: So zeigte er sich begeistert und inspiriert von dem 1979 als Backgroundsänger engagierten Klaus Nomi, der mit seinem retrofuturistischen Outfit, starken deutschen Akzent (inklusive rollendem R) und seinen mechanisch-steifen Bewegungen eine „Germanploitation" par excellence vollführte.⁶²⁵ Ferner veröffentlichte Bowie 1978 die Single „Alabama Song" (im Original von Bertolt Brecht und Kurt Weill)⁶²⁶ und übernahm die Hauptrollen sowohl in der BBC-Produktion von Brechts *Baal*

---

621 Nicht unterschlagen sollte hier der Einfluss on ROXY MUSIC, die bereits 1974 im Song „Bitter Sweet" deutsche Textzeilen verwendeten. Das Stück befindet sich auf dem Album *Country Life*, dessen ikonisches Coverbild die deutschen Models Constanze Karoli und Eveline Grunwald, Schwester und Freundin des Krautrock-Musikers Michael Karoli (CAN), zeigt.
622 „The only way we can speed up the sort of liberalism that's hanging foul in the air at the moment is to speed up the progress of right-wing totally dictatorial tyranny and get it over as fast as possible [...]. Rock stars are fascists too. Adolf Hitler was one of the first rock stars... I think he was quite as good as Jagger." Bowie zit. n. Spitz, Marc: *Bowie. A Biography*, New York 2009, 271–272.
623 Bowie zit. n. Edmonds, Ben: „Bowie meets the press. Plastic man or godhead of the seventies?", in: *Circus*, 27. April 1976, zit. n. Witt, Richard: „Vorsprung durch Technik. Kraftwerk and the British Fixation with Germany", in: Albiez; Pattie (Hg.): *Kraftwerk* (2011), 163–180, hier: 165.
624 Zu Bowies Berlin-Phase siehe Rüther, Tobias: *Helden: David Bowie und Berlin*, Berlin u. a. 2016 sowie Seabrook, Thomas Jerome: *Bowie in Berlin. A New Career in a New Town*, San Francisco 2008.
625 Vgl. Groß, Thomas: „Das Ding vom anderen Stern", in: *Die Zeit*, Nr. 14, 31. März 2005. URL: *https://www.zeit.de/2005/14/Klaus_Nomi* (Letzter Zugriff: 24.10.2022).
626 Bowie, David: „Alabama Song", auf: *Alabama Song* (1980), 7"-Single, RCA, PB 9510.

(1981), als auch in dem Film „Just a Gigolo" (1979, dt.: „Schöner Gigolo, armer Gigolo"), der in der Weimarer Republik spielt – eine Rolle, die er der *Musikexpress*-Autorin Gabriele Meierding zufolge, „sparsam und unterkühlt" sowie mit dem „introvertierte[n] Gehabe eines wandelnden Eisblocks" ausfüllte.[627] Schließlich formte Bowie das Bild von West-Berlin mit, das New-Wave-Musiker:innen im Ausland sowie in der Bundesrepublik und West-Berlin selbst beeinflusste, insbesondere durch seinen Soundtrack für den Film „Christiane F. – Wir Kinder vom Bahnhof Zoo" (1981)[628] sowie durch seinen Berliner-Mauer-Song „Heroes'" (1977). Bettina Köster von der Berliner Post-Punk-Gruppe Malaria! etwa erklärte 1982, die Band spiele den Song in ihrem Live-Programme nur außerhalb Berlins, weil es für die Musiker:innen „ein ziemlich berlinmäßiges Stück ist – es drückt schon aus, wie man Berlin aus der Ferne empfindet, eine Art Heimweh".[629]

Allzu deutlich wird hier, dass der nicht nur in der New Wave verbreitete Mythos ‚Berlin' keineswegs einer wirklichkeitsgetreuen Abbildung entsprach, sondern ein mit spezifischen Projektionen aufgeladenes, (pop-)kulturelles Konstrukt darstellte. Anders als ‚das Deutsche' vermittelte das Konstrukt ‚Berlin' Gefühle und Motive von Nostalgie, Melancholie sowie politischer Widerständigkeit und lässt sich als Teil jener ‚Europhilie' lesen, die US-amerikanische, britische und französische New-Wave-Musiker:innen befiel und sich hervorragend in deren Spiel mit Identitäten, künstlerischen Rollen und historischen Motiven fügte.[630] Für Colin Newman (Wire) etwa bedeutete ‚Europa' einen Ausweg aus der „Britishness", die ihn zu „ersticken" gedroht habe: „Frankly, we were sick to death of Britain. So in 1978, I started a love affair with continental Europe. [...] Europe meant being the person you wanted to be."[631] Die Attraktivität ‚Europas' und der mit diesem Motiv verbundenen Bilder fand auf vielfältige Weise ihren Ausdruck in der New Wave, etwa in Form von Bandnamen wie Cabaret Voltaire, Josef K. und Warsaw. Letztgenannte waren bekanntlich die späteren Joy Division, die dem Willen von Sänger Curtis entsprechend vor ihren Konzerten Kraftwerks *Trans Europa Express* durchlaufen ließen. Songs über „Vienna" und „New Europeans" (Ultravox, 1981), ein

---

627 Meierding, Gabriele: „Schöner Gigolo", in: *Musikexpress*, Nr. 1 (1979), 26.
628 Als besonders eindringlich kann hier etwa der monotone und schwermütige Instrumental-Track „Sense of Doubt" (1978) gelten, der im Film wiederholt zur Untermalung trostloser und ‚düsterer' Orte (leere Straßen bei Nacht, U-Bahn-Tunnel, öffentliche Toiletten, Gropiusstadt) eingesetzt wurde.
629 Köster zit. n. Inhülsen, Harald: „Malaria", in: *Musikexpress*, Nr. 11 (1982), 18.
630 Der britische Musikjournalist David Stubbs sieht den Hauptgrund dieser Orientierung in dem politischen Zusammenwachsen der USA und Großbritannien unter Ronald Reagan und Margaret Thatcher, wogegen Kontinentaleuropa den Künstler:innen eine alternative Identität geboten habe. Stubbs: *Future Days* (2014), 436.
631 Newman zit. n. ebd., 436–437.

„Midnight Bahnhof Cafe" (WIRE, 1981), ein „White Car In Germany" (THE ASSOCIATES, 1981) und „The European Female" (THE STRANGLERS, 1982), die laut Songtext selbstredend „no emotion on her face" zeigt, unterstreichen die mit dem Chiffre ‚Europa' verbundenen Emotionen der nostalgischen Melancholie und Romantik.[632] Auch der Song „I'm In Love With A German Film Star" (1981), mit dem es die Band THE PASSIONS in die britischen Charts schaffte, fügt sich in diese Reihe.[633]

„We feel European", betonte auch der ULTRAVOX-Sänger John Foxx 1978 während der Aufnahmen in Conny Planks Studio,[634] um das sich seit Mitte der 1970er Jahre etablierte und junge Bands aus den USA und Großbritannien gleichermaßen rissen. Es überrascht nicht, dass die ‚Europhilie' zur selben Zeit einsetzte, als die Bemühungen bundesdeutscher Musiker:innen an die angloamerikanische Popwelt anzuschließen in den USA und Großbritannien auf größere Aufmerksamkeit und positive Resonanz stießen. Erst der transnationale Aufbruch der unter dem Label Krautrock subsumierten Gruppen hatte die Voraussetzungen dafür geschaffen, dass nicht nur Kontinentaleuropa, sondern insbesondere Deutschland bzw. ‚das Deutsche' in den Fokus der angloamerikanische Popkultur rückte, wie nicht nur Foxx' Zusatzbemerkung zum „Germanic" Charakter der ULTRAVOX-Melodien verdeutlicht, sondern auch der Einleitungssatz desselben *NME*-Artikels: „Unfortunately, this piece is not about Germans. It's about ULTRAVOX. However, it does take place in Germany. Will that do?"[635]

Deutsch war ‚in'. Auf die deutsche Sprache zurückzugreifen, war vor allem Ende der 1970er und zu Beginn der 1980er Jahre angesagt – ein Trend, der auch heute noch in den Bereichen Industrial, Post-Punk und Minimal Wave anhält. Unzählige New-Wave-Gruppen veröffentlichten Songs mit deutschen Titeln und/oder Texten, mit denen sie jedoch nicht die seit Jahrzehnten übliche Praxis fortsetzten, die Verkaufszahlen nicht-deutschsprachiger Musikproduktionen durch deutschsprachige Versionen zu steigern.[636] Vielmehr ging es um die Sprache selbst, um die mit ihr verknüpften Assoziationen und Bilder, auf die es die Musiker:innen abgesehen hatten. Dabei lassen sich anhand der Motiv- und Wortwahl mehrere Aus-

---

632 ULTRAVOX: „Vienna", auf: *Vienna* (1980), LP, Chrysalis, CHR 1296; ULTRAVOX: „New Europeans", auf: *Vienna* (1980); WIRE: „Midnight Bahnhof Cafe", auf: *Our Swimmer* (1981), 7"-Single, Rough Trade, RTO-79; THE ASSOCIATES: „White Car In Germany", auf: *Fourth Drawer Down* (1981), LP, Situation Two, SITU 2; THE STRANGLERS: „The European Female (In Celebration Of)", auf: *Feline* (1982), LP, Epic, EPC 25187.
633 THE PASSIONS: „I'm In Love With A German Film Star", auf: *I'm In Love With A German Film Star* (1981), 7"-Single, Polydor, 2059 314.
634 Foxx zit. n. Miles: „Vee hav vays of makink you experiment" (1978), 20.
635 Ebd.
636 Erinnert sei hier etwa an „Sie Liebt Dich" (1964) von THE BEATLES und *Ein Deutsches Album* (1980) von Peter Gabriel. THE BEATLES: *Komm, Gib Mir Deine Hand / Sie Liebt Dich* (1964), 7"-Single, Odeon, O 22 671; Gabriel, Peter: *Ein Deutsches Album* (1980), LP, Charisma, 6302 035.

prägungen und Stilmittel unterscheiden, die auf verschiedene, im kulturellen Gedächtnis verankerte Aspekte referieren und sich dementsprechend teilweise überlappen und teilweise widersprechen. Verweise auf die deutsche Kunst- und Kulturgeschichte und dabei insbesondere die Romantik und historischen Avantgarden, wie sie sich etwa im Bandnamen BAUHAUS, in dem von SIOUXSIE AND THE BANSHEES 1979 veröffentlichten Coversong „Oh Mein Papa" des Schweizer Komponisten Paul Burkhard (1939) und im Titel der EP *Licht Und Blindheit* (1980) von JOY DIVISION manifestieren, sind insbesondere bei Post-Punk- und Dark-Wave-Bands üblich.[637] New-Wave-Bands aus Frankreich, Italien und Spanien schien dagegen eher eine generelle Freude am Klang der deutschen Sprache angetrieben zu haben, die ihren Produktionen zudem einen Esprit von Internationalität verlieh, wobei hinsichtlich ihrer Herkunft eine möglicherweise anvisierte Verbesserung der Kommerzialität auf dem außerordentlich umsatzstarken deutschen Musikmarkt nicht ausgeschlossen werden kann. Um das Thema Reisen kreisen etwa Songs wie „Landschaften" (1983) der spanischen Gruppe LINEA AEREAS sowie „Motorrad In Africa" (1980) der französischen Band DÉFICIT DES ANNÉES ANTÉRIEURES.[638] Weitere deutsche Song- und Albumtitel (selten jedoch Songtexte) finden sich bei den französischen Bands GUERRE FROIDE („Ersatz", 1981) und WARUM JOE (*Tanzen & Trinken*, 1982) sowie bei dem italienischen Synth-Pop-Duo MONUMENTS, deren Album *Age* (1984) Stücke wie „Geisteskrankheit", „Herz Von Samt" und – selbstredend – „Ice Age" enthält.[639]

Wie das Frontcoverbild von *Tanzen & Trinken* bereits andeutet, das einige Kriegsflugzeuge sowie einen Kampfpiloten mitsamt Fliegerbombe zeigt, assoziierte der Großteil der Musiker:innen aus dem New-Wave-Umfeld mit der deutschen Sprache jedoch etwas, das nichts mit der melancholischen Nostalgie gemein hatte, die den Mythos ‚Berlin' umwehte. Stattdessen evozierten sie, wie der Musikologe Sean Nye ausführte, einen „Teutonic Chic", der sich bis heute auf eine Reihe ‚kalter' Motive bezieht, insbesondere Technik-Kult und Mensch-Maschinen, Militarismus und Faschismus, Massenmord und sexuelle Gewalt.[640] Das ‚Teutonische' habe in der New Wave als exotische Repräsentation deutscher Nationalität oder eines deutschen Kulturprodukts fungiert und stand dabei zumeist für etwas außerge-

---

[637] SIOUXSIE AND THE BANSHEES: „Oh Mein Papa", auf: *Join Hands* (1979), LP, Polydor, POLD 5024; JOY DIVISION: *Licht Und Blindheit* (1980), 7"-Single, Sordide Sentimental, SS 33 002.
[638] LINEAS AEREAS: „Landschaften", auf: *Landschaften / Benelux / Radiotron* (1983), 7"-Single, Discos Para Desayunar, DPD-6; DÉFICIT DES ANNÉES ANTÉRIEURES: „Motorrad In Africa", auf: *Aventures En Afrique* (1980), 7"-Single, Illusion Production, IP 005.
[639] GUERRE FROIDE: „Ersatz", auf: *Guerre Froide* (1981); WARUM JOE: *Tanzen & Trinken* (1980), 12"-EP, New Rose Records, NEW 9; MONUMENTS: *Age* (1984), 12"-EP, Discordie, DSD 001484.
[640] Vgl. Nye, Sean: „What is Teutonic? An Update on the German Question", in: Wisotzki, Katharina/Falke, Sara R. (Hg.): *Böse Macht Musik. Zur Ästhetik des Bösen in der Musik*, Bielefeld u. a. 2012, 113–129. Vgl. auch Schneider: *Deutschpop halt's Maul!* (2015), 59–60.

wöhnlich Gefährliches, Perverses, Gewalttätiges, Inhumanes und/oder Rätselhaftes.[641] Eng damit verbunden waren Gender- und Sexualitäts-Codierungen, die dem als grundsätzlich ‚männlich' bestimmten und von allem ‚Weiblichen' befreiten ‚Teutonic' einerseits sexuelle Abartigkeiten, andererseits aber auch gefühllosen Hyperrationalismus zuschrieben.[642] Exemplarisch für jene assoziative Verknüpfung mit emotionslosen Mensch-Maschinen sind etwa „I Want To Be A Machine" (1977) von ULTRAVOX („In Mitternacht, die Mensch-Maschine") sowie „Meccanik Dancing (Oh We Go!)" von XTC, das die Band in der Dub-Version in „Dance With Me, Germany" (1978) umbenannte.[643] Wie wirkungsmächtig dieses Motiv noch immer ist, verdeutlicht die von den Herausgeber:innen eines Interviewbandes mit New-Wave-Künstler:innen an den Anfang gestellte Definition von „New Wave": „It was a Tower of Babel populated by American bands who wanted to be British, British bands who wanted to be German, and German bands who wanted to be robots."[644]

Ein außerordentlicher Reiz ging für die Künstler:innen von dieser Ästhetik der ‚teutonischen' Selbst-Entmenschlichung aus, die sich stilvoll in die Künstlichkeits-Inszenierungen und Entfremdungs-Motive der New Wave fügte.[645] ‚Das Deutsche' war unheimlich und gefährlich, kein Sehnsuchtsort wie der Mythos ‚Berlin'. Ihr Übriges zur Unterstreichung des ‚Teutonischen' tat für die New-Wave-Musiker:innen die deutsche Sprache, die, wie der Popautor Frank Apunkt Schneider treffend schreibt, für fremde Ohren „sperrig, kaputt, mit zweifelhaften Zeichen übersät, nicht aber geschmeidig und weich" daherkommt und zumeist mit zackigem Militarismus verknüpft wird: „Deutsch klang so ... verboten."[646] Dies hing ohne Frage vor allem mit der deutschen Geschichte, konkret mit dem Deutschland der Wilhelminischen Kaiserzeit und insbesondere des Nationalsozia-

---

641 Nye: „What is Teutonic?" (2012), 117.
642 Vgl. ebd., 121–122. Nye fügt an: „Germany is represented as either having strangely masculine women of the Brünnhilde type, or no women at all." Ebd., 121.
643 Dazu Bandleader Andy Partridge: „A song about kids in England going to dance halls. People would get very drunk and then attempt to dance like robots to stuff like KRAFTWERK." Zit. n. https://xtc.fandom.com/wiki/Meccanik_Dancing_(Oh_We_Go!). ULTRAVOX: „I Want To Be A Machine" (1977); XTC: „Meccanik Dancing (Oh We Go!)" (1978).
644 Majewski/Bernstein: *Mad World* (2014), 10.
645 Nye zufolge hatten sich das ‚Teutonische' und die darauf projizierten Bilder einer gebrochenen Identität und Kultur zu einem bildlichen Ausdruck entwickelt, mit dem die angloamerikanische Welt ihre Ängste bezüglich der eigenen politischen und kulturellen Rolle in der Welt nach 1945 artikulierte. Nye: „What is Teutonic?" (2012), 120.
646 Schneider: *Deutschpop halt's Maul!* (2015), 60. Beispielhaft sei hier auf die Bemerkung des Sängers Elvis Costello über Joachim Witt verwiesen: „Deutsch als Gesangssprache klingt für mich immer noch sehr hart. Er könnte die zärtlichsten Liebes-Beteuerungen von sich geben, und trotzdem hätte ich den Eindruck, er schreit mich an." Zit. n. Koelsch, Kurt: „Blind Date: Elvis Costello", in: *Musikexpress/Sounds*, Nr. 12 (1983), 14, hier: 14.

lismus zusammen. Hier liegen die Wurzeln für jene folgenreiche ‚Naturalisierung' der Verbindung zwischen ‚dem Deutschen' und ‚dem Bösen'.[647] Insbesondere Industrial-, Punk- und Post-Punk-Musiker:innen setzten zumeist deutsche Wörter aus dem Bereich des Politischen oder Militärischen, nationalsozialistische Propaganda-Motive, Kriegsfotografien und explizite Holocaust-Bilder ein, um gleichzeitig faschistische Macht-Ästhetik als auch Gewalt und Vernichtung darzustellen.[648] So veröffentlichten etwa das französische Industrial-Duo DIE FORM Ende der 1970er Jahre mehrere Produktionen unter dem Pseudonym EVA-JOHANNA REICHSTAG und die niederländische BAADER POP GROUP einige deutsche Songtitel, darunter „Kruppstahl" und „Krieg Und Leichen" (1982).[649] Ganz der Todes-Ästhetik der Industrial Culture entsprechend waren auch Tracks und Alben der australischen Gruppe SPK betitelt, die ihren Namen zeitweise auch als SOCIALISTISCHES PATIENTEN KOLLEKTIV angab: „Germanik" (1979), „Stammheim Torturkammer", „Kaltbruchig Acideath", „Macht Schrecken" (alle 1981) und *Leichenschrei* (1982).[650] Nur in äußerst seltenen Fällen diente der Einsatz der deutschen Sprache als Verweis auf antifaschistisches Engagement: Die Single „Mittageisen" (1979) von SIOUXSIE AND THE BANSHEES etwa war eine mit deutschen Texten wiederveröffentlichte Version des Songs „Metal Postcard (Mittageissen)" (1978), für den die Nazi-parodierende Montage „Hurrah, die Butter ist alle" (1935) des Dadaisten John Heartfield, die eine Familie beim Essen von metallenen Gegenständen zeigt, als Vorlage gedient hatte.[651] Obwohl kritisch gemeint, entsprach die hier vollzogene Verknüpfung von deutscher Sprache und industriellen Motiven ganz dem populären Bild des ‚Teutonischen', das die Band mit dieser in Großbritannien kommerziell erfolgreichen Veröffentlichung weiter verfestigte.

Wie zuvor im Krautrock, hatten auch im Fall der New Wave die von britischen und US-amerikanischen Musiker:innen evozierten Bilder des ‚Deutschen' einen außerordentlich starken Effekt auf die Künstler:innen in der Bundesrepublik Deutschland. Die Musiker:innen der NDW verfolgten aufmerksam das für die an-

---

647 Nye: „What is Teutonic?" (2012), 118.
648 Ob und inwiefern der Einsatz von Klassischer Musik deutscher Komponisten in Kriegs- und Gewaltszenen angloamerikanischer Kinoproduktionen wie „A Clockwork Orange" (1971) und „Apocalypse Now" (1979) Einfluss auf diese Entwicklung hatte, bleibt an dieser Stelle offen.
649 Beide Tracks finden sich auf BAADER POP GRUPPE: *Krieg Und Leichen* (1982), Cassette, Stichting Update Materials. „Kruppstahl" ist eine Coverversion von „Wahre Arbeit, Wahrer Lohn" der Band DIE KRUPPS.
650 SPK: „Germanik", auf: *No More* (1979), 7"-Single, Side Effects, PRS 2617; SYSTEM PLANNING KORPORATION: *Information Overload Unit* (1981), LP, Side Effects, ser01; SPK: *Leichenschrei* (1982), LP, Thermidor, T-9.
651 Dazu Sängerin Sioux: „Ich habe den Song geschrieben, weil das heute wieder passieren kann. Als eine Art Warnung. Denn in England sucht man heute nach einer Führerfigur, die die Leute aus dem wirtschaftlichen Desaster führt." Zit. n. Inhülsen: „Siouxsie & The Banshees" (1979), 18. SIOUXSIE AND THE BANSHEES: „Mittageisen (Metal Postcard)" (1979).

gloamerikanisch dominierte Popkultur neuartige, gesteigerte Interesse am ‚Deutschen' und die geradezu inflationären Referenzen auf die deutsche Geschichte und Kultur vonseiten britischer und US-amerikanischer New-Wave-Bands. Die Konsequenzen erscheinen paradox, denn der generelle Umstand der Etablierung deutscher Begriffe in der Pop-Musik förderte einerseits einen selbstbewussteren Umgang junger deutscher Musiker:innen mit der eigenen Sprache und nationalkulturellen Identitätsmodellen. Deutsche Songtexte waren nun kein Problem mehr, allerdings war es gerade für Musiker:innen der NDW-Frühphase die deutsche Sprache, die erst das Gebrochene und ‚Sperrige' der eigenen Identität so treffend zu verdeutlichen versprach. Für die deutschen ‚Kälte'-Akteur:innen bot sich mit dem Re-Import des ‚Deutschen' ein Motiv an, das es bei der ‚kalten' Neuen Sachlichkeit noch nicht gab. Die in der Post-Punk-Ära erfolgte popkulturelle Umsetzung dieser Verknüpfung des ‚Deutschen' mit allem Bösen, Künstlichen, Mechanisch-Maschinellen, Gefühlskalten, Harten und Stählernen fand ihren Weg ‚zurück' zu den deutschen Künstler:innen – und diese wirkten durch ihre Übernahme und Umsetzung dieser Motive wiederum auf die angloamerikanische Rezeption. Der ‚kalte Deutsche', wie ihn Bands von KRAFTWERK bis RAMMSTEIN kommerziell erfolgreich verkörpern, entstand nicht allein in Deutschland, sondern trat erst im Zuge des transnationalen Wechselspiels auf die Bühne der Popkultur.

Rückgriffe und Traditionen

Nicht der Gebrauch der deutschen Sprache in der deutschen Popmusik war neu, sondern die Art und Weise ihrer Verwendung, die Methodik, Motivwahl und ästhetische Handhabung, wie Barbara Hornberger in ihrem NDW-Buch zu Recht betont.[652] Ironische und verspielte Texte etwa wurden bereits durch die Dialekt-Bewegung deutschsprachiger Liedermacher:innen etabliert und in der Folge zu einem wichtigen Bestandteil sowohl im Dialektrock (SPIDER MURPHY GANG, ZELTINGER, BAP) als auch im Deutschrock. Gerade Deutschrock-Musiker:innen wie TON STEINE SCHERBEN, Nina Hagen und insbesondere Udo Lindenberg wird üblicherweise ein sehr großer Einfluss auf die Entwicklung der NDW und ihre Texte zugeschrieben. Die Journalisten Döpfner und Garms gehen sogar so weit zu behaupten, die NDW-Gruppen hätten Lindenbergs Prinzip übernommen, „mit der Szenensprache eine besondere Ehrlichkeit, Ursprünglichkeit und Volksnähe zu erzielen",[653] obwohl es doch gerade diese Mitte der 1970er Jahre in der ‚Hamburger Szene' übliche Form

---

652 Hornberger: *Geschichte wird gemacht* (2010), 202.
653 Döpfner/Garms: *Neue deutsche Welle. Kunst oder Mode?* (1984), 132. So auch Hornberger: *Geschichte wird gemacht* (2010), 168, Longerich: „*Da Da Da*" (1989), 54–55 sowie Larkey, Edward: „Just for fun? Language choice in German popular music", in: *Popular Music and Society*, Jg. 24, Nr. 3 (2000), 1–20, hier: 5.

der bierseligen und vor allem männlichen Flucht in Verbrüderungsgesten[654] war, von der sich die NDW-Protagonist:innen vehement abzugrenzen suchten. Generell lässt sich aus den Quellen keine direkte Wirkung Lindenbergs auf die NDW nach weisen. Moritz Reichelt (DER PLAN) etwa gesteht dem Sänger zwar eine bedeutende Rolle zu bei der Verknüpfung von deutscher Sprache und Rockmusik, schränkt aber ein: „Allerdings war das ziemlich an mir vorbeigegangen. Ich kannte Anfang der achtziger Jahre kaum irgendwelche deutschen Schlager."[655] Ähnlich schwierig gestaltet sich der Nachweis über eine mögliche Wirkung von Nina Hagen, die mit Blick auf die Quellen – trotz des kurzen, erfolglosen Versuchs an die junge NDW-Bewegung anzudocken[656] – überhaupt keine Bedeutung für die NDW-Musiker:innen bezüglich der Musik- und Sprachwahl hatte. Anders dagegen TON STEINE SCHERBEN: Einzelne Musiker:innen wie etwa Blixa Bargeld betonten wiederholt die außerordentliche Wirkung des Sängers Rio Reiser.[657] Allerdings standen für die SCHERBEN-Fans in der NDW dabei Reisers eindringlicher, intensiver Gesang und die emotionale Lyrik im Vordergrund, nicht die politischen Texte. Im Gegensatz zum Gros der deutschen Polit-Rock-Bands und Liedermacher:innen der 1970er Jahre, die ihre Musik und Texte dem „Primat der politischen Botschaft" unterordneten und vor allem Aufklärungs- und Überzeugungsarbeit leisteten,[658] vermieden die NDW-Künstler:innen jede offene Sozialkritik.

Tatsächlich gab es in der Geschichte der Popmusik nur eine Gruppe, die – wenn auch erst in der Retrospektive von den NDW-Akteur:innen anerkannt – nicht nur viele ‚Kälte'-Motive der NDW vorwegnahm, sondern dies auch mit der Reklamation einer spezifisch ‚deutschen' Identität verband, die sich unter anderem in deutschen Texten manifestierte. „Unsere Sprache transportiert sich rhythmisch anders als die englische, und die Musik von KRAFTWERK ist eine Art Ethno-Musik aus der Bundesrepublik", erklärte in einem Interview von 2009 Gründungsmitglied Ralf Hütter, der bereits 1981 den Unterschied zu den britischen, von KRAFTWERK inspirierten Industrial-Musiker:innen betonte: „we have a teutonic rhythmic, really germanic."[659] Überhaupt war es den KRAFTWERK-Mitgliedern insbesondere in Interviews mit englischsprachigen Magazinen wichtig, stets auf den vermeintlichen Bruch mit der angloamerikanischen Popmusik zur Entwicklung ei-

---

654 Diederichsen, Diedrich: „Singing in German. Pop music and the question of language", in: Ahlers; Jacke (Hg.): *Perspectives on German popular music* (2017), 190–194, hier: 190.
655 Reichelt: *Der Plan* (1993), 53.
656 Siehe Teipel: *Verschwende deine Jugend* (2001), 215–217.
657 Vgl. etwa die Interviewaussagen von Bargeld und Alexander Hacke zit. n. Dax/Defcon: *Nur was nicht ist, ist möglich* (2006), 33.
658 Hornberger: *Geschichte wird gemacht* (2010), 166.
659 Hütter zit. n. Ziemer, Jürgen: „Musique nonstop", in: *Rolling Stone*, Nr. 11 (2009), 28–29, hier: 28 und Perrin: „Interview, Ralf Hütter" (1981).

ner eigenen, spezifisch deutschen Identität hinzuweisen. Wie die Autor:innen Melanie Schiller und Didi Neidhart ganz richtig bemerken, ging es bei ‚Großbritannien' und ‚Amerika' um (pop-)kulturelle Konstrukte voller Stereotype, die von diesen zwei Ländern außerhalb des angloamerikanischen Raumes vorherrschten.[660] Und so wie sich die Neue Sachlichkeit der 1920er Jahre an einem imaginierten Amerika orientierte, das von Ingenieuren und Technokraten beherrscht werde, begannen KRAFTWERK als Väter des ‚Kälte-Pop' spätestens während ihrer ersten US-Tournee 1975 ihr Image komplett dem im englischsprachigen Ausland verbreiteten Stereotyp des ‚kalten Deutschen' anzugleichen: emotionslos, über-rational, mehr Maschine als Mensch. KRAFTWERKS Image sollte, wie Krautrock-Historiker Alexander Simmeth feststellt, die britische Rezeption bundesdeutscher Popmusik in der zweiten Hälfte der 1970er Jahre neubestimmen: Waren es zu Beginn des Jahrzehnts noch der ‚pulsierende' oder ‚motorische' Beat sowie die ‚romantischen' bis ‚wagnerianischen' Synthesizer-Produktionen, die die britische Krautrock-Rezeption bestimmten und Bilder des ‚Germanischen' oder ‚Teutonischen' evozierten, verlagerte sich das ‚typisch Deutsche' immer weiter in Richtung Weimarer Moderne und Nationalsozialismus.[661] Genau hier knüpfte in der Folge das im Post-Punk und ‚Kälte-Pop' vorherrschende Konstrukt der ‚Germanness' an.

KRAFTWERK präsentierten sich nicht nur als ‚kalt' und ‚typisch deutsch', sondern vor allem als ‚kalt', *weil* ‚typisch deutsch'. Fraglos begriffen Hütter und Schneider ihre Imagekonstruktion auch als Spiel mit den ihnen in den USA und Großbritannien entgegengebrachten Erwartungshaltungen, und ebenso fraglos waren die von KRAFTWERK produzierten Bilder des stereotypen ‚Deutschen' gebrochen, da zumeist bewusst überzeichnet. Das Vorgehen der Band schlicht als Ironie[662] oder Verkaufsmasche[663] zu deklarieren, verklärt allerdings die tatsächliche Bedeutung ‚deutscher' Kultur für die künstlerischen Identitätskonstruktionen der Bandmitglieder und die darauf bauende Selbstdarstellung KRAFTWERKS zu einer Strategie des schlichten ‚Als-ob', zu einem reinen Zwinkern. Stattdessen fügt sich KRAFTWERKS Rückgriff auf nationale Stereotype in den generellen künstlerischen Anspruch der Band, die sich, wie Didi Neidhart es treffend ausdrückt, auf einer „(popistischen)

---

660 Siehe Schiller, Melanie: „Wie klingt die Bundesrepublik? Kraftwerk, Autobahn und die Suche nach der eigenen Identität", in: Schütte (Hg.): *Mensch – Maschinen – Musik* (2018), 34–49, hier: 49 sowie Neidhart: „Trans Europa Express" (2018), 77–79.
661 Simmeth: *Krautrock Transnational* (2016), 243.
662 So etwa Adelt, Ulrich: „‚Vom Himmel hoch'. Kraftwerks Frühwerk im Kontext des Krautrock", in: Schütte (Hg.): *Mensch – Maschinen – Musik* (2018), 18–33, hier: 29 sowie Schiller: „Wie klingt die Bundesrepublik?" (2018), 44.
663 Littlejohn, John T.: „Kraftwerk. Language, Lucre, and Loss of Identity", in: *Popular Music and Society*, Jg. 32, Nr. 5 (2009), 635–653.

Spurensuche" befand.⁶⁶⁴ Diese Spurensuche weitete sich im Laufe der 1970er Jahre immer mehr aus: Anfangs orientierte sich KRAFTWERKS Image eher an den Zeichen der Düsseldorfer Region, mit dem internationalen Erfolg ab Mitte der 1970er Jahre begann die Band das für Musikinteressierte im Ausland exotische Bild des ‚Deutschen' zu perfektionieren, das allerdings mehr und mehr mit einer ebenso imaginierten europäischen Identität verflochten wurde. Hauptsächliche ästhetische Referenzpunkte blieben dabei stets die klassische Moderne und insbesondere die historischen Avantgarden der 1910er bis 1930er Jahre.

Dies gilt auch für die NDW. Im Trend lag nun eine Rückschau auf die deutsche Populärkultur der 1920er bis 1950er, an der sich Bands nahezu aller Strömungen der NDW beteiligten. So bezeichnete etwa IDEAL-Bassist Ernst Deuker die musikalische Ausrichtung seiner Band dem britischen *NME* gegenüber als deutschen Schlager in der Tradition der 1950er Jahre.⁶⁶⁵ Holger Hiller (PALAIS SCHAUMBURG) erklärte dagegen „alles von Hans Albers bis Alban Berg, [...] bis hin zur Kölner Schule" als größten Einfluss auf seine eigene Musik.⁶⁶⁶ Selbst Bands, die im Fahrwasser der NDW Aufmerksamkeit und kommerzielle Erfolge erlangten, nahmen für sich die Unterhaltungskultur der Weimarer Republik in Anspruch. So behauptete Heiner Pudelko, Sänger der Hard-Rock-Band INTERZONE, von Künstler:innen wie Hans Albers und Marlene Dietrich geprägt worden zu sein, offenbarte seine Differenz zur NDW aber dadurch, dass er auch Johann Sebastian Bach, Richard Wagner und „eine Feuerwehrkapelle" zu seinen Inspirationsquellen zählte.⁶⁶⁷ Nicht zuletzt verwies auch Ralf Dörper (DIE KRUPPS, PROPAGANDA) Anfang 1984 in einem Interview mit dem *New Musical Express*, angesprochen auf die umfassend eingesetzten Motive des ‚Deutschen' in der PROPAGANDA-Performance, auf die von ihm als „our heritage" bezeichnete deutsche Populärkultur, wozu er auch die frühen Filme Fritz Langs zählte: „I couldn't adopt from rock and roll style, so called, because it's far away from me. [...] THE ROLLING STONES are not my history."⁶⁶⁸

Das erwachte Interesse an den Traditionen deutschsprachiger Populärkultur zog dann auch eine Reihe von Coverversionen nach sich.⁶⁶⁹ So spielten etwa DAF

---

664 Neidhart: „Trans Europa Express" (2018), 77.
665 Deuker zit. n. Bohn, Chris: „Ideal Milk Der Jugend Marktplatz", in: *New Musical Express*, 30. Januar 1982, 6.
666 Hiller zit. n. Moorse, Ian: „Holger Hiller. Teile und Beherrsche", in: *Elaste*, Nr. 7 (1983), 28, hier: 28.
667 Pudelko zit. n. Gockel, Bernd: „Interzone. Weiße Nigger aus Berlin", in: *Musikexpress*, Nr. 7 (1981), 28–30, hier: 29.
668 Dörper zit. n. Bohn, Chris: „Propaganda. Noise and Girls come out to play", in: *New Musical Express*, 11. Februar 1984, 10.
669 Siehe dazu etwa Jäger, Christian: „Ripples on a Bath of Steel. The Two Stages of Neue Deutsche Welle (NDW)", in: Schütte (Hg.): *German Pop Music* (2017), 131–150, hier: 138–139.

den bekannten, im Original von Marlene Dietrich gesungenen Schlager „Die Fesche Lola" (1930), EXTRABREIT coverten mit „Flieger, Grüß Mir Die Sonne" einen von Hans Albers im Film „F. P.1 antwortet nicht" (1932) gesungenen Titel und ABWÄRTS steuerten mit „Moon Of Alabama" eine weitere Version bei zu dem bereits von THE DOORS und David Bowie gecoverten Stück „Alabama Song" (1927) von Bertolt Brecht und Kurt Weill.[670] PALAIS SCHAUMBURG unterstrichen ihre musikalischen Wurzeln wiederum mit eigenen Versionen von Paul Hindemiths „Wir Bauen Eine Stadt" (1930), „Die Nacht Ist Nicht Allein Zum Schlafen Da" vom Soundtrack des Films „Tanz auf dem Vulkan" (1938) sowie „Jawohl, Meine Herren", ein Duett von Hans Albers und Heinz Rühmann aus der Komödie „Der Mann, der Sherlock Holmes war" (1937).[671] Als Hommage entpuppt sich laut dem Musikwissenschaftler Winfried Longerich der kommerziell erfolgreiche Song „Sternenhimmel" (1982) von der Gruppe HUBERT KAH (ursprünglich: HUBERT KAH MIT KAPELLE): Der Text beziehe sich nicht nur konkret auf „Komm Zigány" aus der Operette „Gräfin Mariza" (1924) von Emmerich Kálmán, sondern greife zudem auf beliebte Phrasen und Themen aus Schlagern und Volksliedern zurück, wie etwa „Südsee", „Abendhimmel" und „guter Mond" als „geduldiger Ansprechpartner für Sorgen und Nöte".[672] Ohne Frage waren diese Rückgriffe nicht Ausdruck einer konservativen Ideologie oder einer Nostalgie für die Populärkultur der Nazi-Zeit, sie schlicht als kalkulierte Provokation gegenüber der ‚Hippie'-Generation zu interpretieren,[673] greift jedoch zu kurz. Vielmehr speist sich die „Entdeckung des Deutschen als thematisches und stilistisches Zentrum der NDW", wie Barbara Hornberger ganz richtig erkennt, nicht nur „aus der Abgrenzung gegenüber dem Fremden, sondern auch aus einem neuen pophistorischen Bewusstsein".[674]

Explizite Verweigerer des Trends gab es nur wenige, wie etwa Blixa Bargeld, der in einem Interview jede Bezugnahme auf deutsche Kunst- und Kulturgeschichte aufgrund der missbräuchlichen Nutzung durch die Nazis als unmöglich deklarierte – einschließlich der historischen Avantgarden, weil auf sie die nicht verhinderte Nazi-Barbarei folgte: „We cannot redeem that tradition. We can only re-in-

---

[670] DEUTSCH-AMERIKANISCHE FREUNDSCHAFT: „Die Fesche Lola", auf: *Die Kleinen Und Die Bösen* (1980), LP, Mute, STUMM 1; EXTRABREIT: „Flieger, Grüss Mir Die Sonne", auf: *Ihre Grössten Erfolge* (1980), LP, Reflektor Z, 0060.348; ABWÄRTS: „Moon Of Alabama", auf: *Computerstaat* (1980), 7"-Single, Zick-Zack, ZZ 2.
[671] PALAIS SCHAUMBURG: „Wir Bauen Eine Neue Stadt", auf: *Palais Schaumburg* (1981), LP, Phonogram, 6435 139. Die beiden anderen Titel wurden live gespielt, aber nicht auf Tonträgern veröffentlicht.
[672] Longerich: *„Da Da Da"* (1989), 153–154. HUBERT KAH: „Sternenhimmel", auf: *Ich Komme* (1982), LP, Polydor, 2372 163.
[673] So etwa Jäger: „Ripples on a Bath of Steel" (2017), 139.
[674] Hornberger: *Geschichte wird gemacht* (2010), 177.

vent."⁶⁷⁵ Ganz anders dagegen die befreundeten Musikerinnen von MALARIA!, die 1981 den an den politischen Liedern von Hanns Eisler und Brecht orientierten Song „Kämpfen Und Siegen"⁶⁷⁶ veröffentlichten und in Style sowie Performance die politischen und künstlerischen Strömungen der Weimarer Republik zitierten. NME-Autorin Lynn Hanna etwa, die in ihrem Beitrag zur Band das seit KRAFTWERK gängige Narrativ von der Rückgewinnung einer nach dem Zweiten Weltkrieg zersplitterten und diskreditierten deutschen Kulturtradition aufnahm, fühlte sich beim Gesang von Bettina Köster an deutschsprachige Songs der 1920er und 1930er Jahre erinnert. „The German element is heavier, more to the ground, more solid [...]. I think that makes it a little bit dramatic", erklärte dazu MALARIA!-Sängerin Köster und ergänzte: „It's natural to us, because of our education and everything. But it's another thing only to copy the old traditions. [...] But some things of the past are still very real now and sometimes we use them."⁶⁷⁷

Einen ganz besonderen Reiz übten auf viele NDW-Musiker:innen die lautmalerischen Gedichte, der minimalistische Reduktionismus und die scheinbar willkürlich aneinandergereihten Wörter und Phrasen des Dadaismus aus. „Dada-Pop"⁶⁷⁸ hielt Einzug mit der NDW, wobei sich die methodischen Schwerpunkte und künstlerischen Ziele von Gruppe zu Gruppe mitunter stark unterschieden. Beeinflusst von dadaistischen Sprach-Experimenten zeigte sich etwa die Gruppe DER PLAN, die 1980 ihr Label *Warning Records* in *Ata Tak* umbenannte, eine lautmalerische Anknüpfung an die von den Bandmitgliedern Moritz Reichelt und Frank Fenstermacher in Wuppertal betriebene Kunstgalerie *Art Attack*: „Kein unreflektiertes Englisch mehr!"⁶⁷⁹ Auch Holger Hiller erklärte gegenüber dem *NME*, dass es ihm im Stück „Wir Bauen Eine Neue Stadt" (1981) vor allem um eine Dekontextualisierung und Auflösung der ursprünglichen Bedeutung einzelner Sätze ging und formale Aspekte wie Rhythmus und Klang eines Wortes viel wichtiger als dessen Inhalt sind.⁶⁸⁰ Allerdings wandte Hiller wiederholt ein, dass er ohne jeden intellektuellen Background einfach im Rahmen des Punk-Impacts begonnen hatte mit gefundenen Sätzen zu experimentieren und erst im Nachhinein die Verbindungen zum Dadaisten Kurt Schwitters bemerkte: „Ich habe nicht den Anspruch, eine be-

---

675 Bargeld zit. n. Laddish, Kenneth/Dippé, Mark: „Blixa Einstuerzende: Bargeld Harassed", in: *Mondo 2000*, Nr. 11 (1993), hier: 95.
676 MALARIA!: „Kämpfen & Siegen", auf: *Malaria!* (1981), 12"-EP, Marat Records, MARAT 006.
677 Köster zit. n. Hanna: „Malaria" (1982), 6.
678 Koch: *Angriff auf's Schlaraffenland* (1987), 153. Vgl. dazu etwa ebd., 153–159 sowie Longerich: „Da Da Da" (1989), 126–129.
679 Reichelt: *Der Plan* (1993), 55.
680 Hiller zit. n. Bohn: „Holger Hiller" (1984), 7.

stimmte Tradition fortzusetzen, sondern ich benutze das einfach."[681] Walter Thielsch, Hillers Nachfolger als Sänger von PALAIS SCHAUMBURG, betonte in einem Interview mit der britischen *Sounds* dagegen die Bedeutung der von Wörtern ausgelösten Assoziationen und unterstrich: „Our lyrics go back to the art tradition of Dada". Ein Statement, das den *Sounds*-Autor Sinclair ob des prätentiösen Selbstbilds über seine deutschen Interviewgäste staunen ließ: „Art! Dada! – An English band talking like this would be written off immediately. These huns have no fear!"[682]

Am Spiel mit dem bedeutungsschweren Inhalt der genutzten Wörter war wiederum DAF-Sänger Gabi Delgado interessiert, der seine Vorliebe für Imperative und deren Aneinanderreihung auf den Dadaismus zurückführte, den er bereits zu MITTAGSPAUSE-Zeiten als eine „Erweiterung von Punk" begriffen habe.[683] An einer neodadaistischen Darstellung des Alltäglich-Trivialen wie Abseitigen war dagegen Bands wie DIE TÖDLICHE DORIS oder THE WIRTSCHAFTSWUNDER gelegen, etwa in ihren 1980 veröffentlichten Tracks „Analphabet" („A-E-I-O-U, ich bin ein Analphabet") sowie „Schein": „Geldschein, Sonnenschein, Parkschein, Totenschein, Jagdschein, Krankenschein, Gutschein, Heiligenschein / heutzutage ist alles nur Schein, am liebsten wär' ich scheintot".[684] Bereits ein Jahr zuvor hatte Frieder Butzmann den Track „Waschsalon Berlin" veröffentlicht, dessen Text ausschließlich aus der Rezitation einer Gebrauchsanweisung besteht: „Waschsalon Berlin / 30 Sekunden Eindrücken / Heating output B29/42 / Wascomat / Wascomat".[685] Die wohl berühmteste Anlehnung an den Dadaismus vonseiten eines NDW-Acts bleibt aber „Da Da Da ..." (1982) von TRIO, wenn auch der Songtext selbst, abgesehen vom Titel und dem generell minimalistischen Aufbau, nur wenig gemein hat mit dem Neo-Dadaismus der frühen NDW.[686] Während TRIOS Hit und Ansatz nicht nur die Charts, sondern auch die Redaktionen der Mainstream-Musikpresse eroberte, hatten sich deren Autor:innen wenige Jahre zuvor noch schwer getan mit dem minimalistischen, betont sachlichen Neo-Dadaismus der frühen Punk- und NDW-Bands. So kritisierte der eigentlich für seine Offenheit gegenüber progressiven Underground-Phänomen bekannt gewordene Musikjournalist Harald Inhülsen in klassisch rockisti-

---

681 Hiller zit. n. Koether, Jutta: „Holger Hiller. Blass-wach-(junger) Mann", in: *Spex*, Nr. 2 (1984), 20–21, hier: 21.
682 Sinclair, Mick: „Hamburger Kings", in: *Sounds (UK)*, 24. Juli 1982, 25. Thielsch zit. n. ebd.
683 Delgado zit. n. Spies/Esch/Görl/Delgado: *Das ist DAF* (2017), 41–42.
684 THE WIRTSCHAFTSWUNDER: „Analphabet", auf: *Salmobray* (1980), LP, ZickZack, ZZ 20; THE WIRTSCHAFTSWUNDER: „Schein", auf: *Salmobray* (1980).
685 BUTZMANN & SANJA: „Waschsalon Berlin", auf: *Valeska / Waschsalon* (1979).
686 TRIO: „Da Da Da Ich Lieb Dich Nicht Du Liebst Mich Nicht Aha Aha Aha", auf: *Da Da Da Ich Lieb Dich Nicht Du Liebst Mich Nicht Aha Aha Aha / Sabine Sabine Sabine* (1982), 7"-Single, Mercury, 6005 199.

scher Manier die Aneinanderreihung von Schlagwörtern im Debüt-Album (1979) der Punk-Gruppe MALE, aus deren Reihen sich später DIE KRUPPS rekrutieren sollten:

> Genau das ist's, was [...] die MALE-Texte so naiv / oberflächlich / anonym / distanziert macht. Es fehlt der Blick hinter die Fassaden, das Hervorkommen des sozialen Geschehens, der Empfindungen (*how does it feel, eh!*), die persönliche Stellungnahme! Lest mal die CLASH / TON STEINE SCHERBEN / SEX PISTOLS-Texte.[687]

‚Das Deutsche' als Image und Identitätsmarker
Noch bis 1978 galt es unter Anhänger:innen und Künstler:innen moderner, progressiver Musik als verpönt bis unmöglich, mit dem Anspruch anzutreten, eine spezifisch ‚deutsche' Musik machen zu wollen, die auf einer gemeinsamen nationalen und kulturellen Geschichte und insbesondere der deutschen Sprache baut. Dies änderte sich mit der Geburt der NDW – in jenem Jahr, in dem aus der Düsseldorfer Punk-Band CHARLEY'S GIRLS die NDW-Pioniere MITTAGSPAUSE wurden. Nicht nur die Bandnamen waren nun standardmäßig deutsch, sondern ebenso die Songtexte. Im Gegensatz zu den Musiker:innen des Deutschrock, Polit-Rock und Punk ging es den NDW-Akteur:innen dabei jedoch nicht um eine größere Publikumsnähe oder um eine bessere Verständlichkeit politischer Botschaften. Stattdessen sollte die Musik Ausdruck der tatsächlichen Lebenswelt und einer spezifisch ‚deutschen' Identität sein, unabhängig davon, wie affirmativ oder gebrochen sich das individuelle Verhältnis der Musiker:innen zur Bundesrepublik und dessen Geschichte auch gestaltete. So erklärte etwa Thomas Schwebel (FEHLFARBEN) dem britischen *NME*, dass durch die deutschen Texte die nicht-deutsche Popmusik der Band ihre „*Deutsche* identity" behält, während Mark Pfurtscheller (THE WIRTSCHAFTSWUNDER) in einem *Spex*-Interview die ‚deutsche' Ausrichtung seiner Band betonte: „Der Text ist deutsch und die Musik auch. Die geht von hier aus, was hier ist".[688] Auch für PALAIS SCHAUMBURG endete der künstlerische Rückgriff auf ‚das Deutsche' nicht im explizit konservativ-spießigen Outfit. „Ich habe einfach andere Emotionen als Engländer, ich kenne Engländer, das ist einfach etwas anderes", unterstrich deren

---

687 Inhülsen, Harald: „ZENSUR & ZENSUR. Male. Rock-On 1", Rezension, in: *Musikexpress*, Nr. 10 (1979), 54. Hervorhebung i. O.
688 Schwebel zit. n. Cook, Richard: „33 ways to break the chain. Richard Cook meets Fehlfarben – special friends of Chris Bohn", in: *New Musical Express*, 24. Juli 1982, 11. Hervorhebung i. O. Pfurtscheller zit. n. Bömmels, Peter: „THE WIRTSCHAFTSWUNDER. Das Leben nicht ganz so ernst nehmen", in: *Spex*, Nr. 2 (1980), 8–9, hier: 9.

ehemaliger Sänger Holger Hiller noch 1983. „Wir haben eine ganz andere Sentimentalität. Deutscher Kitsch ist etwas ganz anderes als englischer Kitsch."[689]

KRAFTWERK hatten wenige Jahre zuvor den Boden dafür bereitet, allerdings die ‚Deutsch'-Karte vornehmlich in Interviews mit ausländischen Medien ausgespielt.[690] Viele NDW-Bands und ‚Kälte'-Musiker:innen schlossen nun an diese Selbstwahrnehmung und Außendarstellung an und wiederholten dabei die bereits von KRAFTWERK und einigen Krautrock-Bands genutzten Narrative, etwa die Bedeutung ihres vollzogenen Bruchs mit der empfundenen Dominanz englischsprachiger Texte in der deutschen Popmusik. Gabi Delgado etwa erklärte in einem von dem Label *Wintrup Musik* veröffentlichten Promo-Sheet, dass der Bandname DEUTSCH-AMERIKANISCHE FREUNDSCHAFT zynisch gemeint und gegen die kulturelle Hegemonie ‚Amerikas' gerichtet ist, die den Platz der zerstörten deutschen Kultur nach dem Zweiten Weltkrieg eingenommen habe.[691] „Die DAF ist eine deutsche Band", verkündete Delgado bereits 1979 und führte aus: „Das heißt, wir stellen uns bewusst gegen die vom englischen Pop-Imperialismus aufgestellten Regeln, dass Pop-Gruppen englisch reden, englisch singen, sich nur darauf beschränken dürfen, englische Bands zu imitieren."[692] Als eine der ersten NDW-Bands, die in Großbritannien Aufmerksamkeit auf sich zog, gaben DAF damit auch die thematische Ausrichtung und Erwartungshaltung folgender Beiträge britischer Musikzeitschriften zur NDW vor. Dem *NME* erzählte der Sänger unter anderem, DAF will musikalisch wie textlich „very German music" machen und versucht „this sort of German spirit" einzufangen.[693] In einem Interview mit der britischen *Sounds* erklärte das Duo, ihre Musik entspricht der allgemeinen Atmosphäre in Deutschland, obendrein sind Deutsche viel „straighter", „forward", steifer und ernster als Brit:innen.[694]

---

689 Hiller zit. n. Moorse: „Holger Hiller" (1983). Vgl. auch Hiller zit. n. Heidingsfelder, Markus: „Palais Schaumburg. Vital + dissonant", in: *Spex*, Nr. 12 (1981), 13.
690 Eine Ausnahme bildet das ehemalige Mitglied Wolfgang Flür, der das von Ralf Hütter und Florian Schneider initiierte Image nach seinem Austritt aus der Band auch deutschen Interviewpartner:innen und Leser:innen servierte: „Wir wollten der angloamerikanischen Musikübermacht etwas entgegensetzen, das so erschreckend deutsch sein würde, dass man uns dafür geliebt hat." Flür im Vorwort von Esch: *Electri_City* (2014), 10.
691 Delgado zit. n. Wintrup Musik: *D.A.F. Wir sind keine herkömmliche Rockband*, Promo-Sheet für 7"-Single „Der Räuber Und Der Prinz / Rote Lippen" (Virgin, 103 374) 1981. Vergleichbare Aussagen finden sich auch von Robert Görl zit. n. Teipel: *Verschwende deine Jugend* (2001), 177–178 sowie Reichelt: *Der Plan* (1993), 92.
692 Delgado zit. n. Hilsberg, Alfred: „Punk Emigration", in: *Sounds*, Nr. 11 (1979), 7.
693 Delgado zit. n. Bohn: „Not As DAF As They Look" (1980), 21. Vgl. auch Delgado und Görl zit. n. Morley, Paul: „Love Motion Nr. Zwei", in: *New Musical Express*, 30. Mai 1981, 14.
694 Delgado und Görl zit. n. Gill: „Dance the Mussolini, Dance the Adolf Hitler" (1981). Abdruck in Spies/Esch/Görl/Delgado: *Das ist DAF* (2017), 66–67.

Der Schlüssel zur Darstellung des spezifisch ‚Deutschen' lag dabei nicht nur für DAF in der Verwendung der deutschen Sprache mit ihren charakteristischen Ausprägungen. „The singing, too, isn't like rock'n'roll or pop singing", betonte Delgado gegenüber dem *NME* und lieferte die im Ausland gängigen Vorstellung von der deutschen Sprache gleich mit: „It's sometimes like in a Hitler speech, not a Nazi thing, but it's in the German character, that CRACK! CRACK! CRACK! way of speaking."[695] Ohne Frage hatten die noch heute weltweit bekannten Reden der Nazis und insbesondere Hitlers einen außergewöhnlichen Einfluss auf die Rezeption der deutschen Sprache im nicht-deutschsprachigen Ausland, allerdings ist es die Struktur der deutschen Sprache selbst, aufgrund derer das Deutsche in ausländischen Ohren als besonders hart, kantig und ‚kalt' wahrgenommen wird. Laut dem Musikwissenschaftler S. Alexander Reed ist der Trochäus, bei dem im Gegensatz zum Jambus ein kurzes Verselement auf ein langes folgt, im Deutschen vorherrschend, sodass ein Satz oft mit einem musikalischen Downbeat beginnt, das heißt mit einer Betonung der ersten Zählzeit eines Taktes. Hinzu kämen die „decidedly un-English", kratzigen und frikativen Konsonanten. Reed zufolge ist es daher nachvollziehbar, dass für viele Industrial-Musiker:innen und deren Fans die deutsche Geschichte mit all ihren technologischen wie gewalttätigen Aspekten und in Kombination mit der deutschen Sprache, die von Rhythmus und Klangfarbe so aggressiv wirke, ein perfektes Motiv bildet.[696] Die deutschen ‚Kälte'-Musiker:innen trieben diese grundsätzliche Gestalt ihrer Muttersprache schließlich auf die Spitze, indem sie ihre Vocals staccato, abgehackt und harsch sowie betont emotionslos, monoton und kühl gestalteten und im Gegensatz zu Punk zugleich auf Aggressivität und Frustration verzichteten. Zusammen mit den üblicherweise kurzen Textfragmenten wirke der charakteristische Gesang vieler NDW-Musiker:innen daher besonders mechanisch und roboterhaft, wie Barbara Hornberger ganz richtig feststellt.[697]

Für die Akteur:innen der ‚Kälte' war dieser Effekt dabei keinesfalls Zufall, sondern harmonisierte mit der Gesamtperformance. So erklärte erneut Gabi Delgado, dass der präzise Rhythmus der deutschen Sprache sehr gut mit den strikten Sequenzer-Rhythmen von DAF zusammenpasst: „It is better than what you can do with English. English is so relaxed."[698] Als Band mit progressiver, neuer Musik deutsche Texte zu singen und die eigene kulturelle Herkunft zu betonen, war nun wieder möglich, wenn nicht sogar zur Voraussetzung einer Partizipation an der NDW-Bewegung geworden. Geradezu beispielhaft beendete etwa *Sounds*-Autor

---

695 Delgado zit. n. Bohn: „Not As DAF As They Look" (1980), 21. Hervorhebung i. O.
696 Reed: *Assimilate* (2013), 89–90.
697 Hornberger: *Geschichte wird gemacht* (2010), 117. Vgl. auch ebd., 136–137.
698 Delgado zit. n. Morley: „Love Motion Nr. Zwei" (1981), 15.

und GEISTERFAHRER-Mitglied Hans Keller 1980 seine Rezension zur Debütsingle der Hannoveraner 39 CLOCKS mit den Worten „Überzeugend. Leider in englisch."[699] War es wenige Jahre zuvor noch unvorstellbar für die späteren NDW-Musiker:innen gewesen, deutsche Texte zu einer betont ‚deutschen Musik' zu machen, galt es für dieselben Protagonist:innen Anfang der 1980er Jahre als unzumutbar, englische Lyrics zu schreiben. Dies sollte sich schlagartig mit dem Niedergang der NDW ändern. So veröffentlichten nicht nur DAF in der Mitte des Jahrzehnts ausschließlich englischsprachige Songs, sondern etwa auch PALAIS SCHAUMBURG, obwohl Bandmitglied Thomas Fehlmann noch 1982 im Interview mit der britischen *Sounds* bekräftigte, die Band werde entgegen der Vorschläge einiger Plattenfirmen niemals englische Texte schreiben, da der Sinn der deutschen Texte sich nicht übersetzen lässt und diese zusammen mit den produzierten Sounds eine „German kind of music" ergeben.[700]

Bei allem Bemühen um eine explizit ‚deutsche Musik': Nicht als unreflektierte Affirmation gestaltete sich das Verhältnis der frühen NDW-Akteur:innen zum ‚Deutschen', sondern als vielmehr gebrochen und von einer „prinzipiellen emotionalen Fremdheit"[701] geprägt – ganz im Gegensatz zu den ‚Wellenreiter'-Bands und NDW-Ausläufern, die wie die Gruppe NICHTS in ihrem Song „Ein Deutsches Lied" (1982) an traditionelle Identitätsmodelle des Nationalen und damit verbundene Narrative anknüpften: „Deutsch sein / Niemandem sagen / Nur Angst vor Fragen / Scham für mein Land / Stolz sein ist mir verboten / Ich bin hier geboren / Mich trifft keine Schuld".[702] Dementsprechend nahmen die bundesdeutschen ‚78er' sowohl gegenüber der angloamerikanischen (Pop-)Kultur eine Distanzgestus ein als auch gegenüber der ‚eigenen' Kultur und blickten auf Deutschland aus einer beobachtenden Position.[703] Diese Gleichzeitigkeit von distanzierender Beobachtung und (schein-)affirmativer ‚Germanness' unterschied sich grundsätzlich von der im Punk üblichen offensiven Kritik und Negation der Bundesrepublik, deutschen Geschichte und jeder vermeintlich ‚deutschen' Identität.

Wie Frank Apunkt Schneider überspitzt formuliert, begriffen die Post-Punk-Intellektuellen der NDW die Bundesrepublik dagegen als „ein Anti- oder Undeutschland" und nutzten subversiv dessen „Trashidentität" für ihre Motive und Selbstdarstellungen, die sich gleichfalls aus den reimportierten ‚Germanness'-Bildern angloamerikanischer Länder speisten. Ermöglicht wurden die Adaptionen des betont ‚Deutschen' erst dadurch, dass die Geschichte und Gestalt der „BRD"

---

699 Keller, Hans: „singles", in: *Sounds*, Nr. 9 (1980), 12.
700 Fehlmann zit. n. Sinclair: „Hamburger Kings" (1982), 25.
701 Hornberger: *Geschichte wird gemacht* (2010), 177. Vgl. Büsser: *Wie klingt die Neue Mitte?* (2001), 55.
702 NICHTS: „Ein Deutsches Lied", auf: *Tango 2000* (1982), LP, Schallmauer/WEA, WEA 58 430.
703 Hornberger: *Geschichte wird gemacht* (2010), 183–184.

den NDW-Protagonist:innen eine Identität bereitgestellt habe, die sich nicht „stark oder machtvoll anfühlte, sondern komplex, widersprüchlich, gebrochen und reichlich bescheuert".[704] Bandnamen wie PALAIS SCHAUMBURG und NACHDENKLICHE WEHRPFLICHTIGE sind laut Schneider eindrückliche Beispiele dafür, dass Deutschland den NDW-Avantgardist:innen als ein „höchst merkwürdige[s] Unterhaltungsprogramm" erschien und etwa im Falle der Münchener Gruppe FSK als „popistisches Gebilde" daherkommt.[705] Passend dazu schrieb auch der Literaturwissenschaftler Eckhard Schumacher, dass FSK nicht nur Pop, sondern auch Deutsch als Fremdsprache begreifen und die Gruppe Brüche erzeugt, indem sie in ihren Adaptionen ganz bewusst die „Verzerrungen und Überinterpretationen" betonten, die „gerade für den deutschen Umgang mit angloamerikanisch geprägter Popmusik charakteristisch sind".[706] So gestaltete sich für die deutschen ‚78er'-Akteur:innen das Verhältnis zur Bundesrepublik und dem ‚typisch Deutschen' als äußerst ambivalent. Statt eine Überwindung oder simple Negation anzustreben, waren diese NDW-Protagonist:innen, wie Diedrich Diederichsen treffend bemerkt, angetrieben vom Wunsch nach „authentischer Anti-Authentizität".[707] Diese spiegelte sich nicht zuletzt im Gebrauch der deutschen Sprache.

Statt die von Schlager-, Deutschrock- und auch Punk-Bands genutzte und geförderte Unmittelbarkeit deutscher Texte für die ebenfalls deutschsprachigen Hörer:innen weiter fortzuführen, suchten viele NDW-Musiker:innen der ersten Stunde eine Sprache zu entwickeln, die das gleichzeitig affirmative wie gebrochene Verhältnis zur ‚deutschen' Identität spiegelte. Klare Botschaften waren die Ausnahme, stattdessen schufen Ironie, verschlüsselte Slogans und provokative Anspielungen eine Distanz zwischen den Musiker:innen und ihrer Hörerschaft – und zu den von ihnen thematisierten Motiven der alltäglichen Lebenswelt, die nicht in der konventionellen Form des Geschichten-Erzählens, sondern oftmals kürzelhaft und fragmentiert daherkamen. Nicht nur Artikel, Verben und Adjektive fanden im Gegensatz zu deutschsprachigen Rock- und Schlagermusik selten Verwendung, auch Personalpronomen waren vergleichsweise unterpräsentiert, was Barbara Hornberger zufolge zu einer Entpersonalisierung der Songs führte.[708] Gleichfalls unterschied sich die in der NDW genutzte Form der Ironie von jener der Lieder-

---

[704] Schneider: *Deutschpop halt's Maul!* (2015), 60, 69–70. Vgl. Diederichsen: „Genies und ihre Geräusche" (2015), 19.
[705] Schneider: *Deutschpop halt's Maul!* (2015), 70.
[706] Schumacher, Eckhard: „Deutsch als Fremdsprache", in: Meinecke, Thomas: *Lob der Kybernetik. Songtexte 1980–2007. Mit einem Nachwort von Eckhard Schumacher*, Frankfurt a. M. 2007, 231–242, hier: 234–235.
[707] Diederichsen: „Genies und ihre Geräusche" (2015), 19.
[708] Vgl. Hornberger: *Geschichte wird gemacht* (2010), 142, 203 sowie dies.: „Geschichte wird gemacht. Eine kulturpoetische Untersuchung von ‚Ein Jahr (Es Geht Voran)'", in: Phleps, Thomas/

macher:innen oder Deutschrock-Musiker:innen: Statt schlicht zweideutig und mit einem offensiven Zwinkern, waren die Texte der NDW-Musiker:innen so angelegt, dass sie zwar als ironisch interpretiert werden konnten, im besten Fall vom Publikum aber als purer Ernst verstanden wurden.[709]

Unterstützt wird die dabei ganz bewusst entstehende ‚Kälte' durch die kühle Sachlichkeit, den „dokumentarischen Gestus"[710] und „aggressive realism"[711], mit denen die NDW-Musiker:innen die moderne Welt und ihre Zeichen behandelten. Begeistert zeigte sich etwa Diedrich Diederichsen in einer Plattenrezension des FSK-Albums *Stürmer* (1981), wie in den Songs „die Bilder und Stereotypien unserer Welt" mit „distanzierter Amüsiertheit" aufgezählt werden: „Das Ernste, das Große, das Problem, das Ich. Der Hass, die Liebesqualen – fehlt alles bei FSK."[712] Hinzu kommt, dass generell in der NDW trotz aller provokanten Slogans auf klare Botschaften und Erklärungen verzichtet wurde. Stattdessen wurden, wie Hornberger es nennt, „Verrätselungs-" und „Verkunstungsstrategien" eingesetzt, die den Künstler:innen zur „Verschlüsselung und Kommunikationsverweigerung" dienten und Distanz schufen zu Hörerschaft und Öffentlichkeit.[713] Dabei seien die Songtexte der NDW im Gegensatz zum Punk zwar „in hohem Maße bildhaft, metaphorisch und verrätselt", würden aber zugleich solch „blumige Formulierungen und weitschweifende Beschreibungen" vermeiden, wie sie unter anderem im Folkrock der 1970er Jahre, bei Bands wie Hölderlin oder Novalis, gebraucht wurden.[714] Insbesondere für die schwarzromantischen Beton- und Eiszeit-Apologet:innen des ‚Kälte-Pop' sollte sich diese Gleichzeitigkeit von minimalistischem Textaufbau, hohem Assoziationspotential und Dialogverweigerung als geeignetes Mittel erweisen, um den ‚kalten' Eindruck der genutzten Motive noch zu verstärken. Entscheidend für die ‚Kälte' des ‚Kälte-Pop' ist also nicht allein das *Was*, sondern auch das *Wie*.

Helms, Dietrich (Hg.): *Geschichte wird gemacht. Zur Historiographie populärer Musik*, Bielefeld 2014, 77–99, hier: 94.
709 Vgl. Döpfner/Garms: *Neue deutsche Welle. Kunst oder Mode?* (1984), 164–165.
710 Hornberger, Barbara: „Der dokumentarische Gestus. Eine Spurensuche in populärer Musik und Kultur in der BRD der 1970er Jahre", in: Helms; Phleps (Hg.): *Ware Inszenierungen* (2013), 137–152.
711 Diederichsen: „Singing in German" (2017), 191.
712 Ders.: „Freiwillige Selbstkontrolle. STÜRMER. ZickZack ZZ 80. Andy Giorbino. LIED AN DIE FREUDE. ZickZack ZZ 95", Rezension, in: *Sounds*, Nr. 12 (1981), 72–73, hier: 72–73.
713 Hornberger: *Geschichte wird gemacht* (2010), 204, 142, 218. Zu den schwieriger zu entschlüsselnden Texten von FSK siehe etwa Möntmann, Nina: „Die treibende Kraft der mobilen Anpassung (unberechenbare Pässe!)", in: Neue Gesellschaft für Bildende Kunst e. V., et al. (Hg.): *Lieber zu viel als zu wenig* (2003), 98–105.
714 Hornberger: *Geschichte wird gemacht* (2010), 138.

2.4 Szenemacher: Zur Diskursmacht szenenaher Zeitschriften

Keine Bewegung ohne *Sounds*: Damit sind nicht die von den NDW-Musiker:innen produzierten Klänge gemeint, sondern die unter diesem Titel erschienene deutschsprachige Musikzeitschrift (1966–1983). *Sounds* und (mit wenigen Abstrichen) der erstmals 1980 erschienenen *Spex* kamen eine besondere Schlüsselstellung zu, sowohl für die Entwicklung und Gestalt der NDW als auch der ‚78er' und ‚Kälte-Welle'. Zusammen mit den wenigen NDW-Anthologien bildeten die Beiträge und Kritiken der Musikzeitschriften den definitorischen Rahmen der Bewegung, der darüber entschied, welche Motive und Haltungen zu welchem Zeitpunkt zulässig waren und wer ‚dazugehörte' – und wer nicht. Zwei Faktoren waren hierbei entscheidend: Einerseits wirkten die beiden Musikzeitschriften, deren Auflagen sich Anfang der 1980er Jahre auf etwa 50.000 bzw. 8.000 Einheiten beliefen, als Multiplikatoren. So nahmen sie aufblühende Trends, Stile und Motive auf und förderten damit über Szene-Grenzen hinaus deren Verbreitung, während sie zugleich als Mittler zwischen Künstler:innen und gleichgesinnten Hörer:innen fungierten, indem sie diesen ein Forum bot.[715] Die zweite und für die Ausgestaltung der NDW noch bedeutendere Wirkung erzielte insbesondere die *Sounds* durch ihre Diskursmacht. Einzelne Autor:innen entwickelten in ihren Beiträgen und Rezensionen eigene Narrative, die sich radikal vom rockistischen Wertemodell des Musikjournalismus der 1970er Jahre unterschieden und die Veröffentlichungen der Musiker:innen in einen größeren theoretischen und historischen Rahmen stellten.

Die Geschichte der NDW und des ‚Kälte-Pop' lässt sich nicht ohne die Geschichte der *Sounds* erklären, denn erst die von einer jungen Autor:innen-Generation angeführte, redaktionsinterne Palastrevolution gegen die in ‚68er'-Tradition stehenden Kolleg:innen Ende der 1970er Jahre legte einen bedeutenden Grundstein für die Entstehung einer eigenständigen New-Wave-/Post-Punk-Bewegung in der Bundesrepublik. Der Wandel in der *Sounds*-Redaktion spiegelt den Bruch wider, den die ‚78er' mit ihren Vorgänger:innen und ihrer zumeist auch einstigen ideologischen Heimat vollzogen. Schließlich ging mit dieser Riege neuer Musikjournalist:innen zugleich eine Umwertung und Neuinterpretation des Kälte-Begriffs und seiner Inhalte einher.

Sounds

Obwohl die Verkaufszahlen weit hinter denen beliebter Teenager- und Musikzeitschriften wie *Bravo* und *Musikexpress* (*ME*) lagen, konnte sich *Sounds* in den

---

[715] Siehe dazu Haring: *Rock aus Deutschland West* (1984), 208–222 sowie o. V.: „Rockmusik: Die neue deutsche Welle" (1981), 208.

1970er Jahren als „das Leib- und Magenblatt der meisten Leute im Rockbusiness" und jener Plattenkäufer:innen etablieren, die sich intensiver mit Pop- und Rockmusik befassten.[716] Im Gegensatz zu anderen Musikmagazinen wie *Musikexpress* widmete sich *Sounds* auch den politischen, ökonomischen und sozialen Aspekten, die die Welt der Pop-Musik und Populärkultur mit der Lebenswirklichkeit verbanden, und zeichnete sich durch betont subjektiv verfasste Beiträge im Stil des Gonzo-Journalismus aus. Ganz den Idealen der ‚68er'-Bewegung verpflichtet, orientierten sich die Plattenbesprechungen an rockistischen Werten wie Authentizität, Anti-Kommerzialität, emotionaler und sinnlicher Expressivität sowie dem Grad der dargebotenen Protest- und Rebellionshaltung.[717] Wie der Kulturwissenschaftler Ralf Hinz einwendet, kann Letztgenanntes jedoch kaum als Nachweis einer Politisierung der Musik verstanden werden, vielmehr äußerte sich auch hierin nur der alles dominierende Anspruch an Authentizität, etwa in Form von sicht- und hörbarer Energie sowie ausgefeilten Spielfertigkeiten.[718]

Mit Punk, New Wave und Post-Punk kam es schließlich zum Umbruch in der *Sounds*. Auf der Suche nach neuen Stilen und Strömungen, die die stagnierende Rockmusik in der zweiten Hälfte der 1970er Jahre aufzufrischen vermögen, richtete sich der Blick der Zeitschrift auch auf Punk, wenngleich zunächst recht widerstrebend. Das Narrativ von der ‚authentischen' Punk-Kultur sollte erst später entstehen, als New Wave und Post-Punk auch gegen Punk vorgingen. In der Redaktion wuchs in der Folge ein neues, vorerst sehr kleines Lager heran, das Punk und kurz danach auch New Wave und Post-Punk nicht als Erneuerung der Rockmusik, sondern als deren Kontrahenten begriff und gegen die als „B. O. F." diffamierte Mehrheit der rockistischen Redaktion anschrieb. Punk trieb einen Keil in die *Sounds* und wurde im Gegenzug vonseiten der Stammautor:innen nun als ‚unauthentisches' Kommerzialisierungs-Projekt und Sargträger der Rock-Kultur verteufelt.[719] Hans Keller war der erste *Sounds*-Redakteur, der Punk als bedeutenden Bruch mit der bisherigen Popkultur verstand. Keller, der später die Post-Punk-Band GEISTERFAHRER mitbegründete, hatte ohnehin seit Mitte 1977 einen neuen Weg eingeschlagen und in seinen Rezensionen eher düstere und avantgardistische Veröffentlichungen gerade aufgrund ihrer künstlerischen Umsetzung und ästhetischen

---

716 Haring: *Rock aus Deutschland West* (1984), 212. Zur Geschichte der *Sounds* siehe auch Hinz: *Cultural Studies und Pop* (1998), 168–220 sowie das Kapitel „‚Du hörst nur noch auf neue Namen' – Die Zeitschrift SOUNDS als Zentralorgan" bei Hornberger: *Geschichte wird gemacht* (2010), 340–350.
717 Hinz: *Cultural Studies und Pop* (1998), 179.
718 Ebd., 169–170.
719 Vgl. ebd., 170.

Inszenierung von gesellschaftlichen Abgründen, Depressions- und Resignationserfahrungen oder sozialer und emotionaler Kälte positiv besprochen.[720]

Erste Unterstützung fand Kellers Position durch Alfred Hilsberg (später Gründer des *ZickZack*-Labels), der Anfang 1978 zur *Sounds*-Redaktion stieß. Mit Blick auf die sich formierende ‚78er' nehmen Keller und der bereits seit 1967 in linken Netzwerken aktive Hilsberg allerdings eine Zwischenposition ein, die teilweise immer noch den Interpretationsmustern und Narrativen der ‚68er'-Rockist:innen folgte. Statt ästhetischer und subjektkultureller Prozesse machte Keller soziale Entwicklungen für die Entstehung von Punk verantwortlich und auch Hilsberg griff auf das ‚klassische' Narrativ zurück, das den britischen Punk als eine Folge von jugendlicher Frustration und Protesthaltung bestimmte.[721] Generell schien in Hilsbergs Rezensionen und Beiträgen stets jener ‚Hippie'-Anspruch durch, der nach „Substanz" verlangte und die Pop-Oberfläche verwarf.[722] Wie der Literaturwissenschaftler Thomas Hecken in seiner Untersuchung der Punk-Rezeption in deutschsprachigen Zeitschriften ganz richtig feststellt, wurde Punk in der deutschen Presselandschaft bis Ende der 1970er Jahre ausnahmslos als Reaktion einer jungen Generation auf sozialpolitische Entwicklungen wie steigende Arbeitslosigkeit oder auf die ‚abgehobenen' Rock-Supergruppen interpretiert. Erst 1978 und vor allem 1979 wurde dieser Bezug zur Rockkultur publizistisch gebrochen durch die Betonung sowohl des künstlerischen Backgrounds der Punk- und Post-Punk-Akteur:innen als auch der politischen, ästhetischen und subjektkulturellen Abgrenzung, die sie so offensiv von der linksalternativen und ‚Hippie'-Weltsicht vollzogen.[723]

Im Juli 1979 wurde mit dem Austausch der rockistischen Chefredaktion schließlich die komplette Hinwendung zur „New Musick" vollzogen: Jürgen Frey und Teja Schwaner wurden von Thomas Buttler und Diedrich Diederichsen ersetzt, auch Jörg Gülden verließ kurz darauf die Redaktion und wechselte zum *Musikexpress*. Unterstützt wurde die neue Ausrichtung der *Sounds* durch Autoren wie Kid P. (eigentlich: Andreas Banaski), Michael Ruff (Geisterfahrer), Xao Seffcheque (eigentlich: Alexander Sevschek) sowie Detlef Diederichsen, der ab Mitte 1979 regelmäßig für *Sounds* insbesondere zu Disco-, Soul- und New-Wave-Acts zu

---

720 Vgl. etwa die Rezension Keller, Hans: „Iggy Pop. THE IDIOT. RCA PL 12275", Rezension, in: *Sounds*, Nr. 5 (1977), 70. Zu Keller siehe auch Hinz: *Cultural Studies und Pop* (1998), 186–188.
721 Siehe etwa Hilsberg: „Die Revolution ist vorbei – wir haben gesiegt!" (1978).
722 Siehe etwa Hilsbergs Konzertbericht zu einem Auftritt von Gary Numan, in dem er das Fehlen von „Substanz, Spaß, Gefühl", „Spontaneität" und einer vermeintlichen „Botschaft" bemängelt. Ders.: „Gary Numan" (1979), 35.
723 Hecken: „Punk-Rezeption in der BRD 1976/77 und ihre teilweise Auflösung 1979" (2013), 254–255.

schreiben begann, zumeist unter dem Pseudonym Ewald Braunsteiner.[724] Im Oktober 1979 erschien schließlich der erste Beitrag aus Hilsbergs dreiteiliger NDW-Reportage, die als namensgebende Initialzündung der Bewegung gilt, und die *Sounds* wandelte sich vollends zum ‚Zentralorgan' der NDW-Bewegung.[725]

Diskurs

Mit dem Wandel in der *Sounds*-Redaktion einher ging eine neue Haltung zu und ein neues Schreiben über Popkultur und Pop-Musik. Um den zuweilen kontroversen Ansichten auch außerhalb von Plattenrezensionen und Artikeln einen größeren Raum zu geben, führte die Zeitschrift eine neue Rubrik ein: „*Sounds*-Diskurs". Hier konnte die alte Garde an *Sounds*-Autor:innen, die den alten Kurs der Zeitschrift bestimmt hatte, ein letztes Mal gegen die Neuausrichtung protestieren, während ihre Nachfolger:innen die Möglichkeit zur umfassenden Darlegung und Etablierung ihrer neuen Narrative und Sichtweisen nutzten. Der folgende Einblick in die dort veröffentlichten Beiträge verdeutlicht dabei sowohl die Differenzen zwischen den Rockist:innen in ‚68er'-Tradition auf der einen und Verfechter:innen der ‚78er'-Idee auf der anderen Seite als auch die Voraussetzungen und Rahmenbedingungen für die Entwicklung des ‚Kälte-Pop'.

Eine der Grundsäulen der ‚78er' und NDW-Bewegung war zugleich eine Kernstrategie der ‚kalten' Attitüde: Distanz. Nicht nur zu den thematisierten Motiven und der eigenen Performance, sondern insbesondere zu den gegenkulturellen Vorgänger:innen. Die nicht selten ins Elitäre treibende Strategie der Abgrenzung und Trennung stieß bei den Adressat:innen auf eine entsprechende Reaktion. Trotzig erklärte etwa der Musikjournalist Jörg Gülden, sich nicht „vorschreiben" zu lassen, „was alt und was neu, und was ergo Scheiße und war[sic!] ergo gut ist!" Gülden beschrieb sich in der Folge als Verteidiger der von New Wave noch nicht Erleuchteten „im kulturellen Hinterland" und bemühte eine zeitgenössisch populäre Analogie zu Orwells *1984*, da er sich kaum mehr traue, im Bekanntenkreis „mal 'ne Gerry Rafferty-Scheibe aufzulegen": „Es könnte ja ein Agent der ‚neuen Welle'-Partei unter ihnen sein, der sofort Meldung nach oben macht."[726] Sein Kollege, der unter dem Pseudonym Jonas Überohr schreibende Kolumnist Helmut Salzinger, er-

---

724 Vgl. Hinz: *Cultural Studies und Pop* (1998), 191. Zu Recht macht der Literaturwissenschaftler Christoph Rauen darauf aufmerksam, dass am Ende des „intergenerationellen Konkurrenzkampfs" nicht nur die „Definitionshoheit über zeitgemäßen Geschmack und Lebensstil", sondern auch „lukrative Posten" winkten. Rauen: *Pop und Ironie* (2010), 34.
725 Siehe Hilsberg: „Neue deutsche Welle" (1979), ders.: „Aus grauer Städte Mauern (Teil 2). Dicke Titten und Avantgarde", in: *Sounds*, Nr. 11 (1979), 22–27, ders.: „Macher? Macht? Moneten?" (1979).
726 Gülden, Jörg: „Ein neues Jahr voll neu-modischer Neu-erscheinungen – und fast alle neuwertig!", in: *Sounds*, Nr. 5 (1980), 46–47, hier: 46.

weiterte seine Kritik am neuen Kurs gleich zu einer Abrechnung mit der von ihm als „gefräßig" bezeichneten Generation an sich. Statt sich um „die miserablen Zustände im Heutigen, das sind Dreck und verstopfte Städte und AKWs und Wohnungsnot und Inflation und Arbeitslosigkeit und Langeweile", zu kümmern, würden sich die jungen Leute ganz dem Konsum hingeben. Besserung wäre auch von den Protagonist:innen der neuen Gegenkultur nicht zu erwarten, die schon längst „angepasst" seien.[727] In einer kurz darauf erschienenen Ausgabe reagierte Chefredakteur Diedrich Diederichsen auf den immer wieder erhobenen Vorwurf der ‚Angepasstheit' mit einer Kritik am selbstgerechten Weltverbesserungshabitus des linksalternativen Milieus, der in einem indischen Ashram, fern von der Komplexität der postmodernen Gesellschaft, wohl besser aufgehoben wäre: „Angepasst? Ein hohles, abgenutztes Wort. Erfunden von einer Generation von liberalen Fusselhippies, die glauben, mit individuellem Habitus die Welt zu verändern. Ab nach Poona mit dem Wort!"[728] In einem Kommentar hatte die *Sounds*-Redaktion bereits zuvor erklärt, dass der Abdruck von Überohrs Beitrag vor allem als negatives Beispiel zur Darstellung der als anachronistisch verworfenen Popkritik diente: „Zeigt er doch überdeutlich, wie die Standpunkte ehemals scharfsinniger und wichtiger Leute [...] allein dadurch nicht nur antiquiert werden, sondern richtiggehend an der Sache vorbeischießen, ihr nicht mehr gerecht werden, weil sich eben diese Leute ‚ausgeklinkt' haben."[729]

Die Redaktion war in die Hände der ‚78er'-Bohème gefallen, doch wie die Angriffe ehemaliger Kollegen verdeutlichen, war der ‚Kampf' noch lange nicht gewonnen. „Die Generation der 68er-Revolutionäre tut alles, um das Lebensgefühl der ihr nachfolgenden Generation nicht zu Wort kommen zu lassen", kritisierte der neue Chefredakteur Diederichsen gleich im ersten Beitrag der Rubrik „*Sounds-Diskurs*", machte jedoch zugleich darauf aufmerksam, dass es sich hierbei um keinen reinen Generationskonflikt handelt: „Und es geht auch nicht um zwei geschlossene Fronten ohne Überläufer und Deserteure, sondern um Konflikte, die sich auch in einem Gehirn zutragen können. Es geht um Identität, kulturelle Identität."[730] Wie eng die ‚78er'-Idee an die Counter Culture als Ausgangspunkt geknüpft ist, verdeutlicht etwa sein Kollege Thomas Buttler in seinem eigenen „*Sounds*-Diskurs"-Beitrag unter dem auffälligen Titel „Mit ‚Njuhwehf' in die Eiszeit". So ätzte Buttler im August 1980 direkt gegen jenen, offenbar ‚hängengeblie-

---

[727] Überohr, Jonas: „Die jungen Achtziger, eintönig oder auch: The Greedy Generation", in: *Sounds*, Nr. 3 (1981), 40–41, hier: 41.
[728] Diederichsen, Diedrich: „Von der Industrie bezahlt?", in: *Sounds*, Nr. 7 (1981), 51–53, hier: 52.
[729] Redaktions-Kommentar zu Überohr: „Die jungen Achtziger, eintönig oder auch: The Greedy Generation" (1981), 41.
[730] Diederichsen, Diedrich: „Ideologien, Identitäten, Irrwege?", in: *Sounds*, Nr. 1 (1980), 18–19, hier: 18.

benen' Teil der Leserschaft, „der nicht verstanden hat, dass der Westcoast-Traum von uns nun mal nicht geträumt wird", sah ein „neues Bewusstsein" am Werk und verkündete feierlich: „New waviges ist angesagt, das New Wave-Zeitalter mit kühlen New Wave-Klängen ist angebrochen." Gleichzeitig jedoch argumentierte Buttler, der New Wave als „Bewegung" und eben nicht „Stil" definierte, indirekt mit dem Faktor Authentizität, gespickt mit konventioneller Sozialkritik, wenn er das Neuartige der New Wave als authentische Wiedergabe einer längst unauthentisch gewordenen, postmodernen Welt interpretierte: „Die Musiker benutzen dieselben Instrumente wie andere, nur ihre Einstellung unterscheidet sich. Ihre Musik ist Resultat ihrer Denkart und das Spiegelbild der Plastik-BigMäc-Technik-Welt, in deren Kälte und Gefühllosigkeit sie aufgewachsen sind."[731]

Was tatsächlich die veränderte Sichtweise der ,78er'-Philosophie im Kern ausmachte, dem kam ein Autor namens Josef Hoffmann im „Diskurs"-Beitrag der folgenden Ausgabe auf die Spur. Jahre bevor sich der Begriff „Rockismus" als abwertende Bezeichnung für überholte Popmusik-Narrative etablierte, fasste der Autor das Ziel der „neuen Wellen" im Slogan „Kill the rock'n'roll-subject!" zusammen. Dabei gehe es nicht allein um die „Destruktion des Mythos vom Rock'n'Roller, diesem ungebundenen freien ,Urviech', [...] mit nacktem Oberkörper, wehender Mähne und schwankendem Gitarrenhals", sondern um die „Dekonstruktion der Vorstellung von dem Individuum als dem *Subjekt* seiner eigenen Praxis".[732] Hoffmann verwies in diesem Zusammenhang zu Recht auf „die auffallenden Ähnlichkeiten und zahlreichen Berührungspunkte" zwischen den „neuen Wellen" und den ebenfalls seit der zweiten Hälfte der 1970er Jahre populären, poststrukturalistischen Theorien französischer Philosophen wie Louis Althusser, Michel Foucault, Gilles Deleuze, Félix Guattari und Jean Baudrillard. Im Anschluss an Hoffmann räumte auch Joachim Stender (P. D., Label *Wahrnehmungen*) in seinem „Diskurs"-Beitrag mit der bis heute gängigen Vorstellung einer Punkbewegung auf, die unabhängig von der Musikindustrie entstand oder existierte: Angetreten als Gegenentwurf habe sich die Punkbewegung selbst in rockistische Denkmuster zurückgezogen. Stender zufolge blendet die von den Apologet:innen des ,Authentischen' verfolgte „Ideologie" völlig aus, dass die Punkkultur in ihrer Entstehung auf Malcolm McLarens Fashion-Strategie zur Vermarktung der SEX PISTOLS zurückgeht und ihre Etablierung insbesondere in der Bundesrepublik stets „medienvermittelt" war: „Im Grunde ist diese Ideologie des urtümlichen Pogo-Punkers nur eine weitere Spielart

---

[731] Buttler, Thomas: „Mit ,Njuhwehf' in die Eiszeit", in: *Sounds*, Nr. 8 (1980), 26–27.
[732] Hoffmann, Josef: „Das moderne Ich. Ich-Strukturen und neue Musik", in: *Sounds*, Nr. 9 (1980), 22–23. Hervorhebungen i. O. Möglicherweise handelt es sich bei „Josef Hoffmann" um ein Pseudonym, eventuell von Chefredakteur Diedrich Diederichsen, der bereits in der ersten Ausgabe des Jahres unter seinem Klarnamen einen Beitrag zum „*Sounds*-Diskurs" geliefert hatte.

der Malboro-Freiheitsideologie des Southern-Rock oder des urtümlichen ‚Rock 'n'Roll'-Subjekts".[733]

Wie Josef Hoffmanns Formulierung „neue Wellen" verdeutlicht, sahen die Verfechter des neuen Kurs keinen bestimmten Musikstil oder eine abgrenzbare Subkultur am Werk, vielmehr eine Bewegung, die sich aus verschiedenen Strömungen zusammensetzt, vereint in ihrer veränderten Sicht auf Pop-Musik und deren Verhältnis zur gesellschaftlichen wie politischen Realität. Bereits Anfang 1980 hatte der *Sounds*-Autor Ewald Braunsteiner (Detlef Diederichsen) in einem der ersten „*Sounds*-Diskurs"-Beiträge auf eine der Wurzeln der ‚78er'-Idee und Affirmations-Strategie verwiesen, die auch heute noch zumeist übersehen wird: Braunsteiner zufolge ging die Initialzündung der popistischen Umwertung überkommener musikjournalistischer Bewertungskriterien ursprünglich nicht von den Wortführer:innen der ‚78er', von Punk oder Post-Punk/New Wave aus, sondern von Disco – sowohl der Musik selbst als auch der Jugendkultur, die sich aus ihr entwickelte. Erstgenannte habe „ein ‚Ja' zur Konsumierbarkeit, zur Kommerzialität" formuliert und dadurch „alte, mittlerweile sinnentleerte Dogmen von ihren Podesten geholt", etwa die Kritik am Kommerz, die Forderung nach ‚authentischen' oder ‚ehrlichen' Emotionen und „andere Verirrungen einer vulgär-materialistischen Musikbetrachtung". Erst Disco habe bewirkt, „dass erkannt wurde, dass man die Pop-Musik nicht ewig mit den Maßstäben von 1970 würde messen können".

> [Disco war] das Zurückschwingen des Pendels, die logische und notwendige Opposition gegen das Revolutionäre, Böse, Hässliche der Rockmusik. Disco bedeutete als Lebenseinstellung ein Ja zu den herrschenden Zuständen, ein Ja zum Kapitalismus, bedeutete Äußerlichkeit statt Innerlichkeit [...], eine totale Umkehrung, ein Spiegelbild der Lebenseinstellung jener Bürgersöhne und -töchter, die Ende der sechziger Jahre aufgebrochen waren.[734]

Schließlich richtete sich die Distinktion der publizistischen NDW-Bohème nicht nur nach außen, sondern gleichfalls nach innen. Eine Möglichkeit war es, besonders aggressiv gegen alle anderen Akteur:innen auszuteilen und dadurch deren szeneninterne Stellung abzuwerten, wie es der *Sounds*-Autor Kid P. in seinen charakteristischen Beiträgen tat. Eine komplexere Waffe entwickelte sich ab Ende der

---

733 Stender, Joachim: „Musik zwischen Anpassung und Überwindung", in: *Sounds*, Nr. 11 (1980), 44–45, hier: 44.
734 Braunsteiner, Ewald: „Apologie eines apolitischen Stils. Am Ende der Disco-Ära", in: *Sounds*, Nr. 3 (1980), 24–25, hier: 24. Tatsächlich hatte die Disco-Bewegung einige revolutionäre Aspekte, insbesondere hinsichtlich Race und Gender, die ihr heftige Kritik von konservativer Seite einbrachten. Allerdings war das progressive Aufbegehren durch Disco, ganz im Gegensatz zu ‚konventionellen' politischen Aktivismus, ausschließlich an Lebens- und Denkstil geknüpft und verzichtete auf Protest- und Widerstandsgebaren – eine Eigenschaft, die Disco-Kultur und ‚78er' verband.

1970er Jahre und fand mit Diedrich Diederichsen als Chefredakteur und richtungsweisendem Autor Eingang in die *Sounds*: die Sophistication, ein neuer, exkludierender Denk-, Haltungs- und Schreibstil, der den Popdiskurs der 1980er Jahre prägen sollte und von der Literaturwissenschaftlerin Nadja Geer in ihrer Dissertationsschrift von 2012 umfassend analysiert wurde.[735] Als „intellektuelle[r] Selbstentwurf der Popmoderne" vermische die Sophistication popkulturelles und bildungsbürgerliches Wissen, beides werde als gleichwertig erachtet und in Szene gesetzt.[736] Dabei sei die Sophistication als vor allem literarische Strategie des ‚Kälte-Pop' gleichzeitig darauf bedacht gewesen, sich in ihrem „Doppelagentendasein zwischen Subversion und Affirmation" sowohl von der bürgerlichen Hochkultur als auch von der „Vulgarität" der Mainstream-Popkultur abzugrenzen.[737] Treffend spricht die Historikerin Alexa Geisthövel an dieser Stelle mit Verweis auf die soziale Herkunft und akademische Ausbildung der ‚78er'-Bohème von einer „Neuauflage der bürgerlichen Antibürgerlichkeit".[738]

Zur Aufwertung des eigenen ästhetischen Geschmacks kamen Plattenkritiken von *Sounds*- und *Spex*-Autor:innen wie Diedrich Diederichsen oder Clara Drechsler wie Manifeste daher, stets darum bemüht, den ästhetischen und politischen Kurs verbindlich zu bestimmen und diskursive Deutungshoheit zu erlangen.[739] Auch abseits der Musikzeitschriften und Anthologie-Beiträge konnte sich die Sophistication als Habitus etablieren, etwa in der Art der Kleidung und des Sprechens, die stets nur eins vermittelte: „Man wusste mehr als die anderen."[740] Parallel zu den NDW-Strategien der Verschlüsselung galt es sicherzustellen, dass dieses Wissen implizit bleibt, nur kurz „aufblitzt" und niemals seine Quellen nennt.[741] Dadurch brachte die Sophistication als Teil der deutschen ‚Kälte' jene Trennung zwischen Kunst und Publikum zurück, die alle progressiven Strömungen vor ihr einzureißen suchten. Wie Geer trefflich festhält, trete die Sophistication zwar „mit einem avantgardistischen Gestus die Türen des Bildungsbürgertums ein, verteidigt dabei aber mit großer Raffinesse und sehr undemokratisch die eigene harte Tür."[742]

---

735 Geer: *Sophistication* (2012).
736 Ebd., 10.
737 Ebd., 13, 17. Vgl. Rauen: *Pop und Ironie* (2010), 33.
738 Geisthövel: „Böse reden, fröhlich leiden" (2015), 384.
739 Geer: *Sophistication* (2012), 14, Hinz: *Cultural Studies und Pop* (1998), 197. Vgl. auch Rabe, Jens-Christian: „Fliegende Klassenfeinde. Affirmation als Subversion oder die Geburt der deutschen Poptheorie aus dem Verdruss über linksalternativen Authentizitätskult und Schweinerock", in: *Mittelweg*, Jg. 36, Nr. 4–5 (2016), 98–106, hier: 104.
740 Geer: *Sophistication* (2012), 23.
741 Ebd., 19, 24.
742 Ebd., 175.

Gebildet und zugleich unangreifbar gaben sich die ‚Pop-Intellektuellen', insbesondere Diedrich Diederichsen perfektionierte Geer zufolge als deren Begründer die charakteristische „Pose" der Sophistication.⁷⁴³ Entsprechend resümierte der *Sounds*-Autor Kid P. bereits 1982 in seiner Rückschau auf die Entwicklung der NDW über Diederichsen und das von diesem zur Schau gestellte umfangreiche Wissen: „Und obwohl er davon nicht allzuviel Ahnung hat (aber noch mehr Ahnung als DU), zieht er sich manchmal ganz achtbar aus der Affäre."⁷⁴⁴ Vergleichbar mit der ‚Kultiviertheit' und dem Dandyismus ging es der Sophistication vor allem um Selbstinszenierung. Elitär und „von ihrem Wesen her undemokratisch" hatte die Pop-Bohème kein Interesse an Kommunikation oder Austausch und blieb auf eine kleine Insider-Szene beschränkt.⁷⁴⁵ Auf der Strecke blieben dabei einstweilen vor allem die Anhänger:innen des rockistischen Musikjournalismus und Verteidiger:innen der ‚68er'-Ideale. So beschwerte sich Jörg Gülden, einer der ehemaligen Chefredakteur und Verantwortlichen für den vorherigen Kurs der *Sounds*, in einem letzten Aufbäumen der ‚Abgehängten':

> Ich meine, die Herren Sachverwalter dieses ‚neuen Lebensgefühls' setzen aber auch wirklich alles daran, dieses nebulöse Gefühl nur einen kleinen, elitären Zirkel spürbar werden zu lassen. [...] Wie aber soll ein verwirrter, doch lernbereiter Konsument dieses Gefühl jemals verspüren, wenn ihm dies ‚neue Lebensgefühl' ständig mit der journalistischen Geradlinigkeit (um nicht zu sagen Einseitigkeit) einer Polit-Kampfschrift vermittelt wird.⁷⁴⁶

Gülden als Vertreter der ‚alten' Linken blieb die Perspektive und Haltung der ‚78er' ein Rätsel. Dies lag nicht zuletzt daran, dass die die ‚78er'-Akteur:innen und ihre Adept:innen jeden Zugang in ihre Welt zu verunmöglichen suchten und auf eine Strategie setzten, die nicht nur den ‚Kälte-Pop', sondern auch die deutschsprachige Popliteratur über Jahrzehnte prägen sollte: die Ironie.⁷⁴⁷ Diese untergräbt Geer zufolge durch ihre artifizielle Attitüde die Sophistication und führt gepaart mit Arroganz und einem Überheblichkeitsgestus zur „Pseudosophistication". Beispielhaft lasse sich diese „als Humor getarnte Form des sozialen Snobismus" bei

---

743 Ebd., 232.
744 Kid P.: „Die Neue Deutsche Welle. Ihr Entstehen und Versagen. Ihre Sternchen und ihr Erscheinen in den Medien", in: Diederichsen (Hg.): *Staccato* (1982), 9–56, hier: 42. Hervorhebung i. O.
745 Geer: *Sophistication* (2012), 16–17, 20, 26.
746 Gülden: „Ein neues Jahr voll neu-modischer Neu-erscheinungen – und fast alle neu-wertig!" (1980), 47.
747 Siehe dazu etwa Rauen: *Pop und Ironie* (2010) sowie Diederichsens Abrechnung mit der Popliteratur à la Christian Kracht und Benjamin von Stuckrad-Barre in Diederichsen, Diedrich: „Die License zur Nullposition", in: *taz*, 7. August 2000. URL: https://taz.de/!1218861/ (Letzter Zugriff: 24.10.2022).

dem Autor und Musiker Thomas Meinecke (FSK) beobachten, der in seinen Texten das antisoziale Moment der Sophistication auf die Spitze getrieben habe.[748]

Kalte Rezensionen

Die erstmals im September 1980 erschienene Musikzeitschrift *Spex* führte den Kurs der *Sounds* fort, auch weil ehemalige *Sounds*-Redakteure wie Diedrich Diederichsen zur *Spex* wechselten, nachdem ihre Zeitschrift im Januar 1983 aufgrund finanzieller Probleme eingestellt bzw. mit dem *Musikexpress* zwangsfusioniert worden war. Allerdings war die Ausrichtung der *Spex* bereits vor dem Ende der *Sounds* besiegelt, gehörten zur Gründungsgruppe mit Autor:innen wie Olaf Karnik, Gerald Hündgen, Peter Bömmels, Dirk Scheuring und vor allem Clara Drechsler doch eine ganze Reihe von Redakteur:innen, die sich der „Neuen Ästhetik" in all ihren Ausprägungen und einem popistischen Stil verschrieben hatten, ohne zuvor den in der *Sounds* geführten Kampf um die ‚richtige' Musikkritik ausgefochten haben zu müssen.[749]

Anders der *Musikexpress*, hier hatte es ,78' quasi nicht gegeben. Besprochen wurden die Platten von den *ME*-Autor:innen – mit der Ausnahme von Harald Inhülsen – nahezu ausschließlich in altbewährter rockistischer Manier, Veröffentlichungen von Indie-Labels und unabhängige Produktionen blieben weitgehend unbeachtet. „Bei den Artikeln hast du den Eindruck, die Werbemanager der Plattenfirma sitzen mit am Schreibtisch", spottete etwa der *Sounds*-Autor Kid P. 1982.[750] Welche Leserschaft von der Zeitschrift bedient wurde, zeigt sich unter anderem in dem Anfang 1981 veröffentlichten „*ME*-Poll '80", der aus über 6.000 Zuschriften ausgewertet worden war. Keine einzige deutsche, geschweige denn NDW-Band hatte es in die Kategorien „Single", „Album" oder „Song" geschafft, lediglich Fehlfarben rangierte in der Kategorie „Hoffnung" abgeschlagen auf Platz 18. Auch das Ranking in der Kategorie „Gruppe Deutsch" spiegelte den Kurs der Zeitschrift deutlich wider, bestimmten doch vor allem Deutschrock- und sogar noch Krautrock-Acts das Feld: 1. Scorpions, 2. Spliff, 3. Udo Lindenberg, 4. Zeltinger, 5. Eloy, 6. Fehlfarben, 7. Karat, 8. La Düsseldorf, 9. Grobschnitt, 10. Hans-a-Plast, 11. Marius Müller-Westernhagen, 12. Lake, 13. Morgenrot, 14. DAF, 15. Tangerine Dream, 16. Novalis, 17. Kraan, 18. Jane, 19. Anyone's Daughter, 20. Abwärts.[751]

---

748 Geer: *Sophistication* (2012), 169.
749 Siehe dazu etwa Hinz: *Cultural Studies und Pop* (1998), 220–221 sowie Büsser, Martin: „Musikmagazine und Fanzines in Deutschland", in: *testcard. Beiträge zur Popgeschichte*, Nr. 2 (1996), 175–189, hier: 176–178, der hinsichtlich der Entschiedenheit bzgl. der Ablehnung rockistischer Ideale und Musikkritiken auch auf den hohen Anteil an Frauen in der *Spex*-Redaktion verweist.
750 Kid P.: „Die Neue Deutsche Welle" (1982), 36.
751 Siehe „ME-Poll '80", in: *Musikexpress*, Nr. 2 (1981), 12–15, hier: 12–13.

Mitte des Jahres 1982 veröffentlichte der *Musikexpress* schließlich doch eine Spezialausgabe zur NDW. Hierfür wurden offensichtlich szenenahe Autor:innen verpflichtet, die lieber unerkannt bleiben wollten, denn im Heft finden sich ausschließlich Pseudonyme unter den unverhältnismäßig gut informierten Beiträgen. Auch abseits des NDW-Specials schrieben ehemalige *Sounds*-Redakteure wie Diedrich Diederichsen oder Michael Ruff oftmals hinter Pseudonymen versteckt für den *ME*, insbesondere nach dem Aufkauf der *Sounds* durch den Schweizer Verleger Jürg Marquard (*Musikexpress, Cosmopolitan, Pop/Rocky*). Die Angst vor dem Verlust der Szene-Credibility der für den *ME* tätigen Autor:innen war dabei mehr als berechtigt, vor allem hinsichtlich der Tendenz der NDW-Bewegung sich ‚eiskalt' von allem und jedem zu distanzieren. Ein eindrückliches Beispiel dafür, dass der *Musikexpress* immer noch eine rockistische Ideologie vertrat, lieferte 1982 etwa der britische Autor Steve Lake in einem *ME*-Beitrag zur Synth-Pop-Band OMD:

> Alles, was im Fahrwasser von KRAFTWERK nach oben gespült wird, produziert anscheinend nur die oberflächliche Musik – oberflächlichste selbst gemessen am Maßstab der Popmusik. Ich sage Euch auch, warum. 95 Prozent der jungen Männer, die heutzutage Synthesizer spielen, tun das, weil sie keines der konventionellen Rock-Instrumente beherrschen. [...] Für mich gibt es nichts Alberneres als Leute, die hinter ihren Synthesizern tanzen. Als ob man sich mit einer Reihe von Knöpfen und Schaltern auf eine physische Art einlassen könnte![752]

‚Sag mir, welche Musik Du hörst, und ich sag Dir, wo du stehst.' Dieser Grundsatz gehört nicht nur zu den wesentlichen Prämissen szeneinterner Grenzziehungen von Jugend- und Popkulturen, sondern ebenso zu den Prinzipien des Popdiskurses. Hinsichtlich der hier untersuchten ‚Kälte-Welle' in der bundesdeutschen Pop-Musik lässt sich eine ähnliche Aussage in Bezug auf die Musikpresse der späten 1970er und frühen 1980er Jahre treffen: ‚Sag mir, wie Du von ‚Kälte' sprichst, und ich sag Dir, wo Du stehst.' Tatsächlich manifestiert sich in der Verwendung der Begriffe „kalt" und „Kälte" sowie derer verwandten Termini jene Bruchstelle zwischen den Verteidiger:innen der rockistischen Ideologie in ‚68er'-Tradition auf der einen Seite und den Akteur:innen und Wortführer:innen der ‚78er' auf der anderen Seite. Wie schon die Beiträge in der Rubrik „*Sounds*-Diskurs" zeigten, verliefen die Grenzen dabei keineswegs haarscharf, sondern es finden sich Zwischenpositionen und Ausreißer aus den Leitlinien der einzelnen Musikzeitschriften. Dennoch lassen sich in der Regel bestimmte Einsatzformen des Begriffs der „Kälte" einem der konträr zueinanderstehenden Lager zuordnen.

---

752 Lake, Steve: „Orchestral Manœuvres In The Dark. Ekstase hinterm Schalter", in: *Musikexpress*, Nr. 2 (1982), 26–27, hier: 26.

In der rockistischen Musikkritik wurden die Begriffe „kalt" und „Kälte" vor allem zur Abwertung verwendet, insbesondere in Bezug auf elektronische Musik und New-Wave-Acts. Für den hier untersuchten Zeitraum sind es dabei vor allem der *Musikexpress* und die *Sounds* in ihrer prä-,78'-Phase, die diese Art der Nutzung pflegten. So bedauerte etwa ein *ME*-Autor, dass die New-Wave-Band THE CARS in ihrem Album *Panorama* (1980) sich noch stärker in Richtung einer zeitgenössisch angesagten „Kälte in der Musik" entwickelt habe und resümierte in rockistischer Terminologie: „Alles klingt ziemlich gewollt und unspontan."[753] Lob gab es stattdessen für Veröffentlichungen, die dem Rock-Ideal entsprechen, etwa die LP *33 Tage in Ketten* (1981) von FEHLFARBEN, die dem *ME*-Rezensenten „warme Ohren" mache, weil es eine „klare Kampfansage an alle Elektroniker" sei: „Hart, zackig, ohne Pause – aber nicht kühl."[754] Auffallend ist im Falle des *Musikexpress* die häufige Verwendung von Kälte-Termini als Kontrastbegriffe: „Kalt" sind fast immer nur die anderen Bands, nicht jene im jeweiligen Beitrag oder der Plattenkritik besprochene Gruppe. Das führte dementsprechend zu konträren Bewertungen, mitunter im selben Heft. „YELLO ist anders. Anders als KRAFTWERK, anders als TANGERINE DREAM samt Epigonen, anders als die englischen Elektro-Popper," betonte etwa *ME*-Autor Bernd Gockel in seiner Rezension des Albums *Claro Que Si* (1981): „YELLO macht Synthi-Musik ohne die übliche Kälte und Kopflastigkeit."[755] Sein Kollege Dankmar Isleib kam drei Monate zuvor jedoch zu einem anderen Ergebnis, nachdem er KRAFTWERK live gesehen hatte: „Die künstlich erzeugten Töne beginnen zu leben, sind voller Wärme. Kopfmusik, die voll den Bauch trifft."[756]

Während Isleib KRAFTWERK dadurch zu verteidigen suchte, dass er der Band einen „warmen" Sound bescheinigte, hatte die *ME*-Autorin Ingeborg Schober begonnen, dem Begriff der „Kälte" einen positiveren Anstrich zu geben – wenn auch vorsichtig und noch immer im Rahmen rockistischer Bewertungsmuster. In einem Beitrag von 1977 erklärte Schober etwa, dass der elektronischen Musik zwar „Sterilität und Kälte" nachgesagt werde, die Musik jedoch „lebt und atmet", insofern sich die Musiker:innen „über Wirkung und Rezeptionsweise ihrer Musik Gedanken machen und ihre Gefühle einbringen".[757] Wie der Literatur- und Musikkritiker Jens-Christian Rabe in seinem Beitrag zur Entwicklung der avancierten Popkritik

---

753 Rückerl, Thomas: „PANORAMA. The Cars. WEA 52 240", Rezension, in: *Musikexpress*, Nr. 10 (1980), 60.
754 Tdb: „33 TAGE IN KETTEN. Fehlfarben. EMI/Welt-Rekord 064-46380", Rezension, in: *Musikexpress*, Nr. 11 (1981), 82.
755 Gockel: „Yello" (1981), 29.
756 Isleib, Dankmar: „Kraftwerk. Hamburg, Musikhalle", in: *Musikexpress*, Nr. 8 (1981), 34.
757 Schober, Ingeborg: „Poesie & Abenteuer heutiger Musik. ‚Was tut der Milchmann am Morgen im Dschungel?'", in: Gülden, Jörg/Humann, Klaus (Hg.): *Rock Session 1. Magazin der populären Musik*, Reinbek bei Hamburg 1977, 295–309, hier: 302.

ganz richtig feststellt, verdeutlicht das Beispiel Schober, wie sich in der zweiten Hälfte der 1970er Jahre allmählich die ästhetischen Maßstäbe in Teilen der Musikkritik zu ändern begannen.[758] Eindrücklich zeigte sich dies etwa in dem von Ingeborg Schober verfassten Bericht zu einem Konzert der britischen Synth-Pop-Band ULTRAVOX in München 1978. Geradezu poetisch äußerte sich die Autorin darin über die „ungeheuerliche schöne Kälte" des ULTRAVOX-Sounds und erklärte begeistert zur Performance des Sängers: „Wenn Foxx z. B. bei ‚I Want To Be A Machine' [...] zum Musikroboter gefror, hatte das eine Ausdrucksstärke, die einen frösteln ließ."[759]

Wie sich zeigt, machte es bei der Wahl des Kälte-Begriffs für Schober allerdings einen Unterschied, ob sie den Sound einer Band zu definieren versuchte oder über die in den rezensierten Songs thematisierten zeitgenössischen Rahmenbedingungen schrieb. Im zweiten Fall wurde „kalt/Kälte" weit weniger positiv besetzt als vielmehr in einem sozialkritischen Kontext negativ aufgeladen. So beschreibt Schober zufolge der Song „In Der Tat" (1982) des Rockmusikers Wolf Maahn „so exakt die Kälte und Unzufriedenheit der Leute in diesem Land" und erweckt in ihr tiefere Emotionen bezüglich der „BRD": „So ein Gefühl steigt hoch, wenn man nach einer Auslandsreise deutschen Boden betritt; ob man aus der Wärme oder Kälte kommt: hier ist es einfach noch kälter. [...] Eine saubere, moderne, gestylte, modische, aber kommunikations- und menschenfeindliche Disco."[760] Diese Form der Nutzung des Kälte-Begriffs hatte Tradition in der linksalternativen Gegenkultur und in der Rhetorik der ‚68er'-Bewegung. Beispielhaft manifestierte sich diese Terminologie in der Compilation-LP *Kalte Zeit. Lieder gegen deutsche Zustände* (1978), die Musikbeiträge einzelner Liedermacher und politischer Folk-Bands enthielt und über die der noch zur alten Autor:innen-Riege gehörende *Sounds*-Redakteur Manfred Gillig wertekommensurabel schrieb: „Kalte Zeit, das ist Deutschland im Herbst, Deutschland in diesen Jahren der zunehmenden politischen Eiseskälte, das ist die Umschreibung für bedrückende, unterdrückende Zustände in zwei deutschen Staaten".[761]

Mit dem Aufkommen von Post-Punk und New Wave wurde dieser Ansatz zu dem auch heute noch bei vielen Journalist:innen wie Pop-Musik-Forscher:innen beliebten Interpretationsmodell erweitert, wonach ‚kalte' Performances, Sounds oder Songtexte als Spiegel zur zeitgenössischen Welt fungieren. Erstmals wurden in der Musikkritik als „kalt" wahrgenommene Sounds mit der vermeintlich kalten

---

758 Rabe: „Fliegende Klassenfeinde" (2016), 102.
759 Schober, Ingeborg: „Ultravox! Zwischen Wahn und Valium", in: *Musikexpress*, Nr. 5 (1978), 16.
760 Dies.: „DESERTEURE. Wolf Maahn. Metronome 0060.545", Rezension, in: *Musikexpress*, Nr. 11 (1982), 56–57.
761 Gillig, Manfred: „KALTE ZEIT. LIEDER GEGEN DEUTSCHE ZUSTÄNDE. Neue Welt Schallplatten, Hansering 80, 5000 Köln 1", Rezension, in: *Sounds*, Nr. 4 (1979), 71.

Welt verknüpft. Exemplarisch erklärte der zwischen ‚Hippie'- und Post-Punk-Bewegung schwankende *Sounds*-Autor Hans Keller in einer Plattenbesprechung, der Song „Suburban Relapse" (1978) von SIOUXSIE AND THE BANSHEES ist ein „Rückfall in die Eiszeit" sowie „kalt wie ein Erzbergwerk" und beschreibt „mit seiner ganzen Stimmung diesen jetzigen Zeitpunkt".[762] Wie eng diese Art der Rezension von Anfang an mit der entstehenden Post-Punk-Bewegung verknüpft war, beweist etwa der Konzertbericht des *ME*-Autors Hermann Haring aus dem Jahr 1977 über die US-amerikanische Band TELEVISION, deren LP *Marquee Moon* (1977) bei vielen Musik-Autor:innen und Fans als frühes Post-Punk-Meisterwerk gilt:

> Unterschwellig steckt im Sound der Band der Schrei nach Geborgenheit, nach Wärme, doch auf den ersten Blick ist sie ganz das Produkt ihrer Umwelt: Fast regungslos stehen die beiden jungen Gitarristen vorne auf der Bühne, in eiskaltes bläuliches Licht getaucht. [...] Verlaine, Lloyd, Smith und Ficca wirkten wie eingefrorene Figuren, die irgendjemand gerade aus dem Kühlschrank geholt hatte.[763]

Harings abwertende Verwendung des Kälte-Begriffs blieb symptomatisch für den *Musikexpress* und die ‚konventionelle' Musikpresse. Während sich Ingeborg Schober vorsichtig und weiterhin ambivalent an einer Neubewertung des Kälte-Begriffs im Rahmen der Rezension elektronischer Musik versucht hatte, war es ihr Kollege Harald Inhülsen, der als einziger *ME*-Autor „kalt/Kälte" umfänglich als positive Bewertungskategorie einsetzte, insbesondere für Post-Punk-Bands, als deren alleiniger Fürsprecher sich Inhülsen innerhalb der *ME*-Redaktion etablierte. Wiederholt bezeichnete er etwa den Sound von SIOUXSIE AND THE BANSHEES als „kalt", die Musik von PERE UBU auch mal als „[e]iskalt" – stets im positiven Sinne.[764] In den szenenahen Musikzeitschriften war diese Terminologie ohnehin gängig. *Spex*-Autor Siegfried Michail Syniuga etwa machte in einer Plattenbesprechung der Single *She Lost Control/Atmosphere* (1980) von JOY DIVISION „Kälte und Leere" im erstgenannten Song aus und resümierte zu „Atmosphere": „ein düsterer Song, voll kalter Überraschungen".[765] Eine „kühle/kalte Stimmung" strahlen den *Spex*-Autor:innen Klarabella Klarfeld und Michael Weilandt zufolge auch die Songs von A CERTAIN RA-

---

762 Keller: „Siouxsie And The Banshees. THE SCREAM. Polydor POLD 5009" (1979).
763 Haring, Hermann: „Television. Rock aus dem Eisschrank", in: *Musikexpress*, Nr. 8 (1977), 26–27, hier: 27.
764 Siehe Inhülsen: „Siouxsie & The Banshees" (1979), ders.: „JOIN HANDS. Siouxsie & The Banshees. Polydor 2383551", Rezension, in: *Musikexpress*, Nr. 11 (1979), 44, ders.: „THE MODERN DANCE. Pere Ubu. Blank Records 1 (US-Import)", Rezension, in: *Musikexpress*, Nr. 5 (1978), 70 und ders.: „The Cure. Wenn Töne Bilder wären", in: *Musikexpress*, Nr. 11 (1980), 80–81, hier: 80.
765 Synuga: „JOY DIVISION: ‚She's Lost Control/Atmosphere' (Fractured Music)" (1980).

TIO auf deren erster EP und Debüt-Album aus.[766] Im kurzlebigen Indie-Magazin *Scritti* findet sich eine ähnliche Bewertung derselben Band in der von Thomas Bork verfassten Rezension der Single *Guess Who?* (1982), der Bork eine „Schizophrenie von Kälte und Funk" bescheinigte.[767]

Spätestens 1980 wurde der breite Trend vieler Musiker:innen, insbesondere aus dem Bereich des Post-Punk, zur Aufwertung des ‚Kalten' unübersehbar. Selbst im *Musikexpress* wurde Mitte 1981 von einer „Kälte-Schule" gesprochen, die von der Post-Punk-Bewegung ausgehe.[768] Tatsächlich änderten sich für die Akteur:innen des ‚Kälte-Pop' auch die Bewertungskategorien. Für *Sounds*-Chefredakteur Thomas Buttler etwa, der in seinem „Eiszeit"-Manifest im August 1980 den Anbruch des „New Wave-Zeitalter[s] mit kühlen New Wave-Klängen" verkündet hatte,[769] galt nun alles ‚Warme' als schlecht. So urteilte er über den Sound des Synth-Pop-Projekts VISAGE: „Warme und weiche Klänge; wie langweilig."[770] Allerdings gab es selbst in den szenenahen Zeitschriften schon sehr früh Gegenstimmen zu diesem Trend. *Spex*-Autor Joachim Ody verwarf bereits im Oktober 1980 die „bewusst manirierte[n][sic!] futuristische[n] Klangbilder" der britischen Band ULTRAVOX als „peinlich und überholt", zudem störte ihn die „langsam zur Masche gewordene sterile Kälte, die solche Produkte anscheinend immer umgeben muss".[771] Mit dem Ende der ‚Kälte-Welle' ging vorerst auch bei Musikjournalist:innen der Trend zur Verwendung des Kälte-Begriffs zurück, zumindest in seiner absoluten Form. Stattdessen etablierten sich „kalt" und „warm" als gleichwertige ästhetische Kategorien, die hinsichtlich genre- und stilübergreifender Performances und Sounds mitunter auch kombinierbar waren. „Heiß-kalte Klangkombinationen" hörte etwa Harald Inhülsen aus dem MALARIA!-Album *Emotion* (1982) heraus und bescheinigte den Musikerinnen auf vortreffliche Weise ein umfassendes Spektrum menschlicher Emotionen abzubilden: „Kalt/klar/heiß/weiß/schwarz/Glut. [...] Bettina Kösters tiefer/weiter Gesang trifft sich in den weich-kalt-blauen Sound-Farben der Band mit der Wärme."[772]

---

766 Klarfeld, Klarabella/Weilandt, Michael: „depressiv in waterloo. A certain ratio", in: *Spex*, Nr. 12 (1981), 22.
767 Bork, Thomas: „A CERTAIN RADIO[sic!]. ‚Guess Who?'. GRANDMASTER FLASH/FURIOUS FIVE. ‚The Message'. AFRICA BOMBAATA[sic!] and the soul sonic force. ‚Planet Rock'. FUNK MACHINE. ‚Dance on the groove'", Rezension, in: *Scritti*, Nr. 10 (1982), 28.
768 Meierding, Gabriele/Legath, Jürgen: „Neue Singles", in: *Musikexpress*, Nr. 4 (1981), 6.
769 Buttler: „Mit ‚Njuhwehf' in die Eiszeit" (1980), 26.
770 Ders.: „Visage. Polydor 2391494. Spandau Ballet. JOURNEY TO GLORY. Ariola/Chrysalis 203 428", Rezension, in: *Sounds*, Nr. 3 (1981), 56–57, hier: 56.
771 Ody, Joachim: „ULTRAVOX: Vienna (Chrysalis)", Rezension, in: *Spex*, Nr. 2 (1980), 16.
772 Inhülsen, Harald: „EMOTION. Malaria! Moabit 002/Eigelstein", Rezension, in: *Musikexpress*, Nr. 11 (1982), 66.

Die NDW-Bewegung und der aus ihr entstandene ‚Kälte-Pop' agierten oberflächlich gesehen paradox, vorwärtsgewandt spielten sie mit den Zeichen und Strukturen des Vergehenden: Während das ‚anything goes' des postmodernen Pluralismus inner- und außerhalb der Popkultur seinen Siegeszug antrat, ließ der ‚Kälte-Kult' aus Teilen der Post-Punk- bzw. NDW-Bewegung noch ein letztes Mal das binär-dualistische Weltbild der Moderne aufblitzen, allerdings unter der Prämisse hybrider, postmoderner Identitätsbilder. In seiner Reinform trat der insbesondere von bundesdeutschen Musiker:innen entwickelte ‚Kälte-Pop' nach spätestens 1982 nicht mehr auf: ‚Kalt' wurde nun zu einem etablierten Stilmittel unter vielen.

2.5 Neue Linke: Die „Gegengegenkultur"

„Ich freu' mich über die deutsche Welle. Allerdings sollten die Texte politischer sein. Es reicht nämlich nicht, eine Zigarette schmauchend in eine vermeintliche Freiheit zu brausen, wenn wir die Welt verändern wollen."[773] Mit diesen Worten machte Udo Lindenberg 1981 nicht nur deutlich, welches Problem die bundesdeutschen Vertreter:innen der ‚alten' Linken, der ‚68er'-Generation, der Neuen Sozialen Bewegungen und der (politischen) Rockmusik mit der NDW-Bewegung hatten. Zugleich lieferte der „Rocker" Lindenberg hier in kompakter Version jenen Katalog an bekannten Forderungen und Überzeugungen, der bei den NDW-Protagonist:innen nur Verachtung für die oben genannten Gruppen und deren Anhänger:innen hervorrief: eineindeutige politische Botschaften, lustfeindliche Konsumkritik, „die Welt verändern".

Progressive Rockmusik und emanzipatorische, linke Einstellungen gehörten zusammen – zumindest galt dies noch bis in die späten 1970er Jahre. Wie der Historiker Detlef Siegfried zu Recht anmerkt, hatte der parallele Aufschwung von Popkultur und linken Bewegungen seit den 1960er Jahren sowohl zu einer „gegenseitige[n] Befruchtung" als auch zu einer oftmals engen Verwobenheit beider geführt.[774] Insbesondere bei deutschen Rock-Musiker:innen und -Fans war der Anspruch politische Wirkung zu erzielen außergewöhnlich hoch, Siegfried spricht sogar von einer „Eigenart der deutschen Szene".[775] Die NDW-Bewegung brach nun mit dieser Tradition, sie markiert den Übergang von Teilen der bundesdeutschen Musik-Szenen hin zu einer politisch-philosophischen Neubewertung von Gesell-

---

[773] Lindenberg zit. n. Holst, Evelyn: „Tapfer und ohne Illusionen", in: Stern, Nr. 44, 22. Oktober 1981, 282.
[774] Siegfried: „Pop und Politik" (2014), 40.
[775] Ebd., 39.

schaft und Subjekt, ohne dabei den Anspruch aufzugeben, politisch auf der linken Seite zu stehen. Trotz ihrer offensiven Antihaltung gegen den ‚68er'-Archetypus waren die NDW-Akteur:innen weder in der politischen Rechten beheimatet noch „politikverdrossen", wie zeitgenössische Beiträge gern behaupteten und es selbst noch in *Authentizität und Gemeinschaft* (2014), Sven Reichardts historischem Standardwerk zum linksalternativen Milieu der 1970er und 1980er Jahre, über die „Neonkids" der 1980er Jahre heißt.[776] Der von den ‚78ern' vollzogene Bruch mit der ‚alten' Linken fiel vor allem deswegen so heftig aus, weil dort ihr Ursprung lag und dadurch oftmals biografische Faktoren als zusätzliche Anheizer hineinwirkten. Diese Entwicklung nachzuzeichnen, hilft zu verstehen, warum die ‚Kälte'-Motive der NDW mitunter extreme Züge annahmen und all das glorifizierten, was zuvor und auch noch zeitgenössisch als politisch und ethisch provokant bis verwerflich galt. ‚Kalte' Affirmation war die Waffe einer ‚neuen' Linken, die zehn Jahre nach dem ‚68er'-Aufbruch eine Aktualisierung von links anstrebte.

Kritik und Feindbilder

Warum kam es zum Bruch? Welche Verfehlungen warfen die Post-Punk-Protagonist:innen den als ‚Hippies' bezeichneten Anhänger:innen des linksalternativen Milieus und den Alt-‚68ern' vor? Warum brachten die ‚78er'-Akteur:innen ‚Kälte' gegen ‚Wärme' in Stellung?

Kaum halten lässt sich mit Blick auf die Quellen das Erklärungsmodell, wonach Enttäuschung, Desillusionierung und das Gefühl verraten worden zu sein die Hauptgründe für den Bruch mit der ‚alten' Linken gewesen seien.[777] Zwar lässt sich dieses Narrativ auf die Punk-Bewegung und deren aggressiv vorgetragenen ‚Hippie'-Hass anwenden, nicht jedoch auf die NDW und den ‚Kälte-Pop', denen es im Gegensatz zu Punk weder um Aufklärung noch um traditionelle Kritikformen oder Protest ging. Analog zu jenem Erklärungsansatz, der den Stahl-und-Beton-Kult des ‚Kälte-Pop' als vermeintliche Kompensation versteckter Ängste angesichts einer (post-)industriellen Lebenswelt missinterpretiert, baut auch das Narrativ einer insgeheimen Enttäuschung über das Scheitern der ‚68er'-Revolution auf einer Lesart, die der Weltanschauung und Argumentationsebene ebenjener ‚alten', von den ‚78ern' kritisierten Linken entspricht – vergleichbar einer theologischen Interpretation des Atheismus als Folge von Glaubenskrisen und Theodizee. Die philosophischen und subjektkulturellen Brüche der ‚78er'-Idee fußten auf einer grund-

---

[776] Siehe Reichardt: *Authentizität und Gemeinschaft* (2014), 36 sowie exemplarisch für weitere zeitgenössische Beiträge zur vermeintlich Ego-zentrierten NDW-Bewegung o. V.: „In meinem Film bin ich der Star"', in: *Der Spiegel*, Nr. 17, 26. April 1982. URL: *http://www.spiegel.de/spiegel/print/d-14347577.html* (Letzter Zugriff: 24.10.2022).
[777] So etwa Büsser: *Wie klingt die Neue Mitte?* (2001), 21.

sätzlichen Infragestellung und kompletten Neubewertung der von ‚Hippies' und deren Punk-Erb:innen geteilten Ideale, Forderungen und Zeichen. Als Generation ‚zwischen den Stühlen' war die Post-Punk-Generation zudem zu jung, um an der bereits um 1970 begonnenen Ernüchterungsphase der ‚68er'-Bewegung über das Ausbleiben des revolutionären Wandels zu partizipieren, gleichzeitig aber auch zu alt und reflektiert, um das Aufbegehren von Punk zum tatsächlichen Bruch mit der ‚alten' Linken zu verklären. Aufklärung ist „immer schon Enttäuschung im positiven Sinn" gewesen und wird zur „Grundlegung guter Illusionslosigkeit", erklärte Peter Sloterdijk in seiner zum Bestseller avancierten, geschichtsphilosophischen Gesellschaftsanalyse *Kritik der zynischen Vernunft* (1983) und lieferte damit ein Entwicklungsmodell philosophischer und politischer Aufklärung, dass sich – obwohl er sich der Affirmationsstrategien des ‚Kälte-Pop' vermutlich nicht bewusst war – auch auf die ‚78er'-Linke übertragen lässt und damit eine historische Regelmäßigkeit impliziert. Je mehr diese ‚gute' Illusionslosigkeit voranschreite, desto näher rücke der Moment, „wo die Vernunft uns heißt, eine Bejahung zu versuchen", wobei dies auch „das Ja zum Nein" einschließe: „Das ist kein zynischer Positivismus, keine ‚affirmative' Gesinnung. Das Ja, das ich meine, ist nicht das eines Besiegten."[778]

Wie im Folgenden ausgeführt, war einer der am häufigsten geäußerten Vorwürfe gegen die ‚alte' Linke, dass diese mit ihren Idealen und Forderungen nicht mehr auf der Höhe der Zeit stehe, ja sogar immer noch Ausdruck einer autoritär-antimodernistischen Weltanschauung sei und sich nur wenig von der Eltern-Generation und Mehrheitsgesellschaft unterscheide. Zudem habe sich die einst enge Verwobenheit von progressiver Rockmusik und linkem Aktivismus aufgelöst. Der Historiker Sebastian Peters weist darauf hin, dass der Startpunkt von bundesdeutscher Punk- und NDW-Bewegung in eine Zeit fiel, in der sich eine linke Positionierung und offene Protesthaltung als diffizil für progressive, junge Menschen gestaltete: Angesichts der im „Deutschen Herbst" von 1977 kulminierten Radikalität erschien die in der Popkultur geübte Protesthaltung als wenig kraftvoll, insbesondere da sie massenkompatibel geworden war und sich ihre Kritik nunmehr auf bestimmte Teilaspekte statt ‚aufs Ganze' bezog.[779] Subversiv war an Rockmusik gar nichts mehr in den Augen der NDW-Akteur:innen, freiwillige Ohnmacht habe stattdessen die Szenerie beherrscht. Als Archetyp einer verfehlten Entwicklung innerhalb der Linken wurde das Konstrukt ‚Hippie' von dessen Gegner:innen entworfen und als Kontrastbild zur eigenen Kultur und Ästhetik gepflegt. In seiner 1982 erschienenen Rückschau auf Punk und New Wave in der Bundesrepublik erklärte etwa Diedrich Diederichsen den langhaarigen, in weiter Kleidung traben-

---

[778] Sloterdijk: *Kritik der zynischen Vernunft* (1983a), 26.
[779] Vgl. Peters: *Ein Lied mehr zur Lage der Nation* (2010), 219–220.

den, „gutmütig-bescheuerten Schlaffi" zum „Phänotyp dieser Epoche": „Sprach er mit dir, flocht er zahllose ‚Du's' und ‚Weißtu's' in seine Rede wie Kleister, als wolle er dich an sich festbinden und dich in die dicke, trübe Soße einer kopfrunter vor sich hinpusselnden Zwergen- und Trollkultur zerren."[780] Die ‚Kälte'-Strategie der emotionslosen Härte lässt sich hier als direkte Antwort auf das Bild vom „Schlaffi" interpretieren, der die Linke und Popkultur zugrunde richte. Beispielhaft für diese offensive Haltung ist etwa auch der Einleitungstext des Künstlers Jürgen Kramer in der zur Jahreswende 1978/79 veröffentlichten Ausgabe seiner Zeitschrift *Die 80er Jahre*:

> lieber deutscher leser – hast du nicht schon einmal wütend und enttäuscht in einem dieser zahllosen sentimentalen linken magazinen geblättert jener kaputten produkte die mit der tränendrüse argumentieren und ihre antiatomaren bisweilen sogar antiindustriellen blumenträume mit selbstgebackenem brot und glühweinausschank unterlegen – kurz – ALTERNATIV SIND? [...] wenn dir endlich das immerhin zehnjährige studentische diktat dessen was fortschrittlichkeit zu bedeuten habe zum halse raushängt[,] wenn du vom glauben abgefallen bist[,] wenn dir eine lp von SIOUXSIE AND THE BANSHEES mehr bedeutet als der gesammelte KORSCH und BRECHT zusammengenommen – dann bist du genau der leser für den *DIE 80ER JAHRE* gemacht sind[.] das erste und einzige deutsche anti-alternative magazin für transformation [...][781]

Etabliert und kraftlos auf der einen Seite, dogmatisch und rigid-moralistisch auf der anderen: Während sich die ‚78er' an der ‚Schlaffheit' der linken (Protest-)Kultur störten, schreckten sie zugleich deren Selbsteinschränkungen und -verpflichtungen ab. Entnervt zeigten sich die NDW-Protagonist:innen von der im linksalternativen Milieu allgegenwärtigen Einforderung von Kritik, Betroffenheit sowie politischem und sozialem Engagement. Welche Konflikte die Vertreter:innen der ‚78'-Idee mit den Anhänger:innen der ‚alten' Linken austrugen, die sich sowohl aus ehemaligen ‚68ern' als auch Altersgenoss:innen zusammensetzten, verdeutlicht etwa der Bericht des *Sounds*-Autors Michael O. R. Kröher über ein Festival auf dem Campus der Uni Mainz im Juni 1980: Nicht nur seien bei diesem Festival die anwesenden NDW-Bands DAF, DER PLAN und P. D. weit weniger beklatscht als vielmehr für ihre vermeintlich unmenschliche „Maschinenmusik" und für die als faschistisch wahrgenommene Performance kritisiert worden, darüber hinaus habe es auch dort zum guten Ton gehört, sich in die unzähligen Sammellisten einzutragen, die herumgereicht wurden: „RettetdieRobbenUnterstütztdenHungerstreikinder-KindertagesstättevonEschersheimStopptdieNachrüstungKeineAutobahndurch-

---

[780] Diederichsen: „Nette Aussichten in den Schützengräben der Nebenkriegsschauplätze" (1982), 87.
[781] Kramer, Jürgen: „lieber deutscher leser", Impressum, in: *Die 80er Jahre*, Nr. 4/5 (1978/1979), o. S. Hervorhebungen i. O.

denPfälzerWaldFreiheitfürYlmazLöfülunddenganzenRestvomProtestkanon."⁷⁸² Diedrich Diederichsen, der zusammen mit Kröher das Festival besucht hatte, beschrieb 1982 den „typischen Gymnasiasten/Studenten der 70er" als ebenjene Einheit aus „politisch-engstirnige[r] Rigidität und Kampfkader-Kadavergehorsam" und „verquastem Cat-Stevens-Hermann-Hesse-Sensibilismus", von der sich die vor allem im Umfeld von Kunstakademien entstandenen ‚78er' mit allen Mitteln abzugrenzen suchten.⁷⁸³

Auch andere NDW-Akteur:innen fragten sich angesichts der vielen selbstauferlegten Verbote und Verpflichtungen innerhalb der linken Szenen, Gruppierungen und Milieus, inwieweit sich diese noch – trotz allem oberflächlichen, kumpelhaften Gebaren und aller Verständnis-Rhetorik, die als ebenso erzwungen wahrgenommen wurden – von dem gemeinsamen Gegner unterschieden, der konservativen Eltern-Generation.⁷⁸⁴ In einem Ende 1982 erschienenen Interview mit dem *NME* zeigte sich etwa Gabi Delgado (DAF) verwundert bis amüsiert darüber, dass die thematische wie performative Fokussierung von DAF auf Lust und Sex sowohl von konservativer als auch linker Seite kritisiert wird: „There was suddenly a coalition between these left wing people, who couldn't understand words like lust or fantasy, and the conservative people, who don't want lust or fantasy or pleasure or such things."⁷⁸⁵ Als geradezu schmerzhaft einengend und deprimierend beschrieb auch Moritz Reichelt (DER PLAN) den politischen und sozialen Alltag als Teil des linksalternativen Milieus in den 1970er Jahren:

> Ich war eben nicht technikfeindlich. Ich hatte keine Lust, in Wohnungen zu wohnen, wo alles gehäkelt war. Das war so erdrückend. Und es ging ja auch um Humor. Die Hippies waren so irre politisch korrekt. [...] Das war alles so erstarrt. Das war dieses Gefühl, dass es viele Themen gibt, über die man nicht sprechen kann. Wenn du 1977 gesagt hast: ‚Ich finde Hochhäuser gut', dann warst du reaktionär. Beton. Plastik. Alles verboten. [...] Wenn du dich

---

782 Kröher, Michael O. R.: „Das Debakel von Mainz. Nachtrag zu einem Vortrag", in: Glaser (Hg.): *Rawums* (1984), 166–185, hier: 171, 177. Vgl. auch Rauen: *Pop und Ironie* (2010), 34.
783 Diederichsen: „Nette Aussichten in den Schützengräben der Nebenkriegsschauplätze" (1982), 87.
784 Siehe etwa die Aussagen des Künstlers und Autors Peter Bömmels zit. n. Bohn, Chris/Martin, Andy: „The Art of Impact", in: *New Musical Express*, 28. Januar 1984, 12 sowie des Musikers Gode (eigentlich: Godehard Buschkühl), zit. n. Teipel: *Verschwende deine Jugend* (2001), 60, für den „diese ganzen 68er-Hippielehrer mit langen Haaren im Grunde genauso faschistoid waren wie irgendwelche Pfaffen". Vgl. auch Diederichsen, Diedrich: *Der lange Weg nach Mitte. Der Sound und die Stadt*, Köln 1999, 18–19.
785 Delgado zit. n. Bohn, Chris: „Dismantling the Sex Machine. Deutsch Amerikanische Freundschaft Deconstructed", in: *New Musical Express*, 30. Oktober 1982, 23.

mit Hippies unterhieltst, ging es nach fünf Minuten garantiert um Atomkraft, und nach zehn Minuten hattest du so ein düsteres Weltbild, dass du dich am liebsten umbringen wolltest.[786]

Am ‚Hippie'-Bashing beteiligte sich insbesondere auch die Gruppe FREIWILLIGE SELBSTKONTROLLE (FSK). Beispielhaft dreht sich etwa der Song „Hippie Melodie" (1981) um einen dauerhaft dösenden, von der Zeit abgehängten „Rückwärtsmüsliautomat", der auch als „kleine[r] Traumsoldat" und „lascher Hascher" bezeichnet wird, und endet mit dem Satz „Wir brauchen starke Männer".[787] Der selbsternannte Weltverbesserer als das Schlechte und Rückständige in der Welt: Insbesondere auf *Stürmer* (1982), der ersten LP von FSK, finden sich mehrere Anti-‚Hippie'-Stücke. „Du bist kein Held auf dieser Welt / Auf dieser Welt, die uns so sehr gefällt / Und wie sie dein Gesicht entstellt / Wie deine Philosophie an dieser Welt zerschellt", heißt es etwa im Song „Ab Nach Indien", der hinsichtlich der neureligiösen Faszination für Indien und indische Gurus dem eskapistischen Alternativbewegten eben das nahelegt: „Ab nach Indien / Geh doch nach Indien".[788] Dass es sich bei den Attacken gegen die Alternativbewegung jedoch um keinen Angriff von rechts, sondern um eine innerlinke Auseinandersetzung handelte, verdeutlichen die ausführlichen Kritiken am linksalternativen Milieu und seiner Exponent:innen in der Zeitschrift *Mode & Verzweiflung*, aus der FSK hervorgegangen waren. In einem Beitrag aus dem Jahr 1980 etwa erklärte Thomas Meinecke (FSK), an das „Lager der Konservativen" viele Freund:innen, die „Überläufer in das Moderne Elend" wurden, verloren zu haben. Darunter verstand der Schriftsteller allerdings nicht das in linken Milieus vorherrschende Konstrukt des bürgerlichen ‚Spießers', sondern all jene Anhänger:innen von „Modenostalgie und jämmerliche[m] Grünhornkonservativismus", die „vom sogenannten Überwachungsstaat auf der einen Seite und vom Problem der Grünanlagen auf der anderen Seite zu sprechen" pflegen. Da sich das „Moderne Elend" durch einen „unmoderne[n] und anachronistische[n] Charakter" auszeichne, hätten die in *Mode & Verzweiflung* versammelten Gesinnungsgenoss:innen – dem zumeist manifestartigen Stil entsprechend schrieb Meinecke auch hier in der „wir"-Form – für die Vertreter:innen des

---

786 Reichelt zit. n. Teipel: *Verschwende deine Jugend* (2001), 83.
787 FREIWILLIGE SELBSTKONTROLLE: „Hippie Melodie", auf: *München: Reifenwechsel Leicht Gemacht* (1981), LP, Lächerlich! Schallplatten. Die parodistische Darstellung des ‚Hippies' in diesem frühen FSK-Stück reiht sich damit in jene Songs der jungen Punk- und NDW-Bewegung ein, die den stereotypischen ‚Alternativen' als Witzfigur zeichneten. So heißt es zum Beispiel im Titel „Alternativ" (1980) von der Band FRONT: „Wir trinken nur noch Kürbissaft / Denn der gibt uns neue Kraft / [...] / Jeden Abend Diskussion / Viel Geschwafel, wer merkt das schon / Wir woll'n nur die Welt verändern / Mit Plaketten und Spruchbändern". FRONT: „Alternativ", auf: *Alternativ – City West* (1980), 7"-Single, ZickZack, ZZ 19.
788 FREIWILLIGE SELBSTKONTROLLE: „Ab Nach Indien", auf: *Stürmer* (1982), LP, ZickZack, ZZ 80.

„konservativen Modepessimismus" die Bezeichnung „Strandgut im Wellenbad der Mode" entwickelt.[789]

Tatsächlich waren sich die Autor:innen der Zeitschrift einig in der Ablehnung der Entwicklung, die die Linke genommen habe und sich auf die Gesamtgesellschaft auswirke. So schrieb in derselben Heftnummer auch der Theaterautor Michael Simbruck von einem „neue[n] Irrationalismus" nach dem gescheiterten Kampf der ‚68er'-Protestbewegung, genauer von einer sich ausbreitenden Tendenz zur „Kritik am Großen Ganzen, zum ‚Nein!' zu allem" und zum Rückzug in einen um sich greifenden Pessimismus: „Mein Freund Günther [...] denkt möglichst öffentlich über den Knochenmarkverfall seiner Mutter und das schnelle Altern überhaupt und seine midlife crisis ganz besonders nach. Das ist lustig, weil wir alle dabei so schön traurig sein können. Und: kritisch ist es allemal."[790] Es liegt nahe, dass es ebenjene Anhängerschaft des „Modernen Elends" war, die FSK im Stück „Tagesschau" (1981) adressierten, in dem es heißt: „Schau doch nicht so traurig drein", wenn „in Frankfurt eine Bombe explodiert", „der Tanker vor der Küste Öl verliert", „das Atomkraftwerk nicht funktioniert", „man die Leichen der Soldaten überführt" und „deine Welt den Glanz verliert".[791] Wie Thomas Meinecke bemerkte, nahm die Schärfe der aus dem FSK-Kreis geführten Angriffe auf das linksalternative Milieu teilweise „totalitäre Züge" an,[792] wie die unter der Überschrift „Absage an Toleranz und Liberalität" folgende Abrechnung mit dem ‚Hippie'-Typus zeigt:

> Wir haben den Hippie als überzeitlichen Typ für das naive Versagen in der Welt erkannt: bereits im 18. Jahrhundert lärmten die Hippies gegen die Aufklärung an. Der Hippie gehört nach eigenen Angaben und auch nach unserer Beobachtung der Modernen Welt in keiner Weise an. Betrachtet der Hippie die Moderne Welt, so sinkt er in tiefe Weinerlichkeit und verfällt in sentimentale Sozialkritik. In seiner schwärmerischen Veranlagung ist der Hippie immer auf der Suche nach Gemütlichkeit und Nostalgie. [...] Der größte Fehler des Hippies, welcher den Kampf nur aus mangelnder Affektbeherrschung kennt, liegt jedoch in seinem Hang zu Toleranz und Liberalität: hier finden wir auch die Ursache für den schwärmeri-

---

789 Meinecke, Thomas: „Ein Karussell der Peinlichkeiten (Umsturz und Spiel). Fragmente über die Lächerlichkeit des Modernen Elends", in: *Mode & Verzweiflung*, Nr. 5 (1980), 35–38, hier: 35–37.
790 Simbruck, Michael: „Der Krieg ist aus, oder: Die Überwindung des verschwitzten Denkens", in: *Mode & Verzweiflung*, Nr. 5 (1980), 28–29, hier: 28.
791 Freiwillige Selbstkontrolle: „Tagesschau", auf: *Teilnehmende Beobachtung* (1981), 7"-EP, Zick-Zack, ZZ 27.
792 Meinecke, Thomas: „Vorbemerkung", in: ders.: *Lob der Kybernetik. Songtexte 1980–2007* (2007), 9–12, hier: 10.

schen Eskapismus und all das neukonservative bis reaktionäre Gedankengut der Naturschwärmer, welches wir oft unter dem Begriff Neue Prüderie zusammenfassen.[793]

Hippie-Punks
Überspitzt lässt sich sagen: ohne ‚68' keine NDW. Der Einfluss, den die Studentenbewegung auf die NDW-Protagonist:innen hatte, kann gar nicht hoch genug veranschlagt werden. Obwohl Letztgenannte zu jung waren, um sich selbst aktiv am ‚68er'-Aufbruch zu beteiligen, wurde der Großteil von ihnen durch diesen und dessen mitunter medienwirksame Protestaktionen politisiert. Dementsprechend sympathisierten viele spätere NDW-Akteur:innen in den 1970er Jahren mit den verschiedenen Ausläufern der ‚68er'-Bewegung, waren selbst in entsprechenden Organisationen aktiv und/oder verfolgten linksalternative Lebensstile. Viele von ihnen lebten in Wohngemeinschaften, Moritz Reichelt und Frank Fenstermacher (DER PLAN) Mitte der 1970er Jahre sogar in einer klassischen ‚Hippie'-WG, inklusive regelmäßiger ‚Plenumssitzungen' und exzessiver Häkel-Ästhetik im ganzen Haus.[794] Auch die Mitglieder von KRAFTWERK (außer Florian Schneider) lebten zeitweise zusammen in einer gemeinsamen WG.[795]

Ohne Frage baute die NDW-Bewegung in vielen Formen auf dem politischen Anspruch der Selbstorganisation. Es überrascht daher kaum, dass die Inhaber der drei wichtigsten Indie-Labels der NDW, Alfred Hilsberg (*ZickZack*), Klaus Maeck (*Rip Off*) und Hollow Skai (*No Fun*), vor dem Punk-Impact alle politisch aktiv waren für verschiedene linke Gruppierungen und Organisationen.[796] Dies galt auch für einige der Musiker:innen: Während sich etwa Moritz Reichelt (DER PLAN) für die lokale „Marxistische Gruppe" erwärmte, war Annette Humpe (IDEAL) sogar zeitweise DKP-Mitglied.[797] Humpe bezeichnete sich zudem als „Sympathisantin der Hausbesetzer"[798], war im Gegensatz zu Blixa Bargeld und Endruh Unruh (EINSTÜRZENDE NEUBAUTEN) jedoch nie selbst Hausbesetzerin. Ferner berichteten viele NDW-Musiker:innen in späteren Interviews, dass sie sich eben nicht vom Terror der RAF, sondern von den folgenden staatlichen Repressions- und Fahndungsmaßnahmen

---

793 Ders.: „Neue Hinweise: Im Westeuropa Dämmerlicht 1981" (1981), in: ders.: *Mode & Verzweiflung* (1998), 31–37, hier: 34–35.
794 Reichelt: *Der Plan* (1993), 7.
795 Siehe dazu Bartos: *Der Klang der Maschine* (2017), 196–199.
796 Siehe Kröher: „Untergrund und Unternehmer (Teil 1)" (1980), 48.
797 Siehe Reichelt: *Der Plan* (1993), 75 sowie Humpe zit. n. Seffcheque, Xao/Schwebel, Thomas: „Ideal. Der Traum meiner Eltern", in: *Sounds*, Nr. 4 (1982), 26–28, hier: 27.
798 Humpe zit. n. Skolud, Hubert/Stasiak, Horst: *Plant uns bloß nicht bei euch ein. Töne von Zustand der Nation*, Bergisch Gladbach 1984, 243.

bedroht gefühlt haben.[799] Gegen die RAF sprach sich dagegen Ralf Hütter (KRAFT-WERK) in einem Interview von 1977 aus, allerdings vor allem deswegen, weil diese den Begriff des Anarchismus in den Schmutz zöge, Druck ausübe und danach trachten würde, andere zu kontrollieren und zu beherrschen. „We strongly believe in anarchy and self rule", erklärte Hütter für KRAFTWERK und machte dabei den Aspekt der Freiheit von äußerer Bevormundung und Einmischung stark.[800] Als Anarchisten verstanden sich in den späten 1970er Jahren laut eigener Aussage auch NEUBAUTEN-Sänger Blixa Bargeld sowie der Musiker und Schriftsteller Thomas Meinecke (FSK).[801]

„Mein Jahrgang ist eine Generation zwischen den Generationen", erklärte Moritz Reichelt rückblickend: „Wir schleppten auch als Punks noch Haltungen der Hippies mit uns herum, vor allem jene rigorose, moralisch-politische Art, durch die sich diese Generation hervorgetan hat."[802] Und tatsächlich unterschieden sich die Songtexte früher Punk-Bands aus dem NDW-Umfeld – trotz aller offensiven Anti-‚Hippie'-Parolen – in ihren Aussagen kaum von der Kritik der angefeindeten ‚Hippies' und entbehrten jeder affirmativen ‚Kälte'-Strategie. Besonders häufig waren etwa Songs, in denen die Zeichen und Entwicklungen in der postmodernen, (post-)industriellen Lebenswelt der Musiker:innen kritisch thematisiert wurden. Beispielhaft genannt seien hier „Maschinenland" (1980) von ABWÄRTS,[803] „Plastikwelt" (1981) von der Düsseldorfer Frauen-Punk-Band ÖSTRO 430,[804] „Schizo-Kid City" (1980) von SCALA 3 aus West-Berlin[805] sowie der Song „Lachleute Und Nettmenschen" (1980) von S.Y.P.H., in dem es heißt „Fassade, Fassade, alles nur Fassade /

---

799 Siehe etwa die Aussagen in Teipel: *Verschwende deine Jugend* (2001), 71–74.
800 Hütter zit. n. O'Brien, Glenn: „Kraftwerk. Deutsche Disko", in: *Interview Magazine* (1977). URL: *https://glennobrien.com/kraftwerk-77* (Letzter Zugriff: 24.10.2022). Für die von Ulf Poschardt aufgestellte Behauptung, Hütter und Schneider wären in der APO und den „Studentenunruhen" aktiv gewesen, lassen sich jedoch keine Belege finden. Poschardt, Ulf: „Stripped. Pop und Affirmation bei Kraftwerk, Laibach und Rammstein", in: *Jungle World*, Nr. 19, 12. Mai 1999. URL: *https://jungle.world/artikel/1999/19/stripped* (Letzter Zugriff: 24.10.2022).
801 Vgl. Bargeld zit. n. Teipel: *Verschwende deine Jugend* (2001), 274 sowie Meinecke zit. n. Schneider: „Wir haben überhaupt nicht gedacht, dass wir eine Band sind..." (2011), 265.
802 Reichelt: *Der Plan* (1993), 11–12.
803 „Linke Seite Supermarkt / Rechte Seite Abenteuerspielplatz / In der Mitte Autobahn / [...] / Maschinenland, Maschinenland / Wann bist du denn wohl abgebrannt?" ABWÄRTS: „Maschinenland", auf: *Amok Koma* (1980), LP, ZickZack, ZZ 10.
804 „Perfektioniert / Funktionalisiert / Rationalisiert / Gefühle aus der Dose / Mit viel, viel, viel / Polyacryl". ÖSTRO 430: „Plastikwelt", auf: *Durch Dick & Dünn* (1981), LP, Schallmauer, Schall 005.
805 „Bunt verpackt in Plastikschick / Toter Geist und Neonblick / Reingesteckt bis ihr verreckt / Habt ihr noch nicht genug / Vom großen Betrug? / Sie verführen euch mit buntem Tand / Lächeln stets charmant / [...] / Dekadenz und Hyperdruss / Reingewinn und Überschuss". SCALA 3: „Schizo-Kid City", auf: *Schizo-Kid City / Quellen Der Wut* (1980), 7″-Single, Scala Records, 66.11281-01.

Glück und Marlboro für jeden, für jeden / Ich kann es nicht mehr seh'n".[806] Um sich nicht allzu offen mit dem Feindbild ‚Hippie' gemein zu machen, verbauten die jungen Punks ihre Kritik oftmals in Ironie, etwa wenn es um die als allgegenwärtig wahrgenommen urbanen Betonlandschaften ging. Bekanntestes Beispiel hierfür ist vermutlich der Song „Zurück Zum Beton" (1980) von S.Y.P.H., der eigentlich nur der generationellen und subkulturellen Abgrenzung diente, während sich Sänger Harry Rag laut eigener Aussage insgeheim „am meisten" an der „grauen Umwelt" störte.[807] Ein analoger Textaufbau findet sich etwa im Song „Planquadrat" (1981) von der Wiener Post-Punk-Band X-BELIEBIG,[808] während die West-Berliner Punk-Gruppe BETON COMBO in ihrem Stück „Beton Kids" (1981) ganz ohne Ironie „Leben stirbt in Beton – Tod in Beton!" singt. [809]

Auffällige Unterschiede zu den Texten der NDW zeigen sich auch beim Thema Politik: Bei den deutschsprachigen Post-Punk- und New-Wave-Musiker:innen spielte die Weltpolitik nahezu keine Rolle, tatsächlich wurde jede Art von Protesthaltung, offener Kritik oder auch nur Erwähnung politischer Ereignisse vermieden. Die absolute Ausnahme innerhalb der NDW-Bewegung blieben Acts wie die All-Female-Band MALARIA!, die neben dem kapitalismuskritischen Stück „Geld – Money" (1982)[810] und dem Straßenkampflied „Kämpfen Und Siegen" (1981) mit „Geh Duschen" (1982) einen Song veröffentlicht hatte, in dem der Holocaust thematisiert wird.[811] Im Punk und bei vielen aus Punk-Gruppen hervorgegangenen NDW-Bands blieben politische Themen, Ereignisse und Statements dagegen zentrale Elemente

---

806 S.Y.P.H.: „Lachleute Und Nettmenschen", auf: *S.Y.P.H.* (1980), LP, Pure Freude, PF 04 CK 2.
807 Rag zit. n. Teipel: *Verschwende deine Jugend* (2001), 89. Vgl. auch den S.Y.P.H.-Song „Heute Norm – Morgen Tod" (1980), in dem es heißt: „Ich erkenne meine Welt nicht mehr / Ich sehe keine Menschen mehr / [...] / Heute Norm und morgen Tod / Die Natur fällt aus dem Lot". S.Y.P.H.: „Heute Norm – Morgen Tod", auf: *S.Y.P.H.* (1980).
808 „Beton ist schön / Glätte Glätte / Schau sie bauen um die Wette / Heute steht ein Hochhaus da / Wo gestern noch mein Spielplatz war / [...] / Das Gras ist weg, der Stahl ist da / Schön Aussicht Jahr für Jahr". X-BELIEBIG: „Planquadrat", auf: *O.Tannenbaum* (1981), Cassette, ohne Label.
809 Weiter heißt es: „Keine Kommunikation – hohe Frustration / Wohnklos mit Außenküche – schön steril, ohne Gerüche! / [...] / Für Kinder ists doch ideal – ein schönes großes Areal / Cowboyspiel in Beton – Versteckspiel in Beton! / Betreten verboten! – Atmen verboten! / [...] / Kindermord in der Gropiusstadt – Ursache Wohlfahrtsstaat!" BETON COMBO: „Beton Kids", auf: *KZ 36 II* (1981), LP, ohne Label.
810 „Achtung! Achtung! / Geld regiert die Welt / [...] / Unserer Glaube ist unsere Welt / Unserer Glaube ist unser Geld / [...] / Kaufen, glauben, zahlen / [...] / Ach wenn ich nicht so hungrig wär / Wie glücklich könnt ich sein!?" MALARIA!: „Geld – Money", auf: *Emotion* (1982), LP, Moabit Musik, MOABIT MUSIK 002.
811 „Wir wissen und wir schweigen / Weil wir es so wollen? / Weil wir es so sollen? / [...] / Sie schneiden dein Haar ab / Sie reißen mein Herz heraus / Sie schreien in Chören / Doch keiner will es hören / Geh duschen, geh duschen / Ab in die Fabrik / Geh duschen, geh duschen / Wart, ich komm mit". MALARIA!: „Geh Duschen", auf: *New York Passage* (1982), 12″-EP, Das Büro, BÜRO 001.

in den Songtexten. Kritisch befassten sich etwa MITTAGSPAUSE im Stück „Herrenreiter" (1979) mit der Wahl des einstigen NSDAP-Mitglieds Karl Carstens zum Bundespräsidenten sowie im Song „Der Lange Weg Nach Derendorf" (1979) mit dem Tod des RAF-Mitglieds Willy-Peter Stoll in Düsseldorf im September 1978.[812] Um den als bedrohlich empfundenen Kampf des Staates gegen die RAF und deren vermeintliche Sympathisant:innen geht es auch in „Rank Xerox" (1979) von HANS-A-PLAST[813] und „Computerstaat" (1980) von ABWÄRTS.[814]

Um sich politisch äußern zu können und gleichzeitig von den Songs der ‚Hippies', Polit-Rocker und Punks abzugrenzen, die sie als Betroffenheits-Rhetorik und plumpe politische Slogans wahrnahmen, führten die sich zwischen Punk und Post-Punk bewegenden Bands der frühen NDW die Strategien der Ironie und Überspitzung ein. Ein besonders gutes Beispiel dafür ist der Song „Ein Jahr (Es Geht Voran)" (1980) der aus MITTAGSPAUSE hervorgegangenen Band FEHLFARBEN, der durch den populären Textpart „Geschichte wird gemacht, es geht voran!" als vermeintlicher Aufruf zur aktiven Gestaltung der politischen und gesellschaftlichen Zukunft sehr schnell (auch kommerzielle) Erfolge feierte, von Texter und Sänger Peter Hein allerdings als ironische Kritik an ebenjener Haltung und politischen Wirklichkeit intendiert war. Ähnlich hintersinnig angelegt war auch das von Gabi Delgado noch zu Zeiten von MITTAGSPAUSE geschriebene Stück „Militürk" (1979), das von DAF kurz danach unter dem Namen „Kebabträume" (1980) veröffentlicht wurde, denn hier wurden die ideologischen Feindbilder des Kalten Krieges durch die Übertragung der Rolle der Sowjetunion auf die Türkei ad absurdum geführt: „Miliyet für die Sowjetunion / In jeder Imbissstube ein Spion / Im ZK, Agent aus Türkei / Deutschland, Deutschland, alles ist vorbei!"[815]

Diese Art der indirekten Thematisierung politischer Ereignisse und Haltungen stellt gewissermaßen eine Übergangsform dar zwischen der politischen Explizität von deutschsprachigem Rock und Punk sowie der sich auf den ersten Blick apolitisch gerierenden NDW. Eindrücklich zeigt sich hier, dass der von der Punk-Kultur traditionell behauptete und von einigen Pop-Journalist:innen und -Forscher:innen auch heute noch betonte Bruch mit der ‚Hippie'-Generation alles andere als konsequent war. Dass den nur scheinbaren Ex-‚Hippies' unter den Punks ihre eigene Po-

---

Siehe auch Bettina Köster zit. n. Keller, Hans: „Malaria im Großen Apfel", in: *Sounds*, Nr. 12 (1981), 10–11, hier: 10.
812 MITTAGSPAUSE: „Herrenreiter", auf: *Herrenreiter/Paff* (1979), 7″-Single, Rondo, fit 2; MITTAGSPAUSE: „Der Lange Weg Nach Derendorf", auf: *Mittagspause* (1979), 2 x 7″-EP, Pure Freude, CK1.
813 „Ein Kreuz für jeden, den's erwischt / Abgehakt wird jeder, den's erwischt". HANS-A-PLAST: „Rank Xerox", auf: *Hans-A-Plast* (1979), LP, Lava Records, TCH 79 449.
814 „Stalingrad, Stalingrad / Deutschland Katastrophenstaat / Wir leben im Computerstaat". ABWÄRTS: „Computerstaat", auf: *Computerstaat* (1980).
815 Vgl. dazu auch Vowinckel: „Neue Deutsche Welle" (2012), 480–481.

sition und ‚Hippie'-Haltung selbst nicht bewusst war, zeigt etwa die Antwort des Abwärts-Gründungsmitglieds Margita Haberland auf die Frage, ob sich die damals bereits 33-Jährige, die zuvor auch schon mit Gudrun Ensslin zusammengelebt hatte, bei der Gründung von Abwärts im Jahr 1979 vom „Hippie zum Punk" gewandelt habe: „So kann man das nicht sagen. Wir haben in den 70ern zwar Experimente mit Peyotl gemacht und andere Dinge, die Hippies so tun, wie LSD schlucken und so, aber als Hippies haben wir uns nicht definiert. Wir hatten Lederjacken an, nur mal als Beispiel."[816]

In einem Rückblick auf die Anfänge der Bewegung machte Diedrich Diederichsen 1982 die sich nicht vollständig von ihrer ‚Hippie'-Vergangenheit gelösten Teile der ersten Punk-Generation für das Scheitern von Punk verantwortlich: „Sie sickerten mit ihren Werten in das Neue ein. Sie besetzten die vagen Anti-Formeln des Punks mit ihrer eigenen Dürftigkeit." Auch sein Kollege, *Sounds*-Autor Kid P., ließ sich wiederholt über NDW-Bands aus, die versuchen, „den Hippie unter dem Deckmantel des New Wavers wieder salonfähig zu machen", worunter er unter anderem die Hamburger Bands Abwärts und Geisterfahrer zählte.[817] „Verwaschene-Pullover-Alternative-Müslifresser", schimpfte Einstürzende-Neubauten-Mitglied Alexander Hacke noch 20 Jahre später über die als „Hippiepunks" bezeichnete Anarcho-Punk-Szene in Berlin-Kreuzberg um Bands wie Ätztussis, von der sich die Post-Punk-Szene fernzuhalten suchte: „Ehemalige Hippies, die jetzt kurze Haare hatten, aber von ihrem Lebensstil und ihrer Ideologie her immer noch Hippies waren."[818] Als Lösung und zugleich Ziel für die Zukunft bestimmte Diederichsen schließlich das, was Punk nicht geschafft hatte, nämlich „den Hippie in uns und um uns überwinden, der einen so schwachen, labbrigen Gegner für die herrschende Lage abgibt und der immer noch 90 % des subkulturellen Gedankenvorrats mit seinen vom historischen Original längst degenerierten Werten versorgt".[819]

In *Mode & Verzweiflung* erklärte auch Thomas Meinecke 1981, das Gedankengut der ‚Hippies' hat sich in die ‚Neuen Wellen' hinüberretten können und zur Entwicklung einer neuen „Hippie-Generation" geführt, die als „Verkörperung des rückwärtsgewandten und unklaren Denkens schlechthin" nach wie vor „unser erklärter Gegner" bleibt. Diese New-Wave-‚Hippies' seien daran zu erkennen, dass

---

816 Haberland zit. n. Fehrenschild, Michael/Keller, Gerti: *No Future? 36 Interviews zum Punk*, Berlin 2014, 108.
817 Kid P.: „Die Wahrheit über Hamburg!" (1982), 26.
818 Hacke zit. n. Teipel: *Verschwende deine Jugend* (2001), 213. Vgl. dazu auch die Aussage von Uwe Jahnke (Fehlfarben), wonach Gabi Delgado (DAF) kurz vor dem Punk-Impact noch die „längsten Haare von Wuppertal" besessen und nach deren Kürzung plötzlich gegen alle Langhaarigen gewettert habe. Zit. n. ebd., 177.
819 Diederichsen: „Nette Aussichten in den Schützengräben der Nebenkriegsschauplätze" (1982), 91.

sie die Bezugspunkte ihrer Sehnsüchte, nicht aber ihre Haltung zur Welt selbst verändert hätten. Es lässt sich annehmen, dass der Autor hier den von KRAFTWERK und folgenden New-Wave-Bands praktizierten Technik-Kult im Sinn hatte, denn Meinecke zufolge macht es keinen Unterschied, ob die „Natur" oder „Maschine" durch Projektionen überhöht wird: „Da der Hippie das Leben nicht erträgt, ist er ständig gezwungen, das was er bejaht zu mystifizieren oder zu mythologisieren. Auch der neue Hippie-Typ, welcher stolz darauf ist, in Plastik und nicht mehr in Jute umherzulaufen, unterscheidet sich in all dem nicht von seinem Vorgänger."[820] Im selben Jahr hatten FSK mit „Im Westen Nix Neues" ein Stück veröffentlicht, in dem sie ihre Kritik an der ihrer Meinung nach in alten Denkmustern stagnierenden NDW formulierten: „Wenn du mal nach Düsseldorf gehst / Und dort all die Hippies von heute siehst / [...] / Wenn du in München all die Neonsachen siehst / Und wenn die ganzen Land-WGs auf RESIDENTS steh'n / Und wenn du von Neue-Welle-Liedermachern liest / Dann möchtest du am liebsten in die DDR geh'n".[821]

Strategisch vorgehend, nutzten FSK zudem die als Foren der Bewegung fungierenden Zeitschriften für ihre Angriffe gegen die als ‚Hippies' kritisierten Teile der NDW-Bewegung. „Von GEISTERFAHRER – elendste Combo der neuen Moderomantik – bis FEHLFARBEN hören wir überall in der BRD nur stumpfeste und weinerlichste Sozialkritik", schrieb etwa Arno Wallmann, Autor für *Mode & Verzweiflung*, in einem abgedruckten Leserbrief an die *Spex*-Redaktion und lieferte die Werbung für das Gegenmodell gleich mit: „[A]llein von der Formation FREIWILLIGE SELBSTKONTROLLE hören wir das JA ZUR MODERNEN WELT."[822] In einem Interview mit der deutschen *Sounds* sprachen sich FSK selbst gegen die im Punk und dem West-Berliner Post-Punk-Underground herrschende apokalyptische Euphorie aus, die sie als „reine Hippie-Sache" verwarfen.[823] In einem Interview von 1985 bestätigten FSK unverhohlen, dass es ihnen Anfang der 1980er Jahre stets nur darum gegangen sei, Konflikte und Feindseligkeit innerhalb der Bewegung zu fördern: „[D]amals, als alles in Einzelgruppen aufgesplittert war und gegeneinander gekämpft hat, hat es ja total Spaß gemacht, alle gegeneinander aufzuhetzen, um so eine aggressive Grundströmung zu fördern."[824]

‚Hippie' wurde zum Reizwort und die Neuen Sozialen Bewegungen zum Reizthema, zuweilen verstellte der abwertende Blick zurück und zur Seite jede produktive Zukunftsentwicklung, was sich auch in der relativ kurzen Lebensdauer

---

820 Meinecke: „Neue Hinweise: Im Westeuropa Dämmerlicht 1981" (1998), 34.
821 FREIWILLIGE SELBSTKONTROLLE: „Im Westen Nix Neues", auf: *Teilnehmende Beobachtung* (1981).
822 Wallmann, Arno: „Leserbrief", in: *Spex*, Nr. 1 (1981), 3. Hervorhebung i. O.
823 Thomas Meinecke oder Justin Hoffmann zit. n. Diederichsen, Diedrich: „FSK. Freiwillige Selbstkontrolle", in: *Sounds*, Nr. 5 (1982), 14–16, hier: 16.
824 Meinecke oder Justin Hoffmann zit. n. Schiegl, Andreas/Schiegl, Norbert: „Freiwillige Selbstkontrolle. Theater zu Parkhäusern", in: *59 to 1*, Nr. 6 (1985), 37–39, hier: 38.

des Aufbruchs der ‚78er‘ niederschlug. Um den umfassenden Feldzug gegen die ‚alte‘ Linke nicht zu schwächen oder sich selbst zur Angriffsfläche zu machen, verschleierten die radikalsten ‚78er‘-Wortführer:innen bewusst, dass bestimmte Ansätze des linksalternativen Wertekanons auch für sie immer noch galten.[825] Als ebenso negativ für die Entwicklung und Ausbreitung der Bewegung sollte sich der hauseigene Dogmatismus erweisen, der sich nach außen wie innen richtete. Dies führte letztlich zu einer spiegelbildlichen Umkehrung der als dogmatisch empfundenen Verhaltensweisen der ‚alten‘ Linken. Beispielhaft berichtete Jürgen Engler (DIE KRUPPS) später, wie der Umgang der NDW-Akteur:innen untereinander im Geburtsort der Düsseldorfer NDW-Szene, dem *Ratinger Hof*, von ‚kalten‘ Distanz-Gebaren und neuen Einschränkungen bestimmt wurde:

> Das war eine merkwürdige Mischung aus Ablehnung und gemeinsamem Denken. [...] Wenn etwa die Grünen diese oder jene Position hatten, musste man die gegenteilige Position einnehmen. Man hat sich von jedem Ding mehr einschränken lassen. Und den eigenen Lebensraum eingrenzen lassen. In Bezug auf alles, was mit Respekt und Offenheit untereinander zu tun hat, war das alles ganz böse. Ich hatte immer das Gefühl, ich muss um jeden Millimeter kämpfen. Das war kein Miteinander. Man musste sich jeden Tag beweisen.[826]

Mehr resignierend als optimistisch erklärte Diederichsen 1982, am Ende der NDW-Hochzeit, dass sich zwar die „Tendenz zur allgemeinen Verbrüderung unter der großen, weichen Schmusedecke der Subkultur zugunsten von ein wenig mehr vernünftiger Arroganz gelegt" habe, doch in den einzelnen NDW-Szenen „die Perpetuierung gedankenfeindlicher Feeling-Ideologien" nach wie vor ausgeprägt sei.[827] Diederichsens Befürchtung, die postmodernistische, poststrukturalistische ‚78er‘-Idee könne sich nicht durchsetzen oder würde verwässert werden angesichts des Fortlebens der ‚Hippie‘-Ideologie innerhalb der NDW-Bewegung, sollte sich im Falle der kommerziell erfolgreichen deutschsprachigen Pop-Musik der frühen 1980er Jahre bewahrheiten. Statt Bands wie FSK oder PALAIS SCHAUMBURG feierten Acts wie NENA und Joachim Witt breite Erfolge und stehen auch heute noch im Fokus medialer NDW-Rezeptionen, obwohl sie weder Teil der NDW-Szenen noch der ‚78er‘ waren. Während der Anti-Kriegs-Song „99 Luftballons" (1983) von NENA ganz auf Linie der Friedensbewegung lag, machte sich der langjährige Rockmusiker und Anfang der 1980er Jahre bereits über dreißigjährige Joachim Witt, der auch konsum- und kapitalismuskritische Songs wie „Ich Hab' So Lust Auf Industrie" (1980)[828] veröf-

---

825 Vgl. Rauen: *Pop und Ironie* (2010), 35.
826 Engler zit. n. Teipel: *Verschwende deine Jugend* (2001), 106–107.
827 Diederichsen: „FSK" (1982), 14.
828 „Wirtschaftsmagnaten / Steuern die Staaten / Und erziehen sich langsam / Konsumpsychopathen". Witt, Joachim: „Ich Hab' So Lust Auf Industrie", auf: *Silberblick* (1980), LP, WEA, WEA 58231.

fentlichte, mit der Ökologiebewegung gemein – inklusive der damit verbundenen Gefühls- und Betroffenheits-Rhetorik:

> Ich beobachte die Vorgänge um mich herum sehr genau und muss sagen: es ist skandalös! Diese ganze Umweltgeschichte ist derart bedrohlich, was da vor sich geht ist unvorstellbar schrecklich, da müssen wir etwas tun! Unmittelbar kann meine Musik natürlich nicht die Probleme lösen, aber sie soll dazu beitragen, dass die Menschen empfindsam bleiben für Fragen und nicht so entsetzlich stumpf verharren wie schon viele![829]

Angesichts des Erstarkens der Neuen Sozialen Bewegungen und ihrer Kritikpunkte zu Beginn der 1980er Jahre überrascht es kaum, dass Journalist:innen wie Soziolog:innen, ob konservativ oder links, die ‚Kälte'-Strategien der NDW zeitgenössisch als Ausdruck einer desillusionierten, apolitischen und hedonistischen Jugend bestimmten.[830] Erneut wurde auch in jüngeren Studien dieses Interpretationsmodell, das die ‚Kälte' der NDW als Zeichen einer politischen, ökonomischen und sozialen Krisenphase bestimmte, übernommen. So schreibt etwa Sven Reichardt in seiner historischen Untersuchung des linksalternativen Milieus in der Bundesrepublik, dass ‚kalte' Distanz und Kommunikationsverweigerung Ausdruck einer „fatalistische[n] Grundstimmung" waren, angesichts von „Massenarbeitslosigkeit, Umweltverschmutzung und Hochrüstung".[831] Auch der Kulturhistoriker Andreas Kühn erklärt in seiner Monografie *Anti-Rock* (2013), KRAFTWERK habe das Konzept der „Kybernetisierung", also die Transformation zu emotionslosen Mensch-Maschinen, vor allem als „Schutzschild" vor dem erstarkenden Neoliberalismus und den damit einhergehenden „Zumutungen des entgrenzten Kapitalismus" genutzt.[832]

Tatsächlich boten einzelne NDW-Musiker:innen in ihren Musiktexten und Interviews das passende Futter für dieses Narrativ. Dazu gehörten neben jenen Bands in Punk-Tradition insbesondere die ‚Kälte'-Apologet:innen der schwarzen Entfremdungsromantik und des Untergangs-Kults. „Für mich fährt der Zug in einem Affenzahn und wird irgendwo vorknallen. Was soll ich mich auflehnen gegen Plastik und Computer? Ich hab keine Illusionen", erklärte etwa Annette Humpe (IDEAL) Anfang der 1980er Jahre und offenbarte damit den zynischen Kern ihrer Affirmation, die das in Friedens- und Umweltbewegung populäre Schreckgespenst vom baldigen Zusammenbruch der Gesellschaft, Wirtschaft, Politik und Natur beibehielt: „Wir leben hier in einem kapitalistischen Land, und das Ding wird durch-

---

829 Witt zit. n. Kröher, Michael O. R.: „Joachim Witt. Keine Kuhhändel", in: *Sounds*, Nr. 4 (1981), 20.
830 Siehe etwa o. V.: „‚In meinem Film bin ich der Star'" (1982) sowie Härlin, Benny/Sontheimer, Michael: „Nehmt Abschied! Eine Reise in die Nicht-Zukunft", in: *Kursbuch*, Nr. 68 (1982), 65–85.
831 Reichardt: *Authentizität und Gemeinschaft* (2014), 37.
832 Kühn: *Anti-Rock* (2013), 94.

gezogen. [...] Ich genieße lieber die letzte Fahrt bis zum Schluss."[833] Auch die Interviews mit NEUBAUTEN-Sänger Blixa Bargeld sind in der ersten Hälfte der 1980er Jahre von einer ähnlichen Form euphorischer Resignation geprägt, die Sinnverlust, Entfremdung und Zerfallserscheinungen freudig begrüßt:

> Ich wäre glücklich, wenn ich an irgend etwas glauben könnte. Meinetwegen an die große proletarische Revolution oder dass die Volksrepublik China immer noch das ‚land of hope and glory' ist. Daran habe ich mal geglaubt. Aber die Hoffnungen sind lange weg, ich weiß nicht mal, ob es China gibt, weil ich es nur aus dem Fernsehen kenne. [...] Ich würde mich ja liebend gerne überzeugen lassen, aber es klappt einfach nicht. [...] Bis jetzt ist nichts da, was mir das Gefühl geben könnte, dass es sich lohnt, von irgend etwas überzeugt zu sein, von was, ist mir scheißegal. Überzeugt sein heißt für mich, dass ich auch praktisch dafür lebe und kämpfe. Solange keine Mittel und Wege dafür da sind, für etwas zu kämpfen, ist es letztlich auch Schwachsinn, wovon ich überzeugt bin. Das sind die Widersprüche, in denen ich drinstecke, die Fronten, aus denen ich auch gar nicht weg will, sondern ich bin froh, dass ich genau da bin.[834]

Die Art von Nihilismus, der sich bei diesen NDW-Akteur:innen Bahn brach, entspricht dem verzweifelt-affirmativen Ja des Dadaismus der historischen Avantgarden: Negativ nihilistisch genug, um die Wirklichkeit mit all ihren Abgründen und Zwängen als unauflösbaren Teil der Gesellschaft und des eigenen Selbst zu akzeptieren, aber nicht positiv nihilistisch genug, um sich dieser Wirklichkeit in einem affirmativen Akt der produktiven Aneignung zur Identitäts- und Willensbildung zu bedienen. Die apokalyptischen und schwarzromantischen Teile der NDW, aus deren Reihen Anfang der 1980er Jahre nicht zufällig viele Bands der jungen deutschen Dark-Wave-/Gothic-Bewegung hervorgingen, bildeten dadurch eine Übergangsform zwischen den linksalternativen Milieus, in denen politisches Engagement und Betroffenheits-Rhetorik vorherrschten, und der ‚neuen' Linken, die ‚kalte' Subversionsstrategien zugleich gegen ‚alte' Linke und Konservative in Stellung brachte.

Neue Linke
Die Intensität der tatsächlichen Abkehr von einst geteilten Idealen und Denkmustern der ‚Hippies' wurde zum Gradmesser der Zugehörigkeit zu den ‚78ern'. *Sounds*-Chefstratege Diederichsen erhob diesen Akt des Bruchs sogar zum „Manifest Nr. 1": „Kommt, unter der behaglichen Schmusedecke der Subkultur hervorgekrochen und stellt euch der Kälte, die euch wirklich umgibt und vernichtet alle

---

833 Humpe zit. n. Skolud/Stasiak: *Plant uns bloß nicht bei euch ein* (1984), 242.
834 Bargeld zit. n. Härlin/Sontheimer: „Nehmt Abschied!" (1982), 81.

Brücken, vor euch wie hinter euch!"[835] Und tatsächlich rissen die NDW-Akteur:innen mit ihrer Hinwendung zur ‚78er'-Kultur Brücken ein und brachen, wie etwa die Gründer der bekanntesten NDW-Indie-Labels, Alfred Hilsberg, Klaus Maeck und Hollow Skai, mit ihrem bisherigen Freundeskreis, Arbeits- und sozialen Umfeld.[836] Die KRAFTWERK-Gründer Ralf Hütter und Florian Schneider hatten laut eigener Aussage diesen Schritt bereits Anfang der 1970er Jahre vollzogen, inklusive der darauf folgenden Konsequenzen: „Zuerst ist uns wegen des Namens eine Welle von Ablehnung entgegengekommen. Wir haben viele Freunde und Bekannte verloren und sind in eine ganz neue Phase eingetreten."[837]

Gleichfalls zeigt sich, dass der Antrieb für die „Haltung des *Dagegenseins-gegen-die-die-dagegen-sind*"[838] über plumpe Provokation und simple Negation hinausging, vielmehr brach sich mit den ‚78ern' eine ganz neue Ästhetik, grundverschiedene Verhaltensweisen und eine neue Kultur mit eigenen Lebensstilen Bahn. Diese Kultur formulierte ein offensives und nicht minder politisch intendiertes Ja zu Industrie und Technik, Stahl und Beton, Großstadt und Identitätsspiel, Schnelligkeit und Scharfblick, Entfremdung und Vereinzelung, Feindseligkeit und totalitärer Ästhetiken, Konsum und Hedonismus, Glam und Pop-Oberfläche.[839] „Es ging ja darum, klare Entscheidungen zu fällen", erklärte etwa Szene-Autor Peter Glaser rückblickend: „Hippie war für uns dieses: ‚Ich lasse mir alles offen.' [...] Wir haben gesagt: ‚Wir entscheiden uns, wir wollen klare Linien, wir ziehen uns Anzüge an, schneiden uns die Haare kurz und machen Geschäfte.'"[840]

Die ‚78er' saßen zwischen allen politischen Stühlen. Die ‚neue' Linke oder auch „Gegengegenkultur"[841] blieb gegenkulturellen Zielen verbunden und stand dadurch in Gegnerschaft zur Mehrheitsgesellschaft, agierte zugleich aber gegen die beiden Hauptstränge der ‚alten' Linken: auf der einen Seite die dogmatischen, radikalpolitischen Revoluzzer in ‚68'-Tradition, auf der anderen die linksalternati-

---

835 Diederichsen: „Nette Aussichten in den Schützengräben der Nebenkriegsschauplätze" (1982), 88. Die Rede von den Subkulturen als eskapistische, „kuschelige Schmusedecken" findet sich auch bei dem Popjournalisten Olaf-Dante Marx: „Eine Antizipation von Weltentwürfen findet hier längst nicht mehr statt. Wehleidigkeit und Eigenbrödlertum herrschen vor." Marx, Olaph-Dante: „Endstation Irgendwo. Ein Flug durch die Zeit", in: Diederichsen; Hebdige; Marx (Hg.): *Schocker* (1983), 121–164, hier: 159.
836 Siehe Kröher: „Untergrund und Unternehmer (Teil 1)" (1980), 48–49.
837 Hütter oder Schneider zit. n. Schober: „Kraftwerk" (1979), 75.
838 Geer: *Sophistication* (2012), 132. Hervorhebung i. O.
839 Vgl. Diederichsen: „Genies und ihre Geräusche" (2015), 12 sowie Frank, Dirk: „Die Nachfahren der ‚Gegengegenkultur'. Die Geburt der ‚Tristesse Royal' aus dem Geiste der achtziger Jahre", in: Arnold (Hg.): *Pop-Literatur* (2003), 218–233, hier: 219.
840 Glaser zit. n. Teipel: *Verschwende deine Jugend* (2001), 261.
841 Diederichsen, Diedrich: „Die Gegengegenkultur. 68 war Revolte, 77 war Punk – warum nur 68 zum Mythos wurde", in: *Süddeutsche Zeitung*, Nr. 46, 24. Februar 2001.

ven, reformorientierten Vertreter:innen der Neuen Sozialen Bewegungen.[842] Beiden hielten die ‚78er' ein „Second-Order"-Bewusstsein[843] und eine darauf bauende Politik entgegen, die die Zwänge und Widersprüche, denen das postmoderne Subjekt ausgesetzt ist, akzeptiert und auf die Spitze treibt, um sich ihnen durchaus auch kritisch zu stellen, statt mit Protest- und Widerstandsgebaren dem Unvermeidlichen den Krieg zu erklären oder die Widersprüche nach innen zu verlagern und durch selbsttherapeutische Maßnahmen auflösen zu wollen.[844] Im Vorwort für die Neuauflage (2002) seiner Debüt-Monografie *Sexbeat* (1985) fasst Diederichsen die „zentrale Hoffnung, die zentrale kulturelle und politische Idee" der im Rahmen der New-Wave-Bewegung entstandenen und von ihm mitgeformten ‚78er'-Linken zusammen:

> Nicht der Verblendungszusammenhang der Pop- und Massenkultur ist zu kritisieren, vielmehr ist ihr Angebot an Künstlichkeiten und Fiktionen der Ideologie des Natürlichen, bei der sich Hippies und Grüne mit Nazis und älteren Mitbürgern treffen, vorzuziehen (Das waren nicht ganz unsere Worte). Es kommt vielmehr darauf an, das Nichtauthentische zu gestalten, ja zu steigern und mit den richtigen Ideen – durchaus linken Ideen! – zu füttern. Entfremdung gilt es als Chance zu erkennen, das eigene Seelen- und ästhetische Leben zu objektivieren und zu programmieren.[845]

Bei der Bestimmung der Gründe und des persönlichen Nutzens dieses Ansatzes gehen die Meinungen der Protagonist:innen und Forscher:innen allerdings auseinander. Der Literaturwissenschaftler Christoph Rauen etwa bemüht hier erneut die These von der Schutzschild-Funktion, wenn er behauptet, das Konzept eines „diskontinuierlichen" und sich in „permanenter Revisionsbereitschaft" befindenden Ichs verspräche „Schutz vor emotionaler Enttäuschung in einer ‚grauen' Welt".[846] Tatsächlich klingt dieses Opfer-Narrativ im „*Sounds*-Diskurs"-Beitrag von Josef Hoffmann aus dem Jahr 1980 an, denn laut Hoffmann ist das moderne Ich angesichts der komplexen, widersprüchlichen Welt zu einer „Kontrollleistung in Sachen Identitätswahrung gar nicht fähig", während das konventionelle „Rock-'n'Roll-subject" und mit ihm die ‚alte' Linke „das mit sich identische ‚Subjekt', das zu seiner eigenen Natur ‚steht'", präsentiert. Demnach sei die „erweiterte Ich-Struktur", die die „Erweiterung der Möglichkeiten für Identitätsformen des Ich"

---

842 Christoph Rauen weist zu Recht darauf hin, dass sich die ‚78er'-Denker:innen damit in eine „widersprüchliche Position" manövrierten, da sie ersterer Gruppe zu wenig, zweiterer zu viel Kompromissbereitschaft vorwarfen. Rauen: *Pop und Ironie* (2010), 37.
843 Siehe Diederichsen, Diedrich: *Sexbeat*, Köln 2002 (1985), XII, 89.
844 Vgl. Geisthövel: „Böse reden, fröhlich leiden" (2015), 389, Vowinckel: „Neue Deutsche Welle" (2012), 455 sowie Diederichsen: *1.500 Schallplatten 1979–1989* (1989), 101–102.
845 Diederichsen: *Sexbeat* (2002), I.
846 Rauen: *Pop und Ironie* (2010), 62.

akzeptiert und aufnimmt, letztlich Folge der „kapitalistisch besetzten Deformationen" des Subjekts – und zugleich der „Hauptgrund für die kulturelle Kraft, Energie der ‚neuen Wellen'":

> Die ‚neuen Wellen' greifen Wahrnehmungsformen auf, welche die Individuen in ihrem Alltagsverhalten tagtäglich unter Beweis stellen müssen (z. B. beim Autofahren, Fernsehen etc.) und verarbeiten sie zu neuen adäquaten Ausdrucksformen, die wiederum differenziertere individuelle Wahrnehmungs- und Verhaltensformen gegenüber den Gegenwartsverhältnissen ermöglichen.[847]

Was bei Hoffmann noch als alternativlose, quasi erzwungene Reaktion auf die Postmoderne daherkommt, geriet bei anderen Pop-Autor:innen zur emanzipatorischen Überzeugung und selbstgewählten Waffe. Dies zeigte sich nicht zuletzt in der kompletten Neubewertung des Verhältnisses von Subjekt und Identität. Erneut lässt sich dieser Ansatz am deutlichsten und konsequentesten im publizistischen Popdiskurs nachvollziehen, wo sich das, was später unter der Bezeichnung „Popismus" gefasst wurde, als neues, alles umwertende Bewusstsein über die Welt und das eigene Selbst verstand. Die Pop-Autor:innen der ‚78er' verwarfen die gegenkulturelle Vorstellung eines widerspruchsfreien Selbst und setzten diesem „den Entwurf eines aller Kohärenzzwänge entbundenen, seine Identität beliebig manipulierenden postmodernen Subjekts entgegen".[848] Auffälligstes Ergebnis dieser Umdeutung war eine sich als progressiv und links verstehende Underground-Bohème, die Kurzhaarfrisuren und Anzüge nicht als Glorifizierung konservativer Werte begriff, sondern als Mittel gegenkultureller Subversion und als neue Form der Ausgestaltung des Selbst. Ästhetik und Denkstil wurde nun dem politischen Handeln vorangestellt.[849] Joachim Stender betonte 1982 etwa, dass sich die späten ‚78er', statt für die ihm zufolge in Boulevard-Magazinen so oft beschworene ‚No-future'-Haltung, vielmehr für das „Spiel mit den Identitäten" und dem „Sich-Verkleiden" interessieren, wohlwissend, dass auch darunter nur weitere Verkleidungen liegen.[850] „Identität ist fun und ihre Krise die lebensspendende Kraft der Jugend", erklärte wiederum Diederichsen 1982 und bestimmte das popistische Spiel mit den Identitäten als subversives Instrument des ‚78er'-Subjekts:

> Der alien rebel dagegen zirkelt seine jeweils angenommene Identität ab, gibt ihr die Grenzen, die sein jeweiliges Aufgabenfeld verlangt. Ihn verlangt es nicht zu verströmen, sondern

---

847 Hoffmann: „Das moderne Ich" (1980), 23.
848 Rauen: *Pop und Ironie* (2010), 60.
849 Vgl. Geer: „If you have to ask, you can't afford it'" (2014), 352–353 Sowie dies.: *Sophistication* (2012), 45, 224.
850 Stender: „Todeskommando im Hexenkessel oder: Tage an der Front der neuen Wellen" (1982), 24.

seine Energie als Bombenladung gezielt anzubringen, bevor er in einen anderen Anzug schlüpft, ein anderes System von Sinnzuweisungen als Kampfplatz erwählt und zu erschüttern trachtet.[851]

Im Gegensatz zur ‚68er'-Bewegung hatte die NDW-Bewegung im Ganzen und der ‚Kälte-Pop' im Konkreten keine aufklärerische Agenda.[852] Allein die Vorstellung, dass die Gesellschaft sich durch politischen Aktionismus zu einem fragwürdigen ‚Besseren' verändern lasse, erschien ihnen so weltfremd wie eskapistisch. Der insbesondere in der britischen Post-Punk-Bewegung und noch bei Diederichsen grundlegende Anspruch, gesellschaftliche Veränderungen durch die eigene Arbeit mindestens voranzutreiben, fiel innerhalb der NDW sehr bald ganz weg und ebnete der ‚kalten' Affirmation den Weg. Da diese Entwicklung ausschließlich den deutschen Teil der ‚78er' betraf, zeigt sich erneut, dass der ‚Kälte-Pop' in seiner Reinform ein vor allem deutsches Phänomen war und sich nicht nur auf die Musik beschränkte. Eine Rolle spielt möglicherweise die soziale Herkunft der deutschen Akteur:innen, die fast ausschließlich aus bürgerlichen Familien stammten und eine Kunsthochschule besuchten. Anders als in Großbritannien und den USA, wo die Verbindung zwischen verschiedenen sozialen Schichten innerhalb der Post-Punk- und New-Wave-Bewegung viel stärker ausgeprägt war und insbesondere im Falle britischer Bands auch zu politischem Engagement für gewerkschaftliche Belange oder gegen die politische Rechte führte, vermieden die Protagonist:innen des ‚Kälte-Pop' jede Art der Verbrüderung.

Das Festhalten am grundsätzlichen Emanzipationsstreben der Linken behielt auch die „Gegengegenkultur" bei, ihr Angriff kam nicht von rechts, sondern entwickelte sich aus der Gegenkultur selbst. Offensiv sagten sich die ‚78er'-Linken von der Dissidenz, Intensität und dem Antagonismus der Gegenkultur los, um sie daraufhin, wie Rauen zu Recht feststellt, auf einer höheren Ebene wiedereinzusetzen und fortzuführen.[853] Der Bruch mit altlinken Idealen wie dem Natürlichkeits- und Authentizitäts-Kult erfolgte schließlich, wie Diederichsen betont, „im Namen linker Kategorien" und für ein „besseres Links": „Der Feind steht links, man selber steht noch weiter links."[854] Für die ‚neue' Linke, deren Form der Kritik ein Ja zur postmodernen Welt, zum Künstlichen und zur (Pop-)Oberfläche bedeutete, waren

---

851 Diederichsen: „Nette Aussichten in den Schützengräben der Nebenkriegsschauplätze" (1982), 98.
852 Vgl. Geer: *Sophistication* (2012), 28.
853 Rauen: *Pop und Ironie* (2010), 45–46, 216. Vgl. auch Rabe: „Fliegende Klassenfeinde" (2016), 99.
854 Diederichsen: *Sexbeat* (2002), VIII sowie ders.: *Freiheit macht arm* (1993), 227. Auch der Schriftsteller und FSK-Musiker Thomas Meinecke unterstrich in seinem Rückblick und Abschluss mit der New-Wave-Bewegung, „dass postlinks schließlich auch links war". Meinecke, Thomas: „Das waren die achtziger Jahre" (1986), in: ders.: *Mode & Verzweiflung* (1998), 115–121, hier: 117.

die Aktionsformen der ‚alten' Linken und die dahinterstehende Philosophie nicht nur anachronistisch und sinnlos, sondern sogar regressiv.

Wie bereits angedeutet, liegen die theoretischen Grundlagen der ‚78er' im Poststrukturalismus. Hier wie dort findet sich die Ablehnung von neomarxistischer Theorie und Orthodoxie, von Kollektiv- und Gemeinschafts-Utopien, von dem Ideal des ‚Wahren', ‚Authentischen' und ‚Natürlichen' hinter der Oberfläche und dem ‚Schein' sowie von der Vorstellung einer kohärenten, essentialistischen Identität. So wies Hollow Skai (*No Fun*) schon 1980 in einem Interview auf die enge Verbindung von New Wave und den Theorien poststrukturalistischer Philosophen wie Deleuze und Guattari hin und auch der Musiker Wolfgang Müller betonte die Bedeutung der beiden französischen Autoren für das Projekt DIE TÖDLICHE DORIS.[855] Deutlich komplizierter fällt die Verbindung der NDW und ‚78er'-Denker:innen zur Kritischen Theorie der Frankfurter Schule aus. Einerseits stellt sich die Pop-Linke mit ihrem affirmativ-subversiven Ja zur spätkapitalistischen, postmodernen Welt gegen die resignative Negation der Kritischen Theorie, die mit Adorno gesprochen die Möglichkeit eines „richtige[n] Leben im falschen" grundsätzlich verneint. Zudem steht die ablehnende Haltung der Frankfurter Schule gegenüber der Populärkultur konträr zu den Ansätzen der ‚78er'-Linken, für die die Verknüpfung von Pop, Kunst, Politik und Theorie nicht einen Nebenschauplatz, sondern die substanzielle Voraussetzung für ihre Entwicklung und Ausrichtung darstellt. Auf der anderen Seite bedienten sich auch NDW-Akteur:innen bestimmter Ansätze und Begriffe der Kritischen Theorie.[856] Dazu gehörte etwa das Konzept der allumfassenden „Kulturindustrie", die die vermeintlich passiven Konsument:innen indirekt in ihrem Verhalten und ihrer Identitätsbildung manipuliere und dementsprechend kritisiert wird. Prominenten Ausdruck findet dieser Rückgriff im Umfeld der EINSTÜRZENDEN NEUBAUTEN, etwa im Aufgreifen des Konzepts Muzak vonseiten einzelner Mitglieder, unter anderem im Film „Decoder" (1984), der Muzak als Manipulationsmedium behandelt. Sänger Blixa Bargeld wiederum nahm Anfang der 1980er Jahre wiederholt Versatzstücke aus der Philosophie Walter Benjamins für seinen Untergangs-Kult in Anspruch:

> Ich führe nur einen simplen Kampf, der nichts bewirkt, als die Fronten weiter zu verhärten, die Widersprüche weiter zuzuspitzen, also den Untergang in Anführungsstrichen immer weiter voranzutreiben. Ich kämpfe nicht für irgendwas, ich kämpfe nur gegen alles. [...] Und wenn uns nachgesagt wird, dass wir destruktiv sind, weil wir keinerlei Werte anerkennen,

---

855 Skai zit. n. Kröher: „Untergrund und Unternehmer (Teil 1)" (1980), 49 sowie Müller, Wolfgang: „Sprache". URL: *http://www.wolfgangmuellerrr.de/Sprache* (Letzter Zugriff: 24.10.2022). Vgl. auch den „*Sounds*-Diskurs"-Beitrag von Hoffmann: „Das moderne Ich" (1980).
856 Siehe dazu beispielhaft den „Diskurs"-Beitrag von Stender: „Musik zwischen Anpassung und Überwindung" (1980). Vgl. Rauen: *Pop und Ironie* (2010), 58.

dann ist das für mich etwas Positives: ‚Der destruktive Charakter ist heiter und freundlich. Er kennt nur eine Devise: Platz schaffen. Er weiß nicht, was er will, sondern nur, dass er alles, was ist, nicht will.' Der Spruch stammt nicht von mir, sondern von Walter Benjamin. Von mir aus alles dem Erdboden gleichmachen, ohne zu wissen, was dann kommen wird oder wohin das führt.[857]

Schließlich deutet Bargelds manifestartiger Ausspruch eine weitere, weitaus bedeutendere philosophische Tradition an, die von den ‚78er'-Protagonist:innen selbst nicht benannt wurde, aber den Kern des ‚Kälte-Pop' bildet. Die Rede ist von jenem ‚sinistren' Zweig der Aufklärung, der sich über die Philosophen Julien Offray de La Mettrie[858], D.A.F. de Sade, Max Stirner und Friedrich Nietzsche erstreckt und in den ‚Kälte'-Lehren der Neuen Sachlichkeit und der Neuen Deutschen Welle seine moderne Ausführung fand. Sie alle waren geprägt von einem materialistisch-atheistischen Amoralismus und von einem ethischen wie ästhetischen ‚positiven' Nihilismus, trieben das Konzept der Aufklärung konsequent weiter bzw. auf die Spitze und wurden von den hegemonialen Teilen in der Linken verdrängt bis verteufelt. Insbesondere zur Philosophie Nietzsches zeigen sich auffällige Parallelen: So entspricht das Akzeptieren und Aneignen der moderne Welt vonseiten der ‚78er' deutlich Nietzsches „amor fati" und „Willen zur Macht", wie sich auch Nietzsches lustbetonter und kunstsinniger Amoralismus in Gabi Delgados (DAF) Parole „Ästhetik vor Ethik!"[859] spiegelt. Im „Ja zur Modernen Welt" der ‚kalten' NDW-Protagonist:innen äußerte sich jener Nietzscheanische Antinihilismus bzw. überwundene Nihilismus, der sich nicht als kulturpessimistischer Verlust, sondern konstruktiver, lebensbejahender Ausgangspunkt für künstlerische Subjektivierungsprozesse darstellt und eine emanzipatorische Aneignung der Welt anstrebt. Während die sozialistischen Utopien der ‚68er'-Linken die Heils- und Erlösungsversprechen der (Politischen) Religionen[860] weiterführten und selbst in Punk noch die moralische Betrachtung der Welt steckt, die das ‚falsche Leben' anprangert, sich unter anderem durch äußerliche Abgrenzung von der als verkommen betrachteten Gesellschaft loszusagen suchte und mit einer Verfallsästhetik an eben-

---

857 Bargeld zit. n. Härlin/Sontheimer: „Nehmt Abschied!" (1982), 81. Vgl. auch Bargeld zit. n. Bohn: „Let's hear it for the Untergang Show" (1983), 23.
858 Ob es sich, wie der Literaturwissenschaftler Uwe Schütte behauptet, bei der Angabe „L'Homme Machine" auf dem Frontcover des KRAFTWERK-Album *Die Mensch·Maschine* (1978) tatsächlich um eine Anspielung auf La Mettries gleichnamiges Traktat (1748) handelt, das ein radikal-materialistisches Konzept einer Einheit von Körper und Seele vertrat und im Menschen eine biologische Maschine sah, lässt sich in Ermangelung betreffender Aussagen vonseiten der Bandmitglieder allerdings nicht beantworten. Siehe Schütte: „Halb Wesen und halb Ding'" (2018), 94–95.
859 Delgado während eines DAF-Konzerts am 15.11.2013 im *K17*, Berlin.
860 Siehe dazu Voegelin, Eric: *Die Politischen Religionen*, Wien 1938.

jener eschatologischen Vorstellung von der untergehenden, ‚falschen' Welt festhielt, manifestierte sich in der affirmativ-subversiven ‚Kälte'-Haltung Nietzsches Ansatz des „dionysischen" Antichristen:

> Christenthum war von Anfang an, wesentlich und gründlich, Ekel und Überdruss des Lebens am Leben, welcher sich unter dem Glauben an ein ‚anderes' oder ‚besseres' Leben nur verkleidete, nur versteckte, nur aufputzte. Der Hass auf die ‚Welt', der Fluch auf die Affekte, die Furcht vor der Schönheit und Sinnlichkeit [...]. Gegen die Moral also kehrte sich damals [...] mein Instinkt, als ein fürsprechender Instinkt des Lebens, und erfand sich eine grundsätzliche Gegenlehre und Gegenwerthung des Lebens, eine rein artistische, eine antichristliche. [...] [I]ch hiess sie die dionysische.[861]

Tatsächlich spielte im Gegensatz zur ‚alten' Linken bei den ‚78ern' jedoch weder Religion noch offensive Religionskritik eine Rolle. Dies mag auf den ersten Blick gegen eine Nietzscheanische Tradition sprechen. Der Grund für dieses nahezu komplette Fehlen einer thematischen Beschäftigung mit Glaube, Religion und Atheismus liegt allerdings in jener den ‚78ern' eigenen Haltung begründet, die Religions- und Gottlosigkeit als Selbstverständlichkeit und Grundprämisse begriff und nicht erst durch einen verlustreichen Akt nihilistischer Entwertung erreicht werden musste: Gott war für die ‚78er' ohnehin schon lange tot und nicht der Rede wert. Das von den ‚Kälte'-Akteur:innen propagierte „Ja zur Modernen Welt" mit all ihren Zwängen und in all ihrer Komplexität schließt daher an Nietzsches Forderung zur Etablierung neuer Werte nach der „Umwertung aller Werte" an. Inwieweit sich die NDW-Bohème dieser Verbindung bewusst war, kann hier nur vermutet werden, allerdings ist es wohl kaum Zufall, dass Diedrich Diederichsen seinen 1983 erschienenen Beitrag zur „semiotischen Katastrophe" der New-Wave-Kultur mit einem Nietzsche-Zitat beginnen ließ, das die ‚Kälte' und den Popismus der NDW-Bohème um rund 100 Jahre vorwegnahm:

> Bei allem Werte, der dem Wahren, dem Wahrhaftigen, dem Selbstlosen zukommen mag: es wäre möglich, dass dem Scheine, dem Willen zur Täuschung, dem Eigennutz und der Begierde ein für alles Leben höherer und grundsätzlicherer Wert zugeschrieben werden müsste.[862]

---

861 „Selbstkritik 5" in Nietzsche, Friedrich: „Die Geburt der Tragödie" (1886), in: ders.: *Die Geburt der Tragödie. Unzeitgemäße Betrachtungen I-IV. Nachgelassene Schriften 1870–1873, Sämtliche Werke. Kritische Studienausgabe*, Bd. 1, 2. Aufl., München u. a. 1988, 9–156, hier: 18–19. Hervorhebungen i. O.
862 Diederichsen: „Die Auflösung der Welt" (1983), 166. Das Zitat stammt aus „Erstes Hauptstück: Von den Vorurtheilen der Philosophen. 2" in Nietzsche, Friedrich: „Jenseits von Gut und Böse. Vorspiel einer Philosophie der Zukunft" (1886), in: ders.: *Jenseits von Gut und Böse. Zur Genealogie der Moral, Sämtliche Werke. Kritische Studienausgabe*, Bd. 5, 2. Aufl., München u. a. 1988, 9–244, hier: 16–17.

Wie sich zeigt, verbirgt sich hinter dem ‚Kälte-Pop' der NDW-Bewegung mehr als ein rein stilistischer Trend, geschweige denn der symptomatische Ausdruck einer vermeintlich desillusionierten, apolitischen Jugend, die vor der Kulisse eines wie auch immer gearteten Krisenszenarios vor der ‚falschen' Welt durch deren ironische Spiegelung resigniert. Stattdessen waren die von den ‚78ern' eingesetzten Motive und Strategien der ‚Kälte' sowohl effektive Waffen gegen die Mehrheitsgesellschaft und linksalternative Gegenkultur als auch konsequenter Ausdruck einer veränderten Perspektive auf die Gesellschaft und das Subjekt. Provokation und anfänglich auch Ironie spielten ohne Frage eine bedeutende Rolle, sollten allerdings nicht den Blick auf die tatsächliche Um- und Neubewertung gegenkultureller Ideale, Normen und Denkstile verstellen. Hier liegt auch die deutliche Differenz zur Punk-Kultur: Wie diese waren auch die ‚78er' und die NDW-Bewegung noch Teil des gegenkulturellen Aufbruchs, jedoch entwerteten die ‚78er' tatsächlich einst geteilte Bezugssysteme und Motive, statt sich nur symbolisch von diesen zu trennen. Deutlich werden in diesem Zusammenhang auch erneut die Parallelen zu den historischen Avantgarden: zum Dadaismus, der wie Punk sein Leiden an der modernen Welt in zynische Ironie verpackte, sowie zur Neuen Sachlichkeit, die dem gegenkulturellen Aufbruch der historischen Avantgarden entsprang, diese aber zugleich mit der Subjektkultur der Moderne versöhnte – ein „Ja zur Modernen Welt", das der ‚Kälte-Pop' der NDW buchstäblich wiederholte. ‚Kälte-Pop' ist damit sowohl Teil der Counter Culture als auch deren konsequenter Ausgang in Form einer Gegenkultur innerhalb der Gegenkultur, die die ‚langen siebziger Jahre' abschließt und die Ästhetik und Lebenswelt der Postmoderne vorwegnimmt und mitetabliert. Von außerordentlicher, nicht nur pophistorischer Bedeutung ist hierbei der Umstand, dass die Entwicklung dieser ‚neuen' Linken in der Neubewertung des Verhältnisses von Kunst und Politik, Pop und Identität, Musik und Theorie wurzelte. Pop war kein Nebenaspekt mehr, sondern wurde der Schlüssel zum Verständnis und zur Partizipation.

3 Motive und Strategien der ‚Kälte‘

Wie sah die ‚Kälte‘ deutschsprachiger New-Wave-Bands nun im Konkreten aus? Welche ‚kalten‘ Strategien, Motive, Codes und Verhaltenslehren entwickelten die Musiker:innen? Grob lassen sich fünf ‚Kälte‘-Typen unterscheiden, die allerdings keine abgeschlossenen Gruppen, sondern sich nicht selten personell wie ästhetisch überschneidende Ausprägungen derselben ‚Kälte-Welle‘ darstellen. Den Anfang machen der Maschinen- und Technik-Kult KRAFTWERKS und ihrer Adept:innen sowie die subversive Affirmation der postmodernen Wirklichkeit durch die ‚78er‘-Bohème. Darauf folgt eine Untersuchung der schwarzromantischen Kälte-, Entfremdungs- und Todes-Motive bei Bands wie IDEAL und GRAUZONE. Abschließend wird die ‚hitzige Kälte‘ der West-Berliner Untergangs-Propheten EINSTÜRZENDE NEUBAUTEN und der Düsseldorfer Körper-Fetischisten von DAF behandelt. Im Fokus der Analyse stehen nicht nur die Produkte und Selbstdarstellungen der Musiker:innen selbst, sondern ebenso die Bewertung und Rezeption ihrer Kritiker:innen. Da die im Folgenden besprochenen Bands bis auf die eher abseits der Szenen stehenden KRAFTWERK alle Teil einer sehr vielfältigen Bewegung sind, verbunden über geteilte Lokalitäten, Plattformen und Medien, einzelne Bandmitglieder, künstlerische Einflüsse und musikalische Vorbilder, widmet sich das Kapitel einleitend zunächst den typübergreifenden ‚kalten‘ Musikstilen und Ästhetiken der NDW-Bewegung, bevor die fünf Typen des ‚Kälte-Pop‘ im Einzelnen aufgeschlüsselt werden.

Die Funktion und Effekte der genutzten Strategien und Motive der ‚Kälte‘ unterscheiden sich mitunter erheblich von Band zu Band, auch innerhalb der verschiedenen ‚Kälte‘-Typen selbst: Zum einen kann die ‚Kälte‘ eine panzernde Funktion haben, als Form der Abschirmung durch Anpassung. Die Affirmation der als bedrohlich wahrgenommenen, postmodernen und postindustriellen Welt dient hier dem Schutz des Subjekts und offenbart eine Defensivposition und oftmals romantische bis antimodernistische Haltung. Während durch die Panzerungsstrategie die ursprüngliche Ablehnung zugunsten einer unter Zwang erfolgten Angleichung aufgegeben wird, hält der kritisch-mimetische Einsatz von ‚Kälte‘-Motiven am Widerstand gegen das Dargestellte fest und sucht das Kritisierte durch Imitation anzuprangern. Diesen beiden Ausprägungen gegenüber steht die modernistische Funktion, deren Ja zur modernen Welt einer tatsächlichen Neubewertung und veränderten Sichtweise auf die genutzten Motive und affirmierten Prozesse entspringt. Der Gebrauch ‚kalter‘ Motive und Strategien zielt hier zumeist auf eine Kritik an antimodernistischen Tendenzen innerhalb der sich als links verstehenden Gegenkultur und auf eine gleichzeitige Subversion von konservativen und rechten Ansätzen. Schließlich kann die ‚Kälte‘ auch eine transnationale Funktion haben, indem international vorherrschende Stereotype, etwa die Vorstellung vom ‚kalten Deutschen‘, zur Anknüpfung an die transnationale Popkultur genutzt werden.

3.1 ‚Kalte' Sounds und ‚kalte' Ästhetik

„Der sinnfällige Effekt der Trennung ist ‚Kälte'", resümiert Helmut Lethen,[1] und tatsächlich war den NDW-Künstler:innen kaum etwas so wichtig wie Distanz. Dies galt nicht nur in puncto Verhaltens- und Kleidungsstil, sondern auch bei der Gestaltung von Sounds, suchten die ‚Kälte'-Musiker:innen sich doch von Anfang an von etablierten Genres, anderen Musiker:innen und deren Veröffentlichungen abzugrenzen. Gabi Delgado etwa behauptete, er und Robert Görl hätten beim Ausarbeiten der DAF-Tracks sofort alles aussortiert, was sie an bereits existierende Songs erinnert habe, und auch NEUBAUTEN-Drummer Andrew Unruh erwiderte auf die Frage nach der Bedeutung seines aus Stahlfedern, Blechen und anderem Baumaterialien selbstgebauten Schlagzeugs: „Das kostet mich nicht einmal fünf Mark. Und keiner wird's nachmachen. Das ist für mich wichtig."[2] Zugleich fungierten diese musikalischen Grenzziehungen als künstlerische wie ideologische Distanzwahrer, insbesondere gegen die vermeintlich Nächststehenden, nämlich die sich noch immer am klassischen Rock orientierende Punkmusik und bewegungsexterne ‚Wellenreiter' wie SPLIFF, EXTRABREIT, NENA, HUBERT KAH und Frl. Menke, die mit konventionellen Sounds und Songstrukturen kommerzielle Erfolge einfuhren. Selbst wenn man diese herausrechnet, umfasste die NDW eine Vielzahl von Stilen und Strömungen. Die musikalischen Einflüsse reichen von Punk und Pop, Ska und Dub, Electro und Funk, experimenteller Musik, Krautrock und Industrial, Post-Punk und New Wave, bis zu politischen Kampfliedern der Weimarer Zeit und deutschen Schlagern der 1920er bis 1950er Jahre. Wie die Musikwissenschaftlerin zu Recht Barbara Hornberger feststellt, blieb jedoch – für die deutsche Popmusikgeschichte ungewöhnlich – „das Neue, Fremde dem eigenen Stil untergeordnet, wirkt wie ein Zitat, ein musikalisches Accessoire".[3]

Anti-Rock / Anti-Musik

Sichtlich verwirrt fragte *Musikexpress*-Autor Harald Inhülsen in seiner Rezension des DAF-Albums *Die Kleinen und die Bösen* (1980): „Ist dies Politik? Ist dies Rock? Ist dies Punk? Ist dies Elektronik? Ist dies Funk? Ist dies Soul? Ist dies Rote Welle? Oder Tote Welle?"[4] Die LP sollte zum Underground-Hit und einem der einflussreichsten Meilensteinen der frühen NDW werden, enthielt ihr Sound doch jene

---

[1] Lethen: *Verhaltenslehren der Kälte* (1994), 68.
[2] Delgado zit. n. Morley: „Love Motion Nr. Zwei" (1981), 15. Unruh zit. n. o. V.: „Rockmusik: Die neue deutsche Welle" (1981), 205.
[3] Hornberger: *Geschichte wird gemacht* (2010), 199.
[4] Inhülsen, Harald: „DIE KLEINEN UND DIE BÖSEN. Deutsch Amerikanische Freundschaft. Mute Records. Stumm 1", Rezension, in: *Musikexpress*, Nr. 8 (1980), 44.

musikalischen Motive und Formen, die den sogenannten Anti-Rock der ‚kalten' Post-Punk-Musiker:innen prägten. Dazu gehörten in der Regel zumeist hohe und verzerrte Gitarren- und Synthesizer-Sounds, die nicht flächig, sondern minimalistisch und staccato gespielt wurden und nur äußerst selten auf Harmoniewechsel und Blues-Rock-Riffs zurückgriffen, ein per Bassgitarre, zumeist aber mit Synthesizern eingespielter, monoton auf Achteln laufender Bass sowie ein oft von Drum-Machines erzeugter, abgehackter und motorisch treibender Schlagzeug-Sound, dem „jeglicher warmer Groove" fehlt, wie die Musikwissenschaftler Döpfner und Garms bemerken.[5] Dabei machte es auch keinen Unterschied, ob ein Mensch oder eine Drum-Machine diesen Part übernahm, da die NDW-Drummer:innen ohnehin sehr häufig maschinenhaft-monoton spielten. Nachdem zu Beginn der NDW die erwünschte Abgrenzung vom Rock-Schema durch Formen der Überbietung und durch eine offensive Ablehnung rockistischer Tiefe und „Hintergründigkeiten"[6] erprobt wurde, gingen die Musiker:innen des Anti-Rock dazu über Stile wie Free Jazz, Noise, experimentelle und elektronische Musik zu integrieren – als letzter Schritt zur Abnabelung blieb, wie Diedrich Diederichsen schreibt, schließlich nur noch „die Idee, die Musik ganz unter Musik-fremde Maximen zu stellen".[7]

Eine der ersten NDW-Bands, die diesen Anspruch umsetzte, war DER PLAN aus Düsseldorf um die Künstler Moritz Reichelt und Frank Fenstermacher sowie den Synthesizerspieler Kurt Dahlke (aka Pyrolator). „Geri Reig" nannte der stark von der US-amerikanischen Gruppe THE RESIDENTS beeinflusste Reichelt diesen Stil sowie das darauf bauende Debüt-Album (1980) der Band. Live zumeist maskiert und gegen jede Rock-Authentizität mit Schaumstoffgitarren ausgestattet, produzierten die Bandmitglieder betont dilettantische, experimentelle Electro-Sounds, die mit Noise-Elementen, primitiven Synth-Melodien und verzerrten, Kindergesang-ähnlichen Vocals unterlegt wurden. „Nun, wir wollten ja damals auch und vor allem befremdlich wirken", bestätigt Reichelt in seiner Autobiographie: „Das Fremde und Seltsame war uns Stil und Botschaft zugleich, eine Art Nervenkitzel."[8] In dadaistisch-surrealistischer Tradition standen neben den Sounds und Bühnenrequisiten auch die Songtexte, in denen die Band die Abgründe des Alltäglich-Banalen in ebenso kindlich-naiver Art behandelten. Überwältigt von der „gestylten Einfältigkeit" der Gruppe warnte ein Redakteur des *Musikexpress* die Leserschaft: „Die scheinbare PLAN-Idylle ist oft nicht nur auf Bildern ein bunt-angestrichener Horror."[9] Die auf das experimentell-düstere Debüt-Album folgenden Veröffentlichun-

---

5 Döpfner/Garms: *Neue deutsche Welle. Kunst oder Mode?* (1984), 41.
6 Franz Bielmeier (MITTAGSPAUSE) zit. n. Teipel: *Verschwende deine Jugend* (2001), 34.
7 Diederichsen: „Genies und ihre Geräusche" (2015), 16.
8 Reichelt: *Der Plan* (1993), 54. Vgl. ebd., 147–148.
9 Hoff, Hansi: „Der Plan. Einfalt am Stil", in: *Musikexpress*, Nr. 6 (1981), 22–23, hier: 23.

gen der Gruppe waren – in Alfred Hilsbergs Worten – „viel wärmere Platten",[10] denn die Band verzichtete nun auf allzu experimentelle Klanggebilde, stellte stattdessen die humoristischen Aspekte, gespielte Unbeschwertheit und die „Figur des Naiven"[11] noch weiter in den Vordergrund – eine Entwicklung, die der zu jener Zeit aufblühenden, „neuen deutschen Fröhlichkeit" von Musikern wie Andreas Dorau, Max Goldt (FOYER DES ARTS) und TRIO entsprach.[12] Dieser veränderte Anspruch richtete sich gegen die als düster, ernst und negativ empfundene NDW, wie Moritz Reichelt in einem Interview von 1981 erklärte: „Die New Wave-Bewegung und die Situation überhaupt sind ja sehr pessimistisch. Man geht praktisch davon aus, dass sowieso alles vor die Hunde geht."[13]

Das Zentrum ebenjener düsteren, humorbefreiten Avantgarde-Strömung lag derweil in West-Berlin. Weitreichende Wirkung hatte hier vor allem die „Große Untergangs-Show – Festival Genialer Dilletanten", ein am 4. September 1981 im *Tempodrom*, mitten auf dem Brachgelände des Potsdamer Platzes veranstaltetes Stelldichein heimischer, vorrangig experimenteller Post-Punk-Bands und -Musiker:innen wie EINSTÜRZENDE NEUBAUTEN, SPRUNG AUS DEN WOLKEN, DIE TÖDLICHE DORIS, DIN A TESTBILD, padeluun, Gudrun Gut, Christiane F. sowie den beiden später als Techno-Produzenten berühmt gewordenen WestBam (Maximilian Lenz) und Dr. Motte (Matthias Roeingh) vor etwa 1.400 Zuschauern. Auch hier legte man wenig Wert auf Harmonie oder konventionelle Songstrukturen, geschweige denn technische Fähigkeiten am genutzten Instrumentarium, das von E-Gitarren und Synthesizern

---

10 Hilsberg, Alfred: „Der Plan", in: *Sounds*, Nr. 11 (1981), 28–31, hier: 30. Vgl. auch die Diederichsen, Diedrich: „Der Plan. NORMALETTE SURPRISE. Ata Tak/Warning WR 07", Rezension, in: *Sounds*, Nr. 4 (1981), 61.
11 Die Kulturwissenschaftler Stefan Krankenhagen und Hans-Otto Hügel beschreiben die popkulturelle Strategie der Naivität als geeignetes Mittel, um die in Krisen- und Umbruchzeiten erlebten Verlusterfahrungen zu kompensieren und zugleich deren Ursachen zu kritisieren: „Die Figur des Naiven bedient beides: die Sehnsucht nach dem Natürlichen wie das Wissen um die Unmöglichkeit eines naturbelassenen Zustands." Krankenhagen, Stefan/Hügel, Hans-Otto: „Figuren des Dazwischen. Naivität als Strategie in Kunst, Pop und Populärkultur", in: dies. (Hg.): *Figuren des Dazwischen. Naivität als Strategie in Kunst, Pop und Populärkultur*, München 2010, 7–15, hier: 7–8.
12 Zur „neuen deutschen Fröhlichkeit" vgl. Reichelt: *Der Plan* (1993), 58, Stefan Remmler (TRIO) zit. n. D'Oro, Doris: „Trio: So minimal, dass es eine Art ist", in: *Sounds*, Nr. 1 (1982), 12, hier: 12, Gülden, Jörg: „Singles", in: *Sounds*, Nr. 1 (1982), 23 sowie Goldt zit. n. ders.: „Foyer des Arts. 1. Gülden stößt auf Gold(t); 2. Nach allen Seiten offen (mit klaren Likes und Dislikes)", in: *Sounds*, Nr. 2 (1982), 18–19, hier: 19.
13 Reichelt zit. n. Pott, Gregor: „Plan-Tage, gute Tage", in: Hartmann, Walter/Humann, Klaus/Reichert, Carl-Ludwig (Hg.): *Rock Session 5. Magazin der populären Musik*, Reinbek bei Hamburg 1981, 17–29, hier: 23. Vgl. Frank Fenstermacher zit. n. Teipel: *Verschwende deine Jugend* (2001), 181.

bis zu Baumaschinen und Metallschrott reichte.[14] Nichtkönnen galt als Voraussetzung. Wie stark diese ‚Anti-Musik' mit der lokalen Szene verbunden war, zeigte sich gleichfalls bei dem von Dimitri Hegemann (dem späteren Gründer des Techno-Clubs *Tresor*) initiierten Festival „Berlin Atonal", auf dessen Premiere Ende 1982 vor allem West-Berliner „Dilletanten" wie SPRUNG AUS DEN WOLKEN, EINSTÜRZENDE NEUBAUTEN, Frieder Butzmann, MALARIA!, DIDAKTISCHE EINHEIT, NOTORISCHE REFLEXE, ALU, DIE HAUT und DIE TÖDLICHE DORIS spielten. In der Musikpresse löste der Begriff „Geniale Dilletanten" ab Ende 1981 den Begriff „Geri Reig" nahezu vollständig ab, war nun aber gebunden an einen bestimmten Ort (West-Berlin) und Stil (Industrial, Noise, experimentelle Musik).[15] Dies lag nicht zuletzt an dem von Wolfgang Müller (DIE TÖDLICHE DORIS) im Nachgang des Festivals herausgegebenen, gleichnamigen Sammelband mit Beiträgen beteiligter Künstler:innen wie Blixa Bargeld, der in seiner Einleitung manifestartig festhielt:

> Unsre Musik sind keine Töne mehr, es ist auch nicht wichtig, was es für Klänge sind, es ist nur noch wichtig was es ist und noch dazu parteiisch. [...] Wir machen keine Fehler mehr, wir werden nichts bei geschlossenem Fenster wiederholen, schrei dich zu Tode. Das ist mehr als richtig.[16]

Krach hatte für die „Genialen Dilletanten" im Gegensatz zu den britischen Industrial- und Noise-Pionierbands keine provokative oder aufklärerische Funktion mehr, mit dem verdeckte gesellschaftliche Abgründe demaskiert werden könnten. Stattdessen schätzten sie Lärm als wertvollen Klang, als Ausdruck und Motor einer zu begrüßenden Entwicklung gegen die Ordnung der Mainstream-Musik, als auch der Punk-Musik, die sich nach einem für alle Ausprägungen offenen Beginn wieder an konventionellen Rockstrukturen orientierte. So interpretierte etwa Herausgeber Müller in seinem Sammelband Krach als „Befreiung" von der Fortschrittsidee in der Musik, die sich in „der endlosen Kette der Verfeinerung und Ver-Komplizierung von Instrumenten/Aufnahmetechniken" ausdrückt.[17] Sein Bandkollege

---

14 Generell hatte Weggeworfenes und Zerfallenes in der West-Berliner „Dilletanten"-Szene – in Ablehnung einer Zukunftsperspektive – einen weitaus größeren künstlerischen Stellenwert als bei jeder anderen NDW-Szene. Beispielhaft sei hier etwa auf die mit Abfällen befüllte, transparente Plastikhülle der Vinylsingle *Abfall/Garbage* (1979) von DIN A TESTBILD verwiesen. DIN A TESTBILD: *Abfall Garbage / Glas Konkav* (1979), 7"-Single, ohne Label, Din 00000/80.
15 Vgl. Schneider: *Als die Welt noch unterging* (2007), 159–160.
16 Bargeld, Blixa: „Zum Geleit", in: Müller (Hg.): *Geniale Dilletanten* (1982), 7. Es existieren verschiedene Geschichten dazu, ob der „Dilletanten"-Begriff zu Beginn tatsächlich absichtlich falsch geschrieben wurde oder ob dies ein Versehen war. Entscheidend ist vielmehr, dass mit diesem Band die Falschschreibung bewusst als treffende Bezeichnung festgemacht wurde.
17 Müller, Wolfgang: „Die wahren Dilletanten", in: ders. (Hg.): *Geniale Dilletanten* (1982), 9–15, hier: 11–12.

Nikolaus Utermöhlen erhoffte sich unterdessen von den „Dilletanten"-Sounds jene Energiezufuhr, mit der die als „gefroren" wahrgenommenen, erstarrten Strukturen konsumierbarer Mainstream-Musik zugunsten einer „heißen" Musik aufgelöst werden könnten.[18] „Die moderne Melodie ist Krach", erklärte auch NEUBAUTEN-Mitglied Unruh 1981 gegenüber dem Magazin *Der Spiegel*,[19] für den Großteil der Pop- und sogar NDW-begeisterten Hörer:innen und Musiker:innen jedoch blieben die ungewohnten Sounds der „Genialen Dilletanten" genauso schwer bis unerträglich wie für die westdeutsche Rundfunklandschaft, die deren Veröffentlichungen komplett ausblendete.[20] Selbst „Geri-Reig"-Erfinder Reichelt, der noch 1980 in einem pseudonymisierten Manifest die elitäre Haltung der „Geri-Reig"-Musiker:innen verteidigt hatte, weil der Publikumsgeschmack niemals avantgardistisch sei,[21] beklagte schließlich eine vermeintliche „Verselbständigung des neuen deutschen Lärms", dessen einzige Funktion die Demonstration des Zugehörigkeitsanspruchs der Künstler:innen zur Avantgarde-Szene sei.[22]

‚Kalte' Welt: „Industrierock" und „Stahlmusik"

Wie das Beispiel „Geri Reig"/„Geniale Dilletanten" zeigt, entwickelten die unabhängig voneinander entstandenen NDW-Szenen aufgrund der geteilten neuen Ästhetik gleichartig erscheinende und klingende Motive, obwohl sich dahinter unterschiedliche Prämissen verbargen. Dies trifft auch auf die charakteristische Affirmation der NDW und des ‚Kälte-Pop' mit allem Industriellen, Fabriken, Maschinen und ‚kalten' Materialien wie Stahl und Beton zu. Auch hier fand eine Neuorientierung, genauer eine Umwertung hegemonialer, (gegen-)kultureller Normen und Narrative statt, die trotz verschiedener Voraussetzungen zu vergleichbaren bis analogen Produkten und Ergebnissen führte. So zeichneten sich die in der industriell geprägten Rhein-Ruhr-Region aufgewachsenen Musiker:innen der frühen NDW eine Faszination für Motive der Industrie- und Arbeitswelt aus.[23] Eine Vorreiterrolle nahm auch hier die Düsseldorfer Gruppe KRAFTWERK ein, die in ihrem

---

18 Vermöhlen, Nicki: „Grundlagen zur Molekularstruktur der Musik in verschiedenen Zuständen", in: ders. (Hg.): *Geniale Dilletanten* (1982), 60 sowie Ufermöler, N.: „Das Verhalten fester Körper bei Erwärmung", in: Müller (Hg.): *Geniale Dilletanten* (1982), 61–65, hier: 62. In beiden Fällen ‚versteckt' sich hinter den Pseudonymen Utermöhlen.
19 Unruh zit. n. o. V.: „Rockmusik: Die neue deutsche Welle" (1981), 205.
20 Müller zufolge habe auch in linksalternativen Kreisen eine negative Haltung zu den „Genialen Dilletanten" vorgeherrscht. Müller: *Subkultur Westberlin 1979–1989* (2013), 328.
21 Dankwart, Ludwig Sigurt: „Geri Reig (Teil 2)", in: *Sounds*, Nr. 2 (1980), 22–23, hier: 23.
22 Reichelt: *Der Plan* (1993), 48.
23 Diese Faszination für das Industrielle war nicht lokal begrenzt, sondern findet sich auch bei anderen deutschsprachigen New-Wave-Künstler:innen. Boris Blank von der Schweizer Gruppe YELLO etwa erklärte 1980 in einem Interview: „Ich liebe Besichtigungen von großen Industrien.

1978 veröffentlichten Album *Die Mensch·Maschine* in vielfacher Form die konstruktivistische Figur des Arbeiters glorifizierte. Insbesondere Ralf Hütter betonte immer wieder in Interviews, dass die urbanen und technologischen Themen der Gruppe die lebensweltliche Wirklichkeit in der Rhein-Ruhr-Region widerspiegeln und daher nun mal von „Großstadt-Situationen, Schaufensterpuppen, Robotern" statt der Natur handeln würden.[24] Wiederholt erklärten er und sein Kollege Florian Schneider, dass dem Rhein-Ruhr-Gebiet aufgrund des allliierten Bombardements jede kulturgeschichtliche Anknüpfung verloren gegangen sei, sodass ihnen nur die der Region charakteristische Industriewelt und deren Geräuschkulisse als klangliche Ressource und künstlerische Inspiration geblieben sei: „We went very far in the cold metal, it's a reflex from our industrial life."[25] Die Inklusion dieser spezifischen Maschinen- und Industrie-Klänge hat Hütter zufolge daher etwas „ethnic" an sich, weshalb er KRAFTWERKS Produktionen auch wiederholt als „industrielle Volksmusik" anpries.[26]

Diese Perspektive unterschied sich jedoch von jener der um Düsseldorf entstandenen frühen NDW-Gruppen. Auch ihre Sozialisation und Biografie wurde durch die industriell-geprägte Lebenswelt bestimmt, auch sie suchten diese Einflüsse künstlerisch umzusetzen, etwa durch das Einbinden von Maschinen- und Technologie-Motiven in die Performance und Schallplattencover oder von Alltagsgeräuschen und industriellen Sounds in die Musikproduktionen.[27] Anders als in der retrofuturistischen Bildwelt KRAFTWERKS war die Maschinen- und Industriewelt der NDW aber nicht mehr ‚sauber' und glatt, sondern ein grauer, rußiger und paradoxerweise sowohl menschenfeindlicher wie heimischer Ort. Erneut zeigte sich die NDW hier als eine dokumentarische, an zeitgenössischen Prozessen orientierte Bewegung, referierten deren Protagonist:innen doch bewusst auf die sich wandelnde öffentliche Meinung zu Baumaterialien wie Beton. Dieser wurde dem Architekturhistoriker Adrian Forty zufolge im westeuropäischen Kontext zuerst mit dem Wohlfahrtsstaat und dessen schnell umgesetzten Sozialversprechen verbunden, seit den 1970er Jahren jedoch mehr und mehr mit thermischen Kälte-Begriffen verknüpft und im Gegensatz zu ‚warmen' Materialien wie (Back-)Stein und

---

Ich mag den Sound einer Maschinenfabrik." Zit. n. Preissle, Peter: „Yello", in: *No Fun (Schweiz)*, Nr. 18 (1980), 12–15, hier: 15.
24 Hütter in „Die Mensch-Maschine", *Ohne Maulkorb*, ORF (Sendedatum: 29.01.1982). URL: *https:// youtu.be/jzswEccD0UM* (Letzter Zugriff: 24.10.2022), 00:10:13–00:10:39. Vgl. auch Aikin: „Kraftwerk" (1999), 188.
25 Hütter zit. n. Perrin: „Interview, Ralf Hütter" (1981). Vgl. Schneider zit. n. Synthetic: „New Musick" (1977), 33.
26 Hütter zit. n. ebd.
27 Vgl. etwa Reichelt: *Der Plan* (1993), 21, der diesen Einfluss auch für die Produktionen von DER PLAN bestätigt.

Holz als entmenschlicht interpretiert.²⁸ An dieses seit Ende der 1970er Jahre in der Bundesrepublik hegemonial werdende Bild knüpfte die frühe NDW nun an und verkehrte es in sein Gegenteil. Beispielhaft für diese Umkehrung gegenkulturell einst geteilter und nun gesamtgesellschaftlich hegemonial werdender Wertemaßstäbe und Ideale ist die Mitte 1980 von der Gruppe THORAX-WACH in einem Interview geäußerte Erklärung, warum sich das Duo immer wieder vor der Kulisse desolater Industriegebieten inszeniere:

> wir fühlen uns auf den dargestellten landschaften relativ heimisch, weil selbst im verfall haben diese landschaften noch berechenbare strukturen [...]. das ist ein unterschied, wenn eine industrielandschaft zerfällt, oder ein naturprodukt, wie ein wald, wenns da anfängt zu modern und zu stinken. wenn man tatsächlich mal abend[sic!] durch den wald gehen sollte, merkt man, dass diese sache doch viel fürchterlicher als ein parkhaus oder ne abbruchslandschaft oder derlei ist. wir empfinden diese landschaft nicht als düster.²⁹

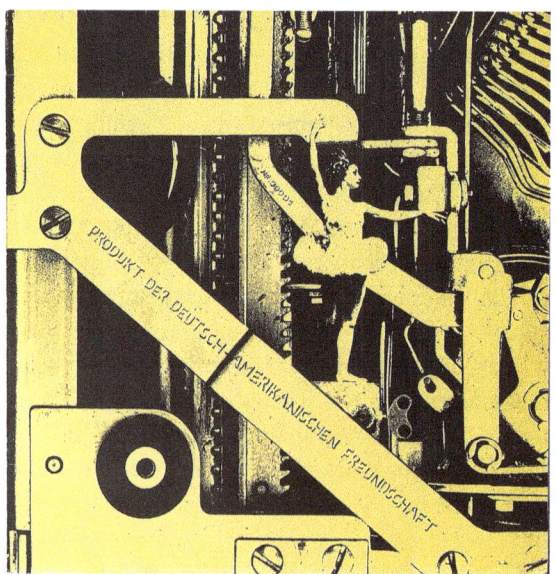

Abb. 7: Industrie-Verweise in Aufmachung und Titel: Frontcover der LP *Produkt der Deutsch-Amerikanischen Freundschaft* (1979) von DAF.

---

28 Forty ergänzt, dass Beton, als bestimmendes Material des Kalten Kriegs, durch Assoziation mit Bunkern und Raketensilos anfänglich eine Illusion von Sicherheit vermittelt habe, in den 1970er und 1980er Jahren aber als fremdartig, inhuman und (im Westen) als „sozialistisch" dämonisiert wurde. Siehe Forty, Adrian: „Concrete in the Cold War", in: Berger Ziauddin; Eugster; Wirth (Hg.): *Der kalte Krieg* (2017), 123–136.
29 Olaf Kraemer oder Frank Dieckmann zit. n. o.V.: „Thorax Wach – Interview", in: *Datenverarbeitung*, Nr. 5 (1980), 18–20, hier: 18.

Insbesondere die Düsseldorfer „Industriemusik" bemühte sich um eine musikalische, ästhetische und performative Reinszenierung der Industriewelt und der traditionellen Figur des Fabrikarbeiters. Dies äußerte sich etwa im Titel und auf dem das Innenleben einer Maschine abbildenden Schallplattencover des DAF-Erstlingswerks *Produkt der Deutsch-Amerikanischen Freundschaft* (1979, Abb. 7), in Bandnamen wie KRAFTWERK, MITTAGSPAUSE und DIE KRUPPS sowie im 1981 erschienenen Debüt-Album letztgenannter Band: *Stahlwerksynfonie*, ein mithilfe von Baumaschinen und Stahlteilen die Soundkulisse industrieller Fabrikarbeit nachempfindendes Instrumental-Werk.[30] Inspiriert von den ebenfalls in Industriestädten entstandenen Bands DEVO und PERE UBU entwickelten viele NDW-Gruppen eine Affirmationshaltung, die die tatsächliche Lebenswelt nicht ausblendet oder offen kritisiert, sondern dokumentarisch oder in Form einer modernen, ‚kalten' Romantik in Songtexte und Auftreten inkludiert. Songs wie „Industrie-Mädchen" (1979) oder „Zurück Zum Beton" (1980) dienten laut S.Y.P.H.-Sänger Harry Rag zur bewussten Begegnung mit der eigenen, als unwirtlich empfundenen Lebenswelt zwischen „Parkhaus, Supermarkt, Atomkraftwerk, Hochspannungsmast". Provokativ war dies für die damit angesprochenen Vertreter:innen des umweltbewegten, linksalternativen Milieus allemal, glücklich waren die frühen, noch sehr Punk-nahen NDW-Musiker:innen allerdings nicht in der vermeintlich schönen Betonlandschaft, wie Rag später eingestand: „Und diese graue Umwelt war ja in Wirklichkeit das, was mich am meisten störte. So gesehen waren frühe Texte von mir [...] durchaus im Sinne von Rousseaus ‚Zurück zur Natur'. Ich habe das eben nur umgedreht."[31]

> Zurück zum Beton
> Zurück zum Beton
> Zurück zur U-Bahn
> Zurück zum Beton
> Da ist der Mensch noch Mensch
> Da gibt's noch Liebe und Glück
> [...]

---

30 DIE KRUPPS: *Stahlwerksynfonie* (1981), LP, ZickZack, ZZ 30. Der Begriff „Industriemusik" taucht etwa in der Rezension des DAF-Debüts von Alfred Hilsberg auf. Siehe Hilsberg, Alfred: „Produkt der Deutsch-Amerikanischen Freundschaft. Warning Records WR 001", Rezension, in: *Sounds*, Nr. 10 (1979), 71. Zur „Arbeiterverehrung" vgl. die Aussagen von Franz Bielmeier, Markus Oehlen und Gabi Delgado, der ergänzte: „[A]nders als bei den Hippies hatte unsere Arbeiterverehrung aber keinen humanistischen Hintergrund. Wir waren dabei sehr zynisch. Wir wollten für die Menschen nichts besser oder schöner machen. Wir haben das nur benutzt. Als Muster." Zit. n. Teipel: *Verschwende deine Jugend* (2001), 109–110.
31 Rag zit. n. ebd., 89–90. Vgl. dazu auch die Aussage von Thomas Schwebel (S.Y.P.H., MITTAGSPAUSE, FEHLFARBEN) zit. n. ebd., 89. S.Y.P.H.: „Industrie-Mädchen", auf: *Viel Feind, Viel Ehr* (1979); S.Y.P.H.: „Zurück Zum Beton", auf: *S.Y.P.H.* (1980).

> Ekel, Ekel, Natur, Natur
> Ich will Beton pur
> Blauer Himmel, blaue See
> Hoch lebe die Betonfee
> Keine Vögel, Fische, Pflanzen
> Ich will nur im Beton tanzen
>
> S.Y.P.H.
> **Zurück zum Beton (1980)**

Deutlich werden hier die bei frühen NDW-Bands wie S.Y.P.H. auffälligen Parallelen zu den scheinaffirmativen Strategien des Dadaismus, der mit diesen das Leiden an der Moderne zu kaschieren suchte. Im Unterschied zu den Dadaist:innen wurden die NDW-Künstler:innen allerdings nicht erst seit Kurzem mit der Moderne konfrontiert, sondern waren in dieser industriell-geprägten Lebenswelt aufgewachsenen, die ihnen daher auch als selbstverständlich, ja ‚natürlich' erschien. So berichteten Musiker wie Pyrolator (DER PLAN) und Gabi Delgado (MITTAGSPAUSE, DAF), von einer „Industrieromantik" gepackt, alte „Industriegelände als Abenteuerspielplätze" für sich entdeckt zu haben.[32] Den Einfluss von Futurismus und Dada auf die sich in Düsseldorf sammelnde NDW-Szene unterstreichend, betonte Delgado jedoch, dass die Ästhetisierung von neuen Technologien und Maschinen im Gegensatz zu KRAFTWERK „eher aus einer Verehrung der Hässlichkeit" entstand:

> Wir sind nachts über Zäune geklettert und haben Fotos von Industrieanlagen gemacht. Und so wie die Surrealisten gesehen haben, dass ein Heizkörper genauso schön sein kann wie ein nackter Frauenkörper, haben wir gesehen, dass so ein Hippie-Dödel-Sonnenuntergang noch genauso schön sein kann, wenn eine hässliche Kokerei davor steht. Wir fühlten uns als Kinder der Fabrik.[33]

Eine sich davon unterscheidende Ausprägung charakterisierte unterdessen die West-Berliner Avantgarde-Szene. Industrie und Fabrikarbeit spielten als Motive hier weder lebensweltlich noch ästhetisch eine Rolle bei den lokalen Musiker:innen. Stattdessen spiegelte die Musik von Bands wie EINSTÜRZENDE NEUBAUTEN das oftmals aus zerstörten, verlassenen und vom Zweiten Weltkrieg gezeichneten Gebäuden bestimmte Stadtbild wider. Entsprechend dieser spezifischen Gestalt lag der Fokus der „Dilletanten" nicht auf Maschinen oder Industriebauten, sondern auf den im Skelett der Stadt offengelegten Materialien, namentlich Stahl und Beton. Ähnlich der Düsseldorfer NDW-Szene beschrieb auch Blixa Bargeld eine aus seiner subjektiven Biografie entstandene „Faszination für das Urbane", die sein künstle-

---

[32] Pyrolator zit. n. Teipel: *Verschwende deine Jugend* (2001), 89.
[33] Zit. n. ebd., 78–79.

risches Schaffen prägte.³⁴ Gleiches galt für die drei Musikerinnen von Mania D., die eine „Musik des Presslufthammers" zu kreieren und die urbane Geräuschkulisse in Musik zu verwandeln suchten, wenn auch dahinter weniger eine tatsächliche Affirmation als vielmehr ein Akt des Selbstschutzes durch Imitation stand.³⁵

Allen lokalen NDW-Ausprägungen gemein war – trotz divergierender Motiv-Schwerpunkte aufgrund der jeweils spezifischen Lebensumgebung – eine konträr zur Natur-Flucht der ‚Hippie'-Generation stehende Affirmation mit den dokumentarisch reinszenierten, ‚kalten' Zeichen der urbanen Moderne, die sich in einer gleichartigen Motivwahl ausdrückte. Abgesehen von Kraftwerk waren die bekanntesten Vertreter:innen dieser ‚Kälte'-Version Bands wie Die Krupps, Einstürzende Neubauten, DAF und Malaria! – alles Gruppen, die von *NME*-Autor Chris Bohn als „the steely extremes" und Ideal-Gitarrist Frank Jürgen „Eff Jot" Krüger in Abgrenzung zur eigenen NDW-Szene als „die harte Welle" bezeichnet wurden.³⁶ Parallel zu Post-Punk- und Industrial-Acts aus Großbritannien und den USA erreichten sie diese ‚kalten' Effekte unter anderem durch den Einsatz industriell klingender Sound-Samples, die etwa durch das Schlagen auf Metall oder durch Baumaschinen erzeugt wurden. Aber auch ohne diese Materialien und Geräte konnten die gewünschten Assoziationen zur Welt der Industrie, zu maschinellem Gleichtakt und zu ‚kalten' Stoffen evoziert werden, zum Beispiel durch bestimmte Spieltechniken wie monoton durchgehende, maschinenartige Beats, Bassläufe und Vocals sowie besonders hoch und staccato gespielte, ‚metallisch' klingende Gitarrenparts. Ob nun tatsächlich Metall genutzt wurde oder auf Gitarre und Synthesizer ein damit assoziierter Klang produziert wurde: Das Ziel war es, mit „denaturiert[en]" Instrumenten einen Sound zu kreieren, der sich weit vom ‚warmen' Sound der Pop- und Rockmusik abgrenzte und von den Hörer:innen als ‚kalt' definiert wird.³⁷ Eine mögliche Erklärung für diese gängige Interpretation der Klangfarbe kann dem Musikwissenschaftler Immanuel Brockhaus in der Resonanzfähigkeit des Materials gefunden werden, denn im Gegensatz zu Holz, dessen Klang zumeist als ‚warm' und ‚organisch' empfunden wird, absorbiert und dämpft Metall kaum Frequenzen, schwingt schlechter, kürzer und schneller ein und aus: „Unser Ohr muss sich also

---

34 Blixa Bargeld zit. n. Dax: *Dreißig Gespräche* (2008), 130.
35 Bandmitglied Bettina Köster erklärte dazu: „Wir haben uns nicht umsonst die hässlichste, kaputteste und härteste Stadt in Deutschland ausgesucht. Bei uns haben sich die emotionalen Krüppel betroffen. Aber wir wollten davon auch weg. Das war wie in diesem typischen Bild: Hinterhofkinder, die an die Sonne wollen. Und schließlich diese Liebe zu Berlin – das war aus purer Notwendigkeit. Sonst wären wir durchgedreht. Es war ein konstruktiver Weg, die eigene Aggression und Einsamkeit rauszukriegen." Zit. n. Teipel: *Verschwende deine Jugend* (2001), 235–236.
36 Beides zit. n. Bohn: „Ideal Milk Der Jugend Marktplatz" (1982), 6.
37 Kühn: *Anti-Rock* (2013), 116.

ständig mit neuen, teilweise sehr diffus und künstlich erscheinenden Schallereignissen auseinandersetzen, um sich räumlich zu orientieren. Diese zusätzliche Anstrengung verursacht indirekten Stress."[38]

Elektronisch, repetitiv und minimal
Das Ja zur modernen Welt, zur zeitgenössischen Gegenwart und ihren Zeichen, beinhaltete auch ein Ja zur technologisierten Welt. Parallel zur affirmativen Ästhetisierung einer von Metall, Beton und Glas geprägten Alltagsrealität, war auch der von vielen NDW-Musiker:innen verfolgte Trend zu allem Elektronischen Teil jener neuen ‚78er'-Wahrnehmung, die – im Gegensatz zu den als überholt wahrgenommenen Modellen des ‚Natürlichen' – die ‚Natur' des modernen Menschen als von Industrie und Technik bestimmt definierte.[39] Neben der Themen- und Motivwahl für Songtexte äußerte sich diese Perspektive insbesondere durch den weitgehenden Einsatz von elektronischen Musikmaschinen wie Synthesizer und Drum-Machines, die teilweise komplett das Instrumentarium konventioneller Rock- und Popbands ersetzten.[40]

Wie so oft hatten KRAFTWERK schon einige Jahre zuvor denselben Weg eingeschlagen und sich ganz auf die Verwendung elektronischer Instrumente fokussiert – und diese Entscheidung ideologisch aufgeladen: „Wir meinen, dass die Musik des zwanzigsten Jahrhunderts, die Musik der achtziger Jahre auch auf den Instrumenten der achtziger Jahre gespielt werden muss", erklärte Ralf Hütter in einer Pressemitteilung zur Veröffentlichung von *Computerwelt* (1981). „Die kann nicht zur Gitarre nachgesungen werden. Die Gitarre ist ein Instrument aus dem Mittelalter."[41] Was KRAFTWERK erneut mit den New-Wave-Musiker:innen verbindet, zur Brücke zwischen Krautrock-‚Hippie' und NDW-‚78er' sowie zu Vorreitern des ‚Kälte-Pop' machte, ist ihr Anspruch mit den Musikmaschinen auch explizit künstlich und maschinenhafte Sounds zu produzieren. Nicht der Einsatz allein, sondern die Art und der Umfang der Synthesizer-Nutzung war entscheidend. Mit ihrer Ästhetisierung der Maschine und des Maschinellen selbst, grenzten sich KRAFTWERK und die New Wave sowohl vom Hard- und Pop-Rock ab, in denen Synthesizer an-

---

[38] Brockhaus, Immanuel: *Kultsounds. Die prägendsten Klänge der Popmusik 1960–2014*, Bielefeld 2017, 47.
[39] Vgl. Schneider: *Als die Welt noch unterging* (2007), 228–229.
[40] Zu den verwendeten Musikmaschinen siehe etwa Esch: *Electri_City* (2014), 444–448 sowie Schneider: *Als die Welt noch unterging* (2007), 151–155.
[41] Pressemitteilung der *EMI Electrola Presse Pop nat.* (undatiert, 1981), Klaus-Kuhnke-Archiv, Sammlung Ehnert. Zit. n. Simmeth: *Krautrock Transnational* (2016), 261. Zur Verbindung zwischen den Produktionen KRAFTWERKS und dem jeweiligen Stand technologischer Neuerungen siehe Brocker, Carsten: „Kraftwerk: Technology and Composition", in: Albiez; Pattie (Hg.): *Kraftwerk* (2011), 97–118.

dere Instrumente nur nachahmen und Akzente in den ansonsten konventionellen Rocksound bringen sollten, als auch und insbesondere von den Soundwelten des elektronischen Krautrock und Space-Rock, die die Hörer:innen zur Erforschung des Weltalls und/oder anderer Bewusstseinszustände einluden.[42] „The other German bands, with the help of their machines, are making a trip backwards, while we are rather making a trip forward," betonte Florian Schneider in einem Interview von 1976 und unterstrich die ästhetische Bedeutung der Musikmaschinen selbst: „It's aggression and aggressive beauty."[43]

Es existieren verschiedene Erklärungsansätze dafür, warum die von Synthesizern erzeugten Sounds, die seit dem Ende der 1970er Jahre durch den Erfolg von New Wave und Electro-Pop eine weite Verbreitung in der Pop-Musik fanden, oftmals als ‚kalt' empfunden werden. Zeitgenössisch wurde etwa von musikwissenschaftlicher Seite die Vermutung geäußert, dass die synthetisch erzeugten Klänge Assoziationen zu den von Spielautomaten und Videospielen erzeugten Pieptönen und dadurch eine „[k]lirrende Computer-Kälte" hervorrufen könnten.[44] In eine ähnliche Richtung argumentiert der Musikwissenschaftler Immanuel Brockhaus und betont in seinem Buch *Kultsounds* die weitreichende Wirkung des auf vielen Synthesizer-Modellen zu findenden Glocken-Sounds (Bell), der „die Klangästhetik des Hellen, Glitzernden und funkelnd Elektrischen" transportiert und auch für das Mechanische einer Spieluhr steht. Dass der metallisch klingende Bell-Sound seit 1980 breiten Einzug in Pop-Musik-Produktionen fand, verdeutlicht Brockhaus zufolge eine „Ära der Soundästhetik", die „einem Trend nach ‚klaren' oder ‚kühlen' Sounds nachkommt".[45] Einen emotions- und körpergeschichtlichen Ansatz verfolgt hingegen Diedrich Diederichsen: „Der Synthesizer war das Instrument, das Emotionen nicht mehr mechanisch übersetzen wollte."[46] Egal wie stark man auf die

---

42 Siehe dazu die drei vom Musikwissenschaftler Bernd Enders bestimmten Formen der Technik-Nutzung in der Popmusik. Enders: „Substantielle Auswirkungen des elektronischen Instrumentariums auf Stil und Struktur der aktuellen Popularmusik" (1983), 273–282.
43 Zit. n. Alessandrini: „Haute Tension: Kraftwerk" (1976).
44 Döpfner/Garms: *Neue deutsche Welle. Kunst oder Mode?* (1984), 42. So auch Henderson, Dave: „The Private Schulze", in: *Sounds (UK)*, 25. Juni 1983, 282–283.
45 Brockhaus: *Kultsounds* (2017), 333–334, 405–406. Wie die Sounds wahrgenommen und interpretiert werden, ist letztlich auch eine Frage des historischen und kulturellen Rahmens, wie der Kulturwissenschaftler Andrew Goodwin verdeutlicht: Während analoge Synthesizer-Sounds in den 1970er und frühen 1980er Jahren, vor allem von Fans und Apologet:innen der Rockmusik, als „kalt" und „unnatürlich" verworfen wurden, würden dieselben Sounds am Ende des Jahrzehnts als „warm", „natürlich" und „authentisch" gelten und den als „kalt" empfundenen, digitalen Computer-Sounds als Kontrast gegenübergestellt. Goodwin, Andrew: „Sample and Hold. Pop Music in the Digital Age of Reproduction" (1988), in: Frith, Simon/Goodwin, Andrew (Hg.): *On Record. Rock, Pop, and the Written Word*, London 1990, 258–273, hier: 265–269.
46 Diederichsen: *Sexbeat* (2002), 133.

Tasten des Synthesizers schlägt, die Intensität des vom Synthesizer produzierten Sound wird ausschließlich von den gewählten Einstellungen bestimmt.

> Musikalische Maschinen sind nun so konstruiert, dass sie die Impulsketten des Körpers umgehen können. Sie sind von Natur aus schon so auf das Ziel der präzisen Klangauslösung hin konstruiert, dass sie sich den Umweg über einen Körper, der erst in Bewegung gebracht werden muss, der kontrollierend mitempfindet, sparen können.[47]

Tatsächlich ist für die Hochzeit ‚kalter' elektronischer Musik Ende der 1970er und Anfang der 1980er Jahre nicht der Synthesizer allein verantwortlich, schließlich schufen Synthesizer-Spieler wie Klaus Schulze oder Jean Michel Jarre zur selben Zeit Songs, deren Sound zumeist eher als ‚warm', voll und fließend interpretiert werden. Hier führten etwa verschiedene Modelle zu unterschiedlichen Ergebnissen, Boris Blank (YELLO) etwa lehnte den von *Yamaha* produzierten Synthesizer *DX 7* gerade deswegen ab, weil er dessen Grundsound als „zu synthetisch, zu steril, zu statisch" empfand.[48] Entscheidend für den elektronischen ‚Kälte-Pop' und darauf bauende Stile wurde aber der kombinierte Einsatz externer oder integrierter Sequenzer. Ein Sequenzer-Modul übermittelt eingespeicherte Partituren, die unter anderem über Tonhöhe und Tondauer bestimmen, in der immer gleichen Reihenfolge automatisiert an einen oder mehrere Tonerzeuger wie den Synthesizer, sodass ein Effekt maschineller Repetition entsteht.[49] Die Aura entmenschlichter Künstlichkeit elektronischer Musik wurde durch den Sequenzer nochmals gesteigert. Einmal gestartet, wiederholt die Maschine dieselbe Partitur in einer Exaktheit, die laut Diederichsen aufgrund der fehlenden Intentionalität eines musizierenden Menschen als „unheimlich" empfunden wird:

> Man hört nicht einen Körper, der auch anders könnte, sondern eine Maschine, die nur so kann. […] Die Unheimlichkeit besteht darin, dass man das Gefühl hat, in einerseits einem bewohnbaren, voll eingerichteten musikalischen Haus sich aufzuhalten, in dem aber nie-

---

47 Ders.: „Unheimlichkeit, Pulse, Subjektlosigkeit, Befreiung", in: Jansen, Meike (Hg.): *Gendertronics. Der Körper in der elektronischen Musik*, Frankfurt a. M. 2005, 65–74, hier: 66.
48 Blank zit. n. Brockhaus: *Kultsounds* (2017), 383. Parallel dazu erklärte Bandkollege Dieter Meier bereits 1981 zum vermeintlichen Einfluss KRAFTWERKS auf YELLO: „I think the difference is that *we* want to give our machines *soul*, while KRAFTWERK want to *give up* their souls to become *part* of their machines.". Zit. n. Smith, Winston: „I Am Curious, Yello", in: *Sounds (UK)*, 19. Dezember 1981, 27. Hervorhebungen i. O.
49 Zu analogen und digitalen Sequenzern siehe etwa Enders: „Substantielle Auswirkungen des elektronischen Instrumentariums auf Stil und Struktur der aktuellen Popularmusik" (1983), 275–276 sowie Feser, Kim: „Ein Sequenzer kommt selten allein. Zur Handhabung musikalischer Automatisierung – ästhetische Diskurse und technische Entwicklungen", in: Feser, Kim/Paszdierny, Matthias (Hg.): *Techno studies. Ästhetik und Geschichte elektronischer Tanzmusik*, Berlin 2016, 221–235.

mand aufzufinden ist. Subjekt ist nicht zu Hause. Die Wärme seiner intentionalen Zustände ist nicht zu spüren. Die Wechselwirkung von körperlicher Ausführung und körperlicher Rezeption ist ausgezogen, zugunsten eines linearen Plots.[50]

Vorreiter im popmusikalischen Einsatz von Sequenzern waren (erneut) KRAFTWERK, die dank umfänglicher finanzieller Mittel und hilfreicher Bekanntschaften sich bereits in den 1970er Jahren Sequenzer-Module bauen ließen und damit ihren von Repetition und kurzen Melodien strukturierten Sound perfektionierten.[51] Nicht das wilde, impulsive und sich authentisch gebende Gebaren der Rockmusik prägte Sound und Performance der Band, sondern eine minimalistische, geordnete Struktur, die der vom Sequenzer ausgegebenen Signale entsprach. Der Medienwissenschaftler Marcus S. Kleiner resümiert daher treffend: „Alles bleibt kontrollierter Aufbau, Anordnung, Arrangements. Ziellos und in unendlicher Wiederholung."[52]

Die NDW-Band, die den Sequenzer am konsequentesten und auch erfolgreichsten in den Mittelpunkt ihrer Musikproduktionen stellte, war DAF. „Wir wollten zeigen, dass du aus so einer Loopzelle ganze Stücke machen kannst", erklärte der für Musikmaschinen und Drums verantwortliche Robert Görl, „dass sich Monotonie und Minimalismus sogar im Pop durchsetzen können".[53] Frühe Sequenzer-Modelle entsprachen dabei ganz dem Minimalismus-Ansatz des Duos, da sie aufgrund des begrenzten technischen Umfang nur kurze Partituren speichern und übermitteln konnten. Auch Sänger Gabi Delgado sprach sich wiederholt gegen konventionelle Songstrukturen wie Strophe und Refrain aus, die er als Relikte einer vergangenen Musikepoche verwarf: „Ich wollte nie einen zweiten Part in einem Stück drin haben. Kacke. Mich interessierte eher so etwas wie: ‚Das sind keine Songs, sondern verschiedene Spuren, die man ein- und ausschalten kann.'"[54] Später ging Delgado sogar so weit, die Entwicklung und den Erfolg von DAF ganz in Abhängigkeit des Sequenzers zu stellen: „Ich halte den Erfinder eines Sequenzers für DAF fast für wichtiger als mich und Robert. Ohne Scherz. DAF, das war ein Zeitgimmick, das war ein Style, der total passte, wie das Neondreieck. Er passte, aber er entstand automatisch."[55]

---

50 Diederichsen: *Über Pop-Musik* (2014), 336–337.
51 Vgl. Flür, Wolfgang: *Kraftwerk. Ich war ein Roboter*, St. Andrä-Wördern 1999, 153–154.
52 Kleiner: „Cool Germany" (2018), 61.
53 Görl zit. n. Teipel: *Verschwende deine Jugend* (2001), 293. Laut Diederichsen kann die Kreisbewegung des Loop gegenkulturell gelesen werden und steht konträr zum Weiterkommen, „eine der großen Losungen der westlichen Nachkriegsdeutschen". Diederichsen, Diedrich: *Eigenblutdoping. Selbstverwertung, Künstlerromantik, Partizipation*, Köln 2008, 17.
54 Delgado zit. n. Teipel: *Verschwende deine Jugend* (2001), 292.
55 Zit. n. Breyer, Nike: „Das ist alles wirklich Plastik, haha"', in: *taz*, 8. November 2003. URL: http://www.taz.de/!683721/ (Letzter Zugriff: 24.10.2022).

Der von Gruppen wie DAF produzierte, betont sequenzierte Sound, der in der Folge auch in Genres wie EBM (Electronic Body Music), Hi-NRG oder Techno nachwirkte, avancierte in der New-Wave-Ära zum soundästhetischen Ideal und führte dazu, dass Bands auch ohne die anfangs nur schwierig und für viel Geld zu bekommenden Sequenzer Sounds kreierten, die von minimalistischen und repetitiven Tonfolgen, Beats und Vocals geprägt waren. Die Ästhetik der Wiederholung betraf allerdings nicht nur Synthesizer und Schlagzeug, sondern wirkte sich auf alle anderen Instrumente inklusive Gesang aus, der oftmals eher aus abgehackt gesprochenen und sich wiederholenden (Teil-)Sätzen oder Wörtern besteht. Zu Recht erkannte der Musikwissenschaftler Bernd Enders bereits 1983, „dass die vom Soundautomaten ausgehende elektronisch-präzise ostinate Sequenzierung inzwischen die musikalische Struktur der derzeit populären Massenmusik substantiell prägt".[56] Als beispielhaft für den für viele NDW-Produktionen charakteristischen Sound nennt Enders dabei den Song „Eisbär" (1980) von GRAUZONE: Keine Veränderung im Metrum, keine Taktwechsel, weder Akzentuierungen noch Abweichungen vom Grundschlag lassen sich im Song finden, Bass wie Schlagzeug wirken durch das strikt durchgehende Wiederholen des immer gleichen kurzen Motivs wie von Sequenzer oder Drum-Machine generiert, während sich der repetitive Gesang durch NDW-typische, „ostinate und kurzatmige, perpetuell-rezitativische Vokalparts" auszeichne.[57]

Wie eng die Hochzeit ‚kalter' elektronischer Musik mit der zeitgenössischen technologischen Entwicklung und ökonomischen Aspekten verknüpft ist, verdeutlicht der Vergleich mit jenen Musiker:innen, die zuvor komplett auf elektronische Soundmaschinen setzten. Synthesizer und Sequenzer waren bis zum Ende der 1970er Jahre einem ausschließlich zahlungskräftigen Käufer:innenkreis vorbehalten, erst zum Ende des Jahrzehnts begannen Firmen wie *Korg*, *Roland* und *Yamaha* Musikmaschinen in größerer Stückzahl und zu erschwinglicheren Preisen zu produzieren. Ralf Dörper (DIE KRUPPS) zufolge brachten diese für den Massenmarkt bestimmten Geräte nicht nur „eine Art Chancengleichheit in die elektronische Musik", sondern dadurch auch die Erscheinungsformen dieser Musik verändert, da die bisher übliche Herkunft von Synthesizerspieler:innen aus großbürgerlichen Haushalten auch deren Output geprägt hatte: „So lag auch die Vertonung von Bachfugen näher als die industriellen Krachkonzepte der KRUPPS."[58] Tatsächlich

---

56 Enders: „Substantielle Auswirkungen des elektronischen Instrumentariums auf Stil und Struktur der aktuellen Popularmusik" (1983), 283.
57 Ebd., 286. Vgl. ebd., 284–287. GRAUZONE: „Eisbär", auf: *Swiss Wave The Album* (1980), LP, Off Course Records, ASL-3301.
58 Dörper zit. n. Esch: *Electri_City* (2014), 343. Laut einer Umfrage des *Instituts für Demografie Allensbach* spielten Ende der 1970er Jahre nur ein Prozent der befragten Musizierenden Synthesizer, 26 Prozent spielten dagegen Gitarre. Siehe Tabelle 4 in Institut für Demoskopie Allensbach:

trifft dies auf Musiker:innen wie Wendy Carlos, Jean Michel Jarre und Klaus Schulze zu, selbst KRAFTWERKS origineller Electro-Pop trug der klassischen Musikausbildung seiner Bandmitglieder Rechnung. Noch viel minimalistischer und gradliniger sollte der Synthesizer-Sound dagegen für die Vertreter:innen von Post-Punk und New Wave sein, die sich damit gegen die aufwändige Technik der Mainstream-Rockmusik als auch gegen die als anachronistisch verworfenen Electro-Kompositionen der Synthesizer-Pionier:innen stellten.

Die kostengünstigeren Musikmaschinen ließen sich dabei nicht nur weitaus einfacher bedienen, auch die von billigeren Musikmaschinen produzierten Klänge entsprachen ganz dem Anspruch nach rauen Lo-Fi-Sounds.[59] Der *Casio VL-1* (*VL-Tone*) etwa, ein in Plastik gehüllter Minisynthesizer, war bereits für 150 DM zu bekommen, batteriebetrieben und konnte mit einem eingebauten Sequenzer, zehn vorprogrammierten Rhythmen und fünf eingespeicherten Sounds aufwarten, deren Nachahmung akustischer Instrumente wie Klavier und Violine einen „Mikrokosmos der *cheapness* schlechthin"[60] bildeten. Durch den TRIO-Song „Da Da Da ..." (1982) stieg die Bekanntheit und Verbreitung des *VL-1* sprunghaft an, lieferte das *Casio*-Modell doch nicht nur die simple Melodie des Refrains, sondern mit dem Preset „Rock 1" sogar den Rhythmus des Songs. Damit fügte sich der kleine Lo-Fi-Synthesizer perfekt in den restlichen Aufbau des weltweit erfolgreichen Tracks: monotone Vocals, ein auf Snare-Drum und Hi-Hat reduziertes Schlagzeug sowie der ‚blecherne' Sound einer E-Gitarre, aus der zwei der drei Tonabnehmer ausgebaut wurden.[61] TRIOS Hit markiert den Höhepunkt einer Entwicklung innerhalb der NDW, die dank der erhöhten Verbreitung von Musikmaschinen und Home-Recording-Geräten zu unzähligen, sich ganz den neuen Leitmotiven Minimalismus, Dilettantismus und „neue Einfachheit"[62] unterwerfenden Produktionen elektronischer Musik führten. Dass diese Entwicklung nicht bei allen NDW-Strömungen auf Gegenliebe stieß, machte die sich zwischen experimentellem Post-Punk und Ska-Punk-Rock bewegende Band DER MODERNE MAN aus Hannover in ihrem Song „Unmodern" (1982) deutlich: „Spiel mir die neue Musik / Schriller Stumpfsinn Mechanik / Sonst bist du unmodern / Schriller, leblos, schick / Sie sagen uns / Wie man zu spielen hat / Sie bestimmen die Norm / In jeder Form".[63]

Die Deutschen und die Musik. Eine Umfrage für den STERN August/September 1980, 1980, Allensbach am Bodensee, 8.
59 Vgl. Diederichsen: „Genies und ihre Geräusche" (2015), 13–14.
60 Brockhaus: *Kultsounds* (2017), 165. Hervorhebung i. O.
61 TRIO: „Da Da Da Ich Lieb Dich Nicht Du Liebst Mich Nicht Aha Aha Aha" (1982). Vgl. Longerich: „Da Da Da" (1989), 134.
62 Werbetext zur LP *Dinner für 2* (1982) von VONO. Sky records, Reklame, in: *Musikexpress*, Nr. 4 (1982), 93. Vgl. Hornberger: *Geschichte wird gemacht* (2010), 199.
63 DER MODERNE MAN: „Unmodern", auf: *Unmodern* (1982), LP, No Fun Records, NF 015.

‚Kalter' Stil
‚Kalt' lag im Trend. Das galt nicht nur für die Musikproduktionen des ‚Kälte-Pop' und die Covergestaltungen auf den dazugehörigen Schallplattenhüllen, sondern auch und insbesondere für das Aussehen seiner Protagonist:innen und Treffpunkte. Minimalistisch sollte es sein, ‚straight' und schnörkellos. Verpönt war alles, was auch nur irgendwie gemütlich, freundlich oder undefiniert erschien. Für die von den NDW-Szenen frequentierten Bars und Clubs bedeutete dies: weg von den schummrigen, nur durch indirektes Licht und bunte Lichtspiele beleuchteten ‚Hippie'-Lokalen, die mit orientalisch und fernöstlich wirkenden Möbeln zugestellt waren; hin zu hellem Neonlicht, grauen Beton- oder glänzenden Kachelfußböden, Spiegeln an den ansonsten kargen, weißen Wänden und spärlichem Mobiliar, vorwiegend aus Chrom und Stahl – eine Ästhetik, die in der ersten Hälfte der 1980er Jahre die Ausgestaltung von Szene-Treffpunkte bundesweit prägte.[64]

Beispielhaft und teilweise sogar trendsetzend für diesen Stil war der *Ratinger Hof* in der Düsseldorfer Altstadt, der zum Anlaufpunkt und Ursprungsort der NDW-Szenen im Rhein-Ruhr-Gebiet wurde. Auch der *Hof* erschien noch in der ersten Hälfte der 1970er Jahre KRAFTWERK-Mitglied Karl Bartos zufolge wie ein „holländisches Hippie-Café" aufgrund der welken Pflanzen, Lichterketten, Räucherstäbchen und orientalischen Teppiche auf den Tischen: „Die Gäste saßen auf verschlissenen Sofas und hingen ihren Tagträumen nach. Andere spielten Schach oder eine Partie Billard. [...] Wer hungrig war, bestellte sich ein Müsli an der Theke."[65] Zusammen mit ihrem Mann, dem Künstler Imi Knoebel, gestaltete die neue Eigentümerin Carmen Knoebel den *Ratinger Hof* in der zweiten Hälfte der 1970er Jahre neu. Weiße Wände und grelles Neonlicht bestimmten nun die Atmosphäre des schlauchartigen Saals, dessen Einrichtungsgegenstände sich auf ein paar Spiegel und Stehtische, einen von der Decke hängenden, tonlos-flackernden Fernseher, Billardtisch und Flipperautomaten beschränkte.[66] In seinem ersten NDW-Beitrag bemerkte Alfred Hilsberg im März 1978, dass das Ganze „eher an einen Wartesaal erinnert"[67] und auch der im *Ratinger Hof* arbeitende Musiker und Künstler Markus Oehlen bestätigte für die erste Zeit nach der Umgestaltung: „Es ist erst mal keiner gekommen. Die Leute haben richtig unter dem Licht gelitten."[68]

An dieser Stelle sei auf den reich bebilderten Beitrag „Kühle Gefühle. Wie Gehabe zur Lebensform stilisiert wird" von der Journalistin Paula Almquist hingewie-

---
64 Vgl. etwa für den *Logo Club* in Essen sowie für *Café Mitropa* in West-Berlin: Bohn, Chris: „Abwarts – Upstarts, Warts and all", in: *New Musical Express*, 13. November 1982, 6–7 sowie Hacke: *Krach* (2015), 41. Vgl. auch Käs: „Der temperierte Mensch" (1991), 255.
65 Bartos: *Der Klang der Maschine* (2017), 90.
66 Vgl. ebd., 238.
67 Hilsberg: „Rodenkirchen is burning" (1978), 22.
68 Oehlen zit. n. Teipel: *Verschwende deine Jugend* (2001), 50.

sen, den das Magazin *Stern* im Oktober 1982 veröffentlichte.[69] Als eindrückliches Zeitdokument gibt der Artikel zugleich einen Einblick in den um sich greifenden Trend zu Minimalismus und ‚Sterilität' in Szene-Kneipen wie im heimischen Wohnbereich als auch in die zeitgenössische Reaktion und Bewertung dieses Trends durch Außenstehende, in diesem Fall der Boulevardpresse. „Taghell, eiskalt und gähnend leer. Kacheln, Chrom und Neonlicht. Alles spiegelblank und wischfest", heißt es darin etwa über das Berliner Lokal *Korrekt* und den Düsseldorfer Szene-Treff *Dauerwelle*. „Nirgends ein Schlupfwinkel für Bakterien oder gar ein kleines Gefühlchen. Hier könnte man Astronauten entseuchen zum aseptischen Start in die Galaxis." So sehe es aber nicht nur im *Korrekt* und im Lokal *Dauerwelle* aus, dessen Inhaber für „die eisig-edle Kargheit der neuen Sachlichkeit" schwärme, sondern in „all den neudeutschen Neonkneipen, die sich, wie von einer Eiswürfelmaschine gestanzt, fast wöchentlich vermehren". Der Trend zum ‚kalten' Design endete nicht am Bareingang, denn „[k]ahl bis zum Existenzminimum" sieht es Almquist zufolge auch zuhause bei den „Geschmacksgurus des kargen, kühlen Kneipen-Manierismus" aus, die „hauptsächlich aus der Fotografen-, Kunst- und Filmszene kommen": „Weiße Wände, eine Matratze, eine beiläufig herumliegende Neonröhre als Nachttischlämpchen – das ist das heißeste Schlafzimmer der Saison." Für ‚natürliche' Materialien sei dort kein Platz. „Holz riecht nach Tod und Verwesung. Da höre ich regelrecht die Würmer ticken. Plastik dagegen – so sauber, klar und erfrischend", wird etwa eine 25-jährige Szenegängerin in München zitiert und auch der Filmemacher Muscha spricht sich in Almquists Beitrag für Plastikblumen und Orchideen aus, „weil die von vornherein so was Künstliches haben".[70]

Nicht müde zu betonen wurde die Journalistin Almquist in ihrem *Stern*-Artikel, dass das kahle, hell erleuchtete und ganz auf das Sehen-und-Gesehen-werden ausgerichtete Innendesign „die narzisstischen Bedürfnisse seiner Klientel" erfülle.[71] Generell wurde zeitgenössisch regelmäßig die bis heute oft wiederholte These geäußert, die verspiegelten Wände der Szene-Lokale hätten – parallel zur Ausstattung von Diskotheken – zur ständigen Selbstüberprüfung gedient und seien „Ausdruck narzistischer[sic!] Selbstbetrachtung" gewesen.[72] Allerdings finden sich weder für diese Annahme Hinweise in den Quellen, noch für jene auch heute noch bei manchen Autor:innen beliebte Interpretation, die ‚kalten' Designs der Treffpunkte hätten „die ästhetische Umsetzung urbaner Einsamkeit" dargestellt und in

---

69 Almquist, Paula: „Kühle Gefühle. Wie Gehabe zur Lebensform stilisiert wird", in: *Stern*, Nr. 41 (1982), 40–58. Folgende Zitate ebd., 53–54.
70 Susanne Bänkner und Muscha zit. n. ebd., 54.
71 Ebd.
72 Gnüg: *Kult der Kälte* (1988), 8–10. Diese Argumentation findet sich auch in dem Beitrag o. V.: „,In meinem Film bin ich der Star'" (1982), 234 sowie bei Hornberger: *Geschichte wird gemacht* (2010), 242.

ihnen habe sich die „Härte der Zeit" wiederholt.⁷³ Vielmehr zeigt sich hier erneut die ästhetische Orientierung an künstlerischen Strömungen der 1920er bis 1950er Jahre, vom Konstruktivismus und dem neusachlichen „Neuen Wohnen" bis zur Minimal Art. Der Trend zu Minimalismus, ‚kalten' Materialien und strengen Formen wirkte sich dementsprechend auch auf die heimische Raumgestaltung aus und brachte jenen Einrichtungsstil hervor, der das bekannte Bild der ‚kühlen' 1980er Jahre nachhaltig prägte. Bildlich beschrieben die Journalisten Döpfner und Garms 1984 diesen Wohnstil folgendermaßen:

> Nach Zeiten des weichen und matten Finishs sind wieder glatte, glänzende Flächen gefragt. Wer es sich leisten kann, setzt sich sein Regal aus Plexiglas-Elementen zusammen; industrielles Lagerhallen-Flair […] gehört neben den zum Appartement umfunktionierten Fabriketagen mit nacktem Betonfußboden zur Krönung eines neuen, exzentrischen Wohngefühls. […] Der Durchschnitts-Avantgardist behilft sich indessen mit einem blau, gelb, rot oder schwarzen Vinylteppich im Millimeterpapier-Muster oder einem Metallbett aus schwarz epoxyllackiertem[sic!] Rohrgestell.⁷⁴

---

73 Ebd.
74 Döpfner/Garms: *Neue deutsche Welle. Kunst oder Mode?* (1984), 122.

Abb. 8 u. 9: Zwischen neusachlicher Ästhetik und ‚kalter' Inszenierung: THE WIRTSCHAFTSWUNDER (1982) und Xao Seffcheque (1981).

Anfang der 1980er Jahre verbreitete sich allerdings noch ein anderer Stil inner- und außerhalb der NDW, der auf den ersten Blick alles andere als ‚kalt' erscheint: Die ‚Spießer'-Ästhetik der 1950er Jahre und der Ära des „Wirtschaftswunders" waren wieder angesagt, ob im Bereich Mobiliar, bei der grafischen Gestaltung der Veröffentlichungen oder in der Kleiderwahl. Bands wie IDEAL präsentierten sich auf den Covern ihrer Platten im Stile einer Tanzkapelle aus den 1950er Jahren. Während es im Fall von IDEAL bei einer reinen Kostümierung für vereinzelte Fotoshootings blieb, verfolgten andere NDW-Protagonist:innen wie Andreas Dorau oder die Mitglieder von PALAIS SCHAUMBURG und THE WIRTSCHAFTSWUNDER diese affirmative Strategie weiter und zeigten sich grundsätzlich nur in betont ‚spießiger' Kleidung, hochgeknöpften Hemden, Anzügen mit Krawatten oder Trachtenjacken sowie mit einer dazu passenden, akkuraten Frisur (Abb. 8 und 10). So posiert etwa der Musiker Xao Seffcheque auf dem Frontcover seines Albums *Ja·Nein·Vielleicht* (1981) im Stile neusachlicher (Soldaten-)Profilbilder hochgeknöpft in Anzug und Krawatte und mit ordentlich gescheitelter Kurzhaarfrisur, einem strengen Blick von oben herab und charakteristisch vorgeschobenem Kinn (Abb. 9).⁷⁵ Wie der Literaturwissenschaftler Moritz Baßler zu Recht feststellt, bestimmte allerdings nicht Nostalgie den ästhetischen Modus, sondern „ein komplexeres gemischtes Gefühl in der Camp-Nachfolge", das sich zwischen Ironie, Pop-Affirmation und der bewussten Anknüpfung an kulturhistorische Vorgänger bewegte.⁷⁶

Dies war kein reaktionärer Rückfall in die Wertewelt der Eltern- und Großelterngeneration, sondern eine ästhetische Positionierung und gegenkulturell-interne Abgrenzung. Eindrücklich zeigt sich dies etwa in den Aussagen zweier Musiker von PALAIS SCHAUMBURG: „Und die Janker fanden wir dann eben cool, weil so was niemand getragen hätte", erklärte Drummer Ralf Hertwig in Teipels Interviewroman, „die sahen eben so uniformmäßig aus. So deutsch." Sein Kollege Thomas Fehlmann schloss sich dieser Einschätzung an: „Die Janker waren ja die grässlichsten Teile, die man sich nur vorstellen konnte. Einerseits ging es uns darum, diese Teile vom Image her umzufärben. Andererseits waren wir von diesem *straighten* Style angezogen. Das war so: ‚Kein Bullshit.'"⁷⁷

Abb. 10: ‚Spießer'-Outfits als Statement: PALAIS SCHAUMBURG (1981).

Stil wurde auch hier zur Waffe, nicht jedoch allein gegen die Ästhetik und Ideale der ‚Hippie'-Generation, sondern auch gegen die Punk-Kultur. Diese hatte sich zwar äußerlich von den wallenden Kleidern, ‚natürlichen' Farben und floralen

---

75 XAO SEFFCHEQUE UND DER REST: *Ja·Nein·Vielleicht* (1981), LP, Schallmauer, SCHALL 011.
76 Baßler, Moritz: *Western Promises. Pop-Musik und Markennamen*, Bielefeld 2019, 192. Vgl. dazu die zeitgenössische Vermutung des *Musikexpress*-Autors Holger Krüssmann, die „Nierentisch-Nostalgie" hat „viel zu viel mit dem eigenen Abtrennen der Nabelschnur zu tun". Krüssmann: „Neonbabies" (1982), 22.
77 Hertwig und Fehlmann zit. n. Teipel: *Verschwende deine Jugend* (2001), 283. Hervorhebung i. O.

Motiven der verhassten ‚Hippies' verabschiedet, hielt aber noch immer am rebellischen Pathos fest, sich durch zerrissene Kleidung, martialisch dekorierte Lederjacke und buntem Irokesenschnitt von der ‚Spießer'-Gesellschaft abgrenzen zu müssen. Obendrein hatten der Punk-Stil bzw. einzelne stilistische Elemente bereits Einzug in die Mainstream-Mode gehalten, sodass sie kaum noch attraktiv für die auf Distanz fokussierte NDW-Bewegung erschienen. Während die bundesdeutsche Punk-Kultur vorrangig auf die britische Punk-Bewegung blickte, brachte die NDW selbst keinen eigenen, geschweige denn einheitlichen Kleidungsstil hervor, wenn auch einzelne Szenen und Gruppen bestimmten Trends folgten.[78] So orientierten sich die Musikerinnen von Mania D./Malaria! unter anderem an historischen Vorbildern. „Wir wollten bewusst an diese Zeit anbinden, bevor die ganze deutsche Kultur von den Nazis kaputtgemacht wurde", betonte Sängerin Bettina Köster diesbezüglich: „Wir haben uns bewusst dieses 20er-Jahre-Ästhetik zusammengesucht."[79] Modische Referenzen an (para-)militärische Verbände waren dabei nur ein Aspekt des Band-Stils, in ihrem Geschäft *Eisengrau* verkaufte Gudrun Gut auch maschinengestrickte Kleidung, die sich durch neusachlichen Minimalismus weit von der linksalternativen Ästhetik des Handgestrickten abgrenzte: „Die Designs [...] waren ganz einfach und klar. Meistens waren die Pullover grau, ganz gerade und hatten irgendwo noch ein kleines Quadrat drauf oder einen schwarzen Streifen. Es war ganz reduziertes Design."[80] Welchem Stil die einzelnen Szenen der NDW auch immer folgten, gemeinsamer Nenner blieb, was der Designer Karl Lagerfeld bereits 1978 mit Blick auf den Trend zur Geradlinigkeit proklamierte: „Schlampig ist nun out."[81]

Drogen
Jede popkulturelle Bewegung hat ihre spezifischen Drogen, die sie definieren, von Außenstehenden, anderen Bewegungen oder Subkulturen abgrenzen und die als Ausdruck und Motor intern verfolgter Ziele und Ideale wirken. Für viele der NDW-Akteur:innen und vor allem die Musiker:innen des ‚Kälte-Pop' waren dies: Speed, Kokain und andere aufputschende Substanzen wie Ephedrin. Nicht voll-

---

[78] Diedrich Diederichsen zufolge lag in genau dieser „Abwesenheit von sozialen/weltanschaulichen Identifizierungsmerkmalen (Kleidung, Haarschnitt)" ein Schlüssel der Distanzstrategien der ‚78er', stellte diese doch „eine brüskierende Leere für den auf solche Zeichen angewiesenen Großstadtmenschen dar" und erschütterte „den eindimensionalen Hippie ebenso wie den Mehrheitsbürger". Diederichsen: „Nette Aussichten in den Schützengräben der Nebenkriegsschauplätze" (1982), 95.
[79] Köster zit. n. Teipel: *Verschwende deine Jugend* (2001), 279.
[80] Gut zit. n. Dax/Defcon: *Nur was nicht ist, ist möglich* (2006), 26.
[81] Lagerfeld zit. n. o. V.: „Sinnliche Hüften", in: *Der Spiegel*, Nr. 44, 30. Oktober 1978, 274. URL: http://www.spiegel.de/spiegel/print/d-40605807.html (Letzter Zugriff: 24.10.2022).

trunken oder ‚vernebelt', sondern „hellwach sein und besser und schneller als der Rest" wollten die NDW-Künstler:innen laut Thomas Schwebel (MITTAGSPAUSE, FEHLFARBEN) sein: „Also nicht betäuben, sondern mitkriegen, was los ist. Und da hilft es nicht, wenn du besoffen und bekifft bist."[82] Auch Gudrun Gut bestätigte für die Musikerinnen von MANIA D. und MALARIA!: „Wir wollten *straight* sein. Und nicht nur den ganzen Tag kiffen. Wir haben auch nicht gekifft."[83] Erneut war es das linksalternative Milieu, von dessen Haltung, Idealen und Methoden man sich durch die Wahl der Drogen abzugrenzen suchte.[84] Marihuana, psychedelische Rauschmittel wie LSD, aber auch Heroin[85] waren – zumindest nach außen in der Selbstdarstellung – verpönt als Ausdruck einer Weltflucht. „Das Projekt Welterfassung statt Weltverbesserung erforderte Wachheit und eine illusionslose Haltung zur Realität", bemerkt die Historikerin Alexa Geisthövel dazu treffend.[86]

Natürlich gab es auch in der NDW Ausnahmen und Unterschiede, zeitliche wie lokale und von Gruppe zu Gruppe. Bei KRAFTWERK etwa gab es überhaupt keine Drogen, abgesehen von gelegentlichen Drinks sowie von gegenkulturell üblichem LSD- und Cannabis-Konsum Ende der 1960er und Anfang der 1970er Jahre.[87] DER PLAN wiederum setzte, ganz dem surrealistisch-naiven Stil entsprechend, auf LSD. Moritz Reichelt, der auch unter dem Pseudonym Ludwig Sigurt Dankwart (LSD) für die *Sounds* schrieb, erklärte dazu: „Wir haben nie aufgehört LSD zu nehmen. Bei uns war das kein richtig militantes Antihippietum. Dazu waren wir selbst zu sehr Hippies gewesen, um nicht zumindest zu verstehen, warum die so gewesen sind."[88] Von der jeweiligen Szene abhängige Gegensätze zeigten sich auch in Hamburg, wo PALAIS SCHAUMBURG und Andreas Dorau vollkommen auf Drogen verzichteten, während Bands wie GEISTERFAHRER und ABWÄRTS in nicht geringen Mengen Can-

---

82 Schwebel zit. n. Teipel: *Verschwende deine Jugend* (2001), 76–77.
83 Gut zit. n. ebd., 241. Hervorhebung i. O.
84 Zum Drogenkonsum im linksalternativen Milieu, das mit diesem aus der „gehetzten Rastlosigkeit" aussteigen und „Sensibilität und innere Ruhe" zurückgewinnen wollte, siehe Reichardt: *Authentizität und Gemeinschaft* (2014), 831–869. Zitat von ebd., 869. Siehe dazu auch das in Kapitel „Trips & Träume': Neue Wahrnehmungen" bei Simmeth: *Krautrock Transnational* (2016), 176–189.
85 Laut der durch das Buch *Wir Kinder vom Bahnhof Zoo* berühmt gewordenen Heroinabhängigen Christiane F., die 1980 in Hamburg mit dem Inhaber des *Rip-Off*-Ladens Klaus Maeck sowie den Musikern Jäki Eldorado, FM Einheit und Frank Ziegert (ABWÄRTS) zusammengezogen war, wurde in der WG zwar gekifft und täglich Kokain konsumiert, Heroin rührten ihre Mitbewohner jedoch nicht an. Felscherinow, Christiane V./Vukovic, Sonja: *Christiane F. Mein zweites Leben. Autobiografie*, 2. Aufl., Berlin 2013, 92. Selbst in den NDW-Szenen des zeitgenössisch als „Hauptstadt des Heroin" geltenden West-Berlins findet sich kein einziger Fall.
86 Geisthövel: „Böse reden, fröhlich leiden" (2015), 391.
87 Siehe etwa Bartos: *Der Klang der Maschine* (2017), 74–76, 85–86, 91–92.
88 Reichelt zit. n. Teipel: *Verschwende deine Jugend* (2001), 124.

nabis sowie im Fall Letztgenannter auch Kokain konsumierten. Überhaupt war Kiffen weitaus verbreiteter in den NDW-Szenen als die eingangs zitierten Aussagen vermuten lassen. Annette Humpe (IDEAL) etwa wurde laut eigener Aussage Anfang 1983 stundenlang in Ost-Berlin verhört, da beim Grenzübergang Marihuana in ihrem Gepäck gefunden wurde.[89] Über intensiven Cannabis-Konsum berichteten derweil konkret Alexander Hacke (EINSTÜRZENDE NEUBAUTEN, MDK) sowie Gabi Delgado.[90] Delgado zufolge bestimmte dieser erhöhte Konsum nicht nur die Aufnahmen bei Conny Plank für das DAF-Album *Alles Ist Gut* (1981), sondern hielt auch in der anschließenden kommerziellen Erfolgsphase an: „Jung, reich, berühmt, stinking rich, mit zu wenigen Problemen und auch ohne Koks noch. Das Koks kam später. Also, ab und zu haben wir schon auch gekokst. Aber ich hab vor allem viel gekifft in der Zeit."[91]

Die Wahl der Droge führt wie auch Set und Setting zu unterschiedlichen Effekten. Wach zu sein und zu bleiben war dabei für viele Musiker:innen das Hauptziel, insbesondere bei Aufnahmesessions, die sich teilweise über mehrere Tage und Nächte zogen. In Ermangelung anderer Substanzen wie Speed, das schwieriger zu bekommen war, griffen etwa die Mitglieder der Düsseldorfer Band MITTAGSPAUSE auf Ephedrin zurück bei der Produktion ihrer gleichnamigen EP (1979).[92] Das Göttinger Duo THORAX-WACH dagegen konsumierte Mitglied Olaf Kraemer zufolge „die damals rezeptfreien Schlankheitstropfen *Antiadiapositum x-112*, zärtlich Adi genannt, zum Wachhalten".[93] Speed in rauen Mengen war wiederum insbesondere in der West-Berliner „Dilletanten"-Szene verbreitet, bei Bands wie EINSTÜRZENDE NEUBAUTEN, LIAISONS DANGEREUSES oder DIE HAUT.[94] Für die NEUBAUTEN-Mitglieder ging es dabei nicht nur darum, lange ‚durchmachen' zu können, sondern auch um die psychischen und physischen Erfahrungen, die aus der Kombination aus Schlafentzug und Substanz resultierten und in der Folge in die Texte Bargelds einflossen.[95] Was hier wie eine Fortsetzung der Drogenexperimente der ‚Hippie'-Generation scheint, hat seine Wurzeln vielmehr bei den ‚Kälte'-Pionieren der historischen Avantgar-

---

89 Siehe Humpe zit. n. Leitner: *West-Berlin! Westberlin! Berlin (West)!* (2002), 337.
90 Siehe Hacke: *Krach* (2015), 36, 51 sowie Delgado zit. n. Spies/Esch/Görl/Delgado: *Das ist DAF* (2017), 37.
91 Delgado zit. n. ebd., 144.
92 Vgl. Thomas Schwebel und Franz Bielmeier zit. n. Teipel: *Verschwende deine Jugend* (2001), 77, 148.
93 Kraemer zit. n. Sahler, Günter: „Huckepack und zu Hunderten'. Interview mit Olaf Kraemer von Thorax Wach, Goldenen Vampiren per Email im Maerz 2003", in: ders. (Hg.): *Dies ist Hamburg und nicht Seattle, Dirk*, Lindlar 2011, hier: o. S. Vgl. auch Jäki Eldorado zit. n. Teipel: *Verschwende deine Jugend* (2001), 116.
94 Siehe Chrislo Haas zit. n. ebd., 316 und Esch: *Electri_City* (2014), 404 sowie Jochen Arbeit, Mark Chung und Alex Hacke zit. n. Dax/Defcon: *Nur was nicht ist, ist möglich* (2006), 50–53.
95 Siehe ebd., 53 sowie Dax: *Dreißig Gespräche* (2008), 128.

den. Mit Verweis auf Ernst Jüngers *Das abenteuerliche Herz* (1929) macht Helmut Lethen etwa auf die „Logik des Extrems" in Jüngers Werken aufmerksam, die es ermöglichte ‚kalte', panzernde Emotionslosigkeit mit ‚heißem', destruktivem Rausch zu kombinieren – ohne ein ‚lauwarmes', ausbalanciertes Dazwischen.[96] Für die ‚Kälte'-Akteur:innen ging es nie darum, durch intensiven Drogenkonsum vermeintlich ‚höhere' oder ‚kosmische Wahrheiten' zu ergründen oder vor der ‚kalten' Welt zu fliehen. Einstige Utopien und Ideale hatten sich als Illusion offenbart, was blieb war der eigene Körper, aus dem ohne Rücksicht alles herausgeholt wurde. So entwickelte sich dem Literaturwissenschaftler Uwe Schütte zufolge auch der anfangs experimentelle Kokain-Konsum bei Künstler:innen und Literat:innen der Weimarer Republik zu einem Versuch selbstdestruktiver Grenzüberschreitungen, da „die Idee eines (wie auch immer gearteten) übergeordneten Ganzen" zerbrochen war: „exzessiver Drogenkonsum als ästhetisches Experiment".[97]

Generell zeigen sich die vielen Parallelen zwischen den historischen Avantgarden und der neusachlichen ‚Kälte' auf der einen Seite und der New-Wave-Bewegung und des ‚Kälte-Pop' auf der anderen Seite besonders deutlich im Bereich der Wahl der Drogen und der erwünschten Wirkung. Zu Recht betont etwa auch der Journalist Ulf Poschardt in seinem Buch *Cool* die von beiden Bewegungen geteilte und im Konsum manifestierte „Sucht nach Kälte": „[D]er Kälterausch der Weimarer Republik und derjenige des New Wave fallen mit den Hochzeiten des Kokain zusammen."[98] Diese Brücke schlug auch Lester Bangs in seinem folgenreichen Beitrag über KRAFTWERK aus dem Jahr 1975. Noch bevor er auf das eigentliche Interview mit der Band kam, schien es für Bangs wichtig, eingangs zu behaupten, dass Methamphetamin von Deutschen entwickelt wurde, „which of all accessible tools has brought human beings within closest twitch of machinehood".[99] Während KRAFTWERK selbst keine Drogen für ihre entemotionalisierte Maschinen-Inszenierung brauchten, boten für andere Zeitgenoss:innen wiederum Kokain und Speed genau jenen, auf ‚natürlichem' Weg nur schwer umzusetzenden Effekt. „Diese arrogante Haltung den Dingen gegenüber – das hatte auch mit den Drogen zu tun", erklärte etwa Gudrun Gut bezüglich ihres Speed- und Kokain-Konsums: „In Wirklichkeit war ich echt schüchtern. Ich wusste ja auch nicht, wie ich mich verhalten soll. Und kühl zu sein, dass fiel mir einfach leichter als zu sagen: ‚Ich bin unsicher.'"[100] Bekanntlich sollten diese distanzierte Pose, der ‚kalte' Blick sowie das unterkühlte und zugleich exzessive Auftreten nicht nur das Verhalten der ‚Käl-

---

96 Lethen: „Die elektrische Flosse Leviathans" (1995), 18.
97 Schütte, Uwe: *Die Poetik des Extremen. Ausschreitungen einer Sprache des Radikalen*, Göttingen 2006, 243. Siehe auch ebd., 239.
98 Poschardt: *Cool* (2002), 80.
99 Bangs: „Kraftwerk: The Final Solution To The Music Problem?" (1975).
100 Gut zit. n. Teipel: *Verschwende deine Jugend* (2001), 316.

te'-Protagonist:innen der NDW, sondern letztlich auch die gängige Selbstdarstellung in den Diskotheken der 1980er Jahre im Allgemeinen prägen. Beispielhaft beschrieb Wolfgang Müller den Tanzstil der Gäste im West-Berliner *Dschungel* als gleichzeitig „extrem autistisch und so cool wie möglich":

> Kein Tänzer, keine Tänzerin kommuniziert mit anderen Tanzenden. [...] Insgesamt ist der Tanzstil eckig, futuristisch, kalt, gelegentlich ex- oder implodiert [...]. Der Tanz fungiert nicht als kollektives Ritual, sondern als Ritual der Vereinzelung, der Loslösung von der Masse – was wiederum in ein neues Kollektiv mündet: das Kollektiv der Vereinzelten.[101]

3.2 „Die Mensch-Maschine": Mechanisch, rationalistisch, ‚deutsch'

Nichts ist so ‚kalt' wie KRAFTWERK. 1970 als experimentelle Krautrock-Band begonnen, entwickelte die Gruppe in der zweiten Hälfte der 1970er Jahre ein allumfassendes Band-Konzept, das das erste und wohl auch bekannteste Modell des ‚Kälte-Pop' darstellt. Kraftwerks ‚Kälte' baute auf drei Strategien, die auch die Grundpfeiler des ‚Kälte-Pop' bildeten: Entemotionalisierung, Auto-Dehumanisierung und eine affirmative Haltung zu den Zeichen des technologischen, postindustriellen Zeitalters. Die von der Gruppe eingesetzten ‚Kälte'-Motive waren dabei so vielfältig und multimedial wie konsequent: sei es die Präsentation als emotionslose, entpersonalisierte Mensch-Maschinen in einheitlichen Outfits auf Plattencovern und bei Live-Shows, die rein elektronischen, maschinellen Sounds, die von Simplizität, Monotonie und Repetition beherrschten Tracks, der zumeist aus sich wiederholenden, leidenschaftslos gesprochenen Schlagworten und verkürzten Sätzen bestehende Gesangspart oder die Lyrics über technologische, massenkulturelle Produkte und deren Verhältnis zum modernen Menschen. Abgerundet wurde diese totale Maschinenästhetik von wiederholten Verweisen der Band auf das vermeintlich spezifisch ‚Deutsche' ihrer Sounds, Performance und Arbeitsweise[102] – ein Narrativ, das vonseiten vieler Journalist:innen und Popforscher:innen übernommen wurde und die bis heute populäre Verknüpfung von ‚kalt' und ‚deutsch' verfestigte.

---

101 Müller: *Subkultur Westberlin 1979–1989* (2013), 125.
102 Ralf Hütter bezeichnete sogar die Verwendung von ausschließlich dezent in den Sound gemixten Vocals im Stil telegrammartiger Codes als Teil des bandeigenen „Germanic thing", da das Hauptaugenmerk auf dem Sound liege und Wörter nur am Gesamtsound orientiertes Beiwerk seien – alles andere würde ihrem Prinzip der „*Ganzheit*" widersprechen. Hütter zit. n. Bohn: „A computer date with a showroom dummy" (1981), 33. Hervorhebung i. O.

KRAFTWERKS Imagekonstruktion funktionierte nicht zuletzt deshalb so allumfassend und nahezu lückenlos, weil die Bandgründer Ralf Hütter und Florian Schneider die komplette Kontrolle über jeden Aspekt der Gruppe behielten: Sie organisierten die Tourneen selbst, arbeiteten autonom und abgeschottet in ihrem Düsseldorfer *Kling-Klang-Studio* und bestimmten über Sounds und Grafiken sowie über alle herausgegebenen Informationen, Interviews und Bandfotos.[103] Hütter und Schneider waren, wie der Kulturwissenschaftler Dirk Matejovski es treffend formuliert, „mythomaniacs", die stets um die Kontrolle und Konstruktion des Bandimages bemüht waren und ihrem Anspruch der Selbst-Mythologisierung entsprechend auftraten.[104] Obwohl Interviewantworten nur in der „wir"-Form gegeben wurden, um jede Form von Persönlichkeit aus der Außenwirkung des uniformen ‚Kollektivs' KRAFTWERK zu tilgen, waren es ausschließlich Hütter und Schneider, später sogar nur noch Hütter, die mit Pressevertreter:innen redeten und dadurch das öffentliche Bild der Band bestimmten.[105] Neben der Imagekonstruktion spielten hier aber auch hierarchische Aspekte eine Rolle, denn Hütter und Schneider waren nicht nur Gründer, sondern auch Besitzer von KRAFTWERK. Die Schlagzeuger Karl Bartos und Wolfgang Flür, mit denen sie ihre erfolg- und einflussreichsten Alben produzierten, waren ‚nur' Angestellte mit Festgehalt, denen vertraglich keine öffentlichen Äußerungen zur Band zustanden.[106]

---

[103] Vgl. Schober: „Kraftwerk" (1979), 77.
[104] Matejovski, Dirk: „Kraftwerk. The history and aesthetics of a pop-cultural concept", in: Ahlers; Jacke (Hg.): *Perspectives on German popular music* (2017), 61–66, hier: 61, 65.
[105] Beispielhaft zeigte sich diese Einstellung bereits 1975 in einem Radiointerview während ihrer ersten Tournee durch die USA: Auf Schneiders am Ende des Interviews an Hütter gestellte Frage „Haben wir denn schon die Leute vorgestellt, die mit uns spielen?" antwortet dieser ihm knapp „Nö, aber hat er ja auch gar nicht 'nach gefragt. [lacht]" „Interview with Ralf Hütter and Florian Schneider of Kraftwerk", *Triad Free-Form Radio*, WXFM-FM (Sendedatum: 20.04.1975). URL: *https://youtu.be/bFILvuezh-k* (Letzter Zugriff: 24.10.2022), 01:02:07–01:02:12.
[106] Risse bekam die Imagefassade des Projekts KRAFTWERK daher auch erst nach dem Ausscheiden der beiden Bandmitglieder Flür und Bartos, die dann durch Autobiografien und Interviews ihre Sicht der Dinge publik machten. Flürs 1999 erstmals erschienenes Buch *Kraftwerk – Ich war ein Roboter* lieferte einige pikante Details, die so gar nicht zu dem so sorgsam gepflegten Mensch-Maschinen-Image passen sollten, und wurde nach rechtlichen Schritten seitens Hütter, Schneider und Emil Schult vom Markt genommen, um erst einige Jahre später in einer überarbeiteten Form wiederveröffentlicht zu werden.

Für die Entwicklung von KRAFTWERKS ,Kälte'-Image ist noch ein weiterer Aspekt von Bedeutung, der auf die von Hütter und Schneider forcierte Mythenbildung zurückgeht: das bewusste Ausblenden der ersten vier, zwischen 1969 und 1973 erschienenen Alben (ersteres unter dem Bandnamen ORGANISATION), deren Sounds und visuelle Gestaltungen noch dem Stil zeitgenössischer Krautrock-Bands entsprachen.[107] Weder wurden diese jemals wieder offiziell wiederveröffentlicht, noch wurden Tracks dieser Alben seit den 1980er Jahren live von der Gruppe gespielt. Zu Recht bemerkt Krautrock-Forscher Ulrich Adelt, dass das Ausklammern dieser ersten Alben aus der offiziellen Retrospektive *Der Katalog* (2009) dem Mythos zuarbeitet, „die Geschichte KRAFTWERKS würde quasi im November 1974 mit *Autobahn* als einer *creatio ex nihilo* beginnen".[108] So finden sich auf den ersten beiden unter dem Bandnamen KRAFTWERK veröffentlichten Alben (1970 und 1972) zwar industrielle Sounds, experimentelle Geräuschkulissen, Noise-Parts und Drones sowie erste Ansätze elektronischer Musik, jedoch prägen vor allem genretypisch lange Improvisationen die Platten und auch von den später so essentiellen Synthesizern fehlt jede Spur.[109] Stattdessen spielen die Musiker Orgel, Querflöte, Geige und Gitarre, auf ersterem Album sind sogar noch konventionelle Drums zu hören. Auch die Frontcoverdesigns im Pop-Art-Stil und die Porträtfotos im Innenteil der zweiten LP, die Schneider und Hütter in gemusterten Hemden, mit schrillen Sonnenbrillen und längeren Haaren zeigen, demonstrieren den ,Hippie'-Charakter der frühen KRAFTWERK, wenn auch das in der Innenseite der ersten LP abgedruckte Bild eines Generators, geschossen von den Düsseldorfer Architekturfotograf:innen Bernd und Hilla Becher, als auch Tracktitel wie „Ruckzuck", „Klingklang", „Megaherz", „Strom", „Spule 4" und „Wellenlänge" bereits auf künftige Themenschwerpunkte hindeuten.

---

[107] Siehe hierzu Adelt: „Vom Himmel hoch'" (2018). Siehe dazu auch den Ansatz des Popkulturforschers Johannes Ullmaier, der die Ausbildung des Projekts KRAFTWERK als konkurrenzbedingtes Bemühen um Alleinstellungsmerkmale und als allmähliche, „situationsbedingte Produktnischenfindung durch kluge, von Beginn an international ausgerichtete Trial-and-Error-Marktanalyse und -anpassung" interpretiert. Ullmaier: „Kraftwerk, Kraftwerk unter anderem" (2018), 342, 348.
[108] Adelt: „Vom Himmel hoch'" (2018), 18. Hervorhebung i. O. KRAFTWERK: *Der Katalog* (2009), CD-Boxset, Kling Klang / EMI, KLANGBOX 002DE.
[109] KRAFTWERK: *Kraftwerk* (1970), LP, Philips, 6305 058; KRAFTWERK: *Kraftwerk 2* (1972), LP, Philips, 6305 117.

Abb. 11: Zwischenstufe auf dem Weg zum neuen Band-Image: Ralf Hütter und Florian Schneider auf dem Frontcover der KRAFTWERK-LP *Ralf & Florian* (1973).

Einen weiteren Schritt Richtung ‚Kälte-Pop' machten Hütter und Schneider mit ihrem 1973 veröffentlichten Folgealbum *Ralf & Florian*.[110] Die LP nimmt eine Brückenfunktion ein zwischen den Krautrock-Anfängen der Band und ihrem neusachlich-futuristischen Hauptwerk ab *Autobahn* (1974). Die Musik ist weit weniger experimentell als vielmehr melodisch, minimalistisch und harmonisch, erstmals kommt hier nicht nur ein Vocoder zum Einsatz, der die Stimme roboterartig verzerrt,[111] sondern auch eine Drum-Machine und ein Synthesizer, der instrumentelle Schwerpunkt liegt aber auch hier noch auf Flöte und Orgel. Tracktitel wie „Kristallo", „Heimatklänge", „Tanzmusik" und „Ananas Symphonie" geben einen ebenso deutlichen Hinweis auf das nun immer wichtiger werdende, zwischen Nostalgie, Retrofuturismus und postmodernistischer Brechung sich bewegende Band-Kon-

---

110 KRAFTWERK: *Ralf & Florian* (1973), LP, Philips, 6305 197.
111 Dem Musikwissenschaftler Immanuel Brockhaus zufolge entstehe dieser Effekt aufgrund des Mangels an obertonreichen Klängen sowie aufgrund des Fehlens von ausgeprägten Transienten und Formanten, die eine menschliche Stimme üblicherweise charakterisieren. Brockhaus: *Kultsounds* (2017), 395.

zept wie das Frontcover, das neben den Namen der beiden Musiker in Frakturschrift eine schwarz-weiße Fotografie selbiger im „konservativbraven Konfirmanden-Look"[112] zeigt: Während sich Ralf Hütter zwar mit ordentlich gescheiteltem, doch immer noch langem Haar und offenem Oberhemd präsentierte, entsprach Florian Schneider mit seinem Kurzhaarschnitt samt Anzug und Krawatte schon ganz dem späterem KRAFTWERK-Ideal (Abb. 11). Auch die restlichen Grafiken des Albums verdeutlichen eine Übergangsphase: So zeigt das Foto auf dem Backcover die beiden Musiker in ihrem spärlich eingerichteten Studio, umgeben von kalkgeweißten Steinwänden, ihren Instrumenten und den von nun an traditionell auch bei Konzerten verwendeten Namensschildern aus Neonröhren-Leuchtschrift. Im Kontrast zu dieser eher ‚kühlen' Inszenierung stehen die dem Album beiliegenden verspielten Comics des Künstlers Emil Schult, der als Texter, Grafiker und Bühnenarrangeur einen kaum zu überschätzenden Einfluss auf die Imagekonstruktion der Band in ihrer künstlerischen Hochphase bis zum Beginn der 1980er Jahre haben sollte.[113]

Erst mit der Veröffentlichung des Albums *Autobahn* Ende 1974 sowie der daran anschließenden USA-Tournee sollte jene Phase der Bandgeschichte beginnen, die dem sorgsam konstruierten Image KRAFTWERKS entsprach und zugleich den Rahmen, den Anfang und das Ende des ‚Kälte-Pop' bildete. Die folgende, chronologisch strukturierte Untersuchung dieser auch von Fans und Kritiker:innen als Haupt- und Schlüsselwerk betrachteten Veröffentlichungen – von *Autobahn* (1974) bis *Computerwelt* (1981) – ist daher unumgänglich, um die Entwicklung, den Einsatz und die Wirkung der einzelnen, von KRAFTWERK ausgestalteten ‚Kälte'-Motive nachzuzeichnen. Zwar bezeichnete *NME*-Autor Ian MacDonald bereits Ende 1972 in seiner für die angloamerikanische Krautrock-Rezeption richtungsweisenden Reihe „Germany Calling" KRAFTWERK als eine „cold, mechanical group", die scheinbar jede Spur von emotionaler Expression aus ihrer Musik auszuradieren sucht,[114] jedoch nahm das KRAFTWERK-Image der ‚kalten', ‚typisch deutschen' Mensch-Maschinen erst ab 1975 konkrete Gestalt an.

Autobahn

Autobahn beschreibt Bewegung, genauer gesagt mehrere Bewegungen: eine *Bewegung weg von* ehemals genutzten Sounds, Songstrukturen und Performances, eine *Bewegung hin zu* einem neuen Sound sowie zu einer innovativen und folgenreichen Imagekonstruktion und schließlich das *Konzept der Bewegung* selbst.[115] So-

---

112 Schober: „Kraftwerk" (1979), 76.
113 Siehe zu Schult etwa Bussy: *Kraftwerk* (2005), 46–50.
114 MacDonald: „Germany Calling, Part Two" (1972), 36.
115 KRAFTWERK: *Autobahn* (1974), LP, Philips, 6305 231.

wohl das Album und die dahinterstehenden, künstlerischen Ideen, als auch das Auftreten sowie die folgende Rezeption der Band im Ausland bildeten zusammen einen Wendepunkt in der Karriere von KRAFTWERK, der zugleich den Boden für den ‚Kälte-Pop' bereitete.

Angefangen beim Album selbst: So ist etwa der Sound auf *Autobahn* zwar weit weniger ‚kalt' als auf den Folgealben, was unter anderem dem Einsatz konventioneller Musikinstrumente geschuldet ist, und auch Tracks wie „Kometenmelodie 1", „Mitternacht" und „Morgenspaziergang" verweisen in Betitelung und Klang noch deutlich auf die künstlerischen Wurzeln in der Klassischen Musik und Musique concrète. Allerdings prägen statt ausladender Krautrock-Improvisationen nunmehr einfache Melodien und Songstrukturen die Musik. KRAFTWERK präsentieren im Titeltrack einen mechanischen und transparenten Sound, der nicht nur für die folgenden Veröffentlichungen der Band charakteristisch wurde, sondern auch die ‚kühlen' Klänge folgender Synth-Pop-Musiker:innen vorwegnehmen und inspirieren sollte. Die Band entwickelte dadurch einen neusachlichen Sound, der sich vom Expressionismus zeitgenössisch populärer Rockmusik klar abgrenzte. Der Schlüssel zu KRAFTWERKS ‚glasklaren', transparenten Pop-Minimalismus liegt dem Musikjournalisten Jim Aikin zufolge in der Komposition selbst. In seinem Interview mit Ralf Hütter für das US-amerikanische Magazin *Keyboard* aus dem Jahr 1982 erklärte Aikin, KRAFTWERKS die Regelmäßigkeit des industriellen Maschinenzeitalters widerspiegelnde Musik erfülle stets die grundlegendsten unterbewussten Erwartungen darüber, wie eine Phrase ablaufen wird, und würde dadurch die Hörerschaft in einen rezeptiven Zustand einlullen: „[L]ike the pipes and girders in a Bauhaus-inspired building, everything in a KRAFTWERK tune is out in the open."[116]

Tatsächlich betonte Hütter wiederholt in Interviews, dass die Band ihre Produktionen als „industrielle Volksmusik" begreift. Mit diesem Begriff spielte Hütter gleichzeitig auf die industrielle, von Stahl, Glas und Beton geprägte Kulisse der Rhein-Ruhr-Region an, die auf den Sound und die Performance von KRAFTWERK den größten Einfluss gehabt habe,[117] als auch auf die in den Songtexten thematisierten, massenkulturellen Produkte (PKW/Autobahn, Radio, Trans-Europ-Express, Computer). Deutlich wird hier die von Hütter geschlagene Brücke zur Bauhaus-Schule, deren neusachlicher Funktionalismus auf die Bedürfnisse der breiten Bevölkerung zielte. Nicht zuletzt diente die Rede von der „industriellen Volksmusik", wie der Literaturwissenschaftler Uwe Schütte ganz richtig feststellt, zur Distanzierung von angloamerikanischen Kultureinflüssen, die insbesondere auf dem Feld der

---

116 Aikin: „Kraftwerk" (1999), 188–189.
117 Vgl. Hütter zit. n. Bohn: „A computer date with a showroom dummy" (1981), 32.

bundesdeutschen Pop-Musik vorherrschend gewesen seien.[118] Außergewöhnlich und an künstlerische Traditionen der 1920er bis 1950er Jahre anschließend waren auch die nun mehr Raum einnehmenden Vocals und Lyrics, die im Gegensatz zu den meisten Songtexten zeitgenössischer Rockmusiker:innen ausnahmslos deutschsprachig waren. Zu Recht weist der Musikologe Ian Biddle darauf hin, dass die Vocals im Titeltrack „Autobahn" fast komplett mit Kopfstimme eingesungen worden waren, dadurch klinge die Stimme körperlos und maschinenhaft. Hütter sollte diese Art des Singens beibehalten und auch in der New Wave wurde die oftmals teilnahmslos bis ‚kühl' wirkende Kopfstimme zum Standardrepertoire, im starken Kontrast zur oftmals kehligen Körperstimme in der Rockmusik.[119]

Obwohl es so klingt, wurden auf *Autobahn* weder Sequenzer noch Drum-Machine genutzt. Dafür kam hier erstmals die legendäre, mit metallenen Drum-Pads ausgestattete, elektronische Percussion zum Einsatz, die der neue Schlagzeuger Wolfgang Flür im Eigenbau konstruiert hatte und auch auf den folgenden Alben maschinenhaft, repetitiv und monoton-minimalistisch per Hand von ihm und Karl Bartos eingespielt wurde.[120] Hütter erklärte später, die eigenhändige Entwicklung sei unumgänglich gewesen, da alle käuflich verfügbaren E-Drums zu sehr nach „Latin"-Musik geklungen hätten und er stattdessen maschinenartige Drum-Sounds bevorzugt habe. Die elektronische Percussion erlaubte den Musikern nicht nur totale Kontrolle über die Lautstärke und den Klang der Drums, sondern hatte Hütter zufolge auch einen starken psychologischen Einfluss auf die Performance der Gruppe, die auch heute noch bei Liveauftritten nahezu regungslos hinter den Maschinen verharrt.[121] Wiederholt hatten sich Hütter und Schneider gegen die Arbeit mit konventionellen Drummern ausgesprochen, sind diese doch oftmals zu laut, verschwitzt und würden hinter ihrem Schlagzeug zu viel herumturnen und „einfach den ganzen Sound kaputtschlagen": „Aber seit wir die selbstkonstruierten elektronischen Schlagzeuge haben, ist das kein Problem. Darauf können die Leute nicht, von plötzlichen Emotionen davongetragen, lostrommeln wie die Wilden."[122]

Überhaupt nahmen technologische Aspekte und das Verhältnis von Mensch und Technik seit *Autobahn* einen, wenn nicht sogar *den* essentiellen Stellenwert in

---

118 Schütte spricht hier sogar von dem Versuch der Konstruktion einer neuen nationalen Identität nach Auschwitz. Schütte, Uwe: „Kraftwerk. Industrielle Volksmusik between Retro-Futurism and Ambivalence", in: ders. (Hg.): *German Pop Music* (2017), 85–109, hier: 87.
119 Biddle, Ian: „Vox Electronica. Nostalgia, Irony and Cyborgian Vocalities in Kraftwerk's Radioaktivität and Autobahn", in: *Twentieth-Century Music*, Jg. 1, Nr. 1 (2004), 81–100, hier: 90.
120 Vgl. Flür: *Kraftwerk* (1999), 59–72 und Bartos: *Der Klang der Maschine* (2017), 210.
121 Hütter zit. n. Aikin: „Kraftwerk" (1999), 182.
122 Hütter zit. n. Schober: „Kraftwerk" (1979), 76. Vgl. auch Hütter zit. n. O'Brien: „Kraftwerk" (1977) und Aikin: „Kraftwerk" (1999), 181–182 sowie Hütter und Florian Schneider zit. n. Synthetic: „New Musick" (1977), 33.

der künstlerischen Konzeption KRAFTWERKS ein. Das Album selbst wirkt zweigeteilt: Während sich die ausschließlich aus dem Titeltrack bestehende A-Seite offensiv gegen die zeitgenössisch und insbesondere gegenkulturell verbreitete Technikfeindlichkeit stellt, existieren insbesondere auf der B-Seite des Albums noch Ansätze von Natur-Romantik, inklusive Flöten-Einsatz.[123] Technik und Natur wurden von KRAFTWERK noch zu Beginn der *Autobahn*-Phase als gleichwertig nebeneinandergestellt,[124] bevor die Gruppe sehr bald in Interviews und in den folgenden Alben das Technische als das Natürliche der modernen Welt schlechthin propagierte und inszenierte. „Computer und die Technik bestimmen unser tägliches Leben immer mehr", betonte etwa Florian Schneider im Oktober 1975 in einem *Bravo*-Interview und verwarf konventionelle Musikinstrumente als mittelalterliche Relikte: „In 20 Jahren werden unserer Meinung nach kaum noch Gruppen mit Gitarren und Schlagzeug auftreten. Für uns gehören diese Instrumente heute schon der Vergangenheit an. [...] Deshalb erfinden wir neue Instrumente, auf denen wir die Musik der Zukunft machen können."[125]

Deutlich wird hier der an Konzepten des Futurismus und der Neuen Sachlichkeit angelehnte Ansatz KRAFTWERKS, der den Sound, das Image, die Performances und Themen seit *Autobahn* prägen sollte. Dazu gehörte auch der fortwährend multimediale Bezug auf das Motiv der Bewegung, besonders auffallend in den Konzeptalben *Autobahn*, *Trans Europa Express* (1977) und *Tour de France* (1983/2003). „Die Devise der Neuen Sachlichkeit: ,Statt Ausdruck – Signale, statt Substanz – Bewegung!' findet im Verkehr Spielraum und Milieu", schreibt Helmut Lethen in Bezug auf den neusachlichen Verkehrs-Topos, der nicht auf ein konkretes Ziel, sondern auf den Akt der Bewegung selbst als Ausdruck des modernen Lebens zielte.[126] Diese Motivwahl und künstlerische Konzipierung bestimmen auch die KRAFTWERK-Produktionen: „Unsere Musik handelt nicht vom Auto als Symbol der Freiheit. Sie handelt von der Bewegung. Von der Wirklichkeit, in der wir leben. Industrielle Volksmusik, das war immer unsere Idee", bekräftigte Hütter rückblickend und zeigte sich vor allem von der „Endlosqualität" und „Dynamik" der Bewegung faszi-

---

123 Vgl. Stubbs: *Future Days* (2014), 175.
124 So erklärte Florian Schneider in einem Radiointerview im April 1975 bezüglich der „[m]echanical aspects of life": „Technic is not an enemy to us. We use technic as it is, don't escape in nature. We like nature also, but there is... can be the same place. There is no concept: technic is better or worst than the nature." „Interview with Ralf Hütter and Florian Schneider of Kraftwerk", WXFM-FM, *Triad Free-Form Radio* (Sendedatum: 20.04.1975), 00:08:16–00:09:05.
125 Schneider zit. n. o. V.: „Bald singt bei uns ein Computer. Aus der Hexenküche von Kraftwerk", in: *Bravo*, Nr. 42, 9. Oktober 1975, 10.
126 Lethen: „Die elektrische Flosse Leviathans" (1995), 22.

niert, die sich dementsprechend in der Musik KRAFTWERKS wiederfinde.[127] Tatsächlich lassen sich die zumeist von sequenzergenerierten Synthesizerpattern und monoton-repetitiven Drums beherrschten Tracks der Gruppe als Versuche lesen, diese „Endlosqualität" der Bewegung auf das Feld der Musik zu übertragen. Durch seinen Verweis auf das Konzept der „industriellen Volksmusik" machte Hütter erneut deutlich, dass es ihm beim Rückgriff auf das Motiv der Bewegung um eine künstlerische Spiegelung der modernen, industrialisierten und technologischen Welt ging.[128]

Mit ihrem Sound auf *Autobahn* und der dahinterstehenden Konzeption hatten KRAFTWERK einen Weg eingeschlagen, der die Band nicht nur zu einem Vorbild für kommende Musiker:innen vor allem aus dem Bereich der Elektronischen Musik werden ließ, sondern auch die Grundlagen für popkulturelle ‚Kälte'-Motive bildete. Womöglich noch wichtiger für die Entwicklung des ‚Kälte-Pop' und KRAFTWERKS internationaler Karriere war allerdings die kurz nach der Veröffentlichung des Albums intensivierte Konstruktion und Ausgestaltung des Bandimages. Auf den Covergrafiken von *Autobahn* war davon noch wenig zu sehen: keines der Bandmitglieder trägt Anzug, bis auf Florian Schneider haben alle lange Haare und der noch während der Fertigstellung des Albums geschasste und durch Karl Bartos ersetzte Krautrocker Klaus Roeder trägt sogar Vollbart. Kurz nach Erscheinen der LP ließ sich die ganze Band mit Anzügen und akkuraten Kurzhaarfrisuren ausstatten,[129] denn für die im Frühjahr 1975 anstehende Tournee durch die USA wollten Hütter und Schneider eine auffallende sowie zum Gesamtkonzept passende Performance liefern – und das erfolgreich. „Gleich zu Beginn ein Schock: Die vier ‚Krautrocker' kommen in dunklen Anzügen, weißen Hemden, schwarzen Fliegen und ordentlich gekämmten Haaren auf die Bühne", schrieb – stellvertretend für die Reaktionen vieler weiterer Musikjournalist:innen – der sichtlich überraschte *Bravo*-Redakteur Peter F. Stahl über das KRAFTWERK-Konzert im New Yorker *Beacon Theatre*.[130] „Das ist unsere ‚Show'", erklärte Hütter in einer späteren *Bravo*-Ausgabe dem Interviewer: „Wie die SWEET können wir doch unmöglich auftreten. Das passt nicht zu unserer Musik".[131] Auf dieser folgenreichen Tournee kam zudem erstmals das Konzept der „Mensch-Maschine" zum Einsatz. So wird die Band seitdem vor jedem Auftritt mit der Bandansage „Meine Damen und Herren, Ladies

---

127 Hütter zit. n. Rapp, Tobias/Thadeuz, Frank: „‚Maschinen sind einfach lockerer'", in: *Der Spiegel*, Nr. 50 (2009), 138–140, hier: 139–140. URL: *https://www.spiegel.de/spiegel/print/d-68074001.html* (Letzter Zugriff: 24.10.2022).
128 Vgl. Hütter zit. n. Bussy: *Kraftwerk* (2005), 91.
129 Vgl. dazu Flür: *Kraftwerk* (1999), 77.
130 Stahl, Peter F.: „Krautrock ist Top: Kraftwerk elektrisiert Amerika", in: *Bravo*, Nr. 24, 5. Juni 1975, 21.
131 Hütter zit. n. o. V.: „Bald singt bei uns ein Computer" (1975), 10.

und Gentlemen, heute Abend die Mensch-Maschine KRAFTWERK" angekündigt.[132] Auch auf dem von Hütter und Schneider konzipierten Tourplakat, dessen Grafik die Optik von Fritz Langs „Metropolis" aufgriff und eine von Transport und Elektrizität geprägte Stadt der Zukunft zeigte, tauchte der Begriff „Mensch-Maschine" auf.[133] Hohe Verkaufszahlen und Chartplatzierungen in den USA noch während der Tournee gingen Hand in Hand mit einer breiten Aufmerksamkeit seitens US-amerikanischer Medien.[134] Hütter, der sich regelmäßig mit den neuesten Ausgaben ausländischer Musikmagazine eindeckte und über die Neuigkeiten der Popwelt informierte,[135] wusste um die außergewöhnliche Bedeutung von Zeitschriften wie *New Musical Express*, *Sounds* und *Melody Maker* für den europäischen Musikmarkt. Entsprechend offensiv in der Präsentation des Images als explizit ‚deutsches', technikbegeistertes Mensch-Maschinen-Kollektiv agierten er und Schneider bei Auftritten und Presse-Interviews.

Weitreichende Wirkung erzielten Hütter und Schneider in der Folge durch einen Artikel des populären Journalisten Lester Bangs, der die beiden auf ihrer US-Tour interviewte. Bangs Beitrag, der in der US-amerikanischen Zeitschrift *Creem* und während KRAFTWERKS UK-Tournee in der britischen *NME* veröffentlicht wurde, sollte die Gruppe international nicht nur einem breiten Publikum bekannt machen, sondern darüber hinaus die mediale Rezeption KRAFTWERKS nachhaltig prägen.[136] „Where is rock going?", fragte Bangs zu Beginn seines Artikels und lieferte die Antwort gleich hinterher: „It's being taken over by the Germans and the machines". Bangs zufolge ist *Autobahn* eine Anklage gegen all jene, die sich dem „bloodless iron will" und der Ordnung des unausweichlich anbrechenden Maschinenzeitalters, in dem die Maschinen die Menschen absorbieren würden, widersetzen. Auch im restlichen Teil seines Beitrags sparte Bangs nicht mit Verweisen auf die maschinenhafte und emotionslose ‚Kälte' der Band. So behauptete er etwa, es seien „the Germans" gewesen, die mit Metamphetamin jene Droge erfunden hätten, die den Menschen in die Nähe der Maschinenhaftigkeit rücke. Obendrein sehe Florian Schneider so aus, als könne er mit der gleichen Emotionsintensität einen Computer bauen oder einen Knopf drücken und damit die halbe Welt in die Luft jagen. Passend dazu erklärte Schneider auf Bangs Bemerkung, KRAFTWERKS Musik sei „anti-emotional", dass er „Emotion" für ein seltsames Wort halte und es nun mal eine „cold emotion" und eine von ihm nicht näher ausgeführte „other emotion" gebe, die beide gleichwertig seien. Wie der Historiker Alexander Simmeth aus-

---

132 Hütter zit. n. Ziemer: „Musique nonstop" (2009), 29.
133 Bartos: *Der Klang der Maschine* (2017), 145.
134 Vgl. Simmeth: *Krautrock Transnational* (2016), 304, 308.
135 Bartos: *Der Klang der Maschine* (2017), 270.
136 Bangs: „Kraftwerkfeature" (1975); ders.: „Kraftwerk: The Final Solution To The Music Problem?" (1975).

führt, standen in der Kritiken US-amerikanischer Zeitschriften generell insbesondere das Maschinenhafte und Emotionslose KRAFTWERKS im Zentrum der Aufmerksamkeit. Von einer „music made by machines on ice" schrieb etwa die *Creem*, „highly industrialized, colder, and more machinelike" hieß es in der *Chicago Tribune* und als „totally in control, unemotional and detached" wurden KRAFTWERK in der Zeitschrift *Circus* beschrieben. Auch zwei Jahre später, anlässlich der Veröffentlichung des Albums *Trans Europa Express*, fielen die Rezensionen der US-amerikanischen Presse ähnlich aus: So besprach die *Washington Post* das Album als „clearly mechanical music for a machine age", während die *Los Angeles Times* dessen Sound als „icy, remote and low-pulsed" interpretierte.[137]

Neben der Maschinenartigkeit und entemotionalisierten Performance KRAFTWERKS kam in Bangs Artikel noch ein weiterer Aspekt auf, der nicht nur die internationale Rezeption der Gruppe bis heute auszeichnet, sondern gleichfalls die Entwicklung und Gestalt des ‚Kälte-Pop' und seiner Adept:innen bestimmen sollte: ‚das Deutsche'. So legte Hütter das von ihm danach noch oft wiederholte Narrativ dar, wonach die deutsche Kultur nach dem Zweiten Weltkrieg zerstört und von der angloamerikanischen Kultur ersetzt worden sei, und erklärte ausführlich die Bedeutung der Herkunft KRAFTWERKS, die er – alle vorangegangen, ebenfalls in Deutsch singenden Musiker:innen, etwa des Schlagers, der Beatmusik und des Krautrocks, ausblendend – als Vorreiterband bei der Verwendung der deutschen Sprache darstellte:

> We are the first German group to record in our own language, use our electronic background, and create a Central European identity for ourselves. So you see another group like TANGERINE DREAM, although they are German they have an English name, so they create onstage an Anglo-American identity, which we completely deny. We want the whole world to know our background. We cannot deny we are from Germany, because the German mentality, which is more advanced, will always be a part of our behavior. We create out of the German language, the mother language, which is very mechanical, we use as the basic structure of our music. Also the machines, from the industries of Germany.[138]

Hütters Betonung der ‚deutschen' Wurzeln KRAFTWERKS war keinesfalls einmalig, sondern Teil der bewusst forcierten Imagekonstruktion. KRAFTWERK internalisierten all jene, nicht nur im angloamerikanischen Raum vorherrschenden Stereotype über Deutsche (kalt, emotionslos, maschinenhaft, kollektivistisch, auf Funktionalität und Perfektion fokussiert) und konstruierten darauf ein Image, das darüber hinaus einen nachhaltigen Einfluss auf die Selbstdarstellungen nachfolgender

---

137 *Creem* 6/1975, *Chicago Tribune* 13.04.1975, *Circus* 06/1975, *Washington Post* 03.04.1977, *Los Angeles Times* 26.03.1977. Alle Zeitschriftenausschnitte zit. n. Simmeth: *Krautrock Transnational* (2016), 306.
138 Hütter zit. n. Bangs: „Kraftwerkfeature" (1975), 31.

Bands aus Deutschland als auch deren Außenwahrnehmungen haben sollte.¹³⁹ Im Hinblick auf die radikale Konsequenz, mit der Kraftwerk Klischees des ‚Deutschen' in Anspruch nahmen, gehen manche Autor:innen davon aus, dass dies eigentlich subtile Kritik, Satire und subversive Affirmation sei und von den Fans wie Kritiker:innen nur missverstanden wurde.¹⁴⁰ Ohne Frage wussten Hütter und Schneider mit den Stereotypen zu spielen, die ihnen vonseiten des angloamerikanischen Publikums entgegengebrachten wurden, den beiden reines Kalkül zu unterstellen, greift allerdings zu kurz. Vielmehr war die von Kraftwerk mit *Autobahn* intensivierte Imagekonstruktion zugleich eine Verdichtung der Auseinandersetzung mit einer wie auch immer gearteten ‚deutschen' Identität – nicht im Sinne undifferenzierter, nostalgischer Identifikation, sondern im Sinne einer künstlerischen Spurensuche, wie Hütters rückblickende Einordnung des Albums verdeutlicht: „*Autobahn* was about finding our artistic situation: where are we? What is the sound of the German Bundesrepublik?"¹⁴¹

Was die Band dabei mit ihren Kolleg:innen im Krautrock und insbesondere in der NDW teilte, war die Frage, ob und wie ein affirmativer, künstlerischer Bezug zu kulturellen und historischen Zeichen des ‚Deutschen' nach dem Nationalsozialismus möglich ist. Kraftwerk fuhren in dieser Frage zweigleisig: Zum einen bildet Kraftwerks Retrofuturismus eine kulturelle Brücke zwischen der Weimar Republik und der Bundesrepublik und postuliert damit eine Kontinuität, die sowohl einen positiven Rückgriff auf ‚das Deutsche' erlaubt als auch eine Kritik an der Inanspruchnahme deutscher Kultur durch die Nazis impliziert. Beispielhaft legen Hütters Ausführungen zum Album *Autobahn* als Suche nach dem „sound of the German Bundesrepublik" seinen Anspruch offen, das gesellschaftliche Bild von der Autobahn als nationalsozialistisches Projekt neu zu interpretieren als Zeichen bundesdeutscher Modernität.¹⁴² Kraftwerks zweiter Ansatz zielte auf eine Auflösung des Nationalen zugunsten regionaler und supranationaler Identifikationsmuster, die gleichzeitig auf die Rhein-Ruhr-Region sowie auf Zentraleuropa als

---

139 Treffend bemerkt die Musikwissenschaftlerin Melanie Schiller an dieser Stelle, dass Kraftwerk im Kontrast zur Beat-Jugend, die versuchte zu dem zu werden, was sie sich unter „britisch" vorstellte, sich in das verwandelten, was sie sich unter dem stereotypischen Deutschen vorstellten. Schiller: *Soundtracking Germany* (2018), 226–227.
140 So etwa Albiez, Sean/Lindvig, Kyrre Tromm: „Autobahn and Heimatklänge. Soundtracking the FRG", in: Albiez; Pattie (Hg.): *Kraftwerk* (2011), 15–43, hier: 27 sowie Schütte, Uwe: „Kalium, Kalzium, Eisen, Magnesium. Anmerkungen zu Kraftwerks Texten", in: ders. (Hg.): *Mensch – Maschinen – Musik* (2018), 238–261, hier: 255, 260.
141 Hütter zit. n. Dalton, Stephen: „Album by Album: Kraftwerk", in: *Uncut*, Nr. 10 (2009), 68–71, hier: 68; zit. n. Schiller, Melanie: „,Fun Fun Fun on the Autobahn'. Kraftwerk Challenging Germanness", in: *Popular Music and Society*, Jg. 37, Nr. 5 (2014), 618–637, hier: 623. Vgl. Neidhart: „Trans Europa Express" (2018), 77.
142 Vgl. Schiller: „,Fun Fun Fun on the Autobahn'" (2014), 627.

kulturelle Wurzeln verweisen.¹⁴³ Hütter, der bereits im Interview mit Lester Bangs von einer „Central European identity" gesprochen hatte, betonte mit Schneider in den folgenden Jahren wiederholt, dass die Tournee durch die USA ihnen ermöglicht habe, die eigene Kultur von außen zu betrachten und ihre kulturelle Identität als Europäer zu entdecken: „Wir haben ein neues europäisches Selbstbewusstsein gefunden, das uns gerade durch die Begegnung mit Amerika klargeworden ist. [...] Amerika hat erst einmal klargemacht, woher wir überhaupt kommen."¹⁴⁴ Dass die unterstrichene Identifikation als Europäer zugleich der Abwehr einer tiefergehenden Auseinandersetzung mit dem Nationalsozialismus diente, zeigt Florian Schneiders Kommentar in einem Radio-Interview während der *Autobahn*-Tournee durch die USA: „The people wanted to give every German feeling of guiltiness, you know, to feel guilty about the past, but we can't, we are born after the war. Why should we? [...] Now we know, who we are. [...] We are Europeans".¹⁴⁵

Derlei konkrete Aussagen zum vermeintlichen Erbe des Nationalsozialismus finden sich in Interviews deutschsprachiger Zeitschriften mit der Band eher selten, in der angloamerikanischen Rezeption KRAFTWERKS dagegen spielten Nazi-Verweise von jeher eine weit größere Rolle. Während etwa ein großformatiger Reichsadler samt Hakenkreuz Bangs' KRAFTWERK-Beitrag in der US-amerikanischen *Creem* zierte, versah die britische Musikzeitschrift *NME* denselben Artikel in ihrer Ausgabe vom 6. September 1975 mit Hakenkreuzen, einem per Fotomontage in den Nürnberger Reichstag kopierten Gruppenbild sowie mit der neuen, in Frakturschrift gehaltenen Headline „KRAFTWERK: The Final Solution To The Music Problem?" – eine Anspielung auf die nationalsozialistische Terminologie einer „Endlösung der Judenfrage". KRAFTWERKS erste Großbritannien-Tournee im Herbst 1975 fiel in eine Zeit, in der Nazis im Vereinigten Königreich noch sehr präsent waren, nicht nur erinnerungskulturell durch das Kriegsbombardement, sondern ebenso aktuell-politisch und medial, durch den Aufschwung nationalistischer und faschistischer Bewegungen und Parteien in Großbritannien in den 1970er Jahren sowie durch die Ästhetik von Filmen wie „Cabaret" (1972) und „Der Nachtportier" (1974), die Nazismus mit glamouröser Dekadenz verbanden.¹⁴⁶ Wie an früherer Stelle bereits gezeigt, erwachte generell zu Beginn des Jahrzehnts in der britischen Subkul-

---

143 Diese Verknüpfung findet sich bereits in Interviews während der US-Tour 1975 und wird bis heute von Hütter in Interviews stark gemacht. Siehe etwa Bangs: „Kraftwerkfeature" (1975), 31 sowie Alessandrini: „Haute Tension: Kraftwerk" (1976).
144 Hütter zit. n. Schober: „Kraftwerk" (1979), 78. Siehe auch Hütter und/oder Schneider zit. n. Alessandrini: „Haute Tension: Kraftwerk" (1976).
145 Schneider in „Interview with Ralf Hütter and Florian Schneider of Kraftwerk", WXFM-FM, *Triad Free-Form Radio* (Sendedatum: 20.04.1975), 00:05:50–00:06:22.
146 Witt: „Vorsprung durch Technik" (2011), 169–171. „Cabaret" (USA 1972). R: Fosse, Bob; „Der Nachtportier" (Italien 1974). R: Cavani, Liliana.

tur ein reges Interesse an der Weimarer Kultur. Statt dem direkt zu begegnen, behielten sich KRAFTWERK eine eineindeutige Positionierungen vor und forcierten stattdessen durch ihre Veröffentlichungen und Performance weitere Assoziationen mit Ästhetiken totalitärer Bewegungen und Regime. Auch auf dem folgenden Album *Radio-Aktivität* sollten sich KRAFTWERKS ‚kalte' Strategien und Motive als Spiel mit dem Feuer erweisen.

Radio-Aktivität
Während *Autobahn*, anders als in den USA und Großbritannien, nur wenig Beachtung fand in der bundesdeutschen Musikpresse, die sich eher für KRAFTWERKS Auftreten und Erfolg in Übersee interessierte, rief das Folgealbum *Radio-Aktivität* (1976) mehr Aufmerksamkeit in der Bundesrepublik hervor.[147] Weit weniger allerdings aufgrund der Musik als vielmehr aufgrund seines thematischen Gesamtkonzepts und der eingesetzten Motive, die sich zugleich um „Radioaktivität" im Sinne atomarer Strahlung als auch Radiowellen drehten und von KRAFTWERK in gewohnt sachlich-affirmativer Manier behandelt wurden. So prangte etwa auf dem Frontcover ein Bild des *Deutschen Kleinempfänger DKE 38*, gemeinhin auch „Volksempfänger" genannt, aus dem das Hakenkreuz entfernt und durch den Albumtitel ersetzt worden war.[148] Auf den PR-Bildern für das Album, das mit dem Sound eines Geigerzählers beginnt, posierte die Band zudem in weißen Mänteln, Handschuhen und schützenden Überschuhen in einem niederländischen Kernkraftwerk vor einem Reaktor.

Hatten schon die Autobahn-Thematik und die Interviewaussagen von Hütter und Schneider in der bundesdeutschen Musikpresse und Gegenkultur für Skepsis gesorgt, schien die Band nun die unweigerlich eintretende Ablehnung vonseiten der Linken und den sich allmählich formierenden Neuen Sozialen Bewegungen sogar zu provozieren. Handelt es sich hierbei um einen Teil der ‚kalten' Strategien KRAFTWERKS oder um Fehltritte einer sonst so strikt auf ihr Image bedachten Band, wie etwa der Kulturwissenschaftler Ulrich Adelt behauptet?[149] Tatsächlich veränderte Hütter Anfang der 1980er Jahre den Text des Tracks „Radioaktivität" und sang bei Konzerten nun „Stoppt Radioaktivität", auf dem Remix-Album *The Mix* (1991) werden mit Tschernobyl, Harrisburg und Hiroshima sogar Orte von Nuklearkatastrophen aufgezählt und vor „Strahlentod und Mutationen" gewarnt.[150] „Wir werden auch etwas klüger. Außerdem sind wir an ehrlicher Kritik interes-

---
147 KRAFTWERK: *Radio-Aktivität* (1975), LP, Kling Klang / EMI Electrola, 1C 062-82 087.
148 Auf der Coverrückseite wurde zudem das eingravierte Baujahr (1938) herausretuschiert. Vgl. Bartos: *Der Klang der Maschine* (2017), 179.
149 Adelt: *Krautrock* (2016), 28.
150 KRAFTWERK: „Radioaktivität", auf: *Der Katalog* (2009).

siert", bekannte Hütter schließlich auf Nachfrage in einem *Sounds*-Interview von 1981 den vermeintlichen Sinneswandel.[151] Auch Karl Bartos erklärte in seiner Biografie, die Thematisierung radioaktiver Strahlung sei für ihn zur Zeit der Produktion des Albums „völlig wertfrei" gewesen: „Die Anti-Atomkraft-Bewegung gelangte erst nach der Veröffentlichung des Albums in mein Bewusstsein, weil mich Freunde kritisch auf den Inhalt der Platte ansprachen und ich peinlicherweise in Erklärungsnot geriet."[152] Interviews aus den 1970er Jahren legen allerdings die Vermutung nahe, dass die KRAFTWERK-Gründer sehr wohl um die Brisanz des Themas wussten, aufgrund ihres neusachlichen, analytischen Ansatzes jedoch auf eine moralische Bewertung bewusst verzichteten. Gegenüber dem *Interview Magazine* stellte Hütter 1977 klar, dass es ihnen bei der Thematisierung von radioaktiver Strahlung und Radiowellen nicht darum geht, diese als gut oder schlecht zu bestimmen: „We are not into morality, but realism. [...] We were concerned with things that can't be denied." Bandkollege Florian Schneider ergänzte dazu knapp: „Fatalism."[153] Hütters 1979 gegenüber dem *Musikexpress* geäußerte Überzeugung „Ich halte Radio-Aktivität[sic!] für einen ziemlich politischen Song",[154] deutet ebenfalls darauf hin, dass das affirmative Aufgreifen der brisanten Thematik vorsätzlich geschah.

---

151 Im Anschluss relativiert Hütter jedoch die Kritik von außen durch seine auch hier wiederholte Kritik an dem vermeintlichen angloamerikanischen ‚Pop-Imperialismus': „Zudem haben wir mit dem Wort ‚Radio-Aktivität' auch den Begriff der Radio-Wellen aufgefasst, und diese verschmutzen und verseuchen die Umwelt auch sehr stark, und Schallplatten sind letztendlich nicht mehr als Plastik-Scheiben. Die andere Radio-Aktivität hat ja speziell die Existenz einer deutschen Nachkriegs-Kultur verhindert, die Amerikaner haben uns ihr Ding reingehämmert und die Engländer haben uns den Rest gegeben. Deutschland hat keine lebende Kultur, die wird erst jetzt langsam gemacht!" Hütter zit. n. Seffcheque: „Kraftwerk" (1981), 31.
152 Bartos: *Der Klang der Maschine* (2017), 174–175. Auch in einem Interview von 2014 bezeichnete sich Karl Bartos im Rückblick auf das Spiel mit Motiven atomarer Radioaktivität als „sehr naiv", erklärte aber zugleich als Begründung: „Ich würde es auch gar nicht als Technikbegeisterung bezeichnen. Wir haben aber sehr deutlich gesehen, dass uns neue Technik eine Chance für neue Inhalte bietet. Da sind noch keine Fußspuren im Schnee." Bartos zit. n. Schmiechen, Frank: „Ich wusste gar nicht, was Radioaktivität ist", 24. Januar 2014, *Die Welt*. URL: *https://www.welt.de/kultur/pop/article124165485/Ich-wusste-gar-nicht-was-Radioaktivitaet-ist.html* (Letzter Zugriff: 24.10.2022).
153 Hütter und Schneider zit. n. O'Brien: „Kraftwerk" (1977).
154 Hütter zit. n. Schober: „Kraftwerk" (1979), 77.

Abb. 12: Aus der Zeit gefallen: KRAFTWERK auf der Innenhülle der LP *Radio-Aktivität* (1975).

Zwar machten KRAFTWERK im Falle des Themas radioaktive Strahlung einen Rückzieher und nahmen nach anhaltender Kritik Korrekturen vor, dennoch schritt die Ausarbeitung ihres neusachlich-futuristischen ‚Kälte'-Images voran und bewegte sich unaufhaltsam in Richtung der emotionslosen Mensch-Maschine. So behielten KRAFTWERK unter anderem das neue Bandoutfit bei und präsentierten sich auf dem schwarz-weißen Gruppenbild auf der LP-Innenhülle als Musik-Kombo vergangener Jahrzehnte hinter einem antiquierten Mikrofon stehend, elegant in Anzug und Krawatte gekleidet – sich der kulturellen Aufladung des ‚Spießer'-Outfits bewusst, ziert Hütters Krawatte sogar ein Deutscher Schäferhund (Abb. 12). Die von wenig Bewegung geprägte Performance der in adretten Anzügen und mit gepflegten Kurzhaarfrisuren auftretenden Band sorgte während der Promotions-Tour durch Europa ab September 1976 für entsprechende Aufmerksamkeit. In seinem Konzert-Bericht für den *NME*, der mit dem Untertitel „this is what your fathers fought to save you from" zugleich an die in der angloamerikanischen Musikpresse beliebten Nazi-Referenzen anknüpfte, verglich der Autor Miles KRAFTWERKS Auftreten mit dem von Bankmanagern: „Bryan Ferry might strive for this '40s decadent look but underneath everyone knows he's really a scruffy art student. But with these guys –

they would actually look weird in a pair of jeans."¹⁵⁵ Passend dazu entwarf Emil Schult einen Bühnenaufbau, der die neusachliche ‚Kälte'-Ästhetik der Band unterstrich. Neonleuchten im Hintergrund und Namensschriftzüge aus Neonröhren im Vordergrund bildeten den Rahmen für die nahezu stocksteif stehenden Bandmitglieder hinter ihren Musikmaschinen, die nun in eigens angefertigten, zusammenpassenden Kästen eingelassen waren, um den zuvor sichtbaren Wust an Kabeln zu vermeiden. In einem Interview von 1976 stimmte Hütter dann auch der von *Musikexpress*-Journalistin Ingeborg Schober vorgeschlagenen Interpretation von KRAFTWERKS Technik-Ästhetik als „transparent" zu: „Wir wollen auch, dass jeder einfach und direkt erkennen kann, was wir spielen. [...] Deshalb haben wir auch das Neonlicht hinter uns stehen, damit wir transparent sind."¹⁵⁶

Nicht nur das Äußere, auch der Sound und die Thematik der auf dem Album *Radio-Aktivität* nun vermehrt eingesetzten Songtexte, die sich alle erstmals durchgehend um ein bestimmtes, wenn auch doppelt besetztes Konzept drehten, verdeutlichen eine Intensivierung des ‚kalten' Maschinen- und Technik-Kults vonseiten der Band. So nutzten KRAFTWERK für *Radio-Aktivität* erstmals ausschließlich elektronische Instrumente, zudem setzten Hütter und Schneider vermehrt Vocoder und andere Verzerrer zur Verfremdung ihrer Stimmen ein. Wiederholt betonten die beiden im Anschluss an die Veröffentlichung den wesentlichen Einfluss, den die vom Nordwestdeutschen/Westdeutschen Rundfunk seit Ende der 1940er Jahre ausgestrahlten Nachtprogramme mit Beiträgen avantgardistischer Komponisten elektronischer Musik wie Werner Meyer-Eppler, Herbert Eimert und Karlheinz Stockhausen in Kindheitstagen auf ihre Entwicklung hatten.¹⁵⁷ Der Track „Stimme der Energie" ist sogar eine retrofuturistische Hommage an den Physiker und Phonetiker Meyer-Eppler, der ein Exempel einer synthetischen Rede unter demselben Titel und mit gleichem Text aufgenommen hatte. Erneut taucht bereits hier das erst zwei Jahre später in Form des gleichnamigen Konzeptalbums ganz ausformulierte Motiv der Mensch-Maschine auf, erklärt doch die künstlich verzerrte, monoton-roboterartige Stimme: „Hier spricht die Stimme der Energie / Ich bin ein riesiger, elektrischer Generator / [...] / Ich bin Ihr Diener und Ihr Herr zugleich".¹⁵⁸

Maschinell erzeugt klingt auch die Percussion, zur Zeit der Produktion des Albums stand allerdings noch kein Sequenzer zur Verfügung, sodass die Schlagzeuger Bartos und Flür manuell mit größtmöglicher Präzision die monotonen Rhyth-

---

155 Miles: „Krautwerk: this is what your fathers fought to save you from... Kraftwerk, National Health. Roundhouse", in: *New Musical Express*, 16. Oktober 1976, 45. Vgl. auch Bartos: *Der Klang der Maschine* (2017), 218.
156 Hütter zit. n. Schober: „Kraftwerk" (1976), 13. Vgl. Bussy: *Kraftwerk* (2005), 80.
157 Vgl. Hütter und Schneider zit. n. Schober: „Kraftwerk" (1976), 13.
158 KRAFTWERK: „Die Stimme Der Energie", auf: *Radio-Aktivität* (1975).

men durchspielen mussten, die ihnen die vom Oszillator des *Minimoog*-Synthesizer erzeugten, durchgehenden Achtelnoten im Bass-Frequenzbereich vorgaben.¹⁵⁹ Der von jeglicher Spontaneität und konventionellen Instrumenten befreite Sound fand in der Folge entsprechende Kritiken. „This album sounds mechanical, even for them", befand erneut *NME*-Journalist Miles, der zudem den Titeltrack „Radioaktivität" als einen die „angular geometry of the new German cities" wiedergebenden, „terribly dry track" bezeichnete: „Easy listening material for those who live on the 24th floor of luxury tower blocks, jet pilots, etc.". Anschließend vergaß Miles auch nicht die assoziative Verkettung von Deutschen, emotionslosen Wissenschaftlern, Nazis und Krieg aufzugreifen und fortzuschreiben, die die Rezeptionsgeschichte des deutschen ‚Kälte-Pop' und seiner Nachfolger bestimmen sollte: „They sound so detached, the kind of guys who could blow up the planet just to hear the noise it made."¹⁶⁰

Trans Europa Express

Das Jahr 1977 stellt eine popmusikalische wie popkulturelle Zäsur dar. Die „New Musick" trat ihren Siegeszug an und New Wave, Post-Punk sowie Industrial setzten neue Maßstäbe in Sound, Performance und Ästhetik. Zugleich begann in der Disco Music mit Giorgio Moroders „I Feel Love" eine neue Phase, die den Fokus von ‚warmen' Soul-Elementen auf Repetition und Rhythmen verlagerte. Und auch KRAFTWERK machten einen weiteren Schritt in Richtung ‚Kälte-Pop' und veröffentlichten zu Beginn des Jahres 1977 ein Album, das die Entwicklung des entmenschlichten Musikroboters fortführte und die ‚Erkaltung' des Projekts KRAFTWERK intensivierte. Zusammen mit dem im Folgejahr erschienenen Album *Die Mensch-Maschine* markiert *Trans Europa Express* den Höhepunkt des KRAFTWERK'schen Retrofuturismus: Das Konzeptalbum verbindet Diskotheken-tauglichen Electro-Pop mit neusachlicher Ästhetik und futuristischen Motiven wie Maschinen, Technik und Bewegung.¹⁶¹ Vergangenheit, Gegenwart und Zukunft treffen in *Trans Europa Express* zusammen. Gleichzeitig fügt das Album sich in die popmusikalischen Zäsuren des Jahres 1977 ein, weist durch seinen auf dem neuesten Stand der Technik kreierten, elektronischen Sound nach vorn und blickt zurück auf die Ästhetik und Zeichen der historischen Avantgarden und europäischen Moderne.

Bereits die Covergestaltung und insbesondere die von dem Fotografen-Duo Maurice Seymour geschossenen und durch Retuschieren sowie Montage modifizierten Gruppenbilder, die die Band in adretten Anzügen, mit akkuraten Kurz-

---

159 Bartos: *Der Klang der Maschine* (2017), 172.
160 Miles: „KRAFTWERK: Exceller 8, Best Of (Vertigo), Radio-Activity (EMI)", Rezension, in: *New Musical Express*, 31. Januar 1976, 22.
161 KRAFTWERK: *Trans Europa Express* (1977), LP, Kling Klang / EMI Electrola, 1C 064-82 306.

haarschnitten und in dezenten Posen darstellen, brechen durch das Aufgreifen ‚konservativer' Ästhetik mit allen zeitgenössischen Inszenierungsformen progressiver Pop- und Rockmusik. Während das Frontcover die vier im Stil einer Musik-Kombo der 1930er Jahre zeigt, präsentiert sich die Band auf Innenhülle und Posterbeilage vor malerischer Landschaftskulisse unter einem Baum an einem Café-Tisch sitzend. Nahtlos schloss die Gruppe im Musikvideo zu „Trans Europa Express", das zugleich bei Live-Konzerten als Hintergrundprojektion diente, an diese Retro-Ästhetik an, wenn auch der Clip im Gegensatz zum Poster komplett in schwarz-weiß gehalten wurde, um die Aufnahmen der Band an die genutzten Archivaufnahmen anzupassen.[162] Erneut bedienten KRAFTWERK damit das im Ausland vorherrschende Stereotyp des steifen, emotionskargen und in den 1930er Jahren festhängenden ‚Deutschen'. Das *Fachblatt Musikmagazin* vermutete hinter diesem Auftreten eine auf den ausländischen Markt zielende Verkaufsstrategie:

> Man hat auch nicht vergessen, dem Album ein vierfarbiges Poster beizulegen, auf dem die Vier-Mann-Band unter deutschen Linden, an einem typisch deutschen Nachmittagskaffeetisch, auf einem typisch deutschen Staudamm, der eine typisch deutsche Talsperre staut, abgebildet ist. Nicht zu vergessen die typisch deutschen Berge, die sich um die Talsperre versammeln. [...] Im Ausland lässt sich's als deutscher Musiker leichter Geld verdienen, wenn man sich dem immer noch vorherrschenden Klischee über die Deutschen widerspruchslos unterordnet.[163]

Noch deutlicher als zuvor erweiterten KRAFTWERK auf ihrem nicht zufällig den *Trans Europ Express* thematisierenden Konzeptalbum ihr Image der expliziten „Germanness" um den europäischen Faktor. Zwar betonten Hütter und Schneider in diesem Zusammenhang erneut die Bedeutung ihrer Tourneen durch Amerika und Europa, die ihnen „ein neues europäisches Bewusstsein" beschert hätten,[164] gleichzeitig stellte Hütter aber die supranationale Orientierung der Band als natürliche Konsequenz ihrer Herkunft dar, da sich KRAFTWERKS Heimatstadt Düsseldorf nahe der niederländischen, belgischen und französischen Grenze befindet und damit ohnehin von mehreren europäischen Kulturen geprägt sei.[165] Durch diese Verknüpfung des Lokalen mit dem Europäischen gelang es KRAFTWERK, sich trotz allen Kokettierens mit dem Klischee des ‚kalten Deutschen' politisch unverdächtig zu machen und von allzu schwerwiegenden Vorwürfen der Deutschtümelei zu befreien. Tatsächlich vermitteln KRAFTWERK an dieser Stelle sogar noch einige

---

162 „Kraftwerk – Trans Europa Express", 1977.
163 *Fachblatt Musikmagazin* 3/1977; zit. n. Simmeth: *Krautrock Transnational* (2016), 259.
164 Siehe etwa Hütter und Schneider zit. n. Schober, Ingeborg: „Kraftwerk. Techno-Boogie aus der Neonröhre", in: *Sounds*, Nr. 3 (1977), 12–13, hier: 12.
165 Hütter zit. n. Aikin: „Kraftwerk" (1999), 187–188. Vgl. auch Albiez/Lindvig: „Autobahn and Heimatklänge" (2011).

‚warme' Motive, denn das von ihnen in Tracks wie „Trans Europa Express" („Rendezvous auf dem Champs-Élysées / Verlass Paris am Morgen mit dem T. E. E.") und „Europa Endlos" („Parks, Paläste und Hotels", „Flüsse, Berge, Wälder", „Wirklichkeit und Postkarten-Bilder") dargestellte Europa-Bild ist romantisch-melancholisch, mit dem Track „Franz Schubert" findet sich sogar ein direkter Verweis auf die Musik der Romantik.[166] KRAFTWERKS in einen europäischen Kontext eingebetteter Entwurf von „Germanness" ähnelt dabei jenem der angloamerikanischen New Wave und französischen Cold Wave, während in der NDW Europa als Teil der Imagekonstruktion kaum eine Rolle spielte.

Auf *Trans Europa Express* kommt ein weiteres Element hinzu, dessen Impuls von außen kam und das von der Band in ihren Sound und ihr Image zur weiteren Ausgestaltung des ‚kalten', spezifisch ‚deutschen' Gesamtwerks integriert wurde. Im Gegensatz zu seinen Vorgängern zeichnen sich das Album und KRAFTWERKS folgende Veröffentlichungen durch eine immer stärkere Fokussierung auf rhythmische Elemente aus, die in der elektronischen Musik der 1970er Jahre eher die Ausnahme bildeten. Statt experimenteller Klangcollagen und konturloser Synthesizer-Flächen wurden nun immer mehr Tracks von scharfkantigen, klaren Formen geprägt. Die Erweiterung der zuvor eher ‚kopflastigen' Sounds von KRAFTWERK um den Faktor der Körperlichkeit lässt sich dabei auf den immensen Einfluss zurückverfolgen, den Funk und Disco Music auf die seinerzeit häufig in Diskotheken anzutreffende Band hatte.[167] Wie der Kulturwissenschaftler Axel Winne zu Recht bemerkt, entstand in der Folge ein transatlantisches Wechselspiel, denn während KRAFTWERK rhythmische Figuren ursprünglich Schwarzer Musikstile aufgriffen, eroberten die Tracks der Band ab 1978 die Diskotheken der USA und fanden Eingang in die Musik Schwarzer HipHop- und Electro-Künstler:innen.[168] Aufgrund dieser Integration betont körperlicher Elemente darauf zu schließen, KRAFTWERKS Entwicklung zur ‚kalten' Mensch-Maschine habe einen Rückschlag erlitten – der Literaturwissenschaftler Johannes Ullmaier spricht sogar von einer musikalischen „Re-Humanisierung"[169] –, übersieht jedoch die Art und Weise des Einsatzes rhythmischer Komponenten vonseiten der Gruppe.

Im Gegensatz zu Funk und Disco fehlt der Rhythmik KRAFTWERKS jeglicher Groove, wodurch nicht nur die Musik, sondern auch jede Bewegung zu den Rhythmen ‚kälter' ausfällt. So sollte Karl Bartos zufolge der Track „Europa Endlos" ursprüng-

---

[166] KRAFTWERK: „Trans Europa Express", auf: *Trans Europa Express* (1977); KRAFTWERK: „Europa Endlos", auf: *Trans Europa Express* (1977); KRAFTWERK: „Franz Schubert", auf: *Trans Europa Express* (1977). Vgl. Schütte: „Kraftwerk" (2017), 93.
[167] Siehe Bartos: *Der Klang der Maschine* (2017), 223–224.
[168] Winne, Axel: „Computerwelt. Stunde null des Techno", in: Schütte (Hg.): *Mensch – Maschinen – Musik* (2018), 124–139, hier: 137. Vgl. auch Simmeth: *Krautrock Transnational* (2016), 259.
[169] Ullmaier: „Kraftwerk, Kraftwerk unter anderem" (2018), 352.

lich „mehr in Richtung Disco" gehen, statt auf Vier-Vierteln programmierte die Band den Beat der Bass-Drum jedoch auf zwei halbe Noten pro Takt.[170] Dadurch wirkt der Rhythmus weniger antreibend als vielmehr repetitiv und monoton, der ‚Pulse' schlägt mechanischer. „Es sollte genauso steif und ungefügig rüberkommen, wie es heute noch wirkt. Wir waren uns dessen vollkommen bewusst", bekräftigte auch Drummer Flür.[171] Diese eigenartige, für die entstehende New Wave sowie den ‚Kälte-Pop' entscheidende Methode rief damals wie heute entsprechende Reaktionen in Presse wie Forschung hervor, in denen auf eine vermeintliche Einverleibung Schwarzer Musikelemente durch die ‚kalten' Deutschen verwiesen wurde. Der Musikjournalist Glenn O'Brien etwa schrieb 1977 im *Interview Magazine* von KRAFTWERKS „Afro-Aryan rhythms", während der Technikhistoriker David M. Reinecke die Rhythmen der Band irgendwo zwischen „mindless mechanical repetition and cold funk" verortet.[172] Hütter selbst betonte hingegen nur die ‚deutschen' Aspekte von KRAFTWERKS Rhythmik, die er in einem Interview von 1981 als „teutonic" und „really germanic" bezeichnete.[173] Weitreichende Wirkung erzielten KRAFTWERK auf nachfolgende Musiker:innen insbesondere durch die auf *Trans Europa Express* erstmals verwendeten, metallischen Klangfarben für die E-Drums. Wolfgang Flür zufolge wurde „Metall auf Metall" KRAFTWERKS „erster ‚Industry-Song'".[174] Da sie ihre bewegungsarme Performance auf der Bühne beibehalten wollte, habe die Gruppe allerdings die von Industrial-Acts wie EINSTÜRZENDE NEUBAUTEN und TEST DEPT. später umgesetzte Idee, mit Hämmern live auf Stahlbleche zu schlagen, verworfen.[175]

Wie sehr sich die von KRAFTWERK auf *Trans Europa Express* (und folgenden Veröffentlichungen) vermittelte und dargestellte Körperlichkeit von jener Körperlichkeit ‚warmer' bis ‚heißer' Tanzmusikstile wie Funk und Disco Music unterscheidet, zeigt sich deutlich im Musikvideo zum Track „Schaufensterpuppen".[176] Zu sehen sind abwechselnd die Bandmitglieder, die mit mechanischen Bewegungen und ausdruckslosen Gesichtern Schaufensterpuppen imitieren, sowie gleichgekleidete Schaufensterpuppen, die die Musiker an ihren Instrumenten nachstellen. „Von der englischen Musikpresse erhielten wir oft Prädikate wie puppenhaft, emotions-

---

170 Bartos: *Der Klang der Maschine* (2017), 224.
171 Flür zit. n. Esch: *Electri_City* (2014), 175.
172 O'Brien: „Kraftwerk" (1977). Reinecke, David M.: „‚When I Count to Four ...'. James Brown, Kraftwerk, and the Practice of Musical Time Keeping before Techno", in: *Popular Music and Society*, Jg. 32, Nr. 5 (2009), 607–616, hier: 613.
173 Hütter zit. n. Perrin: „Interview, Ralf Hütter" (1981).
174 KRAFTWERK: „Metall Auf Metall", auf: *Trans Europa Express* (1977).
175 Flür: *Kraftwerk* (1999), 154.
176 „Kraftwerk – Showroom Dummies", 1977. URL: https://youtu.be/oAJ8PFmsSJk (Letzter Zugriff: 24.10.2022).

los, kalt oder ‚robotic'", erklärte Wolfgang Flür rückblickend zur Entstehungsgeschichte dieses Performance-Konzepts: „Das brachte uns auf die Idee, uns als das zu inszenieren, als das uns die Öffentlichkeit sah: emotionslose Schaufensterpuppen. Ein Schritt auf dem Weg zur Menschmaschine [...]."[177] Ganz im Gegensatz zu den an ihre Funktion gebundenen Mensch-Maschinen auf dem Folgealbum gelingt es den von KRAFTWERK dargestellten Schaufensterpuppen zwar sich zum Schluss des Songs durch das Zerbrechen der Glasscheibe zu befreien und Tanzen zu gehen, Ralf Hütter und Wolfgang Flür zeigen sogar Emotionen und lächeln beim Tanzen, während Florian Schneiders Gesichtsausdruck „todernst" blieb.[178] Die steifen, mechanischen Tanzbewegungen am Ende des Musikvideos haben jedoch wenig gemein mit dem Groove und der Körperlichkeit, wie sie etwa die Line-Dancer in der auf Funk, Soul, Disco, Rhythm and Blues und HipHop spezialisierten US-amerikanischen Musik-Sendung *Soul Train* darboten.

Mit *Trans Europa Express* verabschiedeten sich KRAFTWERK endgültig von den frühen Krautrock-Experimenten und erschufen eine konzeptionelle Ästhetik, die von der Band als auch der entstehenden New-Wave-Bewegung in den folgenden Jahren weiter ausgestaltet wurde. Tatsächlich kann KRAFTWERKS *Trans Europa Express* als erstes Album des ‚Kälte-Pop' bezeichnet werden, da hier eine Vielzahl der ‚Kälte'-Motive der NDW bereits vorgegeben oder angelegt waren. Dazu gehörte vor allem der Topos der maschinellen Bewegung, der hier umfassend, das heißt textuell, visuell (durch ihre mechanische Performance in Musikvideos und bei Live-Konzerten) und auch soundtechnisch, umgesetzt worden war.[179] Letzteres erreichte die Band durch zwei sich ergänzende Prinzipien: Zum einen spielten die Bandmitglieder generell bewusst mechanisch, minimalistisch und maschinenhaft. So bezeichnete Ralf Hütter die Musik KRAFTWERKS in einem Interview von 1981 als „very primitive – the German word is *gerade aus*", und auch Karl Bartos bemerkte zu seinem Schlagzeugspiel auf *Trans Europa Express*: „Achtel-Feeling, maschinell, geradeaus, unauffällig."[180] Dieses Vorgehen fand seine logische Konsequenz in Hütters und Schneiders striktem Anspruch, stets die neueste Technologie in die Musikproduktion zu integrieren, sodass nach und nach Musikmaschinen die Parts der ohnehin mechanisch spielenden Musiker übernahmen. Neu hinzu kam für *Trans Europa Express* ein speziell für die Band angefertigter analoger Step-Sequenzer namens *Synthanorma*, der mit Hütters *Minimoog*-Synthesizer gekoppelt

---

177 Flür zit. n. Esch: *Electri_City* (2014), 173–174.
178 Bartos: *Der Klang der Maschine* (2017), 257–258. Vgl. auch Schütte: „Kraftwerk" (2017), 94.
179 Drummer Karl Bartos bemerkte in seinen Ausführungen zum Album diesbezüglich: „Beschleunigung, Bewegung, Geschwindigkeit ließen sich gut auf das Zeitmedium Musik übertragen." Bartos: *Der Klang der Maschine* (2017), 213.
180 Hütter zit. n. Bohn: „A computer date with a showroom dummy" (1981), 32. Hervorhebung i. O. Bartos: *Der Klang der Maschine* (2017), 211.

werden konnte. Dadurch konnten mehrere Melodien und Rhythmen einprogrammiert und gleichzeitig in steter Wiederholung abgespielt werden. „*Trans Europa Express* war automatisierte Musik", fasste Hütter das Ergebnis später treffend zusammen und auch Wolfgang Flür resümierte: „Das Zeitalter der technisch verwalteten Töne war angebrochen."[181] Diese weitere Verminderung des Faktors Mensch bei der Musikproduktion wirkte sich nicht nur auf den Sound aus, der durch das Fehlen menschlich-bedingter Schwankungen nun noch maschineller, exakter und künstlicher klang, sondern auch auf die Performance, die kurz darauf ganz im Konzept der emotionslosen und mechanischen „Mensch-Maschine" aufging. Welche Folgen für KRAFTWERKS Musik und weitere Bandgeschichte der Sequenzer hatte, der sich in der Folge als das wichtigste ‚Instrument' des ‚Kälte-Pop' erweisen sollte, betonte KRAFTWERK-Drummer Flür in seiner Biografie:

> Jetzt konnten wir viel präziser unsere Melodien und Rhythmen aufs Band bringen. Früher hatten wir noch alles mit Hand auf die Aufnahmespuren unserer *MCI*-Tonbandmaschine spielen müssen. [...] Als Drummer wurde ich immer unwichtiger für die eigentlichen Einspielungen, denn auch die Rhythmen und ‚Fill-Ins' waren nun programmierbar. Es ging nur noch ums Ausdenken und ums Einstellen des Stils und des Tempos.[182]

Trans Europa Express war seiner Zeit voraus, sowohl hinsichtlich der darauf produzierten Sounds als auch im Hinblick auf die ‚Kälte'-Motive: Technik-Kult, konservatives Auftreten, nun auch noch elektronische Musik, die sich nicht in kosmischen Weiten verliert oder auf experimentelle Weise neue Sounds erforscht, sondern das Artifizielle und Maschinenhafte durch sich unaufhörlich wiederholende Pattern und minimalistisch-monotone Rhythmen zelebriert. Auf wenig Gegenliebe stieß KRAFTWERKS Vorstoß dementsprechend bei Musikjournalist:innen, die ein konventionelles Verständnis von Pop- und Rockmusik vertraten. Ganz in rockistischer Manier forderte etwa Jürgen Frey, der noch zur alten, zwei Jahre später ausgetauschten *Sounds*-Redaktion gehörte, in seiner Rezension zu *Trans Europa Express* mehr ‚Substanz' und kritische Auseinandersetzung mit der technologisierten Moderne und bemängelte KRAFTWERKS musikalisches Prinzip der maschinellen Repetition:

> So gepflegt & vollklimatisiert gelangweilt wie bei dieser Platte habe ich mich schon lange nicht mehr. [...] ‚Wir sind Schaufensterpuppen', unkt die Gruppe und trägt in Musik und Text noch eine dicke Schicht Kunststoff zusätzlich auf, statt den Lack endlich abzukratzen. [...] Der *Trans Europa Express* rollt schnurstracks Richtung Plastikland. [...] Der Fortschritt, der hier musikalisch so schönfärberisch stromlinienhaft abgefeiert [wird], ist der selbstmör-

---

181 Hütter zit. n. Koch, Albert: „‚Ich höre die Stille und die Welt'. Interview mit Ralf Hütter", in: *Musikexpress*, Nr. 8 (2017), 38–41, hier: 38; Flür: *Kraftwerk* (1999), 153.
182 Ebd. Siehe auch Bartos: *Der Klang der Maschine* (2017), 207.

derische ‚Fortschritt' des technisch Machbaren [...]. ‚Wir verkörpern vielleicht eine Bewegung, die Mensch und Technik als symbiotisches System verstehen will', sagen die KRAFTWERKler. Symbiose heißt, laut Duden, Zusammenleben zum gegenseitigen Nutzen. Nach zwei Seiten KRAFTWERK fühle ich mich allerdings mehr als Roboter.[183]

Die Mensch-Maschine
Weitere Bemühungen KRAFTWERKS zur Symbiose von Mensch und Technik sollten nicht lange auf sich warten lassen. Kurz nach der Veröffentlichung von *Trans Europa Express* begann die Gruppe mit der Arbeit an dem Album *Die Mensch-Maschine*, das bereits im Mai 1978 erschien.[184] Nahtlos schlossen KRAFTWERK mit diesem Album an zuvor entwickelte Motive an, schritten weiter voran mit ihrem Technik-Kult sowie der Automatisierung der Musikproduktion und formulierten das schon bei der US-Tour 1975 eingeleitete Konzept der „Mensch-Maschine" aus. Performativ erreichte die Band dies unter anderem durch uniformes Auftreten, mechanische Bewegungen, durch die zeitweilige Ersetzung der Musiker durch Puppen-Doubles und durch die Modulation der menschlichen Sprache mittels künstlicher Stimmenverzerrer, Sprachcomputer und telegrammartiger, minimalistisch-repetitiver Songtexte, um einen Roboter-Effekt zu erzielen. Auf *Die Mensch-Maschine* fand KRAFTWERKS Retrofuturismus seinen Höhepunkt: So verweist die Band insbesondere auf grafischer Ebene auf kunsthistorische Inspirationsquellen und Vorgänger wie die Bauhaus-Schule und den Film „Metropolis", allerdings verschiebt sich der Fokus deutlich in Richtung futuristischer Motive, das heißt auf eine noch zu erreichende Symbiose zwischen Mensch und Technik.[185] Damit ebnet das Album zugleich den Weg zu den folgenden Konzeptalben *Computerwelt* und *Electric Cafe*.

Weit über eine rein ästhetische Aneignung und Darstellung der Technik- und Maschinenwelt hinausgehend, baute KRAFTWERKS „Mensch-Maschinen"-Konzept auf einer ganz eigenen Philosophie. „We play the machines, but the machines also play us", erklärte Hütter bereits 1977 in einem Interview mit der britischen *Sounds* und unterstrich den Anspruch der Band, mit den Maschinen in einen kollegialen Energieaustausch zu treten.[186] In den folgenden Jahren bekräftigte Hütter diesen Ansatz wiederholt in Interviews und sprach etwa gegenüber dem *Musikexpress* anlässlich der Veröffentlichung von *Die Mensch-Maschine* von einer „Feedback-

---

[183] Frey, Jürgen: „Kraftwerk. TRANS EUROPA EXPRESS. 1C 064-82 306", Rezension, in: *Sounds*, Nr. 5 (1977), 70. Die zitierte Aussage stammt von Hütter oder Schneider, zit. n. Schober: „Kraftwerk" (1977), 13.
[184] KRAFTWERK: *Die Mensch-Maschine* (1978), LP, Kling Klang / EMI Electrola, 1C 058-32 843.
[185] Vgl. Schütte: „Halb Wesen und halb Ding'" (2018), 89 sowie Grönholm: „When Tomorrow Began Yesterday" (2015), 385.
[186] Hütter zit. n. Synthetic: „New Musick" (1977), 33.

Situation" sowie von einem Zusammenleben von Mensch und Technik „auf freundschaftlicher Basis".[187] Während also die Unternehmungen der Band von Journalist:innen und auch Forscher:innen zuweilen als „Auflösung" des Menschen und „Unterordnung" unter die Maschinen gedeutet wurden,[188] strebten KRAFTWERK laut eigener Aussagen eine reziproke Beziehung zwischen Mensch und Technik an. Dabei gehe es ihnen eben nicht um die Entwertung des Menschen, sondern um die Aufwertung der Maschine als Teil des modernen Menschen und zugunsten desselben. Hütter offenbarte in diesem Zusammenhang sogar einen sozial- bis konsumkritischen Ansatz, der ihm trotz aller Distinktionsbemühungen von den linksalternativen Wurzeln geblieben war, als er in einem Interview von 1979 die verbreitete Skepsis und Angst gegenüber Technik und Maschinen mit der Art und Weise ihrer Nutzung durch den Menschen verknüpfte, der die Maschinen wie Sklaven behandelt und später einfach entsorgt: „Aber es ist ja wohl klargeworden, dass diese Wegwerfgesellschaft nicht ewig existieren kann, wenn wir nicht eines Tages selbst alle weggeworfen werden wollen. Wir suchen einen Weg, wo sich diese Sachen durch ihre Gegenseitigkeit in eine neue Lebensform entwickeln."[189]

Trotz oder gerade wegen Hütters Ausführungen über eine harmonische Mensch-Maschinen-Symbiose riefen KRAFTWERKS Auftreten und Ambitionen weiterhin negative Assoziationen bei vielen Rezensent:innen hervor. Dies lag nicht zuletzt in zeitgenössisch populären Motiven außer-menschlicher, hochentwickelter Wesen als Bedrohung des imperfekten Menschen begründet. Auffällige Parallelen zur KRAFTWERK'schen Performance finden sich etwa in den Darstellungen des Übernatürlichen und Außerirdischen in Science-Fiction-Filmen der 1950er und 1960er Jahre, die die Schriftstellerin Susan Sontag in ihrem Essay „Die Katastrophenphantasie" (1965) als eine „populäre Mythologie der zeitgenössischen *negativen* Vorstellung vom Unpersönlichen" beschrieb. Sontag zufolge bewegen sich die in Sci-Fi-Filmen den Menschen bedrohenden Außerirdischen zumeist „ruhig, mechanisch oder schwerfällig, ruckartig" und „absolut regelmäßig", gehorchen in menschlicher Gestalt stets einer „strengen militärischen Disziplin" und treten in uniformen Kollektiven auf: „Und dieses Regime der Emotionslosigkeit, der Unpersönlichkeit, des Reglements ist es, dass sie auf der Erde verwirklichen, wenn sie die Sieger sind. [...] Ihnen gehört die Zukunft; sie verkörpern den Menschen auf der nächsten Stufe seiner Entwicklung."[190] Nach anfänglichem Widerstand wäre der von diesen Wesen in Besitz genommene Mensch nach der Transformation zumeist zufrieden

---

187 Hütter zit. n. Schober: „Kraftwerk" (1979), 78. Siehe auch Hütter zit. n. Rapp/Thadeuz: „‚Maschinen sind einfach lockerer'" (2009), 140.
188 So etwa Simmeth: *Krautrock Transnational* (2016), 198.
189 Hütter zit. n. Schober: „La Düsseldorfs Neu~es Kraftwerk" (1979), 43.
190 Sontag, Susan: „Die Katastrophenphantasie" (1965), in: dies.: *Kunst und Antikunst* (1968), 232–247, hier: 242–243. Hervorhebung i. O.

mit seinem Los, ist er doch durch die Verwandlung „ganz einfach weit tüchtiger geworden – zum Musterbild des Technokraten, der, von allen Emotionen befreit, willenlos und gelassen allen Befehlen gehorcht".[191]

Auch die von KRAFTWERK propagierte Symbiose von Mensch und Maschine stellt sich als evolutionäre Weiterentwicklung des Menschen dar. Bereits 1977, also noch vor der Veröffentlichung von *Die Mensch·Maschine*, skizzierten Ralf Hütter und Florian Schneider wiederholt in Interviews die hinter diesem Ansatz stehende Philosophie. So bejahte Schneider etwa die Frage des *Interview Magazine*, ob er an den technologischen Fortschritt glaube, wandte jedoch ein, dass die Menschen zuerst ihre Gehirne an die moderne Welt anpassen müssten.[192] Auch Hütter forderte in der britischen *Sounds* die Synchronisierung von Mensch und Maschine und behauptete sogar, dass die Bandmitglieder in ihren Köpfen Kassettenrekorder eingebaut hätten, was er als „tape consciousness" bezeichnete.[193] Sogar die Ankündigungstexte zur Albumveröffentlichung kreisen um das Motiv der fruchtbaren Mensch-Maschinen-Symbiose. In einer Reklame der *EMI-Electrola* für das neue KRAFTWERK-Album hieß es etwa in passender, verkürzt-schlagwortartiger Sprache: „Menschliche Energie / gesteuert durch vitale Kraft / Maschinelle Verarbeitung / der geistigen Ströme / Computerisierte Nutzung / des menschlichen Werkes / KRAFTWERK – Die Menschmaschine!"[194]

Wie alle anderen Affirmationsstrategien des ‚Kälte-Pop' wurde auch die Rigorosität, mit der KRAFTWERK das Konzept der „Mensch-Maschine" in ihrer Performance umsetzten, von einigen Autor:innen als Panzerungsstrategie angesichts der vermeintlichen Bedrohungen der postmodernen Welt „nach dem Boom" gedeutet. So dient die Emotionslosigkeit und Distanz erzeugende „Kybernetisierung" KRAFTWERKS laut dem Musikwissenschaftler Andreas Kühn als „Schutzschild" gegen die „Zumutungen des entgrenzten Kapitalismus" und auch der Journalist Ulf Poschardt bemüht das Narrativ der Panzerung, wenn er von einer „Immunisierung durch Kompatibilität" schreibt.[195] Aussagen vonseiten der KRAFTWERK-Musiker, die auf eine ängstliche, kritische oder widerständige Haltung gegenüber der technologisierten, post-industriellen Welt deuten, lassen sich jedoch nicht finden. Stattdes-

---

191 Ebd., 244.
192 Schneider zit. n. O'Brien: „Kraftwerk" (1977).
193 Anschließend vergaß Hütter nicht, darauf aufmerksam zu machen, dass das erste Tonbandgerät (*Magnetophon*) in Deutschland entwickelt wurde. Hütter zit. n. Synthetic: „New Musick" (1977), 33.
194 EMI-Electrola: „Die Mensch·Maschine von Kraftwerk", Reklame, in: *Sounds*, Nr. 5 (1978), 88. Da die beiden KRAFTWERK-Gründer die komplette Kontrolle über jede Außendarstellung behielten, kann davon ausgegangen werden, dass Hütter und Schneider auch hinter diesem Werbetext stehen.
195 Kühn: *Anti-Rock* (2013), 94; Poschardt: *Cool* (2002), 129.

sen formulierten KRAFTWERK in ihren Produktionen, Sounds, Texten, Grafiken, Performances und Interviews ein offensives Ja zum technologischen Fortschritt und dessen Einfluss auf den Menschen. Da die Menschheit bereits in eine neue, technologisch bestimmte Phase ihrer Geschichte getreten sei, stellte für die KRAFTWERK-Gründer Hütter und Schneider der von ihnen gelebte „electronic lifestyle" dementsprechend keine Utopie, sondern schlicht eine Form von „romantic realism" dar, wie sie Ende 1977 in einem *Sounds*-Interview erklärten.[196] Kritisch sahen die Bandleader dagegen all jene, die sich dieser Entwicklung verschlossen. So beschwerten sich die beiden im selben Interview, dass, obwohl die Erfindung des Tonbands eine neue Zeit eingeleitet und eine neue Ästhetik mit sich gebracht hat, die meisten Menschen, Firmen und Musiker:innen immer noch am Veralteten hängen und dieses in die neue Ära hinüberzuretten versuchen, etwa durch Plastik in Holzoptik. Florian Schneider ging sogar noch etwas weiter und betonte, es gelte sich von der pseudo-religiösen, antimodernistischen Technikfeindlichkeit der eskapistischen ‚Hippies' zu befreien: „In the past people said that God could hear everything. Today it is the tape recorder – the new god."[197]

Ihrem konzeptuellen Anspruch entsprechend, befassten sich KRAFTWERK auf *Die Mensch·Maschine* nicht nur im titelgebenden Track mit der reziproken Beziehung bzw. Vereinigung von Mensch und Technik, sondern breiteten die Thematik in weiteren Songs aus, insbesondere im Stück „Die Roboter".[198] Deutlich wird auch in diesem Track die Verschiebung der thematischen Perspektive: Weg von den technologischen Massenprodukten der Vergangenheit, hin zu den Zeichen der Gegenwart und anlaufenden Zukunft durch das Aufgreifen aktueller Entwicklungen, denn Ende der 1970er Jahre wurden Roboter auch in der Popkultur zu einer beliebten Thematik. 1977 erschien etwa nicht nur das Album *I, Robot* der britischen Rockgruppe ALAN PARSONS PROJECT, sondern begann auch die umfassende Werbekampagne für den im folgenden Jahr in den deutschen Kinos anlaufenden Film „Star Wars", mitsamt der beim Publikum beliebten Roboter R2D2 und C3PO.[199] „Wir sind die Roboter", sangen Hütter und Schneider mit Vocoder-verzerrten Stimmen und bedienten damit erneut jene von der Musikpresse popularisierten Roboter-Vergleiche und Stereotype des gefühlskalten, effizienten und maschinenhaften ‚Deutschen'.[200] Wie zuvor in „Schaufensterpuppen" inszenierten sich KRAFTWERK selbst als die im Stück besungenen, mechanisch agierenden und uniform auftretenden Androide („Wir sind"), die sie auch in „Die Roboter" tanzen ließen, allerdings bleibt

---

196 Hütter und Schneider zit. n. Synthetic: „New Musick" (1977), 33.
197 Hütter und Schneider zit. n. ebd.
198 KRAFTWERK: „Die Roboter", auf: *Die Mensch·Maschine* (1978).
199 Vgl. Bartos: *Der Klang der Maschine* (2017), 255.
200 Vgl. Littlejohn: „Kraftwerk" (2009), 651.

der finale Befreiungsschlag bei den befehlshörigen Robotern aus: „Wir funktionieren automatik / Jetzt wollen wir tanzen mechanik / [...] / Wir sind auf Alles programmiert / Und was du willst wird ausgeführt".[201] Im russischen Teil des Songtextes, der auf den Ursprung des Wortes „Roboter" verweist, führten KRAFTWERK dieses Abhängigkeitsverhältnis noch weiter aus: „Ja tvoi sluga / Ja tvoi rabotnik" („Ich bin dein Diener / Ich bin dein Arbeiter").[202] Und schließlich ist selbst das von KRAFTWERK besungene Mannequin im Track „Das Modell" nichts anderes als ein dem Willen und Befehlen Anderer untergeordnetes Objekt und damit, wie der Autor Albrecht Koch bemerkt, „auch nur eine Art Menschmaschine".[203]

Parallel zum neuen Roboter-Motiv entwickelte Ralf Hütter die Figur des „Musikarbeiters", mit dem er KRAFTWERKS Konzept der „Mensch-Maschine" weiter ausbaute und unterfütterte. Wiederholt betonte er in Interviews, dass er die Bandmitglieder nicht als Musiker oder Entertainer, sondern als Wissenschaftler und eben „Musikarbeiter" betrachte, da die Gruppe in ihrem Studio bzw. „Laboratorium" in festen Arbeitszeiten nach idealen Sounds forscht.[204] Tatsächlich entstanden KRAFTWERKS Tracks trotz allem Austestens der Musikmaschinen letztlich in fast schon konventionellen Jam-Sessions mit anschließender Weiterverarbeitung der kreierten Sounds, Rhythmen und Melodien.[205] Dennoch unterstrich auch Drummer Wolfgang Flür in seiner Biografie die Unterschiede zum üblichen, an Kreativität, Spontaneität und Emotionen gebundenen Vorgehen zeitgenössischer Rock- und Pop-Musiker:innen und schloss damit an Hütters Motiv des ‚kalt' an den Maschinen hantierenden „Musikarbeiters" an: „KRAFTWERK-Musik entstand ja nicht gerade durch spontane und emotionale Team-Sessions, wie sie bei anderen Bands üblich sind. Es war eher einem analytischen Laborprozess oder musikalischen Forschungsprogramm ähnlich."[206] Angesichts der starken Fokussierung auf die tech-

---

201 Ebd., 638–639.
202 Uwe Schütte macht hier zu Recht auf den gravierenden Unterschied zu dem Track „Die Stimme der Energie" auf *Radio-Aktivität* aufmerksam, in dem es noch hieß: „Ich bin Ihr Diener und Ihr Herr zugleich". Schütte: „Halb Wesen und halb Ding'" (2018), 113. KRAFTWERK: „Die Stimme Der Energie" (1975).
203 Koch: *Angriff auf's Schlaraffenland* (1987), 77. KRAFTWERK: „Das Modell", auf: *Die Mensch·Maschine* (1978). Vgl. dazu auch den Text des Songs „Modell" (1980) von S.Y.P.H.: „Du bist genormt / Du bist geformt / Du bist ein Modell". S.Y.P.H.: „Modell", auf: *Pst* (1980), LP, Pure Freude, PF06CK3.
204 Vgl. Hütter zit. n. Bohn: „A computer date with a showroom dummy" (1981), 32, o. V.: „Kraftwerk Revealed! An Interview with Ralf Hutter", in: *Electronics & Music Maker*, Nr. 9 (1981), 62–66, hier: 63. URL: http://noyzelab.blogspot.de/2014/09/kraftwerk-revealed-e-sept-1981-mike.html (Letzter Zugriff: 03.12.2019), Perrin: „Interview, Ralf Hütter" (1981) sowie Aikin: „Kraftwerk" (1999), 184.
205 Siehe Hütter zit. n. Schober: „Kraftwerk" (1976), 12, Karl Bartos in „Karl Bartos – Im Schaltraum von Kraftwerk", *PopXport*, Deutsche Welle (Sendedatum: 01.09.2017), 00:02:05–00:02:18 sowie Bussy: *Kraftwerk* (2005), 100–101.
206 Flür: *Kraftwerk* (1999), 158.

nologischen Aspekte überrascht der von den Bandmitgliedern kultivierte „‚Musikarbeiter'-Fordismus"[207] kaum. Übereinstimmend berichteten die Musiker, dass neue Sounds, Spielweisen und Phrasierungen eng an die Nutzung der im Studio vorhandenen Technik gebunden waren – und die wurde ständig erweitert, um auf dem neuesten Stand der Entwicklung zu sein. Dementsprechend nahmen Programmierung und Sequenzierung einen stetig wachsenden Platz in der Musikproduktion ein.[208]

Eine besonders weitreichende Wirkung hatte zu diesem Zeitpunkt der erweiterte Einsatz des bereits auf *Trans Europa Express* erstmals verwendeten Step-Sequenzers, der durch Verschaltung eine Synchronisierung und Rhythmisierung der verschiedenen Synthesizer und Percussion-Instrumente ermöglichte. Dieses Vorgehen hatte ein exaktes Timing der miteinander synchronisierten Musikmaschinen sowie deutlich maschinenartigere Sounds und Rhythmen zur Folge, weit weniger fließend als etwa noch auf dem Album *Autobahn*. Der kreative Einfall und die spontane Idee des Künstlers spielten gegenüber der Kompetenz der Musikmaschinen nur eine untergeordnete Rolle. Für Ralf Hütter war dies jedoch kein Nebenaspekt, sondern Teil des Gesamtkonzepts: „Und wir sind Musikarbeiter, und weil wir eine Art Fließbandmusik machen, die in bestimmten Teilen völlig automatisch abläuft, sind wir auch austauschbar, wenn auch präsent. Deshalb haben wir diese Duplikate, diese Roboter herstellen lassen."[209] Da die technische Entwicklung aber noch nicht so weit war den Klonen die Arbeit zu überlassen, mussten KRAFTWERK selbst den Part übernehmen, der den Robotern zugedacht war. Uniforme Kleidung, roboterartig verzerrte Stimmen und die Ästhetisierung körperlicher Funktionalität durch die Kombination von Sequenzer-Rhythmen mit mechanischen Körperbildern galten der Gruppe dabei als geeignete Mittel, der Maschinisierung der Pop-Musik Vorschub zu leisten.

KRAFTWERKS musikalische Ausweitung maschineller Elemente führte zu entsprechenden Reaktionen vonseiten der internationalen Musikpresse, auch wenn sich graduelle, länderspezifische Unterschiede zeigen. „The Prussian ice-age of KRAFTWERK" kommentierte in Großbritannien etwa der *Melody Maker*, indes der *New Musical Express* das Album als kompromisslose „electronic disco mekanik" beschrieb.[210] Im US-amerikanischen *Rolling Stone* hieß es wiederum, dass man aufgrund der endlosen Wiederholung minimalistischer Melodien genauso gut einem Telegraphen zuhören könne und dass KRAFTWERK mit ihrem „unmistakable brand

---

207 Ullmaier: „Kraftwerk, Kraftwerk unter anderem" (2018), 352.
208 Siehe Bartos: *Der Klang der Maschine* (2017), 245, 272 sowie Flür: *Kraftwerk* (1999), 157.
209 Hütter zit. n. Schober: „Kraftwerk" (1979), 78.
210 *Melody Maker*, 15.07.1978, zit. n. Simmeth: *Krautrock Transnational* (2016), 242. Gill, Andy: „Terminal Weirdness à Paris", in: *New Musical Express*, 29. April 1978, 13.

of exquisite torture" den Hörer:innen das Blut entziehe und durch Desinfektionsmittel ersetze: „KRAFTWERK strikingly creates a sound so antiseptic that germs would die there."[211] Während der Autor des *Rolling Stone* vermutete, die Band intendiere mit ihren Sounds subtile Kritik an einer modernen Welt, die immer mehr von Technik durchdrungen wird, lobten deutsche Musikjournalist:innen dagegen gerade die neusachliche Ausrichtung des kommerziell erfolgreichen Albums, das in einer stimmigen Kombination von Sound und Texten die Wirklichkeit künstlerisch einzufangen und wiederzugeben vermag. So ergeben die Songs auf *Die Mensch-Maschine* dem *Sounds*-Autor Xao Seffcheque zufolge „ein ästhetisch geglücktes Abbild der Umwelt", skizzieren „die belebte und die unbelebte Form der großstädtischen Einsamkeit" und offerieren „Reize kühler Schönheit": „[Ü]berhaupt liefert die Platte faszinierende *und* wahre Bilder einer typischen deutschen Großstadt der ausklingenden 70er."[212]

Das Album *Die Mensch-Maschine* steht für einen neuen Höhepunkt in der Geschichte von KRAFTWERKS ‚Kälte'-Programm. Die Band weitete nicht nur auf philosophischer und musikalischer Ebene ihr Gesamtkonzept der evolutionären Symbiose von Mensch und Technik bzw. der Maschinenwerdung des Menschen aus, sondern auch auf ästhetisch-darstellender, indem sie ihre ohnehin mechanische und emotionslose Performance auf ein neues Level hob und sich von identisch aussehenden Puppen ersetzen ließ. Ihre Premiere hatten KRAFTWERKS Puppen-Doubles am 29. März 1978 in der von Thomas Gottschalk moderierten ZDF-Show *Szene 78*.[213] Passend zu den Bandmitgliedern trugen die Puppen rote Hemden, schwarze Hosen und schwarze Krawatten mit kleinen Lichtern, die im Rhythmus zum Track „Die Roboter" aufleuchteten. „The dummies are better than us in making photo sessions without sweating under the spotlights, without blinking, they are more patient", erklärte Hütter in einem späteren Interview über die Vorzüge der Doubles gegenüber den realen Musikern[214] und tatsächlich standen dann auch die Puppen im Mittelpunkt der Album-Release-Events im April 1978. Die Erwartungshaltung der versammelten Pressevertreter:innen erfüllend, schallte bei der Album-Premiere in New York zuerst Klassische Musik von Wagner und Strauss aus den Boxen, bevor das Album abgespielt wurde und die Puppen erschienen, während in Paris die Dummies und die Albumtracks zusammen mit dem Film „Metro-

---

211 Schneider, Mitchell: „The Man-Machine", Rezension, in: *Rolling Stone (USA)*, 18. Mai 1978. URL: *https://www.rollingstone.com/music/music-album-reviews/the-man-machine-96960* (Letzter Zugriff: 24.10.2022).
212 Seffcheque: „Kraftwerk" (1981), 30. Hervorhebung i. O. Siehe auch Schober, Ingeborg: „DIE MENSCH-MASCHINE. Kraftwerk. Kling Klang 1C058 -32 843", Rezension, in: *Musikexpress*, Nr. 6 (1978), 50 sowie Bartos: *Der Klang der Maschine* (2017), 273.
213 Siehe Flür: *Kraftwerk* (1999), 161 sowie Flür zit. n. Esch: *Electri_City* (2014), 194–195, 197–198.
214 Hütter zit. n. Perrin: „Interview, Ralf Hütter" (1981).

polis" präsentiert wurden.²¹⁵ Enttäuscht zeigte sich der in Paris anwesenden *NME*-Autor Andy Gill jedoch darüber, dass die Band auch noch in persona erschien, hätte doch die ausschließlich künstliche Repräsentation durch die Puppen-Doubles, die Musik vom Band und Fritz Langs Streifen laut Gill weit besser zum futuristischen Ansatz KRAFTWERKS gepasst.

Allerdings machte es kaum einen Unterschied, ob die Musiker selbst oder ihre unbelebten Doubles die Konzerte absolvierten: Auch heute noch stehen die uniform gekleideten Bandmitglieder, abgesehen von wenigen, mechanischen Bewegungen nahezu regungslos an den Musikmaschinen. ‚Kalte' Distanz beherrscht das Verhältnis zwischen KRAFTWERK und dem Außen, abgesehen von den Vocals und einer kurzen Verabschiedung Hütters am Ende jeden Auftritts, findet keine Kommunikation mit dem Publikum statt.²¹⁶ Dahinter steht keine persönliche Eigenart der Musiker, sondern eine kalkulierte, künstlerische Inszenierung. Angesprochen auf das außergewöhnliche Auftreten der Gruppe, erklärte Hütter 1979, dass KRAFTWERK im Gegensatz zu konventioneller Rockmusik, die „eigentlich nur Poesie, also Gedichte, mit Musikbegleitung" sei, eine Art von „Happening, Ballett oder Performance" aufführt.²¹⁷ Und diese Performance beschränkte sich nicht auf die Bühne, denn laut Hütter manifestiere sich das KRAFTWERK-Konzept der alles umfassenden „Totalmusik" in sämtlichen Lebensbereichen, weshalb er wiederholt von einem „elektronischen Lebensstil" sprach.²¹⁸ Dementsprechend führte die Gruppe auch in der Öffentlichkeit, etwa bei gemeinsamen Ausflügen in das Düsseldorfer Nachtleben, die Inszenierung des ‚kalten' Androiden-Kollektivs fort und behielt die Kontrolle über ihr Erscheinungsbild. Anschaulich berichtete S.Y.P.H.-Sänger Harry Rag von einem Konzert im *Ratinger Hof* Ende der 1970er Jahre, zu dem auch die vier KRAFTWERK-Mitglieder erschienen: „Die sind alle vier nebeneinander gelaufen. Alle gleich angezogen – irgendwie schwarz. Und im aufrechten Gang gingen sie dann so geziert zu diesem Konzert."²¹⁹ Laut dem *Musikexpress* habe die Band 1978 für sich selbst sogar Verhaltensregeln aufgestellt, die den Mitgliedern unter anderem untersagte, sich in der Öffentlichkeit betrunken antreffen zu lassen.²²⁰ Tatsächlich verfolgte die Band Wolfgang Flür zufolge einen sehr gesunden Lebensstil und verzichtete größtenteils auf Alkohol und Zigaretten, was er mit einem Verantwor-

---

215 Siehe o. V.: „Zweimal Kraftwerk: Original und Fälschung", in: *Musikexpress*, Nr. 6 (1978), 2; Bartos: *Der Klang der Maschine* (2017), 294 sowie Gill: „Terminal Weirdness à Paris" (1978), 13.
216 Vgl. Harden, Alexander C.: „Mensch oder Maschine? Kraftwerk und die Authentizität des Posthumanen", in: Schütte (Hg.): *Mensch – Maschinen – Musik* (2018), 218–231, hier: 225.
217 Hütter zit. n. Schober: „Kraftwerk" (1979), 78.
218 Hütter zit. n. Isleib, Dankmar: „Kraftwerk. Elektronischer Lebensstil", in: *Musikexpress*, Nr. 5 (1981), 10–14, hier: 12.
219 Rag zit. n. Teipel: *Verschwende deine Jugend* (2001), 94.
220 O. V.: „Kraftwerk. Wir fahr'n. fahr'n, fahr'n", in: *Musikexpress*, Nr. 8 (2017), 42–47, hier: 44.

tungsgefühl gegenüber den KRAFTWERK-Fans begründete.[221] Dennoch betonte Flür aber auch den Performance-Aspekt im Auftreten der Musiker, die bei aller Mensch-Maschinen-Inszenierung Ausschweifungen, seien es feuchtfröhliche Hauspartys oder pikante Groupie-Geschichten, nicht abgeneigt waren.[222]

Auf den ersten Blick scheinen die von Flür beschriebenen Anekdoten über die amourösen Eskapaden der Bandmitglieder aus dem Rahmen der KRAFTWERK-Erzählung zu fallen, gelten die ‚kalten' Musik-Roboter aufgrund ihrer Bühnenperformance doch als explizit asexuell. Allerdings richtet sich das von KRAFTWERK (und folgenden ‚Kälte'-Musiker:innen) verfolgte Prinzip der ‚kalten' Distanz nicht gegen das Sexuelle an sich, sondern gegen heteronormative Geschlechtermodelle, die von der Band vielfach unterlaufen wurden. Songs, die auf ein romantisches und/oder sexuelles Verhältnis des Sängers zu der im Songtext adressierten Person schließen lassen, waren keineswegs Ausnahmen in KRAFTWERKS Œuvre („Das Modell", „Computer Liebe", „Der Telefon Anruf", „Sex Objekt").[223] Allerdings findet sich ein konkreter Bezug auf Frauen nur im Song „Das Modell", wenn auch dessen Titel ein grammatikalisches wie geschlechtliches Neutrum beschreibt.[224] Auch die von KRAFTWERK bei Auftritten und Fotoshootings inszenierten „Mensch-Maschinen" und erst recht ihre Puppen-Doubles bewegten sich außerhalb binärer Geschlechtermodelle, sind weder maskulin, noch feminin – ein „queering" konventioneller Rock-Schemata, das laut dem Kulturwissenschaftler Ulrich Adelt mindestens in den USA als „gay" gelesen wurde.[225] Tatsächlich gab es in der Forschung bereits Bemühungen, KRAFTWERKS Auftreten in die Geschichte schwuler Subkulturen wissenschaftlich einzubetten, der Musikhistoriker Theo Cateforis schreibt etwa, KRAFTWERKS uniforme Performance verweist auf eine Assoziation mit dem Sozialkonstrukt des homosexuellen männlichen Klons, der Ende der 1970er Jahre als Leitsymbol für die Befreiungsbewegung einiger schwuler Gemeinschaften gedient habe.[226] Ob sich KRAFTWERK wirklich bewusst für die Rechte queerer Menschen engagierten, lässt sich nur schwerlich nachweisen, da keine Aussagen von den Bandmitgliedern existieren, die auf einen derartigen politischen Aktivismus schließen

---

221 Flür: *Kraftwerk* (1999), 155.
222 Ebd., 148. Siehe ebd., 145–148, 200, 222. Diese Ausführungen in der unzensierten Erstausgabe von Flürs Autobiografie fehlen größtenteils in der überarbeiteten Fassung von 2004, die entstand, nachdem Hütter, Schneider und Emil Schult per gerichtlicher Verfügung die ursprüngliche Version vom Markt nehmen ließen.
223 KRAFTWERK: „Das Modell" (1978); KRAFTWERK: „Computer Liebe", auf: *Computerwelt* (1981), LP, Kling Klang / EMI Electrola, 1C 064-46 311; KRAFTWERK: „Der Telefon Anruf", auf: *Electric Cafe* (1986), LP, Kling Klang / EMI, 1C 064-24 0654 1; KRAFTWERK: „Sex Objekt", auf: *Electric Cafe* (1986).
224 Littlejohn: „Kraftwerk" (2009), 640.
225 Adelt: *Krautrock* (2016), 30–31.
226 Cateforis: *Are We Not New Wave?* (2000), 162.

lassen. Dennoch deuten einige von Wolfgang Flür in seiner Autobiografie beschriebene Episoden auf einen zumindest offenen Umgang mit bi- oder homosexuellen Neigungen hin, ließ sich Flür doch (aus Geldmangel) unter anderem erotisch für das Schwulen-Magazin *DON* ablichten.[227]

Abb. 13: Das konstruktivistische Kollektiv: KRAFTWERK auf dem Frontcover der LP *Die Mensch·Maschine* (1978).

---

[227] Flür: *Kraftwerk* (1999), 146, 148. Während Flür in seinem Buch wiederholt erotisch aufgeladene Situationen beschreibt, spielen Aspekte sexueller Identität und Orientierung in der Autobiografie von Karl Bartos nahezu keine Rolle. Von Hütter und Schneider existieren wiederum überhaupt keine Aussagen zu den intimen Bereichen ihres Lebens. Entsprechend schwierig gestaltet sich daher die Einordnung jener Anekdoten und Interpretationen Flürs über die Band in seiner Autobiografie. So behauptet Flür, Schneider habe 1975 die großvolumige 600er-Mercedes-Limousine nur gekauft, um sie seinem Vater, dem Architekten Paul Schneider-Esleben unter die Nase zu reiben, der enttäuscht darüber gewesen sei, dass sein Sohn nicht in seine Fußstapfen treten wollte, sondern mit Musik sein Geld verdiente. Tatsächlich verzichtete Florian Schneider-Esleben sehr bald auf eine Angabe seines zweiten Nachnamens. Flür zufolge litt nahezu jedes der Bandmitglieder unter einem Anerkennungsdefizit seitens der strengen Väter, die keine Liebe gezeigt und zu hohe Erwartungen an ihre Söhne gelegt hätten, weshalb diese begonnen hätten, sich an ihren Müttern zu orientieren: „Unsere Mütter waren dagegen die eigentlich Agierenden in den Familien. Sie gaben uns ein Bild der Stärke, der Liebe und der Zuwendung und des Daseins für uns. Durch sie als Vorbild hatten wir alle eine ausgeprägte feminine Seite, die für unser künstlerisches Empfinden sogar von großem Vorteil war." Ebd., 129–130.

Für einiges Aufsehen sorgten jedoch nicht etwaige homosexuelle Tendenzen, sondern die Covergestaltung von *Die Mensch-Maschine* (Abb. 13), die bis heute Kritiker:innen und Forscher:innen zu Spekulationen um die politische Positionierung KRAFTWERKS verleitet. Nahezu komplett in den Farben Rot, Schwarz und Weiß gehalten, zeigt etwa das Frontcover die Band aufgereiht auf einer Treppe stehend, den Blick nach Osten, das dezente Lächeln vorheriger Albumcover missend und in identischer Aufmachung: dunkle Hosen, rote Hemden, schwarze Krawatten, rot geschminkte Lippen, das kurze Haar streng gescheitelt. KRAFTWERK-Drummer Karl Bartos erklärte rückblickend, dass auf dem ganz ähnlich geratenen Gruppenbild auf der Schallplatteninnenhülle „die Ästhetik des Bauhaus" mitschwinge.[228] Während das Gruppenfoto von Günther Fröhling stammte, der auch schon zuvor für Fotografien und Musikvideos von KRAFTWERK zuständig war, wurden die Grafik und Typografie auf dem Album von Karl Klefisch entworfen. Dieser ließ sich wiederum von El Lissitzky inspirieren, einem russischen Konstruktivismus-Künstler, der aufgrund seiner jüdischen Herkunft sein Studium in Deutschland absolviert und die entstehende Bauhaus-Bewegung beeinflusst hatte. Neben diesen indirekten Anleihen findet sich auf dem Backcover des Albums sogar ein Ausschnitt einer Grafik von Lissitzky aus dem 1922 erschienenen Kinderbuch *Suprematistische Erzählung von Zwei Quadraten in 6 Spielen*.[229] Laut Bartos ergab sich der Rückgriff auf El Lissitzky dadurch, dass die thematische Ausrichtung des Albums auf den „Osten" von Anfang an geplant war: So kam die Stimmung auf dem ersten geschriebenen Track „Metropolis" der Band „irgendwie russisch vor", daher wurde dem Stück der Arbeitstitel „Don Wolga" verpasst.[230] Als die Gruppe später auch noch auf die Idee gekommen war, die Roboterstimme im Track „Die Roboter" etwas auf Russisch sagen zu lassen, da das Wort „Roboter" aus dem Slawischen stamme (eigentlich aus dem Tschechischen bzw. Urindogermanischen), habe die Band nach einer grafischen Brücke zu Russland gesucht und sei schnell auf den Konstruktivismus gestoßen. „Die dynamischen Konstruktionen Lissitzkys erschienen mir damals wie ein Programm für die Form unserer Musik."[231]

Während für Bartos der Fokus bei der Covergestaltung auf dem kunsthistorischen Zitat lag, verstanden KRAFTWERKS Kritiker:innen die ästhetische Ausrichtung des Albums als politisch und als Verweis auf den sowjetischen Kommunismus, nicht zuletzt aufgrund der El-Lissitzky-Referenzen, der russischen Sprache in Songtexten und auf dem Cover, des Blicks der Bandmitglieder nach Osten und aufgrund der dominanten Präsenz der Farbe Rot. „Kalt lächeln sie uns auf Flaggenrot

---

228 Bartos: *Der Klang der Maschine* (2017), 286.
229 Ebd., 285.
230 Ebd., 247. KRAFTWERK: „Metropolis", auf: *Die Mensch-Maschine* (1978).
231 Bartos: *Der Klang der Maschine* (2017), 256.

und mit Parteitags-Image vom Cover entgegen, erinnern an Charlie Chaplin ‚Moderne Zeiten' und die kommunistische Pflichterfüllung", hieß es etwa in Ingeborg Schobers Plattenrezension für den *Musikexpress*.[232] „Who Are These Men And Why Are They Wearing Red But Looking Right" fragte wiederum der *NME*-Redakteur Andy Gill in seiner Albumbesprechung und kritisierte, dass Lissitzky Theorien zu geometrischer Maschinenkunst formulierte, die schließlich auf „Massenkunst" im Sinne von „repressive, totalitarian art for a repressive totalitarian society" hinauslaufen würden. Gill zufolge lässt dies den Schluss zu, dass KRAFTWERK mit ihrer Ästhetik entweder die erschütternden, aber logischen Folgen totalitärer Ideen demonstrieren oder – „God forbid" – sich wirklich nach dem Status des Massenmenschen sehnen. Sollte Letzteres zutreffen, bleibt laut Gill nur noch die Frage, ob die Band es aufrichtig meint oder ob sie lediglich die preußische Gründlichkeit auf dem Feld der Kunst anwendet.[233] Die für KRAFTWERKS Gesamtkonzept und Ausgestaltung verantwortlichen Ralf Hütter, Florian Schneider und Emil Schult äußerten sich zu jener Zeit gar nicht oder nur sehr ambivalent zu derlei Mutmaßungen, ein Umstand, der nicht nur ein wesentlicher Teil ihrer Konzeption, sondern auch ihres Erfolgs war, wie der Historiker Alexander Simmeth zu Recht feststellt.[234] Die angestellten Schlagzeuger Karl Bartos und Wolfgang Flür ließen in ihren Autobiografien jedenfalls keine politische Intention erkennen. So ist der Blick der Bandmitglieder nach Osten auf den Gruppenbildern Bartos zufolge nur ein unbewusster Zufall, und auch Flür erklärte nur knapp, dass das Spiel mit den Symboliken für die Band „reine Ironie" war.[235]

Wenige Jahre nach der Veröffentlichung von *Die Mensch·Maschine* sprach sich Hütter in einem Interview schließlich doch gegen Massenbewegungen aus und argumentierte dabei politisch, ja sogar antifaschistisch und ideologiekritisch. Allerdings geschah dies in einem anderen thematischen Zusammenhang, denn als politisch problematisch deutete er nicht etwa KRAFTWERKS Performance, sondern die in der Rock- und Pop-Musik übliche Beziehung zwischen dem Publikum und dessen gefeiertem Idol sowie das performative Gebaren des Letztgenannten. So antwortete Hütter, der zuvor den „Großteil der heutigen Musik" als „gymnastische Übung" und „Witz" verworfen hatte, auf den Wunsch des *Musikexpress*-Autors Dankmar Isleib, sich „direkt körperlich von kräftiger, herkömmlicher Rockmusik berühren [zu] lassen" offensiv anti-rockistisch: „Das ist für mich kaum mehr möglich. Das ist für mich eine faschistische Kunstform. Wo es darum geht, dass einer

---

232 Schober: „DIE MENSCH-MASCHINE. Kraftwerk. Kling Klang 1C058 -32 843" (1978).
233 Gill, Andy: „Mind Machine Music. KRAFTWERK. The Man Machine (Capitol)", in: *New Musical Express*, 29. April 1978, 41.
234 Simmeth: *Krautrock Transnational* (2016), 243.
235 Siehe Bartos: *Der Klang der Maschine* (2017), 285 und Flür: *Kraftwerk* (1999), 162.

oder mehrere die Herrschaft über möglichst viele Millionen Zuhörer übernimmt."²³⁶ Wie für folgende ‚Kälte'-Musiker:innen war für Hütter also nicht die von KRAFTWERK konzipierte, auf Selbstdisziplinierung und Distanz bauende ‚Kälte', sondern die auf die Entfesselung kollektiver Emotionen abzielende Rockmusik die eigentlich politisch verdächtige Ausdrucks- und Kunstform. Diesen Ansatz sollten wenig später die slowenischen ‚Kälte'-Erben LAIBACH ausbauen.

Computerwelt
Nach der Veröffentlichung von *Die Mensch·Maschine* wurde es für einige Zeit still um KRAFTWERK. Die Band zog sich ins bandeigene *Kling-Klang-Studio* zurück und verzichtete, wie auch nach dem Release von *Trans Europa Express*, auf eine anschließende Tournee. Währenddessen traten New Wave und Post-Punk auch in der Bundesrepublik ihren Siegeszug an und griffen dabei auf viele Techniken und ‚Kälte'-Motive KRAFTWERKS zurück. Brachte die Band zuvor nahezu jährlich ein Album heraus, dauerte es drei Jahre, bis das neue Album *Computerwelt* im Mai 1981 erschien, obwohl die Musiker bereits Mitte des Jahres 1978 mit den Writing Sessions begonnen hatten.²³⁷ Einer der Hauptgründe für die Verzögerung war der Umbau des *Kling-Klang-Studios* zu einer mobilen Version, die KRAFTWERK auf ihrer nächsten Welttournee begleiten sollte.²³⁸

Schien es fast unmöglich, ihr ganz auf die Symbiose von Mensch und Technik fokussiertes Konzept noch zu intensivieren, hoben KRAFTWERK ihre „Musikarbeiter"-Performance durch die neugestaltete Bühnenpräsenz auf eine noch höhere Stufe: Während hinter der Band, einer Schaltzentrale gleich, der Großteil der Technik in V-förmig arrangierten, metallenen Containern untergebracht war, standen vor den Musikern vier Konsolen, in denen die Synthesizer und E-Drums verbaut waren. Neonröhren, Bildschirmwände und der Verzicht auf die bei konventionellen Rockbands üblichen riesigen Verstärker im Hintergrund rundeten die Szene genauso ab wie die einheitlich schwarze Kleidung der Musiker, die Headsets auf den Köpfen von Hütter und Schneider sowie die nun erstmals auf der Bühne beim Abschluss-Track „Die Roboter" eingesetzten Puppen-Doubles. „Gespenstisch wie im Kommandostand einer Raumfähre sah es aus", berichtete sichtlich fasziniert die *Bravo* nach einem Konzert und lieferte seinen Leser:innen genau jene Bilder, die KRAFTWERK intendierten: „Ganz in Schwarz gekleidet, mit unbewegten Gesichtern und ordentlichem ‚militärischen' Haarschnitt wenden sie sich ihren Apparaten zu, bedienen Schalter und Hebel, drücken Knöpfe – so stellen sie ihre

---
236 Hütter zit. n. Isleib: „Kraftwerk" (1981), 14.
237 KRAFTWERK: *Computerwelt* (1981), LP, Kling Klang / EMI Electrola, 1C 064-46 311.
238 Siehe Bartos: *Der Klang der Maschine* (2017), 344–345.

Musik her."²³⁹ Eine Steigerung erfuhr der Forschungslabor-Effekt dadurch, dass alle Instrumente miteinander verbunden und in zueinander passenden Vorrichtungen montiert waren, denn nun ließ sich für die Zuschauer noch weniger bestimmen, welches Bandmitglied zu welchem Zeitpunkt welche Musikmaschine spielte, bediente oder auslöste – abgesehen von den E-Drums, die noch immer ein Mindestmaß an Bewegung erforderten.²⁴⁰

Während KRAFTWERK ihr erfolgreiches Musikroboter-Konzept weiter auszubauen suchten, hatte sich in den drei Jahren ihrer Studioarbeit die Popwelt deutlich gewandelt, und das sogar in ihrem Sinne. Elektronische Pop-Musik war mittlerweile keine Seltenheit mehr, sondern wurde fast schon zum Standard der New-Wave-Hochzeit. Regungslos hinter ihren Synthesizern stehende Musiker:innen, die sich wie Roboter gebärdeten und in gepflegt-konservativer Aufmachung auftraten, schossen nicht zuletzt auch wegen ihrer Idole KRAFTWERK wie Pilze aus dem Boden. Dementsprechend begannen sich auch die Bewertungen der einst so innovativen Sounds und Auftritte KRAFTWERKS vonseiten der Musikpresse zu verändern – eine Entwicklung, die das Ende der ‚Kälte-Welle' einleitete, deren Existenz stets an die Intentionen und Interpretationen seiner Protagonist:innen und Kritiker:innen gebunden war. Beispielhaft befand etwa der *Spex*-Autor Joachim Ody über KRAFTWERKS Auftritt im Berliner *Metropol* im Juni 1981, die Band hätte ihr „Mensch-Maschinen"-Image auf der Bühne widerlegt, sich nicht als „Roboter-Bleichgesichter, sondern Menschen aus Fleisch und Blut" präsentiert: „Die Musik selbst wurde folglich auch nicht seelenlos, stereotyp und steril von unpersönlich sich gebärdenden, synkopartig herumzuckenden Kunstfiguren heruntergespielt, vielmehr vermochte sie durchaus so etwas wie Wärme auszustrahlen."²⁴¹ Tatsächlich brachen KRAFTWERK auf der *Computerwelt*-Tournee zum ersten (und auch letzten) Mal mit ihrem Prinzip der ‚kalten' Distanz, denn für den neuen Song „Taschenrechner" kamen die Bandmitglieder hinter ihren Konsolen hervor und ließen die Zuschauer:innen in den ersten Reihen auf die Tasten ihrer tragbaren Instrumente drücken.²⁴² Obwohl sich die Musiker auch hierbei steif bewegten und passend zur Intonation der Vocals roboterhaft tanzten, stach die plötzliche Nähe zum Publikum aus der bisherigen Performance deutlich heraus. „This is very liberating for us", erklärte Hütter auf Nachfrage dazu und verwies auf die seiner Meinung nach nur bedingt gerechtfertigten Kritiken, die KRAFTWERKS ausschließliches Agieren hinter den Musikmaschinen abschätzig als langweilig bezeichneten: „I think we have broken the bar-

---

239 O. V.: „Kraftwerk rocken auf Taschenrechnern!", in: *Bravo*, Nr. 29, 9. Juli 1981, 60.
240 Vgl. Winne: „Computerwelt" (2018), 132.
241 Ody: „Menschen und Maschinen im Neonlicht" (1981), 11.
242 KRAFTWERK: „Taschenrechner", auf: *Computerwelt* (1981).

rier of just controlling machines."²⁴³ Dennoch sollte es bei diesem kurzen Ausbruch bleiben, den KRAFTWERK nach der Welttournee nicht wiederholten. Die „Musikarbeiter" verschwanden wieder hinter ihre Maschinen.

Ganz dem Prinzip der technologischen Evolution verpflichtet, die eine stetige Maschinisierung aller Aspekte des Projekts KRAFTWERK vorsah, schritt auch auf musikalischer Ebene die weitere Modernisierung der Gruppe voran. Fast schon folgerichtig erscheint in dieser Hinsicht, dass die Credits auf der Innenhülle in die Kategorien „Hardware", „Software" und „Kling Klang Studio" unterteilt wurden, wobei sich die vier Musiker selbst zur Zweitgenannten zählten.²⁴⁴ Für die Vocals etwa setzte die Band neben den zuvor genutzten Vocodern nun auch einen Hand-Translator (in „Computerwelt") und eine computergenerierte Stimme (in „Nummern") ein. Zudem wurde der *Synthanorma* Sequenzer durch eine Schaltmatrix, die sogenannte „Triggersumme", erweitert. Obwohl die beiden Vorrichtungen selbst stumm sind und nur die Impulse für angeschlossene Geräte wie die Synthesizer lieferten, bezeichnete Karl Bartos sie als die wesentlichen Instrumente für den KRAFTWERK-Sound.²⁴⁵ Dies überrascht kaum, waren die beiden Maschinen doch dafür verantwortlich, mit absoluter Präzision die Sounds der anderen Instrumente, ob Melodie- oder Rhythmusgerät, auszulösen. Der Effekt erzielte die entsprechende Wirkung: Begeistert zeigte sich etwa der *NME*-Autor Andy Gill in seiner Plattenrezension von der „pure, glacial perfection of their chosen synth-tones, the millisecond precision of their delay times", betonte aber zugleich, dass *Computerwelt* nichts von der „cold conceptual resonance" der beiden Vorgängeralben habe.²⁴⁶ Auch in der *Bravo* kam Redakteur Sandro Barretta in seiner Albumbesprechung auf KRAFTWERKS ‚kalte' Sounds zu sprechen: Einerseits würden ihn die „konsequent abgezirkelten Elektronik-Sound" faszinieren, andererseits empfinde er KRAFTWERKS „distanzierte Kühle" als „regelrecht unheimlich".²⁴⁷

Ganz anders fiel dagegen die Rezension von Dankmar Isleib im *Musikexpress* aus, die auf den bereits angesprochenen Gewöhnungseffekt bezüglich vollelektronischer Pop-Musik hindeutet. Isleib bezeichnete *Computerwelt* darin als eine der „aufregendsten Platten, die ich seit langem gehört habe", was insbesondere daran

---

243 Hütter zit. n. Aikin: „Kraftwerk" (1999), 186. Siehe dazu auch die Konzertausschnitte in „Die Mensch-Maschine", ORF, *Ohne Maulkorb* (Sendedatum: 29.01.1982).
244 Vgl. Bartos: *Der Klang der Maschine* (2017), 344.
245 Ebd., 345.
246 Gill, Andy: „KRAFTWERK. Computer-World (EMI)", Rezension, in: *New Musical Express*, 16. Mai 1981, 37.
247 Barretta, Sandro: „LP-Kritik", in: *Bravo*, Nr. 25, 11. Juni 1981, 69.

liegen würde, dass es KRAFTWERK gelungen sei, die „Maschinenkälte" konventioneller „Computermusik" zu überwinden: „Zum ersten Mal habe ich das Gefühl, dass die Synthesizer mit Leben, mit Wärme erfüllt sind."[248] Der Kulturwissenschaftler Axel Winne behauptet in seinem Sammelbandbeitrag zu *Computerwelt* wiederum, dass der Sound des Albums im Vergleich zu den Vorgängern aufgrund der konsequenten Durchsequenzierung „wesentlich steriler, ja fast schon klinisch klingt". Zudem demonstriere diese Minimierung der „rhythmischen und tonalen Substanz", zusammen mit der relativ kurzen Spieldauer des Albums von weniger als 35 Minuten, die auf *Computerwelt* realisierte „Reduktion auf das Wesentliche".[249] „[W]ir stehen auf Konzentrat. Wir lieben die geraden Linien", fasste Ralf Hütter in diesem Zusammenhang KRAFTWERKS Minimalismus-Anspruch gegenüber dem *Musikexpress* zusammen und setzte die Band damit erneut als forschende „Musikarbeiter" in Szene.[250]

Computerwelt stellt KRAFTWERKS bis dahin modernstes Album dar. Mehr noch als auf musikalischer Ebene, unterscheidet sich *Computerwelt* vor allem thematisch und stilistisch von den vorangegangenen Alben KRAFTWERKS, verzichtet die Band doch nun auf Technik-Nostalgie (Radios, Züge, Autos) und retrofuturistische Motive, wie sie noch in *Die Mensch·Maschine* vorherrschten, und setzt ihren neusachlichen Anspruch am konsequentesten um.[251] Obwohl die beiden Konzeptalben *Die Mensch·Maschine* und *Computerwelt*, wie Karl Bartos schrieb, in mehrfacher Hinsicht und dabei insbesondere musikalisch miteinander verknüpft sind, was sich etwa in der Veröffentlichung der Doppel-Single *Computer Love / The Model* (1981) für den britischen Markt zeige, ist *Computerwelt* KRAFTWERKS erstes Album, das nicht auf historische Symboliken und Motive verweist, sondern die Welt von 1981 zu beschreiben sucht.[252]

---

248 Isleib, Dankmar: „COMPUTERWELT. Kraftwerk. Electrola 064-463 11", Rezension, in: *Musikexpress*, Nr. 5 (1981), 56.
249 Winne: „Computerwelt" (2018), 127.
250 Hütter zit. n. Isleib: „Kraftwerk" (1981), 12.
251 Diskussionswürdig bleibt dementsprechend die bei den Kulturwissenschaftlern Uwe Schütte und Axel Winne nahezu gleichlautend aufgestellte Behauptung, das Album sei aufgrund des Rückgangs der Retro-Elemente automatisch KRAFTWERKS futuristischstes Werk. Siehe Schütte: „Kraftwerk" (2017), 100 sowie Winne: „Computerwelt" (2018), 124.
252 Bartos: *Der Klang der Maschine* (2017), 345.

Abb. 14: Auflösung des Menschen in der Maschine: Frontcover der KRAFTWERK-LP *Computerwelt* (1981).

Tatsächlich war *Computerwelt* thematisch am Puls der Zeit: Im Jahr seiner Veröffentlichung erschien unter anderem der erste Heimcomputer von *Commodore* auf dem deutschen Markt (*VC 20*) und der erste Personal Computer von *IBM* in den USA. Passend dazu zeigt das Frontcover nicht nur digitale Buchstaben statt der zuvor genutzten historisch-künstlerischen Schriftarten, sondern auch die stilisierten Köpfe der Bandmitglieder im Bildschirm eines Computers (Abb. 14). Als Vorlage für die Grafik diente das *SWTPC 6800 Microcomputer System* (*South West Technical Products Corporation*), das Florian Schneider für seine Sprachsynthese-Experimente nutzte. Karl Bartos zufolge handelte es sich bei diesem Modell aus dem Jahr 1975 allerdings nicht um einen „richtigen" Computer, weshalb die Gruppe für Nachforschungen in eine Düsseldorfer Filiale von *IBM* fuhr, um sich die Funktionsweise der neuen Rechner genauer erklären zu lassen.[253]

„Wir nennen diese Platte ‚Neue Sachlichkeit'", erklärte Ralf Hütter anlässlich der Albumveröffentlichung gegenüber dem *Musikexpress* und erläuterte diesbezüglich erneut den sich im Begriff „Elektronische Volksmusik" äußernden Anspruch der Band, mit ihrer Musik die Lebenssituation des modernen Menschen

---

253 Ebd., 332.

darzustellen: „Wir leben in einer Computerwelt, also machen wir ein Lied darauf."[254] Dem Albumtitel entsprechend fokussieren sich KRAFTWERK in ihrem Konzeptalbum *Computerwelt* auf die voranschreitende Computerisierung aller Facetten des Alltags und thematisieren dabei auch die zumeist als negativ bewerteten Aspekte dieser Entwicklung. So beginnt der titelgebende und das Album einleitende Song „Computerwelt" mit einer zugleich nüchternen wie bedenklichen Aussage: „Interpol und Deutsche Bank / FBI und Scotland Yard / Flensburg und das BKA / Haben unsre Daten da".[255] Gleich zu Anfang greift der Songtext damit ein höchst umstrittenes Thema auf, hatten das Bundesdatenschutzgesetz von 1977, die computergestützte Rasterfahndung im Zuge des „Deutschen Herbst" und die angekündigte Volkszählung doch gesamtgesellschaftliche Diskurse über die missbräuchliche Nutzung von Computern seitens staatlicher Behörden intensiviert. Die Folgen dieser Entwicklung waren laut Hütter für die Band selbst keinesfalls abstrakt, sondern spürbar: „Ich weiß gar nicht, wie oft wir kontrolliert wurden, wenn wir nachts ins Studio gefahren sind, um zu arbeiten. Das war in den späten siebziger Jahren, der Zeit der RAF und der Rasterfahndung. Das wurde Gegenstand unserer Musik."[256]

Wiederholt hatten KRAFTWERK-Exeget:innen in ihren Forschungsbeiträgen hinsichtlich der zeitgenössischen Situation die These aufgestellt, der Songtext von „Computerwelt" entwerfe das dystopische Bild eines „Überwachungsstaats" und weise dadurch kritisch auf die Gefahren dieses Prozesses hin.[257] Genau genommen verzichtet die Band allerdings auf jedwede Wertung und gab wie gewohnt nur eine ‚kühle', sachliche Beschreibung der thematisierten Objekte und Vorgänge ab, die auch im Track „Computerwelt" ausschließlich monoton und emotionslos besungen wurden. Dieses von KRAFTWERK bereits bekannte Prinzip blieb in der Musikpresse nicht unbemerkt. „If they're still adopting the position of Devil's Advocate, KRAFTWERK are getting so subtle it hardly makes any difference", schrieb etwa der Musikjournalist Andy Gill im *NME*, der bereits in seiner Rezension des Vorgängeralbums *Die Mensch·Maschine* KRAFTWERKS politische Positionierung und Intention in Frage gestellt hatte,[258] und auch sein Kollege Joachim Ody stellte trocken in seiner Plattenbesprechung für die *Spex* fest: „[E]igentlich wird gar nichts problemati-

---

254 Hütter zit. n. Isleib: „Kraftwerk" (1981), 12, 14.
255 KRAFTWERK: „Computerwelt", auf: *Computerwelt* (1981).
256 Hütter zit. n. Rapp/Thadeuz: „Maschinen sind einfach lockerer"' (2009), 139.
257 So etwa Greger, Andreas: „Computer für das Eigenheim'. ‚Kraftwerks' musikalische Vision eines elektronischen Lebensstils (1981)", in: *Zeithistorische Forschungen/Studies in Contemporary History*, Jg. 9, Nr. 2 (2012), 340–345, hier: 342 sowie Winne: „Computerwelt" (2018), 130.
258 Gill: „KRAFTWERK. Computer-World (EMI)" (1981), 37.

siert."[259] In einem Interview mit dem *Musikexpress* erläuterte Ralf Hütter den dahinterstehenden Ansatz und erklärte, dass sich die „Computerwelt" nun mal als „Realismus" und „[z]unächst ohne Wertigkeit" darstelle: „Wir versuchen das ohne Moral zu sehen, weil wir glauben, Moral kann man sich heute überhaupt nicht mehr leisten". Erneut verdeutlichen Hütters Statements die Differenz zu jenen technikskeptischen, in seinen Augen reaktionären Tendenzen in der (bundesdeutschen) Gesellschaft und vor allem im linksalternativen Milieu, die sich der modernen Welt verschließen würden. Andererseits knüpfte Hütter in seiner folgenden Argumentation an den in diesen Milieus verbreiteten Habitus der ständigen Selbststoffenbarung an, wenn er gegen jede Schreckensvision vom ‚gläsernen' Menschen fordert: „Wir müssen unser Leben durchsichtiger machen. Es wird doch soviel verschleiert. Keiner soll das merken. Unser Leben basiert auf Tarnung."[260] Der von Hütter entworfene, transparente Mensch der bereits begonnenen Zukunft präsentiert sich daher als begeisterter Anhänger der ‚kalten' Technikwelt, sein Interesse und Fokus gilt aber nicht den von Helmuth Plessner und Bertolt Brecht empfohlenen Maskierungen, sondern dem individuellen wie gesamtgesellschaftlichen Fortschritt.

Keinesfalls blind für besorgniserregende Aspekte dieser Entwicklung nannte auch Hütter in Anlehnung an George Orwells zu jener Zeit ein Revival erlebenden dystopischen Roman die in der Bundesrepublik schnell voranschreitende Computerisierung von Kontrollinstitutionen, bei denen jede:r Bürger:in als Nummer samt zugehöriger Informationen gespeichert wird, eine *„1984* version". Dies transparent zu machen, liegt laut Hütter im Interesse der Gruppe, allerdings gehe es KRAFTWERK vor allem darum, Computer aus dem Kontext der Kontrollfunktion herauszunehmen und in Bereichen einzusetzen, die neu für die Menschen sind und sein Leben erweitern.[261] Dazu gehören im Rahmen einer spielerischen Nutzung etwa Objekte wie der Taschenrechner zum Musikmachen, vor allem aber auch fortschrittliche Technologien, die den Alltag der Menschen grundlegend verändern: „Computer für den Kleinbetrieb / Computer für das Eigenheim / Reisen, Zeit, Medizin, Unterhaltung" („Computerwelt"). Insbesondere Aspekte der privaten Computer-Nutzung waren es, denen KRAFTWERK in ihren Songtexten die meiste Aufmerksamkeit widmeten. „Am Heimcomputer sitz ich hier / und programmier die Zukunft mir" heißt es etwa im Track „Heimcomputer", während der Song „Computer Liebe" die seinerzeit aufkommende digital-unterstütze Partnersuche behandelt: „Ich bin allein, mal wieder ganz allein / Starr auf den Fernsehschirm, starr

---

259 Ody, Joachim: „KRAFTWERK Computerwelt (EMI)", Rezension, in: *Spex*, Nr. 5 (1981), 23–24, hier: 23.
260 Hütter zit. n. Isleib: „Kraftwerk" (1981), 12.
261 Hütter zit. n. Bohn: „A computer date with a showroom dummy" (1981), 32–33.

auf den Fernsehschirm / [...] / Ich wähl die Nummer / Rufe Bildschirmtext / Hab heut Nacht nichts zu tun / Ich brauch ein Rendez-vous".²⁶²

Letztgenanntes Stück scheint auf den ersten Blick aus KRAFTWERKS Gesamtkonzept herauszufallen und tatsächlich wird es das einzige Mal sein, dass die Band das Wort „Liebe" verwendet. Allerdings zeigt sich bei näherer Betrachtung, dass der Songtext keine erfüllte Liebesbeziehung beschreibt, sondern lediglich die Absicht einer romantischen Kontaktaufnahme vonseiten einer auf den Bildschirm starrenden Person, die „mal wieder ganz allein" ist. Dem Literaturwissenschaftler Uwe Schütte zufolge fängt der Song eine gewisse Traurigkeit und Entfremdung ein, indem er ein Szenario der persönlichen Isolation in einer mit Technologie gesättigten Zukunft ohne Sinn und emotionale Bindung vor Augen führe.²⁶³ Schüttes Interpretation bewegt sich im Rahmen jener Lesart, die die popmusikalischen Strategien und Motive der ‚Kälte' als subtile Kritik an den sich rasant wandelnden Verhältnissen der modernen Welt auffasst, jedoch lässt das lyrische Ich in KRAFTWERKS „Computerliebe", das „allein" und eben nicht „einsam" ist, jedes Gefühl von Traurigkeit oder Entfremdung missen. Stattdessen schließt die Band auch mit diesem Song an ihr Gesamtkonzept an, die vielfältigen und nützlichen Möglichkeiten, die die Computerisierung des Alltag mit sich bringt, auf sachliche Weise aufzuzeigen und formulierte dadurch erneut ein Ja zur technologischen Evolution der Gesellschaft und des Einzelnen.

Während sich KRAFTWERKS D'accord in den Songtexten aufgrund der stets nüchternen Beschreibung der Wirklichkeit vor allem indirekt ausdrückt, ließ sich Ralf Hütter in Interviews zumeist sehr ausführlich über den dahinterstehenden Anspruch und die weltanschaulichen Leitideen des Projekts KRAFTWERK aus. In den anlässlich der Veröffentlichung von *Computerwelt* geführten Gesprächen mit der Musikpresse unterstrich Hütter dann auch die explizit politische Intention des Albums. „Die Revolutionierung des Lebens muss ihren Ursprung in der privaten Existenz haben. [...] Unser Gedanke ist, das so radikal wie möglich zu verwirklichen", erklärte er etwa gegenüber dem *Musikexpress* bezüglich KRAFTWERKS Vision des jeden Aspekt der eigenen Existenz umfassenden, „elektronischen Lebensstils". Die Welt trete nun in ein „elektronisches Zeitalter" ein, das sowohl den Zusammenbruch bestimmter Herrschaftsstrukturen als auch vermeintlich überholter Denk- und Wertemodelle nach sich ziehe: „Er [der Mensch] muss eine neue Identität finden. Die Figur des heutigen Herrschaftsmenschen, so wie er rumläuft, ist

---

262 KRAFTWERK: „Computer Liebe" (1981); KRAFTWERK: „Heimcomputer", auf: *Computerwelt* (1981). Siehe dazu den medienhistorischen Beitrag von Homberg, Michael: „Computerliebe. Die Anfänge der elektronischen Partnervermittlung in den USA und in Westeuropa", in: *Zeithistorische Forschungen/Studies in Contemporary History*, Jg. 17, Nr. 1 (2020), 36–62. URL: https://zeithistorische-forschungen.de/1-2020/5811 (Letzter Zugriff: 24.10.2022).
263 Schütte: „Kraftwerk" (2017), 100.

längst zum Roboter geworden. Wir haben diese Stufen ja selbst durchlaufen."²⁶⁴ Hütter zufolge gilt es also, der „Computerwelt" wachen Geistes und affirmativ zu begegnen, ohne sich dieser dabei sklavisch zu unterwerfen. In einem Interview mit dem *NME*-Autor Chris Bohn (aka Biba Kopf), der seinen KRAFTWERK-Artikel mustergültig mit einem Auszug aus dem ersten „Programm des Staatlichen Bauhauses in Weimar" (1919) über die Wesensgleichheit von Künstler:in und Handwerker:in beginnen ließ, konkretisierte der KRAFTWERK-Gründer diesen Ansatz.²⁶⁵ Nicht weniger als eine geistige Evolution, genauer die Programmierung und Automatisierung von Gedanken, sowohl in der Band als auch in der Gesellschaft, sei angesichts der allumfassenden Computerisierung der für KRAFTWERK nächste, logische Schritt. Sich um die Wirkung seines Auftretens bewusst, vergaß der KRAFTWERK-Sprecher nicht, diese Idee der radikalen Affirmation mit einem Verweis auf vermeintlich typisch ‚deutsche' Eigenschaften zu krönen und damit erneut die insbesondere für Medien außerhalb der Bundesrepublik populäre Vorstellung der ‚kalten', maschinenobsessiven und über-rationalistischen ‚Deutschen' zu unterfüttern. So würden die mentale Durchprogrammierung und die Verzahnung von Mensch und Maschine die Musiker zwar „nervous" machen, letztlich sei KRAFTWERK aber auch fatalistisch, was er als einen für ‚Deutsche' charakteristischen Wesenszug deklarierte:

> [T]here is a fatalistic German quality of going all the way. There is never a question of maybe using a little computer here and plugging it into the synthesizer there and keeping the rest of the group as it was before. We close the door for three years and don't open it. We try to do it all the way, imposing the process as a discipline on ourselves, really taking all the way and then going out of the room to see where that takes us. I think that is very Germanic.²⁶⁶

Die Musikpresse reagierte sehr unterschiedlich auf KRAFTWERKS neues Album und das dahinterstehende Konzept. Dies lag nicht zuletzt am Umstand, dass während KRAFTWERKS dreijähriger Zurückgezogenheit mit der New-Wave-Bewegung viele junge Bands mit vergleichbaren Sounds und Performances entstanden waren. Beim *NME*-Journalisten Bohn etwa zeigten Hütters Ausführungen ihre Wirkung: Im Gegensatz zu den italienischen Futurist:innen huldige KRAFTWERK keinem „idiotic cult of speed and modernity", sondern stehe in einem sensiblem Verhältnis mit den thematisierten Objekten. Den neuen, als „Futurists" bezeichneten Electro-Musiker:innen warf Bohn daraufhin vor, sich nur oberflächlich und ohne die dahinterstehenden Überlegungen und Dialektik an KRAFTWERKS Konzept zu bedienen, denn KRAFTWERKS Roboter-Gestik wäre nur die finale Krönung und kein *„raison d'et-*

---
264 Hütter zit. n. Isleib: „Kraftwerk" (1981), 14.
265 Siehe Hütter zit. n. Bohn: „A computer date with a showroom dummy" (1981), 32.
266 Hütter zit. n. ebd.

re"[sic!]. „KRAFTWERK's finished work is simple, stylish and on the button – that of the Futurists is faddish, foppish and simple-minded."²⁶⁷ Zu einem gegenteiligen Ergebnis kam hingegen Xao Seffcheque in seiner Plattenrezension für die deutsche *Sounds*: So sei KRAFTWERKS ästhetischer Einfluss zwar weitreichend und habe zur Gründung vieler neuer Bands geführt, die ebenfalls elektronische Musik mit „ähnlich plakativem Gesang" und deutschen Songtexten machen würden. Messe man *Computerwelt* an den Veröffentlichungen junger NDW-Bands wie MITTAGSPAUSE, DER PLAN, DAF oder THE WIRTSCHAFTSWUNDER, bleibt Seffcheque zufolge jedoch nur der Schluss, dass KRAFTWERK sich entweder mit diesen nicht befasst oder die jüngsten Entwicklungen in der bundesdeutschen Pop-Musik „miss- oder gar nicht verstanden" haben, was möglicherweise eine Folge ihrer freiwilligen Isolation sei. Spöttisch bemerkte der *Sounds*-Autor daraufhin zu der Textzeile „Interpol und Deutsche Bank / FBI und Scotland Yard / Flensburg und das BKA / Haben unsre Daten da": „Lieber Ralf, lieber Florian, *das* weiß ich, seit ich in diesem gesegneten Land hause, das braucht ihr 1981 niemandem mehr zu erzählen, für 18,- Mark kann ich die Auflistung meiner gespeicherten Daten beim Zentralamt bestellen".²⁶⁸ Kritisch blieb Seffcheque auch in seinem kurz darauf veröffentlichten Beitrag und Interview mit Ralf Hütter, in dem er der Band unumwunden eine „Auffrisch-Impfung" empfahl, um von der sich rasant gewandelten Welt nicht abgehängt zu werden:

> ‚Wer eine Gitarre in die Hand nimmt, begeht einen nostalgischen Akt!' hat Ralf Hütter mehrfach erklärt. Aber ist es nicht so, dass jeder, der heute, 1981, noch Worte wie ‚Computer', ‚Warenhaus', ‚Supermarkt', ‚Bildschirm', ‚Daten' und ‚BKA' in den Mund nimmt, auch schon eine nostalgische Aktion vollzieht, sind diese Wörter nicht durch die ‚realistische' Literatur, den Film, die Zeitungen, das Fernsehen oder in den letzten drei Jahren auch durch die Musik-Texte der Neuen Welle [...] verbraucht, abgelutscht, assoziativ einfach übersetzbar?²⁶⁹

KRAFTWERKS Vorreiterrolle für andere Bands in Sachen Sound, Ästhetik, Performance und Motivwahl fand spätestens nach *Computerwelt* ihr Ende. Auch die Zeit als Speerspitze avantgardistischer, elektronischer Pop-Musik lag nun hinter der Band. Sie verlor zwar musikalisch nicht den Anschluss, denn auch folgende Veröffentlichungen waren zumindest kompositorisch und soundtechnisch auf dem neuesten Stand, allerdings war die Gruppe anderen Musiker:innen inzwischen nicht

---

267 Ebd., 31. Hervorhebung i. O.
268 Seffcheque, Xao: „Kraftwerk. COMPUTERWELT. EMI IC 064-46 311", Rezension, in: *Sounds*, Nr. 6 (1981), 61–62, hier: 61. Hervorhebung i. O.
269 Ders.: „Kraftwerk" (1981), 31. In einem Interview mit *Der Spiegel* aus dem Jahr 2009 gibt sich Hütter dann auch weit weniger selbstsicher über die thematische Aktualität des Albums *Computerwelt* im Jahr seiner Veröffentlichung: „Wir dachten eigentlich, wir sind zu spät dran mit diesem Thema. Es standen schon überall Computer in großen Firmen und Institutionen." Hütter zit. n. Rapp/Thadeuz: „‚Maschinen sind einfach lockerer'" (2009), 139.

mehr Jahre voraus, auch dank der immer besseren Verfügbarkeit elektronischer Musikgeräte. Nicht zuletzt verlor mit dem Abebben der ‚Kälte-Welle' in den frühen 1980er Jahren auch das einst so innovative Bild der emotionslosen, ‚über-deutschen' und ‚kalten' Musikroboter seinen Reiz. Allzu häufig hatten sich seit den späten 1970er Jahren Musiker:innen inner- und außerhalb der Bundesrepublik nicht nur dieser Inszenierung bedient, sondern geradezu inflationär KRAFTWERKS populärste ‚Kälte'-Motive eingesetzt – mal affirmativ, mal parodistisch, mal kritisch. Lange hatten sich KRAFTWERK auf das Themen Technik und „Mensch-Maschinen" fokussiert und waren nun festgefahren. Das für die Alben ab *Autobahn* verantwortliche Künstlergespann löste sich nach dem Release von *Computerwelt* allmählich auf. Es folgte ein Rückgang kreativen Outputs, der aber auch in weitreichenden Veränderungen im Leben der Bandmitglieder selbst begründet lag.

Doch die „Mensch-Maschine" lief noch immer, auch wenn KRAFTWERK in den folgenden Jahr(zehnt)en nur noch sehr sporadisch mit neuen Veröffentlichungen oder Tourneen in Erscheinungen treten sollten. Obwohl die Band bereits Ende Oktober 1981 mit den ersten Sessions für das Folgealbum begann, das sich auf vielfache Weise um das Thema Digitalisierung drehte, kam *Electric Cafe* erst Ende 1986 auf den Markt. Da sich die Album-Veröffentlichung verzögerte, lieferten KRAFTWERK stattdessen eine eigenständige Single, die ohnehin nicht zum Album-Konzept der allumfassenden Digitalisierung passte: *Tour de France* (1983).[270] „Nach der modernen Welt (Eisenbahnen, Autobahnen, Radioaktivität und so weiter) und den Maschinen aus *Computerwelt* wollen wir nun ein Loblied auf die menschliche Muskulatur, die Physis singen [...]. *Tour de France* kündigt eine neue KRAFTWERK-Ära an", verkündete Ralf Hütter in einem Interview 1983.[271] Tatsächlich hatte KRAFTWERKS Hymne auf das populäre Radrennen wenig gemein mit einem sonntäglichen Fahrradausflug ins Grüne, sondern führte das Konzept und die Motivwahl der Band weiter: Disziplin, Kontrolle, Geschwindigkeit, Zielstrebigkeit, Uniformität, Monotonie und mechanische Gleichförmigkeit. Statt der landschaftlichen Idylle, die KRAFTWERK noch in „Autobahn" besangen, stehen in den Lyrics von „Tour de France" die mechanische Bewegung und Kraftanstrengung des Körpers im Mittelpunkt: „Pulsfrequenz im Härtetest / [...] / Der Körper ist jetzt sattelfest / [...] / Runder Tritt und großes Blatt / [...] / Die Form ist da, jetzt geht es ab". „Nein, das kann man nicht Urlaub nennen", erklärte Hütter in einem Interview aus dem Jahr 1991 zu seiner Anfang der 1980er Jahre entdeckten Rennradleidenschaft und betonte die konzeptuelle Kontinuität des Themas „Tour de France" zum Gesamtwerk KRAFTWERKS: „Es

---

[270] KRAFTWERK: *Tour de France* (1983), 7"-Single, Kling Klang / EMI, 1C 006 1652047.
[271] Hütter zit. n. Bussy: *Kraftwerk* (2005), 133. Erstmals veröffentlicht wurde das Interview 1984 in der Zeitschrift *The Dutch Monthly Vinyl*.

ist die Mensch-Maschine. Ich bin die Mensch-Maschine auf dem Fahrrad."²⁷² Ihrem Konzept treu blieb die Band auch abseits der Thematik. So zeigen die beiden Promo-Videos zum Track historische Archivaufnahmen aus Beiträgen der *Wochenschau* bzw. die Band in uniformen, schwarzen Ganzkörperanzügen und gleichförmiger Bewegung auf ihren Rennrädern.²⁷³ Auch textlich schloss „Tour de France" an frühere Veröffentlichungen an, denn der minimalistische Songtext besteht vorwiegend aus aneinandergereihten Substantiven und kurzen Phrasen, die nur wenige Verben enthalten. Das dazugehörige Album *Tour de France Soundtracks* (2003) kam wie die Single „Expo 2000" (1999) dann ganz ohne Verben aus.²⁷⁴

Auch das fünf Jahre nach *Computerwelt* veröffentlichte Album *Electric Cafe*, das seit der Compilation *Der Katalog* (2004) von KRAFTWERK unter seinem ursprünglich geplanten Titel *Techno Pop* geführt wird, baut auf bekannten Motiven und führte das Gesamtkonzept der Band fort.²⁷⁵ Auf dem Albumfrontcover sowie im Musikvideo zu „Musique Non Stop" erscheinen ausschließlich computergenerierte Versionen der Bandmitglieder – die einstigen Schaufensterpuppen und Roboter hatten eine neue Stufe erklommen und waren nun digitalisiert.²⁷⁶ Weiter besteht das Album größtenteils aus monoton-repetitiven Grooves und Texten, der titelgebende Track „Electric Cafe" setzt sich aus einer Ansammlung allzu bekannter Begriffe und Motive zusammen, wenn auch nicht in Deutsch: „Musique rythmique / Son électronique / L'art politique / A l'âge atomique".²⁷⁷ Wie auf den beiden Vorgängeralben gibt es aber auch auf *Electric Cafe* zwei scheinbare Ausreißer aus dem kompositorischen und thematischen Konzept: „Sex Objekt" und „Der Telefon Anruf". Ungewöhnlich für KRAFTWERK behandeln die Songtexte der beiden Pop-Stücke die intimen Gefühle des lyrischen Ichs zu einer anderen Person. Während sich die Stimme im erstgenannten Song dagegen verwehrt, sexuell ausgenutzt zu werden („Ich bin nicht dein Sexobjekt / Du machst mich an und gehst dann weg"), bringt der Protagonist im Track „Der Telefon Anruf" der angesprochenen Person deutlich romantischere Gefühle gegenüber: „Ich geb dir meine Zuneigung und meine Zeit / Ich muss dich wiedersehen, wann ist es soweit? / Du bist mir nah und

---

272 Hütter zit. n. ebd., 138.
273 „Kraftwerk – Tour de France", Wochenschau-Version, 1983. URL: *https://youtu.be/ rTe7U92ecX8* (Letzter Zugriff: 24.10.2022); „Kraftwerk – Tour de France", Alternative Version, 1983. URL: *https://youtu.be/ps6wRHFdKdA* (Letzter Zugriff: 24.10.2022).
274 KRAFTWERK: „Tour de France (Version Allemande)", auf: *Tour de France* (1983); KRAFTWERK: *Expo2000* (1999), 12″-Single, Kling Klang / EMI, 7243 8 87984 6 4; KRAFTWERK: *Tour de France Soundtracks* (2003), LP, EMI, 591 708 1.
275 KRAFTWERK: *Der Katalog* (2009).
276 „Kraftwerk – Musique Non Stop", 1986. URL: *https://youtu.be/O0UlROWro8* (Letzter Zugriff: 24.10.2022).
277 KRAFTWERK: „Electric Cafe", auf: *Electric Cafe* (1986).

doch so fern / Ich ruf dich an, ich hör dich gern".[278] Allerdings hat auch dieser Song kein sentimentales Happy End, denn die Verbindung kommt nicht zustande, stattdessen hört der Anrufer nur Samples der bei nicht durchstellbaren Telefonaten automatisch abgespielten Bandansagen der Netzbetreiber: „Dieser Anschluss ist vorübergehend nicht erreichbar / The number you have called is wrong / Please call information / Kein Anschluss unter dieser Nummer".

Letztendlich beschreiben beide Tracks eine gewollt oder ungewollt distanzierte Beziehung zu einem anderen Menschen. Bei allen hier erstmals offenbarten Emotionen will sich keine ‚Wärme' einstellen, KRAFTWERK hielten am ‚Kälte'-Konzept fest. Offensichtlich gestand sich die Gruppe nach dem Ende der ‚Kälte-Welle' zwar ein paar Brüche zu, sang von Gefühlen, Liebe und Sex, allerdings unterließen KRAFTWERK diese in den kommenden Jahrzehnten angesichts der endgültigen Etablierung als legendäre „Mensch-Maschinen"-Gruppe und Pioniere der Techno Music. Stattdessen setzte die Band ihren ‚Kälte'-Kurs fort: Seit Anfang der 1990er Jahre kommen etwa ferngesteuerte Roboter statt den Puppen-Doubles bei Konzerten zum Einsatz. Ihre Live-Auftritte bestreitet die heutige KRAFTWERK-Formation ohne jede Bewegung, in einer Reihe hinter ihren Laptops stehend, von denen Sound und Videoprojektionen gesteuert werden. Von dem Vierer-Gespann, das die einflussreichsten Alben produzierte, ist allein Ralf Hütter übriggeblieben, nachdem der mittlerweile verstorbene Florian Schneider Anfang 2009 seinen Ausstieg publik gemacht hatte. Selbst diese Ankündigung entsprach ganz dem ‚Kälte'-Stil KRAFTWERKS, klang sie doch, wie der Journalist Tobias Rüther treffend bemerkte, „wie es eben klingt, wenn sich Führungskräfte von ihren Unternehmen trennen, einvernehmlich, diplomatisch, kalt".[279]

KRAFTWERKS ‚Kälte'-Konzept markiert den Bruch zu der zwischen kontinuierlichen Wärmegraden und fortschreitender Erhitzung pendelnden Pop-Musik der 1950er bis 1970er Jahre. Die Band nahm nicht nur eine Vielzahl ästhetischer, thematischer, performativer und klanglicher Aspekte der New Wave/NDW vorweg, sondern prägte generell die deutsche wie internationale Pop-Musik nachhaltig. Durch ihren Einfluss auf den Sound und die Performance von Musiker:innen unterschiedlichster Stile sorgten KRAFTWERK dafür, dass ‚Kälte'-Motive auch außerhalb des ‚Kälte-Pop' und über dessen Hochzeit hinaus Eingang fanden in unterschiedlichste künstlerische, kulturelle und popmusikalische Bereiche: Das ‚Kalte' wurde insbesondere durch KRAFTWERK zu einem Teil der Popkultur.

---

[278] KRAFTWERK: „Sex Objekt" (1986); KRAFTWERK: „Der Telefon Anruf" (1986).
[279] Rüther, Tobias: „Florian Schneider. Die Stimme der Energie", 7. Januar 2009, *FAZ.Net*. URL: *https://www.faz.net/aktuell/feuilleton/pop/florian-schneider-die-stimme-der-energie-1753904.html* (Letzter Zugriff: 24.10.2022).

NDW & Wellenreiter

Der ‚kalte' Technik-Kult fand bereits in KRAFTWERK seinen popkulturellen Höhepunkt. Ihrem neusachlichen Anspruch entsprechend, das alltägliche Leben in der modernen Welt thematisch aufzugreifen und künstlerisch wiederzugeben, spielte aber auch in der NDW-Bewegung der Themenkomplex um die Aspekte Technik, Maschinen, Roboter und Computer eine außerordentlich große Rolle. Allerdings herrschte keineswegs Einigkeit über dessen Bewertung, die Haltungen und Herangehensweisen der einzelnen Musiker:innen an dieses Thema reichten von affirmativ bis ablehnend, spielerisch bis todernst. Generell lassen sich jedoch bestimmte Muster erkennen, die auf die Rolle der jeweiligen Band innerhalb der NDW-Bewegung selbst und deren Beteiligung an der ‚Kälte-Welle' hindeuten.

Eine Fortführung fand KRAFTWERKS Ansatz – wenig überraschend – insbesondere bei rein elektronischen Bands. Deutliche Parallelen zeigen sich etwa zu der ebenfalls aus Düsseldorf stammenden Gruppe DAF, die selbst weitreichende Wirkung erzielte, eine lange Reihe von Adept:innen nach sich zog und sequenzerbasierten Genres wie EBM und Techno den Boden bereitete. Nicht weniger offensiv als Ralf Hütter sprach sich das Duo Delgado-Görl in Interviews wiederholt für Repetition, „Monotonie und Minimalismus" und gegen Songstrukturen, „Rock-‚n'-Roll-Harmonien" und Gitarren als den „letzte[n] Rest der Alten Welt" aus.[280] Im Gegensatz zu den nahezu regungslos hinter ihren Musikmaschinen stehenden KRAFTWERK, führten DAF live schweißtreibende, aber kontrollierte Arbeit aus: Während Schlagzeuger Görl monoton kraftvoll auf seine Drums schlug, sprang Delgado in rhythmisch-mechanischen Bewegungen auf der Bühne umher. „DAF war eine Mischung aus Schweiß und Elektronik", erklärte Görl rückblickend, wobei sich der Mensch, anders als bei KRAFTWERK, nicht nur nach den Vorgaben der Maschinen richten musste, sondern ebenso von der Maschine in einem Akt der Gewalt alles abverlangte. Delgado bestätigte dieses Prinzip: „Die Maschinen waren immer kurz vorm Zusammenbrechen. Im Gegensatz zu KRAFTWERK mussten die Maschinen bei uns schwitzen."[281] Der Großteil der NDW-Bands, die ausschließlich auf Synthesizer-Sounds setzten, agierten weit weniger verschwitzt als DAF, sondern konzentrierten sich wie KRAFTWERK auf Aspekte der Programmierung. Aufgrund der deutlich besseren Verfügbarkeit kostengünstigerer Musikmaschinen kam es etwa zu einer Blüte von Minimal-Wave-Projekten zu Beginn der 1980er Jahre, die ihre zumeist aus nur wenigen, sequenzergesteuerten Spuren bestehende Musik gewöhnlich im heimischen Wohnzimmer produzierten und hauptsächlich auf Kassetten veröffentlichten. Die von diesen Musiker:innen mitgetragene Flut an strikt repetitiven, monoton-minimalistischen Produktionen war zwar einer der Gründe, war-

---

280 Delgado und Görl zit. n. Teipel: *Verschwende deine Jugend* (2001), 292–293.
281 Görl und Delgado zit. n. ebd.

um sich in den frühen 1980er Jahren bei Künstler:innen, Kritiker:innen und Hörer:innen ein Gefühl von Überdruss an ‚kalten' Synthie-Sounds einstellte, allerdings erstreckt sich die Wirkung dieser Bands und Tracks über das Ende der ‚Kälte-Welle' hinaus bis heute auf immer neue EBM- und Minimal Wave-Projekte in und außerhalb der Bundesrepublik, die den ‚kalten', explizit maschinell klingenden Sound dieser Synth-Gruppen fortführen.

Auch abseits der Sounds finden sich bestimmte Motive der neusachlichen Ästhetik und Konzeption KRAFTWERKS bei Bands und Künstler:innen wieder, die im Umfeld der NDW-Bewegung agierten und/oder entstanden waren. Das Frankfurter Industrial-Projekt P. D. etwa druckte auf dem Frontcover der EP *Alltag* (1980) ein Zitat unbekannter Herkunft, das sowohl an die futuristischen und neusachlichen Manifeste der historischen Avantgarden, als auch an die Interviewstatements von Ralf Hütter und Florian Schneider erinnert: „Wenn überhaupt noch eine ‚Musik', dann eine, die stärker mit den Verkehrs- und Kommunikationsmitteln, dem technischen DISPLAY des modernen Alltags interferiert, die enger mit den Tag-um-Tag-Rhythmen verzahnt ist als alle vorhergehenden Musiken."[282] Eine beklemmende Version von KRAFTWERKS ‚kaltem' Maschinen-Kult lieferte wiederum das Duo THORAX-WACH, das seinen Bandnamen auf die geteilte Faszination für Wachstationen zurückführte, in denen Maschinen die komplette Kontrolle über das Leben eines Menschen besitzen.[283] Fahren und Geschwindigkeit als wiederkehrende Motive lassen sich dagegen in der Musik und den Videoclips („The Race", 1988) der Schweizer Electro-Pop-Gruppe YELLO ausmachen, hinter denen Bandmitglied Boris Blank eine Bereitschaft vermutet, „mit der Dynamik der Fortbewegung zu gehen".[284] Nicht zuletzt besteht durch den in der Düsseldorfer NDW-Szene verkehrenden Schriftsteller Peter Glaser, seines Zeichens Ehrenmitglied des *Chaos Computer Club*, eine direkte Verbindung zwischen dem ‚Kälte-Pop' und der Hackerkultur, die die von KRAFTWERK propagierte Aneignung der „Computerwelt" praktisch vollzog.[285]

Obwohl elektronische Musikinstrumente wie Synthesizer zuhauf in der NDW eingesetzt wurden, teilten die meisten NDW-Bands KRAFTWERKS uneingeschränkte Begeisterung für die voranschreitende Technologisierung und Computerisierung der Welt nicht.[286] Zwei auf den ersten Blick ganz unterschiedliche Gruppen von

---

282 P.D.: *Alltag* (1980), 7"-EP, Wahrnehmungen, 76.10 310. Hervorhebung i.O.
283 Siehe Olaf Kraemer zit. n. o.V.: „Thorax Wach – Interview" (1980), 18.
284 Blank zit. n. Dax, Max: „Boris Blank Yello. Unsere Geschäftszeiten waren unvereinbar", 24. November 2014, *FR.de*, URL: *https://www.fr.de/kultur/musik/unsere-geschaeftszeiten-waren-unvereinbar-11672469.html* (Letzter Zugriff: 24.10.2022).
285 Zu den deutschen Hackerkulturen siehe Erdogan, Julia Gül: *Avantgarde der Computernutzung. Hackerkulturen der Bundesrepublik und der DDR*, Göttingen 2021.
286 Vgl. dazu auch Vowinckel: „Neue Deutsche Welle" (2012), 481.

Bands taten sich dabei besonders mit technik- und fortschrittskritischen Songtexten hervor: Auf der einen Seite jene, die sich der Punk-Musik und -Kultur verpflichtet fühlten, und auf der anderen Seite jene Pop- und Rock-Musiker:innen, die im Fahrwasser der NDW kommerzielle Erfolge erzielten und bis heute als „Stars" der NDW gelabelt werden. Zu erstgenannter Gruppe gehörte etwa die Hamburger Band ABWÄRTS, deren Szene-Hit „Computerstaat" („Stalingrad / Stalingrad / Deutschland Katastrophenstaat / Wir leben im Computerstaat") von 1980 sich Sänger Frank Z. zufolge auf die computergestützten Fahndungsmethoden im Zuge des „Deutschen Herbsts" bzw. auf das Gefühl der Bedrohung und des Ausgeliefertsein bezog, in einem „System" zu leben, „das von Computern gesteuert wird".[287] Warnende Töne schlug auch die Hannoveraner Band ROTZKOTZ mit ihrem Song „Computamensch" (1981) an, in dem unter anderem heißt „Mein Ich ist im Computer / Und eure Ichs sind auch schon drin / Gespeichert gespeichert", „Das BKA gibt niemals mehr Ruh" und „Anno '84 ist nicht mehr fern". Der Song schließt mit einer antimodernistischen Totalverweigerung, die ganz den auf ‚Natürlichkeit' und ‚Authentizität' bauenden Wertemodellen der verhassten ‚Hippie'-Generation entspricht: „Ich will keine Computer mehr / Man ist auch ohne Computer wer / Das Leben, die Freiheit und die Menschlichkeit".[288] Nicht weniger als die Freiheit und Existenz des Menschen steht auf dem Spiel in den Songs von jenen dem Punk nahestehenden Bands der NDW-Bewegung. Dieses Motiv der Ohnmacht angesichts der zunehmenden Technisierung des Alltags findet sich bereits in einem 1979 veröffentlichten Stück der Düsseldorfer Gruppe MALE, aus der wenig später die Industrial-Rock-Gruppe DIE KRUPPS hervorgehen sollte: „Rolltreppe, Rolltreppe / Eisen und Stahl / Rolltreppe, Rolltreppe / sinnlos brutal".[289] „Risikofaktor 1:X" entstand Bandmitglied Bernward Malaka zufolge, nachdem er beobachtet hatte, wie sich die Haare einer Frau in einer Rolltreppe verfingen. Die darauf folgende „grässliche Szenerie" sei für die Band sinnbildlich gewesen „für die Technik, der man ausgeliefert ist".[290]

Mit den Ästhetiken und Haltungen des ‚Kälte-Pop' hatte Punks Technikfeindlichkeit wenig gemein. Es überrascht kaum, dass die Distanzhaltung der ‚78er' zur ‚alten' Linken, deren Ideale in den Neuen Sozialen Bewegungen fortlebten, auch die Punkkultur miteinschloss, legte diese doch dieselbe, von den ‚78er'-Akteur:innen als reaktionär verworfene Abwehrhaltung gegen die technisierte Welt an

---

287 Ziegert zit. n. Diederichsen, Diedrich: „Amok auf dem Abenteuerspielplatz. Abwärts", in: *Sounds*, Nr. 2 (1981), 28–30, hier: 30. Vgl. auch Ziegert zit. n. Teipel: *Verschwende deine Jugend* (2001), 217 sowie Fehrenschild/Keller: *No Future?* (2014), 88. ABWÄRTS: „Computerstaat" (1980).
288 ROTZKOTZ: „Computamensch", auf: *Lebensfroh + Farbenfroh* (1981), LP, No Fun Records, NF 08/15.
289 MALE: „Risikofaktor 1:x", auf: *Zensur & Zensur* (1979), LP, Rock-On Schallplatten, Rock-On 1.
290 Malaka zit. n. Teipel: *Verschwende deine Jugend* (2001), 34–35.

den Tag. Auffällig wird diese Parallele etwa mit Blick auf die Songtexte von jenen Pop-Rock-Musiker:innen, die ab 1982 unter dem zum Marketinglabel avancierten Begriff „NDW" die Charts eroberten und im Gegensatz zu den ‚Spaßmachern' der späten Schlager-NDW (Hubert Kah, Markus, Frl. Menke) auch gesellschaftskritisch intendierte Stücke veröffentlichten. Peter Schillings Album *Fehler im System* (1982) etwa, auf dem sich auch das bekannte Stück „Major Tom (Völlig Losgelöst)" befindet, liefert mit „Stille Nacht, Heilige Nacht", „Fehler Im System", „Die Wüste Lebt", „…Dann Trügt Der Schein" und „Fast Alles Konstruiert" eine ganze Reihe von technikskeptischen, gesellschafts- und konsumkritischen Songs, in denen die Menschheitsgeschichte als fehlerhafte bzw. fehlgeleitete Entwicklung dargestellt wird.[291] Insbesondere letztgenanntes Stück, das die Gegenwart als bereits eingetretene Dystopie skizziert, in der „fast alles konstruiert / geplant und ausgeführt / von außen kontrolliert" sei, beschreibt die durch Computer voranschreitende Automatisierung als Weg in eine Welt, in der die Maschine über den Mensch, das ‚Künstliche' über das ‚Natürliche' obsiege: „Harmonische Melodien / Die alle lieben / Speziell und marktgerecht / Von Computern geschrieben / Es sind kaum noch Menschen da / Die sie bedienen". Dem Menschen bleibe schließlich nur noch die widerwillige Anpassung an die komplett von Technik durchdrungene Welt und damit die Aufgabe seiner ‚Menschlichkeit' übrig: „Ich träume von blankem Stahl / Direkt auf meiner Haut / Und von einem Plastikherz / Extra für mich gebaut".[292]

Gerade am Beispiel dieser Lyrics zeigt sich die Schwierigkeit bei der Bestimmung künstlerischer Intention, da die Zeilen genauso gut von Akteur:innen des ‚Kälte-Pop' stammen könnten, die affirmativ die Verschmelzung des Menschen mit seiner industrialisierten und technischen Umwelt besingen. Allein der Vergleich mit weitere Songtexten Schillings verdeutlicht die kritische Ausrichtung des Gesungenen. Selbiges gilt für den Song „Satelliten-Stadt" (1983) auf dem Debüt-Album von Nena, der eine von Menschen bewohnte Stadt im All als fortschrittlichen, aber unwirtlichen Ort beschreibt. Was bei Kraftwerk noch wie eine Utopie klang, wird hier zur Dystopie: „Satelliten-Stadt / Wie ein Eisberg kalt und glatt / Dies ist die Stadt der Zukunfts-Welt / Aus Stahlbeton, der ewig hält / Dies ist die Welt der Zukunfts-Stadt / Die alles außer Wärme hat".[293] Und schließlich gibt es noch jene Songs von als NDW gelabelten Bands, die ihre Skepsis gegenüber der Technisierung des Alltags in eher witzig gemeinte statt warnende Texte verpackten. Dazu gehört etwa das Lied „Roboter" (1982) von den Berliner Neonbabies um Inga Humpe, das die umfassende Nutzung von technischen Geräten in allen Lebensbereichen

---

291 Schilling, Peter: *Fehler Im System* (1982), LP, WEA, 24. 0026-1.
292 Schilling, Peter: „Fast Alles Konstruiert", auf: *Fehler Im System* (1982).
293 Nena: „Satelliten-Stadt", auf: *Nena* (1983), LP, CBS, 25 264.

durch eine Aufzählung derer Fehlfunktionen karikiert,[294] sowie das Stück „Computer Sind Doof" (1982) von der ebenfalls aus Berlin stammenden Gruppe Spliff: „Der Wäschetrockner flirtet mit dem Video / und sendet Strahlen aus, ein elektronischer Zoo / Die Kaffeemaschine törnt den Toaster an / Ich krieg die Kurve nicht mehr, O Mann, O Mann / Falsch programmiert, falsch programmiert".[295]

Auch mit Blick auf weitere Bands und ihre Songs zeigt sich, dass nur ein Teil der vielfältigen NDW sich der ‚kalten' Affirmationsstrategien bediente, denn anders als bei Kraftwerk lässt die in der Pop-Musik der frühen 1980er Jahre durchaus übliche Inszenierung des Maschinellen und Imitation von Robotern nicht automatisch auf eine positive Haltung zu Technik, Maschinen und Computern schließen. Einige Gruppen wählten diese Art der Performance als mehr oder weniger subtile Kritik am modernen Menschen, der sich, gefangen in einem von Arbeit und Feierabend-Routine geprägten Alltag, schon längst zum mechanisch agierenden Roboter entwickelt habe. Im Song „Paul" (1981) von der Gruppe Synthenphall etwa beschreibt der repetitive, abgehackt gesprochene Songtext – stilecht untermalt von kurzen, monotonen Synthie-Sounds zu minimalistischen Drum-Machine-Rhythmen – den eintönigen Fabrikalltag verschiedener Personen, die im Gegensatz zu ihrem Chef ihre letztlich sinnlose Arbeit verabscheuen.[296] Mechanisch und auch abseits der Arbeit „Tag und Nacht vollautomatisch" lebt wiederum das lyrische Ich in dem 1982 veröffentlichten Song „Maschine Von Beruf" von S.Y.P.H.: „Bin Maschine von Beruf / Maschinell geht's auch auf Else rauf / Maschinell mich hingeben / Maschinell ist mein Leben".[297] Adäquat abgeschlossen werden die kürzelhaften Lyrics von einem *locked groove*, also einer geschlossenen Schallplattenrille am Ende des Songs, die die Worte „bin – bin Maschine" konstant und endlos wiederholt. In einer unaufhörlichen Schleife des immer gleichen Alltags befindet sich schließlich auch das lyrische Ich im Song „Mir Geht Es Danke Gut" (1981) von der Band Plastiktanz, der auf der einzigen Singleveröffentlichung der Gruppe mit dem nicht minder passenden Titel *Wir Sind Rein* erschien:

Ich bin der Roboter von nebenan
Ich bin das auswaschbare Kapital [...]
Ich fahr um 8:30 Uhr mit der U2
Ich steh um 9:01 Uhr am Arbeitsplatz
Ich ess um 13 Uhr Hackfleisch und Suppenkohl
Ich trink um 15 Uhr Kaffee [...]
17 Uhr werd ich regeneriert

---

294 Neonbabies: „Roboter", auf: *Harmlos* (1982), LP, Ariola, 204 530.
295 Spliff: „Computer Sind Doof", auf: *85555* (1982), LP, CBS, CBS 85 555.
296 Synthenphall: „Paul", auf: *Laut & Deutlich* (1981), Cassette, Wartungsfrei, wf002.
297 S.Y.P.H.: „Maschine Von Beruf", auf: *Der Bauer Im Parkdeck* (1982), 2 x 7"-EP, Pure Freude, PF21.

20 Uhr werde ich informiert
20 Uhr 15 werde ich instruiert
7 Uhr 30 bin ich reproduziert[298]

Fließend sind die Grenzen solcher Stücke zu jenen NDW-Songs, die bei der Thematisierung von Technik, Maschinen und Computern auf bewusste Übertreibung und Ironie setzen. Auch diese greifen in Sound, Textaufbau und Performance auf Elemente zurück, die gemeinhin als typisch maschinen- oder roboterhaft interpretiert werden, generieren sich allerdings als konsequent affirmativ und verzichten auf jeden Anschein von Kritik. Im minimalistischen Song „Tanz Im ²" (1981) von der Berliner Gruppe DIE TÖDLICHE DORIS etwa stößt eine Stimme, die genauso blechern und monoton-mechanisch wie die Percussion klingt, die kürzelhaften Verse „Wir tanzen im Viereck / Wir tanzen konzentriert / Ich tanz mit dir / Du tanzt mit mir / Du tanzt genau wie ich" aus. Das Stück endet mit einem offensiven Nein zu Individualismus und Selbstlosigkeit bzw. mit einem Ja zu uniformer Gleichförmigkeit und Eigennutz: „Das ist meine Liebe zu dir / Ich will dich abhängig machen von mir / Du sollst mein Zwilling sein". Den ‚Kälte'-Strategien entsprechend sollte dies der bis dato erste Track von DIE TÖDLICHE DORIS sein, in dem überhaupt das Wort „Liebe" auftauchte.[299]

Eine etwas andere Form der Herabwürdigung des Menschen gegenüber dem Technischen und Künstlichen findet sich wiederum bei der Band DER PLAN. Die stellte etwa auf dem Cover des Albums *Geri Reig* (1980) das angebetete Jesus-Kind als Roboter bzw. „Atombaby" dar (Abb. 15), während die Folge-LP *Normalette Surprise* (1981) einen Roboter bei einem Angelausflug zeigt. Darauf findet sich auch das Stück „Ich Bin Ein Komputer" (1981): In diesem erklärt eine verzerrte Vocoder-Stimme, untermalt von einfachen Synthesizer- und Drum-Loops, „Ich bin ein Komputer / Ich bin immer glücklich / Ich bin programmiert / Programmiert auf Glück / Ich hab keine Sorgen", um am Schluss den menschlichen Zuhörer:innen ihre Unzulänglichkeit gegenüber Maschinen vorzuhalten: „Ich möchte kein Mensch sein / [...] / Mein Schöpfer war ein Mensch / Und schon lange ist er tot / Doch ich lebe weiter / Und bin immer glücklich / Das wär was für euch, ihr Menschen / Aber ihr bekommt es nie".[300] Die dadaistische Intention von DER PLAN wird nicht nur durch den unvermittelten Einschub „Ich liebe Bananen" deutlich, sondern auch im Hin-

---

298 PLASTIKTANZ: „Mir Geht Es Danke Gut", auf: *Wir Sind Rein* (1981), 7″-Single, Musik Für Festliche Stunden 1981, 66.10218-01-1.
299 DIE TÖDLICHE DORIS: „Tanz Im ²", auf: *7 Tödliche Unfälle Im Haushalt* (1981), 12″-EP, ZickZack, ZZ 35. Das Stück erlebte 2001 ein Comeback durch die bekanntere Coverversion „Wir Tanzen Im 4-Eck" des Berliner Duos STEREO TOTAL. STEREO TOTAL: „Wir Tanzen Im 4-Eck", auf: *Musique Automatique* (2001), LP/CD, Bungalow, BUNG 093.
300 DER PLAN: „Ich Bin Ein Komputer", auf: *Normalette Surprise* (1981), LP, Ata Tak, WR 007.

blick auf den zwei Jahre später veröffentlichten Song „Gummitwist", in dem die Gruppe den zeitgenössischen Hype um Computer als Heimprodukt und Waffe im Kalten Krieg in einem verspielten Pop-Stück satirisch aufbereitet.[301] Inwiefern sich hinter der Affirmation von Die Tödliche Doris und Der Plan eine kritische Haltung zu technologischen Produkten wie Computern verbirgt, ließen die Bands bewusst offen. Im Fokus ihrer Texte und Performances steht nicht ihre eigene Meinung, sondern ein Spiel mit den in der bundesdeutschen Gesellschaft zeitgenössisch verbreiteten Ängsten bezüglich des technischen Fortschritts und des Einfluss technologischer Errungenschaften auf den Menschen. Durch Überaffirmation gelang es den Musiker:innen, gleichzeitig Distanz herzustellen zu den antimodernistischen und technikskeptischen Akteur:innen in der Mehrheitsgesellschaft als auch in der vermeintlichen Gegenkultur.

Abb. 15: Anbetung des neuen Gottes: Frontcover der LP *Geri Reig* (1980) von Der Plan.

Als Distinktionsmittel funktionierten die Affirmationsstrategien der ‚Kälte'-Künstler:innen aber nur so lange, wie die von den ‚78ern' angegriffene Gegenseite die ‚Kälte'-Motive der Musiker:innen auch grundsätzlich negativ interpretierte. Dies änderte sich im Jahr 1982, weshalb die aus der NDW-Bewegung heraus entstandenen Bands und Musiker:innen nach 1982, dem finalen Jahr der ‚Kälte-Welle', kaum noch affirmative ‚Kälte'-Motive aus den Themenfeldern Technik und Computer

---

301 Der Plan: „Gummitwist", auf: *Gummitwist* (1983), 7"-Single, WEA / Ata Tak, 24-9648-7.

einsetzten. Stattdessen wurde der deutsche Musikmarkt in den Jahren 1982/83 mit Veröffentlichungen von ‚Wellenreiter'-Bands überschüttet, die sich ohne jede Anbindung an die NDW-Szenen an deren Motiven bedienten. Eines der bekanntesten Beispiele lieferte der Sänger Markus mit dem Song „Ich Möchte Lieber Ein Roboter Sein" (1983), der die Affirmation der ‚Kälte'-Musiker:innen aufgreift, durch den Verweis auf den Songtext von Grauzones „Eisbär" aber auch als ironisch bis parodistisch gelesen werden kann:

> Ganz aus Glas, und ein Herz aus Kristallen,
> und Gold in den Venen.
> Fast ein Mensch, doch viel tausendmal schöner,
> viel tausendmal fremder.
> Ohne Schmerz, ohne Sehnsucht nach Liebe,
> du brauchst keine Wärme.
> [...]
> Ich möchte lieber ein Roboter sein,
> dann hätte ich das unsterbliche Leben,
> ich müsste nie mehr, oh nie mehr laut schrei'n,
> und könnt' mich dann ganz allein reparieren.[302]

Abb. 16: Retrofuturismus auf dem Frontcover der LP *Die Zeit Ist Ab* (1982) von Metropolis.

---

[302] Markus: „Ich Möchte Lieber Ein Roboter Sein", auf: *...Es Könnt' Romantisch Sein...* (1983), LP, CBS, 25 661.

Nicht selten wurden die einst szeneeigenen Motive und Performances jedoch von Akteur:innen in Anspruch genommen, die bereits vor der Geburt der NDW-Bewegung als Musiker:innen und Produzent:innen tätig waren und nun Anschluss an neue Trends suchten, etwa aus kommerziellen Gründen. Als beispielhaft können hier solche allesamt kurzlebigen Bands und Musikprojekte wie Deutsche Wertarbeit, Metropolis, Weltschmertz, Populäre Mechanik und Sender X gelten. Außen NDW, innen Krautrock bietet etwa das Album *Deutsche Wertarbeit* (1981) von dem gleichnamigen Soloprojekt Dorothea Raukes', Keyboarderin der 1968 gegründeten Rockband Streetmark: So lehnt sich Raukes mit ihren Krautrock-Sounds und Tracktiteln wie „Deutscher Wald" und „Intercity Rheingold" unübersehbar an frühe Kraftwerk-Veröffentlichungen an, während der Projekttitel Deutsche Wertarbeit und das silbern-metallische Frontcover eher NDW-Ästhetik versprechen.[303] Dagegen zeigt das Frontcover des Albums *Die Zeit Ist Ab* (1982) von der Münchener Band Metropolis um den Sänger Bernd Weber, der schon Anfang der 1970er Jahre in der (Kraut-)Rockband Sameti spielte, eine dem Bandnamen entsprechende Grafik einer modernen Stadt, die vom Zeichenstil an die futuristischen Werbeplakate des frühen 20. Jahrhunderts erinnert (Abb. 16).[304] Auf dem Album selbst finden sich eine Reihe plakativer Songtitel wie „Maschinenstadt", „Metro Mann", „Großstadtlicht" und „Ein Moderner Mensch", zeitgenössisch populäre New-Wave-Sounds samt metallisch klingender Percussion und bemüht ‚Kälte'-trendige Songtexte:

> Herzen schlagen im gleichen Takt
> Jeder weiß, welche Funktion er hat
> Die Augen sehen, doch der Mund bleibt stumm
> Arbeit voran, dreh dich nicht um
> Metro-Mann, verrückter Maschinenmensch
> Unsere Muskeln sind hart wie Stahl
> Wir scheuen weder Müh noch Qual
> Ein anderes Leben kennen wir nicht
> Jeder tut genau seine Pflicht [...]
> Meine Kapazität ist 100 Prozent
> Ein jeder Handgriff sitzt.[305]

Wie weit es mit der Konsequenz der ‚Kälte'-Motive bei Metropolis her ist, zeigt sich im Albumtrack „Menschen Mit Phantasie", in dem es wenig ‚kalt' heißt: „Wir haben Träume und Illusionen / [...] / Wir haben Glauben und Visionen".[306] Ähnlich

---

303 Deutsche Wertarbeit: *Deutsche Wertarbeit* (1981), LP, Sky Records, sky 049.
304 Metropolis: *Die Zeit Ist Ab* (1982), LP, Polydor, 2372 137.
305 Metropolis: „Metro Mann", auf: *Die Zeit Ist Ab* (1982).
306 Metropolis: „Menschen Mit Phantasie", auf: *Die Zeit Ist Ab* (1982).

verhält es sich mit der Gruppe WELTSCHMERTZ des ehemaligen Beat-Musikers Achim Reichel. Das gleichnamige Album (1982) liefert eine Mischung aus Synth- und Funk-Pop sowie einige bei ‚Kälte'-Musiker:innen beliebte Motive, allerdings lässt die Umsetzung von WELTSCHMERTZ die zuvor bei diesen Themen übliche, performative Emotionslosigkeit und Maschinenhaftigkeit missen.[307] Zu einem treibenden Synth-Bass und Vocoder-Einschüben huldigt etwa im Track „Mein Freund Der Computer" eine theatralisch hohe Männerstimme besagtem Computer, der dem lyrischen Ich unter anderem hilft zu „lachen", „lieben", „funktionieren" und „träumen", sein Horoskop erstellt und ihn sogar fit hält. Wie bei KRAFTWERK wird die Maschine sowohl als nützliche Hilfe als auch Vorbild für den Menschen dargestellt: „Mein Freund der Computer / Mein Freund die Maschine / Der Mensch ist nur so gut / Wie er programmiert ist".[308]

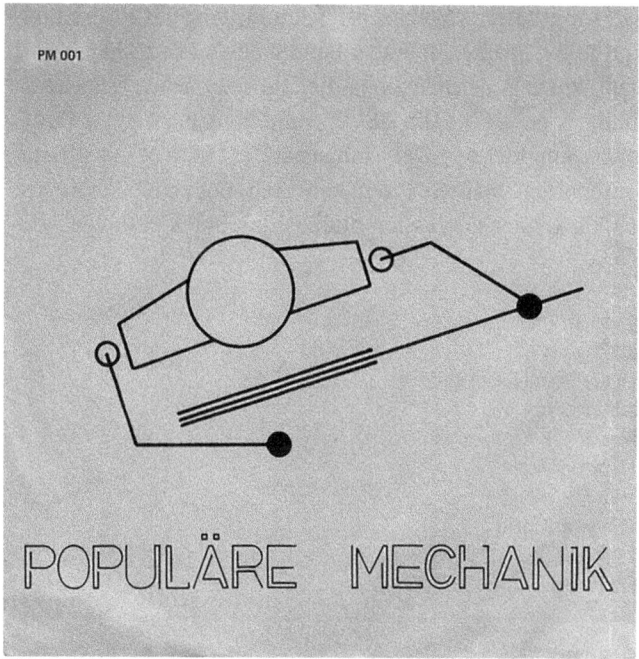

Abb. 17: Außen New Wave, innen Krautrock: Frontcover der Single *Muster, Scharfer Schnitt (No1)* (1981) von POPULÄRE MECHANIK.

---

307 WELTSCHMERTZ: *Weltschmertz* (1982), LP, Ahorn, 1.027.
308 WELTSCHMERTZ: „Mein Freund Der Computer", auf: *Weltschmertz* (1982).

Aus dem Umfeld der Berliner Kultband Ton Steine Scherben kamen mit Populäre Mechanik und Sender X gleich zwei Projekte, die sich an futuristischen ‚Kälte'-Motiven versuchten. Während der Projektname, Tracktitel wie „Muster"[309], „Video" und „Wiedereingegliedert"[310] sowie die minimalistische Covergestaltung, die die technizistische Zeichnung eines vermutlich musizierenden Roboters zeigt (Abb. 17), der Formation Populäre Mechanik um den ehemaligen Scherben-Drummer Wolfgang Seidel auf eine Anlehnung an Kraftwerks Technik-Kult hindeuten, bestimmen experimenteller Rock und Jazz statt sequenzerlastiger Electro-Pop die Musik. Der Sound des Albums *Die Zukunft Wird Schön* (1982) von Sender X erinnert hingegen an eine elektronische Variante von Ton Steine Scherben, was kaum überrascht, erschien das Album doch auf dem bandeigenen Label *David Volksmund Produktion* und wurde von Rio Reiser abgemischt.[311] Unübersehbar ist bei Songtiteln wie „Elektroparadies", „Neutronengesang", „Die Zukunft Wird Schön" und „Computermärchen" die Orientierung an den von Kraftwerk etablierten, futuristischen und neusachlichen ‚Kälte'-Motive, aber auch Sender X verzichten auf Kraftwerks emotionsarme und maschinenhafte Performance.

Nicht zuletzt beweisen eine Vielzahl von Veröffentlichungen um das Computer-Motiv, die von Künstler:innen außerhalb der Bundesrepublik Deutschland produziert wurden, dass Computer als popmusikalisches Thema in den Jahren 1982/83 ganz im Trend lagen. Neil Young etwa brachte 1982 das Album *Trans* heraus, das einerseits Synth-Sounds, Vocoder-Einsätze, eine stilistisch passende Frontcovergestaltung und Songtitel wie „Computer Age" und „Computer Cowboy" liefert, andererseits aber auch mit konventionellen Rockstücken und Liedtiteln wie „Little Thing Called Love" und „Mr. Soul" aufwartet.[312] Um eine den frühen deutschen Punk-Gruppen und späten NDW-Rock-Bands vergleichbare, gesellschaftskritische Aufbereitung der Computer-Thematik bemühen sich dagegen die Puhdys aus der DDR auf ihrem elften Album *Computer-Karriere* (1983). Zwar stand für die Schallplatte eindeutig Kraftwerks Album *Computerwelt* Pate – neben dem titelgebendem Song finden sich auch Stücke wie „Computerman" und „Computerträume" auf dem Album –, abgesehen von terminologischen Ähnlichkeiten unterscheidet sich der Ansatz der Puhdys aber grundlegend von jenem Kraftwerks. Zu hören gibt es statt mechanischer, elektronischer Musik und technikaffirmativer Liedtexte auf *Computer-Karriere* mitreißenden, ‚handgemachten' Rock und Songs, in denen Computer ausschließlich als Instrumente zur Herbeiführung eines nuklearen

---

309 Populäre Mechanik: *Muster / Scharfer Schnitt (No1)* (1981), 7"-Single, ohne Label, PM 001.
310 Beide auf Populäre Mechanik: *Populäre Mechanik* (1982), Cassette, Stechapfel Produktion.
311 Sender X: *Die Zukunft Wird Schön* (1981), LP, David Volksmund Produktion, 003.
312 Young, Neil: *Trans* (1982), LP, Geffen Records, GHS 2018.

Weltuntergangs dargestellt und emotionskalte, in ihrem grauen Arbeits- und Alltagsroutine aufgehende Männer als „Computerman" bezeichnet werden.[313]

Abb. 18: Lassen kein New-Wave-Stereotyp aus: VIDEOCLIPS auf dem Frontcover der Single *Roboter Ramona / Husky* (1982).

Während die abwertend und kritisch intendierten Technik-, Maschinen- und Computer-Bilder der genannten ‚Mainstream'-Bands aus dem Pop- und Rocksektor den Affirmationsstrategien der ‚Kälte'-Musiker:innen zumindest noch teilweise zuarbeiteten, setzte im Jahr 1982 noch eine weitere Entwicklung ein, die eine andauernde Nutzung dieser Motive für die Akteur:innen des ‚Kälte-Pop' unmöglich machte. Junge Bands, die sich zumeist erst nach der ersten Erfolgsphase der New Wave gegründet hatten, begannen nun die zuvor mit Gefühllosigkeit, Entmenschlichung und Bedrohung assoziierten Maschinen- und Computer-Motive ‚aufzuwärmen', indem sie diese in konventionelle Herz-Schmerz-Geschichten verpackten und mit romantischen, gefühlsbetonten Aspekten verknüpften. Dies geschah etwa durch eine Thematisierung von Computern im Zusammenhang mit moderner Partnersuche, musterhaft veranschaulicht in Songs wie „Komm Computer" (1982)

---

313 PUHDYS: *Computer-Karriere* (1983), LP, Amiga, 8 55 944.

von der Sängerin Frl. Menke³¹⁴ sowie „Computer-Mädchen" (1982) von der Schweizer Band EL DEUX.³¹⁵ Die Single von EL DEUX wartet dabei nicht nur mit modernen, minimalistischen Synth-Melodien auf, sondern zudem mit einem Instrumentalstück auf der B-Seite mit dem nicht minder stereotypen Titel „Gletscher". Generell waren die ‚Wellenreiter'-Bands der dritten New-Wave-Generation darum bemüht, keines der von den New-Wave-Pionier:innen etablierten Motive, ob in Sound, Outfit, Performance oder Songtexten, auszulassen und bedienten dadurch am konsequentesten die bis heute medial wirksamen Klischees über die New-Wave-Bewegung.

Ein Potpourri dieser Stereotype bietet neben dem Bandnamen selbst etwa die Gruppe VIDEOCLIPS mit ihrer Single *Roboter Ramona / Husky* (1982), finden sich darauf doch vertraute New-Wave-Sounds, ein mit harten Farbkontrasten, Kabeln und Neonröhre versehenes Frontcoverbild (Abb. 18) und ein teilweise monoton-gesprochener Songtext, der auf bekannte Schlagworte zurückgreift: „Roboter Ramona / Du bist einfach wunderbar / Statt einem kalten Herz hast du eine Batterie".³¹⁶ Mustergültig für viele weitere ‚Wellenreiter' war auch die Hagener Band DIN-A-4, die für ihren Song „Videospiele" vom gleichnamigen Album (1982) typische Sounds wie Synth-Pop-Elemente sowie Computertöne und mittlerweile formelhaft gewordene Schlagworte einsetzte, inklusive dem populären kalt-warm-Kontrast: „Weltallgedröhne / Münzmaschine / Fahr ab auf Videospiele / Video, Stereo, Porno-Super-8 / Kauf dir doch alles, was Freude macht / Microcomputer in der kalten Welt / Werden warm, wenn sie angestellt".³¹⁷ Ähnlich heißt es auf demselben Album im Song „Der Automat" aus der Sicht des Automaten: „Eisig und grausam diese Welt / Ich will Gefühle, ich brauch kein Geld".³¹⁸ Auch die Frankfurter Gruppe R.E.K. um den britisch-deutschen Musiker Richard Edward Kersten liefert auf ihrem Debüt-Album (1983) mit Songtiteln wie „Knips Mich An, Knips Mich Aus", „Digital", „Harmonischer Impuls", „Kein Gefühl", „Neue Zeit", „Maschinen Weinen Nicht" und „Computer Haben Herzschmerz" eine ganze Reihe von Motiven, die sich bei frühen New-Wave-Bands großer Beliebtheit erfreuen, in der Umsetzung von R.E.K. aber wenig mit der bisherigen Nutzung durch die Musiker:innen des ‚Kälte-Pop' gemein hatten.³¹⁹ Beispielhaft verdeutlicht der Songtext letztgenannten Stückes, wie die Gruppe an die Motive ‚kalter' NDW-Musiker:innen anzuknüpfen suchte

---

314 FRL. MENKE: „Komm Computer", auf: *Frl. Menke* (1982), LP, Polydor, 2372 138.
315 EL DEUX: „Computer-Mädchen", auf: *Computer-Mädchen / Gletscher* (1982), 7″-Single, Gold Records, 10 059.
316 VIDEOCLIPS: „Roboter Ramona", auf: *Roboter Ramona / Husky* (1982), 7″-Single, Bacillus Records, 100·09·004.
317 DIN-A-4: „Videospiele", auf: *Videospiele* (1982), LP, Schallmauer/Ariola, 204 779-320.
318 DIN-A-4: „Der Automat", auf: *Videospiele* (1982).
319 R.E.K.: *R.E.K. 1* (1983), LP, RCA, PL 70049.

und letztlich die thematisierten Maschinen vermenschlicht: „Du bist mein Relais / Gedanken führen Ströme / Ströme sind Gefühle / Gefühle sind gefroren / Zwischen dir und mir / Computer haben Herzschmerz – Weißt Du das nicht!? / Ich hab Dich verloren auf Deiner Sequenz / Du sendest Elektronen, die sind mir fremd (Negativ! Kein Kontakt!)".[320]

Der wohl bekannteste Ansatz zur popmusikalischen Romantisierung und Emotionalisierung der noch kurz zuvor als ‚kalt' kritisierten Computer stammt wiederum vom Duo PASO DOBLE, deren Song „Computerliebe (Die Module Spielen Verrückt)" (1984) nicht nur im Jahr 1985, sondern erneut zehn Jahre später als Coverversion vom Happy-Hardcore-Projekt DAS MODUL von kommerziellem Erfolg gekrönt wurde.[321] PASO DOBLE bedienten sich dabei der bei NDW-szeneexternen Künstler:innen seit 1982 beliebten Vorgehensweise der Kombination ‚kalter' und ‚warmer' Motive und Performance-Aspekte. Während Sänger Frank Hieber (heute: Oberpichler) in den schlagwortartigen Strophen mit monotoner, roboterartiger Stimme von „Null Emotionen" und verbotenen Gefühlen spricht, singt seine Partnerin Rale Oberpichler mit Hingabe in den Refrains von den erwachenden Gefühlen der Maschine: „Die Module spiel'n verrückt / Mensch, ich bin total verliebt / Voll auf Liebe programmiert / Mit Gefühl / Schalt mich ein und schalt mich aus / Die Gefühle müssen raus". Angesichts dieser im Vergleich zu KRAFTWERK ‚herzerwärmenden' Aufbereitung der Computer-Thematik überrascht es kaum, dass das Unternehmen *Standard Elektrik Lorenz AG* die Single ihrer Werbeaktion für den *ITT Personal Computer* beilegte.[322]

Als ‚Kälte'-Strategie war die von KRAFTWERK initiierte Technik-Affirmation gescheitert. Die Vertreter:innen des ‚Mainstream'-Pop hatten sich die ‚Kälte'-Motive aus der Bilderwelt des Technischen einverleibt und ‚erwärmt'. Nicht der Mensch wurde zu einer Maschine, sondern die Maschinen wurden vermenschlicht, fühlten, liebten, sehnten sich. KRAFTWERK wurden von der Entwicklung eingeholt, der künstlerische Reiz der Inszenierung einer Mensch-Maschinen-Symbiose verlor sich mit der voranschreitenden Computerisierung des Alltags und der folgenden, künstlerisch-kommerziellen Aufbereitung dieser Motive in konventionellen Pop-

---

[320] R.E.K.: „Computer Haben Herzschmerz", auf: *R.E.K. 1* (1983).
[321] PASO DOBLE: „Computerliebe (Die Module Spielen Verrückt)", auf: *Computerliebe (Die Module Spielen Verrückt)* (1984), 7"-Single, WEA, 249 373-7. Generell wirkt das von den hier besprochenen Bands popularisierte Konzept des ‚warmen' Computers auf dem 1994 veröffentlichten Debüt-Album *Musik Mit Hertz* [sic!] der Gruppe DAS MODUL nach: Neben „Computerliebe" finden sich darauf auch Tracks mit Titeln wie „Computermenschen", „1100101", „Laptop In Jamaica", „Programmiert", „Joystick" und „Kampf der Betriebssysteme V 1.04". DAS MODUL: *Musik Mit Hertz* (1995), CD, Urban, 529 002-2.
[322] PASO DOBLE: *Computerliebe (Die Module Spielen Verrückt)* (1984), 7"-Single, ITT / WEA, XTRA / 249 373-7.

Songs, deren Texte von Liebe und Leid erzählten. Tatsächlich ging die futuristische Vision Kraftwerks mehr und mehr in Erfüllung für die westlichen Industriegesellschaften, als ‚kalte' Strategie zur Distanzierung von der Mehrheitsgesellschaft und linksalternativen Gegenkultur gleichermaßen hatte der Maschinen-Kult dadurch jedoch ausgedient. Im Gegensatz zu den ‚Wellenreiter'-Bands ab 1982 fand die Roboter-Performance von Kraftwerk bei den ‚Kälte'-Musiker:innen der NDW ohnehin kaum Nachahmer:innen, und wenn doch, dann in verspielter Form bei dadaistisch-surrealistischen Gruppen wie Der Plan. Dennoch legte Kraftwerks Konzept der „Mensch-Maschine" den Grundstein für folgende ‚Kälte'-Strategien, so dass die einstige Krautrock-Gruppe als erste Band des ‚Kälte-Pop' bezeichnet werden kann.

Sowohl Kraftwerk als auch die ‚Kälte'-Musiker:innen der NDW verfolgten einen neusachlichen Ansatz, der eine betont objektive Darstellung der Wirklichkeit vorsah. Statt sich in Protest oder Flucht zu ergehen, suchten die ‚Kälte-Pop'-Vertreter:innen die von ihren gegenkulturellen Vorgänger:innen und Altersgenoss:innen angenommene Opferrolle abzuschütteln, indem sie sich die Symbole der modernen Welt aneigneten. Der ‚kalte' Technik-Kult stellt sich in diesem Sinne zum einen als veränderte politisch-philosophische Haltung gegenüber Geschichte, Gegenwart und Zukunft, Gesellschaft und Subjekt, Inszenierung und Identität dar. Gleichzeitig diente er seinen Akteur:innen als Strategie der Distanz angesichts der als antimodernistisch bis reaktionär wahrgenommenen Technikskepsis, wie sie Ende der 1970er Jahre und Anfang der 1980er Jahre in der bundesdeutschen Gesellschaft und im linksalternativen Milieu vorherrschend war. Generationell bedingt zeigen sich allerdings Unterschiede zwischen der Technik-Affirmation Kraftwerks und der folgender ‚Kälte'-Musiker:innen, denn aufgrund ihrer stark (retro-)futuristischen Ausrichtung lieferten Kraftwerk noch ein geradezu utopisches Idealbild. Auffällig werden hier die gegenkulturellen Wurzeln der Kraftwerk-Mitglieder, auch wenn sich ihre Utopie des technologischen Fortschritts von jener auf ‚Natürlichkeit' bauenden ihrer gegenkulturellen Altersgenoss:innen deutlich unterschied. Die ‚Kälte'-Künstler:innen der NDW interessierten sich dagegen nur wenig für die Zukunft, ihr affirmatives Ja galt der (post-)modernen, (post-)industriellen Gegenwart.

3.3 „Wir sagen Ja zur Modernen Welt": Affirmation und Subversion

„Wir lieben die Welt, in der wir leben! Schon lange nicht mehr warten wir länger auf bessere Zeiten: wir haben lange genug gewartet, dann haben wir aufgehört zu warten, und jetzt sind wir im Glück!"³²³ Diese 1980 erschienenen Zeilen markierten nicht nur eine politisch-philosophische Neupositionierung, sondern zugleich einen Angriff auf die linksalternative Gegenkultur der Bundesrepublik – und dieser Affront kam von innen heraus. Urheber war der damalige Literaturstudent Thomas Meinecke, der sich in der 1978 von ihm und gleichgesinnten Künstler:innen, Schriftsteller:innen und Kunsthistoriker:innen in München gegründeten Zeitschrift *Mode & Verzweiflung* für das „uneingeschränkte Ja-Sagen-Können" als modernes Leitprinzip aussprach. Im sehr ähnlichen Duktus hieß es in einem ebenso manifestartigen Beitrag von Michael Simbruck im selben Heft, dass die Gründer:innen der Zeitschrift beschlossen hätten, „auch weiterhin fröhlich zu sein": „Ja! vor allem zum Großen und Ganzen. Wir haben den Abschluss, die Überwindung allen verschwitzten Denkens gefunden. Von nun an ist das Leben wieder schön."³²⁴

Deutlich setzt sich das „Ja!" dieser Variante des ‚Kälte-Pop' sowohl von KRAFTWERKS futuristisch-utopischer Vision der modernen Technik-Welt als auch von dem besonders im Westberliner Underground vorherrschenden dystopischen Untergangs-Kult ab. Stattdessen zielten die in diesem Kapitel behandelten Strategien des ‚Kälte-Pop' auf eine politisch-philosophische Neuorientierung und begegneten der als verfehlt betrachteten Ideologie und Praxis der linken Gegenkultur mit einer subversiven Bejahung der ‚kalten' Welt und ihrer Zeichen. Seinen popmusikalischen Ausdruck fand dieser Ansatz insbesondere in den Stücken der Gruppe FREIWILLIGE SELBSTKONTROLLE (FSK), die 1980 aus *Mode & Verzweiflung* hervorgegangen war und bereits auf ihrer Debüt-EP (1980) zur Melodie von VELVET UNDERGROUNDS „Candy Says" (1969) die „Moderne Welt" besangen: „Ja, manchen gefällt die Welt / Und manchen bricht das Herz entzwei / Und wir sagen Ja zur Modernen Welt / Wir sind okay".³²⁵ Auf besonders großen Zuspruch stießen FSK und andere Vertreter:innen des ‚kalten' Ja bei Pop-Autor:innen der ‚78er'-Intelligenz wie Diedrich Diederichsen, der „Moderne Welt" als „eine ebenso rührende wie distanzierte Affirmationshymne" und „eines der definitiven Statements post-linker und post-alternativer deutscher Jugendkultur" bezeichnete und in eine Reihe mit den beiden im Februar 1980 erschienenen Songs „Zurück Zum Beton" von S.Y.P.H. und „Abenteuer und Freiheit" von FEHLFARBEN stellte:

> Es ist zu spät für die alten Bewegungen
> Was heute zählt ist Sauberkeit
> Ihr kommt nicht mit bei unsren Änderungen

---

323 Meinecke: „Ein Karussell der Peinlichkeiten (Umsturz und Spiel)" (1980), 36.
324 Simbruck: „Der Krieg ist aus, oder: Die Überwindung des verschwitzten Denkens" (1980), 28–29.
325 FREIWILLIGE SELBSTKONTROLLE: „Moderne Welt", auf: *Herz Aus Stein* (1980), 7"-EP, ZickZack, ZZ 6.

> Für uns seid ihr noch nicht reif
> Wir sind noch wenig, doch wir haben uns gefunden
> Wir steh'n im Dunkel bereit
> Wir wollen nur unsere Spaß haben und tanzen
> Was steht ihr so doof rum
> Wenn wir euch sehn, können wir nur noch ablachen
> Hey Mann, hüpf mich nicht um
> Nimm deine Pfoten von meinem Anzug
> Guck dich doch selbst mal im Spiegel an.[326]

Der Anzug als Waffe: Gegen den Authentizitäts- und Natürlichkeits-Kult des linksalternativen Milieus brachten die ‚78er' Stilfragen und distinktive Ästhetik als Abgrenzungsinstrumente in Stellung. Statt in wallend-unförmiger Kleidung, mit Bärten und langen Haaren zeigten sich Bands und Musiker:innen wie Andreas Dorau, PALAIS SCHAUMBURG und FSK in hochgeknöpften Hemden, Anzügen und Trachtenjacken sowie mit ordentlichen Kurzhaarfrisuren – Letztere griffen sogar auf Uniformen zurück.[327] Wie die Soziologin Elena Beregow ganz richtig bemerkt, wurde die Oberfläche zur ästhetischen Ressource und „Spielwiese" für die popistische Bohème, versammelte „postmoderne Prinzipien wie Zitat und Ironie, Collage, Pastiche und Dekontextualisierung bei einer gleichzeitigen Kritik am postmodernen ‚anything goes'".[328] Im Falle der Gruppe FSK äußerte sich dieses Vorgehen unter anderem in einem zitatreichen Mix verschiedener Musikstile, der zumeist von minimalistischen Drum-Machine-Sounds und betont teilnahmslos, mechanisch oder disharmonisch klingenden Vocals begleitet wurde. Wenig überraschend verwies Bandmitglied Thomas Meinecke bezüglich der Wurzeln des postmodernen Pop von FSK auf das Glam-Modell von ROXY MUSIC, auf proto-popistische Krautrock-Bands wie NEU! und LA DÜSSELDORF sowie auf den Ansatz, dass Punk und Disco „im Malcolm McLaren'schen Sinne" sehr wohl kompatibel seien.[329] Potenziert wurde dieses angriffslustige Verwirrspiel mithilfe von Songtexten, die sich durch den Einsatz verschiedener, teils kontradiktorischer Codes jeder eindeutigen politischen Einordnung verwehrten.

---

326 FEHLFARBEN: „Abenteuer Und Freiheit", auf: *Große Liebe / Abenteuer & Freiheit* (1980), 7"-Single, Welt-Rekord, WER-001; S.Y.P.H.: „Zurück Zum Beton" (1980); Diederichsen: „FSK" (1982), 16.
327 In der NDW-Spezialausgabe des *Musikexpress* heißt es etwa über Andreas Dorau, er treibe „das Klischee vom gutbürgerlichen Muttersöhnchen auf die Spitze: Korrekter, aber extremer Kurzhaarschnitt, ordentliche Kleidung, Anzüge, kein Alkohol, keine Drogen. Kein Sex – und wenn, dann nur in sehr unterkühlter, unauffälliger Form". Gassenhauer, Arthur: „Andreas Dorau. 007 vom Jupiter", in: *Musikexpress. Neue Deutsche Welle Special* (1982), 42.
328 Beregow: „Nichts dahinter – Pop-Oberflächen nach der Postmoderne" (2018), 163–164.
329 Meinecke zit. n. Schneider: „Wir haben überhaupt nicht gedacht, dass wir eine Band sind..." (2011), 266.

Angriff, Verwirrung, Einverständnis. Kennzeichnend für die NDW-Bewegung und den ‚Kälte-Pop' im Besonderen wurden diese drei Subversionsstrategien, die im Folgenden näher beleuchtet und von Barbara Hornberger als „Provokation, Verrätselung und taktische Affirmation" bezeichnet werden.[330] Im Fokus dieses Kapitels steht dabei vor allem die Gruppe FREIWILLIGE SELBSTKONTROLLE und die mit der Band verbundene Zeitschrift *Mode & Verzweiflung*. Im Vorwort seiner 1998 erschienenen Zusammenstellung ausgewählter Beiträge aus den Jahren 1978 bis 1987 brachte Meinecke den Nutzen dieser drei charakteristischen Strategien auf den Punkt, derer sich neben FSK auch weitere Bands des ‚Kälte-Pop' bedienten:

> Mehrheitlich in den mittleren bis späten fünfziger Jahren geboren, waren wir in unserer maßgeblichen Sozialisation, wie wir es gern formulierten, für 1968 (Hippie) zu jung und für 1977 (Punk) bereits zu alt gewesen. Als flanierender Haufen hedonistischer Partisanen war es uns dann zunächst einmal darum gegangen, die herrschende Innerlichkeit der sozialdemokratisch verdorbenen Siebziger in die Flucht zu schlagen, um daraufhin diejenigen falschen Achtziger, welche sich irrtümlich im Schulterschluss mit uns wähnten, nicht minder erbarmungslos zu diskreditieren. Das Ja zur modernen Welt erschien uns dabei vorübergehend als die denkbar größte Möglichkeit zu politischer Dissidenz.[331]

Provokation und Angriff

Es begann mit einem Ja zur ‚schlechten Welt' als Befreiungsschlag: „Man durfte kein Beton gut finden. Man durfte kein Plastik gut finden. Man durfte keine Hochhäuser gut finden", erinnerte sich Moritz Reichelt (DER PLAN) rückblickend an die im linken Milieu in den 1970er Jahre vorherrschenden Selbsteinschränkungen, die ihn letztlich dazu verleiteten, durch affirmative Aneignung das vermeintliche Böse gegen jene einzusetzen, die „diese korrekten Theorien vertraten": „Und die konnte man halt wunderbar provozieren, gerade mit diesen Dingen und dann natürlich auch mit Dingen wie Hakenkreuzen."[332] Solche Statements finden sich zuhauf bei den Akteur:innen der frühen bundesdeutschen Punk- und NDW-Szenen. Das wohl populärste Narrativ dieser Entwicklung sieht in den Akten angriffslustiger Abgrenzung von den Vorgängergenerationen den Formierungsmoment für die Punk- wie New-Wave-Bewegung. So lässt auch Jürgen Teipel sein Oral-History-Buch zur deutschsprachigen Punk- und NDW-Bewegung mit Interviewaussagen bekannter Protagonist:innen beginnen, die von einer zunehmenden Bevormundung und Einschränkung seitens der Vertreter:innen des linksalternativen Milieus

---

330 Hornberger: „New Wave / Post-Punk" (2017), 80.
331 Meinecke: „Vorwort" (1998), 7–8.
332 Reichelt zit. n. „Pop 2000. Night Fever und No Future (1975 – 1980)", *Pop 2000. 50 Jahre Popmusik und Jugendkultur in Deutschland.*, Folge 6, WDR (Sendedatum: 1999), 00:19:47–00:20:13.

sprachen und diese als Auslöser für die folgenden, provokativen Anti-‚Hippie'-Strategien festmachten. Jäki Eldorado (IVANHOE, AUS LAUTER LIEBE) etwa, der seit einer medial verbreiteten Tuchfühlung mit Iggy Pops Bein als „erster Punk Deutschlands" galt, erläuterte darin, dass Provokation mit Hakenkreuzen „todsicher immer funktioniert hat": „Wenn du ein Hakenkreuz in die Schulbank geschnitzt hast, hattest du prompt einen 68er-Lehrer an der Backe, der das völlig überinterpretiert hat und alles furchtbar unangenehm fand."[333] Ganz ähnlich äußerte sich in Teipels „Doku-Roman" Peter Hein, Sänger der Düsseldorfer Punk-Pioniere CHARLEY'S GIRLS und der NDW-Band FEHLFARBEN:

> Ich war ziemlich traurig, als der Vietnamkrieg zu Ende war. Vor allem, weil es keine spannenden Nachrichten mehr gab. Natürlich war ich auf Seiten der Vietcong. [...] Damals wurde in der Schule ja gerade sozialdemokratische Schulreform und der ganze Scheiß eingeführt. Und wenn die Hippies oder wer, diese *troublemaker*, bestimmte Lehrer fertig gemacht haben, dann kamen andere Lehrer und taten so fortschrittlich und diskutierten mit allem und jedem. Es war alles nur langweilig. Und wir waren eben ein paar, die dagegen waren. Gegen die, die dagegen waren. Ich sagte dann auch Sachen wie: ‚Vietnamkrieg ist toll.' Oder wir haben gebrüllt: ‚Wir wollen autoritär erzogen werden.'[334]

Dem Literaturwissenschaftler Christoph Rauen zufolge veranschaulicht das Zitat „den für Punk typischen Zusammenhang von Ironie, potenzierter Negation und gegenkultureller Binnendifferenzierung", denn Hein und Gleichgesinnte nahmen mithilfe einer „uneigentliche[n] Rede" eine ihrer tatsächlichen Haltung konträr entgegenstehende Gegenposition ein zu der als heuchlerisch und „langweilig" empfundenen Haltung der vermeintlich stets verständnisvollen ‚Hippie'-Lehrer:innen. Die gewünschte negative Rückmeldung dieser Adressat:innen, die die dahinterliegende Taktik und wirkliche Meinung nicht verstanden, habe den provokanten Sprecher:innen schließlich zur Bildung einer eigenen sozialen Gruppe gedient, deren Mitglieder sich von der mittlerweile etablierten Opposition abzugrenzen suchen und sich als „anders" erfahren würden – „anders als die vielen anderen, die gemeinsam anders sind".[335] Dieses Vorgehen lässt sich auch bei DAF beobachten: Gabi Delgado zufolge waren viele seiner Songtexte ironisch angelegt, „als Form der Übertreibung, indem man eine Sache so darstellt, dass sie in einen Bereich übergeht, der entweder nur noch als total absurd oder als total zynisch aufgefasst werden kann". So sei auch das Stück „Ein Bisschen Krieg" (1982), in dem Delgado „Wir wollen in den Krieg / [...] / Den größten / Den besten / So dreckig wie noch nie / [...] / Wir haben ihn verdient" singt, eigentlich ein „Anti-Kriegslied", da er genau das Gegenteil meine: „Ich kann nicht sagen: ‚Ich will Frieden', weil dieser Satz ei-

---
333 Eldorado zit. n. Teipel: *Verschwende deine Jugend* (2001), 27.
334 Hein zit. n. ebd., 21–22. Hervorhebung i. O.
335 Rauen: *Pop und Ironie* (2010), 41.

ner anderen Gruppe gehört, mit der ich mich nicht grundsätzlich identifizieren kann – höchstens in den Forderungen, aber nicht im Wesen".[336] Zu Kriegsbefürwortung und Hakenkreuzen gesellten sich dann auch sehr schnell weitere auf Affirmation bauende Provokationsgesten, unter anderem die ästhetische Aufbereitung von Materialien, die im linksalternativen Milieu und der Umweltbewegung gemeinhin als negativ und ‚kalt' wahrgenommen werden. Beispielhaft hierfür sind das Stück „Metall" (1980) von THE WIRTSCHAFTSWUNDER („Ich liebe Metall")[337], die Treibstoff-Hymne „Benzin In Berlin" (1981) von Andi Arroganti („Ich steh bis zu den Knien / In glänzendem Benzin / Der Geruch ist so toll / Und ich sauge mich voll / Täglich drei Liter / Dann fühl ich mich fitter")[338] sowie das notorische „Zurück Zum Beton" (1980) und der Song „Industrie-Mädchen" (1979) von S.Y.P.H., der eine sich vor industrieller Kulisse abspielende Romanze beschreibt:

> Ich sah sie zum ersten Mal bei der Raffinerie
> Sowas wie sie, das sah ich noch nie
> Beim Elektrizitätswerk sah ich sie wieder
> Vor Freude riss ich fast die Hochspannung nieder
> Ich mag sie [...]
> Ich kam in ihr Zimmer hinterm Güterbahnhof
> Drei Stock über, überm Hinterhof
> Nebe'm Kernkraftwerk haben wir uns geliebt
> Neben uns hat leise der schnelle Brüter gepiept.[339]

Letztgenannter Track erschien auf der Debüt-EP *Viel Feind, Viel Ehr*, dessen Cover Fotografien von dem RAF-Terroristen Christian Klar und einem bei der Entführung des Wirtschaftsfunktionärs Hanns-Martin Schleyer eingesetzten Kinderwagen zeigen. Die Band bediente sich dadurch gleichzeitig eines weiteren als Provokation eingesetzten Motivs, nämlich der Affirmation mit extremen Ausläufern des gegenkulturellen Aufbruchs, etwa linksterroristischen Gruppierungen und fatalistisch-neureligiösen Bewegungen. So brachte etwa Moritz Reichelt im Namen der Galerie *Art Attack* Flugblätter in Umlauf, in denen er den Massensuizid der Sekte *Peoples Temple* beim sogenannten Jonestown-Massaker als „ermutigende[n] Schritt" und „Beitrag für die Menschheit" lobte, die von Überbevölkerung bedroht

---

336 Delgado zit. n. Ammann, Judith: *Who's been sleeping in my brain?*, Frankfurt a. M. 1987, 50–51. DEUTSCH-AMERIKANISCHE FREUNDSCHAFT: „Ein Bisschen Krieg", auf: *Für Immer* (1982), LP, Virgin, 204 956-320.
337 THE WIRTSCHAFTSWUNDER: „Metall", auf: *Allein* (1980), 7"-Single, Warning Records, wr 006.
338 Arroganti, Andi: „Benzin In Berlin", auf: *Benzin In Berlin* (1981), Cassette, Wartungsfrei, wf009.
339 S.Y.P.H.: „Industrie-Mädchen" (1979). Der Titel wurde später von FEHLFARBEN mit leicht veränderten Lyrics als „Große Liebe" wiederveröffentlicht. FEHLFARBEN: „Große Liebe", auf: *Große Liebe / Abenteuer & Freiheit* (1980).

werde: „Das Leben ist ohnehin eine einzige Last, warum also nicht als Held für eine gute Sache abtreten? Gern beraten wir Sie über Methoden, steuerliche Vorteile und andere wichtige Einzelheiten des Freitods."[340] Die Konsequenzen der Affirmation ließen nicht lange auf sich warten, schnell folgten „Drohungen und nächtliche Anrufe".[341]

Angriffslustig wurden ‚konservative' Statements und Ästhetiken gegen die ‚alte' Linke ins Feld geführt, gleichzeitig aber auch linke Haltungen und Ideale übersteigert. So entwickelte sich in der avancierten Popkritik laut dem Popkulturforscher Ralf Hinz eine Art „Salonbolschewismus" als Gegenreaktion auf den „diffus menschenfreundlichen, unpolemischen Humanismus" des linksalternativen Milieu und den „sich kämpferisch gebenden, aktivistischen Vulgärmarxismus" der Alt-‚68er' und K-Gruppen.[342] Dieser führte dazu, dass ein Autor wie Diedrich Diederichsen unter dem Pseudonym Stalin Stalinsen schrieb[343] und nach einem Konzert der als Neo-‚Hippies' diffamierten New-Wave-Band OMD „den jungen Leuten nur noch die Diktatur des Proletariats an den Hals" wünschte[344] – ohne sich jedoch mit den tatsächlichen Anhänger:innen eines orthodoxen Marxismus-Leninismus gemein zu machen, denen man ein offensives Ja zu Hedonismus und Konsum entgegenhielt.[345] Ähnlich aggressiv, in der politischen Ausrichtung aber uneindeutiger fiel schließlich auch das Stück „Otto Hahn In Stahlgewittern" (1982) von FSK aus, dessen Titel auf den als „Vater der Kernchemie" bezeichneten Otto Hahn sowie auf das 1920 erstmals veröffentlichte Erstlingswerk von Ernst Jünger referiert, der darin in nüchternem Duktus seine Erlebnisse als Soldat im Ersten Weltkrieg beschreibt:

> Wir belächeln deine Idiotie
> Wir belächeln deine Mythologie
> Wir bauen auf die Industrie
> Auf die Wissenschaft Energie
> [...]
> Wir hassen deine Demokratie
> Wir hassen deine Melancholie
> Wir wollen keine Harmonie
> Dies ist eine Philosophie
> Eine Wissenschaft Melodie [2x]

---

340 Abdruck in Reichelt: *Der Plan* (1993), 10. Hervorhebung i. O.
341 Ebd.
342 Hinz: *Cultural Studies und Pop* (1998), 240–241.
343 Plattenkritik zur Single *Stalin Wasn't Stalling* von Robert Wyatt. Stalinsen, Stalin: „singles", in: *Sounds*, Nr. 3 (1981), 14.
344 Diederichsen, Diedrich: „Spandau Ballet. Diamond. Ariola 204514", Rezension, in: *Sounds*, Nr. 3 (1982), 60.
345 Vgl. Hinz: *Cultural Studies und Pop* (1998), 207.

Eine Optimismus Symphonie [2x]
Und Du begreifst das nie.[346]

Verwirrung

Die Mittel und Folgen der ‚kalten' Distanz und Subversion prägten die NDW-Bewegung in ihrer Außen- wie Innenwirkung, Verbrüderung und Zusammenarbeit musste um jeden Preis vermieden werden. Dafür setzten FSK auch gegen vermeintliche Verbündeten ‚kalte' Distanzierungsstrategien ein, getreu dem Motto „Niemals die Verbrüderung", wie es programmatisch unter anderem im FSK-Song „Tu Den Hammelsprung" (1982) heißt.[347] Als geeignetstes Mittel dafür schienen der Gruppe Verwirrungstaktiken. Vor den Kopf stießen FSK das Publikum bei Konzerten etwa durch einen außergewöhnlichen Stilmix, der mit einzelnen Elementen spielte und diese zitierte, dabei aber stets Brüche einbaute und eine eindeutige Einordnung als Pop-, Avantgarde- oder Kunsthochschulgruppe unmöglich machte.[348] Fern jeder Eindeutigkeit sind auch die von Brüchen und Neuverknüpfungen geprägten Songtexte von FSK, vielmehr waren Missverständnisse und der Ausschluss bestimmter Rezipient:innen intendiert.[349]

Für Verwirrung sorgte nicht zuletzt die politische Selbstpositionierung der Gruppe. „Manchmal werden wir für Faschisten gehalten, aber genauso oft für DKPler", bestätigte Thomas Meinecke 1982 in einem *Sounds*-Interview.[350] Wiederholt kam es zu Schlägereien bei frühen Auftritten der Gruppe, die in Bundeswehruniformen auftrat, Buttons mit der Aufschrift „Germany is wunderbar" am Revers trug und Titel wie „Deutschland Deutschland" (1980) spielte: „Politik ist eine besondere Kunst / Und wenn es Krieg gibt, / dann braucht man uns / Deutschland Deutschland / Deutschland über alles / Deutschland ist schön". Während sich linksalternative Zuschauer:innen am ‚Hippie'-Bashing und der Deutschland-Affirmation störten, die FSK als ‚Kälte'-Strategie gegen die bundesdeutsche Linke in Stellung brachten, schlug die anfängliche Sympathie von rechtsradikaler Seite sehr schnell in Hass um, als die Münchener Neonazi-Szene erkannte, „dass da nicht ihre Freun-

---

346 Freiwillige Selbstkontrolle: „Otto Hahn In Stahlgewittern", auf: *Stürmer* (1982).
347 Freiwillige Selbstkontrolle: „Tu Den Hammelsprung", auf: *Stürmer* (1982). Bereits ein Jahr zuvor schrieb Meinecke in einem Beitrag für *Mode & Verzweiflung*: „Eben stürmt unser Arno Wallmann in das Büro und ruft: Neue Manifeste – neue Freunde! Und hoffentlich eine Handvoll neuer Feinde! Denn unser aller Untergang wäre die Verbrüderung! Niemals die Verbrüderung!" Meinecke: „Neue Hinweise: Im Westeuropa Dämmerlicht 1981" (1998), 37.
348 Siehe etwa den Beitrag von Diederichsen: „FSK" (1982), 14.
349 Vgl. Schumacher: „Deutsch als Fremdsprache" (2007), 231–233 sowie Möntmann: „Die treibende Kraft der mobilen Anpassung (unberechenbare Pässe!)" (2003).
350 Meinecke zit. n. Diederichsen: „FSK" (1982), 14.

de auf der Bühne stehen", wie Diedrich Diederichsen bemerkte.[351] Dass FSK viel häufiger, deutlicher und aggressiver gegen links denn rechts agierte, erklärt sich dabei aus der eigenen politischen Verortung in der Linken, wie Thomas Meinecke 1984 in Bezug auf den ‚68er'-Verlag *Zweitausendeins* betonte: „Man muss ja immer die hassen, die einem noch relativ nahe stehen, aber entscheidende Fehler machen. Was ohnehin in eine andere Richtung läuft, ist sowieso indiskutabel. Insofern müssen wir gegen *2001*[sic!] sein, aber auch gegen die Grünen oder die Linken."[352] Nicht die Gesellschaftskritik und grundsätzlichen emanzipatorischen Ansätze der sich als links verstehenden Milieus und Bewegungen in der Bundesrepublik waren für die ‚Kälte'-Akteur:innen das Problem, sondern deren als anachronistisch wahrgenommene Aktionsformen sowie der Antimodernismus innerhalb der Linken.

In seinen frühen Texten für *Mode & Verzweiflung* führte FSK-Mitglied Thomas Meinecke das hinter den Verwirrungstaktiken stehende „Prinzip der permanenten Revolte" bzw. „Kybernetische Verhaltensprinzip" aus, das für die Gruppe die „Grundmaxime unseres Verhaltens zur Welt" darstellt.[353] So hätten sie gelernt den „Widerstand zu unserem Vorteil zu nutzen" und „mal mit diesem, mal mit jenem Wind" zu segeln, daher zeichne sich das Ja der „Moderne[n] Pyromanen" durch „eine nicht minder uneingeschränkte Unzuverlässigkeit" aus: „Ganz ähnlich wie vor uns der kühle Militär und der vornehme Kaufmannstyp, bedienen auch wir uns gern des Prinzips der Gelassenheit unter Beibehaltung unserer Fähigkeit zur blitzschnellen Reaktion."[354] Beispielhaft hielt Meinecke der Kritik mancher Architekt:innen an ‚kalten' Hochhausbauten zwar ein „Immer haben wir die Hochhäuser schön gefunden; nur die in der Form unklaren und also verspielten Hochhäuser haben wir abgelehnt" entgegen, dies gelte allerdings nur temporär: „Von Tag zu Tag musst du neu entscheiden."[355] Das „Kybernetische Verhaltensprinzip" bedeutet Meinecke zufolge in diesem Zusammenhang eine „Absage an das Prinzipiendenken und an jede Form von Dogmatismus" und dient der „Entideologisierung und objektivierten Analyse der Modernen Welt".[356] Statt sich also auf ein endgülti-

---

351 Ebd. Siehe auch Meinecke zit. n. Schneider: „Wir haben überhaupt nicht gedacht, dass wir eine Band sind..." (2011), 268–269. Wie ernst es FSK mit ihrer vermeintlichen Affirmation für die Bundesrepublik war, zeigt etwa der Song „Ein Kind Für Helmut": „Die Deutschen sterben aus / Wie schade [...] / Komm, wir machen Liebe [2x] / und schenken dem Kanzler ein Kind". FREIWILLIGE SELBSTKONTROLLE: „Ein Kind Für Helmut", auf: *Stürmer* (1982).
352 Meinecke zit. n. Burchardt, Alf: „Die Freuden des Alltags", in: *Spex*, Nr. 9 (1984), 26–27, hier: 27.
353 Meinecke: „Neue Hinweise: Im Westeuropa Dämmerlicht 1981" (1998), 33.
354 Ders.: „Ein Karussell der Peinlichkeiten (Umsturz und Spiel)" (1980), 36–37.
355 Ders.: „Neue Hinweise: Im Westeuropa Dämmerlicht 1981" (1998), 31–32.
356 Ebd., 32–33.

ges Weltbild festzulegen, „überprüfen wir Kybernetiker unsere Denk- und Handelsweisen durch ihre Anwendbarkeit auf die Moderne Welt, welche ja ihrerseits in permanentem Wandel ist", daher erfolge eine ständige Neuanpassung an die jeweilige Situation: „Heute Disco, morgen Umsturz, übermorgen Landpartie. Dies nennen wir Freiwillige Selbstkontrolle."[357] Der Literaturwissenschaftler Eckhard Schumacher bemerkt an dieser Stelle, es erscheine angesichts dieser Vorgehensweise fast konsequent, dass die Gruppe nach 1982 „Moderne Welt" nicht mehr spielte und sich in Holzfällerhemden statt Anzügen und Uniformen nun Genres wie Rhythm & Blues, Folk und Country Music zuwandte, „die traditionell als Platzhalter für die alten Hauptangriffsziele dienen – für Authentizität, für Natürlichkeit, für den individuellen Ausdruck".[358]

In einem Beitrag aus dem Jahr 1982 fasste der Poptheoretiker Diedrich Diederichsen das subversive Verwirrspiel der ‚78er'-Affirmation unter der Prämisse „die Karten nie zu zeigen, mit denen man spielt" zusammen und verortete die Wurzeln der ‚kalten' Subversionsstrategien in den ‚kalten' Verhaltenslehren der historischen Avantgarden, wie das von ihm eingefügte Zitat aus Brechts neusachlichem ‚Kälte'-Klassiker „Lesebuch für Städtebewohner" (1930) zeigt: „Was immer du sagst, sag es nicht zweimal / Findest du deine Gedanken bei einem andern: verleugne ihn / Wer seine Unterschrift nicht gegeben hat, wer kein Bild hinterließ / Wer nicht dabei war, wer nichts gesagt hat / Wie soll der zu fassen sein! / Verwisch die Spuren!"[359]

Rund zehn Jahre später führte Diederichsen die distanzwahrenden Subversionsstrategien, mit denen die ‚78er' die als rückständig bis regressiv wahrgenommene, ‚alte' Linke von innen zu zersetzen suchten, weiter aus und unterstrich dabei besonders die Bedeutung der Kommunikationsverweigerung:

> In der Adaption des Begriffskreises Subversion: Unterwanderung, Zerrüttung, Untergrabung drückt sich also zunächst ein Misstrauen gegen die moderne Teleologie einer gemeinsamen geschichtlichen Sache aus, wie auch gegen deren strategische Idee einer Durchsetzung dieser Sache, der Aufklärung via Kommunikation.[360]

Wiederholt setzte sich Diederichsen nicht nur als Beobachter mit den Subversionstaktiken auseinander, die den ‚78ern' sowohl als Instrument der Kritik am gesell-

---

357 Ebd., 36.
358 Schumacher: „Deutsch als Fremdsprache" (2007), 237.
359 Diederichsen: „Nette Aussichten in den Schützengräben der Nebenkriegsschauplätze" (1982), 96–97. Der Auszug findet sich bei Brecht: „Aus einem Lesebuch für Städtebewohner" (1977), 267–268.
360 Diederichsen: *Freiheit macht arm* (1993), 36. Hinsichtlich der Strategie der Kommunikationsverweigerung verweist Diederichsen auch hier auf Brechts Text „Verwisch die Spuren". Ebd., 39. Vgl. auch Hornberger: *Geschichte wird gemacht* (2010), 233.

schaftlichen Status quo als auch zur ‚kalten' Distanzierung von der ‚alten' Linken dienten, sondern war als einer der intellektuellen Stichwortgeber der ‚78er'-Bewegung maßgeblich daran beteiligt, diese durch seine oftmals manifestartigen Texte und mit vielen Bedeutungszuschreibungen gefüllten Plattenbesprechungen auch auszugestalten und zu verbreiten. Im genannten Beitrag etwa bezeichnete der Autor die „Strategie des Ja-Sagens" als „eine entscheidende Errungenschaft der Post-Punk-Ära". Diese habe ihre Blütezeit erlebt, als sich der „nörgelnde Protest-Song", zu dem sich spätestens Anfang der 1980er Jahre „das redundante Gejammer über zuviel[sic!] Neonlicht, Neubausiedlung, Computerüberwachung, kalte Großstädte, Weltuntergang" gesellt habe, von Teilen der Linken als „sozialdemokratische Parlamentsrede" erkannt worden sei, da der Protest(-Song) „tatsächlich noch glaubt, der Staat sei ein Vater, und sich über weggenommene Spielsachen oder ungerechte Strafen beklagt".[361]

In seinem Buch *Freiheit macht arm* (1993) unterstreicht Diederichsen erneut den subversiven Ansatz hinter der ‚78er'-Strategie, „grenzenloses Einverständnis mit der Machtausübung zu verkünden": Das Problem der traditionellen Kritikformen sei in den Augen der Subversion, „dass sie der Herrschaft immerzu vorwerfen, Fehler zu machen, dabei sei doch eine gelungene Herrschaft noch schlimmer als die armselige, misslingende, vertrottelte". Das offensive Nein entpuppte sich Diederichsen zufolge als Stabilisator eines flexibel agierenden Systems: „Ich affirmiere die erbärmliche Herrschaft lieber als sie zu kritisieren, weil sie mir erbärmlich lieber ist und meine Kritik sie nur aufwertet".[362] Da das ‚Unangepasste' bereits selbst „ein erzbürgerlicher Alltagsreflex" geworden sei, ziele das Gegenmodell der subversiven Affirmation dagegen auf ein „Unterwandern, Einsickern in das Normale, Alltägliche, das nichts mit einem blauäugigen Marsch durch die Institutionen gemein hätte", sondern dazu diene, unerkannt mit der „Maske der Normalität" in den öffentlichen Meinungsdiskurs einzutauchen und diesen zu okkupieren.[363]

---

361 Diederichsen: „Nette Aussichten in den Schützengräben der Nebenkriegsschauplätze" (1982), 100. Sehr ähnlich dazu erklärte auch der mit der Düsseldorfer NDW-Szene verbundene Schriftsteller Peter Glaser, dass sich offener Protest „viel zu oft als unerfülltes Kindergeschrei nach Spielzeug von Papa Staat" erwiesen habe und „zur Nische geläufiger Rebellion" verkommen sei. Glaser: „Die neue deutsche Wanderbühne" (1985), 234
362 Diederichsen: *Freiheit macht arm* (1993), 38–39.
363 Ders.: „Nette Aussichten in den Schützengräben der Nebenkriegsschauplätze" (1982), 95–96. Zur Subversionsstrategie der affirmativen Angleichung an ‚das System' und Etablierte, siehe auch Rauen: *Pop und Ironie* (2010), 215–216 sowie Holert, Tom: „Abgrenzen und durchkreuzen. Jugendkultur und Popmusik im Zeichen des Zeichens", in: Kemper; Langhoff; Sonnenschein (Hg.): *„alles so schön bunt hier"* (1999), 21–33, hier: 26–27.

> Ja, Sauberkeit, nicht mehr Auffallen, Abschaffung des uralten Themas der Renitenz, statt dessen im kleinen die Übereinkünfte, die das System stützen, auflösen. [...] Warum nicht einfach das Modell des Angepassten [...] für unsere Zwecke nutzen. Warum nicht die Substanzlosigkeit, wahres Greuel aller Lehrer, Soziologen und Feuilletonisten, in unserem Sinne nutzen. Das war die Idee der Wave-Rebellion.[364]

Tatsächlich lassen sich in der NDW-Bewegung eine Vielzahl von Affirmationsmotiven ausmachen, die zwar ganz unterschiedliche Ansätze und Bezugspunkte aufweisen, deren offensives Ja aber ganz dem von Diederichsen beschriebenen subversiven „Modell des Angepassten" entspricht. „Die Welt ist schlecht / Das Leben schön / Was ist daran nicht zu verstehen", singt etwa eine künstlich verzerrte, hohe Stimme in „Die Welt Ist Schlecht" (1980) von DER PLAN, um von einem gesprochenen Text abgelöst zu werden, der ebenfalls ‚Hippie'-Resignation in ‚kalte' Affirmation verwandelt: „Trotz allen Terrors und Krieges / Bin ich recht glücklich / Und wenn ich dabei draufgehe / Ist es auch nicht schlimm, oder?!"[365] Als glücklich bezeichnet sich auch das lyrische Ich in Alexander von Borsigs Track „Das Leben Ist Schön" (1981), dessen Sound genauso stark verzerrt ist wie die Vocals: „Das Leben ist schön / Die Luft ist rein / Und so, und so soll es immer sein / La la la la / Wenn ich über die Straße geh / Und die vielen Hochhäuser seh / Denk ich mir, das Leben ist schön / So soll es ewig weitergehen".[366] Weiterhin konnte sich die subversive Affirmationsstrategie des vermeintlich uneingeschränkten Frohsinns und der Kritiklosigkeit auch auf kapitalistische (Produktions-)Prozesse beziehen. GORILLA AKTIV etwa beschreiben die Szenerie in einer Montagehalle in ihrem gleichnamigen Stück (1982) geradezu als ein Fest der Freude, Sauberkeit und Ordnung, unterlegt von Synthesizer- und Metall-Sample-Sounds: „Da saßen alle in Reih und Glied / Die Sonne scheint rein und alle sind froh / Denn arbeitslos sein macht auch kein Spaß / Die Frauen sind adrett, die Männer sind männlich / Der Chef ist gut und alles ist gut".[367] Die Affirmation der für ihren augenzwinkernden Humor bekannten TRIO wiederum zielte auf eine offensive Zustimmung zu Kommerzialisierung und „Ausverkauf", die der antikapitalistischen Linken, ob ‚68er', ‚Hippie' oder Punk, als Tod-

---

364 Diederichsen: *Sexbeat* (2002), 127–128. Im Gegensatz zu seinen manifestartigen Beiträgen aus der Hochzeit des ‚78er'-Aufbruchs fiel Diederichsens Resümee der subversiven Affirmation Mitte der 1980er Jahre deutlich nüchterner aus: „Eine schöne Idee. Nur etwas zu kompliziert. Das Ergebnis war, dass ein paar Intellektuelle ihre Freude daran hatten und einmal mehr eine Rechtfertigung fanden, den allertrivialsten Späßen wie Fußball und HUMAN LEAGUE-Platten eine geheime, hochwichtige Bedeutung zukommen zu lassen. Alles geschieht im Dienste der Subversion." Ebd., 128.
365 DER PLAN: „Die Welt Ist Schlecht", auf: *Geri Reig* (1980), LP, Warning Records, WR 003.
366 Borsig, Alexander von: „Das Leben Ist Schön", auf: *Die Welt Ist Schön!* (1981), Cassette, Eisengrau, 1010.
367 GORILLA AKTIV: „Montagehalle", auf: *Va Bene* (1982), Cassette, Die Andere Seite.

sünde galten. Nachdem TRIO bereits ihr Debüt-Album (1981) mit der Ansage „Lassen Sie sich nicht täuschen / Obwohl es zunächst so aussieht / Als ginge es um Ihre Unterhaltung / Geht es doch letztlich drum / Dass Sie Ihre Sympathien / Und Ihr Geld / Dem Trio geben" einleiteten, bot die Gruppe auf dem Cover ihres zweiten Albums *Bye Bye* (1983) sogar Werbeflächen zum Kauf an.[368]

Eine weitere Version des ‚kalten' Ja sah die Affirmation mit den Standpunkten des politischen Gegners vor. „Durch diese ganze Umkehrung der Werte war auf einmal alles möglich", resümierte Frank Fenstermacher (DER PLAN) und verwies auf Slogans wie „Ich sehne mich nach einem starken nationalistischen Staat, damit ich nicht mehr so allein sein muss", die er und Moritz Reichelt in der frühen NDW-Phase auf Buttons druckten. Auch bauten sie solche Slogans in ihre Collagen ein, die Menschen „klein und verloren" zwischen Hochhäusern, Schiffen, Flugzeugen und Bilanzsäulen zeigen.[369] In dem Track „Der Astronaut Und Der Kosmos" (1981) gelang es der Gruppe DIE TÖDLICHE DORIS sogar durch eine affirmative Aneignung der miteinander verquickten Sprachen völkisch-traditionalistischer und linksalternativer Gemeinschafts- und Lebensentwürfe subversiv gegen beide zu agieren. Zu minimalistischen Synthesizer- und Drum-Sounds sowie experimentellen Saxophon-Einsätzen erklärt ein Sprecher im unaufgeregten, dokumentarisch-monotonen Stil:

> Die menschliche Rasse gliedert sich auf in verschiedene Arten.
> Die Arterhaltung ist Hauptanliegen des Volkes.
>
> Erstens: Das Weib soll wochentags ein langes violettes Gewand tragen. An Festtagen darf man sich bunt bemalen. Demutsvoll nimmt sie den Samen des Mannes entgegen. Der Bart ist sein Stolz und Zier. Die Natur hat es so bestimmt.
> Zweitens: Während das Volk im Kleinen die Zukunft sichert, kann sich die denkende Klasse neue Endziele stecken. In der Demokratie gibt es keine minderwertigen Schichten.
> Auch die Untermenschen haben eine wertvolle Aufgabe.
>
> Ich möchte mich über gängige Normen hinwegsetzen, meiner Umwelt bewusster werden, Träume Realität werden lassen. Alle Menschen verstehen lernen. Gleichgewicht von Geist und Körper. Offen für alles Neue sein. Auch möchte ich vorurteilsfrei leben. Intensivieren, meine Gefühle, Inhalte geben, Sensibilisieren, fördern, konstruktive Mitarbeit, Konflikte durch offene Diskussionen lösen, zwischenmenschlich, mitmenschlich, an mir selbst arbeiten, ich möchte mir klar werden über meine Gefühle und Ängste, gleichberechtigte Partnerschaft, an mir selbst arbeiten, versuchen glücklich und erfüllt zu sein, kreativ sein, töpfern, malen, dichten und musizieren.
> Auch die Untermenschen haben eine wertvolle Aufgabe.[370]

---

368 TRIO: „Achtung Achtung", auf: *Trio* (1981), LP, Mercury, 6435 138; TRIO: *Bye Bye* (1983), LP, Mercury, 814 242-1. Vgl. Baßler: *Western Promises* (2019), 196.
369 Fenstermacher zit. n. Teipel: *Verschwende deine Jugend* (2001), 86.
370 DIE TÖDLICHE DORIS: „Der Astronaut und der Kosmos", auf: *7 Tödliche Unfälle Im Haushalt* (1981).

Generell lieferte das zum Kreis der Westberliner „Geniale Dilletanten" gehörende Kunstprojekt DIE TÖDLICHE DORIS eine der wohl konsequentesten Umsetzung des von dem bei ‚78ern' beliebten poststrukturalistischen Philosophen Jean Baudrillard formulierten Ansatzes, dass „das System" nicht in einer „wohltemperierten Weise" am Leben erhalten werden sollte, sondern „auf die Spitze getrieben werden muss, wenn man damit wirklich zu einem Ende kommen will".[371] Bereits 1980 verfassten die Bandgründer Wolfgang Müller und Nikolaus Utermöhlen ein im Jahr darauf verteiltes Wahlprogramm für DIE TÖDLICHE DORIS, dessen Forderungskatalog sich der Sprache etablierter Parteien bediente und diese durch Überbietung ad absurdum führte. Einleitend heißt es darin, dass „DORIS" eigentlich großherzig und tolerant sei, jedoch in jenen Momenten einschränkend vorgehe, „wo die kranken Elemente der gesunden gesellschaftlichen Mehrheit, nach DORIS' Empfinden und Grundsatzrecht, Gefahr für sich, stellvertretend für die Mehrheit, anrichtet oder anrichten könnte, denn die Mehrheit gehört geschützt". Für „eine friedliche Zukunft, soziale Sicherheit in Frieden und Freiheit" forderte DIE TÖDLICHE DORIS daher Folgendes:

1. Schaffung von neuen Arbeitsplätzen. Kampf der Arbeitslosigkeit!
2. Stabilität der Währung, um Erreichtes zu sichern!
3. Beseitigung sozialer Ungleichheit, Rentenerhöhung. Unterstützung gesellschaftlicher Randgruppen: Alte, Schwache, Behinderte, Strafgefangene, um zu resozialisieren und sie in diese Gesellschaft einzugliedern.
4. Verstärkung der Bemühungen im Bereich des Umweltschutzes, damit unsere Kinder in einer gesunden Umwelt leben können.
5. Atomkraftwerke, um den absinkenden Energiebedarf zu decken, damit unsere Kinder nicht im Dunkeln sitzen müssen.
6. Verstärkte Aufmerksamkeit in der Sanierungs- und Wohnungspolitik, die stärker an den Bedürfnissen der Bevölkerung orientiert sein muss.
7. Verstärkung der Rüstungsausgaben, um in Frieden und Freiheit, die verstärkt bedroht sind, leben zu können. Um die Verpflichtungen, die wir gegenüber unseren Bündnispartnern haben, zu erfüllen.
8. Verstärkung der Polizei, um die steigende Kriminalität in den Griff zu kriegen. Kampf dem Terror von links und rechts, den Chaoten und Kriminellen mit aller zur Verfügung stehenden Macht.
9. Wahrung des Friedens mit aller Gewalt.[372]

---

[371] Baudrillard, Jean: *Kool Killer oder Der Aufstand der Zeichen*, Berlin 1978, 125–126.
[372] Utermöhlen, Nikolaus/Müller, Wolfgang: „Die Tödliche Doris bewirbt sich um einen Sitz im Berliner Senat", 1980, in: Müller, Wolfgang/Schmitz, Martin (Hg.): *Die Tödliche Doris, Band 1. Vorträge, Memoiren, Essays, Hörspiel, Postwurfsendungen, Stücke, Flugblatt, Dichtung*, Kassel 1991, 84–87, hier: 86–87.

Umwertung und Neupositionierung
War wirklich alles nur gespielt, was so radikal affirmativ daherkam? Sollten alle (Song-)Texte und Interview-Statements der ‚Kälte'-Künstler:innen schlicht als provokatives ‚Als-ob' gelesen werden? Diese Lesart wäre zu simpel und würde die tatsächliche politische, weltanschauliche und subjektkulturelle Neupositionierung der ‚78er' innerhalb der Linken ignorieren, die insbesondere eine ästhetische Umwertung beinhaltete.

So berichten in Jürgen Teipels Interview-Band gleich mehrere Protagonisten der frühen NDW-Bewegung, bereits in Kindheits- und Jugendjahren von der Ästhetik von Gewalt und Krieg fasziniert gewesen zu sein. Peter Hein (CHARLEY'S GIRLS, MITTAGSPAUSE, FEHLFARBEN) etwa erklärte, das Ende des Vietnamkrieges habe ihn „ziemlich traurig" gemacht, nicht zuletzt weil das Aussehen der US-Marines und Kampfflugzeuge wie Kampfhubschrauber für ihn etwas Anziehendes hatte.[373] Der ebenso zur Düsseldorfer NDW-Szene um den *Ratinger Hof* gehörende Franz Bielmeier ergänzte dazu, dass er selbst, Peter Hein und „etliche von den Erste-Stunde-Punks" sich alle als Kinder hobbymäßig mit Kriegsspielzeug und *Airfix*-Modellen beschäftigten: „Ich stand als Kind ziemlich auf Soldaten. Auch auf Krieg. Auf die Kostüme und Waffen und Maschinen. Ein Soldat in Tarnfarbenuniform war für mich viel ästhetischer als irgendein Hippie mit Stirnband, Peacezeichen und Shitpfeife."[374] Auch DAF-Frontmann Gabi Delgado entwickelte laut eigener Aussage sehr früh ein ausgesprochenes Interesse für „totalitäre Mechanismen" als auch eine ästhetische Vorliebe für Gewalt und Uniformen:

> Ich hatte immer eine Affinität zu Menschen, die gewaltbereit sind. Wir haben auch die Uniformen der Polizisten immer viel besser gefallen als die der Demonstranten. Vom Styling her haben mir die Bullen imponiert. Und auch vom Vorgehen her. Das andere hat mir nicht zugesagt: dieses gewaltlose Irgendwo-Hinsetzen. Das fand ich total scheiße. Ich fand es viel besser, denen, die da sitzen, auf den Kopf zu hauen. Nur so von der Ästhetik her.[375]

Mit den Wertevorstellungen der Friedensbewegung oder der Ästhetik des linksalternativen Milieus war dies natürlich nicht vereinbar. Anzug, Hemd und Uniformen wirkten zwar provozierend auf die in wallende, betont lockere Gewänder gekleideten ‚Hippies', allerdings war dies vor allem ein willkommener Nebeneffekt. Im Interview mit dem *NME* bestritten etwa PALAIS SCHAUMBURG, ‚spießige' Anzüge und Trachtenjacken aus Gründen der Provokation zu tragen, vielmehr habe man versucht, ein „German statement" zu setzen, zudem entspräche der Kleidungsstil ihrer Musik. Problematisch ist den Bandmitgliedern zufolge stattdessen, dass be-

---
373 Hein zit. n. Teipel: *Verschwende deine Jugend* (2001), 22.
374 Bielmeier zit. n. ebd., 38.
375 Delgado zit. n. ebd., 74, 78–79.

sonders von linker Seite allzu schnell bei Anzügen und Kurzhaarfrisuren der Vorwurf erhoben wird, deren Träger sei ein Nazi.[376] Besonders überraschend kam die Unterstellung für PALAIS SCHAUMBURG und andere NDW-Musiker:innen allerdings nicht, angesichts der in der NDW nicht selten zum Militärischen oder Kollektiven neigenden Outfits und Performances sowie der mit politischen Reizworten spielenden Songtexte. Aufkommende Assoziationen zu totalitären Bewegungen und Systemen waren kein Zufall, sondern mindestens eingeplant. Dies sollte jedoch nicht darüber hinwegtäuschen, dass sich hinter der provokativ daherkommenden Selbstdarstellung tatsächlich eine neue und sich von den hegemonialen Positionen und Praktiken innerhalb der bundesdeutschen Linken unterscheidende Haltung zur Welt und zum Subjekt in dieser etablierte, die auch über die NDW-Szenen hinaus Verbreitung fand.

Ein eindrückliches Beispiel dafür geben FSK bzw. die Künstler:innen um *Mode & Verzweiflung*. Während Anzüge, Bundeswehruniformen und Lyrics wie „Deutschland über alles" noch problemlos als subversiv gelesen werden können, veröffentlichte Thomas Meinecke in *Mode & Verzweiflung* Texte, in denen er das „Ja zur Modernen Welt" als eine alles verändernde neue Geisteshaltung propagierte, die einen neuartigen, an die Bedingungen der modernen Welt angepassten Menschentypus hervorbringe. In einem Beitrag von 1981 etwa, dessen Stil an Nietzsche und futuristische Deklarationen erinnert, hinsichtlich der Ausdrucksweise aber auch genauso gut als faschistisches Manifest gelesen werden konnte, betonte Meinecke, es gelte nun „für uns radikalere Denk- und also Handelsweisen" zu finden: „Wie lange wollen wir den Schwärmern noch zusehen! Wann endlich werden wir klaren Tisch machen!" Der „Abräumer als Prototyp der korrekt angewandten Affektbeherrschung" sei die Verkörperung dieser radikalen Praxis. Während der ‚Hippie' unter mangelnder Affektbeherrschung leide, sofern er seine Affekte nicht schon längst verloren habe, besitze der „Typ des Abräumers" eine „strotzende Fülle von Affekten", die er obendrein vollkommen zu kontrollieren verstehe.[377] Da das Denken des Abräumers „naturgemäß das klarste und rigoroseste" sei, erweise er sich als den nun notwendigen Aufgaben gewachsen. Die „Zeit der Dekadenz" ist Meinecke zufolge nun endgültig vorbei, „und wieder einmal rufen wir nun die starken jungen Menschen". Sei man drei Jahre zuvor, „als wir die Neuen Horizonte bereits dämmern sahen", noch einigermaßen zufrieden mit „Helden der Melancholie und Reitern der Sehnsucht" gewesen, so brauche es „jetzt wieder Helden der Tat, Spieler mit Kraft, Stürmer des Neuen Kontinents, an dessen

---

376 Timo Blunck, Thomas Fehlmann und Walther Thielsch zit. n. Bohn: „Bavarian clothes, a Bauhaus style hit, coffee and cakes..." (1982), 23.
377 Meinecke: „Neue Hinweise: Im Westeuropa Dämmerlicht 1981" (1998), 35.

Gestade wir soeben nach langer Reise angelandet sind".³⁷⁸ Angesichts dieser Ausrichtung und Formulierungen fällt auch ein 1980 im Impressum von *Mode & Verzweiflung* abgedrucktes Zitat aus Ernst Jüngers *Der Kampf als inneres Erlebnis* (1922) nicht aus dem Rahmen, sondern unterstreicht vielmehr die hier skizzierten Kontinuitäten der ‚78er'-Bewegung und ‚Kälte'-Künstler:innen zu den historischen Avantgarden:

> Zuweilen erstrahlt an den Horizonten des Geistes ein neues Gestirn, das die Augen der Restlosen trifft, Verkündigung und Sturmsignal einer Weltwende wie einst den Königen aus dem Morgenlande. Dann ertrinken die Sterne ringsum in feuriger Glut, Götzenbilder splittern zu irdenen Scherben, und wieder einmal schmilzt alle geprägte Form in tausend Hochöfen, um zu neuen Werten gegossen zu werden.³⁷⁹

Allerdings war sich Meinecke der ideologischen Abgründe bewusst, die an den Rändern des eingeschlagenen Wegs lauerten. „Wenngleich wir schon immer brennende Fragen hatten, so wurden wir doch eines Tages des Suchens müde und erlernten das Finden", erklärte der FSK-Musiker zwar in derselben Ausgabe von *Mode & Verzweiflung* und griff damit den Ansatz der Etablierung neuer Welt- und Wertemodelle nach der nihilistischen Entwertung auf, lässt seine reflektierte Herangehensweise jedoch in den folgenden Ausführungen zu den „Gefahren der Pyromanie" erkennen: So bezeichnet er den Faschismus als „Gedankenfalle" des modernen Menschen und bedauert, dass Adolf Hitler nicht stark genug gewesen sei und sich stattdessen „des Modernen Identitätsproblems" entledigt habe, indem er „eine neue Gesamtidentität erfand, eine neue Gemütlichkeit". Sich in diese Gemütlichkeit zu retten, darin liege für den modernen Menschen im Allgemeinen und den „Pyromanen" der ‚78er-Intelligenzija' im Konkreten die größte Gefahr:

> Wenngleich das spielerische und sogenannte Elitedenken dem faschistischen Denken genau entgegengesetzt ist, so befindet sich doch jeder Einzelne von uns ständig in Bereichen faschistischer Gefahr: Wenngleich wir den Faschismus hassen wie nichts sonst, so müssen wir doch erkennen, dass es, wenn uns die Kräfte verlassen, in dem einen oder anderen Fall nur eine Frage der Zeit ist, wann wir überlaufen zu einer der genau fünf Spielarten des aktuellen Faschismus. Wenngleich wir lustige Pyromanen sind, können wir doch durch die geringste Unachtsamkeit jeden Augenblick selbst mit in die Luft fliegen.³⁸⁰

---

378 Ebd., 36–37.
379 „Impressum", in: *Mode & Verzweiflung*, Nr. 5 (1980). Das Zitat wurde allerdings nicht ganz korrekt übernommen, im Original heißt es: „Zuweilen erstrahlt an den Horizonten des Geistes ein neues Gestirn, das die Augen aller Rastlosen trifft, Verkündung und Sturmsignal einer Weltwende wie einst den Königen aus dem Morgenlande." Jünger: „Der Kampf als inneres Erlebnis" (1980), 9.
380 Meinecke: „Ein Karussell der Peinlichkeiten (Umsturz und Spiel)" (1980), 36–37.

Die Strategie der Affirmation war ein komplexes Konzept, das von den NDW-Protagonist:innen und ‚78ern' je nach Intention und Zielsetzung in unterschiedlichem Maß eingesetzt wurde. Das Ja zur modernen, alles andere als idealen Welt bedeutete selbstredend kein tatsächlich uneingeschränktes und vor allem unreflektiertes Ja, allerdings auch kein schlicht ironisches Nein.[381] Schwerlich lassen sich allgemeingültige Aussagen darüber treffen, wo Provokation und subversive Affirmation endeten und wo das tatsächliche Einverständnis mit dem zuvor abgelehnten, vermeintlich ‚Schlechten' der postmodernen, postindustriellen Welt begann. Die Grenzen zwischen dem, was als herausfordernd-offensives Statement zur Distanzwahrung vom linksalternativen Milieu und der Mehrheitsgesellschaft formuliert wurde und dem, was aus einer veränderten Haltung zur Welt ernsthaft bejaht wurde, waren äußerst dünn und oftmals fließend. Sogar die von den Künstler:innen gesetzten Brüche in ihrer Performance bedeuten keineswegs automatisch eine intendierte ‚Als-ob'-Haltung, sondern verweisen auf die grundsätzliche Widersprüchlichkeit und Differenziertheit der Postmoderne selbst, die gerade deswegen von den ‚78ern' begrüßt wurde.

Deutlich wird diese Vielschichtigkeit und mehrschneidige Ambivalenz etwa auch in den Texten des zur Düsseldorfer NDW-Szene gehörenden Schriftstellers Peter Glaser. „Es ist nun schockierender und wirkungsreicher geworden, einverstanden zu sein", erklärte Glaser in einem erst 1985 veröffentlichten Beitrag und unterstrich damit, dass es sich bei der Affirmation der ‚78er' um Strategien handelt. Dennoch schloss die Umwertung aller „Entfremdung-Beton-Atomkraftistböse-Phraseologie" neben aller Provokation zugleich einen „virtuosen Blick für die Schönheit dieser Dinge" ein, aus dem „immer wieder durch einen Anhauch von schierem Frost oder laserscharfe Ironie ein Strahl Wahrheit angeschossen kommt".[382] Für Glaser und die NDW-‚78er' mit ihm war die ‚kalte', von Beton und Stahl geprägte Großstadtkulisse der modernen, industrialisierten Welt nun mal näher an der Lebenswirklichkeit als das verklärte Naturidyll der Antimodernist:innen von links wie rechts. In einem Rückblick auf die in seinen ersten Veröffentlichungen verfolgte, „scharf parodierte, um 180 Grad gedrehte Großstadtromantik" betonte der Schriftsteller erneut, dass diese gleichzeitig zur Abgrenzung von linksalternativem Milieu und Mehrheitsgesellschaft diente als auch zur Etablierung einer neuen Sicht auf die Welt:

> Wir liefen herum und sagten: ‚Hey, was gibt es Romantischeres als eine Fußgängerzonenunterführung nachts?' Und das stimmte auch eine Zeit lang. Ich wollte mir nichts vormachen. Ich hatte das Bedürfnis nach Klarheit. Ich wollte die Wirklichkeit erzählen. Ich wollte sie aber auch schön finden. Ich wollte nicht diesen Atompessimismus. Das hing mir zum Hals

---

381 Vgl. Schumacher: „Deutsch als Fremdsprache" (2007), 237.
382 Glaser: „Die neue deutsche Wanderbühne" (1985), 234.

raus. Man spürte natürlich diese ganze Fremdartigkeit, dass sich der Mensch so total gegen die Natur stemmt. Aber ich wollte klarstellen: So ist es eben – mit dieser künstlerischen Überhöhung, dass das alles ganz toll ist. Damit konntest du die Leute richtig erschrecken. Aber das war befreiend. Wir sagten: Beton ist schön. Großstadt ist schön. Wirklichkeit ist schön. Etwas zu sehen ist schön. Dadurch ging man auf alles zu.[383]

In der NDW-Bewegung und im ‚Kälte-Pop' bewegte sich die Strategie der affirmativen Aneignung der modernen Welt und ihrer Zeichen zwischen Subversion und Etablierung einer veränderten Sicht auf, Haltung zu und Praxis in ebenjener postmodernen Welt und das eigene Selbst in dieser. Bands wie FSK und PALAIS SCHAUMBURG diente das Ja als Machtakt, der die Grenze zu den als veraltet bis reaktionär interpretierten Kritik- und Bewegungsmodellen zog und zugleich den Akteur:innen neue Handlungsspielräume eröffnete, ohne kritische Grundsätze und deren Dialektik auszublenden. So sprach sich in einem 1982 geführten Interview mit der deutschen *Sounds* der neue Sänger von PALAIS SCHAUMBURG, Walter Thielsch, für Luxus aus, der „den Menschen angenehm aus den Rahmen seines sozialen Standes" hervorhebe, Distanz schaffe, „ohne am sozialen Netz zu rütteln", Absatz generiere und Arbeitsplätze sichere. „[W]as wäre also gegen Luxus einzuwenden", resümierte Thielsch und verortete die Wurzeln von Luxusfeindschaft in den „trüben Gefilden christlicher Scholastik". Statt sich in offener Kritik und Protest zu ergehen, eignet sich die Gruppe Thielsch zufolge nicht nur die ‚schlechte Welt' affirmativ an, sondern damit zugleich auch das bisher Verwehrte: „Als Zaungäste am wandelnden Luxusbild, zwischen nicht zu besiegender Geldwelt (Kapital) und demontierter Sozialwelt, unternimmt PALAIS SCHAUMBURG die Flucht nach vorn." Zur Illustrierung der dabei genutzten, subversiven Affirmationsstrategie nutzt der Sänger im Folgenden das Bild des Lochs im Zaun des Golfplatzes, das die Band für sich und andere schneide und aufgrund seiner unübersichtlichen Lage „vom Feind der Idee nicht so schnell zu entdecken" sei – wobei hier unklar bleibt, welche Gegenseite damit nun konkret gemeint ist. Ähnlich FSK formuliert Thielsch hier ein Ja zur modernen Welt, das deren Zwänge und Fehler weder ausblendet noch anprangert, sondern als unveränderliche Tatsachen begreift, auf die es seine durchaus kritisch reflektierten Subjekts- und Gesellschaftsmodelle stellen kann:

> Wir tun so, als gäbe es den großen universellen Niedergang nicht (Verdoppelungen der Misere sind langweilig und verblödend), der das unabwendbare ende[sic!] unserer schlechten Welt, in der es sich so gut leben lässt, bringen wird. Die Erde als Luxus, von der der Mensch Gebrauch macht. PALAIS SCHAUMBURG sucht die Nähe zum Diskurs, der Zugang zur Idee von einer Welt schafft, die möglich ist, hier und jetzt.[384]

---

383 Glaser zit. n. Teipel: *Verschwende deine Jugend* (2001), 262.
384 Thielsch zit. n. Diederichsen, Diedrich: „Palais's Got A Brandnew Schaumburg", in: *Sounds*, Nr. 8 (1982), 30–33, hier: 32.

Kongruente Gegner:innen

Mit ihrer ‚kalten' Affirmation bewegten sich die ‚78er' auf dünnem Eis, nicht zuletzt, weil sie sich das Spielfeld mit anderen jungen Akteur:innen teilten, deren betonte Angepasstheit alles andere als subversiv intendiert war: Ausgehend von Hamburger Gymnasien erlebte die sehr bald bundesweit in Erscheinung tretende Jugendkultur der sogenannten Popper ihre Entstehung und Blüte nahezu zeitgleich mit der bundesdeutschen New-Wave-Bewegung und wies dabei eine Vielzahl von Gemeinsamkeiten und Analogien zur dieser auf. Auch die Popper suchten sich vom linksalternativen Milieu und zeitgenössischen Protestkulturen abzugrenzen. Dies gelang ihnen durch ein für die bundesdeutsche Gegenkultur nicht minder offensives Ja zu Karriere und Kapitalismus, das sich in einer „Aufstiegsmentalität" und konsumorientierter Distinktion manifestierte, etwa durch teure Markenkleidung von *Burlington, Fiorucci, Benetton* und *Lacoste*.[385] Durch ihren expliziten Hedonismus, Konsumismus und Materialismus markierten die Popper zugleich ihre Differenz vom traditionellen Konservatismus. Stil wurde essentiell, Politik nebensächlich bis irrelevant. Style, Posen und Habitus wurden in überzeichneter Form im sogenannten *Popper-Knigge*, den zwei Hamburger Gymnasiast:innen im Sommer 1979 vervielfältigt hatten, festgehalten und damit einem größeren Kreis von Jugendlichen über die Grenze Hamburgs hinaus bekannt. „Der Kopf wird recht hoch getragen", heißt es etwa darin, getreu dem Leitsatz „Deutlich sehen und fühlen lassen, wer ‚man' ist".[386] Zwar waren die in diesem „Benimmmanifest" formulierten Verhaltensregeln des Poppers von den gar nicht zur Popper-Kultur gehörenden Autor:innen satirisch gemeint,[387] doch lässt sich das Erscheinungsbild der Popper (Cashmere-Pullover, Loafer, Karottenhosen, die aufwendige Frisur mit dem charakteristischen, ein Auge bedeckenden Pony) als auch ihre auffällig überangepasste Haltung tatsächlich als bewusste Übersteigerung interpretieren.

Sogar musikalisch waren die Anhänger:innen der ‚neuen Wellen' und die Popper-Jugend nicht sehr weit voneinander entfernt, hörten letztere doch neben ROXY MUSIC am liebsten ABC, HEAVEN 17, HAIRCUT 100 und andere im Rahmen der Synth- und New-Pop-Welle aufgestiegene britische Bands wie SPANDAU BALLET und THE STYLE COUNCIL.[388] Passend dazu fielen die Popper durch ihr androgynes Auftreten auf, ihr

---

385 Siehe dazu Mrozek: „Vom Ätherkrieg zur Popperschlacht" (2014), 296.
386 Zit. n. Barth, Ariane: „Die Kaschmir-Kinder", in: *Der Spiegel*, Nr. 16 (1980), 259–273, hier: 262, 264. URL: *http://www.spiegel.de/spiegel/print/d-14327033.html* (Letzter Zugriff: 24.10.2022).
387 Oberwittler, Jörg: „Aalglatt bis zum Anschlag", 16. Juli 2008, *Spiegel Online*. URL: *http://www.spiegel.de/einestages/popper-bewegung-a-947004.html* (Letzter Zugriff: 24.10.2022).
388 Vgl. Krause, Patrick: „Die Frisur, die hinten nicht hält, was sie vorne verspricht. 25 Jahre „Popper"-Bewegung, in: *Süddeutsche Zeitung*, Nr. Nr. 140, 21. Juni 2004. URL: *https://www.sueddeutsche.de/kultur/jahre-popper-bewegung-die-frisur-die-hinten-nicht-haelt-1.229281* (Letzter Zugriff: 24.10.2022).

Look tendierte wie die ganze Popper-Kultur selbst aber zum Asexuellen und Geschlechtsneutralen, statt die Geschlechtermodelle ästhetisch zu übersteigern wie im Glam. Der Journalist Ulf Poschardt bezeichnet die Popper aufgrund ihrer Abkehr von tradierten, sexuellen Rollenbildern als „protozeitgenössisch" und unterstrich die zumindest augenscheinliche Nähe zu Oscar Wildes Dandytum und Susan Sontags Camp-Phänomen, schränkte allerdings zu Recht ein, „dass die Popper keine ausgeklügelten Überbaukonstrukte entwarfen. Sie waren fast altmodisch authentisch."[389] Deutlich wird an diesem Punkt, worin sich Popper und NDW-Bewegung unterschieden, wobei sich die Gründe, warum den betont affirmativen Poppern das meta-politische Konzept und die subversiven Strategien der ‚78er' völlig fremd blieben, in zwei Faktoren bündeln lassen: Alter und Herkunft. Popper-Cliquen setzten sich aus elf- bis siebzehnjährigen Teenagern zusammen, nicht aus jungen Erwachsenen und Kunsthochschulstudent:innen wie die NDW-Szenen und ‚78er'. Im Gegensatz zu diesen waren die Popper tatsächlich eine Jugendkultur, die spätestens mit dem Abiturjahrgang von 1984 ein Ende fand und deren Anhänger:innen die Unsicherheiten der Pubertät durch Imitation bzw. Vorwegnahme der Erwachsenenwelt zu meistern suchten. Dass sie sich gerade an einem Erwachsenenmodell orientierten, in dem Karriere und demonstrativer Wohlstand eine größere Rolle als Politik und Kunst spielten, liegt in der sozialen Herkunft der Popper begründet, die nahezu ausschließlich der Ober- oder höheren Mittelschicht entstammten – ganz im Gegensatz zu den stilistisch nicht unähnlichen und oftmals als Vorbild herangezogenen Mods der 1960er Jahre, die vorrangig aus der oberen Arbeiterklasse und unteren Mittelschicht kamen und mit Marken-Anzügen und Konsumismus den Ausstieg aus der ihnen zugeordneten Rolle in der britischen Klassengesellschaft erprobten. Anders als bei den ‚78ern' geschah die Verwendung von Zeichen des Etablierten also nicht aus einer „Position des Nicht-etabliert-Seins"[390], sondern war Ausdruck eines tatsächlichen Ideals.

Eine detaillierte Untersuchung der Popper-Kultur, insbesondere im Hinblick auf die in dieser Arbeit untersuchten Affirmationsstrategien der ‚Kälte'-Künstler:innen, kann hier nicht geliefert werden, da es an den dafür notwendigen Quellen mangelt. Sämtliche Literatur zum Phänomen der Popper erstreckt sich auf wenige Zeitschriftenbeiträge, wissenschaftliche Untersuchungen fehlen völlig. Mit entsprechender Vorsicht sind daher die in den genannten Artikeln getroffenen Zu- und Selbstbeschreibungen zur und aus der Popper-Kultur zu behandeln, die zu-

---

389 Poschardt, Ulf: „Die Rebellion der Kaschmir-Kinder", in: *Welt am Sonntag*, 4. Juli 2004. URL: *https://www.welt.de/print-wams/article112647/Die-Rebellion-der-Kaschmir-Kinder.html* (Letzter Zugriff: 24.10.2022). Vgl. auch Barth: „Die Kaschmir-Kinder" (1980), 273 und Krause: „Die Frisur, die hinten nicht hält, was sie vorne verspricht" (2004).
390 Holert: „Abgrenzen und durchkreuzen" (1999), 26–27.

weilen als Vorläuferin der einzig auf Geld, Karriere und Markenware gepolten und spätestens Mitte der 1980er Jahre die Büros der Investmentbanken und Börsenagenturen heimsuchenden Figur des Yuppies gedeutet wird.[391] Einen beispielhaften Einblick in die Hamburger Popper-Cliquen als auch in die zeitgenössische Reaktion der bundesdeutschen Medienwelt auf die Popper gibt der im August 1980 im *Zeit-Magazin* erschienene Beitrag „Die mit der Tolle". Dessen Autorin Renate Wolff spricht darin von einer „Avantgarde der Angepassten" und „Gesellschaft distinguierter Nachwuchs-Snobs", die nicht selten Mitglieder der Schüler-Union der CDU seien und, im Falle der beiden von ihr interviewten, vierzehnjährigen Popper Jan und Sven, „Sachverständiger und Wirtschaftsprüfer" als Berufswunsch nannten.[392] Wolffs Darstellung der Popper-Kultur entspricht ganz dem zu jener Zeit populären Narrativ von der unpolitischen und ausschließlich am Vergnügen interessierten Jugend, der nach den aktivistischen ‚68ern' jeder kritische Ansatz abhandengekommen sei. „Sie sind eher staatstragend", heißt es dazu passend vonseiten eines interviewten Lehrers in Wolffs Beitrag, der abschließend noch ein zweckdienliches Zitat eines Poppers liefert: „Für uns besteht kein Grund, gegen irgend was[sic!] zu rebellieren. Wogegen denn?"[393]

Deutlich lässt sich aus Wolffs Ausführungen herauslesen, als wie provokativ das Gebaren der so gar nicht dem traditionellen Bild der rebellischen Jugendkultur entsprechenden Popper zeitgenössisch wahrgenommen wurde. Ob es sich dabei um eine subversive „Nichtanpassung auf der Meta-Ebene" handelte, wie der Journalist Patrick Krause 2004 mutmaßte, lässt sich mindestens diskutieren.[394] Zu erklären, die Popper-Kultur wäre letztlich nur eine „Schöpfung der Medien" und „einfach nur ein Stil", wie es der zu Jugendkulturen publizierende Schriftsteller Klaus Farin tat,[395] greift jedoch zu kurz und offenbart zudem eine veraltete, auf vermeintliche Authentizität fokussierte Vorstellung von Jugend- und Popkultur. Nicht nur werden Jugendkulturen seit der zweiten Hälfte des 20. Jahrhunderts grundsätzlich medial vermittelt und stehen in einer Wechselbeziehung mit der Medienwelt, die sie als Ressource für Stil- und Verhaltensfragen heranziehen und über die sie zugleich Verbreitung über den lokalen Rahmen erreichen. Darüber hinaus wurde Stil seit dem Ende der 1970er Jahre zum entscheidenden Kriterium postmoderner Sub- und Jugendkulturen, die stets auch popkulturelle Bewegungen

---

391 Krause: „Die Frisur, die hinten nicht hält, was sie vorne verspricht" (2004). Zum Yuppie siehe Fabian, Sina: „Der Yuppie. Projektionen des neoliberalen Wandels", in: Bösch, Frank/Hertfelder, Thomas/Metzler, Gabriele (Hg.): *Grenzen des Neoliberalismus. Der Wandel des Liberalismus im späten 20. Jahrhundert*, Stuttgart 2018, 93–117.
392 Wolff, Renate: „Die mit der Tolle", in: *Zeit-Magazin*, Nr. 12, 14. August 1980, 7, 9–10.
393 Zit. n. ebd., 12.
394 Krause: „Die Frisur, die hinten nicht hält, was sie vorne verspricht" (2004).
395 Farin zit. n. Oberwittler: „Aalglatt bis zum Anschlag", 16. Juli 2008.

sind. Nach den aktivistischen und auf vermeintliche Substanz fokussierten 1960er und 1970er Jahren traten Selbstinszenierung, Stil und flexibel eingesetzte Identitätsmodelle an die Stelle von politischer Überzeugung und ethischer Gesinnung sowie Praxis. Zwischen Postmoderne und Pluralismus galt es nun, sich dem gesellschaftlichen Anspruch anzupassen, zumindest äußerlich Individualismus zu signalisieren. Stil wurde so entscheidend wie die Resonanz der Umwelt. Treffend beschrieb die Journalistin Ariane Barth das Sozialverhalten des in seiner Clique agierenden Poppers als „hochempfindliches Radarsystem mit extrem ausgefahrenen Antennen" und verwies dabei zu Recht auf Ähnlichkeiten zum Typus des „außengeleiteten" Menschen, den der amerikanische Soziologe David Riesman in seinem Hauptwerk *Die einsame Masse* (*The Lonely Crowd*, 1950) skizziert hat.[396] Der bewusst überzeichnete Typus des Popper spiegelte daher einen generellen Transformationsprozess innerhalb der bundesdeutschen Popkultur und Gesellschaft, den auch die ‚Kälte'-Künstler:innen durch ihre subversiv intendierte Affirmation aufnahmen und mitformten.

Zwar blieben die Motive und Strategien der ‚78er' in der bundesdeutschen Popkultur auf einen überschaubaren Teil der New-Wave-Bewegung beschränkt, dennoch waren sie zugleich Ausdruck und Motor dieser größeren, subjektkulturellen Entwicklung in der Bundesrepublik. Als sich die einst subversiv eingesetzten Zeichen über die ‚78er'-Szenen hinaus im Mainstream zu Beginn der 1980er Jahre etablierten, verloren sie endgültig ihren subversiven Charakter und wurden dementsprechend von den ‚Kälte'-Akteur:innen nicht mehr in dieser Form genutzt. Thomas Meinecke machte rückblickend auf die „verheerende Funktion" der in den 1980er Jahren populären, sogenannten Zeitgeist- und Lifestyle-Magazine wie *Tempo*, *WIENER*, *i-D* und *The Face* aufmerksam, die die einst subversiven Codes wie etwa den Anzug jeder Strategie und Reflexion entkleideten und damit den ‚78ern' klar machten, „dass diese Signale so nicht mehr einsetzbar sind".[397] Die Jünger:innen der ‚Modernen Welt' und der Pop-Oberfläche wurden von einer Entwicklung eingeholt, an deren Ausgestaltung sie selbst teilhatten, wenn auch ihre Zielsetzung eine andere war. 1982 sah daher auch das Ende der ‚Kälte'-Affirmation vor, nicht zufällig im selben Jahr, in dem der szeneexterne und als „NDW" gelabelte Sänger Markus mit einem Song die bundesdeutschen Charts stürmte, der aufgrund dem darin beschworenen, offensiven Hedonismus und der ins Bedrohliche kippenden Affirmation offen ließ, ob es sich um Provokation, Subversion, unreflektierten Spaß oder ein tatsächliches Einverständnis handelt:

---

396 Barth: „Die Kaschmir-Kinder" (1980), 268, 270.
397 Meinecke zit. n. Schneider: „Wir haben überhaupt nicht gedacht, dass wir eine Band sind..." (2011), 268.

> Mein Maserati fährt 210
> Schwupp, die Polizei hats nicht gesehen
> Das macht Spaß! Ich geb Gas, ich geb Gas
> Will nicht spar'n, will nicht vernünftig sein
> Tank nur das gute Super rein
> [...]
> Und kost Benzin auch drei Mark zehn
> Scheißegal – es wird schon geh'n
> [...]
> Deutschland, Deutschland, spürst du mich?
> Heut Nacht komm ich über dich
> Das macht Spaß![398]

3.4 „Da bleib ich kühl – kein Gefühl": Schwarze Entfremdungsromantik

„Ich möchte ein Eisbär sein / Im kalten Polar / Dann müsste ich nicht mehr schrei'n / Alles wär so klar / Eisbären müssen nie weinen".[399] Der im Juli 1980 produzierte und kurz darauf erstmals veröffentlichte Song „Eisbär" der Schweizer Post-Punk-Band GRAUZONE brachte gleich mehrere ‚Kälte'-Motive zusammen: Dazu gehören auf textlicher Ebene etwa die Beschwörung tatsächlicher Kälte-Bilder (Eisbär, kalter Polar) und der Wunsch nach Emotionslosigkeit als auch auf musikalischer Ebene ein monotoner Gesang sowie ein ebenso monoton-minimalistischer und durch ‚kalte' Elemente (hohe, kristallisch klingende Gitarren- und Synthesizer-Parts, mechanischer Drum-Loop, Sample eines eisigen Windzugs im Intro) geprägter Sound. Dabei steht der kommerziell erfolgreiche Hit „Eisbär" stellvertretend für eine ganze Reihe von NDW-Songs, die an schwarzromantische ‚Kälte'-Motive anschlossen, während sie Depressions- und Entfremdungserfahrungen nicht nur thematisierten, sondern sogar ästhetisierten. Mit ihren Hymnen an eine von Ängsten geprägte Jugend sprachen Bands wie GRAUZONE, FEHLFARBEN und IDEAL vielen jungen Menschen aus dem Herzen, die sich Anfang der 1980er Jahre nicht nur mit altersbedingten Unsicherheiten in Bezug auf ihr soziales Umfeld und die eigene Person, sondern auch auf die als krisenhaft bis gefährlich wahrgenommene Lage der Welt konfrontiert sahen.

Die Gliederung des Kapitels orientiert sich an den verschiedenen Bezugspunkten der ‚Kälte'-Romantiker:innen, nämlich der vermeintlich ‚kalten' Welt, dem oft-

---

[398] MARKUS: „Ich Will Spaß", auf: *Kugelblitze & Raketen* (1982), LP, CBS, CBS 85 732. Vgl. dazu Peters: *Ein Lied mehr zur Lage der Nation* (2010), 253.
[399] GRAUZONE: „Eisbär" (1980).

mals mystisch aufgeladenen Todes-Motiv und den eigenen ‚kalten' Gefühlen. Abschließend steht die popmusikalische Inflation von Begriffen aus dem Bereich klimatischer Kälte selbst im Mittelpunkt der Untersuchung. Diese Einteilung dient allein der Übersichtlichkeit, klar voneinander abgrenzen lassen sich die thematischen Schwerpunkte und genutzten Motive jedoch nur selten, stattdessen gingen zynisch-düstere Songtexte über die als unwirtlich beschriebene Welt, Entfremdungserfahrungen und mangelnde Emotionalität zumeist Hand in Hand. Trotz aller stilistischen und lokalen Unterschiede eint die hier untersuchten Musiker:innen, die wohl die größte und erfolgreichste Gruppe innerhalb der NDW-Bewegung und im ‚Kälte-Pop' bilden, mehr als sie trennt. Innerhalb der NDW und des ‚Kälte-Pop' knüpften sie am deutlichsten an das in linksalternativen Kreisen verbreitete und auch noch in der Punkkultur virulente, expressionistische Motiv des Leidens an der Welt und/oder eigenen Unzulänglichkeiten an. Dementsprechend überrascht es kaum, dass sich hier viele Acts finden, die als Pioniere der sich Anfang der 1980er Jahre formierenden deutschsprachigen Dark-Wave-Bewegung gelten, wie XMAL DEUTSCHLAND, GRAUZONE, MALARIA! und GEISTERFAHRER. Während sich ein Teil der NDW in Klagen über den düster illustrierten Zustand der Welt und des Subjekts erging, fiel bei anderen ‚Kälte'-Romantiker:innen diese Kritik weg und die vermeintliche ‚Kälte' der Welt wurde als Tatsache akzeptiert und dementsprechend sachlich beschrieben. Beiden Formen gemein ist die Übertragung besagter ‚Kälte' auf die eigene Person: Das als ‚kalt' dargestellte Innere spiegelt das als ‚kalt' wahrgenommene Außen.

Das ‚kalte' Außen: Zwischen grauer Lebenswelt und Großstadtkälte
Eine trostlose Szenerie: Zu sehen ist die sich über fünf Stockwerke erstreckende, fensterlose Seite eines Mehrfamilienhauses, unterbrochen wird das Grau-in-Grau einzig von einer Werbetafel, die ironischerweise Farbfernseher anpreist und ein scheinbar glückliches Ehepaar beim Fernsehkonsum zeigt. „So sahen alle Häuser aus in allen Städten, die wir kannten", erklärte Sänger Peter Hein rückblickend zum ikonischen Frontcoverbild (Abb. 19) des FEHLFARBEN-Debüt-Albums *Monarchie und Alltag* (1980), das sich nicht nur in der Covergestaltung um einen von Eintönigkeit, Langeweile und Konsum geprägten Alltag drehte.[400] „Was ich haben will, das krieg ich nicht / Und was ich kriegen kann, das gefällt mir nicht", heißt es etwa im darauf enthaltenen Song „Paul Ist Tot" und auch das auf den Slogan „Fort mit dem Grauschleier" des Düsseldorfer Waschmittelherstellers *Henkel* sich beziehende Stück „Grauschleier" erzählt von der Unzufriedenheit des lyrischen Ich mit seiner als farblos und monoton beschriebenen Lebenswelt: „Ich habe das alles schon tau-

---
[400] Hein in „Die Fehlfarben und ihr Meilenstein-Album: Monarchie und Alltag", *artour*, Das Erste (Sendedatum: 11.05.2017), 00:01:50–00:01:53.

sendmal gesehen / Ich kenne das Leben, ich bin im Kino gewesen / [...] / Die Geschichte ist langweilig, immer dasselbe / [...] / Es hängt ein Grauschleier über der Stadt, den meine Mutter noch nicht weggewaschen hat".[401]

Abb. 19: Alltägliche Trostlosigkeit: Frontcover der LP *Monarchie und Alltag* (1980) von FEHLFARBEN.

Auch bei IDEAL ist der als grau, langweilig und stumpfsinnig dargestellte Alltag ein zentrales Motiv in den Songtexten. Im Stück „Da Leg Ich Mich Doch Lieber Hin" (1980) etwa resigniert das lyrische Ich darüber, dass „alles keinen Sinn" habe und träumt davon, „dass alles anders wird" und „endlich was passiert".[402] Auf demselben Album findet sich auch das populäre Stück „Blaue Augen" (1980), in dem einzig die blauen Augen der besungenen Person bei Sängerin Annette Humpe noch jene Emotionen hervorrufen, die der als banal beschriebene Alltag und sogar das Szene- und Nachtleben nicht mehr zu liefern vermögen: „Insiderfeten, da schlaf ich ein / Ich will auch nicht in London sein / Bei Sex und Drugs und Rock'n'Roll /

---

401 Vgl. Baßler: *Western Promises* (2019), 185.
402 IDEAL: „Da Leg Ich Mich Doch Lieber Hin", auf: *Ideal* (1980), LP, Innovative Communication, KS 80.004.

ist das Maß an Stumpfheit voll / Da bleib ich kühl, kein Gefühl".[403] Ähnlich geht es auf dem Folgealbum *Der Ernst Des Lebens* (1981) weiter, etwa in Songs wie „Erschießen" („Langeweile killt nur langsam") und „Eiszeit": „Alle Worte tausendmal gesagt / Alle Fragen tausendmal gefragt / Alle Gefühle tausendmal gefühlt / Tiefgefroren – tiefgekühlt".[404] Selbst im Song „Monotonie", der durch Reggae-Sounds und die Aufzählung von exotischen Reiseziele zunächst träumerisch und entspannt daherkommt, verdreht Annette Humpe die Aussage der üblicherweise so gestalteten Schlager ins Gegenteil, indem sie im eher teilnahmslos und monoton gesprochenen als gesungenen Text die bei bundesdeutschen Wohlstandsbürger:innen beliebten Urlaubziele im Süden als genauso öde und lähmend beschreibt wie das Leben daheim: „Monotonie in der Südsee / Melancholie bei dreißig Grad / Monotonie unter Palmen".[405] Insbesondere Humpe steigerte die von ihr vermittelte resignative Haltung mitunter bis ins Fatalistische und schloss damit an eine zeitgenössisch nicht nur in der NDW-Bewegung übliche pessimistische Sicht auf die Zukunft an.[406]

Mit ihren Songs lagen FEHLFARBEN und IDEAL ganz im Trend, angesagt waren in der NDW deutschsprachige Texte, die ungeschönt von dem als langweilig und farblos wahrgenommenen Alltag erzählten. Beliebtes Motiv war in diesem Zusammenhang auch die von Anonymität, schonungsloser Härte und grauem Beton beherrschte Großstadt. „Linke Seite Supermarkt / Rechte Seite Abenteuerspielplatz / In der Mitte Autobahn", heißt es etwa im ABWÄRTS-Klassiker „Maschinenland" (1980).[407] *Spex*-Autor Peter Bömmels wiederum hebt in seiner Rezension der Single *Metapher III/Du Da* von der Gruppe DIE SCHLECHTE WELT(!) lobend hervor, dass es der Band auf der A-Seite gelinge, „[d]iese unsere moderne Stimmung" und urbane Lebenswelt musikalisch wiederzugeben, wobei er zur Beschreibung des Instrumental-Tracks auf Motive urbaner ‚Kälte' zurückgriff: „Einsame Wir- und Ich-Strukturen verlieren sich in der Kälte der baumlosen Asphaltinseln. Die Glattheit der Quader ist ihr tödlicher Charme."[408] Wie die beiden Beispiele zeigen, lassen die evozierten Bilder eines trostlosen und fast schon lebensfeindlichen Ortes kei-

---

403 IDEAL: „Blaue Augen", auf: *Ideal* (1980). Erstveröffentlicht wurde der Song von der Gruppe NEONBABIES, bei der Annette Humpe vor der Gründung von IDEAL zusammen mit ihrer Schwester Inga (2RAUMWOHNUNG) spielte. NEONBABIES: „Blaue Augen", auf: *I Don't Want To Loose You* (1980), 7"-EP, Teldec, 66.10190-01. Vgl. Vowinckel: „Neue Deutsche Welle" (2012), 474.
404 IDEAL: „Erschießen", auf: *Der Ernst Des Lebens* (1981), LP, Eitel Imperial/WEA, WEA 58 400; IDEAL: „Eiszeit", auf: *Der Ernst Des Lebens* (1981).
405 IDEAL: „Monotonie", auf: *Der Ernst Des Lebens* (1981). Vgl. zu „Monotonie": Longerich: *„Da Da Da"* (1989), 142–144 sowie Hornberger: *Geschichte wird gemacht* (2010), 268–269.
406 Humpe zit. n. Skolud/Stasiak: *Plant uns bloß nicht bei euch ein* (1984), 242.
407 ABWÄRTS: „Maschinenland" (1980).
408 Bömmels, Peter: „Die schlechte Welt: Metapher III/ Du Da (Vulknor Records)", Rezension, in: *Spex*, Nr. 2 (1980), 18. Unklar bleibt allerdings, ob diese Veröffentlichung tatsächlich existiert,

nesfalls automatisch auf eine negative Intention seitens der Künstler:innen und Rezensent:innen schließen. Im Gegenteil wurde die schroffe Kulisse der eigenen Lebenswelt nicht kritisch, sondern sachlich bis affirmativ dargestellt. Dementsprechend stellt der frühe IDEAL-Song „Berlin" (1980), in dem West-Berlin als niemals schlafender, Abenteuer und Vergnügung verspechender Großstadtdschungel gezeichnet wird, auch keinen Widerspruch zu den oben genannten Liedern der Band dar.[409] West-Berlin galt als harte, raue und marode Stadt, die zwangsläufig genauso abgehärtete, unerbittliche und zynische Bewohner:innen hervorbringt. Genau das war es aber, was viele NDW-Musiker:innen und insbesondere die Künstler:innen des ‚Kälte-Pop' an der geteilten Metropole schätzten. Deutlich wird dies etwa auch an New-Wave-Filmen wie „Jetzt und alles" und „Kalt wie Eis" (beide 1981), deren Kriminalgeschichten vor der schroffen und zugleich reizvollen Kulisse der von grauem Beton und neonbeleuchteten Clubs geprägten West-Berliner Underground-Kultur spielen, unterlegt mit dem passenden New-Wave-Soundtrack.[410] Außerhalb der deutschsprachigen New-Wave-Bewegung fiel die Darstellung und implizierte Bewertung West-Berlins dagegen anders aus, beispielsweise in dem Kinofilm „Christiane F. – Wir Kinder vom Bahnhof Zoo" (1981), in dem das Motiv der ‚kalten', erbarmungslosen Großstadt gesellschaftskritisch intendiert war.[411] Dennoch hatte auch dieser an den Kinokassen erfolgreiche Film bzw. das darin entworfenen Berlin-Bild einen außerordentlich Einfluss in der Konstruktion der über die Popkultur hinaus wirkmächtigen Vorstellung West-Berlins als Hauptstadt der ‚Kälte'.

Neu war das Motiv der ‚kalten' Großstadt in der Pop-Musik genauso wenig wie jenes der trostlosen, den Menschen aufzehrenden modernen Welt. Regelmäßig arbeiteten sich neben Liedermacher:innen vor allem (Polit-)Rock- und Punk-Bands an der Thematik ab. Was sich in der NDW geändert hatte, war die Haltung dazu. Wie ein *Sounds*-Autor 1980 betonte, gehe es nun um ein „Ernstnehmen der ‚modernen Welt' mit ihren objektivierten Formen (Betonbauten, Autobahnen, Jets, U-Bahnen, TV, Computer, Fließbänder usw.), also auch ihren Zwängen", denen man nicht „durch Flucht auf das Land oder nach Poona oder in den Spontizynis-

---

weder lassen sich zum besagten Musikprojekt, noch zur Single oder dem Label weitere Informationen finden.

409 IDEAL: „Berlin", auf: *Ideal* (1980).

410 „Jetzt und Alles" (1981); „Kalt wie Eis" (1981). Vgl. dazu die Filmreview von Schirmer: „Feuer vor dem Mund" (1981), 260.

411 „Christiane F.: Wir Kinder vom Bahnhof Zoo" (Bundesrepublik Deutschland 1981). R: Edel, Uli. Vgl. Uka, Walter: „Der deutsche Film schiebt den Blues. Kino und Film in der Bundesrepublik in den achtziger Jahren", in: Faulstich, Werner (Hg.): *Die Kultur der achtziger Jahre*, München 2005, 105–121, hier: 114–115.

mus entgehen kann".[412] Entsprechend gelte es, diese Situation nicht einfach unreflektiert gutzuheißen, aber auch nicht dagegen anzukämpfen. Das Ergebnis war, dass sich die New-Wave-Bewegung in den vermeintlich negativen Aspekten der modernen Welt einrichtete. Treffend unterstreicht der Pop-Autor Frank Apunkt Schneider, dass sich ‚Entfremdung' von der „Rhetorik des Mangels in die Sprache des Begehrens" entfernt hatte: „Es herrschte Kuschelkälte".[413] Die Songtexte auf FEHLFARBENS *Monarchie und Alltag* etwa schwanken unentschlossen zwischen den Möglichkeiten, die eigene Entfremdung einerseits zu beklagen und sie andererseits zu akzeptieren und (ästhetisch) aufzuwerten.[414] Und auch frühe DAF-Tracks sind von dieser Ambivalenz geprägt, etwa das bereits 1979 live gespielte Stück „Ich und die Wirklichkeit" („Ich und ich / In der Wirklichkeit / [...] / Ich und ich / Ich fühle mich so seltsam") sowie die auf dem Album *Die Kleinen Und Die Bösen* (1980) veröffentlichten Titel „Essen Dann Schlafen" („Ich möchte nicht mit dir schlafen / Ich möchte jetzt was essen und dann schlafen gehen") und „Nachtarbeit":

> Erotik ist vorbei
> Maschinen machen Spaß
> Sex ist verkrüppelt
> normales Leben in der neuen Zeit
> Lebensstandardssteigerung
> schnelle Produktion für die schnelle Republik
> wer täglich stirbt, lebt für den Augenblick
> das Leben ist langweilig
> es macht keinen Spaß
> das Leben ist flach
> [...]
> das Leben ist gut, doch die Menschen sind schwach.[415]

---

412 Hoffmann: „Das moderne Ich" (1980), 23.
413 Schneider zufolge brachte dieser Ansatz zudem einen Zynismus als „ein Gefühl zweiter Ordnung" und „strategische Gefühlskomplexität" mit sich, in der Emotionen stets reflektiert als „einstudierbare soziale Handlungen" betrachtet wurden. Schneider: *Als die Welt noch unterging* (2007), 229.
414 Vgl. Weisung, Miß: „Männerrock und Narzismus[sic!]. Gedanken zu ‚Monarchie und Alltag'", in: *testcard. Beiträge zur Popgeschichte*, Nr. 2 (1996), 143–147, hier: 146–147 sowie Hornberger: *Geschichte wird gemacht* (2010), 183.
415 DEUTSCH-AMERIKANISCHE FREUNDSCHAFT: „Ich Und Die Wirklichkeit", auf: *Into The Future* (1979), LP, Konnekschen, KON LP 1; DEUTSCH-AMERIKANISCHE FREUNDSCHAFT: „Essen Dann Schlafen", auf: *Die Kleinen Und Die Bösen* (1980); DEUTSCH-AMERIKANISCHE FREUNDSCHAFT: „Nachtarbeit", auf: *Die Kleinen Und Die Bösen* (1980).

Tod und Leiden in der NDW
Im Zusammenhang mit der thematischen Aufbereitung vermeintlich negativer Aspekte des (modernen) Lebens wurde gleichfalls der Tod zu einem wiederkehrenden Motiv innerhalb der NDW. Auch dieses Motiv waren keinesfalls neu in der Pop-Musik und wurde generell seit dem Ende der 1970er Jahre zu einem gängigen, teilweise sogar überstrapaziertem Thema unterschiedlichster Genres und Musikkulturen.[416] Aufschlussreich ist dabei vor allem der Vergleich des Einsatzes dieser Motiv bei den ‚Kälte'-Musiker:innen auf der einen und bei ihren gegenkulturellen Vorgänger:innen und Zeitgenossen:innen auf der anderen Seite. Hier zeigen sich zwar auch Ähnlichkeiten und Kontinuitäten, noch deutlicher jedoch Unterschiede, die den neuartigen Ansatz der ‚Kälte'-Strategien veranschaulichen. Im Mittelpunkt standen für die Pop- und Rockmusiker:innen der späten 1960er und 1970er Jahre entweder gesellschaftskritische und friedenspolitische oder transzendentale Aspekte, die den Tod als kosmische Auflösung darstellten. Im Punk drückte der Gebrauch des Todes-Motivs wiederum eine Verweigerungshaltung und nihilistische Weltanschauung aus und diente der Provokation und Warnung. Der Medienwissenschaftler Roland Seim unterscheidet in seiner Untersuchung von Todesbildern im Punk zwischen dem „Method Acting" von Bands wie den SEX PISTOLS, die durch ihre todesaffine Schockperformance Frustration, Verzweiflung und Wut demonstrierten, dem politischen Ansatz von Gruppen wie THE CLASH, DEAD KENNEDYS und CRASS, die Tod und Elend als Folge politischer, ökonomischer und ökologischer Missstände anprangerten und damit an die Protestsänger:innen der 1960er und 1970er Jahre anknüpften, sowie dem schwarzen Humor von Punk-Bands der zweiten Generation wie DIE TOTEN HOSEN und DIE ÄRZTE, für die vor allem der „Fun-Faktor" zählte.[417]

Aufgrund der partiellen Überschneidungen von Punk und früher New Wave taucht der kritische, eben nicht affirmative Ansatz bei der Verwendung von Todes-Motiven auch in den Songtexten von Bands auf, die musikalisch zur deutschsprachigen New Wave gezählt werden. Bei diesen hat das Todes-Motiv eine zumeist gesellschaftskritische Intention, beispielhaft festgehalten im Song „Heute Norm – Morgen Tod" (1980) der Düsseldorfer Band S.Y.P.H.: „Ich erkenne meine Welt nicht mehr / Ich sehe keine Menschen mehr / Menschen, die leben, Menschen, die lieben / Sie sterben wie Fliegen in den Kriegen / Heute Norm und mor-

---

416 Siehe etwa Seim, Roland/Spiegel, Josef (Hg.): „*The Sun Ain't Gonna Shine Anymore*". *Tod und Sterben in der Rockmusik*, Münster 2009.
417 Seim, Roland: „No Sun, No Fun, No Future. Zur Todesthematik in Punk- und Independent-Musik", in: dies. (Hg.): „*The Sun Ain't Gonna Shine Anymore*" (2009), 79–105, hier: 83–86. Siehe auch die Auflistung von Todessymboliken auf Plattencovern, in Bandnamen und Songtiteln: Ebd., 88–96.

gen Tod / Die Natur fällt aus dem Lot".[418] Auch die später auf Post-Punk und Dark Wave umgeschwenkte Gruppe DIE WESTDEUTSCHEN CHRISTEN konnte auf ihrem Punkrock-Debüt von 1980 dem Tod nichts Positives abgewinnen, wie die darauf enthaltenen Songs „Lass Mich Nicht Allein" („Viele tote Menschen im kalten Neonland") und „Angst" („Ich will noch gar nicht sterben / Ich hab Angst / Ich hab Angst vorm Leben / Angst vorm Tod") zeigen.[419] In einem grundsätzlich negativen Sinne gebrauchten auch die ‚Wellenreiter'-Bands, die ohne Szene-Anbindung in der Spätphase der NDW auftauchten, das Motiv des Todes. Exemplarisch für viele weitere, meist nur für ein Album existenten Gruppen sei hier die kurzlebige Band SCHWARZE BEWEGUNG genannt bzw. deren 1982 erschienenen Songs „Nullerregung" („Millionen gehen drauf / Nullerregung / Keiner regt sich auf") und „5 Minuten": „Ich werf mich vor die Bahn / Die kommt dann etwas später an / Fünf Minuten / Ich glaub ich spring vom Wohnsilo / Ich werd des Lebens nicht mehr froh".[420]

Statt mit Trauer, Klage oder Kritik begegneten die hier untersuchten NDW-Künstler:innen der Todes-Thematik entweder mit schwarzromantischer Ästhetisierung, dadaistischer Entmystifizierung oder neusachlich-objektiver Dokumentation. Bei vielen ‚Kälte'-Musiker:innen wurde das Sterben und insbesondere der eigene Tod geradezu begrüßt, nicht selten aus einer betont pessimistisch-resignativen Haltung heraus. So etwa bei dem als DER KÜNFTIGE MUSIKANT und DER LUSTIGE MUSIKANT in Erscheinung getretenen Ein-Mann-Projekt des Reutlinger Musikers Rolf Schobert. Auffällig viele seiner minimalistischen und zumeist nur von verzerrten Synthesizer-Sounds unterlegten Songs thematisieren den Tod und das Sterben in affirmativer Weise, wie etwa „Zu Tot Um Zu Sterben", „Deutschland Deine Kinder Sterben", „Keine Zeit" („Jeden Morgen frisch unfrei / Einem neuen Tod entgegen"), „Guten Morgen" („Dieser Tag bringt dir auch nix Neues / Bleib liegen oder häng dich auf / Früher oder später stirbst du doch") sowie „Schlafrock" (alle 1982): „Ich bin so müde / Ich will schlafen / Ich bin so müde / So lebensmüde".[421] Sichtlich amüsiert ob der geradezu besessenen Behandlung der Todes-Thematik, heißt es in einer Rezension zur EP *Veitstanz* (1982) im Fanzine *Lautt*, DER KÜNFTIGE MUSIKANT bediene mit seinen schweren Sounds und todessehnsüchtigen Texten letztlich ein

---

418 S.Y.P.H.: „Heute Norm – Morgen Tod" (1980).
419 WESTDEUTSCHE CHRISTEN: „Lass Mich Nicht Allein", auf: *Lass Mich Nicht Allein* (1980), 12″-EP, Epilepdisc, 007; DIE WESTDEUTSCHEN CHRISTEN: „Angst", auf: *Lass Mich Nicht Allein* (1980).
420 SCHWARZE BEWEGUNG: „Nullerregung", auf: *Schwarze Bewegung* (1982), LP, Bellaphon, 260-09-056; SCHWARZE BEWEGUNG: „5 Minuten", auf: *Schwarze Bewegung* (1982).
421 DER KÜNFTIGE MUSIKANT: „Zu Tot Um Zu Sterben", auf: *Veitstanz* (1982), 7″-Single, Bubu Musikverbreitung; DER LUSTIGE MUSIKANT: „Deutschland Deine Kinder Sterben", auf: *Huch!* (1982), Cassette, Was Soll Denn Dass, Nr. 4; DER LUSTIGE MUSIKANT: „Keine Zeit", auf: *Huch!* (1982); DER LUSTIGE MUSIKANT: „Guten Morgen", auf: *Huch!* (1982); DER LUSTIGE MUSIKANT: „Schlafrock", auf: *Huch!* (1982).

klassisches Motiv deutscher Kultur: „rolf ist deutsch. er weiß von seiner deutschen sozialisation und spielt mit ihr. seine eigentlichen instrumente sind disziplin & härte, die beide der wehleidigkeit & dem seelenschmerz nicht unverwandt klingen."[422]

Während Schoberts Projekt ein nahezu ausschließlich auf Kassetten veröffentlichender Underground-Tipp blieb, erreichten IDEAL mit zum Teil sehr ähnlichen Texten ein viel größeres Publikum, erweiterten die Todes-Affirmation jedoch in Songs wie „Erschießen" (1981) um einen schwarzromantischen Ansatz: „Komm, wir lassen uns erschießen / Zwei Schüsse mitten ins Gehirn / Komm, wir lassen uns erschießen / Ich hab nichts zu verlier'n / [...] / Langeweile killt nur langsam / Du wirst sehn, es tut uns gut / Mir ist heute so gewaltsam / Mir ist nach Schüssen heut zumut".[423] In einem 1984 veröffentlichten Interview führte Sängerin Annette Humpe diesen zwischen romantischer Todes-Sehnsucht und kühler Sachlichkeit pendelnden Gedanken weiter aus:

> Ich habe ganz irrational so eine Vision im Kopf, dass es sein könnte, mit jemanden zusammen zu sterben. Oder sich mit jemandem zusammen erschießen zu lassen. Das ist ein ‚flash', nicht allein zu sterben. Sondern bewusst mit jemandem zusammen. Der andere Punkt ist, dass ich Berlin für einen Ort halte, in dem man Selbstmord nicht selbst vollziehen muss, sondern ihn machen lassen kann. Nicht nur durch die Straßenschlachten und Häuserbesetzungen, wo du irgendwo 'n Bullen provozieren könntest, dass er dich abknallt, wenn du sterben willst. Sondern du könntest auch einen Ort an der Mauer finden, wo du von Ost und West gleichzeitig erschossen wirst. [...] Ich mein, in Castrop-Rauxel werde ich nicht so einfach erschossen. Da muss ich mich viel mehr anstrengen, hier hab ich das viel einfacher. Wenn ich mich nicht selbst umbringen will, sondern das von einem andren vollstrecken lassen möchte, dann kann ich das hier gut machen.[424]

Andere Musiker:innen des ‚Kälte-Pop' behandelten das Themenfeld Tod mit weit weniger Ernsthaftigkeit und Pathos als die Vertreter:innen der schwarzromantischen NDW. PALAIS SCHAUMBURG etwa schlossen in ihrem Anfang 1981 erstveröffentlichten Stück „Kinder Der Tod" an die Affirmationstendenz in der New-Wave-Bewegung an, entzogen sich aber zugleich in gewohnt dadaistischer Manier jeder Bedeutungsfestschreibung. Monoton und betont teilnahmslos singt Holger Hiller darin: „Kinder, der Tod / Ist gar nicht so schlimm / Ich hab ihn geseh'n / Und er war schön / [...] / Kinder, die Messer / Sind gar nicht so scharf / Ich muss mal / In die Wimm Wimm".[425] Weitaus expliziter geriet die von Affirmation und schwar-

---

422 Van Daale, Ralf: „veitstanz – der künftige musikant EP", Rezension, in: *Lautt*, Nr. 0 (1982), 31.
423 IDEAL: „Erschießen" (1981).
424 Humpe zit. n. Skolud/Stasiak: *Plant uns bloß nicht bei euch ein* (1984), 239–240.
425 PALAIS SCHAUMBURG: „Kinder Der Tod", auf: *Telephon / Kinder Der Tod* (1981), 7"-Single, ZickZack, ZZ 33.

zem Humor geprägte Nutzung des Todes-Motivs beim Göttinger Duo THORAX-WACH, beispielhaft verdeutlicht in Songtiteln wie „Unangenehm Tödlich" (1980), „Huckepack Und Zu Hunderten In Den Tod" (1980), „Ein Herz Von Kindern" (1981), das die Zubereitung von Kindern beschreibt, sowie „Ruhe Im Karton" (1981):

> Ich möchte so sterben, dass mich keiner hört
> Ein bisschen Blut in meinem Mund
> Ein schwarzer Fleck auf meiner Haut
> Ich atme tief und kling dann hohl
> [...]
> Mein Leichenschiss geht mich nichts an
> Damit krieg ich die Schwester dran
> Man knipst mir noch die Zehen ab
> In voller Länge komm ich nicht ins Grab.[426]

Eine vor allem im Umfeld der West-Berliner „Dilletanten" beliebte ‚Kälte'-Strategie war es, zumeist blutige Grausamkeiten durch eine betont emotionslose Vortragsweise als Banalitäten zu kennzeichnen, die kein Anlass für Sentimentalitäten seien. „Mit meinem Messer / Schneide ich dich / Mundgerecht / In kleine Stücke / Du bist tot", heißt es etwa im Stück mit dem auf den ersten Blick unverfänglichen Titel „10.5. Muttertag" (1981) von Alexander von Borsig, damals Teilzeit-Mitglied bei EINSTÜRZENDE NEUBAUTEN.[427] Sachlich-dokumentarisch blieb Borsig auch in dem 1982 veröffentlichtem Titel „Zu Den Anderen Gerollt Werden": „Der Kandidat geht in die Knie / Sein Blick wird in den Staub gerichtet / Er kann sich nicht abstützen / Ihm sind die Hände gebunden / Dann kommt der Schuss / In den Nacken / Bäuchlings fällt er / Und kann leicht / Zu den Anderen gerollt werden".[428] Ähnlich gingen die Musiker:innen der Gruppe DIE TÖDLICHE DORIS im Track „7 Tödliche Unfälle Im Haushalt" (1981) vor, der in seiner ‚kalten' Art an Ernst Jüngers Kriegstagebücher erinnert, in denen dieser von den erlebten Gräueln des Ersten Weltkrieges trocken und ohne jede Emotionalität erzählt: Im betont sachlich gesprochenen Text, der von tiefen Bass-Drones, einem für die West-Berliner Post-Punk-Szene typisch quäkenden Saxophon und stetig lauter werdenden, stark verzerrten Gitarren- oder Synthesizer-Sounds untermalt wird, werden brutale und zumeist äußerst blutige Unfallszenarien unterschiedlicher Personen geschildert. Dazu gehören etwa eine

---

[426] THORAX WACH: „Unangenehm Tödlich", auf: *Kaum Erdacht – Schon Mode* (1980), LP, Schnellschnitt; THORAX WACH: *Huckepack Und Zu Hunderten In Den Tod* (1980), 7"-Single, Schnellschnitt; THORAX WACH: „Ein Herz Von Kindern", auf: *Die ‚Euch Geht's Ja Noch Viel Zu Gut' Kassette* (1981), Cassette, Kompakt Produkte; THORAX WACH: „Ruhe Im Karton", auf: *Die ‚Euch Geht's Ja Noch Viel Zu Gut' Kassette* (1981).
[427] BORSIG WERKE: „10.5. Muttertag", auf: *S. J.* (1981), Cassette, Das Cassetten Combinat, 0111.
[428] Borsig, Alexander von: „Zu Den Anderen Gerollt Werden", auf: *Hiroshima* (1982), 12"-Single, Supermax, MAX 01.

durch entzündetes Haarspray verkohlte Frau, ein von einer Schaufensterscheibe geköpfter Mann und ein beim Spielen von einem Lastwagen überfahrenes Kleinkind:

> Eva F. und Jürgen E., beide 20, sind jung verlobt und wohnen seit kurzem zusammen. Eva wäscht sich gerade in der Küche der Altbauwohnung die Haare, als ihr Verlobter von hinten kommt, um sie zu necken. Er stößt ihr mit den Zeigefingern in die Seite. Sie schreckt hoch und rammt sich dabei den laufenden Wasserhahn durch die Schädeldecke. Eine Fontäne aus Wasser, Shampoo und Gehirnmasse schießt durch die Küche.[429]

Eine schwarzromantische Übersteigerung erfuhr die Todes-Ästhetik dagegen bei jenen NDW-Bands, die sich im Um- und Vorfeld der aufblühenden Dark-Wave-Strömung bewegten. „Tanz mit ihm, sprich zu ihm / Berühr ihn sanft und wild / In Leidenschaft erfüllt / Liebt er dich", heißt es etwa im Song „Ein Tanz Mit Dem Tod" (1981) von GRAUZONE, erschienen auf der Single-Veröffentlichung *Moskau*, deren Covergestaltung im Rückgriff auf Sergei Eisensteins Film „Panzerkreuzer Potemkin" (1925) mit zwei erhängten Personen noch ein weiteres Todes-Motiv bereithielt.[430] Eine ganze Reihe schwarzromantischer Songs, die das Motiv des Todes aufgreifen, liefert die ursprünglich in Hamburg beheimatete, bald aber vor allem in England aktive Gruppe XMAL DEUTSCHLAND auf ihrem Debüt-Album *Fetisch* (1983), darunter „Qual" („Deine Qual ist meine Lust / Meine Liebe ist dein Tod"), „Young Man" („Young man may die / Und deine Hoffnung wird versickern") und „Boomerang": „Liebe ist wie ein Käfig ohne Ausgang / [...] / Liebe ist wie ein Fleischerhaken / Und bricht dir das Genick".[431] Die stilistische und thematische Richtung hatte die Band bereits in ihren ersten beiden Single-Veröffentlichungen vorgegeben. „Schwarze Welt / Schließt uns ein / Dringt in Häuser und Betten / Schmiegt sich an mit Schrecken / Zwingt uns zum Verrecken / Schwarzer Nebel, schwarzer Nebel / Langsam und mit Schmerzen / Kommt der schwarze Tod in unsre Herzen", heißt es etwa im Stück „Schwarze Welt" (1981).[432] Den darin anklingenden Mystizismus bauten XMAL DEUTSCHLAND auf ihrer zweiten Single *Incubus Succubus* (1982) noch weiter aus: „Vom Himmel fiel der Morgenstern / Ein neuer Gott für unsere Nächte / [...] / Hexensabbat regiert die Nacht", singt Frontfrau Anja Huwe etwa im titelgebenden und zum Underground-Hit avancierten Song „Incubus Succubus", der um die schwarzromantischen Titel „Blut Ist Liebe" („Blut ist rot / Blut ist Tod / Blut ist

---

429 DIE TÖDLICHE DORIS: „7 Tödliche Unfälle Im Haushalt", auf: *7 Tödliche Unfälle Im Haushalt* (1981).
430 GRAUZONE: „Ein Tanz Mit Dem Tod", auf: *Moskau* (1981), 7"-Single, Off Course Records, ASL-21.
431 XMAL DEUTSCHLAND: „Qual", auf: *Fetisch* (1983), LP, Virgin, 205 446-320; XMAL DEUTSCHLAND: „Young Man", auf: *Fetisch* (1983); XMAL DEUTSCHLAND: „Boomerang", auf: *Fetisch* (1983).
432 XMAL DEUTSCHLAND: „Schwarze Welt", auf: *Schwarze Welt* (1981), 7"-Single, ZickZack, ZZ 31.

schön") und „Zu Jung Zu Alt" („Erlös ich Dich / Töt ich Dich, Geliebter / Als meinen letzten Segen") ergänzt wurde.[433]

Die Kritiken dazu unterschieden sich mitunter stark. Lob in Verbindung mit Kälte-Begriffen gab es unter anderem vonseiten der britischen Musikzeitschrift *New Musical Express*, die den Sound auf *Fetisch* als „icy, urgent music" bezeichnete, sowie vom *Scritti*-Autor Thomas Bork, der die „kalten bitteren" Lyrics hervorhob.[434] Dirk Scheuring dagegen monierte in der *Spex*, dass die Band ihre Songtexte und Performance viel zu ernst nimmt und in eine „sehr zeitgenössische Form des Kitsches" abgleitet, nämlich den „Kitsch der Morbidität". Zwar ist der reflektierte Einsatz von Kitsch schon immer ein wesentliches Element von Pop gewesen, als Grundlage dafür bedarf es Scheuring zufolge aber der Haltung des Camp, einer bewussten Übertreibung, gepaart mit einem augenzwinkernden Wissen um die verwendeten Motive: „Doch diese Haltung setzt eine ironische Distanz zum jeweiligen Objekt voraus, und die brachte nie jemand zur Musik von X-MAL DEUTSCHLAND auf – am wenigsten sie selbst."[435]

Generell kamen die meisten Gegenstimmen zur sich formierenden Dark-Wave-Strömung aus dem Lager der jungen Redakteur:innen von *Sounds* und *Spex*, die darin eine Rückkehr zu rockistischen Motiven und Traditionen sahen. So schrieb der Musiker Xao Seffcheque in einer Sammelrezension für die *Sounds*, die Alben *Korpus Kristi* von KORPUS KRISTI, *Programm 2* von DIN A TESTBILD und *Geld Her!* von CROOX (alle 1981) kennzeichne ein „falsches Verständnis von Zeitgeist und Modernität" und eine „Humorlosigkeit bis zum peinlichen Mystizismus", wobei insbesondere die Gruppe KORPUS KRISTI „dem neuen Mystizismus-Kult zum Opfer gefallen" scheine, im Hinblick auf Songtitel wie „Blut Und Eisen".[436] Positiver fielen trotz mystizistischer Lyrics dagegen die Kritiken in *Sounds* und *Spex* für das Debüt-Album *Schatten Voraus* (1980) der ebenso aus Hamburg stammenden und 1979 gegründeten Band GEISTERFAHRER aus, dessen stark an JOY DIVISION erinnernder Sound

---

433 XMAL DEUTSCHLAND: „Incubus Succubus", auf: *Incubus Succubus* (1982), 12"-Single, ZickZack, ZZ 110; XMAL DEUTSCHLAND: „Blut Ist Liebe", auf: *Incubus Succubus* (1982); XMAL DEUTSCHLAND: „Zu Jung Zu Alt", auf: *Incubus Succubus* (1982).
434 Rai, Amrik: „Xmal Deutschland. Reluctant Stereotypes", in: *New Musical Express*, 23. Juli 1983, 7. Bork, Thomas: „X MAL DEUTSCHLAND. Fetisch. 4 AD", Rezension, in: *Scritti*, Nr. 5 (1983), 47.
435 Scheuring, Dirk: „Xmal Deutschland und das Kitschige", in: *Spex*, Nr. 8–9 (1983), 40–42, hier: 41.
436 Seffcheque, Xao: „Grauzone. Welt-Rekord/EMI 064-46 500. Korpus Kristi. TAUSEND AUGEN. Pop-Import 20012. DIN A Testbild. PROGRAMM 2, Innovative Communications KS 80 011. Croox. GELD HER! Ink Records 007", Rezension, in: *Sounds*, Nr. 12 (1981), 69–70. KORPUS KRISTI: „Blut Und Eisen", auf: *Korpus Kristi* (1981), LP, Tausend Augen, 20 012.

von einem ebenso schwermütigen, monotonen Sprechgesang begleitet wird.[437] Dies lag aber vornehmlich daran, dass sich für die sehr düster und depressiv ausgefallenen Songtexte der *Sounds*-Autor Hans Keller verantwortlich zeigte und das Album in der *Sounds* von der noch zur alten, prä-Diederichsen-Redaktionsriege gehörenden Ingeborg Schober rezensiert wurde, die den Mystizismus in Titeln wie „Pestkreuze", „Scharlach", „Es Tut Nicht Mehr Weh" und „Schatten" sogar lobend hervorhob.[438] In der ‚78er'-Bohème hatte man währenddessen nur Verachtung für die Band übrig, die der zum FSK-Umfeld gehörende Arno Wallmann von der Zeitschrift *Mode & Verzweiflung* als „elendste Combo der neuen Moderomantik" betitelte.[439]

Der Trend zum Dunklen, Morbiden und betont Hoffnungslosen griff auch abseits der Bühne um sich: Der Musiker und Journalist Oliver Shunt bemerkte Anfang 1981 in der *Spex*, „nju wäiv-graufarbik-no feelings-Impressionisten" würden mittlerweile den Großteil des Publikums auf Konzerten von Bands der ‚neuen Wellen' ausmachen.[440] Selbst FEHLFARBEN-Sänger Peter Hein erklärte rückblickend zum 1980 veröffentlichte Album *Monarchie und Alltag*, das Stück „Paul Ist Tot" markiere den Übergang der Band von Ska-Musik zur „neue[n] Düsterkeit".[441] Tatsächlich kam es zwischen 1980 und 1983 zu einer Flut an Veröffentlichungen junger deutschsprachiger Bands, die sich an den beklemmenden Sounds und deprimierend-pessimistischen Texten britischer Post-Punk- und proto-Goth-Bands wie JOY DIVISION, SIOUXSIE AND THE BANSHEES und THE CURE orientierten und dementsprechend rezensiert wurden. So umschrieben beispielsweise XMAL DEUTSCHLAND ihre Musik gegenüber der britischen *Sounds* mit dem Begriff „Garage Depresso Rock", der ihnen von deutschen Musikmagazinen zugeschrieben worden sei,[442] und auch die schleppend-monotonen Vocals und Sounds der Band VORGRUPPE auf ihrer EP *Erste Auslese* (1980) wurden von der Kritik als übertrieben depressiv wahrgenommen: Laut Alfred Hilsberg, der zuerst auf den für Deutsche vermeintlich typischen „Hang zum Tiefsinnigen" zu sprechen kam, erzeugt die Band „eine reichlich depressive Grundstimmung in Sound und Text, als ob's für 19jährige schon nichts mehr zu

---

437 GEISTERFAHRER: *Schatten Voraus* (1980), LP, Konkurrenz Schallplatten, KON 1. Siehe Bömmels, Peter: „GEISTERFAHRER: Schatten voraus (Konkurrenz/Phonogramm)", Rezension, in: *Spex*, Nr. 4 (1980), 18 sowie Schober, Ingeborg: „Geisterfahrer. SCHATTEN VORAUS. Konkurrenz/Phonogram 6435078", Rezension, in: *Sounds*, Nr. 12 (1980), 64–65.
438 Ebd.
439 Wallmann: „Leserbrief" (1981).
440 Shunt, Oliver: „Wischi Waschi Schwamm drüber!", in: *Spex*, Nr. 3 (1981), 22.
441 Hein zit. n. Ziemer, Jürgen: „Club der bunten Helden", in: *Rolling Stone*, Nr. 3 (2006), 52–65, hier: 65.
442 Anja Huwe und Wolfgang Ellerbrock zit. n. Sinclair, Mick: „Xmal-Nutrition", in: *Sounds (UK)*, 19. März 1983, 32.

verlieren/gewinnen gäbe".[443] „Nicht dass die Musik schlecht ist, aber die erzeugte Stimmung ist so verdammt depressiv, wie man nur sein kann, wenn man kurz vor dem Sprung am Rand vom Hochhausdach steht", heißt es auch im Hannoveraner Fanzine *Bericht der U. N.-Menschenrechtskommission...* über die Debütveröffentlichung der Band aus Herne, woran unter anderem der Synthesizer schuld sei, „der wie eine ‚deutsche' Orgel klingt – schwer lasten die Akkorde, quälend/langsam ist die Musik".[444]

Weitreichende Aufmerksamkeit und Wirkung als Vorzeigegruppe des popmusikalischen Trends zu Schatten und Marter erzielte auch die 1981 gegründete All-Female-Band MALARIA!, die bereits seit dem Ende der 1970er Jahre unter dem Namen MANIA D. in leicht verschiedener Zusammensetzung existierte. Die West-Berliner Musikerinnen produzierten einen zumeist sehr schleppenden, vor allem von Bass und Drum bestimmten Sound, der um die charakteristischen Free-Jazz-Saxophon-Einsätze und den an Zarah Leander erinnernden Gesang von Frontfrau Bettina Köster erweitert wurde. Die Reaktionen der Musikpresse auf den schweren Sound und die um Leiden(schaften) kreisenden Songtexte der heute als Pioniergruppe des Dark Wave geltenden Band fielen je nach Zeitschrift recht unterschiedlich aus. „Die Musik der Berliner Frauenband ist düster, schwül, fiebrig. Aber auch farbig, schillernd, exotisch – wie Orchideen", hieß es etwa in einem lobenden Beitrag über MALARIA! für das „NDW Special" des *Musikexpress*.[445] In ihrer kritischer geratenen Albumrezension für *Scritti* bemerkte dagegen Ulrike Kebschull, die „mysteriösen, harten, unerbittlichen Frauen" von MALARIA! würden mit ihren „harten Marschklängen" Bilder hervorrufen, die an einen „Rückweg aus Sibiriens Knechtschaft durch vereistes, karges, graues Land" denken lassen.[446] „Unsere Musik ist gar nicht so düster oder distanziert. Sie ist manchmal ein bisschen traurig", bekräftigte eine der MALARIA!-Frauen angesichts der immer wieder aufkommenden Interpretation, äußerst sinister daherzukommen[447] – woran allerdings auch das regelmäßige Auftreten der Bandmitglieder in komplett schwarzen, teils uniformartigen Outfits einen wesentlichen Anteil hatte.

In der *Spex* erschienen 1982 eine Reihe von Beiträgen und Rezensionen zu MALARIA!, in denen die Kombination von schwer und bedrohlich wirkender Musik, pathetischen Texten und zuweilen theatralischer Performance als etwas typisch Deutsches interpretiert wurden. „Berliner Schwulennostalgie zu deutschen Rhyth-

---

443 Hilsberg, Alfred: „singles", in: *Sounds*, Nr. 7 (1980), 10. VORGRUPPE: *Erste Auslese* (1980), 7″-EP, Monogam, 004.
444 O. V.: „Rezensionen", in: *Bericht der U. N.-Menschenrechtskommission über Menschenrechtsverletzungen in der Bundesrepublik Deutschland*, Nr. 3 (1980).
445 Braunschweiger: „Malaria" (1982), 48.
446 Kebschull: „Malaria. Emotion (LP). New York Passage (Maxi-Single)" (1982).
447 Malaria!-Mitglied zit. n. K. I.: „Malaria" (1982), 13.

men", lieferten MALARIA! dem *Spex*-Autor Michael Tesch zufolge etwa bei einem gemeinsamen Konzert mit LIAISONS DANGEREUSES und THE WIRTSCHAFTSWUNDER in der Mensa der Universität Düsseldorf: „Schicke Ersatzmystik mit Alexanderplatz-Zitaten, leicht depressiv, aber mit dem Willen zu ‚Kämpfen und Siegen', Schwarzmarkt-Schlagwörter der neueren Deutsch-Attitüde von innerer Zerrissenheit (‚Schmerz', ‚Eifersucht', ‚Blut' und ‚Tod')".[448] Dirk Scheuring erklärte wiederum in seiner Plattenbesprechung zur Single *Your Turn To Run* (1982), dass die darauf enthaltenen Songs „herb/kühl/distanziert" sind und „sehr deutsch – Gefühle erst mal durch einen Filter von Ästhetik geben, oder sozusagen unter künstlichem Licht einer klinischen Betrachtung unterziehen".[449] Weitaus kritischere Töne schlug Peter Bömmels in seiner Rezension zum Debüt-Album *Emotion* (1982)[450] an, auf dem MALARIA! Bömmels zufolge versuchten, „die Gefühlswelten um Liebe, Macht und Tod auszuloten". Dabei sei jedoch eine „typisch deutsche Version von ‚Seelen-Musik'" entstanden, die sich entweder in „Fatalismus" oder „naiven" Sehnsüchten nach Glück und Liebe ergehe.[451]

Andere NDW-Musiker:innen fokussierten sich noch stärker auf ebenso düstere Electro-Sound. Bedrohlich klingende, sequenzergesteuerte Synthesizer-Tracks und zumeist verzerrten Gesang lieferte etwa GEISTERFAHRER-Mitglied Matthias Schuster auf seinen Solo-Veröffentlichungen *Ich War Da, Leergebrannt* (1980) und *Atemlos* (1981).[452] Kühl und minimalistisch dagegen der Sound und das Frontcoverdesign der Underground-Hitsingle *Suicide Commando* (1981) von der Kieler Gruppe NO MORE, die im englischen Songtext ihre künstlerische Orientierung an der New Yorker No-Wave-Szene um Künstler:innen wie Lydia Lunch und James Chance unterstrich: „She was my dark haired Lydia of my suburban German dreams / And he was the boy called James / And it will all end up like the New York scene / Too much drugs, too much pills / […] / Suicide commando / Suicide is suicide is suicide". *Spex*-Autor Dirk Scheuring wandte in seiner Rezension ein, die Band beschreite mit ihrer „Düsterkeits- und Zivilisationsängste-Aufbereitung" zwar ausgetretene Wege, dennoch sind „Rhythmen, Stimme und Produktion **derart** knochentrocken und spröde, dass die Sache neue Reize entwickelt".[453] Welch ‚kalten' Effekt die Mu-

---

448 Tesch, Michael: „Malaria! Liaisons Dangereueses. In Düsseldorf ‚… und Spiegel gibt es auch keine'", in: *Spex*, Nr. 5 (1982), 6–7, hier: 7.
449 Scheuring, Dirk: „MALARIA You Turn To Run/Zarah/Duschen (Rip Off)", Rezension, in: *Spex*, Nr. 6 (1982), 34.
450 MALARIA!: *Emotion* (1982), LP, Moabit Musik, MOABIT MUSIK 002.
451 Bömmels, Peter: „MALARIA! EMOTION (Moabit Rec.)", Rezension, in: *Spex*, Nr. 10 (1982), 32.
452 IM NAMEN DES VOLKES: *Ich War Da, Leergebrannt* (1980), 7"-Single, Konnekschen, Kon S 2; Schuster, Matthias: *Atemlos* (1981), LP, Konkurrenz Schallplatten, KON 8.
453 Scheuring, Dirk: „NO MORE Suicide Commando (Lustobjekte)", Rezension, in: *Spex*, Nr. 5 (1982), 43. Hervorhebung i. O.

sik und Performance von NO MORE hatten, zeigt ein Konzertbericht in der *Scritti* zum Auftritt der Band im Kieler Kommunikationszentrum *Pumpe* im Oktober 1982: „In ihrer düsteren Erscheinung und mit ihren monotonen Rhythmen signalisieren sie die Kälte ihrer Musik und ließen keinen Funken zum Publikum überspringen."[454]

Eisbären und Eiszeit: (Kein) Gefühl
Zwischen Gefühlskälte und „zu viel Gefühl" (IDEAL, „Blaue Augen") war alles dabei: Nirgendwo zeigt sich deutlicher, dass der ‚Kälte-Pop' nur einen Teilaspekt der deutschsprachigen New-Wave-Bewegung darstellt, als beim Thema Emotionen. Anders als von Barbara Hornberger in ihrem NDW-Band angegeben, wurden Gefühle wie Liebe oder Angst vonseiten der NDW-Musiker:innen nicht ausschließlich sachlich, ohne jede Sentimentalität oder betont ironisch behandelt.[455] Vielmehr zeigen sich, wie die Historikerin Annette Vowinckel zu Recht feststellt, ganz unterschiedliche Herangehensweisen an die Aspekte Gefühl, Romantik und Liebe von Bands aus allen Phasen der Neuen Deutschen Welle.[456] Darunter zählen etwa scherzhaft bis ironisch intendierte Songs wie „Da Da Da ich lieb dich nicht du liebst mich nicht aha aha aha" (1982) von TRIO und die übertrieben kitschigen Liebeslieder der Schlager-Adept:innen aus der Spätphase der NDW. Fast schon blumige Liebesschwüre finden sich zuhauf wiederum bei DAF, wenn auch die Gruppe die Themen Liebe und Romantik zumeist eng mit den Aspekten Körperlichkeit und Sexualität verknüpft. Ganz anders dagegen FEHLFARBEN und ihr erfolgreiches, mit dem ersten Sänger Peter Hein aufgenommenes Debüt-Album *Monarchie und Alltag*: Darauf finden sich primär sehr persönliche Songs über die typischen Gefühlsverwirrungen eines Heranwachsenden und über die Hochs und vor allem Tiefs einer romantischer Beziehung. Statt ‚kalter' Emotionslosigkeit thematisiert Sänger Hein immer wieder seine romantischen Gefühle für eine geliebte Person, seine vermeintliche Unfähigkeit diese auszudrücken und seine Angst, besagte Person zu verlieren, beispielhaft im Song „All That Heaven Allows": „Ich brauch deinen Schutz, ich möcht dich beschützen / Ich hab dich nötig, will dich nicht benützen / [...] / Ich bin zu feige, dir zu gesteh'n / Dass all meine Gedanken sich nur um dich dreh'n / [...] / Doch jetzt hab ich Angst, Angst ich verlier es".[457] Treffend bemerkte ein *testcard*-Autor, dass *Monarchie und Alltag* keine politische, sondern

---

454 Grafe, Ingo: „Bunte Seite", in: *Scritti*, Nr. 12/1 (1982/1983), 8.
455 Hornberger: *Geschichte wird gemacht* (2010), 242.
456 Vowinckel: „Neue Deutsche Welle" (2012), 476.
457 FEHLFARBEN: „All That Heavens Allow", auf: *Monarchie und Alltag* (1980).

eine „Beziehungs-Platte" ist, in der das lyrische Ich „unverkennbar nach Wärme schreit, nach Brust, Umarmung, Verständnis, Intimität".[458]

Im Fokus dieses Abschnitts liegen dagegen solche Songs, in denen Gefühle bzw. vermeintlich nicht vorhandene Emotionen mit assoziativen Bildern und Motiven klimatischer, sozialer und emotionaler Kälte verknüpft werden. Auffällig ist hierbei, dass, bei aller Affirmation für das Motiv der ‚Kälte', letztlich stets das Sentimentale den Kern dieser ‚kalten' Songs bildet – wenn auch in Form einer schwarzen Romantik, die emotionale Entfremdung ästhetisch aufwertet. Ein eindrückliches Beispiel dafür gibt das Œuvre der Band GRAUZONE um die Brüder Martin und Stephan Eicher, die in ihren Songtexten von Anfang an romantische Gefühle mit Motiven eigener oder lebensweltlicher ‚Kälte' verbanden.[459] Dieses Prinzip zieht sich über die wenigen Veröffentlichungen der Gruppe, die in der kurzen Zeit der Bandexistenz erschienen waren, angefangen beim Debüt auf dem 1980 erschienenen Sampler *Swiss Wave The Album*: Dort sind GRAUZONE mit den Songs „Eisbär" und „Raum" vertreten, die trotz der Verwendung entsprechender Begriffe und Motive alles andere als ‚gefühlskalt' daherkommen. Im Zentrum des eingangs besprochenen Songs „Eisbär" steht etwa der Wunsch, ein Eisbär „im kalten Polar" zu sein, um nicht länger Herzeleid und Seelenschmerz empfinden zu müssen. Das Kalte dient hier dem Schutz vor Gefühlen und damit vor der möglichen Verletzung derselben. Um die Gleichzeitigkeit von Sehnsucht und emotionaler Entfremdung geht es auch im Stück „Raum", das mit dem Satz „Ich liebe Dich" und der Wiederholung des Wortes „Angst" endet: „Ich weine / Doch die Tränen spüre ich nicht / [...] / Ich schreie / Doch du hörst mich nicht / Mit kalten Hände berührst du mein Gesicht / Mein Traum wird Wirklichkeit / Verliert sich in der Traurigkeit".[460]

Ein Jahr später wurde „Eisbär" als Single wiederveröffentlicht, zusammen mit dem Song „Ich Lieb Sie", in dem das lyrische Ich von einer emotionalen Erweckung durch eine weibliche Person erzählt: „Ich lebte hinter Gitterstäben / Dann kam sie, ich begann zu leben / Ich träumte in der Dunkelheit / Auch von diesem Übel hat sie mich befreit / Oh, ich lieb sie".[461] Ähnlich ging es auf dem gleichnamigen Debüt-Album von GRAUZONE (1981) weiter, etwa mit dem sich verschiedener

---

458 Weisung: „Männerrock und Narzismus[sic!]" (1996), 145. Vgl. auch Koch: *Angriff auf's Schlaraffenland* (1987), 161.
459 In einem Interview von 2019 erklärte Stephan Eicher, dass die eher optimistisch-romantischen Texte von ihm stammten, während die melancholischen, schwarzromantischen Songtexte die Gefühlswelt seines Bruders wiedergeben: „Mein Bruder hingegen trägt schon eine große Melancholie in sich [...]. Diese Einsamkeit ist nicht aufgesetzt, da ist ein Schmerz aus tiefster Seele, das war keine Attitüde." Eicher zit. n. Stille: „Stephan Eicher" (2019), 57.
460 GRAUZONE: „Raum", auf: *Swiss Wave The Album* (1980).
461 GRAUZONE: „Ich Lieb Sie", auf: *Eisbær* (1981), 7"-Single, Welt-Rekord/EMI Electrola, 1C 006-46 430.

‚Kälte'-Motive bedienenden Stück „Kälte Kriecht". Zu hören ist in diesem umfänglich mit Echo-Hall unterlegten Song eine hohl klingende Stimme, die zu monoton-dumpfen Sound flüstert: „Leg Deine Hand auf meinen Körper / Schließ Deinen Mund / Vergiss all die Wörter / Kälte kriecht durch die Wände / Und bedeckt unsere verletzten Hände".[462] Auch das auf den ersten Blick unverfängliche Stück „Marmelade Und Himbeereis" hält eine schwarzromantische Wendung zur Entfremdungs-Ästhetik bereit: „Deine Augen so blau wie das Meer / Du sagst: ‚Ich lieb Dich sehr' / Romantik am weißen Strand / Unser Blut tropft in den Sand / [...] / Wir sind alle prostituiert".[463] ‚Kälte' und ‚Wärme' bestimmen nicht zuletzt auch die letzte Single-Veröffentlichung (1982) von GRAUZONE, mit Songs wie „Ich Und Du" („Dieses Land / Wird kälter und kälter / Gib mir ein Stein / Ich schlag es in Stücke") sowie dem Titelstück „Träume Mit Mir", das abgesehen vom Punk-typischen, gehetzten Gesang genauso gut als NDW-Schlager durchgehen könnte: „Du verzauberst mir die Wirklichkeit / Du verzauberst mir die ganze Welt / [...] / Wenn ich in deine Augen schau, beginne ich zu träumen / Wenn ich in deine Augen schau, vergesse ich die ganze Welt".[464]

GRAUZONES umfassende Verwendung von ‚Kälte'-Motiven und düsteren Assoziationen rief entsprechende Reaktionen von medialer Seite hervor; zeitgenössische Bewertungen griffen fast immer auf Kälte-Termini zurück. Die Band umgebe – wie die ebenfalls aus der Schweiz stammende Gruppe YELLO – „ein recht unnahbares, kühles und geheimnisvolles Image", hieß es etwa Ende 1981 in der *Spex*.[465] Und tatsächlich existieren kaum Fotografien von GRAUZONE, die nur ein paar kleinen Fanzines Interviews gaben, nicht im Fernsehen auftraten und in den fast genau zwei Jahren ihres Bestehens nur einige wenige Konzerte spielten, im Falle ihres Gigs im April 1980 beim „St. Gallen Punk Festival" allerdings mit dem Rücken zum Publikum und in schwaches, blaues Licht getaucht.[466] Wiederholt bemüht wurde zudem die damals wie heute beliebte Lesart, die ‚kalte' Musik von GRAUZONE würde die ‚Kälte' der zeitgenössischen Welt spiegeln. In ihrem Buch zur Neuen Deutschen Welle (1984) erklären etwa Mathias Döpfner und Thomas Garms, das Sujet des Songtextes von „Eisbär" trifft den Zeitgeist: „Melancholie, Pessimismus, Zukunftsängste und Isolation sprechen einem Großteil der Jugend aus dem Herzen und fin-

---

462 GRAUZONE: „Kälte Kriecht", auf: *Grauzone* (1981), LP, Welt-Rekord/EMI Electrola, 1C 064-46 500.
463 GRAUZONE: „Marmelade Und Himbeereis", auf: *Grauzone* (1981).
464 GRAUZONE: „Ich Und Du", auf: *Träume Mit Mir* (1982), 12″-Single, Welt-Rekord/EMI Electrola, 1C 062-64 799 Z; GRAUZONE: „Träume Mit Mir", auf: *Träume Mit Mir* (1982).
465 Fischer, Felix: „STARTER", in: *Spex*, Nr. 11 (1981), 24.
466 Grand, Lurker: „Grauzone. Das Lied vom kalten Polar", in: *Ox-Fanzine*, Jg. 31, Nr. 143 (2019), 52–54, hier: 52.

den in einer frostigen synthesizerlastigen Musik klirrend-kalten Ausdruck."[467] Bereits zwei Jahre zuvor schrieb ein pseudonymisierter Autor im „NDW Special" des *Musikexpress*, die Band klingt „frostig", „[d]epressiv, destruktiv, melancholisch, dramatisch, monoton und pessimistisch", bietet dabei aber „lediglich eine Interpretation, bzw. weit nüchterner, eine Dokumentation dessen an, was der Alltag ihnen (und vielen ähnlich Denkenden und Fühlenden) zu bieten hat". Insbesondere der Song „Eisbär" besäße eine „Gefrierschrankatmosphäre, die alte Erinnerungen an Fernsehfilme über Polarexpeditionen" wachrufe: „Ein besseres Bild als das der Arktis/Antarktis hätten die Musiker gar nicht wählen können, um die Entfremdung, den Verlust an Kommunikation und die herrschende Gefühlskälte in unserer Betonwüste darzustellen."[468]

Eine Ausnahme unter den Rezensionen bildet wiederum die Plattenbesprechung von Xao Seffcheque für die *Sounds*. Kritisch merkte der Journalist darin an, das Album von GRAUZONE sei im Gegensatz zu ihrem Debüt auf dem *Swiss-Wave*-Sampler viel zu ernst und drehe sich wie das kurz zuvor auf demselben Label veröffentlichte zweite FEHLFARBEN-Album *33 Tage In Ketten* (1981) primär um „Zweierbeziehungskistenöffnungsprobleme und die Schlechtigkeit der Welt". „GRAUZONE haben – gut für's Geschäft – noch rechtzeitig begriffen, dass sich die in Deutschland momentan erfolgreiche Musik in Moll abzuspielen hat", erklärte Seffcheque, der dem Trend zu Düsternis und Depression in der Pop-Musik ohnehin skeptisch gegenüberstand, und deutete das schwarzromantische ‚Kälte'-Image der Schweizer Band als taktisches Kalkül: „Verzweiflung nehme ich jemandem, der imstande ist, mehrere Wochen hart in einem Tonstudio zu arbeiten und Bühnen-Shows zu inszenieren etc., einfach nicht ab."[469]

Tatsächlich standen GRAUZONE in diesem Bereich der Pop-Musik nicht allein. Auffällig viele Ähnlichkeiten zeigen sich etwa zur Berliner Band IDEAL, die mit den Schweizern nicht nur die relativ kurze Zeit des Bandbestehens (1980 – 1982) teilt. Auch IDEAL veröffentlichten viele Songs, in denen sie Geschichten zwischenmenschlicher Beziehungen, oftmals schwarzromantische Sentimentalitäten und verschiedene terminologische wie performative ‚Kälte'-Motive miteinander verknüpften. Noch erfolgreicher als GRAUZONE gelang es der Berliner Gruppe diesen Mix und die verwendeten ‚Kälte'-Motive massentauglich aufzubereiten und damit in die Charts und die Mainstream-Popkultur zu transportieren. Allerdings zeigt sich in der Bandgeschichte von IDEAL eine gewisse Entwicklung hin zu mehr ‚Kälte',

---

467 Döpfner/Garms: *Neue deutsche Welle. Kunst oder Mode?* (1984), 216.
468 Dent, D. K.: „Grauzone. Gletschermusik", in: *Musikexpress. Neue Deutsche Welle Special* (1982), 58.
469 Seffcheque: „Grauzone. Welt-Rekord/EMI 064-46 500. Korpus Kristi. TAUSEND AUGEN. Pop-Import 20012. DIN A Testbild. PROGRAMM 2, Innovative Communications KS 80 011. Croox. GELD HER! Ink Records 007" (1981), 69.

wobei an dieser Stelle nicht beantwortet werden kann, ob dahinter kommerzielles Kalkül steckte, eine Aufmerksamkeit der Musiker:innen für aktuelle Trends oder – ganz ‚authentisch' – nicht womöglich die tatsächliche ‚Erkaltung' der Texterin und Frontfrau Annette Humpe.

An Gefühlen herrscht auf IDEALS gleichnamigen Debüt-Album (1980) jedenfalls noch kein Mangel: Songs wie „Irre", „Hundsgemein", „Telephon" und „Blaue Augen" behandeln ausführlich unglückliche Beziehungsgeschichten, während etwa das Stück „Berlin" ein aufregendes Großstadt-Leben zwischen Kiez und Szene beschreibt.[470] „Die Songs brachten einfach mein damaliges Lebensgefühl zum Ausdruck", erklärte Annette Humpe in einem Interview von 2001 auf die Frage nach der „Quintessenz" des ersten IDEAL-Albums und machte dabei besonders hedonistische Aspekte stark: „Ende '79 lebte ich in einer WG in Berlin-Kreuzberg, hatte mein Studium abgebrochen und wollte Spaß. Darum ging es!"[471] Einen ersten Vorgeschmack auf das im Folgealbum umfassender genutzte Motiv der ‚Kälte' gibt zumindest das bereits weiter oben angeführte Stück „Blaue Augen", wenn auch die darin erstmals präsentierte Coolness und Emotionslosigkeit zugleich von emotionaler ‚Hitze' kontrastiert wird. „IDEAL und TV / Lässt mich völlig kalt / Und die ganze Szene / Hängt mir ausm Hals / Da bleib ich kühl / Kein Gefühl", heißt es etwa in den monoton gesprochenen Strophen. Diesen steht der leidenschaftlicher gesungene Refrain gegenüber, in dem den romantischen Gefühlen freien Lauf gelassen wird, dessen Warnung vor einem Zuviel an Emotionen aber dennoch bereits den Wunsch nach weniger Empfindungen enthält: „Bloß deine blauen Augen / Machen mich so sentimental / [...] / Kaum zu glauben / Was ich dann so fühle / Ist nicht mehr normal / Das ist gefährlich / Lebensgefährlich / Zu viel Gefühl".

„Mir liegt Triviales, ich bin gern sentimental", bestätigte Annette Humpe dann auch 1981 gegenüber dem *Musikexpress* bezüglich der grundsätzlichen Ausrichtung ihrer Texte.[472] In einem späteren Interview führte die Musikerin ihren Anspruch weiter aus: So gehe es in ihren Songs um die „kleinen zwischenmenschlichen Fucks", die das Leben ausmachen, und während der Trend dazu gehe, „eisenhart" und „technisch" zu sein, würden IDEAL „Sehnsüchte schüren und auch in Frage stellen" mit ihren auf Sentimentalitäten fokussierten „*New Wave* Schlager" in Tradition von Drafi Deutscher und Peter Kraus. „Was nützt mir Geld oder was nützt mir, wenn ich überall Titelfoto bin, wenn ich depressiv bin und es mir schlechtgeht", fragte Humpe schließlich und betonte, was für sie wirklich zähle: „Ich möchte geliebt werden. Ich möchte verstanden werden. Ich möchte schon

---

470 IDEAL: *Ideal* (1980), LP, Innovative Communication, KS 80.004.
471 Humpe zit. n. Kirmair, Stefan: „‚Ich wollte Spaß. Darum ging es'. Interview mit Annette Humpe", in: *Musikexpress*, Nr. 2 (2001), 51.
472 Humpe zit. n. Schober: „Ideal. Fröhlich und provokativ" (1981), 22.

mal den Kopf an eine Schulter hängen und schwach sein und, bäh, alles auskotzen."[473] Angesichts dieser Aussagen und der so gar nicht ‚kalten' Songtexte auf der ersten IDEAL-LP überrascht es, dass einige retrospektive Rezensionen auf dem Album eine vermeintliche ‚Kälte' ausmachen, die zeitgenössische Plattenbesprechungen nicht erkannt hatten. Möglicherweise spielt hier erneut der Faktor Zeit eine Rolle, der in der Rückschau die Unterschiede zwischen den einzelnen Veröffentlichungen verwischt: So schreibt etwa der Hörfunkredakteur Peter Kemper in einem Beitrag zur NDW, der Song „Blaue Augen" produziere „Kältezonen der Beziehungslosigkeit", wodurch sich alle Sentimentalitäten des Textes „als clevere Fälschungen" entpuppen würden.[474] Ähnlich hieß es 2001 im *Musikexpress* zum Debüt-Album: „Die Lieder der Band klangen allesamt seltsam kühl, vermieden tunlichst den Dialog mit ihren Zuhörern, und waren bewusst auf Sterilität ausgerichtet."[475]

‚Kälte'-Motive spielten in zeitgenössischen Rezensionen zu IDEAL erst ab dem zweiten Album *Der Ernst Des Lebens* (1981) eine Rolle.[476] Wie in den GRAUZONE-Reviews bewerteten diese Rezensionen dann auch die mit ‚Kälte'-Begriffen umschriebene Musik als Spiegel des modernen Lebens in einer vermeintlich kalten Welt. Doris D'Oro (Pseudonym von Gitti Gülden) etwa erklärte in ihrer Plattenbesprechung für die *Sounds*, im Gegensatz zum Debüt seien die auf dem Folgealbum erzählten Geschichten „nicht länger ‚banal' munter, sondern voller Kühle und Fatalismus. Die Welt, sprich der Ernst des Lebens ist offensichtlich nun mal so".[477] „Want to hear some songs about psychopolis and its robotic inhabitants and their asphalt angst", fragte auch der *New Musical Express* und verwies in seiner Rezension auf die Songs des Albums, „which deal with the violence lurking below the boring and robotic surface of the city life by themselves being boring and robotic".[478] Tatsächlich enthält das sich weiterhin vor allem um zwischenmenschliche Beziehungen drehende Album *Der Ernst Des Lebens* eine Reihe von Songs, in deren Texten IDEAL den Faden der Gefühlskälte weiterspannen, den sie mit „Blaue Augen" begonnen hatten. Dazu gehören etwa „Ich Kann Nicht Schlafen" („Dann sitz ich wie versteinert / Mein Herz ist ausgebrannt / Ich denk ich bin schon tot /

---

473 Humpe zit. n. Skolud/Stasiak: *Plant uns bloß nicht bei euch ein* (1984), 242, 244. Hervorhebung i. O
474 Kemper, Peter: „Gib Gas, ich will Spaß. Die Neue Deutsche Welle", in: Kemper; Langhoff; Sonnenschein (Hg.): *„alles so schön bunt hier"* (1999), 187–196, hier: 193.
475 Mineur, Matthias: „IDEAL. Ideal. WEA", Rezension, in: *Musikexpress*, Nr. 2 (2001), 51.
476 IDEAL: *Der Ernst Des Lebens* (1981), LP, Eitel Imperial/WEA, WEA 58 400.
477 D'Oro, Doris: „Ideal. DER ERNST DES LEBENS. WEA 58 4004", Rezension, in: *Sounds*, Nr. 11 (1981), 81.
478 Tickell, Paul: „Ideal. Der Ernst Des Lebens (WEA)", in: *New Musical Express*, 24. Juli 1982, 28–29.

Doch mein Puls schlägt penetrant") sowie „Schwein": „Ich habe unbändige Lust / Fies und gemein zu sein / Es macht mir einen Höllenspaß / So wie ein Schwein zu sein / Ich lüg dich an mit einem Lachen".[479] Welche Freude das lyrische Ich dabei empfindet, Verehrer:innen zu reizen und diesen gleichzeitig die kalte Schulter zu zeigen, erzählt wiederum der Song „Spannung", der dabei allzu deutlich auf die bereits in „Blaue Augen" genutzten Schlagworte zurückgreift: „Ich steh dir gegenüber und ich zeige kein Gefühl / Die Liebe ist banal; ich hab ein andres Ziel / Ich könnte dich berühren, ich könnte dich verführen / doch ich bleib kühl in dem Spiel".[480]

Das wohl beste Beispiel für die ‚Erkaltung' von IDEAL auf *Der Ernst Des Lebens* ist jedoch der Song „Eiszeit", der eine ganze Palette von ‚Kälte'-Bildern liefert und im Gegensatz zu „Blaue Augen" gar keine Emotionen mehr zulässt:

> Das Telefon seit Jahren still.
> Kein Mensch mit dem ich reden will.
> Ich seh im Spiegel mein Gesicht,
> Nichts hat mehr Gewicht.
> Ich werfe Schatten an die Wand
> Und halte zärtlich meine Hand.
> Ich red mit mir und schau ins Licht,
> Mich erreichst du nicht.
> In meinem Film bin ich der Star.
> Ich komm auch nur alleine klar.
> Panzerschrank aus Diamant,
> Kombination unbekannt.
> Eiszeit,
> Mit mir beginnt die Eiszeit,
> Im Labyrinth der Eiszeit,
> Minus neunzig Grad.
> [...]
> Alle Worte tausendmal gesagt
> Alle Fragen tausendmal gefragt.
> Alle Gefühle tausendmal gefühlt,
> Tiefgefroren – tiefgekühlt.[481]

IDEALS „Eiszeit" war nicht nur kommerziell als Single-Auskopplung erfolgreich, sondern insbesondere in retrospektiven Beiträgen wiederholt Gegenstand der Aufmerksamkeit aufgrund seiner expliziten ‚Kälte'-Motive. Dazu gehören unter anderem die genutzten Begriffe klimatischer und materieller Kälte („Eiszeit", „Panzer-

---

[479] IDEAL: „Ich Kann Nicht Schlafen", auf: *Der Ernst Des Lebens* (1981); IDEAL: „Schwein", auf: *Der Ernst Des Lebens* (1981).
[480] IDEAL: „Spannung", auf: *Der Ernst Des Lebens* (1981).
[481] IDEAL: „Eiszeit" (1981).

schrank aus Diamant", „minus neunzig Grad", „tiefgefroren", „tiefgekühlt"), die allgemeine Entfremdungs-Affirmation sowie die musikalischen und performativen Komponenten, wie der betont teilnahmslose und monotone Sprechgesang Humpes im Refrain. Der Popkultur-Redakteur Peter Kemper etwa erklärt, der Song sei zum „Synonym der NDW-Ernüchterung" avanciert,[482] während der Literaturwissenschaftler Johannes Ullmaier in einem *testcard*-Beitrag bemerkte, „Eiszeit" sei das, „was die Neue Ästhetik in Deutschland noch an Entfremdungsausdruck in den Mainstream transportieren konnte".[483] Eine tiefergehende Auseinandersetzung mit dem Song findet sich in der NDW-Monografie von Barbara Hornberger: Laut der Musikwissenschaftlerin transportiert „Eiszeit" eine „Coolness, die die Einsamkeit sogar als eine Art modernes Heldentum erscheinen lässt", wobei auch Hornberger das Spiegelungs-Narrativ der vermeintlich kalten Welt bemüht: „Es ist ein Song über Narzissmus, Einsamkeit und Kontaktabwehr und zugleich über die Isolation und Monotonie in modernen Zivilisations-Kulturen." Im Hinblick auf die musikalischen Elemente erklärt Hornberger im Folgenden, Humpes Gesangsstimme bewirkt zusammen mit dem Songtext „den Eindruck von kühler Sachlichkeit", zudem vermittelt ein „kristallartig hoher" Synthesizer-Sound, eine „erneut verzerrt arpeggierte Gitarre und Hall auf der Stimme" im Refrain „den Eindruck von Kälte und Einsamkeit".[484]

Generell kommt keine der bisher erschienenen Monografien zur Neuen Deutschen Welle ohne einen Rückgriff auf ‚Kälte'-Begriffe bei der Besprechung des bekannten IDEAL-Songs aus. In Winfried Longerichs Dissertation zur NDW (1989) heißt es etwa, Annette Humpes Sprechgesang erzeuge eine „eiskalte Atmosphäre".[485] Auch in dem NDW-Buch von Mathias Döpfner und Thomas Garms (1984) findet sich eine musikwissenschaftliche Formanalyse von „Eiszeit", in der die Autoren die ‚Kälte'-Motive von IDEAL terminologisch reproduzieren.[486] Dabei fokussieren sich Döpfner und Garms besonders auf den Kontrast zwischen den gesungenen Strophen und dem monoton-teilnahmslos gesprochenen Refrain, in dem der Rock-Sound unvermittelt von nur schwach zu hörenden, hohen Synthesizertönen abgelöst wird – ein Schema, das IDEAL bereits bei „Blaue Augen" in umgekehrter Reihenfolge angewandt hatten: Während Humpes Gesangsstimme in den Strophen „quälend-aggressiv" wirke, verheiße ihr Sprechgesang im Refrain „Kühle, Bestimmtheit, Emotionslosigkeit und Resignation". „[M]an sackt förmlich hinein in die Leere, in die klirrende Gefühlskälte, deren kristalline Schärfe der spitze Syn-

---

482 Kemper: „Gib Gas, ich will Spaß" (1999), 192.
483 Büsser, Martin/Kleinhenz, Jochen/Ullmaier, Johannes: „Auswahldiscografie zur deutschen Popgeschichte", in: *testcard. Beiträge zur Popgeschichte*, Nr. 2 (1996), 191–212, hier: 200.
484 Hornberger: *Geschichte wird gemacht* (2010), 243–244.
485 Longerich: *„Da Da Da"* (1989), 221.
486 Döpfner/Garms: *Neue deutsche Welle. Kunst oder Mode?* (1984), 46–49.

thesizerklang treffend illustriert", resümieren die Autoren über die Spannung zwischen den Strophen und dem Refrain, in dem „[h]offnungslose Illusionslosigkeit" und „emotionale Leblosigkeit" herrschen würden.[487]

Allen retrospektiven ‚Kälte'-Zuschreibungen zum Trotz waren IDEAL nicht konsequent ‚kalt', nicht einmal im Falle des ‚Kälte'-Hits „Eiszeit". Deutlich wird dies an den beiden, vermutlich 1982 entstandenen Musikvideos für den Song: Der erste, wahrscheinlich für eine Musikshow produzierte Clip, zeigt die Band beim Spielen ihrer Instrumente, passend zum Songtext tun die Musiker:innen dies aber vollkommen steif, mechanisch und emotionslos. Annette Humpe scheint sogar nur ihre Lippen zu bewegen, während in ihrer Mimik und Gestik überhaupt keine Veränderungen stattfindet. Zudem wurde das Bild tricktechnisch aufbereitet, bis auf Humpes knallrote Lederjacke ist das ganze Video komplett in schwarz-weiß gehalten; nicht einmal Grautöne brechen den harten Kontrast auf.[488] Im etwas aufwendiger produzierten zweiten Videoclip von „Eiszeit" ist die Band nicht beim Musizieren zu sehen, sondern beim Ausführen verschiedener Tätigkeiten, die allerdings nichts mit dem Inhalt des Songs zu tun haben: Während Humpe in einem Sportdress auf einen Punching Ball einschlägt beim Singen, streifen ihre Bandkollegen in dem als Kulisse dienenden, mit künstlichem Nebel statt Wasser gefüllten Schwimmbecken umher, lesen Zeitung und bedienen Automaten. Ausgerechnet beim Refrain, in dem die Sängerin davon spricht, dass mit ihr die „Eiszeit" beginne, erfolgt ein Schnitt auf sich leidenschaftlich küssende Paare, statt in Blautönen ist der Clip hier komplett in Rot gehalten.[489]

Diese Inkonsequenz bei der Nutzung verschiedener ‚Kälte'-Motive war der Berliner Band inhärent und Teil ihres Erfolgsrezepts. Dies zeigt sich auch in einem anderen Punkt, in dem sich IDEAL von vielen anderen Bands des ‚Kälte-Pop' unterschieden, inklusive den in diesem Kapitel besprochenen Vertreter:innen der schwarzromantischen Entfremdungs-Ästhetik: Die Band nahm niemals eine ‚kalte' Distanz zum Publikum ein. „Es ist toll, auf der Bühne zu stehen und von der Einsamkeit zu singen, und du siehst ein Blitzen in den Augen, und du siehst ‚wow' du kannst dich spiegeln", erklärte Frontfrau Annette Humpe in einem 1984 veröffentlichten Interview über das Livespielen von „Eiszeit".[490] Anders als bei den ‚78er'-Künstler:innen finden sich hier also keine verschachtelten Mehrdeutigkeiten, keine Maskerade, keine Subversion, kein Als-ob. Wichtig war für Humpe nicht nur, ihren Gefühlen in ihrer Performance ‚authentisch' Ausdruck zu verleihen, sondern diese Emotionen auch mit ihren Hörer:innen und Zuschauer:innen zu tei-

---

[487] Ebd., 47–48.
[488] „Ideal – Eiszeit", 1982. URL: *https://youtu.be/XzHpSeWW4EU* (Letzter Zugriff: 24.10.2022).
[489] „Ideal – Eiszeit", 1982. URL: *https://youtu.be/W_czklVU5GY* (Letzter Zugriff: 24.10.2022).
[490] Humpe zit. n. Skolud/Stasiak: *Plant uns bloß nicht bei euch ein* (1984), 240 u. 242.

len. Tatsächlich hatten IDEAL einen alles andere als ‚kalten' Effekt auf Konzertgänger:innen: „IDEAL brachte das Publikum schnell auf die Beine. Ihre natürliche, fröhliche Ausstrahlung vermittelte den Spaß, den die Band selbst beim Auftritt hatte. Und ihre rundwegs unterhaltsamen Gassenhauer laden ja geradezu zum Mitmachen ein", schrieb etwa Ingeborg Schober Mitte 1981 in einem Konzertbericht für den *Musikexpress*.[491] Selbst ihr charakteristischer, betont teilnahmslos wirkender Performance-Stil beim Singen ist Humpe zufolge ganz natürlich: In einem Interview mit dem *Rolling Stone* aus dem Jahr 2000 bekräftigte die Musikerin, sie war schon immer mürrisch und missgelaunt, sogar als Kind. Laut Humpe ist ihr das aber letztlich zugutegekommen, als es um die ersten erfolgreich abgeschlossenen Deals mit Plattenfirmen ging: „Da war die Zeit für meine spröde Ausstrahlung reif. [...] Mädchen mussten damals grimmig schauen, wenn die Tür aufgehen sollte."[492]

Tauchten IDEAL also zur richtigen Zeit, am richtigen Ort, mit dem richtigen Konzept auf? Die Fortführung dieses bisher kommerziell erfolgreichen Programms auf dem kommerziell weit weniger erfolgreichen dritten und letzten Studioalbum *Bi Nuu* (1982) und die Bandauflösung am Ende der NDW-Bewegung und ‚Kälte-Welle' spricht für diese These. IDEAL hatten sich festgefahren, die Bedienung mittlerweile vertrauter ‚Kälte'-Motive zeigte nicht mehr die erwartete Wirkung, auch die Musikpresse reagierte nur äußerst verhalten auf *Bi Nuu*. Im *Musikexpress* erklärte etwa Wolfgang Bauduin in seiner Plattenbesprechung halbherzig lobend und zugleich die populär gewordene Verknüpfung ‚kalt = deutsch' aufgreifend, man könne der Band aufgrund des bisherigen Erfolgs ihres Konzepts kaum vorwerfen, „mit dem erst dritten Album immer noch ‚Eiszeit' zu propagieren, d. h. sehr deutsch zu wirken" und Etabliertes zu verlängern: „War doch bisher okay – wird's also auch noch mindestens diese Platte lang sein."[493] Und tatsächlich bewegen sich erneut viele Songs des Albums zwischen einer vermeintlichen Affirmation und einem indirekten Beklagen der ‚kalten' Gefühls- und Lebenswelt. In „Die Zweite Sonne" etwa spricht und singt Annette Humpe abwechselnd über ebenjene als grau und ‚kalt' wahrgenommene Welt der Moderne und ließ dabei auch den zeitgenössisch beliebten, kritischen Verweis auf modische Neobeleuchtungen

---

491 Schober, Ingeborg: „Berliner Rockzirkus. Ideal, Tempo, Z, Morgenrot, Insisters", in: *Musikexpress*, Nr. 5 (1981), 46. Im Berliner Stadtmagazin *zitty* hieß es zur Live-Performance von Humpe wiederum, diese entspreche den gefühlskalten Lyrics: „Bis auf ein aufgesetzt überzogenes Zucken ihrer Mundwinkel, [...] passiert mit ihr und ihrem Gesicht auf der Bühne nur noch wenig". Engelhardt, Ingo: „IDEAL + TON STEINE SCHERBEN am 21.12. um 19.30 Uhr in der Eissporthalle", Konzertbericht, in: *zitty*, Nr. 26, 1981, 50.
492 Humpe zit. n. Ritter, Christa: „Im Land des Lächelns. Anette Humpe nach der Eiszeit", in: *Rolling Stone*, Nr. 2 (2000), 52–55, hier: 53–54.
493 Bauduin, Wolfgang: „BI NUU. Ideal. WEA 24.0044-1", Rezension, in: *Musikexpress*, Nr. 12 (1982), 48.

nicht aus: „Die letzte Modenschau / zeigt nur zwei Farben: / Anthrazit und Asphaltgrau / Bist du bereit? / Geschminkt wie Stahl? / [...] / Die zweite Sonne / strahlt ohne Schatten / Weißer Leuchtstoff / fließt in die Stadt".[494] Im Stück „Müde" wiederum bereitete die Band den textlichen Aufbau von „Eiszeit" nochmals auf, statt von schneller Rockmusik wird Humpes Sprechgesang jedoch von einem schleppend-basslastigen, mit hohen Gitarren- und Glockenspieleinlagen vervollständigten Sound im Stil von THE CURE begleitet:

> Bitte keine Liebe, keine Energie
> Erschöpfung allgemein
> Nur noch Lethargie
> Spar Dein Temperament
> Du schläferst mich ein
> Alles, was ich fühle,
> Ist ein toter Punkt.
> Müde / Viel zu müde / Müde / Todmüde
> Schlafen / Ich will schlafen / Schlafen / Nur schlafen
> Bitte keine Reize
> Keine Diskussion
> Ich nehm nichts mehr auf
> Keine Reaktion.[495]

Freilich waren GRAUZONE und IDEAL nicht die einzigen Bands der deutschsprachigen New Wave, die das Motiv der Gefühlskälte bedienten. Vielmehr waren sie nur die kommerziell erfolgreiche Spitze des buchstäblichen Eisberges, den die NDW-Bewegung hervorbrachte. Tatsächlich taucht das textuell wie performativ umgesetzte Motiv der Abwehr eigener Emotionen und des ‚kalten' Spiels mit den Gefühlen anderer Menschen bei verschiedenen Gruppen aus verschiedenen Phasen der deutschsprachigen New Wave auf. „Du sagst was von Liebe / Ich bin stumm / Kein Anschluss unter dieser Nummer", heißt es etwa in dem Song „Ich Bin Stumm" (1980) der Hamburger (Post-)Punk-Band ABWÄRTS.[496] Ein von Narzissmus geprägtes Verhältnis zum Thema Liebe vermittelte wiederum die Berliner Avantgarde-Gruppe DIE TÖDLICHE DORIS mit ihrem Song „Tanz Im ²" (1981), in dem überhaupt das erste Mal das Wort „Liebe" in DORIS-Texten auftaucht: „Das ist meine Liebe zu dir / Ich will dich abhängig machen von mir / Du sollst mein Zwilling sein".[497] Motive der Gefühlsabwehr und Herz- wie Mitleidslosigkeit finden sich schließlich auch bei der Münchener Band FREIWILLIGE SELBSTKONTROLLE, etwa im Song „Herz Aus Stein" (1980). Darin wünscht sich das lyrische Ich den Untergang einer Stadt („Das ganze

---

494 IDEAL: „Die Zweite Sonne", auf: *Bi Nuu* (1982), LP, Eitel Optimal/WEA, 24.0044-1.
495 IDEAL: „Müde", auf: *Bi Nuu* (1982).
496 ABWÄRTS: „Ich Bin Stumm", auf: *Amok Koma* (1980).
497 DIE TÖDLICHE DORIS: „Tanz Im ²" (1981).

elendige Loch / Der Dreck, der Abschaum / Ist doch wirklich nichts mehr wert") und das besagte „Herz aus Stein", denn „das passt gut in mich rein": „Bitte lass mich jetzt allein / Bitte geh".[498] Zwei Jahre später veröffentlichten FSK mit „Herzschuss Melodie" (1982) ein Stück, in dem sich der Wunsch nach Gefühlskälte offenbar erfüllt hatte und in ein Spiel mit den Emotionen einer anderen Person mündete:

> Weißt du, ich seh die Liebe gern im TV
> Hast du bemerkt, dass ich nicht gern in andre Augen schau
> [...]
> Und wenn ich Spaß hab an der Macht
> Dann wird es kalt für dich bei Nacht.
> Und wenn ich dann eines Tages von dir geh
> Und wenn ich zum letzten Mal dann vor dir steh
> Und wenn ich nur kurz in deine Augen seh
> Und wenn ich darin deine Ängste seh
> Und um die Augen rum bist du ganz nass
> Das macht mir Spaß, das macht mir Spaß.[499]

Ähnlich sieht es mit der Performance betonter Teilnahms- und Emotionslosigkeit aus. Diese war von Anfang an Teil der verschiedenen New-Wave-Strömungen inner- und außerhalb der Bundesrepublik und findet sich bereits bei so unterschiedlichen Impulsgebern wie VELVET UNDERGROUND, KRAFTWERK als auch der Punk-Kultur.[500] Anschaulich wird diese Performance insbesondere bei den zumeist für Fernsehshows produzierten Musikclips, wenn auch diese relativ selten und zumeist den kommerziell erfolgreichen NDW-Bands vorbehalten blieben. Bekannt für sein durchgehend coole Passivität ausstrahlendes Auftreten war unter anderem DAF-Drummer Robert Görl, der bei TV-Auftritten oftmals nahezu regungslos neben dem zackig umherspringenden Sänger Gabi Delgado stand und keine Miene verzog.[501] Emotionslos den Songtext sprechend zeigen sich auch die Musiker von

---

498 FREIWILLIGE SELBSTKONTROLLE: „Herz Aus Stein", auf: *Herz Aus Stein* (1980).
499 FREIWILLIGE SELBSTKONTROLLE: „Herzschuss Melodie", auf: *Magic Moments* (1982), 12"-EP, Zick-Zack, ZZ 155.
500 Der Historiker Henning Wellmann bestimmt Langeweile bzw. „die wahrgenommene Abwesenheit einer bestimmten emotionalen Reizung" sogar als wesentlichen Motor für die Entstehung der Punk-Bewegung in Deutschland und England. Wellmann: „,Let fury have the hour, anger can be power'" (2014), 295–296.
501 Siehe dazu etwa die beiden Aufführungen des Songs „Liebe Auf Den Ersten Blick" im BR und im SFR im Jahr 1982. „DAF – Liebe Auf Den Ersten Blick", Teil der Sendung *Dreiklangsdimensionen* (Bayerischer Rundfunk), 1982. URL: *https://youtu.be/jSL1nXza7pM* (Letzter Zugriff: 24.10.2022); „DAF – Liebe Auf Den Ersten Blick", Schweizer Radio und Fernsehen, 1982. URL: *https://youtu.be/D2Mr9BH8JUY* (Letzter Zugriff: 24.10.2022).

FRONT im aufwendiger produzierten Musikclip zu ihrem Song „Polaroid" (1981), der komplett in Grautönen gehalten zu übersteuerten Post-Punk-Sounds Bilder und Videoschnipsel aus Nachrichtensendungen und klassischen Stumm- und Detektivfilmen zeigt.[502] Die wohl berühmteste Darbietung betonter Teilnahmslosigkeit entstand jedoch erst am Ende der Neuen Deutschen Welle: der weltweit erfolgreiche Hit „Da Da Da ..." (1982) von TRIO.[503] Begleitet von einem minimalistischen Rhythmus des *Casio VL-1*, der monoton durch den ganzen Track klickert, trägt Sänger Stephan Remmler in einer gelangweilt bis emotionslos wirkenden Art den Songtext vor, der laut Barbara Hornberger vom „Scheitern" oder sogar der „grundsätzliche[n] Unmöglichkeit von Beziehungen aufgrund misslingender Kommunikation" erzählt.[504] So unaufgeregt wie der Sound und die Vocals agierten die Musiker auch bei Live-Darbietungen des Songs fürs Fernsehen: Während Frontmann Remmler sich zumindest noch kleine Veränderungen in Mimik und Gestik erlaubte, verharrte Drummer Peter Behrens zumeist stur in derselben Position, mechanisch und mit versteinertem Gesichtsausdruck das kleine Drum-Set spielend.[505] Wie vor ihnen IDEAL zogen aber auch TRIO dieses Konzept nicht konsequent durch, nicht einmal im selben Song: Im Refrain wärmt das Stück auf, die kühl-monotonen Strophen werden von einfachen Gitarren-Riffs sowie einer auf dem *Casio* gespielten Melodie abgelöst und Remmlers Sprechgesang wird um eine Frauenstimme erweitert, die passenderweise IDEAL-Sängerin Annette Humpe beisteuerte. Selbige spielt auch im offiziellen, von Dieter Meier (YELLO) produzierten und in einer Kreuzberger Kneipe gedrehten Musikvideo des Songs mit, in dem alle Protagonist:innen – bis auf den weiterhin stoisch emotions- und regungslosen Peter Behrens – sichtbaren Spaß haben.[506]

Generell bietet TRIOS Hit-Song „Da Da Da ..." das beste Beispiel dafür, dass ‚kalte' Motive spätestens 1982 die Mainstream-Pop-Musik erreicht hatten. So wurde auch vermeintliche Gefühlskälte zu einem beliebigen, aber angesagten Motiv für Songtexte und Performances verschiedener Bands, die sich nicht in den NDW-Szenen bewegten. Die größte Verbreitung fanden zu dieser Zeit aber nicht bestimmte

---

502 „Front – Polaraid", 1981. URL: *https://youtu.be/dW0Kc39o4gw* (Letzter Zugriff: 24.10.2022).
503 TRIO: „Da Da Da Ich Lieb Dich Nicht Du Liebst Mich Nicht Aha Aha Aha" (1982).
504 Hornberger: *Geschichte wird gemacht* (2010), 299. Vgl. ebd., 297–301.
505 Siehe etwa den Auftritt in der *ZDF Hitparade* sowie den vermutlich für eine andere Musikshow produzierten Videoclip, in dem die Band vor einer weißen Kulisse spielt. „Trio – Da da da, ich lieb Dich nicht, Du liebst mich nicht", *ZDF Hitparade*, 1982. URL: *https://youtu.be/XiQqzM6vsc4* (Letzter Zugriff: 24.10.2022); „Trio – Da Da Da", 1982. URL: *https://youtu.be/lNYcviXK4rg* (Letzter Zugriff: 24.10.2022).
506 Meier, Dieter: „Trio – Da Da Da", 1982. URL: *https://youtu.be/DM-v3cvX8M4* (Letzter Zugriff: 24.10.2022).

Motive und Strategien der ‚Kälte', sondern der Begriff der Kälte und seine terminologische Assoziationskette selbst.

‚Kälte' in aller Munde: Die terminologische Hochphase
Tatsächlich fanden die Begriffe „kalt" und „Kälte" zu Beginn der 1980er Jahre eine geradezu inflationäre Verwendung innerhalb der deutschsprachigen Pop-Musik und wurden zu beliebten Schlagworten in Songtexten von Bands verschiedener Strömungen und Genres, weit über die NDW-Bewegung hinaus. Allerdings zeigen sich auffällige Unterschiede in der künstlerischen Intention bzw. hinsichtlich des Kontextes beim Einsatz der Begriffe.

So ist das Kalte in den Songs zeitgenössischer Rock-Bands, etwa aus den Bereich Punk und Hard Rock, stets negativ und zumeist gesellschaftskritisch konnotiert. Obwohl nach seiner Zeit als Sänger der Punkgruppe KFC auf Elektronische Musik umgestiegen, beschreibt beispielsweise der Musiker Tommi Stumpff im Song „Zu Spät" (1982) ausführlich seine Enttäuschung über das Ende der Punk-Explosion und der Hoffnungen, die an diesen Aufbruch geknüpft waren. Dabei steht das Kalte für diesen negativen Ausgang: „Der letzte Rest der Hitzewelle / [...] / Ist abgekühlt, ist abgeklungen / Alles sauber, alles kühl / [...] / Der letzte Kampf ist nicht gelungen / [...] / Der Wärmestau ist kalt geworden".[507] Selbst Bezüge zum Kalten in den Bandnamen lassen nicht einfach auf eine affirmative Einstellung schließen. In ihrer einzigen Veröffentlichung, der Single *Schneemann Ade* (1983), kritisiert etwa die Band FÜRST PÜCKLER UND DIE EISHEILIGEN im gleichnamigen Song mit ironischen Metaphern die anhaltenden Frontstellungen das Kalten Krieges: „Alte Narren spielen Kalten Krieg / Die letzte Schneeballschlacht bringt keinen Sieg", heißt es dann in dem Reggae-lastigen Song, erweitert um die im Chor gerufenen Slogans „Wir wollen keine neue Eiszeit!" und „Wollt Ihr den totalen Frost? Nein!"[508] Und auch im Falle der Punk-Band KALTWETTERFRONT aus Hannover beschreibt der Name nicht etwa ein erwünschtes Ereignis, sondern schließt an politische Begrifflichkeiten an, die eine vermeintliche Entwicklung der Gesellschaft zu immer größerer Entfremdung, Egoismus und Gefühlskälte kritisieren. Deutlich wird dies an dem fern jeder neusachlichen Affirmation stehenden Text für den Song „Im Schatten" (1980) auf dem Debüt-Album der Band: „Ich komm aus dem Land, wo Atompilze blühen / Metallicvögel ihre Kreise ziehen / Marionetten an Ketten hängen / Und alle fühlen sich so wohl in den Zwängen / [...] / Sowas wie

---

507 Stumpff, Tommi: „Zu Spät", auf: *Zu Spät Ihr Scheißer. Hier Ist:* (1982), LP, Schallmauer, SCHALL 023.
508 FÜRST PÜCKLER UND DIE EISHEILIGEN: „Schneemann Ade", auf: *Schneemann Ade / Nervös, Nervös* (1983), 7"-Single, ohne Label, 619 001.

Liebe passiert hier nur im Dunkeln / Gefühle erwachen, wenn Neongötter funkeln".[509]

„Keine Gefühle, jeder ist mal dran / Dass man vor Kälte kaum noch sitzen kann", heißt es auch im Song „Zu Kalt" (1983) der Hamburger Punk-Band SLIME, die darin die ihrer Meinung nach in der Bundesrepublik grassierende ‚soziale Kälte' anprangern: „Wenn das Geschwür groß wird / Und man kein Gegenmittel hat / Holt man sich gleich um die Ecke / Eine Portion Wärme ab / Keine Gefühle, keine Blöße / Ein Schrei, der nur verhallt / Keiner hat den Mut zu reden / Wo man ist, es ist zu kalt".[510] Ähnlich geartet fielen die Songs der Berliner Hard-Rock-Band DR. KOCH VENTILATOR aus, die auf den New-Wave-Zug aufzuspringen suchte und sich darum bemühte, die Sprache und Probleme junger Menschen aufzugreifen, mit ihren oftmals konsum- und sozialkritischen, moralistischen Texte allerdings wenig Erfolg hatte. Dementsprechend dystopisch zeichnet die Gruppe das Leben der „Kinder Der Kalten Zeit" im gleichnamigen Song (1981), denn diese suchen „in ihren Gehirnen" nach einem Weg durch ein unbestimmtes „Labyrinth", „spüren jeden eisigen Wind", „trinken und schreiben allein" und „schlafen in grauen Reihen".[511] Schließlich machte die hier bestimmte, genretypische Verwendung auch vor Landesgrenzen nicht Halt, vielmehr galt „Kälte" auch in der Rockmusik der DDR als negative Eigenschaft: Im Stück „Eiskalt" (1984) etwa, das auf dem Riff von SURVIVORS „Eye Of The Tiger" (1981) baut, prangert der Sänger der Ost-Berliner Heavy-Rock-Band REGENBOGEN an, dass manche Menschen „eiskalt" auf Dinge wie Krieg reagieren.[512]

Eine andere Funktion hatte der Begriff der Kälte wiederum bei den sogenannten ‚Wellenreiter'-Bands, die sich zumeist an den Themen und Sounds konventioneller Pop-Rock-Musik orientierten und sich ohne Anbindung an die NDW-Szenen an deren Motiven bedienten. Hier dienten Kälte-Begriffe vor allem dazu, um an den allgemeinen ‚Kälte'-Trend anzuschließen und um eine Zugehörigkeit zur Bewegung vorzugeben, wie etwa die Gruppe EISKALTE ENGEL, die in ihrem gleichnamigen Song roboterhaft die Zeilen „Eiskalte Engel, macht euch bereit / Eiskalte Engel, zum großen Schritt / Am Puls der Zeit" wiederholt.[513] Zumeist steht das Kalte

---

509 KALTWETTERFRONT: „Im Schatten", auf: *Inkubationszeit* (1980), LP, No Fun Records, NF 003.
510 SLIME: „Zu Kalt", auf: *Alle Gegen Alle* (1983), LP, Aggressive Rockproduktionen, AG 0018.
511 DR. KOCH VENTILATOR: „Kinder Der Kalten Zeit", auf: *Torso In Aspik* (1981), LP, Reflektor Z, 0060.386.
512 Erstmals auf einem Tonträger veröffentlicht wurde das Stück erst 1996, die Band spielte den Song jedoch im April 1984 in der Musikshow *Stop! Rock*. REGENBOGEN: „Eiskalt", auf: *Geil Auf Heavy Metal* (1996), CD, Edition BARBArossa, EdBa 01306-2. „Regenbogen – Eiskalt", *Stop! Rock* (Fernsehen der DDR), 16. April 1984. URL: *https://www.dailymotion.com/video/x3guhwt* (Letzter Zugriff: 24.10.2022).
513 EISKALTE ENGEL: „Eiskalte Engel", auf: *Total Normal* (1982), LP, Rocktopus, 204 803.

bei den ‚Wellenreitern' aber in einem romantischen Kontext, beschreibt die Charaktereigenschaft oder Haltung eines meist weiblichen Gegenübers, dass die Annäherungsversuche des lyrischen Ichs abwehrt. „Du bist so kühl / Zeigst kein Gefühl" sangen etwa PROFIL zu groovigen Rocksounds in ihrem Song mit dem trendigen Titel „So Kühl" (1981).[514] Fast schon wortgleich heißt es auch im Stück „Eiskalt Juni 80" (1983) von der Pforzheimer (Punk-)Rockgruppe RHYTHMUS RADIKAL über eine weibliche Person: „Du bist eiskalt / So kalt wie Eis / Mit so verdammt wenig Gefühl / Du bist so herrlich kühl".[515] Überhaupt fand der plakative Slogan „Kalt wie Eis" in der New-Wave-Ära eine häufige Verwendung, etwa in dem gleichnamigen New-Wave-Film von Carl Schenkel (1981). „Baby Baby, meine Nerven sind heiß / Baby Baby, und du – kalt wie Eis", singt auch der im Film als Hauptdarsteller agierende Dave Balko im Titel-Song „Kalt Wie Eis" (1981), den die West-Berliner Rockband TEMPO für den Film veröffentlichte.[516]

Abb. 20: Kristi Kara posiert vor einem Industriegebäude auf dem Frontcover ihrer Single *Kalt Wie Eis* (1982).

---

514 PROFIL: „So Kühl", auf: *Berühren* (1981), 7"-Single, Welt-Rekord, 1C 006-46 540.
515 RHYTHMUS RADIKAL: „Eiskalt Juni 80", auf: *Das Erste* (1983), 12"-EP, Intoleranz! Schallplatten, 041.
516 TEMPO: „Kalt Wie Eis", auf: *Kalt Wie Eis* (1981), LP, Reflektor Z, 0060.459.

Die eigenen Gefühle thematisiert wiederum die West-Berliner Sängerin Kristi Kara auf ihrer Single „Kalt Wie Eis" (1982), deren Frontcover die modische Industrie-Ästhetik der New Wave aufgreift, zeigt es doch die ganz in Schwarz gekleidete Sängerin vor einer industriellen Anlage samt Fabrikschornstein (Abb. 20). Im Song sieht das lyrische Ich jede Nacht eine weibliche Gestalt, die sich am Ende des Stücks als sie selbst herausstellt: „Und mein Herz wird so kalt / Kalt wie Eis".[517] Songtexte wie diese und Interpretinnen wie Kristi Kara hatten 1982 Hochkonjunktur. Auffällige Parallelen zeigen sich etwa zu der ebenfalls von einem Major-Label lancierten und von den beiden NENA-Musikern Jürgen Dehmler und Jörn-Uwe Fahrenkrog-Petersen unterstützten Sängerin Katia bzw. zum Song „Alles Nur Staub" (1982), in dem diese „Ich bin so kalt" auf „Ich bin so alt" reimt.[518] So bezieht sich auch in den Songs von Kristi Kara und Katia der Kälte-Begriff stets auf eine weibliche Figur. Eine Ausnahme macht dabei – trotz etwaiger Anbindung an die lokale NDW-Szene – schließlich auch nicht die Frankfurter Post-Punk-Gruppe mit dem bezeichnenden Namen FRÖHLICHE EISZEIT, die auf ihrer gleichnamigen Cassetten-Veröffentlichung von 1981 das „Mädchen in der Eisbar" besangen: „Mädchen in der Eisbar / Liebe in der Eisbar / Heiß und kalt, jung und alt / [...] / Andere sagen ‚Du bist Eis'".[519]

Wenn Bands aus dem Umfeld der verschiedenen NDW-Szenen plakative Begriffe des Kalten benutzten, dann wie bei GRAUZONE und IDEAL zumeist in einem schwarzromantischen Kontext und auf die eigene Person bzw. das eigene Gefühlsleben bezogen. Bei den Vertreter:innen der anderen ‚Kälte'-Strategien fanden Terminologien klimatischer Kälte dagegen weit weniger Verwendung. Beispielhaft genannt seien hier etwa das Minimal-Synth-/Post-Punk-Projekt SCHATTEN UNTER EIS des *Sounds*-Autors und Musikers Joachim Stender (P. D.), der Song „Seele Auf Eis I" (1982) von der Band ERSTE WEIBLICHE FLEISCHERGESELLIN NACH 1945 sowie das Stück „Mensch Im Eis" (1982) der Herner Post-Punk-Band VORGRUPPE: „Mensch im Eis / Stumm und bleich".[520] Affirmativer geriet die erotische Aufladung des Kalten im Song „Kalte Erotik" (1981) von der Gruppe A 5 („Kalte Erotik / Kalte Exotik")[521], so-

---

517 KRISTI KARA: „Kalt Wie Eis", auf: *Kalt Wie Eis* (1982), 7"-Single, CBS, CBS A 2897.
518 KATIA: „Alles Nur Staub", auf: *Alles Nur Staub* (1982), LP, Metronome, 0060.457.
519 FRÖHLICHE EISZEIT: „Mädchen In Der Eisbar", auf: *Fröhliche Eiszeit* (1981), C30, ohne Label. Im Jahr 2004 veröffentlichte das Label *Kernkrach* eine Vinyl-Compilation mit Songs der Band aus den Jahren 1979 bis 1982, eingehüllt in Geschenkpapier und Schleife mit passendem Plastik-Eislöffel. FRÖHLICHE EISZEIT: *Fröhliche Eiszeit* (2004), LP, Kernkrach, KRACH 011.
520 ERSTE WEIBLICHE FLEISCHERGESELLIN NACH 1945: „Seele Auf Eis I", auf: *Ferien Auf Dem Lande!* (1982), LP, Fontana, 6435 169; VORGRUPPE: „Mensch Im Eis", auf: *Mensch Im Eis* (1982), 7"-Single, H'art Musik, H'art 008.
521 A 5: „Kalte Erotik", auf: *Kalte Erotik / Längst Vorbei?* (1981), 7"-Single, No Fun Records, NF 108. Das *No Fun*-Label bewarb die Veröffentlichung mit passender Wortwahl: „Wenn deine Fens-

wie in dem von klirrend-hohen Klaviernoten eingeleiteten Stück „Kaltes Klares Wasser" (1982) von MALARIA!: „Kaltes klares Wasser / Über meine Hände / Über meine Arme / Über meine Beine / Über meine Schenkel / Über meine Brust / [...] / Kaltes klares Wasser / Wäscht mich ganz rein".[522]

Abb. 21: Maschinenästhetik und Kälte-Begriffe: Frontcover der Single *Eisprinzessin und Klirrende Kälte* (1982) von St. Peter.

Derlei Assoziationsmodelle bei der Verwendung von Kälte-Begriffen blieben aber die Ausnahme, vielmehr setzte mit der begrifflichen Inflation ab 1981/82, als Musiker:innen außerhalb der NDW-Szenen damit begonnen hatten sich der Motive der NDW-Bewegung anzunehmen, auch eine Verniedlichung ein. „Liebst du mich, dann lieb ich dich / Meine kleine Eisprinzessin", hießt es mustergültig in modisch-

---

ter von innen vereist, ist es nicht Winter, sondern die ‚Kalte Erotik' von A5". No Fun Records: „Wenn deine Fenster von innen vereisen...", Reklame, in: *Spex*, Nr. 1 (1982), 25.
522 MALARIA!: „Kaltes Klares Wasser", auf: *Weisses Wasser: White Water* (1982), 12"-Single, Les Disques Du Crépuscule, twi 067. In der kommerziell erfolgreichen Coverversion des Tracks von CHICKS ON SPEED (2000) wird diese erotische Aufladung lesbisch konnotiert. MALARIA! vs. CHICKS ON SPEED: „Kaltes Klares Wasser (Chicks Version)", auf: *Kaltes Klares Wasser* (2000), 10"-Single, Monika Enterprise, monika 11.

monotonem Sprechgesang im Track „Eisprinzessin" (1982), den der Musiker St. Peter (Peter Walgenbach) mit einer minimalistischen Bass-Synthesizer-Sequenz unterlegte. Abgerundet wird das Aufgreifen zeitgenössischer Trends durch eine Frontcovergrafik, die einen Mann bei der Bedienung einer Schaltvorrichtung zeigt (Abb. 21), sowie durch eine instrumentale B-Seite mit dem Titel „Klirrende Kälte".[523] Einen sehr ähnlichen Ansatz verfolgte auch die Prog-Rock-Band ZARA-THUSTRA, die ihr erstes Album *Eiskalt* (1982) nannte und damit, wie der gleichnamige Song zeigt, letztlich die „Händchen" des besungenen Mädchens meint.[524] Wie das Beispiel St. Peter und anderer ‚Wellenreiter' verdeutlicht, machte das In-Modekommen der einst im überschaubaren Rahmen des NDW-Undergrounds eingesetzten Motive auch vor dem Begriff der Kälte, seiner Synonyme und Assoziationsketten nicht Halt. Dementsprechend dauerte es nicht lange bis die Terminologie in Presseerzeugnissen wie etwa Boulevardzeitschriften aufgegriffen wurde, die die NDW-Bewegung, moderne deutschsprachige Musik oder auch nur aktuelle Trends in Mode oder Design thematisierten. „Kühle Gefühle" titelte etwa das Magazin *Stern* im Oktober 1982 in einem Artikel über den angesagten, minimalistischen und „eiskalt[en]" Einrichtungsstil für daheim und in den „neudeutschen Neonkneipen, die sich, wie von einer Eiswürfelmaschine gestanzt, fast wöchentlich vermehren".[525]

Häufige Verwendung fanden Begriffe der Kälte auch in dem 1984 veröffentlichten Buch *Plant uns bloß nicht bei euch ein*, das einen Einblick in die jüngste deutschsprachige Musik und insbesondere die NDW zu liefern versucht, dabei aber vor allem das nicht nur bei den Autoren Hubert Skolud und Horst Stasiak vorherrschende Bild über die ‚unterkühlte' und fatalistisch-modernistische ‚No-Future'-Generation reproduziert. Sichtlich bemüht, moderne Schlagworte zu bedienen, bezeichnen die Autoren darin etwa einen Auftritt des Sängers Joachim Witt als „ein kaltes Konzert" hinsichtlich der „Abwesenheit von natürlichen Bewegungen, als sei das Leben an einem Stromkreis angeschlossen, auf die übernatürlichen Kräfte von Elektronik reduziert". Ähnlich schreiben Skolud und Stasiak an späterer Stelle zu Witts Ende des Jahres 1980 veröffentlichtem Album *Silberblick* über „Sehnsüchte, die unter den Nullpunkt sinken" und „Zärtlichkeiten aus der Tiefkühltruhe", die sich in den Songtexten Witts wiederfinden würden: „[W]enn Träume out und Alpträume schick sind, lässt Witt seine kalten Bildergeschichten erzählen, die den Nerv unserer Zeit empfindlich treffen."[526] Schließlich hält dieser Trend auch in jüngeren Artikeln und Büchern zur deutschsprachigen New Wave an, im

---

523 St. Peter: *Eisprinzessin Und Klirrende Kälte* (1982), 7"-Single, Enorm Records, 001.
524 Zara-Thustra: „Eiskalt", auf: *Eiskalt* (1982), LP, Weryton, 6.25406 BR.
525 Almquist: „Kühle Gefühle" (1982).
526 Skolud/Stasiak: *Plant uns bloß nicht bei euch ein* (1984), 222, 224.

2003 erschienenen NDW-Lexikon des Rundfunk- und Printmedien-Redakteurs Christian Graf heißt es etwa, dass EINSTÜRZENDE NEUBAUTEN, XMAL DEUTSCHLAND und THE WIRTSCHAFTSWUNDER 1981 auf einem Festival mit dem Titel „Lieber zu kalt als zu warm" gespielt hätten – eine Behauptung, die angesichts der Inflation des Kälte-Begriffs plausibel klingt, allerdings finden sich weder Hinweise auf ein solches Festival, noch darauf, dass genannte Bands jemals in dieser Konstellation zusammenfanden.[527]

Wie in allen anderen Feldern der ‚Kälte'-Strategien, verkamen auch die von den schwarzromantischen Entfremdungspoet:innen genutzten Motive und Codes zu popkulturellen Klischees der frühen 1980er Jahre. In der bundesdeutschen Pop-Musik kam es zu einem inflationären Einsatz von Schlagworten klimatischer Kälte, nicht selten kombiniert mit betont teilnahmslos und gefühlskalt wirkenden Performances, insbesondere nachdem szenefremde Musiker:innen und der Mainstream mit ins Spiel gekommen waren. Gerade im Fall der Eiszeit-Apologet:innen überrascht diese Entwicklung allerdings kaum, war ihr mehr oder weniger explizites Leiden an der Welt, der eigenen Person und dem distanzierten Gegenüber doch am anschlussfähigsten für die sehnsuchtsvolle Melancholie, die konventionelle Pop-, Rock- und Schlager-Songs mit der gefühlsbetonten Angst-Kultur des linksalternativen Milieus teilten. Dieser Umstand hatte schon sehr früh innerhalb der New-Wave-Szenen für Spott und Abgrenzungsbemühungen gesorgt. In dem Track „Nahrung Für Den Hungernden Informator" (1980) von DIE TÖDLICHE DORIS etwa muss das in die moderne Zeit verfrachtete Nazi-Paar Adolf Hitler und Eva Braun als Stereotype der New-Wave-‚Hippies' und ihrer allzu klischeehaften Motive und Songtexte herhalten. Zu experimentellen Sounds erklärt Wolfgang Müller darin mit Delay über der monoton referierenden Stimme, dass sich Hitler, wenn er mal nicht tot ist, den Tod wünscht und überhaupt sehr sensibel auf die ‚kalte' Welt reagiert: „Gestern bedrückte ihn ‚die Kälte des Neonlichts' in einem ‚endlosen, grauen Fußgängertunnel, der zur U-Bahn führt.' Und weil er schlau ist, dokumentiert er seine Gefühle."[528]

Andere NDW-Musiker:innen parodierten die affirmativen Motive der ‚Kälte'-Apologet:innen. Dazu gehörte die aus der Limburger NDW-Szene stammende Band DIE RADIERER, die auf ihrem Album *Eisbären und Zitronen* (1981) mit satirischen Titeln wie „Eisbär-Disco", „Autobahn-Song" und „Versteck Dich Nicht Im

---

527 Graf: *Das NDW-Lexikon* (2003), 259.
528 DIE TÖDLICHE DORIS: „Nahrung Für Den Hungernden Informator", auf: *Der Siebenköpfige Informator* (1980), Cassette, Eisengrau, 1008. Diese Form des Songtextes inklusive der eingefügten, vermeintlichen Zitate stammen aus Müller, Wolfgang/Schmitz, Martin (Hg.): *Die Tödliche Doris, Band 1. Vorträge, Memoiren, Essays, Hörspiel, Postwurfsendungen, Stücke, Flugblatt, Dichtung*, Kassel 1991.

Kühlschrank" NDW-Trends wie den ‚Kälte-Kult' aufs Korn nahm.[529] Der in der saarländischen Kassettenszene umtriebige Musiker Andi Arroganti wiederum veröffentlichte mit „Scheintot" (1982) einen Song, der vom Aufbau, Lyrics und Sound wie eine Antwort auf IDEALS „Eiszeit" wirkt: „Scheintot / Ich bin so schrecklich scheintot / Ich lieg in einem Sarg / Obwohl ich gar nicht mag".[530] Stand hier das performative Leiden der NDW-Romantiker:innen im Mittelpunkt, bereitete Arroganti in dem wenige Monate zuvor erschienenen Stück „Polarfrost" (1981) die in Mode gekommenen, ‚kalten' Verhaltenslehren ironisch auf:

> Mein Hand ist festgefroren
> An deinen tiefgekühlten Ohren
> Du bist kalt wie *Langnese*-Eis
> Und dein T-Shirt riecht nur nach Schweiß
> Deine Art und dein Getue
> Deine grönländische Ruhe
> Polarfrost im Gesicht
> All das gefällt mir nicht
> Ich liebte dich einmal
> Da warst du noch normal
> Doch dann wurdest du zu cool
> Und tatest Eis in den Swimmingpool
> Deine Affären mit dem Eismann
> Dem Schneemensch und dem Kühlschrank
> Polarfrost im Gesicht
> All das gefällt mir nicht
> Du fliegst morgen an den Nordpol
> Du sagst, da fühlst du dich sehr wohl
> Doch ich mag keine Kälteschocks
> Allein in deiner Tiefkühlbox.[531]

Im Gegensatz zur teilweise recht theorielastigen subversiven ‚Kälte'-Affirmation der ‚78er' konnten die (schwarz-)romantischen NDW-Musiker:innen von Anfang an auf eine größere Hörerschaft und damit eine umfassendere Verbreitung und Kommerzialität bauen. Attraktiver erschienen ihre Motive, Performances und Themen dabei sowohl Teenagern, die sich unversehens im hitzigen Dschungel des sozialen Verkehrs, in der als krisenhaft wahrgenommenen Lebenswelt und in Subjektivierungsprozessen widerfanden, als auch den emotionsexpressiven Anhänger:innen des linksalternativen Milieus, die in den betont gefühlskalt dargebotenen Texten über postmoderne Entfremdungserfahrungen und gestörte zwischen-

---

529 DIE RADIERER: *Eisbären und Zitronen* (1981), LP, ZickZack, ZZ 25.
530 Arroganti, Andi: „Scheintot", auf: *Dezent Pervers* (1982), Cassette, Wartungsfrei, wf007.
531 Arroganti, Andi: „Polarfrost", auf: *Schwul!* (1981), Cassette, Wartungsfrei, 004.

menschliche Verhältnisse eine mehr oder weniger versteckte Kritik an der ‚kalten' Welt ausmachten. Im Vergleich zu den anderen Formen des ‚Kälte-Pop' waren die in diesem Kapitel untersuchten ‚Kälte'-Motive tatsächlich weit weniger mit der Neuen Sachlichkeit als mit der Romantik und dem Expressionismus verwandt. Wenig verbindet sie mit den Subversionsstrategien oder dem neusachlich-affirmativen Körper- und Maschinen-Kult anderer ‚Kälte'-Musiker:innen, nicht fern war dagegen die Untergangs-Euphorie der „Berliner Krankheit", wie das folgende Kapitel zeigt. Dennoch hatten die Motive der ‚Kälte'-Romantiker:innen bedeutenden Anteil an der Etablierung des Kälte-Begriffs in der deutschsprachigen Pop-Musik und daran, dass fragmentierte Identitätsmodelle und Entfremdungserfahrungen nicht ausschließlich mit Kritik und Klage behandelt wurden, sondern als unveränderliche und quasi ‚natürliche' Merkmale der postmodernen Lebenswirklichkeit aufgefasst und künstlerisch thematisiert wurden.

3.5 „Ich steh auf Zerfall": West-Berliner Untergangs-Euphorie

An Deutlichkeit ließ es Blixa Bargeld, Frontmann und zumeist auch Sprachrohr der West-Berliner Gruppe EINSTÜRZENDE NEUBAUTEN, nicht mangeln: „Ich steh da drauf, in der Endzeit zu leben – mit einem positiven Gefühl. Ich tanze für den Untergang, ich bin nicht dagegen. Ich möcht' ihn so schnell wie möglich. Ich möcht' ihn fördern mit diesen Geschichten, vorantreiben, forcieren", betonte der selbsternannte „Prophet" 1981 gegenüber der *Spex*.[532] Und tatsächlich beschworen EINSTÜRZENDE NEUBAUTEN und andere Bands aus dem Umfeld der „Genialen Dilletanten" die in ihren Augen kommende Apokalypse nicht nur in Interviews und Songtexten, sondern setzten das Motiv der Auflösung und des Zerfalls auch performativ um, im Studio, auf der Bühne und am eigenen Körper. Ihren gegenkulturellen Wurzeln entsprechend nahmen die NEUBAUTEN die Warnungen des friedens- und umweltbewegten, linksalternativen Milieus und auch der politischen Punk-Bands vor einem vermeintlich drohenden Untergang ernst, begrüßten diesen allerdings euphorisch anstatt zum Umdenken aufzurufen. „Die stinkenden Maschinen machten die Menschen immer noch krank, aber krank war jetzt cool", bemerkte der Künstler Hans-Christian Dany treffend und unterstrich dabei den Aspekt der Umdeutung gegenkultureller Wertmaßstäbe unter Beibehaltung ihrer Ausgangsthesen: „An die Stel-

---

[532] Bargeld zit. n. Hündgen, Gerald: „Ich finde das wichtig! – Warum? (Blixa Bargeld/Einstürzende Neubauten) (Stimme aus dem Publikum)", in: *Spex*, Nr. 9 (1981), 20–21 u. 29, hier: 20. Zur Selbstbezeichnung siehe den Eintrag „KEIN SÄNGER SONDERN PROPHET" auf einer Kalenderseite vom 3. Februar 1981, Abdruck in Bargeld, Blixa: „Stimme frisst Feuer", Berlin 1988, hier: 10. Hervorhebung i. O.

le des *Macht kaputt was euch kaputt macht* der Ton Steine Scherben trat ein Ja zu dem was dich kaputt macht. Ein Ja zum Ekligen, ein Ja zum Dreck. Auch ein Ja zu einer verdrehten Innerlichkeit."[533]

Innerhalb des ‚Kälte-Pop' stellen Einstürzende Neubauten und andere „Dilletanten"-Bands die am stärksten zu Expressionismus und teils sogar Surrealismus neigende Strömung dar, dennoch setzten die Musiker:innen auf affirmative Weise eine Vielzahl ‚kalter' Motive ein, die im Folgenden näher beleuchtet werden. Dazu gehören Motive des Untergangs und Verfalls, der Krankheit und der postindustriellen und im Zerfall befindlichen Großstadt – wobei es sich nicht um irgendeine Großstadt handelte: Nicht zufällig war der Untergangs-Kult innerhalb der NDW und des ‚Kälte-Pop' ein reines West-Berliner Phänomen, das ohne die außerordentliche Geschichte und Situation der geteilten Stadt nicht hätte entstehen können. Sowohl die realen Lebensumstände in der Inselstadt als auch die von ihr angebotenen Geschichtsbilder, ob nun die künstlerisch wie politisch aufreibenden 1920er Jahre, die militärischen Auseinandersetzungen im Zweiten Weltkrieg oder einzigartige Situation und Frontstellung im Kalten Krieg, waren der Treibstoff für die offensive Affirmation der Katastrophen-Bohème.

‚Heiß' und ‚kalt' gingen hier zusammen, im Gegensatz zur ‚sinnlichen Kälte' von DAF war die ‚kalte Hitze' der Neubauten jedoch selbstzerstörerisch, ein sich selbst verzehrender Ausbruch von Energie. Bargeld selbst verglich mit Verweis auf den Mitte 1981 veröffentlichten Track „Kalte Sterne" („Wir sind kalte Sterne / Nach uns kommt nichts mehr") im *Spex*-Interview die Band mit einem sterbenden Stern, der sich zuerst aufbläht bevor er kollabiert und sich in ein Schwarzes Loch verwandelt.[534] Die hitzige Intensität der Performance von Einstürzende Neubauten stellt daher auch keinen Widerspruch zum Grundkonzept des ‚Kälte-Pop' dar, sondern entsprach ganz dem Ideal des Extrems von ‚Kälte'-Avantgardisten wie Ernst Jünger, das der Literaturwissenschaftler Helmut Lethen mit Rückgriff auf Jüngers Schrift *Das abenteuerliche Herz* (1929) pointiert zusammenfasst:

> ‚Wenn es schon kalt war, so sollte die Kälte auch ausschweifend sein.' Die Logik des Extrems gehorcht einer Ästhetik der Entmischung: die ‚arktischen Zonen des Gefühls' ließen sich spielend leicht mit dem ‚siedenden Kessel des Rausches' und zerstörerischer Leidenschaft kombinieren [...].[535]

---

533 Dany, Hans-Christian: „Im Kohlenkeller eines neuen Dekadenzbewusstseins", in: Neue Gesellschaft für Bildende Kunst e. V., et al. (Hg.): *Lieber zu viel als zu wenig* (2003), 43–52, hier: 44, 48. Hervorhebung i. O.
534 Bargeld zit. n. Hündgen: „Ich finde das wichtig! – Warum?" (1981), 20. Einstürzende Neubauten: „Kalte Sterne", auf: *Kalte Sterne* (1981), 2x 7"-Single, ZickZack, ZZ 40.
535 Lethen: „Die elektrische Flosse Leviathans" (1995), 18. Lethen zitiert aus Jünger, Ernst: *Das abenteuerliche Herz. Erste Fassung auf Zeichnungen bei Tag und Nacht*, Stuttgart 1987 (1929), 28, 58, 118.

Untergang

Das Motiv der Apokalypse kam nicht erst durch EINSTÜRZENDE NEUBAUTEN in die Pop-Musik. In seiner Untersuchung zu rockmusikalischen Untergangsfantasien macht etwa der Autor Dieter Hiebing darauf aufmerksam, dass die Apokalypse in vielen Sparten afroamerikanischer Musik, von frühen Spirituals bis zum Rap, als „Erlösung" und „Befreiungsschlag" interpretiert wurde. Hiebing zufolge boten Untergangsvisionen, denen zumeist ein Ohnmachtsgefühl zugrunde liegt, nicht nur in der afroamerikanischen Musik die „Möglichkeit der Überwindung von als bedrückend empfundenen gesellschaftlichen und politischen Lebensbedingungen" und eröffnen die „Chance zum Neuanfang".[536] Im Punk und Post-Punk gab es dieses Danach jedoch nicht, zu sehr verinnerlicht waren die von Friedens- und Umweltbewegung immer eindringlicher formulierten Appelle angesichts globaler Missstände und Gefahren. Mit ihren Katastrophenbildern reagierten die Musiker:innen nicht auf politische und soziale Unterdrückung, sondern auf eine ökologische und atomare Bedrohungslage. „Sieh' dich doch nur um: Du hast überall AKW's, Wasser kannst du nicht mehr saufen, die Fische sind vergiftet", erklärte etwa FM Einheit (ABWÄRTS, PALAIS SCHAUMBURG, EINSTÜRZENDE NEUBAUTEN) 1981 in einem Interview,[537] während Blixa Bargeld rückblickend vor allem die angespannte Lage im sich erhitzenden Kalten Krieg als Hauptangst nannte: „Für meine Generation gab es ein Geräusch, das Angst auslöste. [...] Es gab ein Geräusch, das den Himmel zerschneiden konnte: jetzt geht's los! jetzt bricht der Dritte Weltkrieg aus! Das steckte allen immer in den Knochen."[538]

Aufhalten lasse sich der Weltuntergang nicht mehr, darin waren sich die hier untersuchten Musiker:innen einig – ganz im Gegensatz zu den historischen Avantgarden, bei denen die Krise noch für eine ungewisse Wendung ins Negative oder Positive stand, in die sich das Subjekt einschalten konnte. Deutliche Unterschiede zeigen sich allerdings in der Art und Weise, wie die einzelnen Punk- und NDW-Künstler:innen damit umgingen. Ein eindrückliches Beispiel für das Untergangs-Motiv im Punk lieferte die Düsseldorfer Band FEHLFARBEN mit dem Song „Apokalypse" (1980), in dem zwar einerseits die Gründe für die fatale Entwicklung kritisiert werden, in diesem Fall die Produktion und der Export von Waffen in alle Welt, andererseits das nahende Ende als unvermeidlich hingenommen wird: „Ich fürchte nicht um mein Leben / Ich hab nur Angst vor dem Schmerz / Ich bettle nicht um Sekunden / Ich sehe schon ein flammendes... / Ernstfall, es ist schon längst soweit /

---

536 Hiebing, Dieter: „The Day Everything Became Nothing. Rockmusikalische Vergänglichkeits- und Untergangsphantasien am Beispiel der Topoi ‚Memento mori' und ‚Apokalypse'", in: Seim; Spiegel (Hg.): *„The Sun Ain't Gonna Shine Anymore"* (2009), 215–244, hier: 226.
537 Einheit zit. n. Hündgen: „Ich finde das wichtig! – Warum?" (1981), 21.
538 Bargeld, Blixa: *Headcleaner. Texte für einstürzende Neubauten*, Berlin 1997, 47.

Ernstfall, Normalzustand seit langer Zeit".[539] Die Band DER PLAN – gegründet als WELTAUFSTANDSPLAN, nachdem Bandmitglied Moritz Reichelt zuvor mit dem Künstler Jürgen Kramer unter dem Namen WELTENDE gespielt hatte – wählte dagegen einen eher dadaistischen und kindlich-fröhlichen Zugang zu Tod und Untergang[540] und auch die West-Berliner „Dilletanten"-Gruppe DIE TÖDLICHE DORIS pflegte ein affirmativ-ironisches Verhältnis zu den performativ inszenierten Themen Tod und Katastrophe.[541] „Die Katastrophen werden magisch beschworen. Das zeugt von gesundem Aktionismus", schrieb der Autor Dietrich Kuhlbrodt ganz im Stil der manifestartigen Statements von DIE TÖDLICHE DORIS im Musik- und Buchprojekt *Naturkatastrophen* (1984) und erklärte im DORIS-Sprech die Untergangs-Affirmation der Gruppe zur heroischen Meisterleistung: „Während alle Welt ächzt und wehklagt angesichts der Verheerungen, mit der die geschundene Natur sich an zivilisatorischem Unbill rächt, ist DIE TÖDLICHE DORIS, tapfer wie sie ist, mit Lust & Liebe bei der Sache."[542]

Wiederum andere NDW-Gruppen thematisierten in ihren Songs überhaupt keine Vorstellungen einer Apokalypse. „Nein, das ist für uns gar nicht interessant", bemerkte etwa MALARIA!-Sängerin Bettina Köster 1981 zum Untergangs-Motiv, auch wenn die Band Teil der West-Berliner Post-Punk-Szene war.[543] Während auch IDEAL bei allen schwarzromantischen Todes-Motiven den von Humpe prophezeiten Untergang – „Es ist nichts zu bremsen. Ich genieße lieber die letzte Fahrt bis zum Schluss"[544] – in ihren Songs gar nicht zum Thema machten, entwickelten ihre West-Berliner Kollegen von EINSTÜRZENDE NEUBAUTEN für sich ein Bandimage, das sich ganz um die Vorstellung einer nahenden Apokalypse drehte. Treibende Kraft war hierbei vor allem Frontmann Blixa Bargeld, der den Untergang zum Leitmotiv früher NEUBAUTEN-Veröffentlichungen ausbaute. Plattentitel wie *Für Den Untergang* (1980) und *Kollaps* (1981) ließen dann ebenso wenig Zweifel an der thematischen Ausrichtung aufkommen wie die Texte von Stücken wie „Stahlversion" („Tanze den Untergang / Tanzen fürs Ende"), „Energie (Zum Einsturz Bringen)" („Unsere Energie / Unsere Zeit / Und alle, alle / Zum Einsturz bringen / Unsere Sonne / Zu Fall bringen") sowie „Abstieg & Zerfall" (alle 1980/81): „Sieh zu wie die Zeit / zerfällt vor unsern Augen / Komm her, komm mit / Wir sind leer / Ohne Angst / Wir sind

---

539 FEHLFARBEN: „Apokalypse", auf: *Monarchie und Alltag* (1980).
540 Siehe etwa DER PLAN: „Die Welt Ist Schlecht" (1980). Vgl. Groetz: *Kunst ⇄ Musik* (2002), 130.
541 Siehe etwa DIE TÖDLICHE DORIS: „7 Tödliche Unfälle Im Haushalt" (1981).
542 Kuhlbrodt, Dietrich: „Katastrophen selbermachen", in: dass. (Hg.): *Naturkatastrophen* (1984), 5–11, hier: 5. DIE TÖDLICHE DORIS: *Naturkatastrophen* (1984), 7"-Single, Gelbe Musik, 3.
543 Köster zit. n. Frederking/Marquardt: „MALARIA Berlinexotismädchen" (1981), 14.
544 Humpe zit. n. Skolud/Stasiak: *Plant uns bloß nicht bei euch ein* (1984), 242.

leer / Endgültig, vollständig, leer / Abstieg und Zerfall".[545] Überdeutlich wird Bargelds Ansatz nicht zuletzt in den Lyrics zum Stück „Steh Auf Berlin" (1981)[546], das eine Antwort auf IDEALS „Berlin" (1980) und das darin vermittelte Bild der lebendigen und pulsierenden Großstadt Berlin darstellt:

Verbrannte Erde
Ich steh auf Viren
Ich steh auf Chemie
[...]
Ich steh auf Feuer
Ich steh auf Rauch
Ich steh auf Krach
Ich steh auf Steine
Ich hol dich nicht raus
Ich steh auf Zerfall
Ich steh auf Krankheit
Ich steh auf Niedergang
Ich steh auf Ende
Ich steh auf Schluss
Ich steh auf Aus
Ich steh auf Hölle
[...]
Ich steh auf Rausch

Songtexte wie Mantras, unkontrollierte Schreie, tribalistisches Trommeln auf Metallschrott, der Einsatz von Feuer bei Live-Auftritten: die NEUBAUTEN verkündeten die Apokalypse nicht nur, sie beschworen sie in einer Ritual-Performance.[547] In einem *Sounds*-Interview stellte Bargeld Anfang 1981 dann auch einen Zusammenhang her zwischen seinen Untergangs-Beschwörungen während einer NEUBAUTEN-Session und dem Einsturz der Berliner Kongresshalle und des Weddinger Versorgungsamts wenig später.[548]

---

545 EINSTÜRZENDE NEUBAUTEN: *Für Den Untergang* (1980), 7"-Single, Monogam, 005; EINSTÜRZENDE NEUBAUTEN: *Kollaps* (1981), LP, ZickZack, ZZ 65; EINSTÜRZENDE NEUBAUTEN: „Stahlversion", auf: *Für Den Untergang* (1980); EINSTÜRZENDE NEUBAUTEN: „Energie (Zum Einsturz Bringen)", auf: *Stahlmusik* (1980), Cassette, Eisengrau, 1002; EINSTÜRZENDE NEUBAUTEN: „Abstieg & Zerfall", auf: *Kollaps* (1981).
546 EINSTÜRZENDE NEUBAUTEN: „Steh Auf Berlin", auf: *Kollaps* (1981).
547 Zu Mantra und Ritual siehe Bargeld: *Headcleaner* (1997), 52. Zum Motiv Feuer siehe Dax/Defcon: *Nur was nicht ist, ist möglich* (2006), 78 sowie Shryane, Jennifer: *Blixa Bargeld and Einstürzende Neubauten. German Experimental Music. ‚Evading do-re-mi'*, Aldershot 2011, 110.
548 Bargeld zit. n. Schäffer, Rainer: „Stahlgewitter. Einstürzende Neubauten", in: *Sounds*, Nr. 2 (1981), 22–23, hier: 22.

Generell ließ Bargeld in den Jahren 1981/82 keine Gelegenheit aus, seine Vorstellung vom baldigen Ende in Interviews umfänglich auszubreiten. „Für mich ist jetzt Untergangszeit, die Endzeit – endgültig. Das läuft noch 3 oder 4 Jahre, dann ist's vorbei. Da gibt's bei mir nix. Untergang ist Untergang", erklärte der Musiker etwa gegenüber der *Spex*. Ein „Riesenspaß", „lustvoll" und „die spannenste[sic!] Sache überhaupt" war es für Bargeld, „dem Untergang beizuwohnen", jegliche Hoffnung auf eine Zukunft dagegen reiner „Selbstbetrug".[549] Statt „hippiemäßig" zu resignieren, sich durch Eskapismus von der Welt abzuwenden oder in Selbstmitleid zu baden – der NEUBAUTEN-Sänger nannte an dieser Stelle die Post-Punk-Band JOY DIVISION –, geht es Bargeld zufolge darum, das Bewusstsein vom nahen Untergang zum Ausgangspunkt einer intensivierten und exzessiven Lebensweise zu nehmen.[550] Wie der Musiker wiederholt betonte, darf die drohende Apokalypse eben nicht zu einer Selbst-Viktimisierung und einem selbstmitleidigen Masochismus führen, der alles über sich ergehen lasse, daher wehrte sich Bargeld auch dagegen, „als pessimistischer Untergangsprophet dazustehen" und als „Aushängeschild" für Menschen zu dienen, „die sich selbstmitleidig irgendwelchen Untergangsstimmungen hingeben".[551] „Abfinden würde bedeuten, dass man sich raushält. Man muss was machen, aber nicht aus dem Gefühl heraus, ‚es geht voran' oder es ließe sich etwas ändern, sondern aus dem Gefühl heraus, den ganzen Vorgang noch zu forcieren", unterstrich Bargeld im *Spex*-Interview und bekräftigte seine Argumentation mit einer eigenwilligen Interpretation der jüngsten bundesrepublikanischen Geschichte:

> Die RAF hat ihre Sachen gemacht: nicht um die Regierung zu stürzen; die hat auch den Schleyer nicht umgebracht, weil er Arbeitgeberpräsident gewesen wäre, sondern damit die CDU an die Macht kommt, damit der Faschismus schneller siegt in der BRD. Die wollten diesen Prozess vorantreiben, sie wollten den Untergang, der ohnehin stattfindet, noch beschleunigen – was anderes will ich auch nicht.[552]

---

[549] Bargeld zit. n. Hündgen: „Ich finde das wichtig! – Warum?" (1981), 20. Sehr ähnlich argumentierte Bargeld in Härlin/Sontheimer: „Nehmt Abschied!" (1982), 80.
[550] Bargeld zit. n. Hündgen: „Ich finde das wichtig! – Warum?" (1981), 20. Vgl. auch Bargeld zit. n. Maeck, Klaus: „Die große Untergangsshow mit Einstürzende Neubauten oder Chaos, Sehnsucht & Energie", in: Hartmann; Pott (Hg.): *Rock Session 6* (1982), 104–115, hier: 108–109. Siehe dazu auch Schütz, Heinz: „Ruinenexzess Katastrophenkult. Jencks, Einstürzende Neubauten und Punk und Tödliche Doris und", in: Emmerling; Weh (Hg.): *Geniale Dilletanten* (2015), 130–138, hier: 135.
[551] Bargeld zit. n. Härlin/Sontheimer: „Nehmt Abschied!" (1982), 80, 82.
[552] Bargeld zit. n. Hündgen: „Ich finde das wichtig! – Warum?" (1981), 21. Kaum ein Interview verging, ohne dass Bargeld mit Verweis auf Walter Benjamin erklärte: „Der destruktive Charakter ist heiter: er freut sich an der Zerstörung." Bargeld zit. n. ebd. Siehe auch Bargeld zit. n. Bohn: „Let's hear it for the Untergang Show" (1983), 23 sowie Härlin/Sontheimer: „Nehmt Abschied!" (1982), 81. Im Originaltext heißt es: „Der destruktive Charakter ist jung und heiter. Denn Zerstörung verjüngt, weil es die Spuren unseres eigenen Alters aus dem Weg räumt […]." Benjamin,

Einigkeit über das von Blixa Bargeld forcierte Untergangs-Image herrschte innerhalb der Gruppe EINSTÜRZENDE NEUBAUTEN jedoch nicht. Gründungsmitglied Andrew Unruh etwa bezeichnete die von der Band verbreitete Vorstellung vom Weltuntergang rückblickend als „eine Art Running Gag", während der 1981 zur Gruppe gestoßene FM Einheit in einem 1982 veröffentlichten Interview Bargelds Ausführungen mit der Anmerkung „Das find ich scheiße mit den düsteren Zukunftsvisionen" unterbrach.[553] Der zu jener Zeit unter dem Namen Alexander von Borsig agierende Alexander Hacke, der zuerst nur bei Liveauftritten mitspielte bevor er 1983 zum festen NEUBAUTEN-Mitglied wurde, beteiligte sich wiederum aktiv am Spiel mit dem Untergangsmotiv: „Es war schön bei dir zu sein / Damals in Hiroshima / Die Straßen waren hell erleuchtet / Wir verfaulten Arm in Arm / Wir waren so glücklich / Hiroshima wie schön es war", singt, spricht und schreit der Musiker in seinem 1981 erstmals veröffentlichten Track „Hiroshima", der nicht nur innerhalb der West-Berliner Underground-Szene zum Hit geriet, sondern auch im *New Musical Express* zur „Single of the Week" gekürt wurde.[554] Wie Hacke später betonte, stand hinter dieser Performance tatsächlich die Überzeugung vom baldigen Ende der Welt, die nicht zuletzt vom desolaten Zustand West-Berlins mit seinen überall sichtbaren Zeichen vergangener und anhaltender Kriege genährt wurde:

> Es war eine totale Endzeitstimmung, ich weiß noch, wie man gescherzt hat: ‚Ich hab' meinen Untergangssekt schon im Kühlschrank' – wenn die Welt untergeht, stoßen wir vorher noch mal nett an. Wir betrieben einen rücksichtslosen Raubbau am eigenen Körper. Ich habe damals nicht ernsthaft geglaubt, dass ich jemals 18 werden würde, aber das bereitete mir keine Angst. Wir waren wirklich davon überzeugt, dass die Welt untergehen würde. Das lag sicherlich auch an Orwell, vor allem aber hätten wir es gut gefunden, wenn wir in West Berlin Zeugen des Weltuntergangs geworden wären. Und natürlich prägt die Mauer die Stadt und die Stimmung der Menschen.[555]

In der szenenahen Musikpresse fanden die West-Berliner Propheten der Apokalypse nur wenig Zuspruch für ihren Untergangs-Kult. Diedrich Diederichsen etwa

---

Walter: „Der destruktive Charakter", in: ders.: *Illuminationen. Ausgewählte Schriften*, Frankfurt a. M. 1969, 310–312, hier: 310.
553 Unruh zit. n. Dax/Defcon: *Nur was nicht ist, ist möglich* (2006), 15. Einheit zit. n. Maeck: „Die große Untergangsshow mit Einstürzende Neubauten oder Chaos, Sehnsucht & Energie" (1982), 108.
554 Vgl. Hacke: *Krach* (2015), 60 sowie Müller: *Subkultur Westberlin 1979–1989* (2013), 158. BORSIG WERKE: „Hiroshima", auf: *S. J.* (1981). Borsig, Alexander von: *Hiroshima* (1982), 12″-Single, Supermax, MAX 01. Siehe „Singles Of The Week", in: *New Musical Express*, 31. August 1982. Auffallend ähnlich fiel der Text des 1983 erstmals veröffentlichten Songs „Hiroshima" von der Band SÄUREKELLER aus: „Die Bombe fiel auf uns nieder / Wann kommt dieses Erlebnis wieder / Es hat uns sehr viel Spaß gemacht / Die Bombe hat uns das Glück gebracht". SÄUREKELLER: „Hiroshima", auf: *6 Mio. Beireuther* (1983), Cassette, Ulan Bator.
555 Hacke zit. n. Dax/Defcon: *Nur was nicht ist, ist möglich* (2006), 15.

nannte in *Sounds* Alexander von Borsigs Song „Hiroshima" zwar ein „wirklich großartiges Avant-Pop-Opus", fühlte sich zugleich aber genervt vom „kokette[n] Umgang mit ausgelutschten Gewalt-, Tod- und Massaker-Mythen".[556] Amüsiert von der apokalyptischen Attitüde urteilte Dirk Scheuring in *Spex* zum gleichen Stück, Borsigs „Fäulnis im Walzertakt" hat „weniger mit Bedrohung und Untergang zu tun, mehr mit Mel Brooks".[557] Anderen Bands aus dem Umfeld der „Genialen Dilletanten" erging es sehr ähnlich: Wenig beeindruckt zeigte sich etwa Peter Boettcher in seiner Plattenbesprechung für *Spex* von der „apokalyptischen Depressions-Monotonie" auf dem 1982 veröffentlichten Album *Sprung Aus Den Wolken* der gleichnamigen Gruppe.[558] Sprung Aus Den Wolken gehörten neben Einstürzende Neubauten und MDK (Mekanik Destrüktïw Komandöh) zu jenen Bands, die Ende 1981 unter dem Titel „Berliner Krankheit" durch die Bundesrepublik tourten und dabei vor allem auf Ablehnung und Unverständnis seitens des Publikums und der Kritiker:innen stießen. „Wozu die großen Gesten, die Koketterie mit Gewalt und Krieg? Wird nicht hier nur die eigene Paranoia (Angstlust) zur (Un-)Heilslehre aufgeblasen?", fragte *Spex*-Autor Peter Bömmels im Anschluss an den Auftritt der „Berliner Krankheit" in Köln am 3. November 1981.[559]

Überhaupt stand das Wort „Berlin" sehr bald synonym für die insbesondere in der West-Berliner Post-Punk-Szene verbreitete Vorstellung vom kommenden Weltende, das mit theatralischer Performance herbeigerufen wurde. „Vom Konferencier bis zur letzten Gruppe, den Einstürzenden Neubauten, war alles bestrebt, den in einigen Kreisen Berlins so beliebten, benötigten Untergangsmythos zu verbreiten", schrieb etwa der Musikjournalist Gerald Hündgen in *Spex* im Anschluss an „Die große Untergangs-Show – Festival Genialer Dilletanten" am 4. September 1981 im *Tempodrom*. Wie Hündgen weiter ausführte, lieferten Einstürzende Neubauten dort allerdings „kein energisches Finale, sondern nur (langwährendes) Endzeitröhren" ab.[560] Teil des Festival-Line-Up war unter anderem auch die Gruppe Leben Und Arbeiten, deren gleichnamige EP (1982) Dirk Scheuring in seiner Rezension für *Spex* als „Nostalgie auf Berliner Art" verwarf: „*Aaaaaahaaahaa, alles ist so schrecklich-schepper-Gefühl nix gut, lauf so schnell du kannst* (undefinierbarer

---

556 Diederichsen, Diedrich: „Singles", in: *Sounds*, Nr. 6 (1982), 18.
557 Scheuring, Dirk: „BORSIG Japan Japan/Hiroshima (Rip Off)", Rezension, in: *Spex*, Nr. 6 (1982), 35.
558 Boettcher, Peter H.: „SPRUNG AUS DEN WOLKEN (Rip Off)", Rezension, in: *Spex*, Nr. 6 (1982), 40.
559 Bömmels, Peter: „‚Ich steh' auf Ende'. Die Berliner Krankheit. Köln, 3.11.1981", in: *Spex*, Nr. 11 (1981), 23.
560 Hündgen: „Ich finde das wichtig! – Warum?" (1981), 20.

Lärm und Schreie) und so weiter".[561] Teilweise wurde der Untergangs-Kult einiger Bands von der Musikpresse nicht nur als typisch für die Berliner Szene deklariert, sondern als ‚typisch deutsch', wenn auch diese vermeintliche Eigenschaft von den Journalist:innen unterschiedlich bewertet wurde: In seiner 1983 veröffentlichten Anthologie der NDW-Geschichte bezeichnete etwa Diedrich Diederichsen, EINSTÜRZENDE NEUBAUTEN und verwandte Bands als „deutsche[n] Abkömmling des englischen Neo-Exis", womit er die Anhänger:innen der jungen Goth-Bewegung meinte; im Unterschied zu diesen sind die NEUBAUTEN allerdings „auf eine sehr reizvolle Weise sehr deutsch und radikaler".[562] Diese Lesart tauchte bereits Mitte 1981 in einem *Sounds*-Beitrag seines Bruders Detlef Diederichsen auf, der vom Festival des *Rip-Off*-Vertriebs in der Hamburger *Markthalle* im April 1981 berichtete, auf dem EINSTÜRZENDE NEUBAUTEN, MALARIA!, KOSMONAUTENTRAUM und Frieder Butzmann auftraten:

> Die deutsche Krankheit scheint jetzt auch die neue Welle infiziert zu haben. Man ist ernst, man ist zivilisationskrank, man ist schräg bis Krach, man trägt eine Leidensmiene zur Schau, man verbreitet Düsternis – man ist Kunst. Der Deutsche lässt sich gern beeindrucken. Er möchte entrückt werden. Die Welt ist schlecht, das Leben ein Kampf.[563]

Auch außerhalb der NDW-Bewegung, etwa im Feuilleton und Kulturzeitschriften, fiel die Bewertung der West-Berliner Untergangs-Mode alles andere als positiv aus. „No Future ist eher banal als dramatisch; auf jeden Fall die ideale Lebensphilosophie im Stil der Zeit: diffus, pflegeleicht und vor allem bequem", heißt es etwa in einem 1982 veröffentlichten *Kursbuch*-Beitrag der Journalisten Benny Härlin und Michael Sontheimer, die offen in Frage stellten, wie weit es mit der Überzeugung vom nahenden Weltende her ist bei den von ihnen Interviewten, worunter auch Blixa Bargeld zählte. Härlin und Sontheimer zufolge glaube eigentlich niemand wirklich an den Untergang, insbesondere die „Propheten" der Apokalypse hätten weiterhin „Bilder des individuellen Glücks im Hinterkopf eingeschlossen": „Dort warten sie auf den Untergang der Untergangsmode, der wie unser aller Untergang nur eine Frage der Zeit ist."[564] Kritik äußerte auch der Philosoph Peter Sloterdijk, der in seinem Werk *Kritik der zynischen Vernunft* (1983) den Untergangs-Kult in der New-Wave-Bewegung als Beispiel für die Entwicklung der westlichen Gesellschaften zum Zynismus heranzieht. Zwar nennt Sloterdijk dabei im Konkreten keine deutschen Bands, sondern als ausgewähltes Exempel den Sänger der britischen New-Wave-/Punk-Band THE STRANGLERS, der in einem Interview die Neutro-

---

561 Scheuring, Dirk: „LEBEN UND ARBEITEN – EP (ZickZack)", Rezension, in: *Spex*, Nr. 5 (1982), 43. Hervorhebung i. O.
562 Diederichsen: „Die Auflösung der Welt" (1983), 187.
563 Braunsteiner, Ewald: „Berlin 1981", in: *Sounds*, Nr. 6 (1981), 10.
564 Härlin/Sontheimer: „Nehmt Abschied!" (1982), 66.

nenbombe als Initialzündung zum Start eines Nuklearkrieges glorifiziert habe, dennoch lassen sich Sloterdijks Ausführungen über „das heißkalt rauschende Todesfeeling", das er als Show zur Selbstaufwertung und zum Selbstschutz deklariert, genauso auf die West-Berliner Untergangs-Propheten übertragen:

> Das ist die Sprache eines Bewusstseins, das es früher vielleicht nicht so bös gemeint hat. Jetzt aber, da die Show es verlangt, ist es nicht bloß unglücklich, sondern will auch unglücklich sein. So lässt sich das Elend übertrumpfen. Die letzte Frechheit wird dazu benutzt, das Schreckliche zu wollen. [...] Letztlich können sie sich ja unschuldig wissen, und den Krieg, die ganz große Scheiße, machen schon die anderen. [...] Noch ist etwas Eigenes in der gewollten Selbstzerstörung, ein symbolischer Schock. Das ist es, was sich von ihnen genießen lässt.[565]

Der sich selbst verzehrende Körper

Eng verknüpft mit dem Motiv des nahenden Untergangs war bei EINSTÜRZENDE NEUBAUTEN die Thematisierung und vor allem Inszenierung von Krankheit und körperlichem Zerfall. Entsprechend des existenzialistischen Ansatzes der Gruppe wurde hierbei der Zusammenbruch internalisiert und auf den eigenen Körper projiziert. Im Unterschied zur Punk-Kultur, in der zwar Hässlichkeit, nicht aber Krankheit zum Motiv-Kanon gehört, formulierten die NEUBAUTEN ein offensives Ja zu Tod, Krankheit und einer Selbstdestruktion, die sich vor allem als Selbstaufzehrung äußerte. Zum einen bemühte die Band das Motiv der Krankheit auf textlicher Ebene, etwa in Songzeilen wie „Ich steh auf Zerfall / Ich steh auf Krankheit" („Steh Auf Berlin", 1981) oder im Titel der Deutschland-Tournee „Berliner Krankheit". Für größere Aufmerksamkeit sorgte allerdings vor allem das von Motiven des Zerfalls und der Krankheit geprägte Auftreten von Frontmann Blixa Bargeld selbst: dürr, blass, ein schwarzumrandetes Auge, oftmals in Stiefel und Jacke aus schwerem schwarzem Gummi gekleidet und dazu eine zerfranste Frisur, aus der einzelne Büschel wild herausrasiert wurden. Exzessiver Amphetamin-Konsum und Schlafmangel taten ihr Übriges um den Look abzurunden. „Wie der Tod in Gummistiefeln", erinnerte sich MALARIA!-Mitglied Bettina Köster und auch Fritz Brinckmann, der die Neubauten als Fotograf jahrelang begleitete, fühlte sich beim Anblick Bargelds in den frühen 1980er Jahren an die Figur des „Gevatter Tod" erinnert: „Seine Lebendigkeit wurde im Kontrast zu seinem ‚baldigen Tod' noch lebendiger. Die Leute, die ihn trafen, bekamen immer das Gefühl, dass sie ihn gerade noch lebend erwischt hätten."[566]

---

565 Sloterdijk: *Kritik der zynischen Vernunft* (1983a), 252.
566 Köster zit. n. Teipel: *Verschwende deine Jugend* (2001), 154. Brinckmann zit. n. Dax/Defcon: *Nur was nicht ist, ist möglich* (2006), 10. Ähnlich äußerten sich über Bargeld auch Alfred Hilsberg

‚Kalt' war die Ästhetik Bargelds nicht nur aufgrund der darin verkörperten Untergangs-Affirmation, sondern auch weil ihm sein Auftreten als Mittel sozialer Distinktion und Abgrenzung diente. Deutlich wird dies mit Blick auf die von der Schriftstellerin Susan Sontag in ihrer Schrift *Krankheit als Metapher* (1977/78) nachgezeichneten Geschichte der Tuberkulose als Zeichenreservoir. So wurden Tuberkulose wie auch Krebs als Erkrankungen der Leidenschaft verstanden, wobei Tuberkulose dem allgemeinen Verständnis nach von zu viel, Krebs hingegen von zu wenig Leidenschaft herrühre: „Fieber war bei Tb ein Zeichen eines inneren Brennens: Der Tuberkulöse ist jemand, der von seiner Glut ‚verzehrt' wird, und diese Glut führt zur Auflösung des Körpers."[567] Auffällig knüpfte Bargeld mit seinem ‚heiß-kalten' Rausch auf und hinter der Bühne und seiner Inszenierung körperlichen Zerfalls an diese historische Vorstellung des Tuberkulose-Kranken an – und damit an eines der ältesten Modelle moderner, an ästhetischen Maßstäben orientierter Selbstentwürfe. Sontag bestimmt die Romantisierung der Tuberkulose als „inneres Dekor" zum äußeren der Kleiderwahl sogar als das erste weitverbreitete Beispiel „für diese entschieden moderne Aktivität, aus dem Selbst ein Image zu machen".[568] Dies fand wie die Entstehung der Figur des Dandy zu einer Zeit statt, als sich Aristokratie nicht länger über Macht, sondern über das Image ausdrückte. Sontag zufolge wurden Äußerungsformen der auch als Schwindsucht bezeichneten Tuberkulose zum Hauptbestandteil guter Manieren im 19. Jahrhunderts, wenn auch vorrangig für Frauen: „Es war unfein, herzhaft zu essen. Es war hinreißend, krank auszusehen."[569] Krankheit habe sich nun zu einem Zeichen von Individualität entwickelt und sei eine Möglichkeit gewesen, Menschen „interessant" zu machen.[570] Auch dem NEUBAUTEN-Sänger erlaubte das Image des Todgeweihten gesellschaftliche Distinktion und eine künstlerische Aufwertung, galt der „Mythos" Tuberkulose laut Sontag doch nicht nur als Nachweis von Kreativität, sondern kennzeichnete den Kranken als zur Kunst-Bohème gehörenden „Dropout".[571] Wichtiger Part des Krankheitsimage sei schließlich auch das Motiv des Wahnsinns gewesen, das Sontag zufolge im 20. Jahrhundert einige charakteristische Züge der Tuberkulose übernahm: „die Anschauung vom Leidenden als einer hektischen, ruhelosen Kreatur, die von einem Extremzustand der Leidenschaft in den anderen fällt".[572] Bargelds Performance kreiste ganz um dieses Ideal.

---

zit. n. ebd., Hagen, Wolfgang: „Auch Männer bluten. Archäologisches zur Neuen Deutschen Welle", in: *Ästhetik und Kommunikation*, Nr. 49 (1982), 51–58, hier: 52 sowie Hacke: *Krach* (2015), 46.
567 Sontag, Susan: *Krankheit als Metapher*, München u. a. 1978 (1977), 23.
568 Ebd., 30–31.
569 Ebd., 31.
570 Ebd., 33.
571 Ebd., 35–36.
572 Ebd., 39.

"Gelobt sei jede Krankheit, denn die Krankheit ergründet das Sein, und die Kraft, ans Leben hinauszutreten", schrieb *Musikexpress*-Autor Harald Inhülsen Anfang 1982 in seine Rezension des NEUBAUTEN-Albums *Kollaps* (1981).[573] Inhülsen, ohnehin bekannt für sein umfassendes Einstreuen von Zitaten bekannter Philosoph:innen und Künstler:innen in Plattenbesprechungen, hatte dieses und noch ein weiteres Zitat von dem Theater-Theoretiker und Regisseur Antonin Artaud übernommen. Nicht zufällig, denn der Musikjournalist meinte Parallelen erkannt zu haben zwischen EINSTÜRZENDE NEUBAUTEN und Artauds Sammelwerk *Das Theater und sein Double* (1938), genauer der darin enthaltenen Konzeption „Theater der Grausamkeit", das nach Artaud die stets grausame Realität darstellt bzw. selbst diese grausame Wirklichkeit ist, die den Schauspieler:innen wie dem Publikum körperlich und emotional erfahrbar gemacht werde.[574] Inhülsen kam mit seinem Hinweis auf Artaud dem NEUBAUTEN-Sänger sogar zuvor: Zwar erklärte Bargeld in einem späteren Interview, *Das Theater und sein Double* bereits Ende der 1970er Jahre gelesen zu haben und eine Aufnahme von Artauds Vokalisierung und dessen Schrei zu besitzen,[575] verwies aber erst ab etwa 1983 in Interviews auf den Einfluss von Artaud auf seine Performance.[576] Und tatsächlich lässt sich, wie die Musikwissenschaftlerin Jennifer Shryane in ihrer Untersuchung der NEUBAUTEN ausführt, ein deutlicher Einfluss Artauds auf die Gruppe und insbesondere Blixa Bargeld aufzeigen, sei es die apokalyptische Philosophie, die von körperlichem Exzess und ungewöhnlicher Instrumentenwahl geprägte Performance, der Einsatz nicht-phonemischer Sounds und Schreie oder die von Motiven wie Krankheit, Feuer, Tanz und Träumen bestimmten Texte.[577]

Generell ist der Tanz ein wiederkehrendes Motiv bei EINSTÜRZENDE NEUBAUTEN, ob in Form von Songtexten wie „Tanze den Untergang" („Stahlversion", 1980), „Tanz Debil" (1981) und „Es tanzt das Z. N. S. [Zentrale Nervensystem]" („Z. N. S.", 1985) oder in Form der Zusammenarbeit mit verschiedenen Tanzensembles.[578] Shryane kontextualisiert die NEUBAUTEN in ihrer Untersuchung daher nicht nur mit Artaud,

---

573 Inhülsen, Harald: „KOLLAPS. Einstürzende Neubauten. Zick Zack ZZ65", Rezension, in: *Musikexpress*, Nr. 1 (1982), 43.
574 Artaud, Antonin: „Das Theater der Grausamkeit (Erstes Manifest)", in: ders.: *Das Theater und sein Double*, Berlin 2012, 95–107.
575 Bargeld in einem nicht abgedruckten Interview mit Shryane von 2004, Shryane: *Blixa Bargeld and Einstürzende Neubauten* (2011), 84.
576 Siehe dazu etwa Bohn: „Let's hear it for the Untergang Show" (1983), 23 sowie Bargeld zit. n. Coatts, Sarah: „Einstürzende Neubauten", in: *Grok*, Nr. 7 (1984), 18–19, zit. n. Reed: *Assimilate* (2013), 168.
577 Shryane: *Blixa Bargeld and Einstürzende Neubauten* (2011), 84.
578 EINSTÜRZENDE NEUBAUTEN: „Stahlversion" (1980); EINSTÜRZENDE NEUBAUTEN: „Tanz Debil", auf: *Kollaps* (1981); EINSTÜRZENDE NEUBAUTEN: „Z. N. S.", auf: *Halber Mensch* (1985), LP, What's So Funny About., SF 14.

sondern auch mit der deutschen Performance-Kunst der Nachkriegszeit, dem in der Bundesrepublik besonders in den 1970er Jahren wachsenden Tanztheater und dem japanischen Butoh-Tanztheater, das wie das deutsche Tanztheater auf den modernen deutschen Ausdruckstanz zurückgeht.[579] Zwar gebe es auch Parallelen zu den Wiener Aktionskünstlern der 1960er Jahre, die mit der Darstellung körperlicher Gewalt die in der Gesellschaft lange öffentlich tabuisierten Kriegsgräuel ins Bewusstsein zu rücken suchten, sowie zu den britischen Industrial-Pionieren THROBBING GRISTLE, allerdings verletzten sich die NEUBAUTEN-Musiker im Gegensatz zu diesen bei Auftritten niemals absichtlich aus dramaturgischen Gründen.[580] Festhalten lässt sich jedenfalls, dass Körperlichkeit, genauer eine sich in hitziger Lebhaftigkeit selbst verzehrende Körperlichkeit, eine zentrale Rolle in der NEUBAUTEN-Performance spielte. Bereits 1984 hatte *NME*-Autor Chris Bohn (aka Biba Kopf) deshalb Blixa Bargeld zum besten Beispiel erklärt für das von ihm in der zeitgenössischen Pop-Musik ausgemachte Konzept der „Antikörper", die sich in einem Befreiungskrieg gegen ihre Körper befänden.[581] Deutlich wird hier, dass die ‚Kälte'-Strategie der Selbst-Entmenschlichung ganz unterschiedliche Ausprägungen nehmen konnte, denn während KRAFTWERK die Abwertung des ‚imperfekten', menschlichen Körpers durch die Aufwertung technologischer und maschineller Aspekte anstrebten, wandten EINSTÜRZENDE NEUBAUTEN den Körper zum Instrument gegen sich selbst.[582] Ob mit ‚hitziger' Leidenschaft oder mit ‚kaltem' Kalkül, das Ziel war die Destruktion des Mensch(lich)en.

Berlin

Berlin. Ein Wort genügt, um eine ganze Welt voll Assoziationen und historischer Bilder heraufzubeschwören: preußischer Pomp und Weimarer Dekadenz, Kunst-Bohème und Reichshauptstadt, Häuserkampf und Bombardement, Kalter Krieg und Berliner Mauer. „The sense of history one feels in Berlin is its most immediate and lasting charge. There is no better location for watching the 20th Century unfold – for better or worse", hieß es auch in einem Beitrag des sichtlich faszinierten

---

579 Siehe Shryane: *Blixa Bargeld and Einstürzende Neubauten* (2011), 88–102.
580 Ebd., 90–92.
581 Kopf, Biba: „A Waltz Through Hardcore", in: *New Musical Express*, 15. September 1984, 14.
582 Wie wenig Bargeld mit dem KRAFTWERK'schen Konzept des Menschen anfangen konnte, zeigt sich in seinen Ausführungen zu jenen Songtexten, die von Drähten und Strömen in Körpern als Zeichen für die Maschinisierung psychischer Vorgänge handeln: „Das ist eine Metaphernwelt des 19. Jahrhunderts, die wir immer noch gebrauchen. Du kennst sicher die Grafik ‚Der Mensch als Maschinenpark'. Dieses Modell des Menschen als Maschinenpark und Roboter ist vollkommen unzureichend." Bargeld: *Headcleaner* (1997), 157. Bargeld meinte hier vermutlich die neusachliche Grafik „Der Mensch als Industriepalast" (1926) des Mediziners Fritz Kahn.

New-Musical-Express-Autors Chris Bohn aus dem Jahr 1983.[583] Warum der Musikjournalist die Geschichte der Stadt Revue passieren ließ, wird spätestens mit Blick auf die Gruppe klar, der sich Bohn in seinem Artikel widmete: EINSTÜRZENDE NEUBAUTEN. Von Anfang an war das Image der in West-Berlin gegründeten Band mit der Stadt verbunden, bis heute gelten die NEUBAUTEN für viele Fans und Kritiker:innen sogar als eine Art Aushängeschild für West-Berliner Untergrund- oder Avantgarde-Musik. Dies kam nicht von allein, tatsächlich hatte die Gruppe und insbesondere Frontmann Blixa Bargeld diese Verknüpfung selbst seit frühsten Jahren in Songtexten und Interviews forciert. Von Bedeutung war für diese Performance jedoch nicht Berlins Historie, sondern das Motiv des zur Geschichte gewordenen Berlins. Der Titel „Abstieg & Zerfall" (1981) beschreibt komprimiert den Eindruck, den der Zustand West-Berlins Anfang der 1980er Jahre auf die dort lebenden Künstler:innen machte. Allerdings empfanden die ‚Kälte'-Musiker:innen dies nicht als Mangel, den es zu kritisieren gelte. Vielmehr affirmierte die „Geniale-Dilletanten"-Szene die Stadt und stellte einen Zusammenhang her zwischen ihrer desolaten Erscheinung und der eigenen Musik, die von industriellen Sounds, destruktiver Performance und Motiven des Zerfalls geprägt war.

Damit grenzten sich die ‚Kälte'-Künstler:innen von jener Kritik an der Großstadt ab, wie sie im linksalternativen Milieu und auch noch in der Punk-Kultur üblich war. Ungeschönt und an der Realität orientiert war der Blick auf die Stadt sowohl bei den NDW- als auch Punk-Musiker:innen. Letztere blieben dabei aber kritisch und thematisierten Langeweile, Frust, Gewalt, Entfremdung und Einsamkeit als negative Aspekte des Großstadtlebens.[584] Auch in den Songtexten der NDW war die Stadt ein oftmals feindlicher Ort, Anlass für Klage bot dies aber nicht, stattdessen stellten die New-Wave-Musiker:innen dieselben Aspekte sachlich und ohne jede Wertung dar, teilweise sogar positiv als kreativen Ausgangspunkt ihres Schaffens. So lieferte die zwischen Punk und Post-Punk sich bewegende Hamburger Gruppe ABWÄRTS mit dem Song „Maschinenland" (1980) ein frühes Beispiel für die veränderte Haltung zur grauen Stadt: „Linke Seite Supermarkt / Rechte Seite Abenteuerspielplatz / In der Mitte Autobahn", singt Frontmann Frank Z. darin ohne jede Emotionalität und ließ dabei die für Punk typische, plakative Anklage missen.[585] Obwohl sich die Band musikalisch noch stark am Punk-Stil orientierte, verwendeten ABWÄRTS, zu der auch die zwei späteren NEUBAUTEN-Mitglieder FM Einheit und Marc Chung gehörten, in „Maschinenland" auch Handwerksgeräusche zur klanglichen Darstellung der nüchtern beschriebenen Stadt. Mit dem fast aus-

---

583 Bohn: „Let's hear it for the Untergang Show" (1983), 22.
584 Zum Themenkomplex und der Beziehung von Punk und Stadt siehe etwa Friedrich: *Urbane Klänge* (2010), 120–137.
585 ABWÄRTS: „Maschinenland" (1980). Vgl. Hornberger: *Geschichte wird gemacht* (2010), 118–119.

schließlich mit zweckentfremdeten Baumaschinen, Werkzeug und Metallplatten hergestellten Sound von EINSTÜRZENDE NEUBAUTEN hatten diese dekorativen Elemente in einer ansonsten Rock-üblichen Musik jedoch nicht viel gemein. Auch thematisch bewegte sich „Maschinenland" auf einem anderen Feld als die existenzialistischen Untergangs-Texte der NEUBAUTEN, schloss der Song doch an die in den 1970er Jahren wachsende Kritik an der bundesweit üblichen Stadtplanungspraxis an. Diese lief zumeist auf den Abriss desolater Innenstadt-Quartiere und den Neubau einheitlicher Großsiedlungen am Stadtrand hinaus, die sich immer mehr zu „heruntergekommenen Ghettos randständiger Bevölkerungsteile" entwickelten.[586] Die Textzeile „In der Mitte Autobahn" knüpft sogar direkt an die von der Historikerin Barbara Schmucki beschriebene, in den 1970er Jahren sich wandelnde Einstellung zu Stadtautobahnen an, die fortan nicht mehr als modernes, „positives städtegestaltendes Element" galten, sondern als zerstörerischer Eingriff in die Städte, durch die sie irreversible Schneisen schlugen.[587]

Bei EINSTÜRZENDE NEUBAUTEN und anderen West-Berliner „Dilletanten" findet sich dagegen keine Kritik, geschweige denn Thematisierung der Stadtautobahn oder der Hochhaussiedlungen am Stadtrand. Von Relevanz war für die ‚Kälte'-Künstler:innen nicht das Neue, sondern die Reste des Alten. Zwar fand auch in Berlin der Abriss alter zugunsten moderner Bauten statt, dies betraf aber vor allem touristisch relevante Plätze, etwa die Einkaufsmeilen im Zentrum. Außerhalb davon war West-Berlin weder modern noch chic: Vielerorts waren noch immer die Zeugnisse des Zweiten Weltkriegs sichtbar, Einschusslöcher in den Hausfassaden, Trümmergrundstücke und Ruderalflächen wie der Potsdamer Platz – und die stets präsente Mauer, die den Westteil nach allen Seiten vom Osten trennte. Olfaktorisch untermalt wurde dieses trostlose, grau-braune Stadtbild von Übelgerüchen, die dem Historiker Bodo Mrozek zufolge nicht nur von Abdeck- und Industrieanlagen im Westteil der Stadt herrührten, sondern auch von grenzüberschreitendem Gestank, etwa nachdem die DDR Ende der 1970er Jahre infolge sowjetischer Lieferengpässe beim Heizen von Gas auf Braunkohle umgestellt hatte.[588] Spitzenreiter auf der Liste der am meisten heruntergekommenen Bezirke war Kreuzberg, der noch immer von der umfassenden Zerstörung im Zweiten Weltkrieg gezeichnet war. Standard waren hier marode Altbauten mit Außentoiletten, die dafür aber mit billigen Mie-

---

586 Strobel, Ricarda: „Das Jahrzehnt des Designs. Architektur, Alltagsgegenstände und Mode", in: Faulstich (Hg.): *Die Kultur der achtziger Jahre* (2005), 51–67, hier: 51.
587 Schmucki, Barbara: „Schneisen durch die Stadt. Sinnbild der „modernen" Stadt", in: *WerkstattGeschichte*, Jg. 21 (1998), 43–63, hier: 60, 63.
588 Mrozek in Fannrich-Lautenschläger, Isabel: „Gerüche in BRD und DDR. Der Duft der Anderen", *Deutschlandfunk Kultur*, Deutschlandfunk (Sendedatum: 31.10.2018). URL: *https://www.deutschlandfunkkultur.de/gerueche-in-ddr-und-brd-der-duft-der-anderen.976.de.html?dram:article_id=432017* (Letzter Zugriff: 24.10.2022).

ten aufwarten konnten. Wer es sich leisten konnte, verließ den Bezirk. In die Wohnungen zogen stattdessen türkische „Gastarbeiter:innen" mit ihren Familien sowie Student:innen, Künstler:innen und junge Wehrdienstflüchtige.[589] „SOS für SO 36" titelte *Der Spiegel* 1977 in einem Beitrag zur demografischen Entwicklung Kreuzbergs und entwarf dabei das Bild eines Stadtteils zwischen Armenhaus und Kuriositätenkabinett, den vorrangig „Alte, Schwache, Außenseiter und Ausgeflippte und vor allem Ausländer" bewohnen würden.[590]

Die harten Alltagsanforderungen spiegelten sich in den Bewohner:innen. An dieser Stelle lohnt ein kurzer Blick auf die Heroin-Szene West-Berlins, die Anfang der 1980er Jahre mit etwa 6.000 Konsument:innen die größte in der ganzen Bundesrepublik bildete, nachdem der Preis des bis dato teuren Heroins 1979 aufgrund der Angebotslage stark gefallen war. Keine andere europäische Großstadt hatte eine derartig hohe Todesrate von Drogenkonsument:innen wie die Inselstadt.[591] Zwar gibt es – bis auf die durch das Buch *Wir Kinder vom Bahnhof Zoo* berühmt gewordene, ehemalige Fixerin Christiane F. (Felscherinow), die zeitweise mit Alexander Hacke (EINSTÜRZENDE NEUBAUTEN) liiert war und mit diesem und Bandkollege FM Einheit Musik produzierte – keine bekannten Heroinkonsument:innen innerhalb der West-Berliner Post-Punk-Szene, dennoch zeigen sich auffällige Parallelen zwischen der Gestalt und den Verhaltensleitbildern der West-Berliner ‚Kälte'- und Heroin-Szene. Wie der Historiker Klaus Weinhauer in seiner Untersuchung britischer und bundesdeutscher Heroin-Szenen feststellt, waren die „gewalthaften und selbstzerstörerischen Aspekte des Lebens" in der West-Berliner Heroin-Szene aufgrund massiver polizeilicher Eingriffe besonders stark ausgeprägt, zudem herrschte in den 1970er Jahren und frühen 1980er Jahren ein „Kult der Jugendlichkeit" unter den West-Berliner Fixer:innen vor, die nicht davon ausgingen, alt zu werden: „Der Tod spielte in der internen Kommunikation eine allgegenwärtige Rolle." Ähnlichkeiten zu den ‚Kälte'-Künstler:innen zeigen sich darüber hinaus auch bei den Verhaltenslehren, waren doch die tragenden Elemente des „dominanten Männlichkeitsmusters" der West-Berlin Heroin-Szene laut Weinhauer „Härte, Risikobereitschaft und Aggressivität sowie die Fähigkeit, die Schmerzen beim Entzug locker aushalten zu können". Nicht zuletzt finden sich selbst auf äs-

---

589 Siehe dazu Spode, Hasso: „Zur Sozial- und Siedlungsgeschichte Kreuzbergs", in: Engel, Helmut/Jersch-Wenzel, Stefi/Treue, Wilhelm (Hg.): *Kreuzberg*, Berlin 1994, I–XXIX, hier: XXVI–XXVIII.
590 O. V.: „SOS für SO 36", in: *Der Spiegel*, Nr. 13, 21. März 1977, 218. URL: *http://www.spiegel.de/spiegel/print/d-40941796.html* (Letzter Zugriff: 24.10.2022).
591 Weinhauer, Klaus: „Heroinszenen in der Bundesrepublik Deutschland und in Großbritannien der siebziger Jahre. Konsumpraktiken zwischen staatlichen, medialen und zivilgesellschaftlichen Einflüssen", in: Reichardt, Sven/Siegfried, Detlef (Hg.): *Das Alternative Milieu. Antibürgerlicher Lebensstil und linke Politik in der Bundesrepublik Deutschland und Europa 1968–1983*, Göttingen 2010, 244–264, hier: 257–258.

thetischer Ebene Gemeinsamkeiten, etwa zwischen dem Krankheit und Zerfall assoziierenden Look Blixa Bargelds und dem typischen Aussehen des in West-Berlin die Heroin-Szene bestimmenden „Junkie-Typs".[592]

Glaubt man dem in zeitgenössischen Musikmagazinen entworfenen Bild der Stadt und besonders des Bezirks Kreuzberg, war die Inselstadt ohne Zweifel der düsterste und bedrückendste Ort der Welt. „Die Mauer. Beton/Stahl-Platten. Glatt und sauber. [...] Graue/triste Gebäudefronten. Halb verfallen. Kein Grün weit und breit. Benzingestank hängt in der Luft. Ein Bullenauto schleicht vorbei", schrieb etwa Harald Inhülsen in seiner charakteristisch lyrischen Art im *Musikexpress* nach einem Besuch in Berlin-Kreuzberg im Jahr 1978.[593] Erschrocken und fasziniert zugleich von der Stadt zeigte sich indes der Musikjournalist Garry Bushell in seinem Konzertbericht zu einem Auftritt der Punk-Band THE EXPLOITED im *SO36* für die britische *Sounds*. So wäre die von ihm als „gaping sore in the side of Western civilization" bezeichnete Inselstadt für sich allein schon „physically and spiritually depressing", noch deprimierender sei aber Kreuzberg, das mit seinen halb zerstörten Straßen und Gebäuden den Eindruck mache, als sei der Krieg hier gerade erst vorüber: „The world's best dressed bomb site". Selbst der Club *SO36* ist Bushell zufolge dermaßen heruntergekommen, dass er wie ein Ort erscheint, den Landstreicher zum Sterben aufsuchen.[594] Chris Bohn unterstrich in seinem Anfang 1983 erschienenen *NME*-Beitrag über EINSTÜRZENDE NEUBAUTEN wiederum die Bedeutung der Berliner Geschichte, um der vermeintlichen Härte und dem populären Untergangs-Motiv auf die Spur zu kommen, denn laut Bohn sind die Berliner:innen so sehr daran gewöhnt in den Abgrund zu starren, dass sie auf die bevorstehende Apokalypse nicht mit demselben Schrecken schauen wie die Menschen anderswo.[595] Ein ähnliches Bild der West-Berliner Bürger:innen zeichnete auch die Kunstkritikerin Sabine B. Vogel, die Ende 1982 in einem *Spex*-Beitrag die in Berlin veranstaltete Ausstellung „Zeitgeist macht Geschichte" mit dem harten Leben in der Stadt kontrastierte – wenn auch bewusst überzeichnet und mit dem als typisch für Berlin geltenden, harschen Humor:

> In Berlin fährt man nicht aus vernünftig-praktischen oder alternativ-moralischen Erwägungen mit der U-Bahn, sondern nur weil man sich nichts anderes leisten kann. [...]. Hier ist finsterster Kiez, da wird Clopapier[sic!], das billige graue, und Seife geklaut, da wird ein Bier zu fünft mit Strohhalm getrunken, da sind selbst die Kiffer böse drauf [...]. Radikalität ist

---

592 Alle genannten Punkte und Zitate ebd., 260–261.
593 Inhülsen, Harald: „Zwei schräge Nächte in der Frontstadt", in: *Musikexpress*, Nr. 10 (1978), 24.
594 Bushell, Garry: „Exploited Exported", in: *Sounds (UK)*, 21. November 1981, 18.
595 Bohn: „Let's hear it for the Untergang Show" (1983), 22.

keine Sache der Erkenntnis, sondern der Erfahrung. [...] Zeitgeist, interessiert hier niemanden. Hier geht's um's Leben, eh!⁵⁹⁶

Sahen die West-Berliner Post-Punk-Künstler:innen das genauso? Tatsächlich unterscheiden sich die von den Musiker:innen in zeitgenössischen und aktuellen Interviews getätigten Aussagen zur Stadt und dem Alltagslebens in West-Berlin Ende der 1970er und Anfang der 1980er Jahre nur wenig von den Darstellungen der größtenteils von außerhalb angereisten Musikjournalist:innen. Zumeist machten auch die einheimischen Musiker:innen insbesondere auf die überall noch sichtbaren Kriegsschäden, die Brachflächen und Häuserruinen, auf die vorherrschenden Farben Braun und Grau sowie auf die stets präsente Mauer aufmerksam. So erklärte etwa der aus Manchester zugezogene Musiker und spätere MALARIA!-Manager Mark Reeder (DIE UNBEKANNTEN) in seinem essayistischen Band *B-Book. Lust & Sound in West-Berlin 1979–1989* (2015), die Stadt hatte etwas „Klaustrophobisches" an sich gehabt und war „irgendwie surreal": „Ein schroffer, kalter Ort mit einer unglaublich intensiven Atmosphäre, der nach Kohleöfen roch."⁵⁹⁷ Reeder ist nicht der Einzige, der thermische Begriffe zur Charakterisierung West-Berlins nutzte. „Es ist viel ärmer hier als in Düsseldorf, nicht so easy und lauwarm. Hier geht's ums Überleben", unterstrich etwa Eva-Maria Gößling (BLÄSSE, MANIA D.) in einem Ende 1979 veröffentlichten *Sounds*-Interview.⁵⁹⁸ Als „ganz klare, kalte Schönheit" bezeichnete wiederum ihre Kollegin Beate Bartel (MANIA D., LIAISONS DANGEREUSES) die Stadt in einem späteren Interview.⁵⁹⁹ Diese Kälte empfand auch Knut Hoffmeister (NOTORISCHE REFLEXE), der 1982 gegenüber einem norwegischen Fernsehteam den Einfluss dieser Umgebung auf die eigene Kunst herausstrich: „Berlin ist eigentlich Winter, also, die beherrschende Jahreszeit für diese Stadt ist der Winter. Und der Berliner Winter hat zum Beispiel eine ganz besondere Farbe, eine ganz besondere Tönung von grau und braun. Und das ist eigentlich auch etwas, das uns sehr inspiriert."⁶⁰⁰

Für die Musiker:innen der West-Berliner Post-Punk-Szene war Berlin eine Stadt der Extreme, die gerade deswegen eine Gleichzeitigkeit widersprüchlicher Eindrücke und Emotionen ermöglichte. So betonte Hoffmeisters Band-Kollege Sascha von Oertzen in selbigem Interview die aus der Ummauerung und Abgeschnittenheit von der Natur resultierende „Spannung" und „Aggressivität": „Es ist immer

---

596 Vogel, Sabine: „Speichel und Geist. Eine Jahrhundertausstellung", in: *Spex*, Nr. 12 (1982), 10–11.
597 Reeder, Mark: *B-Book. Lust & Sound in West-Berlin 1979–1989*, Hamburg 2015, 24, 32.
598 Gößling zit. n. Hilsberg: „Aus grauer Städte Mauern (Teil 2)" (1979), 27.
599 Bartel zit. n. Dax/Defcon: *Nur was nicht ist, ist möglich* (2006), 16.
600 Hoffmeister in „Notorische Reflexe – MUSIK WIRD BILD 1982", Beitrag für das norwegische Fernsehen. URL: *https://youtu.be/JCB0joUQtnM*, 00:00:07–00:00:20 (Letzter Zugriff: 24.10.2022).

Stadt, wo man auch hingeht."[601] NEUBAUTEN-Sänger Blixa Bargeld argumentierte wiederum Anfang 1983 in einem Gespräch mit dem *New Musical Express*, ohne die Mauer würde West-Berlin alles verlieren, was es erst so interessant mache: „It would be like living in West Germany and West Germany is totally uninteresting."[602] Obwohl FREIWILLIGE SELBSTKONTROLLE nicht in Berlin sondern München entstand und agierte, gelang es der Gruppe diese widersprüchliche Bedeutung der Berliner Mauer auf ironisch-affirmative Weise in ihrem Song „Westberlin Tanzparty" (1980) einzufangen: „In Berlin gibt es die Mauer / Und die Erbauer dieser Mauer / Gaben uns Geborgenheit / Gemütlichkeit, Gemeinsamkeit / [...] / Dies ist eine Party, und du bist ein Hit / Erst brach es dein Herz und jetzt bist du fit".[603] Der Musiker Olaf Kraemer (THORAX-WACH), der ebenfalls nicht in West-Berlin beheimatet war, laut eigener Aussage seit 1978 aber fast jedes Wochenende dort verbrachte, empfand die Stadt, wie er in einem späteren Interview formulierte, aufgrund ihrer Widersprüche gar als einen schon fast „schwarzmagische[n] Ort": „Alles war so scheißernst und gleichzeitig komisch – bumms, war ein niedliches Karnickel im Todesstreifen vor dem Fenster auf die Tretmine gehüpft, abends brannte halb Kreuzberg, weil Reagan kam oder so".[604] Deutlich wird in vielen Statements zeitgenössischer Protagonist:innen, dass es tatsächlich genau diese negativen, bedrückenden und ‚kalten' Seiten West-Berlin waren, die das Leben in der Stadt für die ‚Kälte'-Künstler:innen erst besonders machten und damit bereicherten. Beate Bartel etwa erklärte einerseits, dass der Bandname MANIA D. für die manischen Depressionen stand, die sie in Berlin bekommen habe,[605] und die Stadt in den 1980ern ein „graue[r] Ort" gewesen sei: „Die Stimmung war nicht toll. [...] Kein angenehmer Zustand". Trotzdem sei Berlin für sie immer die Stadt gewesen, in der sie sich wohl gefühlt habe.[606] Ähnlich fasste der Musiker und ‚Szene-Chronist' Wolfgang Müller (DIE TÖDLICHE DORIS) diese durchaus übliche, widersprüchliche Empfindung ‚warmer Kälte' zusammen: „Berlin war eine gute Ecke für Leute mit psychischen Problemen. Man fühlte sich in dieser depressiven, absurden Umgebung mit all den zweifelnden Menschen einfach wohl. Man fühlte sich geborgen. [...] Es war dann chic, schlecht drauf zu sein."[607]

Diesen Trend zum Sinistren bestätigten auch andere Akteur:innen der West-Berliner Untergrund-Szene: „In Berlin war ja alles eher knallhart gewesen, man ist nur schwarz gekleidet und mit verspiegelter Sonnenbrille umher gelaufen, war

---

601 Von Oertzen in ebd., 00:01:26–00:01:36.
602 Bargeld zit. n. Bohn: „Let's hear it for the Untergang Show" (1983), 23.
603 FREIWILLIGE SELBSTKONTROLLE: „Westberlin Tanzparty", auf: *Herz Aus Stein* (1980).
604 Kraemer zit. n. Sahler: „Huckepack und zu Hunderten'" (2011), o. S.
605 Bartel zit. n. Teipel: *Verschwende deine Jugend* (2001), 195.
606 Bartel zit. n. Dax/Defcon: *Nur was nicht ist, ist möglich* (2006), 16.
607 Müller zit. n. Teipel: *Verschwende deine Jugend* (2001), 316.

lange wach und derbe drauf", erinnerte sich etwa Alexander Hacke.[608] Dass die Berliner Lokale und Clubs keine Sperrstunde hatten, kam diesem düster-destruktiven Lebensstil nur entgegen, wie Hacke erklärte: „Ich habe auch mehrere Jahre in Folge fast kein Tageslicht gesehen. Das funktionierte ebenfalls problemlos."[609] „Kreative Verwahrlosung" nannte Hacke auch die Art und Weise seiner Bandkollegen Blixa Bargeld und Andrew Unruh zu wohnen.[610] Dahinter stand allerdings nicht nur ein selbstgewählter Lebensstil, sondern vor allem die prekäre Situation der Genannten: „Ökonomisch gesehen ging es mir grauenvoll. Wir haben Pfandflaschen verkauft, um etwas Geld zu haben, und haben in Hamburg bei den Aufnahmen unserer ersten Platte in der Badewanne der Band ABWÄRTS geschlafen", berichtete Bargeld rückblickend.[611] Dementsprechend schlecht gestaltete sich auch das Wohnverhältnis des NEUBAUTEN-Frontmanns, der zur damaligen Zeit unter anderem in einem Keller (nicht Kellerwohnung!) oder einem nahezu unbewohnbaren Gartenhaus lebte. „Das Vorderhaus war weggebombt, das Hinterhaus war weggebombt, nur der Seitenflügel stand noch. Rudimentäre sanitäre Einrichtungen", illustrierte Bargeld in einem späteren Interview und veranschaulichte im Folgenden, welche Einschränkungen zum gewöhnlichen Alltag gehörten: „Morgens habe ich meine vier oder fünf Flaschen Wasser aufs Dach gelegt, um es von der Sonne erwärmen zu lassen, um irgendwann duschen zu können."[612]

Für subkulturelle Entwicklungen und künstlerische Ansätze funktionierte die spezielle Situation und Lebenswelt West-Berlins jedenfalls als außerordentlicher Ausgangspunkt und Motor. Trotz aller stilistischen Differenzen einte die den West-Berliner Post-Punk-Untergrund bildenden Bands die Entwicklung einer Musik, die aufgrund der industriellen, oftmals auch noisig-experimentellen Sounds und der düsteren, bedrohlichen und nicht selten pathetischen Songtexte und Performances als ‚typisch Berlin' wahrgenommen wurde – sowohl von den Kritiker:innen als auch den Musiker:innen selbst. „Gudrun [Gut] hat immer von der ‚Musik des Presslufthammers' gesprochen. Die Geräusche, die in der Stadt um dich herum sind, werden zu Musik", erklärte etwa Bettina Köster (MANIA D., MALARIA!) rückblickend und unterstrich dabei, welchen immensen Einfluss West-Berlin bzw. die

---

608 Hacke zit. n. Dax/Defcon: *Nur was nicht ist, ist möglich* (2006), 99. Siehe auch Gudrun Gut zit. n. Teipel: *Verschwende deine Jugend* (2001), 316.
609 Hacke zit. n. Dax/Defcon: *Nur was nicht ist, ist möglich* (2006), 21.
610 Hacke zit. n. Teipel: *Verschwende deine Jugend* (2001), 237.
611 Bargeld zit. n. Wagner: *POP 2000* (1999), 139. Siehe dazu auch die Äußerungen Bargelds in „Seele brennt" (Bundesrepublik Deutschland 2000). R: Beetz, Christian/Herdlitschke, Birgit, 00:06:15–00:06:37.
612 Bargeld zit. n. Teipel: *Verschwende deine Jugend* (2001), 276. Zum von Bargeld bewohnten Keller siehe Frieder Butzmann zit. n. ebd., 157. Vgl. auch Wolfgang Müller zit. n. „Geniale Dilletanten", 2016.

Auseinandersetzung mit den lebensweltlichen Schattenseiten der desolaten Inselstadt auf die entwickelte Musik hatte: „Wir haben uns nicht umsonst die hässlichste, kaputteste und härteste Stadt in Deutschland ausgesucht. Bei uns haben sich die emotionalen Krüppel betroffen. [...] Es war ein konstruktiver Weg, die eigene Aggression und Einsamkeit rauszukriegen."[613] Für Köster und andere Musiker:innen der West-Berliner Post-Punk-Szene stand fest, dass die harte und sinistre Stadt zwangsläufig entsprechende Bewohner:innen und eine ebenso harte und sinistre Musik hervorbringt. In einem Ende 1980 veröffentlichten Interview mit MANIA D. erwiderte Sängerin Köster auf die Frage von *Spex*-Autor Peter Bömmels, ob die Band bewusst bedrohlich erscheine, dass die Gruppe das gar nicht beabsichtige, sondern nur wiedergebe „was wir jeden Tag erleben". Wie Köster im Folgenden ausführte, wirke sich die ‚Kälte' der Stadt auch auf die vorherrschenden Verhaltensweisen aus, denn West-Berlin sei nun mal die Stadt, „wo du keine Freunde haben brauchst, wo du nicht freundschaftlich sein musst", was nichts mit Cool-Sein zu tun habe, sondern damit, für sich alleine klarzukommen: „Die Atmosphäre ist eher hart als cool. Entweder ziehst du dein Ding durch oder nicht. Ich kenne auch 'ne Masse von Leuten, die das nicht gepackt haben."[614] Diese affirmative Haltung zu Isolation und sozialer Entfremdung war ein wesentlicher Teil des ‚Kälte'-Konzepts vieler Post-Punk-Musiker:innen in West-Berlin und findet sich auch als wiederkehrendes Motiv in den frühen Werken von EINSTÜRZENDE NEUBAUTEN, etwa in den Titeln und Songtexten wie „Draußen Ist Feindlich" (1981), „Kein Bestandteil Sein (Walzer)" (1980) sowie „Alphabet" (1980): „Ich kann das Tageslicht nicht ertragen / Ich kann die Menschen nicht ertragen".[615] Der Musikwissenschaftler S. Alexander Reed geht sogar so weit, den Umstand, dass in der Debüt-LP *Kollaps* (1981) kein einziges Mal Personalpronomen in der dritten Person auftauchen, als Reflektion der beengten Isolation West-Berlins zu deuten, in der es zwar „ich", „du" und „wir" gebe, aber kein „er" und „sie": „[T]here is no outside."[616]

Generell sind EINSTÜRZENDE NEUBAUTEN unter den ‚kalten' West-Berliner „Dilletanten"-Bands diejenige, die sich in ihrer konzeptionellen Ausrichtung am deutlichsten auf Berlin bezog. Dies geschah zum einen ganz direkt wie im Stück „Steh Auf Berlin" (1981), in dem Sänger Bargeld Zerfall, Krankheit und Untergang zu industriellem Krach und Störgeräuschen beschwört und damit seine Wahrnehmung der Stadt künstlerisch umsetzte. „Es war aber nicht so, dass wir so geklungen hätten, weil wir Probleme mit Berlin gehabt hätten. Ich hatte nie Probleme mit Berlin",

---

613 Köster zit. n. Teipel: *Verschwende deine Jugend* (2001), 235–236.
614 Köster zit. n. Bömmels, Peter/Schroeder, Addi: „MANIA D.", in: *Spex*, Nr. 3 (1980), 13 u. 16.
615 EINSTÜRZENDE NEUBAUTEN: „Draußen Ist Feindlich", auf: *Kollaps* (1981); EINSTÜRZENDE NEUBAUTEN: „Kein Bestandteil Sein (Walzer)", auf: *Stahlmusik* (1980); EINSTÜRZENDE NEUBAUTEN: „Alphabet", auf: *Stahlmusik* (1980).
616 Reed: *Assimilate* (2013), 260–261.

betonte der NEUBAUTEN-Frontmann, der bereits 1981 von „Patriotismus" in Bezug auf seine Heimatstadt gesprochen hatte,[617] in einem späteren Interview und unterstrich dabei, dass das für Auswärtige möglicherweise Ungewöhnliche der Inselstadt für ihn den „Normalzustand" darstellte.[618] Und tatsächlich stießen die in West-Berlin relativ erfolgreichen NEUBAUTEN außerhalb der Stadt anfangs nur sehr begrenzt auf Verständnis und Zuspruch, wie die desaströse „Berliner-Krankheit"-Tournee durch die Bundesrepublik im Dezember 1981 den ernüchterten Bandmitgliedern klarmachte.[619] Eine mögliche Erklärung für das mangelnde Interesse an der Untergangs-Show der NEUBAUTEN außerhalb Berlins gab sich Bargeld in einem kurz zuvor entstandenen Interview mit der *Spex*: „Berlin ist etwas vorneweg, ist vor Deutschland. Wir sind wesentlich näher dran am Abgrund hier und das macht auch eine Menge musikalisch aus."[620] Hier zeigt sich, dass der künstlerische Bezug auf West-Berlin bei den NEUBAUTEN auch indirekt über das wiederkehrende Motiv des Untergangs lief, oftmals transportiert im Bild des Architekturkollaps, das bereits im Bandnamen steckt und sich, wie der Kunstkritiker Heinz Schütz bemerkt, in den 1970er und 1980er Jahren „zur Ikone und suggestiven Denkfigur des omnipräsenten katastrophischen Bewusstseins" entwickelt habe.[621] Ob nun Untergang, Kollaps oder Zerfall, hinter der Motivwahl der NEUBAUTEN-Musik stand insbesondere in den ersten Jahren oftmals die Stadt – und die war nun mal in einem desaströsen Zustand, wie Bargeld rückblickend erläuterte:

> Daran, wie wir in den achtziger Jahren gelebt haben, sieht man den architektonischen Hintergrund, aus dem diese Auseinandersetzung mit der Architektur stammt: besetzte Häuser, auf dem Boden schlafen, aufgebrochene Briefkästen und Durchsteckschlösser. [...] Das ist die architektonische Welt, aus der wir kommen. Einschließlich der urbanen Brachlandschaften, Schrottplätze und Autobahnbrücken.[622]

Die von Bargeld genannten Plätze waren keinesfalls nur Motive für Songtexte, sondern wurden von den NEUBAUTEN tatsächlich in die Musikproduktion einbezogen. Ein Teil der Aufnahmen für die erste Single *Für Den Untergang* (1980) entstand

---

617 Bargeld zit. n. Hündgen: „Ich finde das wichtig! – Warum?" (1981), 21.
618 Bargeld zit. n. Teipel: *Verschwende deine Jugend* (2001), 274.
619 Siehe dazu Bargeld zit. n. Ruff, Michael: „Einstürzende Neubauten. Die Trompeter von Jericho", in: *Musikexpress/Sounds*, Nr. 9 (1984), 56–57, hier: 56 und Groß, Torsten: „Genialer Dilettant. Blixa Bargeld über die Szene in Westberlin, Meister Nadelöhr, Heavy-Metal und Mauerfall", in: *Rolling Stone*, Nr. 8 (2011), 42.
620 Bargeld zit. n. Hündgen: „Ich finde das wichtig! – Warum?" (1981), 21.
621 Schütz: „Ruinenexzess Katastrophenkult" (2015), 130. „Ja, implosion is much better than explosion. It sucks everything in. Kalte Sterne, schwarzes Loch, black hole", bestätigte Blixa Bargeld 1983 in einem Interview mit dem *New Musical Express*. Bargeld zit. n. Bohn: „Let's hear it for the Untergang Show" (1983), 23.
622 Bargeld zit. n. Dax/Defcon: *Nur was nicht ist, ist möglich* (2006), 128–129.

etwa in einem beengten Hohlraum unter einer Autobahnbrücke, später wiederholten Bargeld und Unruh diese Session für einen WDR-Beitrag des *Rockpalast*-Moderators Albrecht Metzger über die West-Berliner Musikszene.[623] Während Heinz Schütz in seinem Beitrag „Ruinenexzess Katastrophenkult" in Bezug auf die Hohlraum-Session von „Verbunkerung" spricht und damit an das Erklärungsmodell der ‚kalten' Panzerung anknüpft,[624] antwortete Bargeld in einem Interview Anfang 1981 auf die Frage nach der Platzwahl eher pragmatisch: „Wegen Langeweile, Auto und Übungsraummangel. Außerdem ist das der endgültigste und depressivste Raum, den ich je gesehen habe."[625] Erneut wird hier deutlich, dass es den EINSTÜRZENDE NEUBAUTEN vorrangig um eine künstlerische Umsetzung der urbanen Kulisse ging, in der Bargeld aufwuchs: „Die Faszination für das Urbane war für mich tatsächlich selbstverständlich."[626] Auch Bandkollege Mark Chung bestätigte in einem späteren Interview, dass EINSTÜRZENDE NEUBAUTEN ihre Musik als „urbane Volksmusik" begriffen.[627] „Meine Überlegung war: Was ist meine Lebenssituation, was ist meine Umwelt als West-Berliner, am Ende des 20. Jahrhunderts in einer Industriekultur", erklärte Bargeld rückblickend und betonte dabei, dass dies zugleich bedeutete, statt konventioneller Instrumente die Produkte der urbanen Lebenswelt einzusetzen. Daher kamen für die Aufnahmen unter der Autobahnbrücke neben einer verstimmten E-Gitarre und Bargelds Schreien vor allem verschiedene Werkzeuge, Arbeitsgeräte und Gegenstände aus Metall zum Einsatz. Wie Bargeld anfügte, hatte dieser Anspruch und dessen Umsetzung entsprechende Auswirkungen auf das dabei entstehende künstlerische Produkt, dass die ‚kalte' Stadt spiegelt: „Wenn man nun in einem 1,50 Meter hohen Hohlraum sitzt, der aus einem Stahlträger besteht, und du hörst die Lkws über dich hinwegrauschen – dann ist es ziemlich schwierig etwas zu entwickeln, was mit Friedensbewegung zu tun hat."[628]

„Hören mit Schmerzen": ‚Kalte' Angriffsstrategien
Mit ihren experimentell-brachialen Sounds waren die 1980 gegründeten EINSTÜRZENDE NEUBAUTEN nicht allein, insbesondere West-Berlin war ein Zentrum für diese und

---

623 EINSTÜRZENDE NEUBAUTEN: *Für Den Untergang* (1980). Die Aufnahmen sind enthalten in der Dokumentation: „Seele brennt" (2000). Siehe auch die Ausführungen über diese Session bei Laufer, Klaus: „Eingeschlossene Bergleute machen sich zum Beispiel durch Klopfzeichen bemerkbar", in: Müller (Hg.): *Geniale Dilletanten* (1982), 21–25, hier: 21. Klaus Laufer ist das Pseudonym von Wolfgang Müller.
624 Schütz: „Ruinenexzess Katastrophenkult" (2015), 135.
625 Bargeld zit. n. Schäffer: „Stahlgewitter" (1981), 23.
626 Bargeld zit. n. Dax: *Dreißig Gespräche* (2008), 130.
627 Chung zit. n. Dax/Defcon: *Nur was nicht ist, ist möglich* (2006), 186.
628 Bargeld zit. n. Wagner: *POP 2000* (1999), 138. Vgl. auch Bargeld zit. n. Teipel: *Verschwende deine Jugend* (2001), 236–237.

vergleichbare Musikstile. Als 1982 zum ersten Mal das Festival „Berlin Atonal" im *SO36* stattfand, bildeten vorrangig West-Berliner Acts wie Einstürzende Neubauten, Alu, Sprung Aus Den Wolken, Frieder Butzmann, Malaria!, Didaktische Einheit und Notorische Reflexe das Line-Up. Aber auch in anderen bundesdeutschen Städten veröffentlichten einige Projekte seit 1980 Sounds, die sich grob den Genres Industrial und Noise zuordnen lassen. Nennenswert sind hier etwa die im Raum Frankfurt-Mainz um das Label *Wahrnehmungen* entstandenen Gruppen wie P. D. sowie das im Umfeld der Düsseldorfer NDW-Szene gegründete Projekt Deutschdenck mit Ralf Dörper (S.Y.P.H., Die Krupps, Propaganda), dessen einzige Veröffentlichung *Kalter Lärm – Weiße Stille* (1980) sich zwischen elektronischem Experimental-Krautrock und Drone-Noise bewegt. Beeinflusst waren diese und weitere Gruppen zumeist von britischen und US-amerikanischen Industrial-Bands wie Throbbing Gristle, Cabaret Voltaire und Chrome, die wiederum vom deutschen Krautrock der frühen 1970er Jahre geprägt waren. So kehrte die Industrial Music im transnationalen Pop-Geflecht zurück in die Bundesrepublik. Speziell für die West-Berliner Szene zeigt sich zudem eine enge Verbindung zur New Yorker No-Wave-Szene um Lydia Lunch und James Chance. Die Bandmitglieder von Einstürzende Neubauten unterstrichen darüber hinaus wiederholt den starken Einfluss von Krautrock-Gruppen wie Can und der Berliner Band Ton Steine Scherben.[629]

Was die Neubauten von den meisten der genannten Gruppen unterschied und sie zu ‚Kälte'-Akteuren machte, ist das Ausbleiben von Kritik und einem politischen Anspruch.[630] Obwohl sich einzelne Bandmitglieder wie Bargeld und Unruh in der West-Berliner Hausbesetzer:innen-Szene bewegten, ließ sich die Band von dieser nie politisch vereinnahmen und weigerte sich generell, politische Aussagen zu treffen.[631] Anders als bei Throbbing Gristle steckte hinter der affirmativen Praxis

---

[629] Siehe Blixa Bargeld, Alexander Hacke und Andrew Unruh zit. n. Dax/Defcon: *Nur was nicht ist, ist möglich* (2006), 19, 33. Bandmitglied FM Einheit spielte in Teenagerjahren sogar mit dem späteren Kowalski-Sänger Uwe Fellensieck in der Jazz-Rock-/Krautrock-Band Bertha & Friends. Treffend bemerkt Popautor Frank Apunkt Schneider: „Die frühen Neubauten waren im Prinzip eine Psychedelic-Band (im allerkrautigsten Sinne), die lediglich einige Zeichen der Psychedelic-Welt uminterpretierte, eben ‚Bakterien für eure Seele' statt ‚LSD ins Trinkwasser'." Schneider: *Als die Welt noch unterging* (2007), 165.
[630] Deutlich wird hier erneut der Mangel an empirischer Quellenarbeit, der jene Untersuchungen zum Thema aus dem Bereich der Musik- und Literaturwissenschaft prägt: So behauptet etwa Mirko M. Hall in seinem Buch *Musical Revolutions in German Culture* (2014) ohne jeden Quellennachweis, für Bargeld sei die frühe Neubauten-Musik Ausdruck sozialen Protests gewesen. Hall, Mirko M.: *Musical Revolutions in German Culture. Musicking against the grain, 1800–1980*, Basingstoke 2014, 127–128.
[631] Zum Verhältnis zur Hausbesetzer:innen-Szene siehe Andrew Unruh und FM Einheit zit. n. Dax/Defcon: *Nur was nicht ist, ist möglich* (2006), 36–37 sowie Bargeld zit. n. Dax: *Dreißig Gespräche* (2008), 131.

von EINSTÜRZENDE NEUBAUTEN keine subversive Kritik, im Gegensatz zu der englischen Gruppe griffen die West-Berliner NEUBAUTEN nicht auf urbane Materialien oder die Bildwelten des Totalitarismus und der „Kulturindustrie" zurück, um diese gegen sich selbst zu wenden.[632] Und während Bargelds Vorbild Rio Reiser im Song „Durch Die Wüste" (1975) das Leben in West-Berlin mit den Zeilen „Ich komm aus der Wüste aus Stahl und aus Glas / Ich komm aus der Wüste aus Angst und Hass / Wo die Menschen verdursten auf der Suche nach Liebe" negativ darstellte, formulierte Bargeld in seinen frühen Texten ein offensives Ja zu denselben Motiven.[633]

Abb. 22: EINSTÜRZENDE NEUBAUTEN präsentieren ihr Instrumentarium auf dem Backcover der LP *Kollaps* (1981).

Affirmativ statt kritisch, strebten EINSTÜRZENDE NEUBAUTEN laut Blixa Bargeld vor allem eine Spiegelung der urbanen Lebenswelt an. In einem Ende der 1990er Jahre entstandenen Interview verglich der NEUBAUTEN-Sänger den Sound von „Steh Auf

---

632 Siehe auch die Vergleiche zwischen NEUBAUTEN und britischen Industrial-Gruppen bei Shryane: *Blixa Bargeld and Einstürzende Neubauten* (2011), 57 sowie Kühn: *Anti-Rock* (2013), 115.
633 TON STEINE SCHERBEN: „Durch Die Wüste", auf: *Wenn Die Nacht Am Tiefsten...* (1975), LP, David Volkmund Produktion, TSS3 L49.

Berlin" (1981), der vorrangig aus zwei getrommelten Metallteilen besteht, mit jenem Sound, der zeitgenössische Demonstrationen in West-Berlin durch das stundenlange Trommeln auf Barrikaden und Gitter beherrschte.[634] Während also DIE KRUPPS im industriell geprägten Rhein-Ruhr-Gebiet mit ihrem Album *Stahlwerksynfonie* (1981) die Sound-Kulisse in einer Stahlfabrik musikalisch umzusetzen suchten, bildeten die NEUBAUTEN diesem Narrativ folgend das West-Berliner Äquivalent dieses Anspruchs der klanglichen Wiedergabe der Lebenswelt. Die West-Berliner kamen den Düsseldorfer Kollegen zuvor, bereits 1980 veröffentlichten Bargeld und Unruh das unter einer Autobahnbrücke aufgenommene Tape *Stahlmusik*, das sich mit seiner metallenen Cover-Einlage und Titeln wie „Eisenmolekül", „Stahl" und „Kristallines Eisen" ganz dem Metall-Motiv widmet.[635] Im Gegensatz zu DIE KRUPPS verzichteten die NEUBAUTEN in ihrer Frühphase zudem weitgehend auf konventionelle Instrumente, wenn überhaupt, wurden diese auf ungewöhnliche Art genutzt. Bargeld traktierte seine E-Gitarre etwa mit verschiedenen Geräten wie einem Elektrorasierer, statt ihr auf konventionelle Weise Melodien zu entlocken. EINSTÜRZENDE NEUBAUTEN setzten die außergewöhnliche ‚Instrumenten'-Wahl auch bewusst in Szene: So posieren die Bandmitglieder auf dem Backcoverbild des Albums *Kollaps* (1981) vor dem Berliner Olympiastadion mit den auf der LP verwendeten Arbeitsgeräten (Abb. 22). Das Bild ist eine ironische Anspielung auf das Backcovermotiv des PINK-FLOYD-Albums *Ummagumma* (1969), das die britischen Musiker mit ihrem umfänglichen (und kostspieligem) Instrumentarium zeigt. Die NEUBAUTEN stehen auf ihrem Bandfoto dagegen hinter einer übersichtlichen Auswahl an Metallplatten und Stahlrohren, elektrischen Schlagbohrern und Bohrhammern sowie Metallzangen, Sägen, Hämmern und einer Axt. Die sich ebenfalls auf dem Bild befindlichen Gitarren und Keyboards wirken dagegen fast schon deplatziert.

Nun ließe sich an dieser Stelle argumentieren, dass die NEUBAUTEN vorrangig an Sound-Explorationen interessiert waren und sich auf der künstlerischen Suche nach ungewohnten Klängen befanden. Dies würde mit jenem Image der Avantgarde-Musik-Band harmonisieren, das EINSTÜRZENDE NEUBAUTEN seit Mitte der 1980er Jahre pflegten und von Feuilletonist:innen wie Popforscher:innen reproduziert wird. Tatsächlich spielten Sound-Experimente und -Expeditionen in den frühen NEUBAUTEN-Jahren keine geringe Rolle.[636] So erklärte etwa Bandmitglied Alexander Hacke 1983: „Man kann den Klang eines Autounfalls genauso schön finden wie irgendwie 'n G-Dur-Akkord."[637] Allerdings verschwieg Hacke dabei nicht, dass es, auch wenn

---

634 Bargeld in „Seele brennt" (2000), 00:07:40–00:08:02.
635 EINSTÜRZENDE NEUBAUTEN: *Stahlmusik* (1980), Cassette, Eisengrau, 1002.
636 Siehe etwa die Ausführungen von Bargeld und FM Einheit zu den frühen Sound-Experimenten mit Feuer und Glas, zit. n. Dax/Defcon: *Nur was nicht ist, ist möglich* (2006), 77.
637 Hacke in Aschke, Katja: „Christiane F.", *Frauengeschichten* (Sendedatum: 1983). URL: *https://youtu.be/MC_zO12nw1o* (Letzter Zugriff: 24.10.2022), 00:10:12–00:10:24.

er auf Harmonien und andere Elemente konventioneller Musik zurückgreift, nur um eines gehe: die Produktion von „Krach". „Die moderne Melodie ist Krach. Nur Metall überlebt", betonte NEUBAUTEN-Drummer Unruh Anfang 1981 im Interview mit der *Sounds*, ein Statement, das er zur selben Zeit auch gegenüber *Der Spiegel* äußerte, gefolgt von der nicht minder plakativen Aussage, seine Vorbilder seien – in negativem Bezug auf den bekannten Punk-Slogan – nicht Musiker:innen, „die drei Akkorde können, sondern solche Leute, die gar keinen Akkord können".[638]

Im Fokus der Aufmerksamkeit und Praxis stand für die frühen NEUBAUTEN daher vor allem die Dekonstruktion konventioneller Musik und eine ‚kalte' Distanz zu Hörerschaft und anderen Musiker:innen. „Hören mit Schmerzen" heißt es auf der ersten NEUBAUTEN-LP *Kollaps* (1981), die laut Bandmitglied FM Einheit als „unhörbare Platte" konzipiert war.[639] Auch sein Kollege Bargeld erklärte im Rückblick, die Band habe versucht eine „unangenehme Platte" zu produzieren: „Ein Befreiungsrundumschlag: sich davon zu lösen, dass man etwas machen muss, was jemandem gefällt. Erstaunlicherweise gefällt es aber dann trotzdem jemandem."[640] Die Waffen dieser akustischen Kriegsführung waren die von den Musikern zweckentfremdeten Materialien und Gerätschaften als auch Blixa Bargelds charakteristischer Schrei, der wenig mit dem herausgeschrienen Frust im Punk gemein hat, sondern, wie die Musikwissenschaftlerin Jennifer Shryane schreibt, als Noise-Element mit dem urbanen Lärm zugleich wettstreitet und kooperiert.[641] Bandmitglied Hacke fasste den Anspruch in diesen ersten Jahren später folgendermaßen zusammen: „Wir haben das damals aber nicht gemacht, um Ideenlieferanten für die Produzenten von morgen zu sein, sondern um zu stören, zu nerven, Schmerzen zu verursachen. [...] Das war die Stimmung in Berlin."[642] Die NEUBAUTEN zielten auf Distanz statt Gemeinschaftsgefühl. Laut ihrer Mitglieder bemühte sich die Band bei Live-Auftritten stets darum, die Erwartungen des Publikums nicht zu erfüllen, keine Elemente konventioneller Musik, Harmonien und Rhythmen zu verwenden und sofort das Spiel zu unterbrechen, wenn das Publikum zu tanzen anfing.[643] Erneut war es Alexander Hacke, der dieses ‚kalte' Verhältnis zu den Zuschauer:innen näher illustrierte:

---

638 Unruh zit. n. Schäffer: „Stahlgewitter" (1981), 22 und o. V.: „Rockmusik: Die neue deutsche Welle" (1981), 205.
639 Einheit zit. n. Teipel: *Verschwende deine Jugend* (2001), 314. EINSTÜRZENDE NEUBAUTEN: „Schmerzen Hören", auf: *Kollaps* (1981).
640 Bargeld: *Headcleaner* (1997), 156.
641 Zu Bargelds Schrei siehe Shryane: *Blixa Bargeld and Einstürzende Neubauten* (2011), 137–148.
642 Hacke zit. n. Dax/Defcon: *Nur was nicht ist, ist möglich* (2006), 18.
643 Siehe Unruh, Einheit und Hacke zit. n. ebd., 76, 81–82.

Die Leute haben uns angeschrien, und wir als Band versuchten sie zu übertönen. Die Devise lautete Abend für Abend: Wir gehen raus und machen sie platt. Mit purer Präsenz, mit physischem Lärm, mit der tranceartigen Dauerbelastung durch Wiederholung. Mufti [FM Einheit] schmiss an der Bühnenkante irgendwelche riesigen Metallteile durch die Gegend, um die Leute zum Zurückweichen zu zwingen. Es war ein Erfolgserlebnis, eine Halle leer zu spielen, weil man damit zeigte, dass man das Publikum erfolgreich ignoriert hatte.[644]

In ihrem konkreten Agieren waren die frühen NEUBAUTEN zwar spontan und improvisierten zumeist, dennoch stand dahinter ein strategisches Vorgehen. Andrew Unruh zufolge wollte die Band mit „großmäuligen Sprüchen" wie „Ich will nur nerven", „Krach ist die moderne Melodie" oder zum bevorstehenden Weltuntergang letztlich vor allem Aufmerksamkeit und Interesse erzeugen, der Musiker zweifelte in diesem Zusammenhang sogar am Wahrheitsgehalt der in zeitgenössischen Interviews wiederholten Aussage, *Kollaps* sei als „unhörbare Platte" konzipiert worden.[645] *Spex*-Autor Dirk Scheuring machte Ende 1983 auf das Spiel mit der Öffentlichkeit seitens des NEUBAUTEN-Sängers aufmerksam, der mit „Blixa Bargeld" ganz bewusst eine „Medienfigur" erschaffen hatte, bei deren Aussagen nie klar ist, was der Wahrheit entspricht und was der Imagepflege dient: „Blixa Bargeld widerspricht sich in all seinen Widersprüchen niemals [...]. Im Zweifelfall steht der Rückzug immer offen: ‚Wenn es mir nicht mehr passt, lasse ich Blixa Bargeld einfach verschwinden.' Der Kult hat eine durchdachte Mechanik."[646] Dazu passt auch die Erinnerung von Alfred Hilsberg, keine andere Band getroffen zu haben, die ihm als Inhaber des Labels *ZickZack* gegenüber so „geschäftsmäßig", selbstorganisiert und selbstbewusst aufgetreten sei: „Selbstbewusst dahingehend, als dass sie genau wussten, wie sie sich in der Öffentlichkeit präsentieren wollten, wie sie sich vermarkten lassen wollten, wie sie alles unter Kontrolle behalten wollten, wie sie mit dem, was sie machten, am besten und am meisten Geld verdienen konnten."[647] Dafür nahmen die NEUBAUTEN jede Gelegenheit wahr, FM Einheit etwa bekam Anfang 1981 gleich zweimal die Möglichkeit, in *Sounds* Loblieder im Stile manifestar-

---

644 Hacke zit. n. ebd., 76.
645 Unruh zit. n. ebd., 18, 69.
646 Scheuring, Dirk: „Blixa Bargeld. Version der Woche", in: *Spex*, Nr. 12 (1983), 23–25, hier: 23. Im Interview mit dem *NME* erklärte Bargeld zu Beginn desselben Jahres: „I want to squeeze my body like a lemon [...]. And everything that comes out of it must be good because I'm working on the product that is Blixa Bargeld to make it better. The quality of the product is improving every year. This is the new, improved Blixa Bargeld you're talking to! The new formula Blixa!" Zit. n. Bohn: „Let's hear it for the Untergang Show" (1983), 23.
647 Hilsberg zit. n. Dax/Defcon: *Nur was nicht ist, ist möglich* (2006), 66–67.

tiger Proklamationen auf die NEUBAUTEN zu singen, denen er zur selben Zeit als festes Mitglied beitrat.[648]

Grundprinzipien der NEUBAUTEN-Strategien für das öffentliche Auftreten waren von Beginn an Abgrenzung und Distanz. „Wir definierten uns darüber, dass wir härter und kaputter als die anderen waren. Letztlich war es ein Show-Off, die Behauptung, dass man nicht kaputt zu kriegen sei", erklärte Alexander Hacke im Rückblick auf die permanente Hast nach Extremen, die vor allem zur Profilierung gegenüber allen Außenstehenden gedient habe: „Es ging darum, den anderen mit unseren Taten zu signalisieren: Wo wir sind, da könnt ihr niemals seien."[649] Deutlich wird in Hackes Äußerungen zum damaligen Auftreten der Band, das zugleich „eine Form von Schutz, um Unsicherheit zu verbergen", als auch einen „Versuch der Legendenbildung" darstellte,[650] dass den ‚kalten' Verhaltensweisen bei aller Image-Entwicklung auch die Funktion einer ‚Panzerung' zukam. Blixa Bargeld machte aus diesem Vorgehen kein Geheimnis, tatsächlich gestand er bereits 1982 in einem Interview ein, den persönlichen Zerfall bewusst zu inszenieren:

> Es ist ja auch modern, sehr neurotisch zu sein, je neurotischer, desto besser. Genau das will ich. Ich will umgeben sein von dem schützenden Kreis der Dinge, die die Fans in mir sehen, vielleicht brauch ich das, dass die Leute was in mir sehen, auch wenn es gar nicht stimmt, was soll ich denn sonst machen? Kuck mich doch an, ich bin doch nix, immer nur besoffen, verkokst, abgemagert, benehm mich daneben und kann nicht spielen. Du stellst dich einfach einen Meter höher auf 'nen Stuhl und fängst im falschen Moment an zu schreien, schon ist die Sache erledigt.[651]

Bewertungen

Der Plan ging auf, die NEUBAUTEN generierten mit ihrer außergewöhnlichen Musik und Performance nicht nur bei den szenenahen Musikzeitschriften Aufmerksamkeit. „Horror-Sound mit Rasierapparat und E-Gitarre" titelte etwa das Jugendmagazin *Bravo* und pries die Band als Pioniere des „neue[n] Destruktiv-Sound" an:

---

648 Siehe FM Einheit: „Kein Erbarmen", in: *Sounds*, Nr. 2 (1981), 23 sowie ders.: „Alexander von Borsig. DAS LEBEN IST SCHÖN. Eisengrau-Tape. EISENGRAU ALL-STARS. Eisengrau-Tape. Einstürzende Neubauten. STAHLMUSIK. Eisengrau-Tape", Rezension, in: *Sounds*, Nr. 4 (1981), 70–71.
649 Hacke zit. n. Dax/Defcon: *Nur was nicht ist, ist möglich* (2006), 50. So äußerte sich auch Kollege Unruh zit. n. ebd.
650 Hacke zit. n. ebd., 35.
651 Bargeld zit. n. Maeck: „Die große Untergangsshow mit Einstürzende Neubauten oder Chaos, Sehnsucht & Energie" (1982), 110–111. Ob sich Bargeld damit erneut auf Walter Benjamins Text zum „destruktiven Charakter" bezog, bleibt an dieser Stelle offen, darin heißt es nämlich: „So wie der Schöpfer Einsamkeit sucht, muss der Zerstörende fortdauernd sich mit Leuten, mit Zeugen seiner Wirksamkeit umgeben." Benjamin: „Der destruktive Charakter" (1969), 311.

„Musik wird bei der Gruppe zum wilden Kleinkrieg mit dem Leben."⁶⁵² Auch *Der Spiegel* konnte sich in einem Ende 1981 erschienenen Beitrag anlässlich der „Berliner-Krankheit"-Tournee nicht einer gewissen Faszination an der „kakophonischen" Gruppe und ihren „apokalyptischen Großstadt-Gefühle[n]" erwehren: „Mit der glatten Tanzmusik der schicken Berliner New-Wave-Szene haben die Verstör-Klänge der Untergrund-Band ‚EINSTÜRZENDE NEUBAUTEN' nichts gemeinsam".⁶⁵³ Nicht nur fasziniert, sondern geradezu begeistert zeigten sich viele Autor:innen in den Redaktionen bundesdeutscher und britischer Musikmagazine. Großes Lob kam etwa von Alfred Hilsberg, der in *Sounds* Ende 1980 die wenige Monate zuvor gegründeten NEUBAUTEN als eine „Erfahrung mit moderner Musik" beschrieb: „Die Soundcollagen sind wie Geräusche aus einem unterirdischen, geheim angelgten [sic!] Überlebens-Versteck für die Nicht-Angepassten. Hier entwickelt sich noch Fantasie."⁶⁵⁴ Bereits in der vorangegangenen *Sounds*-Ausgabe hatte Hilsbergs Kollege Diedrich Diederichsen den NEUBAUTEN das Prädikat „sehr empfehlenswert" verliehen und sie als bessere Alternative zu vergleichbaren britischen Bands angepriesen: „EINSTÜRZENDE NEUBAUTEN (*Monogam*) bringen endlich mal wieder ein paar neue Geräusche und auch endlich mal eine neue Art von Apokalypse-Depressions-Monotonie. Allen Anhängern englischer Kopfschmerzbands als Medikament empfohlen."⁶⁵⁵ Ähnliche Effekte erzielten die NEUBAUTEN auch in Großbritannien, wo die Band dank einer kleinen Tournee sowie aufgrund des Wechsels zum Label *Some Bizarre* ab etwa 1983 größere Bekanntheit erlangte. „I have seen the death of rock and roll and its name is EINSTURZENDE NEUBAUTEN", verkündete etwa *Sounds*-Autor Mick Sinclair Anfang 1983 in seinem Konzertbericht und bezeichnete den Besuch des NEUBAUTEN-Auftritts im Londoner *Lyceum* als so ähnlich inspirierend wie 1977 SEX PISTOLS oder THE CLASH und 1965 THE WHO oder ROLLING STONES live zu erleben.⁶⁵⁶ Auch der *NME*-Autor Chris Bohn erklärte im Februar 1983, so wie Punk 1976/77 der perfekte Ausdruck des damaligen Moments war, repräsentieren „Berlin's new cold stars" EINSTÜRZENDE NEUBAUTEN und die „Geniale-Dilletanten"-Szene die frühen 1980er Jahre.⁶⁵⁷

Auffällig ist, dass manche Fürsprecher die ‚Kälte'-Affirmation der NEUBAUTEN in ihren Beiträgen herausstrichen und teils sogar übernahmen. So lobte etwa Bohn in seinem Beitrag die Band für ihre Fähigkeit, die hässlichsten Aspekte der Stadt

---

652 Kienitz, Günter W.: „Einstürzende Neubauten", in: *Bravo*, Nr. 2, 7. Januar 1982, 29.
653 O. V.: „‚Berliner Krankheit' auf Tournee", in: *Der Spiegel*, Nr. 44, 26. Oktober 1981, 225. URL: http://www.spiegel.de/spiegel/print/d-14341781.html (Letzter Zugriff: 24.10.2022).
654 Hilsberg, Alfred: „MONOGAM-SAMPLER. Monogam 006", Rezension, in: *Sounds*, Nr. 12 (1980), 58.
655 Diederichsen, Diedrich: „singles", in: *Sounds*, Nr. 11 (1980), 8.
656 Sinclair, Mick: „Einsturzende Neubauten, Lyceum", in: *Sounds (UK)*, 19. März 1983, 38.
657 Bohn: „Let's hear it for the Untergang Show" (1983), 22–23.

auf eine verzerrte Weise so zu spiegeln, dass sie schön erscheinen.[658] Auch sein Kollege Don Watson bescheinigte den Neubauten in einem Konzertbericht kurz darauf, zwar „terrifyingly bleak alienation" zu liefern, im Gegensatz zu vielen anderen düsteren Post-Punk-Bands jedoch Selbstzerstörung in eine positive Kraft zu verwandeln, was sie zu „lovers in wolves' clothing" mache: „This isn't hatred, this is love".[659] Watson war nicht der Erste, der auf Liebe- und Hitze-Termini im Zusammenhang mit Einstürzende Neubauten zurückgriff, Harald Inhülsen etwa bezeichnete im *Musikexpress* die Stücke auf der Debüt-LP *Kollaps* als „liebevolle/charmante Meditationen über die (unerfüllte) Sehnsucht nach dem Chaos" und „bewegende Folk-Lieder über ein ungeheures Liebesfeuer".[660] Allerdings war es genau diese leidenschaftliche und pathetische ‚Kälte', die von manchen Autoren als ‚typisch deutsch' interpretiert wurde. So erklärte Barney Hoskyns Mitte 1983 in seinem Konzertbericht für den *NME*, dass Einstürzenden Neubauten mit „indisputably Germanic glee" an die Erkundung ihrer zerstörten Umgebung herangehen würden und Bargeld seine Sehnsucht nach dem Kollaps mit „almost Hitlerian sterness [sic!]" besinge.[661] Was im *New Musical Express* als positive Eigenschaft galt, bedeutete eine abwertende Kritik in Deutschland: Trotz der allgemein wohlwollenden Tendenz seiner Plattenbesprechung, befand *Scritti*-Autor Michael Bork Ende 1982 die Auftritte der Neubauten als „albern und zum Kichern deutsch".[662] Auch der Kommentar des Journalisten Jürgen Elsässer in den *Stuttgarter Nachrichten* nach dem Gastspiel der „Berliner Krankheit" im Oktober 1981, Bargeld sei „ein moderner Siegfried der ‚Stahlmusik'" verknüpft die Performance der Neubauten mit Motiven der ‚Germanness', unklar bleibt allerdings, ob Elsässer dies zu jener Zeit positiv oder kritisch meinte.[663]

Generell zeigen sich besonders im Hinblick auf die Bewertungen der von Übertreibung, Extremen und Pathos geprägten Performance der Neubauten deutliche Unterschiede zwischen deutschen und britischen Kritiker:innen. Begeistert schrieb etwa Mick Sinclair im März 1983 in seinem Konzertbericht für die englische *Sounds* über das „large element of hell-ish circus" in der Neubauten-Performance: „These noise artists of the apocalypse embrace finality and present an ulti-

---

658 Ebd., 23.
659 Watson, Don: „The Birthday Party, Einsturzende Neubauten, Malaria. London Lyceum", Konzertbericht, in: *New Musical Express*, 19. März 1983, 43.
660 Inhülsen: „KOLLAPS. Einstürzende Neubauten. Zick Zack ZZ65" (1982).
661 Hoskyns, Barney: „Einsturzende Neubauten. Notting Hill Acklam Hall", Konzertbericht, in: *New Musical Express*, 27. August 1983, 45.
662 Bork, Michael: „EINSTÜRZENDE NEUBAUTEN / LYDIA LUNCH. Thirsty Animal / Durstiges Tier. 12 inch im Rip Off Vertrieb", Rezension, in: *Scritti*, Nr. 10 (1982), 34.
663 Elsässer, Jürgen: „Blech, Stahl und Eisen sinkt", in: *Stuttgarter Nachrichten*, 4. November 1981. URL: *https://fromthearchives.com/en/EN28_Oct_81.jpg* (Letzter Zugriff: 24.10.2022).

mately ultimate entertainment. An escape into reality".⁶⁶⁴ Jasper Marquardt urteilte dagegen in der *Spex*, EINSTÜRZENDE NEUBAUTEN absolvierten ihren Auftritt beim „Berlin Atonal" im November 1982 zwar „wirklich intensiv und spannungsvoll" sowie mit „greifbarer Untergangsatmosphäre", jedoch blieb „der fade Beigeschmack einer übertriebenen Show" zurück: „Das Loch in der Wand im *SO 36* vom Presslufthammer als optische und akustische Untermalung des Auftritts waren[sic!] mehr Effekt als Notwendigkeit."⁶⁶⁵ In Zusammenhang mit dem Auftreten der NEUBAUTEN stand nicht zuletzt auch eine Kritik aus genderpolitischer Perspektive. So erklärte die zu Beginn involvierte Gudrun Gut (MANIA D., MALARIA!) wiederholt in späteren Interviews, EINSTÜRZENDE NEUBAUTEN entwickelte sich sehr bald zu einem „Jungsding" mit Schweiß und Stahltrommeln, wurde zu „männlich" und daher kein geeigneter Platz für sie oder ihre ebenfalls bei den ersten Gigs mitspielende Bandkollegin Beate Bartel: „Blixa war ja am Anfang viel androgyner und die Musik war nicht so klar auf Industrial ausgerichtet. War krautrockiger glaube ich."⁶⁶⁶ Zwar entgegnete Drummer Andrew Unruh, dass es trotz „Muskeln und Männerschweiß" beim Stahlschlagen „nie um männliche Härte oder gar um Machogesten" ging,⁶⁶⁷ tatsächlich lässt sich aber, von ganz wenigen Ausnahmen wie Cosey Fanni Tutti (THROBBING GRISTLE) oder Tina Schnekenburger (DAF, DIE KRUPPS) abgesehen, eine deutliche Überzahl männlicher Protagonisten im Industrial- und Noise-Umfeld feststellen, sowohl in der Bundesrepublik als auch Großbritannien. Dies setzte sich auch bei den Fans und Kritiker:innen fort, zeitgenössische Rezensionen und Musikzeitschriften-Beiträge über EINSTÜRZENDE NEUBAUTEN etwa stammten – soweit ersichtlich – ausschließlich von männlichen Autoren. Die vielfältigen Gründe dafür können an dieser Stelle nicht aufgeschlüsselt werden, festhalten lässt sich jedoch, dass die Fähigkeit Lärm zu ertragen und zu erzeugen, wie die Musikwissenschaftlerin Susanne Binas-Preisendörfer bemerkt, bereits im Industriezeitalter als Zeichen proletarischer Männlichkeit galt und mit der Bedienung und Kontrolle von Maschinen durch die Arbeiter verknüpft war.⁶⁶⁸ Ein Aufbrechen dieser bis in die heutige Zeit fortwirkenden Vorstellung findet im Bereich der Pop-Musik erst allmählich seit den 1980er Jahren statt, nicht selten angetrieben von Noise- und Industrial-Musikerinnen.

---

664 Sinclair: „Einsturzende Neubauten, Lyceum" (1983), 38.
665 Marquardt, Jasper: „Berlin atonal – ein Überblick", in: *Spex*, Nr. 1 (1983), 4.
666 Gut zit. n. Teipel: *Verschwende deine Jugend* (2001), 277 und Sklaski, Jacek: „Interview mit Gudrun Gut", 4. Dezember 2015. URL: *https://www.tip-berlin.de/konzerte-party/interview-mit-gudrun-gut*. Memento der Seite: https://web.archive.org/web/20220814185517/https://www.tip-berlin.de/konzerte-party/interview-mit-gudrun-gut/ (Letzter Zugriff: 22.06.2023). Ähnlich äußerte sich die Musikerin auch in Dax/Defcon: *Nur was nicht ist, ist möglich* (2006), 46.
667 Unruh zit. n. ebd., 46, 50.
668 Binas-Preisendörfer: „Pop-Sounds und Gender" (2015), 82.

Nach dem Untergang
Das Jahr 1983 stellt eine Zäsur in der Geschichte von EINSTÜRZENDE NEUBAUTEN dar. Es kam zu vielfältigen Veränderungen, deren Ursache sowohl individueller wie (pop-) historischer Natur waren. Eine dieser Veränderungen war die Abkehr vom Untergangs-Kult. Dies allein auf das Nicht-Eintreten der prophezeiten Apokalypse zurückzuführen, greift jedoch zu kurz. „1984 blieb der erwartete Weltuntergang natürlich aus. Das war gar keine Enttäuschung. Den Weltuntergang hatten wir zu diesem Zeitpunkt schon längst wieder vergessen", erklärte Alexander Hacke rückblickend[669] und tatsächlich sprach Blixa Bargeld, der noch 1981 seine Vorstellung vom baldigen Ende der Welt in nahezu jedem Interview ausführlich darlegte, nach 1982 nicht mehr vom Untergang und verzichtete auch in seinen Songtexten fast vollständig auf das Motiv. „Ich habe überhaupt keine Lust, auch nur irgend etwas zum Thema ‚Untergang' zu sagen", erwiderte der Sänger Ende 1983 entnervt auf eine Nachfrage der *Spex* zum apokalyptischen Kult der frühen NEUBAUTEN-Jahre und gab als Erklärung an: „Wir waren betrunken damals".[670]

Ein wichtiger Grund für diesen Kurswechsel liegt in der zeitgenössischen Karriere des Untergangs-Motivs selbst, denn einige ‚Wellenreiter' hatten das Apokalypsen-Theater der NEUBAUTEN für sich entdeckt und in den subkulturell verhassten ‚Mainstream' transportiert. Für die NEUBAUTEN bestand wenig Interesse daran, sich gemein zu machen mit Sängern wie Peter Schilling oder der Ruhrpottband KOWALSKI. Während Ersterer im Stück „Die Wüste Lebt" (1982) kapitalismuskritisch vom Untergang der Welt sang und sich in einem dazugehörigen Musikvideo zwischen Autowracks und Feuer präsentierte, hatten sich KOWALSKI für ihre Stahltrommeln-Performance und bei manchen Songtexten allzu deutlich an den West-Berlinern orientiert: „Erde, Stillstand, tödlicher Sturm / Gefolgt von Ruhe, kosmischer Ruhe / Der Neutronenkrieg / [...] / Verrückter Traum im Endzeitraum / Wir sind die Letzten (die Ersten) / Das Chaos (die Zukunft) Hurra!"[671] Nicht zuletzt hatte das Untergangs-Motiv auch deswegen an Reiz verloren, weil die fast schon inflationäre Beschwörung der Apokalypse in der NDW-Bewegung mittlerweile eher für Belustigung sorgte. FSK trieben die Parodie dabei am weitesten, gaben ihrer Tournee im Jahr 1982 in Bezug auf die „Berliner Krankheit" den Titel „Die Westdeutsche Gesundheit" und spielten auf dieser etwa auch den betont monoton gehaltenen Song „Hans Dampft Im Untergang", der sich kaum verhüllt auf Blixa Bargeld bezog: „Hans dampft im Untergang / Er singt im Rückwärtsgang / Von einem Niedergang /

---

669 Hacke zit. n. Dax/Defcon: *Nur was nicht ist, ist möglich* (2006), 16.
670 Bargeld zit. n. Scheuring: „Blixa Bargeld" (1983), 23.
671 Schilling, Peter: „Die Wüste Lebt", auf: *Fehler Im System* (1982); „Peter Schilling – Die Wüste Lebt", *Bananas*, ARD (Sendedatum: 24.05.1983). URL: *https://youtu.be/392BxfXojxU* (Letzter Zugriff: 24.10.2022); KOWALSKI: „Zauberer", auf: *Schlagende Wetter* (1982), LP, Virgin, 205 099.

Hans dampft den Hang zum Abgesang / Er tanzt den Untergang / Nächtelang den Untergang".[672]

So geriet das Motiv vom Ende der Welt zwar in den Hintergrund, nicht aber jenes des sich selbst verzehrenden Körpers und der zerstörerischen Energiefreisetzung. Fast alle Stücke auf dem 1983 erschienenen Album *Zeichnungen des Patienten O. T.* spielen etwa mit Metaphern und Bildern von Feuer.[673] Statt nur darüber zu singen, pflegten die NEUBAUTEN eine explizit destruktive Lebensweise, die in der ersten Hälfte der 1980er Jahre Überhand zu nehmen drohte – eine Entwicklung, die über die Band hinaus die ganze West-Berliner Post-Punk-Szene betraf. „[S]o wie ich zu der Zeit drauf war, war ich jetzt nicht so positiv und lebensbejahend, sondern ich war mehr depressiv und böse und selbstzerstörisch und amphetaminsüchtig", berichtete etwa Alexander Hacke.[674] Der ohnehin schon intensive Konsum von Kokain und vor allem Amphetaminen wurde exzessiv, während der Aufnahmen für *Zeichnungen des Patienten O. T.* blieben die Bandmitglieder mithilfe von Speed auch schon mal vier Tage am Stück wach.[675] Dies hatte nicht nur auf die Musik entsprechende Auswirkungen, sondern ebenso auf das Leben und den Alltag der Musiker, FM Einheit erklärte sogar „Speed zu nehmen war mein Lebensstil".[676] Insbesondere das Folgealbum *Halber Mensch* (1985) war gekennzeichnet vom damals hemmungslosen Drogenkonsum der Bandmitglieder und dem damit zusammenhängenden Motiv der Selbstzerstörung, beispielhaft verdeutlicht in Stücken wie „Seele Brennt" („Du fängst im Taxi an zu heulen / Bloß weil ich sage / Dass ich bei dem Konsum / In zwei Jahren tot bin / Alle Idole müssen sterben") und „Yü-Gung (Fütter Mein Ego)": „Zieh! / Niemals schlafen! Alles Lügen! / Staubiges Vergnügen! / [...] / Zieh! Das brennt ja wie verrückt! / Fütter mein Ego! / [...] / In meinem Mund ist sowieso alles verrottet / Und meine Nase hat direkten Zugang zum Gehirn".[677] Eine abschreckende Wirkung hatte das Verhalten der NEUBAUTEN etwa auf den Krautrockmusiker Klaus Schulze, der auf seinem Label *Innovative Communication* unter anderem das IDEAL-Debüt (1980) veröffentlicht hatte: Mitte 1983 erklärte dieser gegenüber der britischen *Sounds*, er hätte die Gruppe gerne

---

672 Das Stück wurde nur live gespielt und auf keinem Tonträger veröffentlicht. Meinecke, Thomas: „Hans Dampft Im Untergang (1982)", in: ders.: *Lob der Kybernetik. Songtexte 1980–2007* (2007), 72. Siehe dazu auch ders.: „Vorbemerkung" (2007), 10.
673 Siehe dazu Bargeld: *Headcleaner* (1997), 116. EINSTÜRZENDE NEUBAUTEN: *Zeichnungen des Patienten O. T.* (1983), LP, Some Bizarre, SBVART 2.
674 Hacke in Kreuzer, Margarete: „Wilde Jahre West-Berlin. Punk auf der Insel", rbb Fernsehen (Sendedatum: 22.09.2015), 00:06:24–00:06:45.
675 Hacke und Bargeld zit. n. Dax/Defcon: *Nur was nicht ist, ist möglich* (2006), 21, 27, 52–53, 90–91. Siehe auch Mark Chung in „Seele brennt" (2000), 00:17:45–00:18:09.
676 Einheit in „Seele brennt" (2000), 00:17:27–00:17:29. Sehr ähnlich äußerte sich Bargeld zit. n. Reynolds: *Rip It Up And Start Again* (2007), 491.
677 EINSTÜRZENDE NEUBAUTEN: *Halber Mensch* (1985), LP, What's So Funny About., SF 14.

unter Vertrag genommen, allerdings sei sie zu chaotisch und ungeeignet für eine professionelle Zusammenarbeit: „I think they will disappear, because they are like children somehow."[678]

Entgegen der Vermutung Schulzes verschwanden EINSTÜRZENDE NEUBAUTEN aber nicht, im Gegenteil begann die Karriere der Band 1983 an Fahrt aufzunehmen – zuerst in Großbritannien, wo die NEUBAUTEN nach dem Wechsel zum britischen Label *Some Bizarre* einige kommerzielle und aufmerksamkeitsökonomische Erfolge inklusive einer Coverstory im *New Musical Express* einheimsen konnte, dann auch außerhalb Europas. Euphorisch empfangen wurden die einstigen Untergangs-Propheten 1985 in Japan.[679] Selbst in der Bundesrepublik wurden die NEUBAUTEN, die noch 1981 außerhalb West-Berlins bei ihrer Tournee auf wenig Gegenliebe stießen, stetig bekannter, die Musiksendung *Formel Eins* etwa zeigte im Frühjahr 1984 den Videoclip für „Hospitalistische Kinder / Engel Der Vernichtung" (1983).[680] Ein Grund für den zunehmenden Erfolg war das sich verändernde musikalische Konzept der NEUBAUTEN, die nun nicht mehr ausschließlich atonalen, zumeist improvisierten ‚Krach' produzierten. „Man kann nur einmal die unhörbarste Platte aller Zeiten machen", erklärte Bargeld 1993 gegenüber dem *Musikexpress*[681] und tatsächlich veröffentlichte die Band nun sogar Tracks mit tanzbaren Rhythmen und eingängigen Melodien. Insbesondere *Halber Mensch* (1985) stellt eine Wende in der NEUBAUTEN-Geschichte dar, erstmals wurden auf diesem Album einzelne Klänge sequenziert und als Samples zu Rhythmen gebaut.[682] Treibende Kraft hinter dieser Entwicklung war der Produzent Gareth Jones, der den Stahltrommeln-Sound der NEUBAUTEN auch in weiteren Produktionen anderer Bands verwendete: Während Jones die West-Berliner für FAD GADGETS bekanntes Stück mit dem auffälligen Titel „Collapsing New People" (1983) noch offiziell als Gastmusiker verpflichtete, habe er laut der NEUBAUTEN-Musiker die dabei entstandenen Overdubs ohne Rücksprache kurz darauf für die ebenfalls im Berliner *Hansa-Studio* entstandene DEPECHE-MODE-Single „People Are People" (1984) genutzt, mit der die zuvor eher seichten Briten kommerziell erfolgreich erstmals an den Industrial-Trend anknüpften.[683]

---

678 Schulze zit. n. Henderson: „The Private Schulze" (1983), 36.
679 Siehe dazu die Ausführungen der Bandmitglieder zit. n. Dax/Defcon: *Nur was nicht ist, ist möglich* (2006), 113–119 sowie Böhm, Thomas: „Letztes Biest am Himmel. Gesänge vom drohenden Untergang", in: *Die Zeit*, Nr. 42, 11. Oktober 1985. URL: *http://www.zeit.de/1985/42/letztes-biest-am-himmel* (Letzter Zugriff: 24.10.2022).
680 Vgl. Borchardt, Kirsten: *Einstürzende Neubauten*, Höfen 2003, 28.
681 Bargeld zit. n. Wimmer, Martina: „Mauerblümchen", in: *Musikexpress/Sounds*, Nr. 3 (1993), 41.
682 Siehe dazu Bargeld und Hacke zit. n. Dax/Defcon: *Nur was nicht ist, ist möglich* (2006), 108–109.
683 Diese Geschichte wurde oft von einzelnen Bandmitgliedern wiederholt, siehe etwa Bargeld zit. n. ebd., 105 sowie Bargeld und Marc Chung zit. n. Brem: „Blind Date: Einstürzende Neubauten"

Abseits der verbesserten, aber weiterhin überschaubaren Verkaufszahlen gelang es EINSTÜRZENDE NEUBAUTEN sich auf einem weiteren Feld zu etablieren: Die Band wurde zum deutschen ‚Kulturgut'. Bereits 1982 traten die NEUBAUTEN auf der *documenta 7* in Kassel und der *Biennale* in Paris auf, vier Jahre später performte die Band auf Initiative des *Goethe-Instituts*, das zuvor auch schon die Japan-Tournee finanziell unterstützt hatte, bei der Weltausstellung in Vancouver und wurden in der deutschen Botschaft empfangen. Generell war die Gruppe seit Mitte der 1980er Jahre vermehrt in Theater-, Kultur- und Filmprojekte involviert, wurde etwa für Peter Zadeks Musical „Andi" (1987) im Deutschen Schauspielhaus Hamburg angestellt und arbeitete seit dieser Zeit auch mehrmals mit dem ostdeutschen Schriftsteller und Dramaturg Heiner Müller zusammen, veröffentlichte mit diesem etwa das auf dem gleichnamigen Theaterstück Heiners basierende Hörspiel *Die Hamletmaschine* (1991). Ende Dezember 1989 spielten die NEUBAUTEN schließlich auch in der DDR, nachdem sie sich zuvor mehrmals erfolglos um eine Auftrittserlaubnis bemüht hatten. Das Doppelkonzert in der *Kulturhalle des VEB Elektrokohle* in Berlin-Lichtenberg stellte für die Gruppe nicht nur deswegen ein außergewöhnliches Erlebnis dar, weil sie laut Bargeld als erste ‚West-Band' nach dem Fall der Berliner Mauer in Ost-Berlin auftrat, sondern weil Heiner Müller mit einigen Mitgliedern der französischen Regierung im Schlepptau zum Event erschien.[684]

Das Zusammentreffen der NEUBAUTEN mit Heiner Müller und dem französischen Kulturminister Jack Lang an diesem Abend kurz nach dem Mauerfall steht sinnbildlich für das neue Image und die neue Position der Gruppe in der bundesdeutschen wie internationalen (Pop-)Kultur. Der anfangs prophezeite Untergang und die inszenierte wie gelebte Selbstaufzehrung waren Ende der 1980er Jahre bereits Geschichte, spätestens nach dem Verschwinden West-Berlins und dessen, was die Inselstadt vor dem Mauerfall ausgemacht hat, funktionierte auch das mit der Band so eng verknüpfte Bild der desolaten, eingemauerten Stadt nicht mehr.[685] Was die NEUBAUTEN beibehielten und sogar noch ausbauten, war die Wahrnehmung als ‚typisch deutsch', woran auch der für die Gruppe tätige Fotograf und Illustrator Fritz Brinckmann Anteil hatte, der sich in der grafischen Gestaltung der Alben *Fünf Auf Der Nach Oben Offenen Richterskala* (1987), *Haus Der Lüge* (1989) und *Tabula Rasa* (1992) an den Werken deutscher Künstler des Biedermeier, des spätmittelalterlichen Holzschnitts und des Stilllebens orientierte: „Alle meine NEUBAUTEN-Werke spiegeln möglichst eins zu eins ‚Blixa-Speak': kontrastreich – origi-

---

(1985). Gareth Jones selbst widersprach dem Vorwurf, siehe Reed: *Assimilate* (2013), 231. DEPECHE-MODE-Mitglied Martin Gore verneinte generell jede Beeinflussung durch die NEUBAUTEN. Gore zit. n. Böhm, Thomas: „Nachtschicht. Abtauchen in Berlin", in: *Musikexpress/Sounds*, Nr. 5 (1986), 54–56, hier: 55–56.
684 Siehe dazu etwa Dax/Defcon: *Nur was nicht ist, ist möglich* (2006), 193–194.
685 Vgl. etwa Bargeld zit. n. ebd., 249.

nell – deutlichdeutsch."⁶⁸⁶ So ermöglichte die Entwicklung zum deutschen ‚Kulturgut' es den NEUBAUTEN auch nach der ‚Kälte-Welle' und dem Wegfall ihrer Bedingungen weiterzumachen und der, wie Brinckmann es nannte, „Peinlichkeit" zu entgehen, „dass Blixa immer noch lebte".⁶⁸⁷

3.6 „Geh in die Knie": Sex, Gewalt und Disziplin

Liebesschwüre, Schweiß und Sex: Was das unter dem Namen DEUTSCH-AMERIKANISCHE FREUNDSCHAFT (DAF) in Erscheinung getretene Duo, bestehend aus dem Sänger Gabi Delgado-Lopez und dem für Synthesizer und Drums zuständigen Robert Görl, ins heimische Wohn- und Kinderzimmer brachte, scheint auf den ersten Blick zunächst einmal gar nicht ‚kalt' zu sein. Vielmehr prägten die Songtexte und Performance von DAF eine im Vergleich zu vielen anderen NDW-Gruppen außerordentliche Hitze. Das lag vor allem an der Fokussierung auf das Körperliche, mit der DAF gegenkulturell eigentlich ganz im Trend lagen: Dem Historiker Sven Reichardt zufolge waren Linksalternative „nahezu besessen" vom Körper, dessen Panzerung durch Körpertechniken, therapeutische Verfahren, spirituelle Techniken und Drogenkonsum aufgesprengt und in seinen ‚natürlichen' Zustand gebracht werden sollte.⁶⁸⁸ Bei DAF erfuhr dieser Ansatz nun aber eine Wendung, die sie trotz aller Hitze zu Pionieren des ‚Kälte-Pop' machte. Delgado und Görl gelang ein für die folgende deutsche wie internationale Pop-Musik bedeutsamer Spagat, durch ihr ‚kalt' und ‚heiß' verbindendes Konzept hatten DAF, wie es der Medienwissenschaftler Marcus S. Kleiner treffend formuliert, nicht nur Anteil am „Erkalten der Popmusik aus Deutschland", sondern waren darüber hinaus „entscheidende Vermittler der neuen coolen Kälte und der sinnlichen Hitze der Popmusik".⁶⁸⁹

Wie hatten die beiden Musiker das erreicht? DAF verfolgten ein Prinzip der Extreme, das die Kombination ‚heißer' wie ‚kalter' Motive ermöglichte: Die Gruppe agierte offensiv gegen die als konservativ und ‚spießig' wahrgenommene Mehrheitsgesellschaft der Bundesrepublik als auch gegen die innerhalb der linksalternativen Gegenkultur vorherrschenden ‚Wärme'-Modelle der Vergemeinschaftung und empathischen Sensibilität, die als ebenso beengend wie lustfeindlich betrachtet wurden. Das Beispiel DAF verdeutlicht anschaulich, dass Motive und Strategien der ‚Kälte' niemals losgelöst vom Ideal und der Praxis einer sozialen und ästheti-

---

686 Brinckmann zit. n. ebd., 182.
687 Brinckmann zit. n. ebd., 211.
688 Reichardt: *Authentizität und Gemeinschaft* (2014), 630, 871. Vgl. auch Maasen, Sabine: „Das beratene Selbst. Zur Genealogie der Therapeutisierung in den „langen" Siebzigern: Eine Perspektivierung", in: Maasen; Elberfeld; Eitler (Hg.): *Das beratene Selbst* (2011), 7–36, hier: 11.
689 Kleiner: „Cool Germany", 2015.

schen ‚Wärme' betrachtet werden können, auf die die ‚Kälte'-Akteur:innen mit Distanzgesten und Attacken reagierten. Hier wie bei vielen anderen NDW-Künstler:innen fungierte die ‚Kälte' als Gegenpol, nicht im Sinne einer Verortung in der politischen Rechten, sondern in Form einer expliziten Anti-Haltung, die jeden noch so rationalen oder moralisch ‚richtigen' Standpunkt und jeden Code der Attackierten unter Beibehaltung eines grundsätzlichen Emanzipationsanspruchs aufgreift und performativ-ästhetisch ins übersteigerte Gegenteil verdrehte.

So gestalteten sich die Körpertechniken von DAF zugleich als Aufsprengung und Panzerung, die den Körper bei aller Expressivität abhärtete und zum Instrument und Austragungsort von Macht und Weltaneignung (v)erklärte. Der linksalternative Aufruf zur Subjektwerdung geriet zum agitatorischen Kommando der Bemächtigung, das Sänger Delgado ins Publikum schrie. Expressiv und gefühlsbetont waren die Texte und das Konzert-Gebaren des DAF-Frontmanns ohne Frage, Gefühle wie Liebe wurden allerdings oftmals genauso sexuell aufgeladen wie Gewalt- und Macht-Motive. Ob kurzgeschorene Haare, martialisch anmutende Leder-Outfits oder Titel wie „Absolute Körperkontrolle" und „Alle Gegen Alle" – DAF spielten nicht nur in Kleidungsstil und Körpersprache, sondern auch in Interviews und in ihren Songtexten mit dem Bild des vitalistischen, stählernen Mannes. Dies geschah vor dem Hintergrund einer Aufwertung des vermeintlich Weiblichen innerhalb der linksalternativen Gegenkultur und einer politischen Auseinandersetzung um den „Neuen Mann" in der Bundesrepublik in den 1970er und 1980er Jahren.[690] Gegen den Männertypus des „Softies"[691] propagierten DAF eine offensive Darstellung von maskuliner Macht, die im linksalternativen Milieu vehement abgelehnt und als eines der grundsätzlichen Hindernisse zur Entwicklung einer freiheitlichen und friedlichen Gesellschaft betrachtet wurde.[692]

Der Fokus auf den Körper diente bei DAF und anderen Interpret:innen der ‚kalten Hitze' wie etwa der ebenfalls aus Düsseldorf stammenden Band DIE KRUPPS und den Berliner Adepten von RAMMSTEIN also nicht der Rückerlangung einer vermeintlich verlorenen ‚Natürlichkeit' und der Harmonisierung des Äußeren mit dem geistigem Inneren, sondern zur Ästhetisierung des (männlichen) Körpers an sich. Aufsehen erregten Bands wie diese in der Folge mit ihren Inszenierungen von körperlicher Arbeit, Disziplin und Funktionalität, und vor allem mit ihrer Äs-

---

690 Eitler, Pascal: „Zwischen „großer Verweigerung" und „sanfter Verschwörung". Eine religionshistorische Perspektive auf die Bundesrepublik Deutschland 1965–1990", in: Brunner, José (Hg.): *Politische Leidenschaften. Zur Verknüpfung von Macht, Emotion und Vernunft in Deutschland*, Göttingen 2010, 213–229, hier: 224.
691 Siehe Reichardt: *Authentizität und Gemeinschaft* (2014), 699–711.
692 Vgl. Schregel, Susanne: „Die ‚Macht der Mächtigen' und die Macht der ‚Machtlosen'. Rekonfigurationen des Machtdenkens in den 1980er Jahren", in: *Archiv für Sozialgeschichte*, Jg. 52 (2012), 403–428 sowie Sloterdijk: *Kritik der zynischen Vernunft* (1983a), 22–23.

thetisierung von Zeichen und Stilen totalitärer und insbesondere faschistischer Systeme und Bewegungen. Dies geschah nicht aus politischer Überzeugung, vielmehr stand dahinter eine Aufwertung allein ästhetischer Maßstäbe bzw. eine Abwertung moralischer Forderungen, die sich in Gabi Delgados Parole „Ästhetik vor Ethik!" verdichtete.[693] Gegen jeden subkulturell erhobenen Anspruch auf ‚Authentizität' glorifizierten DAF die von allen ethischen Wertvorstellungen befreite (Pop-)Oberfläche und äußerten sich auch von Beginn an positiv zur Aussicht auf kommerzielle Erfolge. In einem Interview aus dem Jahr 1982 führte Delgado das hinter DAF stehende Konzept dementsprechend freimütig aus:

> Die Musik interessiert mich so zwischen 40 und 50 %, vielleicht sogar zu einem Drittel, [...] mehr als ein Drittel interessiert mich das Styling, wie sieht eine Sache aus – ich steh mehr auf Kleider, als auf Musik – und mindestens so sehr wie die Musik interessiert mich, wie man eine Sache verkauft, wie man diese Mechanismen bedient. [...] Ich hab mich nie als Musiker bezeichnet, immer mehr als Propagandaminister... oder ein Präsentator.[694]

Die Gliederung der folgende Untersuchung orientiert sich an den drei von DAF inszenierten Körperbildern, die die wesentliche Grundlage für die Ausgestaltung der hier beleuchteten Strategien und Motive der ‚Kälte' bilden: Am Anfang steht der *maschinelle Körper*, der synthetisch erzeugte Sounds in mechanische Bewegung umsetzt und Körperbilder der Industrialisierung reproduziert sowie verherrlicht. Größere Aufmerksamkeit und Kritik zogen wiederum der *politische Körper* nach sich, der Zeichen des Militärischen ästhetisierte und neben ihren Motiven auch die Ästhetik faschistischer und totalitärer Bewegungen selbst wiederaufleben ließ, sowie der abschließend beleuchtete *sexuelle Körper*, der eine explizite Männlichkeit propagiert und Sex mit Gewalt- und Macht-Aspekten verknüpft. Trotz der hier vorgenommenen Aufteilung stehen die einzelnen Körperbilder und Motive von DAF nie allein, sondern bilden eine performative Einheit. Da DAF eine Ausnahmeerscheinung darstellen und die Quellenbasis zur Gruppe aufgrund ihres kommerziellen Erfolgs und der ausgeprägten Auskunftsbereitschaft ihres Frontmanns Delgado sehr umfassend ausfällt, liegt das Hauptaugenmerk in diesem Kapitel auf dem Düsseldorfer Duo. Teil der folgenden Analyse sind aber auch andere Bands der deutschsprachigen New-Wave-Bewegung, die wie MALARIA! und DIE KRUPPS auf einzelne der hier analysierten Körperbilder der ‚kalten Hitze' rekurrierten.

---

693 Delgado während eines DAF-Konzerts am 15.11.2013 im *K17*, Berlin.
694 Delgado zit. n. Drechsler, Clara: „Hier steh' ich nun ich armer Tor und bin so klug als wie zuvor'. Clara D. im Gespräch mit Robert und Gabi", in: *Spex*, Nr. 5 (1982), 24–25, hier: 24. Passend dazu erklärte Delgado ein Jahr später im *Musikexpress*: „DAF war für mich immer eher ein Konzept als eine Musik." Zit. n. Svoboda, Stefan: „Gabi Delgado", in: *Musikexpress/Sounds*, Nr. 5 (1983), 52–53, hier: 53.

Der maschinelle Körper

Es begann mit Krautrock und Jazz: 1978 taten sich Gabi Delgado, der zu jener Zeit auch bei der (Post-)Punk-Band MITTAGSPAUSE sang, und der damals bei DER PLAN spielende Robert Görl mit der Free-Jazz-Gruppe YOU zusammen, bestehend aus dem Gitarristen Wolfgang Spelmans, dem Synthesizerspieler Kurt Dahlke (aka Pyrolator) und dem Bassisten Michael Kemner, und gründeten die Band DEUTSCH-AMERIKANISCHE FREUNDSCHAFT.[695] Was die zusammen im *Grün Inn*, einer Art ‚Hippie'-Kommune in Gevelsberg-Silschede nahe Wuppertal lebende Gruppe produzierte, hatte nur wenig gemein mit dem Sound, für den DAF auch heute noch bekannt sind. Experimenteller Jazz bestimmte dann auch das im Juni 1979 erschienene erste Album *Ein Produkt der Deutsch-Amerikanischen Freundschaft*, das ohne den bereits wieder ausgestiegenen Sänger Delgado aufgenommen worden war.[696] Die LP blieb weitgehend unbeachtet. Delgado stimmte einer Rückkehr unter der Bedingung zu, dass Dahlke „mit seinem orgelmäßigen Synthie-Spiel" zu gehen habe: „Zu verschnörkelt, zu verspielt war das – und ich wollte was Straightes", erklärte Delgado dazu später.[697] Als Ersatz für Dahlke kam der österreichische Synthesizerspieler Chrislo Haas zu DAF, der wie Görl zuvor bei der für ihre provokativen Auftritte bekannten Performance-Gruppe MINUS DELTA T gespielt hatte und laut Delgado für „mehr Radikalität" und „weniger Jazz" stand.[698] Da die Band in der Bundesrepublik vorerst keine Perspektiven sah sich musikalisch zu entwickeln und kommerzielle Erfolge zu erlangen, zogen die Bandmitglieder gemeinsam im September 1979 nach England. Hier begann die eigentliche Geschichte von DAF.

Als Glücksgriff und wegweisend erwies sich in England für DAF das Zusammenkommen mit Daniel Miller, dem Inhaber des frisch gegründeten Labels *Mute*, der mit seinem unter dem Namen THE NORMAL veröffentlichten Track „Warm Leatherette" (1978) bereits bewiesen hatte, dass es nicht mehr als einen repetitiven, minimalistischen Synthesizer-Loop und die monotone Wiederholung des Titels für einen Underground-Hit braucht. Eindrücklich zeigt sich die Entwicklung von DAF in der ersten Veröffentlichung der Band auf *Mute*, dem im März 1980 erschienenen Song „Kebabträume".[699] Delgado hatten das Stück bereits zu Zeiten von MITTAGSPAUSE geschrieben, die diesen im Juni 1979 unter dem Titel „Militürk" veröffentlicht

---

695 Siehe Spies/Esch/Görl/Delgado: *Das ist DAF* (2017), 290–291.
696 DEUTSCH-AMERIKANISCHE FREUNDSCHAFT: *Ein Produkt Der Deutsch-Amerikanischen Freundschaft* (1979), LP, Warning Records, WR 001.
697 Delgado zit. n. Spies/Esch/Görl/Delgado: *Das ist DAF* (2017), 300.
698 Delgado zit. n. ebd.
699 DEUTSCH-AMERIKANISCHE FREUNDSCHAFT: „Kebabträume", auf: *Kebabträume / Gewalt* (1980), 7"-Single, Mute, MUTE 005.

hatte.⁷⁰⁰ In welche Richtung DAF sich bewegten, wird deutlich im Vergleich der beiden Versionen: Wie Barbara Hornberger in ihrer Analyse des Songs ausführt, hat die Version von DAF, obwohl die damals fünfköpfige Gruppe zu jener Zeit noch konventionelle Instrumente wie Gitarre und Bass einsetzte, wenig gemein mit der Punk-Musik von MITTAGSPAUSE. So stehen der vom Synthesizer erzeugte Sound und der Schlagzeugrhythmus im Vordergrund, während die anderen Instrumente und selbst der Gesang in den Hintergrund gerieten. Zwar verzichten beide Versionen auf das klassische Strophe-Refrain-Schema, allerdings wird die DAF-Version von einem monotonen und an den Sound und Rhythmus von Synthesizer und Drums angepassten staccato-Sprechgesang geprägt, der Hornberger zufolge „beherrschte Disziplin" vermittelt und „beinahe maschinell artikuliert" ist: „Die Worte werden ohne ein Zeichen innerer Teilnahme einfach präzise ausgestoßen. Die Zäsur mitten im Wort lässt den Sprachduktus noch abgehackter und damit roboterhaft wirken."⁷⁰¹

Im Juni 1980 veröffentlichte die Gruppe das bereits ohne den abgereisten Bassisten Michael Kemner eingespielte Album *Die Kleinen Und Die Bösen*, das zur einen Hälfte live in England und zur anderen Hälfte im Studio von Produzenten-Legende Conny Plank aufgenommen worden war.⁷⁰² Die LP war zwar relativ erfolgreich, insbesondere in England, was wiederum die Musikpresse und Hörer:innen in der bundesdeutschen New-Wave-Bewegung aufhorchen ließ. Der *Spex*-Autor Siegfried Michail Syniuga schrieb etwa in seiner Plattenrezension, das Album sei „ein aufbruch in die 80er jahre": „großstadt und hektisch und fordern und vorantreibend und ryhthmisch – die gehversuche einer maschine. songs, die den geist unserer zeit wiedergeben".⁷⁰³ Noch waren Delgado und Görl aber nicht zufrieden, der DAF-Sound sollte Delgado zufolge „noch minimalistischer werden, noch reiner, noch präziser, noch spezieller".⁷⁰⁴ Daher drängten die beiden zunächst Chrislo Haas aus der Band, dessen Part nun Görl übernahm, und zuletzt auch Wolfgang

---

700 MITTAGSPAUSE: „Militürk", auf: *Mittagspause* (1979). Die aus MITTAGSPAUSE hervorgegangene Band FEHLFARBEN veröffentlichte den Song erneut auf ihrem Debüt-Album: FEHLFARBEN: „Militürk", auf: *Monarchie und Alltag* (1980).
701 Hornberger, Barbara: „Kebabträume (DAF)", 2016, *Songlexikon. Encyclopedia of Songs*. URL: *https://songlexikon.de/songs/kebabtraeume/* (Letzter Zugriff: 24.10.2022).
702 DEUTSCH-AMERIKANISCHE FREUNDSCHAFT: *Die Kleinen Und Die Bösen* (1980), LP, Mute, STUMM 1. Generell kann der Einfluss von Conny Plank, der auch die drei folgenden DAF-Alben produzierte, nicht hoch genug eingeschätzt werden, sowohl auf soundtechnischer als auch auf künstlerischer Ebene. Delgado erklärte etwa in der DAF-Biografie: „Plank war, wie gesagt, mein Meister. Von dem habe ich viel gelernt. Über Musik – aber auch über Leben und Kunst." Zit. n. Spies/Esch/Görl/Delgado: *Das ist DAF* (2017), 36.
703 Synuga, Siegfried Michail: „DEUTSCH-AMERIKANISCHE FREUNDSCHAFT: die kleinen und die bösen (mute)", Rezension, in: *Spex*, Nr. 1 (1980), o. S.
704 Delgado zit. n. Spies/Esch/Görl/Delgado: *Das ist DAF* (2017), 323.

Spelmans, dessen für viele Post-Punk-Produktionen typisch kreischendes Gitarrenspiel für Delgado und Görl zum Störfaktor geworden war. „Wir haben Gitarren inzwischen auch richtig gehasst. Wir konnten keine Gitarre mehr sehen", betonte der für seine provokativen und resoluten Statements bekannte Delgado in einem späteren Interview: „Das war wie der letzte Rest der Alten Welt. Das musste eliminiert werden."[705]

Übrig blieb nur noch das aus dem Sänger Gabi Delgado und dem für Drums und Synthesizer zuständigen Görl bestehende Duo. Damit einher ging eine komplette Umstellung des Musikproduktionsprozesses. Robert Görl brachte in einem Interview mit der *Sounds* zu Beginn des Jahres 1981 das von nun an geltende Konzept des DAF-Duos auf eine neusachliche Formel: „Wir sind nicht enger geworden, eher klarer, konkreter."[706] Die Grundlage jedes DAF-Titels bildeten von nun an Görls mechanisch, präzise und kraftvoll gespieltes Schlagzeug sowie ein mit nur wenigen Ton-Verschiebungen unablässig durch den Track laufender, sequenzergenerierter Synthesizer-Loop, der im Vergleich zu vorherigen Produktionen voluminöser ausfiel, da Görl im Studio von Conny Plank vom *Korg MS-20* auf den Synthesizer *ARP Odyssey* umgestiegen war. Rhythmisch angepasst zu diesem Electro-Beat sang oder besser sprach und schrie Delgado stoßweise seine zumeist parolenartigen und im fordernden Imperativ verfassten Texte. Vergleiche und terminologische Assoziationen zur Welt des Automatisierten, Technischen und Dehumanisierten waren und sind entsprechend dieser strikt mechanischen und rhythmusbetonten Sounds keine Seltenheit in zeitgenössischen Beiträgen als auch späteren Rezensionen und Analysen.

Das Jugendmagazin *Bravo* etwa hob Ende 1981 in einem Beitrag zu DAF die „monoton gehämmerten Botschaften" und „monoton hämmernden Synthesizer" der „Staccato-Songs" hervor, von denen „immer mehr junge Leute angetörnt werden".[707] Der Musikjournalist Hermann Haring wiederum erklärte in seinem Buch *Rock aus Deutschland West* (1984), der Verzicht auf Off-Beats sorgt dafür, dass die Musik von DAF so präzise klinge und „die Prinzipien industrieller Fertigungsprozesse übernahm: schneller, monotoner Gleichtakt, wie bei einer Stanzmaschine, von enormer Kraft angetrieben".[708] Von einem „kühlen, emotionslosen" Sprechgesang schreibt der Musikwissenschaftler Winfried Longerich in seiner NDW-Monografie *Da Da Da* (1989) mit Blick auf den Song „Der Mussolini" (1981).[709] Ähnlich hieß es schon zuvor über den Song in dem 1984 erschienenen NDW-Buch von Ma-

---

705 Delgado zit. n. Teipel: *Verschwende deine Jugend* (2001), 293.
706 Görl zit. n. Hilsberg, Alfred: „Der Räuber und der Prinz. Deutsch-Amerikanische Freundschaft", in: *Sounds*, Nr. 3 (1981), 28–31, hier: 30.
707 O. V.: „D.A.F. Liebe auf den zweiten Blick", in: *Bravo*, Nr. 51, 10. Dezember 1981, 52.
708 Haring: *Rock aus Deutschland West* (1984), 155.
709 Longerich: *„Da Da Da"* (1989), 176.

thias Döpfner und Thomas Garms, „der bewusst gefühllos hervorstechende Sprechgesang" von Gabi Delgado besteht zumeist aus „hart, roboterhaft, kurzatmig, schlicht unmusikalisch gesprochenen Befehle[n]". Zudem bemängelten die Autoren das automatisiert-repetitive Prinzip der Soundstruktur: „Es ‚geht' nichts mehr ‚vor', es stagniert genau dort, wo es anfängt, bei der in unbestechlichem Timing dahinpulsierenden Sequenz."[710] Wie wenig die Autoren vom DAF-Stil hielten, zeigt sich an späterer Stelle, denn dort behaupteten die beiden, die „pseudominimalistischen Stilmittel" von DAF taugen „bestenfalls für einen einmaligen Gag": „Mit ihrem Minimal-Synthetik-Punk leiteten sie, schalkhaft lächelnd, die größte musikalische Publikumsverulkung der frühen achtziger Jahre ein."[711]

Wie Döpfner und Garms 1984 zu dieser Einschätzung kamen, bleibt unklar, denn tatsächlich trafen DAF mit ihren elektronischen Sounds und ihrer von mechanisch-maschinellen Rhythmen geleiteten Musik den Nerv der Zeit. Unzählige Bands in und außerhalb der Bundesrepublik nahmen sich das Duo zum Vorbild und griffen bei ihren eigenen Produktionen auf Techniken und Sounds zurück, die von DAF popularisiert wurden. Bereits Ende 1980 beschwerte sich *Sounds*-Autorin Ingeborg Schober über den immer weiter um sich greifenden „penetranten Marsch-Rhythmus vieler deutscher Neutöner": „Neue deutsche Sänger schreien oft und flüchten sich in den Schlagzeugrhythmus. Dieses Zickezacke-Heilheilheil zerstört oft die Atmosphäre der Musik."[712] Weniger streng schätzte ein Jahr später der Musiker und *Sounds*-Autor Xao Seffcheque die Lage ein: Zwar stehe „momentan jeder, der nicht rockig, funky, reggae- oder discolike Rhythmen verwendet, bereits unter schwerem DAF-Verdacht", allerdings äußere sich über die Musik hinausgehend in diesen angesagten Stil womöglich der Zustand und die lebenswirkliche Situation der NDW-Musiker:innen selbst. „Wahrscheinlich repräsentiert die Zackigkeit und Kantigkeit vieler neuer deutscher Musikproduktionen wirklich ein tiefes Grundgefühl unserer jungen Teutonen", so Seffcheque.[713] Um nicht als *Copy-Cats* abgestempelt zu werden, suchten nun einige Gruppen, denen eine zu auffällige Nähe zu DAF vorgehalten wurde, nach Möglichkeiten zur Abgrenzung. Die ebenfalls aus Düsseldorf stammende und in Outfit und Sounds klar von DAF beeinflusste Band DIE KRUPPS etwa nutzte statt eines klassischen Drum-Sets ein „Stahlofon", eine Art Xylofon aus Stahlrohren. „Nur Schlagzeug mit 'nem Sequenzer kombiniert, da gerät man immer in die DAF-Ecke", erklärte Bandmitglied Ralf Dörper Anfang 1982 gegenüber der *Sounds* und teilte nun selbst gegen Schlagzeuger aus,

---

710 Döpfner/Garms: *Neue deutsche Welle. Kunst oder Mode?* (1984), 51.
711 Ebd., 195.
712 Schober: „Geisterfahrer. SCHATTEN VORAUS. Konkurrenz/Phonogram 6435078" (1980).
713 Seffcheque, Xao: „Neues Deutschland. Iron Curtain 015. Eigelstein-Vertrieb", Rezension, in: *Sounds*, Nr. 11 (1981), 77.

die sich dem Trend ebenfalls nicht verschlossen: „Die sind absolut nicht mehr fähig, etwas anderes zu spielen als Robert Görl. Die sind alle Robert-Görl-verseucht."[714]

DAF hatten einen Trend losgetreten, der nicht nur innerhalb der NDW viele Nachahmer:innen fand, sondern stilbildend für ein ganzes Genre wurde: die Electronic Body Music (EBM). Wie der Name vermuten lässt, zeichnen sich EBM-Produktionen dadurch aus, Vorstellungen von Körperlichkeit und Körperinszenierungen mit elektronischen Sounds zu verknüpfen.[715] Zentral für die Performance von DAF und anderen, Anfang der 1980er Jahren gegründeten EBM-Bands ist eine Inszenierung und Ästhetisierung von körperlicher Funktionalität durch die Kombination von Sequenzer-Rhythmen mit mechanischen Körperbildern, zumeist abgerundet von Befehle rufenden Shouting-Vocals. Neben Tracks wie „Muskel" und „Absolute Körperkontrolle" (beide 1981)[716] äußerte sich dieses Konzept bei DAF am deutlichsten in der Form ihrer Performance: Während Delgado stets zackig umhersprang und kurze Imperativ-Sätze ausstieß, bearbeitete Görl mechanisch sein Schlagzeug bei Live-Konzerten oder stand bei TV-Auftritten nahezu regungslos und mit unverändertem Gesichtsausdruck neben dem sich verausgabenden Sänger.[717] Da Görl nicht beide Instrumente gleichzeitig bedienen konnte, wurden bei Live-Auftritten die vorher aufgenommenen Synthesizer-Sequenzen vom Band abgespielt. Improvisationen waren dadurch nicht mehr möglich, sowohl Schlagzeug als auch Gesang mussten sich den zeitlichen und rhythmischen Vorgaben der aufgezeichneten Loops unterordnen. Dies war kein Nebeneffekt, sondern genau so von den beiden Musikern intendiert. „Elektronik tickert ja gnadenlos. Das war Gewalt an mir selber", erklärte Görl in einem späteren Interview dazu und betonte dabei den Aspekt der Selbst-Entmenschlichung: „Der Mensch musste wie eine Maschine drauf sein."[718]

Anschaulich wird die Besonderheit der DAF-Performance im Vergleich zu ähnlichen Darbietungen anderer New-Wave-Bands: Zwar beschrieb der Musik-

---

714 Dörper zit. n. Buttler, Thomas: „Die Krupps. Schöne Grüße an Bernward", in: *Sounds*, Nr. 1 (1982), 13.
715 Siehe dazu Kaul, Timor: „Electronic Body Music", in: Hecken; Kleiner (Hg.): *Handbuch Popkultur* (2017), 102–106.
716 Deutsch-Amerikanische Freundschaft: „Muskel", auf: *Gold Und Liebe* (1981), LP, Virgin, 204 165; Deutsch-Amerikanische Freundschaft: „Absolute Körperkontrolle", auf: *Gold Und Liebe* (1981).
717 Siehe etwa „DAF – Liebe Auf Den Ersten Blick", 1982. Als verlockend, wenn auch zu naheliegend bezeichnete die Musikjournalistin Lynn Hanna Ende 1981 im *New Musical Express* den Erklärungsansatz, der auffällige Kontrast sei in der unterschiedlichen kulturellen Herkunft von Delgado (Spanien) und Görl (Bayern) zu finden: „a lush, sensual temperament matched against a solid, serious considered determination." Hanna, Lynn: „Eroticism & Physicality", in: *New Musical Express*, 28. November 1981, 34.
718 Görl zit. n. Teipel: *Verschwende deine Jugend* (2001), 293.

journalist Chris Bohn 1980 im *New Musical Express* Gabi Delgados Tanzbewegungen auf einen *Monty-Python*-Sketch verweisend als „idiot John Cleese actions",[719] dennoch unterschieden sich Delgados Funktionalität und Disziplin inszenierenden Bewegungen deutlich von der wilden, in Fluxus-Tradition stehenden Performance von Gruppen wie THE WIRTSCHAFTSWUNDER, deren Expressivität an keine Vorgaben mechanischer Rhythmik gebunden waren.[720] Statt an expressionistischen Ausbruch und Überschwang, erinnern die vom DAF-Frontmann dargestellten Körperbilder an die neusachliche Ideal-Figur des Boxers. Damit grenzten sich DAF zugleich von KRAFTWERKS futuristisch-konstruktivistischen Körperbildern ab, in denen Körperlichkeit komplett in den Maschinenvisionen aufging. Jedoch gibt es einige Überschneidungen: So gehörten zum Bühnenaufbau von DAF neben Görls Schlagzeug eine Vielzahl von Kassettenrekordern, die zu einer ganzen Wand technischer Geräte aufgetürmt wurden. Angesichts ihrer elektronischen Sounds wurden die ebenfalls aus Düsseldorf stammenden DAF zudem wiederholt mit KRAFTWERK verglichen, etwa in der britischen *Sounds*, die zum DAF-Track „Sex Unter Wasser" (1981) kritisierte: „Hilariously sincere, ultra KRAFTWERKian robotic rubbish."[721] Was die ebenso maschinell-mechanische und funktionale Disziplin inszenierende Performance des DAF-Duos unterschied vom Auftreten KRAFTWERKS, war die Betonung ‚heißer' Körperlichkeit, genauer von Kraft, Sexualität und Vitalismus. „KRAFTWERK hatten ja diesen Mensch-Aspekt gar nicht dabei. DAF war eine Mischung aus Schweiß und Elektronik. Das war ein totales Geschwitze", betonte Görl in Jürgen Teipels NDW-Buch.[722] KRAFTWERK seien dagegen zu „steril", ganz bewusst habe er sich daher bei Live-Auftritten gegen Synthesizer und für Drums entschieden, was dem anvisierten Konzept der expliziten Körperlichkeit entsprach: „An einem Synthesizer siehst du auch immer gleich aus wie so ein Tüftler. [...] Das kann man im Studio machen. Aber nicht auf der Bühne. [...] Das war schon alles gut durchdacht, [...] den Leuten die Power mit den Muskeln zu zeigen, das macht die Leute an."[723] Ihre Wurzeln sahen DAF daher nicht bei den Elektro-Pionieren KRAFTWERK, sondern in der körperbetonten Disco Musik im Stil von Giorgio Moroders und Donna Summers „I Feel Love" (1977), wie das Duo 1981 im Interview mit dem *New Musical Express* verriet: „From the very beginning it was disco influenced. Our ideas have always been orientated towards creating a new disco sound, using the disco beats

---

719 Bohn: „Not As DAF As They Look" (1980), 21.
720 Siehe etwa das Umherspringen in „The Wirtschaftswunder – Wohlstand", Live im *Messinghof* (Kassel), 1980. URL: *https://youtu.be/Kf079jgnxbs* (Letzter Zugriff: 24.10.2022) sowie „The Wirtschaftswunder – Der große Mafiosi", *Bio's Bahnhof* (WDR), 1982. URL: *https://youtu.be/ZsOEw4NVbok* (Letzter Zugriff: 24.10.2022).
721 Middles, Mick: „Singles", Rezension, in: *Sounds (UK)*, 20. Februar 1982, 25.
722 Görl zit. n. Teipel: *Verschwende deine Jugend* (2001), 293.
723 Görl zit. n. Spies/Esch/Görl/Delgado: *Das ist DAF* (2017), 30.

to project a new music. [...] We don't like music that is too much for the head. Body music is important."⁷²⁴

Alles drehte sich bei DAF um den Körper, selbst Delgados Texte bezogen sich stets auf körperliche Aspekte, unabhängig davon, ob es darin um Liebe, Jugendlichkeit, Kampf, Krieg oder Politik ging. Jedoch glorifizierten DAF und ihre Adepten nicht einfach jeden Körper, sondern ausschließlich den starken, disziplinierten, funktionalen und männlichen Körper, nicht das linksalternative Ideal des androgynen und das ‚emotionale Innere' spiegelnden Körpers. Kernelement vieler Texte von Delgado ist ein ausgeprägter Vitalismus: Beispielhaft dafür sind etwa der auf dem ersten als Duo aufgenommenen Album *Alles Ist Gut* (1981) veröffentlichte Track „Verlier Nicht Den Kopf" („Bleib jung / [...] / Du bist so schön / Bleib für immer schön / Schau nur nach vorn / Bleib für immer stark") sowie die auf dem Folgealbum *Geld Und Liebe* (1981) erschienenen Stücke „Muskel" („Staub zu Staub / Schmerz zu Schmerz / Muskel / Kraft zu Kraft / Haut zu Haut / Sieg zu Sieg / Lust zu Lust") und „Verschwende Deine Jugend": „Schön und jung und stark / Nimm dir was du willst / Tu was du willst / Solange du noch kannst / Solange du noch jung bist".⁷²⁵ ‚Kalt' sind die von DAF und anderen evozierten Körperbilder daher vor allem im Bezug zu den ihnen konträr entgegengesetzten ‚warmen' Körperbildern der linksalternativen Gegenkultur, trotz allen Schweißes. Generell stellen die Motive Hitze und Schweiß keinen Gegensatz zu den Inszenierungen des ‚Kälte-Pop' dar: Wie Robert Görls obige Statements zur Verknüpfung von menschlicher Kraft, Maschinen und „Geschwitze" zeigen, wird der Körper von Gruppen wie DAF in futuristischer und neusachlicher Tradition als Leistungsapparat inszeniert und zelebriert.

Affirmativ huldigten Bands aus dem EBM-Bereich (und teilweise auch Industrial) daher nicht nur der Figur des disziplinierten Kämpfers, sei es dem (Para-)Militärsoldaten oder dem Parteisoldaten im Straßenkampf, sondern vor allem der Figur des Fabrik- und Industriearbeiters, die in der dargestellten Form in der Bundesrepublik eigentlich nicht mehr existierte bzw. dabei war zu verschwinden. In seinem Beitrag „Bolschewik-Schick" stellt der Germanist Christian Jäger ganz richtig fest, dass diese nostalgische „Wiederentdeckung des Arbeiters" zum einen der Abgrenzung von Bürgertum und ‚Hippies' diente – Jäger spricht hier sogar von ei-

---

724 Delgado oder Görl zit. n. Morley: „Love Motion Nr. Zwei" (1981), 15.
725 DEUTSCH-AMERIKANISCHE FREUNDSCHAFT: „Verlier Nicht Den Kopf", auf: *Alles Ist Gut* (1981), DEUTSCH-AMERIKANISCHE FREUNDSCHAFT: „Muskel" (1981), DEUTSCH-AMERIKANISCHE FREUNDSCHAFT: „Verschwende Deine Jugend", auf: *Gold Und Liebe* (1981).

ner „Sehnsucht nach einem Proletariat".[726] Für die Counter Culture war „Arbeit", wie der Kultursoziologe Andreas Reckwitz ausführt, negativ konnotiert als „fundamentales Hemmnis" ihres Lustprinzips, da konventionelle Erwerbsarbeit, der das Prinzip der „kreativen Aktivität" entgegengehalten wurde, Herrschaftsverhältnisse zementiere und zu voranschreitender Entfremdung führe.[727] Darüber hinaus entspricht die Inszenierung des abgehärteten, diszipliniert und fast schon maschinell agierenden Arbeiters ganz den Motiven des ‚Kälte-Pop', denn statt Kritik und Auflehnung bestimmten Beherrschung, Unterordnung und Anpassung das Verhältnis des Körpers zur Maschine: „Der Arbeiter als von der Maschine beherrschter Organismus, der sich ihr im Prozess der Arbeit in Bezug auf Ausdauer, Konzentration, Präzision angleicht, also nicht Anklage gegen Entfremdung, sondern Preisung der Maschinisierung."[728] „Maschinen machen Spaß" heißt es etwa in dem frühen DAF-Stück „Nachtarbeit" (1980). Zwar kann der Track aufgrund der Einwürfe „Erotik ist vorbei", „Sex ist verkrüppelt" und „das Leben ist langweilig / es macht keinen Spaß" auch als scheinaffirmative Kritik gelesen werden, allerdings scheint bereits in „Nachtarbeit" das für DAF seit 1981 so essentiell gewordene Vitalismus-Konzept des starken, hart arbeitenden Mannes durch, der sich dem Takt der maschinierten Welt angleicht: „Normales Leben in der neuen Zeit", „Lebensstandardssteigerung / schnelle Produktion für die schnelle Republik", „Wer täglich stirbt, lebt für den Augenblick". Der Track endet schließlich mit der noch viele weitere Bands des ‚kalten' Vitalismus leitenden Losung „Das Leben ist gut, doch die Menschen sind schwach".[729]

DAF griffen das Thema Arbeit in folgenden Veröffentlichung in dieser expliziten Form nicht weiter auf, jedoch zeigten andere NDW-Akteur:innen vereinzelt Interesse an der Thematik. Das West-Berliner Indie-Label *Der Letzte Schrei! Fabrik Für Elektronische Musik* etwa nutzte als Logo ein Fabrikgebäude, möglicherweise in Anlehnung an das Label *Industrial Records* der Band THROBBING GRISTLE, während die kurzlebige All-Female-New-Wave-Band TRÜMMERFRAUEN aus Mannheim in ihrem Song „Arbeit" (1982) affirmativ „Arbeit ist voller Liebe" verkündet.[730] Das Stück „Metall" (1980) der Band THE WIRTSCHAFTSWUNDER muss dagegen, hinsichtlich des Songtextes und der grundsätzlich dadaistischen Ausrichtung der Gruppe, eher als ironisch gelesen werden, hatte dennoch ebenso Anteil am um sich greifenden Stahl-und-Beton-Trend: „Ich liebe Metall / Es ist so hart / So hart wie Stahl / So hart wie Ich / Ich bin Stahl / Und Stahl ist Ich / Ich liebe Metall / Aluminium, Messing,

---

726 Jäger: „Bolschewik-Schick" (2017), 328.
727 Reckwitz: *Das hybride Subjekt* (2006), 489.
728 Jäger: „Bolschewik-Schick" (2017), 329.
729 DEUTSCH-AMERIKANISCHE FREUNDSCHAFT: „Nachtarbeit" (1980). Vgl. auch Jäger: „Bolschewik-Schick" (2017), 330–331.
730 TRÜMMERFRAUEN: „Arbeit", auf: *Glasaugen* (1982), 7"-Single, Zensor, TFO1.

Blei", spricht Sänger Angelo Galizia darin monoton zu repetitiv und abgehackt gespielten Piano-Akkorden, verzerrten Gitarreneinwürfen und dem Kreischen einer auf Metall angewandten Handkreissäge.[731] Eine intensive Auseinandersetzung mit der Figur des Arbeiters in Konzept und Image nahmen wiederum zwei andere, Anfang der 1980er Jahre gegründete NDW-Bands in Angriff: DIE KRUPPS und KOWALSKI.

Im Gegensatz zu der ebenfalls aus Düsseldorf stammenden Gruppe KRAFTWERK huldigte die aus der Punk-Band MALE hervorgegangene und ebenfalls im Umfeld des *Ratinger Hof* entstandene Gruppe DIE KRUPPS jedoch nicht der Technik oder dem an Apparaten Regler und Knöpfe bedienenden *white-collar*-Arbeiter, sondern einer heroisierten Version des Industriearbeiters. Diese Ausrichtung zeigte sich bereits im MALE-Song „Risikofaktor 1:x" (1979), in dem die automatisch laufende Rolltreppe als „sinnlos brutal" kritisiert wird, während die körperlich harte Arbeit am Hochofen sachlich mit dem Reim „Hitze und Glut" und „Schweiß und Blut" umschrieben wird.[732] „Ich find den Klang von Stahl schon faszinierend. Wenn so eine Dampframme runterkommt und die ganze Werkshalle bebt, das ist schon ein tolles Gefühl. Vielleicht können wir das auch auf der Platte rüberbringen", erklärte KRUPPS-Mitglied Bernward Malaka Anfang 1981 gegenüber der *Spex* und verwies dabei auf das Debüt-Album der Band, *Stahlwerksynfonie* (1981).[733] Anders als etwa die West-Berliner EINSTÜRZENDE NEUBAUTEN, deren Einsatz von Metall, Werkzeugen und Baumaschinen der klanglichen Darstellung des urbanen Raums diente, suchten DIE KRUPPS mit demselben ‚Instrumentarium' – dem Namen entsprechend – die Soundkulisse eines Stahlwerks musikalisch umzusetzen. Damit schlossen DIE KRUPPS an Werke der historischen Avantgarden an, etwa an Arseni Awraamos' Symphonie der Fabriksirenen „Simfonija Gudkow" (1921), Alexander Mossolows einen Fabrikalltag klanglich nachahmendes Stück „Die Eisengießer" aus dem geplanten Bühnenwerk „Stahl" (1926–28) sowie das „Ballet mécanique", für dessen Uraufführung (1926) der Komponist George Antheil unter anderem Sirenen und Flugzeugpropeller einsetzte.[734]

Während das im *Inner-Space-Studio* von CAN aufgenommene und von Conny Plank abgemischte Debüt von DIE KRUPPS, auch aufgrund der Nutzung konventioneller Instrumente wie Schlagzeug, Bass und Saxophon, vielmehr nach experimentellem Krautrock und Free-Jazz klingt, sind die folgenden Produktionen der Band elektronischer und orientieren sich deutlicher an zeitgenössischen New-Wave-Trends. Der Fokus lag nun auf Synthesizer-Loops, den metallisch klingenden

---

731 THE WIRTSCHAFTSWUNDER: „Metall" (1980).
732 MALE: „Risikofaktor 1:x" (1979).
733 Malaka zit. n. Hündgen, Gerald: „LEMMINGE KRUPPS", in: *Spex*, Nr. 2 (1981), 5–6, hier: 5.
734 Vgl. dazu etwa Kühn: *Anti-Rock* (2013), 18 sowie Ross, Alex: *The Rest is Noise. Das 20. Jahrhundert hören*, München 2009, 249.

Sounds des „Stahlofon" und einem agitatorischen Sprechgesang, der in puncto Intonation und Text an Gabi Delgado erinnert. Die im November 1981 erschienene Single-Veröffentlichung *Wahre Arbeit – Wahrer Lohn* gab den weiteren Kurs der Band vor: „Meine Muskeln sind Maschinen / Sehnen stählern, Schweiß wie Öl / Schmutz und Dreck ist wahre Arbeit / Schmerz und Tadel wahrer Lohn", spricht Frontmann Jürgen Engler monoton im gleichnamigen Track, begleitet von einer treibenden Bass-Sequenz, einem mechanischem Schlagzeugbeat sowie von Schlägen auf Metall.[735] Passend dazu zeigt das Frontcover den Krupps-Sänger mit stechendem Blick in einem DAF-ähnlichen, schwarzen Lederoutfit, während zwei gekreuzte Hämmer das Bandlogo auf den Labels bilden.[736]

Auf dem folgenden, vom Major-Label *WEA* veröffentlichten Album *Volle Kraft Voraus!* (1982) breiteten Die Krupps das auf Vitalismus und der Idealisierung körperlicher Arbeit bauende Konzept weiter aus.[737] Zwar versuchte die Gruppe einen eigenen, von DAF abweichenden Sound zu entwickeln, die Songtexte blieben jedoch denen Delgados sehr ähnlich. Beispielhaft genannt seien hier etwa „Goldfinger" („Schau auf deine Hände / Erkenne deine Kraft / Finger sind Gold / Und Gold ist Macht"), „Für Einen Augenblick" („Nur jetzt, nur heute / Es zählt Entschlossenheit / Wir haben lang gewartet / Und stehen schon bereit"), „Tod Und Teufel" („Genießt eure Sünden / Im Rhythmus der Maschinen / Lasst den Teufel tanzen / Solange ihr noch könnt"), „Das Ende Der Träume" („Die Zeit zum Handeln ist gut gewählt / Jetzt gibt es nichts mehr, was uns hält") sowie der Titeltrack „Volle Kraft Voraus": „Vor uns das Ziel / Keiner zögert, keine Zeit / [...] / Seid ihr bereit? / Dann legt euch ins Zeug / Alle Zeichen steh'n auf Sturm / Volle Kraft voraus".[738] Entsprechend ernüchtert fielen die Kritiken der szenenahen Musikpresse aus, denn während der *Musikexpress*-Autor Ulli Güldner Die Krupps in seiner Rezension des Albums als „Strukturalisten mit einer Handvoll (sarkastischer?) Slogans" bezeichnete und ihren „mechanische[n] und mobile[n]" bzw. „funktionellen und existenzialistischen Pop" lobte,[739] urteilte der Journalist Michael Kröher in seiner

---

[735] Die Krupps: „Wahre Arbeit – Wahrer Lohn", auf: *Wahre Arbeit – Wahrer Lohn* (1981), 12"-Single, ZickZack, ZZ 55.
[736] Siehe auch die futuristischen, in schwarz und rot gehaltenen Uniformen der Band, abgebildet in Butler, Thomas: „Neue Welle ade? Deutsche Bands am Scheideweg", in: *Musikexpress*, Nr. 1 (1982), 28–30, hier: 29 sowie in Kraut, Karl: „Szene Düsseldorf", in: *Musikexpress. Neue Deutsche Welle Special* (1982), 16–19, hier: 18.
[737] Die Krupps: *Volle Kraft Voraus!* (1982), LP, WEA, WEA 58 463.
[738] Die Krupps: „Goldfinger", auf: *Volle Kraft Voraus!* (1982); Die Krupps: „Für Einen Augenblick", auf: *Volle Kraft Voraus!* (1982); Die Krupps: „Tod Und Teufel", auf: *Volle Kraft Voraus!* (1982); Die Krupps: „Das Ende Der Träume", auf: *Volle Kraft Voraus!* (1982); Die Krupps: „Volle Kraft Voraus", auf: *Volle Kraft Voraus!* (1982).
[739] Güldner, Ulli: „VOLLE KRAFT VORAUS. Die Krupps. WEA 58 463", Rezension, in: *Musikexpress*, Nr. 6 (1982), 75–76.

Albumbesprechung für die *Sounds* deutlich kritischer: Zwar seien DIE KRUPPS laut Kröher das „erste funktionsfähige Kombinat" der beiden Düsseldorfer Bands KRAFTWERK und DAF, allerdings „klingen alle Instrumente ungeheuer synthetisch, maschinell", was so ästhetisch sei wie „das Klappern eines Strickautomaten oder das Rumoren eines Teigrührers". Außerdem bediene Sänger Jürgen Engler mit seinem agitatorischem Shouting ein bereits hinlänglich bekanntes Modell: „Ein Commander Gabi reicht!"[740]

Im Gegensatz zu DAF und DIE KRUPPS entstammte die in Wuppertal entstandene Band KOWALSKI um den später vor allem als Schauspieler bekannten Sänger Uwe Fellensiek nicht dem Szene-Untergrund der NDW-Bewegung. Tatsächlich wurde hier etwas buchstäblich aus dem Boden gestampft, denn das Major-Label *Virgin* nahm die zuvor in Jazz-, Folk- und Punk-Rock-Gruppen aktiven Musiker ohne jede Vorveröffentlichung unter Vertrag und holte den als Garant für (kommerziell) erfolgreiche Produktionen geltenden Conny Plank als Produzenten ins Boot. Live erinnerte die Performance von KOWALSKI nicht zufällig an DIE KRUPPS und EINSTÜRZENDE NEUBAUTEN, kam doch neben dem elektronischen Schlagzeug zuweilen auch ein Set aus Metallteilen für die Percussion zum Einsatz, auf das Frontmann Fellensiek in körperbetonter Kleidung einschlug.[741] Gegenüber dem *NME* gab Fellensiek sogar offen zu, vom Auftreten der NEUBAUTEN beeindruckt gewesen zu sein, die er vor der Gründung seiner eigenen Band einst als Nachtclub-Besitzer gebucht hatte.[742]

Generell war der arbeitende Körper bzw. die Figur des Arbeiters das zentrale Motiv für KOWALSKI: So bezieht sich etwa der Titel des Ende 1982 veröffentlichten Debüt-Albums *Schlagende Wetter* auf die Welt des Bergwerks, ebenso das Frontcoverbild, das die Band rußverschmiert und mit passenden Kostümen und Requisiten als Grubenarbeiter zeigt.[743] Aufgenommen wurde das Bild am Filmset der Fernsehfilm-Reihe „Rote Erde" (1983), die von einer Bergarbeiterfamilie im Ruhrgebiet zu Beginn des 20. Jahrhunderts handelt und in der Fellensiek einen Bergmann namens Heinz Kowalski spielt. Ungeachtet dessen bestand Fellensiek in Interviews darauf, dass das Arbeiter-Konzept der Band keine Image-Strategie ist, sondern authentischer Ausdruck der eigenen Lebenswelt, da alle Bandmitglieder im Ruhrgebiet aufwuchsen und er selbst einer Bergarbeiterfamilie entstammt: „Und ich fühl mich einfach der arbeitenden Schicht mehr verbunden als der herr-

---

[740] Kröher, Michael O. R.: „Die Krupps. VOLLE KRAFT VORAUS! WEA 58 463", Rezension, in: *Sounds*, Nr. 4 (1982), 59.
[741] „Kowalski – Der Arbeiter", Live im *Beat-Club*, 1983. URL: *https://youtu.be/-e2KxH_Dxu4* (Letzter Zugriff: 24.10.2022).
[742] Siehe Watson, Don/Snow, Mat: „Metal Chancers", in: *New Musical Express*, 22. Oktober 1983, 44.
[743] KOWALSKI: *Schlagende Wetter* (1982), LP, Virgin, 205 099.

schenden."⁷⁴⁴ Dementsprechend positiv wird in den Songtexten der Band körperlich harte Arbeit und das Körperliche an sich dargestellt, Maschinen und Technik sowie Begriffe des Kalten sind hingegen negativ und gesellschaftskritisch konnotiert. Während etwa im Stück „Der Körper Bin Ich" der ‚kalte' Körperkult von Gruppen wie DIE KRUPPS auf die Spitze getrieben wird („Es gibt kein Innen, keinen Geist / Kein Außen oder Bewusstsein / Nichts, als den Körper, so wie man ihn sieht / Ein Körper, der ohne Ende lebt / [...] Der Körper bin ich! / Jawoll!"), malen die Lyrics des Songs „Stahlmaschinen" ein dystopische Version des von Maschinen versklavten Menschen: „Sie kommen einfach vorbei / Und holen dich / Wie, du hältst nichts von Pflicht? / Das akzeptieren die nicht / Du kriegst eins ins Gesicht / [...] / Maschinen haben die Macht / Dafür sind sie gemacht / Was hast du denn gedacht? / Du Mensch".⁷⁴⁵ In einem Interview mit dem *New Musical Express* erklärte Sänger Fellensiek schließlich, die Band versucht den Kampf darzustellen, der zwischen dem Menschen und jenem „electronical horror" herrsche, der zu Arbeitslosigkeit führe und die Welt regiere.⁷⁴⁶ Mit der ‚kalten' Affirmation von Düsseldorfer Bands wie KRAFTWERK und DAF hatte die Ruhrpott-Band KOWALSKI also nur wenig gemein.

Mit der im Oktober 1983 veröffentlichten und vorerst letzten Single *Der Arbeiter* setzten KOWALSKI schließlich noch einmal ganz explizit auf das Motiv des schuftenden doch funktionalen Arbeiters: So zeigt das Frontcover das klassische, weißrote Verkehrsschild für Straßenarbeiten, während Fellensiek zackig Slogans wie „Der Arbeiter tanzt nicht / Der Arbeiter schwitzt / Der Arbeiter tanzt nicht / Der Arbeiter arbeitet" ausstößt.⁷⁴⁷ In der Bundesrepublik fanden KOWALSKI trotz TV-Auftritte nur wenig Aufmerksamkeit mit ihrer Musik und Performance, positive Kritiken kamen dagegen aus England. Im *NME* beschrieben die Autoren Don Watson und Mat Snow den KOWALSKI-Sound etwa als „pure Eurometal" und „coldly powerful combination of clean punching and gleaming classical surfaces".⁷⁴⁸ *Sounds*-Mitarbeiter Dave Roberts lobte in seinem Konzertbericht die Musik der Gruppe als eine „painful, harsh but exhilarating tour of urban waste and factory pain" und

---

744 Fellensiek in „Kowalski – Der Arbeiter + Interview", *Musik Convoy* (Westdeutsches Fernsehen), 1984. URL: *https://youtu.be/HFqnU9a248U*, 00:05:08–00:05:12 (Letzter Zugriff: 24.10.2022). Tatsächlich studierte Fellensiek, Sohn eines Bergbau-Ingenieurs, für einige Zeit Bergbau.
745 Als Autorin dieser Lyrics wird Suse Behrendt genannt. KOWALSKI: „Der Körper Bin Ich", auf: *Schlagende Wetter* (1982); KOWALSKI: „Stahlmaschinen", auf: *Schlagende Wetter* (1982).
746 Fellensiek zit. n. Watson/Snow: „Metal Chancers" (1983), 44.
747 KOWALSKI: „Der Arbeiter", auf: *Der Arbeiter* (1983), 12″-Single, Virgin, 601 000. Die Lyrics stammen von Fellensieks Schauspielkollegen Claude-Oliver Rudolph.
748 Watson/Snow: „Metal Chancers" (1983), 44.

auch sein Kollege Johnny Waller gab der für den ausländischen Markt produzierten Version des Albums (*Overman Underground*, 1983) eine hohe Bewertung.⁷⁴⁹ Laut dem *Sounds*-Autor liefert die Musik von Kowalski „typical Germanic steel and precision" und kommt „so taut and disciplined in format and delivery" daher, dass der Vergleich zu DAF naheliegt, jedoch hinkt Kowalskis „metal-pop" der Zeit hinterher und wäre drei Jahre zuvor ein Verkaufsschlager geworden.⁷⁵⁰ Tatsächlich gelang es dem auf den NDW-Zug aufgesprungenen Label *Virgin* nur bedingt, den Verkauf durch englischsprachige Versionen seiner Veröffentlichungen sowie durch eine Europatournee zu steigern, daher ließ das Label die Band nach kurzer Zeit wieder fallen.

Wallers Plattenbesprechung verdeutlicht, dass bei der Bewertung der Band das Motiv des disziplinierten, ‚kalten Deutschen' eine große Rolle spielte. Dies überrascht kaum angesichts des Auftretens von Kowalski-Sänger Fellensiek, der neben Metallklopfen und Marschbewegungen auch zackig gesprochene Lyrics wie „Hit Hit Hit – das ist der Arbeiterstechschritt" („Der Arbeiter") schmetterte. Um keine falschen Interpretationen aufkommen zu lassen, sah sich die Gruppe gezwungen, live zu erklären, keine faschistische Band zu sein.⁷⁵¹ Das hielt allerdings die britische Musikpresse nicht davon ab, die von ihr evozierten und von deutschsprachigen Bands des ‚Kälte-Pop' unterfütterten Assoziationen zum Nationalsozialismus auch auf Kowalski anzuwenden, wie etwa der mit den Worten „Hail Kowalski!" endende Konzertbericht der britischen *Sounds* zeigt.⁷⁵² Kowalski bedienten damit ein Motiv, das essentiell für den ‚Kälte-Pop' im Allgemeinen und für die ‚kalte Hitze' von Bands wie DAF, Die Krupps und Malaria! im Konkreten war: der politische Körper.

Der politische Körper
„Die da [...] sehen aus wie Hitlerjungen, das sind Hitlerjungen, nur wissen sie nicht, wer Hitler war", polterte der bekannte Konzertpromoter Fritz Rau 1982 im Wochenblatt *Die Zeit* und meinte damit die beiden DAF-Musiker Delgado und Görl.⁷⁵³ Generell war man sich in der *Zeit*-Redaktion einig, es bei DAF mit waschechten Neonazis zu tun zu haben: Von „KdF-Synthesizer-Pop", „Nazi-Chic", einer „unverhüllten Ästhetisierung von Gewalt" und einer „Herrenmensch-Attitüde"

---

749 Roberts, Dave: „Spear Of Destiny / Kowalski, Manchester", in: *Sounds (UK)*, 30. April 1983, 47. Waller, Johnny: „KOWALSKI. ‚Overman Underground' (Virgin V2265)", Rezension, in: *Sounds (UK)*, 21. Mai 1983, 39.
750 Ebd.
751 „Kowalski – Der Arbeiter", 1983, 00:00:10–00:00:27.
752 Roberts: „Spear Of Destiny / Kowalski, Manchester" (1983), 47.
753 Rau zit. n. Schöler: „Wollt ihr den „Totalen Tanz"?" (1982).

schrieb etwa der Musikjournalist Franz Schöler, der die Inszenierungsformen und Texte von DAF als unzweideutig faschistisch interpretierte.⁷⁵⁴ Auch die Literaturkritikerin Elke Heidenreich echauffierte sich Ende 1983 in der Zeitung darüber, dass „die Leder-Machos von Deutsch-Amerikanische-Freundschaft ihren Faschistendreck in den Radios singen" dürfen.⁷⁵⁵

Abb. 23: Sowjetische Propaganda auf dem Frontcover der LP *Die Kleinen Und Die Bösen* (1980) von DAF.

Wirklich überraschend kamen diese Reaktionen szeneexterner Personen nicht, denn DAF ließen kaum eine Möglichkeit aus, Assoziationen zu totalitären Systemen und faschistischen Bewegungen zu evozieren. Dies fing bei den Songtexten Delgados an: „Die lustigen Stiefel marschieren über Polen / Die deutschen Kinder marschieren ein in Polen", heißt es etwa im Song „Die Lustigen Stiefel" auf dem Album *Die Kleinen Und Die Bösen* (1980). Dessen Frontcover zeigt die stilisierte Zeichnung einer Siegerehrung sowjetischer Sportlerinnen, die auf dem Sieger-

---

754 Ebd.
755 Heidenreich, Elke: „Untergang – du meine Lust", in: *Die Zeit*, Nr. 46, 11. November 1983. URL: http://www.zeit.de/1983/46/untergang-du-meine-lust (Letzter Zugriff: 24.10.2022).

treppchen unter einer überdimensionalen Flagge der Sowjetunion posieren (Abb. 23).[756] „Ein Bisschen Krieg" wünschten sich DAF wiederum auf dem Album *Für Immer* (1982): „Wir wollen in den Krieg / Wir kennen ihn noch nicht / Für uns / Den größten / Den besten / So dreckig wie noch nie / [...] / Wir haben ihn verdient".[757] Auch auf dem kommerziell erfolgreichen Album *Alles Ist Gut* (1981) finden sich Stücke wie „Alle Gegen Alle" („Unsere Kleidung ist so schwarz / Unsere Stiefel sind so schön / Links den roten Blitz / Rechts den schwarzen Stern") und „Sato-Sato", das an die futuristische Oper „Sieg über die Sonne" (1913) und deren Beschwörung des vitalistischen Kraftmenschen der Zukunft anknüpft: „Schwitzt, meine Kinder / Verbrennt euch die Hände / Kämpft um die Sonne / [...] / Holt euch die Hitze / Im Kampf um die Sonne".[758] Für die größte Aufmerksamkeit und Diskussion sorgte aber der ebenfalls auf dem Album enthaltene Dancefloor-Hit „Der Mussolini":

> Geh in die Knie
> Und klatsch in die Hände
> Beweg deine Hüften
> Und tanz den Mussolini
> Dreh dich nach rechts
> Und dreh dich nach links
> Und klatsch in die Hände
> Und mach den Adolf Hitler
> Tanz den Adolf Hitler
> Und jetzt den Mussolini
> Beweg deinen Hintern
> Und klatsch in die Hände
> Tanz den Jesus Christus
> [...]
> Tanz den Kommunismus
> Und jetzt den Mussolini
> Und jetzt den Adolf Hitler
> Und jetzt den Jesus Christus
> Und jetzt den Mussolini.[759]

Nicht nur die Texte, auch die Art und Weise ihrer Darbietung bot Zündstoff. Statt zu singen, brachte DAF-Frontmann Gabi Delgado die fast ausschließlich deutschen Lyrics mit dem auch für nachfolgende EBM-Bands typischen Shouting unters Volk,

---

[756] DEUTSCH-AMERIKANISCHE FREUNDSCHAFT: „Die Lustigen Stiefel", auf: *Die Kleinen Und Die Bösen* (1980).
[757] DEUTSCH-AMERIKANISCHE FREUNDSCHAFT: „Ein Bisschen Krieg" (1982).
[758] DEUTSCH-AMERIKANISCHE FREUNDSCHAFT: „Alle Gegen Alle", auf: *Alles Ist Gut* (1981); DEUTSCH-AMERIKANISCHE FREUNDSCHAFT: „Sato-Sato", auf: *Alles Ist Gut* (1981). Vgl. Jäger: „Bolschewik-Schick" (2017), 331.
[759] DEUTSCH-AMERIKANISCHE FREUNDSCHAFT: „Der Mussolini" (1981).

was insbesondere bei Menschen außerhalb Deutschlands Assoziationen zu Kasernenhof-Drill, preußischem Militär und Nationalsozialismus hervorrief. „The singing, too, isn't like rock'n'roll or pop singing [...]. It's sometimes like in a Hitler speech, not a Nazi thing, but it's in the German character, that CRACK! CRACK! CRACK! way of speaking", erklärte der sich der erzielten Effekte durchaus bewusste Delgado dann auch in einem *NME*-Interview.[760] Outfit und generelle Selbstdarstellung des Duos taten schließlich ihr Übriges, dass DAF von vielen Seiten als faschistische Gruppe wahrgenommen wurden. Passend zu ihren Texten und Vocals stand auch hier die Inszenierung von vitalistischer Kraft, martialischer Härte, militärischer Disziplin und expliziter Männlichkeit im Zentrum der Performance, anschaulich verdeutlicht auf den Coverfotos der Erfolgsalben *Alles Ist Gut* und *Gold Und Liebe* (beide 1981): Während Ersteres die Musiker verschwitzt und mit freiem Oberkörper im Close-Up zeigt (Abb. 24), posieren Delgado und Görl auf dem Cover von *Gold Und Liebe* breitbeinig und mit verschränkten Armen in uniformer, körperbetonter, schwarzer Kleidung aus Leder (Abb. 25). Beiden Covergestaltungen gemein sind die geschorenen Kurzhaarfrisuren, zur Schau gestellten Muskeln und der durchdringende, direkte Blick in die Kamera.

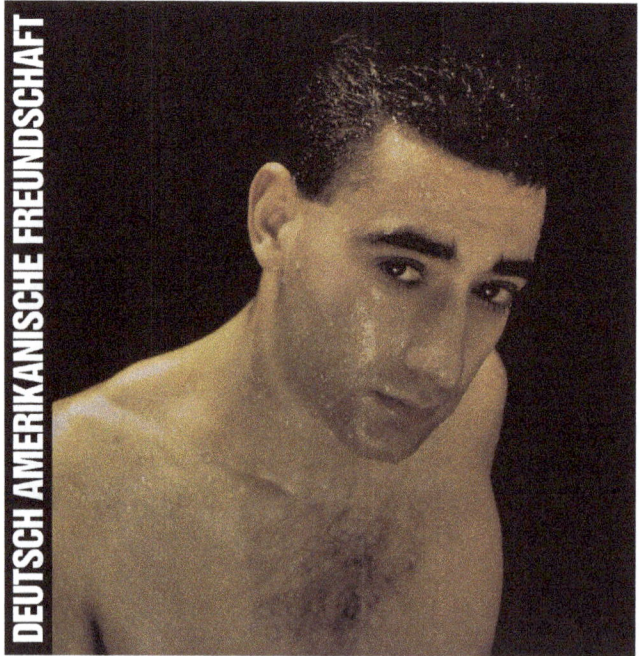

---

[760] Delgado zit. n. Bohn: „Not As DAF As They Look" (1980), 21. Hervorhebung i. O.

Abb. 24 u. 25: Schweiß, Disziplin und Maskulinität: DAF auf den Frontcovern der Alben *Alles Ist Gut* und *Gold Und Liebe* (beide 1981).

Nicht nur gegenkulturell fielen DAF mit dieser Inszenierung auf und aus dem Rahmen, wenn sie auch weiterhin bestimmten Trends verbunden blieben. Unter Linksradikalen war es in den 1970er Jahren zwar nicht unüblich, militärisch oder kommunistisch konnotierte Kleidungsstücke wie Armeeparka und Mao-Anzug als Ausdruck ‚cooler' Militanz zu tragen, generell wurde der Kleidungsstil des linksalternativen Milieus jedoch von farbigen, bunt gemusterten und weiten Kleidern bestimmt.[761] Dem Historiker Sven Reichardt zufolge fügte sich das linksalternative Kleidungsverhalten damit in die allgemeinen Modetrends der 1970er Jahre: „Kuschelige Stoffe und warme Farben waren zeitgenössisch nahezu überall präsent [...] – eine vollendete Hegemonie der ‚Softmoderne'."[762] Die New-Wave-Bewegung lieferte dagegen einen ästhetischen Gegenentwurf, der über hochgeschlossene Hemden, Anzüge, militärisch anmutende Uniformen sowie Materialien wie Leder, Lack und Plastik reichte und dessen Farbauswahl vor allem zu Schwarz, Weiß,

---

761 Vgl. Pilzweger, Stefanie: *Männlichkeit zwischen Gefühl und Revolution. Eine Emotionsgeschichte der bundesdeutschen 68er-Bewegung*, Bielefeld 2015, 194.
762 Reichardt: *Authentizität und Gemeinschaft* (2014), 648–649. Siehe dazu ebd., 630–649.

Grau und vereinzelten Kontrastfarben wie einem intensiven Rot tendierte. Auch kurze Haare waren Teil dieser Abgrenzungsbemühungen: Einst Symbol für Natürlichkeit und Widerstand gegen die älteren Generationen, waren Langhaarfrisuren bei Männern seit den frühen 1970er Jahren auch außerhalb des linksalternativen Milieus akzeptiert und etabliert. Radikal kurzgeschorene Haare und asymmetrische Frisuren wurden von ihren Träger:innen wiederum als eigene Form des Widerstands und als Befreiungsakt empfunden, nämlich zugleich von der Mehrheitsgesellschaft und dem hegemonialen (langhaarigen) Teil der Gegenkultur.[763] Eine reine Gegenbewegung und Reaktion auf die „Softmoderne" waren die New-Wave-Styles allerdings nicht, vielmehr verbargen sich dahinter – zumindest in ihrer Entwicklungsphase – wohlüberlegte Konzepte, mit denen die veränderte Haltung zu Welt und Subjekt zum Ausdruck gebracht werden sollte.

So auch im Fall von DAF, deren Besonderheit in der Etablierung eines bis dato in der Pop-Musik unbekannten ‚Kälte'-Motivs liegt, nämlich der Inszenierung von Disziplin, Macht und Gewalt ästhetisierenden Körperbildern. „Das war einfach so ein Körperkult: hart, klar, rein", erklärte Robert Görl rückblickend zu den sorgsam ausgewählten Styles und Outfits von DAF, die vor allem eins ausdrücken sollten: „Stark und straight."[764] In einem um 1983 geführten Interview führte Gabi Delgado diesen Anspruch weiter aus und verdeutlichte damit die für DAF essentielle Verknüpfung von Ästhetik und Nietzscheanischem „Willen zur Macht", die die Basis für das ‚kalte' DAF-Modell des harten, körperlich perfekten Mannes bildete:

> Wenn ich zum Beispiel heute eine Friedensdemonstration im Fernsehen anschaue, ist die Polizei heldenhafter gestylt als die Demonstranten, und da stimmt etwas nicht. Opfer, die sich zum vornherein auch noch durch die Kleidung, durch den Ausdruck, durch das Leidende als Opfer bezeichnen, werden kaum etwas erreichen. Deswegen finde ich so ein Selbstbewusstsein wichtig, selbst wenn es übertrieben ist, selbst wenn es fast parodistisch wirkt. Wichtig ist nur, dass ein eigenes Gefühl entsteht, dass man stärker ist, dass man stolz ist, sich nicht alles gefallen lässt und so weiter, weil die Leute da Angst kriegen und weil es viel mehr braucht, dich auseinander zu nehmen, jetzt nicht auf Schlägereien bezogen, sondern medienmäßig gesehen. [...] Der Provokateur muss immer ein Held sein. Das wurde in Deutschland nie richtig verstanden, dass die Helden etwas darstellen müssen. Zum Beispiel Che Guevara, warum hängt dieses Poster überall? Warum ist er so berühmt geworden? Eine ganz

---

[763] Vgl. Mrozek, Bodo: „Walle, walle, nimm die schlechten Lumpenhüllen. Body politics der Langhaarigkeit in Lebensreform um 1900 und alternativem Milieu um 1980", in: Siegfried; Templin (Hg.): *Lebensreform um 1900 und Alternativmilieu um 1980. Kontinuitäten und Brüche in Milieus der gesellschaftlichen Selbstreflexion im frühen und späten 20. Jahrhundert* (2019), 271–291, hier: 290–291 sowie Reichardt: *Authentizität und Gemeinschaft* (2014), 646–647.

[764] Görl zit. n. Teipel: *Verschwende deine Jugend* (2001), 304. Siehe auch Görl zit. n. Spies/Esch/Görl/Delgado: *Das ist DAF* (2017), 132. Zu Uniformen, Militärmode, Lack und Leder im Post-Punk, siehe auch die Ausführungen zum „militärischen Oberflächentyp" in Beregow: „Nichts dahinter – Pop-Oberflächen nach der Postmoderne" (2018), 161–162.

wesentliche Sache ist, dass er gut gestylt war, wie aus einem Film, eine Comicfigur, ein Held. Rein vom Aussehen her konnte Andreas Baader nie eine Symbolfigur werden, weil er einfach schlecht aussah.[765]

Anders als die eingangs zitierten, kritischen Stimmen in *Die Zeit* vermuten lassen, wurde der Faschismus-Vorwurf keineswegs von allen Seiten gegen DAF erhoben. Obwohl das Duo in Großbritannien Konzerte vor teilweise Hunderten von Neonazi-Skinheads gab, die in DAF aufgrund ihrer Performance und Verwendung bestimmter Trigger-Zeilen („Tanz den Adolf Hitler", „Deutschland, Deutschland, alles ist vorbei") Gleichgesinnte ausgemacht hatten,[766] wurde in zeitgenössischen Beiträgen britischer Musikzeitschriften das Auftreten von DAF zumeist als künstlerisches Spiel mit geschichtsträchtigen Zeichen interpretiert. Nicht selten wurde dies auch als subversive Kritik aufgefasst. Der Musikjournalist Chris Bohn etwa schrieb Mitte 1980 im *New Musical Express*, dass das Stück „Die Lustigen Stiefel" keine Glorifizierung vergangener preußischer Macht sei, sondern eine traurige Geschichte über junge Menschen, die in den letzten Zügen des Krieges an die Front geschickt werden. Bohn zufolge gelingt es DAF die in der Bundesrepublik verbreiteten Ängste und Neurosen sichtbar zu machen, was sie in Kombination mit ihrer „exotischen" Musik zu einer der aufregendsten Bands aus Europa mache.[767] Dennoch pflegten die britischen Musikjournalist:innen einen dem DAF-Konzept entsprechenden, spielerischen Umgang mit „Teutonic"- oder Nazi-Motiven, wenn sie DAF thematisierten, wie etwa John Gill, der in der *Sounds* behauptete, das Album *Alles Ist Gut* sei so voll von „supple muscular control and prowess", dass es Leni Riefenstahl fasziniert hätte.[768] Größtenteils frei von Faschismus-Vorwürfen waren auch zeitgenössische Beiträge und Rezensionen bundesdeutscher Musikzeitschriften, insbesondere szenenaher Magazine, die womöglich von vornherein davon ausgingen, es hier mit dem der New-Wave-Kultur eigenen ironischen oder subversiven Spiel mit Symboliken zu tun zu haben. *Sounds*-Autor und Labelinhaber Alfred Hilsberg etwa erklärte in seiner Plattenbesprechung zu *Alles Ist Gut*, DAF behandle mit der Textzeile „Links den roten Blitz / Rechts den schwarzen Stern / Alle gegen alle" keine politische Symbolik, sondern die „objektiv leere, subjektiv bedeutungsschwere Äußerlichkeit jugendlicher Ausdrucksformen".[769]

---

[765] Delgado zit. n. Ammann: *Who's been sleeping in my brain?* (1987), 38–39.
[766] Diese Fehlinterpretation führte auch in der DDR dazu, dass DAF und „Der Mussolini" bei einheimischen Neonazis beliebt waren. Siehe dazu BStU, MfS, BV Dresden, Abt. VII, 7484, Bl. 228.
[767] Bohn: „Not As DAF As They Look" (1980), 21.
[768] Gill: „Dance the Mussolini, Dance the Adolf Hitler" (1981). Abdruck in Spies/Esch/Görl/Delgado: *Das ist DAF* (2017), 67.
[769] Hilsberg, Alfred: „Deutsch-Amerikanische Freundschaft. ALLES IST GUT. Ariola", Rezension, in: *Sounds*, Nr. 4 (1981), 60.

Dennoch stellten DAF immer wieder öffentlich klar, keine Neonazis zu sein. Dies geschah bereits in Interviews aus dem Jahr 1980,[770] insbesondere nach der Veröffentlichung von *Alles Ist Gut* (1981) und dem Titel „Der Mussolini" sahen sich DAF allerdings gezwungen, eine umfassendere Erklärung bzw. Verteidigung abgeben zu müssen. Den Ausschlag dafür gaben womöglich kommerzielle Interessen, wie die der Single-Veröffentlichung *Der Räuber Und Der Prinz / Rote Lippen* (1981) beigefügte Promotions-Beilage des Verlags *Wintrup Musik* verdeutlicht, in der die Ausführungen des Duos zum Faschismus-Vorwurf auffallend viel Raum einnehmen.[771] Vor allem Sänger Delgado bemühte sich in dem als Interview dargestellten Text um eine politische, genauer ideologiekritische und antifaschistische Lesart der von ihm verfassten Songtexte: So richte sich etwa der Track „Alle Gegen Alle" gegen die laut Delgado faschistische Tendenz zur Uniformierung, sowohl bei der Polizei als auch bei Hausbesetzer:innen, während der Songtext zu „Der Mussolini" zur „Entmystifizierung des Begriffes" beitrage und damit der um sich greifenden Faszination am Nationalsozialismus entgegenwirke.[772] Robert Görl argumentierte hingegen betont unpolitisch und apologetisch, räumte etwa ein, dass die Covergestaltung von *Alles Ist Gut* tatsächlich eine „gewisse Straightheit und einen Ausdruck von Kraft" habe, ergänzte aber sofort, dass sich dies nicht nur im Faschismus, sondern in jeder körperbetonten Tätigkeit finden lasse. Im Folgenden unterstrich Görl, dass DAF mit den verwendeten, problematischen Motiven auf emotions- und wertungsfreie Art und Weise spielt und offenbarte schließlich eine fragwürdige und der antifaschistischen und ideologiekritischen Intention Delgados entgegengesetzte Sichtweise:

> Für uns ist das total Geschichte, das muss man sehen. Wir kommen nicht aus der Zeit, wir sind eine andere, neuere Generation. Wir haben nicht unter Hitler gelebt, wir wissen kaum was davon, deshalb spielen wir damit. [...] Es ist auch eine Bewältigung von Vergangenheit, das hören wir auch im Gespräch mit älteren Menschen, die deutsche Vergangenheit muss ja entsetzlich gewesen sein, aber wir, und zum Beispiel die nächste Generation, was haben wir damit zu tun, dass da Juden vergast worden sind, was haben wir mit Hitler zu tun? All diese Greuel, die unheimlich vielen Sachen, die da passiert sind, da hab ich nichts mit zu tun. Ich hab das ja nicht persönlich erfahren, das erzählt mir nur jemand, ich hab da so einen Abstand dazu, das ist für mich so 'ne Geschichtssache, wie wenn jemand vom alten Rom erzählt, wo ja auch viele schlimme Sachen passiert sind, mit den Löwen in den Arenen und Christenverfolgung und was weiß ich.[773]

---

770 Siehe Delgado zit. n. Bohn: „Not As DAF As They Look" (1980), 21 und o. V.: „DAF", in: *Spex*, Nr. 4 (1980), 12–13, hier: 13.
771 Wintrup Musik: *D.A.F.* (1981).
772 Ähnlich argumentierte Delgado auch in Schober: „DAF. Alles ist gut!" (1981), 29 sowie Richter: „DAF" (1982), 12.
773 Görl zit. n. Wintrup Musik: *D.A.F.* (1981).

Allzu viel Gewicht sollte den in diesem – vermutlich vom Label initiierten – Interview getätigten Statements allerdings auch nicht beigemessen werden, angesichts der vielen, sich teilweise widersprechenden Aussagen der beiden Musiker zum Thema. So verfolgten DAF zu Beginn ihrer Karriere tatsächlich einen ausgesprochen ideologiekritischen Kurs, der sich schon in der Wahl des Bandnamens DEUTSCH-AMERIKANISCHE FREUNDSCHAFT widerspiegelt, mit dem die Band die Termini staatlicher Propagandakampagnen diesseits und jenseits des Eisernen Vorhangs parodierte. Als subversive Kritik verstanden Delgado und Görl auch die Affirmations- und Verwirrungstaktiken auf dem ersten ‚richtigen' DAF-Album *Die Kleinen Und Die Bösen* (1980). Zu dem von ihm designten Frontcover erklärte etwa Görl gegenüber dem *NME*, das sowjetische Olympiade-Poster verwendet zu haben, weil die propagandistische Aufmachung für ihn „as bad as Adolf Hitler's Olympics" sei. Auch Delgado betonte dazu, die Verwendung des Propaganda-Motivs sei ironisch gemeint, offenbare sie doch, dass sich Nationalismus nicht nur in Deutschland, sondern überall finde.[774] Ähnlich argumentierte Delgado im selben Interview auch bezüglich des Textes zum Song „Kebabträume" (1980): „Kebabträume in der Mauerstadt / Türk-Kültür hinter Stacheldraht / Neu-Izmir ist in der DDR / Atatürk, der neue Herr / Miliyet für die Sowjet-Union / In jeder Imbissstube ein Spion / Im ZK, Agent aus Türkei / Deutschland, Deutschland, alles ist vorbei!" Das Stück endet mit einer Wiederholung des Satzes „Wir sind die Türken von morgen". Da sich die West-Berliner Bevölkerung Delgado zufolge insbesondere vor einer sowjetischen Invasion und den türkischen Bewohner:innen in der Inselstadt fürchte, verband er beides in überspitzter Form miteinander, um zu zeigen, „how stupid these fears are".[775]

Demgegenüber stehen spätere Aussagen Delgados, in denen er den zuvor behaupteten politischen bzw. antifaschistischen Anspruch relativierte und seine Faszination für totalitäre und faschistische Ästhetiken unterstrich. In einem Interview von 2017 erklärte er etwa, der Text von „Der Mussolini" stellte eine „kalkulierte Provokation" ohne jede politische Botschaft dar, zudem war er der klanglichen „Erotik des Wortes" verfallen: „Der Mussolini... Das hat für mich so viel Energie."[776] Noch deutlicher formulierte Delgado seine Begeisterung für Militarismus, Totalitarismus und Faschismus in Jürgen Teipels NDW-Buch: „Wir fühl-

---

[774] Görl und Delgado zit. n. Bohn: „Not As DAF As They Look" (1980), 59.
[775] Delgado zit. n. ebd., 21. Die Textzeile „Wir sind die Türken von morgen" erklärt sich laut Delgado aus der Zusammenarbeit von Türk:innen und New-Wave-Szene in Berlin-Kreuzberg und dem von türkischen Inhabern betriebenen Club *SO 36*.
[776] Delgado zit. n. Löffel, Arne: „‚Wir sind keine Freunde'. Ein Besuch bei Robert Görl und Gabriel Delgado-Lopez alias Deutsch-Amerikanische Freundschaft. Sie sprechen über 40 Jahre Bandgeschichte", 18. August 2017 (Letzte Aktualisierung: 06.01.2019), *FR.de*. URL: *http://www.fr.de/kultur/musik/daf-wir-sind-keine-freunde-a-1333403* (Letzter Zugriff: 24.10.2022). Im selben Interview

ten uns als Kinder der Fabrik. So faschomäßig. Wir waren auch beseelt von einem metafaschistischen Geist. Wir waren natürlich keine Nazis. Aber wir haben das geliebt. [...] Uns haben alle totalitären Mechanismen interessiert."[777] Generell zogen sich einschränkende „Aber"-Verteidigungen, mit denen Delgado zuvor getätigte, möglicherweise problematische Aussagen zu relativieren suchte, durch die gesamte Schaffenszeit des 2020 verstorbenen Künstlers, obwohl dieser nach der (ersten) Auflösung von DAF 1983 betonte, er hätte eine klare Positionierung gegen Neonazis als „Image-schädigend" für das Projekt DAF empfunden.[778] So bestätigte Delgado Ende 1980 gegenüber der *Spex*, die im Skinhead-Look gestylten Bandmitglieder fühlen sich „ideologisch oder konzeptmäßig" der Skinhead-Bewegung verbunden, seien aber keine Nazis.[779] Wenig später stellte Delgado wiederum gegenüber der deutschen *Sounds* klar, dass DAF nicht als Skinhead-Band missverstanden werden sollte. Zwar habe man dieses Outfit gewählt, weil es „eine unheimliche Power" ausdrücke, allerdings spiele die Gruppe nur damit: „Unser Image ist eigentlich, dass wir uns nicht festlegen wollen – vom Anarcho-Skin bis zum Disco-Nazi, ja!"[780]

Offenkundig wird in dieser Erklärung erneut, dass sich hinter dem Auftreten von DAF keine subversive Kritik an Autoritarismus verbarg, wie etwa der Poptheoretiker Martin Büsser behauptet,[781] sondern eine trotz aller ideologischen Kritik stark ausgeprägte Faszination für die faschistischen Bewegungen eigene Ästhetik der Gewalt, Macht und des Absoluten. „Wir hatten also so eine Art Kriegerkaste kreiert. Eine eigene DAF-Kultur", betonte Delgado in einem weiteren Statement und unterstrich dabei den jede Grenze zwischen Leben und Kunst aufhebenden Aspekt des Allumfassenden: „Das war ja nicht nur Musik. Das war nicht nur Style. Das war eine Art zu leben. Extrem radikal. Keine Angst."[782] Deutlich machte Delgado hier und an anderer Stelle, dass dieses Vorgehen letztlich der Entwicklung eines ‚Kälte'-Panzers diente:

> Ich habe von den Skinheads viel gelernt. Mich hat die Rolle des Aggressors extrem interessiert. Weil es auch einen seltsamen Schrecken birgt, sich selber als Aggressor zu sehen. Und einen totalen Schutz liefert. Wenn du sozial auffällig lebst, dich nicht richtig einreihen

---

behauptet Delgado wiederum über den Song „Der Räuber Und Der Prinz" (1981), die „voll verschwulte Nummer sollte auch die Nazis abschrecken".
777 Delgado zit. n. Teipel: *Verschwende deine Jugend* (2001), 78–79.
778 Delgado zit. n. Scheuring, Dirk: „Der Vielstapler. Robert Görl", in: *Spex*, Nr. 6 (1983), 42–43, hier: 43.
779 Delgado zit. n. o. V.: „DAF" (1980).
780 Delgado zit. n. Hilsberg: „Der Räuber und der Prinz" (1981), 29.
781 Büsser: *On The Wild Side* (2013), 128.
782 Delgado zit. n. Teipel: *Verschwende deine Jugend* (2001), 227.

kannst, dann bist du viel geschützter, wenn du der Böse bist. Und mit zu einem militärischen Auftreten und zu einer *straightness* kriegst du auch die Sachen, die du willst.[783]

Exkurs: Nazi-Punks und New-Wave-Totalitarismus

Aufgrund ihres kommerziellen Erfolges zogen DAF zwar den Großteil der öffentlichen Aufmerksamkeit und Kritik auf sich, allein standen sie mit ihrer Art der Performance jedoch keineswegs. Vielmehr herrschte Anfang der 1980er Jahre in der bundesdeutschen Punk- und NDW-Bewegung ein allgemeiner Trend zur Verwendung von Symbolen und Motiven, die auf den Nationalsozialismus referierten. Bands mit Namen wie DIE HITLERS, FLAKHELFER, BEWÄLTIGTE VERGANGENHEIT, BLITZKRIEG, GASHAHN AUF!, GESUNDES VOLKSEMPFINDEN, RASSEMENSCHEN HELFEN ARMEN MENSCHEN, MÜLLEIMER SS, REIFENSTAHL, ADOLFS, MUSELMANISCHES TÜRKMENEN BATALLION DER SS BEI GEBETSÜBUNG sowie ADOLF & EVA schossen wie Pilze aus dem Boden, auch wenn es sich dabei zumeist nur um sehr kurzlebige Projekte handelte, die sich nach einer ‚Wohnzimmer-Kassetten-Produktion' in kleiner Auflage wieder auflösten.[784] Gemein ist den zeitgenössischen Reproduktionen faschistoider Motive, sei es in der Punk-Kultur, Industrial Music oder New Wave/NDW, dass sie sich fast ausschließlich auf den Nationalsozialismus bezogen, während andere faschistische Bewegungen, etwa in Italien oder Spanien, bei diesen popkulturellen Rückgriffen außen vor blieben.[785] Wie die folgende Untersuchung zeigt, gab es allerdings deutliche Unterschiede in der Wahl der verwendeten Motive und der anvisierten Wirkung.

So unbestimmt wie Punk selbst, war zu Beginn, das heißt in der zweiten Hälfte der 1970er Jahre, auch der Einsatz von Zeichen des Nazismus. Wie der Pop-Autor Frank Apunkt Schneider in seinem Beitrag zu nationalsozialistischen Motiven im (Post-)Punk ausführte, rührte deren anfangs unkommentierte und verwirrend-widersprüchliche Verwendung häufig aus dem für Pop-Musik neuartigen, ent- und umwertenden Ansatz, Zeichen aus ihren üblichen Bedeutungszusammenhang zu reißen und in Collagen neu anzuordnen.[786] Dieses an kunsthistorische Vorgänger wie die historischen Avantgarden anknüpfende Konzept, das die Wurzeln der als künstlerischer Impuls von Kunststudent:innen und Künstler:innen-Bohème be-

---

783 Delgado zit. n. ebd., 187. Hervorhebung i. O.
784 Auflistungen teils obskurer Bandnamen finden sich bei Schneider, Frank Apunkt: „‚My Future In The SS'. Zur Identifikation mit den Täter_innen im deutschen (Post-)Punk", in: Engelmann, Jonas/Frühauf, Hans-Peter/Nell, Werner/Waldmann, Peter (Hg.): *We are ugly but we have the music. Eine ungewöhnliche Spurensuche in Sachen jüdischer Erfahrung und Subkultur*, Mainz 2012, 147–159, hier: 157, Döpfner/Garms: *Neue deutsche Welle. Kunst oder Mode?* (1984), 110 sowie Longerich: „*Da Da Da*" (1989), 169, der die Namenswahl als Bestätigung der „faschistischen Einstellung" der von ihm genannten Gruppen sieht.
785 Jazo: *Postnazismus und Populärkultur* (2017), 13–14.
786 Schneider: „‚My Future In The SS'" (2012), 147–148.

gonnenen Punk-Bewegung offenlegt, setzte sich in den frühen 1980er Jahren zumindest in der bildenden Kunst fort, etwa in den großzügig mit Hakenkreuzen bestückten Werken von NDW-Künstlern wie Walter Dahn und Jiří Georg Dokoupil.[787] Auf dem Feld der Musik kehrte mit der Entwicklung von Punk zur Subkultur auch die rockistische Vorstellung von der ‚Botschaft' zurück, die hinter der Verwendung von Nazi-Symbolen stehe. Üblicherweise wird seitdem, vor allem von damaligen Punks selbst, das Vorgehen als Provokationsakt interpretiert.[788] Dieser hatte zwei Ziele: Einerseits sei es darum gegangen, das verdrängte Grauen und dessen Fortbestehen in der Bundesrepublik in Gestalt der unbehelligt weiter agierenden Täter:innen durch explizite Zeichen und Texte offenzulegen, wie der Musiker Franz Bielmeier (CHARLEY'S GIRLS, MITTAGSPAUSE) rückblickend erklärte, ohne dabei zu verschweigen, dass bei allem politischen Anspruch auch Spaß an der Provokation selbst eine Rolle spielte.[789] Beispielhaft zeigt sich dieser Ansatz etwa in solchen den Holocaust auf zynisch-kritische Weise thematisierenden Songs wie „Party In Der Gaskammer" (1981) von der Frankfurter Punkband MIDDLE CLASS FANTASIES und „Dachau Disco" (1980) von der Gruppe CRETINS aus Hannover: „Dachau liegt bei München / Arbeit, die macht frei / Da hat man sie getötet / Das ist 'ne Sauerei".[790]

Andererseits diente die provokative Verwendung von nazistischen Zeichen und Slogans als Strategie der Auseinandersetzung mit der bundesdeutschen Linken, die laut dem in der Düsseldorfer NDW-Szene aktiven Künstler padeluun „alles besetzt [hatte], was Protest hieß".[791] In einem 1981 geführten Interview mit der Berliner (Post-)Punk-Band MEKANIK DESTRÜKTIW KOMANDÖH (MDK) bestätigte etwa auch der Musiker Stephan Schwietzke, dass die Verwendung provokativer Nazi-Motive seitens der Gruppe sich vornehmlich gegen die „Engstirnigkeit" in der Linken richtet, derweil eine politische Positionierung gegen Rechts selbstverständlich und dadurch müßig ist. Angst mit diesem Vorgehen Neonazis anzusprechen, habe er nicht, erklärte sein Bandkollege Volker Hauptvogel auf Nachfrage, da die Songtexte der Band zu kritisch und ihre Musik zu „lebendig und voller Kraft und so" sei, während Neonazis „immer kalt und ziemlich gefühlslos" wären. Allerdings hatte die Provokation mit Nazi-Insignien auch ihre Grenzen: So verzichtete MDK-Mitglied Schwietzke darauf, eine von ihm aufgetriebene Rittmeister-Hose der SS auch tatsächlich zu tragen, weil dies besonders für ältere Menschen, die das Dritte

---

[787] Bannat: „Süd-Ost 36" (2003), 91. Siehe dazu etwa das Gemälde „Deutscher Wald" (1981) von Dahn und Dokoupil.
[788] Schneider: „„My Future In The SS"" (2012), 147–148.
[789] Bielmeier zit. n. Teipel: *Verschwende deine Jugend* (2001), 40, 42–43.
[790] MIDDLE CLASS FANTASIES: „Party In Der Gaskammer", auf: *Tradition* (1981), 7"-Single, Aggressive Rockproduktionen, AG 002; CRETINS: „Dachau Disco", auf: *Hannover No Fun* (1980), No Fun Records, NF 001.
[791] padeluun zit. n. Teipel: *Verschwende deine Jugend* (2001), 73.

Reich miterlebt hatten, zu provokativ sei: „[S]o ein bisschen empfindlich ist man da schon. Man kann nicht sagen, da haben wir gar nichts mit zu tun."[792] Auffällig ist allerdings, dass in diesem und dem von Robert Görl weiter oben wiedergegebenen Interview-Statement stets auf ältere Menschen in der Bundesrepublik als Opfer des Nazismus verwiesen wird, nicht aber auf die von den Nazis tatsächlich Verfolgten und deren Nachkommen.

Andere Punk-Bands zeigten weit weniger Berührungsängste: So waren etwa Fotografien von Wehrmachtssoldaten ein wiederkehrendes Motiv auf den Albumcovern der Leverkusener Deutschpunk-Gruppe OHL. Trotz ihrer Abgrenzung vom als „schwach" diffamierten, langhaarigen ‚Hippie' (im Song „Kernkraftritter", 1981) finden sich auf frühen OHL-Veröffentlichungen keine inhaltlichen Unterschiede zu gängigen politischen Positionen des linken Milieus.[793] Auf *Heimatfront* (1981) und *1000 Kreuze* (1982) sangen OHL gegen Kapitalismus und Konsum („Patte", „Kaufhof"), „Deutschland" und Bundeswehr („Hindustan"), „A-Bombe", „Warschauer Pakt" und Neonazis („Stolz Deutsch Zu Sein"), und auch der Holocaust wird explizit behandelt („Kraft Durch Freude", „Belsen War Ein KZ").[794] Im Vergleich zu anderen Veröffentlichungen ihres Labels *Rock-O-Rama* werden auf den Covermotiven der beiden OHL-Alben die gezeigten Wehrmachtssoldaten auch nicht als starke, unbeugsame Kampfmaschinen, sondern vielmehr als gebrochen dargestellt. In einem Interview bestätigte Label-Chef Herbert Egoldt, die Band habe für *Heimatfront* (Abb. 26) bewusst das Foto eines Soldaten ausgewählt, „dessen Gesicht das Elend des Krieges widerspiegelt".[795] Ganz anders dagegen das Coverbild des *Rock-O-Rama*-Samplers *Die Deutschen kommen* (1982, Abb. 27): Hier steht der abgebildete, heroisch dargestellte Wehrmacht-Soldat im Kampfeinsatz laut Egoldt „als Symbol für die Aggressivität der Musik"[796] – ein erster Hinweis auf den weiteren Weg des Labels *Rock-O-Rama*, das ab 1984 neben Böhse Onkelz auch die britische Neonazi-Band Screwdriver im Programm führte.[797] Obwohl selbst nicht Teil des ‚Kälte-Pop', verdeutlicht der Fall der Band OHL und ihres Labels *Rock-O-Rama*, wie schmal die Grenzen zwischen subversiver und tatsächlicher Affirmation oftmals waren. Zu Recht weist der Pop-Autor Martin Büsser in diesem Zusammenhang auf die sowohl bei linken Punkbands als auch rechten Männerbünden verbreitete „Ästhetik von Männlichkeit, Krieg und Gewalt" hin, in der Motive von

---

[792] Schwietzke und Hauptvogel zit. n. Leitner: *West-Berlin! Westberlin! Berlin (West)!* (2002), 317, 320–321.
[793] OHL: „Kernkraftritter", auf: *Heimatfront* (1981), LP, Rock-O-Rama Records, RRR 6.
[794] OHL: *Heimatfront* (1981), LP, Rock-O-Rama Records, RRR 6; OHL: *1000 Kreuze* (1982), LP, Rock-O-Rama Records, RRR 12.
[795] Egoldt zit. n. Burchardt, Alf: „Hardcore '82", in: *Sounds*, Nr. 10 (1982), 40–43, hier: 40.
[796] Egoldt zit. n. ebd.
[797] Siehe Fischer, Björn/Hirnkost KG: *Rock-O-Rama. Als die Deutschen kamen*, Berlin 2022.

Gewalt und Krieg nur „als bloßes Mittel zur Selbststilisierung" dienen, „ohne dabei eine Vorstellung vom gesellschaftlich anderen zu entwickeln".[798]

Abb. 26 u. 27: Gegensätzliche Intentionen bei der Nutzung von Soldatenbildern: Kriegselend auf der LP *Heimatfront* (1981) von OHL, Kriegsbegeisterung auf dem Sampler *Die Deutschen Kommen* (1982).

---

798 Büsser: *Wie klingt die Neue Mitte?* (2001), 104, 106.

Während Punk und Industrial-Musiker:innen, dort wo es nicht zu einer tatsächlichen Aneignung faschistischer Ideale und Denkmodelle kam, noch einen aufrüttelnd-aufklärerischen Anspruch in der Verwendung provokativer und schockierend expliziter Nazi-Bilder verfolgten, blieb der Einsatz von NS-Symboliken in der NDW und im ‚Kälte-Pop' zumeist kommentarlos und ohne jede inhaltliche Auseinandersetzung.[799] Auch zeigen sich Differenzen in der Auswahl der Motive: So stand im frühen Industrial vor allem die NS-Vernichtungsmaschinerie und das Leid der Opfer im Mittelpunkt. Im Punk waren es wiederum vor allem die Symbole des Nationalsozialismus, etwa das Hakenkreuz, das zu Beginn der Punk-Explosion noch nicht standardmäßig durchgestrichen war.[800] In der NDW fand dagegen eine Ästhetisierung der nationalsozialistischen Selbstdarstellung und Idealvorstellungen statt. Statt die verwendeten Elemente des Faschismus gegen sich selbst zu richten, wurden diese im ‚Kälte-Pop' ohne eine erklärende Auflösung reproduziert und ästhetisch aufgewertet. Wie die Historikerin Annette Vowinckel ganz richtig feststellt, kam es innerhalb der NDW-Bewegung zu keiner internen Auseinandersetzung über den Umfang, die Art und Weise oder Rechtmäßigkeit beim Rückgriff auf faschistoide Motive.[801] Eindeutig kritische Verweise auf den Nationalsozialismus und Holocaust blieben in der NDW die Ausnahme, zudem verzichteten die wenigen kritischen Stücke auf die im Punk übliche, direkte Anklage. Stattdessen wurde die Kritik am Nationalsozialismus künstlerisch verpackt, etwa im Song „Geh Duschen" (1981) von MALARIA! und in XMAL DEUTSCHLANDS Version von „Kälbermarsch" (1981), Bertolt Brechts Parodie auf das „Horst-Wessel-Lied".[802]

In der Forschung wurde die Reinszenierung faschistoider und vor allem nationalsozialistischer Bildwelten in der NDW-Bewegung unterschiedlich interpretiert. So erkennen etwa die Historikerin Annette Vowinckel und die Medienwissenschaftlerin Jelena Jazo im Vorgehen der NDW-Künstler:innen vor allem einen Provokationsakt gegen Mehrheitsgesellschaft und linksalternatives Milieu.[803] Die Musikwissenschaftlerin Barbara Hornberger deutet das provokative Spiel mit NS-Motiven – als auch RAF-Logos – wiederum als Ausdruck einer postmodernistischen Lebenswirklichkeit, würden die Musiker:innen doch mit ihrer „taktischen Entideologisierung von Zeichen" den „Verfall von Bedeutungen und ein Verlust von Be-

---

799 Vgl. Jazo: *Postnazismus und Populärkultur* (2017), 85 sowie Schneider: „‚My Future In The SS'" (2012), 156–157.
800 Vgl. ebd., 147.
801 Vowinckel: „Neue Deutsche Welle" (2012), 480.
802 Live schon 1981 gespielt, wurde „Geh Duschen" erst 1982 veröffentlicht. MALARIA!: „Geh Duschen" (1982); XMAL DEUTSCHLAND: „Kälbermarsch", auf: *Lieber Zuviel Als Zuwenig* (1981), LP, Zick-Zack, ZZ 45.
803 Siehe Vowinckel: „Neue Deutsche Welle" (2012), 477 sowie Jazo: *Postnazismus und Populärkultur* (2017), 74.

zugspunkten" sichtbar machen.[804] Die Journalisten Mathias Döpfner und Thomas Garms definieren die Reproduktion nationalsozialistischer Motive sogar als „Versuch der Vergangenheitsbewältigung", der sich gegen den „oberlehrerhaften Ton" der deutschen Aufarbeitungspolitik richtet: „Man möchte das anerzogene schlechte Gewissen abstreifen, sich zu seinem Volk bekennen können und den Wunsch nach nationalem Selbstbewusstsein ausleben."[805] Wie die folgenden Beispiele zeigen, unterscheiden sich die eingesetzten Motive, die Art und Weise sowie die Gründe ihrer Verwendung tatsächlich von Band zu Band, generelle Aussagen zu Motivation und Form lassen sich daher nur schwierig treffen. Soviel sei jedoch bereits gesagt: Belege für den von Döpfner und Garms formulierten Interpretationsansatz, den NDW-Musiker:innen sei es um eine Befreiung vom „schlechten Gewissen" und ein Bekenntnis zum „Volk" gegangen, lassen sich an keiner Stelle finden. Vielmehr wurden die Verbrechen Nazi-Deutschlands von den NDW-Künstler:innen beim Einsatz von NS-Motiven stets mitgedacht und konfrontativ als „belastendes Material"[806] in ihre Identitätsmodelle und künstlerische Darstellungsformen einbezogen.

Grob lässt sich der Umgang mit NS-Motiven in der NDW auf zwei Beweggründe herunterbrechen: Provokation und Faszination. Deutlich zeigt sich dabei: Je stärker der politische Anspruch und die künstlerische Nähe der New-Wave-Band zum aufklärerischen Punk-Ikonoklasmus, umso wahrscheinlicher diente das Spiel mit NS-Zeichen der emanzipatorischen Provokation und aufrüttelnden Konfrontation. Beispielhaft zeigt sich dies an der West-Berliner Gruppe EINSTÜRZENDE NEUBAUTEN: So wurde Bandmitglied Alexander Hacke nach nur kurzer Zeit aus einem besetzten Haus herausgeworfen, nachdem er in seinem Zimmer Hakenkreuze an die Decke gemalt hatte, um seine ‚Hippie'-Mitbewohner:innen zu provozieren.[807] Sein Kollege Andrew Unruh, der damals für einige Zeit einen an Adolf Hitler erinnernden Schnurrbart trug, erklärte rückblickend, das Kokettieren mit Nazi-Symbolen habe das Ziel gehabt, „die Zustände zu überspitzen, um eine Faschisierung herbeizurufen oder als Mahnmal zu propagieren, so als befänden wir uns bereits wieder im Dritten Reich. [...] Mein Schnurrbart war in diesem Sinne eher ein Charlie-Chaplin-Bart als ein Adolf-Hitler-Bart."[808] Szeneexterne Pressemedien reagierten entsprechend verstört auf derartige Inszenierungen: „Wer klatscht, wenn der Drummer von ‚EINSTÜRZENDE NEUBAUTEN' auf dem zweiten ‚Rock against Junk'-Konzert im *Tempodrom* zwei Blechdeckel aneinanderknallt und dazu begeistert anmerkt

---

804 Hornberger: *Geschichte wird gemacht* (2010), 221.
805 Döpfner/Garms: *Neue deutsche Welle. Kunst oder Mode?* (1984), 112.
806 Schneider: „My Future In The SS'" (2012), 157.
807 Hacke zit. n. Dax/Defcon: *Nur was nicht ist, ist möglich* (2006), 35.
808 Unruh zit. n. ebd.

'original aus Dachau?'[sic!] Neonazis, die Neue Rechte?", fragte sich etwa ein Redakteur des Berliner Stadtmagazins *zitty*.[809] Bei den szenenahen Zeitschriften sah es wiederum ganz anders aus, dort wurde das Spiel mit NS-Bildern sogar noch befeuert, wie Alfred Hilsbergs Kommentar in der *Sounds* zu einer der ersten NEUBAUTEN-Veröffentlichungen exemplarisch veranschaulichte: „Die KZ-Kapelle von Auschwitz. Oder war es Dachau? [...] Im Gegensatz zur KZ-Kapelle des Dritten Reiches sind EINSTÜRZENDE NEUBAUTEN wie die musikalische Subversion des Vierten Reiches."[810]

Nachdem die EINSTÜRZENDEN NEUBAUTEN bereits auf dem Cover ihres Debüt-Albums *Kollaps* (1981) vor der Kulisse des von den Nazis erbauten *Olympiastadions* in Berlin posiert hatten, trat die Gruppe im Jahr 1983, die möglichen Pressestimmen durchaus einkalkulierend, öffentlichkeitswirksam auf dem Nürnberger Reichsparteitagsgelände auf. Zwar beschrieb Frontmann Blixa Bargeld in einem Interview von 2005 den Auftritt als „Exorzismus", um „eine andere Präsenz in diese vermeintlich heiligen Hallen" zu bringen,[811] zeitgenössische Statements Bargelds legen jedoch eine Faszination für, wenn auch nicht faschistische, so doch zumindest totalitäre Denkmodelle und Systeme nahe. Wieviel davon Verwirrungstaktik, Teil der künstlerischen Selbstinszenierung oder wirkliche Überzeugung war, lässt sich schwerlich festmachen, im charakteristischen Pathos der Figur Blixa Bargeld verschwimmen die Grenzen zwischen (gegen-)gegenkultureller Provokation und tatsächlicher Affirmation. So kritisierte Bargeld etwa in einem *Kursbuch*-Beitrag von Michael Sontheimer und Benny Härlin aus dem Jahr 1982 eine vermeintlich weitverbreitete soziale Desintegration und einen Verlust von Werten, denen es zu folgen lohnen würde. Hier sah Bargeld die Gründe für das Aufkeimen faschistischer Tendenzen bei jungen Menschen und lieferte eine für ihn wünschenswerte Lösung gleich dazu:

> Ich glaube auch nicht an die große Spontirevolution, sondern eher schon an eine proletarische, ein marxistisch-leninistisches totalitäres System wie die Volksrepublik China. Ich möchte lieber an jeder Ecke einen Soldaten der Volksarmee zu stehen haben, der mir sagt: so und so! Das Gefühl, drin zu sein, erfasst von einem System, das dein eigenes ist, wo du das Gefühl hast, du arbeitest mit Millionen Menschen, die alle dasselbe Ziel im Kopf haben und alle dasselbe Denken haben. Das ist ein unheimlich angenehmes Gefühl.[812]

Wie Bargeld weiter ausführt, sei der „größte Fehler" der Neuen Linken, dass sie nicht für eine „wirkliche Massenbewegung" arbeite, sondern nur individualisti-

---

809 Michler, Stefan: „Tanz den Mussolini! Neonazis auf Konzerten", in: *zitty*, Nr. 26, 1981, 42. Hervorhebung i. O.
810 Hilsberg: „MONOGAM-SAMPLER. Monogam 006" (1980).
811 Bargeld zit. n. Dax: *Dreißig Gespräche* (2008), 131.
812 Bargeld zit. n. Härlin/Sontheimer: „Nehmt Abschied!" (1982), 82.

sche Ziele verfolge.[813] Damit schloss der NEUBAUTEN-Sänger an einen in der Post-Punk-Ära grassierenden ‚Kälte'-Trend an, der wie das Spiel mit Nazi-Motiven Teil der New-Wave-Faszination für totalitäre Systeme und Ästhetiken war: „Bolschewik-Schick" machte die Runde und führte, wie der Poptheoretiker Diedrich Diederichsen 1983 schrieb, zu einer „Fetischisierung der Zeichen des Ostblocks".[814] Neben allen ästhetischen Affinitäten funktionierte der „Bolschewik-Schick" zudem als Mittel zur ‚kalten' Distanz von bürgerlichem Mainstream, der politischen Rechten und auch vom linksalternativen Milieu, das im Gegensatz zu den K-Gruppen der 1970er Jahre den Ein-Parteien-Diktaturen sozialistischer Staaten nur wenig abgewinnen konnte: „Lenin-Plaketten gegen die Ein-Herz-für-Kinder-kein-AKW-sonstwo-Banalität."[815] Beispielhaft genannt seien hier etwa die englischsprachigen Berliner New-Wave-Bands WHITE RUSSIA, die ihr Debüt-Album *East Side Story* (1981) taufte, sowie LENINGRAD SANDWICH, auf deren LP *Go East* (1980) sich Songtitel wie „Russians", „Moscow TV I" und „Saigon Rice" finden.[816] Unter den NDW-Bands stachen besonders KOSMONAUTENTRAUM aus Hannover mit Sowjet-Referenzen heraus, etwa jener im Bandnamen und auf den Schallplattencovern. So zeigt etwa die Single *Rache!* (1981) eine Fotografie von Josef Stalin und das Cover von *Liebesmühn* (1982) ein eingedeutschtes Zitat desselben, das die Arbeit in der Sowjetunion als heroischen Akt deklariert (Abb. 28), während auf dem Frontcover des Albums *Juri Gagarin* (1982) eine Abbildung ebenjenes sowjetischen Weltraumfahrers prangt.[817] Für einige Verwirrung sorgte nicht zuletzt das Musikprojekt WELTKLANG aus West-Berlin, das seine Veröffentlichung *VEB Heimat* (1980) mit dem gleichnamigen Track („Heimat bist du großer Söhne") als aus der DDR geschmuggelte Aufnahmen ostdeutscher Underground-Musiker:innen anpries.[818]

---

813 Bargeld zit. n. ebd.
814 Diederichsen: „Die Auflösung der Welt" (1983), 179. Ausführlich dazu Jäger: „Bolschewik-Schick" (2017).
815 Diederichsen: „Die Auflösung der Welt" (1983), 180.
816 WHITE RUSSIAN: *East Side Story* (1981), LP, Aladin, ALA 85055; LENINGRAD SANDWICH: *Go East* (1980), LP, Up Records, UP 3001. Den Bass bei LENINGRAD SANDWICH spielte Dimitri Hegemann, der auch das Festival „Berlin Atonal" initiierte und später den Techno-Club Tresor gründete.
817 KOSMONAUTENTRAUM: *Rache!* (1981), 7"-Single, ZickZack, ZZ 26; KOSMONAUTENTRAUM: *Juri Gagarin* (1982), LP, ZickZack, ZZ 100.
818 WELTKLANG: *VEB Heimat / Hoffnung (Sehnsucht?)* (1980), 7"-Single, Exil-System, 003. Siehe Pracht, Christoph: „WELTKLANG. Veb Heimat / Hoffnung (Sehnsucht). (Exil-System)", Rezension, in: *Spex*, Nr. 4 (1980), 15.

Abb. 28: Ein vermutlich in der DDR ausgestelltes Zitat Stalins auf dem Frontcover der Single *Liebesmühn* (1982) von KOSMONAUTENTRAUM.

Wichtiger Part der NDW-Affirmation von Faschismus, Staatssozialismus und politischem Extremismus war die damit einhergehende Kommunikationsverweigerung, denn die Künstler:innen ließen völlig offen, ob ihre politische Haltung der Außendarstellung entspricht. Im Gegensatz zur Aufwertung des okkulten Bösen, wie es etwa in verschiedenen Subgenres der Metal Music gang und gäbe ist, ästhetisierten die ‚Kälte'-Künstler:innen Bewegungen und Gruppen, die für viele Menschen tatsächlich eine präsente Gefahr darstellten. Die Blüte und Hochzeit von Punk und New Wave fiel in eine Zeit, die nicht nur von einer rasanten Zunahme paramilitärischer Neonazi-Gruppierungen, ihrer Mitgliederzahlen sowie rechtsextremistischer Übergriffe und Anschläge, etwa auf dem Münchener Oktoberfest 1980, geprägt war, sondern auch von linksextremistischem Terror, der im „Deutschen Herbst" 1977 seinen vorläufigen Höhepunkt erreicht hatte. Wie Diedrich Diederichsen bemerkt, gab es im linksalternativen Milieu zwar weitreichende Solidarisierungen gegen die Behandlung der RAF im Gefängnis oder gegen Fahndungsübergriffe vonseiten Polizei, doch habe niemand tatsächlich die Politik der

RAF gerechtfertigt.[819] Die Vertreter:innen von Punk und New Wave begannen nun aber freimütig Symbole und Motive der RAF aufzugreifen und zu ästhetisieren. Britische Musiker:innen waren den deutschen Kolleg:innen dabei voraus, so trug etwa Joe Strummer beim Auftritt der Punk-Pioniere THE CLASH im Londoner Victoria Park 1978 ein selbstgemachtes Shirt mit RAF-Logo. Das umtriebige Ex-ROXY-MUSIC-Mitglied Brian Eno veröffentlichte im selben Jahr zusammen mit der Band SNATCH das Stück „RAF", ein aus Radiosequenzen bestehender Track, in denen die Bevölkerung um Mithilfe im Entführungsfall Hanns-Martin Schleyer gebeten wurde.[820] Auffallende Ähnlichkeiten zeigen sich zum Track „Klammheimlich" (1979) der Düsseldorfer Gruppe S.Y.P.H., einer Collage aus Soundschnipseln von Nachrichtenbeiträgen zur Schleyer-Entführung.[821] Das Stück befindet sich auf der EP *Viel Feind, Viel Ehr*, deren Covergestaltung passenderweise die Angabe „eine christian-na-klar-produktion" sowie Fotografien ebenjenes RAF-Terroristen und eines bei der Entführung von Arbeitgeberpräsident Schleyer eingesetzten Kinderwagen zieren.[822] Wie der S.Y.P.H.-Sänger Harry Rag später erklärte, habe das Spiel mit RAF-Bildern vor allem der Provokation gedient, da die Bundesrepublik zu jener Zeit „sehr hysterisch" gewesen sei.[823]

Ob nun Symbole und Motive faschistoider Systeme oder linksterroristischer Gruppierungen, für Punk-Anhänger:innen stand bei der Verwendung ebendieser zumeist der Provokationsaspekt im Vordergrund. Damit unterschieden sich diese von den Künstler:innen der NDW und des ‚Kälte-Pop', die häufig von einer ausgeprägten Faszination angetrieben wurden – im Falle der RAF nicht an ihren politischen Zielen, sondern ihrer allumfassenden medialen Präsenz in den 1970er Jahren. Beispielhaft manifestiert sich dies etwa an einem um 1981 veröffentlichten, im Stil von RAF-Fahndungsplakaten gestalteten Werbeposter der Plattenvertriebe *Rip Off* und *Eigelstein*, das statt der gesuchten Terrorist:innen Szene-Musiker:innen wie Holger Hiller, Blixa Bargeld, Bettina Köster, Alexander von Borsig und Anja Huwe zeigt.[824] Die NDW-Künstler:innen gingen mit diesem Teil ihrer Sozialisation ganz offen um, Blixa Bargeld etwa betonte in einem Interview von 1993,

---

819 Diederichsen: „Genies und ihre Geräusche" (2015), 12.
820 Eno, Brian; SNATCH: „RAF", auf: *King's Lead Hat* (1978), 7"-Single, Polydor, 2001 762.
821 „Klammheimlich" bezieht sich auf einen öffentlich weit diskutierten Beitrag eines anonymen Autors, der 1977 unter dem Pseudonym „Göttinger Mescalero" in der Göttinger AStA-Zeitung seine spontane Reaktion auf den Mordanschlag der RAF auf den Generalbundesanwalt Siegfried Buback als „klammheimliche Freude" beschrieb. S.Y.P.H.: *Viel Feind, Viel Ehr* (1979), 7"-Single, Pure Freude, PF 001.
822 Ebd.
823 Rag zit. n. Teipel: *Verschwende deine Jugend* (2001), 189. Siehe auch Ralf Dörper und Uwe Jahnke zit. n. ebd., 189–190.
824 Abdruck in Emmerling/Weh: *Geniale Dilletanten* (2015), 5.

dass die RAF die Helden seiner Jugend gewesen seien, während Gabi Delgado im späten DAF-Song „Kinderzimmer (Heldenlied)" (2003) die RAF-Terrorist:innen in eine Reihe mit weiteren Poster-Stars seiner Kindheitsjahre wie Bruce Lee, Emma Peel und Rachel Welch stellt: „Die RAF war für mich ein echtes Superhelden-Team / [...] / Andreas Baader war für mich ein Stern an meinem Firmament / Ulrike Meinhof war für mich als Kind ein echter Superstar".[825]

Diese auf mediale Zusammenhänge fokussierte Faszination prägte auch den Umgang der NDW und des ‚Kälte-Pop' mit dem Nationalsozialismus. Mit ihrer Reproduktion der nationalsozialistischen Ästhetik und Selbstdarstellung verwiesen die ‚Kälte'-Künstler:innen auf deren anhaltende Verführungskraft, die sich in den 1970er Jahren etwa in einer über die bundesdeutsche Medienlandschaft rollenden „Hitler-Welle" manifestierte.[826] Diese umfassende mediale Thematisierung und bildliche Reproduktion des Nationalsozialismus erfasste auch die Gegenkultur. Auch hier war es der Reiz des Tabuisierten, Verbotenen und ‚Bösen', der einen regelrechten Trend zu Motiven auslöste, die mit Faschismus und Totalitarismus zusammenhängen oder assoziiert werden – und das über die Musik hinaus: So zeigten Anfang der 1980er Jahre West-Berliner Bars und Kleinkinos nicht selten verbotene NS-Filme, während die Premiere der ersten in Deutschland seit 1945 gedrehten Komödie über Hitler, Jörg Buttgereits Super-8-Kurzfilm „Blutige Exzesse im Führerbunker" (1982), nicht zufällig in der Szene-Bar *Risiko* stattfand.[827] Einerseits lässt sich das Spiel mit NS-Motiven dementsprechend als reflektierte Reaktion auf die Beförderung der Nazis und des Holocausts ins Unterhaltungsprogramm, etwa durch die Ausstrahlung der US-amerikanischen Fernsehserie „Holocaust" (1979) und der damit zusammenhängenden Konfrontation der deutschen Zuschauer:innen mit den nationalsozialistischen Verbrechen, sowie als Ausdruck der sich wandelnden Geschichtskultur in der Bundesrepublik lesen, die einen regelrechten „Geschichtsboom" auslöste.[828] Durch ihre zumeist unkommentierte und mit nur wenigen oder versteckten Brüchen versehene Affirmation nationalsozialistischer Symbole und Bildwelten hatten die NDW-Musiker:innen allerdings auch wesentlichen Anteil an der ästhetischen Aufwertung faschistoider Ästhetiken.

„In diesem hippieverseuchten Berlin musste man natürlich für Struktur sorgen. Und deswegen wurde heftigst mit militärischen Symbolen geflirtet. Wir woll-

---

[825] Bargeld zit. n. Laddish/Dippé: „Blixa Einstuerzende: Bargeld Harassed" (1993); DEUTSCH-AMERIKANISCHE FREUNDSCHAFT: „Kinderzimmer (Heldenlied)", auf: *Fünfzehn Neue DAF Lieder* (2003), LP, Superstar Recordings, SUPER DJ 2068.
[826] Siehe dazu Becker, Tobias: „Er war nie weg. ‚Hitler-Welle' und ‚Nazi-Nostalgie' in der Bundesrepublik der 1970er-Jahre", in: *Zeithistorische Forschungen/Studies in Contemporary History*, Jg. 18, Nr. 1 (2021), 44–72. URL: https://zeithistorische-forschungen.de/1-2021/5909.
[827] Vgl. Müller: *Subkultur Westberlin 1979–1989* (2013), 133.
[828] Bösch: *Zeitenwende 1979* (2019), 365. Siehe ebd., 363–395.

ten *straight* sein", erklärte die Drummerin Gudrun Gut in einem Interview und meinte damit das Styling der Bandmitglieder von Mania D. und Malaria! auf und neben der Bühne.[829] Tatsächlich ließen die Musikerinnen in ihrem Auftreten die Ästhetik paramilitärischer Verbände der Weimarer Republik auferstehen, ihre zumeist uniformen Outfits bestanden unter anderem aus schwarzen Hemden sowie Reithosen und -stiefeln. Abgerundet wurde das Bild durch den Sound der Gruppe: Nicht nur der Track „Zarah" (1982), auch der tiefe, oftmals pathetische Gesang von Bettina Köster referierten auf Zarah Leander, während die Musik zumeist von einem marschartigen Trommelschlag und einem schweren, monotonen Bass geprägt war.[830] „Alles klingt geplant [...], perfekt, kalt, emotionslos [...]. Ich würde sagen, das Ganze ist bessere(?) Marschmusik", urteilte das Fanzine *Bericht Der U. N.-Menschenrechtskommission...* bereits im Juli 1980 über die Debüt-Veröffentlichung von Mania D.[831] Obwohl die Bandmitglieder nicht so weit gingen wie ihr Manager Mark Reeder, der dafür bekannt war, auch abseits der Bühne NS-Uniformen zu tragen,[832] und obwohl die Gruppe laut Köster versuchte an eine Zeit anzuknüpfen, „bevor die ganze deutsche Kultur von den Nazis kaputtgemacht wurde",[833] mussten sich die Musikerinnen wiederholt mit Nazi-Vorwürfen auseinandersetzen, insbesondere im Ausland. In Belgien etwa wurden Malaria! vor einem Fernsehshow-Auftritt von den Verantwortlichen, die zu spät festgestellt hatten, dass die Band deutsch sang, zum Wechsel ihrer Outfits in konventionellere, vermeintlich femininere Kleidung aufgefordert.[834] Für Verwirrung und Kritik sorgte auch ein Malaria!-Gig im Herbst 1981 im New Yorker *Studio 54*, denn die Band trat mit ihren deutschsprachigen Songs und in ihren militärisch anmutenden Outfits unwissentlich ausgerechnet am jüdischen Feiertag Jom Kippur auf.[835] Da half es auch nicht, dass die Gruppe sich rote Nelken als Zeichen des Sozialismus an die Hemden geheftet hatte. Durch die Sprachbarriere konnten auch die Songs keine Klarheit schaffen, die sich fast ausschließlich um zwischenmenschliche Themen wie Liebe drehen.[836]

---

829 Gut zit. n. Teipel: *Verschwende deine Jugend* (2001), 241. Hervorhebung i. O.
830 Malaria!: „Zarah", auf: *New York Passage* (1982), 12"-EP, Das Büro, BÜRO 001.
831 O. V.: „MANIA D. „TRACK 4/HERZschlag/kinderfunk" (monogam) ca. 7,5min", in: *Bericht der U. N.-Menschenrechtskommission über Menschenrechtsverletzungen in der Bundesrepublik Deutschland*, Nr. 3 (1980).
832 Siehe etwa Kid P.: „Kid P. war in Berlin! Rentner, Türken, Commies und Versager", in: *Sounds*, Nr. 6 (1982), 22–26, hier: 23.
833 Köster zit. n. Teipel: *Verschwende deine Jugend* (2001), 279.
834 Hanna: „Malaria" (1982), 22.
835 Vgl. ebd. sowie Köster zit. n. Teipel: *Verschwende deine Jugend* (2001), 279.
836 Vgl. Keller: „Malaria im Großen Apfel" (1981), 10 sowie Köster zit. n. Inhülsen: „Malaria" (1982). Malaria!: „Kämpfen & Siegen" (1981); Malaria!: „Geh Duschen" (1982).

Abb. 29 u. 30: Synth-Pop im totalitären Gewand: Frontcover der Single *Poupée De Cire, Poupée De Son / Raumpatrouille* (1981) von Jeanette und das Land Z und der LP *La Freiheit Des Geistes* (1981) von Die Partei.

Auch andere NDW-Künstler:innen nahmen teil am zeitgenössisch angesagten Spiel mit Motiven, die meistens zwar nicht explizit auf den Nationalsozialismus referierten, jedoch ganz bewusst entsprechende Assoziationen hervorrufen sollten. Dazu gehört etwa das ganz in den Farben Schwarz, Weiß und Rot gehaltene Frontcover der Single *Poupée De Cire, Poupée De Son / Raumpatrouille* (1981) des New-Wave-Projekts JEANETTE UND DAS LAND Z von Matthias Schuster (GEISTERFAHRER), das eine Frau und einen Mann in (para-)militärischen Uniformen zeigt (Abb. 29).[837] Ein expliziten Verweis wählten die Künstler Tom Dokoupil (THE WIRTSCHAFTSWUNDER) und Walter Dahn für ihr Album *La Freiheit Des Geistes* (1981), das sie unter dem Projektnamen DIE PARTEI veröffentlichten. So zeigt das Frontcover eine Fotografie von „Der Bannerträger", ein 1938 von Nazi-Vorzeige-Bildhauer Arno Breker zur Ausstattung der Neuen Reichskanzlei in Berlin geschaffenes Gipsmodell (Abb. 30).[838] Dokoupil und Dahn verzichteten auf jede Erklärung dazu, nicht jedoch auf Brüche: Zum einen liefert das Album selbst keine weiteren Nazi-Motive, abgesehen von wenigen Sprachsamples ist die Musik rein instrumental und baut auch nicht auf den zeitgenössisch angesagten Marschrhythmen. Thomas Buttler lobte in seiner Rezension für die *Sounds* das Album sogar als „fröhlich lockere Tanzplatte", die „[v]orwiegend Warmtöne" bereithalte.[839] Darüber hinaus versteckt sich im Frontcoverbild selbst eine der DAF-Strategie nicht unähnliche Neuverknüpfung von Nazi-Ästhetiken und Homoerotik, erfreuten sich doch die Körperbilder Arno Brekers, wie Thomas Meinecke berichtete, Anfang der 1980er Jahre in französischen Schwulen-Szenen großer Beliebtheit.[840]

Derlei Brüche zeigten sich in der Performance von Industrial-Synth-Pop-Bands wie DIE KRUPPS und PROPAGANDA zu Beginn der 1980er Jahre nur selten, wobei Erstgenannte als Vorläufer von PROPAGANDA angesehen werden kann. Zwar verweist der Bandname von DIE KRUPPS neben der rheinländischen Industriellen-Familie und deren Stahl- sowie Waffenproduktion auch auf die bekannte Rede Hitlers über das nationalsozialistische Ideal der deutschen Jugend, die „hart wie Kruppstahl" sein soll, jedoch lag das Hauptaugenmerk der Band in ihren ersten Jahren auf dem Motiv des diszipliniert und unermüdlich arbeitenden Mannes. PROPAGANDA hingegen fokussierten sich bei der Entwicklung ihres Images ganz auf eine affirmative Aufbereitung totalitärer, insbesondere faschistoider Ästhetiken. Ralf Dörper, der 1982

---

837 JEANETTE UND DAS LAND Z: *Poupée De Cire, Poupée De Son / Raumpatrouille* (1981), 7"-Single, Phonogram, 6005 124.
838 DIE PARTEI: *La Freiheit des Geistes* (1981), LP, Tausend Augen, 20 011.
839 Buttler, Thomas: „Siluettes 61. ICH HASSE JEDEN DER MICH NICHT MAG. 1000 Augen 20013/ Vertrieb: Pop Import. Die Partei. LA FREIHEIT DES GEISTES. 1000 Augen 20011/Vertrieb: Pop Import", Rezension, in: *Sounds*, Nr. 1 (1982), 53.
840 Meinecke, Thomas: „Schreckliche Irrtümer" (1983), in: ders.: *Mode & Verzweiflung* (1998), 60–61, hier: 60.

PROPAGANDA nach seinem Ausstieg aus DIE KRUPPS gegründet hatte, erklärte später, die Musik sei von der britischen Industrial Music und dem Filmmusikkomponisten John Carpenter inspiriert gewesen, die Performance von KRAFTWERKS Kleidungsstil sowie Arbeitskult und die Songtexte von Fritz Langs Film „Metropolis": „Der Gedanke war, dass das Produkt recht stark als deutsch identifizierbar sein sollte."[841] Einer der ersten Titel der Band war das Stück „Disziplin", eine von schleppendem Marsch-Beat und monoton gesprochenem Songtext beherrschte Coverversion von THROBBING GRISTLES „Discipline" (1981):

> Was dir fehlt ist Disziplin, nur ein wenig Disziplin
> Sauberkeit und Ordnung
> Demut und Enthaltsamkeit
> Anstand und Gehorsam
>
> Disziplin, Disziplin, denn Gehorsam führt zum Ziel
> Worte lassen Taten folgen
> Wahrheit darf auch Lüge sein
> Propaganda aller Orte redet neue Ordnung ein
>
> Disziplin, Disziplin, was uns fehlt ist Disziplin
>
> Hart wie Kruppstahl, zäh wie Leder
> Wie ein Windhund soll man gehen
> Eine Welt gekrümmter Rücken muss bald wieder gerade steh'n
> [...]
> An die Wahrheit ist zu glauben, mit Gehorsam, zu Befehl
> Auch wer zweifelt, muss marschieren, lernt im Gleichschritt Disziplin
>
> Links, zwei, drei, vier
> Links, zwei, drei, vier
> Absolute Disziplin.[842]

Während Genesis P. Orridge von THROBBING GRISTLE bei der Liveperformance von „Discipline" dadurch Brüche erzeugte, dass er in einem Ausbruch expressionistischer Intensität wild über die Bühne fegte,[843] inszenierte PROPAGANDA-Sängerin Susanne Freytag die besungene Disziplin auch performativ, etwa 1984 beim Auftritt in der britischen Musiksendung *The Tube*, in der sie nahezu unbewegt, steif, mit

---

841 Dörper zit. n. Esch: *Electri_City* (2014), 365–366.
842 Der Track wurde 1983 geschrieben, erschien aber erst 2002 auf einem physikalischen Tonträger. PROPAGANDA: „Disziplin", auf: *The Secret Tapes Of Dr. Mabuse* (2002), CD, ohne Label, SKW4666; THROBBING GRISTLE: *Discipline* (1981), 12″-Single, Fetish Records, FET 006.
843 „Throbbing Gristle – Discipline (Live)". URL: *https://youtu.be/pgBjLfSutvk* (Letzter Zugriff: 24.10.2022).

verschränkten Armen und in militärisch anmutendem Outfit den Songtext einer Ansprache gleich monoton vortrug.⁸⁴⁴ Textzeilen wie „Wahrheit darf auch Lüge sein" und die Referenz an die zuvor genannte Rede Hitlers von 1935 an die Hitlerjugend lassen darauf schließen, dass PROPAGANDA ihren Track als subversive Kritik an ebenjenen totalitären Ideologien verstanden, dies änderte jedoch nichts an der Außenwahrnehmung ihres Auftretens. So flog die Band 1983 aus dem Programm der von Alfred Biolek moderierten Sendung *Showbühne* im Bayerischen Rundfunk, nachdem sie ihren Auftritt mit Fanfarenklänge aus der *Tönenden Wochenschau*, uniformer schwarzer Kleidung und einem bombastischen Bühnenbild inklusive Rednerpulten, auf denen das Logo der Band prangte, absolviert hatte. Bandmitglied Andreas Thein erklärte später dazu, die Performance sollte eigentlich „die Aura von alten Fritz-Lang-Filmen haben", sei aber „vollkommen falsch verstanden" worden. Dies habe dann auch kurz darauf in einem Interview bei der Musiksendung *Formel Eins* einen Vergleich zur Hitlerjugend nach sich gezogen.⁸⁴⁵

Auf wenig Interesse oder Gegenliebe stießen PROPAGANDA mit ihrem Konzept in der Bundesrepublik, in Großbritannien war die Band dagegen deutlich erfolgreicher. „Der Name hatte das Ziel erreicht: Er hat polarisiert; und die Engländer wollten eine Band, die aus Deutschland kam, so aussah und sich einen solchen Namen gab", resümierte Sängerin Susanne Freytag rückblickend.⁸⁴⁶ Und tatsächlich war es gerade dieses Spiel mit den Ästhetiken totalitärer Systeme, das letztlich für den Plattendeal mit *ZTT Records* und dessen Gründer Paul Morley sorgte, der bereits FRANKIE GOES TO HOLLYWOOD mit popkulturellen Verweisen auf künstlerisch wie politisch radikale Bewegungen ausgestattet hatte. Morley war es dann auch, der das Backcover der kommerziell erfolgreichen PROPAGANDA-Single *P-Machinery* (1985) mit einem Zitat von J. G. Ballard versah, in dem der Schriftsteller das Agieren der RAF als nachvollziehbar beschrieb. Für den deutschen Markt mussten PROPAGANDA bzw. Morley jedoch ein anderes Zitat Ballards nutzen, da sich die deutsche Plattenfirma *Ariola* weigerte das Original abzudrucken.⁸⁴⁷

In der Bundesrepublik blieben PROPAGANDA trotz der Promotion ihres britischen Labels weitgehend unbeachtet. Ob die Musik einfach nicht den Geschmack des Publikums traf oder ob es an einem Überdruss an den eingesetzten Motiven lag, lässt sich schwerlich beantworten. Fest steht, dass die deutschsprachige New-Wave-Bewegung das Spiel mit provokativen NS-Referenzen schon 1982 aufgegeben hatte:

---

844 „Propaganda – Live The Tube 06.04.84". URL: *https://youtu.be/MzH-GuYFmfk* (Letzter Zugriff: 24.10.2022).
845 Thein zit. n. Esch: *Electri_City* (2014), 372. Zum Auftritt in der *Showbühne* siehe auch Drechsler, Clara: „Propaganda", in: *Spex*, Nr. 1 (1984), 20–21 sowie Bohn: „Propaganda" (1984), 11.
846 Freytag zit. n. Esch: *Electri_City* (2014), 372.
847 Vgl. etwa die beiden Veröffentlichungen PROPAGANDA: *p: Machinery* (1985), 7"-Single, ZTT, 107 606 sowie PROPAGANDA: *p: Machinery (Polish)* (1985), 12"-Single, ZTT, 12 ZTAS 12.

Nicht nur hatten mit den Charterfolgen von DAF die einst subversiven und szeneinternen Codes ihren Nutzen eingebüßt, auch griffen nun Musiker:innen auf NS-Motive – und die damit kombinierte deutsche Sprache – zurück, die keinen Bezug zu den ‚78ern' und ihren Strategien hatten, sondern tatsächlich neonazistischen Denkmodellen anhingen oder auf Kommerzialität und Aufmerksamkeit durch schlichte Provokation setzten. Zu letzter Gruppe gehörte etwa die vom Major-Label *EMI* geformte Kölner Heavy-Metal-Band BRESLAU mit der in den 1970er Jahren als Solosängerin bekannt gewordenen Jutta Weinhold am Mikro. Die neben zwei Single-Auskopplungen einzige Veröffentlichung der Gruppe blieb das Album *Volksmusik* (1982), dessen Titel bereits die inhaltliche Ausrichtung der Songtexte vorgab. Ohne jeden Bruch werden in diesen deutschtümelnde Slogans und faschistoide Bilder reproduziert, beispielhaft veranschaulicht in den Stücken „Volksmusik" („Die Musik ist schnell und hart / Nach der guten Deutschen Art / [...] / Jedes Lied singt ihr mit / So hält sich der Deutsche fit") und „Held Im Traum":

> Blondes Haar mit Seitenscheitel
> Und ein klarer heller Blick
> Schöne blanke Lederstiefel
> Die Uniform ist chic
> Die Figur ist überragend
> Dein Körper ist so hart wie Stahl
> Ich fühle mich bei Dir geborgen
> Und Du bist so schön brutal
> Du bist der Held in meinem Traum.[848]

Die Songtexte von BRESLAU waren ohne Frage plakativ und effektheischend, dennoch schloss die Band mit dem Text von „Held Im Traum" an eine Tendenz an, die nicht nur die New-Wave-Bewegung, sondern generell die transnationale Popkultur prägte: eine zumeist erotisch aufgeladene Faszination für die Ästhetik und Bildwelten des Nationalsozialismus. In ihrem vielbeachteten Essay „Fascinating Fascism" machte die Schriftstellerin Susan Sontag bereits 1975 auf die Erotisierung des Faschismus in der Popkultur aufmerksam, die sie vom Spiel mit dem kulturellen Horror, bei dem es ein Element des Aufgesetzten gäbe, abgrenzt.[849] Zwar lässt sich die verbreitete Faszination für den Faschismus und insbesondere für den Nationalsozialismus teilweise aus reiner Neugierde am Unbekannten, Exotischen und Erschreckenden erklären, jedoch liegt Sontag zufolge die größere Anziehungskraft des Nationalsozialismus gegenüber Motiven kommunistischer Ästhetiken insbesondere in seiner inhärenten Lüsternheit begründet, die der asexuellen kom-

---
848 BRESLAU: *Volksmusik* (1982), LP, EMI Electrola/Harvest, 1C 064-46 567.
849 Sontag, Susan: „Fascinating Fascism", in: *The New York Review of Books*, 6. Februar 1975. URL: *https://www.nybooks.com/articles/1975/02/06/fascinating-fascism/* (Letzter Zugriff: 24.10.2022).

munistischen Kunst völlig abgeht. „Certainly Nazism is ‚sexier' than communism", resümierte Sontag daher, was sich nicht zuletzt im sogenannten Naziploitation-Genre in Literatur und Film verdeutlichte, das in der ersten Hälfte der 1970er Jahre seine Blütezeit erlebte.

Nun ließe sich argumentieren, dass DAF mit ihren Leder-Nazi-Image letztlich den allgemeinen Trend zur Fetischisierung des Faschismus subversiv gespiegelt und künstlerisch an einen vor allem in Underground-Szenen verbreiteten Trash-Kult angeknüpft hätten. Jedoch baute die Performance von DAF generell auf einer Vielzahl von Motiven und Darstellungsformen, die den von Sontag beschriebenen Charakteristiken faschistischer Kunst und Ästhetik entsprechen. Dazu gehört unter anderem das Ideal körperlicher Perfektion und des Lebens als Kunst, der Kult der Schönheit und des Monumentalen, die scheinbar widersprüchliche, zeitgleiche Verherrlichung von Egomanie, Hingabe, Gedankenlosigkeit und Unterwerfung sowie eine Choreografie, die zwischen unaufhörlicher Bewegung und erstarrter, „viriler" Pose wechselt. Bei DAF finden sich alle diese Merkmale wieder, ob in Tracks wie „Alle Gegen Alle", „Ich Will", „Absolute Körperkontrolle", „Verschwende Deine Jugend", „Verehrt Euren Haarschnitt" und „Wer Schön Sein Will, Muss Leiden" oder in der Art der visuellen Selbstdarstellungen, etwa auf Plattencover oder bei Fernsehauftritten.[850] Zwar verorteten sich DAF und mit ihnen die ‚78er' in der politischen Linken, jedoch lässt sich, wie Sontag resümierte, der Einsatz von Elementen faschistischer Ästhetik nicht zur Kritik am Faschismus nutzen. Trotz aller Brüche verzerrte DAFs „queering"[851] faschistoider Bildwelten also nicht deren inhärentes Konzept, sondern reproduzierte die Ästhetik des Faschismus schlicht in einem postmodernistischen Rahmen.

Der sexuelle Körper
Zur Inszenierung des Körpers als diszipliniert agierende Mensch-Maschine und viriles Machtinstrument kam ein weiteres Motiv, mit dem DAF ihr ‚Kälte'-Konzept vervollständigten: Sex. „Atemlose Erotik" liefert das Düsseldorfer Duo mit seinem Album *Gold Und Liebe* (1981), lobte etwa Gabriele Meierding in ihrer Plattenbe-

---

[850] DEUTSCH-AMERIKANISCHE FREUNDSCHAFT: „Sato-Sato" (1981); DEUTSCH-AMERIKANISCHE FREUNDSCHAFT: „Alle Gegen Alle" (1981); DEUTSCH-AMERIKANISCHE FREUNDSCHAFT: „Ich Will", auf: *Gold Und Liebe* (1981); DEUTSCH-AMERIKANISCHE FREUNDSCHAFT: „Absolute Körperkontrolle" (1981); DEUTSCH-AMERIKANISCHE FREUNDSCHAFT: „Verschwende Deine Jugend" (1981); DEUTSCH-AMERIKANISCHE FREUNDSCHAFT: „Verehrt Euren Haarschnitt", auf: *Für Immer* (1982); DEUTSCH-AMERIKANISCHE FREUNDSCHAFT: „Wer Schön Sein Will, Muss Leiden", auf: *Für Immer* (1982).
[851] Die Musikwissenschaftlerin Melanie Schiller erklärt hingegen bezüglich des „queering" von DAF, die Gruppe würde mit diesem Vorgehen dominante Narrative der NS-Vergangenheit und normative Vorstellungen nationaler Identität in Frage stellen. Siehe Schiller: *Soundtracking Germany* (2018), 165.

sprechung für den *Musikexpress*.[852] Auch im *New Musical Express* zeigte man sich begeistert von DAFs sexbetonter Performance: Ende 1981 schrieb etwa Lynn Hanna in ihrem Beitrag „Eroticism & Physicality" vom „instinctive, obsessive sexual soundtrack" der Gruppe, während ihr Kollege Chris Bohn ein Jahr später in seinem Artikel „Dismantling the Sex Machine" die Musik des Duos als „synth-sex sound" und ihren Style als „Germanic equivalent" zur US-amerikanischen Sängerin Grace Jones bezeichnete, da auch DAF auf Gender-Ambiguität und den „gay angle" setzen würden.[853]

Natürlich waren DAF nicht die Ersten, die Sex in die Pop-Musik brachten. Gabi Delgado selbst bezeichnete „I Feel Love" (1977) von Giorgio Moroder und Donna Summer als seine „musikalische Initiation": „Hinten tuckert eine Sequenz. Vorne stöhnt jemand. Sex und Elektronik. Sollte ich irgendwann mal Musik machen, sollte das auch Sex und Elektronik sein. [...] Das war mein Vorbild."[854] Zudem macht die Verwendung von Sex-Motiven allein noch keine ‚Kälte', ganz im Gegenteil vermitteln diese vielmehr Assoziationen zu Hitze und Leidenschaft. Von Bedeutung ist in diesem Zusammenhang daher vor allem die Gestalt der eingesetzten Bilder von Sexualität und in welchem Verhältnis diese zu den in der Gesellschaft und Gegenkultur dominanten Formen und Normen von Sexualität stehen. Zwar entsprach der generelle Ansatz von DAF ganz dem von Andreas Reckwitz beschriebenen sexuellen Subjekt der Gegenkultur, das eine von (hetero-)normativen Vorgaben wie Reproduktion, romantischer Liebe und der ‚Moralität' von Monogamie, Ehe und Familie befreite, individuelle Lustverfolgung anstrebt und dadurch Sexualität zu einer „erotisch-ästhetischen Praxis" macht.[855] Einigkeit herrschte bezüglich dieser Haltung und Praxis auch im frühen deutschsprachigen Punk noch, insbesondere Punk-Sängerinnen führten den von Nina Hagen eingeschlagenen Weg weiter und thematisierten in ihren Songs explizit weibliche Lust, beispielhaft festgehalten in „Lederhosentyp" (1979) von der Hannoveraner Gruppe Hans-A-Plast, „Sexueller Notstand" (1981) von der Düsseldorfer All-Female-Band Östro 430 sowie im Stück „Schweinekram" (1981) von Bärchen und die Milchbubis aus Hannover: „Seh ich einen schönen Mann / Denk ich nur an Schweinekram".[856] DAF gaben dem sexuellen Emanzipations- und Aufklärungsprozess jedoch eine deSade'sche

---

852 Meierding, Gabriele: „GOLD UND LIEBE. DAF. Ariola/Virgin 204 165-320", Rezension, in: *Musikexpress*, Nr. 12 (1981), 66.
853 Hanna: „Eroticism & Physicality" (1981), 35. Bohn: „Dismantling the Sex Machine" (1982), 23.
854 Delgado zit. n. Spies/Esch/Görl/Delgado: *Das ist DAF* (2017), 31.
855 Reckwitz: *Das hybride Subjekt* (2006), 481–482.
856 Hans-A-Plast: „Lederhosentyp", auf: *Hans-A-Plast* (1979); Östro 430: „Sexueller Notstand", auf: *Durch Dick & Dünn* (1981); Bärchen Und Die Milchbubies: „Schweinekram", auf: *Dann Macht Es Bumm* (1981), No Fun Records, NF 013. Vgl. Weisung: „Männerrock und Narzismus[sic!]" (1996), 144.

Wendung: Ihre Performance und Ästhetik war eine einzigartige Mischung aus ‚Hitze' und ‚Kälte', aus maskulinem Sex und faschistoiden Körperbildern, aus Stöhnen und Kasernenhof-Shouting, aus Schweiß und Körperpanzern, aus Aufbrechen und Verhärten, aus Zärtlichkeit und Gewalt, aus Zwanglosigkeit und Disziplin, aus Rausch und Kontrolle.

Konkret gestaltete sich das Thema Sex bei DAF als Einsatz einer Reihe konsequent widersprüchlicher, ‚heiß-kalter' Strategien und Motive, mit denen sich die Gruppe sowohl von konservativen, moralistischen Wertevorstellungen, insbesondere aber von den im gegenkulturellen und linken Protestmilieu vorherrschenden Sichtweisen auf Sexualität, Gender und Körperlichkeit abzugrenzen suchte. Zu diesen Strategien gehört einerseits eine Verhärtung durch Selbst-Entmenschlichung und Entemotionalisierung. Dies erreichten DAF unter anderem durch eine Objektivierung des Körpers, wie sie sich in der Inszenierung faschistoider Ästhetik ausdrückt und in Songs wie „Was Ziehst Du An Heute Nacht", „Wer Schön Sein Will, Muss Leiden" („Mode ist Arbeit / Mode ist schön / Schmink dich gut / Schmink dich richtig / [...] / Willst du schön sein, musst du leiden / Und leiden ist schön / Mach dich schön!") und „Verehrt Euren Haarschnitt": „Messt euren Mut / Messt eure Meinung / An der Länge eurer Haare / Verehrt euren Haarschnitt / Verehrt eure Schuhe / Messt euren Stolz / Messt euren Stil / An der Form / An der Form eurer Schuhe".[857] Auch das Einfügen von Gewalt-Aspekten in die Sex-Thematik kann als Strategie der Verhärtung gelesen werden: „Vor allem war ich fasziniert, dass Sex und Gewalt auch einhergehen können. Gewalt hat mich ja immer fasziniert", erklärte Gabi Delgado rückblickend und unterstrich dabei, dass er deshalb für DAF eine als homosexuell gelesene Ästhetik entwickelt habe, die eben nicht weich und feminisiert, sondern „richtig *fist-fuck*-mäßig" daherkomme.[858] Aber nicht nur im Auftreten, auch in seinen Texten verknüpfte Delgado Sex und Gewalt, etwa im frühen DAF-Titel „Das Ist Liebe" (1980), der so gar nicht den bürgerlichen und gegenkulturellen Vorstellungen von „Liebe" entsprach: „Das ist Liebe / Blut und Pisse / Blut und Sperma".[859] In einem späteren Interview suchte der DAF-Sänger die Wurzeln dieses Ansatzes in seiner präsexuellen Prägung durch den spanischen Katholizismus zu verorten: „Speziell der Schmerzgedanke hat sich mir sehr eingeprägt. Dass man sich, wenn man etwas Böses getan hat, Steinchen in die Schuhe legt, bis die Füße bluten. [...] Das habe ich sehr früh irgendwie auch als lustvoll empfunden, nicht nur als qualvoll."[860]

---

857 DEUTSCH-AMERIKANISCHE FREUNDSCHAFT: „Was Ziehst Du An Heute Nacht", auf: *Gold Und Liebe* (1981); DEUTSCH-AMERIKANISCHE FREUNDSCHAFT: „Wer Schön Sein Will, Muss Leiden" (1982); DEUTSCH-AMERIKANISCHE FREUNDSCHAFT: „Verehrt Euren Haarschnitt" (1982).
858 Delgado zit. n. Teipel: *Verschwende deine Jugend* (2001), 306. Hervorhebung i. O.
859 DEUTSCH-AMERIKANISCHE FREUNDSCHAFT: „Das Ist Liebe", auf: *Die Kleinen Und Die Bösen* (1980).
860 Delgado zit. n. Breyer: „Das ist alles wirklich Plastik, haha'" (2003).

Für Delgado mag das zutreffen, die Verknüpfung von Sex und Gewalt war in der „New Musick" allerdings keine Seltenheit, ob bei den britischen Industrial-Pionieren THROBBING GRISTLE oder den Post-Punk-Musiker:innen dies- und jenseits des Ärmelkanals. In der NDW findet sich dieses ‚kalte' Motiv etwa im Song „Leidenschaftlich" (1981) von der West-Berliner Band SPRUNG AUS DEN WOLKEN („Gib mir Pein / Gib mir Schmerzen / Gib mir Pein / Leidenschaftlich will ich sein / Beiß mich, kratz mich, quäl mich / Kratz mir den Rücken auf, tief ins Fleisch") sowie im Stück „Liebe Tut Weh" (1982), in dem die Gruppe FREIWILLIGE SELBSTKONTROLLE auf den Hamburger Frauenmörder Fritz Honka sowie auf John Hinckley Jr. anspielte, der 1981 ein Attentat auf US-Präsident Ronald Reagan verübte, um die Aufmerksamkeit der von ihm angehimmelten Schauspielerin Jodie Foster zu erregen: „Dann spürst du / Wie weh das tut / Wenn du in Liebe bist / Liebe tut weh".[861] Noch konkreter wurden FSK in ihrem Song „Venus Im Pelz" (1980), der auf das gleichnamige Buch des österreichischen Schriftstellers und Namenspaten für den Begriff „Masochismus", Leopold von Sacher-Masoch, referiert: „Sie ist fünfunddreißig Jahre alt / In ihren Augen ist es immer, immer kalt / [...] / Und wenn sie deinen Wunsch versteht / Und wenn sie dich in Ketten legt / Und was sie mit der Peitsche macht / Und wenn sie über deine Schmerzen lacht".[862]

Andererseits begannen DAF seit dem ersten als Duo aufgenommenen Album *Alles Ist Gut* (1981), als Kontrastprogramm zur Post-Punk-‚Kälte', ein weiteres Motiv zu etablieren, das innerhalb der Gegenkultur wie NDW-Bewegung alles andere als gewöhnlich war: Liebeslieder. „DAF engagiert sich für's Herz", resümierte Ingeborg Schober begeistert im *Musikexpress* über das Album, auf dem sich Titel wie „Als Wär's Das Letzte Mal" („Liebe mich, mein Liebling"), „Mein Herz Macht Bum" („Oh, ich bin so glücklich / Und mir ist so schwindlig") und „Der Räuber Und Der Prinz" („Ich liebe dich, mein Räuber") befinden.[863] Wie diese und weitere DAF-Songs zeigen, gab es neben all dem Sex durchaus die Vorstellung romantischer Liebe im DAF-Kosmos. Für Sänger Delgado bestand darin auch gar kein Widerspruch, wie er Ende 1981 gegenüber dem *New Musical Express* erklärte: „I'm interested in holding hands but I'm also interested in sado-masochism."[864] Zum einen konnten

---

861 SPRUNG AUS DEN WOLKEN: „Leidenschaftlich", auf: *Sprung Aus Den Wolken* (1981), 12"-EP, Zick-Zack, ZZ 75; FREIWILLIGE SELBSTKONTROLLE: „Liebe Tut Weh", auf: *Stürmer* (1982).
862 Das Stück wurde nur live gespielt und auf keinem Tonträger veröffentlicht. Meinecke, Thomas: „Venus Im Pelz (1980)", in: ders.: *Lob der Kybernetik. Songtexte 1980–2007* (2007), 20–21.
863 Schober, Ingeborg: „ALLES IST GUT. Deutsch-Amerikanische Freundschaft. Ariola/Virgin 203 644", Rezension, in: *Musikexpress*, Nr. 5 (1981), 57. DEUTSCH-AMERIKANISCHE FREUNDSCHAFT: „Als Wär's Das Letzte Mal", auf: *Alles Ist Gut* (1981); DEUTSCH-AMERIKANISCHE FREUNDSCHAFT: „Mein Herz Macht Bum", auf: *Alles Ist Gut* (1981); DEUTSCH-AMERIKANISCHE FREUNDSCHAFT: „Der Räuber Und Der Prinz", auf: *Alles Ist Gut* (1981).
864 Delgado zit. n. Hanna: „Eroticism & Physicality" (1981), 35.

DAF durch das Konzept der offensiven Romantik auf Distanz gehen zum schwarzromantischen ‚Kälte-Pop', in dem Liebe nur im Kontext von unerfüllter Sehnsucht, Emotionsdefiziten und zwischenmenschlicher Entfremdung in einer als fragmentiert dargestellten Postmoderne existierte. So betonte Delgado in einem Interview von 1981, die Gradwanderung beim Texten besteht für ihn eben darin, das Liebeslied weder „abstrakt" noch „kitschig" aufzuziehen: „Nicht sowas wie ‚Meine Liebe ist wie Neon', sondern eines, wo es wirklich heißt ‚ich liebe dich, mein Liebling'."[865]

Zum anderen diente die Affirmation mit der Wertewelt der bürgerlichen Mehrheitsgesellschaft bzw. mit ihrem Modell der romantischen Liebe der weiteren gegenkulturellen Abgrenzung: sowohl vom linksalternativen Protestmilieu, das die Vorstellung romantischer Liebe und monogamer Paarbeziehung als spießig und konterrevolutionär ablehnte,[866] als auch von der Härte und ‚Kälte' der Post-Punk-Bewegung. Hatten DAF auf dem Vorgängeralbum *Die Kleinen Und Die Bösen* (1980) selbst noch Songzeilen wie „Sex ist verkrüppelt" („Nachtarbeit"), so finden sich auf *Alles Ist Gut* keine negativistischen Texte mehr. Im Interview bezeichnete DAF-Sänger Delgado das Aufgreifen des Motivs der Liebe als Schritt nach vorn, nicht nur, weil es viel schwieriger ist als ein „negatives Lied" zu texten, sondern auch, weil sich damit ein viel größeres Publikum ansprechen lässt. Deutlich zeigt sich an dieser Stelle, dass sogar das Motiv der romantischen Liebe für DAF zur Distanz diente, denn Delgado argumentierte damit bewusst gegen die sub- wie gegenkulturell dominante Haltung der Anti-Kommerzialität: „Wir haben keine Lust, eine Elitegruppe zu sein, um es übertrieben zu sagen, nicht immer vor den gleichen 5000 Verrückten zu spielen. [...] Wir wollen nicht die heimische Underground-Negativ-Band sein, bei der jede Platte wie erwartet ist."[867]

Mit den romantischen Gefühlen kam noch ein weiteres Motiv, das dem Düsseldorfer Duo zur Abgrenzung diente: männliche Homoerotik. Auf das Duo Delgado-Görl geschrumpft, präsentierten sich die beiden DAF-Musiker seit 1981 auf Plattencovern und auf Pressefotos mal schweißnass und oberkörperfrei (*Alles Ist Gut*, Abb. 24), mal in kraft- und körperbetonten Lederoutfits (*Gold Und Liebe*, Abb. 25), mal in Posen, die an das Mann-Mann-Gerangel griechischer Ringer der Antike er-

---

865 Delgado zit. n. Schober: „DAF. Alles ist gut!" (1981), 29.
866 Siehe dazu etwa Pilzweger: *Männlichkeit zwischen Gefühl und Revolution* (2015), 286.
867 Delgado zit. n. Hilsberg: „Der Räuber und der Prinz" (1981), 31. Vgl. auch Delgado zit. n. Schober: „DAF. Alles ist gut!" (1981), 29.

innern.[868] Hinzu kamen Songs wie das bekannte Stück „Der Räuber Und Der Prinz" (1981), das die Liebesgeschichte zwischen einem Räuber und dem von ihm und seiner Bande entführten Prinzen behandelt.[869] In einem für Werbezwecke erstellten Interview erklärte Delgado zwar, dass er und Robert Görl kein schwules Paar seien und auch keinen Sex miteinander hätten, allerdings aber auch nicht jede Erotik in ihrer Beziehung ausklammern würden.[870] Während dieser Teil der DAF-Ästhetik in der bundesdeutschen Musikpresse, die sich vor allem auf DAFs Spiel mit faschistoiden Zeichen fokussierte, zeitgenössisch nur wenig Beachtung fand, lobte etwa die *NME*-Autorin Lynn Hanna in ihrem Ende 1981 erschienenen Beitrag „Eroticism & Physicality", DAF liefere eine subtile und unbefangene Zelebrierung von Männlichkeit, die ohne die in der Rockmusik übliche Rohheit daherkommt.[871]

Mit ihrem Image homoerotischer Männlichkeit distanzierten sich DAF von verschiedenen, zeitgenössisch dominanten und gegenkulturell relevanten Leitbildern von Männlichkeit. Einerseits agierten sie damit offensiv gegen die konservativen Teile in der bundesdeutschen Mehrheitsgesellschaft, als auch gegen die vom Spiel mit den Zeichen und Ästhetiken des Faschismus angelockten Neonazis. Damit nicht genug, machte Delgado ein Narrativ der deutschen Kulturgeschichte stark, das nicht nur konservative Modelle in Frage stellte, sondern ihm zugleich die Möglichkeit gab, DAF als ‚typisch deutsches' Produkt darzustellen: So erklärte der Sänger 1983 gegenüber dem britischen *Melody Maker*, dass die deutsche Geschichte, ob in Kunst oder Politik, voller homoerotischer Momente sei und dabei vor allem der Nationalsozialismus mit einer stark ausgeprägten Homosexualität ins Auge falle. Darüber hinaus sei der Umgang der Deutschen mit Sex laut Delgado generell von latent homosexuellen Aspekten geprägt, denn während zur spanischen Kultur durch den Madonnenkult eine Idealisierung von Frauen gehöre, neige man in Deutschland dazu, Männer oder Frauen mit männlichen Attributen wie Marlene Dietrich zu idealisieren.[872] Andererseits stellten sich DAF mit ihrer Performance auch gegen die beiden gegenkulturell vorherrschenden Modelle von Männlichkeit: Diese umfassten zum einen jenes der männlich dominierten ‚68er'-Protestbewegung und der folgenden K-Gruppen, die homoerotische Momente männlicher Emotionalität strikt ablehnten und als kontrarevolutionäre ‚Dekadenz' und

---

868 Siehe dazu etwa die von Anton Corbijn gemachten Fotografien im DAF-Beitrag von Hanna: „Eroticism & Physicality" (1981).
869 DEUTSCH-AMERIKANISCHE FREUNDSCHAFT: *Der Räuber Und Der Prinz / Rote Lippen* (1981), 7"-Single, Virgin, 103 374.
870 Delgado zit. n. Wintrup Musik: *D.A.F.* (1981).
871 Hanna: „Eroticism & Physicality" (1981), 35.
872 Delgado zit. n. Barber, Lynden: „Life After DAF", in: *Melody Maker*, 19. März 1983, 14.

,verweichlichten' Gefühlskitsch stigmatisierten.[873] Zum anderen richtete sich die DAF-Performance aber auch gegen das feminisierte Männlichkeitsmodell des linksalternativen Milieus, das als weiblich konnotierte Eigenschaften wie Emotionalität, Friedfertigkeit, Sensibilität und Angst honorierte und als männlich konnotierte Eigenschaften wie Gewalttätigkeit, Härte und Gefühlskälte dämonisierte.[874] Das homoerotische Image von DAF war dagegen betont ‚männlich', trotz aller Liebesschwüre auf körperliche denn emotionale Aspekte fokussiert, und gab sich kraftvoll und abgehärtet, nicht zuletzt durch die zumeist ‚männlich' gelesene Aggression in ihren Songtexten, sequenzergenerierten Synth-Sounds und Live-Performances.[875]

Mit ihrer Figur des hypermaskulinen, latent homosexuellen Mannes durchbrachen DAF gängige Modelle von Homosexualität in Popkultur und Gesellschaft, in denen männliche Homosexualität vor allem als sensible Emotionalität betrachtet wurden. Zwar ließe sich behaupten, dass die Macher und Mitglieder der US-amerikanischen Disco-Gruppe VILLAGE PEOPLE – und hier besonders die von Glenn M. Hughes verkörperte Figur des „Leather Man" in lederner Biker-Kluft und mit voluminösen Schnurrbart – dem Düsseldorfer Duo in einigen Aspekten bei der Inszenierung betont maskuliner Homoerotik zuvorkam. Für die Pop-Musik neuartig waren aber jene ‚kalten' Elemente in der DAF-Performance, etwa die Inszenierung faschistoider Körperbilder von Macht und Disziplinierung, die sie von der rein ‚warmen' oder ‚hitzigen', auf Kostümierung und Hedonismus fokussierten Performance der VILLAGE PEOPLE unterschied. Zudem verzichteten DAF mit Titeln wie „Der Räuber Und Der Prinz" auf jegliches subtile Vorgehen, während die VILLAGE PEOPLE jede Stellungnahme zum Thema Homosexualität vermieden. Trotz des starken Einflusses der Disco-Kultur auf Delgado lassen sich DAF vielmehr als popmusikalisches Äquivalent zum Künstler Tom of Finland lesen, dessen spätestens in den frühen 1970er Jahren populär gewordenen homoerotischen Zeichnungen vor allem durchtrainierte Männer mit üppigen Genitalien zeigen, wahlweise halbnackt, in enganliegender Leder-Kluft oder Nazi-Uniformen. Obwohl das von DAF kreierte Image ganz der Entwicklung innerhalb der Schwulenbewegung entsprach, die in den 1980er Jahren statt auf politische Forderungen ihr Hauptaugenmerk auf hedonistische Aspekte und eine „Erweiterung des Männlichkeitsspektrums" gelegt hat-

---

873 Reimann, Aribert: „Zwischen Machismo und Coolness. Männlichkeit und Emotion in der westdeutschen ‚Kulturrevolution' der 1960er- und 1970er-Jahre", in: Borutta; Verheyen (Hg.): *Die Präsenz der Gefühle* (2010), 229–253, hier: 243.
874 Zum Männlichkeits-Modell des linksalternativen Milieus nach ‚68' siehe Pilzweger: *Männlichkeit zwischen Gefühl und Revolution* (2015), 340–341, die von einer „Krise der Männlichkeit" in der Linken spricht.
875 Siehe dazu Heesch, Florian: „Populäre Musik, Aggression und Gender. Eine Einleitung", in: Heesch; Hornberger (Hg.): *Rohe Beats, harte Sounds* (2015), 11–25, hier: 11.

te, kam es zu keiner Verbindung zwischen DAF bzw. den bundesdeutschen Post-Punk-Szenen und der linksalternativen Schwulenszene, die laut dem West-Berliner ‚Szene-Chronisten' Wolfgang Müller zu jener Zeit „fast völlig der Discomusik, Eurovisiontrash und dem deutschen Schlager verfallen" war.[876] Erst im Laufe der 1980er Jahre entstand eine engere Verbindung zwischen Schwulenszenen und den Musikkulturen Industrial und EBM, die ein öffentlicheres Ausleben sexueller Präferenzen, Stile und Praktiken, ob nun Lack und Leder oder Fetisch und BDSM, ermöglichten.[877]

Wie sich zeigt, ist den verschiedenen Ausprägungen des ‚Kälte-Pop' das Aufbrechen traditioneller Geschlechtercodierungen und heteronormativer Sexualitätsmodelle gemein. Während KRAFTWERKS Inszenierung der „Mensch-Maschine" auf eine Auflösung jeglicher Geschlechter hinauslief, zielte die ‚heiß-kalte' Performance, ob nun von DAF oder später RAMMSTEIN, auf eine Darstellung betonter Geschlechtlichkeit durch die Verwendung von Motiven der Härte und des Kämpferischen bei einem gleichzeitigen Übertreten gesellschaftlich dominanter Gendergrenzen, etwa durch Integration androgyner oder homosexueller Elemente in die Darstellung. Und dies galt sowohl für Inszenierungen von Männlichkeit als auch Weiblichkeit: Statt – wie im linksalternativen Milieu üblich – als weiblich konnotierte Eigenschaften zum essentiellen Teil einer ‚Neuen Männlichkeit' zu erklären, deklarierten ‚Kälte'-Musikerinnen traditionell ‚männlich' gelesene Eigenschaften und Motive als Teil einer modernen, selbstbewussten Weiblichkeit. Beispielhaft für dieses Vorgehen sind etwa die Musikerin Tina Schnekenburger, die während ihrer kurzen Phase bei DAF und als Mitglied von DIE KRUPPS durch ihren maskulin gelesenen Look (Kurzhaarfrisur, militärische Leder-Outfits) auffiel, sowie die Musikerinnen von MALARIA!.

Bei den ‚Wellenreiter'-Bands der Spät-NDW gingen diese progressiven Ansätze erneut verloren. Jeden queeren Anspruch ließ etwa die Hamburger Gruppe DIE CHEFS in ihrem einzigen Album mit dem plakativen Titel *Keine Emotionen Bitte!* (1982) missen, auf dem sich mit „Chauvinist", „Softies Sind Versager" und „Oberficker" größtenteils Songs mit misogyn-chauvinistischen und als Ironie gelabelten Lyrics finden.[878] Aufgrund der wenig subtilen Songtexte wurde noch im Erscheinungsjahr der Verkauf des Albums gerichtlich verboten und ein Auftritt der Band im Mai 1982 im Hamburger *Logo* von rund 300 protestierenden Frauen gesprengt.[879] Die von DAF ins Feld der Pop-Musik getragene Verknüpfung von faschistoider Ästhetik und hypermaskuliner Homoerotik sollte erst Mitte der 1990er

---

[876] Müller: *Subkultur Westberlin 1979–1989* (2013), 296, 298.
[877] Kaul: „Electronic Body Music" (2017), 104.
[878] DIE CHEFS: *Keine Emotionen Bitte!* (1982), LP, Risiko, 296 054-315.
[879] Vgl. Graf: *Das NDW-Lexikon* (2003), 38.

Jahre zurückkehren: in Form der Band RAMMSTEIN, die in ihren Musikvideos sowohl die von Leni Riefenstahl in Szene gesetzten Körperbilder der Nazis („Stripped", 1998) als auch die Figur des Minenarbeiters („Sonne", 2001) wiederauferstehen ließ. Bis heute übt das vitalistische und faschistoide Ästhetiken reproduzierende Motiv des abgehärteten und maschinenartig arbeitenden ‚Deutschen' einen gewissen Reiz auf Konsument:innen in der Bundesrepublik aus, funktioniert aber insbesondere im Ausland enorm erfolgreich. DAF und andere hier untersuchte New-Wave-Musiker:innen prägten dadurch nicht nur die international verbreitete Vorstellung vom ‚kalten Deutschen' mit, sondern durch ihre Reproduktionen nationalsozialistischer Motive und faschistoider Ästhetiken auch nachfolgende popkulturelle Bildentwürfe des Nationalsozialismus. Deutlich werden hier nicht zuletzt die Parallelen zum ‚kalten' Maschinen-Kult KRAFTWERKS, der ebenso Bilder körperlicher Perfektion ins Zentrum seiner Performance stellt und wie die ‚heiße Kälte' von DAF nicht als Reaktion auf vermeintliche Krisenzeichen in Politik, Wirtschaft und Gesellschaft, sondern als künstlerischer Ausdruck von Subjektivierungs- und Identitätsbildungsprozessen gelesen werden muss.

4 Nach der ‚Kälte-Welle'

4.1 Faktoren des Abebbens

Ende 1982 hatte die Neue Deutsche Welle – parallel zur britischen New-Wave-Bewegung – ihren Zenit überschritten.[1] Nicht nur das Publikum und die Kritiker:innen, auch die Musiker:innen selbst wurden der NDW überdrüssig. Die Abgrenzung vom ohnehin nie sehr beliebten NDW-Begriff erreichte ihren Höhepunkt, niemand wollte damit noch in Verbindung gebracht werden. Das geschah nicht zuletzt deshalb, weil auch Szene-Außenseiter:innen den Begriff für sich beanspruchten und weil manche der frühen NDW-Bands den subkulturell unverzeihlichen Fehler des ‚Ausverkaufs' begangen hatten, also zu Major-Labels gewechselt waren und zum Teil beachtliche Plattenverkäufe und Chartplatzierungen verzeichnen konnten. Das Hoch währte allerdings nur kurz: So plötzlich wie IDEAL, GRAUZONE und DAF in der zweiten Hälfte des Jahres 1981 in den bundesdeutschen Charts auftauchten, so schnell waren sie daraus auch wieder verschwunden. Kommerzielle Erfolge feierten ab der zweiten Hälfte des Jahres 1982 vor allem solche ‚Wellenreiter', die keine Anbindung an die NDW-Szenen hatten, aufgrund ihrer deutschen Texte und ihrer mehr oder minder stilistischen Nähe zur New Wave aber bis heute als NDW-Bands gelabelt werden. Bekanntestes Beispiel für diese Entwicklung ist etwa die Band NENA mit ihrem im Januar 1983 veröffentlichten Song „99 Luftballons", der kurze Zeit später auf dem ersten Platz der bundesdeutschen Single-Charts rangierte. Abseits dieser Distanzierungsversuche war die Bewegung aber ohnehin dabei zu erodieren: Der Großteil der Szenen und Bands fiel spätestens 1983 auseinander, Fanzines und Zeitschriften wurden eingestellt, Labels und Vertriebe gingen pleite, kreative und ästhetische Neuerungen blieben weitestgehend aus. Den allgemeinen Niedergang überlebten nur einige wenige Gruppen, die generell eher dem Avantgarde-Untergrund verhaftet waren und bei denen der Schritt in die Kommerzialisierung auf dem Höhepunkt der NDW zumeist ausgeblieben war, wie etwa FSK, EINSTÜRZENDE NEUBAUTEN und DIE TÖDLICHE DORIS.

Für den ‚Kälte-Pop' ist der Zusammenbruch der NDW deshalb bedeutsam, weil dieselben, miteinander verzahnten Faktoren auch zum Ende der aus ihr hervorgegangenen ‚Kälte-Welle' führten: Übersättigungserscheinungen, inflationäre Nutzung und Kommerzialisierung einst szeneinterner Motive sowie Wandlungsprozesse innerhalb der Szenen, bei einzelnen Bands und schließlich in der bundes-

---

[1] Zu den „Enden der NDW" siehe etwa Schneider: *Als die Welt noch unterging* (2007), 190–224 sowie Hornberger: *Geschichte wird gemacht* (2010), 192–193, 305, 356–357. Vgl. auch die diesbezüglichen Aussagen ehemaliger NDW-Protagonist:innen zit. n. Teipel: *Verschwende deine Jugend* (2001), 337–345.

deutschen Gesellschaft und Politik selbst, die den Wegfall der Ausgangsbedingungen nach sich zogen. Eine genauere Untersuchung der Gründe für das Abebben der ‚Kälte-Welle' verdeutlicht zudem, warum der ‚Kälte-Pop' in dieser geballten und Reinform (bisher) nicht wiederkehrte und ein historisch einmaliges Phänomen blieb.

Ankunft im Mainstream
Wirklich überraschend dürfte der einsetzende Erfolg der NDW, ihre kommerzielle ‚Ausschlachtung' und das Auftauchen immer neuer Gruppen, die mit den ursprünglichen New-Wave-Szenen in keinem Zusammenhang standen, für die NDW-Pionier:innen nicht gekommen sein. Mit ihren innovativen Sounds, ihrem Spiel mit Tabus, ihren politisch aufgeladenen Begriffen und zeitgenössisch relevanten Motiven, als auch mit ihren deutschen Songtexten über die alltägliche Wirklichkeit, die eine unmittelbarere Identifikation seitens der jungen Hörerschaft erlaubten, schloss die NDW nicht nur an aktuelle Trends an, sondern prägte diese selbst mit.

Nach einem zunächst zögerlichen Agieren stiegen die Major-Labels spätestens 1982 komplett ein und machten den kleinen, unabhängigen Labels nicht nur viele der Pionier-Bands abspenstig, sondern kauften zudem unzählige ‚Wellenreiter'-Bands ein, die sich nicht selten gerade erst gegründet hatten und keine Veröffentlichungen vorzeigen konnten, und überfluteten den Musikmarkt mit deren Produkten. Während Qualität zu diesem Zeitpunkt eine immer geringere Rolle zu spielen schien, sollte stattdessen Quantität sicherstellen, dass sich zum Schluss auch ein kommerziell erfolgreicher Hit unter der Masse an veröffentlichten Platten befand. Gaben sich die meisten NDW-Bands in den Anfangstagen noch betont antikommerziell, fielen die Vorbehalte bei vielen Musiker:innen just in dem Moment, als ihnen tatsächlich Major-Deals angeboten wurden. „Erklären kann ich mir das heute nur damit, dass wir nervös waren und die Nerven verloren: Wir sahen diese ganzen Leute mit unseren Ideen das große Geld verdienen und wollten ihn dieses Feld nicht kampflos überlassen", stellte Andreas Dorau rückblickend fest und auch für Wolfgang Müller schien es, als habe die West-Berliner Musikszene plötzlich begonnen, „Angst um ihre Rente zu haben" und auf kommerziellen Durchbruch zu hoffen.[2] So halfen viele der ersten NDW-Musiker:innen letztlich tatkräftig dabei mit, den NDW-Begriff bis zur Unkenntlichkeit aufzuweichen und den Zerfall der Bewegung herbeizuführen. Am Ende bestimmten die großen Musik-Labels und szeneexterne Medien, was unter NDW zu verstehen sei: Für Teenagermagazine wie *Bravo* und *Pop/Rocky*, die sich 1982 ganz auf das Phänomen NDW einge-

---

2 Dorau, Andreas/Regener, Sven: *Ärger mit der Unsterblichkeit*, Berlin 2015, 83. Müller: „Kann maN etWas mACHen, was nicht Mu s i k ist?" (2006), 153.

stellt hatten, bedeutete dies vor allem IDEAL und NENA.³ Auch das Line-Up des Mitte 1982 in der Dortmunder *Westfalenhalle* aufgenommenen „Neue Deutsche Welle – Special" der Sendung *Rockpop in Concert* (ZDF), das sich auf die Acts SPIDER MURPHY GANG, IDEAL, UKW, BAP, EXTRABREIT, HUBERT KAH MIT KAPELLE sowie Joachim Witt erstreckte, machte deutlich, dass der NDW-Begriff sich von seinen ursprünglichen Protagonist:innen entfernt hatte. „Jede Welle hat ein Ende – Hier ist die Neue Deutsche Wende!" hieß es schließlich im Dezember 1982 in einer Reklame-Anzeige von *Phonogram* für die neuen Alben der beim Label unter Vertrag stehenden Bands, zu denen neben den NDW-Pionieren ABWÄRTS und PALAIS SCHAUMBURG auch die INA DETER BAND und ‚Wellenreiter' wie JAWOLL und SONDERANGEBOT gehörten.⁴

Diese Entwicklung blieb auch der britischen Musikpresse nicht verborgen, *NME*-Autor Chris Bohn erklärte etwa Mitte 1982 in seinem Beitrag „NDW = No Damn Worth", die NDW habe sich zur „first rich prostitute" der deutschen Musikindustrie entwickelt.⁵ Schuld daran seien aber nicht nur die Plattenindustrie und die sich ‚verkaufenden' NDW-Pioniergruppen, sondern insbesondere jene Musiker:innen, die nach Jahren in Jazz-, Rock- oder Krautrock-Bands auf den Erfolgszug der New Wave aufzuspringen suchten. Prototypisch für viele dieser Bands ist Bohn zufolge die Geschichte von IDEAL: „failed former hard or jazzrockers who've blatantly shorn their hair and sound to fit the tenets of the new way."⁶ Auch in der britischen *Sounds* wies der Musikjournalist Mick Sinclair kritisch darauf hin, dass die seinerzeit in den bundesdeutschen Charts vertretenen NDW-Bands wie IDEAL, SPLIFF und EXTRABREIT größtenteils aus alternden Musiker:innen bestehen, die teilweise schon seit den 1960er Jahren aktiv sind und letztlich nur leicht abgewandelte Rockmusik spielen: „Ironically this garbage is what has become known as Neue Deutsche Welle".⁷ Tatsächlich befanden sich unter den kommerziell erfolgreichsten und als NDW gelabelten Gruppen eine relativ große Zahl von ‚alten Bekannten': Die IDEAL-Musiker:innen etwa spielten alle zuvor in Jazz- und Rockformationen, Wolfgang Jäger-Ramig (EXTRABREIT) in der Rockband GROBSCHNITT, Carlo Karges (NENA) bei NOVALIS, Bodo Staiger (RHEINGOLD) bei der Prog-Rock-Gruppe LILAC ANGEL, und SPLIFF waren aus der Politrockgruppe LOKOMOTIVE KREUZBERG und der NINA HAGEN BAND hervorgegangen. Deutlich wird der Schwenk zur New Wave weit weniger am Sound, als an der sich verändernden Performance und vor allem Sprachwahl: So wechselten etwa SPLIFF nach ihrem noch komplett englischsprachigen Debüt *The Spliff Radio Show* (1980) auf dem Folgealbum *Herzlichen Glückwunsch* (1982) zu

---

3 1983 zierte die Sängerin Nena ganze 14 mal das Cover der *Bravo*, 1984 noch zehn mal.
4 Phonogram: „Jede Welle hat ein Ende", Reklame, in: *Spex*, Nr. 12 (1982), 2.
5 Bohn, Chris: „NDW = No Damn Worth. Munich Rockdays, Germany", in: *New Musical Express*, 5. Juni 1982, 44.
6 Ebd., 45.
7 Sinclair: „Hamburger Kings" (1982), 24.

deutschen Texten.⁸ Auch die bereits seit Mitte der 1970er Jahre tätige Pop-Rock-Band THE DAYS aus Bayern brachte 1982 plötzlich ein deutschsprachiges Album heraus, auf dem sich Stücke mit bezeichnenden Titeln wie „Herz Aus Stahl", „Kalte Insel" und „Stahlwüste" befinden – es sollte ihr letztes Album sein.⁹ Eine Neuausrichtung auf die Sprache und Motive der New Wave vollführte nicht zuletzt auch der einstige Krautrocker Bodo Staiger mit seinem Projekt RHEINGOLD, das noch am Ende der NDW Songs wie „DisTanz", „Computerbeat" und „Strahlende Zukunft" veröffentlichte.¹⁰

Wie wenig die ‚Wellenreiter' mit der ursprünglichen New-Wave-Bewegung und den Pionierbands verband, zeigt sich beispielhaft an der Gruppe NENA bzw. an deren gleichnamiger Sängerin (eigentlich: Gabriele Kerner). Kerner und Drummer Rolf Brendel hatten vor der Gründung von NENA zunächst in der Hagener Band THE STRIPES gespielt und – erfolglos – an die New-Wave-Bewegung anzuknüpfen versucht. Sogar dem *Musikexpress* fiel 1980 auf, dass die sich selbst als New-Wave-Band verstehenden THE STRIPES mit ebenjener Musik nicht viel am Hut hatten: „Neue Sounds kennen sie von Platten, die ihnen Produzent Andy Kirnberger vorspielte. Platten von irgendwelchen englischen Gruppen halt, die Namen haben sie nicht behalten. [...] Auch zur wirklichen deutschen New Wave [...] haben sie keine Beziehung", stellte Gabriele Meierding nach einem Gespräch mit der Band fest und verwarf THE STRIPES als eine jener Gruppen, „die ihren ‚Neue Welle'-Stempel aus dritter oder vierter Hand beziehen".¹¹ Sängerin Kerner machte deutlich, dass sie die Kritik nicht nachvollziehen kann: „Was habt Ihr nur immer mit Eurer MITTAGSPAUSE."¹² Auch die in Teenagermagazinen hochgelobte Folgeband NENA kam in jenen Musikzeitschriften, die der New-Wave-Bewegung mindestens nahestanden, weit weniger gut davon. Chris Bohn alias Biba Kopf etwa erklärte einleitend zu seinem Mitte 1984 im *NME* veröffentlichten Interview mit NENA, die Gruppe würde von allen einheimischen Mainstream-Pop-Rocker:innen, die aus der „disaster zone" der Neuen Deutschen Welle hervorgegangen sind, der angloamerikanischen Teenager-Kultur der Nachkriegszeit sicherlich am nächsten kommen.¹³ Sichtlich entnervt ob des wiederholten Nachhakens, wie sich die als NDW gelabelte Band zu den Pionierbands positionieren würde, gab Frontfrau Kerner trotzig an, sich noch nie etwas von EINSTÜRZENDE NEUBAUTEN angehört zu haben, während ihr Bandkollege

---

8 SPLIFF: *The Spliff Radio Show* (1980), LP, CBS, CBS 84555; SPLIFF: *Herzlichen Glückwunsch!* (1982), CBS, CBS 25 152.
9 THE DAYS: *Herz Aus Stahl* (1982), LP, Teldec, 6.25141 AP.
10 Die Songs befinden sich auf dem Album RHEINGOLD: *DisTanz* (1984), LP, CBS, CBS 25871.
11 Meierding, Gabriele: „Stripes. Neue Welle aus dritter Hand", in: *Musikexpress*, Nr. 6 (1980), 22–23, hier: 23.
12 Kerner zit. n. ebd.
13 Kopf, Biba: „Nena: The Girl from C&A...", in: *New Musical Express*, 5. Mai 1984, 26.

Uwe Fahrenkrog-Petersen betonte, dass die NEUBAUTEN und DAF für die Entwicklung bundesdeutscher Pop-Musik überhaupt nicht so wichtig, IDEAL dagegen „far more important than DAF" gewesen seien. Das schon seit den frühen 1970er Jahren als Profimusiker tätige Bandmitglied Carlo Karges schätzte die Situation aufgrund seiner langen Erfahrung im Musikbusiness allerdings weitaus differenzierter ein: „It's always the way with art [...]. Somebody releases something and somebody else sells himself on it. [...] And EINSTÜRZENDE NEUBAUTEN... well, everybody knows these kids are symbols for some development, but others will do better business from it."[14]

Was dann 1982 unter dem NDW-Begriff die bundesdeutschen Charts stürmte, unterschied sich zumeist nicht nur personell von der frühen NDW-Bewegung, sondern auch stilistisch: Der sogenannte „Neue Deutsche Schlager" – auch „Neue Deutsche Tanzmusik" genannt – mit Acts wie Frl. Menke, HUBERT KAH, Markus und UKW übernahm das Ruder. Zwar nutzten die „Neo-Schlager"-Musiker:innen das Rock- und Elektro-Instrumentarium der New Wave und behielten meist auch deren dynamisches Tempo bei, spielten im Gegensatz zu den oftmals düsteren und ‚kalten' NDW-Pionierbands jedoch vor allem humorvolle Lieder, die sich nicht selten um klassische Herz-Schmerz-Geschichten drehten. Mit ihrem internationalen Hit „Da Da Da ..." (1982) hatten TRIO, die sich selbst als Vertreter der „Neuen Deutschen Fröhlichkeit" verstanden,[15] den Startschuss für diese Entwicklung gegeben. Anders als bei ihren Nachfolger:innen entstand die äußerst erfolgreich vermarktete Musik von TRIO allerdings ohne den Eingriff eines Major-Label in den Produktionsprozess und war, wie Sänger Stefan Remmler 1982 gegenüber der britischen *Sounds* erklärte, zumeist ironisch bis schwarzhumoristisch intendiert: „Before everything was only frustration and anger, we make rock and roll with entertainment. But it's more a cynical cheerfulness, where you don't know whether to laugh or cry."[16] Bei den ‚Wellenreitern' fiel diese ironische Brechung traditioneller Schlagerlyrik weg, stattdessen setzten die Vertreter:innen der „Neuen Deutschen Fröhlichkeit" auf unbeschwerte, gefällige und tanzbare Unterhaltungsmusik. „Ich steh' unheimlich auf den frühen Peter Alexander", bekannte etwa der mit dem Stück „Ich Will Spaß" (1982) populär gewordene Jura-Student Markus Mörl 1982 im Interview mit dem *Musikexpress*.[17] Statt Provokation, Protest oder Zynismus boten die Musiker:innen der letzten NDW-Phase ihrem jungen Publikum vor allem eine Ab-

---

14 Kerner, Fahrenkrog-Petersen und Karges zit. n. ebd.
15 Gülden, Gitti: „TRIO. Phonogram 6435 138", Rezension, in: *Musikexpress*, Nr. 12 (1981), 76.
16 Remmler zit. n. Bushell, Garry: „Three's Company", in: *Sounds (UK)*, 10. Juli 1982, 25. Siehe dazu auch Remmler zit. n. Gockel, Bernd: „Trio. Die Banalität als Botschaft", in: *Musikexpress*, Nr. 7 (1982), 10–12, hier: 12.
17 Mörl zit. n. Tresen, Willi am: „Markus. Tri-tra-trullala, Markus ist für alle da!", in: *Musikexpress*, Nr. 7 (1982), 16.

lenkung von den politischen, ökonomischen und gesellschaftlichen Problemen der frühen 1980er Jahre. „Spießigkeit und Prüderie kommen wieder zu ihrem Recht", urteilten die Musikwissenschaftler Döpfner und Garms in ihrem 1984 erschienen NDW-Buch und zogen eine Parallele zwischen den Teenic Stars Nena und Markus, die im Film „Gib Gas – Ich Will Spaß" (1983) die Hauptrollen spielten, und dem Traumpaar bundesdeutscher Filme der 1950er Jahre, den Musiker:innen Connie Froboess und Peter Kraus.[18] Tatsächlich betonte NENA-Sängerin Kerner 1984 im *New Musical Express* den für sie wichtigen Aspekt der Harmlosigkeit sogar: „Parents aren't against their children because they like NENA [...]. We are very clean, we don't take drugs or anything else, so why should they be worried?"[19]

Und wie reagierte die bundesdeutsche Musikpresse, die die New-Wave-Bewegung seit ihrer Entstehung beobachtet, begleitet oder gefördert hatte? Deren Bewertung des NDW-Hypes fiel ganz unterschiedlich aus, je nachdem, welche Position der/die einzelne Autor:in bereits während der Blüte und Hochzeit der NDW zu und innerhalb dieser eingenommen hatte. *Sounds*-Autor Kid P. etwa münzte Anfang 1982 den kommerziellen Erfolg der Band NICHTS als Beweis für ihre vermeintlich minderwertige Musik um und ließ sich in für ihn typische Beschimpfungen und zynische Kommentare über die Band und ihre Fans aus: „[F]ür den normalen, stumpfen Deutschen (DICH!) gibt es einen unschlagbaren Grund, sie zu lieben, die Platten zu kaufen [...]: sie sind genauso langweilig wie du/das Leben. Kauf ihre Musik, ein Eigenheim und ein Mittelklasseauto."[20] Die zur Punk-Kultur und deren Narrativen neigenden Alfred Hilsberg und Jäki Eldorado bedienten ein halbes Jahr später wiederum den sub- und gegenkulturell gängigen Vorwurf des ‚Ausverkaufs' an die Musikindustrie. In ihrem „Pamphlet" riefen sie zu einem Generalstreik und „heiligen Krieg" gegen die als Erfindung von Major-Labels deklarierte Neue Deutsche Welle auf und empfahlen den Leser:innen verschiedene Boykottmaßnahmen wie NDW-Platten wegzuschmeißen und „NDW-verseuchte Läden" zu versperren und zu markieren: „Lasst eure Fantasie spielen. Greift notfalls zu härteren Maßnahmen z. B. indem ihr euch Haare und Bart wachsen lasst! Denn merke: Die Hippies von gestern sind die New Waver von heute!"[21] Mit ihrer Kritik an der Kommerzialisierung der NDW führten Hilsberg und Eldorado jene für die deutsche Kulturkritik klassische Unterscheidung in (gute) Hoch- und (schlechte) Massenkultur fort, die die bundesdeutsche Protestbewegung der ‚68er' – im Gegen-

---

18 Döpfner/Garms: *Neue deutsche Welle. Kunst oder Mode?* (1984), 33.
19 Kerner zit. n. Kopf: „Nena: The Girl from C&A..." (1984), 28.
20 Kid P.: „Neues und Böses aus Düsseldorf. Nichts, KFC, Monotones", in: *Sounds*, Nr. 1 (1982), 14–15, hier: 14.
21 Gröfaz/Goldmann: „Pamphlet. Gröfaz und Goldmann, bekannt von Funk und Fernsehen, rufen zum Generalstreik gegen die „Neue Deutsche Welle" (auch NDW genannt) auf!", in: *Sounds*, Nr. 7 (1982), 44–45, hier: 44.

satz zur US-amerikanischen Counter Culture, die mit dieser Trennung gebrochen hatte – unreflektiert unter anderem von Adorno übernommen hatte.

Gegenstimmen kamen von jenen, die der gegenkulturellen Konsum- und Kommerzkritik nichts abgewinnen konnten und/oder sich bereits als Popismus-Fürsprecher:innen hervorgetan hatten. In einem anonym veröffentlichten Beitrag im „Neue Deutsche Welle Special" des *Musikexpress* hieß es Mitte 1982 etwa, dass sich trotz aller negativer Auswüchse doch erst durch das Geld der großen Plattenfirmen das anfängliche „Wirrwarr von Stilen, Ansprüchen, Musiken, Präsentationsformen und Geräuschen" zum „erfolgreichsten Trend der deutschen Popmusik seit Kriegsende" entwickeln konnte: „Honorarvorschüsse, Studiomieten, Presskosten, aufwendige Covergestaltung, Werbemaßnahmen und Medienunterstützung. Das alles konnte nur die Plattenindustrie liefern."[22] Differenziert fiel auch das Urteil von Diedrich Diederichsen aus, der als Chefredakteur der *Sounds* eine popistische Ausrichtung gegeben hatte. Zwar würden ihn „[t]aktische Gründe" fast zu einer Solidarisierung mit den „Neo-Schlager"-Musiker:innen treiben, „schließlich sind es blöde Rockists, die sie am heftigsten angreifen", allerdings gäbe es an diesen einiges zu kritisieren. So zweifelte Diederichsen am stets behaupteten Bezug der Vertreter:innen des „Neuen Deutschen Schlagers" zu den Künstler:innen der 1930er bis 1950er Jahre und beschuldigte Acts wie Trio und Falco, sie hätten damit begonnen „ihren nöhligen[sic!], müden Sprachspiel-Hippie-Witz (Lindenberg-Revival) als Gesellschaftskritik zu verkaufen (auch hier: vgl. Lindenberg)". Der Pop-Autor endete seinen im September 1982 veröffentlichten Rückblick auf den kommerziellen Durchbruch der NDW mit einem Resümee, das sich aufgrund der positiven Bewertungen des NDW-Schlagers auffallend von den Einschätzungen zeitgenössischer Kolleg:innen unterschied:

> Es bleibt festzuhalten, dass 1) Markus No. 1-Hit ‚Ich will Spaß' trotz erheblicher Schwächen, die beste deutsche Produktion ist, die seit Drafi Deutschers ‚Marmor, Stein und Eisen bricht', im November 65, die deutschen Charts anführte [...]; dass 2) die Fülle von Produktionen in der BRD mehr Schrott, aber auch mehr Qualität hervorbrachte. Schrott überwiegt, aber nie gab es so viele gute deutsche Gruppen; dass 3) der Schlager die Chance gewesen wäre, das kulturelle Establishment von hinten anzugreifen. Diese Chance ist vertan und egal, ob doofkritisch (Spider Murphy), oder doof-affirmativ (Hubert Kah), haben sich diese Produkte bruchlos in die Frusthitparaden eingereiht, aber sie haben auch offene Ohren für Leute wie Dorau und den Plan geschaffen, die wirklich etwas von BRD-Kultur verstehen; dass 4) mehr Schrott

---

22 O. V.: „neue deutsche welle. Punk, Avantgarde, Tanzrhythmen", in: *Musikexpress. Neue Deutsche Welle Special* (1982), 4–7, hier: 7. Vgl. dazu auch Küster, Hans E.: „Allen NDW-Grabreden zum Trotz: Es geht voran", in: *Musikexpress/Sounds*, Nr. 3 (1983), 12–18 sowie Hub, Andreas: „Das Ende des Goldrausches? Schussfahrt in das neue deutsche Wellental", in: *Musikexpress/Sounds*, Nr. 4 (1984), 50–54.

als bei den sog. Schlagern immer noch bei den ernsthaften Rock-Musikern produziert wird.[23]

NDW? Bitte nicht!

Einzelnen positiven Rezensionen zum Trotz wurde die Musikpresse der NDW überdrüssig. Zierten 1982 noch DAF, TRIO und Andreas Dorau die Frontcover des *Musikexpress*, waren ein Jahr später Wolfgang Niedecken (BAP) und die Sängerin Nena die einzigen Deutschen, denen dies gelang. Stattdessen eroberten ‚klassische' Rockmusiker wie Chris de Burgh, David Coverdale, John Lennon, DIRE STRAITS und Eric Clapton ihre angestammten Plätze auf den Frontcovern zurück. Auch in *Sounds* spielte die NDW seit 1982 nur noch eine Nebenrolle, das Augenmerk wurde hier und etwas später auch in der *Spex* wieder mehr auf englischsprachige Acts gelegt. Wenig besser sah es für bundesdeutsche New-Wave-Acts in der ausländischen Musikpresse aus, die ebenfalls sehr bald das Interesse verlor. Mit dem Ausscheiden von Chris Bohn aus dem *New Musical Express* Anfang 1984 verloren deutschsprachige Künstler:innen schließlich ihren eifrigsten Fürsprecher in der britischen Musikpresse.[24] Wurde besonders im Jahr 1980 jede noch so kleine Indie-Veröffentlichung besprochen und nicht selten zu einem Paukenschlag künstlerischer Innovation verklärt, machte sich in den Musikmagazinen spätestens seit der zweiten Hälfte des Jahres 1981 Resignation ob der sich wiederholenden New-Wave-Klischees breit. Sogar im *Musikexpress* fiel schon seit Anfang 1981 das Wort „Sättigung" angesichts der überbordenden Fülle von neuen NDW-Bands, deren Veröffentlichungen und des vermeintlichen Rückgangs kreativer Ideen.[25]

„Mit dieser Platte reduzieren sich D-A-F selber zum musikalischen Stereotyp", erklärte etwa *Spex*-Autor Olaf Karnik in seiner Rezension des Albums *Gold Und Liebe* (1981) und verwarf ein Jahr später auch das Folgealbum *Für Immer* (1982) als „langweilig".[26] Mit dieser Kritik war Karnik nicht allein, selbst Frontmann Gabi

---

[23] Diederichsen, Diedrich: „Neue Deutsche Welle, Folge xyz", in: *Sounds*, Nr. 9 (1982), 64–65, hier: 65.
[24] Welche Bedeutung Bohn für die Wahrnehmung deutschsprachiger Musiker:innen in Großbritannien hatte, verdeutlicht die scherzhafte Bemerkung seines Kollegen Paul Tickell in einem Verriss des zweiten IDEAL-Albums: „There's obviously some good music coming out of Germany (1000 Chris Bohn articles cannot be wrong)". Tickell: „Ideal. Der Ernst Des Lebens (WEA)" (1982), 29.
[25] Siehe etwa tdb: „33 TAGE IN KETTEN. Fehlfarben. EMI/Welt-Rekord 064-46380" (1981) sowie Butler: „Neue Welle ade?" (1982), 28.
[26] Karnik, Olaf: „DEUTSCH-AMERIKANISCHE FREUNDSCHAFT – GOLD UND LIEBE (Virgin)", Rezension, in: *Spex*, Nr. 12 (1981), 24. Ders.: „DEUTSCH AMERIKANISCHE FREUNDSCHAFT. Für immer (Virgin)", Rezension, in: *Spex*, Nr. 10 (1982), 34.

Delgado gab in einem Interview nach der ersten Auflösung von DAF unumwunden zu, mit diesen Alben ein einmal bewährtes Prinzip einfach fortgesetzt zu haben: „Bei DAF wussten wir zwar auch, dass wir eines Tages an unsere Grenzen stoßen würden, aber dass uns – um es mal ganz banal zu sagen – so schnell nichts mehr einfallen würden[sic!], hat uns auch überrascht."[27] Stagnation und Wiederholung kennzeichne Diedrich Diederichsen zufolge auch die Debüt-EP von SPRUNG AUS DEN WOLKEN (1981), verkenne die „Berliner Dilettantismus-Ideologie" doch, dass Nicht-Können seinen Sinn nur als innovative Spielweise gegen konventionelle Techniken erhält: „Wenn sich aber die Nicht-Form, das genormte Unvermögen verfestigen, ist das total langweilig und überflüssig."[28] Als langweilig bezeichnete Mitte 1982 schließlich auch Mick Middles den Auftritt der von Beate Bartel (MANIA D.) und Chrislo Haas (DAF) gegründeten Gruppe LIAISONS DANGEREUSES in Manchester, die laut dem *Sounds*-Autor aus einem einst genuinen Verve „yet another underground conservatism" gemacht hatten: „Two synths, a drum machine, a vocalist. Once the instruments of the experimentalists, now a cliché."[29] Kritisch sahen viele Redakteur:innen nicht nur die Verstetigung einst neuartiger New-Wave-Sounds, sondern vor allem die inflationäre Wiederholung der immer gleichen Schlagworte. In *Sounds* störte sich etwa Michael O. R. Kröher in seiner Rezension des ROTZKOTZ-Albums *Lebensfroh Und Farbenfroh* (1981) an solch szeneintern ‚ausgelutschten' Songtexten wie „ich bin ein Computa" und „Deutsches Land – Gefühlskaltland" und auch seine Kollegin Franziska Graf urteilte über das Album *Futurist* (1981) der einstigen Krautrockband ROBOTERWERKE: „Futuristische Klischees von vorgestern."[30] Die Musiker:innen der ‚Kälte-Welle' hatten sich ihrer an der Lebenswirklichkeit orientierten Sprache selbst beraubt, Erfolg und inflationäre Verwendung hatten diese „verdorben", wie es *Scritti*-Autor Tobias Valentin Mitte 1982 formulierte. Beispielhaft veranschaulichen Valentins Ausführungen, warum die Zeit des ‚Kälte-Pop' 1982 endgültig vorüber war:

---

27 Delgado zit. n. Scheuring: „Der Vielstapler" (1983), 43.
28 Diederichsen, Diedrich: „Singles", in: *Sounds*, Nr. 11 (1981), 16–17, hier: 17.
29 Middles, Mick: „Liaisons Dangereuses, Manchester", in: *Sounds (UK)*, 24. Juli 1982, 36.
30 Kröher, Michael O. R.: „Rotzkotz. LEBENSFROH UND FARBENFROH. No Fun 08/15", Rezension, in: *Sounds*, Nr. 5 (1981), 63–64, hier: 63. Graf, Franziska D.: „ERDENKLANG. Computerakustische Klangsinfonie. Erdenklang. Teldec 6.25030 AP. Serge Blenner. FRACTURE INTERNE. Erdenklang-Teldec 6.22569 AP. Klaus Prünster. ZWEISAMKEIT (IST DIE SCHÖN'RE ZEIT). Erdenklang-Teldec. 6.25082 AP. Roboterwerke. FUTURIST. RCA PL 28475 SE", Rezension, in: *Sounds*, Nr. 5 (1982), 82–84, hier: 84.

> [E]s ist mir zuwider, Lieder über Computer oder Eiszeit-Gefühle zu hören. So erfrischend die Kälte und Illusionslosigkeit früherer Musik auch war, sie hat sich längst in verkrustete, klischeehafte Formelsprache gewandelt, von der ich einfach überfüttert bin, die in mir den Ekel hochkommen lässt.[31]

Mit den Musikzeitschriften wandte sich auch das Publikum ab. Viele NDW-Bands verzeichneten seit spätestens 1984 einen deutlichen Rückgang von Konzertbesucher:innen, selbst NENA konnten bei ihrer für viel zu große Hallen organisierten Tournee durch die Bundesrepublik 1985 nur ein Viertel aller Karten verkaufen.[32] Wenig überraschend zeigten sich auch bei Tonträgern deutliche Umsatzeinbrüche, DER PLAN etwa traten mit dem Stück „Gummitwist" (1983) bei *Formel Eins* und weiteren Fernsehshows auf, trotzdem wurden nur rund 8.000 Einheiten der vom Major-Label *WEA* vertriebenen Single abgesetzt.[33] Waren die Verkaufszahlen zur Hochzeit der NDW um ein zehnfaches höher, könne sich eine Indie-Band mittlerweile bei 500 verkauften Platten glücklich schätzen, erklärte Alfred Hilsberg Anfang 1984 gegenüber dem *Musikexpress*. Die Ursache dafür sah Hilsberg in der Weigerung der Plattenhändler:innen deutsche Produktionen ins Sortiment zu nehmen: „Das Markenzeichen ‚Deutsch' hat mittlerweile einen ganz schlechten Beigeschmack. Besonders für experimentelle, radikale Avantgarde-Sachen ist die Situation ganz mies. Die Verkäufe decken gerade die Herstellungs-, nicht aber die Produktionskosten."[34] Tatsächlich konnte sich Hilsbergs Label *ZickZack* dank einer vertraglich gesicherten Finanzierung durch den *Eigelstein*-Vertrieb halten, der wiederum nur durch den kommerziellen Erfolg der ersten beiden BAP-Alben über die Runden kam.[35] Der Wechsel von BAP zu einem Major-Label besiegelte das Ende. 1983 gingen die beiden Independent-Vertriebe *Eigelstein* und *Rip Off* schließlich Konkurs, *Eigelstein* hatte Mitte 1982 noch versucht, den Niedergang durch die Abgabe des Vertriebs an das Unternehmen *Teldec* hinauszuzögern.[36] Aufgrund ausstehender Zahlungen befanden sich infolge diesen Zusammenbruchs auch In-

---

31 Valentin, Tobias: „[ohne Titel]", in: *Scritti*, Nr. 8 (1982), 4.
32 So erschienen laut Plattenfirma beim Start der großen Deutschland-Tournee von PALAIS SCHAUMBURG in der Bochumer *Zeche* nur 53 zahlende Besucher:innen. O. V.: „Schnell + Vergänglich", in: *Spex*, Nr. 11 (1984), 4–9, hier: 6. Zu NENA siehe Longerich: „Da Da Da" (1989), 208.
33 Reichelt: *Der Plan* (1993), 108–109.
34 Hilsberg zit. n. Hub: „Das Ende des Goldrausches?" (1984), 53–54.
35 Vgl. Hiel, Elke/Kilanowski, Kerstin/Prütt, Karin/Golbach, Harald/Hamm, Wolfgang/Müller, Manni/Siebert, Büdi: „Aktuelle Information. Eigelstein Musikproduktion", in: *Scritti*, Nr. 11 (1982), 8–9, hier: 8.
36 Siehe dazu ebd. In der *Spex* wurde dieser Deal zynisch-resignierend kommentiert: „Als Alternative zur Industrie einst angetreten, wird jetzt die Industrie zum Garanten derselben Alternative". O. V.: „Neu", in: *Spex*, Nr. 11 (1982), 8–9, hier: 9. Zur Einstellung des *Rip-Off*-Großhandels siehe Maeck, Klaus: „Ich will Spaß: Gib mir Gas!", Leserbrief, in: *Scritti*, Nr. 4 (1983), 6.

die-Labels wie *Ata Tak* plötzlich in den Miesen.[37] Nicht nur für Szene-Plattenläden wie *Rip Off* (Hamburg) und *Zensor* (Berlin) kam 1983 das Aus, sondern neben vielen kleineren Labels auch für *No Fun*, nachdem die Verkäufe im Frühjahr 1982 eingebrochen waren: „Von einem Tag auf den anderen, vom 31. März auf den 1. April 1982, ging nichts mehr. In unserem Lager stapelte sich die Ware."[38]

Für neue Bands wurde es nach dem Untergang der unabhängigen Labels und Vertriebe schwieriger eine Schallplatte zu veröffentlichen, geschweige denn bei einem Major-Label unterzukommen. Letztere hatten angesichts anhaltender Umsatzeinbuße ihre Strategie des maßlosen Einkaufs von Bands und Ausstoßes von Veröffentlichungen aufgegeben. Zwar hatten die NDW und insbesondere einzelne Hit-Singles der Spät-NDW wie „99 Luftballons" (NENA), „Major Tom (Völlig Losgelöst)" (Peter Schilling) oder „Codo (... Düse im Sauseschritt)" (TAUCHEN-PROKOPETZ) der ohnehin angeschlagenen Plattenindustrie in der Bundesrepublik eine Verschnaufpause verschafft, mit dem Niedergang der NDW fiel aber auch dieser letzte Strohhalm weg. Die Umsatzrückgänge zwischen dem Ende der 1970er Jahre und dem Jahr 1983 beliefen sich auf etwa ein Viertel, noch stärker traf es den britischen und US-amerikanischen Musikmarkt.[39] Schuld war neben vielen kleineren Faktoren insbesondere die allgemein krisenhafte Wirtschaftslage sowie die Konkurrenz der Musikkassette, auf die sich ganze Alben überspielen ließen. Erst die Einführung der CD im Jahre 1983 bescherte dem Musikmarkt eine langsame Erholung. Nicht zuletzt rissen der Untergang der NDW und die Krise der Plattenindustrie neben vielen Labels auch den Markt für Musikzeitschriften mit sich: Waren in Großbritannien die Zeitschriften *Sounds* und *Melody Maker* finanziell schwer angeschlagen, wurde in der Bundesrepublik die deutsche *Sounds*, einst Flaggschiff der NDW-Bewegung, Anfang 1983 komplett eingestellt, nachdem die verkaufte Auflage um ein Viertel geschrumpft war und die Anzeigenaufträge der Musikindustrie stark abgenommen hatten.[40] In der letzten *Sounds*-Ausgabe warnte Joachim Stender, welche Auswirkungen das publizistische Ausschalten des Untergrunds und

---

37 Vgl. Reichelt: *Der Plan* (1993), 101–103.
38 Skai, Hollow: „Am Nabel der Welt – Wo spielt die Musik?", in: *Der Tagesspiegel*, 21. September 2004. URL: *http://www.highdive.de/info/nofun/nf2.htm* (Letzter Zugriff: 24.10.2022).
39 Siehe dazu etwa Haring: *Rock aus Deutschland West* (1984), 178–181, Hündgen, Gerald: „Tonträger auf Talfahrt", in: *Spex*, Nr. 10 (1984), 7 sowie Rütten, Wilfried: „In die Wüste", in: *Spex*, Nr. 1 (1983), 29–30.
40 Siehe dazu Diederichsen, Diedrich: „Too Late Baby, Too Late Baby Bye Bye", in: *Sounds*, Nr. 1 (1983), 6–7 sowie Haring: *Rock aus Deutschland West* (1984), 181, 208. Der Schweizer Verleger Jürg Marquard, dem auch das Teen-Magazin *Pop/Rocky* und die Zeitschrift *Cosmopolitan* gehörte, kaufte *Sounds* zusammen mit dem *Musikexpress* auf, machte daraus das Blatt *Musikexpress/Sounds* und verlegte die neu zusammengestellte Redaktion nach München.

junger Indie-Künstler:innen nicht nur auf die Mainstream-NDW, sondern darüber hinaus auf die Diversität der Popkultur an sich haben werde:

> Durch den Tod von *SOUNDS* werden den Pionieren auf der sich beständig redefinierenden Ebene neuer Jugendbewegungen diejenigen substantiellen Ideen und Impulse (und zu einem Großteil auch die logistische Hardware) entzogen, die ein Weiterleben auf der Ebene der Adapteure immer wieder ermöglichten. Jetzt gibt es nichts mehr zu adaptieren.[41]

Auf popmusikalischer Ebene schien die Zeit zurückgedreht: Die englische Sprache und angloamerikanischer Pop erlebten ein Comeback auf dem bundesdeutschen Musikmarkt. Sowohl der Anteil deutscher Produktionen in den bundesdeutschen Musikcharts als auch am gesamten Tonträgerumsatz in der Bundesrepublik sank von rund 50 Prozent im Jahr 1982 auf die Hälfte im Folgejahr.[42] Die szeneinterne Pflicht, Deutsch zu singen, fiel mit der Bewegung, allerdings zeichnete sich dabei eine Tendenz ab: Während abseits der Hitparaden und Major-Deals agierende Bands wie EINSTÜRZENDE NEUBAUTEN, DER PLAN und FSK weiterhin an deutschen Texten festhielten, wechselten kommerziell erfolgreichere NDW-Acts wie PALAIS SCHAUMBURG und Annette Humpe ins Englische. Verkaufserfolge feierten nun andere: Mit PROPAGANDA („Dr. Mabuse") und vor allem ALPHAVILLE („Forever Young", „Big In Japan") fanden sich 1984 zwei deutsche Synth-Pop-Bands international in den Charts wieder, die sich nicht nur aufgrund ihrer englischen Texte von den NDW-Vorgänger:innen absetzten. ALPHAVILLE etwa orientierten sich musikalisch ausschließlich an britischen Acts und schlossen als Teil eines sozialistischen Künstlerkollektivs eher an die ‚68er'-Bewegung an: „Wir hatten einen runden Tisch in der Küche, wo über jede Mark, die ausgegeben wurde, basisdemokratisch diskutiert wurde."[43] Fortgesetzt wurde das Pop-Modell der Band im Folgejahr von deutschen Musiker:innen wie Sandra und MODERN TALKING, deren englischsprachige Pop-Songs sich von angloamerikanischen Produktionen dieser Zeit kaum unterscheiden.

Ungebrochen war die Popularität deutscher Texte allerdings auf einem anderen Gebiet: Im Nachgang der NDW entwickelten sich Bands wie BAP und die sogenannten „Neuen Liedermacher", Sänger wie Herbert Grönemeyer, Marius Müller-Westernhagen, Klaus Lage und Heinz-Rudolf Kunze, zu gefeierten Hitparaden-Stürmern. Zwar hatten diese das Auftreten traditioneller Liedermacher, die Protestlieder, Bärte und langen Haare abgelegt, wurden mit Zuschreibungen wie ‚bo-

---

[41] Stender, Joachim: „Fragmentarische Bemerkungen über Gegenstände von existentieller Bedeutung", in: *Sounds*, Nr. 1 (1983), 7. Hervorhebung i. O.
[42] Siehe dazu Hub: „Das Ende des Goldrausches?" (1984), 50–51.
[43] Bernhard Gössling (Lloyd) zit. n. Dallach, Christoph: „Synthiepop-Stars Alphaville. ‚Richtige Instrumente konnten wir nicht'", 18. März 2019, *Spiegel Online*. URL: *http://www.spiegel.de/einestages/alphaville-stars-marian-gold-und-bernhard-lloyd-im-interview-a-1257505.html* (Letzter Zugriff: 24.10.2022).

denständig' und ‚ehrlich' aber vor allem als Kontrastbild zur betont künstlichen und künstlerischen NDW geschätzt. So erklärte der *Musikexpress/Sounds*-Autor Andreas Hub 1984, Grönemeyer demonstriere zusammen mit Kollegen wie Klaus Lage und Wolf Maahn „ein neues Selbstverständnis deutscher Rockmusik: unprätentiöse, sich nicht anbiedernde Songs, die nach dem NDW-Geplänkel wie ein reinigendes Gewitter wirken".[44] Die popistischen Attacken der ‚78er' hatten das Modell und die Ideale des Rockismus also nur kurzzeitig zurückgedrängt. Anders sah es auch nicht in Großbritannien und den USA aus, an deren popmusikalischen Erzeugnissen sich deutsche Produzent:innen, Musiker:innen und Hörer:innen nun wieder verstärkt orientierten: Dort wurde das Feld der Rock- und Alternative-Musik nach dem kurzen Hoch der New Wave wieder vom traditionellen Rock-Modell und seinen Adept:innen beherrscht, seien es die ab etwa 1984 aufblühenden „Indie-Rock"-Bands (THE SMITHS, R.E.M.), die mit Rückgriff auf die Musik der 1960er Jahre über Gefühle, Sehnsüchte und zwischenmenschliche Unzulänglichkeiten sangen, die sogenannten Stadionrock-Bands (JOURNEY, FOREIGNER, TOTO), die neben den Sounds der 1970er Jahre auch die rockistische Vorstellung von der ‚Message' und ‚Authentizität' fortführten, oder die Mitte der 1980er Jahre an Fahrt aufnehmenden Spielarten des Metal (Heavy, Speed, Thrash, Death), die vorrangig traditionelle Rollenbilder weißer Männlichkeit reproduzierten.[45] Künstlichkeit und ‚Kälte' hatten vorerst ausgedient.

Szeneninterne Transformationen und (Um-)Brüche
Auch innerhalb der New-Wave-Bewegung sehnten sich viele Musiker:innen, Kritiker:innen und Hörer:innen nach einem Ausbruch aus der ‚Kälte'. Monotoner, rein elektronischer Musik überdrüssig, richteten viele New-Wave-Bands dies- und jenseits des Atlantiks ihren Blick zurück auf die Geschichte der Pop-Musik und dabei vor allem auf die ‚warmen' Sounds Schwarzer Musikstile wie Funk, Soul, Reggae und Dub.[46] ‚Kalte' Elemente wie repetitive, abgehackte Kristall-Sounds, atonale Bläsersätze und minimalistische Sequenzer-Loops hatten für viele ihren Reiz verloren. Wie Diedrich Diederichsen rückblickend betont, sei es dabei nicht allein um musikalische Aspekte gegangen, sondern um eine subjektkulturelle Öffnung, „um wieder eine Fühlung mit Draußen aufzunehmen, aus der Enge der mittlerweile in seiner bizarr-verzerrt stilisierten Widerspruchs-Gestik versteinerten Waverseele

---

44 Hub, Andreas: „Herbert Grönemeyer", in: *Musikexpress/Sounds*, Nr. 10 (1984), 28–32, hier: 28. Vgl. auch Longerich: „Da Da Da" (1989), 227–228.
45 Siehe Reynolds: *Rip It Up And Start Again* (2007), 525–526 sowie Redhead, Steve: *The end-of-the-century-party. Youth and pop towards 2000*, Manchester u. a. 1990, 9–10, 14, 68.
46 Vgl. Longerich: „Da Da Da" (1989), 226, Reynolds: *Retromania* (2012), 195–196 sowie Cateforis: „Performing the Avant-Garde Groove" (2004), 569.

auszubrechen".[47] Was mit dem, wie die *Musikexpress*-Autorin Gabriele Meierding es nannte, „Überschwang der Gefühle" und der „zum Stil erhobene[n] neue[n] Trivialität" von New-Pop-Bands wie ABC im Jahr 1982 begann, entwickelte sich zu einer szeneinternen Gegenbewegung zu ‚Kälte', Untergangs-Kult und expliziter ‚Germanness'.[48] Auch in den Redaktionen deutscher Musikzeitschriften und besonders in jenen, die die Ausgestaltung der NDW mitbestimmt und ihre ‚kalten' Produktionen oftmals wohlwollend kommentiert hatten, brach unter einigen Autor:innen Mitte des Jahres 1982 ein regelrechter Hype um das Phänomen New Pop aus: „Nach der Phase des Nihilismus, von Pogo und Synthie untermalt, erschien sowas wie Licht am Ende des Musik-Tunnels", bemerkten die *Spex*-Autoren Peter Bömmels und Wilfried Rütten anlässlich der Veröffentlichung des Debüt-Albums der Sheffielder Band ABC („The Look Of Love").[49] So nahm die ‚Kälte-Welle' in der bundesdeutschen Pop-Musik dasselbe Ende wie in der Weimarer Republik, wo sich die ‚Kälte'-Akteure ihrer „Verhaltenslehren der Kälte" noch vor dem Machtantritt des Nationalsozialismus freiwillig entledigt hatten. Der Literaturwissenschaftler Helmut Lethen fasst, ohne den Ende der 1970er Jahre in der Pop-Musik ausgebrochenen Konflikt zwischen ‚Kälte' und ‚Wärme' konkret zu benennen, das dahinter stehende Prinzip in einem Interview bildhaft zusammen: „Nach jedem Kältebad des Intellekts müssen wir uns wieder warm tanzen. Dann schießen uns die Tränen in die Augen, weil wir glücklich genesen sind."[50]

Beispielhaft für diese Entwicklung steht die Geschichte von DAF bzw. von Gabi Delgado und Robert Görl. Festgefahren in ihrem einst erfolgreichen Sequenzer-Shouting-Deutsch-Stil, trennte sich das Duo 1982 um solo neue Wege zu beschreiten. In seine erste Solo-LP *Mistress* (1983) ließ Delgado afrikanische, südamerikanische und spanische Stile einfließen. Zwar hatte er für das Album zuerst deutsche Texte eingeplant, diese passten Delgado zufolge aber nicht zur Musik, da sie im Gegensatz zu Englisch und Spanisch zu hart klingen. Überhaupt sei er der

---

47 Diederichsen: *1.500 Schallplatten 1979–1989* (1989), 101–102.
48 Meierding, Gabriele: „ABC", in: *Musikexpress*, Nr. 9 (1982), 14. Zu New Pop siehe etwa Psurek, Marcus: „Arm the Unemployed! Frankie, New Pop und die Wucht der Uneigentlichkeit", in: Pehlemann; Papenfuß; Mießner (Hg.): *1984! Block an Block* (2015), 73–87, Büsser: *On The Wild Side* (2013), 131–136 sowie Reynolds, Simon: „New Pop and its Aftermath" (1985), in: Frith; Goodwin (Hg.): *On Record* (1990), 466–471.
49 Bömmels, Peter/Rütten, Wilfried: „ABC. The look of success", in: *Spex*, Nr. 9 (1982), 9–11, hier: 10. Siehe etwa auch die seltene Lobeshymne von Kid P. in *Sounds* sowie Gerald Hündgens Rückblick auf 1982. Kid P.: „ABC. Das kleine ABC des Lebens, Teil 1", in: *Sounds*, Nr. 9 (1982), 36–39, hier: 37 und Hündgen, Gerald: „Böse Menschen haben keine Lieder. 1982: Musik auf dem Jahrmarkt der Eitelkeiten", in: *Spex*, Nr. 1 (1983), 11–13, hier: 11.
50 Lethen zit. n. Jandl: „‚Wir müssen uns warm tanzen'" (2010).

deutschen Songtexte leid, so Delgado im Frühjahr 1983.⁵¹ Sogar die sexuelle Performance änderte sich, statt verschwitzter oder disziplinierter Männerposen zierten neben Delgado selbst nun auch Frauen die stark an den Flamenco-Plattencovern der frühen 1960er Jahre orientierten Frontcover von *Mistress* und der Single-Auskopplung „History Of A Kiss" (1982).⁵² „Wir waren zumindest bei den ersten Platten homoerotisch veranlagt, wir waren wirklich das, was wir dargestellt haben, wir standen da wirklich drauf", erklärte der ehemalige DAF-Sänger im *Scritti*-Interview 1983 zur gemeinsamen Zeit mit Robert Görl und führte im Folgenden aus, was sich seitdem geändert habe: „Heute interessiere ich mich auch mehr für Mädchen,[sic!] als für Jungs und deshalb ist die Musik natürlich auch anders geworden."⁵³

Abb. 31: ‚Warme' Orient-Ästhetik statt ‚kalter' Leder-Fetisch auf dem Frontcover der Single *Brothers* (1985) von DAF.

---

51 Delgado zit. n. Barber: „Life After DAF" (1983), 14 sowie Svoboda: „Gabi Delgado" (1983), 53 (Stefan Svoboda ist ein Synonym von Diedrich Diederichsen).
52 Delgado, Gabi: *Mistress* (1983), LP, Virgin, V 2266; Delgado, Gabi: *History Of A Kiss* (1982), 7"-Single, Virgin, VS 579.
53 Delgado zit. n. Renner, Tim: „Gabi Delgado Lopez", in: *Scritti*, Nr. 5 (1983), 19.

Im Gegensatz zu Delgado hielt sein ehemaliger Partner Görl an Synthesizer-Sounds fest, schwenkte kompositorisch, thematisch und technologisch jedoch vom ‚Kalten' ab. Laut eigener Aussage hatte der Musiker bereits bei der Produktion des vorerst letzten DAF-Albums *Für Immer* (1982) aufgrund einer frischen Liebesbeziehung „fast ausschließlich Romantisches im Kopf",[54] mit seinen ersten Solo-Singles „Mit Dir" und „Darling Don't Leave Me" (beide 1983) setzte er diesen Kurs weiter fort. Alles andere als ‚kalt' waren dabei nicht nur die konventionellen Herz-Schmerz-Lyrics, sondern auch der Sound, der nun vom *Oberheim*-Synthesizer *OB-Xa* bestimmt war. „Ein ganz warmer Klang. Warm und kräftig", betonte Görl dazu.[55] Als Delgado und Görl 1985 wieder für neue Aufnahmen zusammenkamen, hatte Görl diesen *Oberheim*-Synthesizer mit im Gepäck. Das Ergebnis der kurzzeitigen Wiederbelebung des DAF-Projekts, das Album *1st Step to Heaven* und die daraus ausgekoppelten Singles (1985/86), unterschied sich radikal von dem, was das Duo noch 1982 darbot – wenn auch das homoerotische Motiv beibehalten wurde.[56] Vorherrschend waren nun ‚warme' Sounds, englische Texte und eine orientalische Ästhetik bei Live-Auftritten sowie im Musikvideo und auf dem Frontcover der Single *Brothers* (Abb. 31). Das erklärte Ziel war Delgado zufolge tatsächlich eine „weiche Version von DAF": „Das war im Prinzip ziemlich leicht, diesen Stil zu konstruieren. Wir haben einfach alles umgedreht. Also statt deutsch englisch. Statt hart weich. Statt schwarz bunt. Statt Leder-Fetisch Kaftan."[57]

Sogar die düstere Untergrund-Szene West-Berlins blieb vom Comeback der Gefühle nicht gänzlich verschont. Der „New Wave-Zeitgeist ‚Stark sein – Hart sein'" habe nun ausgedient, erklärten etwa die Malaria!-Musikerinnen Gudrun Gut und Bettina Köster Ende 1982 im *Spex*-Interview, Letztgenannte machte dazu klar: „Ich möchte mir meine Liebe nicht kaputtmachen lassen. [...] Mit bedeutet Liebe sehr viel. Ich glaube an die eine große Liebe im Leben."[58] Auch Blixa Bargeld kündigte im Sommer 1984 wiederholt an, Einstürzende Neubauten würden eine Platte mit zeitgemäßen Liebesliedern herausbringen, von denen es doch viel zu wenige gebe.[59] Das Liebes-Album wurde letztlich nicht realisiert, seine angekündigte Öffnung für die Themen Romantik und Liebe setzte Bargeld dennoch um, etwa als er im Oktober 1984 zusammen mit Marianne Rosenberg deren Lied „Ich Bin Wie Du" in der Berliner *Schaubühne* sang.[60] Der einst zelebrierte Untergangs- und Destruk-

---

54 Görl zit. n. Spies/Esch/Görl/Delgado: *Das ist DAF* (2017), 158.
55 Görl zit. n. ebd., 179.
56 Siehe etwa Deutsch-Amerikanische Freundschaft: *1st Step To Heaven* (1986), LP, Dean Records, 207 435 sowie Deutsch-Amerikanische Freundschaft: *Brothers* (1985), 12"-Single, Dean Records, 601 970.
57 Delgado zit. n. Spies/Esch/Görl/Delgado: *Das ist DAF* (2017), 183.
58 Köster zit. n. Bömmels: „Zeitgenosse Malaria!" (1982), 6.
59 Bargeld zit. n. Coatts: „Einstürzende Neubauten" (1984) und Ruff: „Einstürzende Neubauten" (1984), 57.

tions-Kult hatte sich zu dieser Zeit schon erschöpft, einst aufsehenerregende Krach-Collagen waren mittlerweile etabliert. „Keine Provokation ohne zu provozierende. Nur, so recht will sich gar keiner mehr aufregen", bemerkte Anfang 1983 Spex-Autor Gerald Hündgen rückblickend auf die Veränderungen für die New-Wave-Bewegung im vorangegangenen Jahr[61] und tatsächlich wurden nicht nur die Neubauten mit diesem Wandel konfrontiert: „Mit dem, was wir vor zwei Jahren gemacht haben, rennen wir heute offene Türen ein. Das gilt auch für andere Bands. Du könntest ein Haus einstürzen lassen, es würde nur applaudiert. Alle finden alles toll", bekannten Mitte 1984 etwa auch FSK, die bereits nach 1982 auf einst genutzte ‚Kälte'-Motive in ihren Songtexten verzichtet hatten, und erläuterten die Folgen dieser Entwicklung: „Dadurch wird man gezwungen, nettere Sachen zu machen. Die Kritik ist subtiler geworden."[62]

In West-Berlin zerfiel währenddessen nicht nur die Stadt, sondern auch die Post-Punk-Szene: Einstige Szene-Lokale machten dicht, Bands lösten sich auf, nicht selten aufgrund finanzieller Probleme, Kontakte innerhalb der Szene rissen ab, auch weil Bands wie Malaria! und Einstürzende Neubauten ihre Zeit auf Tourneen statt in West-Berlin verbrachten.[63] Zudem änderte sich generell das Klima innerhalb der Szene, die in ihrer eigenen Düsternis versank: „Alles wurde sehr dunkel, sehr drogig, sehr kaputt, man hat sich nicht mehr unterstützt gegenseitig", erinnerte sich etwa Gudrun Gut, die es einige Jahre später den einst verspotteten ‚Hippies' gleichmachte und aufs Land flüchtete.[64] „Das Verspielte und Ironische weicht dem Existenzialistischen", heißt es auch in Wolfgang Müllers Szene-Chronik über die sich wandelnde Stimmung im West-Berliner Post-Punk-Untergrund,[65] der sich Mitte der 1980er Jahre vor allem an nicht-elektronischer, schwermütig-düsterer Musik ergötzte, ob nun von Nick Cave, Johnny Cash oder den Goth-Rockern The Sisters of Mercy.[66] Was einst künstlerische und subjektkulturelle Befreiung versprach und zu einer Explosion innovativer Kunstformen geführt hatte, kehrte sich – ob

---

60 Vgl. o. V.: „Schnell + Vergänglich", in: *Spex*, Nr. 12 (1984), 4–10, hier: 5.
61 Hündgen: „Böse Menschen haben keine Lieder" (1983), 12.
62 Justin Hoffmann oder Thomas Meinecke zit. n. Burchardt, Alf: „Die Freuden des Alltags", in: *Spex*, Nr. 9 (1984), 26–27, hier: 27.
63 Vgl. Gudrun Gut zit. n. Winkler, Thomas: „Die Stille war eine Offenbarung'", in: *taz*, 1. Oktober 2012. URL: *http://www.taz.de/!5082855/* (Letzter Zugriff: 24.10.2022).
64 Gut zit. n. Sklaski: „Interview mit Gudrun Gut", 4. Dezember 2015. In einem anderen Interview führte die Musikerin auch genderpolitische Rückschritte an, die zur Auflösung der Szene geführt haben: „Die Stimmung veränderte sich, es wurde immer machomäßiger, die Männer trugen plötzlich Cowboystiefel und -hüte. Ich habe mich als emanzipierte Frau nicht mehr wohlgefühlt". Zit. n. Winkler: „Die Stille war eine Offenbarung'" (2012).
65 Müller: *Subkultur Westberlin 1979–1989* (2013), 133–134.
66 Vgl. Mark Reeder und Tanith zit. n. Denk, Felix/Thülen, Sven von: *Der Klang der Familie. Berlin, Techno und die Wende*, Berlin 2012, 21–22.

nun in West-Berlin oder in anderen NDW-Zentren – gegen die Szene-Künstler:innen, die nun an den Verfallsformen ihrer eigenen ‚Kälte'-Lehren litten. Dabei blieb letztlich nicht nur die Kreativität auf der Strecke, wie MALARIA!-Musikerin Bettina Köster erläuterte, sondern auch das Subjekt selbst:

> Dass man alles nur macht, weil man leiden will – das war mir einfach zu lebensabträglich. Ich hatte irgendwann richtig ein Problem damit, dass ich auf menschlicher Basis einfach nicht mehr ständig unglücklich war. Weil das auch hieß, dass ich MALARIA-Texte nicht mehr wie bisher schreiben konnte.[67]

Nicht zuletzt führte auch bei den ‚Kälte'-Pionieren von KRAFTWERK eine Mischung aus konzeptueller Erstarrung, zwischenmenschlicher Entfremdung, ‚Kälte'-Verwirklichung und gesteigertem Engagement außerhalb der Musikproduktion zu einem Rückgang kreativen Outputs. So war die Digitalisierung des Produktionsprozesses laut Karl Bartos ein Grund für den kreativen Niedergang der stets um technologische Aktualität bemühten Gruppe, da die Bandmitglieder im Proberaum und Studio nicht mehr zueinander gerichtet musizierten und kommunizierten: „Wir sahen uns nicht mehr in die Augen, sondern der Blick war auf den Monitor gerichtet."[68] Nach allen von Ralf Hütter wiederholten Ausführungen zur ausbalancierten Mensch-Maschinen-Symbiose nahmen die Maschinen schließlich Überhand. Mit ihrer fast schon obsessiven Suche nach immer neuen technologischen Möglichkeiten banden sich KRAFTWERK selbst die Hände, das kreative Spiel verschwand komplett hinter dem Anspruch, stets auf dem neuesten Stand der Technik zu sein. Ganz konkret hatte diese konzeptuelle Versteifung zur Folge, dass das eigentlich für Mitte 1983 angekündigte Album *Technopop* von KRAFTWERK zuerst zweimal verschoben und dann ganz aus dem Veröffentlichungskatalog ihres Labels *EMI* herausgenommen wurde. Zu diesem Zeitpunkt hatten viele junge, nicht selten von KRAFTWERK inspirierte Bands durch den technologischen Fortschritt bereits zu den Düsseldorfer Electro-Musikern aufgeschlossen, diesen waren KRAFTWERK dadurch keinen Schritt mehr voraus. Das verschobene Album wurde schließlich in veränderter Form im November 1986 unter dem Titel *Electric Cafe* veröffentlicht, die einst verfolgte, thematische Geschlossenheit der Produktionen war da schon verloren, KRAFTWERK hatten sich konzeptionell zwischen Retro und Futurismus ‚verirrt'.[69]

---

67 Köster zit. n. Teipel: *Verschwende deine Jugend* (2001), 345.
68 Bartos zit. n. Duchateau, Francois: „Im Grunde waren wir Jazzmusiker'. Karl Bartos über Kraftwerk", 19. Oktober 2017, *Die Welt*. URL: https://www.welt.de/regionales/nrw/article169784702/Im-Grunde-waren-wir-Jazzmusiker.html (Letzter Zugriff: 24.10.2022). Vgl. Auch Bartos: *Der Klang der Maschine* (2017), 419.
69 Vgl. ebd., 479–480.

Tatsächlich hatte das Ende der kreativen Hochphase KRAFTWERKS bereits Ende 1981, nach der Veröffentlichung von *Computerwelt* und dem Abschluss der dazugehörigen Tournee eingesetzt. Nicht nur stieg Emil Schult zu dieser Zeit aus, der für viele Aspekte des Bandimages und der konzeptuellen Ausrichtung verantwortlich war, auch beim Rest der Gruppe war die allgemeine Stimmung auf einem Tiefpunkt. Den ehemaligen Bandmitgliedern Karl Bartos und Wolfgang Flür zufolge sanken die Arbeitsmoral und Produktivität in den folgenden Jahren auf Null.[70] Die Bandmitglieder begannen sich immer mehr voneinander zu entfremden und das Projekt KRAFTWERK schleifen zu lassen. Florian Schneider und Ralf Hütter zeigten nun deutlich mehr Engagement für das Rennradfahren als für die Musik, ja waren geradezu besessen vom Radsport, eindrücklich festgehalten in der Single-Veröffentlichung *Tour de France* (1983).[71] In einem Interview von 1999 betonte der 1987 ausgestiegene Drummer Wolfgang Flür, dass es letztlich nicht nur das deutlich seltenere Zusammenkommen und Musizieren war, das zur Erstarrung KRAFTWERKS geführt habe, sondern vor allem auch der Umstand, dass die rein performative ‚Kälte' auf das zwischenmenschliche Verhältnis innerhalb der Band übergegriffen habe: „Mein emotionales Wesen wollte nicht mehr so recht zu meinen rationalen Freunden passen. Ich vermisste Herzlichkeit und menschliche Wärme."[72] Ob in West-Berlin oder Düsseldorf, die ‚Kälte' fraß ihre Kinder.

Politischer und gesellschaftlicher Wandel
Zu den pop-, szene- und bandinternen Übersättigungs- und Auflösungserscheinungen gesellten sich in der ersten Hälfte der 1980er Jahre auf politischer, kultureller und gesellschaftlicher Ebene mehrere, auf den ersten Blick gegensätzliche Entwicklungen, die die ‚Kälte-Welle' zurückdrängten und eine Rückkehr des ‚Kälte-Pop' verhinderten: Erstens hatten – nicht nur im Kampf um die (alternative) Rockmusik – die ‚Hippies' und mit ihnen der Anspruch an Engagement und ‚Message' den Sieg innerhalb der linken Gegenkultur davongetragen. Im Unterschied zu den 1970er Jahren standen sie der Mainstream-Gesellschaft nun nicht mehr als Gegenkultur gegenüber, sondern waren in diese integriert, beispielhaft verdeutlicht im umfänglichen Mobilisierungspotential der Neuen Sozialen Bewegungen und dem Einzug der Partei Die Grünen in den Bundestag 1983. Zweitens kam es nach den sozialdemokratisch-liberalen 1970er Jahren sowohl in der Politik als auch in der bundesdeutschen Kultur zu einem Comeback des Konservatismus. Dieser hatte sich bei aller traditionellen Rhetorik jedoch in vielen Punkten dem (neo-)liberalen Trend zugewandt, was wiederum dazu führte, dass sich drittens in der bundes-

---

70 Siehe ebd., 428, 479–480 sowie Flür: *Kraftwerk* (1999), 245.
71 Siehe ebd., 251 sowie Bartos: *Der Klang der Maschine* (2017), 310.
72 Flür, Wolfgang: „Kling Klang intim", in: *Musikexpress/Sounds*, Nr. 9 (1999), 46–49, hier: 49.

deutschen wie internationalen (Pop-)Kultur eine wirkliche Affirmation von Oberflächen-Ästhetik, explizitem Konsumismus und ‚kalten' Verhaltensweisen ausbreitete. Gegen die Kooperation von ‚Hippies' und Mehrheitsgesellschaft hätten die ‚78er' ihr subversives Spiel möglicherweise noch weiterführen können, die beiden letztgenannten Prozesse beraubten die ‚78er'-Affirmation allerdings ihrer Waffen. Die tatsächliche Realisierung einst subversiv eingesetzter Motive, Ästhetiken und Verhaltenslehren besiegelte das Ende des ‚Kälte-Pop'.

Mit Blick auf die erfolgreichsten Singles des Jahres 1982 erklärte Hermann Haring in seinem Buch *Rock aus Deutschland West* (1984), die bundesdeutsche Pop-Musik habe mit den fröhlichen Sounds und simplen Herz-Schmerz-Geschichten von Acts wie TRIO, HUBERT KAH & KAPELLE und Markus die ökologische und ökonomische Krise überspielt und dem Publikum eine Ablenkung von grassierenden Untergangs-Ängsten geboten.[73] Dieser Blick auf hohe Verkaufszahlen und Chartplatzierungen, die schon immer vor allem von unbeschwerter Pop-Musik eingenommen wurden, verdeckt allerdings die Sicht auf gegensätzliche Entwicklungen. Gerade das Jahr 1982 stellt den Höhepunkt der Politisierung innerhalb der bundesdeutschen Pop-, Rock- und Schlagermusik dar. Nie zuvor engagierten sich so viele deutschsprachige Musiker:innen verschiedener Genres auf und hinter der Bühne im Zuge der Popularisierung der Neuen Sozialen Bewegungen politisch, nicht zuletzt aus dem Kreis der als „NDW" gelabelten ‚Wellenreiter'. Peter Schillings Album *Fehler Im System* (1982) etwa, auf dem sich auch die Hit-Single „Major Tom (Völlig Losgelöst)" befindet, ist voller sozial- und technologiekritischer Songtexte und deutlich von den Forderungen der Friedensbewegung geprägt, wie auch der im Januar 1983 veröffentlichte Song „99 Luftballons" von NENA.[74] Auch die NDW-Pioniere FEHLFARBEN wurden aktiv und traten etwa am 10. Juni 1982, als über 400.000 Menschen gegen die NATO-Doppelkonferenz in Bonn protestierten, auf dem dazugehörigen Konzert neben BAP und Joseph Beuys auf, die dort ihren gegen den US-Präsidenten gerichteten Song „Sonne statt Reagan" spielten.[75]

Von der NDW um seine üblichen Textinhalte und Performanceformen gebracht, wandte sich auch der bundesdeutsche Schlager 1982 gesellschaftspolitischen Themen zu.[76] Bekannte Beispiele dafür sind etwa Peter Maffays Stück „Eiszeit" (1982), in dem Meere untergehen, Vulkane ausbrechen, die Erde zerbricht und Sprengköpfe nach Zielen suchen, sowie „Verlorenes Paradies" (1982) von Vicky Leandros, die darin die Zerstörung der Umwelt beklagt und die Menschen

---

73 Haring: *Rock aus Deutschland West* (1984), 170.
74 Schilling, Peter: *Fehler Im System* (1982); NENA: „99 Luftballons", auf: *Nena* (1983).
75 Vgl. Peters: *Ein Lied mehr zur Lage der Nation* (2010), 255–256.
76 Vgl. Hornberger: *Geschichte wird gemacht* (2010), 303–304 sowie Longerich: „Da Da Da" (1989), 215–223.

„vor dem Ende" stehen sieht.[77] Einzelne Strophen des Songs erinnern nicht zufällig an den Grand-Prix-Hit „Ein Bisschen Frieden" (1982) von Nicole, stammen doch beide Titel von den Produzenten Ralph Siegel und Bernd Meinunger, die um die zeitgenössische Massentauglichkeit friedens- und umweltbewegter Themen wussten.[78] Auffällig an diesen Liedern ist die oftmals resignative Aussage, die von einem Scheitern der Bemühungen erzählt und etwa auch im kommerziell erfolgreichen Stück „Die Weißen Tauben Sind Müde" (1982) vom Schlagersänger Hans Hartz zu finden ist.[79] Trotz aller Proteste der Friedensbewegung gegen die Nachrüstung im „Heißen Herbst" stimmte der Bundestag Ende November 1983 für die Stationierung der im NATO-Doppelbeschluss bestimmten Mittelstreckenraketen. Für die Friedensbewegung bedeutete diese Niederlage einen Rückgang ihres Mobilisierungspotentials in den folgenden Jahren.[80] Auch im Schlager und in der bundesdeutschen Pop- und Rockmusik wurden kritische Songs wieder seltener, Protest kam aus der Mode. In dieser Entwicklung unterschieden sich die bundesdeutsche Pop-Musik und insbesondere die bundesdeutsche New-Wave-Bewegung deutlich von der britischen, die sich in den Jahren 1983–1985 auf dem Höhepunkt der Politisierung befand. Daran beteiligten sich nicht nur populäre Popstars und erfolgreiche Mainstream-Bands, die sich in Bob Geldorfs und Midge Ures Projekt BAND AID („Do They Know It's Christmas?", 1984) und dem Mega-Event „Live-Aid" (1985) für ein Ende der Hungerkrise in Äthiopien einsetzten, sondern vor allem auch Musiker:innen aus dem Umfeld der New Wave und des Post-Punk. „New Pop became Political Pop", bemerkt der Kulturwissenschaftler Steve Redhead treffend angesichts der explizit politischen Kampagne der Gruppe FRANKIE GOES TO HOLLYWOOD, die mit „Two Tribes" (1984) einen Anti-Kriegs-Song veröffentlicht und T-Shirts mit Aufdrucken wie „Frankie Says: Arm The Unemployed" unters Volk gebracht hatte.[81]

In der bundesdeutschen Pop- und Rockmusik kam es zu keiner umfassenden Politisierung, trotz der Regierungsübernahme einer von Union und FDP geführten Koalition mit Helmut Kohl als Bundeskanzler im Herbst 1982. Im Gegensatz zur Entwicklung in den USA unter Präsident Ronald Reagan und in Großbritannien unter Premierministerin Margaret Thatcher blieben der von linker Seite befürch-

---

77 Maffay, Peter: „Eiszeit", auf: *Ich Will Leben* (1982), LP, Metronome, 0060.482; Leandros, Vicky: „Verlorenes Paradies", auf: *Verlorenes Paradies* (1982), LP, Philips, 6435 178.
78 NICOLE: „Ein Bisschen Frieden", auf: *Ein Bißchen Frieden* (1982), LP, Teldec, 6.25200.
79 Hartz, Hans: „Die Weissen Tauben Sind Müde", auf: *Sturm!* (1982), LP, Philips, 6435 153.
80 Siehe dazu Gotto, Bernhard: „Enttäuschung als Politikressource. Zur Kohäsion der westdeutschen Friedensbewegung in den 1980er Jahren", in: *Vierteljahreshefte für Zeitgeschichte*, Jg. 62, Nr. 1 (2014), 1–33.
81 Redhead: *The end-of-the-century-party* (1990), 52–53. FRANKIE GOES TO HOLLYWOOD: *Two Tribes* (1984), 7"-Single, ZTT, ZTAS 3.

tete konservative ‚roll back' und allzu radikale Einschnitte in das Sozialsystem aus.[82] Zwar wurde das Schlagwort der „geistig-moralischen Wende" ohnehin gar nicht von Kohl und den Unionsparteien, sondern von deren Kritiker:innen genutzt,[83] dennoch hatte Kohl wiederholt angekündigt, sowohl gegen die wirtschaftliche Krise als auch eine vermeintliche Krise in Politik und Gesellschaft vorzugehen. Mit dieser Rhetorik gelang es dem CDU-Vorsitzenden die zeitgenössisch verbreitete Sehnsucht nach ‚einfacheren' Zeiten anzusprechen, die sich Anfang der 1980er Jahre auf (pop-)kultureller Ebene in einer „Nostalgie-Welle" und einem Revival der 1950er Jahre manifestierte. Beispielhaft zeigte sich dieses etwa an der Rückkehr von Rockabilly-Musik und der Ted-Jugendkultur sowie an der Entstehung des NDW-Schlagers und der an konservativen Lebens- und Wertemodellen orientierten Popper-Jugendkultur. Für ‚78er'-Akteure wie Diedrich Diederichsen äußerte sich darin ein tatsächlicher Rückschritt und ein bewusstes Ignorieren der postmodernen Auflösung einst geltender Zeichensysteme, wie der Pop-Autor 1983 erklärte: „Heute dagegen ist die deutsche Pop-Kultur fast wieder da, wo sie in den Fünfzigern war, aber nicht im guten Sinne eines Nachklangs, eines Flimmerns toter Zeichen, sondern sie scheint ganz massiv-real dorthin *zurückversetzt* (nur einige wenige der neuen Schlager sind modern)."[84]

Der Retro-Welle konservativer ‚Spießer'-Zeichen zum Trotz entwickelte sich die bundesdeutsche Gesellschaft allerdings zügig vorwärts. Nach 1983 verschwanden die allgemeine Untergangsstimmung und die verbreiteten Ängste vor Katastrophen und neuen Technologien zusehends, die Bundesbürger:innen und insbesondere die bundesdeutsche Jugend blickten nun deutlich optimistischer in die Zukunft.[85] Die Gründe dafür lagen nicht nur in der Besserung der wirtschaftlichen Lage und in der generell eher liberaler als restriktiver werdenden politischen Kultur der 1980er Jahre, sondern auch in der raschen Transformation der bundesdeutschen Gesellschaft zu einer Freizeit- und Konsumgesellschaft.[86] Damit einher ging eine Entwicklung, die zunächst einmal wie ein Erfolg der New-Wave-Bewegung und des ‚Kälte-Pop' erscheint: Ab etwa 1982/83 erreichten nicht nur das Spiel

---

[82] Vgl. Herbert: *Geschichte Deutschlands im 20. Jahrhundert* (2014), 979 sowie Hoeres, Peter: „Von der „Tendenzwende" zur „geistig-moralischen Wende". Konstruktion und Kritik konservativer Signaturen in den 1970er und 1980er Jahren", in: *Vierteljahreshefte für Zeitgeschichte*, Nr. 1 (2013), 93–119, hier: 118.
[83] Ebd., 107–109.
[84] Diederichsen: „Die Auflösung der Welt" (1983), 184. Hervorhebung i. O.
[85] Siehe etwa Grafik 3 und Tabelle 21 in Bundesministerium für Bildung und Wissenschaft: *Werthaltungen, Zukunftserwartungen und bildungspolitische Vorstellungen der Jugend 1985. Eine Repräsentativbefragung des EMNID-Instituts*, 1985, Bad Honnef, 28–29. Vgl. auch Wirsching, Andreas: „Eine „Ära Kohl"? Die widersprüchliche Signatur deutscher Regierungspolitik 1982–1998", in: *Archiv für Sozialgeschichte*, Jg. 52, Nr. 667–684 (2012), hier: 675–676.
[86] Vgl. ebd., 671 sowie Herbert: *Geschichte Deutschlands im 20. Jahrhundert* (2014), 1008.

mit Stil und Pop-Zitaten und die einst als subversive linke Kritik intendierte Aufwertung von Oberflächen den Mainstream, sondern ebenso Elemente ‚kalter' Ästhetik wie (glänzendes) Metall, Glas, Neonlicht und militaristische, streng geschnittene Mode. Mit den zu jener Zeit neu entstandenen Lifestyle- und Mode-Magazine wie *The Face*, *i-D* und *Wiener* (später auch *Tempo*) hielt die „Style Culture" Einzug in den bundesdeutschen Alltag und mit ihr die postmodernistische Übersteigerung von Stil zum Identitätsmarker, nicht zuletzt durch die mediale Aufmerksamkeit für die Szenen und die kommerziellen Erfolge einzelner New-Wave-Acts selbst.[87]

Für die ‚78er'-Bohème und ‚Kälte'-Protagonist:innen bedeutete dieser ‚Erfolg' allerdings das Ende, denn Affirmation als subversive Strategie kann in einem Umfeld tatsächlicher Affirmation nicht funktionieren, sei es im Hinblick auf das kulturelle Comeback des Konservatismus oder auf den Durchbruch postmoderner Oberflächen-Kultur. Eindrücklich verdichtete sich diese in den Augen der ‚78ern' fehlgeleitete Entwicklung in der Gestalt des sogenannten Yuppies, dessen gegen die (links-)alternative Kultur gerichtetes Ja zur modernen Welt, zu Konsum, Großstadt und Stil eben nicht dem Anspruch einer subversiven Aktualisierung linker Positionen, sondern einer echten Affirmation mit radikal-kapitalistischen und neoliberalen Ansichten entsprang.[88] Die Avantgarde der Pop-Subversion wandte sich angesichts dieser Entwicklung angewidert ab: „1984 macht seinem Namen alle Ehre, aber andersrum. Nicht als Totalitarismus, sondern als in Horror kippender Hedonismus. [...] Langsam senkt sich der Horizont einer frühen Bret-Easton-Ellis-Welt über dem Rhein, man gibt der Schwerkraft der eigenen Asozialität nach", resümierte etwa Diedrich Diederichsen in seinem Band *Sexbeat* (1985), in dem er durchaus selbstkritisch der Frage nachgeht, wie es geschehen konnte, dass der „saubere, nicht renitente Waver" zu einer „Spielart des genusssüchtigen, gewissenlosen Poppers" verkam.[89] Auch Thomas Meinecke (*Mode & Verzweiflung*, FSK) zog sich vorerst von der einst subversiven Strategie der Affirmation zurück, spätestens als Mitte der 1980er Jahre, „zuvorderst von meiner eigenen Generation, eine ärgerliche Lawine zunächst belanglos simulierter, schon bald gefährlich reaktionärer Diskurse losgetreten worden war".[90] Tatsächlich verzichteten immer mehr „New-Musick"-Künstler:innen auf die einst essentielle Strategie des Uneindeutigen und wechselten von einem gebrochenen Verhältnis zu einer wirklichen Affirmation des Inszenierten, sei es auf dem Feld der Pop- und Rockmusik oder in der Industrial Music, wo das ehemals subversive Spiel mit Tabus in eine reale Hinwendung

---

87 Vgl. dazu Redhead: *The end-of-the-century-party* (1990), 28 sowie Hecken: *Pop* (2009), 416–417.
88 Vgl. ebd., 417 sowie Fabian: „Der Yuppie" (2018).
89 Diederichsen: *Sexbeat* (2002), IV, 129. Vgl. Rauen: *Pop und Ironie* (2010), 63–64 sowie Hinz: *Cultural Studies und Pop* (1998), 102.
90 Meinecke: „Vorwort" (1998), 8.

zu Faschismus, sexuellen „Abseitigkeiten" und Mystizismus umschlug.[91] Obendrein bedienten sich mittlerweile zu viele Außenstehende an den Strategien der Zustimmung ohne die dahinterstehenden politischen, philosophischen und subjektkulturellen Prämissen der Pop-Subversion zu übernehmen. Die Folge war, dass auf der einen Seite die Bochumer Spaß-Rocker GEIER STURZFLUG mit platter – und dennoch oft missinterpretierter – Ironie bzw. mit ihrem bereits 1978 erstveröffentlichten Song „Bruttosozialprodukt" 1982 die Charts und Radios eroberten, und auf der anderen Seite auch im Kulturbereich das Spiel mit Stilen „bald zum Volkssport degeneriert" war, wie Thomas Meinecke 1986 feststellte:

> Aus subtiler Ironie (heute Patentrezept jedes Kulturidioten) war bald mittels einer aus Frankreich (wie sich herausstellen sollte, nicht sachgemäß) importierten Meta- und Simulations-Begrifflichkeit jenes plumpe Als-Ob-Gebaren geworden, mit dem wir uns bis heute in fast jeder Ausstellung, fast jedem Konzert, fast jeder Lektüre herumschlagen müssen.[92]

Es zeigt sich, dass die oben genannten Faktoren, die zum Abebben der ‚Kälte-Welle' führten, nicht zufällig etwa zeitgleich auftraten, sondern miteinander verwoben waren. Als ein Phänomen am Ende der Schwellenphase zwischen Moderne und Postmoderne konnte ‚Kälte-Pop' nur in dieser kurzen Zeit existieren. Zwar hatte das Programm der ‚78er' eine postmodernistische Ausrichtung, orientierte sich thematisch und ästhetisch allerdings an der lebensweltlichen Wirklichkeit der Gegenwart, das heißt an der „dualen Welt" der Moderne. Diese prägte dem Soziologen Thomas Lau zufolge noch zu Beginn der 1980er Jahre den bundesdeutschen Alltag und ließ zumeist nur die Wahl zwischen zwei oftmals gegensätzlichen Polen (Ost und West, Bundesrepublik und DDR, ‚Kälte' und ‚Wärme'), im Laufe der ersten Hälfte des Jahrzehnts setzte jedoch zumindest auf (pop-)kultureller und gesellschaftlicher Ebene eine verstärkte Pluralisierung ein.[93] Mit dem Übergang in die pluralistische Postmoderne verloren die Vertreter:innen des ‚Kälte-Pop' ihre Motiv-Grundlage. Extreme ‚Kälte'-Grade bedürfen eines Gegenpols als Kontrast und Richtwert. Für die postmoderne Collage, die Eindeutigkeiten und Stilgrenzen auflöst, sind ‚kalte' Motive nach dem Ende der ‚Kälte-Welle' nur ein weiterer Baustein im popkulturellen Baukasten. Eine Wiederauferstehung des ‚Kälte-Pop', wie er sich zwischen 1978 und 1982 abspielte, war und ist unter diesen Bedingungen nur schwer möglich.

---

91 Vgl. Büsser: „The Art Of Noise/The Noise Of Art" (1996), 16.
92 Meinecke: „Das waren die achtziger Jahre" (1998), 118.
93 Lau, Thomas: „Pop im Kinderzimmer", in: Kemper; Langhoff; Sonnenschein (Hg.): „alles so schön bunt hier" (1999), 306–318, hier: 311–312.

4.2 Erfolge und Effekte

Zwar ebbte die ‚Kälte-Welle' im Jahr 1982 ab, ließ am Pop-Ufer jedoch ausreichend Strandgut zurück, an dem sich ihr nachfolgende Künstler:innen und Musiker:innen bedienen sollten. Trotz ihrer relativ kurzen Lebensdauer von nur maximal fünf Jahren, kann die vom ‚Kälte-Pop' ausgehende Wirkung auf die Popkultur und Musikwelt, sowohl in der Bundesrepublik als auch im Ausland, nicht hoch genug veranschlagt werden. Bevor im nächsten Kapitel einzelne Reanimierungen und neue Versionen bestimmter Motive und Strategien des ‚Kälte-Pop' näher beleuchtet werden, gilt es im Folgenden zunächst zu klären, ob und welche Spuren die ‚Kälte'-Künstler:innen ganz allgemein in der Popkultur der Bundesrepublik, DDR und im englischsprachigen Ausland hinterließen.

Charterfolge und Auszeichnungen, die Bands wie KRAFTWERK, DAF, GRAUZONE, IDEAL und FEHLFARBEN verbuchen konnten,[94] lassen sich zwar schwerlich als Beweis für den künstlerischen Effekt der einzelnen Gruppen und ihrer Motive heranziehen, geben jedoch einen Hinweis auf den Verbreitungsgrad und damit indirekt auf deren Wirkung. Gleiches gilt für den Umfang medialer Präsenz, insbesondere im Fernsehen, der in einer engen Wechselbeziehung zu den Verkaufszahlen steht: Zwar blieben Formate wie die vorzeitig abgebrochene Sende-Reihe „Dreiklangsdimensionen" (1982) im Bayerischen Rundfunk, in der die Beteiligten (KRAFTWERK, DAF, DER PLAN, PALAIS SCHAUMBURG, Andreas Dorau, RHEINGOLD und Joachim Witt) ihre Parts frei gestalten konnten,[95] die Ausnahme, dennoch gelang einigen ‚Kälte'-Musiker:innen durch Fernsehshow-Auftritte der Sprung in die Wohnzimmer der Zuschauer:innen.[96] Bands mit experimentelleren, weniger pop-tauglichen Sounds

---

94 So erhielten DAF für das Album *Alles Ist Gut*, das sich 46 Wochen in den bundesdeutschen Top100 halten konnte, 1982 den Schallplattenpreis der Deutschen Phono-Akademie in der Kategorie „Deutsche Rockmusik", IDEAL wiederum für ihre ersten beiden Alben Platin (500.000 verkaufte Einheiten). Auch GRAUZONES „Eisbär" wurde mehr als 450.000 mal verkauft (siehe Grand: „Grauzone" (2019), 53). Der kommerzielle Erfolg endete für einzelne Künstler:innen nicht mit der ‚Kälte-Welle': So erreichte etwa das FEHLFARBEN-Debüt *Monarchie Und Alltag* (1980) erst 2001 Gold-Status, während der CHICKS-ON-SPEED-Remix (2000) des MALARIA!-Songs „Kaltes Klares Wasser" (1982) als bestverkaufte Vinyl des Jahres 2001 mit dem „Dance Music Award" ausgezeichnet wurde. Als einzige auch in den USA erfolgreiche ‚Kälte'-Band wurden KRAFTWERK mit zwei Grammys (2014 für ihr Lebenswerk, 2018 für bestes Dance-Album des Jahres) und der Aufnahme in die „Rock and Roll Hall of Fame" (2021) geehrt.

95 „Dreiklangsdimensionen. Eine deutsche Musikrevue", *Dreiklangsdimensionen*, Folge 1, Bayerischer Rundfunk (Sendedatum: 1982). URL: *https://youtu.be/QwdZm1Uo0FQ* (Letzter Zugriff: 24.10.2022). Siehe Reichelt: *Der Plan* (1993), 85–86 sowie Schneider: *Als die Welt noch unterging* (2007), 117.

96 So kam für IDEAL der Durchbruch, nachdem die Band im August 1980 bei einem von der *Tagesschau* mitgeschnittenen Konzert als Vorgruppe von BARCLAY JAMES HARVEST vor dem Berliner Reichs-

hatten es dagegen schwieriger: Im öffentlich-rechtlichen Radio waren etwa Gruppen aus dem Umfeld der „Genialen Dilletanten" eher selten bis gar nicht zu hören, dafür aber in der Sendung des englischen BBC1-Radiomoderators John Peel, die zeitweise auch von Radio Bremen 4 und DT64 ausgestrahlt wurden, wodurch Bands wie MALARIA!, EINSTÜRZENDE NEUBAUTEN, FREIWILLIGE SELBSTKONTROLLE, NOTORISCHE REFLEXE und DIE TÖDLICHE DORIS über dem Umweg Großbritannien in deutschen Radios dies- und jenseits des Eisernen Vorhanges liefen.[97]

Wie der britische Musikjournalist Chris Bohn Ende 1982 in seiner Bilanz des „Neuen Deutschen Pop" zu Recht feststellte, lasse sich dessen Erfolg allerdings nicht nur an seinen Umsatzzahlen bemessen, sondern genauso gut an den Veränderungen, die er auslöste.[98] Tatsächlich offenbart sich die Bedeutung von NDW und ‚Kälte-Pop' vor allem in ihrer anhaltenden Wirkung auf Pop-Musik und (Pop-)Kultur. So beeinflusste die NDW nachfolgende Musiker:innen unterschiedlichster Genres und war der eigentliche Ausgangspunkt zur Entwicklung einer eigenständigen, deutschsprachigen Pop- und Rockmusik, die zugleich massentauglich als auch anspruchsvoll, künstlerisch und kritisch sein konnte. Auch ‚kalte' Electro-Sounds wurden in der Pop-Musik zum Standard: Während akustische Pianos, Streich- und Blasinstrumente in den 1980er Jahren kaum noch in den Charts zu hören waren, nahm seit 1983 die Verwendung von Drum Machines, Electro-Drums, Bass-Synthesizern und Sequenzern in der Musikproduktion stetig zu, selbst in der Rockmusik wurden die synthetischen, oftmals „glasig" und „kühl" klingenden Sounds mehr und mehr integriert.[99]

Und nicht nur die Sprache und Sounds des ‚Kälte-Pop' sollten nachwirken, sondern auch seine Motive, Codes und Ästhetiken. Obwohl Anfang der 1980er Jahre auch Musikerinnen wie die ‚brave' Schlagersängerin Nicole und die oftmals mit Schweißbändern auftretende Nena die Charts und Medien eroberten, ist es, wie der Journalist Joachim Hentschel ganz richtig bemerkte, heute vor allem das Bild der 1980er Jahre als „kühles, gelacktes und verkokstes Neon-Jahrzehnt", das medial vorherrscht.[100] Ausdruck und Multiplikator ebenjener Vorstellung der ‚kalten' 1980er Jahre ist etwa der Film „Fraktus" (2012): Dieser handelt vom Comeback-Versuch der von der Künstlergruppe *Studio Braun* erfundenen Band FRAKTUS, die in

---

tag und 150.000 Zuschauer:innen gespielt hatte. Für IDEAL folgten unter anderem ein Auftritt in der von Thomas Gottschalk moderierten TV-Show *Na sowas!*, bei der 1982 bereits KRAFTWERK zu Gast waren. DAF waren in Sendungen wie *Bananas*, *Bio's Bahnhof*, *Aspekte*, im *ZDF-Fernsehgarten* und der Musik-Show *Formel Eins* zu sehen, in der 1984 sogar EINSTÜRZENDE NEUBAUTEN auftraten. Vgl. Spies/Esch/Görl/Delgado: *Das ist DAF* (2017), 122.
97 Vgl. etwa Müller: *Subkultur Westberlin 1979–1989* (2013), 426–427.
98 Bohn, Chris: „Krauts In-A-Babylon", in: *Musikexpress*, Nr. 10 (1982), 8.
99 Brockhaus: *Kultsounds* (2017), 256–269.
100 Hentschel, Joachim: „Der Tag des Falken", in: *Rolling Stone*, Nr. 2 (2007), 52–61, hier: 58.

dieser Mockumentary als stilistische wie musikalische Vorreiter-Gruppe der 1980er Jahre dargestellt wird und Acts wie YELLO, EINSTÜRZENDE NEUBAUTEN und frühe Techno-Pioniere gleichermaßen beeinflusst habe.[101] Die (zu jener Zeit) fiktiven FRAKTUS entsprechen ganz dem ‚Kälte-Pop'-Ideal: Songtexte mit bekannten Parolen und Schlagworten („Eiszeit", „Computerliebe"), eine roboterhafte und emotionslose Performance sowie eine ausschließlich elektronische, von Sequenzern generierte Musik.[102] Letztere wurde vom Musiker und Produzenten Carsten „Erobique" Meyer geschrieben, der sich dabei an den Sounds der NDW orientierte und mit Matthias Schuster (GEISTERFAHRER) zusammenarbeitete.[103] Konsequent stellten sich FRAKTUS in einem Interview dann auch selbst als „Band ohne Gefühle" vor und ließen die provokative Affirmation des ‚Kälte-Pop' aufleben: „Wir waren dagegen. Gegen die Öko-Bewegung. Wir haben uns sehr stark für Atomkraft eingesetzt. Wir waren ja die erste Band, die nicht unplugged spielen konnte. Deswegen haben wir immer für den Meiler gespielt."[104] Neu war diese vor allem an KRAFTWERK orientierte Überzeichnung einer ‚typisch deutschen' Band der frühen 1980er Jahre allerdings nicht, tatsächlich baute die Darstellung von FRAKTUS unter anderem auf Parodien des ‚kalten Deutschen' in der anglo-amerikanischen Popkultur: Populärste Ausprägungen sind dabei wohl die fiktive Band AUTOBAHN im Film „The Big Lebowski" (1998), eine sich selbst als Nihilisten bezeichnende deutsche Gruppe von KRAFTWERK-Klonen, sowie das vom Comedian Mike Myers für die Shows *Saturday Night Live* (USA) und *It's Only Rock & Roll* (Kanada) entwickelte Sketchformat „Sprockets" (1989–1997).[105] Myers spielte hier „Dieter", den abgeklärt-ernsten und stets desinteressierten Moderator einer fiktiven, westdeutschen Fernsehtalkshow, die stets mit den steifen Tanzbewegungen von Dieter und identisch aussehenden Crew-Mitgliedern zu einem auf höherer Geschwindigkeit abgespielten Loop aus KRAFTWERKS „Electric Café" endete.

---

101 „Fraktus. Das letzte Kapitel der Musikgeschichte" (Bundesrepublik Deutschland 2012). R: Jessen, Lars.
102 Siehe FRAKTUS: *Millennium Edition* (2012), LP + CD, Staatsakt, AKT737LP.
103 Siehe Aussagen von Jacques Palminger (*Studio Braun*) und Carsten Meyer zit. n. Feser, Kim/Pasdzierny, Matthias: „Fraktus – ein Techno-Mythos? Carsten Meyer und Jacques Palminger im Gespräch mit Klaus Walter", in: dies. (Hg.): *Techno studies* (2016), 137–154, hier: 139–141. Interessanterweise hatte sich auch in 30 Jahren wenig am regional unterschiedlichen Interesse an den ‚kalten' 1980er Jahren geändert: So spricht Palminger im selben Interview von einem starken Nord-Süd-Gefälle, was die Zahlen der Kinobesucher:innen angeht. Zit. n. ebd., 153.
104 Dickie Schubert (gespielt von Rocko Schamoni) zit. n. Stein, Timo: „‚Bei uns ist Hass Alltag'. Studio Braun als Fraktus", o. J., *Cicero Online*. URL: http://cicero.de/salon/bei-uns-ist-hass-alltag/52482 (Letzter Zugriff: 24.10.2022).
105 „The Big Lebowski" (USA, Großbritannien 1998). R: Coen, Joel.

Popliteratur und Popdiskurs

Zwar erreichten Motive und Strategien der ‚Kälte' die deutschsprachige Literatur erst nach dem Ende des ‚Kälte-Pop', entfalteten dort aber eine nachhaltige Wirkung. Neben den NDW- und ‚Kälte'-Bands selbst hatte insbesondere die in *Sounds* und *Spex* publizierende ‚Pop-Intelligenzija' und die in subversiver Affirmation geübten Autoren Diedrich Diederichsen und Thomas Meinecke einen enormen Einfluss auf die folgenden Generationen an Popliteraten. Ein bekanntes Beispiel ist der Schriftsteller Rainald Goetz bzw. dessen Text „Subito", den Goetz 1983 anlässlich der Klagenfurter Literaturtage als Wettbewerbsbeitrag für den Ingeborg-Bachmann-Preis in einem aufsehenerregend blutigen Auftritt (während der Lesung schnitt sich der Autor mit einem Skalpell in die Stirn) vortrug. Wie der Literaturwissenschaftler Christoph Rauen nachzeichnet, bricht das unter dem Einfluss von *Sounds* entstandene „Subito" radikal mit Goetz' früheren Stil, den er noch 1978 im autobiografischen Essay „Der macht seinen Weg" verfolgte.[106] Statt sich in Betroffenheit, Hadern und Mutlosigkeit angesichts der Krise der Linken nach dem „Deutschen Herbst" zu ergehen, wettert Goetz in „Subito" zynisch und manifestartig gegen Sensibilität, Frieden sowie Natur und lässt unter anderem seine Figur Raspe auf eine „saubere Apokalypse" hoffen, die zur Vernichtung allen Lebens führe („Das wird schön").[107] Bewusst durchsichtig pseudonymisiert werden von Goetz gleich noch die ihn beeinflussenden Autoren und Künstler genannt, etwa der Maler „Albert Gagarin" (vmtl. Albert Oehlen) sowie sein „Ultra-Heroe, der geniale Kulturkritiker Neger Negersen genannt Stalin".[108] In einem späteren Text unterstrich Goetz erneut die Bedeutung, die die ‚kalten' Affirmationsstrategien auf sein Denken hatten:

> Anfang der 80er Jahre [...] entdeckte ich plötzlich, ich glaube bei der Lektüre von *Sounds*, dass irre interessante Denkeffekte für mich entstehen, wenn ich JEDES meiner spontanen Urteile einfach ins Gegenteil umdrehe, und dann gucke, wie sich das anfühlt. [...] Das war gigantisch, das war ein neuer Kontinent, eine neue Zeit, das Ende der Knechtschaft, das Ende der Unmittelbarkeit.[109]

Besonders deutlich hervor tritt die ‚Kälte'-Haltung auch in den seit 1983 erschienenen Werken des Schriftstellers Peter Glaser, der Ende der 1970er Jahre zusammen mit seinem Mitbewohner, dem Musiker und *Sounds*-Autor Xao Seffcheque, von Österreich nach Düsseldorf gezogen und dort in die New-Wave-Szene eingetaucht

---

[106] Rauen: *Pop und Ironie* (2010), 46–47. Goetz, Rainald: „Der macht seinen Weg. Privilegien, Anpassung, Widerstand", in: *Kursbuch*, Nr. 54 (1978), 31–43.
[107] Goetz, Rainald: „Subito", in: Glaser (Hg.): *Rawums* (1984), 152–165, hier: 158–159, 165.
[108] Ebd., 158.
[109] Ders.: *Abfall für alle. Roman eines Jahres*, Frankfurt a. M. 1999, 704. Hervorhebung i. O.

war.[110] So bündeln sich etwa in der von Glaser entworfenen Figur Heiza im Roman *Der große Hirnriss* (1983) eine ganze Reihe ‚kalter' Motive und Typen: Vehement lehnt Heiza darin nicht nur Fantasie als „Feigheit vor den offenen Augen" ab, die einen „Genuss am bloßen Wahrnehmen" ohne jede automatisch einsetzende Sozialkritik verhindere, sondern auch „[g]emischte Gefühle" und selbstredend ‚Hippies', für die er nur „Todesverachtung" übrig habe: „Hilf mir, aber ich kann es nicht mehr hören. Es ist nicht mehr wahr, es erschüttert mich nicht mehr. / *Rettet die Robbenbabies. / Schluss mit der Folter in Lateinamerika. / Atomraketen raus.*"[111] Stattdessen sehnt sich Heiza nach zwischenmenschlicher Entfremdung und nuklearer Vernichtung („Warum sieht der Schrecken so schön aus?") und lässt sich gern im Lokal *Quaranthek* sehen, einer „sehr kühl eingerichtete[n] Kaffee-Bar" mit dem „verhaltenen Charme einer Unterdruckkammer, in der Operationen am offenen Herzen durchgeführt werden".[112] Auch fordert Glasers Protagonist eine Anpassung an die graue Betonwelt, interpretiert etwa die Allergie eines Kleinkindes gegen Blattgrün als einen progressiven „Schritt in der menschlichen Evolution", und fühlt sich bei der Ankunft an seinem Arbeitsplatz in der Fabrik „wohlig aufgenommen in die Herde von Kollegen und das gewaltige Funktionieren der Fabrik".[113] Sehr ähnlich äußerte sich Glaser in seiner Anthologie *Rawums* (1984) und insbesondere in dem darin erschienenen Beitrag „Zur Lage der Detonation", dieses Mal ganz direkt und ohne fiktive Mittlerfigur. Auch hier zählt Glaser zunächst all die in seinen Augen negativen Aspekte der linken Gegenkultur der 1970er Jahre auf („Angst", „Trauer", „unheimliche Nachdenklichkeit", „Betroffenheit", „*Botschaft*", „Selbstbespiegelung", „kritische Sensibilität", „Authentizität"), um sich dann für ein Kontrastprogramm auszusprechen: „Dickere Dinger müssen her: / Atomkrieg, / Apokalypse, / Umweltvergrauung."[114] Hauptmotiv ist auch hier die ‚kalte' Trennung, denn mit „Strategien zwischen rabiater Ablehnung / und offensiver Affirmation" könne man die Leser:innen noch „wirksamer hochgehen lassen als bisher".[115] Wie bei den ‚kalten' NDW-Bands wird die Kritik des linksalternativen Milieus an einer in der bundesdeutschen Gesellschaft vermeintlich voranschreitenden Tendenz zu Emotionslosigkeit und Apathie von Glaser aufgenommen und affirmativ

---

110 In einem späteren Interview bezeichnete Glaser seine Entdeckung der Düsseldorfer Gruppe KRAFTWERK als „religiöses Erweckungserlebnis". Zit. n. o. V.: „CCC-Mann Peter Glaser: ‚Soziale Netze werden sich in Langeweile auflösen'", 4. Januar 2013, *t3n digital pioneers*. URL: *https://t3n.de/magazin/zucker-zuckerberg-230187* (Letzter Zugriff: 24.10.2022).
111 Glaser/Stiller: *Der große Hirnriss* (1983), 40–41, 50, 105. Hervorhebung i. O.
112 Ebd., 29, 39, 59.
113 Ebd., 27, 96–97.
114 Glaser, Peter: „Zur Lage der Detonation. Ein Exposé", in: ders. (Hg.): *Rawums* (1984), 9–21, hier: 10–12, 19. Hervorhebung i. O.
115 Ebd., 15–16.

gedreht, wobei bewusst unklar bleibt, ob es sich dabei um Provokation, Ironie oder tatsächliche Affirmation handelt: „Zu viele Gefühle sind nur behauptet / und eigentlich gar nicht mehr vorhanden, / oder Kino-Gefühle geworden; / und was interessiert mich die Weltlage, / wenn keine Milch mehr für den Kaffee / da ist."[116]

Der Auftritt purer ‚Kälte' in der deutschsprachigen Literatur blieb kurz. Nachdem Oberflächen-Ästhetik, Inversion und Ironie auch außerhalb der ‚78er' Einzug in die bundesdeutsche Gesellschaft hielten, hatten die einst subversiven Strategien für deren Schöpfer:innen ihren Nutzen und auch Attraktivität verloren. Ab der zweiten Hälfte der 1990er Jahre erlebten einzelne ‚Kälte'-Motive ein Comeback durch Popliteraten wie Benjamin von Stuckrad-Barre und Christian Kracht, die in ihren Romanen Oberflächen-Verkultung, demonstrativen Konsumismus und eine von Ironie und Zynismus geprägte Grundhaltung wieder aufleben ließen und zu Identitätsmarkern erhoben.[117] Zu Recht weist der Poptheoretiker Martin Büsser darauf hin, dass im Gegensatz zur subversiven Über-Affirmation eines Thomas Meinecke, die einer Aktualisierung linker Gesellschaftskritik gedient habe, die Ironie der neuen Generation an Popliteraten, „die in Harald-Schmidt-Manier stilsicher alles kritisiert oder der Lächerlichkeit preisgibt, was aufgrund interner und medialer Codes als unzeitgemäß und also peinlich gilt", jeden weltanschaulichen Überbau „jenseits von Style- und Coolness-Regeln" missen lässt.[118] Einstige Initiatoren und Pioniere der subversiven Pop-Affirmation wie Diedrich Diederichsen reagierten kritisch auf die in der Popliteratur und im Feuilleton um sich greifenden Formen von Ironie und Affirmation, die ihr distinktives, subversives und progressives Potential eingebüßt hatten und mittlerweile sogar von konservativer Seite zur Abwertung linker Kritik an sich gebraucht wurden.[119] Auch der Literaturwissenschaftler Christoph Rauen bemerkt dazu, dass mit der eindeutigen Differenz zwischen links und rechts nach der Wiedervereinigung auch der „Unterschied zwischen gegengegenkultureller und konservativer Metakritik an der Linken" verschwommen sei.[120] Ehemals zur Demaskierung reaktionärer Tendenzen innerhalb der Linken entwickelt, verlor die ‚Kälte' für ihre einstigen Vertreter:innen spätes-

---

116 Ebd., 17.
117 Siehe dazu Arnold, Heinz Ludwig (Hg.): *Pop-Literatur*, Text + Kritik. Zeitschrift für Literatur. Sonderband, München 2003, Rauen: *Pop und Ironie* (2010) sowie Hecken, Thomas: „‚Pop-Literatur' oder ‚populäre Literaturen und Medien'? Eine Frage von Wissenschaft und Gender", in: Kauer (Hg.): *Pop und Männlichkeit* (2009), 19–35.
118 Büsser: „Ich steh auf Zerfall'" (2003), 153.
119 Siehe etwa Diederichsen, Diedrich: „Die Leude woll'n, dass was passiert. Wege aus der Ironiefalle: Für eine Wiedergeburt des Politischen aus dem Ungeist der Freizeitkultur", in: *Frankfurter Allgemeine Zeitung*, 13. Oktober 2000. Vgl. Rauen: *Pop und Ironie* (2010), 71–123.
120 Ebd., 217.

tens in dem Moment ihre Attraktivität, als sie sich zum Ausdruck eines rücksichtslosen Neoliberalismus und zum Instrument rechter Reconquista entwickelte.

Diskurs-Pop und Neue Neue Deutsche Welle
Vergleichbar mit der Entwicklung im Feld der Literatur blieb auch in der deutschsprachigen Pop- und Rockmusik eine Rückkehr der ‚Kälte' im Ganzen aus. Einzelne Aspekte, Motive, Strategien und Ideen des ‚Kälte-Pop' sollten aber auch hier nachwirken und wieder zum Einsatz kommen. Während die Bands der Neuen Deutschen Härte einige Motive des ‚kalten', harten und disziplinierten ‚Deutschen' wieder aufleben ließen, entwickelt sich Ende der 1980er Jahre von Hamburg ausgehend eine Anfang der 1990er Jahre aufblühende Bewegung von Indie-Rock-Bands, die Teile der politischen und philosophischen Ansätze der ‚78er' weiterführten.

Geschult in den Schriften französischer Poststrukturalisten, gehörten Gruppen wie CPT. KIRK &., BLUMFELD, KOLOSSALE JUGEND, MUTTER, DIE GOLDENEN ZITRONEN und etwas später auch TOCOTRONIC jenem Teil der deutschen Linken an, der sich gleichzeitig gegen die dogmatische Konsum- und Popkritik der ‚traditionellen' Linken als auch gegen nationalistische Tendenzen und das Konstrukt einer ‚deutschen' Identität im Zuge der Wiedervereinigung stellte.[121] Wie ihre Vorgänger:innen der ‚78er'-Pop-Linken verwarfen die unter den Bezeichnungen „Hamburger Schule" und „Diskurs-Pop" subsumierten Bands die Vorstellung einer substantiellen, unveränderlichen und autonomen Identität. Sowohl „Schule" als auch „Diskurs" unterstreichen dabei dem Poptheoretiker Frank Apunkt Schneider zufolge, dass es um Lern- und Aushandlungsprozesse, um eine permanente Überprüfung und Ausarbeitung des eigenen Ausdrucks und der eigenen Position ging, die stets auf die jeweiligen Verhältnisse reagieren – dies schloss eine entsprechende Ablehnung des noch immer die Rock-Welt beherrschenden Anspruchs nach ‚Authentizität' sowie der rockistischen Vorstellung vom autonom agierenden Kunstsubjekt ein.[122] Tatsächlich standen die Diskurs-Pop-Bands in einer ideellen, politischen und teilweise auch personellen Kontinuität der ‚78er'-Bohème: So war die Verbindung zwischen Hamburger Schule und Magazinen wie *Spex*, in denen der Popdiskurs in Artikeln und Leserbriefen ausgetragen wurde, essentiell für die Entwicklung und Blütezeit des Diskurs-Pop. Zudem standen fast alle Gruppen, wenn sie nicht bereits zum Label *L'Age D'Or* gehörten, bei Alfred Hilsbergs Label *What's So Funny About.* unter Vertrag, das dieser nach dem Zusammenbruch von NDW und *ZickZack* gegründet hatte.

---

121 Siehe dazu Huber, Till: *Blumfeld und die Hamburger Schule. Sekundarität – Intertextualität – Diskurspop*, Göttingen 2016.
122 Schneider: *Deutschpop halt's Maul!* (2015), 74–75, 79–80.

„Ich weiß nicht, wieso ich euch so hasse, / Fahrradfahrer dieser Stadt. / Ich bin allein und ich weiß es, / und ich find es sogar cool. / Und ihr demonstriert Verbrüderung", sangen TOCOTRONIC auf ihrem Debüt-Album *Digital Ist Besser* (1995) und ließen damit eine Nähe zu Bands wie FSK und deren Slogan „Niemals die Verbrüderung" erkennen.[123] Als ‚Kälte'-Adepten können die Acts der Hamburger Schule jedoch nicht bezeichnet werden. Zwar waren ihre Texte ironisch, mitunter subversiv-affirmativ und voller selbstreflexiver Referenzen zu Pop-Musik, Kultur, Politik und Philosophie, die Vorwissen und Einblick in die poptheoretischen Diskurse voraussetzten und damit Hörer:innenkreise ausschlossen, gleichzeitig drückten sich in ihnen aber auch Gesellschaftskritik, intime Gefühle und eine von Melancholie und Verweigerung geprägte Grundhaltung aus. Insbesondere die seit Mitte der 1990er Jahre auftauchenden Bands der Hamburger Schule, Gruppen wie TOCOTRONIC und TOMTE, etablierten einen stets selbstreferentiellen „Befindlichkeits-Pop"[124], der sich sensitiv, emotional, sanft und auch ‚weinerlich' gab.[125] Ende der 1990er Jahre wurde diese Entwicklung der bundesdeutschen Pop-Musik nochmals gesteigert durch den Erfolgskurs von Bands der sogenannten „Neuen Neuen Deutschen Welle" wie ECHT, KETTCAR, TELE, WIR SIND HELDEN, VIRGINIA JETZT!, SILBERMOND, JULI, MIA und REVOLVERHELD, die mit einem gefühligen „neuen deutschen Miteinander-Pop" nicht nur die Jugendzimmer der Nation eroberten.[126] Während sich die Bands des Diskurs-Pop noch einem gemeinschaftlichen „Wir" verwehrten, fokussierten sich die ihnen nachfolgenden Indie-Pop-Bands genau darauf: „Es geht nicht mehr nur um die Inhalte, sondern mehr um ein gemeinsames Lebensgefühl, um ein Wir-Gefühl", erklärte etwa Mathias Hielscher, Bassist von VIRGINIA JETZT!, Mitte 2003 gegenüber dem deutschen Musikmagazin *Rolling Stone*.[127] Noch ‚wärmer' wurde es bei dem Duo 2RAUMWOHNUNG, bestehend aus den ehemaligen NDW-Musiker:innen Inga Humpe (NEONBABIES) und Tommi Eckart (GORILLA AKTIV): Die hatten ihr Projekt ganz bewusst als eine vermeintlich aus Ost-Berlin stammende Band konzipiert, da sie mit dem Bild von ‚Ost-Berlin' eine soziokulturelle Vorstellung zwischenmensch-

---

123 Vgl. TOCOTRONIC: „Freiburg", auf: *Digital Ist Besser* (1995), LP, L'Age D'Or, LADO 17031 sowie FREIWILLIGE SELBSTKONTROLLE: „Tu Den Hammelsprung" (1982).
124 Hentschel, Joachim: „Die Idee war gut, doch...", in: *Rolling Stone*, Nr. 5 (2002), 37.
125 Die Germanistin Maren Volkmann sieht im „Heulsusen-Pop" von Bands wie TOCOTRONIC eine Dekonstruktion des traditionellen Bild des männlichen Rockstars, dem ein Konzept von Männlichkeit gegenübergestellt wurde, das Emotionalität nicht als Schwäche, sondern progressiven Ansatz verstand. Volkmann, Maren: „‚Heulsusen-pop'. New male sensitivity in German independent music", in: Ahlers; Jacke (Hg.): *Perspectives on German popular music* (2017), 172–178. Vgl. Auch Seiler, Sascha: „Verbotene Früchte. Naivität im Diskurspop", in: Krankenhagen; Hügel (Hg.): *Figuren des Dazwischen* (2010), 185–202, hier: 188.
126 Rützel, Anja: „Wir können doch Freunde bleiben", in: *Rolling Stone*, Nr. 6 (2003), 32–33, hier: 32. Vgl. Schneider: *Deutschpop halt's Maul!* (2015), 93–94.
127 Hielscher zit. n. Rützel: „Wir können doch Freunde bleiben" (2003), 32.

licher ‚Wärme' verbanden, die mit dem Image des ‚kalten' West-Berlins kontrastierte.[128]

Und auch sonst stehen die NNDW-Bands für genau jene Verhaltenslehren, Ideale und Positionen, gegen die sich die ‚Kälte'-Akteur:innen der New-Wave-Bewegung aufgelehnt hatten. So lässt sich laut dem Germanisten Moritz Schramm infolge der Terroranschläge vom 11. September 2001 und des Irak-Kriegs von 2003 parallel zur Politik auch in der bundesdeutschen Pop-Musik und insbesondere bei NNDW-Bands die „Rückkehr einer neuen Ernsthaftigkeit" beobachten.[129] Statt in einer reinen Beobachterposition zu verharren, übten sich Bands wie SILBERMOND mit Songs wie „In Zeiten Wie Diesen" (2006) in offener Kritik: „Sind wir hier um unsere Seelen gegen Geld zu tauschen und um Gott zu spielen / Wir erschießen uns für schwarzes Gold / [...] / Nein dafür sind wir nicht hier / Wir sind hier um Mensch zu sein".[130] Deutlich wird im genannten Anspruch „Mensch zu sein" zugleich, dass die NNDW eine Gegenbewegung zu den postmodernistischen Konzepten ihrer Vorgänger:innen darstellt: gegen das Spiel mit Oberflächen und die sich um Konsum und Markenwaren drehenden Identitätskonstruktionen von Popliteraten wie Christian Kracht und Benjamin von Stuckrad-Barre als auch gegen das von Ironie, Zitaten und Uneindeutigkeiten geprägte, unstete Identitätsmodell des Diskurs-Pop.[131] Als eindrückliches Beispiel für diese neue Haltung zieht Schramm den Song „Guten Tag" (2003) von WIR SIND HELDEN heran, in dessen Text der eigene Körper zur Waffe gegen die Welt des Konsums und der Reklame eingesetzt wird: „Meine Stimme gegen dein Mobiltelefon / Meine Fäuste gegen eure Nagelpflegelotion / Meine Zähne gegen die von Doktor Best und seinem Sohn / Meine Seele gegen eure sanfte Epilation / [...] / Guten Tag, ich will mein Leben zurück". Mit den postmodernistischen und ‚kalten' Motiven und Strategien der ‚78er' und ihrer Adept:innen hat diese Abwertung des Oberflächlichen und des Konsums nur wenig zu tun, dafür aber mit den Idealen des linksalternativen Milieus der 1970er Jahre.[132] In *Die Zeit* bemerkte die Kulturjournalistin Susanne Messmer, dass WIR-SIND-HELDEN-Sängerin Judith Holofernes neben ihrer Konsumkritik auch hinsichtlich des von ihr dargebotenen Frauenbildes eine „Hippietochter" bleibe: „kein

---

128 Siehe etwa die Aussagen von Inga Humpe und Tommi Eckart in Moya, Sergej: „Soundtrack Deutschland", Folge 3, Das Erste (Sendedatum: 01.10.2015), 00:15:27–00:16:29.
129 Schramm, Moritz: „Heldenhafte Authentizität. Zur politischen Inszenierung des Naiven in der Neuen Neuen Deutschen Welle", in: Krankenhagen; Hügel (Hg.): *Figuren des Dazwischen* (2010), 161–184, hier: 170.
130 SILBERMOND: „In Zeiten Wie Diesen", auf: *Laut Gedacht* (2006), CD, Sony BMG Music Entertainment, 82876 80685 2.
131 Vgl. Schramm: „Heldenhafte Authentizität" (2010), 171–172 sowie Beregow: „Nichts dahinter – Pop-Oberflächen nach der Postmoderne" (2018), 165–166.
132 Schramm: „Heldenhafte Authentizität" (2010), 163–166.

Vamp, keine Megäre, auch keine Zimtzicke, sondern solide Vertreterin solider Werte wie Wärme, Natürlichkeit, Echtheit."[133] Tatsächlich lassen sich die Bands der NNDW als genauer Gegenpol zum ‚Kälte-Pop', zur amphetamingeschwängerten Unrast und ‚kalten' Künstlichkeit der New-Wave-Bewegung begreifen.

Ein kleines Comeback feiert die popmusikalische ‚Kälte' seit Mitte der 2010er Jahre bei deutschsprachigen Indie-Rock- und Post-Punk-Acts, wenn auch nur in seiner schwarzromantischen Ausprägung. „Die Neue Deutsche Kälte" betitelte etwa der Journalist Matthias Scherer seinen Beitrag über die 2016 erschienenen Veröffentlichungen von Acts wie DIE MESSER, DRANGSAL und FRIENDS OF GAS, deren Musik „[s]chroff, kalt und ein bisschen unheimlich" klinge.[134] Kaum überraschend standen für den Sound und die Texte dieser Bands vor allem Indie-Pop- und Post-Punk-Acts der 1980er Jahre Pate, Max Gruber (DRANGSAL) nannte in einem Interview unter anderem MORRISSEY, AZTEC CAMERA und XMAL DEUTSCHLAND als seine Einflüsse.[135] „Alles grau, alles grau in grau / Alles kalt, alles kalt, kalt, kalt", heißt es beispielsweise im Song „Alles Grau" (2014) von ISOLATION BERLIN, die sich nicht nur bei der Wahl des Bandnamens auffällig an der Motiv-Sammlung des ‚Kälte-Pop' bedienten: „Der Wahnsinn hält mich warm / Der Teufel kommt und nimmt mich in den Arm / Ich hab endlich keine Träume mehr / Ich hab endlich keine Hoffnung mehr / Hab endlich keine Emotionen mehr / Ich hab keine Angst vorm Sterben mehr".[136] Sogar die Reaktionen und Rezensionen zu den neuen Post-Punk-Musiker:innen erinnern an jene der New-Wave-Ära: „Hier fühlt sich jemand hilflos, angepisst oder verloren", resümierte etwa Scherer zu den deutschen Post-Punk-Alben des Jahres 2016 und Maurice Summen, Inhaber des Labels *Staatsakt*, erklärte, dass der „Sound – der ja eher so repetitiv und monoton ist und diese düstere, dystopische Stimmung transportiert – hervorragend in diese Zeit passt".[137]

Nicht zuletzt sind es auch die auf Brüche und das postmodernistische Spiel mit Zeichen und Identitäten verzichtenden Songtexte, die ‚großen Gefühle' und die Inszenierung von Pathos und Ernsthaftigkeit, die die jungen deutschen Indie-Rock- und Post-Punk-Acts mit ihren Vorbildern verbindet und von den (nicht-schwarzromantischen) Künstler:innen des ‚Kälte-Pop' unterscheidet. „Eine ironi-

---

133 Messmer, Susanne: „Sound der Rezession. Die Band Wir sind Helden erfindet den Protestsong neu", in: *Die Zeit*, Nr. 28, 3. Juli 2003. URL: https://www.zeit.de/2003/28/Wir_sind_Helden (Letzter Zugriff: 24.10.2022).
134 Scherer, Matthias: „Die Neue Deutsche Kälte. Deutscher Post-Punk im Jahr 2016", 8. Dezember 2016, *PULS*. URL: https://www.br.de/puls/musik/aktuell/deutscher-post-punk-100.html. Memento der Seite: https://web.archive.org/web/20201129044448/https://www.br.de/puls/musik/aktuell/deutscher-post-punk-100.html (Letzter Zugriff: 22.06.2023).
135 Jekal, Jan: „Der neue Romantiker", in: *Rolling Stone*, Nr. 5 (2016), 76–79, hier: 78.
136 ISOLATION BERLIN: „Alles Grau", auf: *Aquarium* (2014), CD, ohne Label, 00.
137 Summen zit. n. Scherer: „Die Neue Deutsche Kälte", 8. Dezember 2016.

sche Distanzierung lässt sich hier, wie auf dem gesamten Album, nur schwer ausmachen", urteilte etwa der Journalist Jan Jekal im *Rolling Stone* über das Debüt *Harieschaim* (2016) des Musikers DRANGSAL, der sich einem „romantischen Fatalismus" ergebe.[138] Schwerlich lassen sich Aussagen darüber treffen, welche Entwicklung deutscher Indie-Pop und Post-Punk in den nächsten Jahren nehmen werden und welche Rolle die ‚Kälte' dabei spielt, angesichts der Rahmenbedingungen und bisherigen Ausprägungen ist es aber wahrscheinlich, dass weiterhin einzig die schwarzromantische Variante des ‚Kälte-Pop' als Motivreservoir dienen wird. Als jüngstes Beispiel dieser Tendenz kann der Song „leichter//kälter" (2020) des Musikers Edwin Rosen herangezogen werden, der sich, obwohl ausschließlich auf Streaming-Plattformen erschienen, schnell zu einem Hit entwickelte: „Oh, es ist kalt / Doch du sagst, es fällt dir leichter / Ja, ich sei doch so viel kälter / Darum bleibst du steh'n / Bleibst barfuß im Schnee / [...] / Und wenn du das nächste Mal frierst / Vielleicht frierst du wegen mir?"[139]

Post-Punk in der DDR
Soviel sei bereits gesagt: Zwar erreichten Post-Punk und New Wave dank westlicher Medien auch die DDR und führten zur Entstehung unzähliger Bands, eine ostdeutsche Variante des ‚Kälte-Pop' entwickelte sich jedoch nicht. Zu verschieden waren die Ausgangs- und Rahmenbedingungen für Künstler:innen und gegenkulturelle Bewegungen in der Bundesrepublik und DDR.[140] Die folgende Darstellung dieser gesellschaftlichen und gegenkulturellen Voraussetzung sowie der Gestalt der ostdeutschen Post-Punk-Subkultur selbst macht deutlich, warum die Entwicklung der ‚Kälte' trotz aller Ähnlichkeiten zur westdeutschen Musikbewegung in puncto Sound, Themenwahl und künstlerischer Vernetzung ausblieb und erst nach der deutschen Wiedervereinigung in Form der vorwiegend von ostdeutschen Musiker:innen bevölkerten Neuen Deutschen Härte ihren Auftritt hatte.

Dabei lassen sich einige Gemeinsamkeiten finden. So war der musikalische Untergrund in der DDR, der seit Mitte der 1980er Jahre trotz sich oftmals deutlich unterscheidender Ansätze und Konzepte unter dem nicht unumstrittenen Oberbe-

---
138 Jekal: „Der neue Romantiker" (2016), 78.
139 Stand Oktober 2022 wurde der Song auf *Spotify* über 23 Millionen mal und auf *YouTube* mehr als eine Millionen mal abgespielt. „Edwin Rosen – leichter//kälter", Official Video. URL: *https:// youtu.be/cEHkiqDFJGc* (Letzter Zugriff: 24.10.2022).
140 Zu Punk und New Wave in der DDR siehe etwa Lipp, Florian: *Punk und New Wave im letzten Jahrzehnt der DDR. Akteure – Konfliktfelder – musikalische Praxis*, Münster u. a. 2021, Galenza, Ronald/Havemeister, Heinz (Hg.): *Wir wollen immer artig sein... Punk, New Wave, HipHop und Independent-Szene in der DDR 1980–1990*, überarbeitete und erweiterte Neuauflage, Berlin 2005 sowie Pehlemann, Alexander/Galenza, Ronald (Hg.): *Spannung. Leistung. Widerstand. Magnetbanduntergrund DDR 1979–1990*, Berlin 2006.

griff „die anderen bands" subsumiert wurde, wie auch im Westen stilistisch weit gefächert, umfasste etwa Electro-Pop, Dark Wave, Punk, Ska, Reggae, Art-Rock, Blues-Rock und Prog-Rock.¹⁴¹ Auch gehörten die Mitglieder der sich Anfang der 1980er Jahre bildenden Post-Punk-Gruppen wie AG. GEIGE, ROSA EXTRA, (VIERTE WURZEL AUS) ZWITSCHERMASCHINE, DER DEMOKRATISCHE KONSUM, KLICK & AUS oder ORNAMENT & VERBRECHEN zur Generation der in den 1950er Jahren Geborenen und waren wie ihre Kolleg:innen in der Bundesrepublik eingebunden in ein enges Netzwerk von Kunstschaffenden, das Musiker:innen, Literat:innen, Bildende Künstler:innen, Filmemacher:innen, Fotograf:innen, Modemacher:innen und Performance-Künstler:innen gleichermaßen umfasste.¹⁴² Und schließlich teilten auch die ostdeutschen Post-Punk-Akteur:innen ein ausgeprägtes Interesse für die historischen Avantgarden, insbesondere Dada und Expressionismus, kamen häufig aus Kunsthochschulen und dem Theaterumfeld, traten zuweilen in Fantasiekostümen und sowjetischen Militäruniformen auf und produzierten nicht selten – auch aufgrund der technischen Beschränkungen – einen wilden, undefinierbaren und zumeist experimentell-lärmigen Mix aus Free-Jazz, Art-Rock und Industrial.

Diese stilistische Ausgestaltung gründete vor allem auf dem Einfluss, den angloamerikanische Gruppen wie THE RESIDENTS, THROBBING GRISTLE und VIRGIN PRUNES sowie bundesdeutsche Formationen wie DAF, DER PLAN, PALAIS SCHAUMBURG und Bands aus dem Umfeld der „Genialen Dilletanten" wie DIE TÖDLICHE DORIS und EINSTÜRZENDE NEUBAUTEN auf die avantgardistische DDR-Subkultur ausübten: „Bald plapperten wir nur noch in Textzeilen von den EINSTÜRZENDEN NEUBAUTEN, IDEAL, den FEHLFARBEN und DAF", erklärte etwa der zur damaligen Untergrundszene gehörende Autor Ronald Galenza rückblickend. ¹⁴³ Allgemeine Quelle für diese Musik blieb das „West-Radio", etwa die Sendungen John Peels, erst Anfang 1986 startete der ostdeutsche

---

141 Vgl. Galenza, Ronald: „Diese Situation war nicht tanzbar", in: Warnke, Uwe/Quaas, Ingeborg (Hg.): *Die Addition der Differenzen. Die Literaten- und Künstlerszene Ostberlins 1979 bis 1989*, Berlin 2009, 272–291, hier: 280.
142 Vgl. Galenza, Ronald/Havemeister, Heinz: „Stirb nicht im Warteraum der Zukunft. Vorwort der Herausgeber", in: dies. (Hg.): *Wir wollen immer artig sein...* (2005), 9–13, hier: 10–11.
143 Galenza, Ronald: „Wimpelgrab & Gegentanz: Berlin", in: dies. (Hg.): *Wir wollen immer artig sein...* (2005), 498–558, hier: 502. Zu den Einflüssen siehe Thomas Rösler zit. n. o.V.: „Poesie der Durchschlagskraft. Interview mit Thomas Roesler (Klick & Aus)", in: Galenza; Havemeister (Hg.): *Wir wollen immer artig sein...* (2005), 395–403, hier: 403, Ronald Lippok zit. n. o.V.: „Provokation, Paranoia und Parties. Interview mit Bert Papenfuß, Aljoscha Rompe (Feeling B), Ronald Lippok (Ornament & Verbrechen), Bernd Jestram (Rosa Extra, Aufruhr zur Liebe)", in: Galenza; Havemeister (Hg.): *Wir wollen immer artig sein...* (2005), 90–107, hier: 90, Robert Lippok zit. n. Pehlemann, Alexander: „Ronald versus Robert Lippok. Fratelli Lippok im Erinnerungsgespräch", in: Pehlemann; Galenza (Hg.): *Spannung. Leistung. Widerstand.* (2006), 116–127, hier: 125 sowie Renner, Tim/Meins, Thomas: „NDDW. Neue Musik aus der DDR – die real existierende Welle (Teil 1)", in: *Sounds*, Nr. 8 (1982), 18–19, hier: 18.

Radiosender DT64 das zunächst nur einmal im Monat laufende Programm *Parocktikum*, das sich auf alternative Sounds abseits des Schlager- und Rock-Mainstream fokussierte.[144] Insbesondere die West-Berliner Untergrundszene sollte eine nachhaltige Wirkung auf ihr Äquivalent im Ostteil der Stadt haben, nicht zuletzt wegen der räumlichen Nähe, die auch den Empfang des West-Berliner Rundfunks ermöglichte. So waren die 1983 vom West-Berliner Sender Freies Berlin ausgestrahlten Mitschnitte des „Berlin-Atonal"-Festivals mit West-Berliner Acts wie EINSTÜRZENDE NEUBAUTEN, MALARIA! und NOTORISCHE REFLEXE laut Ronald Galenza für „einige Ostberliner Kids wegweisend und ohrenöffnend".[145] Bereits ein Jahr zuvor hatte Wolfgang Müller (DIE TÖDLICHE DORIS) zufolge der Dramatiker Heiner Müller etwa 20 Ausgaben des Szene-Buchs *Geniale Dilletanten* mit nach Ost-Berlin genommen und dort verteilt.[146] Die Begeisterung der Ost-Berliner Untergrund-Szene für West-Berliner „Dilletanten"-Bands sollte anhalten: Die Künstlerin Christine Schlegel etwa unterlegte ihren Film „Treibhaus" (1985) mit Songfragmenten von EINSTÜRZENDE NEUBAUTEN, denen *Parocktikum* am 17. Februar 1987 sogar eine ganze Special-Sendung widmete.[147] Während die NEUBAUTEN erst kurz nach dem Mauerfall in Ost-Berlin spielten, absolvierte DIE TÖDLICHE DORIS bereits im Mai 1989 einen geheimen Auftritt in der Stadt, hatten die Mitglieder Wolfgang Müller und Nikolaus Utermöhlen doch schon seit Jahren bei gelegentlichen Ausflügen nach Ost-Berlin Kontakte zur dortigen Szene geknüpft.[148]

Warum entstand bei allen Gemeinsamkeiten und Verbindungen in der DDR kein ostdeutsches Äquivalent zum bundesdeutschen ‚Kälte-Pop'? Hier lassen sich einerseits strukturelle Defizite anführen: So erreichten aufgrund der eingeschränkten Zugänglichkeit nur einzelne Acts und Produktionen der NDW den Osten, außerdem existierten in der DDR weder Labels und Vertriebe für derartige Musik, noch Zeitschriften oder Rundfunk-Sendungen, die sich den Untergrund-Bands widmeten. Diese verteilten ihre wenigen Kassettenproduktionen zumeist in

---

144 Vgl. etwa Robert Lippok zit. n. Pehlemann: „Ronald versus Robert Lippok" (2006), 117. Laut Alfred Hilsberg kursierten zudem einige vom *ZickZack*-Label veröffentlichten Platten in geringen Stückzahlen in der DDR. Zit. n. ders.: „Alfred Hilsberg. Mit ZickZack in der ‚Zone' oder: warum was nicht funktionieren konnte", in: Pehlemann; Galenza (Hg.): *Spannung. Leistung. Widerstand.* (2006), 156–162, hier: 158
145 Galenza, Ronald: „Daten-Dandys und Tape-Täter", in: Pehlemann; Galenza (Hg.): *Spannung. Leistung. Widerstand.* (2006), 23–29, hier: 25.
146 Müller: „Kann maN etWas mACHen, was nicht Mu s i k ist?" (2006), 150.
147 Zu „Treibhaus" siehe Tannert, Christoph: „Von Vortönern und Erdferkeln. Die Filme der Bildermacher", in: Fritzsche, Karin/Löser, Claus (Hg.): *Gegenbilder. Filmische Subversion in der DDR 1976–1989. Texte Bilder Daten*, Berlin 1996, 25–59, hier: 33. Zum NEUBAUTEN-Special siehe Tape Attack: Parocticum, Sende-Manuskript (17.02.1987). URL: *http://tapeattack.blogspot.com/2021/03/parocktikum-dt64-manuskript-170287-0287.html* (24. Okt. 2022).
148 Müller: „Kann maN etWas mACHen, was nicht Mu s i k ist?" (2006), 152.

kleiner Auflage im Freundeskreis. Erst mit dem Start von Lutz Schramms *Parocktikum* im Jahr 1986 verbesserte sich der Zugang ostdeutscher Musikfans zu alternativen Produktionen deutlich und nahm das Drängen der „anderen bands" in die Öffentlichkeit Fahrt auf. Im Jahr darauf entstand zudem das Musik-Fanzines *Mcs sitsch* und der DT64-Moderator Schramm begann, selbstproduzierte Live-Mitschnitte der DDR-Untergrund-Musiker:innen in seiner Show zu senden – also erst Jahre nach dem Ende der westdeutschen ‚Kälte-Welle'.[149] Von weitaus größerer Bedeutung für das Ausbleiben des ‚Kälte-Pop' ist jedoch der politische und gesellschaftliche Rahmen der DDR selbst, der sich grundsätzlich von jenem der Bundesrepublik unterschied. Angesichts der umfassenden ‚Erziehungsdiktatur' des DDR-Regimes, die den Einzelnen ‚auf Linie' bringen sollte und bis ins Privatleben der Bürger:innen hineinwirkte,[150] gestalteten sich nicht nur die alltägliche Lebenswelt der DDR-Gesellschaft im Ganzen anders als in der Bundesrepublik, sondern darüber hinaus auch die Ausgangsbedingungen für die ostdeutsche Gegenkultur. Diese fiel im Osten deutlich kleiner aus, war nicht selten – wie etwa im Fall der ersten Generation an DDR-Punks – starker Repressionen und Verfolgung ausgesetzt und dezimierte sich im Laufe der 1980er Jahre immer mehr durch die Ausreise gegenkultureller Künstler:innen und Musiker:innen in den Westen.[151] Hauptgegner der marginalen und von staatlicher Seite bedrängten Gegenkultur und der „anderen bands" in der DDR blieb stets der autoritäre und unterdrückende Staat, von dessen vorgeschriebenen Werten und Praktiken es sich abzugrenzen galt, ohne dabei konfrontativ widerständisch aufzutreten.[152] Eine mithilfe von ‚Kälte'-Strategien initiierte Abspaltung eines Teils der Gegenkultur fand daher nicht statt.

Subversive Affirmation hatte unter diesen Ausgangsbedingungen eine im Vergleich zu den westlichen Gegenkulturen deutlich verschiedene Bedeutung und Gestalt. Während die Punk-Subkultur der DDR, aus der Bands wie PLANLOS, WUTANFALL, MÜLLSTATION und SCHLEIM-KEIM hervorgegangen waren, noch die volle Härte des staatlichen Repressionsapparats zu spüren bekommen hatte, genossen die sich zu Beginn der 1980er Jahre entwickelnden Post-Punk- und New-Wave-Bands einen größeren Spielraum. Dies lag einerseits am Auftreten der Musiker:innen, das anders als im Punk weit weniger konfrontativ, nicht selten sogar subversiv ausfiel, andererseits aber auch an den staatlichen Lockerungen im kulturellen Sektor seit

---

149 Vgl. Galenza: „Wimpelgrab & Gegentanz: Berlin" (2005), 531.
150 Heydemann, Günther: „Gesellschaft und Alltag in der DDR", in: Bundeszentrale für politische Bildung (Hg.): *Deutschland in den 70er/80er Jahren*, Bonn 2001.
151 Vgl. etwa Galenza, Ronald/Havemeister, Heinz: „Verwende dein Jugend oder: Die Distanzierte Generation. Vorwort der Herausgeber zur Neuausgabe", in: dies. (Hg.): *Wir wollen immer artig sein...* (2005), 14–17, hier: 15.
152 Vgl. Lipp: *Punk und New Wave im letzten Jahrzehnt der DDR* (2021), 434.

Mitte der 1980er Jahre.[153] Völlig frei konnten die New-Wave-Bands in der DDR aber auch nicht agieren, sondern operierten spätestens ab 1983/84 zwischen „Widerstand und Anpassung".[154] Nicht wenige bemühten sich erfolgreich um eine offizielle Spieleerlaubnis, New-Wave-Bands mit massentauglicheren Sounds wie PANKOW, ROCKHAUS oder MONA LISE wurden sogar von staatlicher Seite gefördert, das heißt, sie konnten auf dem DDR-eigenen Label *Amiga* veröffentlichen und im DDR-Fernsehen auftreten. Gleichzeitig hatte die Staatssicherheit auch aus den New-Wave-Gruppen eine Vielzahl von „Inoffiziellen Mitarbeitern" (IM) rekrutiert, die sie mit Informationen aus der Band und Szene versorgten.[155] Dieser stets anwesende Schatten der Überwachung, Kontrolle und möglichen Verfolgung hatte dazu geführt, dass Ironie und rhetorische Affirmation, also das „Nachsprechen von politisch-ideologischen (Leer-)Formeln"[156], ohnehin in der DDR-Gesellschaft und insbesondere in der ostdeutschen Gegenkultur gängig waren. Eine ‚Kälte'-Strategie zur gegengegenkulturellen Abgrenzung ließ sich also aus dem Tragen von sowjetischen Militäruniformen und Verteilen von Flugblättern mit Stalin-Zitaten, wie es etwa DER DEMOKRATISCHE KONSUM bei Auftritten tat, nicht entwickeln.[157]

Unabhängig vom Grad ihrer Verschlüsselung zielte gegenkulturelle Kritik hauptsächlich auf gesellschaftliche Missstände, für die nicht selten fehlgeleitete Politik bzw. ‚das System' verantwortlich gemacht wurde, auch wenn dies nicht offen ausgesprochen werden konnte. Eine stets konträr zur offiziellen Parteilinie stehende Position einzunehmen gehörte daher zum Standard gegenkultureller Kunst in der DDR. Dies machte die Entwicklung der meisten ‚Kälte'-Motive und -Strategien unmöglich. Während etwa im DDR-Alltag stets das zu erreichende Ideal einer utopischen Zukunft propagiert wurde, richtete die künstlerische Bohème ihren Blick sehnsuchtsvoll in eine Vergangenheit, die von einer reichen Kultur erzählte und als Kontrastbild zu der als grau und verfallend wahrgenommenen Lebenswirklichkeit in den Städten der DDR fungierte.[158] In der von End- und Zeitlosigkeit geprägten spätsozialistischen DDR-Gesellschaft hatten weder der Futurismus von KRAFTWERK, noch der Untergangs-Kult der frühen EINSTÜRZENDE NEUBAUTEN oder das „Ja zur Modernen Welt" von FSK einen Platz. Zwar griffen auch einige DDR-Bands die trendigen ‚Kälte'-Motive der NDW auf, beispielhaft verdeutlicht Titeln wie „Computerman" (1983) von PUHDYS sowie „Neongott" und „Mir Wird Kalt Dabei" (beide 1985) von CITY, allerdings waren diese stets negativ konnotiert

---

153 Vgl. Vowinckel: „Neue Deutsche Welle" (2012), 467.
154 Galenza/Havemeister: „Stirb nicht im Warteraum der Zukunft" (2005), 11.
155 Dies.: „Verwende dein Jugend oder: Die Distanzierte Generation" (2005), 16.
156 Heydemann: „Gesellschaft und Alltag in der DDR" (2001).
157 Siehe Tannert, Christoph: „Skandalgeile Dilettanten. Der Demokratische Konsum", in: Galenza; Havemeister (Hg.): *Wir wollen immer artig sein...* (2005), 378–385, hier: 382.
158 Vgl. Voigt, Jutta: *Stierblutjahre. Die Boheme des Ostens*, Berlin 2016, 142, 198.

und thematisierten kritisch soziale und gesellschaftliche Aspekte des modernen Alltags.[159] Selbiges galt auch für die 1986 gegründete Punk-Band KALTFRONT, die abgesehen von der Namenswahl jede ‚Kälte'-Affirmation missen ließ.[160] Auch kam es trotz vereinzelter Rezeption des westdeutschen Krautrock zu keiner Übernahme des darin formulierten Anspruchs, eine von der angloamerikanischen Rockmusik sich abgrenzende ‚deutsche' Musik zu entwickeln. Das hätte dem Ideal der DDR-Oberen entsprochen, Musik aus dem englischsprachigen Ausland behielt in der ostdeutschen Gesellschaft daher ihren widerständisch-emanzipierenden Subtext bis zum Ende der DDR. Zwar setzte auch in der gegenkulturellen Musikwelt der DDR seit Anfang der 1980er Jahre ein Trend zur deutschen Sprache ein, diese diente allerdings vorrangig dem besseren Verständnis und sollte Unmittelbarkeit und Nähe zur Hörerschaft suggerieren. Eine ästhetische Aufwertung und Inszenierung der stereotypen Figur des ‚kalten Deutschen' fand bei den „anderen bands" nicht statt.

Sich kühl und diszipliniert zu geben, erschien den Untergrund-Bands wenig attraktiv. Die Soziologin Sylka Scholz macht darauf aufmerksam, dass allen von offizieller Seite idealisierten Typen des „sozialistischen Helden" (Bergmänner, Metallarbeiter, Ingenieure, Bauarbeiter und Architekten) ein kühl-sachliches Handeln und eine strenge Gefühlskontrolle gemein war. Auch das in der erfolgreichen Krimisendung *Polizeiruf 110* durch die ermittelnden Kommissare präsentierte und gesellschaftlich hegemoniale Männlichkeitsbild sei von einer weitgehenden Emotionskontrolle geprägt gewesen, während sich die dargestellten Kriminellen oftmals in unkontrollierten Gefühlsausbrüchen ergingen.[161] Dem neusachlichen Ideal setzte die DDR-Gegenkultur eine Betonung des Emotionalen und Unkontrollierten entgegen und entdeckte in diesem Zusammenhang die Praktiken von Expressionismus, Dada und Surrealismus für sich neu. „Wir inszenierten Wut, Wut im Sinne von Durchschlagskraft, im Sinne von einem beherrschenden Seinszustand, in dem man sich damals befand," erklärte etwa der Künstler und Musiker Thomas Rösler zu der von ihm mitgegründeten Band KLICK & AUS, die Rösler zufolge bei ihrem Umgang mit Musik versuchte, „Wahrhaftigkeit, Authentizität, Selbstinszenierung" zu fördern.[162] Musikalisch produzierten die Post-Punk-Bands der DDR zwar oftmals

---

159 PUHDYS: „Computerman", auf: *Computer-Karriere* (1983). Die beiden Songs von CITY befinden sich auf dem Album *Feuer im Eis* (1985), auf dessen Cover schmelzende Eisstücke (und die Bandmitglieder in diesen) zu sehen sind. CITY: *Feuer Im Eis* (1985), LP, Amiga, 8 56 081.
160 Beispielhaft sei hier etwa der Song „Winter" angeführt: „Der Winter hat zugeschlagen / Der Winter hat die Macht / Kälte dringt in dein Herz / Sie hat dich umgebracht". KALTFRONT: „Winter", auf: *Live Jugendclub Rudi Arndt Dresden* (1987), Cassette.
161 Scholz, Sylka: „Vom starken Helden zum zärtlichen Vater? Männlichkeit und Emotionalität in der DDR", in: Borutta; Verheyen (Hg.): *Die Präsenz der Gefühle* (2010), 203–228, hier: 214, 217.
162 Rösler zit. n. o. V.: „Poesie der Durchschlagskraft" (2005), 401–402.

experimentelle Sounds jenseits konventioneller Rockstrukturen, in ihrem politischen und künstlerischen Anspruch blieben sie aber wie der Rest der DDR-Untergrund-Szenen jenem Teil der Gegenkultur verbunden, der sich in der linksalternativen ‚Hippie'-Bewegung und Punk-Kultur manifestierte. Statt sich mit ‚Kälte'-Strategien von Staat, Mehrheitsgesellschaft und Gegenkultur abzugrenzen, habe sich die ostdeutsche Gegenkultur, wie es der Musiker (TEURER DENN JE) und Szene-Chronist Christoph Tannert formulierte, „in ihrem Gänsehautgefühl, einer Mischung aus verspäteter Hippie-Zartheit und politischem Weckruf [gesuhlt]".[163] Was die Post-Punk-Bands in der DDR von ihren britischen und westdeutschen Vorbildern übernahmen, waren neben deren Sounds vor allem die expressionistische Performance des Ausbrechens und die Techniken der Selbstermächtigung (DIY-Methoden). „Es ging darum, in der Erstarrung die Bewegung nicht zu verlernen. Zu überleben. Zu tanzen auf den Trümmern der Ideale. Es ging darum, wach zu bleiben. ‚Grönland' zu entkommen, dem kalten", schrieb die Journalistin Jutta Voigt in ihrem Buch *Stierblutjahre* (2016) zur Ost-Berliner Bohème-Szene und unterstrich damit treffend, dass die lebensweltliche ‚Kälte' der DDR, trotz aller staatlich propagierten Bilder kollektiver ‚Wärme', nur ‚Erhitzung' als gegenkulturelle Antwort zuließ.[164]

German Cold Pop goes around the world?

Wie die im Hauptteil angeführten Beiträge, Plattenrezensionen und Konzertberichte englischsprachiger Musikzeitschriften zeigen, wurden einzelne NDW- und ‚Kälte-Pop'-Acts auch im nicht-deutschsprachigen Ausland wahrgenommen. Die Aufmerksamkeit für diese Bands außerhalb der Bundesrepublik stellte sich nicht von alleine ein, sondern lässt sich auf verschiedene Ursachen zurückverfolgen, die einzeln oder zusammen eintraten: Tourneen, Unterstützung vonseiten ausländischer Medien und Organisator:innen sowie die Erfüllung jeweils vorherrschender nationaler Stereotypen. Zwar blieben für die meisten ‚Kälte'-Acts auch im Ausland umfassende kommerzielle Erfolge aus, dennoch schafften es einige wenige Bands des ‚Kälte-Pop' zu Achtungserfolgen in ausländischen Medien, wurden in bestimmten Szenen und Clubs gefeiert und beeinflussten so nachfolgende Musiker:innen weltweit.

Umfassende Verkaufszahlen und Platzierungen in den offiziellen Charts erreichten abgesehen von KRAFTWERK im Ausland nur jene ‚Wellenreiter' und Acts der Spät-NDW, die mit den Motiven und Strategien der ‚Kälte' wenig zu tun hatten: Peter Schilling mit „Major Tom (Völlig Losgelöst)", Falco mit „Der Kommissar", „Rock Me Amadeus" und „Vienna Calling", UNITED BALLS mit „Pogo In Togo" und insbeson-

---
163 Tannert: „Von Vortönern und Erdferkeln" (1996), 59.
164 Voigt: *Stierblutjahre* (2016), 211.

dere TRIO mit „Da Da Da ..." und NENA mit dem Song „99 Luftballons". Dessen Erfolg in den USA geht allein auf eine Empfehlung von Christiane F. (*Wir Kinder vom Bahnhof Zoo*) in der KROQ-Radioshow des DJ Rodney Bingenheimer in Pasadena (Los Angeles) zurück: Gefragt nach ihrer derzeitigen Lieblingsmusik, legte die zusammen mit Nina Hagen in der Radioshow gastierende Christiane Felscherinow eine Musikkassette ein, auf der sich auch „99 Luftballons" befand. Bingenheimer war davon derartig begeistert, dass er den Song auch in den folgenden Wochen spielte. Aufgrund der starken Nachfrage lief der Song sehr schnell auch bei anderen kalifornischen Radiosendern, dann in den Radios der Ostküste und schließlich in ‚heavy rotation' auf MTV.[165] Die Geschichte um den später auch als englischsprachige Version erschienenen Song „99 Luftballons" ist beispielhaft für den generell nur sehr schwierig zu erobernden US-Musikmarkt. Zwar spielten regionale und auf bestimmte Genres spezialisierte Radiostationen bereits seit den 1970er Jahren auch alternativen Rock und Elektronische Musik aus der Bundesrepublik, aufgrund des beschränkten Sendebereichs blieb der Umfang der erreichten Hörerschaft jedoch stets begrenzt.[166] Für umfassende kommerzielle Erfolge in den Vereinigten Staaten der 1970er und 1980er Jahren benötigte es letztlich vor allem ausgedehnter Tourneen durch das ganze Land, dies war jedoch mit immensen Kosten verbunden und wurde nur sehr selten von den Labels bezahlt.[167] War es im Falle von NENAS Hit nur ein glücklicher Zufall, so baute der kommerzielle Erfolg von KRAFTWERKS „Autobahn" vorrangig auf deren US-Tournee von 1975, die Hütter und Schneider aus eigener Tasche bezahlten. Langfristige Erfolge in den USA blieben auch danach nur jenen deutschen Bands vorbehalten, die wie SCORPIONS und RAMMSTEIN regelmäßig mit aufwendigen Shows durch die Vereinigten Staaten touren.

Für die finanziell über deutlich bessere Mittel verfügenden KRAFTWERK waren weltweite Auftritte ohnehin einfacher, ihre Welttournee im Jahr 1981 führte die Gruppe neben den USA, Japan, Australien und Westeuropa sogar hinter den Eisernen Vorhang, nach Polen und Ungarn. Doch auch für die kommerziell weniger erfolgreichen ‚Kälte'-Acts des Post-Punk-Untergrunds waren Auftritte außerhalb der Bundesrepublik keinesfalls ungewöhnlich: MALARIA! etwa spielten in vielen Ländern Europas und den USA, produzierten im Ausland und veröffentlichten ihre Tonträger unter anderem in Japan, ebenso DER PLAN und EINSTÜRZENDE NEUBAUTEN, die 1984/85 dort zudem kleine Tourneen absolvierten. Da sie im Gegensatz zu KRAFTWERK nicht selbst über die nötigen Geldmittel verfügten, blieben für diese Bands

---

[165] Vgl. Felscherinow/Vukovic: *Christiane F.* (2013), 95 sowie Schmidt, Manfred: „Export-Schlager. Die deutsche Pop-Provinz probt den Aufstand", in: *Musikexpress/Sounds*, Nr. 5 (1984), 8–12, hier: 10.
[166] Vgl. Haring: *Rock aus Deutschland West* (1984), 105.
[167] Vgl. ebd., 115.

insbesondere Bekanntschaftsnetzwerke und die Unterstützung aus dem Kunst- und Kulturbereich unerlässlich, um im Ausland aufzutreten. So schickte etwa das Goethe-Institut wie zuvor einige Krautrock-Gruppen nun auch Bands wie DIE TÖDLICHE DORIS und EINSTÜRZENDE NEUBAUTEN als ‚deutsches Kulturgut' ins Ausland, letztgenannte etwa 1986 zur Weltausstellung „Expo" im kanadischen Vancouver.[168] Bereits zwei Jahre vorher waren die NEUBAUTEN zusammen mit den britischen Musikern Frank Tovey (FAD GADGET) und Genesis P-Orridge (THROBBING GRISTLE) mit der Performance „Concerto for Voice and Machinery" im *Institute for Contemporary Art* in London aufgetreten und auch DIE TÖDLICHE DORIS performten unter anderem auf der Pariser „Biennale XII" im *Musée d'Art Moderne* (1982) und im *Museum of Modern Art* in New York (1987).

Abseits der Kunstwelt waren es nicht selten einzelne Personen und Schlüsselfiguren außerhalb der Bundesrepublik, die auf deutschsprachige Acts aufmerksam machten und deren Bekanntheit befeuerten. In den USA bot etwa der Deutsche Rudolf Piper als Betreiber des 1982 wiedereröffneten Clubs *Danceteria* in New York Bands wie EINSTÜRZENDE NEUBAUTEN, PALAIS SCHAUMBURG oder DIE DORAUS UND DIE MARINAS eine Bühne.[169] Umfassende Unterstützung erhielten viele ‚Kälte-Pop'-Acts in Großbritannien wiederum vom Radio-DJ John Peel, in dessen Sessions unter anderem MALARIA!, PALAIS SCHAUMBURG und EINSTÜRZENDE NEUBAUTEN (alle jeweils einmal in den Jahren 1982/83) sowie XMAL DEUTSCHLAND (viermal zwischen 1982 und 1985) und FSK (sechsmal zwischen 1985 und 1992) gastierten, sowie von britischen Musikzeitschriften und hier vor allem dem *New Musical Express* und dessen Autor Chris Bohn, der zu jener Zeit häufig West-Berlin besuchte. Wiederholt wurden NDW-Produktionen im *NME* zur „Single of the Week" gekürt, etwa „Wahre Arbeit – Wahrer Lohn" (1981) von DIE KRUPPS, „How Do You Like My New Dog? / Pernod." (1981) von MALARIA! oder „Hiroshima" (1982) von Alexander von Borsig. 1978 zierten KRAFTWERK sogar als erste deutsche Band das *NME*-Cover, DAF und EINSTÜRZENDE NEUBAUTEN sollten Anfang der 1980er Jahre folgen.[170] Der Weg auf die britischen Plattenspieler gestaltete sich dabei unterschiedlich: Während KRAFTWERK und NDW-Bands mit Major-Label-Deal wie DAF, TRIO, IDEAL, FEHLFARBEN und GRAUZONE einzelne Alben und Singles direkt im Vereinigten Königreich veröffentlichten, waren Produktionen aus dem NDW-Untergrund zumeist nur als Import erhältlich, wobei Da-

---

168 Mit dem Sound wurden zugleich Ästhetiken und Motive exportiert, das Plakat zur Ankündigung des NEUBAUTEN-Auftritts etwa zeigt die Zeichnung eines Hochofen-Arbeiters im neusachlichen Stil der 1920er und 1930er Jahre. Abdruck in o. V.: „Nürnberger Exorzismus", in: Maeck (Hg.): *Einstürzende Neubauten* (1989), 106–107, hier: 106–107. Vgl. auch Igramhan, Fatima: „Gastarbeiter touren Ostküste. Die Tödliche Doris", in: *Spex*, Nr. 6 (1984), 37.
169 Siehe Schmidt: „Export-Schlager" (1984), 10.
170 Siehe die Titelblätter der *NME*-Ausgaben vom 29. April 1978, 28.11.1981 und 05.02.1983.

niel Millers *Mute*-Label zuweilen den Vertrieb übernahm.[171] Gute Kritiken und das Etikett „Made in Germany" waren allerdings keine Erfolgsgaranten, IDEAL etwa mussten wie auch PALAIS SCHAUMBURG und KOWALSKI feststellen, dass das Interesse der britischen Musikfans an ihnen so niedrig ausfiel wie die Zahl ihrer Platten- und Konzertticketverkäufe.[172] Wirkliche Erfolge konnten in Großbritannien neben einzelnen Pop-Hits wie TRIOS „Da Da Da ..." und NENAS „99 Luftballons" dagegen nur einige wenige ‚Kälte'-Acts verzeichnen: KRAFTWERK, DAF, EINSTÜRZENDE NEUBAUTEN und XMAL DEUTSCHLAND.[173]

„Wenn die Engländer wirklich einmal massenhaft ausländische Platten kaufen, dann tun sie das nach den gleichen Kriterien, wie sie sich Souvenirs aussuchen", schrieb Chris Bohn Ende 1982 in einem Beitrag für den *Musikexpress* und brachte das Interesse und Verkaufsverhalten seiner Landsleute auf eine einfache Formel: „Sie wollen Kitsch."[174] Und tatsächlich konnten sich im Vereinigten Königreich vor allem jene deutsche Gruppen durchsetzen, die dem Publikum eine künstlerische Inszenierung der dort vorherrschenden Klischees des ‚Deutschen' lieferten. Dabei bildeten sich zwei augenscheinlich konträre, jedoch miteinander verbundene Stereotype aus, an deren einem Ende KRAFTWERK und am anderen Ende XMAL DEUTSCHLAND und EINSTÜRZENDE NEUBAUTEN standen. Wie der *Spex*-Autor Dirk Scheuring 1983 treffend erklärte, werde der ‚typische Deutsche' in Großbritannien einerseits als ein „nach größtmöglicher Effizienz strebende[s] Arbeitstier" angesehen, andererseits aber auch mit dem „Klischeebild des übersensiblen, todessehnsüchtigen, bitterernsten Deutschen" gezeichnet. Diese von Eigenschaften wie „Vergeistigung" und einer „schwerblütigen Beschäftigung mit der Tiefe der eigenen Gefühle" geprägte Vorstellung von ‚Deutsch-sein' fügt sich Scheuring zufolge „mühelos und stimmig in die gängige Düsterkeits-Mode" der Brit:innen, für die in der britischen Musikpresse immer häufiger das Wort „Gothic" genutzt wird.[175] Auch in der *Scritti* mutmaßte Thomas Bork bereits wenige Monate zuvor, dass der Erfolg von XMAL DEUTSCHLAND in Großbritannien insbesondere auf der Unterstützung seitens John Peel gründet, der diese häufig in seiner Radioshow spielt, sowie

---

171 Vgl. Bohn: „Krauts In-A-Babylon" (1982).
172 Siehe ebd., Rai: „Xmal Deutschland" (1983), 6–7, Roberts: „Spear Of Destiny / Kowalski, Manchester" (1983), 47 sowie Ralf Hertwig zit. n. Teipel: *Verschwende deine Jugend* (2001), 331.
173 Ausschlaggebend für die Einschätzung des Erfolgs in Großbritannien sind dabei nicht nur die Häufigkeit und Besucherdichte von Konzerten, die Frequenz der medialen Berichterstattung, die Beliebtheit in den Diskotheken sowie offizielle Verkaufszahlen, sondern etwa auch Aspekte der inoffiziellen Weitergabe: Der Musikjournalist Steve Lake etwa berichtete 1985, dass DAF, EINSTÜRZENDE NEUBAUTEN und XMAL DEUTSCHLAND die einzigen deutschen Gruppen seien, deren Produktionen an den Bootleg-Ständen in Londons Portobello Road angeboten werden. Lake, Steve: „DAF. Die türkische Variante", in: *Musikexpress/Sounds*, Nr. 7 (1985), 42–43, hier: 42.
174 Bohn: „Krauts In-A-Babylon" (1982).
175 Scheuring: „Xmal Deutschland und das Kitschige" (1983), 41.

auf dem „Exotenbonus" der Band: „XMAL bestätigt die Briten in ihren Klischees, die sie für deutsche Avantgarde der düsteren Art parathalten[sic!]."[176]

Ein Jahr später suchte Diedrich Diederichsen in der *Spex* die Geschichte und Bedingungen zu bestimmen, die dafür sorgten, dass bundesdeutsche Bands im Ausland „Kult-Erfolg[e]" erreichten. Hierfür wählte der Poptheoretiker das Konzept des „BILLIGEN SCHWINDELS".[177] Den Anfang hatten Diederichsen zufolge Krautrock-Bands wie AMON DÜÜL II, CAN und TANGERINE DREAM mit ihrer „Entdeckung des inneren Kosmos" gemacht, bevor KRAFTWERK Mitte der 1970er Jahre Krautrocks Reisen zu Ursprünglichkeit, Transzendenz und Innerlichkeit mit einer affirmativen Reinszenierung des „Modell Deutschland" verknüpften: „Sie fuhren auf der Autobahn durch den deutschen Wald. Eine Image-Revolution, möglicherweise, das Größte, was deutscher Export-Pop geleistet hat." Auf KRAFTWERK folgten laut Diederichsen dann Anfang der 1980er Jahre erst MALARIA! und PALAIS SCHAUMBURG, dann XMAL DEUTSCHLAND, EINSTÜRZENDE NEUBAUTEN und PROPAGANDA, wobei Letztere mit ihrer ästhetischen Wiederaufbereitung der prä-Nazi Filmtradition vor allem als „Nachhall" oder „Mainstreamausgabe" des NEUBAUTEN-Kults funktionieren. Während PALAIS SCHAUMBURG es über eine deutsche Version der „Euro-Schiene" und alle damit verbundenen Assoziationen („Genf, Abrüstungsgesprächen, Vollbeschäftigung, EG, Butterberg, sauberen, gepflegten Städten, keine Armut, guten Manieren und Mikroelektronik") versuchten, gelang es XMAL DEUTSCHLAND, durch die Kombination eines gut gewählten Bandnamens („Xmal klingt a) nach Xmas (= Christmas) und b) wie ein aztekischer Gott. Deutschland im Namen ist ohnehin sehr clever.") und angesagter Gothic-Sounds die „gute alte Komplementäre Mystik-Austauschbeziehung zwischen uns und den Engländern" zu restaurieren. Am Ende dieser Entwicklung stehen laut Diederichsen EINSTÜRZENDE NEUBAUTEN, die sich zu „THROBBING GRISTLE wie TANGERINE DREAM zu PINK FLOYD (und XMAL zu SIOUXSIE)" verhalten:

> So wie TD einfach ein Sahne-Nachschlag für die langsam vom FLOYD-Trip runterdämmernden Briten war, so sind die NEUBAUTEN der Nachschub für den TG-Fan, der sich den Elektrobohrer gerade aus Hirn wiederherausgezogen hat. Und sie sind BERLIN [...] Bei den NEUBAUTEN ist der BILLIGE SCHWINDEL wieder zur schönen Kunst geworden. So kann es bleiben.

Elektronischer Nachklang

Welchen Einfluss die Sounds einzelner ‚Kälte'-Acts auf wen, wann und in welcher Intensität und Langfristigkeit hatten, lässt sich nur schwerlich komplett aufschlüs-

---

176 Bork: „X MAL DEUTSCHLAND. Fetisch. 4 AD" (1983).
177 Alle folgenden Zitate siehe Diederichsen, Diedrich: „Der billige Schwindel als schöne Kunst betrachtet. Ein paar Überlegungen zum Bild des Deutschen im Ausland", in: *Spex*, Nr. 5 (1984), 34–35, hier: 35. Hervorhebung i. O.

seln. Zu umfänglich sind die sich über die ganze Welt spannenden Wirkkreise der von diesen Bands produzierten Musik, zu unübersichtlich das Feld der internationalen Pop-Musik. Dennoch soll an dieser Stelle der Versuch gewagt werden, den Effekt nachzuzeichnen, den die im Hauptteil als ‚kalt' definierten Sounds bestimmter Musiker:innen auf internationale Pop-Musik-Strömungen hatten, bevor im Folgekapitel die Rückkehr bestimmter Motive und Strategien der ‚Kälte' beleuchtet wird. Den wohl nachhaltigsten und für die Geschichte der Pop-Musik bedeutendsten Einfluss hatten die Bands des ‚Kälte-Pop' dabei auf die elektronische Musik. Derweil lassen sich zwei Hauptstränge differenzieren, die sich allerdings immer wieder überkreuzten und miteinander verwoben: Während KRAFTWERK als Pioniere von Synth-Pop und Techno gelten, spielten Bands wie DAF, DIE KRUPPS, LIAISONS DANGEREUSES und EINSTÜRZENDE NEUBAUTEN eine bedeutende Rolle in der Geschichte der Electronic Body Music (EBM) und der zumeist elektronischen Ausprägungen des Post-Industrial. Was in beiden Fällen nachklang, waren insbesondere der umfassende Einsatz zumeist sequenzergenerierter, repetitiv-monotoner Soundpattern sowie das Verwenden ‚kalter' Materialien wie Stahl zur Klangproduktion.

So können DAF geradezu als Blaupause für das sich Anfang der 1980er Jahre entwickelnde Genre EBM bestimmt werden, sowohl musikalisch als auch ästhetisch. Charakteristisch für EBM-Produktionen sind etwa sequenzierte Bass-Synthesizer-Spuren, maschinelle Four-on-the-floor-Rhythmen sowie nahezu ausschließlich von männlichen Frontsängern stammende Vocals, die zumeist zwischen Sprechen und Shouting rangieren.[178] Wie die Genrebezeichnung bereits verdeutlicht, steht thematisch und vor allem performativ zumeist der Körper und die kontrollierte Bewegung im Zentrum. Zwar setzte sich der Ausdruck „Electronic Body Music" erst um 1984 als Genrename durch, dennoch verweist die Begriffsgeschichte auf die musikalischen Wurzeln: Während Ralf Hütter bereits Ende 1977 in einem *Sounds*-Interview die Musik von KRAFTWERK als „electronic body music" bezeichnete, sprachen DAF 1981 in einem Interview von „Körpermusik" und veröffentlichten den Track „Absolute Körperkontrolle".[179] Zur gleichen Zeit entstanden in Belgien weitgehend unabhängig voneinander eine ganze Reihe von Electro- und EBM-Gruppen, die oftmals von den in britischen Musikmagazinen beworbenen deutschen Bands wie DAF und KRAFTWERK inspiriert wurden und deren Motive und Sounds reproduzierten.[180] Beispielhaft seien hier das 1980 gegründete Electro-Projekt ABSOLUTE BODY CONTROL mit ihrem gleichnamigen, auf dem bandeigenen Label

---

178 Zu EBM siehe Kaul: „Electronic Body Music" (2017).
179 Hütter zit. n. Synthetic: „New Musick" (1977), 33. Delgado in Weil, Alexander/Kistner, Thomas: „1980 New Wave Hit Explosion – Aufbruch in die Endzeit. Eine Video-Dokumentation über Neue Deutsche Musik der 80er Jahre", 2005, 00:49:03. DEUTSCH-AMERIKANISCHE FREUNDSCHAFT: „Absolute Körperkontrolle" (1981).
180 Vgl. Reed: *Assimilate* (2013), 157–158.

Body Records veröffentlichten Debüt (1981) sowie der Track „Body To Body" (1981) der Gruppe FRONT 242 genannt. Und auch in Großbritannien bildeten sich im Anschluss an bundesdeutsche Gruppen einige EBM-Bands, die auch heute noch als Pioniere auf ihrem Gebiet gelten. Umfassenden Einfluss auf die seit 1983 aktiven NITZER EBB hatten etwa DAF und DIE KRUPPS, aber auch MALARIA!, die laut Bandmitglied Bon Harris eine Alternative zu den „'warmen' Electrosounds" britischer Synth-Pop-Gruppen wie THE HUMAN LEAGUE und DEPECHE MODE boten.[181] 1989 nahmen NITZER EBB sogar zusammen mit DIE KRUPPS eine neue Version des KRUPPS-Klassikers „Wahre Arbeit – Wahrer Lohn" unter dem Titel „The Machineries Of Joy" auf.

Noch weitreichender ist der Einfluss von KRAFTWERK auf die internationale Pop-Musik und Popkultur: Angefangen bei einzelnen aber wichtigen Pop-Multiplikatoren der 1970er Jahre wie David Bowie und Brian Eno, übten KRAFTWERK – neben anderen Krautrock-Bands wie CAN und NEU! – bereits auf die britische Post-Punk- und New-Wave-Bewegung und Bands wie THE HUMAN LEAGUE, JOY DIVISION, NEW ORDER, CABARET VOLTAIRE, OMD, DEPECHE MODE, EURYTHMICS und VISAGE einen nachhaltigen Effekt aus.[182] Auch in anderen Ländern knüpften seit Ende der 1970er Jahre Bands der elektronischen Musik an KRAFTWERK an, etwa die belgische Gruppe TELEX oder das Italo-Disco-Duo RIGHEIRA, das mit futuristischen Motiven, teilweise deutschen Songtexten („Tanzen Mit Righeira", 1983), minimalistischen Synthesizer-Melodien und einem neusachlichen Song über das Sonnen am Strand nach einem Atombombeneinschlag („Vamos A La Playa", 1983) weltweit die Charts eroberten.[183] Einen über das Musikalische hinausgehenden Einfluss hatten KRAFTWERK auch auf die 1978 gegründete Band YELLOW MAGIC ORCHESTRA (YMO) aus Japan: So spielten YMO in ihrer Performance mit den im Westen vorherrschenden Stereotypen des Japanischen, etwa durch das Tragen von Mao-Anzügen (da Japaner:innen in der US-amerikanischen Kultur laut Bandmitglied Ryuichi Sakamoto stets mit Chines:innen gleichgesetzt werden),[184] und setzten ihre oftmals in mechanische Monotonie kippende Musik bei Live-Shows entsprechend um, die sie wie KRAFTWERK an ihren Maschinen stehend und nahezu regungslos absolvierten. „YMO erwecken nie den Eindruck, sie seien mechanisch oder emotional an dem beteiligt, was auf der Bühne vorgeht", schrieb etwa Diedrich Diederichsen 1980 in seinem Konzertbericht mit

---

181 Harris zit. n. Freuen, Dirk: „Nitzer Ebb", in: *Zillo*, Nr. 11 (1991), 16–18, hier: 16.
182 Siehe etwa die Aussage des für die Londoner New-Wave-Szene bedeutenden, britischen DJ Rusty Egan zit. n. Esch: *Electri_City* (2014), 136 sowie das Vorwort des CABARET-VOLTAIRE-Musikers Mallinder, Stephen: „Straight Connection back to Düsseldorf City", in: Schütte (Hg.): *Mensch – Maschinen – Musik* (2018), 9–16, hier: 10.
183 Beide Titel finden sich auf dem Debüt-Album RIGHEIRA: *Righeira* (1983), LP, CGD, INT 20385.
184 Siehe dazu und zum Einfluss KRAFTWERKS das Interview mit Ryuichi Sakamoto (YMO) von Bohn, Chris: „Ryuichi Sakamoto. Yellow Magic bridging the East-West divide", in: *New Musical Express*, 20. August 1983, 14.

dem fragwürdigen wie bezeichnenden Titel „Molodel tlift Klaftwelk" und verglich die Performance der Gruppe mit dem „Vorführen von hochqualifizierter verantwortungsbewusster moderner Facharbeit".[185] Fans und Adept:innen fanden KRAFTWERK auch in Frankreich, etwa in dem Modeschöpfer Jean Paul Gaultier, der seine Begeisterung für KRAFTWERK und DEVO in seine charakteristischen, zugleich verspielt und strengen Mode-Kollektionen einfließen ließ.[186]

Seit den 1990er Jahren nahmen die klanglichen und performativen Bezüge auf KRAFTWERK noch einmal zu. Während sich manche Musiker:innen auf die Übernahme einzelner Melodien und Samples von KRAFTWERK-Tracks beschränkten, etwa Jay-Z („Sunshine", 1997), Missy Elliott („Lose Control", 2005) und COLDPLAY („Talk", 2005), verwiesen andere Bands noch viel umfänglicher auf KRAFTWERK als ihre Vorbilder, unter anderem das dänische Electro-Projekt KRAFTWELT, dessen Album *Electric Dimension* (1996) von Sound und Aufmachung auch als KRAFTWERK-Veröffentlichung durchgehen könnte, sowie die French-House-Pioniere DAFT PUNK, die stets nur maskiert und in futuristischer Kostümierung in Erscheinung traten. Gegenüber dem *Musikexpress* erklärte DAFT-PUNK-Mitglied Thomas Bangalter dann auch, dass das Duo in seinen Anfangstagen versuchte „unbedingt so zu klingen wie KRAFTWERK" und sich am 09.09.1999 in „Maschinenmenschen" verwandelt habe, nachdem ein Blitz in ihr Studiomischpult eingeschlagen sei.[187] Und auch in Deutschland ist mit dem sich selbst „Sender" nennenden Synth-Pop-Projekt WELLE: ERDBALL seit 1990 eine Band aktiv, die sich explizit auf KRAFTWERK und die NDW bezieht, nicht nur durch Coverversionen von KRAFTWERKS „Die Roboter" und „Fred vom Jupiter" von DIE DORAUS UND DIE MARINAS, sondern auch durch die Verwendung einer Vielzahl von ‚Kälte'-Motiven. So sind die Songs der stets in Anzüge gekleideten und häufig auf die Werbe-Ästhetik der Wirtschaftswunder-Jahre zurückgreifenden Gruppe geprägt von kühlen Synthesizer-Sounds sowie von Texten über Technik, Maschinen, Roboter, Computer sowie Radios und lassen auch sonst kaum eines der Anfang der 1980er Jahre populären ‚Kälte'-Motive aus: Songs wie „Monoton + Minimal" („Monoton und Minimal / Meine Welt ist ganz neutral"), „Arbeit Adelt!" („Niemals schlafen, niemals ruh'n / Leute, es gibt viel zu tun / [...] / Alle Männer, alle Frauen / Die neue Welt gilt's aufzubauen / Viel zu lang schon nichts getan / Kommt, stellt die Maschinen an!") oder „Ich Bin Aus Plastik (Ich Bin Kalt)" lassen keinen Zweifel an den künstlerischen Vorbildern von WELLE: ERDBALL aufkommen. Allerdings knüpfte die Gruppe mit Titeln wie „Gib Mir Mein Gefühl Zu-

---

185 Diederichsen, Diedrich: „Yellow Magic Orchestra. Molodel tlift Klaftwelk", in: *Sounds*, Nr. 12 (1980), 14–15, hier: 15.
186 Vgl. Zerbib, Patrick: „The Six Inventions of Jean Paul Gaultier", in: *The Face*, Nr. 46 (1984), 22–27, hier: 26.
187 Bangalter zit. n. Picker-Dressel, Stefan: „Kraft-Punk", in: *Musikexpress*, Nr. 4 (2001), 26–27, hier: 27.

rück" („Fast wie ein Engel, der aus Stein und Eis besteht / Meine Gefühle hinter Panzertüren / Nun gefangen nimmt / Gib mir mein Gefühl zurück / Du bist viel zu kalt für mich / [...] / Und denk' immer daran: Ich liebe Dich!") eher an die ‚Kälte'-Bilder der ‚Wellenreiter'-Bands an. Generell lassen WELLE: ERDBALL im Gegensatz zu KRAFTWERK beim Umgang mit den Motiven des ‚Kälte-Pop' häufig alle Ernsthaftigkeit missen, wie sich beispielhaft in Songs wie „Bill Gates Komm' F... Mit Mir" und „Lass Uns Ein Computer Sein" verdeutlicht:

> Komm nun zu mir und schalt mich an
> Drück meine Tasten sanft und dann
> Lad mein Programm in dich herein
> So können wir vollkommen sein
> Wir werden monoton und kühl
> Es gibt kein Schmerz und kein Gefühl
> Wir speichern alles in uns ein
> Und würden auch unsterblich sein
> Das ist ein Zustand, der sich lohnt
> Von allem Menschlichem verschont
> Jetzt ist es endlich an der Zeit
> Die Technik steht für uns bereit.[188]

Eine ganz andere Rezeptionsgeschichte durchliefen KRAFTWERK in den USA. Seit dem Album *Trans-Europe Express* (1977) waren die Düsseldorfer dort nicht mehr aus den Clubs wegzudenken, insbesondere jenen in New York und den vor allem von Schwarzen Diskothekengänger:innen besuchten, in denen Disco und Funk gespielt wurden und die HipHop-Kultur ihre ersten Schritte machte.[189] „ I don't think they even knew how big they were among the black masses in '77 when they came out with ‚*Trans-Europe Express*'", erklärte etwa der New Yorker DJ Afrika Bambaataa, der in seinen Sets die monotonen Rhythmen von Tracks wie „Trans Europa Express" und „Metall Auf Metall" mit Reden von Malcolm X oder Martin Luther

---

188 WELLE: ERDBALL: „Monoton + Minimal (C=64er)", auf: *Der Sinn Des Lebens* (1998), CD, Synthetic Symphony, SPV 62152 CD; WELLE: ERDBALL: „Arbeit Adelt!", auf: *Der Sinn Des Lebens* (1998); WELLE: ERDBALL: „Ich Bin Aus Plastik (Ich Bin Kalt)", auf: *Ich Bin Aus Plastik* (2008), CD, Synthetic Symphony, SPV 67020 CDS; WELLE: ERDBALL: „Gib Mir Mein Gefühl Zurück", auf: *Der Sinn Des Lebens* (1998); WELLE: ERDBALL: „Bill Gates Komm' F... Mit Mir", auf: *Tanzpalast 2000* (1996), CD, Synthetic Symphony, SPV 085-61452; WELLE: ERDBALL: „Laß Uns Ein Computer Sein", auf: *Der Sinn Des Lebens* (1998).
189 Diese Tendenz lässt sich aber auch für andere Bands des elektronischen Krautrock feststellen: So berichtete der britische Musikjournalist Miles 1977, dass sich im ausverkauften Konzert der von ihm als „Pioniere des Techno-Rock" bezeichneten TANGERINE DREAM in Washington insbesondere viele Schwarze Musikfans unter den Besucher:innen befanden. Miles: „Tangerine Dream. Laser-Trip durch Amerika", in: *Musikexpress*, Nr. 7 (1977), 29–30, hier: 30.

King sowie mit Funk-, Disco- und Rhythm-and-Blues-Hits kombinierte.[190] Dieser Mix ist keinesfalls ungewöhnlich oder zufällig, da KRAFTWERK, die sich wie die späteren Techno- und HipHop-Pioniere in den USA unter anderem von P-Funk und Acts wie James Brown und Stevie Wonder inspirieren ließen, gerade wegen der ‚funkiness' ihrer Beats in der Schwarzen Clubkultur beliebt waren und somit im Mittelpunkt des stilistischen Wechselspiels transnationaler Pop-Musik standen.[191] Anfang der 1980er entstanden dann die ersten US-Produktionen, die den Einfluss von KRAFTWERK und britischen New-Wave-Acts wie THE HUMAN LEAGUE, DEPECHE MODE, NEW ORDER und THE NORMAL – die wiederum von KRAFTWERK und anderen Krautrock-Bands beeinflusst waren – künstlerisch umsetzten: So kehrten nicht nur Herbie Hancock und George Clinton, Funk-Veteranen der 1970er Jahre, mit den synthesizerlastigen Alben *Computer Games* (1982) und *Future Shock* (1983) zurück, sondern ebenso Alt-Rocker Neil Young mit dem new-wavigen *Trans* (1982). Konkret wurde der Bezug zu KRAFTWERK im Track „Planet Rock" (1982) von AFRIKA BAMBAATAA & THE SOUL SONIC FORCE, für den die Gruppe unter anderem die Beats aus KRAFTWERKS „Nummern" (1981) und die Melodie aus „Trans Europa Express" (1977) verwendete, eingeleitet von einer Vocoder-Stimme.[192] Das Stück gilt heute als Startpunkt für das Genre Electro Funk und bedeutender Impuls in der Entstehungsgeschichte von Techno, House und HipHop. Auch in Detroit bedienten sich einige Produzenten an den Beats und Sounds von KRAFTWERK, etwa der DJ Juan Atkins, der mit seinem Projekt CYBOTRON für den Track „Clear" (1983) ebenfalls die Melodie von „Trans Europa Express" nutzte und mit elektronisch verzerrten, monoton gesprochenen Vocals verknüpfte.[193]

Zusammen mit anderen Detroiter Acts wie Kevin Saunderson, Blake Blaxter und Derrick May entwickelte Atkins in den Folgejahren den sogenannten Detroit Techno, der Ende der 1980er und Anfang der 1990er Jahre vor allem in Deutschland Fans und Adept:innen fand. Im Unterschied zu den ‚warmen', stärker an Soul und Funk orientierten Sounds des Chicago House klingt Detroit Techno weitaus ‚kälter' und industrieller, monoton, maschinell und metallisch.[194] Das für elektro-

---

190 Bambaataa zit. n. Toop, David: *Rap Attack. African Jive to New York Hip Hop*, 3. Aufl., London 2000 (1984), 130. Vgl. Rietveld, Hillegonda: „Trans-Europa Express. Tracing the Trance Machine", in: Albiez; Pattie (Hg.): *Kraftwerk* (2011), 214–230, hier: 224.
191 Siehe Schumacher, Eckhard: „Re-Make / Re-Model. Kraftwerk international", in: Schütte (Hg.): *Mensch – Maschinen – Musik* (2018), 262–274, hier: 267–273 sowie Winne: „Computerwelt" (2018), 137.
192 AFRIKA BAMBAATAA & THE SOUL SONIC FORCE: *Planet Rock* (1982), 12″-Single, Tommy Boy, TB 823.
193 CYBOTRON: *Clear* (1983), 12″-Single, Fantasy, D-216.
194 Zu den im Detroit Techno genutzten Instrumenten bzw. Maschinen (*Yamaha DX100* und *Roland TR 909*), den damit erzeugten, ‚kalt' und technisch klingenden Sounds sowie dem nach einem ‚Baukastenprinzip' funktionierenden Track-Aufbau der meisten Detroit-Techno-Produktionen siehe Goldmann, Stefan: „Kreuzmodulation. Entwurf einer Techno-Ästhetik", in: Feser; Pasd-

nische Dance Music ohnehin essentielle Moment der Repetition wird im (Detroit) Techno nochmals gesteigert durch den Fokus auf monotone, sequenzergenerierte Synthesizer-Loops und Drum-Beats. Deutlich wird hier der Einfluss von britischen EBM- und Industrial-Gruppen wie Nitzer Ebb und Cabaret Voltaire auf die Detroiter Techno-Acts als auch von Kraftwerk, bei denen es laut Juan Atkins vor allem die per Sequenzer geschaffene Präzision der Töne war, die ihn faszinierte und die er zu kopieren versuchte.[195] Tatsächlich lassen sich noch weitere ‚Kälte'-Motive ausmachen: Auffällig sind etwa das Interesse am Technik-Kult des Futurismus seitens der Detroiter Musiker:innen und dessen künstlerische Umsetzung,[196] die Strategien der Verschlüsselung und Kommunikationsverweigerung, etwa durch die Verwendung von Pseudonymen und das Fehlen von Lyrics und Angaben zu den Produzenten auf den Plattencovern und -labels,[197] oder auch die Inszenierung von Militanz. Gewisse Bekanntheit erlangte damit insbesondere das Detroiter Produzenten-Kollektiv Underground Resistance, zu dem unter anderem die Techno-Pioniere Jeff Mills, Robert Hood und Blake Baxter gehörten. Im Gegensatz zu den ‚Kälte-Pop'-Bands der frühen 1980er Jahre vertraten Underground Resistance allerdings einen explizit politischen Anspruch und suchten diesen in ihrer Musik umzusetzen. „Die Message von Underground Resistance war kämpferisch", betonte Robert Hood in einem späteren Interview, in dem er Widerstand und Selbstbehauptung angesichts von Massenarbeitslosigkeit, Crack-Epidemie, ‚Reagonomics' und alles kontrollierender Musikindustrie als Kerngedanken des Projekts bestimmte: „Wir lassen uns nicht kontrollieren, wir übernehmen die Kontrolle. Malcolm X meets Kraftwerk."[198]

In ihrer Heimatstadt fanden die Detroiter Techno-Produzenten allerdings weder ein Publikum, noch eine hierfür notwendige Bühne, dafür aber im wiedervereinigten Berlin der frühen 1990er Jahre. Zustande kam diese Verbindung über die jungen Berliner Schallplattenläden und Labels *Hard Wax* und *Interfish* sowie über Schlüsselfiguren wie Mark Ernestus oder Dimitri Hegemann, der bereits zu Beginn der 1980er Jahre das Festival „Berlin Atonal" initiiert hatte.[199] In Berlin stießen Un-

---

zierny (Hg.): *Techno studies* (2016), 155–169, hier: 162 sowie Karwath, Leonie/Häberlen, Joachim C.: „Mit der Technik tanzen. Technokörper im Berlin der frühen Neunziger Jahre", in: *Body Politics*, Jg. 6, Nr. 9 (2018), 95–122, hier: 101–102.
[195] Atkins zit. n. Doerschuk, Robert L.: „Juan Atkins" (1995), in: Rule (Hg.): *Electro shock!* (1999), 201–206, hier: 204.
[196] Vgl. Jeff Mills zit. n. Stubbs: *Future Days* (2014), 201.
[197] Zur „Schweigsamkeit und Pseudonymkultur" des Detroit Techno siehe etwa Diederichsen, Diedrich: „Es streamt so sexy. Die Dialektik von Clicks & Cuts", in: Neumann-Braun; Schmidt; Mai (Hg.): *Popvisionen* (2003), 58–74, hier: 65–66.
[198] Hood zit. n. Denk/Thülen: *Der Klang der Familie* (2012), 195.
[199] Siehe etwa Ernestus zit. n. ebd., 120.

DERGROUND RESISTANCE auf fruchtbaren Boden, hier hatte sich seit Ende der 1980er Jahre eine zur Bewegung anschwellende Szene entwickelt, die ihre Raves in Bunkern, Kellern und Abrisshäusern feierte und eher härtere, industrielle Techno-Sounds statt der zur selben Zeit populärer werdenden House Music bevorzugte. Obwohl die Geschichte von Techno in der Bundesrepublik in Frankfurt begann, wo sich bereits seit Mitte der 1980er Jahre ein Netzwerk aus Clubs, Produzenten und Labels um die neue elektronische Musik entwickelt hatte und unter „Techno" anfangs vor allem EBM- und tanzbare Industrial-Produktionen verstanden wurden,[200] bildete sich erst in Berlin ein eigener harter Stil aus, zuweilen als „Berlin Techno" oder „Tekkno"[201] bezeichnet. Charakteristisch für Tekkno war ein minimalistischer, düsterer, harter und industrieller Sound, der in Locations wie den von Dimitri Hegemann mitgegründeten Clubs *Ufo* und *Tresor* sowie von DJs wie dem nicht selten in Camouflage-Kleidung auftretenden Tanith popularisiert wurde.[202] Für die Detroiter von UNDERGROUND RESISTANCE, die – wie immer maskiert – im Oktober 1991 im *Tresor* auftraten, wirkte die in ihren Augen anlasslose und freiwillige Zelebrierung des Harten und Düsteren in der Berliner Tekkno-Szene mitunter verstörend, wie sich UR-Mitglied Blake Baxter erinnerte:

> Als ich in den *Tresor* kam, dachte ich nur: Geht das hier mit rechten Dingen zu? Die Deutschen, dachte ich, wollten das Dunkle. [...] Detroit ist eher grau. In Detroit wurde uns die Dunkelheit eher aufgebürdet. Und akzeptiert. In Deutschland ist das meist eine künstlerisch motivierte Entscheidung.[203]

Wie der Kulturwissenschaftler Alexander G. Weheliye im Hinblick auf die Entwicklung des sogenannten Berlin Techno ausführt, sei dessen Ausbildung an einen bewussten Rückgriff auf das Stereotyp des ‚typischen Deutschen' und eine argumentative Exklusion der Schwarzen Wurzeln der Techno-Music geknüpft gewesen – ein Prozess, der sich auch bei journalistischen Abhandlungen zu KRAFTWERK

---

200 Die in der zweiten Hälfte der 1980er Jahre entstandene EBM-Szene in der Bundesrepublik hatte ihren Schwerpunkt insbesondere in Frankfurt. Dort nutzte der DJ Andreas Tomalla (aka Talla 2XLC) erstmals 1983 den Begriff „Techno", zuerst als Kategorie für Synth-Pop-, EBM- und Industrial-Produktionen im Frankfurter Plattenladen *City Music*. Ab 1984 veranstaltete Tomalla das für die weitere Entwicklung der deutschen EBM- und Techno-Szenen bedeutende Event „Technoclub", bei dem insbesondere in den ersten Jahren vor allem EBM gespielt wurde. Vgl. Monroe, Alexei: „Sender Deutschland. The Development and Reception of Techno in Germany", in: Schütte (Hg.): *German Pop Music* (2017), 171–188, hier: 174–175 sowie Denk/Thülen: *Der Klang der Familie* (2012), 9.
201 Siehe etwa Johnnie Stieler (*Tresor*) zit. n. ebd., 97.
202 Vgl. Meteo, Daniel/Passaro, Sandra: „The Berlin sound of techno", in: Ahlers; Jacke (Hg.): *Perspectives on German popular music* (2017), 237–243, hier: 242–243 sowie Denk/Thülen: *Der Klang der Familie* (2012), 95–96.
203 Baxter zit. n. ebd., 206.

feststellen lasse, da diese zumeist die Wirkung Schwarzer Musiker:innen auf den Sound der Düsseldorfer ausblenden würden.[204] Zwar waren die Vertreter:innen des Berlin Techno neben EBM und Industrial aus Großbritannien und Belgien vor allem vom Detroit Techno beeinflusst, versuchten sich Weheliye zufolge aber mit dem Begriff „Tekkno" und seit 1992 mit Produktionen, die weniger Funk und Swing enthielten und stattdessen auf einen gleichmäßigen, metronomischen Beat sowie auf einen „very stereotypically teutonic or Germanic sound" setzten, von Technos ‚Blackness'-Ursprüngen abzugrenzen. Deutlich werde dieser Anspruch etwa auch an Aussagen wie jener von dem DJ Tanith, in der dieser gegen House Music argumentierte: „Das wollte ich nicht, weil da ist Soul drin. Aber ich bin ein weißer Junge, ich habe keine Seele. Ich mochte auch Disco nie."[205] Weheliye setzt den Ansatz der Berliner Tekkno-Akteur:innen, als etwas spezifisch ‚Deutsches' wahrgenommen zu werden, schließlich in Kontext zum damals hochkochenden, neuen Nationalismus in der wiedervereinigten Bundesrepublik, wenn auch dieser als „Lokalpatriotismus" getarnt worden sei und Berlin als Zentralmotiv gewählt habe. Tatsächlich fanden Techno und vor allem Tekkno in den frühen 1990er Jahren auch bei einzelnen Akteuren der Neuen Rechten Anklang, die darin eine moderne Version von Marschmusik und einen vermeintlichen Anknüpfungspunkt für die Rechte an die moderne Popkultur erblickten.[206]

Während die Figur des ‚typischen Deutschen' im ‚Kälte-Pop' noch voller Brüche und bewusst überzeichnet war und keine reelle Entsprechung in der Mehrheitsgesellschaft besaß, verlor das Motiv des ‚kalten Deutschen' in der Pop-Musik der 1990er Jahre, angesichts der Verbreitung nationalistischer Positionen und Zunahme rassistischer Gewalt, seine subversive Wirkung. Schwerlich lässt sich festmachen, wo im Fall von Techno oder der sogenannten Neuen Deutschen Härte die Grenzen zwischen künstlerischem Zeichenspiel und tatsächlicher Affirmation verlaufen, rechte Vereinnahmungsversuche der Techno-Bewegung sollten aber nicht zuletzt an ihrer eher linken und hedonistischen Ausrichtung scheitern. Wie weit es mit der Ernsthaftigkeit beim Einsatz ‚vorbelasteter' Symbole in der frühen deutschen Techno-Bewegung her war, zeigt etwa das Beispiel des Trance-Labels *MFS* (*Mastermind of Success*) von Mark Reeder (DIE UNBEKANNTEN), der seinem bereits in

---

204 Siehe dazu Goh, Annie: „‚White Brothers With No Soul'. Un Tuning the Historiography of Berlin Techno", Interview mit Alexander Weheliye, in: *CTM Festival Magazine* (2015). URL: https://www.ctm-festival.de/news-mobile/white-brothers-with-no-soul-un-tuning-the-historiography-of-berlin-techno/ (Letzter Zugriff: 24.10.2022). Vgl. auch Schiller: *Soundtracking Germany* (2018), 185, 189–190. Mit dem „whitewashing" von KRAFTWERK befasst sich auch Duffett, Mark: „Average White Band. Kraftwerk and the Politics of Race", in: Albiez; Pattie (Hg.): *Kraftwerk* (2011), 194–213.
205 Tanith zit. n. Denk/Thülen: *Der Klang der Familie* (2012), 95–96.
206 Vgl. Dittmann, Rigobert: „Pop Und Destruktion", in: *testcard. Beiträge zur Popgeschichte*, Nr. 1 (1995), 156–169, hier: 164.

den frühen 1980er Jahren gepflegten Spiel mit den Symbolen und der Ästhetik totalitärer und autoritärer Systeme treu blieb: Passend zum Namen organisierte der ehemalige MALARIA!-Manager zum Label-Start im Dezember 1990 eine Pressekonferenz im ‚DDR-Stil', mit Türstehern in Grenzsoldaten-Uniformen, die am Eingang die ‚Visa' der Medienvertreter:innen abstempelten, Hostessen in FDJ-Uniformen und einem von Reeder vorgestellten „Fünfjahresplan" für das Label.²⁰⁷ Derartige Rückgriffe auf ‚Kälte'-Motive blieben in der Techno-Bewegung allerdings die Ausnahme.

Von einer Rückkehr des ‚Kälte-Pop' kann trotz vereinzelter ‚Kälte'-Motive, die sich vorwiegend auf der Sound-Ebene finden lassen,²⁰⁸ im Falle der Techno-Bewegung auch deshalb nicht gesprochen werden, weil tatsächlich eher Gemeinschaftlichkeit und ‚Wärme' die Szenerie bestimmten, in der ‚kalte' Trennungs-Strategien keinen Platz hatten. Angefangen bei den Clubs und Sounds: So gab es in Berlin neben den für härteren Techno bekannten Clubs auch Locations wie den Club *Planet*, in dem die Atmosphäre laut dem DJ Clé „bunter, verspielter" und „viel wärmer" war als im *Tresor*.²⁰⁹ Im *Tresor* selbst hatten Publikum und Macher auch sehr bald keine Lust mehr auf den einst befeuerten „Bretter-Beat" und die „martialischen Roboter-Parties", wie der *Musikexpress* Anfang 1993 berichtete: „Wir wollen wieder phantasievolle und warme Musik spielen", erklärte dazu *Tresor*-Betreiber Achim Kohlberger und befand sich mit diesem Ansatz dem *Musikexpress*-Autor Ralf Schlüter zufolge ganz „auf der Höhe der Zeit".²¹⁰ Eine Reanimation der ‚Kälte' blieb ebenfalls vonseiten jener ehemaligen NDW-Akteur:innen aus, die teilweise bereits seit der zweiten Hälfte der 1980er Jahre als DJs, Produzent:innen oder Label-Inhaber:innen in der bundesdeutschen Techno-Bewegung aktiv waren, etwa Inga Humpe (NEONBABIES), Thomas Fehlmann und Moritz von Oswald (PALAIS SCHAUMBURG), Gudrun Gut (MANIA D., MALARIA!), Achim Szepanski (P. D./P16.D4), Robert Görl und Gabi Delgado (DAF). Letztgenannter etwa verfolgte den musikalischen Weg weiter, den DAF mit ihrem auf ‚warmen' Disco-Sounds bauenden Comeback-Al-

---

207 Reeder zit. n. Denk/Thülen: *Der Klang der Familie* (2012), 127–129.
208 Dazu gehört auch die besonders in den frühen 2000er Jahren aufkommende Verknüpfung von Minimal Techno mit Deutschland und besonders Berlin („Berlin Minimal") in deutschsprachigen Kreisen, bei zugezogenen „Expats" und im Ausland, in der traditionelle Assoziationen mit dem ‚typisch Deutschen' (reduziert, reserviert, rationalistisch) mitschwingen. Siehe dazu Nye, Sean: „Von „Berlin Minimal" zu „Maximal EDM". Genrediskurse zwischen Deutschland und den USA", in: Feser; Pasdzierny (Hg.): *Techno studies* (2016), 121–135 sowie ders.: „Minimal Understandings. The Berlin Decade, The Minimal Continuum, and Debates on the Legacy of German Techno", in: *Journal of Popular Music Studies*, Jg. 25, Nr. 2 (2013), 154–184.
209 Clé zit. n. Denk/Thülen: *Der Klang der Familie* (2012), 174.
210 Kohlberger zit. n. Schlüter, Ralf: „Tanz den Dalai Lama. Sanfte Tekknologie: Die Erleuchtung in der Disco", in: *Musikexpress/Sounds*, Nr. 3 (1993), 10–14, hier: 11.

bum *1st Step To Heaven* (1986) eingeschlagen hatten, und wurde zu einer wichtigen Figur für House Music in der Bundesrepublik.[211]

Übereinstimmend berichteten verschiedene West-Berliner Protagonist:innen davon, ihren Anschluss an die aufblühende Techno-Bewegung Ende der 1980er Jahre als „befreiende" Erfahrung und als Ausgang der West-Berliner Untergrund-Szenen aus den düsteren, melancholischen und selbstzerstörerischen 1980er Jahre empfunden zu haben.[212] „Nicht mehr diese ewig coole Distanz war angesagt, sondern mehr Miteinander", resümierte etwa Kati Schwind, West-Berliner Szenegängerin und zuständig für den Bereich „Dance" beim Independent-Vertrieb *EFA*, Mitte 1990 im *Musikexpress* zum vorangegangenen Sommer, in dem auch die erste *Loveparade* unter dem Motto „Friede, Freude, Eierkuchen" stattfand.[213] „[P]lötzlich hatten alle Lust auf Farbe und Lust auf Spaß", erklärte auch die Musikerin und *Loveparade*-Initiatorin Danielle de Picciotto (heute verheiratet mit Neubauten-Musiker Alexander Hacke) zum Wandel Ende der 1980er Jahre, während Thomas Fehlmann sich an die „unglaubliche Freude" erinnerte, die unvermittelt in der Luft gelegen habe, und Inga Humpe sogar von einer regelrechten „Knutschkultur" auf den frühen Partys berichtete.[214] Statt sich in Gefühlskälte und Distanzhaltung zu ergehen, zog die Techno-Bewegung gerade aufgrund ihrer betonten Offenheit, Gemeinschaftlichkeit, optimistischen Grundhaltung und ihrem Überschwang der Gefühle immer mehr junge Leute im wiedervereinigten Bundesrepublik in ihren Bann. Eine Reanimation von ‚Kälte'-Strategien war hinsichtlich der nun vorherrschenden Ideale nicht nur grundlos, sondern schlicht unmöglich.

---

211 Siehe dazu Spies/Esch/Görl/Delgado: *Das ist DAF* (2017), 188–190, 211–212 sowie WestBam (Westfalia Bambaataa, eigentlich: Maximilian Lenz) zit. n. Denk/Thülen: *Der Klang der Familie* (2012), 54–55.
212 Siehe etwa Kati Schwind, Inga Humpe und Thomas Fehlmann zit. n. ebd., 48, 53, 175 sowie Danielle de Picciotto in Kreuzer, Margarete: „Wilde Jahre West-Berlin. Punk auf der Insel", rbb Fernsehen (Sendedatum: 22.09.2015), 00:42:15–00:42:40.
213 Schwind zit. n. Becker, Christoph: „Berlin – the love parade. House statt Mauer", in: *Musikexpress/Sounds*, Nr. 5 (1990), 34–36, hier: 35.
214 De Picciotto in Kreuzer, Margarete: „Wilde Jahre West-Berlin. Punk auf der Insel", rbb Fernsehen (Sendedatum: 22.09.2015), 00:42:22–00:42:27, Fehlmann und Humpe zit. n. Denk/Thülen: *Der Klang der Familie* (2012), 175, 178.

4.3 ‚Kälte-Pop' reloaded

Einmal in die Popwelt hineingebrochen, blieb das ‚Kalte' auch nach dem Ende der ‚Kälte-Welle' ein weit verbreitetes und fast schon konventionelles Element der internationalen Pop-Musik. Insbesondere in der ‚Schwarzen Szene' und in den verschiedenen musikalischen Substrümungen von Post-Industrial, (Dark-)Wave und Elektronischer Musik sind bis heute ‚kalte' Motive und auch Strategien Teil des künstlerischen Baukastens. Nur teilweise beziehen sich die Bands dabei direkt auf pophistorische Vorbilder, wie etwa die 2005 gegründete deutsch-französische Synth-Wave-Gruppe VELVET CONDOM, die sich, von Cold-Wave-Acts der 1980er Jahre inspiriert, laut Sänger Nicolas Isner mit Stücken wie „Kalter Lippenstift" (2006) und einem als „dead mannequin pop" bezeichneten Stil von vermeintlich vorherrschenden Musiktrends abzugrenzen suchte: „[I]t was all about electro-clash or guitar bands, and we wanted something colder, dreamier. We wanted to write robot-pop songs".[215] Tatsächlich lässt sich insbesondere seit 2010 im Wave- und Electro-Umfeld eine massive Rückkehr thermischer Kälte-Motive beobachten, die damit zumeist an die Ästhetik der (schwarzen) Romantik anknüpfen. So hat etwa die deutsche Electro- und Future-Pop-Gruppe EISFABRIK alle Aspekte ihres Bandkonzepts komplett auf das Eis-Motiv spezialisiert, seien es die Albumtitel (*When Winter Comes, Eisplanet, Null Kelvin*), Songtitel („Schneemann", „Mauern aus Eis", „Ice Crystal"), PR-Fotos und Bühnenshows („Kaltgebiete-Tour" 2017) oder die Pseudonyme der Bandmitglieder (Dr. Schnee, Dr. Frost, Celsius).

Auch außerhalb der Bundesrepublik erlebten Motive thermischer Kälte einen enormen Auftrieb. Beispielhaft und für viele nachfolgende Acts richtungsweisend ist das 2010 gegründete Minimal-Dark-Wave-Duo LEBANON HANOVER, bestehend aus dem Briten William Maybelline und der Schweizer Musikerin mit dem klirrenden Namen Larissa Iceglass (eigentlich: Larissa Georgiou). Neben dem Künstlernamen taucht das Eis-Motiv bei LEBANON HANOVER wiederholt auch in der Titelwahl auf, etwa beim Album *The World Is Getting Colder* (2012), dessen Frontcovermotiv eine Eishöhle zeigt, sowie dem darauf enthaltenen Song „Ice Cave", und wird sogar in der Selbstbeschreibung auf der Band-Homepage hervorgehoben – nicht ohne den in der schwarzen Romantik üblichen Kontrast zum ‚Warmen' auszulassen: „an ice

---

[215] Isner zit. n. Cummings, Raymond: „Q&A: Velvet Condom's Nicolas Isner On Berlin, Inspirational Movies, And ‚Dead Mannequin Pop'", 2012, *The Village Voice*. URL: https://www.villagevoice.com/2012/02/29/qa-velvet-condoms-nicolas-isner-on-berlin-inspirational-movies-and-dead-mannequin-pop/ (Letzter Zugriff: 24.10.2022).

cold reply to the alienated world coming from two warm beating hearts."[216] Als weitere Exempel für den anhaltenden Trend zum Motiv der ‚Kälte' lassen sich etwa auch der Song „Icy Cold" (2017) und das dazugehörige Musikvideo der italienischen Cold-Wave-Gruppe Ash Code, das Album *Polaar* und der Track „Ice Teens" (2017) der französischen Electro-Musikerin Maud Geffray sowie das 2017 gegründete, griechische Minimal-Wave-Duo Kalte Nacht heranziehen.[217] Letzteres Projekt verdeutlicht zudem mustergültig, dass auch die im Post-Punk gängigen Referenzen zum ‚Deutschen' weiterhin ein wichtigen Platz im künstlerischen Komplex der Wave-Kultur einnehmen. So entstanden in der zweiten Hälfte der 2010er Jahre etwa auch in Mexiko-Stadt einige auf ‚das Deutsche' verweisende Synth-Wave-Acts wie Werner Karloff (eigentlich: Antonio Armenta), Neue Strassen und Stockhaussen (eigentlich: Angel Kauff), auf dessen LP *Cold Lines* (2016) sich unter anderem auch der Track „Heim" befindet.

Unbestreitbar sind Motive der ‚Kälte' zu einem festen Bestandteil der Pop-Musik geworden, ob in thermischer (Eis, Schnee), materieller (Stahl, Beton, Glas) oder figürlicher (Mensch-Maschinen) Form. Aber auch die ursprünglich dahinter stehenden Strategien waren nach dem Abebben der ‚Kälte-Welle' nicht verloren, sondern wurden regelmäßig von Musiker:innen verschiedener Strömungen wiederbelebt. Diesen widmen sich die folgenden Unterkapitel. Ziel ist es dabei nicht, die gesamte Geschichte und Charakteristik der untersuchten Bands, Stile, Strömungen und Genres aufzuschlüsseln, sondern nachzuzeichnen, wie sich das Fortleben ‚kalter' Motive und Strategien bei ihnen gestaltete. Dabei ist allen Reaktivierungen der ‚Kälte' gemein, dass die Motive und Strategien des ‚Kälte-Pop' einen Prozess der ‚Deterritorialisierung' und folgenden ‚Reterritorialisierung' (Deleuze/Guattari) durchmachten, das heißt mit dem historischen, (sub-)kulturellen, nationalen und sozialen Kontext zumeist auch ihre Funktion veränderten. Inwiefern sich diese von der ursprünglichen Funktion im ‚Kälte-Pop' der New-Wave-Bewegung unterscheidet und welche Ansätze hinter der Wiederbelebung ‚kalter' Motive und Strategien stehen, soll im Folgenden geklärt werden.

---

[216] Mikulskis, Justinas: „Lebanon Hanover", Profiltext. URL: *https://lebanonhanover.bandcamp.com* (Letzter Zugriff: 24.10.2022). Lebanon Hanover: „Ice Cave", auf: *The World Is Getting Colder* (2012), LP, Fabrika Records, FP005
[217] „Ash Code – Icy Cold", Official Video. URL: *https://youtu.be/eRd61Vp60Kg* (Letzter Zugriff: 24.10.2022); Geffray, Maud: „Ice Teens", auf: *Polaar* (2017), 2xLP, Pan European Recording, PAN054.

4.3.1 Deutscher als Deutsche: Laibach

Abb. 32 u. 33: Stills aus dem Musikvideo „Geburt Einer Nation" (1987) von Laibach.

Mit strammen Schritten und strengen Mienen marschieren vier Männer der Kamera entgegen, ein harter Militärtrommelschlag gibt den Rhythmus vor (Abb. 32). Sie tragen Stiefel, Jägertrachten und Uniformen, die Assoziationen zum Nationalsozialismus wecken, und bis auf den Frontmann streng gescheitelte Kurzhaarfrisuren. Die Männer werden von unten gefilmt und erscheinen dadurch noch machtvoller. Weitere bombastisch klingende Sounds gesellen sich hinzu, etwa von Trompeten und Streichinstrumenten, und ein tiefer, kehliger Sprechgesang setzt ein, monoton doch pathetisch: „Ein Mensch, ein Ziel, / und eine Weisung / Ein Herz, ein Geist, / nur eine Lösung / Ein Brennen der Glut / Ein Gott, Ein Leitbild / Ein Fleisch, ein Blut, / ein wahrer Glaube / Ein Ruf, ein Traum, / ein starker Wille / Gib mir ein Leitbild". Passend zu Sound und Text zeigen folgende Einstellungen unter anderem Trommler und Bläser in für faschistische Propagandabilder typischen Posen (Abb. 33 und 34) und einen im Stil von Hitler oder Mussolini gestikulierenden Mann bei einer stummen Rede. Der Clip endet mit einem brennenden Kreuz, flankiert von uniform gekleideten, stramm stehenden Männern, und lässt unkundige Zuschauer:innen fragend zurück, was sie da gerade gesehen haben. Den Propaganda-Film eines totalitären Regimes? Das Musikvideo einer theatralischen Neonazi-Band?

Abb. 34: Still aus dem Musikvideo „Geburt Einer Nation" (1987) von LAIBACH.

Abb. 35: Still aus dem Musikvideo „Life Is Life" (1987) von LAIBACH.

„Geburt Einer Nation" (1987) heißt das Stück, produziert und inszeniert von der slowenischen (damals auch jugoslawischen) Band LAIBACH, und ist tatsächlich eine Coverversion des QUEEN-Hits „One Vision" (1985), in dessen Lyrics Sänger Freddie Mercury die Utopie einer Welt ohne Leid und Krieg zeichnet.[218] Was bei QUEEN noch wie der Aufbruch in eine ideale Zukunft klingt, wird in den Händen von LAIBACH, die den Original-Songtext schlicht ins Deutsche übertrugen und nur minimal abänderten, zu einem bedrohlichen, an totalitäre Propaganda erinnernden Aufruf an das Publikum. Sehr ähnlich gestaltete sich etwa auch das Musikvideo zu LAIBACHS Version (1987) von „Live Is Life"[219], dem weltweiten Hit der österreichischen Stadionrockband OPUS (1984): Eingerahmt von einer an Heimatfilme erinnernden Naturkulisse, posieren LAIBACH auch hier in Jäger- und Militär-Uniformen, mit strammer Körperhaltung, strengen Blicken und akkuraten Frisuren, heroisch inszeniert durch eine Untersicht-Kameraperspektive (Abb. 35). Wie die Kulturwissenschaftlerin Jelena Jazo in ihrer Untersuchung des Musikclips ganz richtig fest-

---

[218] „Laibach – Geburt Einer Nation", 1987. URL: *https://youtu.be/ZZAD7W3M4zc* (Letzter Zugriff: 24.10.2022).
[219] „Laibach – Life Is Life", 1987. URL: *https://youtu.be/LB9lObWclFQ* (Letzter Zugriff: 24.10.2022). Der Track erschien unter dem Titel „Opus Dei (Live Is Life)" auf dem Album *Opus Dei* (1987), darauf befindet sich auch eine deutschsprachige Version, „Leben Heißt Leben". LAIBACH: „Opus Dei (Live Is Life)", auf: *Opus Dei* (1987), LP, Mute, STUMM 44. In der Single-Version ist der Titel des Tracks „Life Is Life": LAIBACH: *Life Is Life* (1987), 7″-Single, Mute, MUTE 62.

hält, ist LAIBACHS Video zu „Life Is Life" mehrfach faschistoid konnotiert, etwa durch den ästhetischen Bezug zu Heimat- und Naturphantasmen sowie der ‚Blut-und-Boden'-Ideologie des Nationalsozialismus, und erinnert von seinem Bildaufbau und seiner Ästhetik nicht zufällig an die Propaganda-Filme von Leni Riefenstahl und an Aufnahmen von Adolf Hitler und seinem Gefolge auf dem Obersalzberg.[220]

Der Musikvideos nicht genug, bestimmen Verweise auf die Bildwelten des Faschismus und Sozialismus bis heute die Ästhetik und Motivwahl der 1980 gegründeten Gruppe, deren Bandname sich auf den deutschen Namen der slowenischen Hauptstadt Ljubljana bezieht. So zeigen sich die LAIBACH-Mitglieder zumeist in Jägertrachten und (Armee-)Uniformen, posieren für Pressefotos stets mit machtvollen Gesten und Körperhaltungen, beantworten Interview-Anfragen häufig nur im Stil ideologischer Phrasen und lassen auch bei ihren Konzerten eine ganze Reihe von Motiven totalitärer Massenveranstaltungen aufleben: Typisch für ihre durchchoreographierten Spektakel voller Disziplin und agitatorischem Gebärden sind etwa Banner und Flaggen mit dem LAIBACH-Logo (ein Kreuz in einem Zahnrad) sowie die stramm stehenden, in Reithosen und Stiefel gekleideten Trommler, die mit ihren stur-mechanischen Bewegungen und emotionslosen Ausdruck den stilisierten Darstellungen trommelnder Hitler-Jungen ähneln.[221] Was LAIBACH seit ihrer Gründung taten, war nichts anderes als die im Punk, Post-Punk und ‚Kälte-Pop' gängigen Verweise auf faschistische, nationalistische und sozialistische Regime und Bewegungen zu übersteigern: Während Bands wie JOY DIVISION und DIE PARTEI sich damit begnügten, HJ-Trommler und Reliefs von Nazi-Skulpteur Arno Breker auf ihren Schallplattencover abzubilden, ließen LAIBACH auch live und in ihren Musikvideos die Ästhetik und Motive des Nationalsozialismus und anderer totalitärer Bewegungen und Systeme in spektakulären Inszenierungen wiederauferstehen.

Tatsächlich liefern LAIBACH die wohl reichste Palette an ‚Kälte'-Motiven und -Strategien, die sich nach dem Ende der ‚Kälte-Welle' in der Popgeschichte finden lässt. Dazu gehören etwa Strategien der De-Individualisierung, Entemotionalisierung, Kommunikationsverweigerung sowie Verunsicherung. So treten LAIBACH stets nur als Kollektiv auf, verzichten zumeist auf die Nennung einzelner Namen und reagierten vor allem in früheren Jahren auf Interviewfragen ausschließlich mit vorgefertigten, formellen Erklärungen zwischen propagandistischer und Manifest-Phraseologie, die die Empfänger:innen mit noch mehr Fragen zurückließen.[222]

---

220 Jazo: *Postnazismus und Populärkultur* (2017), 153–154.
221 Beschreibungen von LAIBACH-Auftritten finden sich etwa bei Barber-Kersovan, Alenka: „Laibach und sein postmodernes ‚Gesamtkunstwerk'", in: Rösing, Helmut (Hg.): *Rock, Pop, Jazz im musikwissenschaftlichen Diskurs*, Hamburg 1992, 186–204, hier: 197–198 sowie Monroe, Alexei: *Laibach und NSK. Die Inquisitionsmaschine im Kreuzverhör*, Mainz 2014, 193–194.
222 Vgl. Barber-Kersovan: „Laibach und sein postmodernes ‚Gesamtkunstwerk'" (1992), 198.

Live-Shows der Gruppe sind neben den vielen Totalitarismus-Referenzen vor allem von der disziplinierten, emotionslosen und mechanischen Performance der Bandmitglieder geprägt. Der Kulturtheoretiker Alexei Monroe beschreibt in seiner 2003 erstmals erschienenen Untersuchung zu LAIBACH und dem von der Gruppe 1984 mitgegründeten Künstler:innenkollektiv *NSK* (*Neue Slowenische Kunst*) die Bühnenbewegungen der Band als „kalt, roboterhaft und wie in Zeitlupe".[223] Passend dazu produzierten LAIBACH insbesondere in ihren frühen Jahren einen Industrial-Sound, der sich aus monotonen, industriellen Geräuschen, metallisch-scheppernder Percussion, Samples historischer Propagandareden, Noise-Elementen, Militärtrommeln und militärisch konnotierten Blasinstrumenten (Trompeten, Fanfaren und Jagdhörnern) zusammensetzte und laut Bandmitglied Ivan Novak die Herkunft der Bandgründer aus der Industriestadt Trbovlje widerspiegelt.[224] Abgerundet wird der LAIBACH-Sound von den mit tiefer Stimme intonierten, agitatorisch klingenden Vocals von Sänger Milan Fras[225], der die häufig deutschsprachigen Songtexte nicht selten mithilfe eines Megafons vorträgt. Zwar begannen LAIBACH auch andere Musikstile in ihren Sound zu integrieren, von Klassischer, Pop- und Rockmusik, bis zu Techno und HipHop, passten die einzelnen Elemente jedoch stets dem ‚monumentalen' LAIBACH-Stil an, der primär von Marschrhythmus, Militärtrommeln und ‚bombastisch' klingenden Streicher- und Bläsereinsätzen geprägt wird.

LAIBACHS Auftreten rief erwartbare Reaktionen hervor. Bereits drei Monate nach Bandgründung, im September 1980, verboten die slowenischen Behörden im Voraus das erste multimediale Event der Gruppe in Trbovlje. Ein aufsehenerregender Auftritt in der Fernsehsendung *TV Tednik* brachte der Band schließlich ein Verbot der Führung des Bandnamens, der auf die deutsche Geschichte und Besatzung der Stadt im Zweiten Weltkrieg verwies, sowie ein Auftrittsverbot ein, das bis Anfang 1987 anhielt – dennoch traten LAIBACH bereits Ende 1983 wieder in Ljubljana auf, wenn auch ohne Namensankündigung.[226] Intensive Reaktionen des Publikums, ob kritisch oder zustimmend, waren nicht nur üblich, sondern auch eingeplant und erwünscht. Welche Interpretation der LAIBACH-Performance das Publikum wählt, sei, so das zum Sprachrohr der Gruppe erkorene Mitglied Ivan Novak,

---

223 Monroe: *Laibach und NSK* (2014), 193.
224 Novak zit. n. Bozic, Ivo: „Neuer Rock, alte Bekannte. Durch die Nacht Ljubljanas mit Ivan Nowak von der Band Laibach", in: *Jungle World*, Nr. 38, 22. September 2011. URL: *https://jungle. world/artikel/2011/38/neuer-rock-alte-bekannte* (Letzter Zugriff: 24.10.2022). Vgl. auch die Ausführungen zum Sound bei Barber-Kersovan: „Laibach und sein postmodernes ‚Gesamtkunstwerk'" (1992), 189 sowie Jazo: *Postnazismus und Populärkultur* (2017), 160.
225 Fras übernahm die Position des Sängers von Tomaž Hostnik, der 1982 nach einem Konzert Suizid beging.
226 Vgl. Monroe: *Laibach und NSK* (2014), 164.

weit weniger relevant für die Band als für das Publikum selbst.²²⁷ Statt sich zu verteidigen oder zu rechtfertigen, forcierten LAIBACH die besonders in den 1980er und 1990er Jahren häufig wiederholten Vorwürfe, den Nationalsozialismus zu glorifizieren, durch ‚Kälte'-Strategie der Verunsicherung: Auf die von Journalist:innen immer wieder gestellte Frage „Seid ihr Faschisten?" antwortete die Band mit der Gegenfrage „Ist das nicht offensichtlich?" oder mit dem kryptischen Statement „Wir sind so sehr Faschisten, wie Hitler Maler war."²²⁸

LAIBACH und die mit der Band verbundenen Kunstgruppen trieben die Verwirrung auf die Spitze, indem sie sich nicht allein auf Nazi-Referenzen beschränkten, sondern weitere, scheinbar widersprüchliche und bedeutungsschwere Zeichen und Motive einsetzten und miteinander vermischten, seien es sozialistische, nationalistische, christliche, mythologische oder nationalsozialistische.²²⁹ Bis heute wird das Logo von LAIBACH zumeist von einem Zahnrad und einem Kreuz gebildet: Während das Zahnrad als Industrie-Affirmation und/oder als Referenz auf das Logo der nationalsozialistischen Deutschen Arbeitsfront verstanden werden kann, ist das Kreuz eine direkte Übernahme vom Werk „Schwarzes Kreuz" (1915) des russischen Künstlers Kazimir Malevič, der als Pionier der Strömungen Suprematismus und Konstruktivismus gilt.

LAIBACH verwendeten für ihr Konzept wiederholt den Begriff der „(monumentalen) Retroavantgarde" oder der „retrospektiven negativen Utopie".²³⁰ Der mit der Band und dem *NSK*-Kollektiv eng verknüpfte, slowenische Philosoph und Psychoanalytiker Slavoj Žižek bezeichnete in seinem Essay „Why are Laibach and NSK not Fascists?" (1993) die Hauptstrategie von LAIBACH dagegen als „Über-Identifikation".²³¹ Žižek zufolge beinhaltet dieses Konzept eine exakte Imitation ideologi-

---

227 Novak zit. n. „Interview with Ivan of Laibach – La Luna, Portland, OR – 3/24/97", 24. März 1997 (Letzte Aktualisierung: 24.09.2012), *Sonic Boom Magazine*. URL: *http://www.sonic-boom.com/interview/laibach.interview.html* (Letzter Zugriff: 24.10.2022).
228 NSK: *Neue Slowenische Kunst*, Los Angeles 1991, 58; zit. n. Monroe: *Laibach und NSK* (2014), 86, 330.
229 Vgl. dazu Colombi, Matteo: „1984, oder das Begehren und Aufbegehren der slowenischen Subkulturen", in: Pehlemann; Papenfuß; Mießner (Hg.): *1984! Block an Block* (2015), 147–163, hier: 152 sowie Barber-Kersovan: „Laibach und sein postmodernes ‚Gesamtkunstwerk'" (1992), 197–198.
230 Laibach: „Totalitarizem. Akcija v imenu ideje", in: *Nova Revija*, Nr. 13/14 (1983), hier: 1461; zit. n. Barber-Kersovan: „Laibach und sein postmodernes ‚Gesamtkunstwerk'" (1992), 197.
231 Žižek, Slavoj: „Why are Laibach and NSK not Fascists?", in: *M'ARS*, Nr. 3/4 (1993). URL: *https://nskstate.com/article/why-are-laibach-and-nsk-not-fascists/* (Letzter Zugriff: 24.10.2022). Neben diesem finden sich noch weitere Texte Žižeks auf der offiziellen *NSK*-Homepage (www.nskstate.com), was die enge Verbindung zwischen dem Philosophen, der mehrfach über LAIBACH und *NSK* schrieb, und den slowenischen Gruppen bestätigt, die aus demselben kulturellen Milieu stammen und ein gemeinsames Konzept von Ideologie teilen. Vgl. Goddard, Michael: „We are

scher Symbole und Äußerungen, da sich ‚das System' nur untergraben lässt, wenn man, wie Alexei Monroe es formulierte, „kälter, systematischer und rücksichtsloser als das System selbst" wird.[232] LAIBACH erklärten dazu in einem Interview von 1997: „The only way to stay partly outside of this system is to speak the same language of the ideology. The only way to survive is to change yourself into your enemy and subvert the system."[233] Der Kulturanthropologe Alexei Yurchak bezeichnet diese Art der Ideologiekritik, die sich in den frühen 1980er Jahren unter Künstler:innen im sowjetischem Raum entwickelte, als „mimetische Kritik" der Ideologie. Diese zeige auf, dass die ideologischen Phrasen offizieller Politik nicht mehr auf ihre wörtliche Bedeutung hin gelesen werden mussten, sondern dass ihre Aufgabe darin bestand, die Erfahrung ihrer eigenen Unveränderlichkeit zu schaffen.[234]

LAIBACH weiteten diesen Ansatz aus, indem sie totalitäre Elemente und Symbole außerhalb der politischen Sphäre miteinbezogen und durch minimale Bearbeitung und Rekontextualisierung das immergleiche Funktionsschema totalitärer Zeichen offenlegten, nicht die sie umgebende Realität, sondern sich selbst zu beschreiben und die Massen in diesen Prozess hineinzuziehen. Deutlich wird dieses Prinzip etwa in den eingangs besprochenen Coverversionen: Sowohl in „Geburt Einer Nation" als auch in „Life Is Life" stellen LAIBACH die ohnehin latent faschistischen Elemente der Original-Songs durch eine ästhetisch entsprechende Inszenierung sowie durch geringfügige Veränderungen heraus: So wird im letztgenannten Song aus den Original-Zeilen „Cause we all gave the power / We all gave the best / When everyone gave everything / And every song everybody sings" in der LAIBACH-Version das düstere, doch konsequente Finale „And everyone lost everything / And perished with the rest".[235] Dieses Vorgehen, durch Rekontextualisierung fragwürdige ideologische Aspekte in Pop-Songs zu unterstreichen, behielten LAIBACH auch bei folgenden Coverversionen von Rockmusik-Klassikern bei, wie dem BEATLES-Album *Let It Be* und dem ROLLING-STONES-Song „Sympathy For The Devil" (beide 1988), dessen gleichnamige Compilation auf dem Frontcover eine Collage aus einem Nazi-Propagandaposter und einer Deutsche-Mark-Münze zeigt.

---

time. Laibach/NSK, Retro-avant-gardism and machinic repetition", in: *Angelaki. Journal of the theoretical humanities*, Jg. 11, Nr. 1 (2006), 45–53, hier: 49.
232 Monroe: *Laibach und NSK* (2014), 74.
233 Novak zit. n. „Interview with Ivan of Laibach – La Luna, Portland, OR – 3/24/97", 24. März 1997.
234 Yurchak, Alexei: „Mimetic Critique of Ideology. Laibach and AVIA", in: *Experience of Perestroika*, Nr. 19 (2008). URL: *https://chtodelat.org/b8-newspapers/12-51/mimetic-critique-of-ideology-laibach-and-avia/* (Letzter Zugriff: 24.10.2022).
235 OPUS: „Live Is Life", auf: *Live Is Life* (1984), LP, OK Musica, 76.23578 AS; LAIBACH: *Life Is Life* (1987).

Im Verständnis von LAIBACH fungiert Pop-Musik allerdings nicht nur als ein Beispiel für das Fortleben totalitärer Elemente in der Gegenwart, sondern zugleich als taktisches Medium ihrer Verbreitung. So stellen LAIBACH im manifestartigen Text des 1985 erschienenen Tracks „Perspektive", der sich auf dem vom deutschen Label *Walter Ulbricht Schallfolien* veröffentlichten Album *Rekapitulacija 1980–84* findet, Disco Music in eine Reihe mit der Kunst des Dritten Reiches, Totalitarismus, Taylorismus und Bruitismus, da der sich stetig wiederholende Disco-Rhythmus die „purest, the most radical form of the militantly organised rhythmicity of technicist production" sei. Disco bietet sich LAIBACH zufolge daher als das geeignetste Mittel der Medienmanipulation an und formt die „industrialisation of consciousness". Ziel sei es schließlich, kollektive Emotionen und automatische Assoziationen herauszufordern: „By darkening the consumer's mind, it drives him into a state of humble contrition and total obedience, self-sacrifice, by destroying every trait of individuality, it melts the individuals into a mass, and mass into a humble, collective body."[236] Wie der Filmwissenschaftler Marcus Stiglegger resümiert, werde das Publikum durch den affirmativen Einsatz totalitärer Motive zur Auseinandersetzung mit diesen gezwungen, da LAIBACH eine „Atmosphäre momentaner Euphorie und Identifikation" erzeugen und ihr Publikum desorientiert zurücklassen würden, um es zur Selbstverortung innerhalb der Positionen zu zwingen.[237] Dementsprechend unterschiedlich fielen die Reaktionen auf LAIBACH aus: Einerseits wurde die Gruppe wiederholt mit Nazi-Vorwürfen und Auftrittsverboten belegt, andererseits gelang es LAIBACH und *NSK* staatliche Stellen vorzuführen, weil diese positiv auf LAIBACHS „Über-Identifikation" reagierten und damit unbemerkt ihre eigene Ideologie offenlegten – zuletzt 2018, als LAIBACH ein Konzert in Nordkorea vor 1.500 zuvor vom Regime ausgewählten Zuschauer:innen spielten, passend in jene Art nordkoreanischer Anzüge gekleidet, wie sie auch der Diktator Kim Jong Un trägt.[238] Weder kritisieren LAIBACH die verwendeten Motive, noch geben sie diese durch ironische Brechung der Lächerlichkeit preis. Anders als im Industrial üblich werden die genutzten Zeichen auch nicht gegen sich selbst eingesetzt. Von anderen Industrial-Bands wie THROBBING GRISTLE, SPK, PSYCHIC TV oder EINSTÜRZENDE NEUBAUTEN suchten sich LAIBACH in Interviews daher stets zu distanzieren, da diese auf der Stufe des „romantischen Existenzialismus" stehengeblieben seien[239] und beim Einsatz bedeutungsschwerer Motive, etwa des Faschismus, zumeist auf Methoden

---

236 LAIBACH: „Perspektive", auf: *Rekapitulacija 1980–84* (1985), LP, Walter Ulbricht Schallfolien, WULP 003/4.
237 Stiglegger: „Fetisch und Tabu" (2010), 316.
238 Vgl. Giesen, Christoph: „Dafür kommt man eigentlich ins Lager. Laibach-Konzert in Nordkorea", 22. August 2018, *Sueddeutsche.de*. URL: *https://www.sueddeutsche.de/kultur/laibach-konzert-in-nordkorea-dafuer-kommt-man-eigentlich-ins-lager-1.2617366* (Letzter Zugriff: 24.10.2022).
239 NSK: *Neue Slowenische Kunst* (1991), 45; zit. n. Monroe: *Laibach und NSK* (2014), 225.

künstlerischer Relativierung zurückgreifen wie Humor, Ironie oder Psychologisierungen.[240] LAIBACH dagegen, so Slavoj Žižek, funktioniere nicht als Antwort, sondern als Frage.[241]

Positiv äußerten sich LAIBACH hingegen zu KRAFTWERK, Diedrich Diederichsen bemerkte Mitte der 1980er Jahre in *Spex* etwa, LAIBACH seien möglicherweise KRAFTWERKS „rechtmäßig[e] und in mancher Hinsicht globaler[e] Erben".[242] Tatsächlich bietet sich dieser Vergleich im Hinblick auf LAIBACHS umfassenden Einsatzes der deutschen Sprache und ‚deutscher' Motive an. Alexei Monroe macht darauf aufmerksam, dass dieses Vorgehen in der besonderen Geschichte Sloweniens begründet liegt: So wie Jugoslawien im sozialistischen Teil Europas eine Ausnahme darstellte, da die Jugoslaw:innen ins westliche Ausland reisen und ausländische Medien konsumieren konnten, war Slowenien aufgrund der deutschen Einflüsse in Sprache und Kultur eine Ausnahme innerhalb Jugoslawien und sei als diese wahrgenommen worden.[243] Von den anderen Völkern Jugoslawiens seien die Slowen:innen oft als „kalt oder deutsch" charakterisiert worden, nicht zuletzt, weil sich viele Slowen:innen eher dem deutschen Kulturraum zugehörig fühlen würden, was im Zweiten Weltkrieg auch zu Kollaborationen mit den deutschen Besatzern geführt habe.[244] Der Rückgriff auf ‚das Deutsche' besitzt Monroe zufolge in diesem Zusammenhang eine mehrfache Funktion: Einerseits würden LAIBACH und *NSK* dadurch die deutschen Elemente in der slowenischen Identität beleuchten, andererseits aber auch auf die historische Unterdrückung der slowenischen Identität seitens der deutschen Kultur verweisen, wie sie sich etwa in der Umbenennung der Hauptstadt Ljubljana in Laibach manifestierte. Letztlich sei es diese Gleichzeitigkeit von „Akzeptanz" und „Dramatisierung" deutscher Einflüsse auf die slowenische Kultur gewesen, durch die sich LAIBACH und *NSK* zum „bekanntesten slowenischen Kulturexport" entwickelt haben.[245] Wie Monroe bemerkt, verhinderte LAIBACHS Zeichen-Mix und „Über-Identifikation" mit Motiven deutscher und

---

240 Diederichsen, Diedrich: „Laibach. Mutmaßungen über L.", in: *Spex*, Nr. 5 (1986), 36–37, hier: 37.
241 Žižek: „Why are Laibach and NSK not Fascists?" (1993).
242 Diederichsen: „Laibach" (1986), 37. Dieser Vorzug KRAFTWERKS mag hinsichtlich der künstlerischen Einflüsse, die das Werk von LAIBACH und *NSK* durchziehen, kaum überraschen, denn statt dem von britischen und deutschen Industrial-Acts verehrten Philosophen William S. Burroughs, knüpften LAIBACH und *NSK*, den Fluxus-beeinflussten KRAFTWERK nicht unähnlich, vor allem an die historischen Avantgarden sowie an die Konzeptkunst von Künstlern wie Marcel Duchamp, Joseph Beuys, Hans Haacke und Gilbert & George an. Siehe ebd. sowie Monroe: *Laibach und NSK* (2014), 56.
243 Ebd., 32.
244 Ders.: „Neu Konservatiw. Die Rückkehr eines Mythos", in: Nym (Hg.): *Schillerndes Dunkel* (2010), 80–89, hier: 84. Vgl. ders.: *Laibach und NSK* (2014), 34.
245 Monroe: „Neu Konservatiw" (2010), 84.

slowenischer Nationalkultur jedoch eine Anschlussfähigkeit für slowenische und deutsche Nationalist:innen: Während Erstere durch die Überbetonung deutscher Elemente in LAIBACHS Inszenierung slowenischer Nationalidentität vor den Kopf gestoßen werden, verhöhnen LAIBACH als „das X, das deutscher als das Deutsche ist" die Vorstellung einer deutschen Überlegenheit, indem sie den Slowen:innen diese Rolle zusprechen: „Wir haben bereits erklärt, dass die gegenwärtigen Deutschen eine unterlegene Gattung der Slowenen sind, deswegen überrascht es uns nicht, wenn sie uns für die ihren halten".[246]

LAIBACH ist nicht nur der einzige Act aus dem nicht-deutschsprachigen Ausland, der den Strategien des ‚Kälte-Pop' am nächsten kommt, sondern zusammen mit KRAFTWERK vermutlich auch der ‚deutscheste'. Mit ihren Auftreten und Sound beeinflusste die slowenische Gruppe weltweit andere Künstler:innen und Bands, insbesondere im deutschsprachigen Raum. Die bekanntesten Adepten sind dabei RAMMSTEIN, die laut Drummer Christoph Schneider unter anderem von LAIBACH inspiriert wurden.[247] Tatsächlich lassen sich bei RAMMSTEIN nicht nur deutliche Ähnlichkeiten zu LAIBACH finden, etwa das Kreuz-Logo sowie der charakteristische, tiefe und kehlige Gesang, sondern auch Verweise auf die slowenische Band: So bezogen sich RAMMSTEIN in ihrem Song „Rammlied" (2009) mit der Strophe „Ein Weg, ein Ziel, ein Motiv / (Rammstein) / Eine Richtung, ein Gefühl, aus Fleisch und Blut, ein Kollektiv" deutlich auf LAIBACHS Stück „Geburt Einer Nation".[248] Der Fingerzeig RAMMSTEINS kann dabei als Reaktion auf die Sticheleien LAIBACHS interpretiert werden, die ihrem Remix des RAMMSTEIN-Songs „Ohne Dich" (2004) die Textzeile „Ohne mich kannst du nicht sein" zufügten und in Interviews wiederholt erklärten, „dass RAMMSTEIN LAIBACH für Kinder ist, und LAIBACH ist RAMMSTEIN für Erwachsene".[249] Als klar an LAIBACH orientiert lässt sich auch das Musik-Projekt HYÄNE FISCHER mit seiner gleichnamigen Sängerin bezeichnen, die sich mit ihrem Song „Im Rausch Der Zeit" erfolglos darum bewarb, Österreich beim *Eurovision Song Contest* 2019 in Israel zu vertreten. Für gewisses Aufsehen sorgten HYÄNE FISCHER dabei weniger mit ihren Texten als vielmehr mit ihrer Performance, lehnt sich das dazugehörige Musikvideo durch die Kostüme der Darstellerinnen und die idyllische Bergkulisse doch

---

246 NSK: *Neue Slowenische Kunst* (1991), 126; zit. n. Monroe: *Laibach und NSK* (2014), 143. Vgl. ders.: „Neu Konservatiw" (2010), 84.
247 Schneider zit. n. Groß, Torsten/Schmidt, Rainer: „Die große Oper", in: *Rolling Stone*, Nr. 12 (2011), 97–107, hier: 107.
248 RAMMSTEIN: „Rammlied", auf: *Liebe Ist Für Alle Da* (2009), CD, Universal Music, 06025 2719515 5.
249 Ivan Novak zit. n. Albers, Sophie: „Laibach ist Rammstein für Erwachsene", 6. Dezember 2004, *netzeitung.de* (Letzter Zugriff: 03.03.2013). Memento der Seite: https://web.archive.org/web/20041213171853/http://www.netzeitung.de/entertainment/music/315256.html (Letzter Zugriff: 01.03.2022). RAMMSTEIN: „Ohne Dich (Mina Harker's Version) Remix By Laibach", auf: *Ohne Dich* (2004), CD, Universal Music, 06024 9869062 8.

deutlich an jene NS-Ästhetik an, die noch in den 1950er Jahren deutsche Heimatfilme bestimmte. „Gnadenlos ondulierte Eva-Braun-Lookalikes", „Schneeballschlachten mit Fuchskragen und Jägerhütchen, ein toter Hase, flackernde Schwarzweiß-Bilder, kurz: Obersalzbergseligkeit", urteilte etwa die Journalistin Sonja Zekri, die sich bei den Sängerinnen im Refrain an einen „Chor aus Lagerkommandantinnen oder Burschenschaftlerinnen" erinnert fühlte.[250] Nicht von ungefähr, denn HYÄNE FISCHER ist eine Kreation der ausschließlich aus Frauen bestehenden Wiener *Burschenschaft Hysteria*, die mit Forderungen wie der Einschränkung des Männerwahlrechts und Slogans wie „Ehre, Freiheit, Vatermord" die misogyne Ideologie rechtskonservativer Kreise und Burschenschaften durch gespiegelte Affirmation bloßstellt.[251]

Im Gegensatz zu den Reaktionen, die LAIBACH in den 1980er Jahren aufgrund ihrer Performance entgegenschlugen, reichte es bei HYÄNE FISCHER nur für verhaltene Aufmerksamkeit im Feuilleton. Das lag nicht allein am kurzlebigen und von seiner Intention deutlich durchschaubareren Projekt selbst, sondern vor allem daran, dass sich das Provokationspotential derartiger Motive in der Popkultur verändert bzw. deutlich gemindert hatte – eine Entwicklung, die sich beispielhaft am Wandel der medialen Reaktionen zu den von RAMMSTEIN genutzten Motiven nachzeichnen lässt. Auch das Performance-Konzept von LAIBACH rief seit den 1990er Jahren kaum noch Nazi-Vorwürfe hervor, die Gruppe wurde mehr und mehr zum Museum ihres einst aufsehenerregenden Konzepts und zitierte nun auch andere ‚Kälte'-Acts, etwa DAF mit dem Coversong „Alle Gegen Alle" (1994) und KRAFTWERK mit dem Track „Bruderschaft", der auf dem Sampler *Trans Slovenia Express Vol. 2* (2005) erschien.[252] Explizite Referenzen auf die Symbolik des Faschismus und totalitärer Systeme wurden immer mehr zu einem Standardelemente im popkulturellen Baukasten, wobei ihr Einsatz zumeist ironischer oder parodistischer Art ist. So wirkt etwa der Film „Iron Sky" (2012), eine sich ausgiebig an der Ästhetik und Symbolik des Nationalsozialismus bedienende Science-Fiction-Komödie über Nazis auf dem Mond, wie eine B-Movie-Version der LAIBACH-Inszenierung, nicht zuletzt aufgrund des an die Werke von Richard Wagner sich anlehnenden Soundtracks von LAIBACH selbst.[253] Zwar legten es die Macher:innen dieser finnisch-deutsch-australischen Filmproduktion bewusst auf einen ‚Trash-Faktor' an, dennoch lässt sich in „Iron Sky" eindrücklich der umfassende Einfluss LAIBACHS – direkt und indirekt

---

[250] Zekri, Sonja: „Mit Obersalzbergseligkeit zum ESC?", 30. November 2018, *Sueddeutsche.de*. URL: *https://www.sueddeutsche.de/kultur/hyaene-fischer-oesterreich-esc-eurovision-1.4234595* (Letzter Zugriff: 24.10.2022).
[251] Vgl. ebd.
[252] LAIBACH: „Alle Gegen Alle", auf: *NATO* (1994), LP, Mute, STUMM121; LAIBACH: „Bruderschaft", auf: *Trans Slovenia Express Vol. 2* (2005), CD, Mute, CDSTUMM256.
[253] „Iron Sky" (Finnland, Bundesrepublik Deutschland, Australien 2012). R: Vuorensola, Timo.

über Adept:innen – auf die in der Popkultur vorherrschende Darstellung des Nationalsozialismus verdeutlichen, die sich zumeist an der propagandistischen Symbolik und Ästhetik der Nazis oder an LAIBACHS Überzeichnung orientiert, die selbst die übertriebene Selbstdarstellung der Nazis in den Schatten stellt. Da derartige Inszenierungen zumeist von der ursprünglich dahinterstehenden Ideologiekritik und gegengegenkulturellen Distinktion abgekoppelt sind, lässt sich diese Entwicklung nur schwerlich als „Erfolg" des ‚Kälte-Pop' bezeichnen.

4.3.2 Totalitäre ‚Kälte': Post-Industrial

LAIBACH war nicht die einzige Band mit Industrial-Sounds, die sich in den 1980er Jahren der ‚Kälte'-Motive annahm. Tatsächlich bilden die Industrial Music bzw. ihre unter dem Oberbegriff „Post-Industrial" gefassten Subgenres das Feld in der Pop-Musik, in der die Motive der ‚Kälte' am längsten und umfassendsten fortlebten.[254] Allein der Blick auf die Namen bekannter (Post-)Industrial-Labels offenbart ein ganzes Sammelsurium an ‚Kälte'-Bildern: *Cryo Chamber, Cold Meat Industry, Cold Spring Records, Machinery, Power & Steel, Staalplaat, Steinklang Industries* und *Sterile Records*. Zu diesen Post-Industrial-Strömungen, die seit den frühen 1980er Jahren durch den Einfluss weiterer Musikstile entstanden, gehören etwa Power Electronics/Noise (WHITEHOUSE, NON, MERZBOW), Dark Ambient (LUSTMORD), Ritual (CURRENT 93), Death Industrial (BRIGHTER DEATH NOW), das auch Military Pop genannte Subgenre Martial Industrial (LAIBACH, IN THE NURSERY) sowie die Strömung Apocalyptic Folk/Neofolk (DEATH IN JUNE, SOL INVICTUS). Vorrangig in Nordamerika entwickelte sich zudem der Stil Industrial-Rock (MINISTRY, SKINNY PUPPY, NINE INCH NAILS), der wiederum die Bands der Neuen Deutschen Härte beeinflusste. Grob dem Post-Industrial-Umfeld lässt sich schließlich auch das Genre EBM zuordnen, dessen bekanntesten Acts vor allem aus der Bundesrepublik Deutschland (DAF, LIAISONS DANGEREUSES, DIE KRUPPS), Großbritannien (NITZER EBB, TEST DEPT.) und Belgien (ABSOLUTE BODY CONTROL, FRONT 242, NEON JUDGEMENT, THE KLINIK, VOMITO NEGRO) kamen, wobei die deutsche EBM-Szene trotz ihrer Pionierarbeit bereits mit dem Ende der ‚Kälte-Welle' 1982/83 fast vollständig verschwand und erst in der zweiten Hälfte der 1980er Jahre wieder erstarkte, nicht zuletzt durch den Erfolg britischer und belgischer Acts in der Bundesrepublik. Gemein ist allen Post-Industrial-Strömungen, dass sie zumeist – aber nicht ausschließlich – auf Motive und Themen referieren, die den Grundstock ‚kalter Musik' bilden: (Post-)Industrialisierung, Technologie, Maschinen und Computer, Krieg, Militarismus und Gewalt, Nationalsozialismus und Totalitarismus, Sex und Fetischismus, Männlichkeit und Härte,

---

254 Zur Industrial Music siehe Reed: *Assimilate* (2013), Hanley: *Metal Machine Music* (2011) sowie Stiglegger: „Industrial" (2017).

Entfremdung und Entmenschlichung sowie dystopische, post-apokalyptische und technokratische Zukunftsbilder.

Abb. 36: Frontcover der LP *That Total Age* (1987) von Nitzer Ebb.

Bereits der Genrebegriff „Industrial" und der damit gefasste Sound verweist auf das ‚Kalte': Viele Post-Industrial-Stile sind geprägt von industriellen und maschinenartigen Sounds und mechanischen Rhythmen, eingesetzte Motive in Songtexten, auf Plattencovern und in Bandlogos verweisen nicht selten auf die Industriewelt. Ein wiederkehrendes Symbol ist etwa das Zahnrad, das sich (zusammen mit einem roten Stern und Hammer) auf dem Cover des Nitzer-Ebb-Albums *That Total Age* (1987, Abb. 36), in den Logos des deutschen Labels *Machinery* und der Band Laibach sowie auf den Veröffentlichungen der deutschen EBM-Synth-Pop-Band And One finden lässt, die zudem eine Arbeiter-Figur als Logo nutzte.[255] Tatsächlich kann hinsichtlich der regelrechten Obsession für alles Industrielle im Post-Industrial von einem Maschinen-Kult gesprochen werden, allerdings unterscheiden sich die verschiedenen Strömungen in ihrer Bewertung des Affirmierten. Während

---

[255] Siehe Nitzer Ebb: *That Total Age* (1987), LP, Mute, STUMM 45 sowie And One: *Techno Man* (1991), 12"-Single, Machinery Records, MA 12-6.

etwa im EBM das affirmative Verhältnis zum Technisch-Industriellen zumeist ungebrochen ist, läuft die Thematisierung und ästhetische Reinszenierung der Industrie- und Technikwelt bei Industrial-Rock-Acts zumeist auf eine direkte oder indirekte Kritik hinaus, womit diese Gruppen an das Vorgehen der Industrial-Schöpfer THROBBING GRISTLE anschlossen. Scheinbar affirmativ heißt es etwa „An operation, soulless / We're heartless and godless / (We're) Synchronized and seamless / In worship of success" in einer Strophe des Songs „Metal Machine Music" (1992) von DIE KRUPPS, die sich 1992 dem Industrial-Metal zugewandt hatten, bevor im Refrain das beschriebene Verhalten infrage gestellt wird: „Why do we act like machines?"[256]

Ähnlich ambivalent äußert sich die im Post-Industrial verbreitete Besessenheit für den menschlichen Körper, die sich nahezu ausschließlich in den Extrem-Polen Glorifizierung und Verachtung manifestiert. Während etwa die kanadischen Industrial-Rock-Pioniere SKINNY PUPPY in ihren Songtexten und selbstdestruktiven Live-Performances ihren Ekel am eigenen Körper ausdrücken, sind die oftmals mit dem Maschinen-Topos verknüpften Körperbilder im EBM zumeist von einer vitalistischen Ästhetik der Härte, Stärke, Ausdauer, Disziplin, Kontrolle sowie Perfektion bestimmt. Das im EBM evozierte Körperbild, das sich auch in den pumpenden Rhythmen, repetitiven Sounds sowie Shouting- und Kasernenhof-Vocals der (ausschließlich männlichen) Frontsänger widerspiegelt, ist dabei stets männlich konnotiert.[257] Kaum Nachahmer fand das von DAF geübte Spiel mit Genderzuschreibungen: Homosexualität wird bei aller muskelfokussierten Homoerotik der EBM-Performance nur selten thematisiert, stattdessen werden vorrangig konservative Idealbilder von Männlichkeit weitergetragen.[258] Wenig anders sieht es in anderen Post-Industrial-Bereichen aus, auch wenn zunehmend mehr Musiker:innen und Fans konventionelle Vorstellungen von Männlichkeit und Gender mithilfe von Ironie und subversiven Brüchen anfechten.[259] Zentrales Motiv in der Industrial Culture ist eine maskulin konnotierte Härte, die, wie der Musikjournalist Simon Reynolds bemerkt, unter anderem in der verbreiteten Faszination und häufigen Thematisierung männlicher Extrem-Figuren wie dem Outlaw, Überlebenskünstler,

---

256 DIE KRUPPS: „Metal Machine Music", auf: *I*, LP, Our Choice, RTD 195.1266.1 Vgl. Hanley: *Metal Machine Music* (2011), 48.
257 Vgl. Reed: *Assimilate* (2013), 166 sowie Cusick, Suzanne: „On Musical Performances of Gender and Sex", in: Barkin, Elaine/Hamessley, Lydia (Hg.): *Audible Traces. Gender, Identity, Music*, Zürich 1999, 25–48, hier: 35.
258 Vgl. Kaul: „Electronic Body Music" (2017), 104.
259 Brill, Dunja: „White Men's War of Sound? Sonische und diskursive Gewalt im Industrial und Extreme Metal", in: Heesch; Hornberger (Hg.): *Rohe Beats, harte Sounds* (2015), 105–117, hier: 113. Ein frühes Beispiel für queere Identitätsmodelle im Post-Industrial ist etwa die seit 1984 veröffentlichende Band SKINNY PUPPY. Siehe dazu Reed: *Assimilate* (2013), 172–182.

Terroristen, Serienkiller, Diktator und Technokraten deutlich wird²⁶⁰ sowie in der zumeist auf intensive körperliche Erfahrung ausgerichteten Performance vieler Industrial-Acts. Zwar ist der Akteur im Industrial nicht das vor Kraft strotzende, maschinenartig arbeitende Idealbild von Maskulinität, wie es in der EBM-Kultur inszeniert wird, dennoch dreht sich auch die nicht selten selbstdestruktive Performance im Industrial um eine kämpferische Behauptung des Ich gegen innere und äußere Bedrohungen und Angriffe, physisch wie psychisch. In Anlehnung an Klaus Theweleits Untersuchung *Männerphantasien* (1977/78) macht die Kulturwissenschaftlerin Dunja Brill zu Recht auf die Parallelen zum faschistisch-soldatischen Männertypus und Bewusstsein der Zwischenkriegszeit aufmerksam, dessen ‚Kälte' nicht subversiven Strategien, sondern einer Angstabwehr entsprang: „Die rauschhafte Sprengung des männlichen ‚Körperpanzers' durch ‚Rituale des Körperschmerzes' scheint auf den ersten Blick ein martialisches männliches Ich durch ein metaphorisches Bad ‚in Stahlgewittern' zu affirmieren."²⁶¹

Abb. 37: Sowjetisches Propagandaposter auf dem Frontcover des Albums *Volk Und Armee...* (2005) von FEINDFLUG.

---

260 Reynolds, Simon: „Disturbing Sounds to Unruffle the New Age", in: *New York Times*, 24. Februar 1991. URL: *https://www.nytimes.com/1991/02/24/arts/recordings-view-disturbing-sounds-to-unruffle-the-new-age.html* (Letzter Zugriff: 24.10.2022).
261 Brill: „White Men's War of Sound?" (2015), 109. Siehe Theweleit: *Männerphantasien* (1985), 148.

Tatsächlich gehört der affirmative Einsatz von Motiven aus den Themenbereichen Gewalt, Krieg und Militarismus zum Standardrepertoire der Industrial-Culture und ist auch im EBM-Feld weitverbreitet.[262] Manche Acts wie die beiden deutschen Gruppen FUNKER VOGT und FEINDFLUG bauten sogar ihr ganzes Bandkonzept um das Kriegsmotiv und bündelten die im Post-Industrial gängigen Inszenierungsformen: martialische Sounds, Samples von Propagandareden sowie Waffen- und Schlacht-Geräuschen, thematisch passende Songtexte, Militäruniformen und Camouflage-Kleidung, Tonträgergestaltungen und Live-Konzerte im agitatorischen, betont gefühlskalten Militär- und Totalitarismus-Stil.[263] Da die Musiker:innen dabei häufig auf Motive der Propaganda-Ästhetik und auf (leicht abgewandelte) Zeichen des Nationalsozialismus zurückgreifen – deutlich seltener dagegen auf sozialistische Propaganda-Motive wie auf dem FEINDFLUG-Album *Volk Und Armee...* (2005), das sich beim Poster „Народ и Армия непобедимы" („Volk und Armee sind unbesiegbar") des sowjetischen Grafikers Viktor Koretsky bedient und einen Arbeiter und Soldaten vereint in der Kriegsanstrengung inszeniert (Abb. 37) –, wurden immer wieder Faschismus-Vorwürfe gegen einzelne Gruppen laut, vor allem solche der Strömungen Martial Industrial und Neofolk.[264] Diese Kritik wird bestärkt durch den verbreiteten Einsatz der deutschen Sprache in Songtexten und Bandnamen, insbesondere bei nicht-deutschsprachigen Bands und Musiker:innen. Während sich Acts wie LUSTMORD (USA), SPK (unter anderem: „Sozialistisches Patientenkollektiv", Australien), DRP („Deutsches Reichspatent", Japan) und das für die künstlerischen Aspekte der Band NITZER EBB zuständige Kollektiv *NitzerEbbProdukt* mit deutschen Namen und Songtiteln begnügen, warten Gruppen wie STROMKERN (USA), PANKOW (Italien), LAIBACH (Slowenien), DIE FORM (Frankreich) und STURM CAFÉ (Schweden) sogar mit deutschen Songtexten auf. In seiner Monografie zur Industrial Music begründet der Musikologe S. Alexander Reed diese Tendenz unter anderem mit dem kaum zu leugnenden Provokationspotential, das die deutsche Sprache bereithält, wenn sie mit einer militärischen Performance und martialischen Sounds kombiniert wird. Noch wichtiger ist Reed zufolge aber der Umstand, dass sich ‚deutsche' Motive und die deutsche Sprache mit ihrer einzigartigen Rhythmik und ihren „decidedly un-English, raspy, fricative consonants" perfekt in die von Industrial-Musiker:innen und ihren Fans geteilte Vorliebe für „technological and tragic" Themen und klangliche Aggressivität fügt.[265]

---

262 Siehe etwa Brill: „Macht-volle Sounds" (2012).
263 Siehe etwa FUNKER VOGT: *Execution Tracks* (1998), CD, Zoth Ommog, CD ZOT 225, FEINDFLUG: *Feindflug (Vierte Version)* (1999), CD, Black Rain, BR 001 sowie FEINDFLUG: *Volk Und Armee...* (2005), CD, Black Rain, BR 026.
264 Vgl. Brill: „Macht-volle Sounds" (2012), 27.
265 Reed: *Assimilate* (2013), 89–90.

Industrie und Mensch-Maschinen, faschistoide Körperbilder, Krieg, Nationalsozialismus und ‚deutscher' Chic: bekannte Motive, die bereits den ‚Kälte-Pop' bestimmten. Geändert hatten sich allerdings die Gestalt und Beweggründe der Affirmation. Erstens waren die Bands und Musiker:innen des Post-Industrial nicht mehr eingespannt in jenen Komplex aus Sinnentleerung und Rekontextualisierung der verwendeten Motive, der die gegenkulturelle Pop-Musik in der zweiten Hälfte der 1970er Jahre und den frühen 1980er Jahre prägte. Zudem, und das ist der entscheidende Punkt, diente der Einsatz ‚kalter' Motive und Strategien nicht länger der Kritik an antimodernistischen Tendenzen in der Mehrheitsgesellschaft und linken Gegenkultur. Stattdessen wurden die ‚Kälte'-Motive nun von zwei Flügeln innerhalb der Post-Industrial-Kultur gebraucht, deren Ansätze sich grundlegend von den Acts des ‚Kälte-Pop' unterscheiden: Auf der einen Seite stehen jene Bands, die ‚kalte' Motive als ironisch-provokative Kritik an den dahinterstehenden Prozessen und Ideologien einsetzen. Beispielhaft genannt sei hier etwa die US-amerikanische Industrial-Metal-Gruppe MINISTRY, die im Song „The Land Of Rape And Honey" (1988) und der dazugehörigen Live-Performance die in ihren Augen faschistische Politik der US-Regierung anklagte mithilfe von Samples aus Nazi-Reden und „Sieg-Heil"-Rufen, eingeblendeten Bildern von Wehrmachtssoldaten, Adolf Hitler und Konzentrationslagern sowie zwischen ‚Hitlergruß' und Daumenlutschen wechselnden Gesten.[266] Als Reaktion auf Faschismus-Vorwürfe erklärten wiederum FEINDFLUG im Booklet zu ihrem Album *Volk Und Armee...* (2005), mit ihrem Projekt nicht den Zweiten Weltkrieg verherrlichen oder verharmlosen zu wollen, sondern zu verdeutlichen, „dass gerade diese Epoche der Geschichte den Beginn einer neuen technologischen Kriegsführung darstellt, in der das Individuum zum millionenfachen Opfer wurde/wird" und bekräftigten dies mit einem durchgestrichenen Hakenkreuz unter dem Statement.

Progressive Ansätze und sozialkritische, linke Positionen trieben bereits die Industrial-Pionierbands THROBBING GRISTLE und CABARET VOLTAIRE an und prägten auch im Post-Industrial das Agieren vieler Musiker:innen. Die vom sowjetischen Konstruktivismus und der Figur des Industriearbeiters faszinierte Industrial-Band TEST DEPT. etwa betonte stets den politischen Hintergrund ihrer Musik und unterstützte die streikenden Bergarbeiter in South-Wales gegen die gewerkschaftsfeindliche Politik der britischen Premierministerin Thatcher. Auch NITZER EBB vertreten ein sozialistisches Weltbild und erklärten in Interviews: „Wir wollen, dass sich un-

---

266 Vgl. Hanley, Jason James: „The Land of Rape and Honey'. The Use of World War II Propaganda in the Music Videos of Ministry and Laibach", in: *American Music*, Jg. 22, Nr. 1 (2004), 158–175, hier: 164–167. Siehe auch Jazo: *Postnazismus und Populärkultur* (2017), 76.

sere Fans bewegen, aber dass sie gleichzeitig auch nachdenken".[267] Andere Industrial-Acts engagierten sich auf und hinter der Bühne für Umwelt- und Tierschutz, hinterfragten traditionelle Gendermodelle und übten Kritik an einer zunehmenden Technisierung und Militarisierung der Lebenswelt, etwa SKINNY PUPPY, MERZBOW, NINE INCH NAILS und das deutsche Industrial-Techno-Projekt mit dem thematisch passenden Namen WINTERKÄLTE.[268] Letztgenannte Gruppe verdeutlicht erneut, dass ‚kalte' Motive nicht zwangsläufig ‚kalte' Strategien einschließen.

Die andere Seite bilden jene Bands, deren Einsatz faschistoider Ästhetiken und Symbolik völlig ohne Kontextualisierung, Kommentierung, Ambivalenzen oder subversive Brüche daherkommt und die Zeichen, Ideale und Aspekte des Faschismus tatsächlich affirmiert. Zu dieser Gruppe zählen vor allem Acts aus den Strömungen Martial Industrial und Neofolk wie DEATH IN JUNE, BLOOD AXIS, ALLERSEELEN und Boyd Rice (NON), die aufgrund ihrer geradezu inflationären Verwendung tendenziös rechtsextremer Motive, Symbolik und Ästhetik für Diskussion sorgen. Dazu gehören unter anderem Nazi-Sprachsamples in der Musik, Sigrunen, Eiserne Kreuze, „Schwarze Sonne" und Werke von NS-Künstlern wie Arno Breker oder Josef Thorak auf den Plattencovern, historische Uniformen und Kleidung im Militär- oder Männerbund-Stil sowie ein betont weißes und Middle-class geprägtes Männlichkeitsideal, das Dunja Brill zufolge das „Streben nach Wissen, Disziplin und Kontrolle als Tugenden setzt und diese teils mit patriotischem oder soldatischem Bedeutungshof versieht".[269] Zu Recht definiert der Poptheoretiker Martin Büsser den Umgang von Neofolk-Bands wie DEATH IN JUNE mit der Symbolik und Ästhetik des Nationalsozialismus und anderer faschistischer Bewegungen in Europa als reaktionär und revisionistisch, da diese im Gegensatz zu THROBBING GRISTLE und LAIBACH die Nazi-Vergangenheit romantisieren und zu einem „träumerisch irrealen" Ideal verklären – und dadurch einer breiten Akzeptanz faschistischer Motive in der Gesellschaft Vorschub leisten.[270] Dem ‚Kälte-Pop' der linken ‚Gegengegenkul-

---

267 Douglas McCarthy oder Bon Harris zit. n. Freuen: „Nitzer Ebb" (1991), 18. Vgl. Reed: *Assimilate* (2013), 152.
268 Brill: „White Men's War of Sound?" (2015), 115. Siehe auch Reed: *Assimilate* (2013), 314.
269 Brill: „Macht-volle Sounds" (2012), 31. Vgl. dies.: „White Men's War of Sound?" (2015), 110–111 sowie Diesel, Andreas/Gerten, Dieter: *Looking for Europe. Neofolk und Hintergründe*, 2. Auflage, Zeltingen-Rachtig 2007 (2005).
270 Büsser zit. n. ebd., 386–387. Vgl. auch Büsser: *Wie klingt die Neue Mitte?* (2001), 39–40. Diese Beurteilung wird auch vom Großteil anderer Forscher:innen vertreten, siehe etwa Reed: *Assimilate* (2013), 190–191 sowie Jazo: *Postnazismus und Populärkultur* (2017), 79–80. Eine Ausnahme bildet der Filmwissenschaftler Marcus Stiglegger, der selbst als Ritual- und Apocalyptic-Folk-Musiker aktiv ist und davor warnt, das Agieren von DEATH IN JUNE als „Romantisierung" misszuverstehen, da die genutzten NS-Motive durch Übertragung in den performativen Kontext „enthistorisiert und entpolitisiert" und erst von den Kritiker:innen wieder politisch aufgeladen werden würden. Zudem verweist Stiglegger auf Songs, in denen die Band kritisch Krieg, Völkermord,

tur' stehen derartige Performance-Konzepte faschistoider ‚Wärme' voller Antimodernismus, Männerbund-Romantik und Rechtslastigkeit konträr gegenüber.

4.3.3 Das frostige Andere: Black Metal

Auffällig viele Parallelen und Analogien zum Post-Industrial zeigen sich im Black Metal – genauer in jener ‚zweiten Welle' des Black Metal, die sich zwischen den späten 1980er Jahre und frühen 1990er Jahren vor allem in Norwegen (unter anderem: MAYHEM, BURZUM, EMPEROR, DARKTHRONE, IMMORTAL) entwickelte und sehr schnell weltweit prägend wurde für den Sound und die Performance folgender Black-Metal-Acts.[271] Diese zeichnen sich durch den Einsatz einer Vielzahl verschiedener ‚Kälte'-Motive aus, noch stärker als im Post-Industrial unterscheiden sich allerdings im Black Metal die Beweggründe und ideologische Ausrichtung von jenen der ‚Kälte-Pop'-Bands Anfang der 1980er Jahre. Zwar trieb die in der ersten Hälfte der 1990er Jahre voll aufblühende Black-Metal-Kultur die Glorifikation thermischer Kälte ebenso auf die Spitze wie die ‚kalten' Strategien der Trennung, steigerte jedoch den in der Heavy-Metal-Kultur ohnehin fundamentalen ‚Kult des Bösen' bis zu extremen Vernichtungsfantasien und offener Gewalt und formulierte statt einem Ja zur modernen Welt ein explizit antimodernistisches Nein zur Welt an sich.

Ihren Anfang nahm diese neue Welle von Black-Metal-Acts in den ausgehenden 1980er Jahren als subkulturelle Gegenbewegung zum Death Metal. Dieser war in den Augen der jungen Black-Metal-Musiker zu politisch engagiert und zugleich zu verspielt geworden, habe konventionelle Heavy-Metal-Themen wie Fantasy und Okkultismus zugunsten eines Fokus auf aktuelle weltpolitische Geschehnisse aufgegeben und zu viel Wert auf überproduzierte Sounds und spieltechnische Virtuosität statt auf ‚böse' Musik gelegt.[272] In einem Brief an einen Metal-Fan in der

---

Kolonialismus, Sexismus und christlichen Fanatismus thematisiere. Stiglegger: „Fetisch und Tabu" (2010), 318–320. Allerdings lässt Stiglegger dabei alle eindeutigen, außermusikalischen Statements und Aktivitäten von DIJ-Kopf Douglas Pearce außer Acht (ethnopluralistische und rassistische Aussagen, Interviews mit rechten Zeitschriften, Kontakt zu nationalistischen Verbänden im Kroatienkrieg).

271 Abgesehen von wenigen, zumeist kultur-, sozial- und musikwissenschaftlichen Beiträgen fehlt es bisher an einer detaillierten, empirischen und vor allem historischen Aufarbeitung der Geschichte des Black Metal. Kultstatus erlangten hingegen Publikationen zum Black Metal, die aus der Szene selbst stammen und die Selbstmythologisierung und rechtsextremen Tendenzen der Bewegung noch befeuerten, wie Moynihan, Michael/Søderlind, Didrik: *Lords of Chaos. The Bloody Rise of the Satanic Metal Underground*, Port Townsend 1998. Siehe etwa Langebach, Martin: *Die Black-Metal-Szene. Eine qualitative Studie*, Saarbrücken 2007.

272 Vgl. etwa Reyes, Ian: „Blacker than Death. Recollecting the ‚Black Turn' in Metal Aesthetics", in: *Journal of Popular Music Studies*, Jg. 25, Nr. 2 (2013), 240–257, hier: 242–246.

DDR ließ sich etwa Euronymous (Øystein Aarseth), Gitarrist der norwegischen Black-Metal-Pioniere Mayhem und eine der bedeutendsten Schlüsselfiguren in der Black-Metal-Geschichte, im Oktober 1990 über die zeitgenössische Death-Metal-Szene aus, die nur aus 12-Jährigen in Jogging-Kleidung bestehe. Wiederholt betonte Euronymous in seinen Briefen, dass die Szene nicht „funny", sondern so „EVIL", „DARK", „GRUESOME" und angsteinflößend sein sollte, wie sie bei den Black-Metal-Bands der ‚ersten Welle' (Venom, Celtic Frost, Mercyful Fate) gewesen sei.[273] Tatsächlich war, wie der Kommunikationswissenschaftler Ian Reyes erklärt, der „black turn" in der Metal-Bewegung im Hinblick auf Sound-Aspekte nicht nur fundamentalistisch, sondern in weiten Teilen sogar „anti-metal".[274] Für die Entwicklung des Black Metal wichtige musikalische Einflüsse kamen etwa aus der Neuen Musik, die im Metal bisher keine Rolle spielte. Statt ausgefallener Riffs prägen atonale und kakophonische Elemente sowie monotone Drones den Black Metal der ‚zweiten Welle', der zuweilen ganz ohne Rhythmus auskommt, weshalb der Autor Philipp Böhm den Black-Metal-Sound auf die Formel „größtmögliche Aggression bei größtmöglichem Stillstand" bringt.[275] Auch Euronymous bestätigte in einem Brief von 1990 seine Vorliebe für elektronische Musik, Ende der 1980er Jahre suchte er sogar unangekündigt Conrad Schnitzler, Pionier der Krautrock- und Elektronischen Musik, in dessen Zuhause auf und bekam auf Bitten von diesem eine Sound-Komposition überlassen, die er für das Intro „Silvester Anfang" der Mayhem-EP *Deathcrush* (1987) nutzte.[276]

Härter, böser und ‚kälter' als alle ihre Metal-Vorgänger wollten die jungen Black-Metal-Musiker sein und schlossen damit an die Tradition der Metal-Subkultur an, stets noch härtere Sounds zu finden. So bestimmten hohes Kreischen und Krächzen statt der Death-Metal-typischen tiefen Growls die Musik der Black-Metal-Acts. Neben ihren harten, schnellen und in bewusst schlechter Aufnahmequalität produzierten Lo-Fi-Sounds werden auch ihre Songtexte und Performances üblicherweise mit Begriffen wie „raw" und „grim" beschrieben.[277] Bei Livekonzerten

---

273 Abdruck in Alsleben, Abo: *Mayhem Live in Leipzig. Wie ich den Black Metal nach Ostdeutschland brachte*, Leipzig 2020, 135, 137. Hervorhebung i. O.
274 Reyes: „Blacker than Death" (2013), 244, 246. Hervorhebung i. O.
275 Böhm, Philipp: „Unheiliger Hass im Reihenhaus", in: *Jungle World*, Nr. 08, 21. Februar 2019. URL: https://jungle.world/index.php/artikel/2019/08/unheiliger-hass-im-reihenhaus (Letzter Zugriff: 24.10.2022). Vgl. Kühn: *Anti-Rock* (2013), 422, der vor allem „die Distanz, die Beklemmung und die Sperrigkeit" der Black-Metal-Musik als den deutlichsten Hinweis für den Einfluss der Neuen Musik benennt.
276 Abdruck des Briefs in Alsleben: *Mayhem Live in Leipzig* (2020), 115. Mayhem: „Silvester Anfang", auf: *Deathcrush* (1987), 12″-EP, Posercorpse Music, FRANK 001.
277 Siehe etwa Reyes: „Blacker than Death" (2013), 247 sowie Phillipov, Michelle: „Extreme music for extreme people? Norwegian black metal and transcendent violence", in: *Popular Music History*, Jg. 6, Nr. 1 (2011), 150–163, hier: 153.

und auf Presse- und Coverfotos trugen die Black-Metal-Musiker zumeist eine schwarz-weiße Gesichtsbemalung (‚Corpse Paint'), schwere Stiefel und schwarze Battle-Outfits voller Nieten, die jedes Näherkommen schmerzhaft abwehren würden, dazu Patronengurte und mittelalterliche Waffen. Im Gegensatz zur häufig ‚sportlichen' und verspielten Performance im Death Metal, bemühen sich Black-Metal-Musiker um ein betont ‚ernstes' Auftreten und bedienen sich, wie die Musikologin Sarah Chaker bemerkte, einer dem Sound und Outfit entsprechenden, ausladenden und schwerfälligen Körpersprache, die Kraft und körperliche Überlegenheit demonstrieren soll.[278] Das in der Heavy-Metal-Kultur generell zentrale Motiv des Krieges wird auch im Black Metal fortgesetzt, üblich sind etwa Künstlernamen mythologisch-kriegerischer Natur und eine textliche (Songtexte, Interviews) wie visuelle (Plattencover, PR-Fotos) Affirmation historischer Kriegs-Motive, die teils mythisch überhöht werden – besonders im sogenannten Pagan oder Viking Metal, der sich Anfang der 1990er Jahre im Zuge der ‚zweiten Welle' des Black Metal entwickelte.[279]

Anders als ihre Kolleg:innen in anderen Metal-Strömungen beließen es die Musiker der ‚zweiten Welle' des Black Metal jedoch nicht bei Worten und Shows: Mehr als ein Dutzend Personen aus dem Umfeld des „Black Circle" (auch: „Inner Circle"), wie sich die Gruppe von Black-Metal-Pionieren um Euronymous und dessen Plattenladen *Helvete* nannte, wurden in den Jahren 1992 und 1993 wegen Straftaten wie Brandstiftung, Grabschändung, Körperverletzung und Mord verhaftet. Für besonderes Aufsehen sorgten dabei die Brandanschläge auf historische norwegische Stabkirchen und die Ermordung Euronymous' durch dessen ehemaligen Bandkollegen Varg Vikernes (Burzum) im August 1993. Auch in anderen Ländern waren Black-Metal-Musiker in der ersten Hälfte der 1990er Jahre in eine Reihe von Verbrechen, insbesondere Gewalttaten involviert. Die Kriminalität der frühen Black-Metal-Szenen ließ nicht nur Medien und Öffentlichkeit auf den Plan treten, sondern wurde auch szeneintern zum Dreh- und Angelpunkt in der Genre-Geschichte und verdichtete sich schließlich im Slogan „Black Metal ist Krieg".[280] Neben ihrer Tendenz zur Romantisierung und Mythologisierung des Vergangenen bietet die Black-Metal-Kultur insbesondere durch ihre extreme Misanthropie, die sich in Phantasmen über die Ausrottung der Menschheit entlädt, Anknüpfungs-

---

278 Chaker, Sarah: „‚This Means War'. Krieg: Zentrales Inhaltsmoment im Black und Death Metal", in: Firme, Annemarie/Hocker, Ramona (Hg.): *Von Schlachthymnen und Protestsongs. Zur Kulturgeschichte des Verhältnisses von Musik und Krieg*, Bielefeld 2006, 229–240, hier: 233.
279 Brill: „Macht-volle Sounds" (2012), 26–28. Siehe auch dies.: „‚Black Metal ist Krieg'", in: Kauer (Hg.): *Pop und Männlichkeit* (2009), 181–204.
280 Vgl. Phillipov: „Extreme music for extreme people?" (2011), 155–156. Der Slogan stammt vom gleichnamigen Album und Song (2001) der deutschen Black-Metal-Band Nargaroth und entwickelte sich innerhalb und außerhalb der Black-Metal-Subkultur zum geflügelten Wort.

punkte für rechtsextremistische Weltbilder. Mitte der 1990er Jahre bildete sich sogar das Subgenre NSBM (National Socialist Black Metal) heraus, dessen Vergangenheitsglorifizierung und Menschenfeindlichkeit auf einer national(sozial)istischen und rassistischen Ideologie beruht.[281] Innerhalb der Black-Metal-Subkultur sind derartige ideologische Positionen bis heute randständig, wenn auch stets präsent und mit Akteuren wie Varg Vikernes prominent besetzt. Der ‚Flirt' der frühen norwegischen Black-Metal-Bands mit den Zeichen und der Ideologie des Nationalsozialismus speiste sich letztlich jedoch vorrangig aus dem Willen zur Provokation mit den letzten noch übrig gebliebenen Tabus westlicher Gesellschaften und aus einer Faszination für das Gnadenlose und ‚Böse'.[282]

Was waren die Gründe für die vielen Kirchenbrände, die Satan-Referenzen in Songtexten und den extremen Hass auf das Christentum? Zum einen dient im szeneeigenen ‚Kult des Bösen' die Figur des Satan als Archetyp des ultimativen Böse, weshalb sich die Black-Metal-Akteure auch vehement vom Modernen Satanismus der *Church of Satan* distanzierten, den sie als lebensbejahende, hedonistische Lifestyle-Ideologie für Atheist:innen verwarfen.[283] Zum anderen, und dies sollte noch weitreichende Folgen haben, waren die Black-Metal-Musiker vor allem antichristlich: Statt als Satanisten verstanden sich die Akteure häufig als ‚Heiden' bzw. Paganisten und idealisierten Skandinavien vor der Christianisierung zu einer Zeit vermeintlicher Ursprünglichkeit und Naturverbundenheit.[284] Was im ‚Kälte-Pop' als antimodernistisch, esoterische und kulturpessimistische ‚Hippie'-Ideologie verteu-

---

281 Zum NSBM siehe etwa Dornbusch, Christian/Killguss, Hans-Peter: *Unheilige Allianzen. Black Metal zwischen Satanismus, Heidentum und Neonazismus*, Hamburg u. a. 2007 sowie Olson, Benjamin Hedge: „Voice of our blood. National Socialist discourses in black metal", in: *Popular Music History*, Jg. 6, Nr. 1 (2011), 135–149.
282 Ebd., 135–137. Zugleich als Gegenbeweis zur Faschismus-These und als Beleg für die kuriose Begeisterung für totalitäre Ideologien kann die Black-Metal-Schlüsselfigur Euronymous herangezogen werden: Dieser verurteilte etwa die Nazi-Gewalt in der späten DDR und war Mitglied in der *Rød Ungdom* (Rote Jugend), der Nachwuchsorganisation der Norwegischen Kommunistischen Partei der Arbeiter, sprach sich in seinen Briefen aus dem Jahr 1990 allerdings für realsozialistische Diktaturen aus, lobte Mao und den nordkoreanischen Diktator Kim Il Sung als großartige politische Führer, die ihre Länder zu Freiheit und Gerechtigkeit geführt hätten, und rechtfertigte die Grausamkeiten der Roten Khmer gegen echte und vermeintliche Oppositionelle in Kambodscha als legitime Mittel im revolutionären Kampf. Siehe Alsleben: *Mayhem Live in Leipzig* (2020), 54–55, 58 sowie die Abdrucke der Briefe ebd., 103–107, 139, 143.
283 So zeigte für einige Zeit das Logo von Euronymous' Label *Deathlike Silence Production* eine durchgestrichene Abbildung des *CoS*-Gründers Anton Szandor LaVey.
284 Vgl. Granholm, Kennet: „‚Sons of Northern Darkness'. Heathen Influences in Black Metal and Neofolk Music", in: *Numen*, Nr. 58 (2011), 514–544, hier: 528–529 sowie Kühn: *Anti-Rock* (2013), 410. Hier liegen auch die Gründe für die im Black Metal verbreitete Faszination für die als Vorzeit der Menschheitsgeschichte gelesene Fantasiewelt des Schriftstellers J. R. R. Tolkien (*Der Herr der Ringe*, *Der Hobbit*), die sich in Bandnamen wie BURZUM und GORGOROTH widerspiegelt.

felt wurde, fand seit den frühen 1990er Jahren im Black Metal seine sinistre Wiederauferstehung und durchzieht bis heute das Genre, verkörpert selbst in jüngeren, anarchistischen Black-Metal-Acts wie der US-amerikanischen Band Wolves In The Throne Room, deren Mitglieder als Ökokommune zusammenleben.[285]

Wie Granholm zu Recht bemerkt, baut das komplexe kulturelle System der Black-Metal-Szene weitgehend auf diesen neopaganistischen Grundlagen und zeigt einige Ähnlichkeiten zum Kultursystem des Neofolk.[286] So kommen auch im Black Metal und dem daraus hervorgegangenen Pagan Metal Folk-Elemente zum Einsatz und verweisen die Musiker:innen auf ihre vermeintliche ‚Ahnen' und ‚Wurzeln', eine deutlich größere Rolle als im Neofolk spielt im Black und Pagan Metal jedoch der Topos des ‚Nordens' und die nordische Mythologie.[287] Vorbild für viele Black-, Pagan- und Viking-Metal-Acts waren dabei die Veröffentlichungen der schwedischen Gruppe Bathory. Deren Gründer und zumeist einziges Mitglied Quorthon (Thomas Forsberg) ließ sich zwar insbesondere von Richard Wagner inspirieren,[288] Verknüpfungen zum ‚Germanischen' oder ‚Deutschen' blieben im Heavy Metal bei Verweisen auf das ‚Nordische' jedoch die Ausnahme.[289] Stattdessen entwickelten viele Musiker eine Vorstellung vom ‚Norden', die, wie der zu Polar- und Arktis-Themen forschende Nikolas Sellheim ausführt, als kulturhistorischer Identitätsmarker diente und mit Dunkelheit, Kälte und Mythen verknüpft wurde.[290] Beispielhaft genannt seien hier etwa der Song „Mother North" (1996) der norwegischen Black-Metal-Gruppe Satyricon sowie das Album *A Blaze In The Northern Sky* (1992) der ebenfalls aus Norwegen stammenden Black-Metal-Band Darkthrone. Darauf befinden sich Stücke wie „Where Cold Winds Blow" („For lust for hell / We rode with the north wind"), „The Pagan Winter" („For this eternal winter / A new god ruled the sky") und der Titelsong „A Blaze In The Northern Sky", in dem der (englischsprachige) Verweis auf die ‚nordische' und pagane Herkunft ebenfalls als Gegenprogramm zur christlichen und nicht-nordischen Kultur dient, die als fremd und den Norweger:innen aufgezwungen interpretiert wird:

---

285 Vgl. Brill: „White Men's War of Sound?" (2015), 115.
286 Granholm: „‚Sons of Northern Darkness'" (2011), 538–539.
287 Vgl. dazu Heesch, Florian: „Nordisch – germanisch – deutsch? Zur Mythenrezeption im Heavy Metal", in: Helms; Phleps (Hg.): *Typisch deutsch?* (2014), 127–151.
288 Siehe Liner Notes im Album Bathory: *Blood On Ice* (1996), LP, Black Mark Production, BMLP666-12.
289 Heesch: „Nordisch – germanisch – deutsch?" (2014), 146–147.
290 Sellheim, Nikolas: „Black and Viking metal. How two extreme music genres depict, construct and transfigure the (sub-)Arctic", in: *Polar Record*, Jg. 52, Nr. 5 (2016), 509–517, hier: 511–512.

> Hear the pride of a Northern Storm
> Triumphant sight on a Northern Sky
> Where the days are dark
> and night the same
> Moonlight drank the blood
> of a thousand pagan men
> It took ten times a hundred years
> Before the king on the Northern Throne
> was brought tales of the crucified one
> Coven of renewed delight;
> A thousand years have passed since then
> Years of lost pride and lust
> [...]
> We are a blaze in the Northern Sky
> The next thousand years are ours.²⁹¹

Durch die künstlerische Aneignung des Topos des ‚Nordens' mit all seinen Zuschreibungen und Assoziationen entwickelten die Black-Metal-Musiker ein zu jener Zeit popkulturell einzigartiges ‚Kälte'-Modell. Zum einen bot dieses Konstrukt ein Narrativ für die Musik selbst, deren ‚Härte' und ‚Kälte' dem norwegischen Wesen und Winter entspräche.²⁹² Wie Sellheim feststellt, vereint die Vorstellung des ‚Nordens' als kyrosphärische Welt zudem verschiedene Motive des Black Metal, etwa Dunkelheit, Frost, Lebensfeindlichkeit und Tod.²⁹³ Es ist also nicht die modernistische, sondern die mit der Zeit der Polarexpeditionen verbundene, schwarzromantische ‚Kälte', die im Black Metal fortgeführt wird. Angefangen bei der Schweizer Proto-Black-Metal-Band CELTIC FROST gehört die Verknüpfung von ‚Norden' und ‚Kälte' bis heute zum Standardrepertoire im Black Metal, findet sich in Bandnamen wie PERMAFROST, NORTH, EÏS und COLDWORLD sowie in den Songtexten und Albumtiteln sowie auf den Plattencovergestaltungen der norwegischen Black-Metal-Pioniere IMMORTAL, etwa *Battles In The North* (1995), *Blizzard Beasts* (1997), *At The Heart Of Winter* (1999) und *Sons Of Northern Darkness* (2002), auf denen die Musiker vor schneebedeckter Kulisse posieren oder mythische Festungen eisiger Königreiche illustrieren (Abb. 38 und 39). Im Gegensatz zum Polar-Topos in GRAUZONES „Eisbär" stellt die nördliche Kälte im Black Metal keinen Sehnsuchts- oder Rückzugsort dar, sondern fungiert laut Sellheim als Instrument der Abgrenzung für den Bereich der Zugehörigkeit: Durch den Rückgriff auf den ‚Ultima-Thule'-Mythos, in dem der ‚Norden' mit dem Unbekannten und Bedrohlichen, der Kälte und

---

291 DARKTHRONE: *A Blaze In The Northern Sky* (1992), CD, Peaceville, VILE 28CD. Vgl. Sellheim: „Black and Viking metal" (2016), 511 sowie Kühn: *Anti-Rock* (2013), 410.
292 Ebd. Vgl. Phillipov: „Extreme music for extreme people?" (2011), 153.
293 Sellheim: „Black and Viking metal" (2016), 510.

Abb. 38 u. 39: Eisige Welten auf den IMMORTAL-Alben *Battles In The North* (1995) und *At The Heart Of Winter* (1999).

dem Tod assoziiert wird, inszenieren die norwegischen Black-Metal-Musiker nicht nur ihre Heimat als das vom ‚Nicht-Norden' abzugrenzende ‚Andere', sondern auch sich selbst. Diese Vorstellung hat ihren Ursprung im frühen Mittelalter, als Wikinger und andere nördliche Völker eine ständige Bedrohung für die Königreiche und Völker in südlicher gelegenen Gebieten darstellten, und findet noch heute ihren popkulturellen Ausdruck, etwa in der auf George R. R. Martins Epos *A Song of Ice and Fire* (seit 1996) basierenden TV-Serie „Game of Thrones" (2011–2019), in der eine riesige Mauer die Menschen im Süden vor dem eisigen „Nachtkönig" und seinen wandelnden Toten im Norden schützt.[294] Bewusst nahmen die Black-Metal-Bands der ‚zweiten Welle' genau diese Rolle der menschenfeindlichen Bedrohung aus dem ‚Norden' für sich in Anspruch. Zwar bemühten die Musiker damit Narrative der Authentizität, dennoch finden sich innerhalb der Popkultur kaum ‚kältere' Distanzstrategien.

4.3.4 ‚Kalte Deutsche' für den Weltmarkt: Rammstein und die Neue Deutsche Härte

„Wenn du heute mit Leuten über deutsche Bands im Ausland sprichst, fällt immer ein Name: KRAFTWERK", erklärte RAMMSTEIN-Gitarrist Richard Kruspe Mitte des Jahres 1997 im Interview mit der Zeitschrift *Metal Hammer* anerkennend und wagte, auf die seiner Meinung nach „viele[n] Parallelen" zwischen beiden Gruppen deutend, einen hoffnungsvollen Ausblick: „Heute ist KRAFTWERK die deutsche Vorzeigeband. Es wäre Wahnsinn, wenn wir das auch erreichen könnten." Mit seinem Statement offenbarte der Musiker in diesem frühen Interview nicht weniger als das Hauptziel der 1994 gegründeten Band RAMMSTEIN, nämlich zu *dem* Aushängeschild für deutsche Pop-Musik im Ausland zu werden. Und tatsächlich gelang den sechs ostdeutschen Musikern in den folgenden Jahren genau das. Auf kommerzieller Ebene geht der Erfolg von RAMMSTEIN sogar über jenen von KRAFTWERK hinaus: Allein für ihre Alben wurden RAMMSTEIN 48 mal mit Platin und 44 mal mit Gold ausgezeichnet, waren in Europa, Australien, Nord- und Südamerika in den nationalen Albumcharts vertreten, konnten sich in der Bundesrepublik seit dem zweitem Album *Sehnsucht* (1997) mit jedem neuen Album auf dem ersten Platz positionieren und belegten fast genauso häufig auch in Österreich und der Schweiz den Spitzenrang. Selbst in den USA setzten RAMMSTEIN über zwei Millionen Tonträger ab, nachdem der Regisseur David Lynch zwei Songs des Debüt-Albums in seinem Film „Lost Highway" (1996) verwendet und die Band dadurch in den Vereinigten Staaten bekannt gemacht hatte.

---

[294] Ebd., 511.

Wie hatten RAMMSTEIN das geschafft? Die Aussage von Kruspe aus dem Jahr 1997 gibt bereits einen Hinweis auf jene Hauptstrategie, die KRAFTWERK vorgemacht und RAMMSTEIN erfolgreich adaptiert hatten: Mach es so ‚deutsch' wie nur möglich! Da die Gruppe nicht nur mit den von ihr genutzten Stereotypen des ‚Deutschen' spielt, sondern diese aufgrund ihres internationalen Erfolgs zugleich verfestigt, kann die Bedeutung von RAMMSTEIN für deutsche Pop-Musik im Ausland gar nicht hoch genug veranschlagt werden. Die außergewöhnliche Durchschlagskraft des Konzepts von RAMMSTEIN lässt sich darauf zurückführen, dass es die Band im Gegensatz zu KRAFTWERK und allen anderen Vorgänger:innen fertigbrachte, die zwei im Ausland vorherrschenden Stereotype des ‚typischen Deutschen' zu vereinen: die von Härte und Gefühlskälte geprägte Stahl-Gestalt und den in gesellschaftlichen wie emotionalen Abgründen schwelgenden, schwarzromantischen Wagnerianer. KRAFTWERK hatten in der zweiten Hälfte der 1970er Jahre mit dem ‚kalten Deutschen' eine neue Figur in die transnationale Popkultur gebracht, RAMMSTEIN erweiterten 20 Jahre später diese Vorstellung um eine als ‚deutsch' gelesene ‚Hitze' und ‚Wärme'. Tatsächlich sind RAMMSTEIN nicht nur Motor und Ausdruck der Popgeschichte ‚deutscher Kälte', sondern zugleich auch deren vorläufiges Endprodukt, da die Band – insbesondere in ihrer Frühphase in der zweiten Hälfte der 1990er Jahre, die hier im Fokus steht – verschiedene ‚Kälte'-Konzepte der New-Wave-Bewegung kombinierte und als ‚typisch deutsch' präsentierte: die entemotionalisierte ‚Kälte' KRAFTWERKS, den ‚kalten' Sex und die Männlichkeitsinszenierungen von DAF sowie die morbide und pathetische ‚Kälte' der schwarzromantischen NDW.

Ob Sound, Performance oder Songtexte, alles wird stets mit der kulturellen Herkunft der Band verknüpft, sowohl vonseiten der Kritiker:innen in Presse und Forschung, als auch von den Bandmitgliedern selbst. Nicht zufällig ist der Genre-Begriff „Neue Deutsche Härte" (NDH), der etwa zur gleichen Zeit wie das RAMMSTEIN-Debüt *Herzeleid* (1995) aufkam, eine Anlehnung an „Neue Deutsche Welle" und verweist damit auf eine Bewegung, die sich ebenso durch deutsche Texte und eine betontermaßen ‚deutsche' Musik in Abgrenzung zu einer vermeintlichen Hegemonie angloamerikanischer Pop-Musik ausgezeichnet hatte. Der NDH-Begriff und wurde sehr bald auf eine Reihe von Bands wie OOMPH!, SCHWEISSER, FLEISCHMANN, WEISSGLUT und MEGAHERZ angewandt, die teilweise schon länger als RAMMSTEIN aktiv waren und bestimmte musikalische Stilmerkmale teilten.[295] Prägend für diesen Mix aus Thrash und Groove Metal, Industrial-Rock, rhythmusbetonter elektronischer Musik und verschiedenen Dark-Wave-Stilen waren etwa ein zumeist kräftiger, teilweise gutturaler deutschsprachiger Gesang, stampfende Rhythmen, verzerrte Gitarren, die wie der Bass tiefer gestimmt werden, sowie gesampelte und

---

[295] Die einzige Monografie zum Thema stammt vom Journalisten Mühlmann, Wolf-Rüdiger: *Letzte Ausfahrt: Germania. Ein Phänomen namens Neue Deutsche Härte*, Berlin 1999.

synthetische Chor- und Orchester-Sounds, wodurch die Musik oft sehr basslastig, bombastisch und kraftvoll klingt.[296] Abgesehen von diesen Grundelementen ist das Genre NDH stilistisch recht offen, die Integration weiterer Strömungen und Genres wie Pop-Rock (UNHEILIG), Dark Rock (Witt) sowie Mittelalter- und Folkmusik (IN EXTREMO, TANZWUT, SUBWAY TO SALLY) sorgte dafür, dass sich die NDH auch nach ihrer Hochphase zu Beginn der 2000er Jahre als Genre im deutschen Mainstream verstetigte. Auch RAMMSTEIN nahmen seit jener Zeit zuvor genutzte Elemente aus der Industrial Music zurück zugunsten eines mehr am britischen Progressive Rock und Heavy Metal orientierten Sound.

Trotz dieser nicht-deutschen Einflüsse und obwohl sich RAMMSTEIN laut Drummer Christoph Schneider von Gruppen wie LAIBACH aus Slowenien und MINISTRY aus den USA inspirieren ließen,[297] definierten die Musiker ihren Stil insbesondere in früheren Interviews stets als spezifisch ‚deutsch' und in Abgrenzung zu ‚amerikanischer' Musik. „Den Stil haben wir gefunden, indem wir alle genau wussten, was wir nicht wollen. Und wir wollten genau nicht amerikanische, funky Musik machen oder Punk eben oder irgend sowas, was wir gar nicht können", bemerkte etwa Keyboarder Flake (Christian Lorenz) in einem Interview von 1997. Sein Bandkollege Paul Landers unterstrich im selben Interview, dass die Gruppe unter „amerikanisch" vor allem Schwarze Musik verstand: „Unsere Eltern, die waren nicht auf den Baumwollfeldern. [...] Also ich hasse es, wenn jemand künstlich auf Soul macht und hat keinen Soul. Dann lieber ehrlich eckig denken. Oder ehrliche, so eine komische Marschmusik machen wie wir."[298] Nicht nur argumentiert Landers wie seine Bandkollegen in diesem und weiteren Interviews mit einer vermeintlichen Authentizität („ehrlich"), sondern gibt zugleich eine Definition ‚deutscher' Musik, die den gängigen Stereotypen entspricht („eckig", „Marschmusik"). Ähnlich äußerten sich etwa auch Flake und Kruspe: In einem Interview von 2003 erklärten sie, RAMMSTEINS Musik sei deshalb ‚deutsch', weil sie „naturally" sei, sprachen der Band die Fähigkeit ab, generell „American music, black music" machen zu können („We have no soul") und umschrieben ihre Musik sowohl mit ‚Kälte'-Termini wie

---

296 Vgl. etwa Carpenter, Alexander: „Einstürzende Neubauten to Rammstein. Mapping the Industrial Continuum in German Pop Music", in: Schütte (Hg.): *German Pop Music* (2017), 151–170, hier: 163.
297 Schneider zit. n. Groß/Schmidt: „Die große Oper" (2011), 107.
298 Flake und Landers in „Rammstein", *Tracks*, arte (Sendedatum: 1997). URL: https://youtu.be/ylqJkfkG6hQ (Letzter Zugriff: 24.10.2022), 00:13:47–00:14:06 und 00:15:24–00:15:47. Dieses Argumentationsmuster findet sich auch bei anderen Musiker:innen aus dem NDH-Bereich. So erklärte Ingo Hampf, Gitarrist von SUBWAY TO SALLY: „Mir steht aber Bach näher als viele Anglo-Amerikaner! Meine kulturellen Wurzeln liegen eben in Deutschland und nicht in den USA. [...] Mein Blues ist die Lautenmusik". Zit. n. Richter, Henning: „Bach statt Blues", in: *Musikexpress*, Nr. 4 (2001), 8.

"straight", "even" und "[a]ngular" als auch mit ‚warmen' und ‚hitzigen' Begriffen wie „heavy, bombastic, romantic" („Like the direction that Wagner takes").[299]

Dieses Prinzip der Gleichzeitigkeit und Kombination ‚kalter' wie ‚warmer' bzw. ‚heißer' Motive setzt sich auf textueller Ebene fort. Insbesondere die frühen Songtexte von RAMMSTEIN-Sänger Till Lindemann lassen sich thematisch grob in zwei Kategorien aufteilen: ‚kalter' Sex und ‚warme' Romantik.[300] So drehen sich die provokanteren Tracks der Band zumeist um die miteinander verknüpften Bereiche Sex und Gewalt, teilweise erweitert um Homoerotik und -sexualität. Beispielhaft hierfür sind etwa die Songs „Tier", „Bück Dich", „Weißes Fleisch" und „Wollt Ihr Das Bett In Flammen Sehen", in dem Sex als „Schlacht" und Liebe als „Krieg" bezeichnet werden und dessen Titel obendrein an Josef Goebbels bekannte Rede und Frage „Wollt Ihr den totalen Krieg?" erinnert.[301] Derartige Lyrics über BDSM-Praktiken, sexuelle Gewalt, Nekrophilie oder Inzest waren keineswegs neu in der deutschsprachigen Pop-Musik und hatten bereits die Fun-Punk-Gruppe DIE ÄRZTE in Schwierigkeiten mit den Jugendschutz-Behörden gebracht,[302] bei RAMMSTEIN tritt das ironische Moment allerdings zurück und offenbart sogar einen teilweise misogynen Ansatz. Diese Lesart wird gestützt durch Aussagen Richard Kruspes in 1997 geführten Interviews: „Als wir uns anfangs im Proberaum trafen, hatten wir alle Stress mit Frauen, das ging bis zu blankem Hass, der sich ja auch in den Texten widerspiegelt."[303] Das ‚Kalte' der RAMMSTEIN-Texte drückt sich also unter anderem in einer betonten Emotionslosigkeit und Lust an gewaltsamer Unterwerfung aus.

---

299 Flake und Kruspe zit. n. Berlinski, Claire: „Rammstein's Rage", in: *Azure. Ideas for the Jewish Nation*, Nr. 20 (2005), 63–96. URL: *https://www.berlinski.com/2016/09/12/rammsteins-rage* (Letzter Zugriff: 24.10.2022), Online-Version: *https://www.berlinski.com/2016/09/12/rammsteins-rage*.
300 Vgl. Walther, Christian: „Songtexte und Lyrik in der Gothic-Szene. Eine Annäherung", in: Nym (Hg.): *Schillerndes Dunkel* (2010), 322–329, hier: 325. Seit Anfang der 2000er Jahre kamen noch politische sowie sozialkritische Texte hinzu.
301 RAMMSTEIN: „Wollt Ihr Das Bett In Flammen Sehen", auf: *Herzeleid* (1995), CD, Motor, 529160-2. Die anderen genannten Songs finden sich auf den Alben RAMMSTEIN: *Herzeleid* (1995), CD, Motor, 529160-2 und RAMMSTEIN: *Sehnsucht* (1997), CD, Motor, 537 304-2. Vgl. Larkey: „Just for fun?" (2000), 13–14.
302 Zu nennen wären hier etwa die Songs „Claudia Hat Nen Schäferhund" (1984), „Geschwisterliebe" (1986), „Sweet Sweet Gwendoline" (1986) sowie „Bitte Bitte" (1988). Während in der Originalversion des letztgenannten Songs noch die leidenschaftliche Unterwerfung des Subjekts im Mittelpunkt steht, fokussiert sich der *Domina Mix* (1989) auf die sachlich-nüchterne Darstellung unterschiedlicher BDSM-Praktiken, ohne jede Spur von Leidenschaft. DIE ÄRZTE: „Bitte, Bitte (Domina Mix)", auf: *Bitte Bitte* (1989), 12″-Single, CBS, CBS 654772 6.
303 Kruspe zit. n. Richter, Henning: „Rammstein. ‚Wir wollen anders sein!'", in: *Metal Hammer*, Nr. 3 (1997), 30–31, hier: 31. Siehe auch Kruspe in „Rammstein", arte, *Tracks* (Sendedatum: 1997), 00:12:49–00:13:27. (Anmerkung: Die Bearbeitung dieses Kapitels wurde vor den Ende Mai 2023 aufkommenden *MeToo*-Vorwürfen gegen Frontmann Till Lindemann abgeschlossen.)

Dem stehen die poetischen, (schwarz-)romantischen und teilweise mystizistischen Songtexte Lindemanns gegenüber, in denen dieser von Liebe, Sehnsucht, Seelenleid und Fabelgeschichten singt und häufig mit Metaphern und Naturbildern arbeitet („Seemann", „Sehnsucht").[304] Zwar verschob sich der thematische Fokus bereits seit dem zweiten Album *Sehnsucht* (1997) immer mehr in Richtung solch ‚warmer' Texte, dennoch blieb die ‚kalte' Härte ein wichtiges Grundelement der Songtexte RAMMSTEINS und fügt sich in den generellen Anspruch, so ‚böse' und ‚deutsch' wie nur möglich zu erscheinen. Beispielhaft wird dies in der Wahl des Bandnamens: Obwohl „Rammstein" zunächst einmal nach einem mittelalterlichen Kriegsgerät klingt, geht der Bandname auf eine falsche Schreibweise des Ortes Ramstein zurück und bezieht sich auf das Flugshow-Unglück mit 70 Toten, das auf dem dortigen Militärflugplatz der United States Air Force im Sommer 1988 geschah. Ähnliche Bandnamen, die demonstrativ entweder Motive der ‚Kälte', der Hitze, der (deutschen) Romantik oder im besten Fall alles zugleich einsetzten, finden sich in der NDH zuhauf: EISENVATER, EISENHERTZ, EISENHERZ, EISHEILIG, EISBRECHER, HAMMERSCHMITT, MEGAHERZ, RICHTHOFEN, RIEFENSTAHL, SCHWANENSEE, SCHWEISSER, STAHLHAMMER, STAHLMANN, WEISSGLUT. Auffallend ist der Pathos, der stets bei der Namenswahl und den Songtexten der NDH mitschwingt. Verweise auf Richard Wagner vonseiten der Musikpresse waren keine Seltenheit, in dessen Tradition wurden neben RAMMSTEIN etwa auch DIE KRUPPS und insbesondere (Joachim) Witt gestellt.[305] Tatsächlich waren die Lyrics des Letztgenannten von schwarzer Romantik, Pathos, Weltflucht und Endzeit-Visionen bestimmt, im kommerziell erfolgreichen Stück „Die Flut" (1998) singt Witt zusammen mit Peter Heppner (WOLFSHEIM) unter anderem über „Finsternis", „Sehnsucht" und „Bitterkeit", die „mein dunkles Herz umspült": „Und du rufst in die Nacht / Und du flehst um Wundermacht / Um 'ne bessere Welt zum Leben / Doch es wird keine andere geben / Wann kommt die Flut?"[306] Welches thematische und ästhetische Konzept sich hinter dem pathetisch-brachialen Gebaren der „technoiden Totengräber und teutschen Totschläger"

---

304 Vgl. Walther: „Songtexte und Lyrik in der Gothic-Szene" (2010), 325–326.
305 Siehe etwa Büsser/Kleinhenz/Ullmaier: „Auswahldiscografie zur deutschen Popgeschichte" (1996), 201, Willander, Arne: „Der teutonische Schoß ist fruchtbar noch", in: *Rolling Stone*, Nr. 11 (1998), 36–37, hier: 36, Weckmann, Matthias: „Witt. Neue Deutsche Romantik", in: *Hard Rock & Metal Hammer*, Nr. 12 (2000), 70–71, hier: 70 sowie Hofacker, Ernst: „Büstenhalter", in: *Musikexpress*, Nr. 1 (2001), 28–29, hier: 28.
306 Witt, Joachim; Heppner, Peter: „Die Flut", auf: *Bayreuth Eins* (1998), 2xLP, Epic, EPC 489908 1. Martin Büsser wirft Witt vor, mit dem dazugehörigen Musikvideo „Überfremdungs- und Überbevölkerungsangst" zu schüren und urteilt, der Clip zeugt „von jenem Wahnsinn einer Re-Territorialisierung, Re-Lokalisierung im Pop, dessen Ausdrucksformen LAIBACH wie keine andere Band schon vor mehr als fünfzehn Jahren warnend in Szene gesetzt hatte". Büsser: *Wie klingt die Neue Mitte?* (2001), 13.

des neuen deutschen ‚Düster-Sounds' verbarg, brachte der *Rolling-Stone*-Autor Oliver Hüttmann bereits 1998 treffend auf den Punkt:

> Es ist die alte Morbus Germania, jenes Geschwür aus Blut und Boden, Schweiß und Schwellkörper, der Faszination am Untergang und an den Mächten des Bösen, heidnischen Riten und kirchlicher Mystik, Verdammnis und Jenseitsglaube, Schmerz, Sünde und Sühne, die auch bei Wagner in düsterer Herrlichkeit tönte.[307]

Entscheidend für den erwünschten Effekt des betont ‚Deutschen' ist aber gar nicht der Text selbst, sondern die Sprache. Dies gilt vor allem außerhalb des deutschsprachigen Raums, wo Sprachklang und Sprachrhythmus eine deutliche größere Relevanz als die Texte haben. „Wir haben Glück, dass Deutsch so eine coole Sprache für böse Musik ist. Wenn ich Engländer oder Belgier wäre, würde ich bestimmt Deutsch singen. Bei böser, harter Musik geht nichts über die deutsche Sprache", betonte RAMMSTEIN-Gitarrist Paul Landers gegenüber der Zeitschrift *Metal Hammer* und zog erneut die für internationale Pop-Musik übliche englische Sprache als Negativbeispiel heran: „Englisch hat zu viel Soul, das klingt viel zu nett."[308] Auch Sänger Lindemann erklärte im Interview mit dem *Rolling Stone* auf die Frage, warum er nach anfänglich englischen Texten zur deutschen Sprache wechselte: „Das Texten auf Deutsch war einfach und klang härter. Deutsch hat die Musik viel besser illustriert als Englisch mit seinen weichen Vokalen."[309] Tatsächlich liegt hier einer der Gründe für RAMMSTEINS internationalen Erfolg, der sich nicht trotz, sondern gerade wegen der Überbetonung der deutschen Sprache einstellte. Charakteristisch für RAMMSTEIN ist der harte, teils monoton gesprochene Gesang Lindemanns, bei dem jede einzelne Silbe bedeutungsschwanger betont wird, sowie das gerollte ‚R', das Assoziationen zu Reden Hitlers weckt.[310] Der Musikwissenschaftler Robert G. H. Burns beschreibt Lindemanns Stil der Gesangsdarbietung in Anlehnung an den Literatur- und Theaterwissenschaftler John Willett als *„gestic speaking"*, dessen Ursprünge im Kabarett des *Überbrettl*-Theaters in Berlin zu Beginn des 20. Jahrhunderts liegen.[311] Bei diesem von Lindemann besonders seit dem Album *Mutter* (2001) gehäuft verwendeten Gesangsstil werden die Strophen halb gesprochen, halb gesungen und stets gestisch vorgetragen, während der Refrain

---

307 Hüttmann, Oliver: „Schwarze Ecken, braune Flecken", in: *Rolling Stone*, Nr. 11 (1998), 37.
308 Landers zit. n. Zahn, Thorsten: „Rammstein. Grenzerfahrungen", in: *Hard Rock & Metal Hammer*, Nr. 2 (2002), 64–67, hier: 65.
309 Lindemann zit. n. Groß/Schmidt: „Die große Oper" (2011), 99–100.
310 Vgl. Platz, Judith/Balanck, Megan/Nym, Alexander: „Schwarze Subgenres und Stilrichtungen", in: Nym (Hg.): *Schillerndes Dunkel* (2010), 144–181, hier: 174.
311 Burns, Robert G. H.: „German symbolism in rock music. National signification in the imagery and songs of Rammstein", in: *Popular Music*, Jg. 27, Nr. 3 (2008), 457–472, hier: 463. Hervorhebung i. O. Siehe Willett, John: *The Theatre of the Weimar Republic*, New York 1988, 138.

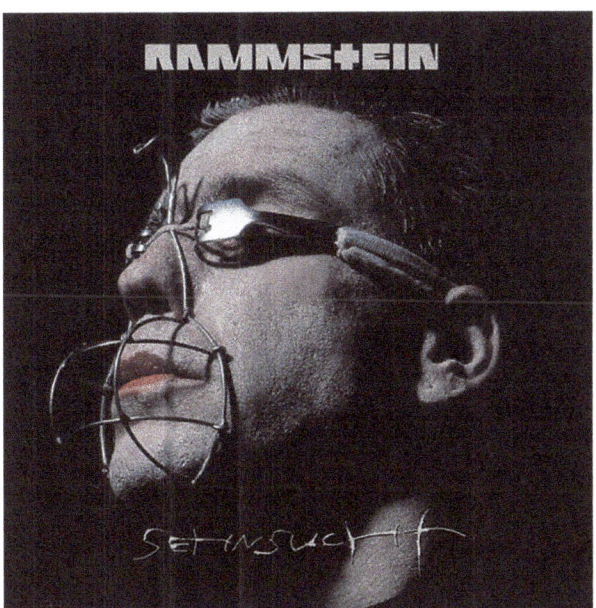

Abb. 40 u. 41: Konträre Reaktionen auf dieselbe Tortur: Frontcover der Alben *Blackout* (1982) von SCORPIONS und *Sehnsucht* (1997) von RAMMSTEIN.

im Gegensatz dazu oft geschrien wird. RAMMSTEINS Inszenierung des ‚Deutschen' ruht auf textueller und vokaler Ebene also auf einem Rückgriff auf künstlerische Techniken und Traditionen (Romantik, Expressionismus) aus der Zeit vor dem Nationalsozialismus. Dadurch gelingt es der Gruppe nicht nur dem immer wieder aufkommenden Faschismus-Vorwurf entgegenzuwirken, sondern auch ihre Musik als ‚typisch deutsch' zu kennzeichnen.

Am deutlichsten zeigt sich RAMMSTEINS Anknüpfen an historische Vorbilder und die dabei entwickelten Motive der ‚Kälte' und des ‚Deutschen' auf visueller Ebene. Auch hier findet eine Vermischung von ‚kalten' und schwarzromantischen Stereotypen des ‚typischen Deutschen' statt. So ließen sich die Bandmitglieder für das Artwork des Albums *Sehnsucht* (1997) weiß schminken und mit verschiedenen Drahtgestellen im Gesicht vom österreichischen Künstler Gottfried Helnwein ablichten, der Teile davon schon für das Covermotiv des SCORPIONS-Albums *Blackout* (1982) genutzt hatte (Abb. 40 und 41). Während jedoch der malträtierte Mann auf dem SCORPIONS-Cover schreit und dabei Glas zerspringen lässt, (er)tragen die RAMMSTEIN-Musiker die sie einzwängenden, metallischen Instrumente ohne jede Regung und signalisieren damit Härte und Gefühlskälte.[312] Eine ganze Palette ‚kalter' wie ‚deutscher' Motive boten RAMMSTEIN in ihrer Frühphase bei Liveauftritten, beispielhaft festgehalten im Konzertvideo und dazugehörigem Live-Album *Live Aus Berlin* (1999), das bei den Auftritten der Band in der Berliner Wuhlheide mitgeschnitten wurde: Dort zeigen sich die Bandmitglieder in silber-schwarzen Kostümen, mit silbernen Haare, farblich passendem Make-Up und im Fall des Gitarristen Kruspe zudem mit weißen Kontaktlinsen.[313] Dieser futuristische Maschinen-Look setzt sich fort im Bühnenaufbau, bestehend aus Stahlrohren und Scheinwerfern, die ‚kaltes', weiß-blaues Licht auf die ‚kalten', metallischen Bühnenrequisiten und -kostüme werfen. Oftmals werden die Bandmitglieder zudem von unten beleuchtet, was deren Kiefer- sowie Wangenknochen hervorhebt und den Musikern harte Gesichtszüge verleiht.[314] Passend dazu stehen die Musiker, insbesondere die Gitarristen Landers und Kruspe, häufig fast regungslos, zuweilen mit verschränkten Armen auf der Bühne und starren ausdruckslos ins Publikum (Abb. 42). Kommunikation mit dem Publikum findet ohnehin nicht statt.[315] Auch Sänger Lindemann agiert nicht mit den Zuschauer:innen, bleibt anders als seine Bandkollegen aber stets in

---

312 RAMMSTEIN: *Sehnsucht* (1997); SCORPIONS: *Blackout* (1982), LP, Harvest/EMI Electrola, 1C 064-64 686.
313 Generell drücken RAMMSTEIN ihren Kollektiv-Ansatz wie KRAFTWERK durch Uniformität aus und posieren etwa bei Fotoshootings zumeist in uniformer Kleidung. Siehe die Fotostrecke in Müller, Robert: „Rammstein. Mutterglück", in: *Hard Rock & Metal Hammer*, Nr. 4 (2001), 26–29.
314 Vgl. Burns: „German symbolism in rock music" (2008), 461–462.
315 Bestimmt erklärte etwa Flake auf die Frage, ob die Band denn schon immer vermied, mit seinen Zuschauer:innen in Kontakt zu treten: „Von Anfang an. Wir finden es ganz schlimm, wenn

Bewegung, untermalt etwa seine Gesangsparts gestisch und klopft sich bei Instrumentalparts auf Schenkel und Brust. Dieser Kontrast zwischen ‚Kälte' und ‚Hitze' erinnert stellenweise an die Performance von DAF, im Gegensatz zum minimalistischen Bühnenaufbau und Live-Gebaren von Delgado und Görl inszenieren RAMMSTEIN jedoch eine monumentale Show voller Pyrotechnik und überzogener Performance, deren Wurzeln vielmehr im Kabarett und Theater liegen.[316] ‚Kalt' ist die Performance von RAMMSTEIN trotz aller schweißtreibenden Hitze gerade aufgrund dieser Übertragung des Theater-Ansatzes in den Rahmen der Rockmusik, in der zwar überbordende Bühnenshows, üblicherweise aber auch Kernelemente wie Songs mit einer ‚Message', Publikumskommunikation und die Inszenierung von ‚Authentizität' zum Standard gehören.[317] Bei RAMMSTEIN fällt dies alles weg.

Abb. 42: Still aus dem Konzertfilm „Live Aus Berlin" (1999) von RAMMSTEIN.

Für Aufsehen und Diskussionen sorgte RAMMSTEINS Spiel mit Motiven des ‚typisch Deutschen' aber vor allem deshalb, weil die Band mit ihrer frühen Performance immer wieder Assoziationen zu Faschismus und Nationalsozialismus evozierte. Tatsächlich entwickelte sich daraus sehr schnell eine Art Wechselspiel, bei dem

---

jemand auf der Bühne sagt: ‚Hallo!' und ‚Danke schön, Bonn!'. Das war uns von Kindheit an zuwider." Zit. n. Groß/Schmidt: „Die große Oper" (2011), 99.
316 So bestehen etwa Verbindungen zur Berliner Volksbühne. Dort hatten RAMMSTEIN Ende 1994 einen ihrer ersten Auftritte, nachdem Landers und Flake bereits ein Jahr zuvor, noch in der Formation FEELING B, dort gespielt hatten. Im Musikvideo für „Du Hast" (1997) übernahm zudem die zum Ensemble der Volksbühne gehörende Schauspielerin Astrid Meyerfeldt die weibliche Rolle. Siehe „Spielzeitchronik 1990 bis 2000", *Volksbühne am Rosa-Luxemburg-Platz*. URL: *https://volksbuehne.adk.de/deutsch/volksbuehne/archiv/spielzeitchronik/1990_bis_2000/index.html* (Letzter Zugriff: 24.10.2022).
317 Vgl. Groß/Schmidt: „Die große Oper" (2011), 97.

RAMMSTEIN bestimmte, als faschistoid lesbare Zeichen lieferte ohne wirklich konkret zu werden und Pressevertreter:innen darauf mit Skandalisierungen reagierten, die RAMMSTEIN noch mehr Aufmerksamkeit einbrachten. Auf visueller Ebene begann dies bereits beim Debüt-Album *Herzeleid* (1995), auf dessen Frontcoverbild die Musiker mit ölig-glänzenden Oberkörpern und ernsten Mienen posieren. Wie Robert Burns an dieser Stelle einwirft, waren halbnackte Männer in der Pop-Musik selbstverständlich nichts Neues, bei RAMMSTEIN erinnert das oberkörperfreie Posieren laut Burns allerdings vielmehr an die idealisierten „arischen" Körperbilder des Nationalsozialismus.[318] Dies sah auch das Label *Slash* so, das *Herzeleid* für den US-amerikanischen Markt produzierte und deswegen mit einem neuen Cover versah, auf dem nur die Gesichter der Bandmitglieder zu sehen sind.

Abb. 43 u. 44: Riefenstahl Reloaded: Stills aus dem Musikvideo „Stripped" (1998) von RAMMSTEIN.

---

318 Burns: „German symbolism in rock music" (2008), 462.

Den vorläufigen Höhepunkt erreichte RAMMSTEINS aufsehenerregende Performance in den Jahren 1998/99: Während das Frontcover für *Live Aus Berlin* (1999), das die Bandmitglieder uniform in schwarz-grauen Anzügen vor monumentaler Säulen-Kulisse zeigt, noch als missverständlich interpretiert werden konnte, ließen RAMMSTEIN keinen Zweifel an ihrer ästhetischen Ausrichtung in ihrem Musikvideo zur Coverversion (1998) des DEPECHE-MODE-Songs „Stripped" (1986), das ausschließlich aus Sequenzen des Propaganda-Films „Olympia" (1938) von Leni Riefenstahl besteht, aufgenommen bei der in Berlin veranstalteten Olympiade von 1936 (Abb. 43 und 44).[319] In ihrer Analyse des Musikvideos betont die Kulturwissenschaftlerin Jelena Jazo, dass die popkulturelle Reproduktion der faschistischen Bildwelten Riefenstahls zunächst nur „ein Spiel reiner Oberfläche" sei, dessen Reiz und „Pop-Qualität" der Kontroverse um die Nazi-Regisseurin entspringe: „Ihr politisch-ideologischer Gehalt wird als eine Form exzentrischen und dekadenten Horrors ästhetisiert."[320] RAMMSTEINS Video zu „Stripped" entbehre allerdings jeder Distanz und Brüche, die durch eine Neuinterpretation oder Umdeutung des Ausgangsmaterials hätte erreicht werden könnte. Stattdessen blendet der Clip jeden ideologischen Entstehungskontext der Bilder aus und konzentriert sich fast ausschließlich auf die Darstellungen disziplinierter Athlet:innen in erhabenen Bewegungen, wodurch das Musikvideo wie eine „Essenz" des Riefenstahl-Streifens wirke.[321]

> Was bei der Betrachtung von RAMMSTEINS Musikvideo bleibt, ist die reine Huldigung des gestählten Leibes, seiner unerschütterlichen Härte, Anmut und heroischen Makellosigkeit, die in die Nähe des Göttlichen gerückt wird. *Stripped* übersteigert Riefenstahls Schaulust, ihr Begehren des idealen, vollendeten, schönen Körpers; es ist das Konzentrat ihres Körperfetischismus. [...] [S]o bedeutet ein Herauslösen dieses Ideals aus seinem ideologischen Kontext, dass dieses eine Verlängerung in die Gegenwart erfährt respektive dem Ideal eine ungebrochene, (post-)nazistische Gültigkeit zugesprochen wird.[322]

Unterstrichen wird diese faschistoide Tendenz durch den Songtext. Wie Jazo zu Recht bemerkt, zeichne sich dieser bereits in der Originalversion durch einen antimodernistischen Charakter aus, geht es doch um eine Flucht in die Natur („Take my hand / Come back to the land / Let's get away / Just for one day"), weg von der modernen Zivilisation („Metropolis") und seiner Medienkultur („Let me hear you make decisions / Without your television").[323] RAMMSTEIN übersteigern dieses Ideal des ‚Natürlichen' in ihrer Version sowohl durch die Re-Inszenierung der „archai-

---

319 „Rammstein – Stripped", 1998. URL: *https://youtu.be/10JDA8SvwX8* (Letzter Zugriff: 24.10.2022).
320 Jazo: *Postnazismus und Populärkultur* (2017), 110–112
321 Ebd., 121–122.
322 Ebd., 126. Hervorhebung i. O. Vgl. Büsser: *Wie klingt die Neue Mitte?* (2001), 23.
323 DEPECHE MODE: „Stripped", auf: *Black Celebration* (1986), LP, Mute, STUMM 26.

schen, gesunden, kraftvoll-schönen" Körperbilder Riefenstahls, als auch durch Veränderungen des Original-Songtextes.[324] So strichen RAMMSTEIN nicht nur aus der Original-Zeile „Let me see you stripped down to the bone" das Ende „down to the bone", sondern auch den kompletten Satz „Let me hear you crying just for me". Dadurch entfalle in RAMMSTEINS „Stripped" die ursprüngliche Intention der emotionalen Öffnung und Entblößung zugunsten einer reinen Oberflächenfixierung. Statt sensibel und verletzlich erscheinen die dargestellten Athlet:innen daher als „kalt und unmenschlich", frei von jeder Innerlichkeit und in einen „Muskelpanzer" gehüllt: „Der heroische-gestählte, harte und makellose Körper, wie ihn Riefenstahl imaginiert, weint nicht. Er ist eisern, stolz aufgerichtet und trotz seiner vermeintlichen Blöße keineswegs verwundbar."[325] Abgerundet werde das Ganze vom charakteristischen RAMMSTEIN-Sound, der harten, brachialen Musik und dem tiefen Gesang Lindemanns mit seinem betont deutschen Akzent und rollendem ‚R'.[326]

Entsprechende Reaktionen von journalistischer Seite ließen angesichts dieser Überstrapazierung des ‚Faschismus-Chic' nicht lange auf sich warten. „RAMMSTEIN makes music to invade Poland by!", hieß es etwa im US-amerikanischen Musikmagazin *Hit Parader* Ende 1998.[327] Im deutschen *Rolling Stone* erklärte ein Jahr später der Journalist Stefan Krulle, das Cover-Artwork von *Sehnsucht* sehe so aus, „als hätte Gottfried Helnwein am Malblock Josef Mengeles Träume vollendet" und RAMMSTEIN wirke auf dem Frontcover von *Live Aus Berlin* „wie eine Kreuzung aus KRAFTWERK und den COMEDIAN HARMONISTS, die sich in der Säulenhalle eines imaginären Walhall treffen".[328] Statt geschockt zeigten sich die Autoren der beiden Beiträge vielmehr belustigt von RAMMSTEINS Performance. Generell blieben Kritik und Faschismus-Vorwürfe gegen RAMMSTEIN im deutschen *Rolling Stone* weitestgehend aus. Der Musikkritiker Andreas Borcholte bemerkte dort etwa im Sommer 1999, RAMMSTEINS Show wäre als provokante Inszenierung an einem modernen und renommierten Theater „über jeden Verdacht der Verherrlichung von rechter Gesinnung erhaben"[329] und auch der *Rolling-Stone*-Journalist Peter Lau unterstrich im Oktober 1998, RAMMSTEIN stünden „Otto Mühl näher als Ernst Jünger": „Ihr Stahlgewitter ist Inszenierung, das keine Realisierung braucht, ihre Enthemmung ein Spiel für verbockte Psychopanzerkrüppel, ihr Ziel Spaß."[330] Betont linke und antifaschistische Autor:innen reagierten dagegen weitaus kritischer. Für den Poptheo-

---

324 Jazo: *Postnazismus und Populärkultur* (2017), 128–129.
325 Ebd.
326 Ebd., 129.
327 Cummings, Winston: „Teutonic Values", in: *Hit Parader*, Nr. 12 (1998).
328 Krulle, Stefan: „Traumtheater. Rammstein in der Requisite", in: *Rolling Stone*, Nr. 12 (1999), 64–69, hier: 66–68.
329 Borcholte, Andreas: „Normalität der Pyromanen", in: *Rolling Stone*, Nr. 8 (1999), 30.
330 Lau, Peter: „Der Volkskörper will ficken", in: *Rolling Stone*, Nr. 10 (1998), 17.

retiker Martin Büsser etwa sind RAMMSTEIN nicht wegen ihrer Nazi-Referenzen faschistisch, sondern weil „sämtliche Gesten der Männlichkeit und Härte hier für Sieg und Überlegenheit stehen".[331] In der Wochenzeitung *Jungle World* definierten im Juni 2000 wiederum die Autoren Daniel Pagórek und DJ Kersten die sogenannte Neue Deutsche Härte als grundsätzlich „völkisch geerdet" und Symptom eines rechten Kulturkampfes, weshalb auch Acts wie RAMMSTEIN und Joachim Witt in rechten Medien wie *Junge Freiheit* und der NPD-Zeitung *Deutsche Stimme* als Zeichen eines ästhetischen Paradigmenwechsels gelobt werden würden.[332]

Tatsächlich wurde von Gruppierungen wie „Grufties gegen Rechts" seit Mitte 1998 wiederholt auf rechtsextreme Tendenzen und Verstrickungen innerhalb der ‚Schwarzen Szene', zu der auch die NDH gerechnet wird, aufmerksam gemacht.[333] Solche Bestrebungen und Akteur:innen blieben allerdings die Ausnahme und standen einer Mehrheit von Bands gegenüber, die sich in den 1990er Jahren öffentlich von rechtsextremen Ideologien distanzierten und für antifaschistische Kampagnen engagierten wie DAS ICH, EINSTÜRZENDE NEUBAUTEN oder DIE KRUPPS.[334] RAMMSTEIN selbst reagierten ambivalent auf den Faschismus-Vorwurf: Um diesen zu entkräften, wiesen die Bandmitglieder unter anderem jeden politischen Anspruch von sich[335] und äußerten Unverständnis für derartige Unterstellungen. Den Vorschlag ihres Labels, durchgestrichene Hakenkreuze auf ihren Plattencovern unterzubringen, lehnte die Gruppe etwa mit der Begründung ab, sich nicht für etwas entschuldigen zu wollen, „was mit uns nichts zu tun hat": „Auf einer Salztüte steht ja auch nicht ‚ohne Zucker' drauf."[336] Zudem betonte die Band wiederholt, dass ihre Ästhetik herkunftsbedingt nicht dem Nationalsozialismus, sondern dem „sozialistischen Realismus" entspringe: „Wir sind mit Demonstrationen, mit Kinder- und Jugendspartakiaden aufgewachsen. Wenn wir solche Bilder sehen, haben wir das Gefühl,

---

331 Büsser: *Wie klingt die Neue Mitte?* (2001), 55.
332 Pagórek, Daniel/DJ Kersten: „Gelobt sei, wer affirmiert. Die Musik der Neuen Deutschen Härte", in: *Jungle World*, Nr. 25, 21. Juni 2000. URL: https://jungle.world/artikel/2000/25/gelobt-sei-wer-affirmiert (Letzter Zugriff: 24.10.2022).
333 Siehe Grufties gegen Rechts – Music For A New Society: „Rechte Tendenzen in der schwarzen Szene", in: *Antifaschistisches Infoblatt*, Jg. 48, Nr. 3 (1999). URL: https://www.antifainfoblatt.de/artikel/rechte-tendenzen-der-schwarzen-szene (Letzter Zugriff: 24.10.2022).
334 Siehe dazu ebd. sowie Jürgen Engler zit. n. Stroud, Abbey: „Interview with Jurgen Engler of Die Krupps on August 18, 1995, at the Troubador in Los Angeles", 9. Dezember 1995 (Letzte Aktualisierung: 24.09.2012), *Sonic Boom Magazine*. URL: http://www.sonic-boom.com/interview/die.krupps-1.interview.html (Letzter Zugriff: 24.10.2022).
335 Kruspe zit. n. Nieradzik, Andreas: „Rammstein. Am Anfang war das Feuer", in: *New Rock & Metal Hammer*, Nr. 9 (1997), 22–26, hier: 24.
336 Landers zit. n. Großmann, Patrick: „Zwischen Märchenonkel und Maschendrahtzaun", in: *Visions*, Jg. 12, Nr. 4 (2001), 58–61, hier: 61.

zu Hause zu sein", unterstrich etwas Gitarrist Kruspe[337] und auch Sänger Lindemann verwies auf die Herkunft der Mitglieder aus der DDR: „Wir kommen aus dem Osten und sind als Sozialisten aufgewachsen. Wir waren früher entweder Punks oder Gruftis – wir hassen Nazis! Und dann kommt auf einmal so ein an den Haaren herbeigezogener Vorwurf."[338] 2001 veröffentlichten RAMMSTEIN schließlich den Song „Links 2 3 4" als endgültige Antwort auf die mediale Debatte um ihre politische Positionierung: „Sie wollen mein Herz am rechten Fleck, doch / Seh' ich dann nach unten weg, da schlägt es links".[339] „Wir wollten damit ausdrücken, dass jemand, der böse und deutsch ist, nicht notwendig rechts steht", erklärte dazu Bandmitglied Landers, relativierte im Anschluss das Stück jedoch zu einer PR-Aktion: „Wir sehen die Welt anders als in links und rechts aufgeteilt. Aber für diesen Song bedienen wir uns der schlichten Schwarzweißmetaphern, die Journalisten scheinbar wichtig finden, um uns zu erklären."[340]

Deutlich wird in diesen und weiteren Interview-Statements, dass sich RAMMSTEIN zumeist missverstanden fühlten und die Diskussion über ihre politische Positionierung für müßig erachteten. Da das postmodernistische Spiel mit Zeichen und Ästhetiken des (deutschen) Faschismus bereits von Gruppen wie DAF, DIE PARTEI, KRAFTWERK und LAIBACH umfänglich durchgespielt wurde, mag der zeitgenössische Aufschrei tatsächlich überraschen. Von wissenschaftlicher Seite kamen dementsprechend auch Einwände gegen die journalistische Skandalisierung der Performance von RAMMSTEIN. Der Musikologe Alexander Carpenter etwa bezeichnet diese als künstlerische „Überidentifikation" und verwies auch hinsichtlich RAMMSTEINS Inszenierung und Thematisierung von Dominanz und Unterwerfung (etwa in „Bück Dich", 1997) auf Susan Sontags Essay „Fascinating Fascism".[341] Ähnlich argumentiert die Kulturwissenschaftlerin Corinna Kahnke, dass RAMMSTEIN und ihre Auftritte durch die Brille des Camp sowie im Hinblick auf postmoderne Konzepte des visuellen und textlichen Pastiches, der Ironie und der Parodie betrachtet werden müssten.[342] Der slowenische Philosoph und Kulturkritiker Slavoj Žižek, der bereits LAIBACH vom Vorwurf des Faschismus freizusprechen suchte, unterstreicht wiederum, dass es RAMMSTEIN gelinge, die totalitäre Ideologie nicht durch Ironie,

---

337 Kruspe zit. n. Lindemann, Christoph: „Klare Worte", in: *Musikexpress/Sounds*, Nr. 9 (1999), 12.
338 Lindemann zit. n. Groß/Schmidt: „Die große Oper" (2011), 103.
339 RAMMSTEIN: „Links 2 3 4", auf: *Mutter* (2001), CD, Motor, 549 639-2.
340 Landers zit. n. Müller: „Rammstein" (2001), 29.
341 Carpenter: „Einstürzende Neubauten to Rammstein" (2017), 164–165; Sontag: „Fascinating Fascism" (1975).
342 Kahnke, Corinna: „Transnationale Teutonen. Rammstein Representing the Berlin Republic", in: *Journal of Popular Music Studies*, Jg. 25, Nr. 2 (2013), 185–197, hier: 191.

sondern „durch Konfrontation mit der obszönen Körperlichkeit der ihr zugehörigen Rituale" zu unterlaufen und „unschädlich" zu machen.³⁴³

Die Performance von RAMMSTEIN steht daher vielmehr in einer ‚Kälte'-Tradition von DAF und LAIBACH, von denen sie beeinflusst worden waren, als dass sie tatsächlich Grundelemente rechter Ideologien fördert. Diese lassen sich allerdings bei anderen deutschsprachigen Bands finden, die bis heute immer wieder in den deutschen Charts hohe Platzierungen einnehmen und unter dem Begriff „Deutschrock" subsumiert werden. Bekannteste Vertreter dieses Genres sind dabei die 1979 in Frankfurt gegründete Gruppe BÖHSE ONKELZ und die 2001 gegründete Südtiroler Band FREI.WILD.³⁴⁴ Offen rassistische Songtexte finden sich bei BÖHSE ONKELZ zwar nur ganz am Anfang ihrer Bandgeschichte, zentrale Elemente in den Songs der Gruppe blieben jedoch auch danach rechtskonservative Werte und Denkmodelle, wozu etwa eine ungebrochene Glorifizierung archaischer Bilder von Männlichkeit sowie konservative Rollenmuster für Frauen gehörten. Obwohl Gruppen wie BÖHSE ONKELZ und FREI.WILD stets betonen, „unpolitisch" zu sein, sind ihre Songtexte, wie der Musikwissenschaftler Thorsten Hindrichs darlegt, von rechtspopulistischen „‚ich/wir gegen die'-Konstruktionen" geprägt, in denen sich das ‚ich' oder die Gruppe stets gegen ‚andere' zur Wehr setzen muss, worunter unter anderem ‚der Staat', ‚die Medien', „Gutmenschen" und „Verräter", Frauen oder der Arbeitgeber zählen.³⁴⁵ So sprach sich ONKELZ-Texter Stephan Weidner in einem Interview von 1995 einerseits gegen rechtsradikale Fans, aber auch für einen „absolute[n] Wahlboykott" aus, um zu zeigen, „dass unsere angebliche Demokratie gar keine ist. Dass wir in Wahrheit von ganz anderen Leuten regiert werden als einem Helmut Kohl."³⁴⁶ Solche rechten bis strukturell antisemitischen Argumentationsmuster finden sich bei RAMMSTEIN genauso wenig wie die im Deutschrock üblichen Themen Treue, Freundschaft und Gemeinschaftssinn. Und auch die von Deutschrockern gepflegte Selbstinszenierung als ‚ehrlich', bodenständig und ‚authentisch' hat in der überbordenden, fast zirkusgleichen Performance von RAMMSTEIN keinen Platz.

Dennoch sind RAMMSTEIN seid dem Beginn ihrer Karriere eingebunden in medial und popkulturell geführte Debatten um eine ‚deutsche' Identität und Kultur. Mitte der 1990er Jahre wurden diese in der ‚wiedervereinigten' Bundesrepublik

---

343 Žižek, Slavoj: „Deibt bleutsch!", in: *Die Zeit*, Nr. 11, 6. März 2008.
344 Siehe dazu Elflein, Dietmar: „Allein gegen den Rest der Welt. Repräsentationen von Männlichkeiten im Deutschrock bei Westernhagen und den Böhsen Onkelz", in: Helms; Phleps (Hg.): *Typisch deutsch?* (2014), 101–126 sowie Hindrichs, Thorsten: „Heimattreue Patrioten und das „Land der Volldioten". Frei.Wild und die ‚neue' Deutschrockszene", in: Helms; Phleps (Hg.): *Typisch deutsch?* (2014), 153–183.
345 Ebd., 161.
346 Weidner zit. n. Weilacher, Michael: „Böhse Onkelz. Keine Band wie jede andere", in: *Musikexpress/Sounds*, Nr. 11 (1995), 44–46, hier: 46.

besonders hitzig geführt, eine Zeit, die von rassistischen Angriffen und den sogenannten „Baseballschlägerjahren" sowie von Forderungen um eine Quote deutschsprachiger Musik im Radio geprägt wurde.[347] In der deutschen Pop-Musik der 1990er Jahre wurde die Frage nach nationaler Identität unterschiedlich behandelt, von manchen Acts wurde diese bejubelt, von anderen vehement abgelehnt und von wieder anderen ironisch gebrochen oder hinterfragt.[348] So äußerten die RAMMSTEIN-Musiker in Interviews wiederholt, dass die Band versuche, ein „normales", „natürliches" und „gesundes" Verhältnis zur eigenen nationalen Identität zu entwickeln und fördern, das weder nationalistisch noch überkritisch gegenüber allem ‚Deutschen' ist.[349] Ähnliche Statements kamen zu jener Zeit auch von anderen NDH-Acts, der einstige NDW-Chartstürmer Joachim Witt etwa erklärte Anfang 1999, aufgrund von „‚pc'-Denken" [political correctness] sei man in Deutschland „fast gezwungen, seine Mentalität zu verleugnen", dabei gehe es ihm doch nur darum, „sich unverkrampft zu der eigenen Mentalität zu bekennen, ohne sie über eine andere zu stellen".[350]

Wiederholt charakterisierten auch RAMMSTEIN ihre Musik als spezifisch ‚deutsch'. So war laut Gitarrist Kruspe die „Grundidee" für das „Projekt" RAMMSTEIN, etwas zu machen, „was authentisch ist, was mit deiner Stadt, mit deinem Land zu tun hat".[351] Parallel zur NDW – und diese dabei völlig ausblendend – griffen RAMMSTEIN dabei auch auf das Narrativ vom angloamerikanischen Kulturimperialismus zurück; Sänger Lindemann etwa sah einen der Gründe für die Skandalisierungen und Faschismus-Vorwürfe seitens der Medien in einem „Mangel an musikalischer Tradition und Geschichte": „Nach dem Krieg haben Amis und Engländer den Rock gebracht, und abgesehen vom deutschen Schlager war da nie etwas, das seine Wurzeln hier bei uns hatte."[352] Mit „Amerika" (2004) widmeten RAMMSTEIN diesem Ansatz später einen eigenen Song.[353] In diese Zeit fallen schließlich auch Interview-Aussagen einzelner RAMMSTEIN-Mitglieder, in denen sie davon sprachen, die historische Scham der Deutschen aufgrund der deutschen Geschichte und insbe-

---

347 Vgl. Büsser: *Wie klingt die Neue Mitte?* (2001), 57–64.
348 Vgl. Adelt: *Krautrock* (2016), 169.
349 Landers und Kruspe in „Rammstein", arte, *Tracks* (Sendedatum: 1997), 00:07:59–00:08:07 und zit. n. Berlinski: „Rammstein's Rage" (2005).
350 Witt zit. n. Nitsche, Claudia: „Deutsche Lieder, böse Lieder", in: *Hard Rock & Metal Hammer*, Nr. 1 (1999), 26–29, hier: 28–29.
351 Kruspe in „Rammstein", *Tracks*, arte (Sendedatum: 05.08.2014), 00:02:00–00:02:12.
352 Lindemann zit. n. Stahl, Peter von: „Rammstein", in: *Musikexpress/Sounds*, Nr. 9 (1997), 32–35, hier: 33.
353 „We're all living in Amerika / Amerika ist wunderbar / […] / Lasst euch ein wenig kontrollieren / Ich zeige (Ich) euch, wie's richtig geht / Wir bilden einen lieben Reigen / Die Freiheit spielt auf allen Geigen / Musik kommt aus dem Weißen Haus / Und vor Paris steht Micky Maus". RAMMSTEIN: „Amerika", auf: *Reise, Reise* (2004), CD, Universal Music, 9868150.

sondere der Nazi-Zeit aufbrechen und sich nicht verantwortlich für die Taten der Großeltern-Generation fühlen zu wollen.³⁵⁴

Dieser Abwehrhaltung steht die seit dem Ende der 2000er Jahre verstärkt zutage tretende, direkte Auseinandersetzung RAMMSTEINS mit der deutschen Geschichte als Teil deutscher Identität gegenüber. „Wir haben immer so getan, als ob Deutschland ein ganz normales Land ist, wie jedes andere auch – wie Ungarn – isses aber nicht", räumte Gitarrist Landers 2009 rückblickend ein und unterstrich die Naivität der einstigen Herangehensweise von RAMMSTEIN bei diesem Thema.³⁵⁵ RAMMSTEINS Auseinandersetzung mit der deutschen Geschichte als Teil ‚deutscher' Identität bündelte sich in den ‚heiß-kalten' Lyrics des Songs „Deutschland" (2019) und dem dazugehörigen Musikvideo: „Deutschland! Mein Herz in Flammen / Will dich lieben und verdammen / Deutschland! Dein Atem kalt / So jung und doch so alt / [...] / Deutschland! Meine Liebe / Kann ich dir nicht geben".³⁵⁶ Vorbehalte gegen ‚Deutschland' äußerten RAMMSTEIN tatsächlich schon in ihrer Frühphase, in einem Interview von 1997 bemerkte etwa Paul Landers, dass die Bandmitglieder weder „typisch Deutsche", noch „irgendwie Fans von dem Land" seien, denn: „[A]us Deutschland kommen nicht viele gute Sachen derzeitig und das Deutschland im Ausland steht auch da als streng, dumm, humorlos, pünktlich, fleißig. Alles so Attribute, die ich mir nicht so gerne auf mein T-Shirt drucken würde."³⁵⁷

Das Ergebnis dieser Anti-Haltung war aber nicht, dass RAMMSTEIN die Vorstellung stereotyper Eigenarten des ‚Deutschen' im Ganzen ablehnten, sondern nur die von Landers Genannten. „RAMMSTEIN versuchen, das Negativ-Image der Deutschen in der Welt ins Positive umzuwandeln", bekräftigte der Musiker dann auch fünf Jahre später.³⁵⁸ Wie der Poptheoretiker Martin Büsser in seiner 2001 veröffentlichten Untersuchung zu rechten Tendenzen in der Pop-Musik betonte, sei das Problematische an den NDH-Bands eben nicht ‚das Deutsche' selbst, sondern die von den Gruppen unternommene „Neubewertung des Nationalen" und die spezifi-

---

354 Siehe Landers und Kruspe zit. n. Berlinski: „Rammstein's Rage" (2005).
355 Landers in „Rammstein – Die teutonische Provokationsschmiede", *Tracks,* arte (Sendedatum: 07.10.2009). URL: *https://youtu.be/todg466jsnA* (Letzter Zugriff: 24.10.2022), 00:08:17–00:08:35.
356 RAMMSTEIN: „Deutschland", auf: *[Unbetitelt]* (2019), 2xLP, Universal Music, 0602577493942. Bereits 2011 hatten RAMMSTEIN das auf den ersten Blick auf nationalistischen Denkmustern bauende Stück „Mein Land" veröffentlicht, das, wie die Musikwissenschaftlerin Melanie Schiller darlegt, eigentlich den inneren Dialog einer heimatlos bleibenden Person über „national displacement" widergibt: „Ich geh von Land zu Land allein / Und nichts und niemand / Lädt mich zu bleiben ein!" RAMMSTEIN: „Mein Land", auf: *Mein Land* (2011), CD, Universal Music, 2786448. Schiller: *Soundtracking Germany* (2018), 221–222.
357 Landers in „Rammstein", arte, *Tracks* (Sendedatum: 1997), 00:05:03–00:05:30 und 00:06:00–00:06:23.
358 Landers zit. n. Zahn: „Rammstein" (2002), 65.

schen Eigenschaften, die dem ‚Deutschen' damit gegeben werden.³⁵⁹ Und diese bedienten sich vorrangig an den Vorstellungen vom ‚kalten' und zugleich schwarzromantischen ‚Deutschen'. So erklärte Richard Kruspe Ende 1999 in einem Interview: „Na gut, der Deutsche hat diese Mentalität nun mal, der ist, wie er ist, und das muss ja nicht unbedingt schlecht sein. [...] Dieses etwas Distanzierte, Kalte, das sich gar nicht auf die Zeit des Zweiten Weltkriegs beschränkt, da steh ich durchaus zu und find es sogar gut."³⁶⁰

Bei allen Statements der Bandmitglieder über den vermeintlich authentischen Charakter des ‚Deutschen' bei RAMMSTEIN, ist es doch vor allem das exotische Moment in RAMMSTEINS Version des ‚Deutschen', mit dem sie die Aufmerksamkeit des internationalen Publikums gewannen. In der englischsprachigen Musikpresse wurde das pophistorisch bereits bekannte Spiel mit dem ‚typisch Deutschen' sehr früh als genau das erkannt: „Worryingly stern-faced industrial noise that is so Teutonic it wouldn't come as a surprise if it actually turned out to be a spoof by a bunch of Monty Python-esque satirists. For krautophiles and comedy fans only", hieß es etwa in der auf Rockmusik und Metal spezialisierten, britischen Musikzeitschrift *Kerrang!* bereits 1996 über RAMMSTEINS Debüt-Album.³⁶¹ Ob die Rezeption von RAMMSTEIN-Fans im nicht-deutschsprachigen Ausland ebenso reflektiv ausfällt, lässt sich schwerlich im Ganzen beantworten, einen Hinweis auf das Gegenteil liefert zumindest das Beispiel Eric Harris, einer der beiden Attentäter des sogenannten „Schulmassakers von Littleton" an der Columbine High School im US-Bundesstaat Colorado am 20. April 1999. Dieser zeigte sich in seinen Tagebucheinträgen fasziniert vom Nationalsozialismus und dessen Symbolen, ließ häufig deutsche Begriffe in seine Texte einfließen und fand Bestätigung und Antrieb für seine Vorstellungen bei deutschen Musik-Acts wie RAMMSTEIN.³⁶² Das Beispiel Eric Harris mag ein extremes sein, deutlich wird jedoch, dass die Faszination des amerikanischen Publikums für RAMMSTEIN, wie die Germanistin Kerstin Wilhelms zu Recht festhält, sich vor allem mit RAMMSTEINS Fähigkeit erklären lässt, Bilder des ‚Deutschen' aus dem kollektiven Paradigma der amerikanischen Kultur zu aktivieren, etwa durch

---

359 Büsser: *Wie klingt die Neue Mitte?* (2001), 55.
360 Kruspe zit. n. Krulle: „Traumtheater" (1999), 68.
361 „Short review: Rammstein – Herzeleid", in: *Kerrang!*, Nr. 592 (1996), 45; zit. n. Herbst, Jan-Peter: „The Formation of the West German power metal scene and the question of a ‚Teutonic' sound", 2019, *ResearchGate*. URL: *https://www.researchgate.net/publication/333981022_The_formation_of_the_West_German_power_metal_scene_and_the_question_of_a_%27Teutonic%27_sound*, 2 (Letzter Zugriff: 07.02.2020).
362 Jefferson County Sheriff's Office. Columbine Documents. JC-001-026343 and JC-001-026856, zit. n. Nye: „What is Teutonic?" (2012), 113. Hervorhebung i. O. Siehe auch ebd., 114–115.

ein rollendes ‚R', das Assoziationen zur Rhetorik Hitlers weckt.[363] Treffend bemerkte der Kulturredakteur Peter Richter dazu, RAMMSTEIN sei „in Wahrheit eben nicht so sehr die deutscheste Band der Welt – sondern die amerikanischste Band Deutschlands".[364] RAMMSTEIN sind sich der Tatsache, dass es gerade ihre Aufführung des Nationalen ist, die ihnen einen Anschluss an die transnationale Popwelt ermöglicht, merklich bewusst und begannen sehr früh, mit dem Bild des ‚Deutschen' zu spielen und für sich einzusetzen.[365] Paul Landers auf ‚typisch' deutsche Schlagworte verkürzte Dankesrede bei der feierlichen Verleihung des *Kerrang!*-Awards für den „Best International Live Act" 2002 lässt sich dementsprechend als Rezept für RAMMSTEINS Erfolg im Ausland lesen: „Schnell, schnell. Achtung, Achtung. Blitzkrieg. Auf Wiedersehen!"[366]

Von journalistischer Seite kam schon früh der Vorwurf auf, RAMMSTEINS Performance sei das wohl-kalkulierte Marketing-Produkt von „Plattenfirmenstrategen".[367] Die Band widersprach wiederholt und betonte, weder einen „abgesprochenen Masterplan" zu besitzen,[368] noch „Marschmusik" in ihre Songs einzubauen, „nur um die vordergründigen Klischees und Erwartungshaltungen zu befriedigen".[369] Stattdessen führten RAMMSTEIN in verschiedenen Interviews zwei andere, eigentlich widersprüchliche Gründe für ihr düster-‚kaltes' Auftreten an: So behaupteten die Musiker einerseits, sie seien anfangs mit einer „gewissen Naivität", „unbedarft und leicht blauäugig" an das Projekt herangegangen und ihr Gebaren sei vielmehr ein „Spiel".[370] Andererseits argumentierten die Bandmitglieder häufig mit einer vermeintlichen Authentizität und stellten ihr Auftreten als quasi ‚natürlich' dar. „Vor RAMMSTEIN habe ich zehn Jahre lang in einer Fun-Punk-Band gespielt,

---

363 Wilhelms, Kerstin: „The Sound of Germany. Nationale Identifikation bei Rammstein", in: Grabbe, Katharina/Köhler, Sigrid G./Wagner-Egelhaaf, Martina (Hg.): *Das Imaginäre der Nation. Zur Persistenz einer politischen Kategorie in Literatur und Film*, Bielefeld 2012, 245–263, hier: 254, 257.
364 Richter, Peter: „Frühsport bei Tiffany", in: *Frankfurter Allgemeine Sonntagszeitung*, Nr. 50, 19. Dezember 2010, 27; zit. n. Wilhelms: „The Sound of Germany" (2012), 257.
365 Vgl. Kahnke: „Transnationale Teutonen" (2013), 185.
366 Landers in „Rammstein – Die teutonische Provokationsschmiede", arte, *Tracks* (Sendedatum: 07.10.2009), 00:02:58–00:03:01.
367 Peters, Harald: „Zu dem Video und dem Doppel-Album ‚Live aus Berlin' von Rammstein. Till klopft sich auf die Brust", in: *Berliner Zeitung*, 15. September 1999. Siehe auch Willander, Arne: „Schwarze Messen und wilde Enten", in: *Rolling Stone*, Nr. 8 (1997), 30–31, hier: 30.
368 Richard Kruspe zit. n. Groß/Schmidt: „Die große Oper" (2011), 107.
369 Lorenz, Christian „Flake": „Greetings from L. A. Rammstein entdecken den Wilden Westen", in: *Rolling Stone*, Nr. 9 (2001), 48–53, hier: 52.
370 Flake zit. n. Borcholte: „Normalität der Pyromanen" (1999), Christoph Schneider in „Rammstein – Die teutonische Provokationsschmiede", arte, *Tracks* (Sendedatum: 07.10.2009), 00:07:22–00:07:35, Schneider zit. n. Zahn: „Rammstein" (2002), 66 sowie Till Lindemann in „Rammstein", arte, *Tracks* (Sendedatum: 1997), 00:23:42–00:24:03.

und das war viel anstrengender. Denn als Fun-Punker – das können dir DIE ÄRZTE bestätigen – musst du immer lustig sein", bekräftigte Paul Landers, der bereits in der DDR bei den Fun-Punkern FEELING B gespielt hatte: „Bei RAMMSTEIN kann ich zu 99 Prozent sein, wie ich will. Grimmig zu sein, ist einfach, das bedarf keiner Verstellung."³⁷¹ Schließlich verwiesen einzelne Bandmitglieder sogar auf die Herkunft der Band, um deren Gestalt zu veranschaulichen. So erläuterte Drummer Christoph Schneider, das Düstere bei RAMMSTEIN habe seine Wurzeln zum einen in der Musik der 1980er Jahre, sei von Bands wie BAUHAUS und EINSTÜRZENDE NEUBAUTEN inspiriert, zum anderen in der DDR selbst: „Es hat was mit dem Osten zu tun. Da war es dunkel in der DDR. Da war es grau und alles fand auch irgendwo im Verborgenen statt".³⁷²

Mit dieser Sichtweise standen RAMMSTEIN nicht allein, auch andere NDH-Musiker:innen verwiesen auf ihre DDR-Herkunft und hoben die vermeintliche Andersartigkeit ostdeutscher Musik von der als ‚amerikanisiert' betrachteten Pop-Musik der Bundesrepublik hervor.³⁷³ Ob der düster-brachiale Stil der sich im NDH-Umfeld bewegenden Bands tatsächlich in der Sozialisation der Musiker:innen in der DDR wurzelt, kann an dieser Stelle nicht beantwortet werden. Fest steht jedoch, dass sich ein großer Teil der Gruppen, die der frühen NDH und verwandten Stilen zugerechnet werden, aus Musiker:innen zusammensetzt, die bereits in der DDR bei den sogenannten „anderen bands" zusammen gespielt hatten. Einzelne RAMMSTEIN-Mitglieder etwa kannten sich schon von ihrer gemeinsamen Zeit bei DDR-Bands wie FEELING B, DIE FIRMA, FIRST ARSCH und DIE MAGDALENE KEIBEL COMBO, in der bereits Songideen für spätere RAMMSTEIN-Stücke entstanden.³⁷⁴ Noch vor RAMMSTEIN hatten die Ost-Berliner Musiker Martin Leeder und Norbert Jackschenties (AUFRUHR ZUR LIEBE, HARD POP) Anfang der 1990er Jahre Metal-Rock mit harten deutschen Texten und martialischem Gebaren für ihr proto-NDH-Projekt FLEISCHMANN kombiniert.³⁷⁵ Bereits in der DDR als Musiker aktiv waren nicht zuletzt auch die Mitglieder von Berliner Acts wie KNORKATOR und RUMMELSNUFF sowie von Gruppen wie TANZ-

---

371 Landers zit. n. Zahn: „Rammstein" (2002), 66. Siehe auch Flake zit. n. „Rammstein", arte, *Tracks* (Sendedatum: 1997), 00:24:15-00:24:22.
372 Schneider in „Rammstein – Die teutonische Provokationsschmiede", arte, *Tracks* (Sendedatum: 07.10.2009), 00:11:02–00:11:38.
373 Siehe etwa Eric Fish (SUBWAY TO SALLY) zit. n. Schlüter, Jörn: „Met, Mystik und Minnegesang", in: *Rolling Stone*, Nr. 4 (2001), 39. Vgl. Robert Beckmann (INCHTABOKATABLES) zit. n. Richter, Henning: „Inchtabokatables. Fest totaler Freiheit", in: *Hard Rock & Metal Hammer*, Nr. 5 (2001), 54–55, hier: 55.
374 Vgl. Flake zit. n. Galenza, Ronald/Kondren, Bo: „Christian „Flake" Lorenz. Das gemeine Reitbein", in: Pehlemann; Galenza (Hg.): *Spannung. Leistung. Widerstand.* (2006), 90–99, hier: 99.
375 Vgl. Fiebag, Marco: „die anderen band. 15 Jahre danach", in: Galenza; Havemeister (Hg.): *Wir wollen immer artig sein…* (2005), 697–712, hier: 698.

WUT, IN EXTREMO, SUBWAY TO SALLY und INCHTABOKATABLES, die sich zwischen NDH und Mittelalter-Folk-Rock bewegen.³⁷⁶

In der Presse stieß die Herkunft von NDH-Acts wie RAMMSTEIN und die Selbstdefinition als spezifisch ‚ostdeutsches' Produkt auf rege Aufmerksamkeit und wurde vonseiten nicht-ostdeutscher Journalist:innen mit entsprechenden Ressentiments über ‚den Osten' unterfüttert: „Das, was am Osten immer fremd geblieben ist, was in den Kalkulationen nicht restlos aufging, was von der Gauck-Behörde nicht definitiv geklärt werden konnte, kehrt jetzt als Comic strip zurück", schrieb etwa der österreichische Journalist Thomas Mießgang im November 1997 in *Die Zeit* über die „Killermaschinen, die aus der Kälte kamen", womit er RAMMSTEIN meinte:

> Jetzt habt Ihr es! Erst habt Ihr den Osten geknechtet und geschändet, fiese Investoren und Import-Export-Leute rübergeschickt, der Treuhand die Lizenz zur Abwicklung erteilt. Doch unter dem platt gemachten Land rumorten die Untoten in ihren Gräbern. Nun sind sie da, kalkweiß, hohlwangig, mit stechendem Blick und holen sich Eure Kinder!³⁷⁷

Noch 2009 bezeichnete der Bremer Journalist Tobias Rapp RAMMSTEIN als die „ästhetische Rache Ostdeutschlands am Westen": „Gestählt durch den Kampf gegen die ostdeutschen Behörden, verkörperten sie die deutschen Bösewichter, die es im verweichlichten Westen so nicht mehr zu geben schien."³⁷⁸ Als kommerziell erfolgreiche Wiederauferstehung einer „Schock-Vergangenheit", „die im Westen längst zu den Akten gelegt wurde", definierte auch *Zeit*-Redakteur Mießgang RAMMSTEIN. Die Band erweist sich laut Mießgang dadurch als „Erben der unseligen Tradition des DDR-Rock" und von Bands wie PUHDYS und CITY, die ebenso „den Westentwicklungen hinterherhinkten und aus dieser Asynchronität karikaturhaften Reiz gewannen".³⁷⁹ Der Bremer *Rolling-Stone*-Autor Arne Willander wiederum behauptete schon im Sommer 1997, RAMMSTEIN sind „natürliche Poseure und Wendegewinnler, die ihren Ruhm zuallererst dem Unmut und der Frustration von Modernisierungsverlierern verdanken".³⁸⁰

Unumstritten bleibt trotz solcher spekulativen und vorurteilsbeladen Zuschreibungen jedoch, dass es RAMMSTEIN gelang, mit popkulturell bereits bekannten

---

376 Siehe Richter, Henning: „Metal-Alter. Radau im Märchenwald", in: *Hard Rock & Metal Hammer*, Nr. 5 (1999), 26–30, hier: 29–30.
377 Mießgang, Thomas: „Musik aus der Folterkammer. Der Erfolg der ostdeutschen Rockgruppe Rammstein", in: *Die Zeit*, Nr. 46, 7. November 1997. URL: *https://www.zeit.de/1997/46/rammstein. txt.19971107.xml* (Letzter Zugriff: 24.10.2022).
378 Rapp, Tobias: „Aus der Sicht des Täters", in: *Der Spiegel*, Nr. 47, 16. November 2009, 121. URL: *http://www.spiegel.de/spiegel/print/d-67768130.html* (Letzter Zugriff: 24.10.2022).
379 Mießgang: „Musik aus der Folterkammer" (1997).
380 Willander: „Schwarze Messen und wilde Enten" (1997), 30–31.

Motiven zum kommerziell erfolgreichsten deutschen Musik-Act zu avancieren, während viele andere DDR-Musiker:innen ihre Stellung im Kulturbetrieb nach der ‚Wende' nicht halten konnten. Das lag unter anderem an der umfassenden Konkurrenz, mit der sich die ostdeutschen Bands nach dem Mauerfall plötzlich konfrontiert sahen. Besonders gravierend war für den DDR-Untergrund, dass mit dem Zusammenbruch der Staatsmacht und des Unterdrückungsapparats der alle Akteur:innen vereinende Gegner wegfiel und infolge der neuen politischen Freiheit alte Strategien der Subversion ihre Funktion verloren.[381] Um auf- und aus der Masse herauszufallen, wurde eine Modifikation des Vorgehens nötig: Statt auf subtile Ironie und Kritik setzten RAMMSTEIN und andere NDH-Bands nun auf eine ‚over-the-top'-Performance.

Abb. 45: Festgefroren im Eis: Frontcover des Albums *Rosenrot* (2005) von RAMMSTEIN.

Gerieten die ostdeutschen Musiker von RAMMSTEIN also zu Deutschlands erfolgreichstem Musik-Export, weil sie den Nachholprozess, den die neuen Bundesländer auf ökonomischer, (kultur-)politischer, sozialer und subjektkultureller Ebene in den 1990er Jahren einleiteten, auch auf popkultureller Basis beschritten? Tat-

---

381 Vgl. Kampmann, Wolf: „Ich such die DDR. Ost-Rock zwischen Wende und Anschluss", in: Galenza; Havemeister (Hg.): *Wir wollen immer artig sein...* (2005), 679–691.

sächlich waren die genutzten ‚Kälte'-Motive der NDH keineswegs neu, weder die bereits von DAF erprobte Darstellung bis Verherrlichung von (sexualisierter) Gewalt, Härte und Homoerotik, noch das schwarzromantische Eis-Motiv. Während GRAUZONE vom „Eisbär" am „kalten Polar" (1980) sangen, griffen auch RAMMSTEIN für ihr Album *Rosenrot* (2005) das Sujet der Polarfahrt auf, indem sie ein im Eis eingeschlossenes Schiff auf das Cover packten (Abb. 45).[382] Noch heute findet sich das romantische Eis-Motiv bei deutschsprachigen Rock-Acts, die vom NDH-Hype zehren, etwa bei Joachim Witt, der auf dem Frontcover der Compilation *Bayreuth Eins / Bayreuth Zwei* (2019) vor Eisgletschern posiert, sowie bei der Shanty-Folk-Rock-Band SANTIANO, die auf den Coverbildern ihres Albums *Wenn Die Kälte Kommt* (2021) in arktischen Gefilden zu sehen ist (Abb. 46).[383]

Auffällig ist, dass die eingesetzten ‚Kälte'-Motive zumeist eine panzernde und/ oder kritisch-mimetische Funktion haben. So erklärte etwa die Dresdner Mittelalter-Rock-Gruppe LETZTE INSTANZ zur Covergestaltung ihres Albums *Kalter Glanz* (2001, Abb. 47), auf dem sich die Bandmitglieder mit völlig vereisten Gesichtern präsentieren: „Wir wollten was mit einem Eispanzer machen, das ist ja eine Art Schutzhülle heutzutage"[384] Eine vor allem schützende Funktion erfüllt auch der stählerne Panzer auf dem Cover des Debüt-Albums der NDH-Mittelalter-Band TANZWUT (1999), denn der Protagonist des darauf enthaltenen Songs „Eisenmann" hüllt sich in eine Rüstung aus „kalte[m] Stahl", um in einer „kranken Welt" zu bestehen, „in der es keine Schwäche gibt" und „nur Härte zählt".[385] Diese Form der ‚kalten' Panzerung gehört bereits seit der Entstehungsphase der NDH zu ihren zentralen Motiven und findet sich etwa auch im Text Song „Eisenkopf" (1994) der prä-NDH-Band SCHWEISSER: „Keiner hier, keiner hier / Kann mich versteh'n, kann es seh'n / [...] / Keine Träne, ich bin stark, dass macht mich nur hart / Eisenkopf / Nie mehr mach ich diesen Fehler / Denn mein Herz bleibt jetzt immer zu".[386] Auch hier ruft die ‚Kälte' der NDH Erinnerungen an die ‚Kälte'-Konzepte der NDW wach, hatten doch schon IDEAL in Songs wie „Eiszeit" (1981) mit Gefühlskälte auf die ‚kalte' Welt geantwortet.

---

382 RAMMSTEIN: *Rosenrot* (2005), CD, Universal Music, 987 458-8.
383 Witt, Joachim: *Bayreuth Eins / Bayreuth Zwei* (2019), 2xLP, Epic, 19075938141; SANTIANO: *Wenn Die Kälte Kommt* (2021), CD, We Love Music, 06024 3547232.
384 Holly D. (eigentlich: Holger Lieberenz) zit. n. Richter, Henning: „Letzte Instanz. Raus aus dem Alltag", in: *Hard Rock & Metal Hammer*, Nr. 4 (2001), 58–59, hier: 58.
385 TANZWUT: „Eisenmann", auf: *Tanzwut* (1999), CD, EMI, 7243 4 99384 2 7.
386 SCHWEISSER: „Eisenkopf", auf: *Eisenkopf* (1994), CD, Bullet Proof Records, IRS 993009.

Abb. 46 u. 47: Die unverminderte Attraktivität des Eis-Motivs: Frontcover der Alben *Wenn Die Kälte Kommt* (2021) von Santiano und *Kalter Glanz* (2001) von Letzte Instanz.

Die ‚Kälte' bei RAMMSTEIN und anderen Acts der Neuen Deutschen Härte als verspätete Kopie des ‚Kälte-Pop' der westdeutschen New-Wave-Bewegung vonseiten vorrangig ostdeutscher Musiker:innen zu interpretieren, greift jedoch zu kurz. Vielmehr verbirgt sich dahinter eine Reaktivierung des ‚Kälte-Pop' durch neue Akteur:innen und in einem veränderten Kontext. Dieser war eng mit zeitgenössischen Debatten um die Synchronisation beider deutscher Staaten im ‚Wiedervereinigungsprozess' verknüpft, wobei hierunter zumeist die Angleichung ‚des Ostens' an ‚den Westen' verstanden wurde. Eine bedeutende Rolle spielten dabei Anfang der 1990er Jahre unter anderem thermische Zuschreibungen und die Gegenüberstellung von ‚Kälte' und ‚Wärme': Während Westdeutsche ihren neuen Mitbürger:innen im Osten laut dem Soziologen Winfried Gebhardt eine Sucht nach ‚Wärme' vorwarfen, kritisierten Ostdeutsche insbesondere die vermeintlich ‚kalte' Rationalität und mangelnde Gemeinschaftlichkeit der Westdeutschen, die nicht selten als Ausdruck der ‚Amerikanisierung' der westdeutschen Kultur aufgefasst wurde.[387] RAMMSTEIN gelang es, sich eine Vielzahl von Motiven des ‚Kälte-Pop' und nachfolgender Strömungen anzueignen, entwickelte jedoch zusammen mit anderen NDH-Acts ein ‚Kälte'-Version, die auf allzu ‚westliche', das heißt modernistische Elemente verzichtet. Tatsächlich kehrte in der NDH und bei RAMMSTEIN weder die von KRAFTWERK popularisierte Vorstellung des ‚typischen Deutschen' als effiziente, hyperrationale und emotionsbefreite Rechenmaschine zurück, noch das postmodernistische „Ja zur Modernen Welt" von FSK. Stattdessen reaktivierten RAMMSTEIN und andere NDH-Bands eine spezifische Vorstellung des ‚kalten' und ‚bösen' Deutschen, die sie in Westdeutschland als verloren ansahen. Die ‚Kälte' diente den NDH-Musiker:innen dementsprechend nicht zur Distinktion innerhalb einer linken Gegenkultur, sondern zur Abgrenzung von der als ‚amerikanisiert' kritisierten Pop-Musik Westdeutschlands, der eine vermeintlich ‚deutsche' Musik und Kultur gegenübergestellt wurde. Modernistische Formen der ‚Kälte' wie das Bild der futuristischen Mensch-Maschine hatten darin keinen Platz mehr, RAMMSTEINS transnationales ‚Kälte'-Modell speist sich stattdessen allein aus ‚konservativen' Motiven der ‚Kälte' wie hypermaskuliner Härte, schwarzromantischen Bildwelten und Nazi-Referenzen.

---

387 Gebhardt: „Warme Gemeinschaft' und ‚kalte Gesellschaft'" (1999), 165–167. So argumentierte auch Lethen: „Die elektrische Flosse Leviathans" (1995), 21.

4.4 Fazit und Ausblick

Der ‚Kälte-Pop' der deutschsprachigen New-Wave-Bewegung war ein Kind seiner Zeit. Er entstand am Ende der 1970er Jahre an einem Knotenpunkt gesellschaftlicher, sozialer, politischer, wirtschaftlicher, subjekt- und popkultureller Transformationsprozesse. Der ‚Kälte-Einbruch' in der Pop-Musik lässt sich tatsächlich als *eine* Reaktion auf die als einschneidend bis krisenhaft wahrgenommenen strukturellen Umbrüche Ende der 1970er und Anfang der 1980er Jahre lesen, wobei „Krise" allerdings nicht im Sinne eines Niedergangsprozesses, sondern als Wendepunkt und Moment der Entwicklung zu etwas gänzlich Neuem, ob zum Positiven oder Negativen, verstanden werden muss. In dieser Erkenntnis unterscheidet sich die vorliegende Arbeit von den bisher erschienenen musikwissenschaftlichen Untersuchungen zur NDW-Bewegung, in denen das Agieren der Künstler:innen als reine „Scheinaffirmation" der vermeintlich bedrohlichen und kalten Welt interpretiert wurde. Stattdessen etablierten die hier untersuchten Akteur:innen neue Perspektiven auf die moderne Welt und Handlungsformen in ihr, die deren Zeichen und Prozesse als gegeben akzeptierten und mitunter sogar begrüßten. Im Ergebnis hatten die ‚Kälte'-Künstler:innen, wie nicht zuletzt deren Effekte auf die folgenden, massentauglichen ‚Wellenreiter' zeigen, bedeutenden Anteil an der Neubestimmung verschiedener Aspekte zeitgenössischer Lebenswelten, etwa der von Ängsten bestimmten Beziehung zu Computern und Technik. Mit ihrem expliziten Ja zu Konsum und Kommerzialisierung als auch zu Leistungssteigerung und Selbstoptimierung, etwa durch die Wahl aufputschender statt halluzinogener oder sedativer Drogen, affirmierten die ‚Kälte'-Akteur:innen – trotz ihrer zumeist konträren politischen Haltung – aber auch kapitalistische Grundsätze. Den Werten und Forderungen ihrer gegenkulturellen Zeitgenoss:innen liefen die ‚Kälte'-Apologet:innen damit zuwider, der gesamtgesellschaftlichen Entwicklung aber voran, denn die ‚Kälte' antizipierte den Postmodernismus nicht nur, sondern wirkte auch an dessen Ausgestaltung in der deutschen Gesellschaft mit, auf kultureller wie individueller Ebene.

Die ‚Kälte'-Motive und -Strategien der ‚78er' selbst blieben zwar auf einen überschaubaren Teil der deutschsprachigen New-Wave-Bewegung beschränkt, dennoch spiegelten und forcierten sie die generelle Entwicklung in der Bundesrepublik. Dabei sind es weniger singuläre Ausprägungen, an denen sich der über das Feld der Popkultur hinaus erstreckende Einfluss des ‚Kälte-Pop' auf die deutsche Gesellschaft nachweisen lässt, als vielmehr langfristige Effekte. Dies liegt zum einen an den ‚78ern' selbst, die heute mitunter sehr einflussreiche Positionen in Kultur und Politik einnehmen und den im ‚Kälte-Pop' erlernten Ansätzen und Strategien dadurch ein Nachleben bis in die Gegenwart ermöglichen. Die von den ‚Kälte'-Akteur:innen initiierten Formen sozialen Verhaltens sowie politischer und sozialer Kritik wirkten aber genauso unabhängig von ihren Schöpfer:innen fort wie das Subjektmodell der ‚78er', dessen Techniken und Modi später in anderen Konfigurationen wieder auftauchten.

Neben der Aufwertung von Zynismus und Distinktion, etwa durch Strategien der Kommunikationsverweigerung und der Zurschaustellung von Wissensvorsprung, war es insbesondere das Konzept der allumfassenden Ästhetisierung des Lebens, das den ‚Kälte-Pop' überdauerte und wegweisend für nachfolgende Sub-, Pop- und Jugendkulturen wurde. Dieser Fokus auf Stil, Selbstinszenierung und Distanz kann im Vergleich zu dem auf ‚richtiger' Gesinnung und Praxis fixierten Subjektmodell der dominanten linken Gegenkultur nur bedingt als Entpolitisierung gelesen werden. Vielmehr stellte das ‚Kälte'-Konzept der ‚78er' eine neue, postmoderne Art von politischem Ausdruck dar, die noch heute wirkmächtig ist, sei es in der Pop-Musik oder in der Vorwissen und permanente Up-to-dateness voraussetzenden Meme-Kultur. Nicht zuletzt hatte das Subjektmodell des ‚Kälte-Pop' bedeutenden Anteil daran, dass Entfremdungserfahrungen nicht mehr als negativer Aspekt bei der Identitätsbildung, sondern als essentielles Merkmal der postmodernen Lebenswirklichkeit – mitunter positiv – definiert und künstlerisch thematisiert wurden.

Deutlich wurde, dass die Effekte und Rezeption der von den ‚Kälte'-Akteur:innen genutzten Motive, Inszenierungen und Strategien nicht zwangsläufig in deren Interesse waren. So machten sie sich nicht nur von außen gesehen gemein mit Denkmodellen, die den Ansätzen und Ansprüchen der sich als politisch links verstehenden ‚Kälte'-Vertreter:innen diametral gegenüberstanden, sondern lieferten den dazugehörigen Akteur:innen, ob konservativem Popper, kapitalistischem Yuppie oder nationalistischen ‚Deutschtums'-Verfechter:innen, obendrein Strategien, die diese ohne die ursprüngliche Intention verwendeten. Insbesondere der Einsatz von Motiven totalitärer und faschistischer Systeme und Bewegungen sollte sich – um bei thermischen Begrifflichkeiten zu bleiben – als Spiel mit dem Feuer und Pirouette auf dünnem Eis erweisen: Einerseits machten einzelne ‚Kälte'-Künstler:innen den Nationalsozialismus ‚popfähig' und leisteten wie DAF und Die Krupps mit ihren Inszenierungen einer Re-Ästhetisierung des Faschismus – gewollt oder ungewollt – Vorschub, wie deren Fortwirken in bestimmten Strömungen des Post-Industrial und der Jubel von Neonazis in Großbritannien und der DDR, die in DAF Verbündete ausmachten, beispielhaft veranschaulichen. Andererseits entwickelten sie aber auch neue künstlerische Herangehensweisen an die Thematik, die die deutsche Vergangenheit und den Holocaust nicht aus nationalen Identitätsmodellen ausklammerten, sondern als ebenso belastenden wie essentiellen Teil ‚deutscher' Identität miteinbezogen.

Deutlich wurden auch die auffälligen Parallelen zwischen den ‚Kälte'-Lehren der historischen Avantgarden, genauer der Neuen Sachlichkeit, sowie der deutschsprachigen New-Wave-Bewegung, die sich ganz offen in eine Tradition mit ebenjenen künstlerischen Vorgänger:innen stellte. Hier wie dort kam es zu einem geradezu inflationären Einsatz verschiedener Arten der ‚Kälte' mit unterschiedlichen Funktionen: Einige fanden sich dort aufgrund der (im Krieg) gemachten Erfahrungen der Ordnungs- und Subjektauflösung wieder, andere erkannten in den ‚Kälte'-Lehren die logische Fortsetzung und Konsequenz des Aufklärungs- und Emanzipationsprozesses sowie die geeigneten Instrumente zur Synchronisierung mit der modernen Welt. Und auch im ‚Kälte-Pop' funktionierten die ‚kalten' Motive und Strategien mal als ‚gegengegenkulturelle' Kritik am Antimodernismus, Dogmatismus und Gemeinschaftskult der gegenkulturell dominanten Linken, mal als postmodernistische, gegenkulturelle Subversion reaktionärer und konservativer Ideale und Positionen, mal als tatsächliches Ja zur postindustriellen und postmodernen Welt, mal als Mittel zur ‚Panzerung' des Körpers oder des sich bedroht fühlenden Subjekts. Dabei schloss die Aufwertung der ‚Kälte' an historisch gewachsene, gesellschaftlich vorherrschende Wertungs- und Assoziationsmuster an, in denen das Kalte stets negative Aspekte beschreibt, jedoch stellten die Motive und Ansätze des ‚Kälte-Pop' in diesem Zusammenhang nicht allein eine Umwertung, sondern zumeist auch Neubewertung der als „kalt" abgewerteten Aspekte dar.

Das Phänomen ‚Kälte-Pop' nimmt in Reckwitz' Phasenmodell der Subjektkulturen eine Sonderstellung ein: Als Brücke zur gegenwärtigen postmodernen Subjektkultur agierten die im ‚Kälte-Pop' aktiven ‚78er' sowohl gegen das noch bis in die 1970er Jahre hegemoniale Subjektkonzept der organisierten Moderne als auch gegen das Subjektmodell der Counter Culture, aus der sie selbst hervorgegangen waren und aus deren postmodernistischen Ansätzen sie sich speisten. Analog dazu hatten auch die ‚Kälte'-Lehren in den 1920er Jahren eine solche Sonderstellung inne: Mit ihnen verwarfen die damaligen ‚Kälte'-Akteure am Ende der subjektkulturellen Schwellenphase zugleich das Subjektmodell der bürgerlichen Moderne als auch das der Avantgarden als überholt und bereiteten den ästhetischen Boden der dann bald vorherrschenden organisierten Moderne. Ob sich dieses Prinzip auch in Zukunft fortsetzen wird und das Konzept der allumfassenden ‚Kälte' eine Wiederbelebung am nächsten Übergang zwischen ästhetischer Bewegung und hegemonialer Subjektkultur erfährt, kann aus einer historischen Perspektive heraus selbstverständlich nicht beantwortet werden. Dennoch lassen sich im Hinblick auf die bisherige Geschichte der ‚Kälte' Aussagen darüber treffen, welchen Bedingungen die Entstehung eines ‚Kälte-Kults' unterworfen ist. Die bedeutendste Voraussetzung ist dabei die wahrgenommene Vorherrschaft eines Subjektmodells und Wertemusters der ‚Wärme', in dessen Gefolge die ‚Kälte' als Gegenreaktion auftritt. Obwohl ‚warme' und ‚hitzige' Motive und Performances die Oberhand im Feld der Pop-Musik behielten, ist im Zuge der voranschreitenden Pluralisierungsprozesse der Postmoderne eine derartige Ausgangslage allerdings diffiziler geworden. So wurden die Motive und Strategien der ‚Kälte' nach ihrem ersten Einbruch in die Popwelt in Form der ‚Kälte-Welle' Ende der 1970er Jahre zwar zu einem festen Bestandteil der internationalen Pop-Musik. Sie tauchen aber nur vereinzelt bei nachfolgenden Genres, Szenen, Jugendkulturen und Acts auf, die diese nicht selten mit ‚Wärme'-Motiven verknüpfen und die einst dahinterstehenden postmodernistischen und subversiven Ansätze missen lassen. Eine Wiederkehr des ‚Kälte-Pop' im Ganzen blieb trotz des Fortlebens ‚kalter' Musik bisher aus.

Künftige Untersuchungen müssten klären, wie sich die ‚kalten' Motive und Strategien weiterentwickeln, waren doch bereits jene des ‚Kälte-Pop' keine schlichte Eins-zu-eins-Übernahme der neusachlichen „Verhaltenslehren der Kälte", sondern eine aktualisierte Version derselben, in die auch moderne Aspekte, Prozesse, Ästhetiken und Diskurse wie Postmodernismus und Coolness hineinspielten. Von Interesse wäre ebenso, in welchen hier nicht beleuchteten Szenen, Subkulturen und Bewegungen ‚kalte' Codes, Motive und Strategien ebenfalls Eingang fanden und ob es, wiederum als (Gegen-)Reaktion auf eine wahrgenommene ‚Kälte', unter Umständen zur Entstehung weiterer pop- und subjektkultureller ‚Wärme-Kulte' kam. Während in dieser Untersuchung die Entwicklungen in der Pop-Musik im Zentrum standen, würde eine wissenschaftliche Etablierung der ‚Kälte' als wiederkehrendes politisch-philosophisches und ästhetisch-subjektkulturelles Konzept zudem neue Perspektiven und Erkenntnisse hinsichtlich der jüngsten deutschen Geschichte versprechen. Zu denken sei hier etwa an die Abspaltung eines Teils der deutschen Linken seit den frühen 1990er Jahren, der als „Antideutsche" mit einer ideologiekritisch begründeten, auf Distanz und Provokation bauenden ‚kalten' Affirmation von allem in der Linken üblicherweise Abgelehnten antwortete: konsumistischer Hedonismus statt verkürzter Antikapitalismus, Israel- und USA-Solidarität statt Antizionismus und Antiamerikanismus, Distinktion statt innerlinker Verbrüderung, westliche Moderne statt ‚Dritte-Welt'- und Ursprünglichkeits-Romantik. Auch die „antideutsche" Linke suchte mit ihrem Vorgehen die innerhalb der radikalen Linken hegemonialen, als reaktionär wahrgenommenen Teile (die sogenannten „Antiimps") von links zu kritisieren und zu überholen und barg – mit Blick auf die weitere Entwicklung einiger Protagonist:innen – schließlich ebenso die Gefahr eines Anschlusses rechter Ideologien.

Damit sei selbstverständlich nicht behauptet, dass sich diese oder weitere Ausprägungen des ‚Kälte'-Konzepts zwangsläufig auf den ‚Kälte-Pop' als Initialzündung zurückführen lassen. Vielmehr sollte das ‚Kälte'-Konzept als ein wiederkehrendes Phänomen betrachtet werden, das innerhalb popkultureller und/oder politischer Gegenkulturen seinen Auftritt hat und konträre Denk- und Subjektmodelle zu den gegenkulturell dominanten, als erdrückend und fehlgeleitet interpretierten Idealen, Sichtweisen und Praktiken anbietet. Entscheidend ist dabei, dass die ‚Kälte'-Akteur:innen stets auf die gegenkulturell verachteten Zeichen und Positionen der (konservativen) Mehrheitsgesellschaft zurückgreifen, ohne sich mit dieser gemein zu machen. Entsprechend abhängig sind die verschiedenen Ausformungen der ‚Kälte' vom jeweiligen historischen Rahmen und der gesamtgesellschaftlichen wie gegenkulturellen Entwicklung, weshalb einzelne ‚Kälte'-Konzepte mitunter gegensätzliche Ausprägungen zeigen. So lässt sich die wiederholte Betonung des spezifisch ‚Deutschen' in den Sounds und der Performance der NDW-Künstler:innen sowie der damit verknüpfte Verweis auf die historischen Avantgarden nur im Kontext der Bundesrepublik am Ende der 1970er Jahre verstehen: Dazu gehört insbesondere die zu jener Zeit aufkommende neue, selbstkritische Erinnerungskultur im Zusammenhang mit der medialisierten bzw. popkulturellen Aufbereitung des Nationalsozialismus sowie insgesamt der zeitgenössische „Geschichtsboom", der nicht zuletzt auch neue Formen nationaler Identität hervorbrachte. Entsprechend hängt aber auch die Rückkehr zu englischen Songtexten und die Abwendung vom ‚neuen deutschen Selbstbewusstsein' seitens der einstigen NDW-Musiker:innen mit der ‚konservativen Wende' zusammen, für die die neue Bundesregierung aus CDU/CSU und FDP stand.

Von außerordentlicher Relevanz ist hier vor allem das Modell der vermeintlichen ‚Germanness' bzw. die Vorstellung des ‚kalten Deutschen'. Im ‚Kälte-Pop' trat diese Figur erstmals als künstlerische Inszenierung auf den Plan und ermöglichte den deutschen ‚Kälte'-Musiker:innen einen Anschluss an die globale Popkultur über das Nationale. Ob die ‚Kälte' damit den bedeutendsten Beitrag deutschsprachiger Künstler:innen zur internationalen Popkultur darstellt, lässt sich angesichts der vielen deutschen Beiträge zur Geschichte und Ausgestaltung von Pop zwar schwerlich bewerten, den wichtigsten Schlüssel zur transnationalen Pop-Musik bildet das Aufgreifen nationaler Stereotype vonseiten deutscher Künstler:innen aber allemal. Dass diese Inszenierung weiterhin anschlussfähig für Künstler:innen inner- und außerhalb Deutschlands bleibt, verdeutlicht die anhaltende Wirkmacht des Bilds vom ‚kalten Deutschen' – auch abseits von Pop. So erklärte etwa der kolumbianische Fußballprofi James Rodríguez im August 2020 nach seiner zweijährigen Zeit beim FC Bayern München, er könne sich keinen längeren Verbleib in Deutschland vorstellen, weil ihm nicht nur das dortige Klima zu kalt sei, sondern auch weil „die Deutschen" bei aller Freundlichkeit seiner Vereinskollegen „kalte Leute" seien: „Sie denken immer nur an die Arbeit. Sie sind wie Maschinen, das ist der Wahnsinn."[388] Die enge Verknüpfung von ‚kalt' und ‚deutsch' hält an.

---

388 Rodríguez zit. n. Wiest, Johannes: „Sprach- und Klimaprobleme. James über Zeit beim FC Bayern: ‚Habe mich gefragt, was ich eigentlich hier mache'", 17. August 2020, *Transfermarkt*. URL: *https://www.transfermarkt.de/james-uber-zeit-beim-fc-bayern-bdquo-habe-mich-gefragt-was-ich-eigentlich-hier-mache-ldquo-/view/news/368265* (Letzter Zugriff: 24.10.2022).

Literatur- und Quellenverzeichnis

Bibliographie

Adelt, Ulrich: „Stunde Null. Postwar German Identity in the Music of Michael Rother and Klaus Dinger", in: *Journal of Popular Music Studies*, Jg. 24, Nr. 1 (2012), 39–56.

Adelt, Ulrich: *Krautrock. German Music in the Seventies*, Ann Arbor 2016.

Adelt, Ulrich: „‚Vom Himmel hoch'. Kraftwerks Frühwerk im Kontext des Krautrock", in: Schütte, Uwe (Hg.): *Mensch – Maschinen – Musik. Das Gesamtkunstwerk Kraftwerk*, Düsseldorf 2018, 18–33.

Ahlers, Michael/Jacke, Christoph (Hg.): *Perspectives on German popular music*, Ashgate popular and folk music series, London u. a. 2017.

Albiez, Sean/Lindvig, Kyrre Tromm: „Autobahn and Heimatklänge. Soundtracking the FRG", in: Albiez, Sean/Pattie, David (Hg.): *Kraftwerk. Music Non-Stop*, New York 2011, 15–43.

Albiez, Sean/Pattie, David (Hg.): *Kraftwerk. Music Non-Stop*, New York 2011.

Alessandrini, Paul: „Haute Tension: Kraftwerk", in: *Rock & Folk Magazine*, Nr. 11 (1976), 54–57. URL: *http://www.thing.de/delektro/interviews/eng/kraftwerk/kw11-76.html* (Letzter Zugriff: 03.12.2019).

Alt, Peter-André: *Ästhetik des Bösen*, München 2010.

Appen, Ralf von: „The Rougher The Better. Eine Geschichte des ‚dreckigen Sounds', seiner ästhetischen Motive und sozialen Funktionen", in: Phleps, Thomas/Appen, Ralf von (Hg.): *Pop-Sounds. Klangtexturen in der Pop- und Rockmusik. Basics – Stories – Tracks*, Bielefeld 2003, 101–122.

Appen, Ralf von: „Schein oder Nicht-Schein? Zur Inszenierung von Authentizität auf der Bühne", in: Helms, Dietrich/Phleps, Thomas (Hg.): *Ware Inszenierungen. Performance, Vermarktung und Authentizität in der populären Musik*, Bielefeld 2013, 41–69.

Applegate, Celia/Potter, Pamela (Hg.): *Music and German national identity*, Chicago 2002.

Arnold, Heinz Ludwig (Hg.): *Pop-Literatur*, Text + Kritik. Zeitschrift für Literatur. Sonderband, München 2003.

Bannat, Christoph: „Süd-Ost 36", in: Neue Gesellschaft für Bildende Kunst e. V./Reichensperger, Petra/Felix, Katrin/Sauerwald, Jan (Hg.): *Lieber zu viel als zu wenig. Kunst, Musik, Aktionen zwischen Hedonismus und Nihilismus (1976–1985)*, Berlin 2003, 82–94.

Barber-Kersovan, Alenka: „Laibach und sein postmodernes ‚Gesamtkunstwerk'", in: Rösing, Helmut (Hg.): *Rock, Pop, Jazz im musikwissenschaftlichen Diskurs*, Hamburg 1992, 186–204.

Baßler, Moritz: *Western Promises. Pop-Musik und Markennamen*, Bielefeld 2019.

Baßler, Moritz/Knapp, Ewout van der (Hg.): *Die (k)alte Sachlichkeit. Herkunft und Wirkungen eines Konzepts*, Würzburg 2004.

Baumgarth, Christa: *Geschichte des Futurismus*, Reinbek bei Hamburg 1966.

Baureithel, Ulrike: „‚Kollektivneurose moderner Männer'. Die Neue Sachlichkeit als Symptom des männlichen Identitätsverlusts – sozialpsychologische Aspekte einer literarischen Strömung", in: Vaydat, Pierre (Hg.): *Die „Neue Sachlichkeit". Lebensgefühl oder Markenzeichen?*, Lille 1991, 123–143.

Baureithel, Ulrike: „Zivilisatorische Landnahme. Technikdiskurs und Männeridentität in der Publizistik und Literatur der zwanziger Jahre", in: Emmerich, Wolfgang/Wege, Carl (Hg.): *Der Technikdiskurs in der Hitler-Stalin-Ära*, Stuttgart 1995, 28–46.

Bavaj, Riccardo: „Gegen den Bürger, für das (Er-)Leben. Raoul Hausmann und der Berliner Dadaismus gegen die ‚Weimarische Lebensauffassung'", in: *German Studies Review*, Jg. 31, Nr. 3 (2008), 513–536.

Bebnowski, David: *Generation und Geltung. Von den „45ern" zur „Generation Praktikum" – übersehene und etablierte Generationen im Vergleich*, Bielefeld 2012.
Becker, Sabina: *Neue Sachlichkeit. Band 2: Quellen und Dokumente*, Köln u. a. 2000.
Becker, Tobias: „Er war nie weg. ‚Hitler-Welle' und ‚Nazi-Nostalgie' in der Bundesrepublik der 1970er-Jahre", in: *Zeithistorische Forschungen/Studies in Contemporary History*, Jg. 18, Nr. 1 (2021), 44–72. URL: *https://zeithistorische-forschungen.de/1-2021/5909*.
Becker-Schaum, Christoph/Gassert, Philipp/Klimke, Martin/Mausbach, Wilfried/Zepp, Marianne (Hg.): *„Entrüstet Euch". Nuklearkrise, Nato-Doppelbeschluss und Friedensbewegung*, Paderborn 2012.
Behne, Adolf: *Die Wiederkehr der Kunst*, Leipzig 1919.
Behringer, Wolfgang: *Kulturgeschichte des Klimas. Von der Eiszeit bis zur globalen Erwärmung*, 2. Aufl., Bonn 2007.
Beregow, Elena: „Die fehltemperierte Nation", in: *POP. Kultur und Kritik*, Nr. 9 (2016), 10–15.
Beregow, Elena: „Glam", in: Hecken, Thomas/Kleiner, Marcus S. (Hg.): *Handbuch Popkultur*, Stuttgart 2017, 62–67.
Beregow, Elena: „Nichts dahinter – Pop-Oberflächen nach der Postmoderne", in: *POP. Kultur und Kritik*, Nr. 13 (2018), 154–173.
Berger Ziauddin, Silvia/Eugster, David/Wirth, Christa (Hg.): *Der kalte Krieg. Kältegrade eines globalen Konflikts, Nach Feierabend. Zürcher Jahrbuch für Wissensgeschichte*, Bd. 13, Zürich u. a. 2017.
Berner, Esther: „Takt vs. Rhythmus. Die Erziehung des Körpers zwischen Technisierung und Technikkritik", in: *Body Politics*, Jg. 6, Nr. 9 (2018), 123–146.
Biddle, Ian: „Vox Electronica. Nostalgia, Irony and Cyborgian Vocalities in Kraftwerk's Radioaktivität and Autobahn", in: *Twentieth-Century Music*, Jg. 1, Nr. 1 (2004), 81–100.
Biess, Frank: „Die Sensibilisierung des Subjekts. Angst und „Neue Subjektivität" in den 1970er Jahren", in: *WerkstattGeschichte*, Jg. 49 (2008), 51–71.
Biess, Frank: *Republik der Angst. Eine andere Geschichte der Bundesrepublik*, Reinbek bei Hamburg 2019.
Binas-Preisendörfer, Susanne: „Pop-Sounds und Gender. Überlegungen zu einem Desiderat", in: Heesch, Florian/Hornberger, Barbara (Hg.): *Rohe Beats, harte Sounds. Populäre Musik und Aggression*, Hildesheim u. a. 2015, 67–84.
Bonz, Jochen: „Vorwort", in: ders. (Hg.): *Sound Signatures. Pop-Splitter*, Frankfurt a. M. 2001, 9–16.
Borchardt, Kirsten: „Stop Making Sense. Supermarkt des Erhabenen: New Wave und Pop in den Achtzigern", in: Kemper, Peter/Langhoff, Thomas/Sonnenschein, Ulrich (Hg.): *„alles so schön bunt hier". Die Geschichte der Popkultur von den Fünfzigern bis heute*, Stuttgart 1999, 175–186.
Borchardt, Kirsten: *Einstürzende Neubauten*, Höfen 2003.
Borck, Cornelius: „Der industrialisierte Mensch. Fritz Kahns Visualisierungen des Körpers als Interferenzzone von Medizin, Technik und Kultur", in: *WerkstattGeschichte*, Jg. 47 (2008), 7–22.
Borutta, Manuel/Verheyen, Nina (Hg.): *Die Präsenz der Gefühle. Männlichkeit und Emotion in der Moderne*, Bielefeld 2010.
Borutta, Manuel/Verheyen, Nina: „Vulkanier und Choleriker? Männlichkeit und Emotion in der deutschen Geschichte 1800–2000", in: dies. (Hg.): *Die Präsenz der Gefühle. Männlichkeit und Emotion in der Moderne*, Bielefeld 2010, 11–39.
Bösch, Frank: „Medien und Emotionen. Zugänge der Geschichtswissenschaft", in: Bartsch, Anne/Eder, Jens/Fahlenbrach, Kathrin (Hg.): *Audiovisuelle Emotionen. Emotionsdarstellung und Emotionsvermittlung durch audiovisuelle Medienangebote*, Köln 2007, 142–155.
Bösch, Frank: „Umbrüche in die Gegenwart. Globale Ereignisse und Krisenreaktionen um 1979", in: *Zeithistorische Forschungen/Studies in Contemporary History*, Jg. 9, Nr. 1 (2012), 8–32.
Bösch, Frank: „Zweierlei Krisendeutungen. Amerikanische und bundesdeutsche Perspektivierungen der 1970er Jahre", in: *Neue Politische Literatur*, Jg. 56, Nr. 2 (2013), 217–230.

Bösch, Frank: „Boom zwischen Krise und Globalisierung. Konsum und kultureller Wandel in der Bundesrepublik der 1970er und 1980er Jahre", in: *Geschichte und Gesellschaft*, Jg. 42, Nr. 2 (2016), 354–376.

Bösch, Frank: *Zeitenwende 1979. Als die Welt von heute begann*, München 2019.

Bottà, Giacomo: *Deindustrialisation and Popular Music. Punk and 'Post-Punk' in Manchester, Düsseldorf, Torino and Tampere*, Lanham 2020.

Brill, Dunja: „,Black Metal ist Krieg'", in: Kauer, Katja (Hg.): *Pop und Männlichkeit. Zwei Phänomene in prekärer Wechselwirkung?*, Berlin 2009, 181–204.

Brill, Dunja: „Macht-volle Sounds. Männlichkeit, Whiteness und Class in der Industrial- und der Extreme-Metal-Subkultur", in: Villa, Paula-Irene/Jäckel, Julia/Pfeiffer, Zara S./Sanitter, Nadine/Steckert, Ralf (Hg.): *Banale Kämpfe? Perspektiven auf Populärkultur und Geschlecht*, Wiesbaden 2012, 23–38.

Brill, Dunja: „White Men's War of Sound? Sonische und diskursive Gewalt im Industrial und Extreme Metal", in: Heesch, Florian/Hornberger, Barbara (Hg.): *Rohe Beats, harte Sounds. Populäre Musik und Aggression*, Hildesheim u. a. 2015, 105–117.

Brocker, Carsten: „Kraftwerk: Technology and Composition", in: Albiez, Sean/Pattie, David (Hg.): *Kraftwerk. Music Non-Stop*, New York 2011, 97–118.

Brockhaus, Immanuel: *Kultsounds. Die prägendsten Klänge der Popmusik 1960–2014*, Bielefeld 2017.

Brown, Timothy S.: „Music as a Weapon? Ton Steine Scherben and the Politics of Rock in Cold War Berlin", in: *German Studies Review*, Jg. 31, Nr. 1 (2009), 1–22.

Burns, Robert G. H.: „German symbolism in rock music. National signification in the imagery and songs of Rammstein", in: *Popular Music*, Jg. 27, Nr. 3 (2008), 457–472.

Büsser, Martin: „Die böse Avantgarde. Antonin Artaud, Wiener Aktionismus und die Survival Research Laboratories", in: *testcard. Beiträge zur Popgeschichte*, Nr. 1 (1995), 170–183.

Büsser, Martin: „Musikmagazine und Fanzines in Deutschland", in: *testcard. Beiträge zur Popgeschichte*, Nr. 2 (1996), 175–189.

Büsser, Martin: „The Art Of Noise/The Noise Of Art. Kleine Geschichte der Sound Culture", in: *testcard. Beiträge zur Popgeschichte*, Nr. 3 (1996), 6–19.

Büsser, Martin: „Wo ist Kraut, Mama?", in: *testcard. Beiträge zur Popgeschichte*, Nr. 2 (1996), 16–28.

Büsser, Martin: *Wie klingt die Neue Mitte? Rechte und reaktionäre Tendenzen in der Popmusik*, Mainz 2001.

Büsser, Martin: „,Ich steh auf Zerfall'. Die Punk- und New-Wave-Rezeption in der deutschen Literatur", in: Arnold, Heinz Ludwig (Hg.): *Pop-Literatur*, Text + Kritik. Zeitschrift für Literatur. Sonderband, München 2003, 149–157.

Büsser, Martin: *On The Wild Side. Die wahre Geschichte der Popmusik*, Mainz 2013 (2004).

Bussy, Pascal: *Kraftwerk. Mensch, Maschine und Musik*, Berlin 2005 (2004).

Carpenter, Alexander: „Einstürzende Neubauten to Rammstein. Mapping the Industrial Continuum in German Pop Music", in: Schütte, Uwe (Hg.): *German Pop Music. A Companion*, Berlin u. a. 2017, 151–170.

Cateforis, Theo: *Are We Not New Wave? Nostalgia, Technology and Exoticism in Popular Music at the Turn of the 1980s*, Dissertation, Ann Arbor 2000.

Cateforis, Theo: „Performing the Avant-Garde Groove. Devo and the Whiteness of the New Wave", in: *American Music*, Jg. 22, Nr. 4 (2004), 564–588.

Chaker, Sarah: „,This Means War'. Krieg: Zentrales Inhaltsmoment im Black und Death Metal", in: Firme, Annemarie/Hocker, Ramona (Hg.): *Von Schlachthymnen und Protestsongs. Zur Kulturgeschichte des Verhältnisses von Musik und Krieg*, Bielefeld 2006, 229–240.

Chamboredon, Jean-Claude/Lemaire, Madeleine: „Räumliche Nähe und soziale Distanz", in: Atteslander, Peter/Hamm, Bernd (Hg.): *Materialien zur Siedlungssoziologie*, Köln 1974, 196–214.
Collins, Nick/Schedel, Margaret/Wilson, Scott: *Electronic Music*, New York 2013.
Colombi, Matteo: „1984, oder das Begehren und Aufbegehren der slowenischen Subkulturen", in: Pehlemann, Alexander/Papenfuß, Bert/Mießner, Robert (Hg.): *1984! Block an Block. Subkulturen im Orwell-Jahr*, Mainz 2015, 147–163.
Cowan, Michael/Sicks, Kai Marcel: „Technik, Krieg und Medien. Zur Imagination von Idealkörpern in den zwanziger Jahren", in: dies. (Hg.): *Leibhaftige Moderne. Körper in Kunst und Massenmedien 1918–1933*, Bielefeld 2005, 13–29.
Cunningham, David: „Kraftwerk and the Image of the Modern", in: Albiez, Sean/Pattie, David (Hg.): *Kraftwerk. Music Non-Stop*, New York 2011, 44–62.
Cusick, Suzanne: „On Musical Performances of Gender and Sex", in: Barkin, Elaine/Hamessley, Lydia (Hg.): *Audible Traces. Gender, Identity, Music*, Zürich 1999, 25–48.
Dany, Hans-Christian: „Im Kohlenkeller eines neuen Dekadenzbewusstseins", in: Neue Gesellschaft für Bildende Kunst e. V./Reichensperger, Petra/Felix, Katrin/Sauerwald, Jan (Hg.): *Lieber zu viel als zu wenig. Kunst, Musik, Aktionen zwischen Hedonismus und Nihilismus (1976–1985)*, Berlin 2003, 43–52.
Danyel, Jürgen: „Zeitgeschichte der Informationsgesellschaft", in: *Zeithistorische Forschungen/Studies in Contemporary History*, Jg. 9, Nr. 2 (2012), 186–211.
Debschitz, Uta von/Debschitz, Thilo von: *Fritz Kahn. Man Machine / Maschine Mensch*, Wien 2009.
Dedekind, Henning: *Krautrock. Underground, LSD und Kosmische Kuriere*, Höfen 2008.
Diederichsen, Diedrich: *Freiheit macht arm. Das Leben nach Rock'n'Roll 1990–93*, Köln 1993.
Diederichsen, Diedrich: *Der lange Weg nach Mitte. Der Sound und die Stadt*, Köln 1999.
Diederichsen, Diedrich: „Es streamt so sexy. Die Dialektik von Clicks & Cuts", in: Neumann-Braun, Klaus/Schmidt, Axel/Mai, Manfred (Hg.): *Popvisionen. Links in die Zukunft*, Frankfurt a. M. 2003, 58–74.
Diederichsen, Diedrich: „Unheimlichkeit, Pulse, Subjektlosigkeit, Befreiung", in: Jansen, Meike (Hg.): *Gendertronics. Der Körper in der elektronischen Musik*, Frankfurt a. M. 2005, 65–74.
Diederichsen, Diedrich: *Eigenblutdoping. Selbstverwertung, Künstlerromantik, Partizipation*, Köln 2008.
Diederichsen, Diedrich: *Über Pop-Musik*, Köln 2014.
Diederichsen, Diedrich: „Genies und ihre Geräusche. Deutscher Punk und Neue Welle 1978–1982", in: Emmerling, Leonhard/Weh, Mathilde (Hg.): *Geniale Dilletanten. Subkultur der 1980er-Jahre in Deutschland*, Ostfildern 2015, 10–22.
Diederichsen, Diedrich: „Singing in German. Pop music and the question of language", in: Ahlers, Michael/Jacke, Christoph (Hg.): *Perspectives on German popular music*, London u. a. 2017, 190–194.
Diesel, Andreas/Gerten, Dieter: *Looking for Europe. Neofolk und Hintergründe*, 2. Auflage, Zeltingen-Rachtig 2007 (2005).
Dinçkal, Noyan: „‚Sport ist die körperliche und seelische Selbsthygiene des arbeitenden Volkes'. Arbeit, Leibesübungen und Rationalisierungskultur in der Weimarer Republik", in: *Body Politics*, Jg. 1, Nr. 1 (2013), 71–97.
Dinerstein, Joel: „The Mask of Cool in Postwar Jazz and Film Noir", in: Haselstein, Ulla/Hijiya-Kirschnereit, Irmela/Gersdorf, Catrin/Giannoulis, Elena (Hg.): *The Cultural Career of Coolness. Discourses and Practices of Affect Control in European Antiquity, the United States, and Japan*, Lanham 2013, 109–126.
Dix, Otto/Herzogenrath, Wulf/Schmidt, Johann-Karl/Hollmann, Andrea: *Dix. Galerie der Stadt Stuttgart, Nationalgalerie, Staatliche Museen Preussischer Kulturbesitz Berlin*, Stuttgart 1991.

Doering-Manteuffel, Anselm: „Nach dem Boom. Brüche und Kontinuitäten der Industriemoderne seit 1970", in: *Vierteljahreshefte für Zeitgeschichte*, Nr. 4 (2007), 559–581.
Doering-Manteuffel, Anselm/Raphael, Lutz: *Nach dem Boom. Perspektiven auf die Zeitgeschichte seit 1970*, 2. Aufl., Göttingen 2010.
Doering-Manteuffel, Anselm/Raphael, Lutz: „Der Epochenbruch in den 1970er-Jahren. Thesen zur Phänomenologie und den Wirkungen des Strukturwandels ‚nach dem Boom'", in: Andresen, Knud/Mittag, Jürgen/Bitzegeio, Ursula (Hg.): *„Nach dem Strukturbruch"? Kontinuität und Wandel von Arbeitsbeziehungen und Arbeitswelt(en) seit den 1970er Jahren*, Bonn 2011, 25–42.
Döpfner, M. O. C./Garms, Thomas: *Neue deutsche Welle. Kunst oder Mode? Eine sachliche Polemik für und wider die neudeutsche Popmusik*, Frankfurt a. M. u. a. 1984.
Dornbusch, Christian/Killguss, Hans-Peter: *Unheilige Allianzen. Black Metal zwischen Satanismus, Heidentum und Neonazismus*, Hamburg u. a. 2007.
Dortmann, Andrea: *Winter facets. Traces and tropes of the cold*, Dissertation, New York 2003.
Duffett, Mark: „Average White Band. Kraftwerk and the Politics of Race", in: Albiez, Sean/Pattie, David (Hg.): *Kraftwerk. Music Non-Stop*, New York 2011, 194–213.
Dülffer, Jost: *Europa im Ost-West-Konflikt, 1945–1990*, München 2004.
Eglinger, Hanna: „„…keine Röte des Gefühls auf deinen bleichen, schönen Wangen'. Die Polargebiete – Sehnsuchtszonen des extremen Gefühls?", in: Wennerscheid, Sophie (Hg.): *Sentimentalität und Grausamkeit. Ambivalente Gefühle in der skandinavischen und deutschen Literatur der Moderne*, Berlin u. a. 2011, 258–274.
Eitler, Pascal: „Zwischen „großer Verweigerung" und „sanfter Verschwörung". Eine religionshistorische Perspektive auf die Bundesrepublik Deutschland 1965–1990", in: Brunner, José (Hg.): *Politische Leidenschaften. Zur Verknüpfung von Macht, Emotion und Vernunft in Deutschland*, Göttingen 2010, 213–229.
Eitler, Pascal/Scheer, Monique: „Emotionengeschichte als Körpergeschichte. Eine heuristische Perspektive auf religiöse Konversionen im 19. und 20. Jahrhundert", in: *Geschichte und Gesellschaft. Zeitschrift für Historische Sozialwissenschaft*, Jg. 35, Nr. 2 (2009), 282–313.
Elflein, Dietmar: „Allein gegen den Rest der Welt. Repräsentationen von Männlichkeiten im Deutschrock bei Westernhagen und den Böhsen Onkelz", in: Helms, Dietrich/Phleps, Thomas (Hg.): *Typisch deutsch? (Eigen-)Sichten auf populäre Musik in diesem unseren Land*, Berlin u. a. 2014, 101–126.
Emmerich, Wolfgang/Wege, Carl (Hg.): *Der Technikdiskurs in der Hitler-Stalin-Ära*, Stuttgart 1995.
Emmerling, Leonhard/Weh, Mathilde (Hg.): *Geniale Dilletanten. Subkultur der 1980er-Jahre in Deutschland*, Ostfildern 2015.
Enders, Bernd: „Substantielle Auswirkungen des elektronischen Instrumentariums auf Stil und Struktur der aktuellen Popularmusik", in: Klüppelholz, Werner (Hg.): *Musikalische Teilkulturen*, Lilienthal 1983, 265–296.
Erdheim, Mario: „‚Heiße' Gesellschaften und ‚kaltes' Militär", in: *Kursbuch*, Nr. 67 (1982), 59–72.
Erdogan, Julia Gül: *Avantgarde der Computernutzung. Hackerkulturen der Bundesrepublik und der DDR*, Göttingen 2021.
Fabian, Sina: „Der Yuppie. Projektionen des neoliberalen Wandels", in: Bösch, Frank/Hertfelder, Thomas/Metzler, Gabriele (Hg.): *Grenzen des Neoliberalismus. Der Wandel des Liberalismus im späten 20. Jahrhundert*, Stuttgart 2018, 93–117.
Faulstich, Werner: „Gesellschaft und Kultur der siebziger Jahre. Einführung und Überblick", in: ders. (Hg.): *Die Kultur der siebziger Jahre*, München 2004, 7–18.
Faulstich, Werner (Hg.): *Die Kultur der achtziger Jahre*, München 2005.

Feser, Kim: „Ein Sequenzer kommt selten allein. Zur Handhabung musikalischer Automatisierung – ästhetische Diskurse und technische Entwicklungen", in: Feser, Kim/Pasdzierny, Matthias (Hg.): *Techno studies. Ästhetik und Geschichte elektronischer Tanzmusik*, Berlin 2016, 221–235.

Feser, Kim/Pasdzierny, Matthias (Hg.): *Techno studies. Ästhetik und Geschichte elektronischer Tanzmusik*, Berlin 2016.

Fischer, Björn/Hirnkost KG: *Rock-O-Rama. Als die Deutschen kamen*, Berlin 2022.

Fleckner, Uwe: „Die Gefrorene Wirklichkeit der Neuen Sachlichkeit. Geschichte, Theorie und Bildsprache einer Kunst zwischen sozialer Kritik und ästhetischem Ideal", in: Fleckner, Uwe/Luckow, Dirk (Hg.): *Das wahre Gesicht unserer Zeit. Bilder vom Menschen in der Zeichnung der Neuen Sachlichkeit*, Kiel 2004, 12–25.

Fleig, Anne: „Tanzmaschinen. Girls im Revuetheater der Weimarer Republik", in: Meine, Sabine/Hottmann, Katharina (Hg.): *Puppen, Huren, Roboter. Körper der Moderne in der Musik zwischen 1900 und 1930*, Schliengen 2005, 102–117.

Föllmer, Moritz/Graf, Rüdiger (Hg.): *Die „Krise" der Weimarer Republik. Zur Kritik eines Deutungsmusters*, Frankfurt a. M. 2005.

Föllmer, Moritz/Graf, Rüdiger/Leo, Peter: „Einleitung. Die Kultur der Krise in der Weimarer Republik", in: Föllmer, Moritz/Graf, Rüdiger (Hg.): *Die „Krise" der Weimarer Republik. Zur Kritik eines Deutungsmusters*, Frankfurt a. M. 2005, 9–41.

Forty, Adrian: „Concrete in the Cold War", in: Berger Ziauddin, Silvia/Eugster, David/Wirth, Christa (Hg.): *Der kalte Krieg. Kältegrade eines globalen Konflikts*, Zürich u. a. 2017, 123–136.

Foster, Hal: *The Return of the Real. Art and Theory at the End of the Century*, Cambridge 1996.

Fournier, Karen: „Nazi Signifiers and the Narrative of Class Warfare in British Punk", in: Hall, Mirko M./Howes, Seth/Shahan, Cyrus M. (Hg.): *Beyond No Future. Cultures of German Punk*, New York u. a. 2016, 91–108.

Frevert, Ute: „Was haben Gefühle in der Geschichte zu suchen?", in: *Geschichte und Gesellschaft. Zeitschrift für Historische Sozialwissenschaft*, Jg. 35, Nr. 2 (2009), 183–208.

Friedrich, Malte: *Urbane Klänge. Popmusik und Imagination der Stadt*, Bielefeld 2010.

Frith, Simon: „Art Ideology and Pop Practice", in: Nelson, Cary/Grossberg, Lawrence (Hg.): *Marxism and the Interpretation of Culture*, Basingstoke 1988, 461–475.

Frith, Simon/Goodwin, Andrew (Hg.): *On Record. Rock, Pop, and the Written Word*, London 1990.

Früchtl, Josef: „Helden stellen Helden dar. Coole Typen im Kino", in: Herding, Klaus/Stumpfhaus, Bernhard (Hg.): *Pathos, Affekt, Gefühl. Die Emotionen in den Künsten*, Berlin 2004, 575–591.

Fulk, Kirkland A.: *Sounds German. Popular music in postwar Germany at the crossroads of the national and transnational*, New York u. a. 2021.

Gay, Peter: *Die Republik der Außenseiter. Geist und Kultur in der Weimarer Zeit: 1918–1933*, Frankfurt a. M. 1987.

Gebhardt, Winfried: „‚Warme Gemeinschaft' und ‚kalte Gesellschaft'. Zur Kontinuität einer deutschen Denkfigur", in: Meuter, Günter/Otten, Henrique Ricardo (Hg.): *Der Aufstand gegen den Bürger. Antibürgerliches Denken im 20. Jahrhundert*, Würzburg 1999, 165–184.

Geer, Nadja: *Sophistication. Zwischen Denkstil und Pose*, Göttingen 2012.

Geer, Nadja: „‚If you have to ask, you can't afford it'. Pop als distinktiver intellektueller Selbstentwurf der 1980er Jahre", in: Mrozek, Bodo/Geisthövel, Alexa/Danyel, Jürgen (Hg.): *Popgeschichte. Band 2: Zeithistorische Fallstudien 1958 – 1988*, Bielefeld 2014, 337–357.

Geiger, Annette/Schröder, Gerald/Söll, Änne (Hg.): *Coolness. Zur Ästhetik einer kulturellen Strategie und Attitüde*, Bielefeld 2010.

Geiger, Annette/Schröder, Gerald/Söll, Änne: „Coolness – Eine Kulturtechnik und ihr Forschungsfeld. Eine Einleitung", in: dies. (Hg.): *Coolness. Zur Ästhetik einer kulturellen Strategie und Attitüde*, Bielefeld 2010, 7–16.

Geisthövel, Alexa: „Auf der Tonspur. Musik als zeitgeschichtliche Quelle", in: Baumeister, Martin/Föllmer, Moritz/Müller, Philipp (Hg.): *Die Kunst der Geschichte. Historiographie, Ästhetik, Erzählung*, Göttingen 2009, 157–168.

Geisthövel, Alexa: „Lebenssteigerung. Selbstverhältnisse im Pop", in: Geisthövel, Alexa/Mrozek, Bodo (Hg.): *Popgeschichte. Band 1: Konzepte und Methoden*, Bielefeld 2014, 177–199.

Geisthövel, Alexa: „Böse reden, fröhlich leiden. Ästhetische Strategien der punkaffinen Intelligenz um 1980", in: Elberfeld, Jens/Otto, Marcus (Hg.): *Das schöne Selbst. Zur Genealogie des modernen Subjekts zwischen Ethik und Ästhetik*, Bielefeld 2015, 367–399.

Geisthövel, Alexa/Mrozek, Bodo: „Einleitung", in: dies. (Hg.): *Popgeschichte. Band 1: Konzepte und Methoden*, Bielefeld 2014, 7–31.

Geisthövel, Alexa/Mrozek, Bodo (Hg.): *Popgeschichte. Band 1: Konzepte und Methoden*, Histoire, Bd. 48, Bielefeld 2014.

Gerards, Marion/Loeser, Martin/Losleben, Katrin (Hg.): *Musik und Männlichkeiten in Deutschland seit 1950. Interdisziplinäre Perspektiven*, München 2013.

Geyer, Martin H.: „,Die Gleichzeitigkeit des Ungleichzeitigen'. Zeitsemantik und die Suche nach Gegenwart in der Weimarer Republik", in: Hardtwig, Wolfgang (Hg.): *Ordnungen in der Krise. Zur politischen Kulturgeschichte Deutschlands 1900–1933*, München 2007, 165–187.

Gnüg, Hiltrud: *Kult der Kälte. Der klassische Dandy im Spiegel der Weltliteratur*, Stuttgart 1988.

Goddard, Michael: „We are time. Laibach/NSK, Retro-avant-gardism and machinic repetition", in: *Angelaki. Journal of the theoretical humanities*, Jg. 11, Nr. 1 (2006), 45–53.

Goh, Annie: „,White Brothers With No Soul'. Un Tuning the Historiography of Berlin Techno", Interview mit Alexander Weheliye, in: *CTM Festival Magazine* (2015). URL: https://www.ctm-festival.de/news-mobile/white-brothers-with-no-soul-un-tuning-the-historiography-of-berlin-techno/ (Letzter Zugriff: 24.10.2022).

Goldmann, Stefan: „Kreuzmodulation. Entwurf einer Techno-Ästhetik", in: Feser, Kim/Pasdzierny, Matthias (Hg.): *Techno studies. Ästhetik und Geschichte elektronischer Tanzmusik*, Berlin 2016, 155–169.

Goodlad, Lauren M. E.: „Looking for Something Forever Gone. Gothic Masculinity, Androgyny, and Ethics at theTurn of the Millennium", in: *Cultural Critique*, Nr. 66 (2007), 104–126.

Goodwin, Andrew: „Sample and Hold. Pop Music in the Digital Age of Reproduction" (1988), in: Frith, Simon/Goodwin, Andrew (Hg.): *On Record. Rock, Pop, and the Written Word*, London 1990, 258–273.

Gotto, Bernhard: „Enttäuschung als Politikressource. Zur Kohäsion der westdeutschen Friedensbewegung in den 1980er Jahren", in: *Vierteljahreshefte für Zeitgeschichte*, Jg. 62, Nr. 1 (2014), 1–33.

Graf, Christian: *Das NDW-Lexikon. Die Neue Deutsche Welle – Bands und Solisten von A bis Z*, Berlin 2003.

Graf, Rüdiger: „Die „Krise" im intellektuellen Zukunftsdiskurs der Weimarer Republik", in: Föllmer, Moritz/Graf, Rüdiger (Hg.): *Die „Krise" der Weimarer Republik. Zur Kritik eines Deutungsmusters*, Frankfurt a. M. 2005, 77–106.

Graf, Rüdiger: „Optimismus und Pessimismus in der Krise – der politisch-kulturelle Diskurs in der Weimarer Republik", in: Hardtwig, Wolfgang (Hg.): *Ordnungen in der Krise. Zur politischen Kulturgeschichte Deutschlands 1900–1933*, München 2007, 115–140.

Granholm, Kennet: „,Sons of Northern Darkness'. Heathen Influences in Black Metal and Neofolk Music", in: *Numen*, Nr. 58 (2011), 514–544.

Greger, Andreas: „Computer für das Eigenheim'. ‚Kraftwerks' musikalische Vision eines elektronischen Lebensstils (1981)", in: *Zeithistorische Forschungen/Studies in Contemporary History*, Jg. 9, Nr. 2 (2012), 340–345.
Greiner, Bernd/Müller, Christian Th./Walter, Dierk (Hg.): *Angst im Kalten Krieg*, Hamburg 2009.
Grimm, Reinhold: „Eiszeit und Untergang. Zu einem Motivkomplex in der deutschen Gegenwartsliteratur", in: *Monatshefte*, Jg. 73, Nr. 2 (1981), 155–186.
Grimm, Stephanie: *Die Repräsentation von Männlichkeit im Punk und Rap*, Tübingen 1998.
Groetz, Thomas: *Kunst ⇌ Musik. Deutscher Punk und New Wave in der Nachbarschaft von Joseph Beuys*, Berlin 2002.
Groetz, Thomas: „Das uneingelöste Nichts. Punk, Kunst, Musik", in: Neue Gesellschaft für Bildende Kunst e. V./Reichensperger, Petra/Felix, Katrin/Sauerwald, Jan (Hg.): *Lieber zu viel als zu wenig. Kunst, Musik, Aktionen zwischen Hedonismus und Nihilismus (1976–1985)*, Berlin 2003, 6–13.
Grönholm, Pertti: „When Tomorrow Began Yesterday. Kraftwerk's Nostalgia for the Past Futures", in: *Popular Music and Society*, Jg. 38, Nr. 3 (2015), 372–388.
Grosch, Nils: *Die Musik der Neuen Sachlichkeit*, Stuttgart u. a. 1999.
Grossberg, Lawrence: *We gotta get out of this place. Popular conservatism and postmodern culture*, New York u. a. 1992.
Hagen, Wolfgang: „Auch Männer bluten. Archäologisches zur Neuen Deutschen Welle", in: *Ästhetik und Kommunikation*, Nr. 49 (1982), 51–58.
Hall, Mirko M.: *Musical Revolutions in German Culture. Musicking against the grain, 1800–1980*, Basingstoke 2014.
Hall, Mirko M.: „Cold Wave. French Post-Punk Fantasies of Berlin", in: Hall, Mirko M./Howes, Seth/Shahan, Cyrus M. (Hg.): *Beyond No Future. Cultures of German Punk*, New York u. a. 2016, 149–165.
Hall, Mirko M./Howes, Seth/Shahan, Cyrus M. (Hg.): *Beyond No Future. Cultures of German Punk*, New York u. a. 2016.
Hanley, Jason James: „‚The Land of Rape and Honey'. The Use of World War II Propaganda in the Music Videos of Ministry and Laibach", in: *American Music*, Jg. 22, Nr. 1 (2004), 158–175.
Hanley, Jason James: *Metal Machine Music. Technology, Noise, and Modernism in Industrial Music 1975–1996*, Dissertation, Ann Arbor 2011.
Hansson, Heidi/Norberg, Cathrine (Hg.): *Cold Matters. Cultural Perceptions of Snow, Ice and Cold*, Umeå 2009.
Harden, Alexander C.: „Kosmische Musik and Its Techno-Social", in: *IASPM@Journal. Journal of the International Association for the Study of Popular Music*, Jg. 6, Nr. 2 (2016), 154–173.
Harden, Alexander C.: „Mensch oder Maschine? Kraftwerk und die Authentizität des Posthumanen", in: Schütte, Uwe (Hg.): *Mensch – Maschinen – Musik. Das Gesamtkunstwerk Kraftwerk*, Düsseldorf 2018, 218–231.
Hardtwig, Wolfgang (Hg.): *Ordnungen in der Krise. Zur politischen Kulturgeschichte Deutschlands 1900–1933*, München 2007.
Haring, Hermann: *Rock aus Deutschland West. Von den Rattles bis Nena: Zwei Jahrzehnte Heimatklang*, Reinbek bei Hamburg 1984.
Haselstein, Ulla/Hijiya-Kirschnereit, Irmela/Gersdorf, Catrin/Giannoulis, Elena (Hg.): *The Cultural Career of Coolness. Discourses and Practices of Affect Control in European Antiquity, the United States, and Japan*, Lanham 2013.
Hastedt, Heiner: „‚Neue Sachlichkeit' in der Philosophie des 20. Jahrhunderts", in: Baßler, Moritz/Knapp, Ewout van der (Hg.): *Die (k)alte Sachlichkeit. Herkunft und Wirkungen eines Konzepts*, Würzburg 2004, 121–133.

Hebdige, Dick: „Subculture. Die Bedeutung von Stil" (1979), in: Diederichsen, Diedrich/Hebdige, Dick/Marx, Olaph-Dante (Hg.): *Schocker. Stile und Moden der Subkultur*, Reinbek bei Hamburg 1983, 8–120.

Hecken, Thomas: *Avantgarde und Terrorismus. Rhetorik der Intensität und Programme der Revolte von den Futuristen bis zur RAF*, Bielefeld 2006.

Hecken, Thomas: „‚Pop-Literatur' oder ‚populäre Literaturen und Medien'? Eine Frage von Wissenschaft und Gender", in: Kauer, Katja (Hg.): *Pop und Männlichkeit. Zwei Phänomene in prekärer Wechselwirkung?*, Berlin 2009, 19–35.

Hecken, Thomas: *Pop. Geschichte eines Konzepts 1955–2009*, Bielefeld 2009.

Hecken, Thomas: „Punk-Rezeption in der BRD 1976/77 und ihre teilweise Auflösung 1979", in: Meinert, Philipp/Seeliger, Martin (Hg.): *Punk in Deutschland. Sozial- und kulturwissenschaftliche Perspektiven*, Berlin u. a. 2013, 247–259.

Hecken, Thomas/Kleiner, Marcus S.: „Einleitung", in: dies. (Hg.): *Handbuch Popkultur*, Stuttgart 2017, 2–14.

Hecken, Thomas/Kleiner, Marcus S. (Hg.): *Handbuch Popkultur*, Stuttgart 2017.

Heesch, Florian: „Nordisch – germanisch – deutsch? Zur Mythenrezeption im Heavy Metal", in: Helms, Dietrich/Phleps, Thomas (Hg.): *Typisch deutsch? (Eigen-)Sichten auf populäre Musik in diesem unseren Land*, Berlin u. a. 2014, 127–151.

Heesch, Florian: „Populäre Musik, Aggression und Gender. Eine Einleitung", in: Heesch, Florian/Hornberger, Barbara (Hg.): *Rohe Beats, harte Sounds. Populäre Musik und Aggression*, Hildesheim u. a. 2015, 11–25.

Heesch, Florian/Hornberger, Barbara (Hg.): *Rohe Beats, harte Sounds. Populäre Musik und Aggression, Jahrbuch Musik und Gender*, Bd. 7, Hildesheim u. a. 2015.

Hegarty, Paul: *Noise/Music. A History*, New York u. a. 2007.

Helms, Dietrich/Phleps, Thomas (Hg.): *Ware Inszenierungen. Performance, Vermarktung und Authentizität in der populären Musik*, Bielefeld 2013.

Helms, Dietrich/Phleps, Thomas (Hg.): *Typisch deutsch? (Eigen-)Sichten auf populäre Musik in diesem unseren Land*, Beiträge zur Popularmusikforschung, Bd. 41, Berlin u. a. 2014.

Herbert, Ulrich: *Geschichte Deutschlands im 20. Jahrhundert*, München 2014.

Herbst, Jan-Peter: „The Formation of the West German power metal scene and the question of a ‚Teutonic' sound", 2019, *ResearchGate*. URL: https://www.researchgate.net/publication/333981022_The_formation_of_the_West_German_power_metal_scene_and_the_question_of_a_%27Teutonic%27_sound (Letzter Zugriff: 07.02.2020).

Hermand, Jost/Trommler, Frank: *Die Kultur der Weimarer Republik*, ungekürzte Ausgabe, Frankfurt a. M. 1989 (1978).

Herzinger, Richard: „Angst vor dem letzten Menschen. Vom Antimoralismus zur Übermoral. Zur Destruktion humanistischer Wertvorstellungen in intellektuellen Utopien des 20. Jahrhunderts", in: Meuter, Günter/Otten, Henrique Ricardo (Hg.): *Der Aufstand gegen den Bürger. Antibürgerliches Denken im 20. Jahrhundert*, Würzburg 1999, 261–274.

Heßler, Martina: „Die Halle 54 bei Volkswagen und die Grenzen der Automatisierung. Überlegungen zum Mensch-Maschine-Verhältnis in der industriellen Produktion der 1980er-Jahre", in: *Zeithistorische Forschungen/Studies in Contemporary History*, Jg. 11, Nr. 1 (2014), 56–76.

Hettlage, Robert: „Der Dandy und seine Verwandten. Elegante Flaneure, vergnügte Provokateure, traurige Zeitdiagnostiker", in: Hettlage, Robert/Bellebaum, Alfred (Hg.): *Missvergnügen. Zur kulturellen Bedeutung von Betrübnis, Verdruss und schlechter Laune*, Wiesbaden 2012, 117–159.

Heydemann, Günther: „Gesellschaft und Alltag in der DDR", in: Bundeszentrale für politische Bildung (Hg.): *Deutschland in den 70er/80er Jahren*, Bonn 2001.

Hieber, Lutz: *Politisierung der Kunst. Avantgarde und US-Kunstwelt*, Wiesbaden 2015.
Hieber, Lutz/Moebius, Stephan: „Grundriss einer Theorie des künstlerischen Aktivismus von Dada bis zur Postmoderne", in: dies. (Hg.): *Avantgarden und Politik. Künstlerischer Aktivismus von Dada bis zur Postmoderne*, Bielefeld 2009, 7–29.
Hiebing, Dieter: „The Day Everything Became Nothing. Rockmusikalische Vergänglichkeits- und Untergangsphantasien am Beispiel der Topoi ‚Memento mori' und ‚Apokalypse'", in: Seim, Roland/Spiegel, Josef (Hg.): *„The Sun Ain't Gonna Shine Anymore". Tod und Sterben in der Rockmusik*, Münster 2009, 215–244.
Hindrichs, Thorsten: „Heimattreue Patrioten und das „Land der Vollidioten". Frei.Wild und die ‚neue' Deutschrockszene", in: Helms, Dietrich/Phleps, Thomas (Hg.): *Typisch deutsch? (Eigen-)Sichten auf populäre Musik in diesem unseren Land*, Berlin u. a. 2014, 153–183.
Hinz, Ralf: *Cultural Studies und Pop. Zur Kritik der Urteilskraft wissenschaftlicher und journalistischer Rede über populäre Kultur*, Opladen 1998.
Hitzler, Ronald/Niederbacher, Arne: *Leben in Szenen. Formen juveniler Vergemeinschaftung heute*, 3., vollständig überarbeitete Auflage, Wiesbaden 2010.
Hoeres, Peter: „Von der „Tendenzwende" zur „geistig-moralischen Wende". Konstruktion und Kritik konservativer Signaturen in den 1970er und 1980er Jahren", in: *Vierteljahreshefte für Zeitgeschichte*, Nr. 1 (2013), 93–119.
Holert, Tom (Hg.): *Mainstream der Minderheiten. Pop in der Kontrollgesellschaft*, Berlin 1996.
Holert, Tom: „Abgrenzen und durchkreuzen. Jugendkultur und Popmusik im Zeichen des Zeichens", in: Kemper, Peter/Langhoff, Thomas/Sonnenschein, Ulrich (Hg.): *„alles so schön bunt hier". Die Geschichte der Popkultur von den Fünfzigern bis heute*, Stuttgart 1999, 21–33.
Holert, Tom: „Cool", in: Bröckling, Ulrich/Krasmann, Susanne/Lemke, Thomas (Hg.): *Glossar der Gegenwart*, Frankfurt a. M. 2004, 42–48.
Homberg, Michael: „Computerliebe. Die Anfänge der elektronischen Partnervermittlung in den USA und in Westeuropa", in: *Zeithistorische Forschungen/Studies in Contemporary History*, Jg. 17, Nr. 1 (2020), 36–62. URL: *https://zeithistorische-forschungen.de/1-2020/5811* (Letzter Zugriff: 24.10.2022).
Hornberger, Barbara: *Geschichte wird gemacht. Die Neue Deutsche Welle. Eine Epoche deutscher Popmusik*, Würzburg 2010.
Hornberger, Barbara: „Der dokumentarische Gestus. Eine Spurensuche in populärer Musik und Kultur in der BRD der 1970er Jahre", in: Helms, Dietrich/Phleps, Thomas (Hg.): *Ware Inszenierungen. Performance, Vermarktung und Authentizität in der populären Musik*, Bielefeld 2013, 137–152.
Hornberger, Barbara: „Geschichte wird gemacht. Eine kulturpoetische Untersuchung von ‚Ein Jahr (Es Geht Voran)'", in: Phleps, Thomas/Helms, Dietrich (Hg.): *Geschichte wird gemacht. Zur Historiographie populärer Musik*, Bielefeld 2014, 77–99.
Hornberger, Barbara: „Kebabträume (DAF)", 2016, *Songlexikon. Encyclopedia of Songs*. URL: *https://songlexikon.de/songs/kebabtraeume/* (Letzter Zugriff: 24.10.2022).
Hornberger, Barbara: „New Wave / Post-Punk", in: Hecken, Thomas/Kleiner, Marcus S. (Hg.): *Handbuch Popkultur*, Stuttgart 2017, 78–82.
Hörner, Fernand: „Dandyismus und Popkultur", in: *POP. Kultur und Kritik*, Nr. 2 (2013), 156–173.
Huber, Till: *Blumfeld und die Hamburger Schule. Sekundarität – Intertextualität – Diskurspop*, Göttingen 2016.
Hughes, Walter: „In the Empire of the Beat. Disco and Discipline", in: Ross, Andrew/Rose, Tricia (Hg.): *Microphone Fiends. Youth Music and Youth Culture*, New York 1994, 147–157.
Huyssen, Andreas: „The Vamp and the Machine: Fritz Lang's Metropolis", in: ders.: *After The Great Divide: Modernism, Mass Culture, Postmodernism, Theories of representation and difference*, Bloomington 1986, 65–81.

Jäger, Christian: „Bolschewik-Schick. Linke und anti-antikommunistische Posen und Positionen im Pop der frühen 1980er-Jahre", in: Peitsch, Helmut/Thein, Helen (Hg.): *Lieben, was es nicht gibt. Literatur, Pop und Politik bei Ronald M. Schernikau*, Berlin 2017, 323–338.

Jäger, Christian: „Ripples on a Bath of Steel. The Two Stages of Neue Deutsche Welle (NDW)", in: Schütte, Uwe (Hg.): *German Pop Music. A Companion*, Berlin u. a. 2017, 131–150.

Jarausch, Konrad (Hg.): *Das Ende der Zuversicht? Die siebziger Jahre als Geschichte*, Göttingen 2008.

Jarausch, Konrad H.: „Krise oder Aufbruch? Historische Annäherungen an die 1970er-Jahre", in: *Zeithistorische Forschungen/Studies in Contemporary History*, Jg. 3, Nr. 3 (2006), 334–341.

Jazo, Jelena: *Postnazismus und Populärkultur. Das Nachleben faschistoider Ästhetik in Bildern der Gegenwart*, Bielefeld 2017.

Kahnke, Corinna: „Transnationale Teutonen. Rammstein Representing the Berlin Republic", in: *Journal of Popular Music Studies*, Jg. 25, Nr. 2 (2013), 185–197.

Kaiser, Manuel: „Kommende Kälte. Eiszeitszenarien im Kalten Krieg", in: Berger Ziauddin, Silvia/Eugster, David/Wirth, Christa (Hg.): *Der kalte Krieg. Kältegrade eines globalen Konflikts*, Zürich u. a. 2017, 137–155.

Kämper, Gabriele: „‚Kult der Kälte'. Figurationen von Faszination und Männlichkeit im Rückblick auf Ernst Jünger. Ein Nachruf auf die Nachrufe", in: *Feministische Studien*, Nr. 2 (2000), 20–34.

Karwath, Leonie/Häberlen, Joachim C.: „Mit der Technik tanzen. Technokörper im Berlin der frühen Neunziger Jahre", in: *Body Politics*, Jg. 6, Nr. 9 (2018), 95–122.

Käs, Rudolf: „Der temperierte Mensch. Kältesymptome in der Gesellschaft", in: Täubrich, Hans-Christian/Tschoeke, Jutta (Hg.): *Unter Null. Kunsteis, Kälte und Kultur*, München 1991, 250–265.

Kater, Michael H.: „The Revenge of the Fathers. The Demise of Modern Music at the End of the Weimar Republic", in: *German Studies Review*, Jg. 15, Nr. 2 (1992), 295–315.

Kauer, Katja (Hg.): *Pop und Männlichkeit. Zwei Phänomene in prekärer Wechselwirkung?*, Berlin 2009.

Kaul, Timor: „Electronic Body Music", in: Hecken, Thomas/Kleiner, Marcus S. (Hg.): *Handbuch Popkultur*, Stuttgart 2017, 102–106.

Kemper, Peter: „Gib Gas, ich will Spaß. Die Neue Deutsche Welle", in: Kemper, Peter/Langhoff, Thomas/Sonnenschein, Ulrich (Hg.): *„alles so schön bunt hier". Die Geschichte der Popkultur von den Fünfzigern bis heute*, Stuttgart 1999, 187–196.

Kemper, Peter/Langhoff, Thomas/Sonnenschein, Ulrich (Hg.): *„alles so schön bunt hier". Die Geschichte der Popkultur von den Fünfzigern bis heute*, Stuttgart 1999.

Keppler, Diana: „Der Futurismus. oder Die Musik im Zeitalter der Maschine", 2001, *PopScriptum*. URL: https://edoc.hu-berlin.de/bitstream/handle/18452/21037/pst07_keppler.pdf (Letzter Zugriff: 24.10.2022).

Kilian, Patrick: „Dialektik der Transgression. Ein Rückblick 35 Jahre nach Gründung von Throbbing Gristle", 2012, *Ikonen. Magazin für Kunst, Kultur und Lebensart*. URL: http://www.ikonenmagazin.de/artikel/TG2012.htm (Letzter Zugriff: 24.10.2022).

Klein, Gabriele/Friedrich, Malte: „Globalisierung und die Performanz des Pop", in: Neumann-Braun, Klaus/Schmidt, Axel/Mai, Manfred (Hg.): *Popvisionen. Links in die Zukunft*, Frankfurt a. M. 2003, 77–102.

Kleiner, Marcus S.: „Cool Germany. Elektronische Entsinnlichung – das Thermoskelett von D.A.F.", Vorankündigungstext zum Vortrag auf der „ELECTRI_CITY Conference" am 30.10.2015 in Düsseldorf, 2015. URL: https://medienkulturanalyse.de/wp/?p=2905 (Letzter Zugriff: 24.10.2022).

Kleiner, Marcus S.: „Populär und Pop", in: Hecken, Thomas/Kleiner, Marcus S. (Hg.): *Handbuch Popkultur*, Stuttgart 2017, 246–251.

Kleiner, Marcus S.: „Cool Germany. Elektronische Entsinnlichung in Kraftwerks Radio-Aktivität", in: Schütte, Uwe (Hg.): *Mensch – Maschinen – Musik. Das Gesamtkunstwerk Kraftwerk*, Düsseldorf 2018, 50–63.

Kniola, Till: „No escape from noise. ‚Geräuschmusik' made in Germany", in: Ahlers, Michael/Jacke, Christoph (Hg.): *Perspectives on German popular music*, London u. a. 2017, 123–127.

Koch, Albrecht: *Angriff auf's Schlaraffenland. 20 Jahre deutschsprachige Popmusik*, Frankfurt a. M. u. a. 1987.

Kohlenberger, Judith: *The New Formula For Cool. Science, Technology, and the Popular in the American Imagination*, American Culture Studies, Bd. 12, Bielefeld 2015.

Korte, Hermann: *Die Dadaisten*, Reinbek bei Hamburg 1994.

Krankenhagen, Stefan/Hügel, Hans-Otto: „Figuren des Dazwischen. Naivität als Strategie in Kunst, Pop und Populärkultur", in: dies. (Hg.): *Figuren des Dazwischen. Naivität als Strategie in Kunst, Pop und Populärkultur*, München 2010, 7–15.

Krankenhagen, Stefan/Hügel, Hans-Otto (Hg.): *Figuren des Dazwischen. Naivität als Strategie in Kunst, Pop und Populärkultur*, Text & Kontext, Bd. 55, München 2010.

Krause-Wahl, Antje: „Touching from a distance. Coolness in den Arbeiten von Alex Katz, Andy Warhol, Barkley L. Hendricks", in: Geiger, Annette/Schröder, Gerald/Söll, Änne (Hg.): *Coolness. Zur Ästhetik einer kulturellen Strategie und Attitüde*, Bielefeld 2010, 201–218.

Krettenauer, Thomas: „Hit Men. Giorgio Moroder, Frank Farian and the eurodisco sound of the 1970/ 80s", in: Ahlers, Michael/Jacke, Christoph (Hg.): *Perspectives on German popular music*, London u. a. 2017, 77–87.

Kühn, Andreas: *Anti-Rock. Avantgarde und Pop im rockfreien Raum*, Berlin 2013.

Kulle, Daniel: „Alle Macht der Super-8. Die West-Berliner Super-8-Film-Bewegung und das Erbe des Punks", in: Meinert, Philipp/Seeliger, Martin (Hg.): *Punk in Deutschland. Sozial- und kulturwissenschaftliche Perspektiven*, Berlin u. a. 2013, 261–286.

Kunst- und Ausstellungshalle der Bundesrepublik Deutschland/Deutsche Kinemathek (Hg.): *Kino der Moderne. Film in der Weimarer Republik*, Dresden 2018.

Langebach, Martin: *Die Black-Metal-Szene. Eine qualitative Studie*, Saarbrücken 2007.

Larkey, Edward: „Just for fun? Language choice in German popular music", in: *Popular Music and Society*, Jg. 24, Nr. 3 (2000), 1–20.

Lau, Thomas: „Pop im Kinderzimmer", in: Kemper, Peter/Langhoff, Thomas/Sonnenschein, Ulrich (Hg.): *„alles so schön bunt hier". Die Geschichte der Popkultur von den Fünfzigern bis heute*, Stuttgart 1999, 306–318.

Lee, Mia: „The Gruppe Spur. Art as a Revolutionary Medium during the Cold War", in: Brown, Timothy S./Anton, Lorena (Hg.): *Between the Avant-Garde and the Everyday. Subversive Politics in Europe from 1957 to the Present*, New York u. a. 2011, 11–30.

Lehne, Jost: „Sonnensturz. Architektur des Expressionismus in Berlin", in: *Expressionismus*, Jg. 4, Nr. 8 (2018), 33–48.

Leitner, Olaf: *West-Berlin! Westberlin! Berlin (West)! Die Kultur – die Szene – die Politik. Erinnerungen an eine Teilstadt der 70er und 80er Jahre*, Berlin 2002.

Lethen, Helmut: „Lob der Kälte. Ein Motiv der historischen Avantgarden", in: Kamper, Dietmar/Reijen, Willem van (Hg.): *Die unvollendete Vernunft. Moderne versus Postmoderne*, Frankfurt a. M. 1987, 282–324.

Lethen, Helmut: „Kältemaschinen der Intelligenz. Attitüden der Sachlichkeit", in: Wichner, Ernst/Wiesner, Herbert (Hg.): *Industriegebiet der Intelligenz. Literatur im Neuen Berliner Westen der 20er und 30er Jahre*, Berlin 1990, 119–153.

Lethen, Helmut: „‚Wir bedienten die Gefriermaschinen'. Der Zeitgeist der Avantgarden", in: Täubrich, Hans-Christian/Tschoeke, Jutta (Hg.): *Unter Null. Kunsteis, Kälte und Kultur*, München 1991, 216–231.

Lethen, Helmut: „Der Jargon der Neuen Sachlichkeit", in: Vaydat, Pierre (Hg.): *Die „Neue Sachlichkeit". Lebensgefühl oder Markenzeichen?*, Lille 1991, 11–35.

Lethen, Helmut: „Sieben Vereisungen. Mein Beitrag zum Schematismus der symbolischen Ordnung", Zum Thema: Eiszeit, in: *Diagonal. Zeitschrift der Universität-Gesamthochschule Siegen*, Nr. 2 (1991), 7–20.

Lethen, Helmut: *Verhaltenslehren der Kälte. Lebensversuche zwischen den Kriegen*, Frankfurt a. M. 1994.

Lethen, Helmut: „Die elektrische Flosse Leviathans. Ernst Jüngers Elektrizität", in: Emmerich, Wolfgang/Wege, Carl (Hg.): *Der Technikdiskurs in der Hitler-Stalin-Ära*, Stuttgart 1995, 15–27.

Lethen, Helmut: *Cool Conduct. The Culture of Distance in Weimar Germany*, Weimar and now, Bd. 17, Berkeley 2002.

Lethen, Helmut: „Die Rückseite des Spiegels. Ernst Jünger zwischen Tierverhaltensforschung und Philosophischer Anthropologie" (2003), in: ders.: *Unheimliche Nachbarschaften. Essays zum Kälte-Kult und der Schlaflosigkeit der Philosophischen Anthropologie im 20. Jahrhundert*, Freiburg i. Br. u. a. 2009, 123–134.

Lethen, Helmut: „Lob der Kälte. Ein Motiv der historischen Avantgarden" (1987), in: ders.: *Unheimliche Nachbarschaften. Essays zum Kälte-Kult und der Schlaflosigkeit der Philosophischen Anthropologie im 20. Jahrhundert*, Freiburg i. Br. u. a. 2009, 59–97.

Lethen, Helmut: „Unheimliche Nachbarschaften" (1995), in: ders.: *Unheimliche Nachbarschaften. Essays zum Kälte-Kult und der Schlaflosigkeit der Philosophischen Anthropologie im 20. Jahrhundert*, Freiburg i. Br. u. a. 2009, 43–58.

Lethen, Helmut: „Unheimliche Nachbarschaften. Essays zum Kälte-Kult und der Schlaflosigkeit der Philosophischen Anthropologie im 20. Jahrhundert". Hg. von Helmut Lethen, Freiburg i. Br. u. a. 2009.

Lethen, Helmut: „Zwei Barbaren. Über einige Denkmotive von Ernst Jünger und Bertolt Brecht in der Weimarer Republik" (1984), in: ders.: *Unheimliche Nachbarschaften. Essays zum Kälte-Kult und der Schlaflosigkeit der Philosophischen Anthropologie im 20. Jahrhundert*, Freiburg i. Br. u. a. 2009, 99–122.

Lethen, Helmut: „Die Kältemetapher in der politischen Rhetorik der Wendezeit", in: Berger Ziauddin, Silvia/Eugster, David/Wirth, Christa (Hg.): *Der kalte Krieg. Kältegrade eines globalen Konflikts*, Zürich u. a. 2017, 109–122.

Lethen, Helmut/Berentsen, Antton: „Eiszeit und Weltuntergang. Geologie und Literatur im 19. Jahrhundert", in: Täubrich, Hans-Christian/Tschoeke, Jutta (Hg.): *Unter Null. Kunsteis, Kälte und Kultur*, München 1991, 18–33.

Lindenberger, Thomas: „Vergangenes Hören und Sehen. Zeitgeschichte und ihre Herausforderung durch die audiovisuellen Medien", in: *Zeithistorische Forschungen/Studies in Contemporary History*, Jg. 1, Nr. 1 (2004), 72–85.

Lipp, Florian: *Punk und New Wave im letzten Jahrzehnt der DDR. Akteure – Konfliktfelder – musikalische Praxis*, Münster u. a. 2021.

Littlejohn, John T.: „Kraftwerk. Language, Lucre, and Loss of Identity", in: *Popular Music and Society*, Jg. 32, Nr. 5 (2009), 635–653.

Littlejohn, John T.: „Krautrock. The Development of a Movement", in: Schütte, Uwe (Hg.): *German Pop Music. A Companion*, Berlin u. a. 2017, 63–84.

Longerich, Winfried: „Da Da Da". Zur Standortbestimmung der Neuen Deutschen Welle, Musikwissenschaftliche Studien, Bd. 9, Pfaffenweiler 1989.

Luthe, Heinz Otto: *Distanz. Untersuchung zu einer vernachlässigten Kategorie*, München 1985.
Maasen, Sabine: „Das beratene Selbst. Zur Genealogie der Therapeutisierung in den „langen" Siebzigern: Eine Perspektivierung", in: Maasen, Sabine/Elberfeld, Jens/Eitler, Pascal (Hg.): *Das beratene Selbst. Zur Genealogie der Therapeutisierung in den „langen" Siebzigern*, Bielefeld 2011, 7–36.
Maasen, Sabine/Elberfeld, Jens/Eitler, Pascal (Hg.): *Das beratene Selbst. Zur Genealogie der Therapeutisierung in den „langen" Siebzigern*, Bielefeld 2011.
Mackenzie, Michael: „Maschinenmenschen, Athleten und die Krise des Körpers in der Weimarer Republik", in: Föllmer, Moritz/Graf, Rüdiger (Hg.): *Die „Krise" der Weimarer Republik. Zur Kritik eines Deutungsmusters*, Frankfurt a. M. 2005, 319–345.
Maier, Hans: „Fortschrittsoptimismus oder Kulturpessimismus? Die Bundesrepublik Deutschland in den 70er und 80er Jahren", in: *Vierteljahreshefte für Zeitgeschichte*, Jg. 56, Nr. 1 (2008), 1–17.
Marcus, Greil: *Lipstick traces. Von Dada bis Punk – kulturelle Avantgarden und ihre Wege aus dem 20. Jahrhundert*, Hamburg 1992 (1989).
Matejovski, Dirk: „Kraftwerk. The history and aesthetics of a pop-cultural concept", in: Ahlers, Michael/Jacke, Christoph (Hg.): *Perspectives on German popular music*, London u. a. 2017, 61–66.
Matt, Peter von: „Brecht und der Kälteschock. Das Trauma der Geburt als Strukturprinzips seines Dramas", in: *Die neue Rundschau*, Jg. 87 (1976), 613–629.
Meinert, Philipp/Seeliger, Martin: „Eine Einleitung", in: dies. (Hg.): *Punk in Deutschland. Sozial- und kulturwissenschaftliche Perspektiven*, Berlin u. a. 2013, 9–55.
Meinert, Philipp/Seeliger, Martin (Hg.): *Punk in Deutschland. Sozial- und kulturwissenschaftliche Perspektiven*, Cultural Studies, Bd. 44, Berlin u. a. 2013.
Menke, Bettine: „Die Polargebiete der Bibliothek. Über eine metapoetische Metapher", in: *Deutsche Vierteljahresschrift für Literaturwissenschaft und Geistesgeschichte*, Nr. 4 (2000), 545–597.
Mentges, Gabriele: „Cold, Coldness, Coolness. Remarks on the Relationship of Dress, Body and Technology", in: *Fashion Theory*, Jg. 4, Nr. 1 (2000), 27–47.
Mentges, Gabriele: „Coolness – Zur Karriere eines Begriffs. Versuch einer historischen und analytischen Annäherung", in: Geiger, Annette/Schröder, Gerald/Söll, Änne (Hg.): *Coolness. Zur Ästhetik einer kulturellen Strategie und Attitüde*, Bielefeld 2010, 17–35.
Meteo, Daniel/Passaro, Sandra: „The Berlin sound of techno", in: Ahlers, Michael/Jacke, Christoph (Hg.): *Perspectives on German popular music*, London u. a. 2017, 237–243.
Meuter, Günter/Otten, Henrique Ricardo (Hg.): *Der Aufstand gegen den Bürger. Antibürgerliches Denken im 20. Jahrhundert*, Würzburg 1999.
Miard-Delacroix, Hélène/Wirsching, Andreas (Hg.): *Emotionen und internationale Beziehungen im Kalten Krieg*, München 2020.
Michelis-Masloch, Cornelia: „Die Kälte in der Literatur oder Literatur der Kälte. Auf der Suche nach einem Motiv", Zum Thema: Eiszeit, in: *Diagonal. Zeitschrift der Universität-Gesamthochschule Siegen*, Nr. 2 (1991), 161–172.
Mohr, Reinhard: *Zaungäste. Die Generation, die nach der Revolte kam*, Frankfurt a. M. 1992.
Molderings, Herbert: „Amerikanismus und Neue Sachlichkeit in der deutschen Fotografie der zwanziger Jahre", in: Vaydat, Pierre (Hg.): *Die „Neue Sachlichkeit". Lebensgefühl oder Markenzeichen?*, Lille 1991, 229–243.
Möller, Hartmut: „Musikalische Nichtwärme. Anleitung zum Kälte-Hören in Strawinskys Petruschka", in: Baßler, Moritz/Knapp, Ewout van der (Hg.): *Die (k)alte Sachlichkeit. Herkunft und Wirkungen eines Konzepts*, Würzburg 2004, 61–71.
Monroe, Alexei: „Neu Konservatiw. Die Rückkehr eines Mythos", in: Nym, Alexander (Hg.): *Schillerndes Dunkel. Geschichte, Entwicklung und Themen der Gothic-Szene*, Leipzig 2010, 80–89.
Monroe, Alexei: *Laibach und NSK. Die Inquisitionsmaschine im Kreuzverhör*, Mainz 2014.

Monroe, Alexei: „Sender Deutschland. The Development and Reception of Techno in Germany", in: Schütte, Uwe (Hg.): *German Pop Music. A Companion*, Berlin u. a. 2017, 171–188.

Möntmann, Nina: „'Die treibende Kraft der mobilen Anpassung (unberechenbare Pässe!)'", in: Neue Gesellschaft für Bildende Kunst e. V./Reichensperger, Petra/Felix, Katrin/Sauerwald, Jan (Hg.): *Lieber zu viel als zu wenig. Kunst, Musik, Aktionen zwischen Hedonismus und Nihilismus (1976–1985)*, Berlin 2003, 98–105.

Moore, Ryan: „Postmodernism and Punk Subculture. Cultures of Authenticity and Deconstruction", in: *The Communication Review*, Nr. 7 (2004), 305–327.

Morat, Daniel: „Kalte Männlichkeit? Weimarer Verhaltenslehren im Spannungsfeld von Emotionen- und Geschlechtergeschichte", in: Borutta, Manuel/Verheyen, Nina (Hg.): *Die Präsenz der Gefühle. Männlichkeit und Emotion in der Moderne*, Bielefeld 2010, 153–177.

Morat, Daniel: „Sound Studies – Sound Histories. Zur Frage nach dem Klang in der Geschichtswissenschaft und der Geschichte in der Klangwissenschaft", 2010. URL: https://edoc.hu-berlin.de/bitstream/handle/18452/7498/morat.pdf (Letzter Zugriff: 24.10.2022).

Morat, Daniel: „Der Klang der Zeitgeschichte. Eine Einleitung", in: *Zeithistorische Forschungen/Studies in Contemporary History*, Jg. 8, Nr. 2 (2011), 172–177.

Mrozek, Bodo: „Popgeschichte", Version: 1.0, 6. Mai 2010, *Docupedia-Zeitgeschichte*. URL: http://docupedia.de/zg/mrozek_popgeschichte_v1_de_2010 (Letzter Zugriff: 24.10.2022).

Mrozek, Bodo: „Geschichte in Scheiben. Schallplatten als zeithistorische Quellen", in: *Zeithistorische Forschungen/Studies in Contemporary History*, Jg. 8, Nr. 2 (2011), 295–304.

Mrozek, Bodo: „Punk", in: Netzwerk Körper (Hg.): *What Can a Body Do? Praktiken und Figurationen des Körpers in den Kulturwissenschaften*, Frankfurt a. M. 2012, 191–196.

Mrozek, Bodo: „Subkultur und Cultural Studies. Ein kulturwissenschaftlicher Begriff in zeithistorischer Perspektive", in: Geishövel, Alexa/Mrozek, Bodo (Hg.): *Popgeschichte. Band 1: Konzepte und Methoden*, Bielefeld 2014, 101–125.

Mrozek, Bodo: „Vom Ätherkrieg zur Popperschlacht. Die Popscape West-Berlin als Produkt der urbanen und geopolitischen Konfliktgeschichte", in: *Zeithistorische Forschungen/Studies in Contemporary History*, Jg. 11, Nr. 2 (2014), 288–299.

Mrozek, Bodo: *Jugend – Pop – Kultur. Eine transnationale Geschichte*, Berlin 2019.

Mrozek, Bodo: „Walle, walle, nimm die schlechten Lumpenhüllen. Body politics der Langhaarigkeit in Lebensreform um 1900 und alternativem Milieu um 1980", in: Siegfried, Detlef/Templin, David (Hg.): *Lebensreform um 1900 und Alternativmilieu um 1980. Kontinuitäten und Brüche in Milieus der gesellschaftlichen Selbstreflexion im frühen und späten 20. Jahrhundert*, Göttingen 2019, 271–291.

Mrozek, Bodo/Geishövel, Alexa/Danyel, Jürgen: „Pop als Zeitgeschichte", in: dies. (Hg.): *Popgeschichte. Band 2: Zeithistorische Fallstudien 1958 – 1988*, Bielefeld 2014, 7–15.

Mrozek, Bodo/Geishövel, Alexa/Danyel, Jürgen (Hg.): *Popgeschichte. Band 2: Zeithistorische Fallstudien 1958 – 1988*, Histoire, Bielefeld 2014.

Mueller, Charles: „Gothicism and English Goth Music. Notes on the Repertoire", in: *Gothic Studies*, Jg. 14, Nr. 2 (2012), 74–88.

Mühlmann, Wolf-Rüdiger: *Letzte Ausfahrt: Germania. Ein Phänomen namens Neue Deutsche Härte*, Berlin 1999.

Muller, Françoise: „Neue Sachlichkeit und Arbeitswelt", in: Vaydat, Pierre (Hg.): *Die „Neue Sachlichkeit". Lebensgefühl oder Markenzeichen?*, Lille 1991, 55–70.

Neidhart, Didi: „Trans Europa Express. Zwischen Postkarten-Klischees, Pop-Affirmation & Planet Rock", in: Schütte, Uwe (Hg.): *Mensch – Maschinen – Musik. Das Gesamtkunstwerk Kraftwerk*, Düsseldorf 2018, 70–87.

Neue Gesellschaft für Bildende Kunst e. V./Reichensperger, Petra/Felix, Katrin/Sauerwald, Jan (Hg.): *Lieber zu viel als zu wenig. Kunst, Musik, Aktionen zwischen Hedonismus und Nihilismus (1976–1985)*, Berlin 2003.

Neumann-Braun, Klaus/Schmidt, Axel/Mai, Manfred (Hg.): *Popvisionen. Links in die Zukunft*, Frankfurt a. M. 2003.

Niedhart, Gottfried: „Der Ost-West-Konflikt. Konfrontation im Kalten Krieg und Stufen der Deeskalation", in: *Archiv für Sozialgeschichte*, Nr. 50 (2010), 557–594.

Nye, Sean: „What is Teutonic? An Update on the German Question", in: Wisotzki, Katharina/Falke, Sara R. (Hg.): *Böse Macht Musik. Zur Ästhetik des Bösen in der Musik*, Bielefeld u. a. 2012, 113–129.

Nye, Sean: „Minimal Understandings. The Berlin Decade, The Minimal Continuum, and Debates on the Legacy of German Techno", in: *Journal of Popular Music Studies*, Jg. 25, Nr. 2 (2013), 154–184.

Nye, Sean: „Von „Berlin Minimal" zu „Maximal EDM". Genrediskurse zwischen Deutschland und den USA", in: Feser, Kim/Pasdzierny, Matthias (Hg.): *Techno studies. Ästhetik und Geschichte elektronischer Tanzmusik*, Berlin 2016, 121–135.

Nym, Alexander (Hg.): *Schillerndes Dunkel. Geschichte, Entwicklung und Themen der Gothic-Szene*, Leipzig 2010.

Nym, Alexander/Stiglegger, Marcus: „Gothic", in: Hecken, Thomas/Kleiner, Marcus S. (Hg.): *Handbuch Popkultur*, Stuttgart 2017, 91–97.

Olson, Benjamin Hedge: „Voice of our blood. National Socialist discourses in black metal", in: *Popular Music History*, Jg. 6, Nr. 1 (2011), 135–149.

Papenburg, Jens Gerrit: „‚A great idea after the fact'. Das (Er-)Finden der Maxisingle in der New Yorker Discokultur der 1970er Jahre", in: Mrozek, Bodo/Geisthövel, Alexa/Danyel, Jürgen (Hg.): *Popgeschichte. Band 2: Zeithistorische Fallstudien 1958 – 1988*, Bielefeld 2014, 179–198.

Papenburg, Jens Gerrit: „Kosmische music. On krautrock's takeoff", in: Ahlers, Michael/Jacke, Christoph (Hg.): *Perspectives on German popular music*, London u. a. 2017, 55–60.

Paul, Gerhard: „Visual History", Version 3.0, 13. März 2014, *Docupedia-Zeitgeschichte*. URL: http://docupedia.de/zg/paul_visual_history_v3_de_2014 (Letzter Zugriff: 24.10.2022).

Pehlemann, Alexander/Papenfuß, Bert/Mießner, Robert (Hg.): *1984! Block an Block. Subkulturen im Orwell-Jahr*, Mainz 2015.

Peters, Sebastian: *Ein Lied mehr zur Lage der Nation. Politische Inhalte in deutschsprachigen Popsongs*, Berlin 2010.

Peukert, Detlev J. K.: *Die Weimarer Republik. Krisenjahre der klassischen Moderne*, Frankfurt a. M. 1987.

Pfleiderer, Martin: „Sound. Anmerkungen zu einem populären Begriff", in: Phleps, Thomas/Appen, Ralf von (Hg.): *Pop-Sounds. Klangtexturen in der Pop- und Rockmusik. Basics – Stories – Tracks*, Bielefeld 2003, 19–29.

Phillipov, Michelle: „Extreme music for extreme people? Norwegian black metal and transcendent violence", in: *Popular Music History*, Jg. 6, Nr. 1 (2011), 150–163.

Phleps, Thomas/Appen, Ralf von (Hg.): *Pop-Sounds. Klangtexturen in der Pop- und Rockmusik. Basics – Stories – Tracks*, Bielefeld 2003.

Pilzweger, Stefanie: *Männlichkeit zwischen Gefühl und Revolution. Eine Emotionsgeschichte der bundesdeutschen 68er-Bewegung*, Bielefeld 2015.

Plamper, Jan: *Geschichte und Gefühle. Grundlagen der Emotionsgeschichte*, München 2012.

Platz, Judith/Balanck, Megan/Nym, Alexander: „Schwarze Subgenres und Stilrichtungen", in: Nym, Alexander (Hg.): *Schillerndes Dunkel. Geschichte, Entwicklung und Themen der Gothic-Szene*, Leipzig 2010, 144–181.

Plumpe, Werner: „‚Ölkrise' und wirtschaftlicher Strukturwandel. Die bundesdeutsche Wirtschaft im Zeichen von Normalisierung und Globalisierung während der 1970er Jahre", in: Gallus,

Alexander/Schildt, Axel/Siegfried, Detlef (Hg.): *Deutsche Zeitgeschichte – transnational*, Göttingen 2015, 101–123.

Poschardt, Ulf: *Cool*, Hamburg 2002.

Psurek, Marcus: „Arm the Unemployed! Frankie, New Pop und die Wucht der Uneigentlichkeit", in: Pehlemann, Alexander/Papenfuß, Bert/Mießner, Robert (Hg.): *1984! Block an Block. Subkulturen im Orwell-Jahr*, Mainz 2015, 73–87.

Putnam, Michael T.: „Music as a Weapon. Reactions and Responses to RAF Terrorism in the Music of Ton Steine Scherben and their Successors in Post-9/11 Music", in: *Popular Music and Society*, Jg. 32, Nr. 5 (2009), 595–606.

Rabe, Jens-Christian: „Fliegende Klassenfeinde. Affirmation als Subversion oder die Geburt der deutschen Poptheorie aus dem Verdruss über linksalternativen Authentizitätskult und Schweinerock", in: *Mittelweg*, Jg. 36, Nr. 4–5 (2016), 98–106.

Raithel, Thomas/Rödder, Andreas/Wirsching, Andreas (Hg.): *Auf dem Weg in eine neue Moderne? Die Bundesrepublik Deutschland in den siebziger und achtziger Jahren*, München 2009.

Raithel, Thomas/Rödder, Andreas/Wirsching, Andreas: „Einleitung", in: dies. (Hg.): *Auf dem Weg in eine neue Moderne? Die Bundesrepublik Deutschland in den siebziger und achtziger Jahren*, München 2009, 7–14.

Rauen, Christoph: *Pop und Ironie. Popdiskurs und Popliteratur um 1980 und 2000*, Berlin u. a. 2010.

Reckwitz, Andreas: *Das hybride Subjekt. Eine Theorie der Subjektkulturen von der bürgerlichen Moderne zur Postmoderne*, Weilerswist 2006.

Reddy, William M.: *The Navigation of Feeling. A Framework for the History of Emotions*, Cambridge 2001.

Redhead, Steve: *The end-of-the-century-party. Youth and pop towards 2000*, Manchester u. a. 1990.

Reed, S. Alexander: *Assimilate. A Critical History of Industrial Music*, New York 2013.

Reichardt, Sven: „‚Wärme' als Modus sozialen Verhaltens? Vorüberlegungen zu einer Kulturgeschichte des linksalternativen Milieus vom Ende der 1960er bis Anfang der 1980er Jahre", in: *Vorgänge*, Jg. 44, Nr. 3/4 (2005), 175–187.

Reichardt, Sven: „Klaus Theweleits „Männerphantasien" – ein Erfolgsbuch der 1970er-Jahre", in: *Zeithistorische Forschungen/Studies in Contemporary History*, Jg. 3, Nr. 3 (2006), 401–421. URL: *https://zeithistorische-forschungen.de/3-2006/4650* (Letzter Zugriff: 24.10.2022).

Reichardt, Sven: *Authentizität und Gemeinschaft. Linksalternatives Leben in den siebziger und frühen achtziger Jahren*, Berlin 2014.

Reimann, Aribert: „Zwischen Machismo und Coolness. Männlichkeit und Emotion in der westdeutschen ‚Kulturrevolution' der 1960er- und 1970er-Jahre", in: Borutta, Manuel/Verheyen, Nina (Hg.): *Die Präsenz der Gefühle. Männlichkeit und Emotion in der Moderne*, Bielefeld 2010, 229–253.

Reinecke, David M.: „‚When I Count to Four …'. James Brown, Kraftwerk, and the Practice of Musical Time Keeping before Techno", in: *Popular Music and Society*, Jg. 32, Nr. 5 (2009), 607–616.

Reyes, Ian: „Blacker than Death. Recollecting the ‚Black Turn' in Metal Aesthetics", in: *Journal of Popular Music Studies*, Jg. 25, Nr. 2 (2013), 240–257.

Reynolds, Simon: „New Pop and its Aftermath" (1985), in: Frith, Simon/Goodwin, Andrew (Hg.): *On Record. Rock, Pop, and the Written Word*, London 1990, 466–471.

Reynolds, Simon: *Rip It Up And Start Again. Schmeiß alles hin und fang neu an: Postpunk 1978–1984*, Höfen 2007 (2005).

Reynolds, Simon: *Retromania. Warum Pop nicht von seiner Vergangenheit lassen kann*, Mainz 2012 (2011).

Reynolds, Simon: *Glam. Glitter Rock und Art Pop von den Siebzigern bis ins 21. Jahrhundert*, Mainz 2017 (2016).

Richard, Birgit: *Todesbilder. Kunst, Subkultur, Medien*, München 1995.

Rietveld, Hillegonda: „Trans-Europa Express. Tracing the Trance Machine", in: Albiez, Sean/Pattie, David (Hg.): *Kraftwerk. Music Non-Stop*, New York 2011, 214–230.

Rosenwein, Barbara H.: *Emotional communities in the early Middle Ages*, Ithaca 2006.

Ross, Alex: *The Rest is Noise. Das 20. Jahrhundert hören*, München 2009.

Ruby, Sigrid: „Kühle Kuben. Die Coolness der Minimal Art", in: Geiger, Annette/Schröder, Gerald/Söll, Änne (Hg.): *Coolness. Zur Ästhetik einer kulturellen Strategie und Attitüde*, Bielefeld 2010, 185–200.

Sarasin, Philipp: *1977. Eine kurze Geschichte der Gegenwart*, Berlin 2021.

Schildt, Axel: „‚German Angst'. Überlegungen zu einer Mentalitätsgeschichte der Bundesrepublik", in: Münkel, Daniela/Schwarzkopf, Jutta (Hg.): *Geschichte als Experiment. Studien zu Politik, Kultur und Alltag im 19. und 20. Jahrhundert: Festschrift für Adelheid von Saldern*, Frankfurt a. M. 2004, 87–98.

Schiller, Melanie: „‚Fun Fun Fun on the Autobahn'. Kraftwerk Challenging Germanness", in: *Popular Music and Society*, Jg. 37, Nr. 5 (2014), 618–637.

Schiller, Melanie: *Soundtracking Germany. Popular Music and National Identity*, London u. a. 2018.

Schiller, Melanie: „Wie klingt die Bundesrepublik? Kraftwerk, Autobahn und die Suche nach der eigenen Identität", in: Schütte, Uwe (Hg.): *Mensch – Maschinen – Musik. Das Gesamtkunstwerk Kraftwerk*, Düsseldorf 2018, 34–49.

Schmalenbach, Fritz: *Die Malerei der „Neuen Sachlichkeit"*, Berlin 1973.

Schmidt-Bergmann, Hansgeorg: *Futurismus. Geschichte, Ästhetik, Dokumente*, Reinbek bei Hamburg 1993.

Schmied, Wieland: „Die Neue Sachlichkeit. Malerei der Weimarer Zeit", in: Vaydat, Pierre (Hg.): *Die „Neue Sachlichkeit". Lebensgefühl oder Markenzeichen?*, Lille 1991, 217–228.

Schmucki, Barbara: „Schneisen durch die Stadt. Sinnbild der „modernen" Stadt", in: *WerkstattGeschichte*, Jg. 21 (1998), 43–63.

Schneider, Frank Apunkt: *Als die Welt noch unterging. Von Punk zu NDW*, Mainz 2007.

Schneider, Frank Apunkt: „‚My Future In The SS'. Zur Identifikation mit den Täter_innen im deutschen (Post-)Punk", in: Engelmann, Jonas/Frühauf, Hans-Peter/Nell, Werner/Waldmann, Peter (Hg.): *We are ugly but we have the music. Eine ungewöhnliche Spurensuche in Sachen jüdischer Erfahrung und Subkultur*, Mainz 2012, 147–159.

Schneider, Frank Apunkt: *Deutschpop halt's Maul! Für eine Ästhetik der Verkrampfung*, Mainz 2015.

Schneider, Frank Apunkt: „There's no future like ‚No Future'", in: Pehlemann, Alexander/Papenfuß, Bert/Mießner, Robert (Hg.): *1984! Block an Block. Subkulturen im Orwell-Jahr*, Mainz 2015, 17–21.

Scholz, Sylka: „Vom starken Helden zum zärtlichen Vater? Männlichkeit und Emotionalität in der DDR", in: Borutta, Manuel/Verheyen, Nina (Hg.): *Die Präsenz der Gefühle. Männlichkeit und Emotion in der Moderne*, Bielefeld 2010, 203–228.

Schramm, Caroline: „Avantgardistische Geräuschmusik in Russland", in: *testcard. Beiträge zur Popgeschichte*, Nr. 3 (1996), 168–177.

Schramm, Moritz: „Heldenhafte Authentizität. Zur politischen Inszenierung des Naiven in der Neuen Neuen Deutschen Welle", in: Krankenhagen, Stefan/Hügel, Hans-Otto (Hg.): *Figuren des Dazwischen. Naivität als Strategie in Kunst, Pop und Populärkultur*, München 2010, 161–184.

Schregel, Susanne: „Konjunktur der Angst. „Politik der Subjektivität" und „neue Friedensbewegung", 1979–1983", in: Greiner, Bernd/Müller, Christian Th./Walter, Dierk (Hg.): *Angst im Kalten Krieg*, Hamburg 2009, 495–520.

Schregel, Susanne: „Die ‚Macht der Mächtigen' und die Macht der ‚Machtlosen'. Rekonfigurationen des Machtdenkens in den 1980er Jahren", in: *Archiv für Sozialgeschichte*, Jg. 52 (2012), 403–428.

Schubarth, Caroline: „I'll be a rock'n roll bitch for you", in: Kauer, Katja (Hg.): *Pop und Männlichkeit. Zwei Phänomene in prekärer Wechselwirkung?*, Berlin 2009, 205–277.

Schubert, Dietrich: *Otto Dix in Selbstzeugnissen und Bilddokumenten*, Reinbek bei Hamburg 1980.

Schuhmann, Annette: „Der Traum vom perfekten Unternehmen. Die Computerisierung der Arbeitswelt in der Bundesrepublik Deutschland (1950er- bis 1980er-Jahre)", in: *Zeithistorische Forschungen/Studies in Contemporary History*, Jg. 9, Nr. 2 (2012), 231–256.

Schumacher, Eckhard: „Deutsch als Fremdsprache", in: Meinecke, Thomas: *Lob der Kybernetik. Songtexte 1980–2007. Mit einem Nachwort von Eckhard Schumacher*, Frankfurt a. M. 2007, 231–242.

Schumacher, Eckhard: „Re-Make / Re-Model. Kraftwerk international", in: Schütte, Uwe (Hg.): *Mensch – Maschinen – Musik. Das Gesamtkunstwerk Kraftwerk*, Düsseldorf 2018, 262–274.

Schütte, Uwe: *Die Poetik des Extremen. Ausschreitungen einer Sprache des Radikalen*, Göttingen 2006.

Schütte, Uwe (Hg.): *German Pop Music. A Companion*, Berlin u. a. 2017.

Schütte, Uwe: „Kraftwerk. Industrielle Volksmusik between Retro-Futurism and Ambivalence", in: ders. (Hg.): *German Pop Music. A Companion*, Berlin u. a. 2017, 85–109.

Schütte, Uwe: „‚Halb Wesen und halb Ding'. Nostalgische Vergangenheit und posthumane Zukunft in Die Mensch-Maschine", in: ders. (Hg.): *Mensch – Maschinen – Musik. Das Gesamtkunstwerk Kraftwerk*, Düsseldorf 2018, 88–115.

Schütte, Uwe: „Kalium, Kalzium, Eisen, Magnesium. Anmerkungen zu Kraftwerks Texten", in: ders. (Hg.): *Mensch – Maschinen – Musik. Das Gesamtkunstwerk Kraftwerk*, Düsseldorf 2018, 238–261.

Schütte, Uwe (Hg.): *Mensch – Maschinen – Musik. Das Gesamtkunstwerk Kraftwerk*, Düsseldorf 2018.

Schütz, Heinz: „Ruinenexzess Katastrophenkult. Jencks, Einstürzende Neubauten und Punk und Tödliche Doris und", in: Emmerling, Leonhard/Weh, Mathilde (Hg.): *Geniale Dilletanten. Subkultur der 1980er-Jahre in Deutschland*, Ostfildern 2015, 130–138.

Seabrook, Thomas Jerome: *Bowie in Berlin. A New Career in a New Town*, San Francisco 2008.

Seegers, Lu: „Pop und Generationalität. Anmerkungen zu einer vernachlässigten Beziehung", in: Geisthövel, Alexa/Mrozek, Bodo (Hg.): *Popgeschichte. Band 1: Konzepte und Methoden*, Bielefeld 2014, 79–99.

Seidel, Wolfgang: „CON_Structeur. Conrad Schnitzler 1937–2011", in: *testcard. Beiträge zur Popgeschichte*, Nr. 21 (2011), 241–249.

Seifert, Anja: *Körper, Maschine, Tod. Zur symbolischen Artikulation in Kunst und Jugendkultur des 20. Jahrhunderts*, Wiesbaden 2004.

Seiler, Sascha: „Verbotene Früchte. Naivität im Diskurspop", in: Krankenhagen, Stefan/Hügel, Hans-Otto (Hg.): *Figuren des Dazwischen. Naivität als Strategie in Kunst, Pop und Populärkultur*, München 2010, 185–202.

Seim, Roland: „No Sun, No Fun, No Future. Zur Todesthematik in Punk- und Independent-Musik", in: Seim, Roland/Spiegel, Josef (Hg.): *„The Sun Ain't Gonna Shine Anymore". Tod und Sterben in der Rockmusik*, Münster 2009, 79–105.

Seim, Roland/Spiegel, Josef (Hg.): *„The Sun Ain't Gonna Shine Anymore". Tod und Sterben in der Rockmusik*, Münster 2009.

Sellheim, Nikolas: „Black and Viking metal. How two extreme music genres depict, construct and transfigure the (sub-)Arctic", in: *Polar Record*, Jg. 52, Nr. 5 (2016), 509–517.

Shryane, Jennifer: *Blixa Bargeld and Einstürzende Neubauten. German Experimental Music. ‚Evading do-re-mi'*, Aldershot 2011.

Siegfried, Detlef: „‚Einstürzende Neubauten'. Wohngemeinschaften, Jugendzentren und private Präferenzen kommunistischer ‚Kader' als Formen jugendlicher Subkultur", in: *Archiv für Sozialgeschichte*, Jg. 44 (2004), 39–66.

Siegfried, Detlef: „Pop und Politik", in: Geisthövel, Alexa/Mrozek, Bodo (Hg.): *Popgeschichte. Band 1: Konzepte und Methoden*, Bielefeld 2014, 33–56.

Siegfried, Detlef/Templin, David (Hg.): *Lebensreform um 1900 und Alternativmilieu um 1980. Kontinuitäten und Brüche in Milieus der gesellschaftlichen Selbstreflexion im frühen und späten 20. Jahrhundert*, Göttingen 2019.

Siemens, Daniel: „Von Marmorleibern und Maschinenmenschen. Neue Literatur zur Körpergeschichte in Deutschland zwischen 1900 und 1936", in: *Archiv für Sozialgeschichte*, Jg. 47 (2007), 639–682.

Simmeth, Alexander: *Krautrock Transnational. Die Neuerfindung der Popmusik in der BRD, 1968 – 1978*, Bielefeld 2016.

Sommer, Andreas Urs: „Coolness. Zur Geschichte der Distanz", in: *Zeitschrift für Ideengeschichte*, Jg. 1, Nr. 1 (2007), 30–44.

Sontag, Susan: „Anmerkungen zu ‚Camp'" (1964), in: dies.: *Kunst und Antikunst. 24 literarische Analysen*, Reinbek bei Hamburg 1968, 269–284.

Sontag, Susan: „Die Katastrophenphantasie" (1965), in: dies.: *Kunst und Antikunst. 24 literarische Analysen*, Reinbek bei Hamburg 1968, 232–247.

Sontag, Susan: „Kunst und Antikunst. 24 literarische Analysen", Reinbek bei Hamburg 1968.

Sontag, Susan: „Fascinating Fascism", in: *The New York Review of Books*, 6. Februar 1975. URL: https://www.nybooks.com/articles/1975/02/06/fascinating-fascism/ (Letzter Zugriff: 24.10.2022).

Sontag, Susan: *Krankheit als Metapher*, Hanser, Bd. 262, München u. a. 1978 (1977).

Spitz, Marc: *Bowie. A Biography*, New York 2009.

Spode, Hasso: „Zur Sozial- und Siedlungsgeschichte Kreuzbergs", in: Engel, Helmut/Jersch-Wenzel, Stefi/Treue, Wilhelm (Hg.): *Kreuzberg*, Berlin 1994, I–XXIX.

Stearns, Peter N.: *American Cool. Constructing a Twentieth-Century Emotional Style*, New York u. a. 1994.

Stein, Gerd (Hg.): *Dandy – Snob – Flaneur. Dekadenz und Exzentrik, Kulturfiguren und Sozialcharaktere des 19. und 20. Jahrhunderts*, Bd. 2, Frankfurt a. M. 1988.

Stephan, Inge: *Eisige Helden. Kälte, Emotionen und Geschlecht in Literatur und Kunst vom 19. Jahrhundert bis in die Gegenwart*, Bielefeld 2019.

Stiglegger, Marcus: „Fetisch und Tabu. Provokative Kulturtechniken in schwarzromantischen Subkulturen", in: Nym, Alexander (Hg.): *Schillerndes Dunkel. Geschichte, Entwicklung und Themen der Gothic-Szene*, Leipzig 2010, 310–320.

Stiglegger, Marcus: *Nazi-Chic und Nazi-Trash. Faschistische Ästhetik in der populären Kultur*, Berlin 2011.

Stiglegger, Marcus: „Preacher Men. Mystizismus und Neo-Mythologie im britischen Gothic-Rock", in: Kleiner, Marcus S./Wilke, Thomas (Hg.): *Pop & Mystery. Spekulative Erkenntnisprozesse in Populärkulturen*, Bielefeld 2015, 63–80.

Stiglegger, Marcus: „Industrial", in: Hecken, Thomas/Kleiner, Marcus S. (Hg.): *Handbuch Popkultur*, Stuttgart 2017, 97–101.

Strobel, Ricarda: „Das Jahrzehnt des Designs. Architektur, Alltagsgegenstände und Mode", in: Faulstich, Werner (Hg.): *Die Kultur der achtziger Jahre*, München 2005, 51–67.

Stubbs, David: *Future Days. Krautrock and the Building of Modern Germany*, London 2014.

Süß, Winfried/Woyke, Meik: „Schimanskis Jahrzehnt? Die 1980er Jahre in historischer Perspektive", in: *Archiv für Sozialgeschichte*, Jg. 52, Nr. 3–20 (2012).

Sutton, Katie: „The Masculinized Female Athlete in Weimar Germany", in: *German Politics and Society*, Jg. 27, Nr. 3 (2009), 28–49.

Tacke, Alexandra/Weyand, Björn (Hg.): *Depressive Dandys. Spielformen der Dekadenz in der Pop-Moderne*, Köln u. a. 2009.

Tändler, Maik: „‚Psychoboom'. Therapeutisierungsprozesse in Westdeutschland in den späten 1960er- und 1970er-Jahren", in: Maasen, Sabine/Elberfeld, Jens/Eitler, Pascal (Hg.): *Das beratene Selbst. Zur Genealogie der Therapeutisierung in den „langen" Siebzigern*, Bielefeld 2011, 59–94.

Täubrich, Hans-Christian/Tschoeke, Jutta (Hg.): *Unter Null. Kunsteis, Kälte und Kultur*, München 1991.

Theweleit, Klaus: *Männerphantasien*, Basel u. a. 1977/1978.
Theweleit, Klaus: *Männerphantasien. Bd. 2. Männerkörper – zur Psychoanalyse des Weißen Terrors*, Basel u. a. 1985 (1978).
Toop, David: *Rap Attack. African Jive to New York Hip Hop*, 3. Aufl., London 2000 (1984).
Uka, Walter: „Der deutsche Film schiebt den Blues. Kino und Film in der Bundesrepublik in den achtziger Jahren", in: Faulstich, Werner (Hg.): *Die Kultur der achtziger Jahre*, München 2005, 105–121.
Ullmaier, Johannes: „Destruktive Cover-Versionen", in: *testcard. Beiträge zur Popgeschichte*, Nr. 1 (1995), 60–87.
Ullmaier, Johannes: „Kraftwerk, Kraftwerk unter anderem. Anmerkungen zu einem deutschen Mythos", in: Schütte, Uwe (Hg.): *Mensch – Maschinen – Musik. Das Gesamtkunstwerk Kraftwerk*, Düsseldorf 2018, 333–357.
Van Herck, Karina: „‚Only where comfort ends, does humanity begin'. On the ‚coldness' of avant-garde architecture in the Weimar period", in: Heynen, Hilde/Baydar, Gulsum (Hg.): *Negotiating Domesticity. Spatial Productions of Gender in Modern Architecture*, London u. a. 2005, 123–144.
Vaydat, Pierre (Hg.): *Die „Neue Sachlichkeit". Lebensgefühl oder Markenzeichen?*, Lille 1991.
Vaydat, Pierre: „Neue Sachlichkeit als ethische Haltung", in: ders. (Hg.): *Die „Neue Sachlichkeit". Lebensgefühl oder Markenzeichen?*, Lille 1991, 37–54.
Verheyen, Nina: „Geschichte der Gefühle", Version 1.0, 18. Juni 2010 (Letzte Aktualisierung: 18.06.2010). URL: *http://docupedia.de/zg/verheyen_gefuehle_v1_de_2010* (Letzter Zugriff: 24.10.2022).
Voß, Torsten: *Die Distanz der Kunst und die Kälte der Formen*, München 2007.
Vowinckel, Annette: „Neue Deutsche Welle. Musik als paradoxe Intervention gegen die ‚geistig-moralische Wende' der Ära Kohl", in: *Archiv für Sozialgeschichte*, Jg. 52 (2012), 455–490.
Walther, Christian: „Songtexte und Lyrik in der Gothic-Szene. Eine Annäherung", in: Nym, Alexander (Hg.): *Schillerndes Dunkel. Geschichte, Entwicklung und Themen der Gothic-Szene*, Leipzig 2010, 322–329.
Wandler, Heiko: *Technologie und Sound in der Pop- und Rockmusik. Entwicklung der Musikelektronik und Auswirkungen auf Klangbild und Klangideal, Beiträge zur systematischen Musikwissenschaft*, Bd. 22, Osnabrück 2012.
Wedemeyer-Kolwe, Bernd: *Der neue Mensch. Körperkultur im Kaiserreich und in der Weimarer Republik*, Würzburg 2004.
Weinhauer, Klaus: „Heroinszenen in der Bundesrepublik Deutschland und in Großbritannien der siebziger Jahre. Konsumpraktiken zwischen staatlichen, medialen und zivilgesellschaftlichen Einflüssen", in: Reichardt, Sven/Siegfried, Detlef (Hg.): *Das Alternative Milieu. Antibürgerlicher Lebensstil und linke Politik in der Bundesrepublik Deutschland und Europa 1968–1983*, Göttingen 2010, 244–264.
Wellmann, Henning: „‚Let fury have the hour, anger can be power'. Praktiken emotionalen Erlebens in den frühen deutschen Punkszenen", in: Mrozek, Bodo/Geisthövel, Alexa/Danyel, Jürgen (Hg.): *Popgeschichte. Band 2: Zeithistorische Fallstudien 1958 – 1988*, Bielefeld 2014, 291–311.
Wellmann, Henning: „Pop- und Emotionsgeschichte. Eine viel versprechende Partnerschaft", in: Geisthövel, Alexa/Mrozek, Bodo (Hg.): *Popgeschichte. Band 1: Konzepte und Methoden*, Bielefeld 2014, 201–225.
Werding, Martin: „Gab es eine neoliberale Wende. Wirtschaft und Wirtschaftspolitik in der Bundesrepublik Deutschland ab Mitte der 1970er Jahre", in: *Vierteljahreshefte für Zeitgeschichte*, Jg. 56, Nr. 2 (2008).

Werner, Martin: *Die Kälte-Metaphorik in der modernen deutschen Literatur*, unveröffentlichte Dissertation, Düsseldorf 2006.
Wilhelms, Kerstin: „The Sound of Germany. Nationale Identifikation bei Rammstein", in: Grabbe, Katharina/Köhler, Sigrid G./Wagner-Egelhaaf, Martina (Hg.): *Das Imaginäre der Nation. Zur Persistenz einer politischen Kategorie in Literatur und Film*, Bielefeld 2012, 245–263.
Willett, John: *The Theatre of the Weimar Republic*, New York 1988.
Wilmes, Ulrich: „Heiß oder kalt – Malerei der 80er-Jahre", in: Emmerling, Leonhard/Weh, Mathilde (Hg.): *Geniale Dilletanten. Subkultur der 1980er-Jahre in Deutschland*, Ostfildern 2015, 106–113.
Winne, Axel: „Computerwelt. Stunde null des Techno", in: Schütte, Uwe (Hg.): *Mensch – Maschinen – Musik. Das Gesamtkunstwerk Kraftwerk*, Düsseldorf 2018, 124–139.
Wirsching, Andreas: „Eine „Ära Kohl"? Die widersprüchliche Signatur deutscher Regierungspolitik 1982–1998", in: *Archiv für Sozialgeschichte*, Jg. 52, Nr. 667–684 (2012).
Witt, Richard: „Vorsprung durch Technik. Kraftwerk and the British Fixation with Germany", in: Albiez, Sean/Pattie, David (Hg.): *Kraftwerk. Music Non-Stop*, New York 2011, 163–180.
Yurchak, Alexei: „Mimetic Critique of Ideology. Laibach and AVIA", in: *Experience of Perestroika*, Nr. 19 (2008). URL: *https://chtodelat.org/b8-newspapers/12-51/mimetic-critique-of-ideology-laibach-and-avia/* (Letzter Zugriff: 24.10.2022).
Zitzlsperger, Ulrike: „AugenBlicke. Zur Wahrnehmung Berlins in den zwanziger Jahren", in: *Expressionismus*, Jg. 4, Nr. 8 (2018), 93–104.

Publizierte Quellen

Aikin, Jim: „Kraftwerk. Architects of the Trans-Global-Express", in: *Keyboard*, Nr. 3 (1982).
Aikin, Jim: „Kraftwerk. Architects of the Trans-Global-Express" (1982), in: Rule, Greg (Hg.): *Electro shock! Groundbreakers of Synth Music*, San Francisco 1999, 178–191.
Albers, Sophie: „Laibach ist Rammstein für Erwachsene", 6. Dezember 2004, *netzeitung.de* (Letzter Zugriff: 03.03.2013). Memento der Seite: https://web.archive.org/web/20041213171853/http://www.netzeitung.de/entertainment/music/315256.html (Letzter Zugriff: 01.03.2022).
Almquist, Paula: „Kühle Gefühle. Wie Gehabe zur Lebensform stilisiert wird", in: *Stern*, Nr. 41 (1982), 40–58.
Alsleben, Abo: *Mayhem Live in Leipzig. Wie ich den Black Metal nach Ostdeutschland brachte*, Leipzig 2020.
Ammann, Judith: *Who's been sleeping in my brain?*, Frankfurt a. M. 1987.
Balzer, Jens: „Kalter Stern", in: *Die Zeit*, 15. November 2007. URL: *http://www.zeit.de/2007/47/D-Musikklassiker* (Letzter Zugriff: 24.10.2022).
Bangs, Lester: „Kraftwerkfeature. Or how I learned to stop worrying and love the balm", in: *Creem*, Jg. 7, Nr. 4 (1975), 30–31.
Bangs, Lester: „Kraftwerk: The Final Solution To The Music Problem?", in: *New Musical Express*, 6. September 1975. URL: *http://www.thing.de/delektro/artikel/eng/kraftwerk/kwbangs.html* (Letzter Zugriff: 24.10.2022).
Bangs, Lester: „Kraftwerkfeature", in: ders.: *Psychotische Reaktionen und heiße Luft. Rock'n'Roll als Literatur und Literatur als Rock'n'Roll. Ausgewählte Essays*, Berlin 2008.
Bär, Klaus: „Richard L. Wagner. Darling Ultra", Rezension, in: *Sounds*, Nr. 5 (1979), 64–66.
Barber, Lynden: „Life After DAF", in: *Melody Maker*, 19. März 1983, 14.

Bargeld, Blixa: „Zum Geleit", in: Müller, Wolfgang (Hg.): *Geniale Dilletanten*, Berlin 1982, 7.
Bargeld, Blixa: „Stimme frisst Feuer", Berlin 1988.
Bargeld, Blixa: *Headcleaner. Texte für einstürzende Neubauten*, Berlin 1997.
Barretta, Sandro: „LP-Kritik", in: *Bravo*, 11. Juni 1981, 69.
Barth, Ariane: „Die Kaschmir-Kinder", in: *Der Spiegel*, Nr. 16 (1980), 259–273. URL: *http://www.spiegel.de/spiegel/print/d-14327033.html* (Letzter Zugriff: 24.10.2022).
Bartos, Karl: *Der Klang der Maschine. Autobiografie*, Köln 2017.
Bauduin, Wolfgang: „BI NUU. Ideal. WEA 24.0044-1", Rezension, in: *Musikexpress*, Nr. 12 (1982), 48.
Becker, Christoph: „Berlin – the love parade. House statt Mauer", in: *Musikexpress/Sounds*, Nr. 5 (1990), 34–36.
Berger, Inge: „Carl Schenkel. Kalt wie Eis", Rezension, in: *Sounds*, Nr. 10 (1981), 54.
Berger, Inge/Diederichsen, Diedrich: „Gisela Weilemann, Helmer v. Lützelburg, Dominik Graf, Johann Schmid, Wolfgang Büld. NEONSTADT", Rezension, in: *Sounds*, Nr. 3 (1982), 51–52.
Berlinski, Claire: „Rammstein's Rage", in: *Azure. Ideas for the Jewish Nation*, Nr. 20 (2005), 63–96. URL: *https://www.berlinski.com/2016/09/12/rammsteins-rage* (Letzter Zugriff: 24.10.2022).
Blumenberg, Hans C.: „Dreckige kleine Filme", in: *Die Zeit*, 30. November 1979. URL: *http://www.zeit.de/1979/49/dreckige-kleine-filme* (Letzter Zugriff: 24.10.2022).
Boettcher, Peter H.: „SPRUNG AUS DEN WOLKEN (Rip Off)", Rezension, in: *Spex*, Nr. 6 (1982), 40.
Böhm, Philipp: „Unheiliger Hass im Reihenhaus", in: *Jungle World*, 21. Februar 2019. URL: *https://jungle.world/index.php/artikel/2019/08/unheiliger-hass-im-reihenhaus* (Letzter Zugriff: 24.10.2022).
Böhm, Thomas: „Letztes Biest am Himmel. Gesänge vom drohenden Untergang", in: *Die Zeit*, 11. Oktober 1985. URL: *http://www.zeit.de/1985/42/letztes-biest-am-himmel* (Letzter Zugriff: 24.10.2022).
Böhm, Thomas: „Nachtschicht. Abtauchen in Berlin", in: *Musikexpress/Sounds*, Nr. 5 (1986), 54–56.
Bohn, Chris: „Not As DAF As They Look", in: *New Musical Express*, 28. Juni 1980, 21, 59.
Bohn, Chris: „A computer date with a showroom dummy", in: *New Musical Express*, 13. Juni 1981, 31–33.
Bohn, Chris: „Krauts In-A-Babylon", in: *Musikexpress*, Nr. 10 (1982), 8.
Bohn, Chris: „Ideal Milk Der Jugend Marktplatz", in: *New Musical Express*, 30. Januar 1982, 6.
Bohn, Chris: „NDW = No Damn Worth. Munich Rockdays, Germany", in: *New Musical Express*, 5. Juni 1982, 44–45.
Bohn, Chris: „Bavarian clothes, a Bauhaus style hit, coffee and cakes… But how German is it?", in: *New Musical Express*, 19. Juni 1982, 22–23.
Bohn, Chris: „Dismantling the Sex Machine. Deutsch Amerikanische Freundschaft Deconstructed", in: *New Musical Express*, 30. Oktober 1982, 22–23.
Bohn, Chris: „Abwarts – Upstarts, Warts and all", in: *New Musical Express*, 13. November 1982, 6–7.
Bohn, Chris: „Let's hear it for the Untergang Show", in: *New Musical Express*, 5. Februar 1983, 22–23, 34.
Bohn, Chris: „Ryuichi Sakamoto. Yellow Magic bridging the East-West divide", in: *New Musical Express*, 20. August 1983, 12–14, 43.
Bohn, Chris: „Holger Hiller. Poltergeist in the Machine", in: *New Musical Express*, 28. Januar 1984, 6–7.
Bohn, Chris: „Propaganda. Noise and Girls come out to play", in: *New Musical Express*, 11. Februar 1984, 10–11.
Bohn, Chris/Martin, Andy: „The Art of Impact", in: *New Musical Express*, 28. Januar 1984, 12.
Bömmels, Peter: „Die schlechte Welt: Metapher III/ Du Da (Vulknor Records)", Rezension, in: *Spex*, Nr. 2 (1980), 18.
Bömmels, Peter: „GEISTERFAHRER: Schatten voraus (Konkurrenz/Phonogramm)", Rezension, in: *Spex*, Nr. 4 (1980), 18.

Bömmels, Peter: „THE WIRTSCHAFTSWUNDER. Das Leben nicht ganz so ernst nehmen", in: *Spex*, Nr. 2 (1980), 8–9.
Bömmels, Peter: „,Ich steh' auf Ende'. Die Berliner Krankheit. Köln, 3.11.1981", in: *Spex*, Nr. 11 (1981), 23.
Bömmels, Peter: „MALARIA! EMOTION (Moabit Rec.)", Rezension, in: *Spex*, Nr. 10 (1982), 32.
Bömmels, Peter: „Zeitgenosse Malaria!", in: *Spex*, Nr. 11 (1982), 5–6.
Bömmels, Peter/Rütten, Wilfried: „ABC. The look of success", in: *Spex*, Nr. 9 (1982), 9–11.
Bömmels, Peter/Schroeder, Addi: „MANIA D.", in: *Spex*, Nr. 3 (1980), 13 u. 16.
Bonici, Ray: „Gary Numan + Tubeway Army. Die Mensch-Maschine", in: *Musikexpress*, Nr. 9 (1979), 16–17.
Borcholte, Andreas: „Normalität der Pyromanen", in: *Rolling Stone*, Nr. 8 (1999), 30.
Bork, Michael: „EINSTÜRZENDE NEUBAUTEN / LYDIA LUNCH. Thirsty Animal / Durstiges Tier. 12 inch im Rip Off Vertrieb", Rezension, in: *Scritti*, Nr. 10 (1982), 34.
Bork, Thomas: „A CERTAIN RADIO[sic!]. ,Guess Who?'. GRANDMASTER FLASH/FURIOUS FIVE. ,The Message'. AFRICA BOMBAATA[sic!] and the soul sonic force. ,Planet Rock'. FUNK MACHINE. ,Dance on the groove'", Rezension, in: *Scritti*, Nr. 10 (1982), 28.
Bork, Thomas: „X MAL DEUTSCHLAND. Fetisch. 4 AD", Rezension, in: *Scritti*, Nr. 5 (1983), 47.
Bozic, Ivo: „Neuer Rock, alte Bekannte. Durch die Nacht Ljubljanas mit Ivan Nowak von der Band Laibach", in: *Jungle World*, 22. September 2011. URL: *https://jungle.world/artikel/2011/38/neuer-rock-alte-bekannte* (Letzter Zugriff: 24.10.2022).
Braunschweiger, Eva-Maria: „Malaria. Berliner Tropenfieber", in: *Musikexpress. Neue Deutsche Welle Special* (1982), 48–49.
Braunsteiner, Ewald: „Apologie eines apolitischen Stils. Am Ende der Disco-Ära", in: *Sounds*, Nr. 3 (1980), 24–25.
Braunsteiner, Ewald: „Berlin 1981", in: *Sounds*, Nr. 6 (1981), 10.
Brem, Martin: „Blind Date: Einstürzende Neubauten", in: *Musikexpress/Sounds*, Nr. 7 (1985), 18.
Breyer, Nike: „,Das ist alles wirklich Plastik, haha'", in: *taz*, 8. November 2003. URL: *http://www.taz.de/!683721/* (Letzter Zugriff: 24.10.2022).
Brunner, Reinhold: „Lähmende Begegnung mit der Gewalt. Throbbing Gristle am 10.11.80 im Frankfurter Städel", in: Hartmann, Walter/Pott, Gregor (Hg.): *Rock Session 6. Magazin der populären Musik*, Reinbek bei Hamburg 1982, 174–183.
Burchardt, Alf: „Hardcore '82", in: *Sounds*, Nr. 10 (1982), 40–43.
Burchardt, Alf: „Die Freuden des Alltags", in: *Spex*, Nr. 9 (1984), 26–27.
Bushell, Garry: „Exploited Exported", in: *Sounds (UK)*, 21. November 1981, 18.
Bushell, Garry: „Three's Company", in: *Sounds (UK)*, 10. Juli 1982, 25,46.
Büsser, Martin/Kleinhenz, Jochen/Ullmaier, Johannes: „Auswahldiscografie zur deutschen Popgeschichte", in: *testcard. Beiträge zur Popgeschichte*, Nr. 2 (1996), 191–212.
Butler, Thomas: „Neue Welle ade? Deutsche Bands am Scheideweg", in: *Musikexpress*, Nr. 1 (1982), 28–30.
Buttler, Thomas: „Mit ,Njuhwehf' in die Eiszeit", in: *Sounds*, Nr. 8 (1980), 26–27.
Buttler, Thomas: „Visage. Polydor 2391494. Spandau Ballet. JOURNEY TO GLORY. Ariola/Chrysalis 203 428", Rezension, in: *Sounds*, Nr. 3 (1981), 56–57.
Buttler, Thomas: „Die Krupps. Schöne Grüße an Bernward", in: *Sounds*, Nr. 1 (1982), 13.
Buttler, Thomas: „Siluettes 61. ICH HASSE JEDEN DER MICH NICHT MAG. 1000 Augen 20013/Vertrieb: Pop Import. Die Partei. LA FREIHEIT DES GEISTES. 1000 Augen 20011/Vertrieb: Pop Import", Rezension, in: *Sounds*, Nr. 1 (1982), 53.

Byland, Martin/Matti, Rene: „Swiss Wave. Die Eidgenossen rüsten auf", in: *Sounds*, Nr. 6 (1980), 24–30.
Coatts, Sarah: „Einstürzende Neubauten", in: *Grok*, Nr. 7 (1984), 18–19.
Cook, Richard: „33 ways to break the chain. Richard Cook meets Fehlfarben – special friends of Chris Bohn", in: *New Musical Express*, 24. Juli 1982, 10–11.
Cope, Julian: *KrautRockSampler. One Heads Guide to the Grosse Kosmische Musik*, *Der Grüne Zweig*, Bd. 186, Löhrbach 1996 (1995).
Cummings, Raymond: „Q&A: Velvet Condom's Nicolas Isner On Berlin, Inspirational Movies, And ‚Dead Mannequin Pop'", 2012, *The Village Voice*. URL: *https://www.villagevoice.com/2012/02/29/qa-velvet-condoms-nicolas-isner-on-berlin-inspirational-movies-and-dead-mannequin-pop/* (Letzter Zugriff: 24.10.2022).
Cummings, Winston: „Teutonic Values", in: *Hit Parader*, Nr. 12 (1998).
D'Oro, Doris: „Ideal. DER ERNST DES LEBENS. WEA 58 4004", Rezension, in: *Sounds*, Nr. 11 (1981), 81.
D'Oro, Doris: „Trio: So minimal, dass es eine Art ist", in: *Sounds*, Nr. 1 (1982), 12.
Dallach, Christoph: „Synthiepop-Stars Alphaville. ‚Richtige Instrumente konnten wir nicht'", 18. März 2019, *Spiegel Online*. URL: *http://www.spiegel.de/einestages/alphaville-stars-marian-gold-und-bernhard-lloyd-im-interview-a-1257505.html* (Letzter Zugriff: 24.10.2022).
Dalton, Stephen: „Album by Album: Kraftwerk", in: *Uncut*, Nr. 10 (2009), 68–71.
Dankwart, Ludwig Sigurt: „Geri Reig (Teil 2)", in: *Sounds*, Nr. 2 (1980), 22–23.
Dax, Max: *Dreißig Gespräche*, Frankfurt a. M. 2008.
Dax, Max: „Boris Blank Yello. Unsere Geschäftszeiten waren unvereinbar", 24. November 2014, *FR.de*. URL: *https://www.fr.de/kultur/musik/unsere-geschaeftszeiten-waren-unvereinbar-11672469.html* (Letzter Zugriff: 24.10.2022).
Dax, Max/Defcon, Robert: *Nur was nicht ist, ist möglich. Die Geschichte der Einstürzenden Neubauten*, Berlin 2006.
Defcon, Robert: „‚We were strong women, we wanted to make a point of that.'. Gudrun Gut and Beate Bartel interviewed", 25. Juni 2014, *Electronic Beats*. URL: *http://www.electronicbeats.net/gudrun-gut-beate-bartel-on-mania-d-berlin-experiment-vol-5* (Letzter Zugriff: 24.10.2022).
Deisl, Heinrich: „Saying ‚Yes!' While Meaning ‚No!'. A Conversation with Diedrich Diederichsen", in: Schütte, Uwe (Hg.): *German Pop Music. A Companion*, Berlin u. a. 2017, 235–251.
Denk, Felix/Thülen, Sven von: *Der Klang der Familie. Berlin, Techno und die Wende*, Berlin 2012.
Dent, D. K.: „Grauzone. Gletschermusik", in: *Musikexpress. Neue Deutsche Welle Special* (1982), 58.
Die Tödliche Doris (Hg.): *Naturkatastrophen. Januar 1982 – April 1984. Video – Objekte – Fotos – Texte*, Katalog zur Single, Berlin 1984.
Diederichsen, Diedrich: „‚Okay, Okay – Der moderne Tanz'. Ein Film der neuen Musik", Rezension, in: *Sounds*, Nr. 8 (1980), 17.
Diederichsen, Diedrich: „Geräusche für die 80er", in: *Sounds*, Nr. 2 (1980), 6.
Diederichsen, Diedrich: „Ideologien, Identitäten, Irrwege?", in: *Sounds*, Nr. 1 (1980), 18–19.
Diederichsen, Diedrich: „singles", in: *Sounds*, Nr. 11 (1980), 8.
Diederichsen, Diedrich: „Untergrund und Unternehmer (Teil 2)", in: *Sounds*, Nr. 10 (1980), 54–55.
Diederichsen, Diedrich: „Yellow Magic Orchestra. Molodel tlift Klaftwelk", in: *Sounds*, Nr. 12 (1980), 14–15.
Diederichsen, Diedrich: „Amok auf dem Abenteuerspielplatz. Abwärts", in: *Sounds*, Nr. 2 (1981), 28–30.
Diederichsen, Diedrich: „Der Plan. NORMALETTE SURPRISE. Ata Tak/Warning WR 07", Rezension, in: *Sounds*, Nr. 4 (1981), 61.
Diederichsen, Diedrich: „Dieter Meier. Jetzt und Alles", Rezension, in: *Sounds*, Nr. 11 (1981), 54.

Diederichsen, Diedrich: „Freiwillige Selbstkontrolle. STÜRMER. ZickZack ZZ 80. Andy Giorbino. LIED AN DIE FREUDE. ZickZack ZZ 95", Rezension, in: *Sounds*, Nr. 12 (1981), 72–73.
Diederichsen, Diedrich: „Gibt es ein Leben nach der Restauration? Oder sind The Cure die Vorboten einer Wiedereinführung der 70er?", in: *Sounds*, Nr. 5 (1981), 22–24.
Diederichsen, Diedrich: „Singles", in: *Sounds*, Nr. 11 (1981), 16–17.
Diederichsen, Diedrich: „Von der Industrie bezahlt?", in: *Sounds*, Nr. 7 (1981), 51–53.
Diederichsen, Diedrich: „Zick Zack Nr. Soundsoviel, 31.1.1981", in: *Sounds*, Nr. 3 (1981), 8.
Diederichsen, Diedrich: „FSK. Freiwillige Selbstkontrolle", in: *Sounds*, Nr. 5 (1982), 14–16.
Diederichsen, Diedrich: „Nette Aussichten in den Schützengräben der Nebenkriegsschauplätze. Über Freund und Feind, Lüge und Wahrheit und andere Kämpfe an der Pop-Front", in: ders. (Hg.): *Staccato. Musik und Leben*, Heidelberg 1982, 85–101.
Diederichsen, Diedrich: „Neue Deutsche Welle, Folge xyz", in: *Sounds*, Nr. 9 (1982), 64–65.
Diederichsen, Diedrich: „Palais's Got A Brandnew Schaumburg", in: *Sounds*, Nr. 8 (1982), 30–33.
Diederichsen, Diedrich: „Singles", in: *Sounds*, Nr. 6 (1982), 18.
Diederichsen, Diedrich: „Spandau Ballet. Diamond. Ariola 204514", Rezension, in: *Sounds*, Nr. 3 (1982), 60.
Diederichsen, Diedrich (Hg.): *Staccato. Musik und Leben*, Heidelberg 1982.
Diederichsen, Diedrich: „Die Auflösung der Welt. Vom Ende und Anfang", in: Diederichsen, Diedrich/Hebdige, Dick/Marx, Olaph-Dante (Hg.): *Schocker. Stile und Moden der Subkultur*, Reinbek bei Hamburg 1983, 165–188.
Diederichsen, Diedrich: „Eingemachtes Stachelbeergelee", in: *Spex*, Nr. 5 (1983), 19.
Diederichsen, Diedrich: „Too Late Baby, Too Late Baby Bye Bye", in: *Sounds*, Nr. 1 (1983), 6–7.
Diederichsen, Diedrich: „Der billige Schwindel als schöne Kunst betrachtet. Ein paar Überlegungen zum Bild des Deutschen im Ausland", in: *Spex*, Nr. 5 (1984), 34–35.
Diederichsen, Diedrich: „Laibach. Mutmaßungen über L.", in: *Spex*, Nr. 5 (1986), 36–37.
Diederichsen, Diedrich: *1.500 Schallplatten 1979–1989*, Köln 1989.
Diederichsen, Diedrich: „Die License zur Nullposition", in: *taz*, 7. August 2000, 13. URL: *https://taz.de/!1218861/* (Letzter Zugriff: 24.10.2022).
Diederichsen, Diedrich: „Die Leude woll'n, dass was passiert. Wege aus der Ironiefalle: Für eine Wiedergeburt des Politischen aus dem Ungeist der Freizeitkultur", in: *Frankfurter Allgemeine Zeitung*, 13. Oktober 2000.
Diederichsen, Diedrich: „Die Gegengegenkultur. 68 war Revolte, 77 war Punk – warum nur 68 zum Mythos wurde", in: *Süddeutsche Zeitung*, 24. Februar 2001, 20.
Diederichsen, Diedrich: *Sexbeat*, KiWi Paperback, Bd. 724, Köln 2002 (1985).
Diederichsen, Diedrich/Hebdige, Dick/Marx, Olaph-Dante (Hg.): *Schocker. Stile und Moden der Subkultur*, Reinbek bei Hamburg 1983.
Diliberto, John: „Ultravox", in: *Down Beat*, Nr. 5 (1983), 16–21.
Dittmann, Rigobert: „Pop Und Destruktion", in: *testcard. Beiträge zur Popgeschichte*, Nr. 1 (1995), 156–169.
Doerschuk, Robert L.: „Juan Atkins" (1995), in: Rule, Greg (Hg.): *Electro shock! Groundbreakers of Synth Music*, San Francisco 1999, 201–206.
Dorau, Andreas/Regener, Sven: *Ärger mit der Unsterblichkeit*, Berlin 2015.
Drechsler, Clara: „,Hier steh' ich nun ich armer Tor und bin so klug als wie zuvor'. Clara D. im Gespräch mit Robert und Gabi", in: *Spex*, Nr. 5 (1982), 24–25.
Drechsler, Clara: „Propaganda", in: *Spex*, Nr. 1 (1984), 20–21.

Duchateau, Francois: „„Im Grunde waren wir Jazzmusiker'. Karl Bartos über Kraftwerk", 19. Oktober 2017, *Die Welt*. URL: *https://www.welt.de/regionales/nrw/article169784702/Im-Grunde-waren-wir-Jazzmusiker.html* (Letzter Zugriff: 24.10.2022).

Edmonds, Ben: „Bowie meets the press. Plastic man or godhead of the seventies?", in: *Circus*, 27. April 1976.

Elsässer, Jürgen: „Blech, Stahl und Eisen sinkt", in: *Stuttgarter Nachrichten*, 4. November 1981. URL: *https://fromthearchives.com/en/EN28_Oct_81.jpg* (Letzter Zugriff: 24.10.2022).

EMI-Electrola: „Die Mensch·Maschine von Kraftwerk", Reklame, in: *Sounds*, Nr. 5 (1978), 88.

Engelhardt, Ingo: „IDEAL + TON STEINE SCHERBEN am 21.12. um 19.30 Uhr in der Eissporthalle", Konzertbericht, in: *zitty*, 1981, 50.

Esch, Rüdiger: *Electri_City. Elektronische Musik aus Düsseldorf 1970–1986*, 2. Aufl., Berlin 2014.

Fehrenschild, Michael/Keller, Gerti: *No Future? 36 Interviews zum Punk*, Berlin 2014.

Felscherinow, Christiane V./Vukovic, Sonja: *Christiane F. Mein zweites Leben. Autobiografie*, 2. Aufl., Berlin 2013.

Feser, Kim/Pasdzierny, Matthias: „Fraktus – ein Techno-Mythos? Carsten Meyer und Jacques Palminger im Gespräch mit Klaus Walter", in: dies. (Hg.): *Techno studies. Ästhetik und Geschichte elektronischer Tanzmusik*, Berlin 2016, 137–154.

Fiebag, Marco: „die anderen band. 15 Jahre danach", in: Galenza, Ronald/Havemeister, Heinz (Hg.): *Wir wollen immer artig sein... Punk, New Wave, HipHop und Independent-Szene in der DDR 1980–1990*, überarbeitete und erweiterte Neuauflage, Berlin 2005, 697–712.

Fischer, Felix: „STARTER", in: *Spex*, Nr. 11 (1981), 24.

Flemming, Jörg: „Rock mit Kreuz und Stahlophon", in: *Bravo*, 29. Oktober 1981, 16–17.

Flür, Wolfgang: „Kling Klang intim", in: *Musikexpress/Sounds*, Nr. 9 (1999), 46–49.

Flür, Wolfgang: *Kraftwerk. Ich war ein Roboter*, St. Andrä-Wördern 1999.

FM Einheit: „Alexander von Borsig. DAS LEBEN IST SCHÖN. Eisengrau-Tape. EISENGRAU ALL-STARS. Eisengrau-Tape. Einstürzende Neubauten. STAHLMUSIK. Eisengrau-Tape", Rezension, in: *Sounds*, Nr. 4 (1981), 70–71.

FM Einheit: „Kein Erbarmen", in: *Sounds*, Nr. 2 (1981), 23.

Frank, Dirk: „Die Nachfahren der ‚Gegengegenkultur'. Die Geburt der ‚Tristesse Royal' aus dem Geiste der achtziger Jahre", in: Arnold, Heinz Ludwig (Hg.): *Pop-Literatur*, Text + Kritik. Zeitschrift für Literatur. Sonderband, München 2003, 218–233.

Frederking, Klaus/Marquardt, Jasper: „MALARIA Berlinexotischmädchen", in: *Spex*, Nr. 12 (1981), 14.

Freuen, Dirk: „Nitzer Ebb", in: *Zillo*, Nr. 11 (1991), 16–18.

Frey, Jürgen: „Kraftwerk. TRANS EUROPA EXPRESS. 1C 064-82 306", Rezension, in: *Sounds*, Nr. 5 (1977), 70.

Galenza, Ronald: „Wimpelgrab & Gegentanz: Berlin", in: Galenza, Ronald/Havemeister, Heinz (Hg.): *Wir wollen immer artig sein... Punk, New Wave, HipHop und Independent-Szene in der DDR 1980–1990*, überarbeitete und erweiterte Neuauflage, Berlin 2005, 498–558.

Galenza, Ronald: „Daten-Dandys und Tape-Täter", in: Pehlemann, Alexander/Galenza, Ronald (Hg.): *Spannung. Leistung. Widerstand. Magnetbanduntergrund DDR 1979–1990*, Berlin 2006, 23–29.

Galenza, Ronald: „Diese Situation war nicht tanzbar", in: Warnke, Uwe/Quaas, Ingeborg (Hg.): *Die Addition der Differenzen. Die Literaten- und Künstlerszene Ostberlins 1979 bis 1989*, Berlin 2009, 272–291.

Galenza, Ronald/Havemeister, Heinz: „Stirb nicht im Warteraum der Zukunft. Vorwort der Herausgeber", in: dies. (Hg.): *Wir wollen immer artig sein... Punk, New Wave, HipHop und Independent-Szene in der DDR 1980–1990*, überarbeitete und erweiterte Neuauflage, Berlin 2005, 9–13.

Galenza, Ronald/Havemeister, Heinz: „Verwende dein Jugend oder: Die Distanzierte Generation. Vorwort der Herausgeber zur Neuausgabe", in: dies. (Hg.): *Wir wollen immer artig sein... Punk, New Wave, HipHop und Independent-Szene in der DDR 1980-1990*, überarbeitete und erweiterte Neuauflage, Berlin 2005, 14-17.

Galenza, Ronald/Havemeister, Heinz (Hg.): *Wir wollen immer artig sein... Punk, New Wave, HipHop und Independent-Szene in der DDR 1980-1990*, überarbeitete und erweiterte Neuauflage, Berlin 2005.

Galenza, Ronald/Kondren, Bo: „Christian „Flake" Lorenz. Das gemeine Reitbein", in: Pehlemann, Alexander/Galenza, Ronald (Hg.): *Spannung. Leistung. Widerstand. Magnetbanduntergrund DDR 1979-1990*, Berlin 2006, 90-99.

Gassenhauer, Arthur: „Andreas Dorau. 007 vom Jupiter", in: *Musikexpress. Neue Deutsche Welle Special* (1982), 42.

Gehbauer, Peter: „CLOSER. Joy Division. Factory 25 (Import)", Rezension, in: *Musikexpress*, Nr. 9 (1980), 45.

„Geniale Dilletanten. Die Kunst der Selbstaneignung", Interview mit Wolfgang Müller, 2016, *Underdog Fanzine*. URL: http://www.underdog-fanzine.de/2016/03/25/geniale-dilletanten-die-kunst-der-selbstaneignung (Letzter Zugriff: 24.10.2022).

Giesen, Christoph: „Dafür kommt man eigentlich ins Lager. Laibach-Konzert in Nordkorea", 22. August 2018, *Sueddeutsche.de*. URL: https://www.sueddeutsche.de/kultur/laibach-konzert-in-nordkorea-dafuer-kommt-man-eigentlich-ins-lager-1.2617366 (Letzter Zugriff: 24.10.2022).

Gill, Andy: „Mind Machine Music. KRAFTWERK. The Man Machine (Capitol)", in: *New Musical Express*, 29. April 1978, 39, 41.

Gill, Andy: „Terminal Weirdness à Paris", in: *New Musical Express*, 29. April 1978, 12-13.

Gill, Andy: „KRAFTWERK. Computer-World (EMI)", Rezension, in: *New Musical Express*, 16. Mai 1981, 36-37.

Gill, John: „Dance the Mussolini, Dance the Adolf Hitler", in: *Sounds (UK)* (1981).

Gillig, Manfred: „KALTE ZEIT. LIEDER GEGEN DEUTSCHE ZUSTÄNDE. Neue Welt Schallplatten, Hansering 80, 5000 Köln 1", Rezension, in: *Sounds*, Nr. 4 (1979), 71.

Glaser, Peter (Hg.): *Rawums. Texte zum Thema*, Köln 1984.

Glaser, Peter: „Zur Lage der Detonation. Ein Explosé", in: ders. (Hg.): *Rawums. Texte zum Thema*, Köln 1984, 9-21.

Glaser, Peter: „Die neue deutsche Wanderbühne. Attrappe einer Kulturgeschichte von neulich in 5 Hirnlego-Bausätzen aus den Bereichen Literatur und Neue (Deutsche) Welle", in: Hörisch, Jochen/Winkels, Hubert (Hg.): *Das schnelle Altern der neuesten Literatur. Essays zu deutschsprachigen Texten zwischen 1968-1984*, Düsseldorf 1985, 231-247.

Glaser, Peter: „Tanz im Vakuum", in: *Rolling Stone*, Nr. 10 (2003), 62-63.

Glaser, Peter/Stiller, Niklas: *Der große Hirnriss. Neue Mitteilungen aus der Wirklichkeit*, Reinbek bei Hamburg 1983.

Gockel, Bernd: „Interzone. Weiße Nigger aus Berlin", in: *Musikexpress*, Nr. 7 (1981), 28-30.

Gockel, Bernd: „Yello. Der Tanz der glücklichen Kühe", in: *Musikexpress*, Nr. 11 (1981), 28-31.

Gockel, Bernd: „Trio. Die Banalität als Botschaft", in: *Musikexpress*, Nr. 7 (1982), 10-12.

Goetz, Rainald: „Der macht seinen Weg. Privilegien, Anpassung, Widerstand", in: *Kursbuch*, Nr. 54 (1978), 31-43.

Gockel, Bernd: *Irre*, 2. Aufl., Frankfurt a. M. 1983.

Gockel, Bernd: „Subito", in: Glaser, Peter (Hg.): *Rawums. Texte zum Thema*, Köln 1984, 152-165.

Gockel, Bernd: *Abfall für alle. Roman eines Jahres*, Frankfurt a. M. 1999.

Goldman, Vivien: „Siouxsie Sioux Who R U?", in: *Sounds (UK)*, 3. Dezember 1977, 26-27.

Graf, Franziska D.: „ERDENKLANG. Computerakustische Klangsinfonie. Erdenklang. Teldec 6.25030 AP. Serge Blenner. FRACTURE INTERNE. Erdenklang-Teldec 6.22569 AP. Klaus Prünster. ZWEI-SAMKEIT (IST DIE SCHÖN'RE ZEIT). Erdenklang-Teldec. 6.25082 AP. Roboterwerke. FUTURIST. RCA PL 28475 SE", Rezension, in: *Sounds*, Nr. 5 (1982), 82–84.

Grafe, Ingo: „Bunte Seite", in: *Scritti*, Nr. 12/1 (1982/1983), 8.

Grand, Lurker: „Grauzone. Das Lied vom kalten Polar", in: *Ox-Fanzine*, Jg. 31, Nr. 143 (2019), 52–54.

Gröfaz/Goldmann: „Pamphlet. Gröfaz und Goldmann, bekannt von Funk und Fernsehen, rufen zum Generalstreik gegen die „Neue Deutsche Welle" (auch NDW genannt) auf!", in: *Sounds*, Nr. 7 (1982), 44–45.

Groß, Thomas: „Das Ding vom anderen Stern", in: *Die Zeit*, 31. März 2005. URL: *https://www.zeit.de/2005/14/Klaus_Nomi* (Letzter Zugriff: 24.10.2022).

Groß, Torsten: „Genialer Dilettant. Blixa Bargeld über die Szene in Westberlin, Meister Nadelöhr, Heavy-Metal und Mauerfall", in: *Rolling Stone*, Nr. 8 (2011), 42.

Groß, Torsten/Schmidt, Rainer: „Die große Oper", in: *Rolling Stone*, Nr. 12 (2011), 97–107.

Großmann, Patrick: „Zwischen Märchenonkel und Maschendrahtzaun", in: *Visions*, Jg. 12, Nr. 4 (2001), 58–61.

Gruftis gegen Rechts – Music For A New Society: „Rechte Tendenzen in der schwarzen Szene", in: *Antifaschistisches Infoblatt*, Jg. 48, Nr. 3 (1999). URL: *https://www.antifainfoblatt.de/artikel/rechte-tendenzen-der-schwarzen-szene* (Letzter Zugriff: 24.10.2022).

Gülden, Gitti: „TRIO. Phonogram 6435 138", Rezension, in: *Musikexpress*, Nr. 12 (1981), 76.

Gülden, Jörg: „Ein neues Jahr voll neu-modischer Neu-erscheinungen – und fast alle neu-wertig!", in: *Sounds*, Nr. 5 (1980), 46–47.

Gülden, Jörg: „Foyer des Arts. 1. Gülden stößt auf Gold(t); 2. Nach allen Seiten offen (mit klaren Likes und Dislikes)", in: *Sounds*, Nr. 2 (1982), 18–19.

Gülden, Jörg: „Singles", in: *Sounds*, Nr. 1 (1982), 23.

Güldner, Ulli: „VOLLE KRAFT VORAUS. Die Krupps. WEA 58 463", Rezension, in: *Musikexpress*, Nr. 6 (1982), 75–76.

Hacke, Alexander: *Krach. Verzerrte Erinnerungen*, Berlin 2015.

Hanna, Lynn: „Eroticism & Physicality", in: *New Musical Express*, 28. November 1981, 34–35.

Hanna, Lynn: „Malaria. A Contagious Neue Dance!", in: *New Musical Express*, 2. Januar 1982, 6, 22.

Haring, Hermann: „Television. Rock aus dem Eisschrank", in: *Musikexpress*, Nr. 8 (1977), 26–27.

Härlin, Benny/Sontheimer, Michael: „Nehmt Abschied! Eine Reise in die Nicht-Zukunft", in: *Kursbuch*, Nr. 68 (1982), 65–85.

Hartmann, Walter/Pott, Gregor (Hg.): *Rock Session 6. Magazin der populären Musik*, Reinbek bei Hamburg 1982.

Heidenreich, Elke: „Untergang – du meine Lust", in: *Die Zeit*, 11. November 1983. URL: *http://www.zeit.de/1983/46/untergang-du-meine-lust* (Letzter Zugriff: 24.10.2022).

Heidingsfelder, Markus: „Palais Schaumburg. Vital + dissonant", in: *Spex*, Nr. 12 (1981), 13.

Henderson, Dave: „The Private Schulze", in: *Sounds (UK)*, 25. Juni 1983, 36.

Hentschel, Joachim: „Die Idee war gut, doch...", in: *Rolling Stone*, Nr. 5 (2002), 37.

Hentschel, Joachim: „Der Tag des Falken", in: *Rolling Stone*, Nr. 2 (2007), 52–61.

Hentschel, Joachim: „Disco in Disneyland. Wie der britische Pop-Sommer 1982 die Welt veränderte", in: *Rolling Stone*, Nr. 9 (2007), 74–81.

Hiel, Elke/Kilanowski, Kerstin/Prütt, Karin/Golbach, Harald/Hamm, Wolfgang/Müller, Manni/Siebert, Büdi: „Aktuelle Information. Eigelstein Musikproduktion", in: *Scritti*, Nr. 11 (1982), 8–9.

Hilsberg, Alfred: „Die Revolution ist vorbei – wir haben gesiegt!", in: *Sounds*, Nr. 2 (1978), 32–36.

Hilsberg, Alfred: „Rodenkirchen is burning", in: *Sounds*, Nr. 3 (1978), 20–24.

Hilsberg, Alfred: „Aus grauer Städte Mauern (Teil 2). Dicke Titten und Avantgarde", in: *Sounds*, Nr. 11 (1979), 22–27.
Hilsberg, Alfred: „Gary Numan. Clean, clean, clean sind alle meine Bilder", in: *Sounds*, Nr. 11 (1979), 34–35.
Hilsberg, Alfred: „Macher? Macht? Moneten? Aus grauer Städte Mauern (Teil 3)", in: *Sounds*, Nr. 12 (1979), 44–48.
Hilsberg, Alfred: „Neue deutsche Welle. Aus grauer Städte Mauern", in: *Sounds*, Nr. 10 (1979), 20–25.
Hilsberg, Alfred: „Nine, Nine, Nine – ja, ja, ja!", in: *Sounds*, Nr. 6 (1979), 10.
Hilsberg, Alfred: „Produkt der Deutsch-Amerikanischen Freundschaft. Warning Records WR 001", Rezension, in: *Sounds*, Nr. 10 (1979), 71.
Hilsberg, Alfred: „Punk Emigration", in: *Sounds*, Nr. 11 (1979), 7.
Hilsberg, Alfred: „MONOGAM-SAMPLER. Monogam 006", Rezension, in: *Sounds*, Nr. 12 (1980), 58.
Hilsberg, Alfred: „singles", in: *Sounds*, Nr. 7 (1980), 10.
Hilsberg, Alfred: „Der Plan", in: *Sounds*, Nr. 11 (1981), 28–31.
Hilsberg, Alfred: „Der Räuber und der Prinz. Deutsch-Amerikanische Freundschaft", in: *Sounds*, Nr. 3 (1981), 28–31.
Hilsberg, Alfred: „Deutsch-Amerikanische Freundschaft. ALLES IST GUT. Ariola", Rezension, in: *Sounds*, Nr. 4 (1981), 60.
Hoberman, Jim: „New York – No Wave", in: *Sounds*, Nr. 11 (1979), 36–42.
Hofacker, Ernst: „Büstenhalter", in: *Musikexpress*, Nr. 1 (2001), 28–29.
Hoff, Hansi: „Der Plan. Einfalt am Stil", in: *Musikexpress*, Nr. 6 (1981), 22–23.
Hoffmann, Josef: „Das moderne Ich. Ich-Strukturen und neue Musik", in: *Sounds*, Nr. 9 (1980), 22–23.
Hohmeyer, Jürgen: „Kotzer flächenfüllend. Grelle Bilder aus der Innenwelt – die kommende Kunst?", in: *Der Spiegel*, 24. November 1980, 239–240. URL: https://www.spiegel.de/spiegel/print/d-14331209.html (Letzter Zugriff: 24.10.2022).
Holst, Evelyn: „Tapfer und ohne Illusionen", in: *Stern*, 22. Oktober 1981, 280–284.
Horx, Matthias: *Aufstand im Schlaraffenland. Selbsterkenntnisse einer rebellischen Generation*, Frankfurt a. M. 1989.
Hoskyns, Barney: „Einsturzende Neubauten. Notting Hill Acklam Hall", Konzertbericht, in: *New Musical Express*, 27. August 1983, 45.
Hub, Andreas: „Das Ende des Goldrausches? Schussfahrt in das neue deutsche Wellental", in: *Musikexpress/Sounds*, Nr. 4 (1984), 50–54.
Hub, Andreas: „Herbert Grönemeyer", in: *Musikexpress/Sounds*, Nr. 10 (1984), 28–32.
Hündgen, Gerald: „Ich finde das wichtig! – Warum? (Blixa Bargeld/Einstürzende Neubauten) (Stimme aus dem Publikum)", in: *Spex*, Nr. 9 (1981), 20–21 u. 29.
Hündgen, Gerald: „LEMMINGE KRUPPS", in: *Spex*, Nr. 2 (1981), 5–6.
Hündgen, Gerald: „Böse Menschen haben keine Lieder. 1982: Musik auf dem Jahrmarkt der Eitelkeiten", in: *Spex*, Nr. 1 (1983), 11–13.
Hündgen, Gerald: „Tonträger auf Talfahrt", in: *Spex*, Nr. 10 (1984), 7.
Hüttmann, Oliver: „Schwarze Ecken, braune Flecken", in: *Rolling Stone*, Nr. 11 (1998), 37.
Igramhan, Fatima: „Gastarbeiter touren Ostküste. Die Tödliche Doris", in: *Spex*, Nr. 6 (1984), 37.
„Impressum", in: *Mode & Verzweiflung*, Nr. 5 (1980).
Inhülsen, Harald: „Pere Ubu. Der Sound aus dem Stahlwerk", in: *Musikexpress*, Nr. 7 (1978), 30–31.
Inhülsen, Harald: „THE MODERN DANCE. Pere Ubu. Blank Records 1 (US-Import)", Rezension, in: *Musikexpress*, Nr. 5 (1978), 70.
Inhülsen, Harald: „Zwei schräge Nächte in der Frontstadt", in: *Musikexpress*, Nr. 10 (1978), 24.

Inhülsen, Harald: „JOIN HANDS. Siouxsie & The Banshees. Polydor 2383551", Rezension, in: *Musikexpress*, Nr. 11 (1979), 44.
Inhülsen, Harald: „Siouxsie & The Banshees. Herz aus Glas", in: *Musikexpress*, Nr. 4 (1979), 16–18.
Inhülsen, Harald: „ZENSUR & ZENSUR. Male. Rock-On 1", Rezension, in: *Musikexpress*, Nr. 10 (1979), 54.
Inhülsen, Harald: „DIE KLEINEN UND DIE BÖSEN. Deutsch Amerikanische Freundschaft. Mute Records. Stumm 1", Rezension, in: *Musikexpress*, Nr. 8 (1980), 44.
Inhülsen, Harald: „The Cure. Wenn Töne Bilder wären", in: *Musikexpress*, Nr. 11 (1980), 80–81.
Inhülsen, Harald: „THE RESIDENTS COMMERCIAL ALBUM. The Residents. Ralph Records", Rezension, in: *Musikexpress*, Nr. 11 (1980), 66–68.
Inhülsen, Harald: „EMOTION. Malaria! Moabit 002/Eigelstein", Rezension, in: *Musikexpress*, Nr. 11 (1982), 66.
Inhülsen, Harald: „KOLLAPS. Einstürzende Neubauten. Zick Zack ZZ65", Rezension, in: *Musikexpress*, Nr. 1 (1982), 43.
Inhülsen, Harald: „Malaria", in: *Musikexpress*, Nr. 11 (1982), 18.
Inhülsen, Harald/Hoppe, Mechthild: „Berlin. Ein kaputter Platz für Romy, Bowie, Punk und Pop", in: *Musikexpress*, Nr. 3 (1978), 56–63.
„Interview with Ivan of Laibach – La Luna, Portland, OR – 3/24/97", 24. März 1997 (Letzte Aktualisierung: 24.09.2012), *Sonic Boom Magazine*. URL: http://www.sonic-boom.com/interview/laibach.interview.html (Letzter Zugriff: 24.10.2022).
Isleib, Dankmar: „COMPUTERWELT. Kraftwerk. Electrola 064-463 11", Rezension, in: *Musikexpress*, Nr. 5 (1981), 56.
Isleib, Dankmar: „Kraftwerk. Elektronischer Lebensstil", in: *Musikexpress*, Nr. 5 (1981), 10–14.
Isleib, Dankmar: „Kraftwerk. Hamburg, Musikhalle", in: *Musikexpress*, Nr. 8 (1981), 34.
Jandl, Paul: „'Wir müssen uns warm tanzen'", in: *Die Welt*, 4. Dezember 2010. URL: https://www.welt.de/print/die_welt/kultur/article11382985/Wir-muessen-uns-warm-tanzen.html (Letzter Zugriff: 24.10.2022).
Jekal, Jan: „Der neue Romantiker", in: *Rolling Stone*, Nr. 5 (2016), 76–79.
K., B.: „Betrifft: ,Dschungel'-Kneipe", Leserbrief, in: *zitty*, 1981, 4.
K. I.: „Malaria", in: *Scritti*, Nr. 10 (1982), 13–14.
Kampmann, Wolf: „Ich such die DDR. Ost-Rock zwischen Wende und Anschluss", in: Galenza, Ronald/Havemeister, Heinz (Hg.): *Wir wollen immer artig sein… Punk, New Wave, HipHop und Independent-Szene in der DDR 1980–1990*, überarbeitete und erweiterte Neuauflage, Berlin 2005, 679–691.
Karnik, Olaf: „DEUTSCH-AMERIKANISCHE FREUNDSCHAFT – GOLD UND LIEBE (Virgin)", Rezension, in: *Spex*, Nr. 12 (1981), 24.
Karnik, Olaf: „DEUTSCH AMERIKANISCHE FREUNDSCHAFT. Für immer (Virgin)", Rezension, in: *Spex*, Nr. 10 (1982), 34.
Kebschull, Ulrike: „Malaria. Emotion (LP). New York Passage (Maxi-Single)", Rezension, in: *Scritti*, Nr. 9 (1982), 28.
Keller, Hans: „Iggy Pop. THE IDIOT. RCA PL 12275", Rezension, in: *Sounds*, Nr. 5 (1977), 70.
Keller, Hans: „Siouxsie & The Banshees. Reflektionen über drei Todesfeen und eine Indianerin", in: *Sounds*, Nr. 5 (1979), 36–39.
Keller, Hans: „Siouxsie And The Banshees. THE SCREAM. Polydor POLD 5009", Rezension, in: *Sounds*, Nr. 2 (1979), 58.
Keller, Hans: „Throbbing Gristle. SECOND ANNUAL REPORT. Industrial Records IR 0002 […]", Rezension, in: *Sounds*, Nr. 10 (1979), 66–67.
Keller, Hans: „Orchestral Manoeuvres In The Dark. Elektronisches Entertainment", in: *Sounds*, Nr. 7 (1980), 12.

Keller, Hans: „singles", in: *Sounds*, Nr. 9 (1980), 12.
Keller, Hans: „Malaria im Großen Apfel", in: *Sounds*, Nr. 12 (1981), 10–11.
Kent, Nick: „Can: Ve Give Ze Orders Here", in: *New Musical Express*, 16. Februar 1974.
Kharas, Kev: „Shiver Into Existence. Cold Waves And Minimal Electronics", 29. Juni 2010, *The Quietus*. URL: *https://thequietus.com/articles/04529-cold-wave-and-minimal-electronics-feature-pieter-wierd-joe-angular* (Letzter Zugriff: 24.10.2022).
Kid P.: „ABC. Das kleine ABC des Lebens, Teil 1", in: *Sounds*, Nr. 9 (1982), 36–39.
Kid P.: „Die Neue Deutsche Welle. Ihr Entstehen und Versagen. Ihre Sternchen und ihr Erscheinen in den Medien", in: Diederichsen, Diedrich (Hg.): *Staccato. Musik und Leben*, Heidelberg 1982, 9–56.
Kid P.: „Die Wahrheit über Hamburg!", in: *Sounds*, Nr. 5 (1982), 26–30.
Kid P.: „Kid P. war in Berlin! Rentner, Türken, Commies und Versager", in: *Sounds*, Nr. 6 (1982), 22–26.
Kid P.: „Neues und Böses aus Düsseldorf. Nichts, KFC, Monotones", in: *Sounds*, Nr. 1 (1982), 14–15.
Kienitz, Günter W.: „Einstürzende Neubauten", in: *Bravo*, 7. Januar 1982, 28–29.
Kirmair, Stefan: „‚Ich wollte Spaß. Darum ging es'. Interview mit Annette Humpe", in: *Musikexpress*, Nr. 2 (2001), 51.
Klarfeld, Klarabella/Weilandt, Michael: „depressiv in waterloo. A certain ratio", in: *Spex*, Nr. 12 (1981), 22.
Koch, Albert: „Wie? Kleine langnasige Tiere?", in: *Musikexpress*, Nr. 1 (2004), 52–57.
Koch, Albert: „‚Ich höre die Stille und die Welt'. Interview mit Ralf Hütter", in: *Musikexpress*, Nr. 8 (2017), 38–41.
Koelsch, Kurt: „Blind Date: Elvis Costello", in: *Musikexpress/Sounds*, Nr. 12 (1983), 14.
Koether, Jutta: „Holger Hiller. Blass-wach-(junger) Mann", in: *Spex*, Nr. 2 (1984), 20–21.
Kopf, Biba: „Nena: The Girl from C&A...", in: *New Musical Express*, 5. Mai 1984, 26–28.
Kopf, Biba: „A Waltz Through Hardcore", in: *New Musical Express*, 15. September 1984, 14–16.
Kramer, Jürgen: „lieber deutscher leser", Impressum, in: *Die 80er Jahre*, Nr. 4/5 (1978/1979), o. S.
Krause, Patrick: „Die Frisur, die hinten nicht hält, was sie vorne verspricht. 25 Jahre „Popper"-Bewegung", in: *Süddeutsche Zeitung*, 21. Juni 2004. URL: *https://www.sueddeutsche.de/kultur/jahre-popper-bewegung-die-frisur-die-hinten-nicht-haelt-1.229281* (Letzter Zugriff: 24.10.2022).
Kraut, Inga: „Szene Berlin. ‚Wall-City-Rock' und ‚Geniale Dilletanten'", in: *Musikexpress. Neue Deutsche Welle Special* (1982), 44–46.
Kraut, Karl: „Szene Düsseldorf", in: *Musikexpress. Neue Deutsche Welle Special* (1982), 16–19.
Kröher, Michael O. R.: „Untergrund und Unternehmer (Teil 1)", in: *Sounds*, Nr. 9 (1980), 48–51.
Kröher, Michael O. R.: „Joachim Witt. Keine Kuhhändel", in: *Sounds*, Nr. 4 (1981), 20.
Kröher, Michael O. R.: „Rotzkotz. LEBENSFROH UND FARBENFROH. No Fun 08/15", Rezension, in: *Sounds*, Nr. 5 (1981), 63–64.
Kröher, Michael O. R.: „Die Krupps. VOLLE KRAFT VORAUS! WEA 58 463", Rezension, in: *Sounds*, Nr. 4 (1982), 59.
Kröher, Michael O. R.: „Das Debakel von Mainz. Nachtrag zu einem Vortrag", in: Glaser, Peter (Hg.): *Rawums. Texte zum Thema*, Köln 1984, 166–185.
Krulle, Stefan: „Traumtheater. Rammstein in der Requisite", in: *Rolling Stone*, Nr. 12 (1999), 64–69.
Krüssmann, Holger: „Neonbabies. Psycho-Kicks im Schaugeschäft", in: *Musikexpress*, Nr. 4 (1982), 20–22.
Kuhlbrodt, Dietrich: „Katastrophen selbermachen", in: Die Tödliche Doris (Hg.): *Naturkatastrophen. Januar 1982 - April 1984. Video - Objekte - Fotos - Texte*, Katalog zur Single, Berlin 1984, 5–11.
Küster, Hans E.: „Allen NDW-Grabreden zum Trotz: Es geht voran", in: *Musikexpress/Sounds*, Nr. 3 (1983), 12–18.

Laddish, Kenneth/Dippé, Mark: „Blixa Einstuerzende: Bargeld Harassed", in: *Mondo 2000*, Nr. 11 (1993).
Laibach: „Totalitarizem. Akcija v imenu ideje", in: *Nova Revija*, Nr. 13/14 (1983).
Lake, Steve: „Orchestral Manœuvres In The Dark. Ekstase hinterm Schalter", in: *Musikexpress*, Nr. 2 (1982), 26–27.
Lake, Steve: „DAF. Die türkische Variante", in: *Musikexpress/Sounds*, Nr. 7 (1985), 42–43.
Lau, Peter: „Der Volkskörper will ficken", in: *Rolling Stone*, Nr. 10 (1998), 17.
Laufer, Klaus: „Eingeschlossene Bergleute machen sich zum Beispiel durch Klopfzeichen bemerkbar", in: Müller, Wolfgang (Hg.): *Geniale Dilletanten*, Berlin 1982, 21–25.
Lester, Paul: „When Gary Numan met Little Boots", 3. Dezember 2009, *The Guardian*. URL: https://www.theguardian.com/music/2009/dec/03/gary-numan-little-boots-feature (Letzter Zugriff: 24.10.2022).
Lindemann, Christoph: „Klare Worte", in: *Musikexpress/Sounds*, Nr. 9 (1999), 12.
Löffel, Arne: „‚Wir sind keine Freunde'. Ein Besuch bei Robert Görl und Gabriel Delgado-Lopez alias Deutsch-Amerikanische Freundschaft. Sie sprechen über 40 Jahre Bandgeschichte", 18. August 2017 (Letzte Aktualisierung: 06.01.2019), *FR.de*. URL: http://www.fr.de/kultur/musik/daf-wir-sind-keine-freunde-a-1333403 (Letzter Zugriff: 24.10.2022).
Lorenz, Christian „Flake": „Greetings from L. A. Rammstein entdecken den Wilden Westen", in: *Rolling Stone*, Nr. 9 (2001), 48–53.
Loske, Günther: „THE SOUND JEOPARDY Korova-Records", Rezension, in: *Spex*, Nr. 1 (1981), 26.
MacDonald, Ian: „Germany Calling, Part One. German rock challenges virtually every accepted English and American standpoint", in: *New Musical Express*, 9. Dezember 1972, 18, 27.
MacDonald, Ian: „Germany Calling, Part Two. Bomb blasts and the beat", in: *New Musical Express*, 16. Dezember 1972, 34–36.
MacDonald, Ian: „Germany Calling. From Amon Duul to Faust's new sound-world", in: *New Musical Express*, 23. Dezember 1972, 34.
Mackinnon, Angus: „Der Munich Mensch Machine – Giorgio Moroder", in: *New Musical Express*, 9. Dezember 1978.
Maeck, Klaus: „Die große Untergangsshow mit Einstürzende Neubauten oder Chaos, Sehnsucht & Energie", in: Hartmann, Walter/Pott, Gregor (Hg.): *Rock Session 6. Magazin der populären Musik*, Reinbek bei Hamburg 1982, 104–115.
Maeck, Klaus: „Ich will Spaß: Gib mir Gas!", Leserbrief, in: *Scritti*, Nr. 4 (1983), 6.
Maeck, Klaus (Hg.): *Einstürzende Neubauten. Hör mit Schmerzen, Listen with pain*, Bonn 1989.
Majewski, Lori/Bernstein, Jonathan: *Mad World. An Oral History of New Wave Artists and Songs That Defined the 1980s*, New York 2014.
Mallinder, Stephen: „Straight Connection back to Düsseldorf City", in: Schütte, Uwe (Hg.): *Mensch – Maschinen – Musik. Das Gesamtkunstwerk Kraftwerk*, Düsseldorf 2018, 9–16.
Marcus, Greil: „Die Dada-Connection", in: Hartmann, Walter/Pott, Gregor (Hg.): *Rock Session 6. Magazin der populären Musik*, Reinbek bei Hamburg 1982, 92–100.
Marquardt, Jasper: „Berlin atonal – ein Überblick", in: *Spex*, Nr. 1 (1983), 4.
Marx, Olaph-Dante: „Endstation Irgendwo. Ein Flug durch die Zeit", in: Diederichsen, Diedrich/Hebdige, Dick/Marx, Olaph-Dante (Hg.): *Schocker. Stile und Moden der Subkultur*, Reinbek bei Hamburg 1983, 121–164.
Mauchel, René: „Frieder Butzmann. Spielplatz für Erwachsene", in: *Sounds*, Nr. 7 (1982), 16.
McCullough, Dave: „Giving Sex A Hard Time", in: *Sounds (UK)*, 28. November 1981, 14–15.
Meierding, Gabriele: „Schöner Gigolo", in: *Musikexpress*, Nr. 1 (1979), 26.
Meierding, Gabriele: „Commander Numans Star Trek Band", in: *Musikexpress*, Nr. 5 (1980), 68.

Meierding, Gabriele: „Stripes. Neue Welle aus dritter Hand", in: *Musikexpress*, Nr. 6 (1980), 22–23.
Meierding, Gabriele: „‚Jetzt und Alles'. Hier thrillt Meier", in: *Musikexpress*, Nr. 11 (1981), 56–57.
Meierding, Gabriele: „GOLD UND LIEBE. DAF. Ariola/Virgin 204 165-320", Rezension, in: *Musikexpress*, Nr. 12 (1981), 66.
Meierding, Gabriele: „ABC", in: *Musikexpress*, Nr. 9 (1982), 14.
Meierding, Gabriele/Legath, Jürgen: „Neue Singles", in: *Musikexpress*, Nr. 4 (1981), 6.
Meinecke, Thomas: „Ein Karussell der Peinlichkeiten (Umsturz und Spiel). Fragmente über die Lächerlichkeit des Modernen Elends", in: *Mode & Verzweiflung*, Nr. 5 (1980), 35–38.
Meinecke, Thomas: „Das waren die achtziger Jahre" (1986), in: ders.: *Mode & Verzweiflung*, Frankfurt a. M. 1998, 115–121.
Meinecke, Thomas: „Mode & Verzweiflung", Frankfurt a. M. 1998 (1986).
Meinecke, Thomas: „Neue Hinweise: Im Westeuropa Dämmerlicht 1981" (1981), in: ders.: *Mode & Verzweiflung*, Frankfurt a. M. 1998, 31–37.
Meinecke, Thomas: „Schreckliche Irrtümer" (1983), in: ders.: *Mode & Verzweiflung*, Frankfurt a. M. 1998, 60–61.
Meinecke, Thomas: „Vorwort" (1997), in: ders.: *Mode & Verzweiflung*, Frankfurt a. M. 1998, 7–9.
Meinecke, Thomas: „Hans Dampft Im Untergang (1982)", in: ders.: *Lob der Kybernetik. Songtexte 1980–2007. Mit einem Nachwort von Eckhard Schumacher*, Frankfurt a. M. 2007, 72.
Meinecke, Thomas: „Lob der Kybernetik. Songtexte 1980–2007. Mit einem Nachwort von Eckhard Schumacher". Hg. von Thomas Meinecke, Frankfurt a. M. 2007.
Meinecke, Thomas: „Venus Im Pelz (1980)", in: ders.: *Lob der Kybernetik. Songtexte 1980–2007. Mit einem Nachwort von Eckhard Schumacher*, Frankfurt a. M. 2007, 20–21.
Meinecke, Thomas: „Vorbemerkung", in: ders.: *Lob der Kybernetik. Songtexte 1980–2007. Mit einem Nachwort von Eckhard Schumacher*, Frankfurt a. M. 2007, 9–12.
„ME-Poll '80", in: *Musikexpress*, Nr. 2 (1981), 12–15.
Messmer, Susanne: „Sound der Rezession. Die Band Wir sind Helden erfindet den Protestsong neu", in: *Die Zeit*, 3. Juli 2003. URL: *https://www.zeit.de/2003/28/Wir_sind_Helden* (Letzter Zugriff: 24.10.2022).
Michler, Stefan: „Tanz den Mussolini! Neonazis auf Konzerten", in: *zitty*, 1981, 42.
Middles, Mick: „Singles", Rezension, in: *Sounds (UK)*, 20. Februar 1982, 25.
Middles, Mick: „Liaisons Dangereuses, Manchester", in: *Sounds (UK)*, 24. Juli 1982, 36.
Mießgang, Thomas: „Musik aus der Folterkammer. Der Erfolg der ostdeutschen Rockgruppe Rammstein", in: *Die Zeit*, 7. November 1997. URL: *https://www.zeit.de/1997/46/rammstein.txt.19971107.xml* (Letzter Zugriff: 24.10.2022).
Mießgang, Thomas: „Geschnitzt aus Bowies Rippe", 31. Januar 2008 (Letzte Aktualisierung: 06.02.2013), *Zeit Online*. URL: *https://www.zeit.de/online/2008/06/falco-interview-markus-spiegel* (Letzter Zugriff: 24.10.2022).
Mikulskis, Justinas: „Lebanon Hanover", Profiltext. URL: *https://lebanonhanover.bandcamp.com* (Letzter Zugriff: 24.10.2022).
Miles: „KRAFTWERK: Exceller 8, Best Of (Vertigo), Radio-Activity (EMI)", Rezension, in: *New Musical Express*, 31. Januar 1976, 22.
Miles: „Krautwerk: this is what your fathers fought to save you from… Kraftwerk, National Health. Roundhouse", in: *New Musical Express*, 16. Oktober 1976, 45.
Miles: „Tangerine Dream. Laser-Trip durch Amerika", in: *Musikexpress*, Nr. 7 (1977), 29–30.
Miles: „Vee hav vays of makink you experiment", in: *New Musical Express*, 2. September 1978, 20.
Mineur, Matthias: „IDEAL. Ideal. WEA", Rezension, in: *Musikexpress*, Nr. 2 (2001), 51.
Moorse, Ian: „Holger Hiller. Teile und Beherrsche", in: *Elaste*, Nr. 7 (1983), 28.

Morley, Paul: „Devo. Ihr Anteil an unserem Niedergang", in: *Sounds*, Nr. 12 (1979), 20–25.
Morley, Paul: „Love Motion Nr. Zwei", in: *New Musical Express*, 30. Mai 1981, 14–15.
Morshäuser, Bodo: „Neulich, als das Hakenkreuz keine Bedeutung hatte", in: *Kursbuch*, Nr. 113 (1993), 41–53.
Moynihan, Michael/Søderlind, Didrik: *Lords of Chaos. The Bloody Rise of the Satanic Metal Underground*, Port Townsend 1998.
Müller, Robert: „Rammstein. Mutterglück", in: *Hard Rock & Metal Hammer*, Nr. 4 (2001), 26–29.
Müller, Wolfgang: „Sprache". URL: http://www.wolfgangmuellerrr.de/Sprache (Letzter Zugriff: 24.10.2022).
Müller, Wolfgang: „Die wahren Dilletanten", in: ders. (Hg.): *Geniale Dilletanten*, Berlin 1982, 9–15.
Müller, Wolfgang (Hg.): *Geniale Dilletanten*, Berlin 1982.
Müller, Wolfgang: „Kann maN etWas mACHen, was nicht Mu s i k ist?", in: Pehlemann, Alexander/ Galenza, Ronald (Hg.): *Spannung. Leistung. Widerstand. Magnetbanduntergrund DDR 1979–1990*, Berlin 2006, 150–155.
Müller, Wolfgang: *Subkultur Westberlin 1979–1989. Freizeit*, 2. Aufl., Hamburg 2013.
Müller, Wolfgang/Schmitz, Martin (Hg.): *Die Tödliche Doris, Band 1. Vorträge, Memoiren, Essays, Hörspiel, Postwurfsendungen, Stücke, Flugblatt, Dichtung*, Kassel 1991.
Newman, Michael: „Mülheimer Freiheit", in: *The Face*, Nr. 46 (1984), 5.
Nieradzik, Andreas: „Rammstein. Am Anfang war das Feuer", in: *New Rock & Metal Hammer*, Nr. 9 (1997), 22–26.
Nitsche, Claudia: „Deutsche Lieder, böse Lieder", in: *Hard Rock & Metal Hammer*, Nr. 1 (1999), 26–29.
No Fun Records: „Wenn deine Fenster von innen vereisen...", Reklame, in: *Spex*, Nr. 1 (1982), 25.
NSK: *Neue Slowenische Kunst*, Los Angeles 1991.
O. V.: „Bald singt bei uns ein Computer. Aus der Hexenküche von Kraftwerk", in: *Bravo*, 9. Oktober 1975, 10–11.
O. V.: „Electronic. Musik aus der Steckdose, Teil 4", in: *Musikexpress*, Nr. 9 (1976), 34–36.
O. V.: „SOS für SO 36", in: *Der Spiegel*, 21. März 1977, 216–223. URL: http://www.spiegel.de/spiegel/print/d-40941796.html (Letzter Zugriff: 24.10.2022).
O. V.: „Ratten in Jeans", in: *Der Spiegel*, 11. April 1977, 212–215. URL: http://www.spiegel.de/spiegel/print/d-40915872.html (Letzter Zugriff: 24.10.2022).
O. V.: „Zweimal Kraftwerk: Original und Fälschung", in: *Musikexpress*, Nr. 6 (1978), 2.
O. V.: „Punk. Nadel im Ohr, Klinge am Hals", in: *Der Spiegel*, 23. Januar 1978, 140–147. URL: http://www.spiegel.de/spiegel/print/d-40694217.html (Letzter Zugriff: 24.10.2022).
O. V.: „Sinnliche Hüften", in: *Der Spiegel*, 30. Oktober 1978, 274–277. URL: http://www.spiegel.de/spiegel/print/d-40605807.html (Letzter Zugriff: 24.10.2022).
O. V.: „DAF", in: *Spex*, Nr. 4 (1980), 12–13.
O. V.: „MANIA D. „TRACK 4/HERZschlag/kinderfunk" (monogam) ca. 7,5min", in: *Bericht der U. N.-Menschenrechtskommission über Menschenrechtsverletzungen in der Bundesrepublik Deutschland*, Nr. 3 (1980).
O. V.: „Rezensionen", in: *Bericht der U. N.-Menschenrechtskommission über Menschenrechtsverletzungen in der Bundesrepublik Deutschland*, Nr. 3 (1980).
O. V.: „Thorax Wach – Interview", in: *Datenverarbeitung*, Nr. 5 (1980), 18–20.
O. V.: „Kraftwerk Revealed! An Interview with Ralf Hutter", in: *Electronics & Music Maker*, Nr. 9 (1981), 62–66. URL: http://noyzelab.blogspot.de/2014/09/kraftwerk-revealed-e-sept-1981-mike.html (Letzter Zugriff: 03.12.2019).
O. V.: „Rockmusik: Die neue deutsche Welle", in: *Der Spiegel*, 23. März 1981, 204–208. URL: http://www.spiegel.de/spiegel/print/d-14322011.html (Letzter Zugriff: 03.12.2018).

O. V.: „Visage live: Steve lässt die Visage-Puppen tanzen", in: *Bravo*, 14. Mai 1981, 26–27.

O. V.: „Kraftwerk rocken auf Taschenrechnern!", in: *Bravo*, 9. Juli 1981, 60–61.

O. V.: „,Berliner Krankheit' auf Tournee", in: *Der Spiegel*, 26. Oktober 1981, 225. URL: http://www.spiegel.de/spiegel/print/d-14341781.html (Letzter Zugriff: 24.10.2022).

O. V.: „Vox Pop. Q&A", in: *Sounds (UK)*, 31. Oktober 1981, 22–23.

O. V.: „D.A.F. Liebe auf den zweiten Blick", in: *Bravo*, 10. Dezember 1981, 52–53.

O. V.: „Neu", in: *Spex*, Nr. 11 (1982), 8–9.

O. V.: „neue deutsche welle. Punk, Avantgarde, Tanzrhythmen", in: *Musikexpress. Neue Deutsche Welle Special* (1982), 4–7.

O. V.: „,In meinem Film bin ich der Star'", in: *Der Spiegel*, 26. April 1982, 234–249. URL: http://www.spiegel.de/spiegel/print/d-14347577.html (Letzter Zugriff: 24.10.2022).

O. V.: „Sturmflut der Bilder. Junge Malerei in Deutschland auf der Erfolgswelle und im Meinungsstreit", in: *Der Spiegel*, 31. Mai 1982, 172–182. URL: https://www.spiegel.de/spiegel/print/d-14338867.html (Letzter Zugriff: 24.10.2022).

O. V.: „Filmkritik", in: *Bravo*, 22. Oktober 1982, 53.

O. V.: „SPK", in: Vale, Vivian/Juno, Andrea (Hg.): *Industrial Culture Handbook*, San Francisco 1983, 92–106.

O. V.: „Throbbing Gristle", in: Vale, Vivian/Juno, Andrea (Hg.): *Industrial Culture Handbook*, San Francisco 1983, 6–19.

O. V.: „Gefletschte Zähne", in: *Der Spiegel*, 18. Juli 1983, 140. URL: https://www.spiegel.de/spiegel/print/d-14021716.html (Letzter Zugriff: 24.10.2022).

O. V.: „Gruppe NORMAL", in: *Elaste*, Nr. 8/9 (1984), 91.

O. V.: „Schnell + Vergänglich", in: *Spex*, Nr. 11 (1984), 4–9.

O. V.: „Schnell + Vergänglich", in: *Spex*, Nr. 12 (1984), 4–10.

O. V.: „Nürnberger Exorzismus", in: Maeck, Klaus (Hg.): *Einstürzende Neubauten. Hör mit Schmerzen, Listen with pain*, Bonn 1989, 106–107.

O. V.: „Poesie der Durchschlagskraft. Interview mit Thomas Roesler (Klick & Aus)", in: Galenza, Ronald/Havemeister, Heinz (Hg.): *Wir wollen immer artig sein... Punk, New Wave, HipHop und Independent-Szene in der DDR 1980-1990*, überarbeitete und erweiterte Neuauflage, Berlin 2005, 395–403.

O. V.: „Provokation, Paranoia und Parties. Interview mit Bert Papenfuß, Aljoscha Rompe (Feeling B), Ronald Lippok (Ornament & Verbrechen), Bernd Jestram (Rosa Extra, Aufruhr zur Liebe)", in: Galenza, Ronald/Havemeister, Heinz (Hg.): *Wir wollen immer artig sein... Punk, New Wave, HipHop und Independent-Szene in der DDR 1980-1990*, überarbeitete und erweiterte Neuauflage, Berlin 2005, 90–107.

O. V.: „CCC-Mann Peter Glaser: ‚Soziale Netze werden sich in Langeweile auflösen'", 4. Januar 2013, *t3n digital pioneers*. URL: https://t3n.de/magazin/zucker-zuckerberg-230187 (Letzter Zugriff: 24.10.2022).

O. V.: „Kraftwerk. Wir fahr'n. fahr'n. fahr'n", in: *Musikexpress*, Nr. 8 (2017), 42–47.

Oberwittler, Jörg: „Aalglatt bis zum Anschlag", 16. Juli 2008, *Spiegel Online*. URL: http://www.spiegel.de/einestages/popper-bewegung-a-947004.html (Letzter Zugriff: 24.10.2022).

O'Brien, Glenn: „Kraftwerk. Deutsche Disko", in: *Interview Magazine* (1977). URL: https://glennobrien.com/kraftwerk-77 (Letzter Zugriff: 24.10.2022).

Ody, Joachim: „ULTRAVOX: Vienna (Chrysalis)", Rezension, in: *Spex*, Nr. 2 (1980), 16.

Ody, Joachim: „KRAFTWERK Computerwelt (EMI)", Rezension, in: *Spex*, Nr. 5 (1981), 23–24.

Ody, Joachim: „Menschen und Maschinen im Neonlicht. Kraftwerkkonzert", in: *Spex*, Nr. 7/8 (1981), 10–11.

Ody, Joachim: „THE CURE Faith (Metronome)", Rezension, in: *Spex*, Nr. 5 (1981), 23.
Pagórek, Daniel/DJ Kersten: „Gelobt sei, wer affirmiert. Die Musik der Neuen Deutschen Härte", in: *Jungle World*, 21. Juni 2000. URL: *https://jungle.world/artikel/2000/25/gelobt-sei-wer-affirmiert* (Letzter Zugriff: 24.10.2022).
Park, Maxwell: „Berlin Blondes, Paisley", in: *Sounds (UK)*, 5. Juli 1980, 49.
Pehlemann, Alexander: „Alfred Hilsberg. Mit ZickZack in der ‚Zone' oder: warum was nicht funktionieren konnte", in: Pehlemann, Alexander/Galenza, Ronald (Hg.): *Spannung. Leistung. Widerstand. Magnetbanduntergrund DDR 1979–1990*, Berlin 2006, 156–162.
Pehlemann, Alexander: „Ronald versus Robert Lippok. Fratelli Lippok im Erinnerungsgespräch", in: Pehlemann, Alexander/Galenza, Ronald (Hg.): *Spannung. Leistung. Widerstand. Magnetbanduntergrund DDR 1979–1990*, Berlin 2006, 116–127.
Pehlemann, Alexander/Galenza, Ronald (Hg.): *Spannung. Leistung. Widerstand. Magnetbanduntergrund DDR 1979–1990*, Berlin 2006.
Perrin, Jean-Eric: „Interview, Ralf Hütter", in: *Rock & Folk Magazine*, Nr. 11 (1981). URL: *http://archive.is/Uwhy#selection-155.0-155.48* (Letzter Zugriff: 24.10.2022).
Peters, Harald: „Zu dem Video und dem Doppel-Album ‚Live aus Berlin' von Rammstein. Till klopft sich auf die Brust", in: *Berliner Zeitung*, 15. September 1999.
Phonogram: „Jede Welle hat ein Ende", Reklame, in: *Spex*, Nr. 12 (1982), 2.
Picker-Dressel, Stefan: „Kraft-Punk", in: *Musikexpress*, Nr. 4 (2001), 26–27.
Ploog, Jürgen/Pocia/Hartmann, Walter (Hg.): *Amok Koma. Ein Bericht zur Lage*, Bonn u. a. 1980.
Poschardt, Ulf: „Stripped. Pop und Affirmation bei Kraftwerk, Laibach und Rammstein", in: *Jungle World*, 12. Mai 1999. URL: *https://jungle.world/artikel/1999/19/stripped* (Letzter Zugriff: 24.10.2022).
Poschardt, Ulf: „Die Rebellion der Kaschmir-Kinder", in: *Welt am Sonntag*, 4. Juli 2004. URL: *https://www.welt.de/print-wams/article112647/Die-Rebellion-der-Kaschmir-Kinder.html* (Letzter Zugriff: 24.10.2022).
Pott, Gregor: „Plan-Tage, gute Tage", in: Hartmann, Walter/Humann, Klaus/Reichert, Carl-Ludwig (Hg.): *Rock Session 5. Magazin der populären Musik*, Reinbek bei Hamburg 1981, 17–29.
Pracht, Christoph: „WELTKLANG. Veb Heimat / Hoffnung (Sehnsucht). (Exil-System)", Rezension, in: *Spex*, Nr. 4 (1980), 15.
Preissle, Peter: „Yello", in: *No Fun (Schweiz)*, Nr. 18 (1980), 12–15.
Rai, Amrik: „Xmal Deutschland. Reluctant Stereotypes", in: *New Musical Express*, 23. Juli 1983, 6–7.
Rapp, Tobias: „Aus der Sicht des Täters", in: *Der Spiegel*, 16. November 2009, 120–121. URL: *http://www.spiegel.de/spiegel/print/d-67768130.html* (Letzter Zugriff: 24.10.2022).
Rapp, Tobias/Thadeuz, Frank: „Maschinen sind einfach lockerer'", in: *Der Spiegel*, Nr. 50 (2009), 138–140. URL: *https://www.spiegel.de/spiegel/print/d-68074001.html* (Letzter Zugriff: 24.10.2022).
Reeder, Mark: *B-Book. Lust & Sound in West-Berlin 1979–1989*, Hamburg 2015.
Reichelt, Moritz: *Der Plan. Glanz und Elend der Neuen deutschen Welle. Die Geschichte einer deutschen Musikgruppe*, Kassel 1993.
Renner, Tim: „Gabi Delgado Lopez", in: *Scritti*, Nr. 5 (1983), 19.
Renner, Tim: „Ob du ein Image hast oder hast keins. Teil 2", in: *Scritti*, Nr. 4 (1983), 20–22.
Renner, Tim: „Ob du ein Image hast oder hast keins… Ein Hamburger Rundblick, Teil 1", in: *Scritti*, Nr. 3 (1983), 21–23.
Renner, Tim/Meins, Thomas: „NDDW. Neue Musik aus der DDR – die real existierende Welle (Teil 1)", in: *Sounds*, Nr. 8 (1982), 18–19.
Reynolds, Simon: „Disturbing Sounds to Unruffle the New Age", in: *New York Times*, 24. Februar 1991. URL: *https://www.nytimes.com/1991/02/24/arts/recordings-view-disturbing-sounds-to-unruffle-the-new-age.html* (Letzter Zugriff: 24.10.2022).

Richter, Hans Peter: „DAF. Jung & schön & stark", in: *Musikexpress*, Nr. 2 (1982), 10–12.
Richter, Henning: „Rammstein. ‚Wir wollen anders sein!'", in: *Metal Hammer*, Nr. 3 (1997), 30–31.
Richter, Henning: „Metal-Alter. Radau im Märchenwald", in: *Hard Rock & Metal Hammer*, Nr. 5 (1999), 26–30.
Richter, Henning: „Bach statt Blues", in: *Musikexpress*, Nr. 1 (2001), 8.
Richter, Henning: „Inchtabokatables. Fest totaler Freiheit", in: *Hard Rock & Metal Hammer*, Nr. 5 (2001), 54–55.
Richter, Henning: „Letzte Instanz. Raus aus dem Alltag", in: *Hard Rock & Metal Hammer*, Nr. 4 (2001), 58–59.
Richter, Peter: „Frühsport bei Tiffany", in: *Frankfurter Allgemeine Sonntagszeitung*, 19. Dezember 2010, 27.
Ritter, Christa: „Im Land des Lächelns. Anette Humpe nach der Eiszeit", in: *Rolling Stone*, Nr. 2 (2000), 52–55.
Roberts, Dave: „Spear Of Destiny / Kowalski, Manchester", in: *Sounds (UK)*, 30. April 1983, 47.
Rückerl, Thomas: „PANORAMA. The Cars. WEA 52 240", Rezension, in: *Musikexpress*, Nr. 10 (1980), 60.
Ruff, Michael: „Einstürzende Neubauten. Die Trompeter von Jericho", in: *Musikexpress/Sounds*, Nr. 9 (1984), 56–57.
Rule, Greg (Hg.): *Electro shock! Groundbreakers of Synth Music*, San Francisco 1999.
Rüther, Tobias: „Florian Schneider. Die Stimme der Energie", 7. Januar 2009, *FAZ.Net*. URL: *https://www.faz.net/aktuell/feuilleton/pop/florian-schneider-die-stimme-der-energie-1753904.html* (Letzter Zugriff: 24.10.2022).
Rüther, Tobias: *Helden: David Bowie und Berlin*, Berlin u. a. 2016.
Rütten, Wilfried: „Schallter. Die Musik erklingt", in: *Spex*, Nr. 9 (1982), 22–23.
Rütten, Wilfried: „In die Wüste", in: *Spex*, Nr. 1 (1983), 29–30.
Rützel, Anja: „Wir können doch Freunde bleiben", in: *Rolling Stone*, Nr. 6 (2003), 32–33.
Sahler, Günter: „‚Huckepack und zu Hunderten'. Interview mit Olaf Kraemer von Thorax Wach, Goldenen Vampiren per Email im Maerz 2003", in: ders. (Hg.): *Dies ist Hamburg und nicht Seattle, Dirk*, Lindlar 2011.
Salewicz, Chris: „Soft Cell. Freuden und Leiden des Erfolges", in: *Sounds*, Nr. 3 (1982), 28–29.
Savage, Jon: „Introduction", in: Vale, Vivian/Juno, Andrea (Hg.): *Industrial Culture Handbook*, San Francisco 1983, 4–5.
Savage, Jon: „Plünderer", in: *Spex*, Nr. 2 (1983), 29–31.
Schäfer, Frank: „Peter Glaser auf literarischer Reise. Vom Neanderthal zum Cyberspace", in: *Rolling Stone*, Nr. 1 (2004), 44–50.
Schäffer, Rainer: „Stahlgewitter. Einstürzende Neubauten", in: *Sounds*, Nr. 2 (1981), 22–23.
Scherer, Matthias: „Die Neue Deutsche Kälte. Deutscher Post-Punk im Jahr 2016", 8. Dezember 2016, *PULS*. URL: *https://www.br.de/puls/musik/aktuell/deutscher-post-punk-100.html*. Memento der Seite: https://web.archive.org/web/20201129044448/https://www.br.de/puls/musik/aktuell/deutscher-post-punk-100.html (Letzter Zugriff: 22.06.2023).
Scheuring, Dirk: „BORSIG Japan Japan/Hiroshima (Rip Off)", Rezension, in: *Spex*, Nr. 6 (1982), 35.
Scheuring, Dirk: „LEBEN UND ARBEITEN – EP (ZickZack)", Rezension, in: *Spex*, Nr. 5 (1982), 43.
Scheuring, Dirk: „MALARIA You Turn To Run/Zarah/Duschen (Rip Off)", Rezension, in: *Spex*, Nr. 6 (1982), 34.
Scheuring, Dirk: „NO MORE Suicide Commando (Lustobjekte)", Rezension, in: *Spex*, Nr. 5 (1982), 43.
Scheuring, Dirk: „Blixa Bargeld. Version der Woche", in: *Spex*, Nr. 12 (1983), 23–25.
Scheuring, Dirk: „Der Vielstapler. Robert Görl", in: *Spex*, Nr. 6 (1983), 42–43.
Scheuring, Dirk: „Xmal Deutschland und das Kitschige", in: *Spex*, Nr. 8–9 (1983), 40–42.

Scheuring, Dirk: „Big Freund Is Watching You! Thekenmannschafts-Fernsehen", in: *Spex*, Nr. 5 (1984), 33–34.
Schiegl, Andreas/Schiegl, Norbert: „Freiwillige Selbstkontrolle. Theater zu Parkhäusern", in: *59 to 1*, Nr. 6 (1985), 37–39.
Schirmer, Arnd: „Feuer vor dem Mund", in: *Der Spiegel*, 19. Oktober 1981, 260. URL: *http://www.spiegel.de/spiegel/print/d-14339995.html* (Letzter Zugriff: 24.10.2022).
Schlak, Stephan: „Grönland wird größer", in: *taz*, 3. April 2003, 27. URL: *http://www.taz.de/!793542/* (Letzter Zugriff: 24.10.2022).
Schlüter, Jörn: „Met, Mystik und Minnegesang", in: *Rolling Stone*, Nr. 4 (2001), 39.
Schlüter, Ralf: „Tanz den Dalai Lama. Sanfte Tekknologie: Die Erleuchtung in der Disco", in: *Musikexpress/Sounds*, Nr. 3 (1993), 10–14.
Schmidt, Manfred: „Export-Schlager. Die deutsche Pop-Provinz probt den Aufstand", in: *Musikexpress/Sounds*, Nr. 5 (1984), 8–12.
Schmiechen, Frank: „,Ich wusste gar nicht, was Radioaktivität ist'", 24. Januar 2014, *Die Welt*. URL: *https://www.welt.de/kultur/pop/article124165485/Ich-wusste-gar-nicht-was-Radioaktivitaet-ist.html* (Letzter Zugriff: 24.10.2022).
Schneider, Frank Apunkt: „Wir haben überhaupt nicht gedacht, dass wir eine Band sind... Interview mit Thomas Meinecke", in: Sahler, Günter (Hg.): *Neue deutsche Erinnerungswelle*, Lindlar 2011, 265–277.
Schneider, Mitchell: „The Man-Machine", Rezension, in: *Rolling Stone (USA)*, 18. Mai 1978. URL: *https://www.rollingstone.com/music/music-album-reviews/the-man-machine-96960* (Letzter Zugriff: 24.10.2022).
Schnitzler, Conrad: „Aber mehr und mehr wollte keiner von freien Tönen hören", in: Pieper, Werner (Hg.): *Alles schien möglich. Die Aktivisten der 60er werden 60: Was trieb sie damals um, was machen sie heute? Rückschau & Bestandsaufnahme einer Generation, die nach vorne schaute*, Löhrbach 2007, 154–157.
Schober, Ingeborg: „Kraftwerk. Wir sind eine Radiostation", in: *Musikexpress*, Nr. 12 (1976), 12–13.
Schober, Ingeborg: „David Bowie. HEROES. RCA PL 42 372", Rezension, in: *Sounds*, Nr. 12 (1977), 66.
Schober, Ingeborg: „Kraftwerk. Techno-Boogie aus der Neonröhre", in: *Sounds*, Nr. 3 (1977), 12–13.
Schober, Ingeborg: „Poesie & Abenteuer heutiger Musik. ‚Was tut der Milchmann am Morgen im Dschungel?'", in: Gülden, Jörg/Humann, Klaus (Hg.): *Rock Session 1. Magazin der populären Musik*, Reinbek bei Hamburg 1977, 295–309.
Schober, Ingeborg: „DIE MENSCH-MASCHINE. Kraftwerk. Kling Klang 1C058 -32 843", Rezension, in: *Musikexpress*, Nr. 6 (1978), 50.
Schober, Ingeborg: „Ultravox! Zwischen Wahn und Valium", in: *Musikexpress*, Nr. 5 (1978), 16.
Schober, Ingeborg: „Kraftwerk. Die Kinder von Krupp und Grundig", in: *Musikexpress*, Nr. 4 (1979), 72–78.
Schober, Ingeborg: „La Düsseldorfs Neu~es Kraftwerk. Genug Energie fürs Jahr 2000", in: *Sounds*, Nr. 4 (1979), 40–44.
Schober, Ingeborg: „REPLICAS. Tubeway Army. Beggar's Banquet 146.51", Rezension, in: *Musikexpress*, Nr. 8 (1979), 37.
Schober, Ingeborg: „Richard L. Wagner. Neonschatten", Rezension, in: *Sounds*, Nr. 1 (1979), 46.
Schober, Ingeborg: „Geisterfahrer. SCHATTEN VORAUS. Konkurrenz/Phonogram 6435078", Rezension, in: *Sounds*, Nr. 12 (1980), 64–65.
Schober, Ingeborg: „ORCHESTRAL MANOEUVRES IN THE DARK. Ariola Dindisc did 2", Rezension, in: *Musikexpress*, Nr. 5 (1980), 57.
Schober, Ingeborg: „The Human League. Transparente Elektronik", in: *Sounds*, Nr. 8 (1980), 46–48.

Schober, Ingeborg: „ALLES IST GUT. Deutsch-Amerikanische Freundschaft. Ariola/Virgin 203 644", Rezension, in: *Musikexpress*, Nr. 5 (1981), 57.

Schober, Ingeborg: „Berliner Rockzirkus. Ideal, Tempo, Z, Morgenrot, Insisters", in: *Musikexpress*, Nr. 5 (1981), 46.

Schober, Ingeborg: „DAF. Alles ist gut!", in: *Musikexpress*, Nr. 5 (1981), 28–29.

Schober, Ingeborg: „Ideal. Fröhlich und provokativ", in: *Musikexpress*, Nr. 6 (1981), 22–23.

Schober, Ingeborg: „DESERTEURE. Wolf Maahn. Metronome 0060.545", Rezension, in: *Musikexpress*, Nr. 11 (1982), 56–57.

Schober, Ingeborg: „Donauwellen. Neue Töne aus Österreich", in: *Musikexpress*, Nr. 5 (1982), 40–42.

Schöler, Franz: „Wollt ihr den „Totalen Tanz"? Das Schauerspiel der neudeutschen Volksmusik lässt die Kassen klingeln", in: *Die Zeit*, 16. Juli 1982. URL: *https://www.zeit.de/1982/29/wollt-ihr-den-totalen-tanz* (Letzter Zugriff: 24.10.2022).

Schwarz, Hans-Heinz: „Neue Musik!! Neue Filme???", in: Hartmann, Walter/Pott, Gregor (Hg.): *Rock Session 6. Magazin der populären Musik*, Reinbek bei Hamburg 1982, 160–173.

Seffcheque, Xao: „Grauzone. Welt-Rekord/EMI 064-46 500. Korpus Kristi. TAUSEND AUGEN. Pop-Import 20012. DIN A Testbild. PROGRAMM 2, Innovative Communications KS 80 011. Croox. GELD HER! Ink Records 007", Rezension, in: *Sounds*, Nr. 12 (1981), 69–70.

Seffcheque, Xao: „Kraftwerk. Kulturelle Suppenwürfel", in: *Sounds*, Nr. 8 (1981), 28–31.

Seffcheque, Xao: „Kraftwerk. COMPUTERWELT. EMI IC 064-46 311", Rezension, in: *Sounds*, Nr. 6 (1981), 61–62.

Seffcheque, Xao: „Neues Deutschland. Iron Curtain 015. Eigelstein-Vertrieb", Rezension, in: *Sounds*, Nr. 11 (1981), 77.

Seffcheque, Xao/Schwebel, Thomas: „Ideal. Der Traum meiner Eltern", in: *Sounds*, Nr. 4 (1982), 26–28.

Seidel, Wolfgang: *Wir müssen hier raus! Krautrock, Free Beat, Reeducation*, Mainz 2016.

„Short review: Rammstein – Herzeleid", in: *Kerrang!*, Nr. 592 (1996), 45.

Shunt, Oliver: „Wischi Waschi Schwamm drüber!", in: *Spex*, Nr. 3 (1981), 22.

Simbruck, Michael: „Der Krieg ist aus, oder: Die Überwindung des verschwitzten Denkens", in: *Mode & Verzweiflung*, Nr. 5 (1980), 28–29.

Sinclair, Mick: „Hamburger Kings", in: *Sounds (UK)*, 24. Juli 1982, 24–25, 39.

Sinclair, Mick: „Einsturzende Neubauten, Lyceum", in: *Sounds (UK)*, 19. März 1983, 38.

Sinclair, Mick: „Xmal-Nutrition", in: *Sounds (UK)*, 19. März 1983, 32.

„Singles Of The Week", in: *New Musical Express*, 31. August 1982.

Skai, Hollow: „Am Nabel der Welt – Wo spielt die Musik?", in: *Der Tagesspiegel*, 21. September 2004. URL: *http://www.highdive.de/info/nofun/nf2.htm* (Letzter Zugriff: 24.10.2022).

Skai, Hollow: *Alles nur geträumt. Fluch und Segen der Neuen Deutschen Welle*, Innsbruck 2009.

Sklaski, Jacek: „Interview mit Gudrun Gut", 4. Dezember 2015. URL: *https://www.tip-berlin.de/konzerte-party/interview-mit-gudrun-gut*. Memento der Seite: https://web.archive.org/web/20220814185517/https://www.tip-berlin.de/konzerte-party/interview-mit-gudrun-gut/ (Letzter Zugriff: 22.06.2023).

Skolud, Hubert/Stasiak, Horst: *Plant uns bloß nicht bei euch ein. Töne von Zustand der Nation*, Bergisch Gladbach 1984.

Sky records, Reklame, in: *Musikexpress*, Nr. 4 (1982), 93.

Smith, Winston: „I Am Curious, Yello", in: *Sounds (UK)*, 19. Dezember 1981, 15, 27.

Sorel, Juliane: „Szene München. Was kommt nach dem „Skandal im Sperrbezirk"?", in: *Musikexpress. Neue Deutsche Welle Special* (1982), 54–55.

„Spielzeitchronik 1990 bis 2000", *Volksbühne am Rosa-Luxemburg-Platz*. URL: *https://volksbuehne.adk. de/deutsch/volksbuehne/archiv/spielzeitchronik/1990_bis_2000/index.html* (Letzter Zugriff: 24.10.2022).

Spies, Miriam/Esch, Rudi/Görl, Robert/Delgado, Gabi: *Das ist DAF. Deutsch-Amerikanische Freundschaft. Die autorisierte Biografie*, Berlin 2017.

Stahl, Peter F.: „Krautrock ist Top: Kraftwerk elektrisiert Amerika", in: *Bravo*, 5. Juni 1975, 20–21.

Stahl, Peter von: „Rammstein", in: *Musikexpress/Sounds*, Nr. 9 (1997), 32–35.

Stalinsen, Stalin: „singles", in: *Sounds*, Nr. 3 (1981), 14.

Stein, Timo: „,Bei uns ist Hass Alltag'. Studio Braun als Fraktus", o. J., *Cicero Online*. URL: *http://cicero. de/salon/bei-uns-ist-hass-alltag/52482* (Letzter Zugriff: 24.10.2022).

Stender, Joachim: „Musik zwischen Anpassung und Überwindung", in: *Sounds*, Nr. 11 (1980), 44–45.

Stender, Joachim: „Rhein-Main. Halbjapanische Avantgarde, Karl Marx und Pogo", in: *Sounds*, Nr. 9 (1980), 14–15.

Stender, Joachim: „Todeskommando im Hexenkessel oder: Tage an der Front der neuen Wellen", in: *Sounds*, Nr. 4 (1982), 22–24.

Stender, Joachim: „Fragmentarische Bemerkungen über Gegenstände von existentieller Bedeutung", in: *Sounds*, Nr. 1 (1983), 7.

Stille, Kalle: „Stephan Eicher. Der Weg zu zweit ist halb so weit", in: *Ox-Fanzine*, Jg. 31, Nr. 143 (2019), 55–59.

Stroud, Abbey: „Interview with Jurgen Engler of Die Krupps on August 18, 1995, at the Troubador in Los Angeles", 9. Dezember 1995 (Letzte Aktualisierung: 24.09.2012), *Sonic Boom Magazine*. URL: *http://www.sonic-boom.com/interview/die.krupps-1.interview.html* (Letzter Zugriff: 24.10.2022).

Svoboda, Stefan: „Gabi Delgado", in: *Musikexpress/Sounds*, Nr. 5 (1983), 52–53.

Synthetic, Hal: „New Musick. Kraftwerk", in: *Sounds (UK)*, 26. November 1977, 32–33.

Synuga, Siegfried Michail: „DEUTSCH-AMERIKANISCHE FREUNDSCHAFT: die kleinen und die bösen (mute)", Rezension, in: *Spex*, Nr. 1 (1980), o. S.

Synuga, Siegfried Michail: „JOY DIVISION: ,She's Lost Control/Atmosphere' (Fractured Music)", Rezension, in: *Spex*, Nr. 2 (1980), 18.

Tannert, Christoph: „Von Vortönern und Erdferkeln. Die Filme der Bildermacher", in: Fritzsche, Karin/Löser, Claus (Hg.): *Gegenbilder. Filmische Subversion in der DDR 1976–1989. Texte Bilder Daten*, Berlin 1996, 25–59.

Tannert, Christoph: „Skandalgeile Dilettanten. Der Demokratische Konsum", in: Galenza, Ronald/Havemeister, Heinz (Hg.): *Wir wollen immer artig sein… Punk, New Wave, HipHop und Independent-Szene in der DDR 1980–1990*, überarbeitete und erweiterte Neuauflage, Berlin 2005, 378–385.

Tdb: „33 TAGE IN KETTEN. Fehlfarben. EMI/Welt-Rekord 064-46380", Rezension, in: *Musikexpress*, Nr. 11 (1981), 82.

Teipel, Jürgen: *Verschwende deine Jugend. Ein Doku-Roman über den deutschen Punk und New Wave*, Frankfurt a. M. 2001.

Tesch, Michael: „Malaria! Liaisons Dangereueses. In Düsseldorf ,… und Spiegel gibt es auch keine'", in: *Spex*, Nr. 5 (1982), 6–7.

Tickell, Paul: „Ideal. Der Ernst Des Lebens (WEA)", in: *New Musical Express*, 24. Juli 1982, 28–29.

Trenkler, Winfried: „Klaus Schulze. Der Magier am großen Moog", in: *Musikexpress*, Nr. 11 (1978), 20–22.

Tresen, Willi am: „Markus. Tri-tra-trullala, Markus ist für alle da!", in: *Musikexpress*, Nr. 7 (1982), 16.

Überohr, Jonas: „Die jungen Achtziger, eintönig oder auch: The Greedy Generation", in: *Sounds*, Nr. 3 (1981), 40–41.

Ufermöler, N.: „Das Verhalten fester Körper bei Erwärmung", in: Müller, Wolfgang (Hg.): *Geniale Dilletanten*, Berlin 1982, 61–65.
Unfried, Peter: „Wir alle diskutierten die Stadtguerilla. Sogar jeder Schüler'", in: *taz*, 2. Juli 2005. URL: *https://taz.de/!583679/* (Letzter Zugriff: 24.10.2022).
Utermöhlen, Nikolaus/Müller, Wolfgang: „Die Tödliche Doris bewirbt sich um einen Sitz im Berliner Senat", 1980, in: Müller, Wolfgang/Schmitz, Martin (Hg.): *Die Tödliche Doris, Band 1. Vorträge, Memoiren, Essays, Hörspiel, Postwurfsendungen, Stücke, Flugblatt, Dichtung*, Kassel 1991, 84–87.
Vale, Vivian/Juno, Andrea (Hg.): *Industrial Culture Handbook, RESearch*, 6/7, San Francisco 1983.
Valentin, Tobias: „[ohne Titel]", in: *Scritti*, Nr. 8 (1982), 4.
Van Daale, Ralf: „veitstanz – der künftige musikant EP", Rezension, in: *Lautt*, Nr. 0 (1982), 31.
Vermöhlen, Nicki: „Grundlagen zur Molekularstruktur der Musik in verschiedenen Zuständen", in: Müller, Wolfgang (Hg.): *Geniale Dilletanten*, Berlin 1982, 60.
Vogel, Sabine: „Speichel und Geist. Eine Jahrhundertausstellung", in: *Spex*, Nr. 12 (1982), 10–11.
Voigt, Jutta: *Stierblutjahre. Die Boheme des Ostens*, Berlin 2016.
Volkmann, Maren: „'Heulsusen-pop'. New male sensitivity in German independent music", in: Ahlers, Michael/Jacke, Christoph (Hg.): *Perspectives on German popular music*, London u. a. 2017, 172–178.
Wagner, Peter: *POP 2000. 50 Jahre Popmusik und Jugendkultur in Deutschland*, das Begleitbuch zur zwölfteiligen Sendereihe des WDR in Co-Produktion mit den Dritten Programmen der ARD, Hamburg 1999.
Wagner, Richard L.: *Neonschatten*, Kaufbeuren 1978.
Wagner, Richard L.: *Darling Ultra. Ein S!A!U! Produkt*, München 1979.
Waller, Johnny: „KOWALSKI. ‚Overman Underground' (Virgin V2265)", Rezension, in: *Sounds (UK)*, 21. Mai 1983, 39.
Wallmann, Arno: „Leserbrief", in: *Spex*, Nr. 1 (1981), 3.
Watson, Don: „The Birthday Party, Einsturzende Neubauten, Malaria. London Lyceum", Konzertbericht, in: *New Musical Express*, 19. März 1983, 43.
Watson, Don/Snow, Mat: „Metal Chancers", in: *New Musical Express*, 22. Oktober 1983, 44–45.
Weckmann, Matthias: „Witt. Neue Deutsche Romantik", in: *Hard Rock & Metal Hammer*, Nr. 12 (2000), 70–71.
Weilacher, Michael: „Böhse Onkelz. Keine Band wie jede andere", in: *Musikexpress/Sounds*, Nr. 11 (1995), 44–46.
Weisung, Miß: „Männerrock und Narzismus[sic!]. Gedanken zu ‚Monarchie und Alltag'", in: *testcard. Beiträge zur Popgeschichte*, Nr. 2 (1996), 143–147.
Wiest, Johannes: „Sprach- und Klimaprobleme. James über Zeit beim FC Bayern: ‚Habe mich gefragt, was ich eigentlich hier mache'", 17. August 2020, *Transfermarkt*. URL: *https://www.transfermarkt.de/james-uber-zeit-beim-fc-bayern-bdquo-habe-mich-gefragt-was-ich-eigentlich-hier-mache-ldquo-/view/news/368265* (Letzter Zugriff: 24.10.2022).
Willander, Arne: „Schwarze Messen und wilde Enten", in: *Rolling Stone*, Nr. 8 (1997), 30–31.
Willander, Arne: „Der teutonische Schoß ist fruchtbar noch", in: *Rolling Stone*, Nr. 11 (1998), 36–37.
Wimmer, Martina: „Mauerblümchen", in: *Musikexpress/Sounds*, Nr. 3 (1993), 41.
Winkler, Thomas: „‚Die Stille war eine Offenbarung'", in: *taz*, 1. Oktober 2012. URL: *http://www.taz.de/!5082855/* (Letzter Zugriff: 24.10.2022).
Wintrup Musik: *D.A.F. Wir sind keine herkömmliche Rockband*, Promo-Sheet für 7"-Single „Der Räuber Und Der Prinz / Rote Lippen" (Virgin, 103 374) 1981.
Wolff, Renate: „Die mit der Tolle", in: *Zeit-Magazin*, 14. August 1980, 6–12.
Zahn, Thorsten: „Rammstein. Grenzerfahrungen", in: *Hard Rock & Metal Hammer*, Nr. 2 (2002), 64–67.

Zekri, Sonja: „Mit Obersalzbergseligkeit zum ESC?", 30. November 2018, *Sueddeutsche.de*. URL: *https:// www.sueddeutsche.de/kultur/hyaene-fischer-oesterreich-esc-eurovision-1.4234595* (Letzter Zugriff: 24.10.2022).
Zeppenfeld, Werner: „Giorgio Moroder. Der Mann, der Donna Summer stöhnen lässt", in: *Musikexpress*, Nr. 3 (1978), 20–22.
Zerbib, Patrick: „The Six Inventions of Jean Paul Gaultier", in: *The Face*, Nr. 46 (1984), 22–27.
Ziemer, Jürgen: „Club der bunten Helden", in: *Rolling Stone*, Nr. 3 (2006), 52–65.
Ziemer, Jürgen: „Musique nonstop", in: *Rolling Stone*, Nr. 11 (2009), 28–29.
Ziemer, Jürgen: „Mainstream, Machiavelli und eine Stimme wie Sex", in: *Rolling Stone*, Nr. 3 (2015), 16–17.
Zimmer, Dieter E.: „Deine Angst und meine Angst", in: *Die Zeit*, 13. November 1981. URL: *https://www. zeit.de/1981/47/deine-angst-und-meine-angst* (Letzter Zugriff: 24.10.2022).
Žižek, Slavoj: „Why are Laibach and NSK not Fascists?", in: *M'ARS*, Nr. 3/4 (1993). URL: *https://nskstate. com/article/why-are-laibach-and-nsk-not-fascists/* (Letzter Zugriff: 24.10.2022).
Žižek, Slavoj: „Deibt bleutsch!", in: *Die Zeit*, 6. März 2008, 44.

Adorno, Theodor W.: „Erziehung nach Auschwitz" (1966), in: ders.: *Erziehung zur Mündigkeit. Vorträge und Gespräche mit Hellmut Becker, 1959–1969*, Frankfurt a. M. 1970, 88–104.
Adorno, Theodor W.: *Philosophie der neuen Musik*, 6. Aufl., Frankfurt a. M. 1991.
Artaud, Antonin: „Das Theater der Grausamkeit (Erstes Manifest)", in: ders.: *Das Theater und sein Double*, Berlin 2012, 95–107.
Baudrillard, Jean: *Kool Killer oder Der Aufstand der Zeichen*, Berlin 1978.
Baudrillard, Jean: „Die Kehrtwende der Geschichte", in: *Standard*, 28. April 1990.
Benjamin, Walter: „Der destruktive Charakter", in: ders.: *Illuminationen. Ausgewählte Schriften*, Frankfurt a. M. 1969, 310–312.
Benjamin, Walter: „Das Kunstwerk im Zeitalter seiner technischen Reproduzierbarkeit", Zweite Fassung (1936), in: ders.: *Gesammelte Schriften*, Bd. 1.2, Frankfurt a. M. 1974, 471–508.
Benjamin, Walter: „Gesammelte Schriften", Bd. 1.2. Hg. von Rolf Tiedemann und Hermann Schweppenhäuser, Frankfurt a. M. 1974.
Benjamin, Walter: „Über einige Motive bei Baudelaire" (1939), in: ders.: *Gesammelte Schriften*, Bd. 1.2, Frankfurt a. M. 1974, 605–654.
Bloch, Ernst: „Zeitecho Stravinskij", in: ders.: *Erbschaft dieser Zeit*, Zürich 1935, 173–181.
Bloch, Ernst: „Der ‚nach Möglichkeit' und das ‚in Möglichkeit Seiende', Kälte- und Wärmestrom im Marxismus", in: ders.: *Das Prinzip Hoffnung, Gesamtausgabe*, Bd. 5, Frankfurt a. M. 1959, 235–242.
Bloch, Ernst/Eisler, Hanns: „Avantgarde-Kunst und Volksfront" (1937), in: Eisler, Hanns: *Hanns Eisler, Musik und Politik. Schriften, 1924–1948, Gesammelte Werke*, Bd. 3.1, Leipzig 1973, 397–405.
Brecht, Bertolt: „Tagebücher 1920–1922. Autobiographische Aufzeichnungen 1920–1954". Hg. von Herta Ramthun, Frankfurt a. M. 1975.
Brecht, Bertolt: „Aus einem Lesebuch für Städtebewohner", in: ders.: *Gedichte 1, Gesammelte Werke*, Bd. 8, Frankfurt a. M. 1977, 267–276.
Brecht, Bertolt: „Einst", in: ders.: *Gedichte 3, Gesammelte Werke*, Bd. 10, Frankfurt a. M. 1977, 933–934.
Brecht, Bertolt: „Gedichte 1", *Gesammelte Werke*, Bd. 8. Hg. von Bertolt Brecht, Frankfurt a. M. 1977.
Brecht, Bertolt: „Großer Dankchoral", in: ders.: *Gedichte 1, Gesammelte Werke*, Bd. 8, Frankfurt a. M. 1977, 215–216.
Brecht, Bertolt: „Schriften zu Literatur und Kunst 1", *Gesammelte Werke*, Bd. 18, Frankfurt a. M. 1977.
Butting, Max: „Die Musik und die Menschen", in: *Melos. Zeitschrift für Musik*, Jg. 6, Nr. 2 (1927), 58–63.
Goffman, Erving: *Wir alle spielen Theater. Die Selbstdarstellung im Alltag*, München 2003 (1959).

Grosz, George: „Zu meinen neuen Bildern", in: *Das Kunstblatt*, Jg. 5 (1921), 11–16.
Hauser, Heinrich: *Schwarzes Revier*, Berlin 1929.
Hausmann, Raoul: „Lob des Konventionellen" (1922), in: ders.: *Texte bis 1933, Frühe Texte der Moderne*, Bd. 2, München 1982, 48–50.
Huelsenbeck, Richard (Hg.): *Dada Almanach*, Berlin 1920.
Huelsenbeck, Richard: *En avant Dada. Eine Geschichte des Dadaismus*, Hannover 1920.
Huelsenbeck, Richard: „Erste Dadarede in Deutschland", in: ders. (Hg.): *Dada Almanach*, Berlin 1920, 104–108.
Huelsenbeck, Richard: „Was wollte der Expressionismus?", in: ders. (Hg.): *Dada Almanach*, Berlin 1920, 35–36.
Jünger, Ernst: *Feuer und Blut. Ein kleiner Ausschnitt aus einer großen Schlacht*, 4. Aufl., Berlin 1929.
Jünger, Ernst: *Der Arbeiter. Herrschaft und Gestalt*, 3. Aufl., Hamburg 1932.
Jünger, Ernst: *An der Zeitmauer*, Stuttgart 1959.
Jünger, Ernst: „Der Kampf als inneres Erlebnis" (1922), in: ders.: *Essays 1. Betrachtungen zur Zeit, Sämtliche Werke*, Bd. 7, Stuttgart 1980, 9–103.
Jünger, Ernst: *Das abenteuerliche Herz. Erste Fassung auf Zeichnungen bei Tag und Nacht*, Stuttgart 1987 (1929).
Lessing, Theodor: *Europa und Asien. Untergang der Erde am Geist*, Leipzig 1930.
Lévi-Strauss, Claude: *Das wilde Denken*, Frankfurt a. M. 1968 (1962).
Marinetti, Filippo Tommaso: „Manifest des Futurismus" (1909), in: Baumgarth, Christa: *Geschichte des Futurismus*, Reinbek bei Hamburg 1966, 26–29.
Jünger, Ernst: „Zerstörung der Syntax. Drahtlose Phantasie. Befreite Worte" (1913), in: Schmidt-Bergmann, Hansgeorg: *Futurismus. Geschichte, Ästhetik, Dokumente*, Reinbek bei Hamburg 1993, 210–219.
Marx, Karl/Engels, Friedrich: „Das Kapital", *Werke*, Bd. 23, Berlin 1968 (1867).
Mendelsohn, Erich: *Amerika. Bilderbuch eines Architekten*, Berlin 1926.
Michel, Wilhelm: „Die Neue Sachlichkeit", in: *Deutsche Kunst und Dekoration: illustr. Monatshefte für moderne Malerei, Plastik, Architektur, Wohnungskunst u. künstlerisches Frauen-Arbeiten*, Jg. 56 (1925), 299–302.
Negt, Oskar: *Kältestrom*, Göttingen 1994.
Nietzsche, Friedrich: „Der Antichrist. Fluch auf das Christentum" (1895), in: ders.: *Zweiter Band, Werke in drei Bänden*, 8. Aufl., München 1966, 1161–1235.
Nietzsche, Friedrich: „Ecce Homo. Wie man wird, was man ist" (1888), in: ders.: *Zweiter Band, Werke in drei Bänden*, 8. Aufl., München 1966, 1063–1159.
Nietzsche, Friedrich: „Morgenröte. Gedanken über die moralischen Vorurtheile" (1881), in: ders.: *Erster Band, Werke in drei Bänden*, 8. Aufl., München 1966, 1010–1279.
Nietzsche, Friedrich: „Zur Genealogie der Moral. Eine Streitschrift" (1887), in: ders.: *Zweiter Band, Werke in drei Bänden*, 8. Aufl., München 1966, 761–899.
Nietzsche, Friedrich: „Zweiter Band", *Werke in drei Bänden*, 8. Aufl. Hg. von Karl Schlechta, München 1966.
Nietzsche, Friedrich: „Die Geburt der Tragödie" (1886), in: ders.: *Die Geburt der Tragödie. Unzeitgemäße Betrachtungen I-IV. Nachgelassene Schriften 1870-1873, Sämtliche Werke. Kritische Studienausgabe*, Bd. 1, 2. Aufl., München u. a. 1988, 9–156.
Nietzsche, Friedrich: „Jenseits von Gut und Böse. Vorspiel einer Philosophie der Zukunft" (1886), in: ders.: *Jenseits von Gut und Böse. Zur Genealogie der Moral, Sämtliche Werke. Kritische Studienausgabe*, Bd. 5, 2. Aufl., München u. a. 1988, 9–244.
Pinthus, Kurt: „Männliche Literatur", in: *Das Tage-Buch*, Jg. 10, Nr. 1 (1929), 903–911.

Plessner, Helmuth: „Grenzen der Gemeinschaft. Eine Kritik des sozialen Radikalismus" (1924), in: ders.: *Macht und menschliche Natur, Gesammelte Schriften*, Bd. 5, Frankfurt a. M. 1981, 7–134.
Prampolini, Enrico/Pannaggi, Ivo/Paladini, Vinicio: „Die mechanische Kunst" (1922), in: Baumgarth, Christa: *Geschichte des Futurismus*, Reinbek bei Hamburg 1966, 221–223.
Preussner, Eberhard: „Das sechste Donaueschinger Kammermusikfest", in: *Die Musik*, Jg. 18, Nr. 12 (1926), 899–903.
Renger-Patzsch, Albert: *Die Welt ist schön. Einhundert photographische Aufnahmen*, München 1928.
Renger-Patzsch, Albert: *Eisen und Stahl*, Berlin 1931.
Roth, Joseph: „Bekenntnis zum Gleisdreieck" (1924), in: ders.: *Berliner Saisonbericht. Unbekannte Reportagen und journalistische Arbeiten 1920–39*, Köln 1984, 295–298.
Russolo, Luigi: „Die Geräuschkunst" (1913), in: Baumgarth, Christa: *Geschichte des Futurismus*, Reinbek bei Hamburg 1966, 223–225.
Saint-Point, Valentine de: „Manifest der futuristischen Frau" (1912), in: Baumgarth, Christa: *Geschichte des Futurismus*, Reinbek bei Hamburg 1966, 91–94.
Serner, Walter: *Letzte Lockerung. Ein Handbrevier für Hochstapler und solche, die es werden wollen*, Berlin 1927.
Simmel, Georg: „Die Großstädte und das Geistesleben" (1903), in: ders.: *Brücke und Tür*, Stuttgart 1957, 227–242.
Sloterdijk, Peter: *Kritik der zynischen Vernunft*, Bd. 1, Frankfurt a. M. 1983a.
Sloterdijk, Peter: *Kritik der zynischen Vernunft*, Bd. 2, Frankfurt a. M. 1983b.
Toch, Ernst: „Musik für mechanische Instrumente", in: *Neue Musik-Zeitung*, Nr. 20 (1926), 431–434.
Voegelin, Eric: *Die Politischen Religionen*, Wien 1938.
Weber, Max: „Politik als Beruf" (1919), in: ders.: *Gesammelte politische Schriften*, 5. Aufl., Tübingen 1988, 505–560.

Bundesministerium für Bildung und Wissenschaft: *Werthaltungen, Zukunftserwartungen und bildungspolitische Vorstellungen der Jugend 1985. Eine Repräsentativbefragung des EMNID-Instituts*, Bad Honnef, 1985.
Institut für Demoskopie Allensbach: *Die Deutschen und die Musik. Eine Umfrage für den STERN August/September 1980*, Allensbach am Bodensee, 1980.
Institut für Demoskopie Allensbach: *Eine Generation später. Bundesrepublik Deutschland 1953–1979. Eine Allensbacher Langzeit-Studie*, Allensbach am Bodensee, 1981.

Rundfunk / Fernsehen / Videos

Aschke, Katja: „Christiane F.", *Frauengeschichten* (Sendedatum: 1983). URL: *https://youtu.be/MC_zO12nw1o* (Letzter Zugriff: 24.10.2022).
„Ash Code – Icy Cold", Official Video. URL: *https://youtu.be/eRd61Vp60Kg* (Letzter Zugriff: 24.10.2022).
„DAF – Liebe Auf Den Ersten Blick", Schweizer Radio und Fernsehen, 1982. URL: *https://youtu.be/D2Mr9BH8JUY* (Letzter Zugriff: 24.10.2022).
„DAF – Liebe Auf Den Ersten Blick", Teil der Sendung *Dreiklangsdimensionen* (Bayerischer Rundfunk), 1982. URL: *https://youtu.be/jSL1nXza7pM* (Letzter Zugriff: 24.10.2022).
„Depeche Mode in der DDR – Behind The Scenes (Short Version)", 18. Oktober 2019. URL: *https://youtu.be/qmdSK2eYFvs* (Letzter Zugriff: 24.10.2022).

„Die Fehlfarben und ihr Meilenstein-Album: Monarchie und Alltag", *artour*, Das Erste (Sendedatum: 11.05.2017).

„Die Mensch-Maschine", *Ohne Maulkorb*, ORF (Sendedatum: 29.01.1982). URL: *https://youtu.be/jzswEccD0UM* (Letzter Zugriff: 24.10.2022).

„Dreiklangsdimensionen. Eine deutsche Musikrevue", *Dreiklangsdimensionen*, Folge 1, Bayerischer Rundfunk (Sendedatum: 1982). URL: *https://youtu.be/QwdZm1Uo0FQ* (Letzter Zugriff: 24.10.2022).

„Edwin Rosen – leichter//kälter", Official Video. URL: *https://youtu.be/cEHkiqDFJGc* (Letzter Zugriff: 24.10.2022).

Fannrich-Lautenschläger, Isabel: „Gerüche in BRD und DDR. Der Duft der Anderen", *Deutschlandfunk Kultur*, Deutschlandfunk (Sendedatum: 31.10.2018). URL: *https://www.deutschlandfunkkultur.de/gerueche-in-ddr-und-brd-der-duft-der-anderen.976.de.html?dram:article_id=432017* (Letzter Zugriff: 24.10.2022).

„Front – Polaraid", 1981. URL: *https://youtu.be/dW0Kc39o4gw* (Letzter Zugriff: 24.10.2022).

„Gero von Boehm begegnet... Blixa Bargeld", *Gero von Boehm begegnet...*, 3sat (Sendedatum: 30.09.2003). URL: *https://youtu.be/oa8_iaQXG4g* (Letzter Zugriff: 24.10.2022).

„Ideal – Eiszeit", 1982. URL: *https://youtu.be/W_czkIVU5GY* (Letzter Zugriff: 24.10.2022).

„Ideal – Eiszeit", 1982. URL: *https://youtu.be/XzHpSeWW4EU* (Letzter Zugriff: 24.10.2022).

„Interview with Ralf Hütter and Florian Schneider of Kraftwerk", *Triad Free-Form Radio*, WXFM-FM (Sendedatum: 20.04.1975). URL: *https://youtu.be/bFILvuezh-k* (Letzter Zugriff: 24.10.2022).

„Karl Bartos – Im Schaltraum von Kraftwerk", *PopXport*, Deutsche Welle (Sendedatum: 01.09.2017).

„Kowalski – Der Arbeiter", Live im *Beat-Club*, 1983. URL: *https://youtu.be/-e2KxH_Dxu4* (Letzter Zugriff: 24.10.2022).

„Kowalski – Der Arbeiter + Interview", *Musik Convoy* (Westdeutsches Fernsehen), 1984. URL: *https://youtu.be/HFqnU9a248U* (Letzter Zugriff: 24.10.2022).

„Kraftwerk – Musique Non Stop", 1986. URL: *https://youtu.be/O0lIIROWro8* (Letzter Zugriff: 24.10.2022).

„Kraftwerk – Radioaktivität", 1975. URL: *https://youtu.be/8effIKXXToM* (Letzter Zugriff: 24.10.2022).

„Kraftwerk – Showroom Dummies", 1977. URL: *https://youtu.be/oAJ8PFmsSJk* (Letzter Zugriff: 24.10.2022).

„Kraftwerk – Tour de France", Alternative Version, 1983. URL: *https://youtu.be/ps6wRHFdKdA* (Letzter Zugriff: 24.10.2022).

„Kraftwerk – Tour de France", Wochenschau-Version, 1983. URL: *https://youtu.be/rTe7U92ecX8* (Letzter Zugriff: 24.10.2022).

„Kraftwerk – Trans Europa Express", 1977. URL: *https://youtu.be/zOfh7YdugzQ* (Letzter Zugriff: 24.10.2022).

Kreuzer, Margarete: „Wilde Jahre West-Berlin. Punk auf der Insel", rbb Fernsehen (Sendedatum: 22.09.2015).

„Laibach – Geburt Einer Nation", 1987. URL: *https://youtu.be/ZZAD7W3M4zc* (Letzter Zugriff: 24.10.2022).

„Laibach – Life Is Life", 1987. URL: *https://youtu.be/LB9lObWclFQ* (Letzter Zugriff: 24.10.2022).

„Malaria! – Kämpfen Und Siegen, Duschen, Interview", Live *Tempodrom*, Berlin 19.06.1981. URL: *https://youtu.be/rZV52baocLE* (Letzter Zugriff: 24.10.2022).

Meier, Dieter: „Trio – Da Da Da", 1982. URL: *https://youtu.be/DM-v3cvX8M4* (Letzter Zugriff: 24.10.2022).

Moya, Sergej: „Soundtrack Deutschland", Folge 3, Das Erste (Sendedatum: 01.10.2015).

Notorische Reflexe: „Fragment Video 82/83", 1983. URL: *https://youtu.be/nTEIQMufw5Y* (Letzter Zugriff: 24.10.2022).

„Notorische Reflexe – MUSIK WIRD BILD 1982", Beitrag für das norwegische Fernsehen. URL: *https://youtu.be/JCB0joUQtnM* (Letzter Zugriff: 24.10.2022).

„Peter Schilling – Die Wüste Lebt", *Bananas*, ARD (Sendedatum: 24.05.1983). URL: *https://youtu.be/ 392BxfXojxU* (Letzter Zugriff: 24.10.2022).
„Pop 2000. Night Fever und No Future (1975 – 1980)", *Pop 2000. 50 Jahre Popmusik und Jugendkultur in Deutschland.*, Folge 6, WDR (Sendedatum: 1999).
„Propaganda – Live The Tube 06.04.84". URL: *https://youtu.be/MzH-GuYFmfk* (Letzter Zugriff: 24.10.2022).
„Rammstein", *Tracks*, arte (Sendedatum: 1997). URL: *https://youtu.be/ylqJkfkG6hQ* (Letzter Zugriff: 24.10.2022).
„Rammstein", *Tracks*, arte (Sendedatum: 05.08.2014).
„Rammstein – Die teutonische Provokationsschmiede", *Tracks*, arte (Sendedatum: 07.10.2009). URL: *https://youtu.be/todg466jsnA* (Letzter Zugriff: 24.10.2022).
„Rammstein – Stripped", 1998. URL: *https://youtu.be/10JDA8SvwX8* (Letzter Zugriff: 24.10.2022).
„Regenbogen – Eiskalt", *Stop! Rock* (Fernsehen der DDR), 16. April 1984. URL: *https://www.dailymotion.com/video/x3guhwt* (Letzter Zugriff: 24.10.2022).
„The Sweet – Blockbuster (Top Of The Pops)", 1973. URL: *https://youtu.be/Euf7etlE6wM* (Letzter Zugriff: 24.10.2022).
„The Wirtschaftswunder – Der große Mafiosi", *Bio's Bahnhof* (WDR), 1982. URL: *https://youtu.be/ Zs0Ew4NVbok* (Letzter Zugriff: 24.10.2022).
„The Wirtschaftswunder – Wohlstand", Live im *Messinghof* (Kassel), 1980. URL: *https://youtu.be/ Kf079jgnxbs* (Letzter Zugriff: 24.10.2022).
„Throbbing Gristle – Discipline (Live)". URL: *https://youtu.be/pgBjLfSutvk* (Letzter Zugriff: 24.10.2022).
„Trio – Da Da Da", 1982. URL: *https://youtu.be/lNYcviXK4rg* (Letzter Zugriff: 24.10.2022).
„Trio – Da da da, ich lieb Dich nicht, Du liebst mich nicht", *ZDF Hitparade*, 1982. URL: *https://youtu.be/ XiQqzM6vsc4* (Letzter Zugriff: 24.10.2022).
Weil, Alexander/Kistner, Thomas: „1980 New Wave Hit Explosion – Aufbruch in die Endzeit. Eine Video-Dokumentation über Neue Deutsche Musik der 80er Jahre", 2005.

Discographie

A 5: „Kalte Erotik", auf: *Kalte Erotik / Längst Vorbei?* (1981), 7″-Single, No Fun Records, NF 108.
ABWÄRTS: *Amok Koma* (1980), LP, ZickZack, ZZ 10.
ABWÄRTS: „Computerstaat", auf: *Computerstaat* (1980), 7″-Single, ZickZack, ZZ 2.
ABWÄRTS: *Computerstaat* (1980), 7″-Single, ZickZack, ZZ 2.
ABWÄRTS: „Ich Bin Stumm", auf: *Amok Koma* (1980), LP, ZickZack, ZZ 10.
ABWÄRTS: „Maschinenland", auf: *Amok Koma* (1980), LP, ZickZack, ZZ 10.
ABWÄRTS: „Moon Of Alabama", auf: *Computerstaat* (1980), 7″-Single, ZickZack, ZZ 2.
AFRIKA BAMBAATAA & THE SOUL SONIC FORCE: *Planet Rock* (1982), 12″-Single, Tommy Boy, TB 823.
AND ONE: *Techno Man* (1991), 12″-Single, Machinery Records, MA 12-6.
Anderson, Laurie: „O Superman (For Massenet)", auf: *O Superman* (1981), 12″-Single, Warner Bros. Records, DWBS 49888.
Arroganti, Andi: „Benzin In Berlin", auf: *Benzin In Berlin* (1981), Cassette, Wartungsfrei, wf009.
Arroganti, Andi: „Polarfrost", auf: *Schwul!* (1981), Cassette, Wartungsfrei, 004.
Arroganti, Andi: „Scheintot", auf: *Dezent Pervers* (1982), Cassette, Wartungsfrei, wf007.
AUSWEIS: „Berlin", auf: *Murnaü* (1984), LP, L'Invitation Au Suicide, ID 6.
BAADER POP GRUPPE: *Krieg Und Leichen* (1982), Cassette, Stichting Update Materials.

Bärchen Und Die Milchbubies: „Schweinekram", auf: *Dann Macht Es Bumm* (1981), No Fun Records, NF 013.
Bathory: *Blood On Ice* (1996), LP, Black Mark Production, BMLP666-12.
Beton Combo: „Beton Kids", auf: *KZ 36 II* (1981), LP, ohne Label.
Borsig, Alexander von: „Das Leben Ist Schön", auf: *Die Welt Ist Schön!* (1981), Cassette, Eisengrau, 1010.
Borsig, Alexander von: *Hiroshima* (1982), 12"-Single, Supermax, MAX 01.
Borsig, Alexander von: „Zu Den Anderen Gerollt Werden", auf: *Hiroshima* (1982), 12"-Single, Supermax, MAX 01.
Borsig Werke: „10.5. Muttertag", auf: *S. J.* (1981), Cassette, Das Cassetten Combinat, 0111.
Borsig Werke: „Hiroshima", auf: *S. J.* (1981), Cassette, Das Cassetten Combinat, 0111.
Borsig Werke: *S. J.* (1981), Cassette, Das Cassetten Combinat, 0111.
Bowie, David: „Alabama Song", auf: *Alabama Song* (1980), 7"-Single, RCA, PB 9510.
Breslau: *Volksmusik* (1982), LP, EMI Electrola/Harvest, 1C 064-46 567.
Butzmann & Sanja: *Valeska / Waschsalon* (1979), 7"-Single, Marat Records, T33.
Butzmann & Sanja: „Waschsalon Berlin", auf: *Valeska / Waschsalon* (1979), 7"-Single, Marat Records, T33.
Cabaret Voltaire: „Baader-Meinhof", auf: *Cabaret Voltaire* (1978), Cassette, ohne Label.
Cabaret Voltaire: *Cabaret Voltaire* (1978), Cassette, ohne Label.
Cabaret Voltaire: „Do The Mussolini (Headkick!)", auf: *Cabaret Voltaire* (1978), Cassette, ohne Label.
City: *Feuer Im Eis* (1985), LP, Amiga, 8 56 081.
Cretins: „Dachau Disco", auf: *Hannover No Fun* (1980), No Fun Records, NF 001.
Cybotron: *Clear* (1983), 12"-Single, Fantasy, D-216.
Darkthrone: *A Blaze In The Northern Sky* (1992), CD, Peaceville, VILE 28CD.
Das Modul: *Musik Mit Hertz* (1995), CD, Urban, 529 002-2.
Déficit Des Années Antérieures: „Motorrad In Africa", auf: *Aventures En Afrique* (1980), 7"-Single, Illusion Production, IP 005.
Delgado, Gabi: *History Of A Kiss* (1982), 7"-Single, Virgin, VS 579.
Delgado, Gabi: *Mistress* (1983), LP, Virgin, V 2266.
Depeche Mode: „Ice Machine", auf: *Dreaming Of Me* (1981), 7"-Single, Mute, MUTE 013.
Depeche Mode: „Stripped", auf: *Black Celebration* (1986), LP, Mute, STUMM 26.
Der Künftige Musikant: „Zu Tot Um Zu Sterben", auf: *Veitstanz* (1982), 7"-Single, Bubu Musikverbreitung.
Der Lustige Musikant: „Deutschland Deine Kinder Sterben", auf: *Huch!* (1982), Cassette, Was Soll Denn Dass, Nr. 4.
Der Lustige Musikant: „Guten Morgen", auf: *Huch!* (1982), Cassette, Was Soll Denn Dass, Nr. 4.
Der Lustige Musikant: *Huch!* (1982), Cassette, Was Soll Denn Dass, Nr. 4.
Der Lustige Musikant: „Keine Zeit", auf: *Huch!* (1982), Cassette, Was Soll Denn Dass, Nr. 4.
Der Lustige Musikant: „Schlafrock", auf: *Huch!* (1982), Cassette, Was Soll Denn Dass, Nr. 4.
Der Moderne Man: „Unmodern", auf: *Unmodern* (1982), LP, No Fun Records, NF 015.
Der Plan: „Die Welt Ist Schlecht", auf: *Geri Reig* (1980), LP, Warning Records, WR 003.
Der Plan: „Ich Bin Ein Komputer", auf: *Normalette Surprise* (1981), LP, Ata Tak, WR 007.
Der Plan: „Gummitwist", auf: *Gummitwist* (1983), 7"-Single, WEA / Ata Tak, 24-9648-7.
Deutsch-Amerikanische Freundschaft: *Ein Produkt Der Deutsch-Amerikanischen Freundschaft* (1979), LP, Warning Records, WR 001.
Deutsch-Amerikanische Freundschaft: „Ich Und Die Wirklichkeit", auf: *Into The Future* (1979), LP, Konnekschen, KON LP 1.
Deutsch-Amerikanische Freundschaft: „Das Ist Liebe", auf: *Die Kleinen Und Die Bösen* (1980), LP, Mute, STUMM 1.

DEUTSCH-AMERIKANISCHE FREUNDSCHAFT: „Die Fesche Lola", auf: *Die Kleinen Und Die Bösen* (1980), LP, Mute, STUMM 1.
DEUTSCH-AMERIKANISCHE FREUNDSCHAFT: *Die Kleinen Und Die Bösen* (1980), LP, Mute, STUMM 1.
DEUTSCH-AMERIKANISCHE FREUNDSCHAFT: „Die Lustigen Stiefel", auf: *Die Kleinen Und Die Bösen* (1980), LP, Mute, STUMM 1.
DEUTSCH-AMERIKANISCHE FREUNDSCHAFT: „Essen Dann Schlafen", auf: *Die Kleinen Und Die Bösen* (1980), LP, Mute, STUMM 1.
DEUTSCH-AMERIKANISCHE FREUNDSCHAFT: „Kebabträume", auf: *Kebabträume / Gewalt* (1980), 7"-Single, Mute, MUTE 005.
DEUTSCH-AMERIKANISCHE FREUNDSCHAFT: „Nachtarbeit", auf: *Die Kleinen Und Die Bösen* (1980), LP, Mute, STUMM 1.
DEUTSCH-AMERIKANISCHE FREUNDSCHAFT: „Absolute Körperkontrolle", auf: *Gold Und Liebe* (1981), LP, Virgin, 204 165.
DEUTSCH-AMERIKANISCHE FREUNDSCHAFT: „Alle Gegen Alle", auf: *Alles Ist Gut* (1981), LP, Virgin, 203 644.
DEUTSCH-AMERIKANISCHE FREUNDSCHAFT: *Alles Ist Gut* (1981), LP, Virgin, 203 644.
DEUTSCH-AMERIKANISCHE FREUNDSCHAFT: „Als Wär's Das Letzte Mal", auf: *Alles Ist Gut* (1981), LP, Virgin, 203 644.
DEUTSCH-AMERIKANISCHE FREUNDSCHAFT: „Der Mussolini", auf: *Alles Ist Gut* (1981), LP, Virgin, 203 644.
DEUTSCH-AMERIKANISCHE FREUNDSCHAFT: „Der Räuber Und Der Prinz", auf: *Alles Ist Gut* (1981), LP, Virgin, 203 644.
DEUTSCH-AMERIKANISCHE FREUNDSCHAFT: *Der Räuber Und Der Prinz / Rote Lippen* (1981), 7"-Single, Virgin, 103 374.
DEUTSCH-AMERIKANISCHE FREUNDSCHAFT: *Gold Und Liebe* (1981), LP, Virgin, 204 165.
DEUTSCH-AMERIKANISCHE FREUNDSCHAFT: „Ich Will", auf: *Gold Und Liebe* (1981), LP, Virgin, 204 165.
DEUTSCH-AMERIKANISCHE FREUNDSCHAFT: „Mein Herz Macht Bum", auf: *Alles Ist Gut* (1981), LP, Virgin, 203 644.
DEUTSCH-AMERIKANISCHE FREUNDSCHAFT: „Muskel", auf: *Gold Und Liebe* (1981), LP, Virgin, 204 165.
DEUTSCH-AMERIKANISCHE FREUNDSCHAFT: „Sato-Sato", auf: *Alles Ist Gut* (1981), LP, Virgin, 203 644.
DEUTSCH-AMERIKANISCHE FREUNDSCHAFT: „Verlier Nicht Den Kopf", auf: *Alles Ist Gut* (1981), LP, Virgin, 203 644.
DEUTSCH-AMERIKANISCHE FREUNDSCHAFT: „Verschwende Deine Jugend", auf: *Gold Und Liebe* (1981), LP, Virgin, 204 165.
DEUTSCH-AMERIKANISCHE FREUNDSCHAFT: „Was Ziehst Du An Heute Nacht", auf: *Gold Und Liebe* (1981), LP, Virgin, 204 165.
DEUTSCH-AMERIKANISCHE FREUNDSCHAFT: „Ein Bisschen Krieg", auf: *Für Immer* (1982), LP, Virgin, 204 956-320.
DEUTSCH-AMERIKANISCHE FREUNDSCHAFT: *Für Immer* (1982), LP, Virgin, 204 956-320.
DEUTSCH-AMERIKANISCHE FREUNDSCHAFT: „Verehrt Euren Haarschnitt", auf: *Für Immer* (1982), LP, Virgin, 204 956-320.
DEUTSCH-AMERIKANISCHE FREUNDSCHAFT: „Wer Schön Sein Will, Muss Leiden", auf: *Für Immer* (1982), LP, Virgin, 204 956-320.
DEUTSCH-AMERIKANISCHE FREUNDSCHAFT: *Brothers* (1985), 12"-Single, Dean Records, 601 970.
DEUTSCH-AMERIKANISCHE FREUNDSCHAFT: *1st Step To Heaven* (1986), LP, Dean Records, 207 435.
DEUTSCH-AMERIKANISCHE FREUNDSCHAFT: „Kinderzimmer (Heldenlied)", auf: *Fünfzehn Neue DAF Lieder* (2003), LP, Superstar Recordings, SUPER DJ 2068.
DEUTSCHE WERTARBEIT: *Deutsche Wertarbeit* (1981), LP, Sky Records, sky 049.
DEVO: „(I Can't Get No) Satisfaction", auf: *Q: Are We Not Men? A: We Are Devo!* (1978), LP, Warner Bros. Records / Virgin, BSK 3239.
DEVO: „Mechanical Man", auf: *Mechanical Man* (1978), 7"-Single, Elevator Records, NICE 1.
DEVO: *Q: Are We Not Men? A: We Are Devo!* (1978), LP, Warner Bros. Records / Virgin, BSK 3239.

DIE ÄRZTE: „Bitte, Bitte (Domina Mix)", auf: *Bitte Bitte* (1989), 12"-Single, CBS, CBS 654772 6.
DIE CHEFS: *Keine Emotionen Bitte!* (1982), LP, Risiko, 296 054-315.
DIE KRUPPS: „Metal Machine Music", auf: *I*, LP, Our Choice, RTD 195.1266.1.
DIE KRUPPS: *Stahlwerksynfonie* (1981), LP, ZickZack, ZZ 30.
DIE KRUPPS: „Wahre Arbeit – Wahrer Lohn", auf: *Wahre Arbeit – Wahrer Lohn* (1981), 12"-Single, ZickZack, ZZ 55.
DIE KRUPPS: „Das Ende Der Träume", auf: *Volle Kraft Voraus!* (1982), LP, WEA, WEA 58 463.
DIE KRUPPS: „Für Einen Augenblick", auf: *Volle Kraft Voraus!* (1982), LP, WEA, WEA 58 463.
DIE KRUPPS: „Goldfinger", auf: *Volle Kraft Voraus!* (1982), LP, WEA, WEA 58 463.
DIE KRUPPS: „Tod Und Teufel", auf: *Volle Kraft Voraus!* (1982), LP, WEA, WEA 58 463.
DIE KRUPPS: „Volle Kraft Voraus", auf: *Volle Kraft Voraus!* (1982), LP, WEA, WEA 58 463.
DIE KRUPPS: *Volle Kraft Voraus!* (1982), LP, WEA, WEA 58 463.
DIE LEMMINGE: *Lorelei* (1981), 7"-Single, Pure Freude, 08 CK 4.
DIE PARTEI: *La Freiheit des Geistes* (1981), LP, Tausend Augen, 20 011.
DIE RADIERER: *Eisbären und Zitronen* (1981), LP, ZickZack, ZZ 25.
DIE TÖDLICHE DORIS: „Nahrung Für Den Hungernden Informator", auf: *Der Siebenköpfige Informator* (1980), Cassette, Eisengrau, 1008.
DIE TÖDLICHE DORIS: „7 Tödliche Unfälle Im Haushalt", auf: *7 Tödliche Unfälle Im Haushalt* (1981), 12"-EP, ZickZack, ZZ 35.
DIE TÖDLICHE DORIS: *7 Tödliche Unfälle Im Haushalt* (1981), 12"-EP, ZickZack, ZZ 35.
DIE TÖDLICHE DORIS: „Der Astronaut und der Kosmos", auf: *7 Tödliche Unfälle Im Haushalt* (1981), 12"-EP, ZickZack, ZZ 35.
DIE TÖDLICHE DORIS: „Tanz Im 2", auf: *7 Tödliche Unfälle Im Haushalt* (1981), 12"-EP, ZickZack, ZZ 35.
DIE TÖDLICHE DORIS: „ " (1982), LP, ZickZack, ZZ 123.
DIE TÖDLICHE DORIS: *Naturkatastrophen* (1984), 7"-Single, Gelbe Musik, 3.
DIE WESTDEUTSCHEN CHRISTEN: „Angst", auf: *Lass Mich Nicht Allein* (1980), 12"-EP, Epilepdisc, 007.
DIE WESTDEUTSCHEN CHRISTEN: *Lass Mich Nicht Allein* (1980), 12"-EP, Epilepdisc, 007.
DIN A TESTBILD: *Abfall Garbage / Glas Konkav* (1979), 7"-Single, ohne Label, Din 00000/80.
DIN-A-4: „Der Automat", auf: *Videospiele* (1982), LP, Schallmauer/Ariola, 204 779-320.
DIN-A-4: „Videospiele", auf: *Videospiele* (1982), LP, Schallmauer/Ariola, 204 779-320.
DIN-A-4: *Videospiele* (1982), LP, Schallmauer/Ariola, 204 779-320.
DR. KOCH VENTILATOR: „Kinder Der Kalten Zeit", auf: *Torso In Aspik* (1981), LP, Reflektor Z, 0060.386.
EINSTÜRZENDE NEUBAUTEN: „Alphabet", auf: *Stahlmusik* (1980), Cassette, Eisengrau, 1002.
EINSTÜRZENDE NEUBAUTEN: „Energie (Zum Einsturz Bringen)", auf: *Stahlmusik* (1980), Cassette, Eisengrau, 1002.
EINSTÜRZENDE NEUBAUTEN: *Für Den Untergang* (1980), 7"-Single, Monogam, 005.
EINSTÜRZENDE NEUBAUTEN: „Kein Bestandteil Sein (Walzer)", auf: *Stahlmusik* (1980), Cassette, Eisengrau, 1002.
EINSTÜRZENDE NEUBAUTEN: *Stahlmusik* (1980), Cassette, Eisengrau, 1002.
EINSTÜRZENDE NEUBAUTEN: „Stahlversion", auf: *Für Den Untergang* (1980), 7"-Single, Monogam, 005.
EINSTÜRZENDE NEUBAUTEN: „Abstieg & Zerfall", auf: *Kollaps* (1981), LP, ZickZack, ZZ 65.
EINSTÜRZENDE NEUBAUTEN: „Draußen Ist Feindlich", auf: *Kollaps* (1981), LP, ZickZack, ZZ 65.
EINSTÜRZENDE NEUBAUTEN: „Kalte Sterne", auf: *Kalte Sterne* (1981), 2x 7"-Single, ZickZack, ZZ 40.
EINSTÜRZENDE NEUBAUTEN: *Kollaps* (1981), LP, ZickZack, ZZ 65.
EINSTÜRZENDE NEUBAUTEN: „Schmerzen Hören", auf: *Kollaps* (1981), LP, ZickZack, ZZ 65.
EINSTÜRZENDE NEUBAUTEN: „Steh Auf Berlin", auf: *Kollaps* (1981), LP, ZickZack, ZZ 65.
EINSTÜRZENDE NEUBAUTEN: „Tanz Debil", auf: *Kollaps* (1981), LP, ZickZack, ZZ 65.

Einstürzende Neubauten: *Zeichnungen des Patienten O. T.* (1983), LP, Some Bizarre, SBVART 2.
Einstürzende Neubauten: *Halber Mensch* (1985), LP, What's So Funny About., SF 14.
Einstürzende Neubauten: „Z. N. S.", auf: *Halber Mensch* (1985), LP, What's So Funny About., SF 14.
Eiskalte Engel: „Eiskalte Engel", auf: *Total Normal* (1982), LP, Rocktopus, 204 803.
El Deux: „Computer-Mädchen", auf: *Computer-Mädchen / Gletscher* (1982), 7"-Single, Gold Records, 10 059.
Eno, Brian; Snatch: „RAF", auf: *King's Lead Hat* (1978), 7"-Single, Polydor, 2001 762.
Erste Weibliche Fleischergesellin Nach 1945: „Seele Auf Eis I", auf: *Ferien Auf Dem Lande!* (1982), LP, Fontana, 6435 169.
Extrabreit: „Flieger, Grüss Mir Die Sonne", auf: *Ihre Grössten Erfolge* (1980), LP, Reflektor Z, 0060.348.
Fehlfarben: „Abenteuer Und Freiheit", auf: *Große Liebe / Abenteuer & Freiheit* (1980), 7"-Single, Welt-Rekord, WER-001.
Fehlfarben: „All That Heavens Allow", auf: *Monarchie und Alltag* (1980), LP, Welt-Rekord, 1C 064-46 150.
Fehlfarben: „Apokalypse", auf: *Monarchie und Alltag* (1980), LP, Welt-Rekord, 1C 064-46 150.
Fehlfarben: „Das War Vor Jahren", auf: *Monarchie und Alltag* (1980), LP, Welt-Rekord, 1C 064-46 150.
Fehlfarben: „Große Liebe", auf: *Große Liebe / Abenteuer & Freiheit* (1980), 7"-Single, Welt-Rekord, WER-001.
Fehlfarben: *Große Liebe / Abenteuer & Freiheit* (1980), 7"-Single, Welt-Rekord, WER-001.
Fehlfarben: „Militürk", auf: *Monarchie und Alltag* (1980), LP, Welt-Rekord, 1C 064-46 150.
Fehlfarben: *Monarchie und Alltag* (1980), LP, Welt-Rekord, 1C 064-46 150.
Fehlfarben: „Paul Ist Tot", auf: *Monarchie und Alltag* (1980), LP, Welt-Rekord, 1C 064-46 150.
Feindflug: *Feindflug (Vierte Version)* (1999), CD, Black Rain, BR 001.
Feindflug: *Volk Und Armee...* (2005), CD, Black Rain, BR 026.
Fraktus: *Millennium Edition* (2012), LP + CD, Staatsakt, AKT737LP.
Frankie Goes To Hollywood: *Two Tribes* (1984), 7"-Single, ZTT, ZTAS 3.
Freiwillige Selbstkontrolle: „Herz Aus Stein", auf: *Herz Aus Stein* (1980), 7"-EP, ZickZack, ZZ 6.
Freiwillige Selbstkontrolle: *Herz Aus Stein* (1980), 7"-EP, ZickZack, ZZ 6.
Freiwillige Selbstkontrolle: „Moderne Welt", auf: *Herz Aus Stein* (1980), 7"-EP, ZickZack, ZZ 6.
Freiwillige Selbstkontrolle: „Westberlin Tanzparty", auf: *Herz Aus Stein* (1980), 7"-EP, ZickZack, ZZ 6.
Freiwillige Selbstkontrolle: „Hippie Melodie", auf: *München: Reifenwechsel Leicht Gemacht* (1981), LP, Lächerlich! Schallplatten.
Freiwillige Selbstkontrolle: „Im Westen Nix Neues", auf: *Teilnehmende Beobachtung* (1981), 7"-EP, ZickZack, ZZ 27.
Freiwillige Selbstkontrolle: „Tagesschau", auf: *Teilnehmende Beobachtung* (1981), 7"-EP, ZickZack, ZZ 27.
Freiwillige Selbstkontrolle: *Teilnehmende Beobachtung* (1981), 7"-EP, ZickZack, ZZ 27.
Freiwillige Selbstkontrolle: „Ab Nach Indien", auf: *Stürmer* (1982), LP, ZickZack, ZZ 80.
Freiwillige Selbstkontrolle: „Ein Kind Für Helmut", auf: *Stürmer* (1982), LP, ZickZack, ZZ 80.
Freiwillige Selbstkontrolle: „Herzschuss Melodie", auf: *Magic Moments* (1982), 12"-EP, ZickZack, ZZ 155.
Freiwillige Selbstkontrolle: „Liebe Tut Weh", auf: *Stürmer* (1982), LP, ZickZack, ZZ 80.
Freiwillige Selbstkontrolle: „Otto Hahn In Stahlgewittern", auf: *Stürmer* (1982), LP, ZickZack, ZZ 80.
Freiwillige Selbstkontrolle: *Stürmer* (1982), LP, ZickZack, ZZ 80.
Freiwillige Selbstkontrolle: „Tu Den Hammelsprung", auf: *Stürmer* (1982), LP, ZickZack, ZZ 80.
Frl. Menke: „Komm Computer", auf: *Frl. Menke* (1982), LP, Polydor, 2372 138.
Fröhliche Eiszeit: „Mädchen In Der Eisbar", auf: *Fröhliche Eiszeit* (1981), C30, ohne Label.
Fröhliche Eiszeit: *Fröhliche Eiszeit* (2004), LP, Kernkrach, KRACH 011.
Front: „Alternativ", auf: *Alternativ – City West* (1980), 7"-Single, ZickZack, ZZ 19.
Funker Vogt: *Execution Tracks* (1998), CD, Zoth Ommog, CD ZOT 225.

Fürst Pückler Und Die Eisheiligen: „Schneemann Ade", auf: *Schneemann Ade / Nervös, Nervös* (1983), 7"-Single, ohne Label, 619 001.
Gabriel, Peter: *Ein Deutsches Album* (1980), LP, Charisma, 6302 035.
Geffray, Maud: „Ice Teens", auf: *Polaar* (2017), 2xLP, Pan European Recording, PAN054.
Geisterfahrer: *Schatten Voraus* (1980), LP, Konkurrenz Schallplatten, KON 1.
Gestalt: „Ditja Berlina", auf: *Le Sommeil Du Singe* (1987), LP, Just'In Distribution, JD 16.
Giorgio: *From Here To Eternity* (1977), LP, Casablanca, NBLP 7065.
Giorgio: $E=MC^2$ (1979), LP, Casablanca, NBLP 7189.
Gorilla Aktiv: „Montagehalle", auf: *Va Bene* (1982), Cassette, Die Andere Seite.
Grauzone: „Eisbär", auf: *Swiss Wave The Album* (1980), LP, Off Course Records, ASL-3301.
Grauzone: „Raum", auf: *Swiss Wave The Album* (1980), LP, Off Course Records, ASL-3301.
Grauzone: „Ein Tanz Mit Dem Tod", auf: *Moskau* (1981), 7"-Single, Off Course Records, ASL-21.
Grauzone: *Grauzone* (1981), LP, Welt-Rekord/EMI Electrola, 1C 064-46 500.
Grauzone: „Ich Lieb Sie", auf: *Eisbær* (1981), 7"-Single, Welt-Rekord/EMI Electrola, 1C 006-46 430.
Grauzone: „Kälte Kriecht", auf: *Grauzone* (1981), LP, Welt-Rekord/EMI Electrola, 1C 064-46 500.
Grauzone: „Marmelade Und Himbeereis", auf: *Grauzone* (1981), LP, Welt-Rekord/EMI Electrola, 1C 064-46 500.
Grauzone: „Ich Und Du", auf: *Träume Mit Mir* (1982), 12"-Single, Welt-Rekord/EMI Electrola, 1C 062-64 799 Z.
Grauzone: „Träume Mit Mir", auf: *Träume Mit Mir* (1982), 12"-Single, Welt-Rekord/EMI Electrola, 1C 062-64 799 Z.
Grauzone: *Träume Mit Mir* (1982), 12"-Single, Welt-Rekord/EMI Electrola, 1C 062-64 799 Z.
Guerre Froide: „Demain Berlin", auf: *Guerre Froide* (1981), 12"-EP, Stechak, Stechak Product 001.
Guerre Froide: „Ersatz", auf: *Guerre Froide* (1981), 12"-EP, Stechak, Stechak Product 001.
Guerre Froide: *Guerre Froide* (1981), 12"-EP, Stechak, Stechak Product 001.
Hans-A-Plast: *Hans-A-Plast* (1979), LP, Lava Records, TCH 79 449.
Hans-A-Plast: „Lederhosentyp", auf: *Hans-A-Plast* (1979), LP, Lava Records, TCH 79 449.
Hans-A-Plast: „Rank Xerox", auf: *Hans-A-Plast* (1979), LP, Lava Records, TCH 79 449.
Hartz, Hans: „Die Weissen Tauben Sind Müde", auf: *Sturm!* (1982), LP, Philips, 6435 153.
Heaven 17: „(We Don't Need This) Fascist Groove Thang", auf: *Penthouse And Pavement* (1981), LP, Virgin, V2208.
Heaven 17: „Crushed By The Wheels Of Industry", auf: *The Luxury Gap* (1983), LP, Virgin, V2253.
Ideal: „Berlin", auf: *Ideal* (1980), LP, Innovative Communication, KS 80.004.
Ideal: „Blaue Augen", auf: *Ideal* (1980), LP, Innovative Communication, KS 80.004.
Ideal: „Da Leg Ich Mich Doch Lieber Hin", auf: *Ideal* (1980), LP, Innovative Communication, KS 80.004.
Ideal: *Ideal* (1980), LP, Innovative Communication, KS 80.004.
Ideal: *Der Ernst Des Lebens* (1981), LP, Eitel Imperial/WEA, WEA 58 400.
Ideal: „Eiszeit", auf: *Der Ernst Des Lebens* (1981), LP, Eitel Imperial/WEA, WEA 58 400.
Ideal: „Erschießen", auf: *Der Ernst Des Lebens* (1981), LP, Eitel Imperial/WEA, WEA 58 400.
Ideal: „Ich Kann Nicht Schlafen", auf: *Der Ernst Des Lebens* (1981), LP, Eitel Imperial/WEA, WEA 58 400.
Ideal: „Monotonie", auf: *Der Ernst Des Lebens* (1981), LP, Eitel Imperial/WEA, WEA 58 400.
Ideal: „Schwein", auf: *Der Ernst Des Lebens* (1981), LP, Eitel Imperial/WEA, WEA 58 400.
Ideal: „Spannung", auf: *Der Ernst Des Lebens* (1981), LP, Eitel Imperial/WEA, WEA 58 400.
Ideal: *Bi Nuu* (1982), LP, Eitel Optimal/WEA, 24.0044-1.
Ideal: „Die Zweite Sonne", auf: *Bi Nuu* (1982), LP, Eitel Optimal/WEA, 24.0044-1.
Ideal: „Müde", auf: *Bi Nuu* (1982), LP, Eitel Optimal/WEA, 24.0044-1.
Im Namen Des Volkes: *Ich War Da, Leergebrannt* (1980), 7"-Single, Konnekschen, Kon S 2.

Isolation Berlin: „Alles Grau", auf: *Aquarium* (2014), CD, ohne Label, 00.
Jeanette Und Das Land Z: *Poupée De Cire, Poupée De Son / Raumpatrouille* (1981), 7"-Single, Phonogram, 6005 124.
Joy Division: *Licht Und Blindheit* (1980), 7"-Single, Sordide Sentimental, SS 33 002.
Kah, Hubert: „Sternenhimmel", auf: *Ich Komme* (1982), LP, Polydor, 2372 163.
Kaltfront: „Winter", auf: *Live Jugendclub Rudi Arndt Dresden* (1987), Cassette.
Kaltwetterfront: „Im Schatten", auf: *Inkubationszeit* (1980), LP, No Fun Records, NF 003.
Katia: „Alles Nur Staub", auf: *Alles Nur Staub* (1982), LP, Metronome, 0060.457.
Korpus Kristi: „Blut Und Eisen", auf: *Korpus Kristi* (1981), LP, Tausend Augen, 20 012.
Kosmonautentraum: *Rache!* (1981), 7"-Single, ZickZack, ZZ 26.
Kosmonautentraum: *Juri Gagarin* (1982), LP, ZickZack, ZZ 100.
Kowalski: „Der Körper Bin Ich", auf: *Schlagende Wetter* (1982), LP, Virgin, 205 099.
Kowalski: *Schlagende Wetter* (1982), LP, Virgin, 205 099.
Kowalski: „Stahlmaschinen", auf: *Schlagende Wetter* (1982), LP, Virgin, 205 099.
Kowalski: „Zauberer", auf: *Schlagende Wetter* (1982), LP, Virgin, 205 099.
Kowalski: „Der Arbeiter", auf: *Der Arbeiter* (1983), 12"-Single, Virgin, 601 000.
Kraftwerk: *Kraftwerk* (1970), LP, Philips, 6305 058.
Kraftwerk: *Kraftwerk 2* (1972), LP, Philips, 6305 117.
Kraftwerk: *Ralf & Florian* (1973), LP, Philips, 6305 197.
Kraftwerk: *Autobahn* (1974), LP, Philips, 6305 231.
Kraftwerk: „Die Stimme Der Energie", auf: *Radio-Aktivität* (1975), LP, Kling Klang / EMI Electrola, 1C 062-82 087.
Kraftwerk: *Radio-Aktivität* (1975), LP, Kling Klang / EMI Electrola, 1C 062-82 087.
Kraftwerk: „Europa Endlos", auf: *Trans Europa Express* (1977), LP, Kling Klang / EMI Electrola, 1C 064-82 306.
Kraftwerk: „Franz Schubert", auf: *Trans Europa Express* (1977), LP, Kling Klang / EMI Electrola, 1C 064-82 306.
Kraftwerk: „Metall Auf Metall", auf: *Trans Europa Express* (1977), LP, Kling Klang / EMI Electrola, 1C 064-82 306.
Kraftwerk: „Trans Europa Express", auf: *Trans Europa Express* (1977), LP, Kling Klang / EMI Electrola, 1C 064-82 306.
Kraftwerk: *Trans Europa Express* (1977), LP, Kling Klang / EMI Electrola, 1C 064-82 306.
Kraftwerk: „Das Modell", auf: *Die Mensch·Maschine* (1978), LP, Kling Klang / EMI Electrola, 1C 058-32 843.
Kraftwerk: *Die Mensch·Maschine* (1978), LP, Kling Klang / EMI Electrola, 1C 058-32 843.
Kraftwerk: „Die Roboter", auf: *Die Mensch·Maschine* (1978), LP, Kling Klang / EMI Electrola, 1C 058-32 843.
Kraftwerk: „Metropolis", auf: *Die Mensch·Maschine* (1978), LP, Kling Klang / EMI Electrola, 1C 058-32 843.
Kraftwerk: „Computer Liebe", auf: *Computerwelt* (1981), LP, Kling Klang / EMI Electrola, 1C 064-46 311.
Kraftwerk: „Computerwelt", auf: *Computerwelt* (1981), LP, Kling Klang / EMI Electrola, 1C 064-46 311.
Kraftwerk: *Computerwelt* (1981), LP, Kling Klang / EMI Electrola, 1C 064-46 311.
Kraftwerk: „Heimcomputer", auf: *Computerwelt* (1981), LP, Kling Klang / EMI Electrola, 1C 064-46 311.
Kraftwerk: „Taschenrechner", auf: *Computerwelt* (1981), LP, Kling Klang / EMI Electrola, 1C 064-46 311.
Kraftwerk: *Tour de France* (1983), 7"-Single, Kling Klang / EMI, 1C 006 1652047.
Kraftwerk: „Tour de France (Version Allemande)", auf: *Tour de France* (1983), 7"-Single, Kling Klang / EMI, 1C 006 1652047.

KRAFTWERK: „Der Telefon Anruf", auf: *Electric Cafe* (1986), LP, Kling Klang / EMI, 1C 064-24 0654 1.
KRAFTWERK: „Electric Cafe", auf: *Electric Cafe* (1986), LP, Kling Klang / EMI, 1C 064-24 0654 1.
KRAFTWERK: *Electric Cafe* (1986), LP, Kling Klang / EMI, 1C 064-24 0654 1.
KRAFTWERK: „Sex Objekt", auf: *Electric Cafe* (1986), LP, Kling Klang / EMI, 1C 064-24 0654 1.
KRAFTWERK: *Expo2000* (1999), 12"-Single, Kling Klang / EMI, 7243 8 87984 6 4.
KRAFTWERK: *Tour de France Soundtracks* (2003), LP, EMI, 591 708 1.
KRAFTWERK: *Der Katalog* (2009), CD-Boxset, Kling Klang / EMI, KLANGBOX 002DE.
KRAFTWERK: „Radioaktivität", auf: *Der Katalog* (2009), CD-Boxset, Kling Klang / EMI, KLANGBOX 002DE.
Kristi Kara: „Kalt Wie Eis", auf: *Kalt Wie Eis* (1982), 7"-Single, CBS, CBS A 2897.
LAIBACH: „Perspektive", auf: *Rekapitulacija 1980–84* (1985), LP, Walter Ulbricht Schallfolien, WULP 003/4.
LAIBACH: *Life Is Life* (1987), 7"-Single, Mute, MUTE 62.
LAIBACH: „Opus Dei (Live Is Life)", auf: *Opus Dei* (1987), LP, Mute, STUMM 44.
LAIBACH: „Alle Gegen Alle", auf: *NATO* (1994), LP, Mute, STUMM121.
LAIBACH: „Bruderschaft", auf: *Trans Slovenia Express Vol. 2* (2005), CD, Mute, CDSTUMM256.
Leandros, Vicky: „Verlorenes Paradies", auf: *Verlorenes Paradies* (1982), LP, Philips, 6435 178.
LEBANON HANOVER: „Ice Cave", auf: *The World Is Getting Colder* (2012), LP, Fabrika Records, FP005.
LENINGRAD SANDWICH: *Go East* (1980), LP, Up Records, UP 3001.
LINEAS AEREAS: „Landschaften", auf: *Landschaften / Benelux / Radiotron* (1983), 7"-Single, Discos Para Desayunar, DPD-6.
LITTLE NEMO: „Berlin", auf: *New Flood / Berlin* (1989), 7"-Single, Lively Art, ARTY 12.
Maffay, Peter: „Eiszeit", auf: *Ich Will Leben* (1982), LP, Metronome, 0060.482.
MALARIA!: „Kämpfen & Siegen", auf: *Malaria!* (1981), 12"-EP, Marat Records, MARAT 006.
MALARIA!: *Emotion* (1982), LP, Moabit Musik, MOABIT MUSIK 002.
MALARIA!: „Geh Duschen", auf: *New York Passage* (1982), 12"-EP, Das Büro, BÜRO 001.
MALARIA!: „Geld – Money", auf: *Emotion* (1982), LP, Moabit Musik, MOABIT MUSIK 002.
MALARIA!: „Kaltes Klares Wasser", auf: *Weisses Wasser: White Water* (1982), 12"-Single, Les Disques Du Crépuscule, twi 067.
MALARIA!: „Zarah", auf: *New York Passage* (1982), 12"-EP, Das Büro, BÜRO 001.
MALARIA! VS. CHICKS ON SPEED: „Kaltes Klares Wasser (Chicks Version)", auf: *Kaltes Klares Wasser* (2000), 10"-Single, Monika Enterprise, monika 11.
MALE: „Risikofaktor 1:x", auf: *Zensur & Zensur* (1979), LP, Rock-On Schallplatten, Rock-On 1.
Markus: „Ich Will Spaß", auf: *Kugelblitze & Raketen* (1982), LP, CBS, CBS 85 732.
Markus: „Ich Möchte Lieber Ein Roboter Sein", auf: *...Es Könnt' Romantisch Sein...* (1983), LP, CBS, 25 661.
MARTIN DUPONT: „Berlin Wall", auf: *Hot Paradox* (1987), LP, Facteurs d'Ambiance, AA 32004.
MAYHEM: „Silvester Anfang", auf: *Deathcrush* (1987), 12"-EP, Posercorpse Music, FRANK 001.
METROPOLIS: *Die Zeit Ist Ab* (1982), LP, Polydor, 2372 137.
METROPOLIS: „Menschen Mit Phantasie", auf: *Die Zeit Ist Ab* (1982), LP, Polydor, 2372 137.
METROPOLIS: „Metro Mann", auf: *Die Zeit Ist Ab* (1982), LP, Polydor, 2372 137.
MIDDLE CLASS FANTASIES: „Party In Der Gaskammer", auf: *Tradition* (1981), 7"-Single, Aggressive Rockproduktionen, AG 002.
MITTAGSPAUSE: „Der Lange Weg Nach Derendorf", auf: *Mittagspause* (1979), 2 x 7"-EP, Pure Freude, CK1.
MITTAGSPAUSE: „Herrenreiter", auf: *Herrenreiter/Paff* (1979), 7"-Single, Rondo, fit 2.
MITTAGSPAUSE: „Militürk", auf: *Mittagspause* (1979), 2 x 7"-EP, Pure Freude, CK1.
MITTAGSPAUSE: *Mittagspause* (1979), 2 x 7"-EP, Pure Freude, CK1.
MOBILES: „Drowning In Berlin", auf: *Drowning In Berlin* (1981), 7"-Single, Rialto, RIA 3.
MONUMENTS: *Age* (1984), 12"-EP, Discordie, DSD 001484.

Munich Machine: *A Whiter Shade Of Pale* (1978), LP, Casablanca, NBLP 7090.
Nena: „99 Luftballons", auf: *Nena* (1983), LP, CBS, 25 264.
Nena: *Nena* (1983), LP, CBS, 25 264.
Nena: „Satelliten-Stadt", auf: *Nena* (1983), LP, CBS, 25 264.
Neonbabies: „Blaue Augen", auf: *I Don't Want To Loose You* (1980), 7"-EP, Teldec, 66.10190-01.
Neonbabies: „Roboter", auf: *Harmlos* (1982), LP, Ariola, 204 530.
Nichts: „Ein Deutsches Lied", auf: *Tango 2000* (1982), LP, Schallmauer/WEA, WEA 58 430.
Nicole: „Ein Bisschen Frieden", auf: *Ein Bißchen Frieden* (1982), LP, Teldec, 6.25200.
Nitzer Ebb: *That Total Age* (1987), LP, Mute, STUMM 45.
OHL: *Heimatfront* (1981), LP, Rock-O-Rama Records, RRR 6.
OHL: „Kernkraftritter", auf: *Heimatfront* (1981), LP, Rock-O-Rama Records, RRR 6.
OHL: *1000 Kreuze* (1982), LP, Rock-O-Rama Records, RRR 12.
OMD: „Genetic Engineering", auf: *Dazzle Ships* (1983), LP, Virgin, V 2261.
Opus: „Live Is Life", auf: *Live Is Life* (1984), LP, OK Musica, 76.23578 AS.
Östro 430: *Durch Dick & Dünn* (1981), LP, Schallmauer, Schall 005.
Östro 430: „Plastikwelt", auf: *Durch Dick & Dünn* (1981), LP, Schallmauer, Schall 005.
Östro 430: „Sexueller Notstand", auf: *Durch Dick & Dünn* (1981), LP, Schallmauer, Schall 005.
P. D.: *Alltag* (1980), 7"-EP, Wahrnehmungen, 76.10 310.
Palais Schaumburg: „Kinder Der Tod", auf: *Telephon / Kinder Der Tod* (1981), 7"-Single, ZickZack, ZZ 33.
Palais Schaumburg: „Wir Bauen Eine Neue Stadt", auf: *Palais Schaumburg* (1981), LP, Phonogram, 6435 139.
Paso Doble: „Computerliebe (Die Module Spielen Verrückt)", auf: *Computerliebe (Die Module Spielen Verrückt)* (1984), 7"-Single, WEA, 249 373-7.
Paso Doble: *Computerliebe (Die Module Spielen Verrückt)* (1984), 7"-Single, ITT / WEA, XTRA / 249 373-7.
Plastiktanz: „Mir Geht Es Danke Gut", auf: *Wir Sind Rein* (1981), 7"-Single, Musik Für Festliche Stunden 1981, 66.10218-01-1.
Populäre Mechanik: *Muster / Scharfer Schnitt (No1)* (1981), 7"-Single, ohne Label, PM 001.
Populäre Mechanik: *Populäre Mechanik* (1982), Cassette, Stechapfel Produktion.
Profil: „So Kühl", auf: *Berühren* (1981), 7"-Single, Welt-Rekord, 1C 006-46 540.
Propaganda: *p: Machinery* (1985), 7"-Single, ZTT, 107 606.
Propaganda: *p: Machinery (Polish)* (1985), 12"-Single, ZTT, 12 ZTAS 12.
Propaganda: „Disziplin", auf: *The Secret Tapes Of Dr. Mabuse* (2002), CD, ohne Label, SKW4666.
Puhdys: *Computer-Karriere* (1983), LP, Amiga, 8 55 944.
Puhdys: „Computerman", auf: *Computer-Karriere* (1983), LP, Amiga, 8 55 944.
R.E.K.: „Computer Haben Herzschmerz", auf: *R.E.K. 1* (1983), LP, RCA, PL 70049.
R.E.K.: *R.E.K. 1* (1983), LP, RCA, PL 70049.
Rammstein: *Herzeleid* (1995), CD, Motor, 529160-2.
Rammstein: „Wollt Ihr Das Bett In Flammen Sehen", auf: *Herzeleid* (1995), CD, Motor, 529160-2.
Rammstein: *Sehnsucht* (1997), CD, Motor, 537 304-2.
Rammstein: „Links 2 3 4", auf: *Mutter* (2001), CD, Motor, 549 639-2.
Rammstein: „Amerika", auf: *Reise, Reise* (2004), CD, Universal Music, 9868150.
Rammstein: „Ohne Dich (Mina Harker's Version) Remix By Laibach", auf: *Ohne Dich* (2004), CD, Universal Music, 06024 9869062 8.
Rammstein: *Rosenrot* (2005), CD, Universal Music, 987 458-8.
Rammstein: „Rammlied", auf: *Liebe Ist Für Alle Da* (2009), CD, Universal Music, 06025 2719515 5.
Rammstein: „Mein Land", auf: *Mein Land* (2011), CD, Universal Music, 2786448.
Rammstein: „Deutschland", auf: *[Unbetitelt]* (2019), 2xLP, Universal Music, 0602577493942.

Regenbogen: „Eiskalt", auf: *Geil Auf Heavy Metal* (1996), CD, Edition BARBArossa, EdBa 01306-2.
Rheingold: *DisTanz* (1984), LP, CBS, CBS 25871.
Rhythmus Radikal: „Eiskalt Juni 80", auf: *Das Erste* (1983), 12"-EP, Intoleranz! Schallplatten, 041.
Riechmann, Wolfgang: *Wunderbar* (1978), LP, Sky Records, sky 017.
Righeira: *Righeira* (1983), LP, CGD, INT 20385.
Rotzkotz: „Computamensch", auf: *Lebensfroh + Farbenfroh* (1981), LP, No Fun Records, NF 08/15.
S.Y.P.H.: „Industrie-Mädchen", auf: *Viel Feind, Viel Ehr* (1979), 7"-Single, Pure Freude, PF 001.
S.Y.P.H.: „Klammheimlich", auf: *Viel Feind, Viel Ehr* (1979), 7"-Single, Pure Freude, PF 001.
S.Y.P.H.: *Viel Feind, Viel Ehr* (1979), 7"-Single, Pure Freude, PF 001.
S.Y.P.H.: „Heute Norm – Morgen Tod", auf: *S.Y.P.H.* (1980), LP, Pure Freude, PF 04 CK 2.
S.Y.P.H.: „Lachleute Und Nettmenschen", auf: *S.Y.P.H.* (1980), LP, Pure Freude, PF 04 CK 2.
S.Y.P.H.: „Modell", auf: *Pst* (1980), LP, Pure Freude, PF06CK3.
S.Y.P.H.: *S.Y.P.H.* (1980), LP, Pure Freude, PF 04 CK 2.
S.Y.P.H.: „Zurück Zum Beton", auf: *S.Y.P.H.* (1980), LP, Pure Freude, PF 04 CK 2.
S.Y.P.H.: „Maschine Von Beruf", auf: *Der Bauer Im Parkdeck* (1982), 2 x 7"-EP, Pure Freude, PF21.
Santiano: *Wenn Die Kälte Kommt* (2021), CD, We Love Music, 06024 3547232.
Säurekeller: „Hiroshima", auf: *6 Mio. Beireuther* (1983), Cassette, Ulan Bator.
Scala 3: „Schizo-Kid City", auf: *Schizo-Kid City / Quellen Der Wut* (1980), 7"-Single, Scala Records, 66.11281-01.
Schilling, Peter: „Die Wüste Lebt", auf: *Fehler Im System* (1982), LP, WEA, 24. 0026-1.
Schilling, Peter: „Fast Alles Konstruiert", auf: *Fehler Im System* (1982), LP, WEA, 24. 0026-1.
Schilling, Peter: *Fehler Im System* (1982), LP, WEA, 24. 0026-1.
Schulze, Klaus: *Cyborg* (1975), LP, Kosmische Musik, KM 2/58.005.
Schulze, Klaus: *Timewind* (1975), LP, Brain, brain 1075.
Schulze, Klaus: *X* (1978), LP, Brain, 0080.023.
Schuster, Matthias: *Atemlos* (1981), LP, Konkurrenz Schallplatten, KON 8.
Schwarze Bewegung: „5 Minuten", auf: *Schwarze Bewegung* (1982), LP, Bellaphon, 260-09-056.
Schwarze Bewegung: „Nullerregung", auf: *Schwarze Bewegung* (1982), LP, Bellaphon, 260-09-056.
Schwarze Bewegung: *Schwarze Bewegung* (1982), LP, Bellaphon, 260-09-056.
Schweisser: „Eisenkopf", auf: *Eisenkopf* (1994), CD, Bullet Proof Records, IRS 993009.
Scorpions: *Blackout* (1982), LP, Harvest/EMI Electrola, 1C 064-64 686.
Sender X: *Die Zukunft Wird Schön* (1981), LP, David Volksmund Produktion, 003.
Sex Pistols: „No Feelings", auf: *Never Mind The Bollocks Here's The* (1977), LP, Virgin, V 2086.
Silbermond: „In Zeiten Wie Diesen", auf: *Laut Gedacht* (2006), CD, Sony BMG Music Entertainment, 82876 80685 2.
Siouxsie and the Banshees: „Mittageisen (Metal Postcard)", auf: *Mittageisen / Love In A Void* (1979), 7"-Single, Polydor, 2059 151.
Siouxsie and the Banshees: „Oh Mein Papa", auf: *Join Hands* (1979), LP, Polydor, POLD 5024.
Slime: „Zu Kalt", auf: *Alle Gegen Alle* (1983), LP, Aggressive Rockproduktionen, AG 0018.
SPK: „Germanik", auf: *No More* (1979), 7"-Single, Side Effects, PRS 2617.
SPK: *Leichenschrei* (1982), LP, Thermidor, T-9.
Spliff: *The Spliff Radio Show* (1980), LP, CBS, CBS 84555.
Spliff: „Computer Sind Doof", auf: *85555* (1982), LP, CBS, CBS 85 555.
Spliff: *Herzlichen Glückwunsch!* (1982), CBS, CBS 25 152.
Sprung Aus Den Wolken: „Leidenschaftlich", auf: *Sprung Aus Den Wolken* (1981), 12"-EP, ZickZack, ZZ 75.
St. Peter: *Eisprinzessin Und Klirrende Kälte* (1982), 7"-Single, Enorm Records, 001.
Stereo Total: „Wir Tanzen Im 4-Eck", auf: *Musique Automatique* (2001), LP/CD, Bungalow, BUNG 093.

Stumpff, Tommi: „Zu Spät", auf: *Zu Spät Ihr Scheißer. Hier Ist:* (1982), LP, Schallmauer, SCHALL 023.
Summer, Donna: „I Feel Love", auf: *I Feel Love* (1977), 7"-Single, Atlantic, ATL 10 963.
Swiss Wave The Album (1980), LP, Off Course Records, ASL-3301.
SYNTHENPHALL: „Paul", auf: *Laut & Deutlich* (1981), Cassette, Wartungsfrei, wf002.
SYSTEM PLANNING KORPORATION: *Information Overload Unit* (1981), LP, Side Effects, ser01.
TALKING HEADS: „I Zimba", auf: *Fear Of Music* (1979), LP, Sire, SRK 6076.
TANGERINE DREAM: *Alpha Centauri* (1971), LP, Ohr, OMM 56.012.
TANZWUT: „Eisenmann", auf: *Tanzwut* (1999), CD, EMI, 7243 4 99384 2 7.
TEMPO: „Kalt Wie Eis", auf: *Kalt Wie Eis* (1981), LP, Reflektor Z, 0060.459.
THE ASSOCIATES: „White Car In Germany", auf: *Fourth Drawer Down* (1981), LP, Situation Two, SITU 2.
THE BEATLES: *Komm, Gib Mir Deine Hand / Sie Liebt Dich* (1964), 7"-Single, Odeon, O 22 671.
THE DAYS: *Herz Aus Stahl* (1982), LP, Teldec, 6.25141 AP.
THE FLYING LIZARDS: „Money", auf: *The Flying Lizards* (1979), LP, Virgin, VA 13137.
THE HUMAN LEAGUE: „Blind Youth", auf: *Reproduction* (1979), LP, Virgin, V2133.
THE HUMAN LEAGUE: *The Dignity Of Labour Pts.1-4* (1979), 12"-EP, Fast Product, VF.1.
THE HUMAN LEAGUE: „Life Kills", auf: *Travelogue* (1980), LP, Virgin, V 2160.
THE NORMAL: „Warm Leatherette", auf: *T.V.O.D. / Warm Leatherette* (1978), 7"-Single, Mute, MUTE 001.
THE PASSIONS: „I'm In Love With A German Film Star", auf: *I'm In Love With A German Film Star* (1981), 7"-Single, Polydor, 2059 314.
THE STRANGLERS: „The European Female (In Celebration Of)", auf: *Feline* (1982), LP, Epic, EPC 25237.
THE WIRTSCHAFTSWUNDER: „Analphabet", auf: *Salmobray* (1980), LP, ZickZack, ZZ 20.
THE WIRTSCHAFTSWUNDER: „Metall", auf: *Allein* (1980), 7"-Single, Warning Records, wr 006.
THE WIRTSCHAFTSWUNDER: *Salmobray* (1980), LP, ZickZack, ZZ 20.
THE WIRTSCHAFTSWUNDER: „Schein", auf: *Salmobray* (1980), LP, ZickZack, ZZ 20.
THORAX WACH: *Huckepack Und Zu Hunderten In Den Tod* (1980), 7"-Single, Schnellschnitt.
THORAX WACH: „Unangenehm Tödlich", auf: *Kaum Erdacht – Schon Mode* (1980), LP, Schnellschnitt.
THORAX WACH: *Die 'Euch Geht's Ja Noch Viel Zu Gut' Kassette* (1981), Cassette, Kompakt Produkte.
THORAX WACH: „Ein Herz Von Kindern", auf: *Die 'Euch Geht's Ja Noch Viel Zu Gut' Kassette* (1981), Cassette, Kompakt Produkte.
THORAX WACH: „Ruhe Im Karton", auf: *Die 'Euch Geht's Ja Noch Viel Zu Gut' Kassette* (1981), Cassette, Kompakt Produkte.
THROBBING GRISTLE: *Discipline* (1981), 12"-Single, Fetish Records, FET 006.
TOCOTRONIC: „Freiburg", auf: *Digital Ist Besser* (1995), LP, L'Age D'Or, LADO 17031.
TON STEINE SCHERBEN: „Durch Die Wüste", auf: *Wenn Die Nacht Am Tiefsten...* (1975), LP, David Volksmund Produktion, TSS3 L49.
TRIO: „Achtung Achtung", auf: *Trio* (1981), LP, Mercury, 6435 138.
TRIO: „Da Da Da Ich Lieb Dich Nicht Du Liebst Mich Nicht Aha Aha Aha", auf: *Da Da Da Ich Lieb Dich Nicht Du Liebst Mich Nicht Aha Aha Aha / Sabine Sabine Sabine* (1982), 7"-Single, Mercury, 6005 199.
TRIO: *Bye Bye* (1983), LP, Mercury, 814 242-1.
TRÜMMERFRAUEN: „Arbeit", auf: *Glasaugen* (1982), 7"-Single, Zensor, TFO1.
TUBEWAY ARMY: „Are 'Friends' Electric?", auf: *Replicas* (1979), LP, Beggars Banquet, BEGA 7.
TUBEWAY ARMY: „Me! I Disconnect From You", auf: *Replicas* (1979), LP, Beggars Banquet, BEGA 7.
TUBEWAY ARMY: *Replicas* (1979), LP, Beggars Banquet, BEGA 7.
TUBEWAY ARMY: „The Machman", auf: *Replicas* (1979), LP, Beggars Banquet, BEGA 7.
ULTRAVOX: „I Want To Be A Machine", auf: *Ultravox!* (1977), LP, Island Records, ILPS 9449.
ULTRAVOX: „New Europeans", auf: *Vienna* (1980), LP, Chrysalis, CHR 1296.
ULTRAVOX: „Vienna", auf: *Vienna* (1980), LP, Chrysalis, CHR 1296.

Ultravox: *Vienna* (1980), LP, Chrysalis, CHR 1296.
Videoclips: „Roboter Ramona", auf: *Roboter Ramona / Husky* (1982), 7"-Single, Bacillus Records, 100·09·004.
Visage: „Fade To Grey", auf: *Visage* (1980), LP, Polydor, 2490 157.
Vorgruppe: *Erste Auslese* (1980), 7"-EP, Monogam, 004.
Vorgruppe: „Mensch Im Eis", auf: *Mensch Im Eis* (1982), 7"-Single, H'art Musik, H'art 008.
Warum Joe: *Tanzen & Trinken* (1980), 12"-EP, New Rose Records, NEW 9.
Welle: Erdball: „Bill Gates Komm' F... Mit Mir", auf: *Tanzpalast 2000* (1996), CD, Synthetic Symphony, SPV 085-61452.
Welle: Erdball: „Arbeit Adelt!", auf: *Der Sinn Des Lebens* (1998), CD, Synthetic Symphony, SPV 62152 CD.
Welle: Erdball: *Der Sinn Des Lebens* (1998), CD, Synthetic Symphony, SPV 62152 CD.
Welle: Erdball: „Gib Mir Mein Gefühl Zurück", auf: *Der Sinn Des Lebens* (1998), CD, Synthetic Symphony, SPV 62152 CD.
Welle: Erdball: „Laß Uns Ein Computer Sein", auf: *Der Sinn Des Lebens* (1998), CD, Synthetic Symphony, SPV 62152 CD.
Welle: Erdball: „Monoton + Minimal (C=64er)", auf: *Der Sinn Des Lebens* (1998), CD, Synthetic Symphony, SPV 62152 CD.
Welle: Erdball: „Ich Bin Aus Plastik (Ich Bin Kalt)", auf: *Ich Bin Aus Plastik* (2008), CD, Synthetic Symphony, SPV 67020 CDS.
Weltklang: *VEB Heimat / Hoffnung (Sehnsucht?)* (1980), 7"-Single, Exil-System, 003.
Weltschmertz: „Mein Freund Der Computer", auf: *Weltschmertz* (1982), LP, Ahorn, 1.027.
Weltschmertz: *Weltschmertz* (1982), LP, Ahorn, 1.027.
Westdeutsche Christen: „Lass Mich Nicht Allein", auf: *Lass Mich Nicht Allein* (1980), 12"-EP, Epilepdisc, 007.
White Russian: *East Side Story* (1981), LP, Aladin, ALA 85055.
Wire: „Midnight Bahnhof Cafe", auf: *Our Swimmer* (1981), 7"-Single, Rough Trade, RTO-79.
Witt, Joachim: „Ich Hab' So Lust Auf Industrie", auf: *Silberblick* (1980), LP, WEA, WEA 58231.
Witt, Joachim: *Bayreuth Eins / Bayreuth Zwei* (2019), 2xLP, Epic, 19075938141.
Witt, Joachim; Heppner, Peter: „Die Flut", auf: *Bayreuth Eins* (1998), 2xLP, Epic, EPC 489908 1.
Xao Seffcheque Und Der Rest: *Ja·Nein·Vielleicht* (1981), LP, Schallmauer, SCHALL 011.
X-Beliebig: „Planquadrat", auf: *O.Tannenbaum* (1981), Cassette, ohne Label.
Xmal Deutschland: „Kälbermarsch", auf: *Lieber Zuviel Als Zuwenig* (1981), LP, ZickZack, ZZ 45.
Xmal Deutschland: „Schwarze Welt", auf: *Schwarze Welt* (1981), 7"-Single, ZickZack, ZZ 31.
Xmal Deutschland: „Blut Ist Liebe", auf: *Incubus Succubus* (1982), 12"-Single, ZickZack, ZZ 110.
Xmal Deutschland: „Incubus Succubus", auf: *Incubus Succubus* (1982), 12"-Single, ZickZack, ZZ 110.
Xmal Deutschland: *Incubus Succubus* (1982), 12"-Single, ZickZack, ZZ 110.
Xmal Deutschland: „Zu Jung Zu Alt", auf: *Incubus Succubus* (1982), 12"-Single, ZickZack, ZZ 110.
Xmal Deutschland: „Boomerang", auf: *Fetisch* (1983), LP, Virgin, 205 446-320.
Xmal Deutschland: *Fetisch* (1983), LP, Virgin, 205 446-320.
Xmal Deutschland: „Qual", auf: *Fetisch* (1983), LP, Virgin, 205 446-320.
Xmal Deutschland: „Young Man", auf: *Fetisch* (1983), LP, Virgin, 205 446-320.
XTC: „Meccanik Dancing (Oh We Go!)", auf: *Go 2* (1978), LP, Virgin, V2108.
Young, Neil: *Trans* (1982), LP, Geffen Records, GHS 2018.
Zara-Thustra: „Eiskalt", auf: *Eiskalt* (1982), LP, Weryton, 6.25406 BR.

Filmographie

„Asphaltnacht" (Bundesrepublik Deutschland 1980). R: Fratzscher, Peter.
„Cabaret" (USA 1972). R: Fosse, Bob.
„Christiane F.: Wir Kinder vom Bahnhof Zoo" (Bundesrepublik Deutschland 1981). R: Edel, Uli.
„Decoder" (Bundesrepublik Deutschland 1984). R: Muscha.
„Der Nachtportier" (Italien 1974). R: Cavani, Liliana.
„Fraktus. Das letzte Kapitel der Musikgeschichte" (Bundesrepublik Deutschland 2012). R: Jessen, Lars.
„Humanes Töten" (Bundesrepublik Deutschland 1980). R: Muscha/Trimpop, Trini.
„Iron Sky" (Finnland, Bundesrepublik Deutschland, Australien 2012). R: Vuorensola, Timo.
„Jetzt und Alles" (Bundesrepublik Deutschland 1981). R: Meier, Dieter.
„Kalt wie Eis" (Bundesrepublik Deutschland 1981). R: Schenkel, Carl.
„Neonstadt" (Bundesrepublik Deutschland 1982). R: Büld, Wolfgang/Graf, Dominik/Schmid, Hans/Lützelburg, Helmer von/Weilemann, Gisela.
„Okay Okay – Der moderne Tanz" (Bundesrepublik Deutschland 1979). R: Dreher, Christoph/Mühlenbrock, Heiner.
„Rote Liebe" (Bundesrepublik Deutschland 1982). R: Praunheim, Rosa von.
„Saturday Night Fever" (USA 1977). R: Badham, John.
„Seele brennt" (Bundesrepublik Deutschland 2000). R: Beetz, Christian/Herdlitschke, Birgit.
„The Big Lebowski" (USA, Großbritannien 1998). R: Coen, Joel.

Archivgut

BStU, MfS, BV Dresden, Abt. VII, 7484, Bl. 228.
Tape Attack: Parockticum, Sende-Manuskript (17.02.1987). URL: *http://tapeattack.blogspot.com/2021/03/parocktikum-dt64-manuskript-170287-0287.html* (24. Okt. 2022).

Abbildungsverzeichnis

Abb. 1:   Cover der *Sounds* (UK) vom 26.11.1977. Autorin: Caroline Coon. Foto: Steve Chivers. —— **36**

Abb. 2:   Frontcover der LP *Wunderbar* (1978) von Wolfgang Riechmann, Sky Records, sky 017. Autor:innen: Ann Weitz / Wolfgang Riechmann. Repro: F. Völker. —— **128**

Abb. 3:   Frontcover der 12″-Single *Discipline* (1981) von Throbbing Gristle, Fetish Records, FET 006. Autor: Stan Bingo (Daniel Landin). Repro: F. Völker. —— **141**

Abb. 4:   Frontcover der 7″-Single *An Ideal For Living* (1978) von Joy Division, Enigma, PSS 139. Autor: Gaupropagandaleitung Baden, Hitler-Jugend (1935) / Bernard Sumner. Repro: F. Völker. —— **150**

Abb. 5:   Frontcover der LP *Penthouse And Pavement* (1981) von Heaven 17, Virgin, VL 2225. Autoren: Ray Smith / Martyn Ware / Ian Craig Marsh. Repro: F. Völker. —— **174**

Abb. 6:   Frontcover der LP *Replicas* (1979) von Tubeway Army, Beggars Banquet, BEGA 7. Autoren: Geoff Howes / Tony Escott. Repro: F. Völker. —— **179**

Abb. 7:   Frontcover der LP *Produkt der Deutsch-Amerikanischen Freundschaft* (1979) von DAF, Warning Records, WR 001. Autor: Art Attack. Repro: F. Völker. —— **254**

Abb. 8:   Frontcover der LP *The Wirtschaftswunder* (1982) von The Wirtschaftswunder, Polydor, 2372 110. Autoren: Lothar Krauss / Roman Soukop. Repro: F. Völker. —— **266**

Abb. 9:   Frontcover der LP *Ja·Nein·Vielleicht* (1981) von Xao Seffcheque Und Der Rest, Schallmauer, SCHALL 011. Repro: F. Völker. —— **267**

Abb. 10: Palais Schaumburg (1981). Autor: Michael von Gimbut. —— **268**

Abb. 11: Frontcover der LP *Ralf & Florian* (1973) von Kraftwerk, Philips, 6305 197. Autoren: Robert Franck / Ralf Hütter / Florian Schneider. Repro: F. Völker. —— **276**

Abb. 12: Innenhülle der LP *Radio-Aktivität* (1975) von Kraftwerk, Kling Klang / Hör Zu / EMI Electrola, 1C 062-82 087. Autor: Robert Franck, Repro: F. Völker. —— **288**

Abb. 13: Frontcover der LP *Die Mensch·Maschine* (1978) von Kraftwerk, Kling Klang / EMI Electrola, 1C 058-32 843. Autoren: Günter Fröhling / Karl Klefisch. Repro: F. Völker. —— **305**

Abb. 14: Frontcover der LP *Computerwelt* (1981) von Kraftwerk, Kling Klang / EMI Electrola, 1C 064-46 311. Repro: F. Völker. —— **312**

Abb. 15: Frontcover der LP *Geri Reig* (1980) von Der Plan, Warning Records, WR 003. Autor: Moritz R®. Repro: F. Völker. —— **327**

Abb. 16: Frontcover der LP *Die Zeit Ist Ab* (1982) von Metropolis, Polydor, 2372 137. Repro: F. Völker. —— **328**

Abb. 17: Frontcover der 7″-Single *Muster, Scharfer Schnitt (No1)* (1981) von Populäre Mechanik, ohne Label, PM 001. Repro: F. Völker. —— **330**

Abb. 18: Frontcover der 7″-Single *Roboter Ramona / Husky* (1982) von Videoclips, Bacillus Records, 100·09·004. Repro: F. Völker. Mit freundlicher Genehmigung der Bellaphon. —— **332**

Abb. 19: Frontcover der LP *Monarchie und Alltag* (1980) von Fehlfarben, Welt-Rekord / EMI Electrola, 1C 064-46 150. Autoren: Buster Desaster / Martin Bücker. Repro: F. Völker —— **360**

Abb. 20: Frontcover der 7″-Single *Kalt Wie Eis* (1982) von Kristi Kara, CBS, CBS A 2897. Autor: Thomas Reutter. Repro: F. Völker. —— **388**

https://doi.org/10.1515/9783111247090-006

Abb. 21:	Frontcover der 7"-Single *Eisprinzessin und Klirrende Kälte* (1982) von St. Peter, Enorm Records, 001. Repro: F. Völker. —— **390**
Abb. 22:	Backcover der LP *Kollaps* (1981) von EINSTÜRZENDE NEUBAUTEN, ZickZack, ZZ 65. Autor: Peter Gruchot. Repro: F. Völker. —— **418**
Abb. 23:	Frontcover der LP *Die Kleinen Und Die Bösen* (1980) von DAF, Freundschaftsmusik / TIS, 66.22128. Autor:innen: Frank Fenstermacher / Robert Görl / Simone Grant. Repro: F. Völker. —— **446**
Abb. 24:	Frontcover der LP *Alles Ist Gut* (1981) von DAF, Virgin, 203 644. Autor:innen: Sheila Rock / DAF. Repro: F. Völker. —— **448**
Abb. 25:	Frontcover der LP *Gold Und Liebe* (1981) von DAF, Virgin, 204 165. Autoren: John MacDonald / Ken Ansell / DAF. Repro: F. Völker. —— **449**
Abb. 26:	Frontcover der LP *Heimatfront* (1981) von OHL, Rock-O-Rama Records, RRR 6. Repro: F. Völker. —— **458**
Abb. 27:	Frontcover des Samplers *Die Deutschen Kommen* (1982), Rock-O-Rama Records, RRR 8. Repro: F. Völker. —— **458**
Abb. 28:	Frontcover der 7"-Single *Liebesmühn* (1982) von KOSMONAUTENTRAUM, ZickZack, ZZ 41. Repro: F. Völker. —— **463**
Abb. 29:	Frontcover der 7"-Single *Poupée De Cire, Poupée De Son / Raumpatrouille* (1981) von JEANETTE UND DAS LAND Z, Konkurrenz Schallplatten / Phonogram, KON 4 / 6005 124. Autor: Markus Schmölz. Repro: F. Völker. —— **467**
Abb. 30:	Frontcover der LP *La Freiheit Des Geistes* (1981) von DIE PARTEI, Tausend Augen, 20 011, Autoren: Arno Breker, Charlotte Rohrbach, Tom Dokoupil, Walter Dahn. Repro: F. Völker. —— **467**
Abb. 31:	Frontcover der 12"-Single *Brothers* (1985) von DAF, Dean Records, 601 970. Autor:innen: Sheila Rock / Ed Ernst. Repro: F. Völker. —— **495**
Abb. 32:	Still aus dem Musikvideo „Geburt Einer Nation" (1987) von LAIBACH [00:00:15], Regie: Daniel Landin. Screenshot: F. Völker. —— **538**
Abb. 33:	Still aus dem Musikvideo „Geburt Einer Nation" (1987) von LAIBACH [00:01:15], Regie: Daniel Landin. Screenshot: F. Völker. —— **538**
Abb. 34:	Still aus dem Musikvideo „Geburt Einer Nation" (1987) von LAIBACH [00:03:28], Regie: Daniel Landin. Screenshot: F. Völker. —— **539**
Abb. 35:	Still aus dem Musikvideo „Life Is Life" (1987) von LAIBACH [00:02:02], Regie: Daniel Landin. Screenshot: F. Völker. —— **540**
Abb. 36:	Frontcover der LP *That Total Age* (1987) von NITZER EBB, Mute, STUMM 45. Repro: F. Völker. —— **550**
Abb. 37:	Frontcover des Albums *Volk Und Armee...* (2005) von FEINDFLUG, CD, Black Rain, BR 026. Autoren: Viktor Koretsky, FEINDFLUG. Repro: F. Völker. —— **552**
Abb. 38:	Frontcover der LP *Battles In The North* (1995) von IMMORTAL, Osmose Productions, OPLP 027. Autor: O. I. Repro: F. Völker. —— **562**
Abb. 39:	Frontcover des Albums *At The Heart Of Winter* (1999) von IMMORTAL, Osmose Productions, OPLP 079. Autor: Jean Pacal Fournier. Repro: F. Völker. —— **562**
Abb. 40:	Frontcover der LP *Blackout* (1982) von SCORPIONS, Harvest / EMI Electrola, 1C 064-64 686. Autor: Gottfried Helnwein. Repro: F. Völker. —— **569**

Abb. 41: Frontcover des Albums *Sehnsucht* (1997) von RAMMSTEIN, CD, Motor Music, 537 304-2. Autoren: Gottfried Helnwein / Dirk Rudolph. Repro: F. Völker. —— 569

Abb. 42: Still aus dem Konzertfilm „Live Aus Berlin" (1999) von RAMMSTEIN [00:48:27], Regie: Hamish Hamilton. Screenshot: F. Völker. —— 571

Abb. 43: Still aus dem Musikvideo „Stripped" (1998) von RAMMSTEIN [00:00:37], Regie: Phillip Stölzl / Sven Budelmann. Screenshot: F. Völker. —— 572

Abb. 44: Still aus dem Musikvideo „Stripped" (1998) von RAMMSTEIN [00:01:31], Regie: Phillip Stölzl / Sven Budelmann. Screenshot: F. Völker. —— 572

Abb. 45: Frontcover des Albums *Rosenrot* (2005) von RAMMSTEIN, CD, Universal Music, 987 458-8. Autor: Plantage. Repro: F. Völker. —— 584

Abb. 46: Frontcover der LP *Wenn Die Kälte Kommt* (2021) von SANTIANO, Universal Music Group / We Love Music, 06024 3549149. Autor:innen: Christian Barz / Gestaltungskommando Buntmetall. Repro: F. Völker. —— 586

Abb. 47: Frontcover des Albums *Kalter Glanz* (2001) von LETZTE INSTANZ, CD, Andromeda, EFA 08808-2. Autor:innen: CR / Andraj Sonnenkalb. Repro: F. Völker. —— 586

Danksagung

Meine Dissertation und dieses Buch hätten niemals entstehen können ohne die Hilfe, den Beistand und die Ermutigungen einer Vielzahl von Menschen und Institutionen. Mein Dank gilt daher: Frank Bösch und Annette Vowinckel für die hervorragende Betreuung und mit ihnen dem Leibniz-Zentrum für Zeithistorische Forschung Potsdam (ZZF) für die Stipendien und umfassende Unterstützung des Master- und Promotionsprojekts von den ersten Forschungsansätzen über die Beantragung von Promotionsstipendien bis zur Drucklegung; der Hans-Böckler-Stiftung für die finanzielle und ideelle Förderung meiner Dissertation; Bodo Mrozek, der mich in das Feld der Popgeschichte einführte und mir in jeder Phase meines wissenschaftlichen Werdegangs mit Rat und Tat zur Seite stand; Jürgen Danyel, der das Forschungsprojekt von Anfang tatkräftig unterstützte; meinen Popgeschichte-Kollegen Nikolai Okunew und Tom Koltermann, die über die gemeinsamen Jahre und vielen Diskussionen zu Freunden wurden; den vielen ZZF-Doktorand:innen für ihre hilfreichen kritischen Impulse in den Kolloquien; dem Archiv der Jugendkulturen in Berlin; Steffen Just für seine musikwissenschaftliche Expertise; Sophie Wagenhofer und Annika Padoan vom De Gruyter Verlag für die unermüdliche Hilfe auf dem Weg zum Buch sowie Jens Brinkmann für das Lektorat.

Meine Forschung ist das Ergebnis eines Lebenswegs, der von vielen Menschen geebnet wurde und ausgestaltet wird. Bedanken möchte ich mich dafür bei: meinen Eltern Andrea und Frank, die ihre Unterstützung für mich und meine Ambitionen nie aufgegeben haben; meinem Vater Hannes, der mein Interesse an der Geschichte und den vielfältigen Gesichtern der Popmusik seit meiner frühsten Kindheit fütterte, die Grundlagen für meine eigenen musikalischen Aktivitäten legte und letztendlich dafür sorgte, dass ich der vermutlich einzige 10-Jährige mit einem Abonnement der Oldie-Zeitschrift *Good Times* war; meiner Partnerin Dovilė, už tavo meilę, kantrybę ir kiekvieną sekundę, praleidžiamą drauge; meinem Bruder Fabian für die geteilte Begeisterung für popkulturelle Referenzen und seine hilfreichen rechtlichen Tipps; meinem Kater Louis, dessen völliges Desinteresse mir immer wieder bewusst macht, dass ich mich und meine Arbeit nicht zu ernst nehmen sollte; Fortuna Imperatrix Mundi für die Gunst; Konrad Bocksbruder für die Kunst und schließlich allen ungenannten Freund:innen, Familienmitgliedern und Gefährt:innen, die mich auf diesem Weg begleitet haben.

Personen- und Bandregister

1. FUTUROLOGISCHER CONGRESS 57
2RAUMWOHNUNG 512
39 CLOCKS 205
A CERTAIN RATIO 222
A5 389
ABC 163, 167, 175, 354, 494
ABSOLUTE BODY CONTROL 526, 549
ABWÄRTS 48, 53, 67, 199, 217, 231, 233–234, 270, 323, 361, 383, 407, 413, 483
Adelt, Ulrich 275, 286, 304
Adorno, Theodor W. 9, 98, 166, 243
AFRIKA BAMBAATAA 529–530
ALAN PARSONS PROJEKT 299
Albers, Hans 198–199
Almquist, Paula 264–265, 391
ALPHAVILLE 492
ALU 251, 417
AMON DÜÜL 119, 121, 123
AMON DÜÜL II 121, 131, 525
Anderson, Laurie 171
Angermann, Peter 66
Arbeit, Jochen 51
Arroganti, Andi 340, 393
Artaud, Antonin 405
ASH CODE 537
ASH RA TEMPEL 121
Atkins, Juan 530–531
ÄTZTUSSIS 57, 234
AU PAIRS 175
AUSWEIS 187
BAADER POP GROUP 194
Baader, Johannes 88
Baargeld, Johannes Theodor 62
Ball, Hugo 76
Balzer, Jens 184
Bangs, Lester 118, 272, 282, 285
BAP 195, 483, 488, 490, 492, 500
BÄRCHEN UND DIE MILCHBUBIS 51, 473
Bargeld, Blixa 44, 53, 56–59, 62–63, 69, 76, 130, 137, 166, 196, 199, 230–231, 238, 243, 251, 256, 271, 394, 396–397, 399–400, 402–407, 410, 412–413, 415–416, 418, 420–422, 426, 429–430, 461, 464, 496
Barretta, Sandro 310

Bartel, Beate 45, 411–412, 425, 489
Barth, Ariane 357
Bartos, Karl 99, 116–117, 264, 274, 279, 281, 287, 289, 292, 294, 305–307, 310–312, 498–499
Baßler, Moritz 268
BATHORY 560
Baudrillard, Jean 9, 144, 213, 348
Bauduin, Wolfgang 382
BAUHAUS 182, 192, 582
Baumeister, Willi 96
Baureithel, Ulrike 91
Bavaj, Riccardo 87
Baxter, Blake 531–532
Becker, Sabina 89
Behne, Adolf 96
Behrend, Hans 42
Benjamin, Walter 79, 91, 106, 143, 243–244, 399
Beregow, Elena 165–166, 337
Berger, Inge 71
BERLIN 188
BERLIN BLONDES 188
Bernstein, Jonathan 16, 193
BETON COMBO 57, 232
Beuys, Joseph 55, 61, 65–66, 127, 500, 546
Bianchi, Maurizio 144
Biddle, Ian 279
Bielmeier, Franz siehe CHARLEY'S GIRLS
Biess, Frank 23
Binas-Preisendörfer, Susanne 425
Bingenheimer, Rodney 522
BIRTH CONTROL 119
Blank, Boris siehe YELLO
Bloch, Ernst 93, 97, 99, 111
BLONDIE 155
BLÜMCHENBLAU 52
BLUMFELD 511
Böhm, Philipp 557
Bohn, Chris 257, 316, 406–407, 410, 423, 438, 451, 473, 483–484, 488, 506, 523–524
BÖHSE ONKELZ 457, 577
Bolan, Marc 164–165
Bömmels, Peter 61, 64, 217, 227, 361, 372, 401, 414, 494
Borcholte, Andreas 574

Bork, Michael 424
Bork, Thomas 222, 369, 524
Borsig, Alexander von *siehe* Hacke, Alexander
Borutta, Manuel 30
Bösch, Frank 21, 114
BOSTON 178
Boulez, Pierre 74
Bowie, David 27, 58, 63, 122, 125, 127, 135–136, 151, 164–166, 179, 189–190, 199, 527
Brecht, Bertolt 10–11, 45, 89, 91, 100, 102–106, 108, 110, 112, 116, 167, 189, 199–200, 314, 344, 459
Breker, Arno 468, 541, 555
BRESLAU 471
Brill, Dunja 552, 555
Brinckmann, Fritz *siehe* EINSTÜRZENDE NEUBAUTEN
Brockhaus, Immanuel 257, 259, 276
Brus, Günter 140
Burgess, Anthony 173
Burns, Robert G.H. 568, 572
Burroughs, William S. 69, 142, 546
Bushell, Garry 410
Büsser, Martin 123, 133, 138–139, 143–144, 153–154, 158, 166, 171–172, 454, 457, 510, 555, 567, 575, 579
Butting, Max 98, 100
Buttler, Thomas 210, 212, 222, 468
Butzmann, Frieder 43, 61, 115, 201, 251, 402, 413, 417
CABARET VOLTAIRE 73, 76, 88, 134, 139, 143, 145–147, 190, 417, 527, 531, 554
Cage, John 62, 76
CAN 42, 73, 75, 119, 121, 125, 131, 134–135, 137, 189, 417, 525, 527
Carlos, Wendy 75, 173, 263
Carpenter, Alexander 576
Castelli, Luciano *siehe* GEILE TIERE
Cateforis, Theo 16, 168, 170, 177, 304
CELTIC FROST 557, 561
Chaker, Sarah 558
Chance, James 59, 372, 417
CHARLES DE GOAL 186
CHARLEY'S GIRLS 202, 339, 349, 456
CHECKPOINT CHARLIE 129
CHROME 69, 417
Chung, Marc *siehe* EINSTÜRZENDE NEUBAUTEN
CITY 519, 583

Clark, Anne 134
Clark, Vince 134
Clé 534
Clinton, George 530
CLOCK DVA 146, 173
CLUSTER 119, 122–123, 127, 134, 137
COLDWORLD 561
Conrad, Tony 74
CRETINS 456
CROOX 369
Czukay, Holger *siehe* CAN
D'Oro, Doris 378
DAFT PUNK 528
Dahlke, Kurt 43, 137, 249, 256, 433
Dahn, Walter 61, 64, 456, 468
Dany, Hans-Christian 394
DARKTHRONE 556, 560
DAS ICH 575
DEATH CULT 182
DEATH IN JUNE 144, 549, 555
DEFICIT DES ANNEES ANTERIEURES 192
Deleuze, Gilles 33, 143, 213, 243, 537
Delgado, Gabi 43–44, 115, 125, 137, 201, 203–204, 227, 233–234, 244, 248, 255–256, 261, 271, 321, 339, 349, 384, 430–439, 442, 445, 447–448, 450–455, 465, 473–478, 489, 494–496, 534, 571
DEPECHE MODE 134, 181, 428, 527, 530, 573–574
DER LUSTIGE MUSIKANT 365
DER MODERNE MAN 51, 263
DER PLAN 51, 55, 61, 63, 66, 75, 200, 226, 230, 249, 270, 317, 326–327, 335, 346–347, 397, 433, 490, 492, 505, 516, 522
DEUTSCH-AMERIKANISCHE FREUNDSCHAFT 16, 42, 46, 48–49, 51–52, 55, 61, 125, 137, 147, 173, 198, 201, 203–205, 217, 226–227, 233, 244, 248, 255, 257, 261–262, 271, 317, 321, 339, 363, 373, 384, 395, 430–440, 442–455, 457, 465, 468, 471–481, 485, 488–489, 494–496, 505–506, 516, 523–524, 526–527, 534, 548–549, 551, 564, 571, 576–577, 585, 589
DEUTSCHE WERTARBEIT 329
DEVO 42, 75, 125, 163, 170–172, 175, 255, 528
DIDAKTISCHE EINHEIT 251, 417
DIE ÄRZTE 364, 566, 582
DIE CHEFS 479
DIE DORAUS UND DIE MARINAS *siehe* Dorau, Andreas

DIE FORM 194, 553
DIE HAUT 251, 271
DIE KRUPPS 44, 48, 55, 137, 173, 194, 202, 255, 257, 323, 419, 431–432, 436, 441–445, 468, 479, 523, 526 527, 549, 551, 567, 575, 589
DIE LEMMINGE 115
DIE PARTEI 51, 61, 468, 541, 576
DIE RADIERER 51, 392
DIE TÖDLICHE DORIS 34, 42, 56, 61, 115, 201, 243, 250, 252, 326–327, 347–348, 367, 383, 392, 397, 481, 506, 516, 523
DIE TOTEN HOSEN 364
DIE UNBEKANNTEN siehe Reeder, Mark
DIE WESTDEUTSCHEN CHRISTEN 365
Diederichsen, Detlef 210–211, 214, 402
Diederichsen, Diedrich 50, 61, 67, 157, 160, 167, 171–172, 178, 183, 206–207, 210, 212–213, 215–218, 225, 227, 234, 236, 238, 240–242, 245, 249, 259–260, 269, 336, 341, 343–346, 400, 402, 423, 462–463, 487, 489, 493, 495, 502–503, 508, 510, 525, 527, 546
Dierks, Dieter 125
Dietrich, Marlene 187, 198–199, 477
DIN A TESTBILD 57, 250–251, 369
DIN-A-4 333
Dinerstein, Joel 14
Dinger, Klaus siehe NEU!
Dix, Otto 89, 110
DJ Kersten 575
DNA 59
Doering-Manteuffel, Anselm 19
Dokoupil, Jiří Georg 61, 65, 456
Dokoupil, Tom 44, 51, 61, 468
Döpfner, Mathias 16, 195, 249, 266, 375, 380, 436, 460, 486
Dorau, Andreas 250, 267, 270, 337, 482, 488, 505, 523, 528
Dörper, Ralf 115, 198, 262, 417, 436, 464, 468
DR. KOCH VENTILATOR 387
Dr. Motte 250
DRANGSAL 514–515
Drechsler, Clara 44, 215, 217
Dreher, Christoph 69
Dreier, Chris siehe DIE TÖDLICHE DORIS
Egan, Rusty 128, 134, 527
Egoldt, Herbert 457
Eicher, Stephan & Martin siehe GRAUZONE

Eimert, Herbert 289
EINSTÜRZENDE NEUBAUTEN 16, 42, 46–48, 51, 56, 60–62, 68–69, 230, 243, 248, 250–252, 256–257, 271, 293, 392, 394–398, 400–403, 405–408, 410, 413–430, 441, 443, 460–462, 481, 484–485, 492, 496–497, 506–507, 516–517, 519, 522–526, 535, 545, 575, 582
EIS 561
EISFABRIK 536
EISKALTE ENGEL 387
Eisler, Hanns 93, 97, 200
EL DEUX 333
Eldorado, Jäki 54, 57, 69, 270, 339, 486
Elsässer, Jürgen 424
Emerson, Keith siehe EMERSON, LAKE AND PALMER
Emerson, Lake And Palmer 75, 148, 176
Enders, Bernd 262
Engels, Friedrich 111
Engler, Jürgen 115, 236, 442–443, 575
Eno, Brian 60, 126, 135–136, 170, 179, 464, 527
Erdheim, Mario 9
ERSTE WEIBLICHE FLEISCHERGESELLIN NACH 1945 389
Esch, Rüdiger 18
EURONYMOUS siehe MAYHEM
EURYTHMICS 125, 181, 527
EVA-JOHANNA REICHSTAG siehe DIE FORM
EXTRABREIT 51, 199, 248, 483
F, Christiane siehe Felscherinow, Christiane
FAD GADGET 428, 523
Falco 52, 63–64, 487, 521
Farian, Frank 125
Fassbinder, Rainer Werner 69
Faulstich, Werner 20
FAUST 119, 121, 123, 131, 134–135, 137, 145
FEELING B 571, 582
FEHLFARBEN 48, 51, 55, 62, 67, 69, 173, 202, 217, 219, 233, 235, 270, 336, 339–340, 358–359, 361, 363, 370, 373, 376, 396, 434, 500, 505, 516, 523
Fehlmann, Thomas siehe PALAIS SCHAUMBURG
FEINDFLUG 553–554
Fellensiek, Uwe siehe KOWALSKI
Felscherinow, Christiane 69, 250, 270, 409, 522
Fenstermacher, Frank siehe DER PLAN
FILM DE GUERRE 52
Flake (Christian Lorenz) siehe RAMMSTEIN
FLEISCHMANN 564, 582

Floh De Cologne 129
Flür, Wolfgang 203, 274, 279, 289, 293–295, 300, 303, 305, 307, 499
FM Einheit 56, 61, 68, 270, 396, 400, 407, 409, 420–421, 427
Foucault, Michel 25, 143, 213
Foxx, John *siehe* Ultravox
Fraktus 506
Frankie Goes To Hollywood 167, 470, 501
Frazscher, Peter 71
Frei.Wild 577
Freiwillige Selbstkontrolle 16, 52–53, 61, 138, 166, 175, 206–207, 217, 228–229, 235–236, 336–338, 341–344, 350, 353, 370, 384, 412, 426, 475, 481, 492, 497, 506, 512, 519, 523, 587
Frey, Jürgen 210, 295
Fricke, Florian 124
Frl. Menke 248, 324, 333, 485
Fröhliche Eiszeit 389
Front 228, 385
Front 242 527, 549
Früchtl, Josef 15
Funker Vogt 553
Fürst Pückler Und Die Eisheiligen 386
Gabriel, Peter 191
Gagarin, Juri 173, 462
Galenza, Ronald 516
Galizia, Angelo *siehe* The Wirtschaftswunder
Gang Of Four 169, 175
Garms, Thomas 16, 195, 249, 266, 375, 380, 436, 460, 486
Gaultier, Jean Paul 528
Gay, Peter 79, 90, 95
Gebhardt, Winfried 587
Geer, Nadja 13, 44, 167, 215–216
Geffray, Maud 537
Geier Sturzflug 504
Geile Tiere 61
Geisterfahrer 51, 53, 185, 205, 209, 234–235, 270, 359, 369, 372, 468, 507
Geisthövel, Alexa 43, 215, 270
Gert, Valeska 115
Gestalt 187
Gilbert & George 116, 546
Gill, Andy 303, 307, 310, 313
Gillig, Manfred 220

Glaser, Peter 38, 55, 67–68, 239, 322, 345, 352, 508–509
Gockel, Bernd 219
Goetz, Rainald 67, 508
Goldman, Vivien 73
Goldt, Max 250
Gorilla Aktiv 346, 512
Görl, Robert *siehe* Deutsch-Amerikanische Freundschaft
Gracián, Baltasar 90
Graf, Christian 392
Graf, Franziska 489
Graf, Rüdiger 85
Grauzone 16, 43, 48, 52, 262, 358–359, 368, 374–376, 383, 389, 481, 505, 523, 561, 585
Grimm, Stephanie 165
Grobschnitt 51
Groetz, Thomas 66, 158
Gropius, Walter 77, 89, 95
Grosch, Nils 101
Grosz, George 86, 88–89, 96–98, 110
Guattari, Félix 33, 143, 213, 243, 537
Guerre Froide 175, 187, 192
Gülden, Jörg 210–211, 216
Güldner, Ulli 442
Guru Guru 121
Gut, Gudrun 43–45, 56, 58, 60–62, 115, 250, 269–270, 272, 413, 425, 466, 496–497, 534
Guyers Connection 52
Haas, Chrislo 42, 45, 433–434, 489
Haberland, Margita *siehe* Abwärts
Hacke, Alexander 47, 53, 59, 62, 196, 234, 271, 346, 367, 400–401, 409, 413, 419–420, 422, 426–427, 460, 464, 523, 535
Hagen, Nina 38, 195–196, 473, 483, 522
Hall, Mirko M. 187, 417
Hancock, Herbie 530
Hanna, Lynn 200, 437, 473, 477
Hans-A-Plast 39, 51, 217, 233, 473
Haring, Hermann 221, 435, 500
Härlin, Benny 402, 461
Harmonia 128, 135–136
Hartz, Hans 501
Hauser, Heinrich 95
Hausmann, Raoul 86, 88
Hawkwind 122, 145
Heartfield, John 76, 88, 98, 194

HEAVEN 17 134, 167, 173, 175, 354
Hebdige, Dick 151, 155, 166
Heckel, Erich 189
Hecken, Thomas 156, 210
Hegemann, Dimitri 251, 462, 531–532
Heidenreich, Elke 446
Hein, Peter 44, 233, 339, 349, 359, 370, 373
Hell, Richard 155
Helnwein, Gottfried 570, 574
Hendrix, Jimi 122
Henry, Pierre 74
Hentschel, Joachim 506
Hertwig, Ralf *siehe* PALAIS SCHAUMBURG
Herzfelde, Wieland 88
Hiebing, Dieter 396
Hiller, Holger 61, 137, 198, 200, 203, 366, 464
Hilsberg, Alfred 38, 46, 48, 53–54, 156, 210–211, 230, 239, 250, 255, 264, 370, 421, 423, 451, 461, 486, 490, 511, 517
Hindemith, Paul 100, 199
Hinz, Ralf 167, 209, 341
Hoberman, Jim 60
Hoffmann, Josef 213, 240
Hoffmann, Justin *siehe* FREIWILLIGE SELBSTKONTROLLE
Hood, Robert 531
Hornberger, Barbara 17, 195, 199, 204, 206–207, 248, 338, 373, 380, 385, 434, 459
Hoskyns, Barney 424
Howard, Rowland S. 60
Hub, Andreas 493
HUBERT KAH 199, 248, 324, 483, 485, 487, 500
Huelsenbeck, Richard 85, 87–88
Humpe, Annette 42, 44, 51, 57–58, 230, 237, 271, 360–361, 366, 377, 380–382, 385, 492
Humpe, Inga 51, 57, 324, 512–513, 534–535
Hündgen, Gerald 217, 401, 497
Hütter, Ralf 36, 75–76, 116–118, 124, 127, 178, 196–197, 203, 231, 239, 253, 258, 273–289, 291, 293–303, 305, 307–309, 311–318, 320, 322, 498–499, 522, 526
Hüttmann, Oliver 568
Huwe, Anja *siehe* XMAL DEUTSCHLAND
HYÄNE FISCHER 547–548
IDEAL 16, 48, 51–52, 57–58, 69, 112, 123, 137, 198, 257, 267, 358, 360–362, 366, 373, 376–383, 385, 389, 393, 397–398, 427, 481, 483, 485, 488, 505, 516, 523, 573, 585

IHRE KINDER 129
Immendorf, Jörg 55
IMMORTAL 556, 561
IN EXTREMO 565, 583
Inhülsen, Harald 115, 184, 201, 217, 221–222, 248, 405, 410, 424
INSISTERS 57
INTERZONE 57, 198
Isleib, Dankmar 219, 307, 310
ISOLATION BERLIN 514
Jäger, Christian 439, 462
Jarausch, Konrad 21
Jarre, Jean Michel 75, 260, 263
Jarry, Alfred 76
Jazo, Jelena 459, 540, 573–574
Jeanette Und Das Land Z 468
Jekal, Jan 515
Jones, Gareth 428
JOSEF K. 190
JOY DIVISION 73, 151, 168, 173, 182, 184, 190, 192, 221, 369–370, 399, 527, 541
Jünger, Ernst 10–11, 89, 91, 102–106, 110–111, 116, 272, 341, 351, 357, 395, 574
Kahn, Fritz 96
Kaisers, Rolf-Ulrich 122
KALTE NACHT 537
KALTFRONT 520
KALTWETTERFRONT 51, 386
Karloff, Werner 537
Karnik, Olaf 217, 488
KAS PRODUCT 186
KATAPULT 57
Katia 389
Kebschull, Ulrike 371
Keller, Hans 184–185, 205, 209–210, 221, 370
Kemner, Michael 42, 433–434
Kemper, Peter 378, 380
KFC 386
Kid P. 210, 214, 216–217, 234, 486, 494
Kilian, Patrick 142
Kippenberger, Martin 58, 61, 64
Kirk, Richard H. *siehe* CABARET VOLTAIRE
KLEENEX 52
Kleiner, Marcus S. 7, 261, 430
Knap, Yan 66
Knoebel, Carmen *siehe* Knoebel, Imi
Knoebel, Imi 55, 61, 264

Knorkator 582
Koch, Albrecht 300
Kohl, Helmut 20, 175, 501–502, 577
Kohlberger, Achim 534
Kool And The Gang 14
Kool DJ Herc 14
Korpus Kristi 48, 51, 369
Kosmonautentraum 402, 462
Köster, Bettina 45–46, 58, 61, 190, 200, 257, 269, 371, 397, 403, 413–414, 464, 466, 496, 498
Kowalski 417, 426, 441, 443–445, 524
Kraemer, Olaf siehe Thorax-Wach
Kraftwelt 528
Kraftwerk 3, 6, 16, 27, 37–38, 42, 47, 51, 54–55, 61, 70, 75, 77, 84, 114, 116, 118–121, 123, 126–127, 131–138, 142, 145, 169–170, 173, 176, 179, 189–190, 193, 195–198, 203, 218–219, 230–231, 235, 237, 244, 252–253, 255, 258, 260–261, 263, 270, 272–275, 277–278, 280–304, 306–311, 313–322, 325, 329–331, 334–336, 384, 406, 438, 441, 443–444, 469, 479–480, 498–499, 505–507, 509, 519, 521–533, 546–548, 563–564, 570, 574, 576, 587
Kramer, Jürgen 61, 66, 226, 397
Krenek, Ernst 89, 100
Kristi Kara 389
Kröher, Michael O.R. 226, 442, 489
Krüger, Effjot 42
Kruse, Käthe siehe Die Tödliche Doris
Kruspe, Richard siehe Rammstein
Kubrick, Stanley 173
Kühn, Andreas 7, 73, 144, 237, 298
Kulle, Daniel 72
Kunc, Milan 55, 66
Kunze, Michael 125
La Düsseldorf 54, 127, 135, 217, 337
La Mettrie, Julien Offray de 244
Lagerfeld, Karl 269
Laibach 175, 308, 538, 540–550, 553, 555, 565, 576–577
Lake, Steve 218, 524
Landers, Paul siehe Rammstein
Lang, Fritz 70, 84, 117, 198, 282, 303, 469
Lang, Hansi 52
Lau, Peter 574
Lau, Thomas 504
Leandros, Vicky 500

Lebanon Hanover 536
Leider Keine Millionäre 52
Les Fleurs D'Hiver 52
Lessing, Theodor 111
Lethen, Helmut 7, 9–11, 15, 83, 90, 101–105, 107–110, 113, 144, 248, 272, 280, 395, 494
Letzte Instanz 585
Lévi-Strauss, Claude 9, 25
Liaisons Dangereuses 46, 271, 372, 489, 526, 549
Liebezeit, Jaki siehe Can
Liliput siehe Kleenex
Lindemann, Till siehe Rammstein
Lindenberg, Udo 38, 130, 175, 195, 217, 223, 487
Linea Aereas 192
Lissitzky, El 306
Little Nemo 187
Lokomotive Kreuzberg 43, 129, 483
Longerich, Winfried 16, 199, 380, 435
Lunch, Lydia 59–60, 372, 417
Lustmord 549, 553
Lydon, John siehe Sex Pistols
Maahn, Wolf 220
MacDonald, Ian 132, 277
Mackenzie, Michael 96–97
Madness 175
Maeck, Klaus 48, 68, 230, 239, 270
Maffay, Peter 500
Majewski, Lori 16, 193
Malaria! 44–46, 48, 51, 56, 62, 69, 115, 190, 200, 222, 232, 251, 257, 269–270, 359, 371, 390, 397, 402, 411, 413, 417, 432, 445, 459, 466, 479, 496–497, 505–506, 517, 522–523, 525, 527, 534
Male siehe Die Krupps
Mania D. 42, 44–47, 56–57, 257, 269–270, 371, 411–413, 466, 489
Marcus, Greil 151, 169
Marcuse, Herbert 143
Marinetti, Filippo Tommaso 80–82, 92
Markus 324, 328, 357, 485–487, 500
Marquard, Jürg 218, 491
Marquardt, Jasper 425
Mars 59
Marsh, Ian 134–135, 173
Martin Dupont 187
Martin, George R.R. 563
Marx, Karl 111

Matejovski, Dirk 274
MAYHEM 556–559
MC5 155
McCluskey, Andy siehe ORCHESTRAL MANOEUVRES IN THE DARK
McLaren, Malcolm 155–156, 163, 213, 337
MEGAHERZ 564, 567
Mehring, Walter 88
Meier, Dieter siehe YELLO
Meierding, Gabriele 70, 190, 472, 484, 494
Meinecke, Thomas 52, 61, 67, 166, 217, 228–229, 231, 234–235, 242, 336–337, 342–343, 350–351, 357, 468, 503–504, 508, 510
MEKANIK DESTRÜKTĪW KOMANDÖH 401, 456
Melian, Michaela siehe FREIWILLIGE SELBSTKONTROLLE
Mendelsohn, Erich 89, 94–95
MERZBOW 549, 555
Messmer, Susanne 513
METROPOLIS 329
Meyer, Hannes 95
Meyer-Eppler, Werner 289
Michel, Wilhelm 90
MIDDLE CLASS FANTASIES 456
Middles, Mick 489
Mießgang, Thomas 583
Miles 288, 290, 529
Miller, Daniel 133, 169, 433, 524, 530
MINISEX 52
MINISTRY 549, 554, 565
MINUS DELTA T 61, 433
MITTAGEISEN 52
MITTAGSPAUSE 55, 61, 201–202, 233, 255, 271, 317, 433, 484
MOBILES 188
MOLTO BRUTTO 52
Monroe, Alexei 542, 546
MONUMENTS 192
Morat, Daniel 92, 105
Morley, Paul 168, 470
Moroder, Giorgio 27, 73, 125–126, 188, 290, 438, 473
MOTÖRHEAD 151
Mrozek, Bodo 26, 55, 408
Muehl, Otto 140
Mueller, Charles 182
Mühlenbrock, Heiner 69
Müller, Heiner 429, 517

Müller, Wolfgang 34, 58, 61, 67, 115, 243, 251, 273, 348, 392, 412–413, 416, 479, 482, 497, 517
MUNICH MACHINE siehe Moroder, Giorgio
Murnau, Friedrich Wilhelm 70
Muscha 68, 265
MUTTERFREUDEN 52
Myers, Mike 507
NACHDENKLICHE WEHRPFLICHTIGE 61–62, 206
NACHT'RAUM 52
Neidhart, Didi 197
NENA 39, 51, 57, 236, 248, 324, 389, 481, 483–484, 486, 488, 490–491, 500, 506, 522, 524
NEONBABIES 57, 61, 324, 361
NEU! 54, 73, 119, 121, 127, 131–132, 134–137, 337, 527
NEUE STRASSEN 537
NEW ORDER 77, 178, 527, 530
NEW YORK DOLLS 155
NICHTS 48, 205, 486
Nicole 501, 506
Nietzsche, Friedrich 101, 110, 112, 123, 143, 244–245
NINE INCH NAILS 549, 555
Nitsch, Hermann 140
NITZER EBB 527, 531, 549–550, 553–554
NO MORE 372–373
Nomi, Klaus 63, 189
NORTH 561
NOTORISCHE REFLEXE 56, 72, 251, 411, 417, 506, 517
Numan, Gary 128, 171, 176, 179–181, 210
O'Brien, Glenn 293
Ody, Joachim 138, 222, 309, 313
Oehlen, Albert 55, 61
Oehlen, Markus 55, 61, 255, 264
OHL 457
OPUS 540
ORANGE JUICE 163
ORCHESTRAL MANOEUVRES IN THE DARK 134, 176, 178, 218, 341, 527
ORGANISATION siehe KRAFTWERK
ÖSTRO 430 231, 473
P-Orridge, Genesis siehe THROBBING GRISTLE
P.D. 51, 226, 322, 417, 534
P16.D4 siehe P. D.
Pabst, Georg Wilhelm 70
padeluun 250, 456

Pagórek, Daniel 575
PALAIS SCHAUMBURG 48, 51–53, 61, 75, 116, 199, 201–202, 205–206, 236, 267–268, 270, 337, 349, 353, 366, 483, 490, 492, 505, 516, 523, 525, 534
Pannwitz, Rudolf 107
PASO DOBLE 334
Peel, John 60, 131, 506, 516, 523–524
PERE UBU 69, 76, 172, 221, 255
PERMAFROST 561
PET SHOP BOYS 181
Peters, Sebastian 225
Petting, Tom 52
Petzi, Wilfried *siehe* FREIWILLIGE SELBSTKONTROLLE
Pfurtscheller, Mark *siehe* THE WIRTSCHAFTSWUNDER
Picciotto, Danielle de 535
PINK FLOYD 75, 122, 145, 148, 419, 525
Pinthus, Kurt 91, 113
Plank, Conny 125, 127, 137, 170, 176, 191, 271, 434–435, 441, 443
PLASTIKTANZ 325
Plessner, Helmuth 90, 108–109, 314
Pop, Iggy 135–136, 155, 189
POPULÄRE MECHANIK 329, 331
Poschardt, Ulf 14, 231, 272, 298, 355
Praunheim, Rosa von 61, 69
Preussner, Eberhard 99
PRIMA KLIMA 57
PROFIL 388
PROPAGANDA 198, 468–470, 492, 525
PUHDYS 331, 519, 583
PVC 39
Pyrolator *siehe* Dahlke, Kurt
QUEEN 178, 540
R.E.K. 333
Rabe, Jens-Christian 219
Rag, Harry *siehe* S.Y.P.H.
Rakete, Jim 57
RAMMSTEIN 3, 6, 195, 431, 479–480, 522, 547–548, 563–568, 570–584, 587
RAMONES 134, 155
Raphael, Lutz 19
Rapp, Tobias 583
Rau, Fritz 445
Rauen, Christoph 17, 211, 240, 242, 339, 508, 510
Reagan, Ronald 20, 175, 190, 475, 500–501

Reckwitz, Andreas 24–25, 45, 78, 83, 85, 92, 106, 440, 473
Reddy, William S. 29, 105
Redhead, Steve 501
Reed, Lou 145
Reed, S. Alexander 142–143, 204, 414, 553
Reeder, Mark 411, 466, 533
REGENBOGEN 387
Reich, Steve 74
Reichardt, Sven 11, 28–29, 224, 237, 430, 449
Reichelt, Moritz 44, 48–50, 55, 61, 65–66, 139, 146, 154, 196, 200, 227, 230–231, 249–250, 252, 270, 338, 340, 347, 397
Reiser, Rio *siehe* TON STEINE SCHERBEN
Renger-Patzsch, Albert 94
Reynolds, Simon 16, 142, 145, 154, 163, 165, 168–169, 182, 551
RHEINGOLD 48, 137, 483, 505
RHYTHMUS RADIKAL 388
Rice, Boyd 47, 144, 146, 549, 555
Richter, Gerhard 55, 61, 65, 127
Richter, Peter 581
Riechmann, Wolfgang 128
Riefenstahl, Leni 451, 480, 541, 573–574
Riesman, David 357
RIGHEIRA 527
Riley, Terry 74
Roberts, Dave 444
ROBOTERWERKE 489
Rodríguez, James 592
Roedelius, Hans-Joachim 122
Rosen, Edwin 515
Rosenwein, Barbara 30
Rösler, Thomas 520
Roth, Joseph 103, 106
Rother, Michael *siehe* NEU!
ROTZKOTZ 323, 489
ROXY MUSIC 42, 151, 164, 166, 189, 337, 354
Ruff, Michael 210, 218
Russolo, Luigi 82
Rüther, Tobias 320
Rütten, Wilfried 494
Ruttmanns, Werner 94
S.Y.P.H. 55, 137, 146, 231, 255–256, 300, 303, 325, 336, 340, 364, 464
Sade, Marquis de 144, 244
Salomé *siehe* GEILE TIERE

Salzinger, Helmut 211
SANTIANO 585
SATYRICON 560
Savage, Jon 73, 139, 168
SCALA 3 57, 231
Schaeffer, Pierre 74
SCHATTEN UNTER EIS 389
Schenkel, Carl 70, 388
Scherer, Matthias 514
Scheuring, Dirk 71, 217, 369, 372, 401, 421, 524
Schiffer, Marcellus 101
Schiller, Melanie 197
Schilling, Peter 39, 324, 426, 491, 500, 521
Schirmer, Arnd 70
Schlüter, Ralf 534
Schmidt, Irmin *siehe* CAN
Schmucki, Barbara 408
Schneider, Christoph *siehe* RAMMSTEIN
Schneider, Florian 36, 61, 75, 116–117, 124, 127, 136, 178, 197, 203, 206, 231, 239, 253, 259, 274–277, 279–282, 284–287, 289, 291, 298–299, 305, 307–308, 312, 320, 322, 499, 522
Schneider, Frank Apunkt 17, 157, 193, 205, 363, 417, 455, 511
Schnekenburger, Tina 44, 425, 479
Schnitzler, Conrad 122, 557
Schober, Ingeborg 136, 181, 219–221, 289, 307, 370, 382, 436, 475
Schöler, Franz 446
Scholz, Sylka 520
Schramm, Lutz 518
Schramm, Moritz 513
Schregel, Susanne 23
Schult, Emil *siehe* KRAFTWERK
Schulze, Klaus 75, 119, 123, 131, 137, 260, 263, 427
Schumacher, Eckhard 206, 344
Schuster, Matthias *siehe* GEISTERFAHRER
Schütte, Uwe 244, 272, 278, 311, 315
Schütz, Heinz 416
Schwarz, Hans-Heinz 71
SCHWARZE BEWEGUNG 365
Schwarzkogler, Rudolf 140
Schwebel, Thomas *siehe* FEHLFARBEN
SCHWEISSER 564, 567, 585
Schwind, Kati 535
Schwitters, Kurt 200

SCORPIONS 132, 217, 522, 570
Seffcheque, Xao 55, 137, 210, 267, 302, 317, 369, 376, 436, 508
Seiler, Burkhard 46, 146, 491
Seim, Roland 364
Sellheim, Nikolas 560, 561
SENDER X 329, 331
Serner, Walter 108, 116
SEX GANG CHILDREN 182
SEX PISTOLS 27, 134, 150, 152, 155, 157, 202, 213, 364, 423
Shryane, Jennifer 405, 420
Shunt, Oliver 370
Siegfried, Detlef 7, 223
SILBERMOND 512–513
SILUETTES 61 51
Simbruck, Michael 229, 336
Simmeth, Alexander 119–120, 197, 282, 307
Sinclair, Mick 201, 423–424, 483
SIOUXSIE AND THE BANSHEES 73, 76, 151, 182, 184–185, 192, 194, 221, 370, 525
Skai, Hollow 48, 230, 239, 243, 491
SKINNY PUPPY 549, 551, 555
Skolud, Hubert 391
SLIME 387
Sloterdijk, Peter 10–11, 103, 225, 402
Smith, Mark E. 134, 173, 175
Smith, Patti 155
Snow, Mat 444
SOFT CELL 134, 181
Sombart, Werner 107
SONIC YOUTH 134
Sontag, Susan 13, 297, 404, 471–472, 576
Sontheimer, Michael 402, 461
SPANDAU BALLET 188, 354
Spelmans, Wolfgang 42, 433, 435
Spengler, Oswald 107
SPIDER MURPHY GANG 195, 483, 487
Spiegel, Markus 63
SPK 139, 194, 545, 553
SPLIFF 43, 57, 217, 248, 325, 483
Spoliansky, Mischa 101
SPRUNG AUS DEN WOLKEN 51, 56, 250, 401, 417, 475, 489
St. Peter 391
Stasiak, Horst 391
Stearns, Peter 14

Stender, Joachim 51, 213, 241, 389, 491
Stiller, Niklas 68
Stirner, Max 244
Stockhausen, Karlheinz 74, 145, 289
STOCKHAUSSEN 537
Strawinsky, Igor 98
Stuckenschmidt, Hans Heinz 89
Stumpff, Tommi *siehe* KFC
SUBWAY TO SALLY 565, 582–583
SUICIDE 27
Summer, Donna *siehe* Moroder, Giorgio
Syniuga, Siegfried Michail 184, 221, 434
SYNTHENPHALL 325
TALKING HEADS 27, 76, 155, 163, 171
TANGERINE DREAM 119, 121–124, 131–132, 145, 217, 219, 283, 525, 529
Tanith 533
Tannert, Christoph 521
TANZWUT 565, 583, 585
TAUCHEN-PROKOPETZ 491
Taut, Bruno 89
TECHNIQUES BERLIN 188
TEENAGE JESUS AND THE JERKS 59
Teipel, Jürgen 18, 35, 338
TELEVISION 155, 221
TELEX 527
TEMPO 57, 388
Tesch, Michael 372
TEST DEPT. 175, 293, 549, 554
Thatcher, Margaret 20, 175, 190, 501
THE ASSOCIATES 191
THE BEATLES 75, 123, 155, 191, 544
THE CARS 219
THE CLASH 27, 152, 159, 364, 423, 464
THE COMMUNARDS 175
THE CURE 182–183, 370
THE DAYS 484
THE FALL *siehe* Smith, Mark E.
THE FLYING LIZARDS 42, 114, 170
THE HUMAN LEAGUE 42, 134–135, 146, 163, 173, 176, 181, 527, 530
THE JAM 163
THE MEKONS 175
THE NORMAL *siehe* Miller, Daniel
THE PASSIONS 191
THE RESIDENTS 69, 169, 235, 249, 516
THE ROLLING STONES 170, 198, 423, 544

THE SISTERS OF MERCY 182, 497
THE SMITHS 175, 493
THE STOOGES *siehe* Pop, Iggy
THE STRANGLERS 27, 163, 191, 402
THE STRIPES *siehe* NENA
THE STYLE COUNCIL 175, 354
THE SWEET 150
THE VELVET UNDERGROUND 145, 155, 185, 336, 384
THE WHO 423
THE WIRTSCHAFTSWUNDER 44, 48, 51, 201–202, 267, 317, 340, 372, 392, 438, 440
Thein, Andreas *siehe* PROPAGANDA
Theweleit, Klaus 10–11, 104, 552
Thielsch, Walter *siehe* PALAIS SCHAUMBURG
THORAX-WACH 254, 271, 322, 367, 412
THROBBING GRISTLE 27, 42, 47, 69, 73, 138–143, 145–146, 406, 417, 425, 440, 469, 475, 516, 523, 525, 545, 551, 554–555
Toch, Ernst 99, 101
TOCOTRONIC 511–512
TON STEINE SCHERBEN 129–130, 137, 195–196, 202, 331, 395, 417–418
Tönnies, Ferdinand 107–108
Trimpop, Trini 68
TRIO 43, 48, 201, 250, 263, 346, 373, 385, 485, 487–488, 500, 522–523
TRIUMVIRAT 119
TRÜMMERFRAUEN 440
TUBEWAY ARMY *siehe* Numan, Gary
Tutti, Cosey Fanni *siehe* THROBBING GRISTLE
UKW 57, 483, 485
Ullmaier, Johannes 275, 292, 380
ULTRAVOX 27, 77, 125, 134, 163, 176–177, 179, 190–191, 193, 220, 222
UNDERGROUND RESISTANCE 531–532
UNITED BALLS 521
Unruh, N. U. (Andrew) *siehe* EINSTÜRZENDE NEUBAUTEN
Untermöhlen, Nikolaus *siehe* DIE TÖDLICHE DORIS
Valentin, Tobias 489
Varèse, Edgar 74
VELVET CONDOM 536
Verheyen, Nina 30
VIDEOCLIPS 333
VILLAGE PEOPLE 478
VIRGINIA JETZT! 512
VISAGE 134, 163, 188, 222, 527

Vogel, Sabine B. 410
Voigt, Jutta 521
VORGRUPPE 370, 389
Vowinckel, Annette 17–18, 35, 39, 41, 373, 459
Wagner, Richard L. 68
Wakeman, Rick 176
Waller, Johnny 445
Wallmann, Arno 235, 342, 370
Ware, Martyn 134, 173
Warhol, Andy 116, 145, 155, 164, 185
WARSAW siehe JOY DIVISION
WARUM JOE 192
Watson, Don 424, 444
Weber, Max 111
Weheliye, Alexander G. 532–533
Weill, Kurt 100, 189, 199
Weinhauer, Klaus 409
WEISSGLUT 564, 567
WELLE: ERDBALL 528–529
Wellmann, Henning 158, 384
WELTENDE siehe Kramer, Jürgen
WELTKLANG 462
WELTSCHMERTZ 329–330
Werner, Martin 103
WestBam 250, 535
Westwood, Vivien 155
WHITE RUSSIA 462

Wilhelms, Kerstin 580
Willander, Arne 583
Williams, Richard 185
Winne, Axel 292, 311
WINTERKÄLTE 555
WIR SIND HELDEN 512–513
WIRE 42, 69, 169, 190
Witt, Joachim 39, 43, 137, 193, 236, 391, 483, 505, 565, 567, 575, 578, 585
Wolff, Renate 356
X-BELIEBIG 52, 232
XMAL DEUTSCHLAND 44, 46, 48, 51, 53, 359, 368–370, 392, 459, 464, 514, 523–525
XTC 171, 193
YAZOO 134, 181
YELLO 52, 70, 219, 252, 260, 322, 375, 385, 507
YELLOW MAGIC ORCHESTRA 527
Young, La Monte 74
Young, Neil 331, 530
Yurchak, Alexei 544
Zadek, Peter 429
ZARA-THUSTRA 391
Zekri, Sonja 548
ZELTINGER 195, 217
Žižek, Slavoj 543, 546, 576
ZK 39